百年农经

第五部

（2003—2005年）

经济管理学院

献给

中国农业大学百年华诞

为中国农业发展而奋斗的仁人志士

目　录

第五部（2003—2005年）

转型经济与农民*

安希伋

一、成就

我国正处在从计划经济向市场经济转型过程中。从1978年首先在安徽省滁县地区兴起的土地大包干和随之而来的城市经济改革算起，转型经济已经持续了20多年。在此期间，我国经济制度和农民的社会经济地位都发生了许多变化。就农民状况而言，与政社合一的农村人民公社制度相比，农民已经取得了土地承包权，在一定范围内的经营自主权，衣、食、住、行等日常生活的自理权，以及在一定程度上选择职业的自由和异地迁徙的自由。很显然，农民的社会经济地位有了许多改善。这些成就来之不易，广大农民为之付出了很大代价。例如，土地承包权是在农民濒临饥饿状态下取得的。

二、现状

在经济转型过程中，农民的社会经济地位虽然有所改善，他们却仍然承受着许多不公正的待遇。首先表现在产业政策上。我国早已宣布实现了工业化，农业GDP在国民经济总产值中的比重已经下降到了15.2%（2001年）。可是，政府对农民的直接支持仍为负值。1995—1998年间政府对农民的直接支持平均每年为－419.5亿元。加入WTO后，依照“黄箱”政策对农民的支持水平平均为－2%，远低于WTO允许的8.5%。从这些情况来看，20世纪50年代中期我国启动工业化时期实施的以农养工政策仍在发挥作用。

其次，不公正待遇表现在财税政策上。例如，财政资金用于农业的支出占财政总支出的比重1978年为13.4%，本已明显偏低，之后又连年下降，2001年降到了8%。而农民被迫缴纳的税外收费却名目繁多。例如，两税附加费、以资代劳费、乡村道路建设费、捐资助学款、服务代办费、乡镇企业经营费、并且还设有一事一议款。2001年农村人口缴纳的税率为5%，据统计资料，城镇居民则为0.58%。

第三，表现在金融政策上。例如，2001年农业贷款占国家银行贷款总额的5.1%，乡镇企业贷款占5.8%，两项合计为11%。而1996年农村资金通过信贷渠道流出了1 912亿元，2000年猛增到4 048亿元。农民从农村信用合作社得到的借款，只能满足所需款项的20%，于是有95%的农民不得不从民间市场借款，其中85%为高利贷，89%的借款用于补贴生活费用。

第四，表现在教育政策上。与城市儿童不同，约1.3亿应享受义务教育的农村学龄儿童，却

* 原载《农业经济问题》2003年第5期。

由他们的家长负担70%的教育费用。贫苦农民如果无力交付这笔学费，他们的儿女就可能成为文盲、半文盲。至于教育设施、师资队伍以及教育质量等，城乡之间存在着不同程度的差距。政策的偏离会带来这样一种情况：农村青年与城市青年相比，在就业竞争中，他们的知识水平一般居于劣势地位。

除了作为例证而列举的几项带有歧视性的政策之外，农民的经济活动还常常受到种种行政干预。例如在乡村行政直接干预下，农民土地承包权很不稳定。农村土地本为集体所有，在农业集体经济随着农村人民公社解体而消逝后，乡村行政拿走了土地发包权，把土地集体所有制变成了准地方政府所有制，利用手中权力，频繁变更土地承包期限和地界，直接干预农民的经营自主权。

又如，农民的职业自由和迁徙自由也受到种种行政限制。从20世纪80年代中期开始，农民离乡要交三提五留保证金、计划生育季度妇检保证金、要办婚姻证、计生证、毕业证等。有的地方还对离乡农民收取“积累金”，并且不论在外就业与否，有无收入，外出就要缴纳“积累金”。

农民离乡难，进城也不易。进城要办暂住证、健康证，要缴纳就业管理费、治安保护费等。农民工不能享受教育、医疗、公休假日等项社会福利待遇。

三、前瞻

户籍制度在农村人口与城市人口之间竖起了一垛高墙，有些社会经济政策又强化了隔离状态，造成一种独特的城乡二元社会。主要是限制了农民的活动空间，捆住了他们的手脚，从而导致农民的贫困。1979年农民消费占全国消费总额的68%，1997年降到了47%。这说明两点：第一，农民消费份额在大幅度下降；第二，城乡居民消费水平的差距在日益扩大。占全国人口2/3的农民购买力虚弱，需求不旺，这是近年来持续通货紧缩的一个重要根源。可见，从经济层面来看，农民问题并不仅仅是农民自己的问题。如果再从社会层面考察，负面影响更深刻。因此，催动经济转型，割除计划经济遗留下来的化整为零的残余，虽会触动一些人群的利益，却是关乎社会经济发展全局的一件大事。渐进式的经济转型，重在一个“进”字，不进则退，要防止弄到问题成堆。经济转型是建立在社会经济发展客观规律上的一项高瞻远瞩战略，势不可挡。具体落到实处，首先要对上文提到的那一类社会经济政策作一番重新审查调整；其次，要检查一下各种行政性的规章、条例和法规，凡是有碍于经济转轨正常运作的东西，来一次大清理。《宪法》规定：人身自由权是我国公民的基本权利，宪法应该得到应有的尊重。

用现代营销理念指导工厂化农业发展*

张娣杰　魏勤芳　宿素云　张金龙

［摘　要］工厂化农业作为我国现代农业发展的重要模式和发展方向，无论生产方式、还是产品特点、市场营销都与传统农业有明显的区别。本文从工厂化农业的产品特点出发，强调工厂化农业的发展必须以创新的营销理论为指导，并在些基础上提出相关建议。

［关键词］营销观念　绿色营销　关系营销

一、工厂化农业的产品特征

所谓“工厂化农业”，指的是利用工程技术和工业化管理原理，在相对可控的环境条件下，通过有效的管理方式，为动植物提供适宜的生长环境，从而在最经济的时空内，获得最高的产量、品质和经济效益的农业生产方式。

工厂化农业是注入了生物技术、电子、信息及计算机技术的新型农业，是高科技含量的生产体系，是新世纪全球农业科技革命的重点和重要的农业生产方式。

随着市场国际化进程的加快，技术含量低的农产品的市场竞争力将越来越弱，世界各国为争夺农业高科技的制高点，争夺农产品的市场份额，将都纷纷加大了对工厂化农业的技术投入和建设投入。目前，一些发达国家的农业生产已达到相当高的工业化程度。

1. 更好的可操作性。传统方式生产的农产品生产受季节、天气等自然因素影响较大，而高度现代化生产的工厂化农产品几乎不受自然因素的影响，完全可以根据动植物生长所需的条件进行科学的生产和管理，实施全过程人工创造条件生产，工厂化农产品可以根据市场的需求和变化，及时调整产品生产，获得更好的效益。

2. 更好的品质保障性。由于工厂化农业生产更多地依靠计算机技术进行生产全过程的管理，无论是品种的选择与培育、水土营养成分的提供，还是生产过程的监控，其科技含量都非常高，从而避免了一些人为因素造成对产品质量的破坏问题，产品质量控制有根本性保障。

3. 更绿色，更环保。传统方式生产的农产品，由于在生产过程中不能科学地使用农药和化肥，造成了农产品的农药残留过高、化学污染严重等现象，一方面对社会环境造成危害，另一方面也对消费者的身体健康造成不良影响。工厂化农业生产的农产品由于在整个生产过程中能够科学地使用农药与化肥，或完全不使用农药和化肥，而是通过科学配制营养液等方式满足生物生长的需要，相对于传统的农产品，其更具有环保性，品质也更健康。

* 原载《中国农机化》2003 年第 5 期。

4. 单位产量高，效益好。通过科学的生产指导和计算机技术的控制，工厂化农产品能在适宜的生长环境和充足的、均衡的营养状况下生长，实现了农业生产的自然再生产和经济再生产的完美结合。因此，在工厂化农业方式下生产的农产品，其生产发育良好，从而有利于单位面积产量的提高，实现较好的经济效益。

二、现代营销理论

随着人类社会的不断进步、生产的发展和经济的繁荣，作为指导经济生活的市场营销理论也在不断的向前发展和丰富。从20世纪50年代末，杰罗姆·麦卡锡提出的4P理论（即：产品、价格、渠道、促销）；到20世纪80年代，美国市场学家罗德明提出的现代营销理论（即4C：消费者需求、成本、沟通、便利性）；再到20世纪90年代，美国的舒尔茨提出的营销创新理论（即4R：关联、反映、关系、回报）。这些不断丰富的营销理论强调企业生产经营活动不仅要以消费者的需求为导向，充分考虑消费者所愿意支付的成本，照顾消费者的便利性，与消费者进行沟通；还要使营销注入全新的要素，包括与顾客建立关联，提高市场反应速度，重视关系营销和营销回报，强调以竞争为导向，注重关系营销，维护企业与客户之间的长期合作关系。与此同时，出现了绿色营销、关系营销、全球营销、整合营销等全新的营销形式。

1. 绿色营销。绿色营销是市场营销在近年发展的一个新阶段，它为传统的市场营销引入了一种新的理论和思维方式，引起了各界的普遍关注，并成为21世纪营销的主流。绿色营销首先是在工业发达国家，随着国际社会对环保的日益关注而于20世纪80年代末产生与发展起来的。伴随着消费者环保意识的增强和绿色消费的兴起，以减少和消除产品对生态和社会环境影响的营销实践运动逐步兴起并发展起来。与传统的营销观念相比，绿色营销在营销观念、经营目标及具体的经营手段上都有了很大的变化。绿色营销的目标是使经济发展目标同生态发展和社会发展的目标相协调，促进总体可持续发展战略目标的实现。同时，在经营手段上，绿色营销从产品、分销渠道、促销和价格上均不同于传统营销，而是更注重利用绿色观念指导，采用绿色的手段去实现企业的市场推广。实施绿色营销有着重要的意义。从宏观上看，实施绿色营销有利于生态社会的建立以及社会的可持续发展，有利于提高社会资源的使用效率，有利于推动新兴的绿色文明的发展。从微观层面上看，实施绿色营销是宏观环境的要求，是广大消费者绿色消费的要求，也是企业树立良好形象、获得竞争优势的要求。

2. 关系营销。关系营销（Relationship Marketing），是由美国市场营销学家杰克逊在20世纪80年代中期提出的。它把营销活动看成是一个企业与消费者、供应商、分销商、竞争者、政府机构及其他公众发生互动作用的过程，其核心是建立和发展与这些公众的良好关系。企业与各方通过互利交换及共同履行承诺，实现各自目标。企业与顾客之间的长期关系是关系营销的核心，保持和发展这种关系是关系营销的重要内容。要实现关系营销的目标，企业必须提供优质的产品、良好的服务和公平的价格；同时与各方加强经济、技术及社会等各方面的联系和交往。由于感性消费时代的到来、市场细化加剧、目标市场模糊化和信息技术的飞速发展等原因，传统的营销方法已不能满足消费者的需求。所以，关系营销的推行就势在必行。企业在开展关系营销时，要注意以下三个原则：①主动沟通原则，即在关系营销中，各主体都应该主动与其他关系方接触和联系，相互沟通信息，建立和谐、稳定、融洽的关系。②承诺信任原则，即关系营销中的各关系方相互之间都应该做出承诺，并履行诺言，以此赢得其他关系方的信任。③互惠原则，即关系营销中各关系方都应该在公开、公正、公平的原则下等价交换，使各关系方都能得到实惠。

3. 其他营销理论。除了绿色营销、关系营销之外，现代营销理念中还有文化营销、知识营销、品牌营销、全球营销、形象营销、整合营销、互动营销、网络营销、定制营销、服务营销等现代理念。总而言之，市场营销的创新是随着时代的发展和消费者需求的不断变换而不断发展的。企业要综合考虑自身的各种资源要素和面对的消费者的需求，采用正确的、顺应市场发展的营销策略，以更好地推动企业的发展。

三、相关建议

由于工厂化农业是我国农业的发展方向，是新生事物，因此，应该用最新的营销理论作为其生产经营的指导思想，同时考虑到工厂化农业的产品特点。笔者认为绿色营销和关系营销的理论对我国工厂化农业的指导意义最为重大。在今后工厂化农业的发展中，工厂化农业企业的生产经营应以绿色营销和关系营销作为指导思想，具体做到以下几方面。

1. 树立绿色营销观念，促进绿色营销的实施。1992年在联合国环发大会上通过的《21世纪议程》，象征着人类保护环境、崇尚自然、促进可持续发展的“绿色时代”的到来。作为生产者和经营者的企业，应顺应市场条件变化，迎合绿色消费趋势，树立绿色营销观念，开展绿色营销工作。

首先，要树立建立绿色企业的目标。绿色企业是指以可持续发展为己任，将环境利益和对环境的管理纳入企业经营管理全过程，并取得成效的企业。在全球绿色营销的大环境下，我国的工厂化农业企业要发展，就必须树立起建立绿色企业的目标，从企业的方方面面推行“绿化”工作。

其次，企业的产品必须符合绿色营销的要求。产品是企业生产的最终结果，绿色企业的产品的设计、生产、包装都必须符合生态产品的要求。对于我国工厂化农业企业来说，尤为重要的是必须保证生产的农产品是用自然生态方法生产出的产品，尽量从根源上防范产品污染。

再次，我国的工厂化农业企业必须积极树立绿色企业的公众形象。良好的绿色企业形象可以使消费者放心、安全地消费农产品，从而促进企业的产品销售，进而有利于企业利润的提高。

2. 在关系营销理念的指导下，积极加强与企业外部各关系方的沟通和联系。首先，我国工厂化农业企业要加强顾客关系营销。在关系营销中，企业与顾客之间的长期关系是关系营销的核心，保持和发展这种关系是关系营销的重要内容。要实现关系营销的目标，企业必须提供优质的产品、良好的服务和公平的价格；同时必须保持同消费者的有效联系和交往。

其次，要重视企业内部关系营销。内部关系营销是关系营销的重要组成部分，也是传统营销所忽视的部分。在现代企业中，员工是企业最大的财富，员工关系和各部门关系的好坏和相互沟通的多少都会直接影响到企业的健康成长。

再次，企业还要重视供应商关系营销、竞争者关系营销以及其他影响者的关系营销。企业只有同供应商建立战略合作关系，才能有效地降低生产成本，并保证生产的正常进行。而对于竞争对手而言，在一定条件下，竞争者也有可能转变成合作者。所以，企业必须重视同竞争对手的合作，以便更好的开拓市场。在实际操作中，还有其他一些因素会对企业的发展产生影响，企业必须重视同这些因素的沟通和合作。

3. 优化品种结构，在产品上做到差异性。由于工厂化农业生产的投入相对较高，其产品的成本肯定会高于传统方式生产的农产品。所以，工厂化农产品就应该走“优质优价”之路，优化品种结构，实行差异化营销。一方面，应积极开发有特色的农产品。我国地域辽阔，生物资源丰富，可提供的农产品品种繁多，要充分利用这一资源优势，并结合工厂化农业特有的高科技，发展有特色的农产品，进而提高产品的附加值，同传统方式生产的农产品拉开档次，从而避免无效竞争，提高企业的经济效益。另一方面，发展工厂化农产品的深加工，延伸产品链。由于工厂化农产品的定位相对较高，所以，就可以根据消费者的需要对初级产品进行深加工。这既满足消费者的高档消费需求，又可以提高产品的附加值。

4. 努力创造名牌产品，扩大品牌效应。工厂化农业的生产相对于传统方式农业的生产更为集中，而且产品的品质更为优异。所以，工厂化农产品就更应该创建自己的品牌，提高品牌知名度和美誉度，做好品牌营销。

事实上，工厂化农业的建设就是一个依靠品牌优势，逐步建立农业产业规模优势，最终使工厂化农业生产得到进步和完善的过程。没有农产品品牌的创立和扩张，没有驰名农产品品牌的优势，就不可能有工厂化农业的健康发展。

随着时代的发展和经营水平的提高，我国工厂化农产品无论是要在国内市场上还是国际市场上获得认可，都应走品牌制胜之路，以提高竞争力。

5. 积极开展网络营销。鉴于工厂化农产品生产的可操作性，工厂化农业企业就更应该充分利用互联网的方便性和低成本性，有效的同顾客进行沟通，并根据顾客的需求生产。互联网的出现在全球掀起一场革命，互联网全球性、互动性和实时性的优点使各行各业都想搭上电子商务高速列车。传统产业登录联网，开展网络营销，可以弥补传统流通模式低效的缺点。农业企业在网上发布供求信息，调节供需时间、空间矛盾，不但可以找到最好的交易对象，还可以大大节约成本，因而应充分利用因特网这一工具，使农产品面向世界，走向世界。

参考文献

[1] 黄世杰．加强农产品促销 促进广西农业发展．广西大学商学院农经系

[2] 孙长宜．论我国农产品营销如何应对入世［J］．辽宁经济，2002（3）

[3] 张士云，许多农业产业化经营呼唤农产品营销创新［J］．农业经济问题，2000（8）

我国花卉产业市场体系建设探讨*

张娣杰　郭志伟　张金龙　吴　胜

［摘　要］近20年来，我国花卉产业得到了快速发展，但花卉市场的营销方式却相对滞后。文章以我国花卉市场中存在的问题为出发点，选取工厂化花卉业较为发达的云南省作为典型案例，从现代交易方式和物流服务的角度出发，探讨了我国花卉产业市场体系建设的问题。

［关键词］花卉市场　营销方式　拍卖中心　流通

20世纪90年代以来，国外许多先进的现代营销方式和营销手段被引入中国，拍卖市场、期货交易、特许经营、网络营销和电子商务等已开始得到广泛应用。但是，花卉产品营销的方式和手段仍然非常落后。虽然一些地区出现了"电子商务"、"订单农业"等个别现代农产品营销方式和手段的典型，但总的看来，我国花卉产品营销的主要方式和手段仍然落后陈旧，仍然采取供货会、展销会（节）、上门推销、坐地等客等传统方式，缺乏现代营销观念、营销方式和营销手段的创新。因此，改进传统的农产品营销模式，树立新型营销观念，加强花卉市场体系建设势在必行。

一、我国花卉业市场存在的问题

自20世纪80年代以来，我国花卉界在与国际社会广泛接触与频繁交流的过程中，主动或被动地引进、消化、吸收了国外一个多世纪积累的经验和成果，在实践中培养和造就了一大批生产、技术及经营管理人才，形成了自己的特色和生产格局，在品种、产品、生产资料、生产技术、经营管理、市场流通、花卉艺术及花卉文化等方面明显缩小了与花卉发达国家的差距，并逐步与国际市场接轨。据统计，至1998年全国花卉种植面积达到8.6万公顷，年销售额达到107亿元，花卉市场达1 587个，花卉企业总数67 918个（其中大型的1 313个），花农320 125户，从业人员1 023 512人，专业技术人员30 547人，花卉产业已成为我国农业新的增长点。1999年全国花卉面积近12万公顷，销售额540余亿元。鲜切花产量27亿枝，盆栽植物21亿盆。花卉业在总量增长的同时，已开始向生产商品化、布局区域化、产品多样化、服务配套化、生产和经营产业化的方向发展，并且依靠市场规律自主调节。目前全国各类花卉批发市场达900多个，一些重点花卉产销区，如北京、上海、广州、沈阳、成都等城市，都建起了较大型的花卉批发市场，花卉经销基本不受地域限制。随着花卉消费的不断扩大，全国大中城市花店已发展到1.6万多

* 原载《科技情报开发与经济》2003年第13卷5期。

家。我国花卉市场流通体系已经逐步形成。虽然我国花卉业已经取得了巨大的成绩，但是目前花卉产业的发展仍然面临着许多困难和问题，如花卉品种老化、品质不高、市场价格波动较大、花卉综合效益不高等，导致这些现象产生的重要原因是花卉市场化建设步伐滞后于花卉生产的发展，具体表现如下：

1. 花卉市场基本上属“自由市场”。采用自由式的传统交易方式，产品的包装、保鲜、运输等配套手段以自发为主，流通无序且不畅，透明度差，效益低下，不同等级的产品的市场价值不能得到充分体现，综合效益不高，不注重市场信息的收集，研究和传播，不能从宏观上对花卉产业起应有的指导作用。根据笔者在云南的实地调研，昆明市斗南花卉市场在全国花卉市场中属于较先进的市场，对整个云南花卉产业的作用巨大，但其交易方式仍同普通农贸市场相仿，还是传统的自由式交易。落后的交易方式不能有效地促进花卉产品的质量提高和升级换代，同时限制了产品的包装、运输、资金等社会化服务的发展。然而，花卉种植面积的不断增长，对品质、包装、运输、销售各方面提出了更高的要求，目前交易方式的落后，势必成为制约花卉产业发展的“瓶颈”。

2. 出口比重小，市场竞争压力大。我国花卉业虽然已经取得了巨大的成就，但目前绝大多数花卉产品的主要市场还在国内，出口比重小，出口产品在国际市场上的竞争力较弱。云南省是中国鲜切花产业的主要生产地区和供给地区，在中国鲜切花产业的发展中，具有不可替代的地位和作用。但是，2000年全省鲜切花中出口额为550万美元，仅占总产值6亿元的7.8%。相比之下，马来西亚2000年切花产值约达2 000万美元，内销仅占1/4，3/4出口。台湾地区年产鲜花10亿枝，1/4出口。由于国内（除台湾省外）花卉品种的培养工作落后，市场潜力大的名、特、优、新品种需引进，因此在国外市场开发中，面临着越南、泰国、马来西亚、我国台湾省等新兴花卉生产国及地区的竞争，还将面临荷兰、法国、比利时、以色列等传统花卉生产强国的竞争。

3. 配套交易体系建设落后于生产区域扩展。我国花卉经过10多年的发展，基本形成了以各类花卉企业为主导、花农为主体的生产经营格局。但是，各地交易市场的集中程度不同。一部分产区还没有自己的交易场所，必须经由外地交易市场成交。这就使部分产区信息不灵，产销脱节，不能准确、及时地捕捉市场信息来组织生产，甚至还出现了卖花难的情况。在云南省，除了昆明周边区域，其他偏远地域，如滇西地区的花卉市场体系就很不完善，几乎没有本地的交易市场，而必须通过昆明斗南市场进行交易，这直接制约了这些地方的花卉产业的升级和进一步发展。

4. 社会化服务体系不完善，市场风险大。花卉产业是一个高风险的产业，它需要工商、税务、银行、行业协会、交易中心、专业化运销公司等一系列社会化服务体系的有力支持。而目前我国绝大多数产区的社会化服务体系建设还很不完善。即使在花卉产业发展较好的昆明地区，由于社会化服务体系的不完善，使广大花卉生产者和经销商缺乏相关的法律、金融、生产和市场信息，严重影响了整个花卉行业的升级换代。随着昆明花卉拍卖中心以及花卉运销公司的建立，昆明地区的社会化服务体系将会发生质的变化，并将向花卉生产者和经销商提供更完善的服务。

二、云南省现代花卉市场体系建设

云南的花卉业是从20世纪80年代末开始起步的。进入90年代，随着我国国民收入的增长和人民生活水平提高，鲜切花消费市场逐渐形成，云南鲜切花的商品化生产开始起步，1994年的鲜切花产量达2.1亿枝，首次居全国第一，约占全国总产量的30%。从1990—1996年，云南

花卉生产中种植面积和产量的发展速度基本为每年翻一番；1996年以来，鲜切花生产量的平均增长速度都在20%以上，见表1。

表1 云南省鲜切花发展情况表

项　目	1997年	1998年	1999年	2000年
种植面积（公顷）	1 000	1 232	1 727	2 000
鲜切花产量（亿枝）	5.7	6.89	11.02	13
鲜切花产值（亿元）	2.1	2.69	4.74	6

目前，云南省已形成了以昆明为主的温带鲜切花产区，以西双版纳、元江、元谋等地为主的热带花卉产区和以迪庆、丽江为主的冷凉球根花卉产区三大主产区。随着西部大开发战略的实施，以及生态环境的建设和改善，生物品种资源的保护、开发和利用等方面政策进一步加强，将为花卉业的可持续发展打下基础。

云南花卉业的发展与其积极构建的现代市场体系是分不开的。云南花卉市场体系由以下几个方面构成：

1. 云南省花卉产业联合会。云南省花卉产业联合会（以下简称省花产联）是经云南省人民政府批准成立的，由云南省从事花卉生产、加工、销售、储运和涉及有关花卉配套设施生产的企业、单位和花农集体组织自愿加入组成的经济合作组织。省花产联在云南省政府的领导下，承担花卉产业的整体组织和服务职能，通过编制发展规划、草拟法律、法规，实施资金和政策的扶持引导等措施，发挥桥梁纽带和产业服务的职责。省花产联现有65家会员单位和一个分会（昆明斗南分会），包括了云南省内所有有一定规模的花卉企业。省花产联通过政府干预和市场调节双重手段，整合云南花卉资源，为花卉产业发展建立有力支撑体系。

省花产联在云南省政府批准下，建立了规模为1个亿的“云南花卉产业发展基金”，组建非营利性的云南花卉交易中心，规模开发国际、国内市场；同时还将建立高层次的专家委员会和云南花卉研究推广中心等。

2. 花卉批发市场。目前，云南花卉市场有一定规模的主要有昆明呈贡斗南批发市场。斗南花卉市场于1999年1月建成投入使用，占地6.7公顷，建设有起点较高，功能较完备的12 000平方米交易大厅，有与农业部信息中心联网的信息服务系统及33平方米的信息显示屏，有冷藏保鲜、金融、税务、科技服务、货运、信息服务、旅游服务等多项配套设施。斗南花卉的发展是市场需求刺激花卉生产，生产发展规模化又培育了市场，形成生产与市场相互促进、共同协调发展的格局。

在整个云南花卉市场中，斗南市场占全部交易量的55%左右，市场交易区面积1.1万平方米，日交易额180万元以上。昆明斗南花卉市场已进行了一期扩建，市场交易繁荣，固定客商由原50家增加到120家，人流量2 000人次剧增到6 000人次，花卉品种日渐增多，并吸收了西双版纳等地的鲜切花进入市场交易，花卉价格大幅度回升，市场目前日交易额由原来的60万元人民币上升到180万元以上，同时还吸纳了呈贡县70%的下岗职工，产生了显著的社会和经济效益。

3. 正在构建中的花卉拍卖中心。为了促进花卉产业上一个新台阶，克服目前花卉生产销售各环节出现的诸如产品质量无法升级换代、售后服务环节不完善等问题，云南省上马了花卉拍卖市场项目。该项目是在联合国国际合作援助项目及国家西部重点开发项目的基础上，由云南省政府、昆明市政府、呈贡县政府和云大科技股份有限公司共同出资7 500万元组建的昆明国际花卉交易中心有限公司负责。公司投资 1.25 亿元建设占地 9 公顷，一期日拍卖 200 万枝鲜切花，拥有 2 个拍卖钟、300 个交易席位的中央拍卖市场。花卉拍卖市场以荷兰“阿斯米尔”鲜切花拍卖市场为蓝本，通过这种先进的花卉营销方式推动花卉产业的发展。2002 年 11 月 14 日，该项目一期建设已竣工并投入使用，200 余家购买商、供货商已经与昆明国际花卉拍卖交易中心正式签约，成为云南花卉拍卖的首批尝试者。

花卉拍卖中心不仅加强交易方式上的建设，而且还积极提供优质的产前产后服务，以及货品快速有效的集散功能，完善相应的物流建设，为云南花卉产业的发展建立一个完善的社会服务体系。在生产环节，提供技术和信息支持；在售后环节，提供市场开拓和物流服务；并引入与花卉拍卖相关的各职能部门进驻拍卖市场，实行联合办公，方便客户交易。

4. 建设中的花卉运销公司。由云南省花卉产业联合会、云南英茂花卉产业有限公司、云南航空公司、昆明铁路局、昆明国际花卉交易中心有限公司共同出资完成了“运销公司”的组建，以解决花卉流通的小、散、乱问题。通过联合航空、铁路，组合国内国际运力，降低花卉运输成本与价格，缩短运输时间；集合国内外运输、包装、检疫、进出口等服务，建立花卉外运绿色通道；在目标市场建设云花销售网络，扩大云南花卉国内市场占有率并规模化地进入国际市场。组建后的运销公司将围绕 3 个方面开展经营活动：一是在斗南与花卉拍卖市场同步建设“云南花卉物流配送中心”，承担航空和铁路运输花卉的收货组货服务平台，并提供花卉冷藏、包装、熏蒸等相关服务；二是与云南航空公司和昆明铁路局合作，建立花卉外运体系；三是依托拍卖市场的货源组织和公司的外运体系，规模化地合作开发国内外花卉市场。

三、花卉产业市场体系建设的对策

云南省作为我国的花卉强省，其市场体系建设已经走在了全国的前列。笔者认为，我国其他花卉大省应该积极学习云南的经验，并根据自身情况不断加强花卉产业市场体系的建设，从而促进全国花卉产业的整体升级和持续发展。

1. 进一步完善、加强各种花卉组织、协会的功能建设。尽力完善加强全国花卉协会及各省、各地的各种协会的建设，如花卉工业协会、苗圃工业协会、花卉消费者协会等。由各种协会成员组成花卉顾问委员会，以加强花卉协会的行业管理和“纽带联系”职能，使之成为花农和花商的指导、协调和交流中心，并约束会员花商的行为，推动花卉生产和销售，代表广大花卉生产者、销售者向中央及地方政府提出花卉发展的建设性意见，从而在制定花卉产业的发展规划、市场建设、生产基地建设等方面发挥作用。同时，定期举办各种花卉博览会、展销会，以宣传、推动花卉的生产、销售与科研。

2. 加快交易方式的现代化，建立与现代化拍卖市场的联系，建立发达的交易体系。综观荷兰、美国、日本、澳大利亚等国的花卉交易，都是采取拍卖形式运作。在亚洲至今还未形成具有相对稳定和一定规模的国际花卉交易中心市场。从发展趋势看，亚洲花卉市场集中在中国和以中国为中心的外缘区：日本、韩国、新加坡、我国香港和台湾等国家和地区。因此，我国应加快建立电子商务化的花卉拍卖市场，以先进的交易手段，广泛的营销网络，全面、及时的信息渠道，逐渐吸引周边国家和地区的客商，以及国内客商进入拍卖市场交易。这对于转变“以农民为主体的小规模分散式小生产面对大市场”的现状，促进我国花卉产业升级、走向国际市场，以及最终确立我国在亚洲的花卉产销中心地位，都具有决定性的战略意义。

(1) 在交通相对便利、通讯和人才资源集中的地区建立现代化花卉拍卖交易中心。现代化拍

卖中心一方面与全国的鲜花经销商连接，通过网络中心对各个网点的集中控制，进行市场信息反馈，确保营销渠道的畅通，实现快捷便利的交易，为交易方提供完善的社会化服务；另一方面通过对花卉生产者的有力约束，可以在很大程度上加强对花卉品种及品质的控制，促进花卉产品的升级换代。

（2）与花农种植分散的特点相适应，适当发展一些中等规模的市场，作为当地花卉集散的地点，同时也可作为各地区花卉中心市场的一个网点，以积极利用现代化交易方式带来的方便快捷和相关服务，促进本地区花卉产业的升级。

3. 加强产前、产后以及物流建设，完善社会化服务体系。为了更好地促进我国花卉产业的发展，应该进一步完善花卉产业产前、产后的社会化服务体系。

在生产环节，我们要提供给生产者详细的市场需求信息，优质的种苗、种球和生产技术，以及配套的农资产品；在售后环节，要及时为生产者对外发布供给信息，加强供给方和需求方的信息交流，协调交易各方的利益，利用现代化的拍卖交易方式为其提供快捷的交易，畅通的物流服务和相关的工商、出入境检疫、海关、金融、邮政、通讯、质检等服务。

只有交易方式的改进，流通渠道的畅通，才能保证花卉的品质和价值，因此应加强拍卖中心、专业运输公司（包括各航空公司专业货运，铁路货运）和花卉专业运输销售公司的联系与合作，以及对等各服务部门协调统一，为生产商和购买商提供交易的“一条龙”服务等多种环节的完善。

参考文献

[1] 张引潮．中国花卉业的现状及前景［J］．中国林业．2001（1）：38～39

[2] 蔡派．中国花卉产业现状与发展对策［J］．世界农业．2000（8）：9～11

[3] 何江南，李红梅．试论云南花卉产业发展面临的问题与对策［J］．云南财贸学院学报．2001（10）：142～145

政府为什么要推行农村税费制度改革*

——一个关于政府行为的理论模型及其初步分析

林 万 龙

[摘 要] 本文通过构建一个关于政府行为的理论模型，将中央政府和农村基层政府视为存在委托—代理关系的“理性人”。本文的分析表明，在缺乏健全的农村民主机制的情况下，政府推行农村税费制度改革的基本原因是由于农民负担问题的尖锐化，它对政府的利益造成了损害；而在推行农村公共品供给制度的改革时，必须充分考虑到基层政府的利益倾向，因为基层政府的利益与中央政府并不完全一致，因此，各项改革间必须相互配套。

[关键词] 农村税费制度改革 政府行为

一、导言

农村税费制度的改革是20世纪90年代以来中国农村社会改革中的一个重要现象。从1993年起，在有些农民负担较重的地方出现了由地方政府主动进行的税费改革，1994年起农业部农村改革试验区办公室开始在有些地方进行了这方面的制度试验。2001年4月，国务院曾专门下文，要求各地不宜全面推开这一改革，以省为单位的试点仅允许停留在两个省份；然而，在2001年12月8日的全国农村税费改革试点工作座谈会上，财政部部长则宣布2002年的改革试点将由2个扩大到10个省左右。这表明：虽然在改革中遇到了一些问题，中央政府仍然希望把这一改革持续下去。

目前大多数的研究均把注意力放在对改革方案的具体设计上，这是操作层面的分析；从理论分析层面来说，在目前的研究中，有一个重要而非常有趣的问题没有被讨论：即，政府为什么要推行农村税费改革？通行的说法是要减轻农民负担。但是这实际上对问题没有给出任何回答，因为根据目前改革的出发点，这一问题还可以表述为：为什么政府要减轻农民负担①？如果要做进一步的思考，那么，则还有另外一个问题：中央政府和农村基层政府（县乡政府）对改革所持的动机和态度是否有所区别？

上述问题的解答显然涉及到对政府行为的分析。本文即拟通过构建一个关于政府行为的理论

* 原载《中国农村观察》2003年第5期，转载于《中国社会科学文摘》2004年第1期。

① 事实上，所谓“减轻农民负担”的说法是非常含糊的，例如，有研究表明：即便不考虑工农产品剪刀差，现在的农民负担占上年农民纯收入的比重也并不比公社时期高，相反，还可能要低（林万龙，2002）。

模型，以此作为对上述问题进行经济学分析的基础；并利用一些有限的材料，对这一模型予以初步的验证。最后，进行结论性评述。

二、一个关于政府行为的理论模型

对体制变革过程的理论分析表明，许多体制变革问题，不属于“帕累托改进”的范畴，而是一种“非帕累托改变”，即往往是一部分人获益，一部分人受损（樊纲，1994）。因此，制度供给者总是从其个人净效益来考虑其供给的，而这种个人净效益与社会净效益并不一定一致；制度需求也类似，需求者总是从其个别净效益来考虑制度需求的①。在强制性制度安排中，作为制度供给主体的政府，这一点也适用，正如拉坦和速水所言，“如果创新的预期收益的增长对政治企业家来说超过了进行创新而动用必需的资源的边际成本，那么制度创新就会有供给②”。来自泰国和法国的案例证实了这一点（见林毅夫，2000，第52～53页）。

因此，必须从“经济人”的角度去思考政府的行为。诺斯的国家理论③正是如此。诺斯认为，理解国家的关键在于为实行对资源的控制而尽可能地利用暴力，即国家具有“暴力潜能”。在诺斯的国家模型中，统治者以自身福利或效用最大化为目标，具体而言其目标有二：①界定形成产权结构的竞争与合作的基本规则，以使统治者的租金最大化；②在第一个目的框架中降低交易费用以使社会产出最大，从而使国家税收增加。为达到其目标，国家通过为社会设定和保护产权与社会作交换（诺斯，中译本，1994）。

但是，诺斯指出，国家的上述两个目标并不完全一致。第二个目的包含一套能使社会产出最大化而完全有效率的产权，而第一个目的是企图确立一套基本规则以保证统治者自己收入的最大化。当二者一致时，国家是经济增长的关键，而二者不一致时，国家又是人为经济衰退的根源。这就是所谓的“诺斯悖论”。那么，如何保证国家这两个目标的一致呢？周其仁（1994）在通过对中国农村改革史的回顾和分析后证明，国家通常不会自动提供产权的有效保护，除非农户、各类新兴产权代理人以及农村社区精英广泛参与新产权制度的形成，并分步通过沟通和讨价还价与国家之间达成互利的交易，才有可能在国家和社会之间形成一种均势，使国家租金最大化与保护有效产权创新之间达成一致。

在现有的理论中，一般都将“国家”视为一个整体，它代表（或等同于）统治者的利益。但是这种分析方法是不全面的。因为无论在任何一个国家，统治者要达到其目的，都必须依赖于各级地方政府及他所任命的官僚（林毅夫，中译本，1994，第398～399页）。出于本文的研究对象和便于研究的需要，我在此将政府简化为两级，即中央政府和农村基层政府（县乡政府），那么非常显然，中央政府直接代表的是国家（统治者）的利益，而农村基层政府则是它的代理人，二者之间存在委托—代理关系④；与此同时，作为“经济人”，农村基层政府本身也有自己

① 张曙光（1992）曾提出，制度需求是由制度的社会净效益决定的，而制度供给是由制度的个别净效益决定的。他对制度需求决定的分析显然是不正确的。

② 转引自丹尼尔·W. 布罗姆利（中译本，1996），第25页。

③ 樊纲（主笔，1990）认为，公有制经济中的国家一般具有两种含义，一是作为公有权主体的“计划者”，另一个是具有自身利益追求的“政府”。诺斯国家理论中的“国家”显然指的是“政府”。因此，可以用国家理论来分析政府行为。

④ 林毅夫认为研究政府行为的一个适当观点，是多层次委托—代理的观点。参见林毅夫（2000），第46页。

的利益①。

这样，农村基层政府的角色就有两个：①作为中央政府在农村的代理人，为中央政府的效用最大化服务；②作为理性的经济人，追求自身效用的最大化。因此，一方面，无论是作为哪个角色，农村基层政府都如同国家一样，除非农户、各类新兴产权代理人以及农村社区精英能与之达成一种均势，否则它通常不会自动提供产权的有效保护；另一方面，尽管是统治者的代理人，但由于县乡政府本身是理性的个体，它的利益就不可能与统治者完全吻合。由于监督费用、信息等方面的原因，结果是设计成统治者偏好最大化的政策，往往扭曲成使代理机构本身受益（林毅夫，中译本，1994）。

因此，本文关于政府行为的理论模型可以概括为：① 中央政府代表统治者（国家）的利益，它以自身福利或效用最大化为目标；②农村基层政府是中央政府的代理人，它本身也是理性的个体，也以自身福利或效用最大化为目标，因此它的利益不可能与统治者完全吻合；③无论是中央政府还是农村基层政府，都不可能为了其长远利益而自动提供产权的有效保护，除非农户、各类新兴产权代理人以及农村社区精英能与之达成一种均势。

三、中央政府为什么要推行农村税费制度改革

如果将农民负担作为一种“超额摊派”的话，那么，根据胡汝银（1994）的分析，由于摊派双方（政府和农户）的组织成本差异和力量对比关系明显有利于处于地方管理者地位的摊派者，因此，超额摊派将持续存在；孙立刚（1999）的分析也认为，如果没有政府主动的制度变革（主要是建立民主机制），农民负担问题将持续下去。

但是，事实上，即便是没有健全的民主机制，政府对农民的超额摊派也不可能无限制地延续下去，因为持续的、日益严重的农民负担问题最终会影响到政府的统治，从而使得政府维系这一制度的运行成本过高，从效用最大化的目标出发，政府最终将对这一制度进行改革。

在周其仁（1994）的理论中，“只有当社会与国家在对话、协商和交易的过程中形成一种均势，才能使国家租金最大化与保护有效产权创新之间达成一致”。作为一种公共选择的结果，均势的形成显然必须依赖于双方间的竞争（赵晓，1999）。然而，正如唐寿宁（1996）所指出的，公共选择学派的创始人布坎南的“整个分析都是以个人具有完全的选择权利作为前提的”，但在中国农村，个人完全选择的权利显然并不存在，在个人缺乏完全的选择权利时，农户和国家间的竞争是以何种形式发生的呢?

问题的关键是如何定义“竞争”。在经济学家的著作中，竞争通常被限定于经济主体在市场上展开的价格角逐。然而，在现实中，只要存在着不同的利益主体对稀缺性资源的需求冲突，竞争就会发生。因此，如果要使竞争理论对现实有更强的解释力，经济学家就有必要转向乔治·施蒂格勒的竞争定义，即：“竞争系个人（或集团或国家）间的角逐；凡两方或多方力图取得并非各方均能获得的某些东西时，就会有竞争②。”这样，竞争就是多维的竞争，它可以以多种形式

① 在改革之前，乡村基层政府主要充当国家代理人的角色，而改革之后，随着中央对地方的放权让利，乡村基层政府的第一个角色也重要起来。参见裴小林（1999）。

② 转引自赵晓（1999）。

表现出来①。赵晓（1999）曾以政府对国有企业的“抓大放小”政策作为案例证明：在缺乏西方式代议制民主制度的情况下，公共选择仍然可能是有效率的，甚至可能出现持续的效率改进，条件是存在足够的“竞争”，竞争不仅是产权变革从而经济效率改善的基本因素，也是公共选择变革从而公共政策效率改善的基本因素。由此可以导出的一个推论便是，只要竞争的因素不断加强，不仅产权制度的变迁，公共选择也会向更有效率的方向变革，从而最终保证中国“渐进改革”的成功。

那么，农民负担过重最终以何种形式表现为了农民与政府间的“竞争”呢？从现实来看，其表现有以下两种：

（1）农民的对抗情绪和对抗行为在加重。具体表现在：部分农村地区的农民集体拒绝缴纳统筹和提留②；农民通过上访反映问题③；最为严重的是，砸乡政府、自杀等恶性案件时有发生：据各地上报，仅1999年上半年全国即发生涉及农民负担的恶性案件8起，死亡8人，有的省年年发生多起因农民负担重引发的恶性案件（农业部农民负担监督管理办公室，2000）。这些事件已经严重影响了农村的社会秩序和国家的稳定统治。

（2）过重的农民负担阻碍了农民收入和农村经济的发展。1978年以来，农民人均纯收入虽然一直在增长，但从分阶段来看，年均增长速度在放慢。按不变价格计算，1978—1984年，增长速度达15.6%，1985—1988年，下降至5.6%，1989—1991年为2%，1992—1998年虽提高到5.3%，1998年后虽有所回升，但仍不及20世纪80年代。从农民人均纯收入与城镇居民人均生活费收入之比来看，1978年为1∶2.37，2000年则扩大为1∶2.80。农民收入增长速度下降的原因虽然很多，但过重的负担无疑是重要原因。同时，过重的负担也严重影响了农村经济的健康发展④。

虽然上述问题所造成的“竞争”的日益激烈难以用量化指标说明，但从历年来政府文件的语气和定性中可以明显看出来。见表1。

1985年农民负担问题仅仅是“消极因素”，随着矛盾的尖锐，政府的压力越来越大，定性也越来越严重，1993年定性为“政治问题”，到1999年时，已经将之定性为“重大政治任务”的高度。因此，对中央政府来说，问题已严重威胁到了政府的长远利益，不仅影响到了政府的经济目标，而且也威胁到了国家的政治稳定。原有制度的运行成本已经高到使之难以维持下去的程度。在这种“竞争”之下，政府必须对农民进行“妥协”，新的公共政策—农村税费体制改革—被实施了。

---

① 赵晓（1999）曾举了个例子，在中国，人们经常批评企业出了问题不是“找市场”而是“找市长”。但从多维竞争的角度看，企业的做法其实既是理性的又是合理的，原因在于：“在特定的制度下，政治市场的竞争（“找市长”）能比经济市场的竞争（“找市场”）更有效——如果真有什么不合理，那只能是规则的不合理。

② 据李炳泉（1998）对某镇的调研，上交提留已成为该镇农村工作最难的事。近年来全镇村民施欠上交提留款达180万元。主动上交户只占15%，拒交户占30%，且拒交户比例有明显上升的趋势。近年来，镇、村、组干部因收上交提留款被打的有60人次。

③ 据人民日报1993年6月15日的报道，1992年农民的集体上访总数中，有20%是要求减轻农民负担的。

④ 2000年8月24日的南方周末曾刊登过一封某乡党委书记给国务院领导的信，反映由于农民负担过重、农业比较利益低，全乡18 000劳动力中，有15 000人外出打工，“要死也死在城里，下辈子不做农民”；全乡弃田弃水面积3 5000亩，占全乡总面积的65%；所在县85%的村有亏空，90%的村有负债，90%的乡镇财政赤字。基层组织和政府已经难以运转。

表 1　中央政府对农民负担问题的定性

年　份	定　性	出　处
1985	是损害党群关系、工农关系和影响党的农村经济政策进一步落实的“消极因素”	中共中央、国务院关于制止向农民乱派款、乱收费的通知
1990	严重挫伤了农民发展生产的积极性，必将影响农村经济的发展和社会安定	国务院关于切实减轻农民负担的通知
1993	不单纯是经济问题，而且是政治问题。它关系到国民经济的发展和农村乃至全国的政治稳定	中共中央办公厅、国务院办公厅关于涉及农民负担项目审核处理意见的通知
1996	减轻农民负担绝不只是单纯的经济问题，而是关系农村改革、发展，关系农村大局稳定的重大政治问题	中共中央办公厅、国务院办公厅关于转发《农业部、监察部、财政部、国家计委、国务院法制局关于当前减轻农民负担的情况和今后工作的意见》的通知
1999	减轻农民负担，是党在农村的一项基本政策，是农村工作的重大政治任务	国务院办公厅内部情况通报

资料来源：国务院法制办公室（1999），农业部农民负担监督管理办公室（2000）。

四、农村基层政府的动机和态度是什么

如前所述，农村基层政府的角色有两个，一是作为中央政府在农村的代理人，为中央政府的效用最大化服务，二是作为理性的个体，追求自身效用的最大化。从理论上讲，为求得农村经济的持续发展，这两个角色都要求农村基层政府有效保护农村中的有效率的产权。但是，作为“经济人”的农村基层政府并不必然能做到这一点。

从第一个角色来说，正如林毅夫（中译本，1994）所言，统治者的代理者本身都是理性的个体，它的利益从来就没有与统治者完全吻合过。对农村基层政府来说，如果没有中央政府的有效监督，它就可能利用已有的制度安排来谋求其自身的利益，从而有悖于中央政府的初衷。事实上，针对农民负担过重的问题，中央三令五申，多次明令禁止许多的收费项目①，但是许多农村基层政府或明或暗，并没有真正执行中央的委托任务。其原因即在于此。

从第二个角色来说，诺斯（中译本，1994）已经指出，在使统治者和他的集团的租金最大化的所有权结构与降低交易费用和促进经济增长的有效率体制之间，存在着持久的冲突。从现实情况来看，尽管可以认为现行农村集体财产产权制度不清晰是加重农民负担的主要因素（朱守银，1999），但这同时也说明，农村基层政府没有主动设计和保护农村有效产权制度的动机：“国家不会自动提供这种保护”（周其仁，1994），农村基层政府也是如此。

对农村基层政府官员来说，追求短期租金最大化的倾向尤为明显。这是因为，①在目前的政治机制中，缺乏平衡与制衡的代议制民主，而这被认为是保证公共选择效率的必要条件（赵晓，1999）；②农村基层政府官员处于政权的最底层，他们不像最高统治者那样要十分注重政治威望；③农村基层政府官员的任期有限，并且目前的官员考核、监督机制也不健全。在这种情况下，不管农村基层政府官员的效用是为了主观地想促进地方经济，或是获得升迁的机会，或是满足自己的私欲，其行为往往短期化，表现在公共品筹资上，就是有过度筹资的倾向，因为这样将使其

① 1985—1998 年，收入《减轻农民负担政策法规选编》的中央与部委文件与法规即达 18 份，年均超过了 1 份。见国务院法制办公室（1999）。

（短期）效用最大化。在财政体制和监督机制不完善的情况下，这是农村制度外筹资膨胀的根源。

但是，同样地，对部分农村基层政府来说，严重的农民负担问题直接对其正常运转造成了威胁。当这种威胁超过了维持原有制度的收益时，对基层政府来说，进行农村税费体制改革的试点是符合其利益的，这也是部分基层政府愿意推行试点工作的原因。见案例1。

案例1　“上访大县”的“费改税”①

怀远县是安徽省最早进行税费改革试点的4个县之一，现在该省全面推开的税费改革试点方案的雏形就来自这里。

怀远县的一位领导说，1998年年底怀远县为什么要提出进行税费改革试点呢？就是因为当时怀远县的名声太臭了，村民因负担过重，几次集体开拖拉机到合肥堵塞交通，省里领导都记住蚌埠地区有个怀远县。

由于负担重，干群关系变得很紧张，以淝河乡为例，几年里全乡29个行政村中有23个村的村民在上访，1997年春，怀远县一位分管信访的副县长在劝阻该乡某村村民上访时，被村民撕烂衣服，架在拖拉机上，押到县委门口。

1996年到1998年，怀远县26个乡镇中多数出现因负担问题上访的热潮。大多数乡镇无法收上当年农民税费的大部分，正常运转出现危机。

因此，当安徽省按中央和国务院的指示，在省内选择税费改革试点县时，怀远县是最积极的，并于1999年开始了试点。

案例1是对上述分析的一个生动注解。案例1清楚地显示出了农民负担问题尖锐化对当地政府所带来的压力：上访使他们“名声太臭”，以致给省领导造成了不好的印象；干群关系紧张；政府正常运转出现危机，等。正是这些压力，构成了基层政府要求进行改革的动力。非常明显，基层政府的目的，仍是谋求自身的利益。

在改革之后，农民与政府间的冲突降低了。仍以案例1为例，它集中表现在三方面：由于农民负担减轻了（合理负担比1997年压缩至少20%，并没有了其他收费），农民交粮积极性提高了，粮食征收任务也就能够较轻松地完成了。也就是说，当地农村社会秩序的运行得到了维持，矛盾至少得到了暂时的缓解②。

但如前所述，基层政府的目标与中央政府毕竟有所不同，税费改革与基层政府官员的利益直接相关，因此，这一改革与其利益的相关性将影响到基层政府各部门的态度和行为。基层政府的处境可能分为三个阶段：在农民负担问题不尖锐时，通过制度外筹资，基层政府可以掌握大量资金，以用于正当的和不正当的支出（A阶段）；农民负担问题十分尖锐时，基层政府的基本运转都成了问题（B阶段）；实行税费改革后，基层政府的运转可以维持了（C阶段）。对于基层政府来说，三阶段的效用排序分别为：$A > C > B$。我们有理由推断：一部分基层政府之所以对税费改革有积极性，是因为它们正处于B阶段，改革后（C阶段）将使其效用增大；另一部分基层政府可能还处于A阶段，改革后其效用将下降（$C < A$），这部分基层政府未必有改革的动力，之所以要改，主要是因为中央政府和民间的压力。

如果承认基层政府有“经济人”理性、不必然保护农村中有效的产权制度这一假定，那么，

① 根据南方周末2000年10月12日“‘上访大县’的‘费改税’”一文整理。

② 之所以说矛盾得到了暂时的缓解，是因为目前的单项税费改革尚不足以解决根本问题。

对基层政府来说，如果没有健全的公共选择机制对其行为加以约束，就都没有动机去长期维护改革后的税费制度，因为它们均希望由阶段 C 回到阶段 A。温铁军（1999）所提供的案例说明了这一问题，见案例 2。

案例 2　市场粮价与“税费征实”改革

有些地方在农村税费改革试验中，采取了“税费合一项，折实一次征，三年不变样”的办法，将农民的所有税费改为粮食征实，与粮食定购任务一起征收，在此之外免征一切费用。这项改革开始实施是在 1993—1994 年，当时恰逢市场粮价上升，这样，超过国家粮食定购任务的征实部分可以产生“第三块资金”，增加了县乡政府资金调度余地和平衡各行为主体对利益的要求的能力，地方政府对此是有积极性的。

但是，自 1996 年下半年开始，市场粮价逐步下跌，到 1997 年夏季出现了市场粮价低于定购价的情况，这样，如果农民再按既定的“一定三年不变”的税费征实数量交纳粮食，不仅不能使政府获得“第三块资金”，即使是原来的税费也会因粮食滞销、调出困难等原因而难以足额保证。政府政府对此的反应是将“征实”改为“征币”（阜阳）或增加粮食“征实”数量（魏县），在阜阳的个别县市还出现了“增加税目”和乱收费的现象。

案例 2 反映的是农村基层政府在利益驱动下采取隐性手段增加农户负担的情况。事实上，如果来自农户的抵触过大，那么基层政府将有可能以改革为借口向上级政府要求给予超额的补助。朱钢（2002）的研究认为，由于上级政府特别是中央政府很难准确了解乡镇政府因税费改革而导致的收入减少究竟有多大，因此，现行改革方案为乡镇政府向上级政府讨价还价提供了机会，由此可能产生人为过度夸大财政缺口的现象。其他一些研究也注意到了农村税费改革中政府间的利益冲突和可能的博弈行为（谭秋成，2001；周业安，2001）。

五、结论性评述

本文运用新制度经济学的国家理论构建了一个关于政府行为的理论模型，在这一模型中，政府被认为是具有理性的“经济人”，并且政府本身是分层的，中央政府和农村基层政府之间存在委托—代理关系，它们的利益不必然一致。本文旨在运用这一理论模型对政府为什么要推行农村税费制度改革以及在这一改革中中央政府和农村基层政府的行为动机进行初步的分析。

利用有限的资料，本文的分析表明，政府推行农村税费制度改革的基本原因是由于农民负担问题的尖锐化，它对政府的利益造成了损害，这种损害不仅是对中央政府，而且也针对农村基层政府，由此可以解释为什么某些地方政府率先自发推行了改革试点。分析表明，在对农村税费制度改革中政府行为进行考察时，必须十分注意两个问题：①政府行为的“经济人”理性。政府行为不必然表现为保护有效的产权制度，在缺乏充分的民主机制的情况下，农民与政府间的“竞争”是政府公共政策变化（即进行农村税费制度改革）的重要因素[①]；②基层政府的目标与中央政府并不必然一致。在缺乏有效监督的情况下，基层政府的自利动机将有可能使其行为偏离中央政府的目标，这也就意味着，在推行农村公共品供给制度的改革时，必须充分考虑到基层政府的

① 可以发现，无论是对农民还是国家，这种“竞争”的代价都是巨大的，并且难以保证其持续有效性。因此，这一结论的规范性含义是，必须加快农村民主政治的建设，提高农民的谈判地位。

利益倾向，各项改革间必须相互配套，否则，由于基层政府所具有的代理人优势（掌握信息、难以监督等），单项的税费改革将难以真正持续。

从理论上来说，农村的税费制度改革的目的应该是，真正理顺农村公共产品的筹资体制，以便政府能够更好地扮演市场经济环境下公共产品供给者的角色。从这层意义上讲，农村的税费制度改革与农民负担问题并无本质的联系。现在在政府的政策表述中，却把这两个问题紧密地联系在一起，对于这一现象，本文的分析可以提供一个启示。但愿这种联系不会有损于改革理应所追求的目的的实现。

参考文献

[1] 丹尼尔·W·布罗姆利著，陈郁等译．经济利益与经济制度——公共政策的理论基础．上海：上海三联书店，1996

[2] 樊纲．公有制宏观经济理论大纲．上海：上海三联书店，1990

[3] 国务院法制办公室．减轻农民负担政策法规选编．北京：中国法制出版社，1999

[4] 胡汝银．超额摊派的经济分析．载：陈昕主编．社会主义经济中的公共选择问题——上海三联书店，1993年经济学论文选．上海：上海三联书店，1994

[5] 李炳泉．农民上交提留工作的现状、原因及对策——湖南省津市新洲镇调查报告．农村经济文稿．1998（10）

[6] 林万龙．乡村社区公共产品的制度外筹资：历史、现状及改革．中国农村经济．2002（7）

[7] 林毅夫．制度与经济发展．载：林毅夫著．再论制度、技术与中国农业发展．北京：北京大学出版社，2000

[8] 林毅夫．关于制度变迁的经济学理论：诱致性变迁与强制性变迁．载：R·科斯等著．财产权利与制度变迁——产权学派与新制度学派译文集．上海：上海三联书店，1994

[9] 农业部农民负担监督管理办公室．农民负担政策法规汇编．农业部内部资料（2000）

[10] 诺斯著，陈郁等译．经济史中的结构与变迁．上海：上海三联书店，1994

[11] 裴小林．集体土地制：中国乡村工业和渐进转轨的根源．天则经济研究所内部论文稿．1999年第10期

[12] 孙立刚．外在性、反对成本和农民负担问题．农业经济问题．1999（9）

[13] 谭秋成．农村税费改革：放弃还是完善．中国农村经济．2001（11）

[14] 唐寿宁．行政一致性同意——对中国公共职能机构改革的一个解释．载：张曙光执行主编．中国制度变迁的案例研究（第1集）．上海：上海人民出版社，1996

[15] 张曙光．论制度均衡和制度变革．经济研究．1992（6）

[16] 赵晓．竞争、公共选择与制度变迁．北京大学中国经济研究中心讨论稿系列，NO. C1999025，1999—10

[17] 周其仁．中国农村改革：国家和所有权关系的变化——一个经济制度变迁史的回顾．中国社会科学季刊（香港）．1994年夏季卷

[18] 朱钢．农村税费改革与乡镇财政缺口．中国农村观察．2002（2）

[19] 朱守银．农村基层制度创新与税费体制改革问题研究——减轻农民负担的制度环境与制度创新．经济研究参考．1999（88）

[20] 周业安．税费改革与乡镇财政民主建设．管理世界．2001（5）

我国设施农业种植结构调整方向分析*

——以蔬菜、花卉生产为例

田志宏　祝华军

[摘　要] 设施农业的产业结构主要是就设施内种植的作物而言的，根据国外设施农业发展的一般规律，迫切需要对我国设施农业的种植结构进行大的调整，扭转目前因种植结构不合理造成的效益低下的不利局面。

[关键词] 设施农业　种植结构　蔬菜　花卉

一、我国设施蔬菜的供需分析

（一）我国蔬菜生产分析

我国是传统的蔬菜生产大国，2000 年蔬菜总产量占世界总产量的 40%以上，人均蔬菜生产量 217 千克，位居世界前列，是世界平均水平的 2 倍。我国蔬菜生产主要是露天生产，设施生产面积占总种植面积的比例虽然有所上升，但所占比例仍然很小，统计数据约为 12%。但设施蔬菜种植面积的增长率比较高，超过了蔬菜种植总面积的增长率，其中 1992、1995 和 1998 年有三次较大幅度的增长，呈现波动态势，1998 年后增长速度放缓，逐步回落到 10%左右。其中 1995 年的增长同国家科委“九五”科技攻关项目在时间上基本吻合，1998 年增长同国家加大农业结构调整力度的时间基本吻合。

设施蔬菜生产同国内陆地蔬菜生产相比较，在成本纯收益率上没有明显优势，但单产是陆地蔬菜的 127%，产值是陆地蔬菜的 195%，物质费用是陆地蔬菜的 257%，劳动费用是陆地蔬菜的 153%，净产值是陆地蔬菜的 177%，纯收益是陆地蔬菜的 194%，这体现了设施蔬菜的“高投入、高产出、高效益”特性。相关数据见表 1。

表 1　我国主要种植业产品的亩投入产出与收益率比较（2001 年）

单位：千克，元

产　品	产　量	产　值	物质费用	劳动费用	净产值	减税纯收益	成本纯收益率
蔬菜平均	3 287.8	2 667.8	653.0	471.1	2 014.9	1 419.6	113.7
陆地蔬菜	3 816.4	3 078.0	660.9	582.4	2 417.1	1 676.7	118.6
设施蔬菜	4 833.6	5 989.7	1 701.3	893.4	4 288.3	3 248.0	118.1
水　稻	427.2	481.9	170.1	146.6	311.8	132.7	38.0

* 原载《农业技术经济》。

（续）

产　品	产　量	产　值	物质费用	劳动费用	净产值	减税纯收益	成本纯收益率
小　麦	261.4	296.1	160.1	98.8	136.0	9.2	3.2
玉　米	379.4	392.1	136.9	129.0	255.2	101.8	35.1
大　豆	118.6	244.1	76.7	77.0	167.4	67.1	37.9
苹　果	1 421.9	1 416.1	447.3	396.2	968.8	418.5	42. 0

注：表中的陆地蔬菜仅指黄瓜和西红柿数据。

资料来源：国家计划委员会价格司．全国农产品成本收益资料汇编．中国物价出版社，2002年（由作者进行整理）

（二）我国蔬菜市场需求分析

1. 蔬菜消费支出与收入水平相关关系模型。根据我国各省、直辖市、自治区历年的横截面数据，分别拟合了各年的蔬菜消费支出与收入水平相关关系模型，见表2。

表2　我国城镇居民蔬菜消费支出与收入水平相关模型

年　份	模　　型	R^2	样本数
2001	$Q=88.391+0.016\,I$	0.484	31
2000	$Q=76.447+0.019\,I$	0.531	31
1999	$Q=71.025+0.022\,I$	0.581	31
1998	$Q=71.025+0.022\,I$	0.593	30

表2模型中有几个信息值得关注：第一是基准消费量，城镇居民的蔬菜消费支出基准从1998年的71元逐步上升到2001年的88.5元，这表明城镇人均蔬菜消费基准呈不断上升趋势；第二是城镇居民增加的收入用于蔬菜消费的倾向性，从1998年的0.022下降到2001年的0.016，这表明城镇居民的蔬菜消费倾向是递减的；第三，蔬菜消费支出与其收入水平是正向变化的，这表明人们仍然在继续增加用于蔬菜消费的支出。为了更好地了解我国城镇居民的蔬菜需求收入弹性，我们引入变弹性模型：

$$\ln Q=\alpha+\beta\ln I+\gamma\frac{1}{I}+\sum_{i=1}^{m-1}\delta_i DV_i$$

其中，I是居民的收入水平，Q是蔬菜消费支出，由于我们组合使用了多年的截面数据(pooled data)，故设定了$m-1$个虚变量DV（m是年数），目的是消除不同年份之间的差异性。不难推出，蔬菜的需求收入弹性是收入水平的函数

$$e=\beta-\gamma\cdot\frac{1}{I}$$

我们使用了我国1994—2001年不同收入水平人群的收入、蔬菜消费支出数据，建立计量模型，结果如下：

$$\ln Q=4.810+0.175\cdot\ln I-0.169\cdot\frac{1}{I}+\sum_{i=1}^{m-1}\delta_i DV_i$$

$$R^2=0.974,\ m=8,\ SMPL=56$$

该模型所有参数的t检验均在1%水平上显著，很好地描述了我国居民蔬菜消费与收入水平的关系，主要结论如下：①蔬菜消费支出具有显著的正收入弹性，随着收入水平的提高，居民对

蔬菜的消费支出仍然会以收入增长率的18%～23%增加；②随着人均收入的提高，蔬菜消费的收入弹性有显著的递减趋势。根据目前居民的收入水平及变化趋势可以做出判断，我国今后若干年蔬菜消费的总体收入弹性大约稳定在20%左右。这说明设施蔬菜从总体上看仍然有发展空间，后文将分析蔬菜消费的特征及设施蔬菜的发展空间。

2. 我国居民蔬菜消费的价格和季节变化。我国1985年以来蔬菜价格变化的形势：①从1985年开始，我国的食品价格、蔬菜价格都随着价格水平的上涨经历了较大幅度的变化过程；②在1985—1995年间，蔬菜的价格变动与社会零售物价指数的变化非常一致，但从1996年开始，蔬菜的价格水平要高于平均物价水平指数，也远远高于食品总体价格水平，并在短期内表现出增长趋势。若以1985年的价格水平为100%，则2001年的蔬菜的价格水平高出社会平均物价水平27.8%，高出食品总体价格水平72.2%。我们分析认为：出现这一现象的原因是人们对蔬菜的需求发生了质的变化，是蔬菜消费结构（产品结构和时间结构）的快速变动所致。表3和图1反映了我国蔬菜的季节性特征，从总体上看，蔬菜的季节性价格差异仍然存在，但季节性差异在逐步趋缓。这一需求变化趋势对设施蔬菜生产供给具有重要意义。

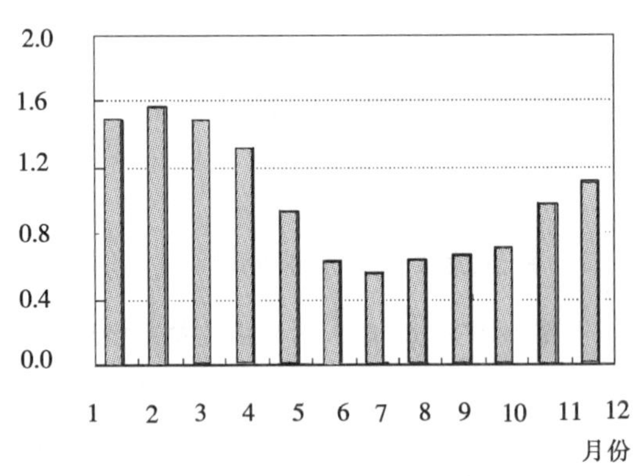

图1　我国主要蔬菜价格的季节指数
(1999—2002)

表3　我国蔬菜价格的季节性特征（季节性变异系数）

八种蔬菜				西红柿		黄瓜		青椒	
1999	2000	2001	2002	2001	2002	2001	2002	2001	2002
0.34	0.54	0.41	0.27	0.35	0.19	0.55	0.32	0.59	0.36
豆角		茄子		大白菜		芹菜		土豆	
2001	2002	2001	2002	2001	2002	2001	2002	2001	2002
0.52	0.41	0.57	0.40	0.38	0.33	0.18	0.19	0.11	0. 10

资料来源：农业部网站，中国蔬菜网，作者整理计算。

二、我国设施花卉生产环境分析

（一）广阔的国内外市场空间

我国2000年花卉种植面积13.4万公顷，占世界花卉总面积的30%以上，但花卉贸易额只占世界的1%，出口额3 117万美元，进口额2 064万美元。出口花卉多为资源型出口，如我国传统名花牡丹、国兰、水仙、荷花以及盆景和庭院花木；进口花卉则主要是高档花卉，由于我国高档花卉仍然以集团消费为主，礼品花卉只讲质量不管价格，这是我国目前尚无法自给自足的，给进口花卉提供了契机。值得关注的是，随着消费水平的提高，花卉的消费将越来越被国人认同，目前我国人均鲜切花消费量为11枝，而法国80枝，荷兰150枝，这是一个十分巨大的发展空间。

花卉的发展重点应突破质量关，这是设施花卉生产弥补露天生产难以保证质量和周年稳定生产的优势所在。

（二）自然资源优势

我国观赏植物种质资源十分丰富，享有“世界园林之母”的美誉，原产我国的观赏植物达113科、523属、10 000～20 000种。现今世界上许多名花，如各种玫瑰（月季）、百合、梅花、牡丹、菊花、杜鹃等均原产于我国。更有诱惑力的是，我国还有许多野生植物资源有待于发现和利用，这为新品种的培育和我国特有花卉品种的生产出口奠定了良好的基础，有利于我国温室园艺的开发、生产和出口。

我国南北横跨热带、亚热带、温带等多个气候带，加上地形、海拔、降水、光照等不同区域特点，形成了适合多种类型的花卉生产的天然条件，很多花卉无须设施即可生产，这种有利的自然气候条件为我国的花卉生产节省了大量的物质费用支出，采取温室设施生产只需要少量的物质费用支出即可达到周年稳定优质生产，使我国的花卉生产建立在成本领先的优势地位之上。

三、对我国设施农业种植结构调整的建议

（一）积极发展高价值量的花卉

在设施中可以种植的农产品很多，但并不是所有农产品在其中生产都是高效益的，所生产的产品种类定位不同，经济效益相差甚远，设施农业的“高技术、高效率和高效益”需要通过高档次产品来体现，也只有高档次产品才能实现高效益。如在同一个温室中种植兰花和大白菜，属于高档消费品的兰花可以产生数百倍于普通消费品的大白菜的经济价值。总体上看，温室产品高档化体现在三个层次上，第一层次是所有种植作物中价值高的花卉越来越多，第二层次是在种植的蔬菜中名贵特色蔬菜的比重大于普通蔬菜，第三层次是所有蔬菜（即使种植的普通蔬菜）都追求安全、卫生、优质。

从国际比较看，荷兰1.2万公顷大型连栋玻璃温室中花卉栽培面积为7 000公顷，占58%；1995年园艺作物中蔬菜产值为37.72亿荷兰盾，花卉为60.91荷兰盾，价值高的花卉占绝对优势地位。以色列温室的65%分布在南方，用于种植花卉，35%在北方，用于种植蔬菜。美国的1.9万公顷温室中花卉温室为1.3万公顷，只有少量蔬菜。这三个国家的工厂化设施农业在国际农产品贸易中均占有相当比例。而日本的温室主要用来解决本国的蔬菜供应，因此，尽管日本在设施农业的技术上取得了若干突破，也没有在国际农产品贸易中占到有利地位。荷兰、以色列、美国等设施农业效益高的国家，一个共同的特点就是价值量高大的花卉种植面积占温室总面积的比例均超过50%，蔬菜种植面积只占一小部分。而我国1999年设施农业总面积139.6万公顷，其中设施花卉种植面积只有14 469.3公顷，仅占1.04%，而90%以上的设施是用来生产黄瓜、西红柿、茄子等少数几个品种的蔬菜，这种重菜轻花的种植结构与我国设施农业效益低下不无关系。

（二）稳步发展名、特、软、鲜的绿色安全蔬菜

现在人们越来越追求安全、卫生、优质的绿色蔬菜。露天生产的蔬菜由于水土自身受到污染和病虫害的横向传播而难以保证蔬菜的安全性，温室生产在保证食品安全性方面的作用就显得日益突出，这是发展设施蔬菜一个值得注意的信号。根据本课题对北京、上海等城市的调查，绿色农产品市场的发育程度不高，普通品种的绿色安全蔬菜在超市中是“有价无市”。温室生产的绿

色安全蔬菜的价格是同种露天生产蔬菜价格的1倍以上，普通居民接受程度低；虽然外籍人士、高层人士和白领较易接受价格较高、食用安全的绿色食品，但是不愿意花大价钱消费与露天产品看起来没有什么差别的产品，因此，普通绿色蔬菜的消费量并不高。而一些鲜见的绿色农产品，则受到消费者的青睐，如牛蒡、芦笋、芦荟、生菜等，这些受到市场欢迎的产品有名、特、软、鲜、安全等特点，在国内城市高端市场上的发展潜力较大。

出口蔬菜则更是强调产品的安全性，我国的普通蔬菜出口受到越来越多的绿色壁垒，如西兰花、洋葱、生姜、大蒜、菠菜等。而几年前上海孙桥温室生产的黄瓜由于有安全卫生保障，主要供应出口日本，经济效益较高，但是这种有安全保障的出口优势也难以保持，受到来自于泰国、越南等国家温室同类出口产品的挑战。这说明仅仅有安全保障的绿色产品仍然不足以应对国际竞争，还必须在特色上寻找突破。

因此，我国设施蔬菜的生产需要在国内外对蔬菜特色、安全等指标的需求导向下，做出相应的调整，稳步发展富有特色的、名贵的、软弱（不宜保藏运输）的、新鲜的安全、卫生、优质的绿色蔬菜。

（三）稳定超时令、反季节普通蔬菜生产

通过分析最近3年的蔬菜季节性价格变化，发现一些规律：①同一年内主要蔬菜价格的季节性变化还是比较明显；②近年来蔬菜价格的季节性变化幅度越来越小；③不同蔬菜价格的季节性变化幅度不同。因此，在这些客观形式下，我国超时令、反季节蔬菜的设施生产就不宜盲目扩张，而应稳定，避免因盲目扩张带来意料之中的恶果。稳定超时令、反季节蔬菜生产是因为我国蔬菜价格的季节性变化仍然存在，也就是居民对反季节蔬菜的需求仍然维持在一定的水平上，还有生产的必要性。之所以不主张盲目扩张，则是因为廉价且高速运输的异地生产日益增加，相比较之下本地反季节蔬菜成本高，售价又被异地产品压低，从总体上使得蔬菜价格的季节性变化幅度越来越小，本地反季节普通蔬菜生产的优势逐步减弱。

参考文献

[1] 农业部软科学委员会. 加入世贸组织与中国农业. 北京：中国农业出版社，2002. 103
[2] 荷兰农业博览. http：//www. 86agri. com/lookround/listprovince. asp? countryid=109
[3] 廖兴其. 以色列的温室花卉业. 花鸟世界报.2000/12/19
[4] 邱仲华. 美国工厂化高效农业考察. 农业工程学报.1998（12）：49～52

体验营销及其在农产品营销中的应用*

谢开木　王卫华

［摘　要］本文试着探讨体验经济时代的农产品营销模式，先后讨论了体验经济的特点、体验营销的系统构架和战略体验模块、体验媒介、体验矩阵、体验之轮等以及体验营销在农产品营销中的应用。

［关键词］生理需求　心理需求　体验经济　体验营销　农产品营销

一、体验经济的特点

随着居民收入水平的提高和需求层次的不断上升，新技术的巨大发展，市场竞争的加剧及休闲时间的增多，我们从过去的农业经济、工业经济、服务经济逐步走进了“体验经济”时代。在美国《哈佛商业评论》发表的“体验经济时代来临”（Welcome to the Experience Economy）（B. Joseph Pine II，James H. Gilmore，1998）中指出：体验经济（Experience Economy）时代已经来临，区分经济价值演进的四个阶段为货物（commodities）、商品（goods）服务（services）与体验（experiences）。所谓体验经济，是指企业以商品为道具，以服务为舞台，以提供体验为经济提供品的经济形态，它的发展必须建立传统经济的发展之上。

二、体验营销的系统构架

经济时代的演变必将引导企业营销观念的转变，体验经济时代的到来也改变了企业的营销观念，产生了新的营销模式。《体验式营销》“Experiential Marketing”（伯恩德·H. 施密特，2001）一书系统的提出了适应体验经济时代的营销模式——体验营销（ExperientialMarketing），它站在消费者的感官（Sense）、情感（Feel）、思考（Think）、行动（Act）、关联（Relate）五个方面，重新定义、设计营销的思考方式。此种思考方式突破传统上“理性消费者”的假设，还消费者一个完整的“人”，即消费时是理性与感性兼具的，消费者在消费前、消费时、消费后的体验，才是研究消费者行为与企业经营行为的关键。

体验营销的系统构架主要由战略体验模块、体验媒介、体验矩阵、体验之轮等部分组成，如图1所示：

---

* 原载《市场周刊·财经论坛》，2003年6月。

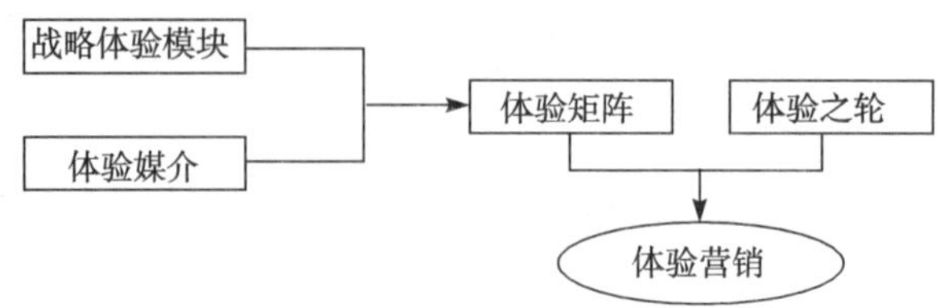

图1 体验营销的系统构想

三、战略体验模块(Strategic Experiential Module)

体验是一个体事件(private event),它的产生是一个人在遭遇、经历、或是生活过一些处境的结果。体验可以分成不同的形式,且各都有自己所固有而又独特的结构和过程。不同的体验形式都可由特定的体验媒介创造出来的,以达到有效的营销目的。伯德·施密特(BerndH. Schmitt)将这些不同的体验形式称之为战略体验模块(strategic experiential modules, SEMs,如表1所示),以此来形成体验营销系统构架的基础。

感官(Sense) 感官营销的诉求目标是经由视觉、听觉、触觉、味觉与嗅觉为顾客创造美好的知觉体验,从而达到顾客对公司与产品(识别)、引发顾客的购买动机与增加产品的附加价值等。

情感(Feel) 情感营销是通过诱发或创造情感体验使顾客内在的感情或情绪产生共鸣,它既可以是一个温和、娴静的正面心情,也可以是欢乐、自豪甚至是激情的疯狂的激动情绪。情感营销的关键是顾客在特定的场合需要什么样情感以及用什么样的适当刺激可以引起这样的情绪,从而能使他自然地受到感染,并认同你为他设计的体验。

思考(Think) 思考营销诉求的是智力(Intelligence),以创意的方式引起顾客的惊奇、兴趣、对问题集中或发散的思考,为顾客创造认知和解决问题的体验,从而影响他们的思维方式以达到对产品的认同。在许多行业中,思考营销已经开始有意识地被使用于产品的设计、促销和与顾客的沟通;特别是IT等高科技行业,思考活动的方案被得到了普遍关注。

行动(Act) 行动营销意在影响人们的身体体验、生活方式和相互作用。通过提高人们的生理体验,展示做事情的其他方法(如在批发和零售市场上)和另一种生活方式来引导并丰富顾客的生活,从而挖掘顾客的更深层次的需求。

表1 战略体验模块(Strategic Experiential Moduk)

SEMs	营销诉求	营销方式
感官(Serse)	为顾客创造知觉体验	经由视觉、听觉、味觉、嗅觉、触觉等
情感(Feel)	诱发或创造顾客内在情感	营造适当的场景、提供适当的刺激
思考(Think)	为顾客创造认知和解决问题的体验	以创意的方式引起顾客的惊奇、兴趣、对问题集中或发散的思考
行动(Act)	引导生活形态和做事方式	提高生理体验、展示做事和生活方式
关联(Relate)	满足顾客的自我实现等高层次的心理需要	综合以上四种方式以产生关键体验,建立品牌偏好

关联(Relate) 关联营销包含感官、情感、思考、与行动营销等层面。关联营销能为

"个人体验"插上时间和空间的翅膀——回忆过去的、把握现在的、展望未来的此在彼处的美好体验。它的诉求是为满足消费者为他人所尊重、为社会所接受及自我实现等更高层次的心理需要，从而建立个人对品牌的偏好，使不同的个人进而形成一个忠诚于共同品牌的群体。

四、体验媒介（Experience Provider）

《体验式营销》将为达到体验营销目标所用来创造体验的工具称之为体验媒介（experience providers，ExPros）。作为体验式营销执行工具的体验媒介包括：

沟通（Communications）包括广告、公司外部与内部沟通（如新闻发布会、杂志型广告目录、宣传小册子、新闻稿、公司年报）以及品牌化的公共关系活动等。其中，广告最常被企业所运用的。

视觉与口头的识别（visual and verbal identity）指可以使用于创造感官、情感、思考、行动及关联等体验的品牌。包括品牌名称、商标及标志系统等等。

产品呈现（product presence）包括产品外观设计、包装设计、陈列设计以及品牌的标志物或吉祥物等。

共同建立品牌（co-branding）指对一些重大事件的参与或赞助、联盟与合作、授权使用、产品在一些影视作品中的出现以及其他的一些合作活动等形式。例如农夫山泉对世乒赛的一贯赞助与支持、可口可乐公司对希望工程的赞助等。

空间环境（spatial environments）包括公司建筑物、工厂空间、办公室、零售空间（如超市、购物中心、商场、专卖店等）、宾馆饭店以及商展摊位等。如麦当劳、沃尔玛、星巴克咖啡店等的设计。

电子媒体（electronic media）与网站（web sites）通讯技术、IT技术、网络技术的发展大大改变了人们沟通的方式，为企业的体验营销提供了理想的舞台，如电子邮件、电子商务、在线点播（VOD）、虚拟社区、网络聊天（BBS、MSN、QQ）及网络游戏等。

人员（people）包括销售人员、公司代表、服务支持人员等所有参与体验创造的人员。人员的不同服务态度将会创造顾客不同的体验。例如一个面带笑容的、落落大方的、善解人意的柜台小姐可以把一种简单的交易变成一次完美的体验。

五、体验矩阵（Experiential Grid）

知道了体验的不同模式和创造体验的不同工具，企业如何结合自己的情况开展体验营销战略呢？

首先是对体验模式的选择。在营销活动中，企业很少只选择单一的体验模式，往往会将几种体验模式结合使用。伯德·施密特（BerndH. Schmitt）提出了体验杂型（Experiential Hybrids）和全面体验（Holistic Experiences）的概念。体验杂型是从五种体验模块中选出至少两种相结合使用的营销模式；若五种一起使用，那就是全面体验。其实战略体验模块（SEMs）又可分为消费者在其心理和生理上独自体验的个人体验（如感官（Sense）、情感（Feel）、思考（Think））和必须有相关个体互动才会产生体验的共享体验（如行动（Act）、关联（Relate））。

其次是对体验之轮（Experiential Wheel）的理解。体验杂型和全面体验并不是两种或两种以上的战略体验模块（SEMs）简单叠加，它们常常是相辅相成、相互促进，交叉共同营造一种全新的体验，这就是体验之轮。与传统营销一样，体验营销也需要尊重顾客购买行为的这样一个过程，如图 2。

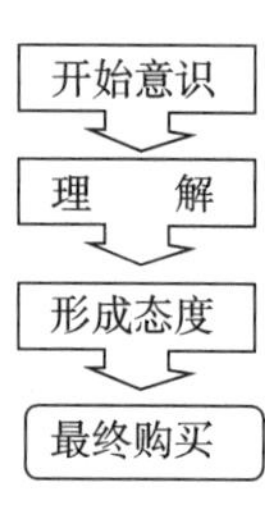

图 2

如图 3 所示，五种战略体验模块（SEMs）遵循顾客购买行为模式形成了以“以体验为中心”的“感官—情感—思考—行动—关联”自然顺序之轮，即体验之轮。“感官”引起人们的注意；“情感”使的体验变的个性化；“思考”加强对体验的认知；“行动”唤起对体验的投入；“关联”使得体验在更广泛的背景下产生意义。

最后是构架体验矩阵（Experiential Grid）。战略体验模块（SEMs）与体验媒介（ExPros）的搭配使用，就构成了体验矩阵（如表 2）。要成功实施一个体验营销战略，同样需要“知己知彼”。首先要对企业内部和外部情况进行分析，包括企业的合作伙伴、竞争对手及其所在产业的情况和自身的竞争力分布（如产品的质量和功能、品牌的知名度和美誉度及产品市场占有率等），然后考虑企业的目标顾客，包括他们的喜好、行为、价值观，以及影响他们的社会文化或社会亚文化。这样，体验营销人员就可以通过体验矩阵来设计一个具体的体验营销策略了。

关联
感官
体验
动作
情感
思考

图 3　体验之轮

表 2　体验矩阵

		体验媒介（ExPros）						
		沟通	品牌识别	产品呈现	共建品牌	空间环境	电子网络	人员
战略体验模块（SEMs）	感官	√	√	√				√
	情感	√						√
	思考	√			√		√	
	行动	√		√			√	
	关联					√	√	√

通常来说，对于情感和关联营销的创意，人员的使用是必不可少的；共同建立品牌和电子网络的利用为思考营销创造了有利条件；实施一个好的感官或情感营销，沟通是至关重要的。对于任一种营销模式，企业都可以通过多种不同的体验媒介达到目的；而同一种体验媒介有时可以同时为多种营销模式服务。

六、农产品的体验营销

在传统经济里，营销的目的是提高农产品的附加值并更快地实现其价值；但在体验经济时代，农产品本身已不能完全满足消费者的需求，消费者不仅需要生理上的满足，更需要心理上的满足，体验营销的目的就是更好地满足消费者心理上的需要。或者说农产品本身并不是消费者所真正需要的，他们所需要的是有关农产品的能满足他们生理和心理需要的一系列体验。因此农产品的核心利益改变了，它是能满足消费者生理、更多是心理需要的一系列的体验。现在我们就可以基于体验营销的系统构架，利用体验之轮和体验矩阵结合农产品的特点选择不同的营销模式了。

1. 感官营销。感官营销的目的是使消费者获得视觉、听觉、触觉、味觉和嗅觉等感官上的体验。而创造“感官体验”有沟通、品牌识别、产品呈现和人员等四种不同的工具。因此对于农产品的感官营销可以采取以下几种方法：

（1）选优＋广告。农产品过剩的一个主要原因是品种档次低、同质化现象严重。为满足消费者求质求异的心理需求，企业营销的第一步就是要选取优异品种，使生产出的产品能在颜色、气味、味道等方面给消费者带来美好的感官体验；接着是有策略的长期广告，使消费者得到全面的感官体验，并使这种美好的体验获得广泛的认同。如前几年的“新奇士”美国橙，其销售就是靠广告开路。在人们还没有来得及品尝它的新鲜美味时，打着美国橙广告的大片已陆续在北京、上海、大连等地上演。这是美国将产品打入世界各个角落的一贯策略与做法。

（2）包装＋品牌。“人靠衣装马靠鞍”，天然裸露的农产品也需要适当的分拣及包装设计。适当的包装不但可以保护产品的使用价值，更可以提高它的经济价值，因为“漂亮的外表”总是能让人赏心悦目。单靠包装，消费者往往还会怀疑其“徒有虚表”，因此农产品还需要更系统的品牌营销。通过一系列的商标设计、质量管理、文化宣传等，将农产品的质量内蕴于品牌之中。

（3）艺术化。近年来出现了许多艺术化的农产品，为消费者带来了“眼前一亮”的感觉。如“福”字苹果、方形西瓜、工程鲫鱼，还有最近日本的长在碗里的绿色蔬菜等，这些都给消费者的感官带来了刺激。

2. 情感营销。情感营销就是要提供一些刺激触动顾客的内心情感，从而创造良好的体验以使其对某品牌或产品产生强烈的偏爱。对于农产品，我们如何诱发消费者的情感呢?

（1）广告。此时的广告诉求不再是农产品本身的功能与质量，而是与其相关的文化或美好回忆等。例如，台湾的水饺广告“故都北京”——“除了天坛、圆明园外就该是那操一口标准京片子的情味和那热腾腾的、皮薄馅多汁鲜、象征团圆的水饺儿。”广告生动、形象地勾勒出北方水饺“皮薄馅多汁鲜”的美味特征，还将水饺和人们的思乡情结水乳交融般联结在一起，使人感到品尝了水饺就如同品尝、感受到了那份浓郁的思乡情结一样，令人陶醉。

（2）关系营销。网络的发展促进了农产品电子商务。从“非典”时期电子商务的表现来看，未来农产品送货上门的需求必将增多。因此搞好与顾客的关系对于农产品营销企业来说与工业企业的客户关系管理同样重要。要获取顾客对品牌产品的忠诚，就必须以优异的服务与顾客建立起牢靠的关系，如海尔的客户服务获得了顾客的交口称赞。

（3）个性化。统一公司的“心情故事”是这方面成功的范例。“心情饮料”、“心情故事”没有以蜜豆奶和水果口味的产品属性为诉求，而是将产品的消费群定位为13—16岁青少年采用直接而个性化的诉求；鼓励消费者通过征文园地勾勒出自己的“心情故事”，别出心裁地让消费者成为包装上以及广告影片中真正的主角。“心情故事”在年轻消费群积极地说故事和看故事的参与中迅速地流动起来，并成为其中的经典。

3. 思考营销。在农产品营销活动中，为启迪顾客的认知和增加他们解决问题的体验，企业可以从以下几方面入手：

（1）知识传播。挖掘农产品知识、传播农产品知识。如通过开展有关了农产品的知识问答、饮食结构设计等活动促进消费者去思考农产品烹饪、营养分布等问题，同时传播生活健康知识等，让消费者在学到知识的同时也对产品达到了某种认同。

（2）科技应用。通过充分利用食品科学技术对农产品进行深加工，提高农产品的科技含量、营养价值；利用生物工程、基因技术等生产转基因农产品，扩展农产品的功能，不仅能为人类补充营养，而且还可以治疗疾病等。

（3）共建品牌。通过赞助“环保”等公益活动或与科研院所合作共同开发为消费者所关注的新产品等达到消费者对企业文化的思考和对企业品牌的认同。

4. 行动营销。农产品的行动营销主要在于引导消费者健康的生活方式、科学的生活习惯。

（1）广告沟通。通过多种广告介绍农产品的烹饪、食用方法，倡导均衡饮食，提倡健康、科学的生活方式。

（2）绿色营销。从企业自身做起，生产绿色产品，创绿色品牌，宣传绿色观念，从而引导消费者“绿色”生活。

（3）电子商务。积极倡导农产品的电子商务模式，改变消费者传统消费观念，为顾客创造网上购物的新体验。

5. 关联营销。关联营销综合了感官、感受、思维和行动营销的成分，它使消费者超越“个人体验”，将个人与他理想中的自我、他人和文化联系起来。农产品的关联营销是为获得品牌的忠诚度和稳定的顾客群，主要方式有：

（1）回归自然。江心州是南京城外长江中的一个小岛，没有什么名胜古迹，有的只是油菜、小麦、鱼塘、江堤、芦苇和晚霞中一队队低飞投宿的野鸭……一派农渔生活景象。然而，当一天农民的体验旅游，吸引着城里人纷纷来到这个交通并不方便的江中沙洲。

（2）创造“自然”。如上海近郊的一个乡村将农田划分为一小块一小块的菜地，长期租给城市中的居民，让他们在双休日前来自耕自耘，体验一份自给自足的田园之乐。还有最近城郊或城里出现的“休闲农业”、“农业公园”等。

（3）文化促销。利用当地文化传统或农产品本身蕴涵的历史文化来表达农产品。如“茶文化节”、“农家乐”、“樱桃采摘节”、节日促销（情人节、母亲节、七夕等）等。

（4）网络营销。充分利用网络的优势，将以上种种关联营销电子化，促进农业电子商务的发展，进而改变顾客的农产品消费行为。

从以上各种营销模式的实现可看出，体验经济时代比任何时代都更需要“创新”，也更有“创新”的余地。农业企业要想在体验经济时代的农产品营销取得成功，惟有重视体验营销战略的应用，充分挖掘“体验”的内涵，去创造市场，而不仅仅是在已有的市场激烈竞争。因为此时的顾客不仅是“理性”的，更是“感性”的，不仅需要满足“生理”需求，更需要“心理”需求；生理需求或许是有限的，而心理需求将具有无限的空间。

参考文献

[1] 伯恩德. H. 施密特. 体验式营销［M］. 中国三峡出版社，2001

[2] 菲利普. 科特勒. 营销管理［M］. 人民大学出版社，2002

[3] 顾春梅. 农产品开拓市场需要系统营销［J］. 农村经济 . 2000. 03

[4] 郭立新，胡志刚. 中国营销界何时才能做到本色营销［N］. 经济观察报 . 2002. 12

[5] 李响. 体验营销在民航中的应用［J］. 中国民运航空 . 2002. 11

[6] 孙剑，李崇光. 论网络经济对我国农产品营销的影响［J］. 商业研究 . 2002. 02

[7] 王建玲. 体验营销：品牌塑造新思路［J］. 价格理论与实践 . 2002

[8] 袁乐平. 体验营销：以顾客的体验为价值诉求［J］. 经贸导刊 . 2002. 08

浅谈企业兼并中交易价格的确定

李晓红　马　威

［摘　要］企业兼并中交易价格的确定是兼并活动的关键。文章在分析目前兼并交易价格确定中现存问题的基础上，提出了兼并交易价格确定的步骤和方法。

［关键词］企业兼并　交易价格　收益现值法

一、问题的提出

企业兼并，一般是指一家企业以现金、证券或其他形式（如承担债务）等购买取得其他企业产权，使其他企业丧失法人资格或改变法人主体，获得对这些企业决策控制权的经济行为。它能够加速资本的集中，促进产业结构合理调整，推进资产存量的合理流动，优化资源配置，是企业扩张的一种重要方式。

由于历史原因，我国的中小企业数量多，规模小，分散程度大，且产业结构不合理，与发达国家相比，企业的竞争力低下。为提高我国企业在国际上的竞争力，迎接“入世”后国际大企业的挑战，组建企业集团，扩大规模化发展势在必行，企业兼并不失为一条捷径；且我国目前许多企业经营不善，机制不活，客观上也为企业兼并提供了一种可能。如何为兼并双方提供一个公平、公正、客观、科学的交易价格是兼并决策前可行性分析的核心内容，是完善我国产权交易市场，推动兼并行为理性化发展的关键。正是从这一角度考虑，本文拟对企业兼并中现金支付时交易价格的确定做一理论分析。

二、现行企业兼并中交易价格确定存在的问题

现行企业兼并中交易价格确定主要存在如下问题：

1. 现行企业兼并中交易价格的确定一般以被兼并企业（目标企业）的评估价值为基础调整而得。而目标企业的评估价值一般给出的是一个具体的数值，而非一个数域。这种缺乏弹性的评估结论使得其用于确定交易价格时，可操作性、实用性及可信度大打折扣。

2. 目前在对目标企业价值进行评估时，主要是从被兼并方的角度出发，很少考虑兼并方的兼并目的、投入及期望回报。其实，企业兼并是兼并双方的行为，交易价格的确定要兼顾双方的利益。只有双方同时满意，才有可能成交。

3. 目前对目标企业价值评估一般采用收益现值法，或账面价值调整法。评估方法单一，很少做各种方法综合运用的尝试，且方法的选用也很少考虑兼并方的兼并目的和目标企业的经营状况。其实，兼并方的兼并目的不同，所选用的评估方法不同；目标企业的经营现状不同，采用的

方法也不同。例如，如果企业兼并的目的在于获取目标企业未来的收益潜力，应该对目标企业做持续经营假设，利用收益现值法评估；但如果兼并的目的在于获得目标企业的某项特殊资源，则应对目标企业做公开市场假设或清算价格假设，并且采用适宜的方法（如市场法、重置成本法等）进行评估。

4. 采用收益现值法对目标企业的价值评估时，目前也存在着不足。主要表现在：

（1）现金流量的计算不完整。目前兼并中采用收益现值法评估目标企业价值时，多数是从目标企业的角度出发，对目标企业做持续经营假设，根据目标企业历史经营业绩，来预测目标企业未来持续经营期内各年的净现金流量。这种方法计算的现金流量很不完整。因为，在兼并过程中，目标企业的法人地位消失，兼并后，兼并方一般都要对被兼并企业进行重组，并把被兼并方纳入自身的经营战略中去。所以，准确、完整地预测联合体未来正常经营情况下各年的净现金流量，不仅要对被兼并企业原有资产的贡献进行分析，更要分析兼并企业新注入资产对联合体的财务状况、生产能力、销售能力、产品质量、技术潜力等的影响。具体看，主要包括两方面：一方面是整合阶段由于对目标企业管理方式调整、观念更新、技术输入、组织并轨、机制衔接、文化渗透、业务调整、无效资产剥离、优质资产注入等发生的整合现金流量；另一方面是整合后，由于重组资产使用效率和结合效率提高，产品结构优化、规模扩大、管理水平提高、技术引进、营销渠道扩展或资本结构改善等，使得联合体预期会产生一个较高的销售价格或较低的销售成本、较大的销量、较少的财务费用和较低的财务和经营风险而产生的现金流量。

（2）折现率的选取不适宜。目前兼并中采用收益现值法评估目标企业价值时，很多情况下选取的是适宜于目标企业的折现率。从上面分析来看，如果说目标企业价值评估中现金流量考虑的是兼并后联合体的净现金流量，那么，折现率就不应该是仅适应于目标企业的折现率，而应该是综合考虑了兼并方机会成本、未来联合体经营风险、财务风险的兼并方的期望回报率。

三、兼并中交易价格确定方法

从以上分析可知，目标企业价值评估应该从交易双方的角度出发，根据实际情况采用各种适宜的方法，为兼并双方提供一个选择性强、操作性强、弹性大的交易价格可行区域。

兼并交易价格可行域中的最低价格应该是从卖方，即被兼并方的角度提出的。低于此价，被兼并方则不会出售企业，此交易不会成功。而最高价格应该是从买方，即兼并方的角度提出的。高于此价，兼并方则不会购买目标企业，此交易也不会成功。下面就此可行域确定的方法做一探讨。

假定兼并方 A 公司意欲兼并目标企业 B 公司，V_A 为 A 公司市场价值，V_B 为 B 公司的市场价值，V_{AB}为 A 公司兼并 B 公司后联合体的市场价值；C 为兼并方 A 公司在兼并过程中支付的各种费用，如咨询费、评估费、交易费等；P 为兼并方 A 公司支付给目标企业 B 的交易价格。

从兼并方来看，A 公司兼并 B 公司后，B 公司将纳入 A 公司旗下统一经营。兼并方 A 公司兼并前后所经营的企业的价值增量 $V_{AB}-V_A$ 扣减 A 公司在兼并活动中的费用支出 C 和价款支出 P，其余额就是 A 公司兼并活动的净收益。从 A 公司的角度看，只有净收益大于零，其兼并活动才是成功的，否则，就是失败的。故 A 公司成功兼并 B 公司必须满足：$V_{AB}-V_A-C-P\geqslant 0$，即：$P\leqslant V_{AB}-V_A-C$。

也就是说，兼并方出资购买目标企业所愿支付的最高价款不会高于其兼并前后所经营的企业的价值增量与其在兼并中支付的各种费用的差。

从被兼方角度来看，其出售企业所愿接受的最低价格应不低于企业目前的市场价值。故对被兼并方来说，其同意被兼并的条件是：$P \geqslant V_B$

故，兼并中交易价格的可行区间为：$V_B \leqslant P \leqslant V_{AB}-V_A-C$

四、兼并中交易价格确定的步骤

由上述分析可知，兼并中交易价格的确定要以兼并前兼并双方的企业价值 V_A、V_B 及兼并后联合体价值 V_{AB}的评估为基础。目前，企业价值评估的主要方法有收益现值法、重置成本法、现行市价法、清算价格法。下面就利用这些具体评估方法，阐述兼并中交易价格确定的步骤。

第一步，确定兼并交易的最低价格 P_{min}。由前述分析可知，兼并中交易的最低价格 P_{min}为兼并前目标企业的价值 V_B。

一般来说，企业是由多种资产（固定资产、流动资产、无形资产、长期投资等）组成的具有综合获利能力的有机体。若企业具有较强的竞争性、盈利性和发展性，则一般对企业做持续经营假设，企业价值的评估就利用收益现值法，对其未来存续期间可能带来的获利折现，并依此现值和作为企业价值的评估值；如果企业在原有资产继续使用条件下不能产生收益，经营出现亏损，并且预计这种亏损在未来相当长的一段时间内还将继续下去，该企业不具备盈利性，此时不能做持续经营假设，也不能采用收益现值法进行评估，只能按重置成本或清算价格标准进行单项评估，再加总作为企业的价值。

因此，对生产经营正常，具有一定获利能力的企业进行兼并，则要按照其目前的最佳资产组合状况，对其做持续经营假设，分析若不被兼并的话，企业的发展前景，产品、市场的变化，在准确预测其未来获利能力的基础，利用收益现值法评估企业价值。要注意的是，此时折现率是目标企业按现时状态持续经营时被兼并方的期望收益率。

但是，我国目前的兼并行为多发生在被兼并企业财务状况不佳，生产经营停滞或半停滞之时。要么被兼并企业目前所提供的产品或服务不能为市场所接受，企业无预期收益；要么被兼并企业各要素资产破损严重、工艺落后，或各种功能严重失调，企业不具盈利能力。因此，就我国目前的情况来看，对被兼并企业现时价值的评估一般不做持续经营假设。况且，多数企业兼并的目的仅仅在于获得目标企业的某项特殊资源，如管理经验、营销渠道、专有技术、甚至库存的原材料等。故被兼并企业现实价值一般不采用收益现值法，而按变现原则，分别求出各单项资产的评估值，然后累加求和，再扣减负债评估值，得出企业价值。其中各单项资产的评估值要根据评估对象的具体情况选用适宜的评估方法，如重置成本法、现行市价法、清算价格法，甚至收益现值法。

第二步，确定兼并交易的最高价格 P_{max}。由前述分析可知，兼并交易的最高价格 $P_{max}=V_{AB}-V_A-C$。为简化分析，忽略兼并中支付的各种费用 C，则兼并方可能承受的最高价格 $P_{max}=V_{AB}-V_A$。故兼并交易最高价格 P_{max}可通过如下步骤计算：

（1）预测兼并前兼并方 A 公司未来各年的净现金流量 NCF_{At}（t=1…n，n 为兼并方公司可预计的经营年限，下同），利用收益现值法计算 $V_A=\sum NCF_{At}$（P/F，i，t）（t=1…n）。

（2）预测 A 兼并 B 后形成的新企业未来各年的净现金流量 NCF_{ABt}（t=1…n），利用收益现值法计算 $V_{AB}=\sum NCF_{ABt}$（P/F，i，t）（t=1…n）。

（3）计算兼并交易最高价格 $P_{max}=V_{AB}-V_A$

或：(1) 预测兼并前兼并方 A 公司未来各年的净现金流量 NCF_{At} (t=1…n)；

(2) 预测 A 兼并 B 后形成的新企业未来各年的净现金流量 NCF_{Abt} (t=1…n)；

(3) 计算各年的增量净现金流量 $\triangle NCF_t = NCF_{ABt} - NCF_{At}$ (t=1…n)；

(4) 利用收益现值法计算兼并交易最高价格 $P_{max} = \sum \triangle NCF_t$ (P/F，i，t) (t=1…n)。

此时的折现率是综合考虑兼并方机会成本、未来经营风险、财务风险的兼并方的期望回报率。

第三步，利用现行市价法，确定兼并交易参考价格。如果产权市场上存在与被兼并企业相同或相似的企业交易活动，则可以以已交易企业及其市场成交价作为参考，通过兼并双方企业与已交易企业之间的因素对比分析，对已交易企业的市场交易价格进行必要的差异调整，以此确定兼并交易参考价格。一般是若被兼并方与已交易企业相比，综合评价优于已交易企业，则应调增已交易企业交易价格；反之，应调减已交易企业交易价格。

第四步，确定交易价格 P。兼并中的交易价格 P 应介于最高价格 P_{max} 和最低价格 P_{min} 之间。实际交易价格还应考虑市场参考价格，以及双方协商、谈判、讨价还价的能力。具体的交易价格越靠近上限，对被兼并企业越有利，说明被兼并企业的商誉越大；若具体的交易价格靠近下限，则说明交易对兼并方有利。

参考文献

石书玲．企业兼并的可行性论析．技术经济与管理研究．2001 (1)：56～57

中国东中西部GDP溢出再分析*

刘 丽 王 铮 王 莹 何有缘 刘海燕

［摘 要］各区域之间经济的相互影响关系始终是影响我国经济健康发展的一个大问题。本文在GDP溢出的基础上，进一步研究了其他溢出，作为GDP溢出的基础。研究发现，在过去十年，我国东中西部GDP溢出明显，东部地区在知识溢出方面，西部地区在GDP溢出方面带动作用更强。

［关键词］中国 东中西部 GDP溢出

一、引言

进入21世纪，中国的跨省区共同发展成为一个强烈的动向。显然的问题是这种大规模开发是否能促进或阻碍其他区域的发展，特别是各区域的各自GDP增长会带来其他区域的GDP如何变化，这个问题就是新经济增长理论所谓的GDP溢出问题。GDP溢出，简单地讲就是一个区域的GDP变化会影响另一个区域的GDP变化。最早在20世纪50年代在讨论欧洲一体化时，人们就认识到GDP溢出。1963年Mundell和Fleming建立Mundell -Fleming模型以及它的修正版，模拟GDP溢出。此后不断发展，Mckibbin ，Sachs（1991）建立了开放经济下的两国Mundell-Fleming模型[1]，Ghosh，Masson（1994）把理性预期这一因素扩充到这一动态两国Mundell -Fleming模型中[2]，Krugman（1995）从经济地理角度进一步发展了这个模型[3]。Douver，Peeters（1998）研究了多国GDP溢出，他们的文章中给出了一个标准的GDP溢出概念：由于本国或本地区的财政政策、货币政策或者是其他内生变量的变动而引起的外国或其他地区经济变量变动的程度。这种影响是通过市场创造、贸易促进、技术扩散等完成的[4]。王铮，刘丽，刘海燕（2003）把Douver，Peeters（1998）修正的Mundell -Fleming模型进一步发展研究了我国区域之间的溢出[5]。但是王铮，刘丽，刘海燕（2003）的研究[5]仅仅从表象角度研究了这种溢出，没有在区域基础上这种溢出。本文进一步研究这种溢出的背景基础。

知识溢出是1990年以来知识经济时代的重要溢出，知识溢出被理解为由于知识的部分共享性，一个区域、一个群体的知识发展，会带来另一个区域或者群体的知识发展，从而产生经济效益。Grossman，Helpman（1991）提出[6]，知识溢出对区域的经济共同增长具有重要意义。Caniëls，Verspagen（2001）强调溢出是知识经济环境的产物，被认为对区域经济发展有重大意义[7]。

---

* 原载《中国管理科学》2003年第6期。

最近 2 年，对应 GDP 溢出，知识溢出等导致的增长中的综合溢出效应被重视。

本文讨论中国区域 GDP 溢出行为，第三节研究这种溢出的知识经济背景，第四节是综合分析，最后是结论部分。

二、模型

王铮，刘海燕，刘丽（2003）发展了 Douver ，peeters（1998）用于讨论多国 GDP 溢出的模型为区域水平的，他们的模型结构如（2.1）～（2.6）式所示。在模型中它地区量的右上角加"＊"号与区别本地区量。我们可以看到相互作用反映在关系（2.1）、（2.2）中。

$$q=v_o+v_1\lambda-v_2(i-p+1+p)+v_3q^*+v_4g+v_5r_p+v_6r_c \tag{2.1}$$

$$q^*=v_0{}^*+v_1{}^*\lambda^*-v_2{}^*(i-p_{+1}^*+p^*)+v_3{}^*q+v_4{}^*g^*+v_5{}^*r_p^*+v_6{}^*r_c^* \tag{2.2}$$

$$p-p_{-1}=\phi_0+\phi_1(p_{-1}^c-p_{-2}^c)+\phi_2(q_{-1}-q_{-1})+\phi_3(\hat{q}_{-1}-q_{-2}) \tag{2.3}$$

$$p^*-p_{-1}^*=\phi_0{}^*+\phi_1{}^*(p_{-1}^{c*}-p_{-2}^{c*})+\phi_2{}^*(q_{-1}^*-\hat{q}_{-1}^*)+\phi_3{}^*(q_{-1}^*-q_{-2}^*) \tag{2.4}$$

$$p_c=\rho_1p+(1-\rho_1)(e+p^*) \tag{2.5}$$

$$p_c{}^*=\rho_1{}^*p*+(1-\rho_1{}^*)(-e^*+p) \tag{2.6}$$

$$\lambda=e+p*-p \tag{2.7}$$

$$e_{+1}=e+i-i^* \tag{2.8}$$

这里，带"＊"的量代表外地区，不带"＊"的量表示本地区；负的下标表示前一期的值；正的下标表示后一期的值。内生变量包括：q：真实 GDP；$\hat{q}$ 潜在 GDP；i：真实利率；p：价格指数；p^c：消费者价格指数。r_p，r_c 分别是人口增长率和城市化率。e：本区名义物价水平，λ：本区真实物价水平。

这里，等式（2.1）、（2.2）把真实的总需求描述成为一个真实物价水平比例、名义利率、外区域 GDP 、政府支出和人口增长和城市化率的趋势，其实质是 IS（投资储蓄）曲线。等式（2.3）、（2.4）实际是非利浦斯曲线。等式（2.5）、（2.6）表示作为国内生产的商品价格与进口商品价格的加权平均的消费者价格水平。方程等式（2.7）是真实汇率等式。等式（2.6）是未抵补的利率平价，表示资本完全流动情况。在我们的工作中，我们为了分析中国东中西部的实际相互影响，我们仅对模型（2.1）～（2.2）做了数据拟合，以认识实际的区域影响。按照 Grossman ，Helpman（1991）的认识，这种溢出作用重要的原因是贸易导致的知识溢出[6]。Caniëls ，Verspagen（2001）以知识缺口定义溢出的强度即知识溢出强度满足[7]。

$$S_{ij}=\frac{\delta_i}{r_{ij}}e^{-(\frac{1}{\delta_i}G_{ij}-\mu_i)^2}\quad i\neq j \tag{2.9}$$

这里，S_{ij} 为 j 区产生并为 i 区接受的知识溢出，δ_i 为 i 区的学习能力，r_{ij} 为区域 i 与区域 j 之间的距离。G_{ij} 为知识缺口，定义

$$G_{ij}=\ln\frac{K_j}{K_i} \tag{2.10}$$

式中 K_i 为区域 i 的知识储存。

王铮，马翠芳，王莹，翁桂兰（2003）检验了模型（2.9）[8]。提出恰当的形式为

$$S_{ij}=\alpha_ie^{-(\frac{1}{\delta_i^{(k)}}G_{ij}^{(k)}-\mu_i)^2+\sum_{m-0}^{M-1}\frac{1}{\delta_i^{(m)}}G_{ij}^{(m)}-\beta_{rij}} \tag{2.11}$$

S_{ij} 为从 j 区到 i 区的知识溢出，δi 为学习能力，r_{ij} 为区域 i 与区域 j 之间的距离，$G_{ij}^{(K)}$ 是区

域 i 与区域 j 之间知识缺口，$G_{ij}^{(m)}$ 表示区域 i 与区域 j 之间第 m 项需求缺口，需可能为 0 ，α，β 是区域参数，分别为学习能力的一种测度和空间阻尼参数。在不考虑需求缺口时，区域知识溢出为：

$$S_{ij} = a_i e^{-(\frac{1}{\delta_i^{(k)}}G_{ij}^{(k)}-\mu_i)^2-\beta_{rij}} \qquad (2.12)$$

除了知识溢出外，由于人口流动、资金流动导致的空间相互作用也是 BDP 溢出的基本背景。因此我们需要认识空间相互作用。我们采用了 Wilson（1967）提出的空间相互作用模型估计空间相互作用[9]。这个模型的基本形式为

$$f_{ij}(r) = AP_i C_j^{\alpha} \exp(-\beta_{rij}) \qquad (2.13)$$

式中，$f_{ij}(r)$ 为空间相互作用测度，r_{ij} 为城市 i 与城市 j 之间的交通距离，P_i 为流出地城市 i 的人口数量，C_j 为人口流入地城市 j 的人均国民收入，α 是体现人的流动观念的参数，β 为空间阻尼，A 是归一化参数。

为了估计参数，我们调查了 2 600 多个数据，结果有 α＝1.34313 ，β＝0.00167 。利用这个模型我们得到了空间相互作用矩阵，它刻画了人口流动的相对强度。考虑到溢出的双向作用，所以我们以 $f_{ij}(r)+f_{ji}(r)$ 估计区域 i，j 之间的溢出意义下的相互作用强度。

在明确模型后，我们研究的任务是，研究我国东中西部 GDP 溢出，认识知识溢出空间相互作用在 GDP 溢出中的作用。

在模型拟合中，各地区的基本数据来自于各省区统计年鉴（1984—1999）。改革开放后，政府制定过三次全国性的经济区域划分。本文的东中西部划分是政府最新的划分：东部：北京、天津、河北、山东、辽宁、上海、江苏、浙江、福建、广东、海南；中部：黑龙江、吉林、山西、河南、湖北、湖南、江西、安徽；西部：内蒙古、新疆、甘肃、陕西、宁夏、重庆、四川、云南、贵州、广西、青海、西藏。

三、各区域 GDP 的溢出

基于式（2.3）、（2.4），我们可以对 GDP 溢出开展比较分析，为此我们对式（2.1）、（2.2）开展数据拟合，求出对应于 q，q^* 的相互作用纱数。例如对东西部数据回归，为此，将式（2.7）带入式（2.1），我们得到东西部溢出关系的回发估计方程为：

$$q_e = 483.086 + 59.66031(p_e/p_w + p_w - p_e) + 28.27208(i - p_{+1e} + p_e) = 2.644711 q_w$$

t 统计检验 (0.40705381) (0.97320654) (5.38155899)

$$+ 2.391084 g_e - 99.819 r_{pe} - 2\,127.61 r_{ce}$$

(1.63663869) (−0.5735499) (−0.5826636) (3.1)

$$\bar{R}^2 = 0.997292$$

$$q_w = -30.6772 - 19.3619(p_w/p_e + p_e - p_w)$$

$$- 7.371558(i - p_{+1w} + p_w) + 0.332838 q_e$$

t 统计检验 (−0.42112) (−0.63639) (7.327507)

$$- 0.82633 g_w + 38.87107 r_{pw} + 529.8493 r_{cw}$$

(−0.81609)(0.78001)(0.351902) (3.2)

$$\bar{R}^2 = 0.996609$$

从这里得到的方程我们可以发现：等式（3.1）中，相关系数 R^2 达到 0.997 ，因此模型拟合程

度很好。由于分析中用到的是1984—1999年的数据，因此有16个样本，又有6个自变量，则其自由度是10，取显著水平为5%，查表得到 $t_{0.02510}=2.228$，所以只有变量 q_w 是显著的，其他变量均不显著。(3.1) 表明 q_w 对 q_e 有相当显著的正影响，也就是说西部对东部的国民生产总值有相当显著的正影响，且影响较大，其GDP溢出系数为2.644 711。

类似地，我们求出各地区的溢出水平如表1所示。表中位置（j，j）上的数字为 i 区域受到 j 区域的溢出影响。其中括弧外的是溢出相互影响系数，我们定义为溢出水平，括号内的是 t 检验数。由于 $t_{t0.02510}=2.228$，比较计算求出的 t 检验值，相应的GDP项通过了 t 检验，实际上三个区域的 t 检验均通过了经验，所以区域间GDP影响项全部为显著的，中国东中西之间存在明显的GDP溢出。

表1　各区域溢出水平

区域	东部	中部	西部
东部	—	1.549 (8.745)	2.645 (5.382)
中部	0.497 (9.747)	—	1.490 (8.650)
西部	0.332 8 (7.528)	0.579 (8.305)	—

为了便于比较，我们计算了溢出的相对水平，为此我们以全国总的溢出的影响为分母除以各水平绝对量，计算相对量，比较这种大小。由此求得的各区域GDP溢出百分比给出在表2中。从表2中我们可以看出，从GDP溢出看，西部对东部、中部的作用显著地大于东部、中部对它的影响，这可能是西部资源有效地支持了中部。其次中部对东部的溢出也大于东部对中部的溢出。东部在GDP溢出中是个显著的受益者。这种情况的起因，还需要进一步研究。

表2　各区域GDP溢出相对水平

区域	东部	中部	西部
东部	—	0.229 873 93	0.265 624 579
中部	0.161 148 61	—	0.149 520 447
西部	0.107 907 96	0.085 924 47	—

然而，我们需要指出的是这里的溢出的GDP本身数量的大小。特别是东部GDP量大，利用1988—2001年统计数据我们求得东中西部GDP的相对比重为1∶0.468∶0.689（约定东部为1），结果得到各区域GDP溢出强度分别为0.269 057，0.147 926，0.285 915，约定东部为1则化作1∶0.549 796∶1.062 656。因此从GDP溢出的总的结果看，西部溢出仍然有重要意义。因此中央关于加快西部开发的决定具有重要的意义。但是不能简单认为发展西部不如发展东部的经济意义大。因为，计算忽视了东部、中部、西部内部各省、市、自治区相互的溢出，这种省区间的溢出，可能产生突出的作用。李小建，乔家君（2001）分析[10]，中国东西部的整体经济差异是小于东西部内部经济差异的。因此仅仅凭借这里的作用评价各省区的作用是不恰当的。因此，大区域之间溢出的强弱，不能否定东部省区的发展意义。

四、溢出的相互联系

为了进一步认识GDP作用，我们来研究我国各区域知识溢出。我们采用模型（2.12），模型中的参数按王铮、马翠芳、王莹、翁桂兰（2003）估计的[8]。如此计算求得东中西部知识溢出的相对水平如表3所示。

表 3　各区域知识溢出水平

区域	东部	中部	西部
东部	—	0.214 495 14	0.095 741 623
中部	0.272 992 04	—	0.119 390 939
西部	0.167 829 25	0.129 551 01	—

从表 3 我们可以发出的东部的知识溢出作用大于中部的，中部的溢出又大于西部的，三者之比为 1 ∶0.780∶0.625，在知识溢出方面，东部与中部的差距为 0.22，大于中部与西部的差距 0.155，说明在知识经济意义上，中部总体上也在落后。王铮、葛昭攀（2002）研究指出[11]，从收敛点位置看，中部开始明显落后，这里研究表明这种落后至少部分原因是部人才外流导致人力资本水平下降的。

另一方面，如果注意到各区域 GDP 溢出强度分别为 1∶0.549 796∶1.062 656，它与知识溢出的比例 1 ∶0.780∶0.625 有明显差距，这就进一步证实西部的 GDP 溢出是靠传统经济部门完成的。

在另一方面，我们需要研究东中西部的相互作用，为了考虑 GDP 的溢出相互影响，我们假设相互作用是对称的，采用《中国统计年鉴 2002 年》数据，我们计算得到中国三大区域的相互作用强度如表 4 所示。表中东中部的相互作用被约定为 1 。

表 4　各区域空间相互作用水平

区域	东部	中部	西部
东部	—	1	0.564 583
中部	1	—	0.522 328
西部	0.564 593	0.522 328	—

从表 4 我们可以看出东部与西部的相互作用，大于中部与西部的相互作用。另一方面根据阎淑敏（2002）的研究[12]，就高中以上（不包括高中）文化人口的迁移而言，中部的迁出人口是大于迁入的，西部的迁入是大于中部的。高中以上（不包括高中）文化人口被作为人力资本量度的（Bretschge，1999）[13]，可见西部对东部的溢出，主要还是自然资本的，这种溢出导致东西部相互作用加强。

在这里，我们还可以看到中部的问题。在东中部之间，知识溢出强烈，溢出伴随着中部人力资本的流失，东中部的相互作用强，部分反映了中部劳动力向东部的倾斜，部分地反映了中部人力资本的流失。中部西部的空间相互作用小于远距离的东西部的空间相互作用，中部 GDP 溢出部分份额小，这些特征表明中部经济相对封闭，这是一个严重的问题。实际上最近几年中部经济在模仿东部经济，在新经济条件下没有找到自己的专业化方位，专业化水平持续降低，产业聚集水平低，造成自己的经济相对封闭和人力资本流失和生产成本提高（周嵬，王铮）[14]，从而构成了中部经济的发展障碍。中部包括东北老工业区经济的出路在于，不要模仿东部经济，承认专业化分工，避免形成自成体系的区性封闭经济体。目前中部经济已经出现对落后、发展速度降低的倾向（王铮，葛昭攀，2002）[11]。

五、结论与讨论

在本文中，我们首先应用改进的 Mundell - Fleming 模型，从 GDP 溢出角度对中国三大地带的经济相互影响做了研究，进一步引用了各种区域间溢出理论，讨论了中国三大地带的溢出问题。

(1) 中国3个地带经济联系强烈。GDP增长有互相促进的作用。在平均意义上，西部开发的促进作用是最积极的，但是没强理由否定东部发展的作用。

(2) 在经济体系中东部起着知识溢出中心和专业化导向的作用。通过强烈的空间相互作用，东部经济对西部、中部的影响都很明显。

(3) 在东中西部强烈溢出和世界性的区域专业化分工的潮流中，无论中部还是西部不能模拟东部经济。

参考文献

[1] McKibbin, W. J. , sachs , J. D. Global Linkages [M] . The Brookings Institution . Washington, 1991

[2] Ghosh , A. R. , Mssson , P, R. Economic Cooperation in an Uncertain World [M] . Blackwell, Oxford , 1994

[3] Krugman , P. R. What do we need to know about the international monetary system [C] . In: Kenen , P. R. (Ed.) , un - derstanding Interdependence , Princeton University jPress , 1995 , 81: 509～529

[4] R. Peeters , M. GDP -spillovers in multi -country models [J]. Economic Modelling 1998 , 15 : 163～195

[5] 王铮，刘海燕，刘丽. 中国东西部GDP溢出研究 [J]. 经济科学. 2003 (1) : 1～8

[6] Grossman , G, M , Helpman , E. . Trade , knowledge spillovers, and growth [J]. european Economic Review , 1991 , 35 : 517～526

[7] Caniels , M. , C. , Verspagen , B. Barriers to knowledge spillovers, and regional convergence in an evolutionary model [J]. Evolutionary economics , 2001 (11) : 307～329

[8] 王铮，马翠芳，王莹，翁桂兰. 区域间知识溢出的空间认识. 地理学报. 58 (5) : 773～780

[9] Wilson , A. G. Astatistical theory of spatial distribution models [J]. Transportation Research, 1967 , 1 : 253～267

[10] 李小建，乔家君. 20世纪90年代中国县际经济差异的空间分析 [J]. 地理学报. 2001 (2) : 136～145

[11] 王铮，葛昭攀. 我国区域经济发展的多重均衡态与转变前兆 [J]. 中国社会科学. 2002 (4) : 31～39

[12] 闫淑敏. 我国西部人力资本流量分析及政策建议 [J]. 中国软科学. 2002 (6) : 24～27

[13] Bretschger , L. . Growth and Sustainable Development [M]. Edward Elgar , Cheltenham ,2000

[14] 周嵬，王铮. 中国各区域经济增长的技术进步方向选择 [J]. 科研管理. 2003 (6) : 11～18

对农村承包土地流转问题的思考*

张广伟

近年来，关于农户承包土地流转问题已经成为一个十分敏感的话题，也是人们皆力回避、不愿谈论的话题。其根本原因在于始于20世纪70年代末的家庭承包经营土地制度给中国农业所带来的发展、给农民生活所带来的改善是有目睹事实；如果再谈农户已承包的土地流转问题，无疑不利于建立在这种生产方式基础之上的中国农业生产、农村社会、农民生活的稳定。那么，究竟应如何理解稳定农民土地承包与土地流转关系这一不可回避、看似矛盾的问题呢？笔者认为，从中央到《中华人民共和国农村土地承包法》中“稳定土地承包关系”的提法是普而言之的原则性规定，农户承包土地是否流转应视生产力发展的内在要求而定。

一、对“稳定”的理解

自20世纪70年代末我国实行农村土地家庭联产承包经营制度以来，如何稳定农村土地承包关系的问题，一直备受从中央、国务院到地方各级政府的关注。1984年中共中央1号文件中肯定地规定了农民土地承包期15年不变的方针；1993年在中央、国务院11号文件中，针对第一轮农户土地承包十五年期限陆续到期情况提出，在原定的土地承包期到期后，再延长土地承包期30年不变的政策；1995年国务院在批转农业部《关于稳定和完善土地承包关系》的通知中，又再次强调维护农村土地承包合同的严肃性，坚决制止在延长农户土地承包期工作中存在的违反中央和国家土地政策的做法，要求在进行农地调整时，不能随意提高土地承包费，不得改变土地权属关系，严禁借土地调整之机多留不承包到户的机动地；1997年7月，中共中央办公厅、国务院办公厅发出《关于稳定农村土地承包关系的通知》，提出了“增人不增地、减人不减地”的稳定原有土地承包关系的原则，以防止耕地的频繁调整和不断细分，稳定农户的土地承包关系；1998年十五届三中全会通过的《关于农业和农村工作若干重大问题的决定》，再次明确提出要坚定不移地贯彻土地承包期再延长30年的政策，同时要抓紧制定确保农村土地承包关系长期稳定的法律法规，赋予农民长期而有保障的土地使用权。

正是在中央、国务院“稳定农户土地承包”政策引导下，农户经营土地生产积极性高涨，伴随着中国农业生产也走过了一段持续、稳定发展的路程。也正是按照十五届三中全会通过的农户土地承包期再延长30年的政策制定了《中华人民共和国农村土地承包法》。由中国实施“农户土地承包经营制度”这段成功的历史我们可以得出这样一个结论：稳定农户土地承包关系政策是对目前中国农业、农村、农民问题的最佳政策选择。之所以这样认为，原因在于：

* 原载《中国社会科学院研究生院学报》2003年第6期。

首先，我们知道，物质资料的生产方式，亦即社会生活所必需的物质资料的谋得方式，是社会发展的决定力量。生产方式亦即生产力和生产关系，生产力是生产方式的物质内容，生产关系是它的社会形式。生产力决定生产关系，生产关系也会给生产力以反作用；与生产力发展水平相适应的生产关系可以促进生产力的发展，反之则会阻碍生产力的发展。尽管始于20世纪70年代末的家庭联产承包经营责任制是计划经济管理体制背景下推行的一项土地制度改革，但这一土地制度改革的本质是对农业生产计划管理方式的否定、是对农业生产方式的重大变革，将土地这一农业最基本的要素、也是农民赖以为生的基本生产资料承包给农户，变集体有计划组织农业生产为农户家庭自主决定生产。其结果，极大地调动了亿万农民经营土地的积极性，使土地本身所具有的生产能力得以实现，农民生活水平得到了明显的改善，中国农业也得以快速发展。由此也从根本上改变了原有制约中国农业生产发展的不合理的生产关系，使之与当时的农业生产力发展水平相适应。以此来看中央、国务院经常强调、乃至《农村土地承包法》中以法律的形式要求农户土地承包关系的“稳定”是一项指导性的、原则性的政策规定，所强调的是农业生产方式的稳定，亦即维持建立在与我国现行农业生产力水平相适应基础之上的农业生产关系的稳定。尽管家庭土地承包制度已经有了20多年的发展历史，农业生产力水平的确也发生了很大的变化，但这些变化就全国绝大多数农村地区而言，普遍是土地本身所具有的生产潜能最大限度的释放，20多年前建立起来的以农户土地承包经营为基础的农业生产关系仍然与目前的生产力发展水平相适应，并未制约农业生产力水平的继续发展；农业生产力水平的继续提高也并未要求一定要通过变革生产关系来实现。

其次，我们知道，党和国家的农村政策历来是解决中国农业、农村、农民问题的基石，“三农”问题的关键因素在于人、在于农民。中央制定稳定农户承包土地制度政策是为了促进农业生产、提高农业生产力水平而制定的，目的是要稳定其所体现的、与农业生产力发展相适应的农业生产关系。只有有效地保障中国九亿农民权益，才能有效地保持农村社会稳定、有效地促进农业生产的稳定和发展；只有土地承包关系稳定了，才能解除农民对投资土地生产的后顾之忧，农民才会对土地生产有长远的预期产出期望，自愿对土地投入，进行农田基本建设，提高土壤肥力，发展农业生产。

第三，可以这样认为，中央强调土地承包关系的稳定即集体与农户承包合同关系的稳定，是针对近年来农村基层组织在农户土地承包期内，利用集体土地所有权，采取强制手段收回农户承包的土地重新发包、或违背农民意愿任意调整农民所承包的土地行为而言的，是以稳定集体与农户承包合同关系来保障农民的利益，保证农民应得土地收益实现，提高农民经营土地生产的积极性。《农村土地承包法》以立法的形式，赋予农民对承包的土地所享有的权利，这样规范既有利于保持党在农村基本政策的连续性和稳定性，保护农民对所承包经营的土地合法权益；又有利于调动农民生产积极性，促进农业和农村经济发展，维护农村社会的稳定。第四，现实中的农村土地具有经济和社会两大功能。经济功能意义上的土地是农业生产中必不可少的生产要素，属生产资料的性质；社会功能意义上的土地是农民生活的基本保障。这两大功能对中国这样一个有着九亿农民的农业大国而言，社会政治、经济的稳定，有赖于农业生产、农村社会、农民生活的稳定。因而土地的社会功能在现实中国中处于首要位置上，必须予以优先考虑。稳定农民承包集体所有土地的合同关系正是基于土地的社会保障功能的选择，按现行以人口平均分配土地的制度，农户获得土地意味着基本生产资料的获取；赋予农民土地承包权是提供给农民就业生存的保障，保障农民有饭吃、保障农民有基本的生存条件，尤其是在当前我国农村还没有建立健全完整的社会保障制度的条件下，稳定农民承包土地的政策，正是保证每个农民都能利用土地获得基本的生

存条件。只有农民生活条件得到了保证，农业生产、农村社会才会得以稳定。

二、对土地“流转”的理解

的确，经济功能意义上的土地作为农业最基本、也是最重要的生产要素，是中国亿万农民赖以为生的基本生产资料，是农民最基本的生活保障。稳定和完善土地承包关系和制度，所关系到的是如何实现中国农业生产持续发展、维护农村社会的稳定、为农民提供生产和生活保障的问题，尤其是对中国这样一个有着九亿农民的农业大国来讲，更显得尤为重要。我们在注重稳定农户土地承包问题的同时，也应该注意到的是：

首先，随着农业生产力的发展，依据农业生产力发展的客观要求，适时调整建立在土地基础之上的生产关系，也是促进农业生产稳定、持续发展的客观要求。应该看到，中央、国务院在强调稳定农村土地承包关系的前提下，也始终允许和鼓励农户承包土地使用权的流转。1984 年中共中央 1 号文件明确提出了鼓励土地使用权向种田能手集中，对转出土地使用权的农户应当给予适当经济补偿的主张；1993 年的中央、国务院 11 号文件更加明确了承包期内的土地使用权可以在农民自愿基础上依法、有偿流转。国务院在国发（1995）7 号文件中界定了土地使用权流转的内涵，提出：在坚持土地集体所有和不改变土地农业用途的前提下，经发包方同意，允许承包方在承包期内，对承包土地依法转包、转让、互换、入股，其合法权益受法律保护；十五届三中全会重申，土地使用权的合理流转要坚持自愿、有偿的原则，不得以任何理由强制农户转让；2001 年中央 18 号文件（《中共中央关于做好农户承包地使用权流转工作的通知》）除了进一步强调“农户承包地使用权流转要在长期稳定家庭承包经营制度的前提下进行”和“农户承包地使用权流转必须坚持依法、自愿、有偿的原则”外，还对农民土地使用权的流转做出了更具体的规定，如为稳定农业，稳定农村，不提倡工商企业长时间、大面积租赁和经营农户承包地，农村土地流转应当主要在农户间进行等；《农村土地承包法》中更是以法律的形式规定了“国家保护承包方依法、自愿、有偿地进行土地承包经营权流转”和“承包方之间为发展农业经济，可以自愿联合将土地承包经营权入股，从事农业合作生产”。由此也可以看出，中央强调农户承包土地的稳定政策是指集体所有权与农户承包集体土地合同关系的稳定，不是指土地经营使用权的凝固、封闭，一成不变。

其次，土地承包权是土地使用权流动的基础，只有在稳定承包权的前提下，坚持自愿，有偿的流转原则，才能通过土地使用权的合理流动，使土地承包关系不断优化和土地承包权的稳定，发挥出土地在农业生产中的生产资料的效能。应该认识到，土地使用权的流动并非是土地集体所有权和农户土地承包合同关系的改变，不会因集体所有权和农户土地承包合同关系的稳定而影响农业生产力水平的提高和发展，不能借口稳定来限制使用权的流动，或者借口流动而改变或频繁调整农村集体与农户的土地承包关系，更不能采取强制的手段。

第三，在农户承包土地稳定与土地使用权流转问题上应该看到的是，在市场经济中，任何生产要素的流转总是以向具有高效能经济主体转移和集中的规律，这是市场经济发展的客观要求。在土地作为生产要素的合理流转问题上也是如此，只要发生土地使用权流转是现实生产力发展的客观要求，并且土地流转是在按市场经济规律建立起的农户承包土地流转机制下进行，那么，土地流转将是实现土地资源与其他高效能经济主体合理配置的最佳选择。在这种背景下发生的土地流转不仅不会影响农村集体与农民承包关系的稳定，相反，在资源重新组合后，土地资源效益会被最大限度地发挥出来，促进农业生产的持续稳定发展。

第四，我国生产力水平地区发展不平衡，东部地区高于中西部地区，城郊地区高于农村腹地，平原地区又高于山区，由此种种。因此，中央、国务院政策虽然是要求承包土地稳定，但是这个稳定要建立在因地制宜的基础上。如中西部地区农业生产力发展水平相对比较落后，土壤贫瘠，自然条件相对较差，尽管不能说地多人少，但保持一家一户的承包土地分散经营是生产力发展水平的客观要求。东部地区农业生产力发展水平也较高，但人多地少，农村剩余劳动力比较多；一家一户的承包土地地块多、面积小，沟渠、地界占用土地多，实际用来安排农产品生产的面积就更小，土地产出率也低。如果一味强调稳定，禁止土地流转，一方面，势必会将剩余劳动力束缚在土地上，难以实现适度规模经营，也无法将无效沟渠、地界占用土地变为有效生产资料；另一方面，一家一户的生产规模小、劳动生产率和产品的商品率低，在自产产品商品化过程中，由于数量少、流通环节会增多，中间费用增大，效益也低。而通过适度流转，形成规模经营，则可以回避这一劣势。

第五，尽管绝大多数的农民都希望取得并长期拥有土地的使用权、维持土地承包关系长期稳定不变，但由于我国农业产出的比较效益历来较低，土地对农民的吸引力并不太高。在改革开放政策实施后，许多农民不愿再固守在土地，尤其在东部人多地少的发达地区，农民的职业选择出现多样化的特点，农村大量剩余劳动力跨地区流动，到城市务工、经商、甚至出国等都成为许多农民的选择。在多样化的可选择职业面前，在行业比较利益的驱动下，更多的农民更倾向于选择远离土地的非农职业，而不会选择务农职业。在这种背景下，如果仍然禁止土地流转、主张承包土地稳定，不想种地的农民不可能全身心地投入农业产业化经营之中，在无奈之下，只能或者粗放经营、把土地生产当作副业兼而作之，或者选择抛荒，或者选择退还集体（现今还不存在农户有偿退出承包土地机制）。因此，只要有农村剩余劳动力的转移要求，就必然伴随着有土地流动的要求。当许多农民弃农务工、从商成为一种普遍选择的时候，在不允许土地抛荒或有偿退还集体的情况下，农户承包土地流转将成为惟一的选择。

第六，目前土地抛荒已经成为了一个较为普遍存在的事实，这一现象是一个比较棘手的问题。造成这一现象的根本原因仍然是农业的比较效益较低，农民经营土地不能获得利润，甚至亏损，加之农户有偿退出土地承包机制尚未建立，如果再不允许土地流转，抛荒反而成为惟一的选择。因此，土地流动也应是解决土地抛荒的最好方式，土地不流动，抛荒面积还会不断增加，土地浪费还会加剧。这也有违为保证农民就业和生存而固化土地承包、促进农村社会稳定、进而促进农业生产发展的初衷。

第七，目前农民的就业渠道已经多元化，收入来源多元化。农民收入增长并不仅靠土地收益，这也就预示着，对部分农民而言，土地不再是惟一的生存就业渠道和收入来源。特别是现在承包土地的税费提留等又比较高背景下，那些有比较稳定的非农就业和收入的农户自然就会想到要中止承包合同，放弃承包土地。农民流转土地的目的是为免亏或增盈，土地经营者流进土地的目的是把农业作为一个投资领域，把土地作为基本生产资料来经营的，其目的也是盈利。对于愿意转让承包土地的农户，应该是那些在非农户业有稳定就业、稳定收入的农户，这部分农户转让承包土地不会影响生存就业问题，反而可以增加其他农户的就业、生活保障能力，在一定的程度上增加了人均耕地。因此，承包土地农户自愿流转承包土地应该是农业劳动力转移的结果，是农村经济发展、农业生产保持稳定的最好措施。

最后，如果不允许土地流转，片面强调农户土地承包稳定三十年不变，那么，单单农村人口增加与土地需求的消长关系就会出现很大变化，产生人地之间的矛盾。而允许农户承包的土地流转，则可以自然调剂土地的余缺，缓冲人地矛盾带来的压力，并可以在一定程度上物尽其用，减

少土地抛荒浪费的现象，保持农村社会的稳定。

农户承包土地稳定或流转与否是生产力发展的必然反映。准确把握和认识农户承包土地的稳定与流转，关键在于不能脱离现阶段我国的基本国情。我国农村各地的生产力发展水平差距较大，从而也决定了农户承包土地流转将是一个不平衡的、渐进的长期过程；农村劳动力向非农就业的转移也将是一个漫长的过程，人多地少的矛盾在相当长的时期内难以得到明显化解；再加之现代的社会保障体制也难以在短时期内覆盖农村社会，因此，土地在一个相当长时期内，仍将是大部分地区、大部分农民获取收益和维持生存保障的基础，强调稳定农户承包土地关系仍不失为是一项着眼于整个中国农业基本面的基本政策选择；在稳定集体土地所有权与农户土地承包关系的基础上，允许土地使用权的有序流转则是这一基本政策的重要补充、完善。当务之急是据此现实生产力发展的客观要求制定出一整套规范土地流转的完善机制，注重是否流转应由承包土地的农户自行决定政策规定，应该说，农户土地承包权的长期稳定和承包期内土地使用权的流转，是完全可以做到并行不悖的。人们也大可不必担心土地流转后农业生产、农村社会、农民生活问题，因为愿意转出土地的农民只有在其有了其他工作岗位、收入来源的时候，在其生活稳定并有了充分保障的背景下，才有可能实现承包土地的流出。

浅谈超市促销存在问题及对策研究*

陈红华

[摘　要] 随着中国加入WTO，零售业的竞争越来越激烈，而被誉为零售业第三次革命的超市也面临激烈挑战，为了在竞争中生存，各大超市纷纷采取各种营销手段以吸引消费者，而在营销中起到重要作用的促销更成为各大超市采取的主要竞争手段。本文就是从超市中常见的促销手段出发，总结了超市中常见的促销手法以及存在的问题，并提出了相应的建议和对策。

[关键词] 超市促销管理 商品指示牌　POP　人员促销

1930年，世界上第一家超市在美国纽约长岛开设，命名为金库伦联合商店，超市的出现，被称作西方零售业的第三次革命，由于它兼有前两次零售革命的优势，即百货商店的规模大，品种多的优势以及连锁店成本低，周转快的特点，从而显现出强大的生命力，在美国及全世界得到迅速发展。中国自从进入20世纪90年代以来，超市也以迅猛地发展速度遍布大江南北，迄今为止，上海的华联、联华、农工商，广州的天美、阳光，深圳的百佳、华润，北京的超市发、小白羊等著名超市成为老百姓日常购物的主要消费场所。超市的迅速发展在给老百姓生活带来方便的同时，彼此之间的竞争也日益激烈起来，为了扩大销售额，吸引更多的消费者前来购物，各超市纷纷使出浑身解数，开展各种营销手段，而超市促销恰恰是各种营销手段中不可缺少的一个重要环节，促销管理也就成为超市营销管理的一个重要部分。

一、促销的含义

促销是促进销售的简称，是指营销人员通过各种方式将有关企业及产品的信息传递给消费者，影响并说服其购买某项产品或服务，① 以增加商品销售的一系列活动，因此超市促销既可以通过提供信息，促进顾客购买，也可以通过塑造良好的购物环境，诱导消费者购买。

二、我国超市促销常见方法

通过对大量超市的观察比较（以北京为例），我们发现，各大超市的促销方法基本上可以归纳为如下几种：

---

* 原载《商场现代化》。

① 引自吕一林主编《现代市场营销学》第2版172页。

（一）超市卖场促销

超市卖场促销中一般有两种形式，一种是商品指示牌促销，一种是现场购买点促销即POP。商品指示牌是为了顾客选购商品作向导和告示的导购设施，尤其是目前一些大超市，购物场所较大，商品种类繁多，这种指示牌能起到很好的指示作用，通常在上面提供商品的品牌，单位，售价，有些还标有产地，功效，折扣等。这种指示牌的促销作用是很明显的，若设在超市入门处则使消费者清楚地知道什么地方有自己需要的商品，同时会使顾客在没有打算购买这类商品时看到指示牌上有折价出售，买三送一这样的信息后，产生购买的欲望。另一种形式就是POP广告，即销售点的广告，通过简洁的介绍产品特点，价格，尤其在超市这样的自助购物方式中，对消费者进行产品的介绍和引导。通常形式有各种电动字幕，标语，紧贴商品陈列货架的商品广告，招贴画形式的海报POP，悬挂在卖场中的气球，装饰物，吊旗，彩旗，以及厂家和商家合作固定在某个位置的灯箱广告等。

（二）活动促销

利用各种时机搞促销活动是目前许多超市采取的促销手段，通常表现为以下几种形式：

1. 特价销售活动。根据市场调查显示，很多消费者对打折，减价等活动十分敏感，尤其是我国的消费者，因此利用各种节假日，换季时节，店庆等时机，对全部或部分商品打折，减价出售。

2. 有奖销售活动。通过购物抽奖，奖品为实物，奖券，或代金卷等形式，来刺激消费者的购买欲望，此种方法也十分普通。

3. 累积折扣法。为了能够维持忠诚消费者，有些超市鼓励消费者专注于本超市购物并当购物达到一定金额后给予优惠卡或者给予一定的折扣。

4. 示范表演。很多超市在推出新产品时采用让促销人员现场示范的方法以达到促销效果，通常是食品就会让消费者免费品尝，日常使用品就会鼓励消费者亲自动手操作，感受产品的功能，以及免费赠送试用装，这种促销形式由于很大程度上让消费者亲自有机会去感受新产品的功能，质量，减少了消费者对陌生品牌、产品的购买风险，因此效果较好。

（三）服务促销

随着竞争的激烈，如何塑造产品差异成为重要的竞争手段，但是在商品质量，技术相差无几，越来越趋于同质，超市设施也相差无几的情况下，提高服务水平成为一些超市促销的手段，例如在提供购货小票，产品没有破损弄脏的情况下实行退货或者换货，购物达到一定金额对产品实行免费包装，为消费者购物尽可能提供方便的儿童休息场所，物品寄放场所，延长营业时间，方便消费者购物等。通过这些服务，真正做到消费者购物时安心，舒适，方便。

（四）人员促销

超市基本上是无人售货，消费者可以有完全的自由挑选自己喜欢的商品。但是在有些情况下，尤其是当商品是新产品，或者消费者文化程度不高的时候，此时超市中的人员对产品的合理的介绍以及对待消费者友善的态度将起到很好的促销作用，在我国超市中这项工作主要是由理货员承担的，就要求理货员认真在卖场中巡视，发现消费者有疑问时主动提供帮助，给消费者提供有用的信息和指导。

三、超市促销中常见问题及对策分析

尽管目前各大超市的各种促销手段多种多样，但是客观地说，还存在一些问题需要研究改进。主要表现在以下几点：

1. 促销中往往只注重商品的销售，忽视对超市本身的促销宣传。超市促销的主要目的是为了销售商品服务，但是销售商品不是唯一的目的。在各大超市提供的产品没有本质区别，零售商的自有品牌在我国还没有树立起足够知名度的今天，要想吸引消费者仅靠对商品的降价，有奖销售，作用都是有一定局限性的，因为这些手段别的超市也都可以模仿，都可以采取，因此我们建议超市在促销中还应加入一些能够树立本超市企业形象，建立消费者和超市良好关系的促销形式。例如上海华联超市就给我们树立了良好的榜样，在假货充斥市场，消费者担心买到假货时，华联适时地推出了“华联无假货，件件都放心”的宣传，配合大量其他商品的打折，有奖销售，取得了良好的效果，也是值得我们其他超市学习的地方。

2. 采用促销手法时忽视消费者心理。很多超市在促销过程中通常过分侧重于打折、降价，尽管打折降价是行之有效的方法，但是促销时还是需要考虑目标消费者的不同心理，只有迎合消费者的某种心理才能收到预期效果。因此在采取促销手段时建议首先做市场调查，要调查即将促销产品的主要目标消费者的心理，绝大部分目标消费者对本产品最看中的因素是哪一项或是哪几项，是追求价廉，是求实，求美还是求异，这样在促销信息中就可以针对消费者需要采用针对性的促销宣传，而不是一味地采取降价，打折。

3. 超市卖场促销中的促销用语内容文字不够清楚，出现对消费者不礼貌的用语。超市卖场中的商品指示牌内容要简明扼要，有一定美化作用，放置地点要突出，但是有些超市在促销指示牌中用字不准确，指示不明确，看了以后印象不深刻，甚至不太明白，而且很多超市指示牌中都缺乏英语标示，北京、上海都是国际大都市，经常有外国朋友光顾超市，尤其是位于外国人居住集中区域的超市，商品指示牌的内容应该有英语标识。这一点至今还被许多超市忽略。

另外在有些超市，甚至是一些大型的知名超市，在商品指示牌上都标有这样的用品：不买请勿触摸，偷一罚十等字眼，这样的语言对消费者是十分不礼貌的，同时也客观上把超市和消费者对立起来，对于建立超市和消费者之间的良好关系十分不利。

4. 有些促销活动不真实，而且用的过多过滥。打折，特价销售等手段无疑对消费者极有诱惑力，因此成为很多超市青睐的一种促销手段，但是有些超市利用消费者这种求廉的心理，在商品标识的原价，现价上作假，原价明明 3.3 元，偏写成原价 3.5 元，现价 3.3 元，这样即使增加了销售额，也不是我们倡导的手法，一旦消费者知道真相，对超市的损失就不是这一点盈利能够弥补的，诚信始终是我们倡导的经营原则。

另外利用节假日等各种重大活动之机搞打折，特价活动效果较好，但是这类活动不能用得太多太滥，而是要师出有名，这样才能促进消费者的购买欲望。过多过滥，不管什么时候都是打折，反而会让消费者失去兴趣，甚至更严重的是失去了对超市的信任，这样反而得不偿失。

5. 促销活动一定要让消费者得到真正的实惠，而不是哗众取宠，借机牟取额外的利益。就在不久前笔者曾到某大超市中，在购物出门时发现自己消费的消费额已经达到了对方有奖范畴，兴致勃勃地来到有奖兑现地点发现上面写着，若购物满 50 元，加 10 元就可以得到洗手液等产品，然后问对方向这样够 200 元是否不需要加钱，得到的答案是不管多少，都需要加 10 元，再仔细看洗手液，感觉到自己花 10 元完全可以买到，于是乎就在考虑这样的促销活动到底是出于

什么样的目的，不仅有些怀疑，难怪周围连连有消费者说骗人，这样的促销活动不仅没有起到真正的促销效果，反而在消费者心中产生了负面影响，因此不是一次成功的促销，只有时时把消费者的需要放在第一位，把消费者的利益放在第一位，才会真正赢得消费者的信赖，赢得市场。

6. 促销人员对消费者是否购买商品前后态度转变太快。在超市中经常会遇到这样的情况，当促销人员发现消费者对商品有兴趣时，会十分热情的介绍，推销，但是一旦发现消费者并不购买时，立刻态度发生巨大转变，表情也发生很大变化甚至冷言冷语，让消费者心里不舒服。买或者不买都是消费者的权利，因此不能因为消费者没有购买我们的产品而态度转变过快，让消费者不满意，同时影响消费者对超市的印象。

结束语：随着国外的超市品牌在中国相继落户安家，超市之间的竞争将越来越激烈，只有真正了解消费者，尊重消费者，搞好超市营销管理，搞好超市促销管理，我国的超市才会在竞争中找到自己应有的位置和应有的生存空间。

参考文献

[1] 吕一林．现代市场营销学（第二版）
[2] 全国商品营销专业教材编写组编写．超市业务知识．上海科技教育出版社
[3] 尚阳．促销的基本概念及超市促销活动的组织．中国营销传播网．2002－9－25

规划与博弈混合多层次模型*

侯云先　林　文

［摘　要］在研究两国决策幼稚产业保护关税政策时，把外国政府与外国产业当作参与人，不仅考虑了制定保护关税受到缔约方政府的约束和限制，而且考虑了保护关税对与国外产业竞争的幼稚产业发展影响。文章论证了研究关税谈判的必要性；建立了4个参与人的规划与博弈混合的多层次的单产品关税谈判模型，用多目标规划与博弈论方法研究两国与两国产业（或缔约方双方与双方产业）的决策与竞争，模型将用来决策关税的上限，预测关税上限对国家与产业的影响；并将关税谈判模型进行求解与分析。

［关键词］博弈　关税谈判模型　贸易保护

一、WTO的贸易自由化——谈判

贸易自由化是倡导自由贸易的一种运动，按照自由贸易理论，国家不对进出口贸易干涉和限制，允许商品自由输入和输出。WTO的贸易自由化有特定的含义。

WTO的贸易自由化，指的是各成员方通过多边贸易谈判，降低和约束关税，取消其他贸易壁垒，消除国际贸易中的歧视待遇，扩大本国市场准入度。这种贸易政策允许商品、货物和生产要素的自由流动，可以刺激竞争，提高经营管理技术水平，促进国际分工的发展，扩大市场，同时使消费者得到物美价廉的商品和服务。不过，考虑到各成员方社会经济发展的不平衡，WTO的贸易自由化具有以下的特点：①不是绝对的贸易自由化；②贸易自由化是个渐进的过程；③允许发展中国家成员方的贸易自由化程度低于发达国家成员方；④采取鼓励政策，鼓励计划经济向市场经济的转变；⑤WTO不是一个自由贸易机构，它只是致力于逐步贸易自由化，促使成员方进行开放、公平和无扭曲的自由竞争。

综上所述，WTO的贸易自由化是各方谈判的贸易自由化。WTO的成员国（或成员方）之间都有一定的双边或多边的贸易协议来约束贸易政策。其中，谈判一直是制订双边或多边贸易协议的主题，从GATT到WTO，又明确规定了关税递减的原则，关税保护一直是世界各国贸易谈判的焦点，双边谈判是其最基本的内容。

Mutsuyama[1]建立了贸易自由化博弈模型，文中论述了由于国外产业的竞争，国际自由贸易化的影响，会给国内产业造成强大的压力，所以国内产业必须受到国内政府的保护。他在一系列假定的前提下，把国外产业的竞争当作环境来考虑，给出了国家政府与国内产业2个参与人的博

* 原载《系统工程理论与实践》，2003年第7期。

弈分析。

从动态角度讲，各种政策的出现是不同发展阶段的需要和特定的经济环境支持，在一定程度上有其积极意义，但是随着环境的改变，事物的发展，原来的政策将会不适应或者阻碍经济发展。那么，原来的协定对某一方可能损害，此时，“君子协定”可以在“强制”的条件下，重新谈判而进行修改，WTO是提供谈判的场所和维护协定或协议在一定条件下稳定的保证。当今WTO有将近140个国家或地区的成员方，一些国家正在申请加入。每申请方要做的准备工作是研究加入WTO对一个国家各产业的影响。申请方准备加入WTO的过程中，与缔约方进行了一系列关税减让谈判[2,3]，谈判的依据是什么？申请方在加入WTO之前，面临的是一系列的谈判和关税减让，如何有利、有理、有据地进行关税减让，必须做到胸中有数。目前，世界经济、贸易等各方面专家学者已经作了大量的研究，但是，缺乏更深层次的关税决策定量模型。

下面建立模型，在既考虑谈判关税对国家制定关税的影响；又考虑国家制定的关税对两方国家的产业影响的前提下，给出谈判关税。简言之，就是要分析谈判关税对国家制定关税、国家制定的关税对两方国家产业的影响，以便建立国家制定保护关税的谈判模型，并且将对两国产业保护关税谈判模型进行分析，以决策最优的幼稚产业保护关税。

二、建立模型

（一）问题

考虑国家的一种产业。

假设国家1，国家2都有这种产业（可以看作是多个企业的组合）。国家1的该产业是成熟产业，生产既内销又出口的一种商品；国家2的产业是幼稚产业，生产能力有限，且只考虑内销。两国的消费者在各自的国内市场上购买国货或进口货。

国家将考虑制定的政策对本国与外国及其产业的影响[4]。一方面，国家要制定幼稚产业的保护关税，促进幼稚产业发展。不同的保护关税政策，对幼稚产业的生产决策是不同的，因此，国家制定保护关税政策时，必须考虑对产业的影响。而产业受到国家保护关税庇护的同时，必须与国外产业竞争。另一方面，国家制定保护关税，对缔约方国家及其产业有影响。因此，制定保护关税，必然受到国际贸易关系的影响，也即受到贸易缔约方国家与政府的限制或干涉。那么，缔约方政府的限制究竟如何？幼稚产业如何在保护关税下，与其他成熟产业相竞争？国家政府怎样制定幼稚产业的保护关税？

为研究方便，各基本符号的定义如下：

G_1，G_2——国家1（或政府1）与国家2（或政府2）；

I_1，I_2——G_1的成熟产业与G_2的幼稚产业；

p_1，p_2——G_1，G_2的国内市场价格；a_1，a_2为非负常数；

h_1，e_1——I_1生产的产品内销量和出口量；

h_2——I_2生产的产品内销量；

c_1，c_2——I_1，I_2的单位产品的平均生产成本；

t——G_1，G_2协定的产品关税限制；

t_2——G_2制定单位产品的进口税，该产品的关税受到一个协定关税上限t的影响；

h_{20}——I_2的生产能力约束量；

π_1，π_2——G_1，G_2的两产业利润；

C_{S1}，C_{S2}——G_1，G_2 的该产品消费者净剩余；

R_{T2}——G_2 的关税收入；

t_a——G_1 的产品的理想关税（比如，0 关税或者国家 2 的平均关税等）；

t_b——G_2 理想关税（比如高关税）。

I_2 的生产总成本为 c_2h_2；当 I_1 的产品出口时，假设 G_2 制定单位产品的进口税为 t_2，因此，国家 1 的产业的单位出口产品成本为 t_2+c_1。则 I_1 的生产总成本为 $c_1h_1+e_1$（t_2+c_1）。

假设国家 1 的市场逆需求函数为：

$$p_1=a_1-h_1 \tag{1}$$

国家 2 的市场逆需求函数为：

$$p_2=a_2-h_2-e_1 \tag{2}$$

有关其他假设（3）－（6）如下：

$$a_2\geqslant c_2 \tag{3}$$

a_2 表示 I_2 没有生产产品且 G_2 没有进口产品时，市场的潜在价格，它必然高于产品的成本 c_2，即 $a_2\geqslant c_2$，否则，I_2 不会生产。

$$a_1\geqslant c_1 \tag{4}$$

a_1 表示 I_1 没有生产产品时，市场的潜在价格，它必然高于产品的成本 c_1，即 $a_1\geqslant c_1$，否则，I_1 不会生产。

$$c_2\geqslant c_1 \tag{5}$$

幼稚产业的成本 c_2 必然高于成熟产业的产品的成本 c_1，即 $c_2\geqslant c_1$。

$$a_2-c_2\geqslant h_{20} \tag{6}$$

在 G_1 没有向 G_2 出口时，如果 I_2 的生产能力全部实现时，投放市场后的价格 $p_2=a_2-h_{20}$，应大于产品的成本 c_2，即 $a_2-h_{20}\geqslant c_2$。否则，幼稚产业就不值得保护或没有生存的环境。假定两国家的产品市场不确定，即市场仅依赖于市场的供求平衡调节两产业生产产品的数量，除幼稚产业的生产能力约束外，没有其他约束。

下面分析问题，考虑规划与博弈混合多层次关税谈判。模型的参与人集合 $\{G_1，G_2，I_1，I_2\}$。决策顺序应是 G_1、G_2 先谈判决定谈判关税（或协定关税）t，然后在谈判关税 t 的约束下，G_2 决定国家福利最大化的关税 t_2，然后，I_1、I_2 再竞争决策各自的内销或出口产量。即：第一，G_1 与 G_2 同时行动进行谈判博弈，决定谈判关税 t。G_1、G_2 的策略集合为谈判集合 $\{t：t_a\leqslant t\leqslant t_b\}$。其中，$t_b\geqslant t_a\geqslant 0$。第二，然后 G_2 在谈判关税的约束下，选择自己福利最大化的关税 t_2；G_2 的策略集合是 $\{t_2：t_2\leqslant t\}$。第三，I_1 与 I_2 在知道 G_2 的关税 t_2 决策后，同时行动决定各自的内销或出口量，I_1 与 I_2 的策略集合为 $\{（e_1，h_1）\}$，$\{h_2\}$。

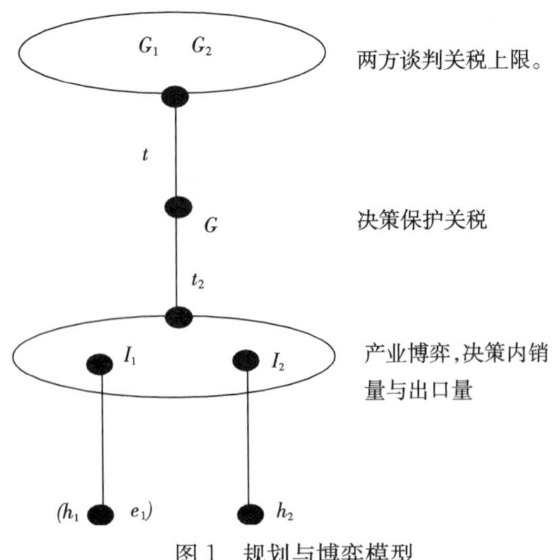

图 1　规划与博弈模型

根据以上分析，建立规划与博弈混

合的 3 层次关税谈判模型（图 1）。下面从第 3 层次（下层）开始，逆向逐层分析建模。

（二）下层：静态博弈模型

第 3 层次，是两个参与人的静态博弈问题。在给定两个国家谈判关税 t 和国家 2 的关税下 t_2，两个国家的产业以最大化自己的利润 π_1（h_1，e_1，h_2，t_2，t）和 π_2（h_1，e_1，h_2，t_2，t），选择自己的内销量或出口量 h_1，e_1，h_2。

产业 1 与产业 2 的支付是产业 1 与产业 2 的利润如（7）－（8）：

$$\pi_1(h_1, e_1, h_2, t_2, t) = (p_1-c_1)h_1+(p_2-c_1-t_2)e_1 \quad (7)$$

$$\pi_2(h_1, e_1, h_2, t_2, t) = (p_2-c_2)h_2 \quad (8)$$

将逆需求函数（1），（2）代入（3）和（4）整理得：

$$\pi_1(h_1, e_1, h_2, t_2, t) = -h_1^2+(a_1-c_1)h_1-e_1^2+(a_2-h_2-c_1-t_2)e_1 \quad (9)$$

$$\pi_2(h_1, e_1, h_2, t_2, t) = -h_2^2+(a_2-e_1-c_2)h_2 \quad (10)$$

产业 1，2 的策略从下面博弈问题模型中求出：

$$\max_{h_1, e_1}\pi_1(h_1, e_1; h_2, t_2, t) = -h_1^2+(a_1-c_1)h_1-e_1^2+(a_2-h_2-c_1-t_2)e_1$$

$$\text{s. t.}\ h_1, e_1 \geqslant 0$$

$$\max_{h_2}\pi_2(h_2; h_1, e_1, t_2, t) = -h_2^2+(a_2-e_1-c_2)h_2$$

$$\text{s. t.}\ 0 \leqslant h_2 \leqslant h_{20}$$

这里，t、t_2 是 G_1 与 G_2 的谈判关税和 G_2 的决策关税，在该层次是给定的；h_1、e_1 是产业 1 的决策变量，它随着产业 2 的决策变量的变化而变化；h_2 是产业 2 的决策变量，在博弈模型中，它随着产业 1 的决策变量的变化而变化。总之，在该层次，是在给定的 t，t_2 以后，I_1 与 I_2 要同时行动，决定各自的最优策略 h_1，e_1，h_2。即静态博弈的纳什均衡。

（三）中层：非线性规划模型

第 2 层次（中层），是一个非线性规划问题。在给定谈判关税 t 后，国家 2 以最大化自己的福利函数，选择产品的关税 t_2。国家政府 2 所关心的社会总福利，由消费者净剩余、本国产业的利润、国家的关税收入 3 部分组成。即：

$$W_2(h_1, e_1, h_2, t_2, t) = \pi_2+C_{S2}+R_{T2} \quad (11)$$

先求消费者剩余。由市场需求函数（1），（2），国家 1 与国家 2 的消费者净剩余为：

$$C_{S1} = \frac{1}{2}h_1^2 \quad (12)$$

$$C_{S2} = \frac{1}{2}(h_2+e_1)^2 \quad (13)$$

再求国家政府 2 的关税收入为关税与进口量的乘积，即：

$$R_{T2} = t_2e_1 \quad (14)$$

将（10），（13），（14）代入（11）得 G_2 的福利为：

$$W_2(h_1, e_1, h_2, t_2, t) = -h_2^2+(a_2-e_1-c_2)h_2+\frac{1}{2}(h_2+e_1)^2+t_2e_1$$

因此，G_2 的策略从下面模型中求出：

$$\max_{t_2}W_2(t_2; h_1, e_1, h_2, t) = -h_2^2+(a_2-e_1-c_2)h_2+\frac{1}{2}(h_2+e_1)^2+t_2e_1$$

$$\text{s. t.}\ 0 \leqslant t_2 \leqslant t$$

其中，h_1，e_1，h_2 分别为第3层次博弈模型的纳什均衡；t_2 为 G_2 的决策变量。在该层次，在给定的两个国家的谈判关税 t 以后，G_2 把谈判关税作为决策变量的上限，考虑 I_1 与 I_2 对其制定的关税的最优反应，从最大化自己的福利出发，决策产品的关税 t_2。即：非线性规划问题的最优解 t_2。

（四）上层：多目标规划

第1层次（上层）是一个多目标规划模型。G_1 和 G_2 要在谈判集合 $[t_a, t_b]$ 中，谈判决策一个谈判关税 t。它是 G_2 制定的关税的上限，这里，$0\leqslant t_a\leqslant t_b$。首先，考虑求 G_1 的福利函数。它是在 G_2 的最优决策下 I_2 的利润和国家2的消费者净剩余之和。即 $W_1(t_2)=\pi_1+C_{S1}$。将（9），（12）代入上式得 G_1 的福利函数：

$$W_1(t_2)=-h_1^2+(a_1-c_1)h_1-e_1^2+(a_2-h_2-c_1-t_2)e_1+h_1^2$$

以 $V_1(t)$ 和 $V_2(t)$ 来表示 G_1 和 G_2 的目标，$V_2(t)$ 是第2层次的非线性规划的最优值；$V_1(t)$ 是 $W_1(t_2)$ 在第2层次的非线性规划的最优解处的值。两个国家政府的多目标规划问题是在谈判集合 (t_a, t_b) 中，寻求一个谈判关税 t，使得：

$$\max_t [V_1(t)-V_1(t_a), V_2(t_2)-V_2(t_b)]$$

$$\text{s.t. } 0\leqslant t_2\leqslant t$$

其中，$V_2(t_b)$ 代表国家2理想关税上限时的国家2福利；$V_1(t_a)$ 代表国家1理想关税上限时的国家1福利。这里，t 是决策变量，由两个国家谈判决定的关税。在该层次，两个国家谈判关税 t，以最大化自己的目标 $V_1(t)$ 和 $V_2(t)$，即国家2以最大化自己的福利函数 $V_2(t)$；国家1在该关税下国家的福利函数为 $V_1(t)$。

基于以上问题的分析，建立了多目标规划与博弈混合多层次关税谈判模型：

$$\max_t [V_1(t; h_1, e_1, h_2, t_2)-V_1(t_a; h_1, e_1, h_2, t_2)$$
$$V_2(t; h_1, e_1, h_2, t_2)-V_2(t_b; h_1, e_1, h_2, t_2)] \quad (15)$$
$$\text{s.t. } t_a\leqslant t\leqslant t_b$$

$$\max_{t_2} W_2(t_2; h_1, e_1, h_2, t)=-h_2^2+(a_2-e_1-c_2)h_2+\frac{1}{2}(h_2+e_1)^2+t_2e_1 \quad (16)$$
$$\text{s.t. } 0\leqslant t_2\leqslant t$$

$$\max_{h_1, e_1}\pi_1(h_1, e_1; h_2, t_2, t)=-h_1^2+(a_1-c_1)h_1-e_1^2+(a_2-h_2-c_1-t_2)e_1 \quad (17)$$
$$\text{s.t. } h_1, e_1\geqslant 0$$

$$\max_{h_2}\pi_2(h_2; h_1, e_1, t_2, t)=-h_2^2+(a_2-e_1-c_2)h_2 \quad (18)$$
$$\text{s.t. } 0\leqslant h_2\leqslant h_{20}$$

三、关税谈判模型的均衡解与分析

上节介绍了有关幼稚产业保护的单产品关税谈判模型，本节以逆向推导方法，对模型进行3个层次的分析与求解。对第3层次静态博弈模型进行了博弈分析；在求出第3层次的纳什均衡后，代入第2层次的非线性规划模型，求出问题的最优解；然后求出第1层次的多目标规划的谈判均衡解，并对均衡解进行了检验。最后，对贸易保护政策中的谈判关税均衡作进一步讨论，分析了有关产业的参数如何影响关税谈判的结果。

本节只求单产品模型（15）－（18）在下述假设（19）－（20）的解。

$$2h_{20} \geqslant a_2 - c_2 \tag{19}$$

由于市场需求和幼稚产业相当的努力，I_1 的生产能力开发到一定程度，将不低于 a_2-c_2 的一半。

$$a_2 - c_2 \geqslant c_2 - c_1 \tag{20}$$

幼稚产业不生产产品时的市场上潜在获利大于幼稚产业与成熟产业产品成本的差价。这个假设将使得幼稚产业必须生产，即不考虑关停产业，全部依赖进口的情形。

用逆推归纳法[5,6]分析求解该模型。

可仿情形（1）给先从第 3 层次开始，假设 G_1 与 G_2 已经谈判了关税 t，在谈判关税约束下，G_2 选择了国家福利最大化的关税 t_2，两个国家的产业 I_1 与 I_2 知道 G_2 选择的策略后开始同时行动，决定产品的内销量或出口量策略。如上节所述，这是静态博弈问题。

下面求（17）、（18）的纳什均衡解。两个产业各以对方的决策作为参数，最大化自己利润。作为最优化问题，其 K－T 条件：

$$\begin{cases} 2h_2 - a_2 + c_2 + e_1 - u_1 + u_2 = 0 \\ u_1 \geqslant 0,\ h_2 \geqslant 0,\ u_1 (-h_2) = 0 \\ u_2 \geqslant 0,\ h_2 \leqslant h_{20},\ u_2 (h_2 - h_{20}) = 0 \end{cases} \quad \text{和} \quad \begin{cases} 2h_1 - a_1 + c_1 - u_3 = 0 \\ e_1 - a_2 + c_1 + h_2 + t_2 - u_4 = 0 \\ u_3 \geqslant 0,\ h_1 \geqslant 0,\ u_3 (-h_1) = 0 \\ u_4 \geqslant 0,\ e_1 \geqslant 0,\ u_4 (-e_1) = 0 \end{cases}$$

由于（17），（18）是凸二次规划，两个最优化问题都是凸二次规划，K－T 点与最优解等价。据此，在上一节的式（3）－（6）与本节的式（19）与（20）假设下，求出 K－T 点，作为对方决策变量的函数，即为博弈问题的反应函数。结果如下：

I_2 的反应函数为：

$$h_2^* = \begin{cases} (a_2 - c_2 - e_1)/2; & 0 \leqslant (a_2 - c_2 - e_1)/2 \leqslant h_{20} \\ 0; & (a_2 - c_2 - e_1)/2 < 0 \\ h_{20}; & (a_2 - c_2 - e_1)/2 > h_{20} \end{cases} \tag{21}$$

对应于上式的三种不同条件，乘子值依次为：

$$u_1^* = u_2^* = 0;\ u_1^* = -a_2 + c_2 + e_1,\ u_2^* = 0;\ u_1^* = 0,\ u_2^* = a_2 - c_2 - e_1 - 2h_{20} > 0$$

I_1 的反应函数为：

$$h_1^* = (a_1 - c_1)/2 > 0; \tag{22}$$

$$e_1^* = \begin{cases} (a_2 - c_1 - h_2 - t_2)/2; & (a_2 - c_1 - h_2 - t_2)/2 \geqslant 0 \\ 0; & (a_2 - c_2 - h_2 - t_2)/2 < 0 \end{cases} \tag{23}$$

对应于上式的两种不同条件，乘子值依次为：

$$u_3^* = u_4^* = 0;\ u_3^* = 0,\ u_4^* = -a_2 + c_1 + t_2 + h_2 > 0$$

利用反应函数得到纳什均衡（h_2^*，h_1^*，e_1^*）的方程组为：

$$h_2^* = \begin{cases} (a_2 - c_2 - e_1^*)/2; & 0 \leqslant (a_2 - c_2 - e_1^*)/2 \leqslant h_{20} \\ 0; & (a_2 - c_2 - e_1^*)/2 < 0 \\ h_{20}; & (a_2 - c_2 - e_1^*)/2 > h_{20} \end{cases} \tag{24}$$

$$h_1^* = (a_1 - c_1)/2 > 0 \tag{25}$$

$$e_1^* = \begin{cases} (a_2 - c_1 - h_0^* - t_2)\ /2; & (a_2 - c_1 - h_2^* - t_2)\ /2 \geqslant 0 \\ 0; & (a_2 - c_2 - h_2^* - t_2)\ /2 < 0 \end{cases} \tag{26}$$

由分段表达的方程组（24），（26）求解 h_2^*，h_1^* 与 e_1^*，在上一节的式（3）－（6）与本节的式（19）与（20）假设下，得到：

$$h_2^*\ (t_2) = \begin{cases} (a_2 - 2c_2 + c_1 + t_2)\ /3; & 0 \leqslant t_2 \leqslant (a_2 + c_2)\ /2 - c_1 \\ (a_2 - c_2)\ /2; & t_2 \geqslant (a_2 + c_2)\ /2 - c_1 \end{cases} \tag{27}$$

$$h_1^* = (a_1 - c_1)\ /2 > 0 \tag{28}$$

$$e_1^*\ (t_2) = \begin{cases} (a_2 - 2c_1 + c_2 - 2t_2)\ /3; & 0 \leqslant t_2 \leqslant (a_2 + c_2)\ /2 - c_1 \\ 0; & t_2 \geqslant (a_2 + c_2)\ /2 - c_1 \end{cases} \tag{29}$$

这就是下层博弈问题的纳什均衡，是中层规划变量 t_2 的函数，也可称作两国产业对 G_2 国家制定的关税的反应函数。

应当指出，正是本节开头的假设，（19）与（20），使得这个分段表达的方程组，只有方程组中 h_2^* 的第一段配 e_1^* 的第一段和 h_2^* 的第一段配 e_1^* 的第二段，给出方程组的解。它们分别对应于 $0 \leqslant t_2 \leqslant \frac{a_2 + c_2}{2} - c_1$ 和 $t_2 \geqslant \frac{a_2 + c_2}{2} - c_1$。

（一）非线性规划的最优解

下面推回到第 2 层次。将第 3 层次的纳什均衡解（h_2^*（t_2），h_1^*（t_2），e_1^*（t_2））代入（16），所得函数表达式记作 W_2（t_2；t）。在给定两个国家的谈判关税 t 下，国家 2 确定自己的关税，最大化自己的目标。即：第二层次问题为：

$$\max_{t_2} W_2\ (t_2;\ t)$$
$$\text{s.t. } 0 \leqslant t_2 \leqslant t$$

由于 h_2^*（t_2）和 e_1^*（t_2）都是分段表示的，将式（27），（28）和（29）代入式（16）中 W_2（t_2；h_1，e_1，h_2，t），得到的函数记作：

$$W_2\ (t_2) = \begin{cases} W_{21}\ (t_2); & t_2 \in \left[0,\ \frac{a_2 + c_2}{2} - c_1\right] \\ W_{22}\ (t_2); & t_2 \in \left[\frac{a_2 + c_2}{2} - c_1,\ +\infty\right] \end{cases}$$

这些函数都不显式地依赖于 t。其中，

$$W_{21}\ (t_2) = -\frac{1}{2}\left(t_2 - \frac{a_2 - c_1}{3}\right)^2 + \frac{7}{18} - \frac{1}{9}a_2c_1 + \frac{2}{9}c_1^2$$
$$-\frac{2}{3}a_2c_2 + \frac{1}{2}c_2^2 - \frac{1}{3}c_2c_1$$

$$W_{22}\ (t_2) = \frac{3\ (a_2 - c_2)^2}{8}$$

由于 h_2^*（t_2）和 e_1^*（t_2）连续，W_2（t_2；h_1，e_1，h_2，t）必定连续。事实上，可以求得：

$$W_{21}\left(\frac{a_2 + c_2}{2} - c_1\right) = \frac{3\ (a_2 - c_2)^2}{8}$$

又由假设，可以得到：$\frac{a_2-c_1}{3}\leqslant\frac{a_2+c_2}{2}-c_1$。由此，得到整个$\frac{3\ (a_2-c_2)^2}{8}$函数（参看图2示意图）。

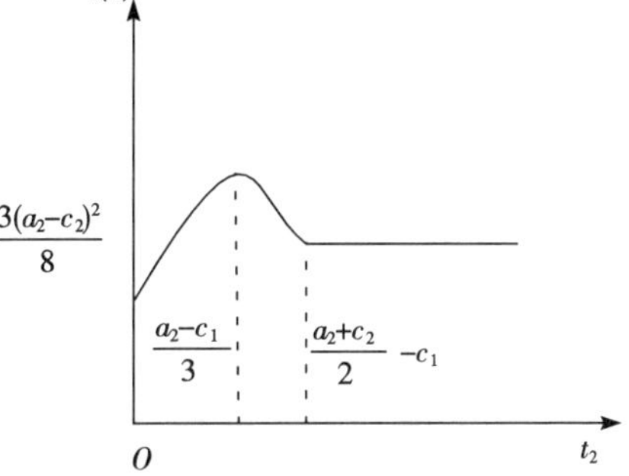

图2　国家2的福利函数曲线

显见最优解为：

$$t_2^*=\begin{cases}t; & 当\ 0\leqslant t\leqslant\frac{a_2-c_1}{3}时\\ \frac{a_2-c_1}{3}; & 当\ t>\frac{a_2-c_1}{3}时\end{cases}\tag{30}$$

并得：

$$V_2\ (t)\ =\begin{cases}W_{21}\ (t); & 当\ 0\leqslant t\leqslant\frac{a_2-c_1}{3}时\\ W_{21}\left\{\frac{a_2-c_1}{3}\right\}; & 当\ t>\frac{a_2-c_1}{3}时\end{cases}\tag{31}$$

其中，$W_21\ (t)\ =-\frac{1}{2}\left\{t-\frac{a_2-c_1}{3}\right\}^2+\frac{7}{18}a_2^2-\frac{1}{9}a_2c_1+\frac{2}{9}c_1^2-\frac{2}{3}a_2c_2+\frac{1}{2}c_2^2-\frac{1}{3}c_2c_1$。

（二）多目标规划的关税谈判解

逆向推导至第1层次。两个国家政府寻求（15）的最优谈判关税 t，根据对第2层次和第3层次的分析，第1层次问题成为：

$$\max_t\ [V_1\ (t)\ -V_1\ (t_a),\ V_2\ (t)\ -V_2\ (t_b)]\tag{32}$$
$$\text{s. t.}\ \ t_a\leqslant t\leqslant t_b$$

函数 $V_2\ (t)$ 如（31），将（30）代入 G_1 的福利函数得 $V_1\ (t)$ 如下：

$$V_1\ (t)\ =\begin{cases}W_{11}\ (t); & 当\ 0\leqslant t\leqslant\frac{a_2-c_1}{3}时\\ W_{11}\left[\frac{a_2-c_1}{3}\right]; & 当\ t\geqslant\frac{a_2-c_1}{3}时\end{cases}$$

这里，$W_{11}\ (t)\ =\frac{4}{9}\left[t-\frac{a_2+c_2}{2}-c_1\right]^2+\frac{3\ (a_1-c_1)^2}{8}$。

对于多目标规划（32）可行集合 $[t_a,\ t_b]$ 中的任意一点都是帕累托最优解，谈判过程则要在这些帕累托最优解中定出为双方所接受的一个解。如果两个国家谈判条件相同，即等价的减让，（32）可以化为在帕累托最优解集合 $[t_a,\ t_b]$ 中求

$$V_1\ (t)\ -V_1\ (t_a)\ =V_2\ (t)\ -V_2\ (t_b)\tag{33}$$

的解。对于 t_a，t_b，分3种情形，求谈判关税 t^*。

1）当 $0\leqslant t_a\leqslant t_b\leqslant\frac{a_2-c_1}{3}$时，

$$V_1\ (t_a)\ =W_{21}\ (t_a),\ V_2\ (t_b)\ =W_{21}\ (t_b)\tag{34}$$

由$\frac{a_2+2\,c_1-3\,c_1}{6}\leqslant t_a\leqslant t\leqslant t_b\leqslant\frac{a_2-c_1}{3}$知：

$$V_1\ (t)\ =W_{11}\ (t),\ V_2\ (t)\ =W_{21}\ (t)\tag{35}$$

将式（34）和（35）代入式（33）得：

$$t^*=\frac{7a_2+4c_2-11c_1}{17}\pm\frac{1}{17}\sqrt{\Delta_1}$$

其中，$\Delta_1=121c_1^2-154a_2c_1-88c_1c_2+49a_2^2+56a_2c_2+16c_2^2+136(t_a)^2-136t_a(c_2-c_1)153(t_b)^2-102t_b(a_2-c_1)$。

以下证明①：$\Delta_1>0$。

由于$t^*=\frac{7a_2+4c_2-11c_1}{17}+\frac{1}{17}\sqrt{\Delta_1}$，显然不符合假设，舍去。对于$t^*=\frac{7a_2+4c_2-11c_1}{17}+\frac{1}{17}\sqrt{\Delta_1}$，可以证明②：$t^*=\frac{7a_2+4c_2-11c_1}{17}-\frac{1}{17}\sqrt{\Delta_1}$在谈判集合$[t_a, t_b]$中。故$t^*=\frac{7a_2+4c_2-11c_1}{17}-\frac{1}{17}\sqrt{\Delta_1}$。

2）当$0\leqslant t_a<\frac{a_2-c_1}{3}$，$t_b\geqslant\frac{a_2-c_1}{3}$时，

$$V_1(t_a)=W_{11}(t_a),\ V_2(t_b)=W_{21}\left(\frac{a_2-c_1}{3}\right) \tag{36}$$

a）当$t_a\leqslant t\leqslant\frac{a_2-c_1}{3}$时，$V_1(t)$与$V_2(t)$同（35）。将（35）和（36）代入（33）求解，得：

$$t^*=\frac{7a_2+4c_2-11c_1}{17}\pm\frac{2}{17}\sqrt{\triangle_2}$$

其中，$\Delta_2=26c_1^2-30a_2c_1-22c_1c_2+8a_2^2+14a_2c_2+4c_2^2+34(t_a)^2-34t_a(a_2+c_2-2c_1)>0$，③对于$t^*=\frac{7a_2+4c_2-11c_1}{17}+\frac{2}{17}\sqrt{\Delta_2}$，显然不符合假设，舍去。对于$t^*=\frac{7a_2+4c_2-11c_1}{17}-$

---

① 求Δ\－1的关于a_2的根的判别式为：

$$\begin{aligned}&-510(t_a)^2+1\,734t_at_b-714t_ac_1+714t_ac_2-1\,224(t_b)^2+714t_bc_1-714t_bc_2\\&=(t_b-t_a)[510t_a+714(c_1-c_2)-1\,224t_b]\\&=(t_b-t_a)[510(t_a-t_b)+714(c_1-c_2-t_b)]<0\end{aligned}$$

由二次函数的性质知道：Δ_1大于0。

② 先证明$t^*<t_b$。

由$t_b-t_a>0$，$\frac{a_2+c_2}{2}-c_1\geqslant\frac{t_a+t_b}{2}$，即$-272(t_b-t_a)\left(\frac{a_2+c_2}{2}-c_1-\frac{t_a+t_b}{2}\right)<0$，即有：$(7a_2+4c_2-11c_1-17t_b)^2-\Delta_1<0$；由于不等式两端都大于0，则有：

$7a_2+4c_2-11c_1-17t_b<\sqrt{\Delta_1}$，即$\frac{7a_2+4c_2-11c_1}{17}-\frac{1}{17}\sqrt{\Delta_1}>t_b$。

故$t^*<t_b$成立。同理可证$t_a<t$。

③ 事实上，求Δ_2关于t_a的两个根，两根小者为：$t_{a_0}=\frac{a_2+c_2-2c_1}{2}-\sqrt{17}(a_2+3c_2-4c_1)$，

由二次函数性质知道：若$t_a<t_{a_0}$时，$\Delta_3>0$。事实上，

$\frac{a_2+c_2-2c_1}{2}-\sqrt{17}(a_2+3c_2-4c_1)-\frac{a_2-c_1}{3}=-(-17+3\sqrt{17})(a_2+3c_2-4c_1)/102>0$

即有：$\frac{a_2+c_2-2c_1}{2}-\sqrt{17}(a_2+3c_2-4c_1)>\frac{a_2-c_1}{3}$，又$=\frac{a_2-c_1}{3}\geqslant t_a$，故$\triangle_2>0$。

$\frac{2}{17}\sqrt{\Delta_2}$，可以证明①：$t^*=\frac{7a_2+4c_2-11c_1}{17}-\frac{2}{17}\sqrt{\Delta_2}$ 在谈判集合［t_a，t_b］中。故 $t^*=\frac{7a_2+4c_2-11c_1}{17}-\frac{2}{17}\sqrt{\Delta_2}$为一个解，此解小于$\frac{a_2-c_1}{3}$。

b）当 $t>\frac{a_2-c_1}{3}$时，

$$V_1(t)=W_{11}\left(\frac{a_2-c_1}{3}\right),\ V_2(t)=W_{24}\left(\frac{a_2-c_1}{3}\right) \tag{37}$$

将式（36）和（37）代入式（33）方程得：$W_{11}\left(\frac{a_2-c_1}{3}\right)-W_{11}(t_a)=0$。因为 $t_a<\frac{a_2-c_1}{3}$，所以不存在 $t>\frac{a_2-c_1}{3}$的 t，使方程（33）成立。

3）当 $t_b>t_a\geqslant\frac{a_2-c_1}{3}$时，

$$V_1(t_a)=W_{11}\left(\frac{a_2-c_1}{3}\right),\ V_2(t_b)=W_{24}\left(\frac{a_2-c_1}{3}\right),\ V_1(t)=W_{11}\left(\frac{a_2-c_1}{3}\right),\ V_2(t)=W_{24}\left(\frac{a_2-c_1}{3}\right)$$

此时，（33）为恒等式。两个国家的谈判关税在谈判集合的任意点达到。国家 2 的最优解 $\frac{a_2-c_1}{3}$小于国家 1 最理想的关税上限 t_a，因此小于谈判集合中任意点，即谈判集合中任意一点作为关税上限，都不会影响国家 2 的最优解，没有谈判的必要性。在求出谈判关税 t^* 后，代回第 2 层次，求出第 2 层次国家 2 的最优选择 $t_2^*(t^*)$，然后代回第 3 层次，求出第 3 层次两个国家的产业的最优选择为（$h_2^*(t_2^*(t^*))$，$h_1^*(t_2^*(t^*))$，$e_1^*(t_2^*(t^*))$）。其中，t^* 为两个国家政府的谈判关税[7]，t_2^* 为国家政府 2 的最佳关税[8]，$h_1^*(t_2^*(t^*))$，$e_1^*(t_2^*(t^*))$ 为国家 1 的产业在 G_2 即定的政策下决策的最佳的内销量和出口量，$h_2^*(t_2^*(t^*))$ 为国家 2 的产业在 G_2 即定的政策下决策的最佳的内销量。

（三）结果与分析

对于上节情形（1）和（2）中的关税谈判解，如何随着参数的变化而变化，下面将给予讨论。对于情形（1），即当 $0\leqslant t_a\leqslant t_b\leqslant\frac{a_2-c_1}{3}$时的解，有：

1）幼稚产业的成本对谈判关税的影响。因为：

$$\frac{dt^*}{dc_2}=4/17-1/34/\sqrt{\Delta_1}\ (-88c_1+56a_2+32c_2-136t_a)$$

---

① 先证明 $t^*<t_b$。

由$\frac{a_2-c_1}{3}-t_a>0$，$\frac{a_2-c_1}{3}\geqslant\frac{t_a}{2}$得：$-272\left(\frac{a_2-c_1}{3}-t_a\right)\left(\frac{a_2-c_1}{3}-\frac{t_a}{2}+\frac{[illegible]}{2}\right)<0$，即有：$(7a_2+4c_2-11c_1-17t_b)^2<4\Delta_2$；由于不等式两端都大于 0，则有：$7a_2+4c_2-11c_1-17\frac{a_2-c_1}{3}<2\sqrt{\Delta_2}$，即 $\frac{7a_2+4c_2-11c_1}{17}-\frac{2}{17}\sqrt{\Delta_2}<\frac{a_2-c_1}{3}<t_b$。故 $t^*<\frac{a_2-c_1}{3}$成立。同理可证 $t_a<t$。

可以证明①：$\frac{dt^*}{dc_2}<0$。即谈判关税是幼稚产业的成本的减函数；成本越小，谈判关税越大，这说明了幼稚产业值得保护；成本越大，谈判关税越小。

2）成熟产业的成本对谈判关税的影响。因为

$$\frac{dt^*}{dc_1}=-11/17+1/34/\sqrt{\Delta_1}\ (-242c_1+154a_2+88c_2-272t_a-102t_b)$$

可以验证：$\frac{dt^*}{dc_1}$与$(-t_b+t_a)$ $(5t_a+11c_2-11a_2+39t_b)$的正负相反，与$5t_a+11c_2-11a_2+39t_b$的正负相同。当$5t_a+11c_2-11a_2+39t_b$小于0时，即当$a_2-c_2>\frac{5t_a+39t_b}{11}$时，有$\frac{dt^*}{dc_1}<0$。这说明了对于情形（1），当$a_2-c_2>\frac{5t_a+39t_b}{11}$时，成熟产业的成本越小，谈判关税越大；成熟产业的成本越大，谈判关税越小。若$5t_a+11c_2-11a_2+39t_b$大于0，即当$a_2-c_2<\frac{5t_a+39t_b}{11}$时，有$\frac{dt^*}{dc_1}>0$。这说明了对于情形（1），当$a_2-c_2<\frac{5t_a+39t_b}{11}$时，成熟产业的成本越大，谈判关税越大；成熟产业的成本越小，谈判关税越小。

3）市场需求参数对谈判关税的影响。因为

$$\frac{dt^*}{da_2}=7/17-1/34/\sqrt{\triangle_1}\ (-154c_1+98a_2+56c_2-136t_a-102t_b)$$

且与

$$-24\ (t_a-t_b)\ (-5t_a-7c_1+12t_b+7c_2)$$

符号相同。由假设知，$-24\ (t_a-t_b)\ (-5t_a-7c_1+12t_b+7c_2)>0$，则$\frac{dt^*}{da_2}>0$。即谈判关税是$a_2$的增函数，随着$a_2$增大，谈判关税$t^*$增大，这是合理的，因为高需求即是高价格（$a_2$大），出口国能承受较高关税。随着$a_2$减小，谈判关税$t^*$减小。因此，可以在谈判时，强调或声称$a_2$大，来提高谈判关税。

4）谈判集合对谈判关税的影响。由于$\frac{dt^*}{dt_a}=-1/34/\sqrt{\Delta_1}\ (272t_a-136a_2-136c_2+272c_1)>0$，$\frac{dt^*}{dt_b}=-1/34/\sqrt{\Delta_1}\ (306t_b-102a_2+102c_1)>0$，所以，谈判关税随着$t_a$，$t_b$上升而上升、下降而减少。在均衡解时，这些参数对$G_1$和$G_2$的福利有影响。对于$G_2$，当$0\leqslant t^*\leqslant\frac{a_2-c_1}{3}$时，影响如下：

$$\frac{dw_2}{dc_2}=-\left(t^*-\frac{a_2-c_1}{3}\right)\frac{dt^*}{dc_2}+c_2-2a_2/3-c_1/3$$

$$\frac{dw_2}{dc_1}=-\left(t^*-\frac{a_2-c_1}{3}\right)\left(\frac{dt^*}{dc_2}+1/3\right)+4/9c_1-a_2/9-c_2/3$$

$$\frac{dw_2}{da_2}=-\left(t^*-\frac{a_2-c_1}{3}\right)\left(\frac{dt^*}{da_2}-1/3\right)-c_1/9+7a_2/9-2c_2/3$$

① $4/17-1/34/\sqrt{\Delta_1}\ (-88c_1+56a_2+32c_2-136t_a)$的正负等价于$48\ (-t_b+t_a)\ (-3t_a-2c_1+2a_2-3t_b)$的正负，又$-t_b+t_a<0$，$-3t_a-2c_1+2a_2-3t_b=6\ [\ (a_2-c_1)\ /3-\ (t_a+t_b)\ /2]>0$，得证。

$$\frac{\mathrm{d}w_2}{\mathrm{d}t_a}=-\left(t^*-\frac{a_2-c_1}{3}\right)\frac{\mathrm{d}t^*}{\mathrm{d}t_a},\frac{\mathrm{d}w_2}{\mathrm{d}t_b}=-\left(t^*-\frac{a_2-c_1}{3}\right)\frac{\mathrm{d}w_2}{\mathrm{d}t_b}$$

依据以上分析，G_2 可以通过改变参数 c_2、a_2 和 t_b 来改变国家的福利。通过比较$\frac{\mathrm{d}w_2}{\mathrm{d}c_2}$，$\frac{\mathrm{d}w_2}{\mathrm{d}a_2}$和$\frac{\mathrm{d}w_2}{\mathrm{d}t_b}$的大小，确定出对 G_2 福利影响最大的 G_2 的参数。即增进福利，可采取调节或改变参数的措施，比如降低成本 c_2 或者扩大谈判区间上限等；或者采用多种方法。而且，可以确定出缔约方国家 G_1 的参数对该国福利的影响。

对于 G_1，影响如下：$\frac{\mathrm{d}w_1}{\mathrm{d}c_2}=8/9\left(t^*-\frac{a_2+c_2-2c_1}{2}\right)\left(\frac{\mathrm{d}t^*}{\mathrm{d}c_2}-1/2\right)$，$\frac{\mathrm{d}w_1}{\mathrm{d}c_1}=8/9\left(t^*-\frac{a_2+c_2-2c_1}{2}\right)\left(\frac{\mathrm{d}t^*}{\mathrm{d}c_1}+1\right)-3/4\ (a_1-c_1)$，$\frac{dw_1}{\mathrm{d}a_2}=8/9\left(t^*-\frac{a_2+c_2-2c_1}{2}\right)\left(\frac{dt^*}{\mathrm{d}a_2}-1/2\right)-c_1/9+7a_2/9-2c_2/3$，$\frac{\mathrm{d}w_1}{\mathrm{d}t_a}=8/9\left(t^*-\frac{a_2+c_2-2c_1}{2}\right)\frac{\mathrm{d}t^*}{\mathrm{d}t_a}$，$\frac{\mathrm{d}w_1}{\mathrm{d}t_b}=8/9\left(t^*-\frac{a_2+c_2-2c_1}{2}\right)\frac{\mathrm{d}t^*}{\mathrm{d}t_b}$，依据以上分析，$G_1$ 可以通过改变参数 c_1 和 t_a 来改变国家的福利。通过比较$\frac{\mathrm{d}w_1}{\mathrm{d}c_1}$和$\frac{\mathrm{d}w_1}{\mathrm{d}t_a}$的大小，确定出对 G_1 福利影响最大的 G_1 的参数。即增进福利，可采取调节或改变参数的措施，比如降低成本 c_1 或者减小谈判区间下限等；或者采用两种方法。而且，可以确定出缔约方国家 G_2 的参数对该国福利的影响。

对于情形（2），即当 $0\leqslant t_a\leqslant\frac{a_2-c_1}{3}$，$t_b>\frac{a_2-c_1}{3}$时，可以证明：$\frac{\mathrm{d}t^*}{\mathrm{d}c_2}=4/17-1/17/\sqrt{\Delta_2}\ (-22c_1+14a_2+8c_2-34t_a)<0$，$\frac{\mathrm{d}t^*}{\mathrm{d}c_1}=-11/17+1/17/\sqrt{\Delta_2}\ (-52c_1+30a_2+22c_2-68t_a)<0$，$\frac{\mathrm{d}t^*}{\mathrm{d}t_a}=-1/17/\sqrt{\Delta_2}\ (68t_a-34a_2-34c_2+68c_1)>0$，$\frac{\mathrm{d}t^*}{\mathrm{d}a_2}=7/17-1/17/\sqrt{\Delta_2}\ (-30c_1+16a_2+14c_2-34t_a)>0$。

当情形 2）时，这说明了：1）谈判关税 t^* 是 c_2，c_1 的减函数，即谈判关税随着幼稚产业成本和成熟产业成本的增大而下降，随成本的减少而上升。2）谈判关税 t^* 随 a_2，谈判集合下限增大而上升。对于以上参数以及谈判关税对国家福利的影响，可仿情形 1）给予讨论。

四、小结

总之，建立了 2 缔约方政府、2 缔约方的产业 4 个参与人的幼稚产业保护关税谈判的规划与博弈混合多层次模型；分析了模型构建的机理；模型对申请方加入 WTO，有深远的指导意义。如果幼稚产业的国家有特殊的优惠，可以增进较多的福利或减让较少的福利，（33）问题可以化为求解 $V_1\ (t)\ -V_1\ (t_a)\ =k\ [V_2\ (t)\ -V_2\ (t_b)]$ 方程的解。其中，$t\in\ [t_a,\ t_b]$，$k\geqslant 1$ 为可以做较少比例的减让。谈判集合的下限和上限、幼稚产业的成本与市场参数对谈判关税的影响正负是确定的，成熟产业的成本对谈判关税的影响是不确定的，随着谈判集合与幼稚产业的成本与市场参数不同而不同。一般地，当 $0<t_a<t_b<\frac{a_2-c_1}{3}$时，有：1）谈判关税 t^* 是 c_2 的减函数，即谈判关税随着幼稚产业成本的增大而下降，随成本的减少而上升。2）谈判关税 t^* 随 a_2、谈判集合下限或上限的增大而上升。当 $0\leqslant t_a\leqslant\frac{a_1-c_1}{3}$，$t_b>\frac{a_2-c_1}{3}$时，有 1）谈判关税 t^* 是 c_2 的减函数，即谈判关税随着幼稚产业成本和成熟产业成本的增大而下降，随成本的减少而上升。3）谈判关税 t^* 随 a_2，谈判集合下降增大而上升。

致谢　本文完成过程中，得到中国农业大学邓乃扬教授和北京理工大学刘宝光教授的帮助与指导，特此感谢。

参考文献

[1] Kiminory M. Perfect equilibrium in a trade liberalization game [J]. The American Economic Review, 1990, 80: 480～491.

[2] Brainard S L, Toulouse I. Strategic trade policy design with asymmetric information and public contracts [J]. Review of Economic Studies, 1996, 63: 81～105.

[3] Galor E. Correlated contracts in oligopoly [J]. International Economic Review. 1995, 36 (1): 75～100.

[4] Collie D R. Bilateralism is good: trade blocs and strategic export subsidies [J]. Oxford Economic Papers, 1997, 49 (4): 504～520.

[5] Outrata J V. Necessary optimality conditions for stackelberg problems [J]. Journal of Opti Theory and Appl (JOTA), 1993, 76 (2): 305～320.

[6] Bard J F, Falk J E. An explict solution to the multi-level programming problem [J]. Comput. & OR, 1982, 9 (10): 77～100.

[7] Turnovsky S J. Optimal tariffs in consistent conjectural variations equilibrium [J]. Journal of International Economics, 1987, 21: 301～312.

[8] Dixit A K, Grossman G M. Targeted export promotion with several oligopolistic industries [J]. Journal of International Economics, 1986, 21: 233～249.

Induced Innovation in China's Rural Public Goods Supply System after the Implementation of Household Responsibility System*

——and Discussion on its Significance to Rebuild China's Rural Public Goods Supply System

Lin Wanlong

Abstract: This article sums up the phenomenon of the induced institutional innovation that has taken place in China's rural public goods supply system since the implementation of Household Responsibility System (HRS). It also summarizes a variety of forms of innovation modes, and by building one induced institutional innovation cost-benefit model, analyzes many factors that determine and affect the institutional innovation. The article also discusses the policy implication of the research findings and primarily pays great attention to the significance of this change to re - build China's rural public goods supply system.

Key words: Rural Public Goods Induced Institutional Innovation Household Responsibility System

1. Introductory Remarks

Since the implementation of Household Responsibility System (HRS), the previous institution arrangements in providing local public goods in a concentrated manner have been disintegrated step by step. Consequently, the problem of the supply of public goods①in China's rural areas has

* Poster paper for International Annual of Agricultural Economics 2003 (IAAE 2003), Durban, South African, 2003. 8.

① In this article, the definition of rural public goods is that the products or services that are provided within the range of a township or a village, that are consumed by the farmers (or by some of them) in a rural community and that carry the nature of public goods (it is impossible for them to be entirely exclusive in consumption and benefit). Such products and services include small rural infrastructure, basic medical care services, technical and information services and rural basic education. This definition carries the meaning of "being established through common usage" and is not completely the same as the strict definition of public goods given by public economics.

become increasingly evident. Many scholars have discussed and studied this problem. Some share the view that the implementation of HRS has greatly promoted the supply of rural private goods, and yet has brought the problem in the supply of rural public goods, namely, HRS lacks the stimulation to the supply of rural public goods (Guo, 1995; Terry, Chinese version, 2000). Ulteriorly, many other scholars have linked the problem in the supply of rural public goods to the reform of the rural taxation and fee system. For example, Ye (1999) and He (1997) are both of the view that although finance at the township level was built following the disintegration of Commune System, the expenditure range of finance at the township level is very limited and that some public undertakings within the range of townships and all public undertakings with the range of villages all belong to public goods which are not covered in the system. It is precisely the arrangement of this system and the "from above to below" policy - making procedures that have provided the institutional source for increasing farmers' financial burden. It is, therefore, imperative to reform this system, that is, it is imperative to carry out the reform of the rural taxation and fee system.

From the point of view of the New Institutional Economics theory, what the above views are concerned with are the government supply system for rural public goods, as well as its change. The target of their study is the government. However, with careful observation, we can find that since the implementation of HRS, the shadow of the non - governmental main body has also been active in the change in China's rural public goods supply system.

For example, after the implementation of HRS, there emerged in many rural areas the phenomenon of joint investment in building up small - scale farmland irrigation systems. Some areas appear the phenomenon of private contracting for or private investment in farmland water conservancy facilities. In many villages there have emerged quite a few private clinics in lieu of the function of the previous collective clinics to offer basic medical care service to rural residents①. And, with the specialization and marketed - orientation of production on the part of rural households, large numbers of non - governmental cooperative organizations have sprung up to organize in a unified way the supply of services in production techniques and market information to their members. These services can be considered public goods.

According to the New Institutional Economics theory, the activity of the above non - governmental main body can be regarded as the induced institutional innovation that has taken place in the public goods supply system in rural communities②. The three papers published jointly by Zhang Jun together with others (Zhang and He, 1996; Zhang and Jiang, 1997; Zhang and Jiang, 1998) discussed the non - governmental supply of rural public goods after the implementation of HRS and the induced institutional innovation in the supply system. On the whole, nevertheless, the academia

① In fact, data from a general survey and other supplementary investigations show that contrary to what some people expected, the rural life statistical index fell with the disintegration of the rural cooperative medical care system. Please refer to He (1994).

② The inducing system change refers to "the system change advocated, organized and practiced by an individual or a group of individuals in answer to profit - making opportunities." Corresponding to it is the coercive system change (Lin, 1994, p. 384).

lacks a systematic study of this question.

However, a systematic study of this question is of great significance to reality. Because, the solving of the problem in the supply of rural public goods should not be limited to innovations in the government public goods supply system. The government must also create conditions to guide the induced innovations in the public goods supply system in rural communities. This will make it possible to make full use of non-governmental capital, widen the channel for raising funds for public goods, form the multi-facet pattern related to the principal part of the supply of public goods in rural communities, and reduce the pressure of the public goods supply on government finance. Moreover, it will be able to strip from the government supply some products that are, in essence, not public goods in nature, making it possible to transform the government functions, lighten farmers' financial burden, and to enhance supply efficiency. As a result, it will be of great significance to re-introducing China's rural public goods supply system.

The purpose of this article is to summarize the induced institutional innovation mode in connection with the country's rural public goods supply system after the implementation of HRS, and to build a theoretical model to study the factors affecting the system change, so as to offset the drawbacks of the existing studies and discuss the meanings of relevant policies.

2. Induced Innovation Mode for China's Rural Public Goods Supply System: Summary of Cases

By summing up the New Institutional Economics theory, we can conclude that the occurrence of the induced innovation must meet the following conditions: (1) there exist some opportunities to make a profit from the imbalance of the system; (2) there exists a rational cost-benefit ratio of the institutional transformation; (3) there exist change-related primary behavior organizations. I have studied the institutional performance of the HRS. My study finding shows that theoretically speaking, since the implementation of HRS, there has been the possibility of meeting the basic conditions for the induced innovation in the rural public goods supply system. So, there also has been the possibility for the innovation to take place. In another paper, I test this hypothesis empirically. My general and case-by-case analyses of three cases (small irrigation work in the countryside, the basic medical care service at the village level and non-governmental specialized technique associations in rural areas) prove that since the implementation of HRS, the induced innovation in the rural public goods supply system has taken place at least in some rural areas. The basic characteristics of the change are similar, i.e., the principal part of supply is no longer limited to the government. The principal part of non-governmental supply has emerged instead. It is the principal part of non-governmental supply that bears the innovation cost and enjoys the innovation benefit (Lin, 2000).

The analyses of the cases also indicate that the non-governmental public goods supply system differs from the government-led rural public goods supply system in rules on making policy decisions, the cost-sharing system, the production management system and the distribution system. The comparison of the principal part of non-governmental supply and that of governmental supply in the above four systems can be summarized in Table 1.

Table 1 Comparison of Different Principal Parts in Rural Public Goods Supply System

	Governmental Supply	Non - Governmental Supply
Rules on Policy Decisions	The governments makes policy decisions and assumes responsibility for such decisions, and decision making procedure is "from above to below ".	Farmers make decisions on their own and assume responsibility for such decisions. The implementation of decision is linked directly to demand.
Cost - Sharing System	The government raises funds through tax (fees) collection, which is coercive.	The costs are born by the suppliers and recovered through the proceeds from the service of public goods. The recovery is not coercive.
Production Management System	The government is in charge of management and supervision.	The supplier is in charge of management and supervision.
Distribution System	As many services do not have the exclusiveness, it is impossible to avoid the "lift -taking" act.	In general, it has the exclusiveness, so that those not paying fees or not having a certain qualification have no access to services.

The study of the cases also demonstrates that as far as specific institutional innovation is concerned, the innovation modes can be diverse. In the case of medical care service at the village level, the service suppliers are the clinics run by individual doctors, with individuals serving as the principal part of the supply of public goods. In the case of non - governmental specialized associations in rural areas, farmers set up specialized associations to meet their demand for techniques, market information and other services. Specialized associations serve as clubs and what they offer are club goods. The circumstances of small irrigation work in the countryside are more complicated. Some farmers meet their own need for water through contracting or leasing or by drilling wells on their own, or sell water to others. In this case, small irrigation work and the services they offer no longer have the characteristic of public goods, but become a kind of private goods, that is, the proceeds can be entirely exclusive and consumption is characterized entirely by competition. Under the circumstances of drilling wells jointly by rural families, small irrigation work are obviously similar to specialized associations in that they carry the nature of clubs. For rural families working jointly, they are a kind of club goods.

Therefore, the study of the cases shows that in the course of the induced innovation in the rural public goods supply system, at least three types of new non - governmental supply modes came into being, namely, public goods supplied by individuals (including a single individual or cooperation among many individuals), the conversion of public goods to club products and the conversion of public goods to private products. Prior to this, there are other scholars noticed this phenomenon (Zhang and Jiang, 1998). The last case means that some public goods have thoroughly changed their attribution to become private goods. In reference to the three cases, Table 2 gives the comparison of the three types of modes.

Table 2 Comparison of Three Types of Supply Modes after Induced innovation in Public goods Supply System

Mode	Supply of Public goods by Individuals	Club Goods	Public goods Becoming Private Goods
Members of Supplier	One or many	Many	One or many
Cost Recovery	By imposing fees on services	Sharing costs among members and costs are recovered from proceeds.	By imposing fees on services or recover costs through one's own proceeds.
Exclusiveness	Consumption is exclusive and economic returns are characterized by certain extendibility.	Have no exclusiveness to the members and have exclusiveness to non - members.	Having exclusiveness
Examples	Rural health and basic education	Specialized associations and small irrigation work	Small irrigation work, large and medium - sized farm machines and tools.

Elinor Ostrom (Chinese version, 1992) opposed two views simultaneously, that is, effective management of public resources can be achieved only through government management or by establishing the private property right system. By analyzing a number of the cases of "public plots", she found it possible for local people to formulate effective rules regarding the management of their own public property. But she pointed out emphatically that the essential significance of these cases did not lie in telling people what kind of mode was the "best" because specific conditions differed in thousands of ways. So, there did not exist the "best" solution. The significance of the cases lay in the fact that there existed a variety of possibilities in effective system arrangements, but the arrangements did not mean the necessity.

Similar to this, I emphasize here that as an empirical study, I do not have the intention of making standard assessment of various kinds of supply modes (including the government supply of public goods and certain forms of the non - government supply of public goods). The above three cases do not necessarily cover all induced innovation modes for the public goods supply system. The study of the cases has only proved that since the implementation of HRS, there did exist the induced innovation in the rural public goods supply system and that the innovation shows good results in meeting demand.

3. Analysis of Restrictive Factors Related to Induced Innovation in Rural Public goods Supply System: A Simple Induced Institutional Innovation Model

3.1 Model

Similar to the principle applied by Davis and North (Chinese version, 1991) to build their induced innovation model, I built a simple institutional innovation model for the induced innovation in the public goods supply system. To make the analysis simpler, here I exclude the time value of costs and benefits, and suppose the absence of the "time delay".

For the public goods supply system to experience an induced innovation, for the principal part of the innovation, apart from covering the anticipatory operating costs (C_r) and the organizing costs (C_o) brought by the arrangements for a new system, it is certain to pay exclusive costs (C_e), because, for the innovative principal part seeking profits, if benefits are not exclusive, it is impossible for the principal part to have the initiative to make innovations. Furthermore, "The efficiency of a system also depends on other arrangements for other systems to realize the degree of perfecting their functions①". This means that the induced innovation in a system may possibly encounter all sorts of "friction." So far as the public goods system is concerned, as impartiality is involved, for the innovators, it is all the more necessary to consider the costs in this regard. Here I include all of them in the "resistance" cost (C_s).

The capability of the supplier to bear the above costs is related not only to the innovation benefits, but also to the current state of his/her assets (I). With the strengthening of I, his/her capability to bear the costs will rise, namely:

$$C_r = f_1(I),\ C_o = f_2(I),\ C_e = f_3(I),\ C_s = f_4(I),\ \text{and}$$
$$f'_1(I) > 0,\ f'_2(I) > 0,\ f'_3(I) > 0,\ f'_4(I) > 0 \qquad \text{(Formula 1)}$$

Supposing that the benefits from the institutional innovation is R, the costs is C and the net income that the innovator expects to earn from the institutional innovation is V, then:

$$V = R - C \qquad \text{(Formula 2)}$$

Let us suppose again that the number of the members of the principal part of the supply is N, the number of the service objective of public goods is n, the fees imposed from every service objective is P (if it is internal consumption, P means the benefits that public goods bring to every member), for every individual (i) with the intention of participating in the induced innovation in the public goods supply system, supposing that there is no discrepancy among individuals, and that all individuals share innovation costs and benefits in average, then from formula (2), the net income of individual i is as follows:

$$V_i = (R - C)/N \qquad \text{(Formula 3)}$$
$$= P_n/N - (C_r + C_o + C_e + C_s)/N$$

Only when $V_i > 0$ will individuals have the initiative to take part in changes. The following text, formula (3) is taken as the basis to discuss separately the three types induced innovation modes of the public goods supply system summarized by this article.

3.1.1 When individuals supply public goods, there are two scenarios:

(1) When a single individual undertakes to supply such goods, namely, $N = 1$, $C_o = 0$, then:

$$V_{i1} = P_n/N - (C_r + C_o + C_e + C_s)/N \qquad \text{(Formula 4)}$$
$$= P_n - (C_r + C_e + C_s)$$

i. e., the individual can enjoy all the benefits from the innovation, but meanwhile he has to

① Because, generally speaking, the organizing cost (C_o) is the orthogonal function of N. The increase in N will lead to a rise in the organizing cost. So, in Formula 6, whether V_{i3} should increase depends on the function relation between C_o and N.

bear all costs.

(2) When N (N>1) individuals jointly undertake to supply such goods:

$$V_{i2} = P_n/N - (C_r + C_e + C_o + C_s)/N \qquad \text{(Formula 5)}$$

Namely, change costs and proceeds are both shared by cooperators.

3.1.2 When N individuals supply public goods in the club form, the suppliers are equivalent to those need such goods, that is, N = n, then:

$$\begin{aligned} V_{i3} &= P_n/N - (C_r + C_o + C_e + C_s)/N \qquad \text{(Formula 6)} \\ &= P - (C_r + C_e + C_o + C_s)/N \end{aligned}$$

Namely, similar to Formula 5, innovation costs and benefits are both shared by cooperators.

3.1.3 When public goods are turned into private ones, N = 1, $C_o = 0$, then:

$$\begin{aligned} V_{i4} &= P_n/N - (C_r + C_o + C_e + C_s)/N \qquad \text{(Formula 7)} \\ &= P_n - (C_r + C_e + C_s) \end{aligned}$$

Namely, similar to Formula 4, individuals can enjoy all the proceeds from the change, but meanwhile they have to bear all costs.

3.2 Conclusions of Mode Analyses

Through the analysis of the above formula 4 - formula 7, we can draw a series of meaningful conclusions.

3.2.1 A series of factors affect the occurrence of the induced innovation in the public goods supply system

So long as V > 0, it is possible for the induced innovation in the public goods supply system to take place. Formula 4 - formula 7 show that the following factors affect the occurrence of such innovation:

(1) The cost factor and government intervention

When the benefits from the institutional innovation is constant, if it is possible to lower the operating costs, organizing costs, exclusive costs or resistance costs of the innovation, the net income (V_i) of the innovators will increase. So, the occurrence or strengthening of all the factors conducive to reducing innovation costs will make the induced innovation easier. Of the factors affecting costs, the role of the government is exceptionally obvious. For instance, by offering the innovators proper allowances or other preferential treatment, it is possible to directly cut the innovators' operating costs. Via the government's calls, guidance and organization, it is possible to lower innovators' organizing costs. By defining and protecting the private property right, it is possible to reduce innovators' exclusive costs. By carrying out relevant supporting reforms and improving the innovation environment for the system, the government will substantially bring down the resistance costs of the change, etc. These measures all can be possibly conducive to the occurrence of the innovation. In the meantime, nevertheless, attention should be paid to the fact that inappropriate government intervention is also likely to play a role in hindering the change. For the relationship between the government and the institutional innovation please refer to Zhou (2000).

(2) The market scale

When other conditions remain unchanged, the rise in the number (n) of those posing demand will increase the net income (V_i) of the innovators (with the exception of the club goods). The increase in the number of those posing demand means the expansion of the market scale. So, the size of the market scale has an impact on the inducing change in the public goods supply system.

(3) The payment capability of the demand side

When other conditions remain unchanged, the rise in the payment price (P) will increase the net income (V_i) of the innovators. The payment price may represent the payment capability of the demand side, with the latter determined by such factors as the production scale, the income level, and the degree of specialization of the demand side. These factors thus affect the innovation in the public goods supply system.

(4) The state of assets of the supplier

Even if the expected net income exceeds zero, the induced innovation will not necessarily take place because the innovators may not be able to bear the initial innovation costs. This is associated with the state of assets of the supplier. Formula 1 shows that the more existing assets the supplier has, the higher his capability to cover costs, the higher his innovation-making capability.

3.2.2 It is inadvisable to absolutely regard which induced institutional innovation mode as the "best" and thus copy the mode mechanically

For a reasonable individual, the higher the net income (V_i) brought him by any kind of innovation, the greater initiative he has to become involved in this institutional innovation. Comparing formulas 4~7, we can find that the order of the size among V_{i1}, V_{i2}, V_{i3} and V_{i4} cannot be determined directly and that only in given restricted conditions will it be possible to compare their sizes to make sure what change mode is more likely to take place.

This also means that the occurrence of any induced innovation is subject to the impact of a variety of factors and is related to the specific conditions in a given time and in a given place. For the government policy maker, it is inadvisable to deem in a simple way what induced innovation mode the "best" and thus copy the mode mechanically. It is probably the "best" option for the policy decision makers to, in line with the specific environment and through a series of policies, affect the innovation factors to guide the orientation of the institutional innovation.

3.2.3 To encourage individuals to supply public goods, it is necessary to make proper arrangements in supporting systems

Comparing Formula 4 and Formula 7, we can find that in two scenarios, supposing that conditions are the same, the net income (V_{i1} and V_{i4}) are the same. This means that for a principal part of the innovators, he/she has no special preference for the supply of public goods or private goods. The reason is that so far as the public goods that can be supplied by individuals such as the rural basic medical care service and rural basic education, their public nature finds expression in their economic returns, not in consumption. The suppliers cannot enjoy the spilled economic returns. For profit-seeking innovators, there is no difference at all between the supply of public goods of this nature and the supply of private goods.

Therefore, if individuals should be encouraged to supply public goods, it is necessary to make proper arrangements in the supporting system (for example, the subsidy system), in order to enable the suppliers to have at least part of the spilled returns.

3.2.4 Rural public goods shows the tendency toward turning into private goods

When individuals supply public goods, they can do so jointly or do it on the basis of a single person. The condition for turning joint supply toward into supplying by a single individual is $V_{i1} > V_{i2}$. From Formula 4 and Formula 5, it is required:

$$P_n - (C_r + C_e + C_s) > P_n/N - (C_r + C_e + C_o + C_s)/N$$

After sorting out, we get:

$$P > (C_r + C_e + C_s)/n - C_o/(N-1) \qquad \text{(Formula 8)}$$

Similar to this, we can derive the condition for turning club goods into private goods is:

$$P > (C_r + C_e + C_s)/n - C_o/(n-1) \qquad \text{(formula 9)}$$

Formula 8 and Formula 9 indicate respectively the conditions for the joint supply turning into supply by a single individual in the private supply-based public goods mode, and the condition for the club goods shifting into private goods. The two formulas are extremely similar. They show that the rise in consumers' payment capability, the expansion of the market scale or the increase in suppliers' assets will intensify the tendency of joint supply toward shifting into the supply by a single individual. These factors will also enhance the tendency of the club goods toward shifting into private ones.

J. M. Buchnan's club theory holds that public goods may possibly tend to be privatized, on the condition of increased earnings. He also outlined as evidence the circumstances in agricultural communities in the United States (Buchanan, 1968). My conclusion above also demonstrates that with the expansion of the market scale and farmers' increased income, rural public goods do show the tendency toward shifting into private goods (joint supply shifts into supply by a single individual and the club goods turn into private ones).

4 Discussion about Policy Implication

4.1 The signification of included institutional innovation to re-build China's rural public goods system

The reform of rural taxation and fee system currently under way in China is the reform of fund-raising system for rural public goods. The major purpose of the reform is to solve problems in the fund-raising system for rural public goods. In fact, the original aim of this reform covertly contains two important suppositions, i.e., (1) what the government provides now are all public goods; (2) rural public goods must be provided by the government. But theoretical analysis, experience and facts do not support the suppositions. So far as the first supposition is concerned, although China has practiced a market economic system, the public financial framework in association with the system has not been established fully, of the services offered by the government, many do not possess the nature of public goods, so not necessarily need be provided by the government. So far as the second supposition is concerned, on the one hand, theoretically speaking, exclusive public goods have the possibility of being supplied by non-governmental organizations. On the other hand, the experience-based analysis in this article also proves that since the implementation of HRS, multiple forms of the supply of public goods have emerged in the countryside and that many rural public goods have even become private ones completely. Therefore, to solve the problems in the fund - raising system for rural public goods, the reform of the rural taxation and fee system is a important aspect, but not the whole of the problem. If attention is limited exclusively to examining the principal part of the government and government behaviors, it will be out of the question to truly re - build China's rural public goods supply system in a market economic environment. Yet the aca-deme and those doing practical work seem to lack an adequate understanding of it.

In view of the phenomenon of the induced innovation in public goods that has taken place in China's rural areas, if the government can create conditions to guide and promote these innovative acts, it will be possible to make full use of non - governmental capital, widen the fund - raising channel for public goods and form a multi - facet pattern for the principal part of the supply of rural public goods. This will lighten the supply pressure on the government's finance and will make it possible to strip from the government supply the products that are, in essence, not public goods. Proceeding from this, we can transform government functions and reduce farmers' financial burden. Moreover, generally speaking, induced innovations in the rural public goods supply system have come into being in line with farmers' needs, and are easy to achieve the optimal supply of public goods, thus improving supply efficiency. This is of great significance to re - build the rural public goods supply system.

4.2 The government may take relevant policy measures to advance the induced innovations in the rural public goods supply system

In accordance with the study conclusion of this article, the government may start from the following areas to promote the induced innovations in the rural public goods supply system:

(1) Creating a good policy environment for system changes so as to lower public goods supply costs. For instance, via the subsidy policy, appropriate subsidies or other preferential treatment can be offered to innovators, in a bid to directly reduce their operating costs. Innovators' organizing costs can be cut through the government calls, guidance and organization. Their exclusive costs can be brought down by defining and protecting the private property right. By carrying out relevant supporting reforms, the government will substantially lower change - related resistance costs. etc.

(2) Uplifting the degree of the marketed - orientation of the local economy. A higher degree of the marketed - orientation of the economy will be conducive to the expansion of the market scale and thus enhance the "potential profit" of the induced innovation.

(3) Promoting the expansion of the rural households' production scale and the level of the specialization of their production. The specialization of production and the expansion of the production scale will be conducive to the development of the local economy and will increase producers' profits, thus increasing the intensity of rural families' demand for public goods and their payment capability as well.

(4) Raising the farmers' income level. This will be of great significance in two aspects. On the other hand, for farmers in the capacity of the demand side, the rise in their income level will increase the payment capability of the demand side. On the other hand, the increase in the income level of farmers, particularly the increase in the relative income level of some farmers, will be conducive to the emergence of principle part of the supply with more assets and will thus help bring

about institutional innovation.

References

[1] Buchanan, J. M., *The Demand and Supply of Public Goods*, Chicago: Rand McNally, 1968

[2] Davis and North, "*The Theory of System Innovations: Description, analogy and Explanations*", in Corse, etc, ed., The Property Right and Institutional Transformation - the Collection of Translated Articles of the Property Right School and the New Institution Economics School, pp311～313, Shanghai: Shanghai Sanlian Bookstore, 1994

[3] Guo X. B, *The Agricultural Development Theory*, Wuhan: Wuhan University Publishing House, 1995

[4] He Y. P, "*The Transformation and Reform of the Rural Medical Care System under the Household Responsibility System*", in: Chinese and Foreign Scholars on Rural Areas, Beijing: Huaxia Publishing House, 1994

[5] He Z. Y., "Only by Reforming the Public Distribution System Will It Be Possible to Really Solve the Problem of Farmers' Financial Burden", *Agricultural Economy*, No. 10, 1997

[6] Lin W. L, "*Transformation of the Supply System of Rural Community Public Goods: the Impact of Household Responsibility System*", Ph. D. dissertation., Beijing, Chinese Agricultural University, 2000

[7] Lin Y. F, "*The Economics Theory Concerning System Changes: Induced Transformation and Compellent Transformation*", in Corse, etc, ed., The Property Right and Institutional Transformation - the Collection of Translated Articles of the Property Right School and the New Institution Economics School, Shanghai: Shanghai Sanlian Bookstore, 1994

[8] Ostrom. E., "*Institution Arrangements and Dilemma of Public Plots*", in V. Ostrom, etc, ed., Reflection on System Analysis and Development - Problems and Options, Beijing: Commercial Press, 1992

[9] Terry Sicular, "*Exploration on Sustainable Growth of China Agriculture* ", in A. J. Kerman, ed., The Frontal Issue of Agricultural Economics, Beijing: China Taxation Publishing House, 2000

[10] Ye X. Q, "Market Economy and Transformation of Rural Communities' Functions", *China Rural Economy*, No. 6, 1995

[11] Ye X. Q., "Study on the Reform of the Rural Public Goods Supply System", *Economics Study*, No. 6, 1997

[12] Zhang J. and He H. X, "Supply of Public goods in China's Countryside: Changes after Reform", *Reform*, No. 5, 1996

[13] Zhang J. and Jiang L. Q., "The Transformation in China's Rural Public goods Supply System: Theoretical Vision", *The Collection of Articles on the World Economy*, No. 5, 1997

[14] Zhang J. and Jiang W., "The Supply of Public goods in China's Countryside after Reform: Theoretical and Experience Study", *Social Science Front*, No. 1, 1998

[15] Zhou Y. A., "Explanation of the Evolution Theory on China's System Changes", *Economics Study*, No. 5, 2000

市场有效性及其检验方法

赵冬梅

[摘 要] 一个完全有效的市场的价格应该充分反映所有可获信息。然而信息流畅的完全的有效市场是不可能的。因为如果市场是完全有效的，则收集信息的报酬为零，在这种情况下，人们没有理由去交易，市场最终也就会崩溃。因而，对于一个给定的市场，它不可能是完全有效的，我们所关心的应该是它的有效程度。本文在回顾有效市场理论的基础上，对市场有效性的检验方法进行评述。详细阐述了 Hurst 指数原理和应用，为市场有效性程度的检验提出新的方法。

[关键词] 有效市场假设 市场有效性 Hurst 指数

一、有效市场假设理论

有效市场假设（Efficient Markets Hypothesis，简称 EMH）最早是由 Paul Samuelson 在 1965 年提出的[1]。他指出，在一个信息通畅的市场上，如果价格的变化能完全反映所有市场参与者的期望和所拥有的信息，则价格变化是无法预测的。1970 年，Fama 把这一假设归纳为一个众所周知的公理，即在各种信息集合的结构对市场参与者是已知的条件下，“价格完全反映所有的可得信息”[2]。

EMH 所阐述的信息与效率的概念是反直观的。市场越有效则价格变化越随机；最有效的市场是价格变化完全随机和不可预测的。这一结果不是偶然的，而是众多市场参与者利用信息追求利润这一行为的必然结果。由于不可控制的贪婪与获利欲望，投资者竭尽全力地追求信息优势，而他们这一行为的结果，就是使其信息融入市场并最终消除获利机会。在统一市场和无成本交易的条件下，如果这一过程是在瞬间完成的，则价格一定总能完全地反映所有的信息，而依靠信息的交易不能得到额外利润（因为这种利润已被获取）。

总之，一个完全有效的市场的价格应该充分反映所有可获信息。即市场有能力全方位的集中信息，而且市场的价格对每一信息都能立即作出反应，由于新的信息是不可预测的，因而价格也是不可预测的。

以往研究中，为了对 EMH 进行检验，根据价格所反映的信息的内容差异，有效市场假设被表达为三种不同的形式，即弱式、半强式和强式。

1. 弱式（Weak Form）。弱式是指当前价格完全反映了包含在历史价格中的所有信息。未来的价格是由包含在历史价格以外的信息决定的，而与过去的历史价格不相关。

弱式的成立是对技术分析的否定。因为技术分析是通过研究过去的价格及其变化来对未来进行预测的一种分析方法。弱式的成立说明考察历史价格序列是没有益处的，因而技术分析就没有价值。

2. 半强式（Semi-Strong）。半强式是指当前价格不仅反映所有历史价格信息，而且反映所有有关的可公开获得的信息，这些信息包括财务报表、实际经营情况报道和公司兼并消息等。进一步说，在半强式有效市场中，分析家和投资者并不能靠对公开信息的获取和分析来得到持久的额外报酬。

半强式指出，只要信息是可公开获得的，就会被价格吸收和反映。虽然这种调整在瞬间不一定是正确的，但它会在很短的时间里修正并使信息得到正确反映。这样，投资者想通过基本分析方法获利是十分困难的，因为基本分析方法正是利用这些公开信息来进行价格预测的。

3. 强式（Strong Form）。强式进一步指出，不仅所有公开信息没有用处，而且所有信息都是无用的。也就是说，任何可得到的信息，无论是公开的还是内部的，都会被价格马上反映，不能用来获得持久的额外报酬。

二、市场有效性的检验方法

在EMH提出后的三十余年中，尽管该假设无论在学术研究还是在商业实践中被广泛应用，尽管关于EMH的统计分析、数据库和理论模型都有了很多进展，但大量实证研究的结果是不仅未能统一认识，反而使正反双方的争论更难解决。

因为EMH本身的定义并不严格，所以是一个很难可以实证性地拒绝的假设。为了使它具有可操作性，必须确定并研究其他的一些结构问题，如投资者的偏好、信息结构等。但这样关于EMH的检验就变成了对几个辅助假设的检验，而对这样一个联合假设的拒绝无法告诉我们与实际数据相悖的到底是联合假设的那一个方面。

半强式只能通过检验每天的各种公告对价格的影响来进行间接检验，强式的检验需要更间接的方法，这使得很难甚至不可能对半强式和强式信息集合进行检验。因而有效市场的研究主要是针对弱式的检验。

在有关EMH的实证分析中，随机游走假设（Random Walk Hypothesis，简称RWH）具有核心地位。RWH通常是指有效市场的弱式，即如果序列接受随机游走假设，则每个价格都是独立的、不关联的。RWH是关于金融市场价格的最早的模型之一。

RWH理论的建立是为了对一些实证研究结果和所发现的一些实际现象进行理论上的解释和归纳。这一领域包含了众多的方法和理论[3][4][5]，统称为RWH。Cootner（1967）对一些早期的研究工作进行了总结[6]，并将这些检验方法归为以下几类：

1. 模拟检验。 Harry Robert用随机数表产生一系列的价格变化数据，画在图上以描绘Dow Jones指数，将之与实际数据进行比较，以考察其行为。结果表明，两者具有极相似的模式，说明实际结果是随机变动的[7]。

2. 序列相关性检验。 这种检验是确定一定时期内价格变化的相关性。如t+1时的价格与t时价格间的关系。相关系数在－1到＋1间取值。Fama的研究表明，Dow Jones指数每日价格在各种延迟下的相关系数都近于零[8]。其他商品价格、其他单个股票价格的研究也有同样结论。

3. 游程检验（Runs Test）。用相关系数评估一个特定序列的独立性存在一个潜在的问题。因为相关系数是受个别的大数值数据的影响，即最大的数据或最小的数据会对确定相关系数的计算结果产生不正常的影响。为了克服这一可能的缺点，一些学者采用了游程检验。

这种方法忽略了序列中数字的绝对值，而只观察其符号。然后只计同方向的游程数（符号的连续序列)。如序列——+0+有四个周期；然后，将观察到的实际游程周期数与随机产生的价格变化序列的游程数相比较。人们发现两者间没有明显不同。研究结果进一步强化了RWH。

4. 过滤检验。上述方法都是对价格变化的独立性进行检验，而过滤检验则是对特定的机械交易策略进行直接检验。

过滤检验是基于这样的前提：即一旦价格变化超过一比率，则将继续在同一方向变化。所以有下列类似于著名的Dow理论的规则[9]：

当某日价格上升比率达到X%，买入成为多头，并持有该证券直到从下一个高点下降X%时卖出成为空头；保持空头直到从下一个低点上升达到X%时买入再成为多头。

可以看出，选择高的过滤值会降低交易次数，减少错误信号，但也会减少潜在的获利机会；相反，选择小的过滤值会保证分享大量价格变化带来的利益，但其缺点是进行交易的次数多，相应地要付出较高的成本，而且按错误信号交易的可能性也会增加。

R. A. Brealey的研究表明，只有当过滤值取很小时，才存在依靠简单策略获利的自动交易系统。如果考虑到过多的交易次数导致的巨大的成本，这种情形下获利其实是不可能的。对其他交易系统的类似研究有类似的结果[10]。这表明，获利的自动交易系统是不存在的，从而为RWH提供了支持。

5. 分布模式。按统计学的原则，随机事件的分布应是正态分布，因此，如果价格的变化比率是随机事件，则其分布应近似完全正态。Fama的研究表明，价格变化率与正态分布性偏差很少[10]，从而证实了这一点。

6. 逆转效应。最近研究发现，在某一段时期内，运行差的股票在其后时段里运行良好，反之亦然[11][12]。如果这是真的，则可导出基于技术分析的易于实施的交易策略：即买入最近不好的，卖出运行好的，这称为逆转效应。这一效应如果在许多投资者采用后仍成立，将否定EMH。

三、Hurst指数检验理论

Grossman（1976，1980）等人进一步的研究则指出，信息流畅的完全的有效市场是不可能的[13][14]。因为如果市场是完全有效的，则收集信息的报酬为零，在这种情况下，人们没有理由去交易，市场最终也就会崩溃。市场无效的程度则取决于投资者在信息收集和交易方面愿意付出的努力。因此，只有存在足以补偿交易和信息收集成本的利润机会，即市场无效的情况下，才能出现不退化的市场均衡。按Black的理论，这种利润是由噪声交易者支付的。所谓噪声交易者是指那些把噪声当作信息去指导自己交易的人[15]。

另外，根据有效市场假设（EMH），对于有效市场，由于当前的价格反映了所有可获的或公开的信息，未来的价格将仅由新的信息决定。所有的先验信息都已反映在价格之中，未来的价格与过去或现在都没有关系，市场价格应该是随机游走的。但是，上述假设隐含了一个前提条件，即所有交易者对于新的信息立即做出反应。实际上，许多投资者在接收到信息后，并不会马上做出反应，而往往采取观望的态度，进一步证实他们所获信息的真实性，直到市场中某种趋势已经形成才会行动。

由于以上原因，完全有效市场是理想化的，在现实经济中是无法实现的。市场价格将形成一个持续、趋势增强的序列，这就是所谓的“有偏好的随机游走序列”。也就是说，序列上一个时期上升，下一个时期上升的可能性就大；序列上一个时期下降，下一个时期下降的可能性就大。

其实，对EMH的实证检验并非衡量一个给定市场效率的最好手段。更重要的是关于一个特

定市场相对效率的概念。物理系统中常把效率定义为能量或燃料转化为有用功的相对比例。所以，一个发动机的效率为60%是指燃料能量中平均有60%转化为动力，而有40%则损失为其他形式的功，如热、光、声音等。对于一个给定的市场，它不可能是完全有效的，我们所关心的应该是它的有效程度。在价格序列检验上，不能只停留在判断它是否是随机游走序列，而需要衡量其偏离随机游走的程度，即“偏好”程度。

以往对EMH的检验，只是简单地考察其“接受”或“拒绝”。采用的检验方法不同，检验结论也不一致，原因就是没有对有效程度进行衡量和区分。

Hurst[16]在40年代，Mandelbort[17][18]在60～70年代，都曾经对有偏好的随机游走问题作过专门的研究。Hurst应用分形理论建立了R/S分析方法，用Hurst指数来刻画一个时间序列的随机程度，对其“偏好”程度给以量化描述。

（一）分形和分维

分形学是20世纪数学领域中最著名的新兴学科之一，是一门描述自然界中许多不规则事物的规律性的科学。

分形（Fractal）目前还没有一个完整、确切的定义，它是由Benoit B. Mandelbort在1975年首次提出的，其原义是“不规则的、分数的、支离破碎的”的物体。1977年，他出版了第一本著作“分形：形态、偶然性和维数”[19]，标志着分形理论的正式诞生。五年后，他出版了著名的专著“自然界的分形几何学”[20]，分形理论从此基本形成。

一般地，可以把分形看作大小碎片聚集的状态，是没有特征长度的图形和构造以及现象的总称。分形最重要的特征是自相似性和具有分数维数。严格地说，自然界中的物体都是分形。在欧氏几何中，它们被简化为一个没有空隙的、表面光滑的整体，具有整数维数。

1. 分形的自相似性。一个系统的自相似性是指某种结构或过程的特征从不同的空间尺度或时间尺度来看都是相似的，或者某系统或结构的局域性或局域结构与整体相似。

人们在观察和研究自然界的过程中，认识到自相似性普遍存在于物理、化学、天文学、生物学、材料力学、经济学以及社会科学等众多的领域之中，存在于系统的多个层次之上，它是系统运动、发展的一种普遍表现形式，是自然界的普遍规律之一。但是，人们真正认识到事物的自相似性并把它作为自然界的本质特性来研究只是近一二十年的事情。

自然界中的分形，其自相似性大多不是严格的，而是统计意义下的自相相似性。我们把严格满足自相似性的分形称为确定性分形，而把在统计意义下具有自相似性的分形称为随机性分形。随机分形其实是当信息随机产生时，生成规则的一个极限集合，称为吸引子。

2. 分形的维数。分形具有分数维数，称为分维。对于随机分形来说，自相似性有比较复杂的表现形式，而不是局域放大一定倍数后简单地与整体完全重合。但是，表征其自相似系统或结构特征的分形维数，并不会因放大或缩小处理发生变化，而是保持一致。

3. 价格序列的分形性质。市场价格时间序列在时间上显示出高度的自相似性，例如，对于一个期货价格的时间序列，如果不标注X轴、Y轴的刻度，我们无法从波动形状上分出那一个是日价时间序列、哪个是周价时间序列、哪个是月价时间序列。

从表面上看起来，价格时间序列是一条锯齿状的线。但它不是1维的，因为它不是直线；也不是2维的，因为它没有充满一个平面。它的维数是介于1和2之间的一个分数。分维数代表了一个价格时间序列固有的特性，可以用作区分不同价格时间序列的一个指标。

（二）Hurst 指数

1907 年，水利学家 Hurst 开始从事尼罗河大坝工程的研究工作。他在尼罗河工作了 40 年，潜心钻研水库水位控制问题。水库的存水量应该控制在某个范围：存水多了，一旦降水量增加，可能造成河水泛滥；存水少了，又会因用水不足而造成损失。水库的存水量取决于雨水的变化，而降雨量的变化是一个随机过程。Hurst 假设水库系统中不可控制的部分—降水量为一个随机游走过程，这是一种处理复杂大系统中常用的一种假设。

为了检验这个假设，Hurst 运用了分形理论。因为一条直线是 1 维的，一个平面是 2 维的，而随机的时间序列应介于 1 维和 2 维中间，即 1.5 维。如果降水量为一个随机游走过程维数应该是 1.5。

维数的计算是一个复杂的极限求解过程，Hurst 构造了一个新的统计量 H（Hurst 指数），用来近似地计算随机游走序列的分维数。

Hurst 指数与分维数间满足下面的关系式：

$$D = 2 - H \tag{1}$$

式中，D——分维数

H——Hurst 指数

Hurst 指数有三种情况：

(1) H=0.5　表示观测值随机序列，事件之间是随机的、不相关的。

(2) 0⩽H<0.5　表示系统具有“逆转性”，即如果前一时期是上升（下降）的，下一时期下降（上升）的可能较大。H 越接近于“0”，逆转性越强。

(3) 0.5<H<1　表示系统是一个持续、趋势增强的序列，即如果序列上一个时期是上升（下降）的，下一个时期上升（下降）的可能性就大。H 越接近 1，趋势增强性越强。

如果观测值序列是随机游走的，维数 D 为 1.5，应有 H=0.5。然而当时 Hurst 对尼罗河流量记录计算 Hurst 指数，发现 H=0.9，对其他河流以及其他自然现象测试结果，通常也是H>0.5。

H≠0.5　说明观测值是不独立的，每个观测值都带有所有影响它事件的记忆。这种记忆不是“马尔克夫（Markovian）”短期记忆，这种记忆是长期的，从理论上说是永远的。当然近期的事件比远期事件对它的影响更大。

Hurst 研究结果表明，大多数自然现象（包括河水流量、温度、降水量、太阳黑子等）都不是一个随机游走的，而服从有偏好的随机游走，也就是一种带有噪声的趋势，趋势的强度和噪声的程度可以用 H>0.5 的程度来测定。

Hurst 指数很少被应用到社会经济领域。直到 1991 年，才有人应用它来检验各国股票价格序列是否为偏好的随机游走序列，并对市场的风险性进行了研究。

迄今为止还没有人应用 Hurst 指数来分析市场的有效程度，本文提出这种方法对股票以及期货市场的有效性程度进行分析，试图从新的角度为市场有效性的程度提出一个量化指标。

四、计算 H 值的 R/S 分析方法

在 Hurst 的研究过程中，由于水库的水位围绕其平均值波动，其波动范围将因其观测的时间长短不同而不同，为了使波动范围标准化，他构造了一个比率，用观测值的标准差去除范围。

Hurst 把这种分析方法叫“重刻度变程分析（rescaled range analysis)”，简称 R/S 分析。

应用 R/S 分析方法计算期货价格序列的 Hurst 指数的步骤如下：

(1) 将价格序列转化成环比增长的对数形式。我们采用期货日收盘价环比的对数值作为研究变量，Peters[29]实验表明，采用对数值比直接用价格变化的百分比更适用 R/S 这种分析方法。

$$S_t = \ln(P_t/P_{(t-1)}) \tag{2}$$

式中，S_t——对数序列 t 时刻的值；

P_t——t 时刻的价格。

(2) 根据累计偏差计算变程（R)。将对数序列划分为若干个含有 N 个数据的小分段。对每一个小分段都应用公式（3)、(4)。

$$X_{t,n} = \sum_{t=t_0}^{t_0+N-1} (S_t - M_n) \tag{3}$$

$$R_n = \mathrm{Max}(X_{t,n}) - \mathrm{Min}(X_{t,n}) \tag{4}$$

式中，N ——每一时间分段中 S_t 的个数；

t_0 ——每一时间分段中起始时刻；

$X_{t,n}$ ——第 n 个时间分段中的累积偏差；

S_t ——对数序列 t 时刻的值；

M_n ——第 n 个时间分段中 S_t 的均值；

R_n ——第 n 个时间分段中 X 的波动范围，即“变程”；

Max（$X_{t,n}$）——第 n 个时间分段中 X 的最大值；

Min（$X_{t,n}$）——第 n 个时间分段中 X 的最小值。

(3) 计算重刻度变程（R/S)。为了使不同长度的时间序列具有可比性，将范围 R 标准化，用原始观测值的标准差去除“变程”，得到“重刻度变程（rescaled range ）R/S”。第 n 个时间分段对数序列的标准差 S_n 的计算公式如下：

$$S_n = \sqrt{\sum_{t=t_0}^{t_0+N-1} (S_t - M_n)^2} \tag{5}$$

这样每个小分段得到一个“重刻度变程（rescaled range ）—R /S ”。如果假设有 n 个小分段，就有 n 个 R /S。将这 n 个 R /S 平均，可以得到当每个小分段的数据个数为 N 时的一个 R/S 值。即：

$$R/S = \frac{1}{n}\sum_{k=1}^{n} (R/S)_k \tag{6}$$

(4) 改变 N 的数值，分别令 N=N+1，N+2，N+3，…，N+m（N+m 为对数序列总体个数的一半)，重复（2)（3）的计算。得到一个一一对应的 N 序列和 R/S 序列。

(5) 计算 Hurst 指数。

Hurst 指数可用式（3.7）估计。即将 ln（R/S）与 ln（N）进行线性回归，ln（N）系数就是对 H 的估计。

$$\ln(R/S) = A + H \cdot \ln(N) \tag{7}$$

根据上面的原理，我们应用 R/S 分析考察了我国农产品期货市场的有效性状况（具体计算过程略)。得出的结论是我国农产品期货市场价格序列是一个有偏好的随机游走过程。前一期价格是上升的，那么后一期上升的可能性比较大；相反前一期价格是下降的，那么后一期下降的可能性比较大；不同市场有效程度不一样，不同时间阶段也不一样；我国农产品期货市场价格序列具有一定的记忆周期，按技术分析方法预测价格在价格的记忆周期内是有效的。

参考文献

[1] Paul A. Samuelson, "Proof That Properly Anticipated Prices Fluctuate Randomly", Industrial Management Review, 6, Spring 1965, pp41～49

[2] Eugene F. Fama, "Multiperiod Consumption-Investment Decisions", American Economic Review, March, 1970.

[3] Andrew W Lo, (ed.), Market Efficiency, Edward Elgar Publishing Limited, 1997

[4] Paul Cootner, "Stock Prices: Random vs. Systematic Changes", Industrial Management Review 3, Spring 1962, pp24～45

[5] K. R. French and Rechard Roll, "Stock Return Variances: the Arrival of Information and the Reaction of Traders", Graduate School of Management, UCLA Working Paper, July, 1985.

[6] Paul Cootner (ed.), The Random Character of Stock Market Prices, MIT Press, 1967, Cambridge.

[7] Harry Roberts, "Stock Market Patterns and Financial Analysis: Methodological Suggestions", Journal of Finance, March 1959, pp1～10

[8] Eugene F. Fama, "The Behavior of Stock Market Prices", Journal of Business 38, January, 1965, pp34～105

[9] Eugene F. Fama, and Marshal E. Blume, "Filter Rules and Stock Market Trading", Journal of Business 39, January 1966, pp. 226～241

[10] R. A. Brealey, "An Introduction to Risk and Return from Common Stocks, MIT Press, 1969, Cambridge.

[11] Bruce Lehman, "Fads, Martingales and Market Efficiency", Quarterly Journal of Economics, February 1990, pp. 1～28

[12] N. Jegadeesh, "Evidence of Predictable Behavior of Security Returns", Journal of Finance, September 1990, pp. 881～898

[13] Sanford Grossman, "Further Results on the Informational Efficiency of Competitive Stock Markets", Journal of Economic Theory 18, June 1978, pp81～101

[14] Sanford Grossman and Joseph E. Stiglitz, "On the Impossibility of Informationally Efficient Markets", American Economic Review 70, June 1980, pp393～408

[15] Fischer Black, "Noise", the Journal of Finance, Vol 41, No. 3, July 1986, pp529～543

[16] Hurst, H. E. "Long Term Storage of Reservoirs," Transaction of American Society of Civol Engimeers 116, 1951

[17] Mandelbort, B. and van Ness, J. W. "Fractional Brownian Motions, Fractional Noises and Applications," SIAM Review 10, 1968

[18] Mandelbort, B. "When Can Price Be Arbitraged Efficiently? A limit to the Covariance to R/S Analysis," Annals of Economic Social Measurement 1, 1972

[19] Mandelbort B B. Fractal: From, Change and Dimension. San Francisco; Freeman, 1977

[20] Mandelbort B B. The Fractal Geometry of Nature. San Francisco; Freeman, 1982

[21] 张济忠，《分形》，清华大学出版社

[22] [美] 理查德. H. 戴等 . 混沌经济学 . 上海译文出版社

[23] [美] 詹姆斯. 格莱克著 . 混沌开创新科学 . 上海译文出版社

[24] Fama E. Efficient Capital Markets: A Review of Theory and Empirical Work. The Journal of Finance, 1970; 25 (May), 383～417

[25] Barnesly, M. Fractals Everywhere, San Diego: Academicpress, 1987

[26] Bai-lin, H. Chaos. Singapore: World Scientific, 1984

[27] Mandelbort, B. "Robustness of the Rescaled Range R/S in the Measurement of Noncyclic Long Run Statistical Dependence," Water Resources Research 5, 1969d.

[28] Peters, E. "Fractal Structure in the Capital Markets," Financial Analysts Journal, July/August 1989

[29] Peters, E. "R/S Analysis Using Logrithmic Returns: A Technical Note," Financial Analysts Journal, November/December 1992

[30] Devaney, R. L. "An Introduction to Chaostic Dynamical Systems". Menlo Park, CA; Addition-Wesley, 1989

我国上市公司外源融资方式转换的阶段特征与主导力量的分析*

李建文

[摘 要] 上市公司在不同时期选择的外源融资方式具有较强的倾向性。20 世纪 80 年代除了银行贷款外，发行企业债券是企业的主要外源资金来源；20 世纪整个 90 年代，已上市的公司大都以发行股权证券为主要的外源资金来源；21 世纪初以来，上市公司外源融资方式开始由集中走向多元化。实践告诉我们，无论是政府、市场，还是上市公司均处于改革与探索的发展状态，都需要不断地互相了解、适应、提高。发现能够被各方接受的规律与规则是至关重要的，为此，政府与市场这两只手必须控制转换的方向盘，政府要发挥关键的引导与支配作用，同时证券市场则是政府行为的裁判官。

[关键词] 外源融资方式　上市公司　证券市场

通过什么渠道、采取什么融资方式，获得公司持续发展过程中所需要的更多的资金，上市公司必须对此作出选择。从上市公司获得资金的来源看，公司除了依靠内源资金即公司设立时的自有资金和在生产经营过程中的资金积累外，公司还可以通过首次发行股票、配股、增发新股、发行转债、发行企业债券、向金融机构借款等筹得公司所需的外源资金。公司外源资金的融资渠道包括直接融资和间接融资。首次发行股票、配股、增发新股、发行转债、发行企业债券都是公司的直接融资，其中除首发外，其余都是再融资。间接融资是指公司向金融机构借款等。公司进行的首次发行股票、配股和增发等募集资金活动称为资本市场的股权融资；公司向金融机构借款等筹资活动称为资本市场的债务融资；发行转债，则是资本市场的股权债权融资。我国上市公司的外源融资主要是围绕以上方式进行的，但在不同的时期，上市公司选择的偏好具有较强的倾向性，我们通过纵观历史发展的过程，考察各种融资方式的兴衰、替代与交叉，可以得出如下阶段性特征。

一、20 世纪 80 年代除了银行贷款外，发行企业债券是企业的主要外源资金来源

改革开放使我国企业资金的获取从计划的财政资金走向具有市场特征的银行贷款。我国国企改革自 1978 年放权让利开始，经过 80 年代初期的固定资产的“拨该贷”，财政投资占全社会固

---

* 原载《学术交流》2003 年第 8 期。

定资产的投资比重逐步减少，从1981年的28.1%降为1995年的2.6%。国有企业的流动资金自1984年开始全部改为由银行贷款，新建和扩建项目所需资金也主要依靠银行贷款。国有企业的资本负债率直线上升，1980年国有企业资本负债率为18.7%，到1993年已达67.4%，1994年则上升为79%。由于银行贷款相对于日益增长的企业资金需求来说太有限，随着城市改革的开展，中国内地企业从1984年开始发行企业债券，并在1992年达到最高峰，当年企业债券发行总额高达684亿元。

作为一种企业融资方式，企业债券是指由企业发行并承诺在一定时间内还本付息的债权债务凭证。但1992年前后债券融资中出现了乱集资、到期不能及时兑付等问题。发行企业债券中出现的问题，暴露出企业债券法制建设的滞后与不足，于是国家加强了对发债主体的审批，发行企业债券的热潮随之降温，逐渐走向低谷。同时，股票市场的建立使股权融资替代债权融资，成为中国内地企业解决资金困难的主要方式。直到2001年以后，受到冷落的企业债券才逐渐重新受到认可与青睐。

依赖财政资金使企业缺乏活力，“拨该贷”是改革的必然。可是银行贷款并没有达到人们预想的目的，缺乏硬性约束的银行贷款未能发挥作用，企业新形成的呆账坏账不仅拖住了企业，也使银行经营陷入困境。在没有其他融资渠道的20世纪整个80年代，以发行企业债券为主要的外源资金来源是企业的理性选择。这些企业很多都是我国上市公司的前身。

二、20世纪整个90年代，已上市的公司大都以发行股权证券为主要的外源资金来源

作为一种金融创新工具，世界上第一例转债诞生于1843年的纽约铁道公司。由于转债具有债权、股权双重融资的特性，经过100多年发展，已成为欧美资本市场较成熟的融资工具。20世纪90年代转债在亚洲资本市场被投融资者普遍认可，是完善投资组合不可缺少的品种。我国转债融资的尝试就是在此国际大环境下开始的。20世纪90年代初，先后有深宝安、中纺机、深南玻等上市公司在境内外发行转债，他们的首创实践与尝试，直接推动和促进了有关法规的制定与完善；1997年，国务院证券委员会发布《可转换公司债券管理暂行办法》，对转债的发行、上市、转股及相关活动作出了明确规定；随后证券管理部门确定512家重点未上市国有企业可发行40亿元额度转债，其中南宁化工、吴江丝绸、茂名石化等公司发行的转债从1998年9月起陆续上市流通；《可转换公司债券管理暂行办法》颁布后第一只发行上市的可转债虹桥机场2000年3月在上交所上市。1999年9月，《中共中央关于国有企业改革和发展若干重大问题的决定》中明确指出允许未上市公司重点国有企业发行转债，以便实行债转股的措施。经过两年多试点后，2001年以来可转债得到上市公司的垂青。

自从证券交易所建立以后，股票市场的大规模发展为上市公司进行外源股权融资提供了极其重要的场所。发行股票、配股、增发新股形式的股权融资方式一直是上市公司的偏爱。以上市公司境内的A股融资为例，1991年至2000年的十年期间，累计股权融资总额超过了5 000亿元，其中首次发行筹资额累计达到2 967.98亿元；配股融资累计达到1 637.85亿元；开始于1998年7月的增发融资累计达到256.91亿元。股权融资占公司外源融资比重平均超过了50%，上市公司通过股票市场公开发行A股进行的股权融资在全部股权融资资本中的比例平均达到了17%左右的水平。在2001年以前，配股是上市公司持续融资的主要手段。据统计，从1991年到2001年6月，我国A股上市公司通过发行股票共筹资3 581.76亿元，通过配股筹资1 931.88亿元，

配股筹资额相当于发行股票筹资额的53.9%。

众所周知，随着对市场经济的认识观念的统一，我国证券市场作为市场经济体系的重要组成部分在试点中跌跌撞撞地发展起来，虽然这一时期债权融资的大门还是敞开着，但是上市公司情有独钟，偏偏喜爱股权融资。业内人士对此研究颇多，主要思想是在转轨经济体制下形成的沉重债务包袱使上市公司热衷于股权融资，以减轻长期负债给上市公司造成的巨大压力；随着债权变股权，不可避免地也加大了股权融资比例；更重要的是上市公司股权融资约束性差，成本低，有的人认为近乎为零。付出少、收益多是任何一家上市公司都应该作出的明智选择。

三、21世纪初以来，我国上市公司外源融资的方式开始由集中走向多元化

2001年7月股市大幅回调之后，经历市场残酷洗礼，在监管部门严格约束的条件下，上市公司对外源融资开始趋于冷静，出现了外源融资新特点：拟融资家数大大减少，融资规模相对调低；股权偏好的再融资降温，出现债权融资偏好；且融资方式不断创新，涌现出新的公司债券品种、新的信托融资形式，融资方式开始由集中走向多元化。

就股权融资而言，新股发行放缓，配股和增发大幅降低。2001年A股市场的融资规模比2000年大幅减少28.89%，其中新发行股票大幅减少34.17%。2002年的新股发行规模继续小幅下滑，且融资规模普遍较小。配股在2001年略有下降的基础上，2002年大幅萎缩。截至2002年12月10日，当年仅有16家上市公司实施了配股，2002年实现配股的上市公司家数较2001年大幅减少84.31%，配股额更是锐减89.86%。

我国上市公司2001年出现增发热，一些公司的肆意增发导致增发新股过滥、过猛，增发效益不高等问题，引起投资者的强烈反感，增发在市场中遭到普通投资者的遗弃，上市公司股权融资开始转向债权融资。随着利率的不断降低，一年期储蓄存款利息已降至历史新低，上市公司发行企业债券成本亦相应降低；投资者对固定收益类产品国债、企业债和可转债的需求，为发行债券提供了广阔的空间。如各项经济指标良好，可以进行股权融资的威孚高科，主动撤销发行A股的申请，改为债权融资。2002年8月29日发行的中远债券，在国内首次发行半年付息一次的企业债券。与此同时，新的融资形式也应运而生，人福科技首创采用以自有资产与信托公司合作，设立信托产品向社会融资的方式。可见，上市公司外源融资的方式开始发生重大变化与转换。

四、我国上市公司外源融资方式转换的决定性原因分析

影响我国上市公司外源融资方式转换的原因很多，实践告诉我们，上市公司外源融资方式始终围绕改革与探索这个中心不断转换。转换过程中，除了上市公司自身情况外，政府与市场这两只有形与无形的手控制着转换的方向盘，政府起着关键的引导与支配作用，市场则是政府行为的裁判官。

如2001年3月28日，中国证监会颁布《关于做好上市公司新股发行工作的通知》，该通知取消了对增发公司范围的限制，宽松的规定使从1998年开始实施的新股增发正式且迅速成为上市公司外源再融资的主要方式。2002年7月24日，中国证监会针对增发中的问题又发布了《关于上市公司增发新股有关条件的通知》，限制市场的过度扩容。2002年上半年有18家上市公司进

行增发，而下半年截至12月10日就只有8家了，且上半年通过增发实现的融资额是下半年的3倍多，下半年增发的扩容速度明显慢于上半年。政府这只有形的手依据市场裁判提供的信号，扭转、遏制了市场中偏离正常方向的融资行为。在增发趋向“滥发”而受到制止时，2001年4月27日出台的《上市公司可转换公司债券实施办法》的作用被市场接受，许多曾经准备增发的上市公司审时度势改变了融资计划，转向发行规模可以比较大的可转债。

当可转债对投资项目要求高，配股的硬指标难以达到时，在信托业集中治理整顿，颁布了新的信托公司管理办法之后，诞生了人福科技的首家信托融资。信托融资是以上市公司所属的资产为信托向社会融资的方式，是实体企业和金融企业合作的产物。发行信托产品目前还没有证监会的相关政策来加以引导，对发行的条件和要求都没有明确的规定。因此企业完全可以根据自己的实际情况来制定信托计划，这降低了企业的融资成本。按照信托产品的规定，企业以自己的资产和拥有的权利作为设立信托的基础，可以在不改变公司资产负债率的情况下实现融资。这表明信托融资方式的诞生是政府与市场这两只有形与无形的手互相磨合、共同孕育的新生事物。

另外，2002年10月，中信海直在不到一个月的时间内连续两次修改其拟发可转债条款。再次修改后，中信海直拟发可转债条款变得较为优惠，条款内容较为确定，在拟发可转债中的竞争力相应提高。这不仅说明具有诸多优势的创新性金融工具可转债成为上市公司再融资的新选择，而且表明上市公司目前面对的是一个投资心态较为成熟和理性的市场了，顺应了市场的变化和现状，就是顺应了市场发展的客观要求，上市公司中信海直顺势而为的行为是看不见的手的无形威力的显现，是市场再融资功能发挥作用的反映。2002年12月开始施行《上市公司收购管理办法》，该《办法》颁布后第一个发布定向增发预案的上工股份，拟定向增发不超过1亿股B股，以股权置换资产。这种金融工具创新的做法将使以优换劣的非市场化并购重组行为失去存在的基础，改变目前上市公司收购重组中支付手段单一的状况，上市公司的选择再次沿着看得见的手指引的方向发展，证券市场优化资源配置的功能得到加强。

综观我国上市公司融资方式转换的过程与原因，可以发现对于只有十几年历史的中国证券市场来说，不仅要肩负资源配置功能，而且还要为体制转轨创造条件。因此，无论是政府、市场，还是上市公司自身均处于改革与探索中的发展状态，都需要不断的互相了解、适应、提高。其中，发现能够被各方接受的规律与规则，并使这些规律与规则产生积极的经济效率是至关重要的。尤其是由于新兴和转轨市场是在不成熟的市场中进行探索的，中国证券市场的发展时常可见行政惯性的势力，所以政府工作市场化的水平与其认识理念、法制建设、监督管理将紧密相连，且集中体现在法律、法规、规章建设的适时、正确、完善上。加之中国证券市场的许多应有的法律、法规、规章还不完备，证券市场的功能还没有很好地发挥，这就决定了制度创新是政府的一项艰巨任务。制度创新是由政府提供的，政府作为推动制度创新的决定性力量，决定着制度创新的方向、内容和进度。所以中国证券市场的特殊国情将赋予政府在相当时间里必须起支配性的、主动性的作用，引导证券市场的发展，而证券市场自然地会为政府的每一个制度创新打分，发挥它推动市场的作用。

参考文献

[1] 朱兆荃．专家认为上市公司应学会利用信托融资．上海证券报．2002-12-12
[2] 李蓉．上市公司该选谁．上海证券报．2002-12-12
[3] 李映宏．顺应市场之举．证券时报．2002-11-22

[4] 初一．市场呼唤创新——析上工股份增发预案．上海证券报．2002-11-21
[5] 王君择．中信海直再次调整可转债条款．证券时报．2002-11-22
[6] 刘玉平，陈颖．优化国企资本结构．中国产经新闻．2001-5-24
[7] 江天．企业发债为哪般．国际金融报．2002-11-21
[8] 国信证券有限责任公司课题组．上市公司为何偏好股权融资．上海证券报．2002-11-21
[9] 李蓉．上市公司该选谁．上海证券报．2002-12-12
[10] 孙菊．A股融资出现结构性变化．证券时报．2002-12-16

论服务品牌忠诚的形成机理*

陆　娟

［摘　要］随着市场竞争的日益激烈，消费者品牌转换行为不断增多，严重影响了企业在当今市场上的获利能力和生存能力，从而引起了人们对忠诚顾客及其价值的关注。服务业的特殊性，更需要顾客对服务品牌的忠诚。对服务品牌忠诚的形成机理与价值的研究，必将有助于我国服务业忠诚顾客的培育与市场竞争力的提高。

［关键词］服务业　品牌忠诚　形成机理　价值分析

近年来，研究人员已经认识到，消费者品牌转换行为严重影响了企业在当今市场上的获利能力和生存能力。有统计资料显示：美国公司在过去的五年里失去了其一半的顾客，如此高的顾客背叛率使公司的业绩下降达25%至50%（Reichheld和Teal，1996）。研究表明，吸引一个新顾客所付成本是保持一个老顾客花费的4～6倍；从品牌忠诚者身上获得的利润是从品牌非忠诚者身上所得利润的9倍。品牌忠诚者使企业获取更多的利润，从短期来看是因为更多的购买（O' Brien和Jones，1995），从长期来看是因为良好口碑的传播（Reicheld和Teal，1996）。品牌忠诚顾客由于能保证一个稳定的将来顾客群而最直接影响利润（Oliver，1997）。由于品牌忠诚者现在的和潜在的将来价值，理所当然地成为公司心目中最有价值的顾客群（Ganesh，Arnold和Reynolds，2000）。以品牌忠诚为目标的营销成为20世纪90年代中期西方营销学的热门话题。遗憾的是，尽管我们生活在一个服务经济时代，服务业所创造的价值在发达经济国家大约占国内生产总值的2/3（Lovelock，Vandermerwe和Lewis，1999），但有关服务品牌的研究甚少，服务品牌在世界顶级的60大品牌中只占23%（Clifton和Maughan，2000）。以至于有学者大声疾呼，创造和保持顾客的品牌忠诚已成为今日服务市场的一个战略命令（Ganesh等，2000）。

一、品牌忠诚与服务品牌忠诚特征分析

关于品牌忠诚，文献中有许多定义。通常地，人们将品牌忠诚定义为对同一品牌购买频率或相对购买量。Newman和Werbel两位学者将品牌忠诚界定为重复购买同一品牌并且只考虑这一种品牌，而且无须进行对品牌相关信息的收集。Jacoby和Chestnut（1987）探讨了忠诚的心理性含义并试图将其与行为上的定义加以区别。他们认为：作为品牌忠诚指示器的持续购买可能会模糊了人们对品牌忠诚的认识，因为特殊情况下的人们会因方便而偏好或对多种品牌表现出忠诚。由于存在这些可能性，作者得出结论说，若不经过进一步的分析而仅从消费者的重复购买中推断

* 原载《当代财经》2003年第9期。

得出忠诚或不忠诚可能是不明智的。有的学者认为，不但重复购买与品牌忠诚有明显区别，而且品牌忠诚还有真正品牌忠诚与假品牌忠诚之分（Bloemer 和 Kasper，1995）。Zeithaml、Berry 和 Parasuraman（1996）认为，品牌忠诚是顾客通过一系列行为表现出的极力与目标品牌（公司）保持一种关系的企图，主要包括分配较高的钱包份额给特定的服务提供商，从事良好口碑的传播和重复购买；Oliver（1999）认为，品牌忠诚是指不受环境变化和种种促成品牌转换行为发生的营销努力的影响，强烈坚持许诺将来始终如一优先重复购买某一产品/服务，从而导致对同一品牌或同一品牌系列的重复购买。事实上，品牌忠诚应被视为是一种行为上和态度上的综合反应。也就是说，品牌忠诚不仅仅表现为重复购买等的行为忠诚，而且还包含了对一个品牌所持有的积极态度取向的态度忠诚。只有重复购买行为而无积极态度取向的是虚假忠诚；只有积极态度取向而无重复购买行为的是潜在忠诚；既无积极的态度取向也无重复购买行为的则是不忠诚。

通常情况下，服务与有形产品相比，具有以下主要特性：即无形性、异质性、生产与消费的同步性、易逝性（Cowell，1989，Ellis Mosher，1993）。①无形性。因为服务是一种绩效或行动，所以人们不能像感觉有形商品那样来看到、感觉或触摸到服务。服务的无形性使服务不宜展示或沟通，从而消费者难以评估质量。②易质性。由于服务基本上是人表现出来的一系列行为，从而没有两种服务会完全相同。同一种服务由不同的人提供，在不同的时间或不同的地点提供都可能有不同的效果；即使是同一种服务由相同的人在相同的时间或相同的地点提供，由于每位顾客都会有独特的需求，或以一个独特的方式来体验服务，从而产生不同的服务效果。③生产与消费的同步性。大多数有形商品首先是生产然后进行销售和消费；但是大部分服务却是先销售，然后同时进行生产与消费。消费者参与到服务过程之中，服务提供者与消费者之间以及消费者与消费者之间的相互作用都会影响到顾客的体验。④易逝性。指服务不能被贮存、转售或退回。服务不能被贮存意味着难以根据市场需求制定有创造性的计划，以充分利用生产能力；不能退回或重新出售意味着必须制定有力的补救战略。

服务的这些特性，决定了服务品牌忠诚与产品品牌忠诚有以下不同的特征：首先，服务的无形性（使服务不宜展示或沟通，从而消费者难以评估质量）、异质性（每位顾客都以独特需求或独特方式体验服务）及生产与消费的同步性（在服务生产过程中消费者之间以及消费者与服务提供者之间的相互作用，会影响消费者对质量的体验）决定了消费者对服务质量的个人体验这一指标衡量的难以客观性和对服务品牌忠诚度影响的重要性。其次，服务的无形性与异质性，往往使消费者一方面无法判断服务质量的真实内涵，另一面，由于消费者对服务涉入程度较高，且很多服务具有连贯性，一旦选定很难改变。因此，在服务市场上，消费者选择服务时会更看重品牌，而且一旦选定，对品牌的忠诚度往往较高。再次，服务的生产与消费的同步性，决定了消费者对服务品牌的忠诚程度，与他们同服务提供者之间的关系密切相关。一旦建立起了良好的关系，消费者就很容易形成对品牌的忠诚。另外，顾客对服务的消费容易形成习惯，产生依赖，从而对其他同类服务的选择表现出惰性。最后，服务的易逝性，决定了消费者对服务品牌的忠诚程度与服务企业是否能够及时制定有力的补救战略有关。所以补救战略也是培育服务品牌的顾客忠诚的重要一环。

二、服务品牌忠诚的形成机理与驱动因素

由相关的营销理论可知，物质产品的消费是结果消费，即消费者不参与产品的生产过程，只对作为生产过程结果的产品进行消费。而服务具有二重性，即作为结果的服务和作为过程的服务

（Gronroos，1990）。因此，服务消费也具有相应的消费二重性，即消费者既关心服务的结果，也体验服务的过程。在服务质量模型中，Gronroos（1990）将服务质量分为技术/产品质量和职能/过程质量两个维度，用来分别反映服务的结果和过程。而且，许多学者认为，服务消费在很大程度上是过程消费，服务的顾客价值基本上是在服务过程中形成的。由前面的分析可知，上面提到的服务的无形性、异质性、生产与消费的同步性、易逝性四个主要特征都与服务作为过程的特征有关。由前面的分析的服务品牌忠诚特性的第一点可知，服务的无形性、异质性及生产与消费的同步性决定了消费者对服务质量的个人体验这一指标对服务品牌忠诚度影响的重要性。也就是说，对以过程消费为主的服务业，形成品牌忠诚的关键是顾客体验。许多学者（Aaker，1996；Berry，2000）也认为消费者对服务质量的个人体验是决定服务品牌顾客忠诚的关键因素。

消费者对服务质量的个人体验（又称顾客体验）是指消费者对服务的具体感受和经历。Schmitt（1999）认为，顾客体验是个体对某些刺激产生的回复性个别化感受，是由于个人对事件的直接观察或参与所造成的所发生事件与个人的心理状态之间互动的结果。这种体验是对服务质量的感知，由于体验是一种客观存在的心理需求，体验的结果是顾客满意与否（即顾客满意度）心理形成的根源。而顾客满意水平的不同，最终形成了顾客对服务品牌的忠诚与否。因此，我们可以将服务品牌忠诚的形成机理以如下图示表达出来：

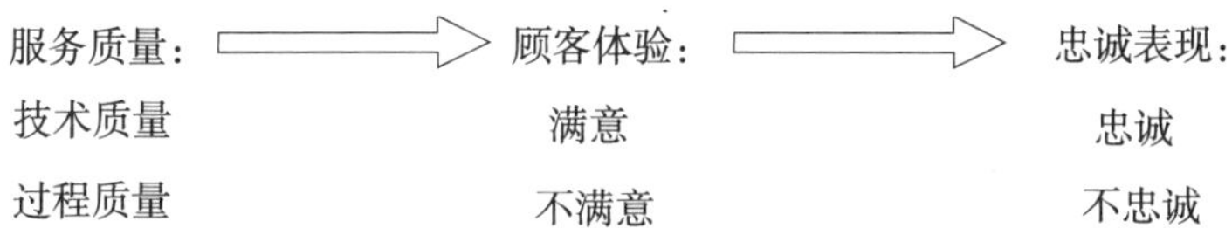

从以上服务品牌忠诚的形成机理图可以看出，服务品牌忠诚的最直接的驱动因素主要为：服务质量与顾客满意。

服务质量。是顾客对服务的预期与其所感知的服务绩效之间的比较。如果顾客的体验或感知的服务绩效高于顾客预期，则顾客满意，否则顾客就不满意。顾客根据自身的需求、过去的消费经历、市场上有关服务提供者的口碑、企业形象以及营销沟通等因素形成对服务的预期，而顾客感知的服务绩效是顾客对服务的体验。这种顾客对服务的体验尽管与实际的服务可能会有差异，但其基础是服务本身的质量。服务质量对顾客忠诚的影响，是以改善服务从而提高过程和技术上的顾客满意水平为开始，而过程和技术方面的满意度增加，会导致总体顾客满意度或总体感知服务质量的提高，最终导致顾客的品牌忠诚。服务的无形性使高质量的服务难以复制，导致服务质量对提升顾客的品牌忠诚起了关键的作用。服务质量是顾客满意和愉悦的基础，但顾客满意并不等于忠诚，只有超值的服务才能使顾客不仅产生满意而且产生愉悦，从而驱动顾客忠诚。

顾客满意。顾客满意是理论界较早提出来用于解释顾客忠诚的一种理论，认为满意是顾客忠诚的重要因素，顾客满意与顾客忠诚有正相关关系。大量的有关顾客满意和顾客忠诚的研究也支持如下的观点：无论行业竞争情况如何，顾客忠诚都会随着顾客满意度的提高而提高。可以说，顾客满意是推动顾客忠诚的最重要因素之一。然而顾客满意并不等同于顾客忠诚，国外研究也表明许多企业顾客满意度高而忠诚度却很低。究其原因，有人认为，满意是人的一种感觉状态的水平，来源于对一件产品或服务所感知的绩效或产出与人们的期望所进行的比较，而顾客的期望有基本期望和潜在期望之分。顾客忠诚度随基本期望的满意水平提高而提高，但忠诚度到了一定水平后，无论顾客满意水平如何提高，顾客忠诚水平基本保持不变或变化不大（有人称之为质量不敏感区），这是因为基本期望是顾客的低层次需求，顾客因此只能产生满意而不能产生愉悦（超越顾客期望的满意称之为愉悦)。只有当顾客从产品中得到了意想不到的、或其他企业或产品无法提供的价值时，才会获得潜在期望层次上的满意，而使顾客感到愉悦，从而形成顾客的品牌忠诚。对于服务业中的顾客满意又有接触满意（Encounter Satisfaction ）和总体满意（Overall Satisfaction）之分。Bitner 和 Hubbert（1994）将服务的接触满意定义为顾客对非连续的服务接触的满意/不满意，而将总体满意定义为顾客基于对特定组织的全部服务接触和经历的总体满意/不满意。接触满意是总体满意的构成要素之一。Parasuraman，Zeithaml 和 Berry（1994）指出，德服务接触的满意度积累会产生对服务接触的总体质量评价，接触满意对总体满意和服务质量产生直接作用进而通过总体满意间接影响顾客忠诚。

三、服务品牌忠诚的价值分析

弗雷德里克·莱希赫尔德（2001）通过对 12 个服务行业的研究表明，顾客保持率每提高 5%，顾客净现值增加 35%至 95%。Deloitte 咨询公司的近期研究报告中指出，顾客忠诚是影响全球股票价值的一个关键要素。按照帕雷托的 80/20 定律，一个企业的忠诚顾客只占现有顾客的 20%左右，却创造了企业 80%的利润。忠诚顾客能够产生如此大的经济价值，在于它使企业获取更多的顾客生涯价值即从顾客生命周期时间内获取更多的收入，而成本增加却很少，从而获得更多的利润。这种由于顾客对品牌的忠诚（又称顾客忠诚）所产生的经济价值，我们称之为忠诚顾客的价值。在服务业中，忠诚顾客的价值也就是顾客对服务品牌的忠诚所产生的经济价值，我们又称之为服务品牌忠诚的价值。对于服务品牌忠诚的价值研究，可以从利润增加与顾客终身价值两方面进行。首先对来自顾客的成本与利润加以分析，以得出由于顾客忠诚导致的增加利润的构成；然后，用顾客终身价值测算服务品牌忠诚的价值。

(一) 服务品牌忠诚顾客的培育成本与利润分析

服务品牌忠诚顾客的培育成本可分为两类，那就是顾客开发成本与顾客维系成本。顾客开发成本就是吸引新顾客的成本，对许多行业来说，这是企业最大的成本之一。如本文开头部分所说，吸引一个新顾客所付成本是保持一个老顾客花费的 4～6 倍。如此高的开发成本，主要由以下两个方面形成：一是，争取新顾客的宣传促销费用。由于潜在顾客对企业的服务缺乏了解，为了吸引新顾客，企业必须给潜在的顾客进行广告宣传、雇员咨询、推销等，以让潜在顾客了解情况、获得信息，从而使潜在顾客变为企业的新顾客。二是，耗资巨大的服务储存费用。由于新顾客消费的不确定性，为了满足新顾客的需求，企业必须准备大大高于正常需求的货源。对于服务企业来说，由于服务的不可储存性，就要准备更多的服务设施和服务提供者，这会大大增加企业的成本。顾客维系成本，就是企业用来加强或维持、延长现有顾客忠诚的支出。包括了解顾客需求所进行的市场调研费用，为提高顾客购买率或重新激活顾客所进行的宣传促销费用等等。顾客维系成本比顾客开发成本低得多，特别是顾客越“老”，其维系成本越低。即使是激活一位中断很久的“休眠顾客”的成本，也要比开发一位新顾客的成本要低得多。

服务品牌忠诚顾客产生的增加利润包括：自身消费的基本利润、重复消费的增长利润、企业运营成本降低的利润、推荐他人消费的推荐利润以及溢价利润。基本利润是指企业平均每年从每个顾客所获取的利润。顾客保持时间越长，则从该位顾客所获取的基本利润也就越多。重复消费的增长利润，是指由于忠诚顾客重复消费同一服务以及随着时间的延长增加其他相关服务消费(因为随着时间的延长，顾客对公司所提供的全部服务系列逐渐熟悉，顾客忠诚便会产生一种

"溢出效应"，由对公司主营的某一项服务，进而扩大到对公司所有服务的忠诚，其购买量就会大幅上升）所增加的企业利润。由此可知，顾客保持越久，顾客不仅对企业的价值越大，而且为企业提供了多元化发展的机会。企业运营成本降低的利润是指由于老顾客的服务成本远远低于新顾客的服务成本，从而节约服务成本而产生的利润。因为老顾客对企业的服务非常了解，知道如何获取有关信息以及如何方便地从企业得到服务。因此顾客保持越久，企业获得运营成本降低的利润越高。推荐他人消费的推荐利润是指由于忠诚顾客的口碑推荐，而带来的潜在顾客的消费所增加的利润。由于顾客在消费服务之前很难评估服务的质量，这时忠诚顾客的口碑十分重要。有关研究表明，忠诚顾客良好的口碑所起到的促销作用，远远胜过企业自身的广告。因此，顾客忠诚度越高，顾客保持得越久，通过口碑为企业推荐的新客户就越多，企业因此而获取的利润也就越高。溢价利润是指由于老顾客容易接受溢价，而使企业从中获取的超额利润。研究表明，许多行业的老顾客，由于与企业的关系也比较密切，对价格不太敏感，愿意支付的价格比新顾客支付的价格要高。新顾客往往需要通过促销、价格优惠等措施来吸收和争取，从而使企业无法从新顾客身上获取溢价利润。弗雷德里克·莱希赫尔德（2001）通过对6个服务行业的研究表明，随着与忠诚顾客维系时间的延长，忠诚顾客产生的利润呈递增趋势。

（二）服务品牌忠诚价值的测算

服务品牌忠诚价值的测算，可以借鉴其他资产的计算方法，以净现金流表示，一般用顾客终身价值来计算。

顾客终身价值是指顾客在作为本企业顾客的周期内为企业贡献利润的折现值总和。由前面的服务品牌忠诚顾客的培育成本与利润分析可知，影响顾客终身价值的主要因素是收益、顾客忠诚成本、顾客忠诚时间和贴现率。设第 i 年从某一顾客那里可以获得的收益是 I_i，第 i 年顾客忠诚收益（I_i）为该年顾客的购买额（Q_i）与该年销售净利润率（ROS_i）的乘积；顾客忠诚成本包括一次性顾客开发成本（D）和第 i 年顾客维系成本（C_i）；设顾客忠诚的维系时间，即顾客忠诚时间为 T，贴现率为 d，顾客终身价值为 CLV，则：

$$\mathrm{CLV}=\sum_{i=1}^{T}\frac{I_i-C_i}{(1+d)^i}-D$$

式中：

$$I_i = Q_i * ROS_i.$$

在健康发展的市场上，一般不会出现大的通货膨胀或金融危机，贴现率 d 可以看作是相对固定的，而对于一个比较稳定的行业，其利润率 ROS_i 一般也是比较稳定的。在这样的情况下，从上述公式可以得知，顾客忠诚时间越长，顾客的终身价值就越大。这是因为作为前期投入的顾客开发成本 D，不管后面的因素如何变化，是一个恒定值。顾客维系成本 C_i 是随着时间的延续，即顾客忠诚时间 T 的延长而逐渐减少的，而在顾客忠诚收益 I_i 的两个决定因素中，ROS_i 相对稳定，顾客购买额 Q_i 是随着顾客忠诚时间 T 的延长而日趋增大的，所以顾客忠诚收益（I_i）是随着顾客忠诚时间 T 的延长而不断增加的。因此，只要 I_i 大于 C_i，顾客终身价值（CLV）必然随着顾客忠诚时间 T 的延长而不断增大。进一步的分析，我们还有一个对企业更有意义的发现，那就是，随着时间 T 的延长，I_i-C_i 不断增大。也就是说，随着顾客忠诚时间 T 的延长，顾客的年忠诚价值也在不断增长。这正是我们能够从老顾客那里获得重复消费的增长利润、企业运营成本降低的利润、推荐他人消费的推荐利润以及溢价利润的根本所在，也是为什么对企业忠诚时间越长的顾客对企业的利润贡献越大的根本原因所在。

不同行业、不同企业可以根据自己服务对象的可能顾客生命周期（即顾客忠诚时间），来测算顾客终身价值。如北欧航空公司一位忠诚的商务旅行者 20 年的价值是 48 万美元，里茨酒店一位忠诚顾客 20 年的价值是 14.4 万美元，等等（詹姆斯，2001）。顾客终身价值的测算，一方面，能使企业的决策层明白顾客忠诚的重要性，刺激企业的决策层采取实现利润最大化的最佳策略，那就是延长顾客忠诚时间，建立并保持长期的顾客忠诚；另一方面，能够使企业决策层根据测算结果，了解一个顾客的真正价值，从而为提高顾客忠诚度是否投资做出合理决策。

参考文献

[1] Aaker，David A（1996）. Building Strong Brands. The Free Press

[2] Berry，Leonard L（2000）. Cultivating Service Brand Equity. Journal of the Academy of Marketing Science. 28（1）：128～137

[3] Bitner，M. J. and Hubbert A. R.（1994）. Encounter Satisfaction Versus Over－all Satisfaction Versus Quality. In Service Quality：New Directions in Theory and Practice. Eds. Rust R. T.，Oliver R. L. London：Stage，72～94

[4] Bloemer，J. M. M. and Kasper，H. D. P（1995）. The complex relationship between consumer satisfaction and loyalty. Journal of Economic Psychology，16：311～329

[5] Boulding，W.，Kalra，A.，Staelin，R. and Zeithaml，V. A.（1993）. A Dynamic Process Model of Service Quality：From Expectationto Behavioral Intentions. Journal of Marketing Research，30：7～27

[6] Clifton，Rita and Maughan，Esther（Editors）（2000）. The Future of Brands. Basingstoke，Macmillan

[7] Cowell，D.（1989）. The Marketing of Service. Heinemann，London

[8] Ellis，B. and Mosher，J.（1993），Six Ps for Four Characteristics：a Complete Positioning Strategy for the Professional Services Firm - CPAs. Journal of Professional Services Marketing. Vol. 9 No. 1：129～145

[9] Gronroos，Christian（1990）. Service Management and Marketing：Managing the Moments of Truth in Service Competition. Lexington Books

[10] Jaishankar Ganesh，Mark J. Arnold，and Kristy E. Reynolds（2000），Understanding the Customer Base of Service Providers：An Examination of the Differences Between Switchers and Stayers，Journal of Marketing. 64（July）：65～87

[11] Lovelock，Christopher，Vandermerwe，Sandra and Lewis，Barbara（1999）. Services Marketing. London：Prentice Hall Europe

[12] O' Brien，Louise and Charles Jones（1995）. Do Rewards Really Create Loyalty？Harvard Business Review. 73（May 1 June），75～83

[13] Oliver，Richard L.（1999），Whence Consumer Loyalty? Journal of Marketing. 63（Special Issue）. 33～44

[14] Oliver，Richard L.（1997）. Satisfaction：A Behavioral Perspective on the Consumer. Boston：Richard D. Irwin/Mc Graw－Hill

[15] Parasuraman，A.，Zeithaml，V. A. and Berry，L.（1994）. Reassessment of Expectations as a

Comparison Standard in Measuring Service Quality：Implications for Future Research. Journal of Marketing. January. 111～24

[16] Reichheld，Frederick F. and Thomas Teal（1996）. The Loyalty Effect. Boston：Harvard Business School Press

[17] Zeithaml，Valarie A，Leonard. Berry，and A. Parasuraman（1996），The Behavioral Consequences of Service Quality. Journal of Marketing：60（April）：31～46

[18] 弗雷德里克·莱希赫尔德 著．常玉田译．忠诚的价值——增长利润与持久价值背后的力量．华夏出版社，2001

[19] 詹姆斯等．服务利润链．华夏出版社，2001

我国工厂化农业企业经济效益影响因素分析*

陈宝峰　贾敬敦　任金政

[摘　要] 工厂化农业是我国农业现代化的发展方向，如何有效的提高工厂化农业企业的经济效益是工厂化农业快速发展的关键。该文在对工厂化农业企业综合经济效益介绍的基础上，比较分析了不同种植因素、不同生产环境等条件下对工厂化农业企业经济效益的影响，进而对产量、价格、成本以及费用等因素影响我国工厂化农业企业的经济效益进行了探讨，为提高工厂化农业企业经济效益提供参考。

[关键词] 工厂化农业企业　工厂化农业　经济效益

一、引言

工厂化农业是指在相对可控环境下采用工业化生产，实现集约高效可持续发展的现代化农业生产方式。自改革开放以来，塑料大棚和日光温室发展很快，现代化的工厂化农业在我国的发展主要经历了两个阶段。第一阶段自 20 世纪 70 年代末至 90 年代中，期间我国先后从国外引进大型连栋温室 21.2 公顷，仅北京市就耗资 393.5 万美元从日本等国引进温室 5 公顷。由于种种原因，特别是能耗过大，运行费用高，经济效益差，除个别勉强维持生产外，绝大部分宣告失败。第二阶段自 1995 年开始，在国家经济形势进一步好转的情况下，北京、上海、广州等地耗资 7 亿多元人民币，先后从国外引进现代化温室 200 公顷左右；同时在国家“九五”科技攻关项目的引导下，我国设施园艺面积进一步发展，目前全国设施园艺栽培面积已突破 210 万公顷，现代化大型温室面积已超过 700 公顷，而且以每年超过 100 公顷的速度增长[9]。第二阶段的发展吸取了第一阶段的经验，目的明确、针对性强，再加上“工厂化高效农业示范工程”的指导，取得了显著的经济效益。以九五的“工厂化高效农业示范区”为例，5 年内共生产蔬菜 5 万吨，实现产值 1.6 亿元人民币，生产花卉 2 040 万支，产值达 1.2 亿元，出口创汇 11 96 万美元。示范区蔬菜亩产提高 40%～50%，平均节水 30%以上，劳动生产率提高 135%，农药用量减少 40%，产品商品率提高了 10%～20%，取得了明显的经济、社会、生态效益。同时需要我们注意的是：由于各地起步不一，发展速度和技术水平参差不齐，就全国而言，温室生产的经济效益各有差异。以温室蔬菜生产为例，生产效益比较好的占 70%～80%，生产效益差的占 20%～30%。因此根据调查分析我国工厂化农业企业的经济效益和运营情况及影响企业效益的直接原因是有必要的。

* 原载《农业工程学报》2003 年第 6 期。

二、工厂化农业企业经济效益影响因素分析

一个企业效益的好坏主要由收入和成本来决定，工厂化农业企业也不例外。就工厂化农业企业而言，影响收入的主要因素是产量、质量和价格等；而影响企业成本的因素主要是生产成本、流通成本及间接费用等。下面我们就这些因素对工厂化农业企业经济效益的影响做一个分析。

1. 产量。产量是影响工厂化农业企业经济效益的重要因素，在价格一定的情况下，产量的增加直接导致企业收入的增加。不同种植品种、不同种植方法以及不同栽培技术对产品的产量都有不同程度的影响，如表1所示。具体分析如下。

表1　不同种植因素对经济效益的影响

种植品种	种植方式	种植国家・地区	产量（千克/亩）	产值（万元/亩）	纯收入（万元/亩）	产出投入比
工厂化农业专用品种（国外培育）	设施内一年一茬	荷兰	34 684	42.69	19.21	1.82∶1
		中国	20 820	—	—	—
工厂化农业专用品种（国内培育）	设施内一年一茬栽培	中国・上海・孙桥	20 832	4.51	3.27	3.64∶1
	设施内一年两茬栽培	中国・宝丰	11 700	1.60	0.33	1.26∶1
一般种植品种	露地生产	中国・定州	4216.5	0.26	0.13	2.00∶1

注：以温室番茄生产为例。

（1）从表1中我们可以看出，在现代化温室内使用专用种植品种的番茄产量国内能够达到2万千克/亩以上的水平，而露地种植的一般品种的产量还不到0.5万千克/亩。这种差别除了其他一些因素如品种之外，主要是由工厂化农业本身的特点决定的。工厂化农业是综合运用现代工业成就和科技成果，人工创造相对可控的环境进行专业化、集约化，高效益的农业生产，不但科技含量高，而且部分摆脱了自然条件对植物生长的影响，可以比较充分的发挥作物的遗传潜力，所以产量自然就高。同时也表明了我国工厂化农业企业在提高单位面积产量上确实取得了比较显著的成效。

（2）适合于工厂化农业生产的国外培育的专用品种与国内培育的专用品种在国内种植的产量基本相同，但与国外种植的产量相差较大。这也说明了我国的工厂化农业管理技术需要进一步提高：国外专用品种在国外能够取得突破每亩产3万千克的产量，除了自然条件不同外，更重要的是与工厂化农业生产密切相关的技术较高，如不同环境因子的量化控制与管理规范化技术，病虫害综合防治技术，种植工艺技术，高产栽培技术等。另一方面也可以看出我国工厂化农业专用品种的培育水平已经有了很大的提高：在“九五”期间的“工厂化高效农业示范工程”建设中，一些科研部门已培育或筛选出一批适合于我国工厂化农业生产的专用品种[2]。如番茄品种中杂9号、中杂11号、SOD爱吉果以及佳粉15号等，黄瓜品种北京101、北京102等。由于黄瓜和番茄是国内外温室栽培的主要蔬菜作物，其品种水平是一个国家设施农业水平的重要标志之一，所以有关新品种的研制成功表明我国工厂化农业水平已经有了一定程度的提高。

（3）从表中可以发现，采用同样品种而种植方式不同也会造成经济效益的差异。采用越冬周年长季节栽培方式与目前大多数工厂化农业企业所采用的两茬制栽培相比：前者在单位面积产量、产值、纯收入方面比后者都高。由于工厂化农业本身是高投入的产业，因此合理有效的提高土地使用率和增加单位资产产出率是提高企业效益的关键因素之一。同时，由于工厂化农业对设施内自然环境的可控性也使得高产栽培方式、周年长季节生产得以顺利进行。因此我们应该加强科技成果转化率，将示范试验的成功项目迅速推广，以产生更高的经济效益和社会效益。

（4）从投入产出比可以看出，国内产出投入比比国外产出投入比高，也就是在产出相同的情况下，国外的投入比国内高。这可能是由以下原因造成的：国内的劳动力成本比较低；国内在工厂化农业投入方面远没有国外高。虽然我们的产出投入比高，但我们在同样单位面积上所获得的纯收入却相差甚远。这是由于国外在工厂化农业方面起步比较早，相应的配套技术比较完善，另外国外工厂化农业企业的产品大部分用来出口，如荷兰的产品出口率高达60%，这在很大程度上提升了产品的附加值，从而为企业带来良好的效益，这也是我国工厂化农业企业的发展方向之一。

上文分析了在价格一定的情况下，不同种植因素对工厂化农业企业经济效益的影响，而在实际生产过程中，价格不变的前提是很不牢靠的。由供求关系理论可知，在需求一定的情况下，增加产品产量一般会导致价格下降，但在需求增加的情况下，增加产品产量并不一定导致产品价格下跌，目前我国工厂化农业企业的情况就是如此。我国的工厂化农业企业生产产品的目标应当是反季节超时令优质蔬菜或名优特新的高科技产品，因为这些产品就目前的市场来讲还是供给不足的；另外，随着人们生活水平的提高，消费者对产品的要求逐步提高、消费档次逐步由低档向中高档提升，对优质、安全产品的需求会有所增长。综合以上分析可以预测，近期内由于供求关系的影响，工厂化农业企业产品产量增加的同时其价格不会降低或降低幅度较小，因此，产量是影响工厂化农业企业效益提高的一个重要因素。

2. 价格。价格是影响工厂化农业企业效益的另一个重要因素，在产量一定的情况下，工厂化农业企业的收入与价格成正比。在目前的市场经济环境下，工厂化农业企业产品的价格同产品的品种与市场定位有很大关系，如表2所示。

表2　不同品种及市场定位价格对比表[1,3]

地　区	产　品	市场定位	价　格	效　益
上海东海荷兰温室	彩色甜椒	大饭店大宾馆	24元/千克	好
湖南宝丰农业高科技示范园	SOD爱吉果（西红柿）	大型超市	4元/千克	好
		一般市场	2元/千克	差
河南平顶山苗木基地	美国红栌	大城市绿化	18元/棵	好
陕西杨陵新天地公司	蔬菜与花卉	旅游观光	—	年收入90万元
河北定州等地	一般设施蔬菜	一般大众	1.3元/千克	一般

（1）从表2中我们可以看出，不同产品价格相差很大，因而选择的生产产品是否得当会显著影响工厂化农业企业的效益。工厂化农业企业应该从本企业所处环境出发，考虑市场需求、所处地理位置、当地及周边经济发展水平和人们消费习惯等，利用工厂化农业本身的特点，选择能给企业带来较大效益的产品。如上海东海荷兰温室根据上海大都市的特点，种植国外进口新特优品种“彩色甜椒”，河南平顶山苗木基地根据大城市绿化色调单一的问题，引进并培育了彩色树种“美国红栌”，这些都能很好的增加企业的经济效益。而河北定州等地的公司和农民利用工厂化设施来生产一般的蔬菜，由于价格低廉，经济效益就不是很好。由此可见，那些根据市场需求出发

并很好的利用工厂化农业的特点种植新特优品种的企业都能获得很好的收益，而那些利用现代设施种植一般蔬菜的企业就不可能有很好的收益。

（2）除了种植种类之外的因素，市场定位也是一个影响产品价格的重要因素。企业在选择种植品种之前应该根据市场的变化对市场进行细分，并根据市场细分的结果将所生产产品进行恰当的市场定位。如上海东海、孙桥等将产品市场定位在空港，高档饭店，获得较高的价格，这样才有可能给企业带来好的效益。随着人们生活水平的提高，尤其是城市居民生活标准的提高，人们对无公害产品、绿色产品、保健产品以及新特优产品比较青睐，所以工厂化农业企业在市场细分的过程中应该充分考虑人们消费嗜好的改变，而不能再单纯的以低价大宗菜作为自己的发展策略。如河南宝丰的科技示范园区就是根据目前人们对绿色食品以及保健食品的重视，种植既是保健食品又能保证无公害的SOD爱吉果，并把它定位于大型超市，这样就有很好的收益，而定位于一般市场的SOD爱吉果效益也比较差。另外除了考虑人们消费嗜好的变化外，在大城市周边的旅游农业和观光农业也是工厂化农业发展的一个趋势，如陕西杨陵的新天地公司就是通过旅游收入来弥补其他亏损，从而实现了基本盈利。

上文分析了在产量一定的情况下，价格对工厂化农业企业经济效益的影响，而在实际生产中，供应量也并非一成不变，往往是产品价格较高（一般也使利润增加）时其他企业也纷纷跟进，从而造成供应量增加、价格下跌的局面。但是工厂化农业本身是一个技术壁垒和资金密集行业，这就在一定程度上阻止了其他企业的进入；另外，目前消费者对工厂化密集农业企业产品的需求也在不断增加，这就会出现供给增加的同时需求也增加，从而产品价格不一定降低的情形。不过，工厂化农业企业还是应该把握好市场，充分利用市场的特点，以市场为导向，生产市场需要的产品，从而增加企业的经济效益。

3. 生产成本。生产成本是影响企业效益的又一个重要因素。对于工厂化农业企业而言，为提高企业效益就要考虑用最少的成本生产出量多、质优的产品。但工厂化农业也有自身的特点：高投入、高收益，所以企业在成本方面的投入也是相当高的。在工厂化农业企业的生产成本构成中，加热成本、劳动力成本以及折旧成本又占总成本的很大比重[4]，如表3所示。

表3　不同国家/地区生产成本*

人民币：万元

国家/地区	加热成本	劳动力成本	折旧成本	总成本	年产值
荷兰（1999年）以面积667平方米计	7.04 （30%）	9.39 （40%）	3.52 （15%）	23.48	42.69
上海孙桥（2000年）以面积667平方米计	2.06 （30%）	1.37 （15%）	2.67 （39%）	6.86	10.01
云南版纳正大公司（2001年）	—	20 （20%）	6.3 （6%）	约100	100
陕西黄龙苗圃中心（2001年）	6 （45%）	4 （30%）	—	13.6 10	
内蒙古星月公司（6亩）（2001年）	能耗成本和人工成本≥50万元		5.02	—	30
镇江世纪农业公司（2001年）	能耗及设备的维护占生产支出的70%			—	—

注：*百分比为该项成本占总成本的比重。

（1）在现代化连栋温室的周年连续生产中，冬季供暖是保证温室正常生产的首要条件，所以从表中我们也可以发现北方地区的加热成本在总成本中占相当大的比例。我国幅员辽阔，不同纬度不同地区气候差异明显，越往北方所需的加热成本就越大，如在上海荷兰温室冬季每天需燃煤0.2吨/亩，济南0.4吨/亩，而北京0.8吨/亩，比上海高3倍。根据计算我国北方各地冬季日平均气温≤5℃负积温要比世界同纬度地区高1～4倍[5]。这就意味着我国发展设施生产冬季加热所需能耗比欧洲国家要高得多。同时，我国夏季炎热而又多雨，同样需要大量的能耗。所以，加热成本已经成为制约工厂化农业企业效益提高的一个重要因素。为提高企业效益，我们必须尽快研制出适合于我国不同地区的低能耗供暖设备和降温设备。农业部规划设计研究院已经为此做出了努力，他们研制成功的燃煤热风炉经华北各地连栋温室中使用的实践证明，平均每年供暖费用为7 624.48元/亩，是京津地区温室供暖燃煤热水锅炉的42.36%。

(2) 从表中可以发现我国的劳动力成本与国外相比有一定的优势，这是由目前我国所处的经济发展阶段所决定的。我国的廉价劳动力已经成为目前世界各发达国家在我国投资办厂的一个重要考虑因素，也正是有这方面的相对优势，我们的一些农产品，如蔬菜、蘑菇、花卉等在国际上有一定的竞争力。因此充分利用自身优势和加入WTO后的一些规则，积极稳妥的发展创汇农业是我国工厂化农业提高经济效益的有效途径。工厂化农业是一个高技术性、高集约性的产业，同时所需的劳动力也很多，在我国机械化程度不高的情况下更是如此，所以充分利用劳动力资源尤其是农村大量的富裕劳动力资源对于我国工厂化农业的发展是一个很好的优势。

(3) 折旧成本过高是我国工厂化农业效益不高的又一个原因。由于我国工厂化农业起步比较晚，所以引进了大量的现代化大型连栋温室，有关资料表明我国引进温室的价格在600～2 000元/平方米，设施投资很大，这在客观上导致了企业折旧成本过高。如上海孙桥的折旧成本占到了总成本的39%，而荷兰反为15%。因此“九五”计划就明确提出要“建设适合中国国情，集国内外温室设施优点，适应我国各生态区气候特点的结构优化、环境控制能力强、生产效能好、资金投入省的新型设施”。在“九五”计划的指导下，东北型节能日光温室和华北型，华东型、华南型连栋温室以及上海的智能型连栋温室研制成功，得到一定的推广，并取得良好的经济效益和社会效益，这对促进我国工厂化农业的发展有积极作用。

4. 流通成本。产品生产出来以后是在流通中增值和实现价值的，工厂化农产品从“厂房”到市场的实现也需要一定的方式：即工厂化农业中的采后处理工程，既增大了成本，同时也会使产品增值，所以农产品采后处理技术是连接产地和市场、实现生产效益的重要环节。同一般的农业一样，工厂化农业受市场条件、运输条件、贮藏，包装、加工条件等社会条件的影响。同时，工厂化农业的产品主要是鲜嫩、易腐烂的农产品，因此产品的保鲜、保质、延缓衰老等流通手段就显得尤为重要。

进入“九五”以后国内蔬菜流通得到了较快的发展，但由于蔬菜采后技术特别是流通技术的研究和应用相对滞后，我国蔬菜在流通中的损耗为20%～30%，远距离运输有时损耗高达50%～70%。而发达国家由于重视农产品采后设备和技术的研究和应用，蔬菜流通损耗一般控制在5%以下，特殊品种最高不超过10%[8]。流通问题严重影响了蔬菜的种植效益和商品蔬菜的质量，流通成本也成为制约我国工厂化农业企业的效益提高的重要因素之一。所以，研究包括采收、清洁、分级、包装及预冷在内的流通配套技术不但能极大降低工厂化农业企业的产品成本，提高企业效益，而且也是企业提升自身竞争力、形成核心竞争力的有力途径。

5. 间接费用。间接费用是影响工厂化农业企业经济效益的非成本因素，也是提高我国工厂化农业效益的限制因素。总体而言，我国工厂化农业企业的市场营销体系还没有完全建立起来，因此加强自身营销队伍建设并建立适合于本企业的市场营销网络是企业的发展方向，同时也是企

业提高产品附加值、降低企业销售成本的有效途径。另外，我国工厂化农业企业的效率不高导致企业的管理费用居高不下，这也阻碍了企业效益的提高，所以建立并健全适合于市场经济体制的现代企业管理制度是工厂化农业企业发展的必由之路。

三、结语

近几年来我国工厂化农业已经得到了较大的发展，在市场的呼唤声中一批工厂化农业企业也应运而生，这些代表着我国先进农业发展方向和现代化农业发展模式的企业取得了一定的经济效益和良好的社会效益，其中产量、价格、成本以及间接费用成为影响工厂化农业企业经济效益的主要因素。为提高工厂化农业企业的经济效益，我们需要从影响因素出发，注重对成本费用的管理以及市场的开发，不断完善企业的相关制度，加大设施与环境工程、种子种苗工程、种植工艺工程、采后处理工程以及植保工程等方面技术创新力度，通过企业制度的不断完善和新技术的应用来达到开源节流的目的，从而提升企业的效益。

参考文献

[1] 国家“十五”科技攻关计划研究课题组．我国工厂化农业发展战略与管理创新研究调研报告［R］．2002：3～15，227

[2] 工厂化高效农业示范工程北京分项课题组、前进中的北京市工厂化农业［M］．北京：中国科学技术出版，2001.201

[3] 李社芳，等．关注悄然兴起的设施农业——河北省设施蔬菜经济效益分析［J］．价格理论与实践．2000（10）：40～41

[4] 魏文铎，徐 铭等．工厂化高效农业［M］．沈阳：辽宁科学技术出版社，1999.683

[5] 王松涛，冯广和等．论我国设施园艺建设的宏观管理［J］．农业工程学报．1999，15（1）：153～158

[6] 黄丹枫，牛庆良．现代化温室生产效益评析［J］．沈阳农业大学学报．2000，31（1）：18～22

[7] 蔡象元，张文斌等．上海市设施园艺发展现状与效益分析［J］．长江蔬菜．1999（11）：33～35

[8] 张利群．连栋温室供暖方式的效益分析［J］．农村实用工程技术．2001（7）：11

[9] 朱明．关于中国农业产业化与设施农业发展的战略思考［A］．国际农业生物环境工程与能源工程论坛论文集［C］．北京：中国农业科学技术出版社，2003.1～3

中国玉米国际竞争力状况及其影响因素*

刘树坤　杨汭华

中国是世界玉米生产大国和出口大国，其玉米的生产及在国际市场上买卖的波动，将直接影响着世界玉米的国际贸易。加入世界贸易组织后，中国依承诺取消了玉米约44美元/吨的出口补贴，这也就意味着中国的玉米出口将面临着涨价的巨大压力，国际竞争力可能会逐渐受到削弱。另外，根据中国的入世承诺，中国在2002年的玉米进口关税配额为585万吨，到2004年关税配额增加到720万吨；2002私营企业的比例为32%，到2004年私营企业的比例将上升列40%。这意味着，未来将有越来越多的玉米进口掌握在私营企业手中，所以理论上讲未来玉米进口不可避免。因此，研究中国玉米的国际竞争力状况及影响竞争力的因素，对于提升竞争力有着重要的意义。

一、国际竞争力状况及国际比较

这里用市场占有率（包括国际市场占有率、进口国市场占有率、本国市场占有率）、贸易竞争指数来反映中国玉米国际竞争力状况及国际比较。

（一）市场占有率

1. 国际市场占有率。国际市场占有率是指一国的某种产品出口额占全世界该类产品出口额的百分比。由表1可以看到，玉米产品市场供给的集中度很高。20世纪90年代以来美同、阿根廷、中国、法国四个国家的国际市场占有率总和约占列百分之九十以上。美国的玉米在国际市场上所占的份额一直占有绝对的优势，其历史平均市场占有率约为65%。而中国和阿根廷、法国同处在出口大国的第二集团，三个国家的年平均市场占有率较为相近，市场占有率总和比较稳定，约为24%。另外，三个国家的国际市场份额在不同年份均出现较大波动，相比之下中国的市场份额并没有优势。

表1　主要出口国玉米国际市场占有率（%）

	1990	1992	1993	1994	1995	1996	1997	1998	1999	2000	2001
美　国	72.4	58.6	59.5	55.1	77.0	73.0	57.2	55.4	65.8	58.6	60.8
阿根廷	4.2	8.3	7.2	6.4	7.7	9.0	15.0	16.3	10.0	13.3	13.8
中　国	4.7	14.0	16.4	13.4	0.1	0.2	9.1	6.2	5.5	12.8	7.6
法　国	10.0	9.5	11.4	12.3	8.3	9.3	10.0	10.5	10.6	9.7	8.9
匈牙利	0.2	3.4	0.2	0.3	0.8	0.2	1.6	2.8	2.2	1.2	2.0
其　他	8.5	6.2	5.2	12.6	6.1	8.3	7.0	8.9	6.0	4.4	6.9

数据来源：根据FAO数据库（2003）有关数据整理。

* 原载《调研世界》2003年第11期。

2. 进口国市场占有率。进口国市场占有率是指一国自所研究的国家进口某种产品的总额占该国从世界进口该产品总额的百分比。中国玉米主要出口国家为韩国、马米西亚、印度尼西亚等邻近的亚洲国家，在这些国家中国玉米的市场占有率近几年也是比较高的（表2）。世界最大的玉米进口国为日本和韩国，2000年它们的玉米进口分别占世界进口的18.9%、10.2%。虽然最大的玉米进口国日本在地理上临近中国，但中国玉米在日本的市场占有率长期以来占据着很低的比例，2000年只有0.7%。

表2 进口国玉米进口的市场情况

	从中国进口的比例（%）					进口占世界进口比例（%）					占中国总出口比例（%）				
	1996	1997	1998	1999	2000	1996	1997	1998	1999	2000	1996	1997	1998	1999	2000
韩国	0.6	43.0	35.9	15.4	69.1	11.9	11.1	9.4	10.3	10.2	35.0	54.0	54.5	29.1	57.6
马来西亚	0.3	46.9	64.8	65.7	90.8	3.0	3.7	2.4	2.8	2.7	3.9	19.4	25.5	33.6	20.1
印度尼西亚	0.0	64.8	13.3	93.3	65.7	0.8	1.5	0.4	0.8	1.5	0.0	10.8	0.9	13.4	7.9
朝鲜	95.3	85.2	32.8	40.0	35.5	0.1	0.9	0.8	0.5	0.6	51.4	8.4	4.2	3.8	1.7
菲律宾	0.0	74.4	16.8	46.0	65.6	0.6	0.4	0.6	0.2	0.5	0.0	3.4	1.7	1.6	2.8
日本	0.1	0.9	1.4	0.6	0.7	21.9	21.5	21.3	21.1	18.9	9.7	2.2	4.7	2.5	1.1

数据来源：根据FAO数据库（2003）、《中国海关统计年鉴》有关数据整理。

3. 本国市场占有率。本国市场占有率指一国所生产的某一产品在国内市场上的销售量占其该产品国内市场总销售量的百分比。玉米主要出口大国的国内市场占有率一直都很高，接近或等于100%。

（二）贸易竞争指数

贸易竞争指数是指一个国家某种产品的出口额减去进口额再与该类产品进出口贸易总额的比率。贸易竞争指数的值在－1至1之间，越接近于1，其竞争力越强。美国、阿根廷。法国等主要玉米出口国历年来贸易竞争指数都基本上接近于1。相比之下，中国的贸易竞争指数值从80年代以来虽然大部分年份接近于1，但是在不同年份间波动较大，如1995年曾降至－0.96，1996年为－0.47。

从市场占有率和贸易竞争指数来看，中国玉米从20世纪80年代以来具有较强的国际竞争力，但其不稳定性也说明中国玉米的国际竞争力受到国内很多因素的制约。由于过去受到政策因素的影响比较大，而现阶段中国的玉米市场已经成为统一的国际大市场的一部分，我国玉米的国际竞争力将面临着更大的挑战。

二、中国玉米国际竞争力的影响因素分析

1. 价格及成本高。1994年以前，国内市场价格低于国际市场价格；1994年以后国内市场价格逐步接近甚至超过国际市场价格。1999年以来，国内玉米的价格和美国海湾地区2号黄玉米的FOB价相比，要高出2%～30%左右。

生产成本是影响农产品价格最重要的因素，从中国和美国玉米生产成本各自的核算内容来看，两个国家没有显著的差异，均在0.88元/千克。但从扣除土地机会成本的单位生产成本来看，中国玉米生产成本要比美国高30%左右；从成本的构成比例来看，中国的劳动力投入是美国的5倍，化肥农药的使用量也大于美国，而美国的机械投入也大于中国（表3）。

表 3 1997—1998 年中国与美国玉米生产成本比较

	成本构成(%)					每千克成本(元)	
	劳动力	机械	化肥农药	土地	其他	不包括土地	包括土地
中国	46	11	23	0	21	0.88	—
美国	9	29	20	24	18	0.67	0.88

资料来源：黄季焜、马恒运《中国主要农产品生产成本与主要国际竞争者的比较》。

2. 单位面积产量低、质量不稳定。2001 年、2002 年中国玉米的单产分别为 4933 千克/公顷、5 062 千克/公顷，美国分别为 8672 千克/公顷、8011 千克/公顷。中国玉米的单产只是美国的 50%～60%。其他主要出口国中，法国的单产和美国相近，而阿根廷的单产水平与中国相近。可以看出，目前发达国家的玉米生产效率要明显高于发展中国家。这同时也说明中国玉米单产还有很大的潜力可挖。

中国出口的玉米一直以大路货装运出口，没有实行严格的分级，所以国际市场上中、美两国玉米存在每吨约 5 美元的质量差价。一方面，中国农业生产经营规模小，就玉米主产省吉林来说，农业劳动力人均玉米播种面积只有 2.45 亩，每个劳动力平均收获玉米只有几吨，而美国农业劳动力平均玉米播种面积达 2 600 多亩，平均收获玉米达 1 500 吨，这就容易因为种植、采收和管理等的步调不一致而造成玉米质量的差异。另一方面，由于国有粮库储存能力的限制，大量粮食露天存放和粮库超量存粮，也使粮食质量得不到保证。

3. 玉米加工和流通业不发达。在美国，玉米产品已有 3500 多个品种，玉米产品也从食品、饲料原料成为重要的工业原材料。在国内，以吉林为代表的几个玉米主产区已开始重视玉米加工，把发展玉米加工工业作为提高玉米综合效益的主要途径，并且已经取得了良好的效益。但是从总体上看，我国的玉米加工工业还仅仅处于起步阶段，产品结构单一，多以饲料、原淀粉、酒精等低附加值的初加工品为主。而对广泛应用于造纸、纺织、医药、铸造、石油等行业的变性淀粉的深加工没有给予足够的重视。同时还存在生产企业规模小、生产分散、生产盲目性大和抵御风险能力低等问题。

我国国有粮食企业是玉米的主要收购者，但具体的收购任务则主要是由基层的乡镇粮库来完成。对每一个粮库来说，都要面对大量的出售粮食的农民，而每个农民出售的数量又不大，所以收购环节混乱又任务繁重，毫无效率可言。由国有企业对玉米进行收购，就要求有与其配套的仓储设施、管理组织和质量检测体系等，致使玉米的仓储成本较高，另外政府对玉米收购单位的超储补贴，也都严重加大了国家收储的压力和农业财政负担。

4. 国内玉米的生产和消费地区分布不平衡。目前我国玉米生产布局呈现“北多南少”的特征，而玉米消费呈现明显的“南多北少”的特征。长江流域及其以南地区玉米产量约占全国玉米总产量的 20%，而消费量却占全国的 50%左右。在交通运输条件和国家进口政策的制约下，主产区玉米经常积压，而主销区却经常玉米短缺。为实现国内玉米的供求平衡，过去经常通过长距离大批量运输，将北方玉米输送到南方省份，这必然大大提高了北方玉米的成本。随着国内粮价和运费的上涨，北方玉米在南方市场上的价格与进口玉米相比已经没有优势。这种情况下，南方市场加入玉米的进口是势在必行的。

三、提高中国玉米国际竞争力的建议

1. 优化布局、实现玉米的区域专业化生产。通过市场调节，同时在政策上加以引导，提高

玉米生产的社会化服务水平，使玉米生产经营规模逐渐扩大，逐步实现区域的专业化生产，从而降低生产成本和交易成本。

2. 巩固和提高玉米质量，优化种植品种结构。我国玉米的营养价值并不低下美国玉米，所谓品质不稳定，也主要是表现在产品的形态、色泽、整齐度等商业品质指标上。美国、阿根廷等同是粮食质量等级标准化比较完善的国家，它们在购销合同中标明质量等级，不必验看样品，遇有纠纷，则有权威机构出具检验报告，并进行仲裁。所以我们需要促进粮食等级质量的标准化，建立独立的检验、仲裁机构，健全粮食等级质量标准体系。

中国劳动力的机会成本低，所以应选择一些劳动密集型特用玉米品种。例如供鲜食用的糯玉米、甜玉米，供罐头加工的笋玉米等特种玉米，它们的采收不宜机械作业，有的还需要分期分批进行采摘，这些对于劳动力丰富的我国来说在生产成本上具有相当大的优势。

3. 发展农业合作组织。我同农业生产经营规模小，小生产与大市场的矛盾突出。所以要引导农民发展以民间组织为主的农业合作社，提高小农户在市场中的谈判能力，降低交易成本。

4. 搞活玉米流通。首先应在完善玉米批发市场的基础上及时推出玉米期货交易。其次要完善市场信息体系，提高信息的透明度，促进市场交易得以公平、快速地完成，从而降低交易成本及库存成本。

5. 加强政策支持。玉米生产本身属于弱质产业，从各国农业发展来看，采取相关的政策支持无疑是必要的。尤其在WTO框架下，我们取消了出口补贴和支持价格，所以要加强符合“绿箱”政策条款的政策支持，才能促进农业生产以提高其国际竞争力。

中国鸡肉国际竞争力及其影响因素分析*

乔 娟

[摘 要] 中国鸡肉具有贸易比较优势，国内市场又处于暂时性的相对饱和状态，能否通过积极参与国际竞争来促进中国鸡肉的稳步发展？这一问题的答案必须建立在对中国鸡肉国际竞争力进行全面系统地国际比较研究的基础之上。中国鸡肉国际竞争力国际比较研究是一项复杂的系统工程，受文章篇幅的限制，我们主要用市场占有率指标对中国鸡肉的国际竞争力变动状况进行了国际比较分析，主要对质量和安全问题以外的对中国鸡肉国际竞争力具有直接和间接影响的成本和价格、生产力水平、出口产品结构和企业规模程度等因素进行了国际比较分析。

[主题词] 中国鸡肉 国际竞争力 影响因素

一、问题的提出

过去 20 多年，禽肉成为世界上产量增长最为迅速的肉类产品。世界禽肉生产以鸡肉、火鸡肉、鸭肉和鹅肉为主，尤其以鸡肉为主，近 20 多年来鸡肉产量一直占世界禽肉总产量的 85%以上。中国一直是世界主要禽肉生产国并且也以鸡肉为主，中国鸡肉产量一直占禽肉总产量 70%左右。2002 年中国鸡肉产量仅次于美国，占世界总产量的 15%。1980—2000 年中国鸡肉产量年均增长 10.6%，不仅高于世界平均增长率（4.7%），也高于美国（4.9%）、巴西（7.6%）、泰国（7%）等其他所有鸡肉主要生产国。

与生产发展情况相似，禽肉也是世界上贸易量增长最快的肉类产品，虽然禽肉内部不同品种之间贸易增长情况不同，导致了各自占禽肉出口总量比重的变化，但世界禽肉出口量的 80%左右仍然是鸡肉。禽肉也是中国出口增长最为迅速的肉类产品，并且与中国禽肉生产结构趋同，中国出口禽肉的 70%以上是鸡肉，中国香港出口禽肉的 95%以上是鸡肉，中国和中国香港进口禽肉的 90%以上是鸡肉。

关于加入 WTO 对中国农业及畜产品影响的许多研究已经表明，中国肉类产品（包括鸡肉）具有比较优势。按照比较优势理论，一国具有比较优势的某种产品通过国际贸易即可获得贸易利益。既然中国鸡肉具有贸易比较优势，国内市场又处于暂时性的相对饱和状态，能否通过积极开拓国际市场参与国际竞争来促进中国鸡肉的稳步发展？而实际上中国鸡肉不仅以本国消费

---

* 本文所用数据无特殊说明的全部来源于联合国粮农组织数据库。中国的数据中包括中国台湾，但不包括中国香港和中国澳门。

为主，参与国际贸易的比例较小，而且随着鸡肉进口量迅速增长已经成为世界鸡肉主要进口国。

中国是世界鸡肉产量增长最快的国家，鸡肉的出口增长率也大大高于世界平均水平，但是近年来，我们经常能够听到关于中国鸡肉出口受阻，在很多世界主要进口国被其他主要出口国替代的报道。当疯牛病和口蹄疫在世界范围爆发导致鸡肉消费量猛涨的情况下，中国鸡肉的国际市场占有率并没能像世界其他鸡肉主要出口国那样迅速增长。世界平均鸡肉出口量占产量的比重1996年以后一直在11%以上；鸡肉出口量占国内产量较高的国家荷兰、比利时、丹麦等其出口量占产量的比重均在60%～80%；其他主要出口国美国、巴西、泰国等其出口量占产量的比重均在10%～20%；而中国鸡肉出口量占产量的比重1996年最高也只有5%，多数年份低于4%。

是什么原因导致具有比较优势的中国鸡肉不能像其他鸡肉主要生产国那样，参与国际贸易，既获得国际贸易利益又缓解国内市场供求饱和的压力呢。近来人们已经意识到其主要原因是中国鸡肉的国际竞争力较弱，尤其是非价格竞争力更弱，随着国际贸易中对动物性和动物源性食品安全卫生等方面的要求越来越高，使中国鸡肉出口受阻，并建议应提高中国鸡肉的国际竞争力。但因还没有关于中国鸡肉国际竞争力的全面和系统的研究，也就很难提出令人信服的既有理论依据又切合实际的提高其国际竞争力的对策建议。

二、经济分析框架和国际比较范围

中国鸡肉国际竞争力的国际比较研究，首先需要确定比较研究的国家范围，然后从国际竞争力的实现结果和决定及影响国际竞争力因素两方面进行全面系统地国际比较分析。中国鸡肉国际竞争力研究的目标应包括：以现有的产业国际竞争力理论和国际贸易理论为基础，构建中国鸡肉国际竞争力研究的经济分析框架；然后在此框架范围内全面系统地研究中国鸡肉国际竞争力状况及变动趋势，并全面系统地研究产业内部和产业外部各种商业环境因素如何决定和影响中国鸡肉的国际竞争力；最后提出有针对性和切合实际的提高中国鸡肉国际竞争力的对策建议（乔娟，2002）。由于该项研究涉及内容较多，受文章篇幅限制本文主要通过国际比较分析来考察中国鸡肉的国际竞争力状况和影响国际竞争力的某些直接与间接因素对中国鸡肉国际竞争力的影响。

世界鸡肉产量较多的国家主要是美国、中国和巴西，2002年三国鸡肉产量占世界总产量的一半以上。其他鸡肉主要生产国相对比较分散，其产量占世界总产量的比重一般在3%以下。世界鸡肉出口较多的国家或地区主要是美国、荷兰、法国、巴西、中国、泰国和中国香港等。世界鸡肉进口主要集中在日本、俄联邦、中国香港、英国、德国、沙特阿拉伯等国家或地区。因此，中国鸡肉国际竞争力分析的国际比较范围界定为世界其他鸡肉主要生产国和主要出口国。

三、国际竞争力状况的国际比较

反映国际竞争力结果的实现指标包括市场占有率、贸易竞争指数、固定市场份额模型、显示性比较优势等，其中最主要的指标是市场占有率和盈利率。但因企业获利情况的统计资料较难获得，而且当主要分析国际竞争力结果时可以假定其所获利润与市场占有率为正相关关系。因此，我们主要用市场占有率①来考察中国鸡肉参与国际竞争的实际结果，并进行国际比较。

市场占有率是反映国际竞争力结果的最直接和最简单的实现指标，可以表明其在国际和国内市场竞争中所具有的竞争实力，它反映了国际竞争力的实现程度。在自由、良好（或符合 WTO 规则）的市场条件下，本国市场和国际市场一样都对外国开放。因此，国际市场占有率、进口国市场占有率和本国国内市场占有率，均能反映其国际竞争力的强弱，市场占有率还可用来分析国际竞争力强弱的动态变化。

（一）国际市场占有率

世界鸡肉产品出口贸易主要包括鸡肉②、鸡肉罐装和活鸡，但以鸡肉为主。世界鸡肉出口额的 70%以上集中在美国、巴西、荷兰、法国、中国、中国香港和泰国等国家或地区，从发展趋势上看有进一步集中的趋势。在鸡肉主要出口国或地区中，除荷兰和法国的国际市场占有率呈下降趋势外，其他所有国家或地区均呈上升趋势。因此，从国际市场占有率来看，中国鸡肉的国际竞争力较强，且总体上升趋势明显（见表 1）。

表 1　中国和世界主要出口国或地区鸡肉国际市场占有率变化

	年　份	1980	1981—1985	1986—1990	1991—1995	1996	1997	1998	1999	2000	2001
世界总出口额（百万美元）		1 913	1 777	2 431	4 641	7 424	6 875	6 873	6 512	6 390	7 552
国际市场占有率%	中国	3.6	2.0	1.9	5.3	8.7	8.3	7.1	7.7	8.5	7.2
	中国香港	0.0	0.1	1.2	3.3	6.8	7.4	6.5	7.7	7.9	5.9
	美国	16.7	14.4	16.5	21.0	28.1	27.6	25.3	21.9	24.5	24.0
	巴西	10.8	15.6	10.5	11.4	11.2	6.6	10.8	13.4	12.6	17.1
	荷兰	19.4	15.3	17.1	15.1	11.7	11.9	10.5	12.6	10.8	10.5
	法国	17.3	19.0	17.2	14.2	11.1	12.0	11.6	10.2	9.2	7.7
	泰国	1.7	3.2	8.4	8.7	4.8	5.3	5.9	6.2	6.1	7.1
	比利时-卢森堡	1.1	1.1	2.7	3.7	3.9	4.4	5.1	4.6	5.5	5.3
	丹麦	4.2	3.8	3.1	3.1	2.3	2.4	2.6	2.6	2.3	2.4
	英国	1.3	0.9	1.3	1.9	2.0	2.3	2.2	2.7	2.1	2.0
	德国	2.8	1.7	0.9	1.9	2.1	1.8	2.2	2.3	2.3	2.1
	匈牙利	9.5	10.5	8.4	2.4	1.7	1.6	1.7	1.4	1.1	1.1
	波兰	2.6	1.8	2.1	1.1	0.2	1.2	1.3	1.2	1.1	1.4
	总计	91.0	89.4	91.3	93.1	94.6	92.8	92.8	94.5	94.0	93.8

（二）主要进口国市场占有率

中国鸡肉主要出口到日本、中国香港、沙特阿拉伯等国家或地区和一些欧洲国家，但主要集中在日本、中国香港及一些周边国家或地区。中国鸡肉在日本、南非、瑞士、新加坡、韩国、美国所占有的进口份额较高，但除了在日本所占有的进口份额较稳定外，在其他国家和地区的情况是频繁大幅度波动（见表 2）。

---

① 由于各国鸡肉生产、销售和出口等指标中都有一部分是外商投资企业创造的，所以在计算各国鸡肉市场占有率时，应将外商投资企业创造的部分从总额中减去。不同国家鸡肉产品中，外商投资企业创造的生产、销售和出口等指标占其总量的比重并不完全相等，但由于数据获取的困难（尤其本文需要较多国家的数据来进行国际比较），因此我们假定各国外商投资企业影响相同或较小，所以暂时不考虑外商投资企业的影响。

② 包括新鲜的、冷藏的和冷冻的鸡肉。

表2　世界主要进口国或地区从中国进口鸡肉占鸡肉总进口额比重变化

	进口额占世界鸡肉进口总额%					从中国进口额占鸡肉进口总额%					中国鸡肉出口额国别%				
年份	1995	1996	1997	1998	1999	1995	1996	1997	1998	1999	1995	1996	1997	1998	1999
日本	20.5	18.9	15.3	14.1	15.3	40.1	43.7	48.7	48.3	46.1	79.9	74.7	74.0	80.8	77.6
俄联邦	11.4	7.8	9.0	6.5	1.5	0.0	0.0	0.2	0.3	0.7	0.0	0.0	0.1	0.3	0.1
中国香港	11.3	11.1	12.1	10.6	12.4	3.4	4.7	6.4	3.3	2.9	3.7	4.7	7.7	4.2	3.9
英国	6.4	7.6	7.2	11.3	12.6	—	—	—	—	—	—	—	—	—	—
德国	9.6	10.5	9.5	9.5	7.0	9.4	6.4	0.6	0.0	0.0	8.8	6.0	0.6	0.0	0.0
沙特阿拉伯王国	5.6	4.7	5.0	5.4	6.4	0.4	1.6	3.7	3.3	4.5	0.2	0.7	1.8	2.2	3.2
法国	2.8	3.2	3.1	3.2	3.2	2.9	2.0	0.1	—	—	0.8	0.6	0.0	—	—
荷兰	2.7	3.4	3.4	2.9	3.5	5.3	11.1	3.3	4.1	2.5	1.4	3.4	1.1	1.4	1.0
瑞士	1.4	1.3	1.1	1.0	0.9	7.4	16.0	22.3	20.1	26.2	1.0	1.8	2.5	2.4	2.6
新加坡	1.7	1.9	1.7	1.4	1.7	4.7	7.8	10.2	12.1	13.1	0.8	1.4	1.8	2.0	2.4
阿拉伯联合国酋长国	2.2	2.4	2.4	2.1	1.8	3.1	2.6	6.5	5.6	10.9	0.7	0.6	1.5	1.4	2.1
比利时-卢森堡	1.7	1.7	1.8	1.9	1.6	1.0	0.3	—	—	—	0.2	0.1	—	—	—
加拿大	1.5	1.4	1.7	2.0	1.9	—	—	—	—	—	—	—	—	—	—
墨西哥	1.5	1.6	1.7	1.6	1.4	—	—	—	—	—	—	—	—	—	—
意大利	0.7	0.6	0.5	0.3	0.4	3.0	2.0	—	—	—	0.2	0.1	—	—	—
希腊	0.6	0.5	0.5	0.6	0.6	—	—	—	0.1	0.2	—	—	—	0.0	0.0
韩国	0.1	0.3	0.5	0.2	0.7	3.4	29.2	60.6	14.0	—	0.0	0.7	2.7	0.4	—
马来西亚	0.2	0.2	0.3	0.3	0.6	0.4	4.3	37.7	12.3	29.8	0.0	0.1	0.9	0.4	1.9
南非	0.5	0.3	0.7	0.6	0.5	31.3	58.1	24.7	33.4	46.0	1.4	1.7	1.7	2.3	2.7
丹麦	0.4	0.4	0.6	0.4	0.3	0.9	5.4	—	—	—	0.0	0.2	—	—	—
美国	0.0	0.1	0.1	0.1	0.2	11.6	12.7	5.7	8.7	12.6	0.0	0.1	0.1	0.1	0.3
中国澳门	0.0	0.0	0.0	0.0	0.0	2.2	11.7	7.1	7.0	1.6	0.0	0.0	0.0	0.0	0.0

注：中国鸡肉出口额用112%比率调整为进口额；“—”数据为零。

资料来源：根据联合国粮农组织网站数据库和《中国海关统计年鉴》（1995—1999年）有关数据计算。

（三）本国国内市场占有率①

中国鸡肉国内市场占有率明显低于美国、巴西和泰国等鸡肉主要出口国，从发展趋势上看中国鸡肉国内市场占有率也呈下降趋势，而世界其他禽肉和鸡肉主要出口国美国、巴西、泰国的国

① 本文采用本国生产鸡肉销售量占本国鸡肉总销售量的比重来计算国内市场占有率，并假定每年生产和进口的产品全部消费，年末无存货。由于中国刚刚正式成为WTO成员，本文所涉及数据的国内市场开放程度还很低，预计随着过渡期的结束，中国经济必将进一步融入国际市场。

内市场占有率一直维持在100%（见表3）。

表3　中国和世界主要出口国或地区鸡肉国内市场占有率（%）变化

年份	1980	1981—1985	1986—1990	1991—1995	1996	1997	1998	1999	2000	2001
中国	100.0	99.9	98.8	97.3	95.0	97.1	97.5	91.2	91.4	93.0
美国	100.0	100.0	100.0	100.0	100.0	100.0	100.0	99.9	99.9	99.9
巴西	100.0	100.0	100.0	100.0	100.0	100.0	100.0	100.0	100.0	100.0
泰国	100.0	100.0	100.0	100.0	100.0	100.0	100.0	100.0	100.0	100.0
匈牙利	100.0	99.9	99.9	99.9	99.8	99.6	98.9	98.8	93.0	93.1
波兰	99.0	92.4	99.9	88.0	92.3	87.6	90.5	97.5	97.7	96.5
西班牙	98.3	97.9	94.4	93.8	94.0	94.6	95.0	95.1	94.5	94.1
加拿大	97.7	96.4	95.6	94.0	93.4	92.3	90.7	91.4	90.4	90.9
丹麦	100.0	99.6	98.1	90.1	84.2	80.2	83.2	90.6	91.0	88.5
法国	98.2	97.3	95.9	93.1	90.5	90.9	89.0	88.2	86.9	86.4
英国	96.5	94.5	90.5	87.0	86.9	87.8	81.4	81.0	81.0	81.6
德国	71.9	72.0	69.7	59.5	59.3	61.9	59.0	63.6	65.0	61.9
比利时-卢森堡	94.5	88.1	82.4	74.4	72.9	65.1	62.6	61.9	68.6	60.0
荷兰	90.5	91.1	85.8	75.7	64.6	68.3	69.0	49.2	51.0	47.2

（四）直接和间接影响因素的国际比较

决定和影响肉类产品国际竞争力的因素，既有直接和间接因素（如成本和价格、质量和安全、生产力水平、出口产品结构、企业规模和市场集中度等），也有商业环境因素（如生产要素条件、国内市场需求条件、相关和扶助产业状况、企业策略等基本因素以及政府作用和机遇等辅助因素），并且各种因素相互影响、相互作用。因此，对决定和影响鸡肉国际竞争力的因素进行国际比较研究是一项复杂的系统工程，受文章篇幅的限制，本文仅对肉类产品质量和安全问题以外的对中国鸡肉国际竞争力具有直接和间接影响的如下因素进行国际比较分析。

1. 成本和价格。成本是决定产品价格的基础，成本的高低决定了产品是否具有价格竞争优势和获利能力，正因为产品成本很大程度上决定着产品价格，产品的竞争力状况也能在一定程度上从产品价格中体现出来。决定鸡肉成本的主要因素是要素价格及其成本构成，由于成本研究需要与其他鸡肉主要出口国进行比较，要想全面掌握其他主要出口国鸡肉成本和成本构成的历史数据较难，又因为我们仅把成本作为影响国际竞争力的因素之一。所以，在分析成本及其变动对鸡肉国际竞争力的影响时，我们主要运用生产者价格指数时序数据（乔娟，2002），并通过国际比较来衡量中国鸡肉成本和价格竞争力的变动。

从表4中可以看出，中国鸡肉生产者价格指数总体下降趋势明显。与其他国家相比，中国鸡肉相对于美国、荷兰、法国、泰国、比利时-卢森堡、德国等其价格优势在上升，且多数年份上升趋势明显；相对于英国其价格优势有升有降，但总体呈上升趋势；相对于丹麦、匈牙利、西班牙、意大利等其价格优势在下降，且多数年份下降趋势明显。

表4 中国和世界鸡肉主要出口国或地区鸡肉生产者价格指数变化

年份	1985	1986	1987	1988	1989	1990	1991	1992	1993	1994	1995
中国	100	94	90	92	65	62	60	55	45	41	−3
美国	100	112	87	100	106	87	76	75	79	78	71
荷兰	100	91	98	114	129	142	155	167	175	185	
法国	100	99	92	80	77	71	67	62	56	52	46
泰国	100	99	98	96	95	101	101	84	82	87	94
比利时-卢森堡	100	108	95	84	91	87	78	74	68	67	55
丹麦	100	88	57	53	54	47	42	37	33	32	63
英国	100	96	90	82	78	72	58	54	58	60	51
德国	100	104	98	77	74	72	71	65	55	49	48

注：巴西也是世界鸡肉主要出口国，因通货膨胀严重无法进行价格指数比较而舍弃。表中出现负值意味着生产者价格发展水平低于消费价格增长水平（负值数据主要出现在通货膨胀率较高的国家，当然也可能是数据有误差）。

资料来源：①联合国粮农组织网站数据库；②联合国《统计月报》1989—1998年；③《中国统计年鉴》1998年。

比较不同国家的同种产品在同一市场上的销售价格，可以说明各国同种产品在价格方面的竞争力差异。我们将各国鸡肉的出口价格与世界平均出口价格相比较，来分析中国和其他主要出口国鸡肉在国际市场上的价格竞争优势及其变化。中国鸡肉出口价格一直高于世界平均水平，也高于美国、巴西和法国等，但明显低于泰国。中国、巴西、荷兰、法国和泰国的价格竞争力在下降，1999年国际市场占有率处于前6位的国家或地区中，除荷兰和法国的国际市场占有率有所下降外，其他国家或地区的国际市场占有率均呈上升趋势，而且中国、中国香港和泰国的上升趋势最为明显（见表5）。

表5 1980—1999年中国和世界主要出口国或地区鸡肉出口价格①变化

年份	1980	1981—1985	1986—1990	1991—1995	1996	1997	1998	1999	2000	2001
世界（美元/吨）	1 430	1 127	1 297	1 414	1 386	1 266	1 153	1 033	928	1 017
中国	1.08	1.07	1.27	1.41	1.52	1.47	1.45	1.53	1.56	1.49
中国香港	0.53	0.82	0.67	0.63	0.70	0.76	0.70	0.68	0.71	0.66
美国	0.80	0.98	0.81	0.68	0.71	0.67	0.67	0.60	0.65	0.64
巴西	0.86	0.85	0.81	0.89	1.08	0.95	1.05	1.10	0.96	1.02
荷兰	1.26	1.17	1.42	1.49	1.45	1.45	1.34	1.41	1.28	1.33
法国	1.05	0.95	1.00	1.05	1.19	1.39	1.38	1.42	1.53	1.55
泰国	1.22	1.56	1.54	1.73	1.89	1.90	1.64	1.79	1.76	1.71
比利时-卢森堡	0.94	0.82	0.99	1.04	1.18	1.16	1.25	1.19	1.41	1.38
丹麦	1.14	1.10	1.02	1.09	1.25	1.37	1.42	1.50	1.48	1.61
英国	1.07	1.05	0.96	1.18	1.02	1.12	1.14	1.44	1.31	1.14
德国	0.91	0.82	1.00	1.34	1.83	1.77	1.91	1.87	1.65	1.59
匈牙利	0.94	0.97	0.78	1.62	1.60	1.58	1.60	1.63	1.91	1.91
波兰	1.54	1.94	2.33	2.30	2.78	2.63	2.83	1.73	2.53	2.75
西班牙	1.02	1.18	1.69	1.66	1.59	1.62	1.75	1.63	1.63	1.48
意大利	0.95	0.94	0.93	1.22	1.24	1.21	1.39	1.57	1.67	1.45
加拿大	0.63	0.65	0.67	0.60	0.62	0.69	0.71	0.67	0.75	0.83

① 进行出口价格比较时，世界数据为世界平均出口价格；各国数据为各国出口价格与世界平均出口价格之比。

2. 生产力水平。生产力水平的高低直接决定了其生产效率和生产成本的高低，从而影响其国际竞争力水平。可以反映鸡肉生产力水平的指标很多，但其中两个重要的指标应该是出栏率和每只存栏鸡产肉量。因此，我们主要用这两个指标，并通过国际比较来分析判断中国鸡肉的生产力水平及其对国际竞争力的影响。在过去 20 年，中国鸡出栏率和每只存栏鸡产肉量一直呈上升趋势，但其出栏率和产肉量水平一直很低，不仅低于世界其他鸡肉主要出口国，也低于世界平均水平（见表 6）。

表 6　中国和世界主要出口国或地区鸡出栏率和每只存栏鸡产肉量变化

年份	出栏率%							每只存栏鸡产肉量（千克）						
	1981	1985	1990	1995	1999	2000	2001	1981	1985	1990	1995	1999	2000	2001
世界	273	266	267	279	308	308	301	3.3	3.2	3.4	3.7	4.1	4.1	4.1
中国	124	114	109	150	202	194	184	1.3	1.2	1.3	1.9	2.5	2.5	2.4
美国	411	437	475	487	483	475	466	5.4	5.8	6.6	7.2	7.7	7.5	7.6
巴西	282	268	330	441	536	544	548	3.3	3.2	4.3	5.6	6.9	7.1	7.1
荷兰	484	460	539	640	689	643	708	5.5	5.1	6.5	8.2	8.1	8.1	9.2
法国	430	411	417	472	441	416	442	5.3	4.6	5.6	5.9	5.7	5.8	6.2
泰国	441	386	494	881	905	910	909	5.1	5.0	5.4	11.2	11.1	10.7	11.1
比利时-卢森堡	419	426	525	595	552	684	605	5.8	4.8	6.8	8.2	8.8	8.8	8.8
丹麦		620	611	706	816	725	713	6.3	7.9	8.3	9.3	9.8	9.4	10.4
英国	365	425	444	631	537	539	539	5.7	6.6	6.5	9.2	8.1	8.0	7.8
德国	341	335	349	362	443	452	470	3.6	3.5	3.7	4.5	4.7	5.2	5.4
匈牙利	483	538	424	633	494	588	747	5.6	6.6	7.6	8.4	8.6	11.8	10.7
波兰	380	320	365	567	703	733	861	5.2	3.7	4.5	7.0	11.5	11.8	14.2
西班牙	546	485	479	516	549	543	556	7.2	7.3	7.5	7.7	8.0	7.8	8.1
意大利	377	362	400	408	439	469	520	5.7	6.2	5.6	7.1	7.7	7.7	8.1
加拿大	333	378	382	370	412	384	400	4.5	5.3	5.4	5.3	5.6	5.8	6.1

3. 出口产品结构。世界肉类产品主要出口国，并不是所有的肉类产品都具有较强的国际竞争力。每个国家都有一种或几种国际市场竞争力较强的肉类产品，并能在该种肉类产品上形成系列化或多元化的产品结构，用特定的产品满足特定市场的需要，或用多种产品满足市场的多方面需要。这样既可充分发挥各国的核心竞争能力，又能在其具有核心竞争能力的产品领域不断更新换代，适应新的消费需要。我们把各国鸡肉贸易结构变动与其各自国际市场占有率变动相比较，来反映各国鸡肉国际竞争力结构的变化。通过与其他主要出口国进行比较分析，可发现中国鸡肉出口结构方面的优势或劣势，以及对国际竞争力的影响。1990—1999 年平均中国活鸡、鸡肉和鸡肉罐装的国际市场占有率都比较高，出口产品结构相对于巴西、泰国等其他主要出口国具有较强的结构优势，但还是明显逊色于美国、荷兰和法国的出口结构（见表 7）。

表7　1990—1999年平均中国和世界主要出口国或地区鸡肉产品出口结构比较

		鸡肉	鸡肉罐装	活鸡
世界出口总额（百万美元）		5 407	1 021	728
中国	国际市场占有率%	6.1	5.3	11.2
	出口总额（百万美元）	397	87	82
美国	国际市场占有率%	22.5	15.4	15.0
	出口总额（百万美元）	1 213	151	108
荷兰	国际市场占有率%	14.0	18.5	16.1
	出口总额（百万美元）	730	170	116
法国	国际市场占有率%	13.3	12.0	10.8
	出口总额（百万美元）	687	124	80
巴西	国际市场占有率%	10.9	0.5	0.7
	出口总额（百万美元）	585	5	5
泰国	国际市场占有率%	7.5	8.7	0.3
	出口总额（百万美元）	389	94	2
丹麦	国际市场占有率%	2.9	3.1	1.6
	出口总额（百万美元）	151	30	12
比利时-卢森堡	国际市场占有率%	14.0	18.5	5.9
	出口总额（百万美元）	221	82	42
德国	国际市场占有率%	1.9	6.9	9.5
	出口总额（百万美元）	112	66	71
英国	国际市场占有率%	2.0	7.4	6.9
	出口总额（百万美元）	116	73	50

4. 企业规模程度。企业规模和市场占有率是决定企业产品市场竞争综合实力的重要因素，尤其对于规模经济效益比较明显的鸡肉产品。因为肉鸡养殖达到一定规模，不仅有助于采用先进的生产和管理技术，提高生产效率，获得规模经济效益；也有利于对饲料和饲料添加剂使用、兽药使用、停药期、药物和有害物质残留等进行监控；还有利于对疫病的监控、防治和检疫，降低死亡率并提高生产力水平。当然肉鸡饲养规模过大，饲养场有害排泄物超过环境所能承受的限度时也可能造成环境污染，污染的环境又会反过来制约肉鸡养殖的持续发展。因此，发达国家从保护环境和持续发展的要求出发，并不提倡饲养场规模越大越好，而是采取措施对饲养场规模加以控制。此外，鸡肉生产经营企业扩大经营规模和提高市场占有率，还有利于提高产品的品牌竞争力。

虽然中国肉鸡饲养企业或农户规模相对于其他肉类产品的饲养规模比较大，但与其他鸡肉主要出口国相比养殖企业的规模化程度还较低，几乎没有能在全国范围很有影响的本国养殖企业。不仅如此，大多数小规模分散饲养农户没有属于自己的产销一体化组织，只能独自分别进入市场，不仅市场竞争能力弱，也难以适应不断变化的市场需要，加之政府很难直接对小规模分散饲养农户的经营活动进行宏观指导和调控，使得小规模分散经营农户盲目决策使产品上市过于集中，从而导致农户亏损的情况周期出现。

世界鸡肉主要出口国不仅肉鸡饲养企业规模相对较大，其大规模生产和市场高度集中还表现在肉鸡屠宰和加工领域。目前美国前十家最大屠宰公司屠宰的畜禽已占到全美屠宰能力80%以上，并且各大屠宰公司都用自己的商标销售其屠宰和加工的肉类产品。1999年丹麦仅存的三家以合作社方式组建的畜禽屠宰加工公司占有丹麦畜禽屠宰加工的95%以上。泰国肉鸡产业已经走上一体化发展道路，泰国肉鸡产业中的华侨、泰国和日本合资、华侨和日本合资等三种模式几乎垄断了泰国肉鸡的生产和出口，其中一家占主导地位的公司就是正大集团，该集团目前是东南亚最大的农牧工商一体化的跨国企业集团和全球第三大饲料厂商。正大集团已掌握世界两个最佳肉鸡育种品系，年生产雏鸡2亿只，在泰国占有约70%雏鸡和40%肉鸡的市场份额，出口的冷冻鸡占泰国冷冻鸡出口的70%。中国由于多方面原因畜禽屠宰加工业还非常分散，目前除了有一些地方性知名的较大型屠宰加工企业外，还没有在全国范围影响较大的大型畜禽屠宰加工公司或品牌。

五、基本结论

中国鸡肉的国际市场占有率较高，且呈上升趋势；中国鸡肉国内市场占有率较高，但低于其他鸡肉主要出口国，且呈下降趋势；中国鸡肉能够出口到鸡肉主要进口国或地区，中国鸡肉进口主要来自鸡肉主要出口国。因此，中国鸡肉的国际竞争力相对较强，但呈下降趋势。

中国鸡肉生产者价格指数总体下降趋势明显；中国鸡肉出口价格一直高于世界平均水平，也高于美国、巴西和法国等，但明显低于泰国，其价格竞争力在下降；中国鸡出栏率和每只存栏鸡产肉量一直呈上升趋势，但还大大低于其他鸡肉主要出口国，也低于世界平均水平；中国鸡肉出口产品结构还明显逊色于美国、荷兰和法国，但与其他主要出口国相比较，仍具有一定优势；中国肉鸡饲养企业规模化程度还较低，还没有在全国范围影响较大的大型畜禽屠宰加工公司或品牌。

参考文献

[1] Michael E. Porter. *The Competitive Advantage of Nations*. New York，The Free Press，1990

[2] 金碚．中国工业国际竞争力——理论、方法与实证研究．经济管理出版社，1997

[3] 乔娟．中国肉类产品国际竞争力研究．中国农业出版社，2002.11

The Socioeconomic Roles of Agriculture in China National Synthesis Report

Tian Weiming①

Executive summary

With rapid growth of the national economy and substantial reforms on policies and institutions, the roles of agriculture in China as well as their playing mechanisms have been altered fundamentally during the past two decades. In essence, the reforms have turned China from central planning regime to a market economy, although government interventions remain wide and strong.

Before the policy reforms, the government placed top priority on accelerating industrialization, for which taxing agriculture via the state procurement system was the primary instrument to raise the initial capital. The peasants were organized into the collectives and bound to engage in farm production. At that time, agricultural production was featured by high labor but low material inputs. Consequently, labor productivity and rural income was low, leading to prevalence of rural poverty. Although high self-sufficiency in grains was basically maintained, the level of food consumption was restrained by availability. Therefore, the phenomena of poverty and food insecurity were related to the policies then.

With the economic reforms, market mechanism has been introduced and become increasingly functional. However, operations of the market have been retarded by weaknesses in both market facilities and supporting institutions, although the extent varies over time. With respect to the agricultural sector, the implementation of the household responsibility system the early 1980s resulted in a fundamental transfer of micro decision from the collectives to households. While such an institutional changes led to a burst in agricultural outputs, which improved China's food security at both national and household levels and reduced rural poverty, the successes were accompanied with environmental degradation due to intensified use of manufactured inputs and overexploitation of natural resources. The development of township and village enterprises (TVEs) was also denoted by mixed successes and failures. While TVEs contribute to rising of rural incomes and to retaining people in the rural areas, they extend industrial pollutions to the rural areas. Along with income growth,

① Tian Weiming is a professor in the College of Economics and Management, China Agricultural University. The views expressed here are those summarized from individual module reports. Comments and suggestions by the reviewers of FAO central team and the participants of the final workshop held on 26～27 July, Beijing are gratefully acknowledged.

there appeared enlarged rural-urban income disparity and development gaps among different regions.

The problems above should be regarded mainly as policy failures in the sense that many problems are related closely with the government policies, in particular, the separated development of urban and rural sectors. Also, while market failures exist, the state that China lacks appropriate institutional systems and legal framework to internalize many externalities further worsen the problems.

In the case of China, negative externalities of agriculture are more noticeable than the positive ones, although agriculture provides important environmental services. Major environmental problems include pollutions caused by inappropriate use of farm chemicals, depletion of water, soil erosion and desertification. With a growing public awareness, the government has in recent taken actions to abate environmental degradation at large scales. In the meantime, rural amenities, landscape and rusticity are increasingly used as resources for developing tourist agriculture on commercial basis.

Although China achieved remarkable success in alleviating rural poverty during the past two decades, the task becomes increasingly different and costly to eliminate the remaining rural poor since most of them are located in environmentally fragile areas with limited access to external markets and new technologies. Furthermore, they lack appropriate physical and human capitals to adept to the fierce competitive market conditions. While further growth of agricultural production may improve household food security of the poor, it cannot reproduce the same effect on rural poverty reduction as that in the 1980s. Similarly, although the urban poor can be benefited from low food prices, the rural people will suffer.

The agricultural market in China is now at unprecedented abundance and thus national food security is at the best situation in the history. As a result, food security gives place to rural income generation in recent policies. However, this does not mean that food security becomes insignificant. Given China's huge population, declining of food production will have both domestic and international repercussions. The major policy issues are what are rational choices to ensure food security and whether the strong public support to food security can be transformed into actual payment to the agricultural sector for such a role.

The findings that tying farmers on their lands results in significant misallocation of labor resource and the associated large disparity in urban and rural incomes are of great importance. In the case of China, under-urbanization problems seem to be more prevalent and harmful to social stability than excessive urbanization, and the buffer role of agriculture is more relevant to rural migrating labor than to urban residents. Therefore, while appropriate attentions need to be given to preventing from problems associated with excessive urbanization, the undue administrative barriers to rural-urban migration and permanent residence should be removed as soon as possible.

In the years to come, the Chinese economy will continue its transition process towards great market-orientation. Great reliance on market mechanism to guide agricultural and rural development is a way to correct the policy failures. However, on the other hand, market failures may take dominance instead.

At present, the Chinese government places higher priority on improvement of rural income, alleviation of rural poverty and thus achievement of social stability. Environmental protection is also emphasized. While these are regarded as positive externalities of agriculture, what are the appropriate ways to increase supply of such public goods needs to be considered carefully. Based on the results obtained under this study, in the context of China, promotion of agricultural production, especially increase of those conventional commodities, may not be the most desirable way to enhance those roles of agriculture. Future growth of agricultural production should be driven mainly by improving technical efficiency, rationalizing output structure and facilitating marketing. This requires substantial innovation of research and extension systems and improvement of environment for market to operate. In this sense, enhancement of the roles of agriculture relies more on macro policies rather than agricultural policies.

The actions that China is to taken depend on the world market conditions and may also generate notable impacts on the world market, given the fact that China is the largest agricultural producer and consumer in the world. Therefore, it would be desirable to assess the worldwide implications of China's coping strategies in future studies.

Section *1* Introduction

Agro-ecological characteristics

China is a country with a vast territory and diverse weather conditions. However, given the huge population, China's arable land and many other agricultural resources are rather limited on a per capita basis. Given the high pressure of population, the Chinese farmers have developed diverse agricultural systems, which are characterized by high intensity in terms of labor and material inputs as well as outputs from a unit of land and fully exploitation of complementarity between different production activities.

Over the past century, with a gradual introduction of "modern" technologies, China's agricultural systems have undergone a fundamental change from fully recycling of all substances towards increasing use of manufactured inputs and fully exploitation of natural resources. As a consequence, the notable increase of productivity has been accompanied by depletion of resources and degradation of environmental quality. While China has been success in terms of supplying its growing population with adequate food and other farm-based necessities, the currant intensive agricultural systems seem to be unsustainable in many aspects. Therefore, technological progress in agriculture determines how agriculture can play its multifaceted roles in the future.

Evolution of policies and development of agriculture

China's socioeconomic development during the past two decades has been featured by a rapid economic growth and a gradual transition towards a "market economy with the Chinese characteristics" . Prior to 1978, China had a rigid central planning system, which governed production and distribution of almost all products, including agricultural products and inputs. The Chinese farmers were organized into the People's Communes and agricultural production activities were conducted collectively. The State acquired nearly all surplus farm produce at the state-set low prices and then distributed food products to urban residents under a rationing system. This system was used as a primary means to accumulate initial capitals for industrialization by taxing agricultural sector. As a result, the farmers lacked incentives to work efficiently and thus the labor productivity remained low.

Starting from the late 1970s, the Chinese leadership launched the policies reforms in a pragmatic way. The initial steps focused on how to bring out enthusiasm of the Chinese people. In the agricultural sector, the household responsibility system (HRS) was introduced in the early 1980s. While the cultivated lands were still owned by the collectives, the farmers were entitled to use contracted lands for farming on household basis for a specified period, provided they fulfilled the affiliated obligations, such as assigned state procurement quotas. Installation of HRS was in essence a fundamental shift of micro decision-making power from the collectives to farmers. In the meanwhile, the government also raised state procurements prices with significance and deregulated marketing of minor farm products. These measures created effective incentives for farmers to raise agricultural outputs. Producers responded positively to the changing incentives by increasing their use of chemical fertilizers and other yield-rising inputs. Supported by improved supply of manufactured inputs and extension of advanced techniques, China was able to raise agricultural outputs sharply during the first half of the 1980s. In the meantime, the government encouraged development of township and village enterprises aiming at creating employment opportunities in the rural areas and thus raising rural incomes.

The reforms were further extended in a gradual way during the 1990s. By the mid 1990s, the system of rationed supply of daily necessities to urban consumers was essentially ended and marketing of most agricultural products were deregulated. The government placed special focus on developing a more efficient, flexible and market-oriented system for producing and moving agricultural products from producers to consumer and into the world market. Many wholesale markets were established in both production and consumption centers. In order to bring farmers into the market, the government promoted a "companies leading households" strategy, under which companied entered contracts with farmers for production of commodities demanded in markets. During this period, the government also relaxed restrictions on mobility of rural labor and allowed them to go to urban areas for jobs. The policy of extending land use right for another 30 years was implemented to induce farmers maintain and improve land productivity. In order to prevent farmers incomes from declining, the government adopted a scheme of protective prices in the late 1990s when China's domestic market seemed to be oversupplied.

Overall, the reforms on agricultural and rural policies have moved in a direction to enhance the role of market mechanism in guiding production and consumption. This has been accompanied with a gradual shift of the policies from taxing towards supporting agriculture.

Along with the reforms on agricultural and rural policies, the Chinese government has also carried out reforms on the macroeconomic policies and institutions. The reforms cover fiscal systems, financial system, enterprise system and foreign trade system. Similar to the agricultural reforms, the macroeconomic reforms are also adhered in general the direction of market-orientation, although there exist shocks that are related with changes in policy priorities and instruments.

The market-oriented policy reforms in the past two decades have resulted in significant im-

provement in the performance of agricultural sector. Production of all major farm produce has been rising steadily and notably. Significant structural adjustment has taken place in responding to the changing demand. The share of crop production has declined relatively while livestock and fishery production rising. By the late 1990s, China has turned from widespread shortage of food two decades ago to an unprecedented abundance.

With the increased abundance in domestic market, China has been able to expand export of agricultural products to the world market steadily (NSB 2002) . On the other hand, while import also trended up, there were notable fluctuations. Differing from expectations by many, China maintains a position as a net exporter in the late 1990s even China cut down import tariffs significantly. In recent years, the government has taken a series of measures to address concerns about excessive chemical use in agricultural production and build a reputation in world markets as a source of safe produce.

Context of study

While there are many studies in China that deal with individual roles of agriculture, researches on all major roles in a systematic way are still rare due to various limiting factors, such as limited access to data and other needed information. This project represents a new effort for empirical assessments on the multiple roles that agriculture plays in the context of China's socioeconomic development. The general objective of this project is to gather information of the roles that agriculture is playing with respect to China's socio-economic development. Specifically, this work intends:

- To identify major externalities of agriculture and their causes;
- To evaluate and quantify such externalities in terms of their impacts on the national economy and welfare of the public;
- To assess policy measures that help to correct such externalities; and
- To inform the Chinese government and the public of the major findings.

China case study takes a positive and pragmatic approach. Given the time and resource limitation, the research has to be based on extensive reviews of the existing literatures and other relevant information for identification of the natures, scopes and extents of the agriculture-related externalities. Whenever needed data are accessible, modeling methods are used to evaluate the roles quantitatively. On this basis, policy implications are derived and analyzed. It is hoped that the information generated from this project can serve as a benchmark on the roles of agriculture in China's context as well as a new starting point for future studies into the issues.

The China case study was implemented for about one year since May 2002 with involvement of researchers from China Agricultural University, Chinese Academy of Sciences and National Environmental Bureau. Ministry of Agriculture and FAO Beijing Office have provided with various helps for completion of the project.

Section 2 Major Findings Regarding Roles of Agriculture

1. The environmental roles of agriculture

Geographic nature of agricultural systems

China is a country with diverse climates, geographic landscapes and species. Over the history, the Chinese people have developed various agricultural systems in line of local agronomic conditions. The agricultural systems are in general highly intensive and intensity tends to rise from north to the south and from west to the east. To simplify the report, the geographic natures of differently agricultural systems are described by four broad types as below (the farming systems correspond to that listed in Table 1 of module 2 report):

- Northeast (farming systems 1);
- North and northwest (farming systems 2, 4, 8 and 9);
- Central China (farming systems 3 and 6);
- South and southeast (farming systems 5 and 7).

Details can be found from module 2 report.

The northeast region is characterized by the relative abundance of agricultural resources, including land and water. However, the growth season is short due to its high latitude. Single cropping systems and mixed crop-livestock systems are popular in this region. In the northern part, large areas of wetland were opened for grain production during the 1950s and 1960s, on which many state-owned farms were established. The land productivity in this region is relatively high due to high annual precipitation and wide adoption of advanced technologies, which enable the region to become a major grain exporter. However, crop production is subject to frequent natural disasters, such as flooding, drought and frosts. Intensive animal raising is developing in recent years.

In north and northwest China, low and irregular rainfall and short growth season are the major constraints to crop production. The major agricultural systems there are low intensity dry-land farming, mixed crop-livestock systems and pasture-based grazing. The agricultural productivity is low due to mainly the inferior natural conditions. The region is characterized by backward infrastructures and underdeveloped economy. Many rural households are still under poverty.

The Central China has a long history of farming. Given the warm climate, fertile soil and well-developed irrigation system, the region can produce nearly all kinds of temperate crops along with domestic animal raising. The agricultural systems are intensive with cropping intensity ranging from three crops in two years to two crops per year, depending on local agronomic conditions. Agricultural productivity in this region is relatively high. Meanwhile, the population density, and thus demand for agricultural products, is also high in this region. Due to the high population pressure, agricultural resources in this region are often fully, and sometimes over, used. With high cropping intensity, large amounts of fertilizers and pesticides are used in order to maintain land productivity, leading to agriculture-related pollution on water and soil. Urban and industrial pollution is also severe.

South and southeast China also has a long history of farming. The region is dominated by temperate

or subtropical weather conditions and is able to produce a wide range of crop products. Aquaculture is also well developed in this region. Given the highest population density in China, the region practices various rice-based intensive multiple cropping systems. Similar to Central China, agricultural production is bothered by pollutions generated by both agricultural and industrial activities.

Types of major externalities

Identification of agriculture-related environmental externalities is a complicated issue. While negative externalities are easily observable for the agricultural systems, many of the positive externalities have not been well discerned by the policymakers and the public in general. Consequently, while the existing agricultural systems provide some positive environmental services, the scientific evidences are insufficient to quantify the environmental role of agriculture considering the fact that many environmental services related to agriculture can be provided by instruments other than farming. Meanwhile, the environmental effects may often be site-specific and their natures can swap between positive on site but negative off-site, or vice versa. Another important phenomenon is that intra-rural community spillover of negative externalities may often overwhelm inter-sector spillover, given the high density of production units in agricultural areas in China.

The types and scales of agriculture-related externalities vary with the different agricultural systems (see Table 3 in Lu and Guo, 2003) . It is perceived that climatic and geographic conditions are the major determinants for types of externalities, especially those negative one. Given the arid and windy weather in northern and western part of China, soil erosion and water depletion become the major problems, which have notable impacts on the non-farm sectors. In southern China, agriculture-related pollutions are relatively large due to the high intensity of agricultural production.

Apart from the abovementioned region-wide externalities, agriculture may generate site-specific externalities. For instance, tourism horticulture has been developed on the outskirts of some large cities, and terraced paddy field in some areas in southwest become tourist attraction. However, such externalities tend to be internalized partially with development of market economy. Although indirect, bursting of tourism activity in China can be taken as an indication of growing demand for rural beauty, landscape and amenity. In fact, tourist agriculture has been developing in many places, especially in suburban areas of large cities.

Policy context and mechanisms

Over the past two decades, the Chinese government has placed a high priority on economic growth. However, the rapid economic growth has resulted in intensification of resource utilization and environmental degradation. Although pollutions are caused by mainly the growth of industries and urban wastes, the agricultural sector and the rural areas also generate their own problems. For instance, the sharp increase of manufactured inputs into agricultural production causes pollutions to soil, water and farm produce and even harms the producers sometimes. Reclamation and inappropriate use of marginal land intensifies soil erosion and water depletion, leading frequent occurrences of sandy storms in northern China. Spreading of township and village enterprises (TVEs) transfers industrial pollution to countryside. Although such problems became apparent, the governments at both national and regional levels did not pay enough attention until entering the 1990s.

The environmental protection has been given higher priority since the late 1980s with a growing awareness of the policymakers and the public. The government enacted several laws and regulations related to environmental protection. The National Environmental Protection Agency was established in 1988 as an organization directly affiliated to the State Council. Achievement of sustainable development was declared as an guiding principle in the mid 1990s. The government also attempted to formulate an effective incentive framework to encourage private participation of environmental protection and improvement in line with the principle "who develop, who get the benefit". During the ninth five-year plan period (1996—2000), the government allocated RMB380 billion for ecological conservation and environmental protections. A range of environmental projects have been undertaken with financing from both domestic and international sources. In essence, the legal and regulatory framework has been set up. However, enforcement of the laws and regulations has remained to be a problem due to both weakness in the ability and authority of the responsible government institution.

With respect to agriculture, adoption and extension of high input agriculture and lack of well-defined property rights are the major factors leading to various negative externalities. Between 1978—2001, total application of chemical fertilizers rose from 8.8 million tons to 44.5 million tons (effective component) . Many other inputs, such as plastic films and pesticides, are also on the rise. Similar problems occur also in the livestock and fishery industries. As a result, soil, water and farm products are sometimes contaminated, leading to food safety hazards. Inappropriate reclamation and utilization of marginal land area results in land degradation and desertification. Under the social institutions then, both governments at lower levels and individuals lacked incentives to control such negative externalities.

To cope with the problems, the national government financed some environmental improvement projects in rural areas since 1990s along with institutional reforms. For instance, the cultivated lands in environmentally fragile areas are turned from crop production to pasture or trees under the "grain for green" project launched in 1998. The households who participate the program are paid with both grains and cash at specified rates per unit of land with funding from national government budget[2]. This measure helps to ensure household food security as well as to achieve environmental objectives. During 1999 to 2001, over 2 million hectares of cultivated land areas were converted into grass or forestry. Extension of water-saving technologies is carried out in many regions where water resource is scarce. Rivers and lakes are harnessed for controlling pollution and flooding.

In the institutional reform, an important measure is to extent land tenure and to allow voluntary transfer of land use rights. This policy aims partially at encouraging farmers to adopt environment-friendly and sustainable farming practices and using land resources efficiently. It also creates an incentive framework for individuals to make long-term investments that produce positive environmental effects, such as forestation in mountainous areas.

Results and implications

Apart from the national assessment of environmental roles of agriculture, this study also examines the issues related to the crop-tree-fish farming systems in middle and lower reaches of Yangtze River. The crop-tree-fish farming systems have a history in this region and are once regarded as ecologically sound agricultural systems. However, with intensified use of modern inputs, many ecological characteristics have been altered and thus generate some on-site and off-site environmental externalities (Lu and Guo, 2003).

A special survey was carried out in Zhenjiang City, Jiangsu Province to gather site-specific information. The survey site is featured by high population density, low land-labor ratio, highly developed economy and high urban and rural income. The educational level is also relatively high compared with other part of China. The site is quite representative to the situation in southeastern China.

Technically, the crop-tree-fish farming systems produce multiple environmental effects, such as emission of greenhouse gases and pollution of water in the negative side and containment of water and carbon fixation in the positive side. It is found that, although the local people are impacted by those recognized environmental externalities to some extent, some of them are not aware of the linkages between farming practices and environmental quality. Generally speaking, people are more sensitive to the negative externalities than the positive ones.

In this study, physical or biological evaluations of the environmental externalities are done with information from field investigation, experiment data and production statistics. WTP (Willingness To Pay) method is used for economic valuation of cleaning pollutants on drinking water. The survey samples include both urban and rural residents who were selected randomly. Information collected includes demographic characteristics of the respondents and their households, their evaluation on the environmental externalities and their WTP for reducing negative externalities.

It is found from estimated random utility model that willingness to pay for cleaning drinking water is negatively related to distance between homes and city center and age of the respondents, but positively related to level of education. The median WTP using the exponential model is valued as RMB 255 per household per year, just about 2% of the average household income. In general, the desire to pay is relatively weak, probably due to unawareness, low affordability and the public good nature of such actions.

Overall, the Chinese government begins to recognize the important to control agriculture-related environmental problems and has taken some measures accordingly. However, many programs seem to be biased towards technical solutions. While this is the ultimate mean to correct the problems, more alternation should be given to creating appropriate institutions that help to internalize externalities, and to educating the people so that to improve their awareness of the issues and their own interests.

2. The poverty reduction roles of agricultural growth

Poverty phenomena

In the late 1970s when the policy reforms started, rural poverty could be said as a common phenomenon of the rural households. Although the collective farming system was able to achieve a steady growth of agricultural production, the labor productivity remained low due to limited application of modern inputs and inadequate incentives to labor. More importantly, with the state procurement scheme then, the State acquired nearly all surplus products at the state-set low prices. Therefore, while an equalitarian income distribution was basically guaranteed, the rural income was commonly low.

The policy reforms along with the anti-poverty programs launched by the Chinese government in the early 1980s achieved impressive results in poverty alleviation according to the official information. Based on China's official standard, during the period of 1978—2000, rural poverty population declined from 250 million to 32 million and the corresponding poverty rate fell from 30.7 percent to 3.4 percent (NSB 2002b). However, when the World Bank standard is used, China's rural poverty population are much higher, although decline notably as well. For instance, the rural poverty population was 106 million in 1998 using the World Bank standard, compared with just 42 million using China's standard. In fact, many rural households have incomes just marginally above the poverty line and shocks like natural disasters, adverse market conditions or even illness of family members could easily bring them back into poverty again.

The distribution of rural poverty population has a distinct regional pattern. Most of them are located in rural areas with fragile natural environment, poor infrastructure and underdeveloped social structure, such as western China and southwestern China. According to the official data, by 2002, there were 17.42 million rural poverty population in the twelve western provinces, accounting for 61.8% of the national total. This is in a sharp contrast with its share in total rural population (31 percent). Another important phenomenon is that the major grain-producing regions have a relatively high concentration of poverty population. Therefore, both inferior physical conditions and unfavorable market prices are factors leading to rural poverty.

The available information reveals that, compare with ordinary rural people, the poor households have a higher dependent ratio, less off-farm employment, higher degree of dependence on agriculture, especially on crop planting, and lower level of education or fewer human capital owned. Given such a situation, these households not only are bound by their limited capacity to improve current incomes, but also are unable to provide their children with appropriate education and to make needed investment for future development. Therefore, the poverty households often fall into a vicious cycle and tend to be marginalized during the development process.

Urban poverty, although existed for a long time, becomes noticeable only recently. During the past two decades, the strong growth of China's urban economy increased urban income and employment in general. In the meantime, with wages being increasingly determined by market force, the income gaps among different types of employments tend to enlarge. The high inflation during the late 1980s and mid 1990s eroded purchasing power of wage earners, especially those earlier retirees. However, urban poverty was not perceived as an important social problem then, for not only the number of urban poor was not large, but also they were normally covered by some kinds of social relief schemes. This phenomenon begins to receive great attention when reforms on the state-owned enterprises result in substantial dismissal of employees in certain industries during the late 1990s.

So far data for urban poverty have not been collected in a systematic way by any government body. It was estimated that the poverty population were around 1 million during the 1980s, but jumped to 10 to 20 million after 1995 (Cai et al 2003, p91—92). Similar to the rural areas, the urban poor are also distributed unevenly across regions. In general, the western regions and cities where the traditional industries are in dominance have a higher occurrence of urban poverty.

Policy context and mechanisms

Starting from the early 1980s, the Chinese government began to make efforts to alleviate rural poverty. As rural poverty was a common phenomenon then, all sorts of measures that could raise agricultural production and farm income, such as implementation of the household production responsibility system, raising state procurement prices, extension of advanced technologies and provision of manufactured farm inputs, made their contributions to the rapid reduction of rural poverty. Between 1978 to 1985, the rural poverty population were halved from 250 million to 125 million (NSB 2002b). This trend continued basically until 1991 when demand for farm produce appeared to become a bottleneck first time.

Starting from the late 1980s, rural poverty became increasingly a regional phenomenon in areas with poor natural conditions and weak social institutions. The government revised its poverty alleviation strategy accordingly and adopted a poor region-oriented approach. It emphasized that poverty alleviation should be focused more on capacity building of the poor than just provision of relief in order to achieve sustainable effects. With the help from some international organizations, such as the World Bank and UNDP, the government funded many regional development projects designed for improving rural infrastructure, production and marketing facilities, technical services and education. Subsidized loans for poverty reduction were increased notably since the mid 1980s. In this endeavor, China also learnt a lot from the experiences of other countries and introduced measures like provision of micro-credits to poor rural households, work for food program and communal development. Under certain cases, the government also tried to remove the people out from environmental fragile areas. Rural poverty alleviation remains to be a priority in government's socioeconomic development plans for the period of 2001—2010. Proposals on establishing rural social systems are now under consideration.

In the urban sector, poverty population were covered traditionally by social relief schemes operated by either their working units or government civil department. However, under the recent reforms on SOEs, many enterprises that use backward techniques and produce outdated products become bankrupted and thus can no longer to provide social relief to their employees. Facing such a new situation, the Chinese government made attempts to reform the social security systems. Since 1998, the Chinese government has adopted a "two guarantees" policy. The first is a guarantee of basic livelihood to the laid-off personnel from SOEs. Reemployment service centers for those laid-offs have been established in all state-owned enterprises. They give laid-off personnel allowances for basic living expenses and pay social insurance premiums for them, with the required funds coming from the government budget, enterprises and other sources (mainly unemployment insurance funds). They also provide job guidance and organize reemployment training programs to help laid-off personnel find new jobs. The second guarantee is to ensure basic livelihood for all retirees and to pay their pensions in full and on time. With such arrangements, the low income urbanites can be ensured basically of their livelihood (IOSC 2002).

Results and Implications

Under this study, the roles that agriculture plays with regard to alleviating rural and urban poverty are examined both descriptively and quantitatively. Given the limited time and resources, the analysis has to be based on the available official statistics, although there exist some doubts on accuracy of some data.

It is obvious from observing China's experiences in the past two decades that agriculture plays a significant role in rural poverty alleviation, especially during the 1980s when China faced with a general shortage of agricultural products. This perception is confirmed by the results of the two econometric models in Wang and Ke (2003) that regress rural poverty rate on the real growth rates of the three economic sectors with time series observations (model 1) and on regional agricultural productivity along with other variables using pooled time series and cross-section data (model 2) . The coefficients of agricultural GDP growth in model 1 and agricultural productivity in model 2 are both negative and statistically significant. This result is in a close conformity with Rozelle, Zhang and Huang (2000) . However, while the growth of non-agricultural sectors shows insignificant effects in model 1, the model 2 reveals that shift of rural labor to non-agricultural sectors makes a significant contribution to poverty alleviation. This difference seems to suggest that the growth of off-farm employment of rural labor, rather than the growth of non-agricultural sectors, is more relevant to rural poverty reduction. In reality, the growth of non-agricultural sector may not always create additional employment opportunity to rural labor. The results of modeling analysis also find that larger natural disasters lead to wider occurrence of rural poverty, meaning that rural households are still quite vulnerable to adverse natural conditions. On the other hand, the government expenditures on rural poverty alleviation has no significant impact, although such spending seems to be positively related to prevalence of regional poverty.

Due to lack of appropriate data, the role of agriculture on urban poverty alleviation can only be investigated indirectly with a focus on the effect of agricultural growth on food prices, or real purchasing power of the urban poor. The estimated model reveals that agricultural growth and improvement of the agro-food system through investment result in declining of food prices. The reported food expenditures of the 5 percent poorest households in urban survey sample are used to represent the situation of urban poverty households. Analytically, it is concluded that decline of food prices leads to a relative reduction of food expenditures and increases of other expenditures such as education, entertainment, communication and housing increase of the urban poor. The food consumption gaps between the poorest urban households and others tend to be narrowed.

The above results have some profound policy implications to poverty alleviation. Given the fact that the rate of agricultural growth is expected to decline over time due to the growing marginal costs and stagnated demand, further reduction of rural poverty will become increasingly difficult if promotion of agricultural production is used as the only approach. This is especially true considering that the remaining rural poor are located mainly in those areas isolated with external markets due to remoteness or backward infrastructure. It seems that more of rural labor should be transferred to off-farm jobs in order to reduce rural poverty in a sustainable way. In this regard, the government needs to take measures to create needed conditions, such as skill training and development of rural basic education. On the other hand, potentials exist in certain areas to produce high-valued "green food products" taking their advantage of unpolluted environment.

While for the urban poor, reliance on a well functional social security system may be a better option than on purchasing power effect of agricultural growth in the case of China. There are three

major reasons. Firstly, such a system has been in existence already and its operational costs in cities are relatively low. Secondly, such a system does not distort price signals in principle. Finally and most importantly, such a system generates a positive effect on rural poverty alleviation through raising demand, rather than a negative one through depressing food prices and farm incomes.

3. The food security roles of domestic agriculture

Situation of food production and consumption

China is the most populous country in the world and ensuring food security has been for a long time the top concern of the Chinese government. Over the period of 1980s and 1990s, China was able to increase food production continuously. Between 1980-2001, the gross output value of agricultural production increased at annual rate of 6 percent in real term, leading to notable improvement in domestic food availability (NSB 2002a). The remarkable increases of agricultural production in China contributes to the improvement of food security not only for China, but also for the world as a whole. Based one FAO statistics (FAO 2003), China's contribution to the world incremental production between 1978—1980 and 2000—2002 is 16 percent for oilseeds, 24 percent for cereals, 33 percent for fruits, 50 percent for meats, and 66 percent for vegetables and melons (see Figure 1). Considering that China's agricultural resources are not only very limited based on international standard, but also have declined over time, this achievement is quite impressive.

The increased food availability has resulted in a steady improvement of household food consumption. According to the household survey of NSB (2002a), per capita consumption of major food products rose notably in the past two decades in both urban and rural areas[3]. The decline of grain consumption in recent years is not due to supply shortage, but due to income-induced change of food composition. Overall, the changes in dietary patterns have been characterized by both quantity increase of nutrition intakes and quality improvement (He et al 2003).

While it can be inferred from the angle of both national food availability and average consumption per capita that food security seems to be well realized for China, this conclusion should not be applied to all households. It is reported that, by end of 2002, there were 28.2 million rural people under the official poverty line (NSB 2003), which covered most of the population in China under food insecurity. Rural people under food insecurity are concentrated in certain areas in western China with fragile natural environment, backward infrastructure and weak social institutions. For other part of the rural areas, food insecurity is not a widely observable and lasting phenomenon, but a temporary incidence, mainly due to uncontrollable shocks, such as natural disasters. In the urban sector, although urban poverty has emerged as a social problem in recent years, the urban poor households are covered at least partially by some kinds of formal social safety net programs and thus have basic guarantee for food. It is reported by Cai et al (2003) that the urban poor tend to eat less meats but more cheap vegetables and malnutrition exists for some or all family members.

While China's remarkable success in raising food production in the past is well acknowledged, there are doubts on whether China will be able to maintain its current high rate of food self sufficiency. For instance, Brown (1994) speculates that China's demand for food will surely increase due to continued growth of both population and per capita income, but the growth of food supply is likely to be retarded due to diversion and depletion of agricultural resources, leading to large-scaled imports of grains and other food. In response, many Chinese officials and scholars assert that China will be able to feed itself.

The development of China's food market after the mid 1990s has been deviated drastically not only from those pessimistic predictions, but also from the expectation of the Chinese decision makers. China was able to raise the grain output to a level of about 500 million tons during 1996—1999 along with simultaneous increases of other farm produce and thus demonstrated to the world that China's food production capacity did not reach its limits. Although grain outputs during 2000—2002 fell to the same level as that realized in the mid 1990s, the situation of market supply and demand balances and the associated price movements were ironically different. In the mid 1990s, there was a grain shortage that resulted in sharp rises of prices and urgent imports in large volumes. In contrast, China is now bothered by stockpile of grains and depressed prices. During 1999—2002, China actually became an important exporter of cereals, although both population and income kept to grow continuously. It seems that China's national food security is now in the best state than ever before. The rapid change in consumption pattern, which is induced by both growing income and intensified cultural exchange, is a major factor accountable for the development.

However, whether such a situation can last long is subject to question. In recent years, the government took measures to enhance grain exports in order to reduce the state grain stocks. It is speculated that China's grain stocks have been declining rapidly over the past 5 years (FAO 2003). Due to restriction in data accessibility, this study cannot make reliable judgment about the situation. However, some recent studies reveal that, while China may become net grain importer again in medium and long-term, the magnitude of imports is likely much smaller than many predictions made in the mid 1990s (Tian and Zhou 2002).

Policy context and mechanisms

While national food security has been always given high priority by the Chinese government, the approach and mechanism for achieving such an objective vary during different time periods. Under the previous central planning system, promotion of agricultural production and thus increase of domestic food availability was used as a primary approach to achieve national food security. Meanwhile, state procurement and food rationing was used to ensure balance between production and consumption and a "fair" distribution among urban consumers. At that stage, level of food consumption was determined by availability, which was in turn restricted by limited supply of modern agricultural inputs. Consequently, the nutrition intakes then were merely enough to meet the basic human requirements. Under such a situation, full self-sufficiency could accompany with prevalence of food shortage, rather than food security.

The agricultural reforms after the late 1970s relaxed planning control in a gradual way and market mechanism began to play a growing role. The removal of institutional restrains resulted in a sudden burst of producers' enthusiasm and a rapid increase of agricultural outputs. Although China's food security was improved during the 1980s, fluctuations in supply occurred times and again, which became a factor leading to inflation and social tensions. To ensure supply to urban consumers, the Chinese government continued to place high priority on grain production with domestic

resources. However, the government adapted to the new situation and increasingly used indirect measures to induce the producers to increase production. In the meantime, the government continued to provide assistance to agriculture in the forms of improvement of agricultural infrastructure, extension of new technologies, protection of basic farm land. Measures have also been taken to improve grain storage and transportation facilities and market information systems. On the other hand, with a continued improvement in affordability and great exposure to exotic cultures, the urban consumers began to change their dietary composite towards more nutritious and convenient food products. Given this reality, the government in recent years becomes less concerned with national food security and begins to shift priority towards raising rural income.

At the micro level, the government has in recent years implemented some policies that have effects on household food security as well as poverty alleviation. In the urban sector, a scheme of guaranteed minimum living standard has been introduced since the mid 1990s, which intends to provide a safety net to urban poor households. In general, this system helps to prevent food insecurity from occurrence. In the rural sector, work for food programs and the "grain-for-green" project have some linkages with rural household food security. Under the former program, grains are used as in-kind payment to labor inputs in rural infrastructure improvement in the poor areas. Under the latter program, the farmers are provided with grains based on cultivated land areas set-aside for environmental protection purposes.

Results and implications

Studies on China's food security are numerous. However, the previous researches focus primarily on national food security and place emphases on assessing long-term trends of grain market, while the issues of household food security are touched mainly in studies on rural poverty. The work under the ROA project intends to take a balanced approach with regard to both national and household food security.

It is concluded that China's national food security has reached a satisfactory level in terms of domestic food availability, affordability of the Chinese people and accessibility to supply, including importing from the world market. With growing linkage with the world market becomes increasingly close. Over the past two decades, the annual growth rates in real term were 6.5 percent for gross output value of agriculture, 5.8 percent for urban per capita disposable income, and 6.3 percent for rural per capita net incomes (NSB 2002a). Along with the strong increases of the purchasing power of residents, the share of expenditure on food (or the Engel coefficients) declined steadily to 46.2 percent in rural areas and 37.7 percent in urban areas in 2002, in contrasting with 67.7 percent and 57.5 percent respectively in 1978. By international standard, China has already realized adequate nutritional level in average term for both urban and rural consumers. In recent years, food imports accounted for less than 4 percent of China's export earning, comparing over 20 percent in the early 1980s. China's foreign exchange reserve jumps to a level of US$340 billion in early 2003, therefore, China is no longer bothered with payment for import at present and in near future.

On the other hand, household food insecurity exists in both urban and rural areas, but the situation tends to be improved over time. While nutritional intakes are relatively close among the cities under investigation, rural household food insecurity presents a clear regional variations. The available data suggest that food insecurity occurs mainly in areas with limited farm resources and inferior natural environment (such as Yulin County). While the farmers in major grain production areas may earn low cash incomes, they can produce enough food to support families in general.

The household survey data reveal that in all cities and counties, the daily per capita energy, protein and fat intakes are higher than the minimum nutrition requirements, including those low income rural households. The estimated income elasticities for the three types of nutrition are fairly low. This can be taken as an indication that household food security level of all income groups in city and in county have achieved a comparatively high level. Furthermore, it is found that people with higher income tend to intake more protein. Therefore, what matters in China now is mainly the quality of food consumed, rather than the quantity.

It is found from the attitude survey that almost all of the respondents, no matter they are urban or rural residents, agree that food security is important for national economic development. In the meantime, most of them are optimistic about China's food supply capacity in future, with Yulin is the only exception. While a majority of urban consumers think that China's accession to the WTO has a positive impact on national food security, the rural producers seem to hold an suspicious view. The negative assessment is strongest in Yushu County, which ranks at the top among all counties in terms of grain output in China and has been hit heavily by the declining corn prices in recent years. On the other hand, only a few respondents concern their affordability for food in future. In general, the answers are quite consistent to their positions in the food market as well as to special situations in their home regions.

The investigation results show that a majority of urban and rural residents believe that the best way to realize national food security is "trying to be self-sufficient" or "basic self-sufficient" . There is indication that the willingness to pay for food security tends to be stronger, the higher of the income.

This study reveals some important implications on China's food security policies.

At the national level, the key issue is how China should ensure national and household food security in future. Given that China has committed to remove trade barriers and to restrain use of domestic support measures in its WTO accession protocols, the government in effect gives up the traditional instruments to promote agricultural production and to achieve food self-sufficiency. Furthermore, it is expected that the farm resources will be increasingly diverted away from farming along with growth of non-farm sectors and enhancement of environmental protection. Such changes may impact negatively on the domestic food availability to some extent, but positively on affordability. Thus, while China's grain self-sufficiency is likely to decline in future, national food security will not be exposed to high risks provided the world peace remains. On the other hand, if the result that willingness to pay for food self-sufficiency is positively related to income is representative, then the Chinese government will have a broad basis in future to turn its policy direction from taxing agriculture to supporting agriculture.

At regional level, a significant alteration of food production location and composition is surely to take place in the years to come, leading to growing demand for interregional trade of food products. However, the market-oriented reforms may result in polarization of regional development.

Food security could be weakened potentially in regions where economic development fall behind, such as western China where food supply capacity is limited by inferior natural conditions, affordability is weak due to the low income, and accessibility to external supply is bound by long distance of transportation and poor infrastructure. The government need to take measures in improving infrastructure and market institutions and assisting economic development.

At the micro level, given that income disparity is likely to be enlarged during the process of economic transition, certain types of households may face difficulties in affording food expenditures. In some poor rural areas, accessibility to food remains to be a problem. In this regard, well targeted income support and/or food provision programs should be considered under the poverty alleviation programs. Or more general, rural and urban social security systems should be established in future. Improvement of farming practice for high productivity on a sustainable basis is crucial for rural households located in remote areas to improve their food availability. On the other hand, efforts should also be made to improving consumers' food nutrition knowledge so as to avoid both undernutrition and overnutrition.

4. The social viability roles of agriculture

Urbanization and rural-urban migration

The urbanization process has been accelerated notably since China started the policy reforms in the late 1970s. According to the official statistics, the share of urban population increased from 19 percent in 1980 to 38 percent in 2001 (NSB 2002a), while this share was virtually unchanged during the two decades before. However, given the fact that the share of agricultural GDP declined from 30 percent to 15 percent during the same period, China's urbanization process seems to lag far behind. Furthermore, to some extent, the increased share of urban population in China is due to revision of administrative definition of towns where a significant proportion of residents is in fact the agricultural population. When share of non-agricultural population is used as indicator, the rate of urbanization became only 28 percent in 2001 comparing with 17 percent in 1980.

Although the rate of urbanization remains low, China is able to push ahead rural industrialization with remarkable success. Starting from the mid 1970s when the Chinese agriculture was still under the system of collective farming, the government began to allow the collectives to engage in certain non-farm activities by establishing special enterprises (township and village enterprises as being called lately). During the policy reforms, the rural people are further allowed to open private businesses and to work away from their hometowns, including in the urban sector. Consequently, rural labor has been transferred gradually from farming to non-farm activities. According to the official statistics, during 1980—2001, the share of rural labor engaging in non-farm activities rose from 8.5 percent to 32.7 percent (NSB 2002a). The speed of rural labor transfer has been accelerated notably since 1990. Nowadays, earning from non-farm activities becomes the major source for rural people to raise their incomes.

Transfer of rural laborers presents distinct regional patterns. In the municipals and the coastal provinces with more prosperous economies, not only a high share of local rural laborers has been transferred to non-farm activities, but also large amounts of migrant laborers from other provinces are attracted into the regions. In contrast, given that local employment opportunities are limited, rural laborers in those populous and backward regions tend to move away from their hometowns for jobs. Statistics show that, in recent years, scale of interregional transfer of rural labor tend to increase relatively to that of local transfer. As reported by Cai, Zhang and Du (2002), in 2000, 54 percent of the transferred rural laborers found jobs out of their home townships, increasing by 7 percentage points over that in 1997. Similarly, the share of transferred rural laborers working in cities and towns rose from 54 percent in 1997 to 66 percent in 2000. Therefore, there is a significant relocation of labor between rural and urban sectors and among regions with different level of development.

Policy context and mechanisms

The notable difference between the two measures of urbanization as mentioned above is a reflection of the peculiar feature in China's urbanization process in the past, that is the administrative separation of rural and urban development.

China maintains a household registration (or *hukou*) system over the past five decades. Under this scheme, the Chinese people are classified as rural and urban population. During the period when China practiced central planning system, the government took responsibility to guarantee supply of food and other necessities to urban residents and thus faced with a need to control the size of urban population. Meanwhile, the government also intended to acquire sufficient supply of agricultural products at low costs in order to support industrialization, where substitution of manpower for capitals was taken as an important approach. Therefore, the government imposed strict restrictions on granting urban residency to rural people as well as exercised multifold regulations on rural - urban migration.

The policy reforms in the past two decades have altered China's socioeconomic conditions fundamentally. Several aspects of reforms help to improve the conditions for rural labor transfer to non-farm works and to migrate to cities. The three most important aspects are:

(i) Implementation of household production system, which results in a shift of the rights for micro - decision making to peasant households basically and a notable increase of agricultural outputs;

(ii) Deregulation of food market, which removes the barrier of restricted accessibility to food supply in urban areas; and

(iii) Development of non - state enterprises, which creates job opportunities for rural labor out of the formal personnel system.

Under the new policy framework, the rural people have greater freedom than ever before to decide whether they work on or off farm and where to work. However, the avenue for them to turn from rural residents to urban residents remains quite narrow until now. Therefore, although migrant rural labor become increasingly important to the development of urban sector, they are still denied to get access to a wide range of social services granted to the registered urban residents and are often treated unfavorably by both government officials and employers. Most rural laborers take low - paid casual jobs that are characterized by unusual hardness, high exposure to health hazards and great uncertainty. They change their workplaces frequently in response to job opportunities.

Some of them work only seasonally away from homes. This reality leads to a phenomenon that the large - scaled movement of rural people to urban sector has not been associated with permanent migration.

There are also regional variations in development of labor market as well as employment policies. In regions where market - oriented economic system is well established, commercial enterprises tend to employ workers at the cheapest costs possible. Therefore, most 0of unskilled positions are filled by rural migrant laborers, especially those coming from backward inland regions. In such provinces, immigration of rural laborers from other regions is allowed to take place rather freely. Preferential residential policies are often used to attract external investors, including rural entrepreneurs. On the other extreme, regions where the traditional industries are important and state - owned enterprises are dominant, the governments face great pressure to secure the jobs of urban residents and thus high barriers are often set for employment of non - residents, such as administrative restrictions on access to certain jobs or collection of various fees and charges. On the other hand, those populous inland provinces tend to take labor export as a ready means to earn income and thus out - migration of rural labor is encouraged and assisted by local governments.

Results and implications

During the past two decades, the Chinese economy grew strongly as well as continuously. As a result, China lacked experiences when agriculture needed to play its role as a buffer for urban people to cope with crises occurred in urban sector. On the other hand, the separated rural - urban development coupled with the urban - biased policies and social welfare systems made agriculture and rural sector much more vulnerable than urban sector. During the past two decades, policy - induced contraction of rural industries and off - farm employment opportunities occurred several times. It was observed that rural labor leave agriculture for off - farm jobs during booms and return homes during recessions, thus their rural families and agriculture serve as a buffer for them. Under this context, the roles of agriculture as a buffer and as a social safety net are more relevant to rural off - farm laborers than to urban residents. In the meantime, off - farm employment also plays a role for their hometown families to cope with shocks occurred in agricultural sector.

Considering the fact that rural people cannot turn themselves into urban residents easily and thus rural - urban migration is taken place predominately on individual basis, the decision of finding jobs in urban areas should be regarded as an integral element of household development strategy, which aims at maximizing returns to family resources and minimizing risks. Given that such decisions are dependent on a wide range of factors, such as returns to farming, availability of remunerative local off - farm jobs, costs of seeking jobs outside and personal characteristics, different households would choose different approaches.

There exist several important mechanisms to link the activities on and off farms. In reality, transfer of rural labor to off - farm jobs is a process with multiple stages. Initially, outgoing laborers need financial support from their families to ensure their job seeking outside hometowns, leading to a withdrawal of both labor and capital from farm production. Once the migrants are successful in finding off - farm jobs and earn stable incomes in urban sector, they send remittances back to family members who stay in home villages for farming. These remittances help to remove cash restrictions that the households face and thus allow them to expand production capacity and increase consumption, leading to improvement in food, health, child care and education. Migrants may return homes regularly during busy seasons for farming or traditional festivals for family reunion. When migrants lose their jobs in the urban sector, for instance due to policy - induced contraction of employment opportunities, they may return their homes to work on farm until new job opportunities come. On the other hand, when families in hometowns meet difficulties, such as crop failures caused by natural disasters, the migrants are often able to send back more remittances timely to help their families to cope with the hardness and thus to alleviate household insecurity. Although it is still relatively rare, some rural households are eventually able to get urban residency and migrate away from villages permanently. On the other hand, some migrants may return hometowns permanently due to various reasons, such as married women to take care their home families. Given the situations above, it can be understood that there always exist close ties between family members in and away home villages due mainly to security reasons.

Therefore, in the Chinese context, the buffer role agriculture is working through mainly provision of initial support to outgoing rural laborers and shelter for returning labor. On the other hand, the remittances sending back by the migrants plays a role in helping their home families to cope with risks in farming and associated insecurity. Given that there are no formal social support systems in the rural areas and rural migrants to urban areas are excluded from the urban social support systems, the rural households need some kind of social safety net in order to deal with undesirable risks. In this regard, China's egalitarian land distribution system plays an important role. For the Chinese farm households, land is the single most important means of livelihood for households that are dependent on farming. On the other hand, land is also the basic security for those who migrated. These are the major reasons that the Chinese Government is making a lot of efforts to secure land use rights of farmers.

The findings from this study support the argument that agriculture plays a buffer or shelter role during economic fluctuations under the context of China (Zhang, Liu and Li 2003). Lack of long - term job security in the urban sector has made agriculture more important. Farming business and agriculture have been acting like a buffer zone to accommodate those return migrants. The analysis on remittances also show that both individual characteristics and family traits have impact on remittances decision. The results show the co - existence of both exchange motive and altruism motive in making remittance. However, due to the limitations on information availability, the study only uses cross - section data for one time period for empirical analysis. Thus, implication of the findings to other parts of the country or to other countries should be used with caution.

Migration of rural people to the urban sector has complicated effects. With regard to the agricultural sector, this means a withdrawal of some resources, mainly labor, from farming and thus generates certain effects on agricultural production. Meantime, the increased labor supply raises output of non - farm industries. If labor market is functional and there are no externalities, the equilibrium reached corresponds to a social optimum. However, this is not true in the case of China. With the household registration system and other associated institutional settings, rural - urban migration has been barricaded, which presents the labor market from reaching the social optimum.

Specifically, in the case of China, too many rural laborers are bound to work with limited land and other agricultural resources, leading to a wide range of social problems, such as long - lasting low productivity, low rural incomes, large disparity of urban and rural incomes, underdeveloped rural infrastructure and social services, rural public health hazards etc. The above phenomena can be regarded as social diseases of "under - urbanization". On the other hand, China is surely not immune from excessive urbanization problems, given the fact that many cities have been already over - crowded. Without appropriate management of rural - urban migration, urban congestions and social tensions can be worsening easily and rapidly.

Due to data limitation, this study places a focus on three aspects: i) to evaluate how transfer of rural labor contributes to national economy; ii) to identify what factors determine the patterns of rural labor transfer; and iii) to assess how transfer of rural labor affects urban - rural income parity. It is apparent that this study does not cover or quantify all of the costs of urbanization given the data limitations. Therefore, the assessment on net social welfare of rural labor transfer and rural - urban migration should be regarded as partial and tentative.

Using econometric modeling approach, this study confirmed that transferring rural labor from agricultural production to non - agricultural undertakings results in significant improvement in the marginal productivity of rural labor. Therefore, the accelerated voluntary transfer of rural laborers to off - farm jobs during the past two decades means that market mechanism begins to work in China's labor market, which helps to correct misallocation of labor resource. While the under - urbanization problems are caused by mainly policy failure associated with the previous central planning regime, lack of an effective legal framework and market information have sometimes resulted in inappropriate movement of rural labor.

The results also indicate that transferred rural laborers have higher agricultural productivity than rural farm laborers, but lower non - agricultural productivity than their urban counterparts. The notable difference in rural labor quality may be attributed to the fact that transferred rural laborers are mainly those who are better educated and physically more capable persons. However, they still lack needed knowledge and skills to fill many urban job positions.

The transfer of rural labor to off - farm jobs means a fundamental change of rural households from subsistence towards development. During this process, rural households export labor first and then bring back capital in the form of remittances, meaning that a dynamic substitution of capital for labor in agriculture or in other household businesses can potentially take place. Given that capital is scarce and labor is overabundant in the rural sector, such a substation results in improvement in the structure of household resource endowment. Furthermore, the migrants may also bring back other physical or human assets, such as new skills, new knowledge, market information etc, which become incentives for transforming traditional agriculture and rural life. Practically, transfer of rural labor to non - agricultural employments may also create favorable conditions for advancing structural adjustment of agriculture and rural economy in longer term via farm land consolidation, scaled and specialized farm production along with an income - induced demand growth for food products in the rural market.

However, on the other hand, it also found that transfer of rural labor away from farming will lead to a decline of agricultural output to some extent. This can be attributed to both micro and macro factors. At micro level, reduction of labor inputs, sometimes also capital, may affect farm output negatively to some extent, although the available evidences are not always consistent and convincible. At the macro level, growth of non-agricultural economy is surely to enhance resource competition with agriculture. Therefore, if China's rural labor transfer in future takes place in a rapid speed, both domestic and the world agricultural markets can be impacted to some extent.

The obtained results reveal that the pattern of rural labor transfer is driven by factors from both pull-side and push-side. Rural laborers are pulled out from farming by opportunities to earn more incomes from off-farm jobs taking into account of costs of transfer and job uncertainty. On the other hand, the scarcity of land resource and lack of local off-farm jobs push rural laborers away from their hometowns. Overall, pull-side factors seem to be more important than that of push-side. It can be inferred from the observed rationality in the behavior of rural labor transfer that excessive urbanization may not be a severe problem at the present stage, given the existence of high administrative and social barriers. Whether this situation will be altered significantly after free migration is allowed is an issue that should be further examined.

It is also found that growth of agricultural production helps to keep the rural laborers on farm and thus to reduce the scale of interregional migration.[4] This result seems to confirm that agriculture produces a "positive" externality to the urban sector by easing urban congestion and other problems associated with excessive urbanization. However, the benefit needs to be evaluated in comparison with the social costs incurred to rural households when they are bound to farming. Given that China's land resource is limited and is declining continuously, further increase of labor and other inputs to agricultural production is inevitably governed by the law of diminishing return. In contrast, the non-agricultural industries are often featured by presence of scale economy. Therefore, tying the rural people to land will inevitably result in growing polarization of urban and rural incomes, which has already been a major cause for social tensions in China. More importantly, such an undesirable process can be self-enhanced through declining rural education and other social services, slow accumulation of physical and human capital of rural households, weakening of fiscal capacity in the rural regions, underdevelopment of rural infrastructure, etc.

In summary, with regard to social viability role of agriculture, the situation in China is quite unique. It is expected that, in the foreseeing future, China is unlikely to face the phenomenon of dying rural communities as what has happened in many developed countries given its huge rural population. On the other hand, China has so far been able to avoid "excessive" urbanization as commonly occurred in developing countries. However, this is achieved at some costs, such as sustained low rural incomes and growing income disparity between rural and urban sectors and among different regions. Therefore, in the context of China, both growth of agricultural production and transfer of rural laborers to non-farm sector contribute positively to social stability. Or in other words, enhancement of social viability role of agriculture is not intrinsically related with damping migration of rural people to urban areas. What really matters is that the Chinese government should make great efforts in achieving a well coordinated urban-rural development in future, which in turn determines China's long-term social viability and stability. However, this requires fundamental reforms of the

policy - making process, laws and social institutions, as well as empowerment of the rural people through improvement of rural education and vocational training.

Fortunately, there are indications that the Chinese government will change the previous development strategy toward an coordinated development of urban and rural sectors as revealed in the recent policy statements (Jiang 2002; Zhu 2003). Some regional governments take measures already to open the way for rural people going to cities and towns. It is expected that this may help to accelerate urbanization process in the years to come. While such a development is sound based on findings from this study, precautionary measures should be considered with respect to preventing the problems of excessive urbanization from occurring. Meanwhile, the buffer role should be also enhanced given that development of the Chinese economy cannot be immune from both internal and external shocks. In this regard, more empirical studies are needed for assessing such roles.

5. Perception of the roles of agriculture

Perceptions on roles of agriculture

The contemporary agricultural culture in China is a mixture of both accepted traditional wisdoms and modern thoughts. Over thousands of years for farming, the Chinese people have developed a agricultural culture that addresses maintenance of harmony with natural environment, martial recycling, integrated management, etc, and thus efficient use of farm lands and conservation are combined together. To a large extent, such a culture has ensured sustained improvement of land productivity in line with the population growth. However, the traditional rusticity, which was characterized by great autarky and close kinship, was altered greatly during the last century when China was forced to open to the western civilization. The modern production technologies have been introduced and applied widely and rapidly. While it is a remarkable success in terms of raising agricultural productivity, it has generated a wide range of impacts on agricultural culture and rural life.

The cultural module under the ROA project takes three ways to collect information with regard to perceptions of agriculture's roles in socioeconomic development. These include in - depth interview with opinion leaders (OLs), focus group interviews with local government administrative and technical officers and educators in rural areas and urban residents (FGs), and media review. Given the nature of information, this part of study is purely descriptive.

It is found that all of the informants emphasize the traditional role of agriculture in producing food and other farm produce, or the economic role of agriculture. Some also address that agriculture is the basis for social stability. However, only a few of them have some clear ideas about what are environmental and cultural roles of agriculture. On the other hand, OLs show deeper and wider views with regard to all of the questions asked. Therefore, ability to gather and to digest relevant information is an important factor affecting the perceptions on roles of agriculture.

With regard to the economic roles of agriculture, it is revealed from the interviews on FGs that urban informants tend to concern mainly the role that agriculture provides food and thus satisfy people's basic needs of food and vegetables, while those from rural areas also consider other aspects, such as agriculture supports development of non - agricultural sectors, offers accumulation for national economy and raises farmers' revenues etc. This suggests that people at different social positions tend to consider the roles of agriculture from angles closely related to their own lift.

It is found from the interviews that the environmental roles of agriculture are almost totally neglected by the informants, especially those positive aspects. While some point out agriculture-related negative environmental externalities, such as water and soil erosions and pollution by farm chemicals, the farmer informants tend to attribute the deterioration of environment to the development of township enterprises, rather than to agriculture. Similarly, the social viability roles of agriculture are also not well noticed. In this regard, the rural government officials show a better understanding on the issue than those ordinary people, but their attention is confined mainly to social stabilization, which is thought to be related to satisfaction of people's basic needs. While the role of rural poverty alleviation is mentioned by a few informants, they point out as well that agriculture can help farmers to get away from poverty, but cannot make then rich at the present conditions. Similarly, they address the roles that agriculture can accommodate huge population, create employment opportunities and provide labor to urban sector, but not buffer for those urban unemployed. On the other hand, it is found from household opinion survey under food security module that both urban and rural residents address food security role of agriculture.

It is found from the media survey that farmers are reflected in twofold. On one hand, they are usually conservative, narrow-minded and selfish. They are often regarded as people that need to be changed. They need capable leaders to lead them to make economic achievement. On the other hand, they are influenced by modern value too. Some of them are open-minded and want to know what is going on out of their hometown. Meanwhile, rural people love their hometowns and have the wish and desire to make their hometown more beautiful.

While the rural people maintain many traditional value concepts, such as closely family ties, the media reflects conflicts between traditional and modern value concepts nowadays, such as reliance on human relationship or laws to handle affaires between them. To some extent, the media in China today mainly represents official ideas, and its reflection of farming and farmers serve for the theme of agricultural modernization and farmers' life improvement. This decides the emphasis of media.

Findings and implications

In general, along with China's economic transition, the concepts and behaviors of the Chinese farmers have undergone great changes. Based on information collected from focus group interviews, the Chinese farmers nowadays present the following cultural characters in general:

- They still regard land as the root;
- They are still tied to lands closely and will not immigrate easily;
- They are not going to give up farming, but they don't believe they can become rich only by farming;
- They are eager to learn and apply new agricultural technologies, but do not have adequate ability to assess the likely long-term effects or externalities associated with application of such technologies;
- They still place a high priority to achieve household self-sufficiency in food;
- They attach important to children education; and

- They are dare to as well as willing to meet challenges, for this may bring them new opportunities for prosperous.

On the other hand, while the urban people agree that agriculture is important to the national economy, they concern rather narrowly on food availability mainly. Realization of self-sufficiency is supported by a majority of urban residents. Although food safety is not touched in the survey, it has been already increasingly noticed by urban consumers. Demand for tourist agriculture and thus rural amenity seems also on the rise. However, whether such changes in perception of agriculture's roles by urban residents can be transformed into political support to policies assisting agriculture is still uncertain.

It seems that dissemination of information and improvement of education are important factors influencing people's perceptions. This is one of the important areas that more resources should be devoted to by the national governments and international organizations. Only if people are well informed and are able to comprehend the information, can they share common ground and reach sensible social concordance.

6. Links among roles of agriculture

The above discussions address the roles of agriculture individually. However, it is perceived, and revealed in some cases, that there are interaction effects among these different roles. Since the current work does not investigate this important area directly and fully, such interaction effects are discussed below analytically based on the results from this study and other relevant literatures.

Whether enhancement of environmental roles can affect other roles of agriculture depends on the approaches of how this effect is realized. Two major cases can be distinguished as: i) reduction of agriculture-related negative environmental externalities; and ii) increase of those positive ones. In China, negative environmental externalities are widespread and the government has taken a series of measures to reduce such externalities. In many cases, this means to retire part of resources from farming and to adopt environment-friendly farm practices. Such changes are expected to lead to decline of agricultural outputs in some areas and in short-run. While national food security is unlikely to be weakened due to such changes, especially in long-run, it may generate impacts on household food security and poverty alleviation. Given that a significant proportion of rural poverty population is located in environmentally fragile areas, they are affected directly by the government programs. It would be desirable to transform the agricultural systems in such areas into those that could generate adequate incomes on a sustainable basis. However, in reality, this is not always feasible technically and economically. With respect to the positive environmental effects, there exist successful cases that rural amenity and landscapes are used by villagers as resources to attract tourists and thus increase their incomes. Such a development generates beneficial effects on poverty alleviation and social viability.

Traditionally, enhancement of poverty alleviation role requires to raise farmers' earnings from farming, which is often related to increase of agricultural outputs. China's experiences during the past two decades provides convincible evidences to approve such a role. However, with limited and declining cultivated land resource, the growth of agricultural production has been achieved by mainly increased use of manufactured farm inputs and intensified exploitation of natural resources, leading to severe environmental degradation and resource depletion. While adoption of suitable techniques and adjustment of output composition in line with local comparative advantages are approaches that may avoid the trade-off, the real poor areas often lack the needed conditions to do so. On the complementarity side, it has been demonstrated by China's past experiences that alleviation of rural poverty has often resulted in improvement of household food security in poor regions and thus made a contribution to national food security as well. Similarly, poverty alleviation means an improvement of incomes of the most vulnerable segment of population and therefore helps to enhance social stability.

The situation for food security role is quite similar to poverty alleviation role. Given that China achieved national food security by pursuing high rate of self-sufficiency in the past, the enhancement of food security role also led to environmental problems. Until the mid 1990s, the increase of agricultural production means a simultaneous increase of rural incomes and thus a reduction of rural poverty. However, this is no longer true after demand becomes an effective limitation since the mid 1990s. Meanwhile, pursuance of high self-sufficiency in the past resulted in misallocation of resources, which retarded structural adjustment of rural economy and reduced rural incomes. The past experiences demonstrated that improvement in food availability and stabilization of food prices had positive impacts on social stability.

While growth of agricultural production has an effect restraining rural people to migration to cities and thus helps to avoid excessive urbanization problems, the related socioeconomic costs are high in the case of China. It is revealed from this study that under-urbanization may cause problems of underutilization of rural labor force and overuse of other agricultural resources, stagnated rural incomes, high rural-urban income disparity and associated tension between rural and urban people, etc. On the other hand, withdrawing labor from farming may result in a decline of agricultural output, which reduces domestic food availability but increases affordability of the consumers in the same time. In general, such a development is unlikely to weaken China's national food security. While this may result in a rise of rural income, this effect is unlikely to be extended to the rural poor directly since they lack needed physical and human capitals to catch up such new opportunities. However, the rural poor may be benefited indirectly through increasing rural demand for farm produce that they are more capable to supply. This means that, while transfer of rural labor to off-farm jobs may reduce rural-urban income gaps in average terms, rural income disparities among different regions and different households could be enlarged. On the other hand, welfare of the urban poor is likely to be affected in two opposite ways: they may be benefited through increased supply of goods and services at low prices while hit by declining wage rates due to enhanced competition in urban labor market. Demand for agriculture's buffer role by the rural migrants is likely to increase since both structural employment and frictional unemployment are expected to be large during process of rapid transition.

Table 1 summarize the expected relationships among the roles under consideration based on discussions above, in which the contents in a cell refer to effects of enhancing roles in raw on roles shown by columns. Given that the natures of linkages among roles of agriculture depend on how these roles are enhanced, the results must be conditional.

Section 3 Global Synthesis and Policy Implication

1. Policy - role interactions within the agricultural sector

The Chinese economic system has undergone a rapid transition during the past two decades, which is accompanied with continued reforms on the socioeconomic policies. Consequently, the mechanisms through which the agricultural sector plays its multifaceted roles have been altered over time. This causes great difficulty in describing the impacts of policies on the roles of agriculture under consideration. In the appendix, a policy - role matrix is presented based on findings from this case study. As what are addressed in the module 1 (Tian and Zhang 2003), the policies that impact agriculture are evolving constantly over time and national policies could be tailored or even disregarded during implementation process. Given such complexity, the links between policies and roles can only be regarded as the most representative situations. Also, in order to save space, only those major policies that are still under implementation are presented.

As declared by the Chinese leaders, China will build "a well - off society in an all - round way" in the first 20 years of this century (Jiang 2002). The core of the goal is to achieve sustained growth of the national economy under the new domestic and international environments. The Chinese government outlines the major tasks for the years to come. Among them, promotion for all - round development of agriculture and the rural economy ranks as one of the major policy objectives. As Zhu Rongji, the former Premier, stated at the first session of the 10th National People's Congress that the government needs to give priority to solving the problems facing agriculture, rural areas and farmers and to consolidate the position of agriculture as the foundation of the national economy (Zhu 2003).

It is perceived that the relative stagnation of domestic demand is a major factor retarding achievement of steady and rapid economic growth, which in turn results in slow increase of employment and people's incomes. To solve the problem, the Chinese government has adopted a typical Keynesian approach of increasing state investment and stimulating exports. While such measures do have agriculture - related components, such as improvement of rural infrastructure and protection of the environment, they cannot stimulate the growth of agricultural sector directly with significance given that demand for food is inelastic with respect to income in both urban and rural areas.

The policymakers has very concerned about the slow growth of rural income and enlarged rural -urban income disparity. As Premier Zhu stated, "such a state of affairs, if allowed to stay unchanged, would seriously dampen farmers' enthusiasm to produce, undermine agriculture from its foundation, and may even threaten the overall health of the national economy." (Zhu 2003). With regard to agricultural and rural development, the following measures are being taken:

- To promote structural readjustment in agriculture and rural economy;
- To extend industrial management of agriculture so as to offer farmers with better access to the market and to raise overall efficiency of agriculture;

- To enhance agricultural export;
- To return more farmland to forests and grass under the grain for green programs;
- To strengthen the system for quality and safety of agricultural products and the system of commercialized services for agriculture;
- To improve the rural household land contract system;
- To reform the rural taxes and administrative charges so as to reduce burden on farmers;
- To increase state investment in development of agriculture infrastructure and in agricultural science and technology;
- To develop well laid - out small towns on the basis of scientific planning; and
- To coordinate and guide the shifting of surplus rural labor to non - agricultural undertakings, and protect the legitimate rights and interests of farmer - laborers holding temporary or permanent jobs in cities.

It can be seen from the list above that raising agricultural outputs is no longer in a prioritized position, which has been traditionally perceived as equivalent to improvement of national food security. Instead, the top priority is placed on raising rural incomes through more efficient use of rural resources. The objective for improvement of environment can also be seen clearly. To some extent, the re - prioritization of agricultural policies is a reflection that the policymakers have reshaped their views on agriculture in national economy given that the socioeconomic conditions have been altered fundamentally.

By end of the 1990s, the Chinese agricultural market appears to be in a unprecedented abundance. The turning from widespread shortages of food and other commodities into a "buyers' market" means that demand becomes bottleneck for growth of the agricultural sector. Furthermore, through entering the WTO, China has committed to opening the agricultural market, which generates a downward pressure on domestic prices in short - term as well as imposes restrictions on the government in using the traditional price - distorting instruments to support agriculture in long - run. These changes have profound impacts on how the roles of agriculture can be enhanced.

It is understood that agricultural production is governed by law of diminishing return, *ceteris paribus*. Considering that cultivated land areas in China declined in the past, and will be so in the future, China's capacity to raise agricultural outputs is likely to be bound by rising marginal costs. On the other hand, income elasticities of demand for food tend to decline in general. Given this reality, is seems that some positive roles of agriculture can no longer be enhanced by promoting agricultural production.

China's experiences during the past two decades demonstrated convincingly that growth of agricultural production played a role in alleviating rural poverty. However, this was achieved when supply was in great shortage. Under the situation that food consumption requirements have been already well met for majority of the Chinese people, the growth of income will induce mainly improvement of food quality, rather than increase of quantity. This means that only those farmers who are able to adept the changing demand can benefit from growth of agricultural production. Unfortunately, those rural poverty households seem to be incapable to adjust themselves due to their limited physical and human capitals, inferior agronomic conditions and high costs for accessing external

markets. Considering that growth of supply is likely to accompany with rising marginal costs, the role of rural poverty reduction becomes conditional. Further, intensification of agricultural activities in many poor areas may cause environmental degradation. Therefore, only if suitable new technologies are made available or niche markets for their local specialties emerge, can those rural poor be benefited.

The above logic is also applicable to the food security role. Under the current market situation, increased domestic availability contributes only marginally to improvement of national food security, while it may cause negative environmental externalities as well as stagnated rural incomes due to resource misallocation. This is likely to result in polarization of urban and rural incomes and thus impact social viability. On the other hand, while China is now able to afford food import with its enhanced ability to earn foreign exchanges, this may have implications to food security of other food-importing countries as well as of the whole world.

As revealed by this study that, differing from many developing countries, the buffer role in China is relevant mainly to rural migrants, rather than to urban residents. Similarly, with regard to the social viability role, the major problems in China are those associated with under-urbanization, rather than with excessive urbanization. Therefore, the core issue in this area is how to realize an well integrated urban-rural development.

It seems too premature to consider dying rural areas given China's huge rural population. On the other hand, although China's cities are also crowded, retaining farmers on their lands is not a socially viable solution because this means to accept polarization of urban and rural development. Facing with demand-side restrictions and international competition, promoting domestic agricultural production may not help to raise rural incomes. In fact, it is not unusual in China that many major agricultural regions, such as Jilin in the northeast and Hunan in the south, are bothered by declining rural incomes after bumper harvests. Considering that non-agricultural sectors have a much higher labor productivity, it is rational to transfer farm labor to off-farm jobs. However, rural industrialization, which is regarded as a peculiar success in China's socioeconomic development, is accompanied with some side effects, particularly extending industrial pollutions to the rural areas. In contrast, appropriate concentration of industrial enterprises in towns and cities can in general achieve high efficiency in pollution control and in other public facilities. Transfer of rural labor to towns and cities on permanent basis has been for a long time retarded by institutional barriers, particularly the household registration system. However, the Chinese leaders has declared to removal policy discriminations and to realize a proper and orderly movement to rural labor.

Overall, it seems that the Chinese policymakers do not regard agriculture as a power house to push up development of national economy in general and rural economy in particular. Instead, the government intends to adopt an urban-led rural development. Under such an approach, the agricultural sector becomes a pool to hold rural surplus labor, which will be released gradually to the urban sector when there exists demand. Transferring rural labor out of farming results in incremental earnings to those rural households with labor being transferred, which may raise their purchasing power locally. In the meantime, when those labor remaining in farming have more land resource to work with, labor productivity in farming, thus farm incomes, may rise as well. Logically, such a pattern of development would check urban - rural polarization to some extent. In this regard, while market force will play its roles increasingly, the government will strengthen fiscal support to agriculture and rural development as well, although the approaches need to be improved in line with the new situation.

2. Conclusions

The agricultural sector has played multifaceted roles in China's socioeconomic development. While growth of the agricultural sector in the past two decades made remarkable contributions to poverty alleviation and to national food security, it caused notable degradation of the environment. Meanwhile, it has not brought adequate growth of rural incomes, but leads to enlarged rural - urban income disparity and development gaps among different regions.

By nature, the problems above should be regarded mainly as policy failures. In particular, the two major policy factors are the previous approach of development that accumulated fund from agriculture for industrialization with administrative separation of urban and rural sectors and the way of achieving national food security by pursuing high rate of self - sufficiency. On the other hand, market failures may also exist given that China lacks appropriate institutional systems and legal framework to internalize many externalities.

In the years to come, the Chinese economy will continue its transition process towards great market - orientation. During this process, the agricultural sector, or more broadly, the rural economy will undergo fundamental changes in operational mechanisms. Great reliance on market mechanism to guide agricultural and rural development is a way to correct the policy failures, which seems very important for China. However, on the other hand, market failures may take dominance instead.

At present, the Chinese government places higher priority on improvement of rural income, alleviation of rural poverty and thus achievement of social stability. Environmental protection is also emphasized. While these are regarded as positive externalities of agriculture, what are the appropriate ways to increase supply of such public goods needs to be considered carefully. Based on the results obtained under this study, in the context of China, promotion of agricultural production, especially increase of those conventional commodities, may not be the most desirable way to enhance those roles of agriculture. The future growth of agricultural production should be driven mainly by improving technical efficiency and rationalizing output structure and facilitating marketing. This requires substantial innovation of the research and extension systems and strengthening the functions of market force, along with increased government assistance.

It seems that, in general, with regard to enhancement of the roles of agriculture, institutional reforms that aims to internalize externalities seem to be more relevant and more sustainable than production subsidies and trade protection. The major issues need to be considered include: how to empower the farmers and rural residents so that they become fully capable to advocate and to protect their own interests, how to enhance accountability of the governments at all levels, and how to formulate an effective legal framework that helps to reduce transaction costs. It is clearly that all of these matters depend on reforms of macro policies rather than on just agricultural or rural policies.

It is apparent that such problems cannot and should not be addressed by individual countries given that the prices of agricultural commodities in the world market are heavily distorted due to primarily the agricultural policies of developed countries. In this regard, the domestic coping strategies depend to a large extent on the international market situation, and thus on the policies of major players in the world market. In this sense, the current distorting world trade system is a major policy failure that needs to be addressed.

Figures and Tables

Source: FAOSTAT 2003.

Note: The reported figures are China's shares in the world incremental outputs calculated using three - year averages in 1978 - 1980 and 2000 - 2002.

Appendix: Policy - role matrix

A policy - role matrix (PRM) is constructed to reflect the effects of major agriculture - related policies under consideration on the selected roles of agriculture (see Table A - 1). PRM uses column headings to denote the selected roles of agriculture and row labels to denote policy instruments that have effects on the roles.

Due to limitations in time and resources, this study cannot examine all the major policies in detail. As a result, the definitions on the linkages shown in PRM are based only partially on empirical findings. We use plus '+' sign to indicate that the positive roles of agriculture denoted in column headings can be enhanced by a specific policy instrument denoted in row labels. Correspondingly, negative causalities are denoted by a minus '-' sign. While a zero means that the effect is perceived insignificant, cell with "+/—" stands the effect is uncertain or vary in different circumstances. Each cell in the matrix contains one, two, or three plus '+' signs or, one, two, or three minus '—' signs, which give a perceived ranking of impact (the more of + or—, the larger of impact). Quantification of such impacts requires extensive theoretic and practical knowledge as well as complete data set and sophisticated methods. This remains a challenging task for the future.

The work of assessing the natures of interactions between policies and roles of agriculture has been bothered by the fact that in China, the process of policy determination is not transparent enough and actual implementation has been dependent on preferences of local leaders as well as their capability. It is quite often that policies with good intentions are badly implemented, leading to deviations to the initial expectation of the policymakers. Such deviations may be commodity - or local - specific with time - varying natures. Some policies, while they are merited to have individual assessment due to their special importance, require other policy instruments to complement in order to achieve designated effects, leading to deviations between direct effects and indirect effects. Finally, the short term and long term effects of the same policies are likely to differ as well. Thus, the correspondences between policies and roles are very complicated in the reality. Considering this fact, appropriate cautions should be taken in understanding the linkages shown by the PRM.

Table A - 1 Qualitative rankings of effects on concerned roles by selected major policy instruments

Policy	Roles							
	Environment	Poverty alleviation		Food security		Buffer	Social viability	
		Urban	Rural	Nation	Household		Urban	Rural
Grain for green project	+++	0	+	+/−	0	0	0	0
Structural adjustment of agricultural production	++	0	+	0	0	+	0	0
Forestation programs	++	0	0	+	0	0	0	0
Extension of land tenure system	+	0	+	+	+	+	0	+
Protection of basic farm land	0	0	0	+	0	0	0	0
Guaranteed procurement of grains	−	0	+	0	0	0	0	+
State reserves of grains	0	0	0	+	0	0	+	0
State trading on agricultural products	0	0	0	+/−	0	0	0	0
Rural anti - poverty programs	+/−	0	+	0	+	0	0	+
Development of TVEs	−−	0	+	0	+	+	0	++
Development of agribusiness	+/−	0	0	0	0	+	+	+
Water pricing by market force	+	0	−	−	−	0	0	−
Relaxing rural - urban immigration	+	0	++	0	+	+	+/−	++
Deregulating domestic marketing of farm produce	0	+	+	+	+	0	0	0
Agricultural trade liberalization	+	0	0	+/−	+	0	0	0
Enhancement of food safety regulations	+	0	0	0	0	0	+	0
Enhancement of environmental regulations	++	0	0	+	0	0	0	+
Agricultural development projects	+/−	0	+	+	+	0	0	+
State investment on rural infrastructure	+/−	0	+	+	++	+	0	++
State funded technical extension	+/−	0	+	+	+	0	0	+
Urban social security system	0	++	0	0	+	0	+	0

Endnotes

1. Intra - rural community spillovers refer to that actions of some rural households affect production or welfare of other rural households. In contrast, inter - sectoral spillovers refer to that agriculture gen-

erates externalities on non-agricultural sectors or urban communities. The latter aspect is what the ROA project intends to address.

2. The standards of government subsidies vary among different regions and different types of land usages. For instance, the in kind subsidy of grains is 150 kg per mu (one-fifteenth of a hectare) of retired land per annual in areas to the south of Yangtze River and 100 kg in the Yellow River basin and northern China. The rate of cash subsidy is RMB 20 per mu per annual. The duration for subsidy is 2 year for converting to grassland, 5 years for converting to economic trees and 8 years for converting to ecological trees. The costs for subsidies are covered by fiscal budget of central government.

3. It should be noted that away-from-home food consumption is not covered by these statistics. Considering that away-from-home tends to increase with income, the household survey data may underestimate the actual trends of food consumption in a systemic way.

4. Practically, this become possible due to the structural adjustment of agricultural production towards those income-elastic food products, such as fruits and vegetables, meats and milk, fishery products, etc., whose production is characterized by the relative high labor intensity and low land intensity.

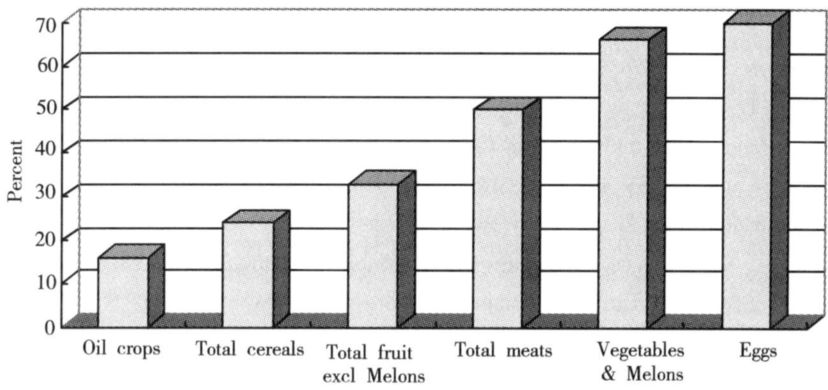

Figure 1 China's contribution to world food production between 1978-2002

Table 1 Complementarities and conflicts among the roles of agriculture

	Environmental role	Poverty reduction role	Food security role	Social viability role
	Complementarities among roles of agriculture			
Environmental role		• Raise rural income through producing quality products	• Adopt sustainable farm practice	• Raise rural income through tourist agric ulture • Improve rural living conditions
Poverty reduction role	• Reduce the pressure for overuse of resources		• Reduce rural household food insecurity	• Reduce income disparity • improve human capital
Food security role		• Increase purchasing power of the urban poor		• Stabilize prices and reduce food insecurity risks

（续）

	Environmental role	Poverty reduction role	Food security role	Social viability role
Social viability role	• Reduce intensity of farming	• Improve rural income and thus demand for farm products	• Improve rural income and thus affordability for food	
		Conflicts among roles of agriculture		
Environmental role		• Reduce usable resources in short - term • Increase food prices to urban consumers	• Reduce domestic food availability in short - term	
Poverty reduction role	• Overuse of natural resources			• Compete resources with industries
Food security role	• Overuse of natural resources • Agricultural pollutions			• Compete resources with industries
Social viability role	• Overuse of natural resources • Industrial pollutions		• Compete resources with agriculture	

References

[1] Brown, L. R. 1994. *Who will feed China?* World Watch Vol. 7, No. 5, Worldwatch Institute, Washington D. C

[2] Cai Fang, Zhang Juwei and Du Yang (ed.). Employment in Rural and Urban China: Issues and Options (in Chinese), Social Sciences Documentation Publishing House, Beijing, 2002

[3] Cai Fang, Zhang Juwei, Wang Dewen and Wang Meiyan (ed.). Urban poverty in transitional China (in Chinese), Social Sciences Documentation Publishing House, Beijing, 2003

[4] FAO 2003. FAOSTAT database, obtained from http: //www. fao. org/

[5] Gale, Fred (ed.). China's Food and Agriculture: Issues for the 21st Century, Economic Research Service, USDA, *Agricultural Information Bulletin* No. 775, 2002

[6] He Xiurong, Xiao Haifeng, Li Peng and Zhu Qirong (2003). Food security role of agriculture in China, Module 4 report

[7] IOSC (Information Office of the State Council) 2002. White Paper on Labor and Social Security in China, April 29, 2002

[8] Jiang, Zemin. Build a Well - off Society in an All - Round Way and Create a New Situation in Building Socialism with Chinese Characteristics, Report delivered at the 16th National Congress of the Communist Party of China, 2002

[9] Lu Yao and Guo Dongmei . Environmental roles of agriculture in China, Module 2 report. 2003

[10] Ministry of Agriculture. China Agricultural Development Report 2002 (and previous issues), China Agricultural Press, Beijing, 2002

[11] NSB (National Statistical Bureau) . China Statistical Yearbook 2002 (and previous issues), China Statistical Press, Beijing. 2002

[12] NSB *China Rural Poverty Monitoring Report* 2001 (and previous issues), China Statistical Press, Beijing. 2002

[13] NSB Communiqé of China's national economic and social development in 2002, released on Febru-

ary 28，2003

[14] Rozelle，Scott，Zhang Linxiu and Huang Jikun，*China's War on Poverty*，*Working Paper No.* 60，Center for Research on Economic Development and Policy Reform，Stanford University. 2000

[15] Tian Weiming，Liu Xiumei and Kang Xia. Social viability role of agriculture in China，Module 6 report. 2003

[16] Tian Weiming and Zhou Zhangyue. Agricultural trade liberalization and development of world feedgrains market：Implications for China and Australia，Paper presented to the International Workshop on "China's Feed Grain Market" held on July 19，2002 in the University of Sydney，Orange，Australia. 2002

[17] Wang Xiuqing and Ke Fuyan. Poverty Alleviation Role of Agriculture in China，Module 3 report. 2003

[18] Zhang Linxiu，Liu Chengfang and Li Qiang. Buffer roles of agriculture in China，Module 5 report. 2003

[19] Zhu Qizen，Wu Huifang and Xi Qi. Cultural perception of agriculture in China，Module 7 report. 2003

[20] Zhu Rongji. Report on the Work of the Government，delivered at the First Session of the 10th National People's Congress on March 5，2003

我国工厂化农业效益不高的原因分析及发展思考

祝华军　田志宏

一、我国工厂化农业发展的特点

工厂化农业是在相对可控环境条件下采用工业化生产，实现集约高效和追求合理投入与最佳产出的现代化农业生产方式。从国内生产实践看，目前具体的主要的表现形式是在温室内种植蔬菜花卉等园艺产品。从“九五”时期开始，工厂化农业受到国家各级地方政府的重视，发展迅速。从总体上看，我国工厂化农业的发展有三个显著特点。

一是种植面积扩大、类型增多。我国工厂化农业的设施栽培面积，自20世纪70年代起，一直快速稳定增长。1982年为0.7万公顷，2000年达到210万公顷，设施栽培面积居世界各国首位。从1996年开始组织实施“工厂化高效农业示范工程”来，工厂化农业关键技术的研究与开发已经取得重大进展，适合我国东北、华北、华东、华南及沿海地区生态类型特点的具有自主知识产权的温室及配套设施已经推广应用，独具中国特色的经济适用的辽沈节能型日光温室的应用，已覆盖了我国北方大部分地区。近年来，大型连栋温室以每年超过100公顷的速度增长，温室生产和经营企业以及相关产业均得到了快速发展。

二是与国外先进水平的技术差距不断缩小。经过“九五”科技攻关，温室设施除传感器等少量配件从国外进口外，基本上实现了温室设施国产化。已建立了一批科技示范区、工程示范区和辐射示范区，其中无土栽培面积达48万平方米，蔬菜产量比一般常规提高5倍以上；温室常规蔬菜高产技术的研究和应用，使黄瓜亩产达1.5万千克以上，日光温室番茄亩产超过2万千克。示范区蔬菜亩产明显提高了40%～50%，节水25%～30%，劳动生产率提高125%，农药用量减少20%～30%，产品商品率提高了10%～20%；建立了一批育苗工厂，筛选和培育了我国不同气候区域的蔬菜良种达550个，有的可以取代进口种子。建造了具有我国自主知识产权的五种优形温室设施，较国外产品价格降低了40%，节能30%～45%。正在进行的“十五”国家科技攻关计划课题“工厂化农业关键技术研究与示范”也表明，我国工厂化农业关键技术已经取得了很多成果，国内选育的番茄、黄瓜、辣椒等的产量和抗性等指标已接近国外品种；在设施、节能、节水、生物防治和环境控制等生产技术方面也缩小了与发达国家的差距，制造和运行成本也低于从国外进口的同等产品，有些技术指标甚至优于发达国家。

三是效益依旧不高。从市场经济条件下行业发展角度来说，经济效益不高是工厂化农业最大的问题。我国工厂化农业的经济效益远远低于国外发达国家。2000年荷兰10 006公顷现代化温室生产的蔬菜和花卉价值达240亿美元，相当于每平方米价值240美元；另有一组1999年的数据，荷兰420公顷蔬菜温室的平均产值约每平方米300美元。在我国产量和经济效益较高的上海孙桥种植的番茄每平方米产值也仅仅167元，只及荷兰平均水平的1/10，而全国200万公顷温室大棚的平均效益水平就更低。因此，我国的工厂化农业充其量只是“大”而非“强”，经济效益

依旧不高。

二、我国工厂化农业效益不高的原因

根据笔者对分布在北京、辽宁、上海、陕西、广东、山东等13个省（直辖市、自治区）的30家工厂化农业企业的调研，设施和生产技术对效益的影响并不是通常所说的那样具有决定性作用。从效益分析的角度出发，效益由成本和收入两个变量决定，技术等因素是影响成本或收入的子因素，与成本和收入不在同一个层次上，其作用也因具体类型而异。

（一）成本不构成主要制约因素

1. 我国工厂化农业造价总体低于国外水平。工厂化农业设施造价是影响成本的最重要因素之一。工厂化高效农业设施制造成本高，一次性投资大，往往超出农户的承受能力，受资金短缺影响，现阶段的工厂化农业生产还不能代替广阔的田野生产，只是试验示范和小型化生产，这是当前发展受到限制的表象的直接原因，但不是效益不高的真正原因。一般塑料大棚造价在20～40元/平方米，日光温室在50～150元/平方米，连栋塑料温室在200～300元/平方米，玻璃温室在600～800元/平方米，PC中空板温室在700～1 000元/平方米，连栋温室由于设备配置不同，其价格差异可能很大。无论是何种形式的温室和大棚，其初始投资均远远高于当地一般露天生产的投资。但在不同国家之间则不具有可比性，如我国的温室生产初始投资并不一定比美国的大规模机械化露天生产的初始投资高；不同国家的玻璃温室初始投资则比较接近，如我国在20世纪90年代引进的16套温室，面积为316 320平方米，共计投资23 225万元人民币，每平方米投资为734元。荷兰温室直接设备投资为每平方米150荷兰盾（1990年价格水平，1荷兰盾约为0.65美元），略高于我国引进的玻璃温室的初始投入水平，但大大高于我国普通的塑料大棚造价。还有很重要的一点，我国引进示范的高档温室大多数在生产运行中并不计算设施折旧费用。这说明温室设施的造价（初始投资）并不是我国工厂化农业效益低下的主要因素。

2. 我国工厂化农业的运行费用也低于国外水平。工厂化农业的生产运行控制费用是影响成本的又一重要因素。温室生产通过人工调节温度、湿度、光照等要消耗大量的煤炭或电力能源，运行成本高。在国内而言，工厂化农业产品与露天生产蔬菜相比又没有明显的价格优势，这使得工厂化农业的利润并不比露天生产的高。就国际比较而言，1999年荷兰温室的加温耗能为每年每平方米1.3×10^9焦耳，耗电为6千瓦时，直接投入成本每年每平方米劳动力为11～15荷兰盾，能耗和劳动力成本合计约每平方米120元；上海孙桥的能耗和劳动力成本约为每平方米50元，尚不及荷兰的一半。可见，与国外工厂化农业相比，我国的运行成本并不高，所谓的“成本高”尚不构成制约我国工厂化农业效益的关键因素。

（二）总收入低是效益不高的瓶颈

由于总收入是产量和单价的乘积，提高收入的方法就可以有多种选择。一是产量和单价都提高，通常认为这是最好的办法，但随着产量的提高，价格通常会下降，因此企图同时提高产量和价格并不现实。二是在既定价格水平上提高产量，或者使价格下降的幅度小于产量提高的幅度。三是提高价格，保持产量不变或产量下降的幅度小于价格提高的幅度。后两种方法能否实现取决于产品的价格弹性。下面就分别简单地分析我国工厂化农业产品的产量和价格。

1. 单位产量不是总收入低的主要影响因子。由于我国温室设施、环境控制水平等诸多原因，使单位面积产量上不去，在价格既定的情况下，总收入就低。于是有一种观点就是强调单位面积产量不高是我国工厂化农业效益不高的主要原因。目前我国工厂化农业的果蔬产品的产量仍低于国外水平，如孙桥种植的荷兰 TRUST 番茄单产已经达到 37.2 千克/平方米，远低于荷兰温室番茄年产量水平，荷兰中等产量即可达到 60 千克/平方米，是上海孙桥农业开发区产量的 2 倍。但我们认为单位产量不高也不是制约我国工厂化农业效益的真正因素。可以拿上海孙桥现代农业开发区中引进的荷兰玻璃温室同荷兰本国的温室生产作一个简单的对比，即使在不增加成本的条件下孙桥种植的番茄产量翻番，达到 74.4 千克/平方米，按照目前的价格，其产值翻番也仅达到 334 元/平方米，这仍然无法与荷兰 420 公顷蔬菜温室平均 300 美元/平方米的经济效益相比。又如辽宁，日光温室番茄产量 25.5 千克/平方米，产值 37.5 元/平方米，即使产量增加 2 倍达到 76.5 千克/平方米，产值相应增加到 112.5 元/平方米，张掖引进以色列温室的番茄产量已经达到 52.5 千克/平方米，产值仅为 75 元/平方米，即使产量翻番，产值也仅为 150 元/平方米。对其他地区如北京和山东的日光温室和引进温室的数据分析都存在同样的结论。所以，即使在不增加成本的情况下解决了我国温室的单位面积产量问题，也仍然没有找到我国工厂化农业效益低下的主要原因。

2. 价格低严重影响了收入。价格同品种和质量相关。适宜温室种植的品种培育也严重滞后，到目前为止，国内工厂化农业可培育的农作物、蔬菜等品种较少，尚满足不了人们生活和市场多样化的需求，还没有在国际上叫得响的有中国特色的温室产品品种。目前我国温室种植品种大多是从常规品种中筛选出来的，专用型、系列化的温室栽培品种还十分缺乏。全国不分东西南北，几乎都围绕番茄、黄瓜、甜（辣）椒等几个品种搞示范，这些常规品种在国内的简易大棚和露天生产中就已总量严重过剩，无论高档设施栽培的单位产量如何高、质量如何好，其产品在市场上的价格却难以相应的高，反而会加剧各地的产品同构和恶性竞争。形象地说，在造价昂贵的现代化温室中种植这些常规蔬菜瓜果，如同在黄金打造的保险箱中放入一粒从路边捡来的铺路石，不能体现现代化温室的价值。

在国外，工厂化农业的品种则具有多样性和高档化的特点，例如，日本已经完成实用化的品种就有萝卜苗、鸭儿芹、蘑菇、豆芽菜等；相当程度上进入实用化普及阶段的有沙拉菜、生菜、小葱、紫菜、番茄；少量普及的有茼蒿、小松菜、洋兰、香豌等，品种之多是我国所远远不及的，品种特色也是我国所远远不及的。没有品种特色就没有市场，没有效益。以花卉生产为例，由于国际花卉生产布局基本形成，世界各国纷纷走特色的道路。荷兰凭借其悠久的花卉发展历史，逐渐在花卉种苗、球根、鲜切花、自动化生产方面占有绝对优势，尤其以郁金香为代表的球根花卉，已成为荷兰的象征。美国在草花及花坛植物育种、盆花、观叶植物生产方面处于世界领先地位。而泰国的兰花实现了工厂化生产，每年大约有 1.2 亿株兰花销往日本，在日本的兰花市场中占有 80%的份额。因此，在温室产品生产特色化的国际背景下，品种无特色、数量少、质量不高是制约我国工厂化农业发展的第一个关键因素。

3. 市场体系和组织化发展滞后制约了产品价值的实现。在品种和质量特定的条件下，产品的价格也与市场体系相关。工厂化农业发达的国家，一般都建立有生产——加工——销售有机结合和相互促进、与市场经济发展相适应的管理体制和运行机制。在荷兰，规范化的市场体系为温室产品快速进入消费领域提供了优质的服务和保障。如 1986 年成立的阿斯米尔联合花卉拍卖市场，进入拍卖市场的花卉和植物要按有关规定进行登记，并按标准进行产品质量检测，随后即刻被送到冷藏库和存放库等待上市拍卖，拍卖成交的产品按客户要求进行包装，然后被送往拍卖行

的发货中心，发货中心设有植物检疫站和海关，80%的产品以最快的速度通过谢尔伯机场空运到美国及远东各国。当天未被销出的鲜花会被销毁，以保证鲜花质量，维护消费者的利益，同时对生产者提出警示。为保护会员个体经济利益，被销毁的鲜花按最低价格的80%～90%给与补偿。而我国目前还没有建立起来这种规范化的市场体系，销售服务体系不健全，尤其缺乏有效的营销组织和营销战略，使市场和流通存在很大问题，各生产经营主体之间内耗巨大，为保证自身利益，陷入了“降价——增加销量——再降价——产量再增加”的循环，难以实现工厂化农业产品的高价值。因此，市场体系成为制约我国工厂化农业效益的又一个关键因素。

（三）同品种和质量相关的技术构成制约

工厂化农业无论是运行成本，还是产品品种、质量、产量，都与技术有着密切的关系。由于发达国家工业、科技发达，经济实力强，因此，发展工厂化农业采取的“高投入、高产出”的技术路线。我国采用的是低投入低能耗的技术体系，日光温室就是中国的独创，也是目前温室的主流形式。尽管在技术上我国与国外存在很多差异，但从上面的分析不难得出一个推论，只有同品种和质量相关的技术是我国工厂化农业效益不高的主要制约因素。

通过以上分析，可以得出如下几个基本结论：①与国外相比，设施造价和生产运行费用所形成的总成本尚不构成我国工厂化农业经济效益低下的主要障碍，产量因素也不是制约我国工厂化农业经济效益的主要因素；②缺乏在国际竞争中具有品种或质量优势地位的特色产品是一个主要制约因素；③市场体系不健全和组织化程度低削弱了我国工厂化农业产品在国际上的竞争力；④不能笼统地将所有技术都作为我国工厂化农业效益不高的主要制约因素，同品种和质量相关的技术是我国工厂化农业效益不高的主要制约因素之一。

三、提高工厂化农业效益的思考

（一）加速我国特色、高档品种的选育

我国工厂化农业的发展，其思路应该很明确，那就是必须以具备国际竞争力的特色品种为发展重点。我国生物种质资源十分丰富，目前保存的作物种质资源约35万份，已跃居世界先进行列（美国达35.5万份以上），但在种质资源的鉴定评价和基础性研究方面，与美国相比有一定的差距。这为我国工厂化农业取得农作物品种种质优势提供了重要的资源支撑，需要业界与生物学界共同攻关。但在这些种质资源中，并不是所有种质都能发挥我国劳动力资源丰富的优势的，那些在生产过程中需要大量手工劳动的种质资源是我国工厂化农业品种关注的重点对象。如小麦等物种，其生产过程可以实现机械化大规模生产，对于美国这样地多人少的国家具有优势；而某些植物形状复杂的蔬菜瓜果，如西红柿、紫苏等，其生产环节需要投入大量的手工劳动，我国具有其他发达国家无与伦比的潜在优势。为此，必须调整好工厂化农业的种植结构，从千篇一律的低附加值蔬菜中摆脱出来，改变花卉和蔬菜种植的结构，加快发展高附加值的花卉，其次才是高档次的蔬菜。产品的特色高档化包括四方面的要求：①产品品种本身具有高贵特质（稀缺性）；②产品具有高贵的象征意义（品牌效应）；③产品质量高（标准化）；④产品消费者具备高档消费能力。我国工厂化农业目前生产的大多数产品不具备或不完全具备这四方面的要求，在新一轮的工厂化农业发展中，必须改变这种状态，主动放弃现存的非特色非高档化产品，加速培育特色高档化产品，这是工厂化农业产品结构的一个重要战略调整。

（二）有选择地推进技术突破

中国的国情是土地稀缺，劳动力丰富且成本低，支撑技术研究和开发应用所需的资金稀缺且使用成本高。从发挥比较优势的角度出发，我国工厂化农业的技术类型总体上应该是优先考虑提高土地产出率和发挥劳动力密集优势，这决定了我国工厂化农业优先发展的技术类型应该是能够提高土地产出率和劳动力利用率（不是劳动生产率）的种子和采后加工处理技术；而对劳动力具有极强替代效应的自动化生产技术目前不具备现实需求，只应作为一种长远技术储备或者在东部的某些出现农业劳动力不足的地区酌情超前研究。我国工厂化农业的技术发展，应该跳出技术的圈子看待技术，明确技术是实现特色品种经济效益的手段而不是中心，只有围绕经得起市场竞争的特色品种进行的品种选育、设施、栽培、生产环境控制和质量检测等环节的科技攻关才有意义，相关的配套技术研究才有价值。

根据课题组对工厂化农业的技术专家（生物、设施、工程等领域）和经济管理专家的调查，我国近期需要发展的技术应该具备下列特征：①明显提高土地产出率；②明显提高产品质量；③显著的基础性和公益性；④不会大量挤出劳动力。远期发展的技术可以降低对劳动力挤出方面的要求，同时要注重技术本身在产业链中的核心性。在技术投入支持方面，政府应注重对公益性和基础性技术的投入，企业则偏重于提高质量和劳动效率的技术投入。无论是近期还是远期，无论是政府支持还是企业投入，种子种苗技术都是一个主要发展方向。在种子种苗技术领域，必须说明的是，我国工厂化农业需要发展的种子种苗技术绝不是简单地引进国外品种使之本地化，而是要求实现我国的原创性，开发培育出我国具有自主知识产权的而且具备国际竞争力的优质品种。

（三）加快市场体系建设和组织化建设

我国农业的过去一直是分散的小农作业。当前，农业进入了一个新的发展阶段，千家万户的小生产与千变万化的大市场之间的矛盾日益突出起来，如何建立工厂化农业经济实体的利益协同机制，提高农业和农民的组织化程度就提到了我们的面前。

工厂化农业不仅仅是生产过程的工厂化，更要求生产经营全过程的工厂化，即像工业品一样生产经营农产品，这要求生产要素市场和商品市场的建立健全，在技术开发、基础建设、市场营销、资源利用、资金信贷以及食品检验、加工包装、营养鉴定等方面提供大量优质服务，形成比较完善的社会化服务体系，促进工厂化农业的生产基地、加工体系、开发中心和营销网络建设，使农产品市场领域不断延伸。为此，需要建立和完善生产要素的社会化服务体系和农产品市场体系。

针对我国工厂化农业市场经营体系和社会化服务体系不完善的情况，笔者认为，由政府引导和组织农民和企业建立行业协会、经济合作组织和产业化，从三个不同方面加快我国工厂化农业经济实体的组织化建设，收集、公布农产品国内、国际市场的供需和价格情况，让生产者能准确的把握市场行情，运用先进有效的设备和材料，及时生产出适销对路的产品，以此来形成统一的国内市场体系参与国际竞争，提高我国工厂化农业的整体效益。

参考文献

[1] 朱明. 我国设施园艺栽培面积已突破 210 万公顷. http://www.amic.agri.gov.cn/news/pages/thisnew.asp? no=928

［2］工厂化高效农业示范工程项目执行报告．http：//www．cnsp．org．cn/ztbd/gchgxny
［3］程清彦．我国设施农业的发展及科技创新．http：//www．wxagri．gov．cn/oldnl/aweb/200193143501.htm
［4］黄丹枫．关于设施农业可持续发展的建议．上海现代农业发展恳谈会论文集，2001
［5］中国农业工程研究设计院等．荷兰温室园艺概况．农村实用工程技术．1999（8）
［6］上海市农业科学院．国家“十五”科技攻关项目“工厂化农业关键技术研究与示范”执行情况报告之六“孙桥现代温室示范基地总结”．2002
［7］朱明．中国设施农业的发展与农业机械化．http：//www．amic．agri．gov．cn/njsc/pages/infopage．asp？ino＝126
［8］中国农业工程研究设计院等．荷兰温室园艺概况．农村实用工程技术，1999（8）．http：//www．agri．ac．cn/lsjl/gw/xianzhuang/22helan．htm
［9］荷兰温室园艺概况．http：//www．aweb．com．cn/2000/4/30/2000430165842．htm
［10］苏维埃．温室产业先进技术的实用性分析．见：发展中的中国工厂化农业．北京出版社，2001（数据根据P317表4计算）
［11］世界现代农业典范——荷兰现代设施农业．http：//www．cnsp．org．cn/xhdata/hqny/gkhn．htm
［12］中国农业科学院科技文献信息中心情报研究部．美国农业科技发展水平及与中国比较．http：//www．world-agri．com/reports/country/americal．htm

完善农村市场经济体制　构建农民致富机制*

安希伋

最近中共十六届三中全会通过了《完善社会主义市场经济体制若干问题的决定》(以下简称《决定》)。这是一件具有历史意义的文件，它明确提出完善我国社会主义市场经济体制的大政方针和基本原则。在具体落实过程中，当然还要做大量的细化工作。就农村来说，《决定》可能意味着为农民打开了一扇通向富裕和再一次解放的大门。我想就与三农有关的问题说几点学习体会。主要是学习《决定》第四部分“深化农村改革，完善农村经济体制”的体会。当然也必然要涉及到《决定》其他十一部分中与三农问题有关的原则性规定。

一、土地制度

《决定》第四部分第一项讲的是完善农村土地制度问题。在过去50年中，我国农村土地制度经历过几次结构性变革。回顾这段历史，可能有助于对《决定》精神和背景的理解。20世纪50年代初，在土地改革基础上产生了自耕农制度，耕地归农民所有，由农民使用(1953—1955年)；随即进入了以土地集体所有、集体使用为特征的高级农业合作社和政社合一的农村人民公社阶段(1956—1977年)；接着是农民拥有较稳定土地使用权的大包干阶段(1978—1984年)；好景不常，取而代之的是农民土地使用权不稳定、不规范的土地联产承包制阶段(1985年以后)。承包制初期，就暴露出许多弊端。1988年我曾为国务院前农村发展研究中心举办的土地制度建设研究会议写过一篇文章，主要是讨论这些弊端为社会经济带来的后果，并提出改行土地国有永佃制的建议。[1]现在，《决定》在完善农村土地制度项下，作了三条有针对性的规定，从制度层面为发掘耕地潜力、发展农业生产创造了条件。

一是规定土地承包期要长期稳定，并保障农民对土地承包经营的各项权利。中外历史经验证明，只有土地使用权长期稳定，并得到法律保障，农场或农户才会扩大对土地投资，提高耕地质量。例如大包干时期的精耕细作，以及在不同时期往往出现的改良土壤、兴修水利、建造大棚等项建设，从而提高农业集约化水平。它与不合理土地制度下出现的广种薄收，甚至田地撂荒呈现为鲜明对照。现行土地承包期为三十年，如加以延长，会激励农民更加积极地发展农业生产。

二是规定农民在承包期内可依法、自愿、有偿流转土地承包经营权。落实这一规定，一则有利于形成农业规模经营机制，降低生产成本，提高竞争能力；二则可为农民转业提供一个便利条件，有利于降低农民占人口中的比重。从宏观经济层面综合来看，落实这一规定可为经济现代化的均衡发展创造一个有利条件。

---

* 这是为农民日报社等九个单位于2003年11月15—17日在北京人民大会堂联合举办的《中国农民增收论坛》写的一篇文章。

三是规定“改革征地制度”，“保障农民权益”。在我国经济快速增长阶段，有一部分耕地必然会转作非农使用。在征地过程中，暂时的无序现象实难防范。但是，乱征地的事如不及时制止，并依法保障农民的权益，势必扩大城乡失衡，加剧社会经济矛盾，从而为社会安定带来隐患。

二、农业社会化服务与农产品市场

《决定》第四部分第二项规定：“健全农业社会化服务、农产品市场和对农业的支持保护体系”。先讨论三健全中的前两个专题。

农业社会化服务和农产品市场是一个有争议的话题。关键在于：是由农民自愿组织起来为农业服务并直接进入市场，还是依靠外在的中介组织为之服务，代做农产品贸易工作。《决定》在要求农村集体经济组织推进制度创新的同时，指出：要“支持农民按照自愿、民主的原则，发展多种形式的农村专业合作组织。”旧的要创新，新的要发展。我认为这是从计划经济转向市场经济过程中一个必有的过渡环节。农场或农户自己组建合作组织，直接进入市场，这是世界上很多国家普遍的成功经验。在流通领域中，这种农民合作组织，相对于个体经营和集体经营来说，成本比较低，效率比较高，收益比较大，具有明显的经济优势。

我体会，《决定》中说的“发展多种形式的农村合作组织”，意味着要为合作组织提供一个广阔的发展空间，可以因时因地采取适合现实情况的组织形式，例如初级合作组织与高级合作组织、基层合作组织与基层组织的联合组织可以交错进行；各种不同专业的合作组织可以齐头并进。其中包括粮食、果品、蔬菜、肉、鸡等各种专营农产品运销合作组织。国际经验是，他们可从事农产品收集、加工、储藏、运输以及销售（含批发和零售）等项业务。农民通过自己的合作组织直接进入市场，参与竞争。并随着市场情况的变化，主动调整生产结构。

这种合作组织形式有许多好处。首先，农民不需转业，即可就地扩大就业机会，把经营范围从生产扩展到流通与工业领域。其次，各种农产品从田头流到零售店，甚至到餐桌，经过上举加工、销售等每个环节所创造出来的增值，最后都落入农民手中，很像一根农民增收的链条。这种组织形式不但可从经济上帮助缓解三农问题，而且它还是一所大学校。农民可以从中沐浴市场经济文化，增长市场经济知识，新农民亦农、亦工、亦商，在三大产业中拼打滚爬，自然会多一点主动进取精神、竞争意识和民主概念，少一点、乃至摆脱掉传统中养成的小农意识。通过市场经济文化的熏陶，才能自然的溶入现代社会大熔炉，跟上时代进步的步伐。

此外，农村合作组织形式中还有农村信用合作组织。金融是农村经济的一个重要领域。它的作用有如人体中的血脉系统。《决定》第七部分规定：“逐步把农村信用社改造成为农村社区服务的地方性金融企业”。多年来农村金融处在一种无序状态中。一方面农村资金不断外流，同时农户又告贷无门。从现有的农村金融机构的角度来看，面对分散的千百万农户，贷款成本和风险实在很高。很难堵住农村资金外流。据国家统计局编的历年统计年鉴摘要资料并经计算，1997年农户存贷款差额为5 817亿元，这就是农户存款的外流数额，占全国农户存款总额的64%。2000年相应的统计数字为7 466亿元和60%。可见，农村金融方面的基本问题，从其性质来看，也是一个经济结构性问题，不是金融机构的业务水平问题。《决定》所说的改造农村信用社，当然在于把它做一番结构性的变革。如果把农信社改造为由农民自愿、民主组建的农村信用合作组织，像上文说的农产品运销合作组织那样，将会彻底改变农村金融的无序、低效、不利于农村经济发展的状态。农民自办的农村信用合作组织与农产品运销合作组织相结合，必会相得益彰，较快地振兴农村经济，消除农民穷困。

三、农村财税制度

《决定》提出的健全对农业的支持保护体系，主要是一个改革农村财税制度的问题。多年来，相对来说，政府向农民索取的多，对农民支援的少。现在农业部门GDP占全国GDP比重仍在15%以上，农业人口（以农户计）占73%，而国家财政对农业的支出，1995年仅占全国财政总支出的8.4%，2000年又降为7.8%。其中还包括粮食保护价中含有的财政补贴部分和大型水利建设投资在内。事实上粮食保护价并没有保护农民，大型水利设施也并非针对农民或农业而建。《决定》第十一项规定："开放粮食市场，把对流通环节的间接补贴改为对农民的直接补贴。"这是对症下药的措施。为了进一步解放生产力，劳力、土地、资金传统的三要素和科技也需要市场化。

另一方面，农村税费繁多，农民负担沉重。现在对农户和农业企业征收的正税有15种，农村五统筹、三提留之外，还有难以计数的任意收费、任意摊派、任意罚款等。国家规定的义务教育本来是指财政拨款办教育，而1.3亿农村学龄儿童的教育费用却有70%由家长负担。

据统计，1995—1998年间，政府对农业的直接支持（=政府用之于农业的资金－政府取之于农业的资金）为负值，平均每年－419.5亿元。根据WTO"黄箱"框架的规定，我国对农业生产者的保护水平，即农业生产者补贴等值①允许达到8.5%，而实际却为－2%。这个水平虽已远高于1990年在世界各国排到末位的－26%，却仍为负值。在我国农业GDP已降到全国GDP15%的情况下，仍在继续实行农业积累，以农业补贴工业，要穷人补贴富人。2001年农民与城市人口平均每人年收入之比已扩大到1∶2.89。农民还要从他们收入中支付生产费用和名目繁多的税费。

这里只是就农村财税问题作一些概括的说明。由于财税问题涉及面很广，不再作分析讨论。现在《决定》已作出规定，要一反多年来的传统政策，改行对农业的支持保护政策，并专设一个部分（第七部分），就"完善财税体制"作了原则性的规定。随着《决定》精神的逐步落实，农村财税状况将会得到改善。

四、完善农村市场经济体制的保证与落实过程

除了第四部分之外，《决定》中还有别的一些部分涵盖了与完善农村市场经济体制密切相关的内容。特别是第二部分关于产权的规定，第六部分关于转变政府经济管理职能的规定和第十一部分关于完善经济法律制度的规定。这些规定不仅与完善农村市场经济体制息息相关，而且是落实完善农村市场经济体制的保证。可以设想，如果产权不明晰，立法不跟进，政府经济管理职能不转变，又怎么去完善农村市场经济体制？在《决定》第三十八项全面推进经济法制建设条款中，一口气列出了要建立六个方面的法律制度，包括：市场主体与中介组织，产权，市场交易，预算、税收、金融和投资，劳动就业和社会保障，以及完善社会领域和可持续发展方面的法律制度。这六个方面的立法都与农村市场经济体制密切相关。

《决定》内容很全面，所作规定很周到。也因而会涉及方方面面的经济关系。纵横交叉，错

① 农业生产者补贴等值=（政府用之于农业的资金－政府取之于农业的资金）/农业生产总值%

综复杂。结构性经济改革的实质本来就是要重新调整有关各方面的利益关系。在此过程中，弱势群体之所得，往往联系着既得利益者之所失。这是一个矛盾，必须化解这个矛盾，经济改革才能稳步开展。从历史经验正反两方面经验来看，化解利益矛盾之道，可能主要有两条：一是克服困难，知难而进。否则改革便落不到实处，徒托空言，失信于民。二是对失利一方有所安排，做出适当又不留后患的补偿，防止引发新的社会问题。落实《决定》精神是一件艰苦、细致的工作，要有个过程，要统筹全局，不可能一蹴而就，凡事不能单打一。

五、结束语

从1978年算起，我国经济改革已进行了25年。在经济改革开放大潮中，作为一个人数众多的社会阶层，农民正在发生深刻的变化。他们的职业构成、收入来源、社会地位以及思想意识都在变化。多数农民已从纯农户变成了兼业农户；约有1/3的农民（劳动力）在城市建筑业、交通运输业以及商业、服务业等非农部门中工作，大多只是缺乏保障的临时工，其中有九千多万人做流动性的打工仔；还有约三千多万人在乡镇企业里做工，这些企业的主人有96.8%是由农民转业的个体户和私营企业主。[2]

总之，农民在分化，并在分化过程中带来了思想意识的变化，特别是主人翁意识的觉醒。这些变化体现了一个国家在工业化过程中带有普遍意义的客观规律，只不过带有中国特色而已。但是，也不要忘记，大多数农民的社会经济状况还未得到多少改善，仍有约三千万农民在贫困线上挣扎，并且农民还没有争取到公民待遇。[3]在经济增长大潮中，农村还远远落在了后面，突出了国民经济失衡的严重性，成为近一步发展的瓶颈。我相信，人们在抱着一种欣快的心情学习顺乎时代潮流的《决定》，也怀着一种充满期待的心愿在展望未来，盼能看到《决定》精神的落实。

陆学艺说："农民是被绑穷的。"[4]本文说的是绑住农民手脚的几根制度性粗绳子。现在，随着《决定》精神的逐步落实，可以期望：这些绳索会松劲、解开。到那时，九亿农民将对国家社会经济的健康发展做出相应的、不可估量的贡献。第一，农民富裕了，有助于缓解、乃至消除城乡失衡状态；第二，农民购买力提高了，会扩大国内市场有效需求，减轻对国外依赖，有助于转型时期经济平稳、持续的发展；第三，农村将成为进口商品与服务的一个新市场，从而增强我国在国际市场上的竞争力。可见，解放了的农民与被绑住手脚的农民相比，在我国社会经济发展中扮演着迥然不同的角色。从长远来看，完善农村市场经济体制的意义远超越了三农问题的范畴，而是落实《决定》精神不可或缺的一个有机组成部分。

参考文献

[1] 安希伋. 我国土地制度问题. 已收入所著《市场经济与农业》（1979—1993年论文集）. 北京农业大学出版社. 1994

[2] 郭书田. 二元结构与农民权益. 通讯. 第113期. 2003. 11. 15 中国管理科学院农业经济技术研究所发行

[3] 同［2］

[4] 陆学艺. 农村要进行第二次改革——进一步破除计划经济对农民的束缚. 通讯. 第101期. 2002. 12. 15

基于模糊规划法的企业价值链优化应用研究*

乔　忠　李应博

［摘　要］本文通过阐述企业价值链的结构和优化目标，分析了模糊规划方法对于价值链优化研究的必要性，建立了企业价值链优化的模糊线性规划模型，并以轿车企业价值链为例给出了数值算例和结果分析，从企业在价值链优化方法的应用研究方面证明了方法的实用性。

［关键词］模糊线性规划；价值链优化；不确定性；核心竞争优势；顾客价值

一、引言

信息技术的广泛应用，使企业从价格竞争、产品竞争和个体竞争转向价值竞争、服务竞争和网络竞争，而持续核心竞争优势对于企业后一种情况的竞争具有更加重要的战略意义。价值链作为确定企业核心竞争优势的一种基本工具随之应运而生。它是一种系统性研究企业竞争优势的方法，其核心内容是分解企业价值链、确定价值活动成本，以价值最大为目标重构价值链，建立其优化结构，从而提升企业的核心竞争优势。价值链的优化研究经历了从迈克尔·波特的传统价值链、Peter·Hines 的“集成物料价值的运输线”、Jeffery F. Rayport 和 John J. Sviokla 的虚拟价值链，再到价值网理论的一个长期过程。但是从优化方法上看，基本上都是较多运用文字叙述或结构模型阐述理论思想，而如何用量化方法解决企业在长期发展过程的可持续竞争优势问题方面仍非常罕见。此外，由于企业所面对的不确定性因素较多，现有的价值链优化方法很难保证其优化结果的实际意义，所作出的决策具有较大的风险。采用模糊规划方法则可以增加决策者在价值链优化中的能动性和选择范围，使企业在较小的风险前提下实现较为理想的优化结果，提高数量分析的可行性[1]。因此，本文引用模糊线性规划方法并结合时间因素对企业价值链优化问题展开研究，可以为其进行提供一种动态的、实用的价值链优化方法。

二、企业价值链结构和优化目标

迈克尔·波特（Michael Porter）提出的价值链概念是：企业是由从生产到销售所经历的一系列价值活动组成的一条活动成本链[2]。通过分析组成价值链的各个价值活动的成本优势和差异

＊ 原载《中国管理科学》2003 年第 11 卷第 6 期。

化优势，可以确定企业的核心竞争优势。随后20年间对于价值链理论的研究与探讨始终不断。例如基于顾客的服务价值链、基于信息增值的虚拟价值链[3]以及价值网理论[4]，都反映了企业外部环境的变化给价值链本身带来的巨大改变。价值链已经发展成为在当代网络经济环境下的一种组织战略思想和模式，它是以企业储运、生产、销售、服务等业务流程为载体，以实现顾客价值最大化为直接目标而形成的企业内部价值活动的系统性结构，为企业形成信心竞争优势、创造长期利润提供了一种系统的、动态的分析方法。

事实上，企业的竞争优势归根结底是通过为顾客创造价值的过程实现的，因为本文认为价值链优化的目标是实现顾客价值最大化。同时，本文将动态成本分析和边际成本分析相结合，给出了价值链优化方法的约束条件，以此确定在一个战略规划期内第T年的企业价值链的最佳成本结构。由于企业利润是一个与时间因素有关的长期动态目标，强调长期利润的增长比强调短期利润的实现更能够体现面对外部市场的不能定性而实现的战略有效性[5]。因此本文以企业实现长期利润增长为依据建立边际成本约束，通过企业内部资源限制条件建立总成本约束。在结果分析中，通过计算每一种价值活动的成本分摊值，比较价值活动的成本值大小以及比例关系，从而确定理想的价值链成本结构。应该指出，不同企业其价值链结构是不同的，对于顾客价值各个方面的影响程度也是不一样的。为说明问题，本文图1以轿车企业为例给出了这类企业价值链的结构。

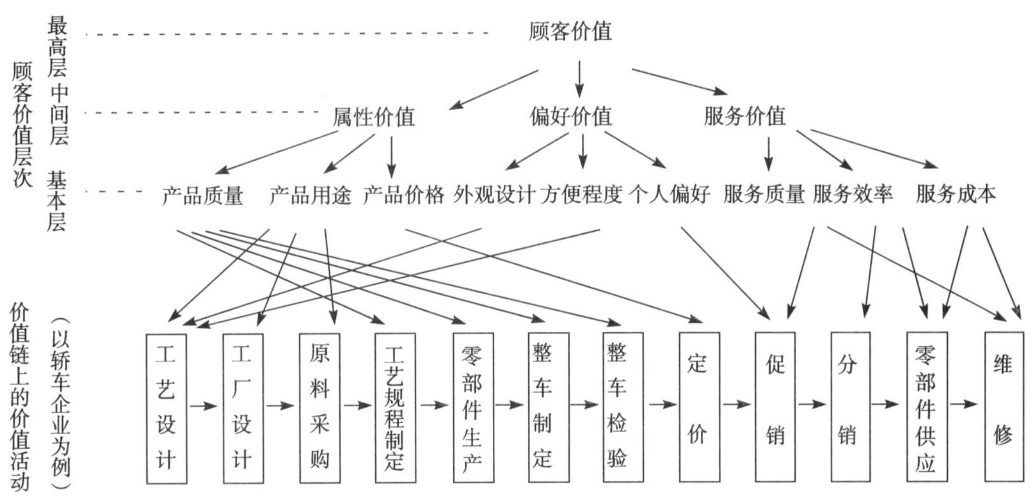

图1 顾客价值的层次图

三、企业价值链优化的模糊线性规划模型

客观世界的弹性和可塑性使得软优化方法在各个科学领域得到了很好的应用。软优化就是在柔性环境下（不确定性条件下）的建模、推理、优化及决策[6]。模糊规划方法就是一种在企业经营决策中效果较好的一种软优化方法。

企业经营决策活动具有很强的模糊性，市场的不确定性影响又使得企业在进行决策时必须使用能处理不确定性因素的数学方法。本文在计算企业成本分摊值时，注意到了各项成本的伸缩性和分摊条件的不确定性，使得建立的优化模型成为一个模糊线性规划。

1. 模糊线性规划的一般形式。

模糊线性规划的基本模型为[7]：

$$\max f(X) = c_1x_1 + c_2x_2 + \cdots + c_nx_n$$

$$s.t.\begin{cases} a_{11}x_1 + a_{12}x_2 + \cdots + a_{1n}x_n \lesssim b_1 \\ a_{21}x_1 + a_{22}x_2 + \cdots + a_{2n}x_n \lesssim b_1 \\ \cdots \\ a_{m1}x_1 + a_{m2}x_2 + \cdots + a_{mn}x_n \lesssim b_m \\ x_1, x_2, \cdots, x_n \geqslant 0 \end{cases} \tag{1}$$

其中“$\lesssim$”表示弹性约束，解释为“近似小于等于”。

设 $F = \{X \mid X = (x_1, x_2, \cdots, x_n)^T$ 是 n 维实向量，$X \geqslant 0\}$，将（1）式中的 m 个弹性约束条件表示为 m 个论域 F 上的模糊集 $D_i(i = 1,2,\cdots,m)$，其隶属函数为

$$\widetilde{D}_i(X) = \begin{cases} 1, & \sum_{j=1}^{n} a_{ij}x_j \leqslant b_i \\ 1 - \frac{1}{d_i}(\sum_{j=1}^{n} a_{ij}x_j - b_i), & b_i < \sum_{j=1}^{n} a_{ij}x_j \leqslant b_i + d_i, \quad (i = 1,2,\cdots,m) \\ 0, & \sum_{j=1}^{n} a_{ij}x_j > b_i + d_i \end{cases} \tag{2}$$

其中 $d_i(i = 1,2,\cdots,m)$ 是决策者给定的非负常数，称为伸缩指标，记 $d = (d_1, d_2, \cdots, d_m)^T$ 。令

$$\widetilde{D} = \widetilde{D}_1 \cap \widetilde{D}_2 \cap \cdots \cap \widetilde{D}_m,$$

形成模糊约束集。

为了找到（1）的模糊最优解，将目标改写为模糊不等式 $f(X) \gtrsim f_0$，其中 f_0 是一个普通线性规划的最优目标值：$f_0 = \max\{f \mid f = CX, AX \leqslant b, X \geqslant 0\}$，该模糊不等式可以用模糊集合 G 来描述，隶属函数定义为

$$G(X) = \begin{cases} 0, & \sum_{j=1}^{n} c_jx_j < f_0 \\ \frac{1}{d_0}(\sum_{j=1}^{n} c_jx_j - f_0), & f_0 \leqslant \sum_{j=1}^{n} c_jx_j < f_0 + d_0, \\ 1, & f_0 + d_0 \leqslant \sum_{j=1}^{n} c_jx_j \end{cases} \tag{3}$$

其中：$f_0 + d_0 = \max\{f \mid f = CX, AX \leqslant b + d, X \geqslant 0\}$，$A = (a_{ij})_{m\times n}$ 为式（1）约束不等式的系数矩阵，$C = (c_1, c_2, \cdots, c_n)$，$b = (b_1, b_2, \cdots, b_m)^T$，$d = (d_1, d_2, \cdots, d_m)^T$ 。

令

$$M = D \cap G,$$

求最佳决策 X^*，使得满足

$$M(X^*) = \max_{X \geqslant 0} M(X) = \max_{X \geqslant 0}(D(X) \wedge G(X)) \tag{4}$$

由此求得的 X^* 即为模糊线性规划（1）的最优解。

设 $\lambda = D(X) \wedge G(X)$，（4）式转化成如下线性规划问题：

$$s.t.\begin{cases}\max\lambda \\ \sum_{j=1}^{n} a_{ij}x_j + d_i\lambda \leqslant b_i + d_i, i = 1,2,\cdots,m \\ \sum_{j=1}^{n} c_j x_j - d_0\lambda \geqslant f_0 \\ 0 \leqslant \lambda \leqslant 1 \\ x_1, x_2, \cdots, x_n \geqslant 0\end{cases} \tag{5}$$

求解（5）即可得出 $X^* = (x_1{}^*, x_2{}^*, \cdots, x_n{}^*)^T$。

2. 价值链优化模型中目标函数的确定。在确定价值链优化的目标函数时，首先确定每个价值活动对于顾客价值的贡献程度。顾客价值及企业价值链结构见图1。

设组成顾客价值基本层的因素为 S_{jk}（j，k=1，2，3），即产品质量 S_{11}、产品价格 S_{12}、产品用途 S_{13}、外观设计 S_{21}、方便程度 S_{22}、个人偏好 S_{23}、服务质量 S_{31}、服务效率 S_{32} 和服务成本 S_{33}。设 A_{jk} 为 S_{jk} 在顾客价值贡献中所占的比例，通过层次分析法来确定 A_{jk}，然后确定各个价值活动的权重系数。由于各个价值活动对于企业产品所创造的顾客价值的影响程度不同，可以根据顾客价值的基本层的各个因素对价值活动进行归类。将对于基本层的同一因素有影响的价值活动归为一类，得到每个价值活动对于顾客价值的贡献程度 a_i，$a_i = \sum_{i,k \in \{1,2,3\}} A_{jk}$；$i$=1，2，…，12。经过归一化处理，可以得到 $\bar{a}_i = a_i / \sum_{i=1}^{12} a_i$。

取决策变量为第 T 年从工艺设计到维修全过程的12个价值活动（图1）的成本分摊值 x_i^T（i=1，2，…，12）。在一个规划期［0，T］内，每一年的时间指标依次为 $0<1<\cdots<t<\cdots<T-1<T$。

约束条件涉及的参数如下：设企业产品的总成本表示为 TC，则企业战略规划期的期初总成本值为 TC^0、价值活动的成本分摊值为 x_i^0；第1年的总成本值为 TC^1，价值活动的成本分摊值为 x_i^1；第 T 年的总成本值 TC^T。

引入顾客价值转化系数 w_i^T，其含义是第 T 年的各个价值活动的成本分摊值转化为顾客价值的比例，$w_i^T = w^T \cdot \bar{a}_i$，其中 w^T 是通过多级模糊综合评价得出的12价值活动对于顾客价值最终实现效果的综合值，$0 \leqslant w^T \leqslant 1$；因此企业产品所创造的总顾客价值 f（X）可以量化为

$$f(X) = \sum_{i=1}^{12} w^T \cdot \bar{a}_i \cdot x_i^T \tag{6}$$

于是，价值链优化的模糊线性规划模型中的目标函数为

$$\max f(X) = \max(w^T \sum_{i=1}^{12} \bar{a}_i x_i^T) \tag{7}$$

3. 价值链优化模型中约束条件的确定。

（1）边际成本约束。采用平均成本或者总成本分析可能造成低估企业的长期利润增长，采用边际分析方法则会较好地避免这个问题。[8]根据边际分析方法，只有当边际成本从正值转为负值时，企业所获得的利润才最大，因此第 T 年边际成本应该最小。设 Q^t 表示 t 年度的产量值，则边际产量为 $Q^t - Q^{t-1}$，根据边际成本的定义得出价值链所有价值活动的总边际成本 MC^t：

$$MC^t = \lim_{Q^t - Q^{t-1}} \frac{\sum_{i=1}^{12} x_i^t \quad \sum_{i=1}^{12} x_i^{t-1}}{Q^t - Q^{t-1}} \tag{8}$$

根据上述分析要求企业所有价值活动的总边际成本逐年递减，第 T 年总边际成本最小，

即有：

$$0 \leqslant MC^{t} \leqslant MC^{t-1}, t = 1,2,\cdots,T \tag{9}$$

且

$$MC^{T} = \min_{0 \leqslant t \leqslant T}\{MC^{t}\} \tag{10}$$

利用（8）和（9），经递推并进行模糊化处理，得出第一个约束条件为

$$\sum_{i=1}^{12} x_i^T \leqslant T\sum_{i=1}^{12} x_i^1 - (T-1)\sum_{i=1}^{12} x_i^0 \tag{11}$$

（2）总成本约束。T 年的总成本约束条件为

$$\sum_{i=1}^{12} x_i^T \leqslant TC^T \tag{12}$$

（3）各个价值活动成本分摊值的约束。企业预测未来第 T 年的各个价值活动的成本分摊值，是基于现在的价值活动成本分摊值进行的，可以近似地给出各个价值活动的成本下限，使得在总成本允许的范围内进行合理分摊。即有下面的约束

$$x_i^T \geqslant x_i^0，i=1，2，\cdots 12$$

考虑到下限的近似性，化成模糊约束为

$$-x_i^T \lessapprox -x_i^0, i = 1,2,\cdots,12, \tag{13}$$

因此价值链的优化模型为：

$$\max f(X) = \max(w^T \sum_{i=1}^{12} \bar{a}_i x_i^T) \tag{14}$$

$$s.t.\begin{cases}\sum_{i=1}^{12} x_i^T \leqslant T\sum_{i=1}^{12} x_i^1 - (T-1)\sum_{i=1}^{12} x_i^0 \\ \sum_{i=1}^{12} x_i^T \leqslant TC^T \\ -x_i^T \lessapprox -x_i^0, i = 1,2,\cdots,12\end{cases} \tag{15}$$

给定 T、TC^T，第 0 年和第 1 年的 $\sum_{i=1}^{12} x^0$ 和 $\sum_{i=1}^{12} x^1$ 值，以及 d_j（j=1，2，…，14）（d_j 为模糊线性规划模型中第 j 个约束条件的伸缩指标），通过求解模糊线性规划模型（15）即可确定各个价值活动应当采用的成本分摊值和每一种价值活动的成本比例。按成本比例将价值活动进行排序，并将其与企业价值活动的现有成本结构进行比较，得到企业目前需要成本改进的价值活动，从而达到优化价值链的目的。

四、数值算例

利用本文建立的模化规划模型，对我国轿车制造企业进行价值链优化分析。

轿车制造企业是一个组织细密、分工明确的生产、制造、营销的集合体。现代意义上的轿车企业按照产品专业化、工艺专业化和零部件专业化的生产原则组织生产。工艺设计、工厂设计、原料采购、工艺规程制定、零部件生产、整车组装、整车检验、定价、促销、分销、零配件供应、维修等价值活动是主要的价值活动，见图 1。

1. 数值算例的设计。T=5（年），给定轿车企业价值链上每一个价值活动第 0 年的成本分摊值，以及 $\sum_{i=1}^{12} x_i^0 = 6\ 000, \sum_{i=1}^{12} x_i^1 = 8\ 000, TC^5 = 18\ 000$，给出 d_1=500，$d_2=d_3=\cdots=d_{14}$ =50。

表1　企业价值链的初始成本结构

顾客价值转化系数	8.5	5.95	6.8	6.8	8.5	6.8	6.8	7.65	8.5	4.25	5.95	8.5
价值活动成本分摊值下降 x_i^0	600	600	1 280	600	2 600	2 000	400	600	1 300	1 300	800	800

则价值链优化的模糊线性规划模型为：

$$\max f(X)=\max(8.5x_1^5+5.95x_2^5+6.8x_3^5+6.6x_4^5+8.5x_5^5+6.8x_6^5+6.8x_7^5+7.65x_8^5+8.5x_9^5+4.25x_{10}^5+5.95x_{11}^5+8.5x_{12}^5) \tag{16}$$

$$s.t.\begin{cases}\sum_{i=1}^{12}x_1^5\leqslant 16\ 000\\ \sum_{i=1}^{12}x_i^5\leqslant 18\ 000\\ -x_i^5\leqslant -x_i^0\\ x_i^5\geqslant 0,i=1,2,\cdots,12\end{cases} \tag{17}$$

经过模糊线性规划求解，得到各个价值活动第5年的最优成本投入 x_i^5 及在最优总成本中所占比例（$x_i^5/\sum_{i=1}^{12}x_i^5$），如表2。

表2　第5年企业价值链的最优成本结构

价值活动最优投入 x_i^5（元）	1 962.27	575	1 255	575	3 122.73	1 975	375	575	1 822.73	1 275	775	1 962.27
$x_i^5/\sum_{i=1}^{12}x_i^5$（%）	12.08	3.54	7.72	3.54	19.22	12.15	2.31	3.54	11.22	7.85	4.77	12.08

将最优解代入模糊规划模型的目标函数得到企业产品所创造的最优总顾客价值为 $\max f(X)=121\ 669$，将最优解中各成本相加得到最优总成本为16 250。

2. 结果分析。由表2可以看出，零部件生产 x_5^5 这个价值活动在最优总成本中所占的比例最大，说明企业应当首先重视零部件生产的成本投入；其次是整车组装 x_6^5；再次之是工艺设计 x_1^5 是维修 x_{12}^5这2个价值活动；依此类推，可排出其余价值活动的次序。企业决策者可以根据优化的结果及时调整战略重点，实现顾客价值与价值活动成本的互动协调。

企业必须要准确地分析其内部资源优势，才能进行价值链的合理成本优化。资源越充足，企业期初成本分摊值计算得越合理，则经过价值链优化所得成本结构越合理。经过优化所后所得到的某一个价值活动的成本比例越大，则说明这个价值活动是企业的战略发展重点，企业在这个价值活动上应当注入更多的资金来获取价值链的整体效益，从而实现顾客价值最大化与企业利润长期增长双重目标。

五、结论

企业价值链是一种研究企业竞争优势的系统性方法。以往对于价值链的研究基本上侧重于对于价值链结构以及价值链对于企业竞争优势影响等方面的研究，数量化分析不多见。本文引用模糊线性规划方法并结合时间因素对企业价值链优化问题展开研究，目的在于给出一种量化分析思路，为企业进行战略规划提供参考。

参考文献

[1] 乔忠，王光远．模糊随机规划理论［M］．北京：科学出版社，1996

［2］(美) 迈克尔·波特 (Porter, M. E.) 著 (陈小悦译). 部分 ［M］. 北京：华夏出版社，1996

［3］Jeffrey F. Rayport and John J. Sviokla. exploiting the Virtual Value Chain ［M］. Harvard Business Review，1995：24

［4］Bjorn Haavengen，D. H. Olsen，and J. A. Sena. The Value chain Component in a Decision support system：A case example ［J］. IEEE transaction on Engineering Manage ment，1996，43 (4)：38

［5］(美) 曼斯菲尔德 (Mansfield，E.) 著 (王志伟等译). 管理经济学 ［M］. 北京：经济科学出版社，1997

［6］郑维敏. 关于知识库 ［J］. 系统工程理论与实路，1984 (2)：12

［7］彭祖赠，孙韫玉. 模糊 (Fuzzy) 数学及其应用 ［M］. 武汉：武汉大学出版社，2002

［8］Richard S. Higgins Cjompetitive. Managerial and Decision Economics uses constant Marginal cost as the constraint in his objective function to explore the strategic drivers of performance in companies ［J］. Vertical Foreclosure，1999，20 (4)：29

世界蔬菜贸易特点与中国出口策略*

安玉发　乔　忠　朴恩喆

［摘　要］中国蔬菜在国际市场具有比较优势，为了进一步扩大蔬菜出口贸易，必须研究国际市场贸易格局，分析主要进口国的市场供求状况，寻找双方协调、减少贸易摩擦的出口方式。本文将日本市场上的蔬菜分为三种类型，提出了适当限制第一类、维持和发展第二类、积极扩大第三类产品对日出口，以及调整出口季节和出口地区的出口结构调整策略。

［关键词］贸易　蔬菜　农产品　结构调整

在世界经济一体化进程中，农产品领域的国际贸易保护主义日趋严重。近几年随着我国蔬菜出口的增长，主要进口国加紧实施保护措施，使我国蔬菜出口频频受阻。蔬菜是我国具有比较优势的农产品，主要出口日本等亚洲国家，在我国农产品的出口贸易中占有重要地位。分析国际市场供求现状和市场环境的变化，反思我国蔬菜出口中存在的问题并研究对策，对于继续保持我国蔬菜的出口增长是十分必要的。本文在分析世界贸易格局的基础上，从国际市场营销管理的理念出发，以对日蔬菜出口为例，探讨通过出口结构调整的方式来实现我国蔬菜出口的新一轮增长。

一、世界蔬菜贸易概况

1. 世界蔬菜出口格局。世界的蔬菜出口主要集中在欧洲和北美，二者合计年均出口占世界的比重为67. 3%（见图1）。欧洲的蔬菜年均出口占世界的比重为44.4%，欧洲主要的蔬菜出口国有荷兰、西班牙、法国、比利时、意大利，其中荷兰是世界第一大蔬菜出口国，其年均出口占世界的13.9%。

北美自由贸易区的三国均是较大的蔬菜出口国，其中美国的年均出口占世界的10.1%，墨西哥占7.8%，加拿大占5.1%。

亚洲主要的蔬菜出口国是中国和土耳其，中国的年均出口占世界的比重为7.7%，土耳其为2.1%。

2. 世界蔬菜进口格局。世界蔬菜进口主要集中在欧洲和北美，二者合计年均进口占世界年均进口总额的63.3%（见图2）。

在欧洲，蔬菜主要进口国有德国、英国和法国，这三国的年均进口占世界的比重分别为14.3%、9.4%和7.4%。

---

* 原载韩国《VISION 21》2003年12月。

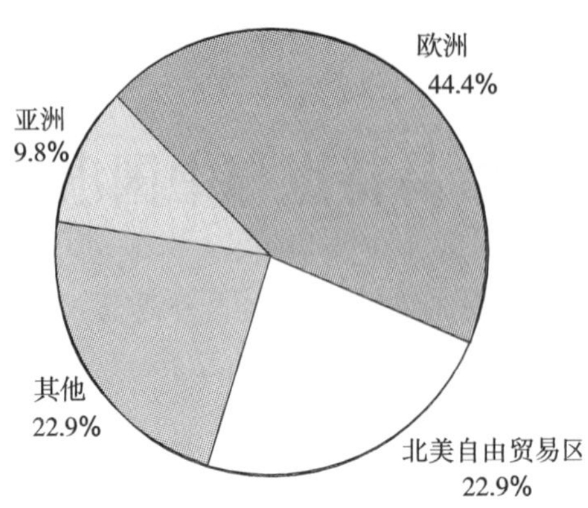

图 1　世界蔬菜出口区域分布

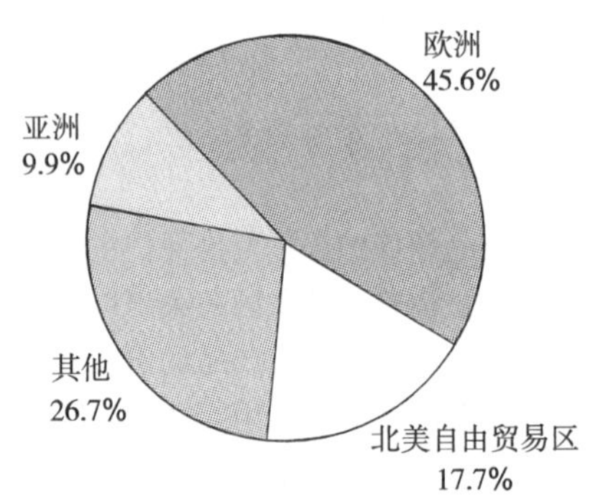

图 2　世界蔬菜进口区域分布

在北美，美国和加拿大是北美的主要蔬菜进口国，美国的年均进口占世界的 13.4%，加拿大占 4.3%。

亚洲的主要蔬菜进口国是日本，日本也是世界第三大蔬菜进口国，其年均进口占世界的 9.9%。

3. 世界蔬菜进出口贸易特点。

(1) 欧盟区域内贸易特色鲜明。荷兰是世界最大的蔬菜出口国，其年均蔬菜出口额为 39.4 亿美元，占世界的 13.9%，主要流向欧洲国家，少部分流向美国和俄罗斯等。荷兰 77.4%的蔬菜向欧洲国家出口的，其中较大的几个欧洲出口伙伴国是德国、英国、法国、比利时。欧盟自由贸易区国家地理位置集中，具有良好的运输条件，有利于生鲜蔬菜的流通与贸易，同时区域经济一体化的发展使欧盟各成员国之间的贸易更加紧密，形成明显的区域化特色。

(2) 美国蔬菜贸易总额居各国之上。美国蔬菜的进出口贸易额为 68.75 亿美元，居世界第一位。其中年均出口额为 28.68 亿美元，排出口国第三。年均进口额为 40.07 亿美元，排进口国第二。美国蔬菜的进出口市场主要是北美自由贸易区内的加拿大和墨西哥，其他主要出口市场还包括亚洲的日本，主要进口市场还包括欧盟的西班牙和荷兰。

(3) 主要进口国均为发达国家，主要出口国既有发达国家，又有发展中国家。主要进口国的前十名都是发达国家，而主要出口国的前十名中，有 3 个国家是发展中国家，这三个国家是北美洲的墨西哥、亚洲的中国和土耳其。从地理位置上看，他们与主要进口国毗邻，墨西哥蔬菜主要供应美国，中国蔬菜销往日本，土耳其蔬菜主要出口到欧盟的德国。从近几年的趋势看，发展中国家向发达国家出口蔬菜在不断扩大。

（4）一些国家既是进口大国又是出口大国。世界蔬菜进出口贸易的主要部分集中在欧盟和美国，在十大蔬菜出口国中有七个国家同时又排在十大进口国之内（见表1）。在像欧盟、北美这样的自由贸易区内，国境已经不是影响贸易的因素，形成了更大的区域统一市场。在统一市场中，不同消费群体产生不同的需求，人们选择的范围更大，产地的地理区位、距离等自然条件因素变得更为重要。另外，各国之间在蔬菜品种、产品的竞争力方面的差异也形成了互补贸易、调节余缺的推进力。

表1　主要出口国的进口情况

单位：亿美元

国家	出口排名	出口额	进口排名	进口额
荷兰	1	39.41	6	13.54
西班牙	2	32.70	10	8.14
美国	3	28.68	2	40.07
法国	6	18.44	5	22.09
比利时	7	18.02	9	10.48
意大利	8	17.58	8	11.10
加拿大	9	14.35	7	12.79

数据来源：联合国统计司（UNS）农产品贸易数据库。

二、亚洲蔬菜贸易特点

亚洲最大的蔬菜出口国是中国，年均出口额为21.81亿美元，占世界蔬菜出口额的7.7%，是世界第五大蔬菜出口国。泰国、韩国、印度尼西亚和越南等亚洲国家也有少量出口。中国从20世纪80年代开始大力发展经济作物，蔬菜种植面积增长很快，2000年比1990年增长了240%，达到15 237公顷。进入90年代后，国内市场趋于饱和，加快了蔬菜出口的步伐。中国仅向日本的出口就占中国蔬菜出口额的50.6%，向美国、韩国、德国等出口均不到5%。除了日本之外出口市场比较分散(表2)。中国的蔬菜进口仅占世界蔬菜进口额的0.4%，每年进口额在1.28亿美元，主要从泰国、美国、加拿大和印度尼西亚等国进口一些热带蔬菜、西洋蔬菜和高档蔬菜加工产品。

表2　中国蔬菜出口流向

序列	进口地	年平均贸易额（千美元）	所占比例（%）
世界		2 180 826	100.0
1	日本	1 103 212	50.6
2	中国香港	121 189	5.6
3	美国	98 601	4.5
4	韩国	90 688	4.2
5	德国	87 080	4.0
6	意大利	69 058	3.2
7	荷兰	66 792	3.1
8	新加坡	32 797	1.5
9	印度尼西亚	32 232	1.5
10	法国	32 051	1.5
	其他	447 126	20.5

数据来源：同表1。

亚洲最大的蔬菜进口国是日本，年进口额在30亿美元左右。日本也是世界第三大蔬菜进口国，年均进口占世界的9.9%。日本国内市场蔬菜的需求量每年大约在1 670万吨，其国内只能生产1 370万吨，自给率为82%，另外的18%、约300万吨只能从国外进口才能满足市场需求。主要的进口来源地是亚洲和北美，其中来自中国和美国的蔬菜合计约占日本蔬菜进口量的70%。其余从韩国、新西兰、泰国、墨西哥和加拿大进口，从欧盟国家进口不到5%。1991年以前，美国一直是日本最大的蔬菜贸易伙伴，但从1991年开始，日本市场上中国蔬菜的份额就超过了美国。现在，日本从中国年均进口蔬菜13.86亿美元，进口占其进口额46.7%，从美国的进口额为6.84亿美元，占其进口额的23.1%。

韩国是亚洲的蔬菜净进口国，年均进口蔬菜2.48亿美元，出口1.61亿美元。韩国从中国年均进口蔬菜0.97亿美元，从美国进口0.79亿美元，从泰国进口0.2亿美元。韩国蔬菜出口主要面向日本，年均对日出口1.46亿美元。韩国对日出口蔬菜的品种主要是西红柿、青椒（彩椒）、黄瓜、茄子、南瓜等，以园艺蔬菜为主。

从以上对亚洲蔬菜市场分析看出，发达的工业国日本和新兴工业国韩国是蔬菜主要进口国，发展中国家的中国和泰国是主要出口国，其中中国占出口绝对优势。在亚洲市场上，中国蔬菜的主要进口国是日本，主要竞争对手是美国，无论日本还是韩国都从美国进口大量的蔬菜。要进一步扩大中国蔬菜的市场份额，就必须分析进口国的市场供求状况，同时还必须研究竞争对手和竞争环境，制定行之有效的出口营销战略。

三、中国蔬菜出口遇到的主要问题

中国蔬菜在国际市场上具有明显的比较优势，随着国际经济一体化和我国加入了世界贸易组织，我国蔬菜出口还会不断增加。但是，近几年出口量的快速增加导致了出口价格的下跌，出口企业和农户的收入增加缓慢，一些品种还遭遇了国外的临时禁入制裁，使出口企业和生产农户遭受很大的经济损失。

中国蔬菜的出口市场主要依赖于日本，但是近几年在中国入世前后，中日蔬菜贸易接连发生一些摩擦。例如，一次是2001年4月23日对进口中国的大葱、香菇实行的限量进口措施，超过部分加征266%关税；另一次是2002年6月日本以从中国的速冻菠菜中检测出残留农药为由，对从中国进口的蔬菜实行全面大检查，并于同年9月重新修改了《食品卫生法》，强化对进口食品的安全管理，提高了检测标准，加大了对进口商的处罚力度。

这两次事件发生的导因一个是数量问题，一个是质量问题，但根本原因是日本政府为了保护本国农业针对中国蔬菜进口增加而采取的贸易保护措施。自由贸易与贸易保护历来是国际贸易领域争论不休的问题。许多专家对中日农产品贸易摩擦发生的原因进行了分析。何秀荣等（2002）认为中国蔬菜对日本国产蔬菜具有较强的替代性，“进口量的强劲增长，非常自然地使其成为日本菜农首当其冲的指责对象，也很容易形成针对中国的限制措施”，主张“中国应当调整出口方式，从主要依靠低价的出口数量扩张的方式转向优质高价的出口竞争方式”。甲斐谕、王志刚（2002）指出，中日两国之间存在着信息不对称问题，在中日两国之间建立有序的蔬菜贸易体制至关重要。学者们从经济学理论和实证的角度对中日贸易问题发生原因进行的探讨对建立贸易合作机制、减少摩擦具有重要的参考价值。笔者认为，今后进一步扩大中国蔬菜出口贸易，应当实施蔬菜出口结构调整策略，充分了解国际市场信息，采取避开敏感品种、抢夺竞争对手份额、全面出击的出口营销策略。

四、中国蔬菜出口结构调整和营销策略探讨

（一）日本市场蔬菜产品供求状况分析

从总体上看，日本市场上国产蔬菜和进口蔬菜比例大约是8：2，仍然是国产蔬菜占绝对优势。在进口蔬菜中中国蔬菜占一半，占有绝对优势。但是，从日本市场上不同蔬菜产品看，有些是国产品为主，有些是进口品为主；有些是中国蔬菜为主，而有些则是其他国家蔬菜占有较大的份额。

1. 中国蔬菜产品所占份额。为了研究竞争策略，下面按中国蔬菜产品在日本进口蔬菜中所占份额大小划分为三种类型：

第一类：份额大的品种（注：百分数为中国产占进口蔬菜的份额，括号内数字为日本的总进口量，2000年）。中国产品占90%以上的——生姜95.1%（4.8万吨）、大蒜99.8%（2.9万吨）、芋头99.9%（2.0万吨）、香菇99.9%（4.2万吨）、豌豆角99.9%（2.1万吨）、速冻菠菜99.8%（4.5万吨）、大葱98.5%（4.2万吨）、莲藕100%（0.1万吨）、腌制小茄子95.2%（0.7万吨）、干香菇98.5%（0.9万吨）、甘蓝91.9%（2.1万吨）

第二类：份额中等产品。速冻毛豆53.1%（7.5万吨）、盐腌生姜39.9%（3.4万吨）、醋腌生姜75.4%（1.0万吨）、盐腌黄瓜87.3%（4.3万吨）、速冻豌豆37.9%（1.9万吨）、速冻西兰花34.8%（1.4万吨）、胡萝卜47.8%（4.4万吨）

第三类：份额小的产品。洋葱10.3%（26.2万吨）、结球生菜0.7%（0.2万吨）、叶用生菜0%（0.3万吨）、西兰花12.8%（7.9万吨）、南瓜0%（13.3万吨）、芦笋1.8%（2.5万吨）、西红柿0%（1.3万吨）、青椒0%（1.0万吨）、芹菜0.5%（0.7万吨）、草莓0%（0.6万吨）、速冻马铃薯1.8%（27.3万吨）、番茄酱11.9%（19.3万吨）

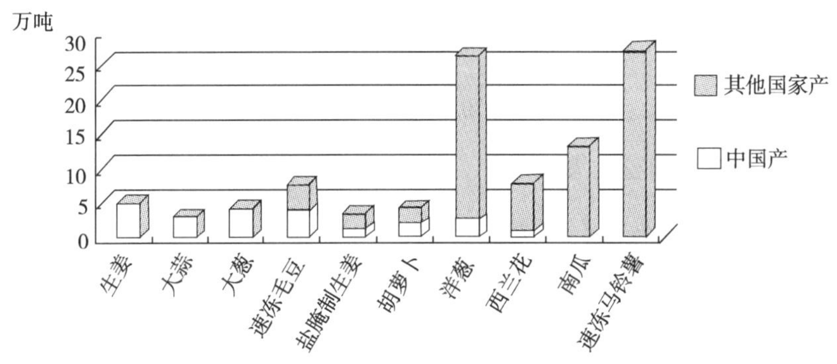

图3　中国蔬菜产品占日本进口蔬菜的份额

2. 日本市场蔬菜季节性供求特点（以芋头、豌豆角为例）。

芋头：日本国内供应量13.8万吨，进口2.0万吨，进口量占国内消费量的12.8%，5～7月是市场淡季。从图4可以看出淡季芋头供应不足，市场价格上张1倍多。

豌豆角：日本国内供应量2.4万吨，进口2.1万吨，进口量占国内消费量的46.3%，日本国内7～9月份供应量明显不足，9月份价格是12月份的3倍（图5）。

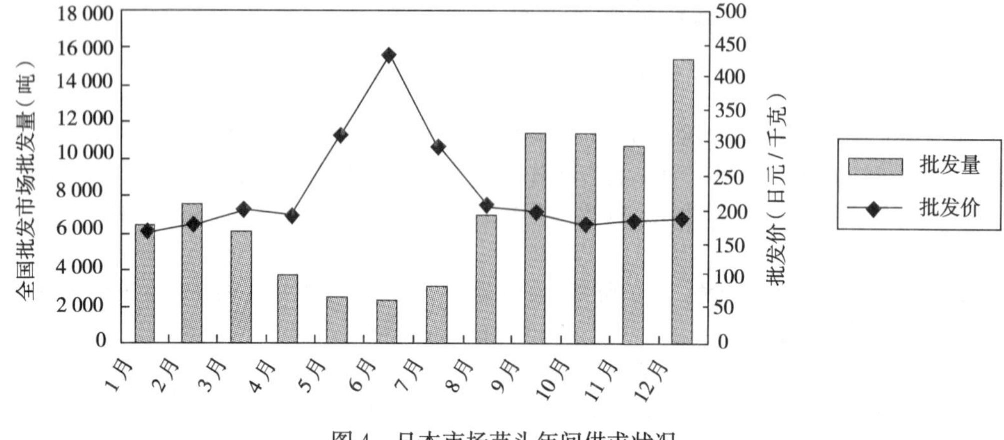

图 4　日本市场芋头年间供求状况

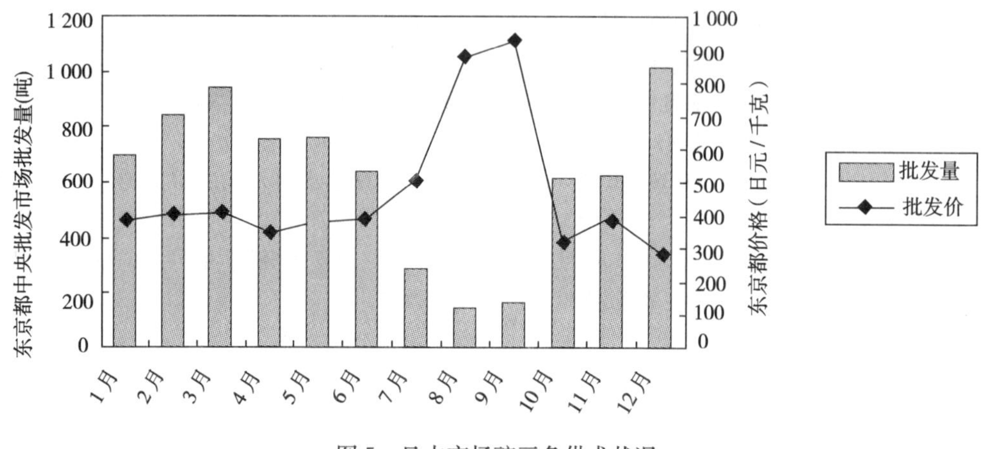

图 5　日本市场豌豆角供求状况

（二）蔬菜出口结构调整的思路

1. 调整出口产品，抢占竞争对手份额。

（1）适当限制第一类产品的出口。在对日本蔬菜市场的分析中看出，中国的大蒜、大葱、生姜等是在日本的进口蔬菜中占有绝对优势的第一类产品，在日本市场上只有中国产与日本产两家竞争，中国产品的大量进入直接冲击着日本菜农的利益，属于“敏感品种”。日本农民的反对往往成为政府高筑贸易壁垒、实施制裁措施的起因和借口。因此从市场营销策略上看，适当限制出口第一类产品，给对方生产者保留一定的市场空间，可以在很大程度上避免该类品种的增加引起贸易摩擦。

（2）维持和适当增加第二类产品的出口。第二类产品包括速冻毛豆、盐腌生姜、胡萝卜等，中国产品占日本进口蔬菜的一半左右，市场上是日本、中国还有其他国家一起竞争，因为当事者多，竞争相对比较稳定，即使是冲击了日本的菜农，一般也不会引起针对单方的贸易制裁。所以，对第二类品种可以维持或视对方的市场容量适当增加出口量。

（3）积极扩大第三类产品的出口。洋葱、生菜、西兰花、芦笋、南瓜、西红柿等第三类产品

属于日本从其他国家进口多，从中国进口少或不进口的产品。这些产品属于西洋蔬菜类，一直是从美国、新西兰等国进口的主要产品，价格高、国内需求量也不断上升。这是中国今后扩大出口的主要目标品种，具有很大的潜力。近些年中国不断引进西洋蔬菜，栽培面积不断扩大，完全可以大量生产和扩大出口。扩大第三类蔬菜在日本市场上的份额，主要是与竞争对手抢份额，依靠距离近、成本低等优势扩大出口，而不会引起贸易摩擦。

2. 调整出口时间，打时间差。中国国土幅员辽阔，东西南北气候差异大，适合各种蔬菜的种植，各个季节均可上市。因此，可以瞄准日本某些蔬菜上市的淡季，合理调整收获时间，利用时间差来扩大该品种的对日出口。在市场供不应求、消费者需求得不到满足的时候，日本海关基本没有进口限制。例如，在5～7月份进口芋头，7～9月份进口豌豆角、西兰花等不仅能够缓解日本市场的供求矛盾，而且深受日本消费者青睐，对中国的出口企业来说还能够卖出好的价格。另外，在日本农业遭受自然灾害导致国内减产的情况下，往往采取紧急进口措施从国外调运蔬菜，这也是应当把握的一个出口时机。

3. 调整出口地区，实施多元化策略。开发周边国家的市场是近期扩大中国蔬菜出口的首选战略。除了日本和韩国之外，俄罗斯、泰国、越南、朝鲜等国家的市场也有一定的潜力，应当积极研究合适的开发策略。中泰两国2003年9月1日开始执行果蔬贸易零关税协议，中泰蔬菜贸易将会得到发展。

中国向新加坡和印度尼西亚年均出口蔬菜各为0.32亿美元，各占中国蔬菜出口额的1.5%，今后扩大出口的潜力较大。美国、欧盟等国对中国的生姜、大蒜等特色调味蔬菜有一定的需求；一些外国食品跨国公司从中国进口干燥蔬菜作为加工食品原料；国外快餐饮食业的发展对速冻蔬菜的需求不断增加，给我国速冻蔬菜今后的出口带来机遇。利用我国丰富的原料和劳动力资源发展食品深加工产品的前景广阔，如新疆的番茄酱产品远销欧盟一些国家。

参考文献

[1] 何秀荣等. 中日农产品贸易战的政治经济学分析. 载：秦富等主编. WTO与中国农业和农村经济发展. 中国农业出版社，2002

[2] 甲斐谕，王志刚. 关于中日蔬菜贸易摩擦和日本紧急进口限制的经济分析. 载：秦富等主编. WTO与中国农业和农村经济发展. 中国农业出版社，2002

[3] 安玉发等. 提高蔬菜对日出口竞争力研究. 中国农村经济. 2002. 11

[4] 安玉发. 中国入世后农产品贸易发展前景. VISION 21. GWANGJU JEONNAM DEVELOPMENT，2002. 12（№35）

[5] 安玉发，森尾昭文. 中国对日蔬菜出口渠道分析. 国际贸易. 2001（9）

[6] 安玉发，陶益清. 加入WTO我国农产品营销战略分析. 中国流通经济. 2001（6）

农用地土地利用系数的分解及计算*

张莉琴　姚慧敏　张凤荣

[摘　要] 现行农用地土地利用系数计算方法虽然能反映当前农业生产对土地的实际利用水平，但它无法完整揭示土地利用背后的经济关系。为克服这个缺陷，本文提出一种新的方法——农用地土地利用系数两部法，将土地利用总系数（即土地利用实际系数）分解为反映土地利用能力的土地利用能力系数和反映农民利用意愿水平的土地利用意愿系数，这种方法能较好地反映土地利用中的经济关系。应用两部法，本文对我国15个省区的土地利用系数进行了测算。结果表明，我国的土地实际利用水平与能力水平并不一致。

[关键词] 农用地　土地利用　土地利用系数

一、现行“农用地土地利用系数”计算方法评述

提高土地的利用能力和利用水平，加强对农用土地资源的管理，一直是我国土地资源管理部门的工作重点。为科学、准确地衡量各地区的农用地利用水平，我国国土资源管理部门做了大量基础性工作。

在2001年国土资源部验收通过的《农用地分等定级规程》（以下简称《规程》）中，计算土地利用系数的方法是通过实地调查当地指定作物的现实产量，并除以全国该指定作物的最高产量。由于这种方法存在较大漏洞，遭到了广泛置疑，因为：指定作物的全国最高产量通常出现在光温水土条件最好的地方，如果以当地作物的实际产量与该作物的全国最大产量的比值作为土地利用系数，显然会造成其他地方的土地利用系数低于其真正意义的土地利用系数（即土地利用系数是指当地作物实际产量与当地土地生产潜力之比），无法反映各地实际的土地资源利用水平。

因此，在2002年修订《规程》时，将土地利用系数的概念界定为当地指定作物的现实产量除以该指定作物的当地潜在产量（即土地的光温水土生产力）。新《规程》中计算土地利用系数的方法是通过实地调查当地指定作物的现实产量，除以该指定作物的当地理论最高产量。

但是，这个改进后的方法在实际工作应用中仍然存在缺陷：用作物的当地实际调查产量除以当地潜在产量表示的土地利用系数，虽然可以反映当地农业生产对土地的实际利用水平，但它掩盖了土地利用系数后面的经济关系。例如，土地利用水平低，究竟是因为农民开发土地的能力

---

* 原载《中国土地科学》2003年第12期。

（如自然条件差、缺乏资金）有限，还是因为机会成本的原因农民使利用能力“闲置”而不愿对农业多投入，显然对于这两种不同情况，政府为提高土地利用水平所应采取的激励措施明显存在不同。

另外，计算土地利用系数的一个重要用途是为农用地征税提供依据。根据税赋负担的一般原理，应税人所承担税负的大小与其经济能力是成正比的。如果用“当地实际产量/当地潜在产量”计算的土地利用系数科学，那么应保证一个前提：当地作物实际产量反映了当地农民对土地的利用能力。在农产品供给不足的时代，可以认为农产品实际产量反映了各地对土地的利用能力。但当农产品处于过剩时期的今天，这个假设前提并不满足，农产品/工业品的比价逐步下降，由于机会成本的原因，农民对土地并没有实现充分利用，在经济发达地区尤其如此。这也就是为什么东部沿海地区自然、经济条件优越，而对土地利用水平却不高、甚至撂荒的缘故。

目前，我国真正意义上的农村土地市场还远未形成，但市场化肯定是改革方向，土地资源管理政策也将定位于主要通过调节土地利用中的经济关系来促进土地资源优化配置。因此，能深刻揭示农用地利用中的经济关系，应是“土地利用系数”设计的目标。

针对现有“土地利用系数”计算方法存在的缺陷，本文提出一种新思路，将农用地土地利用系数的进行分解，以满足土地管理实践工作的不同需要。这种方法由于是将农用地土地利用系数分解为两部分，因此暂称为“土地利用系数两部法”，供大家探讨。

二、“农用地土地利用系数两部法”的逻辑框架

“农用地土地利用系数两部法”的逻辑框架为：在土地的光温水土条件一定的情况下，农民对土地的实际利用水平由两类因素决定：首先，是农民利用土地的能力如何，在自然条件一定的情况下，农业生产者利用土地的能力受制于除自然条件以外的其他客观条件限制，如资本不足、农民的人力资源较差；其次，是在利用土地能力既定的条件下农民对利用土地的意愿如何，即农民有无积极性和足够的意愿对土地充分投入，使其土地利用能力充分发挥，土地利用的意愿水平主要取决于农民所拥有资源的机会成本。在目前土地经营规模狭小的情况下，农民大部分是兼业，如果非农就业机会多、非农收入高，那么农民就缺乏对农业充分投入的积极性。

根据以上理论框架，土地利用实际水平，即土地利用总系数（U）可以分解为以下两个部分：

（一）反映土地利用能力的土地利用系数——土地利用能力系数（U_1）

U_1＝充分发挥利用能力的产量/当地潜在产量（用光温产量表示）

在自然条件（光温水土条件）一定的情况下，农民对土地的利用能力主要受制于土地生产条件，包括资本和劳动力人力资本限制等。从全国范围看，本文建议用经济发展水平和农业机械化程度作为反映各地区土地利用能力高低的指标，这不仅因为这两个指标是反映全国各地农业生产条件优劣的最具综合性的指标，而且这两个指标的数据可获得性最强。

（1）不同地区经济发展水平与土地利用能力之间呈正相关关系，理由如下：①对资本要素：在经济发展水平越高的地区，资金越充裕，土地生产中的资金约束条件就越少，农民可能投入土地的资金就越多；②对劳动力要素：在经济发展水平较高的地区，市场化程度高，信息、技术传播速度快，农民人力资本相对较高；③对土地要素：根据地租理论，级差地租Ⅱ是资本积累的结果，在资本雄厚的地区土地生产条件往往能在长期内得到改善。

(2) 农业机械化程度高低与土地利用能力之间同样是正相关关系。农业机械化程度是一个直接反映农业生产条件优劣的综合性指标。因为即使在经济发展水平类似的地区，它们的农业生产条件也存在差别，农业机械化程度指标用以反映这些差别。

(二) 反映农民利用意愿的土地利用系数——土地利用意愿系数 (U_2)

$$U_2=\frac{\text{当地实际调查产量}}{\text{充分发挥利用能力的产量}}$$

U_2的大小主要受农业生产机会成本的影响，农业比较利益越低，农民就越没有积极性投入农业生产，实际产量与充分发挥能力条件下的产量之间的差距就越大。

(三) 土地利用的实际系数——土地利用总系数 U

$U=U_1\times U_2$，即

$$\text{土地利用总系数}=\frac{\text{充分发挥利用能力的产量}}{\text{当地潜在产量}}\times\frac{\text{当地实际调查产量}}{\text{充分发挥利用能力的产量}}$$

$$=\frac{\text{当地实际调查产量}}{\text{当地潜在产量}}$$

结合中国的实际，土地利用系数两部法可以用图 1 示意：

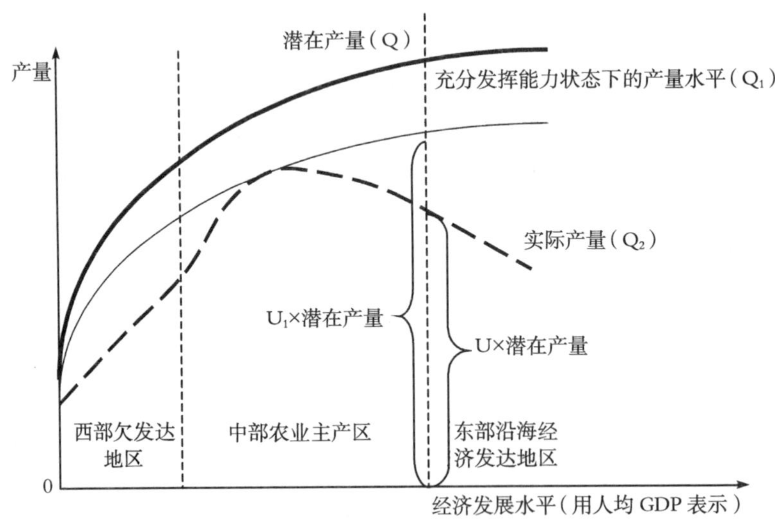

图 1 “农用地土地利用系数两部法”示意图

- 潜在产量线 (Q)，是实际生产可能实现的最高边界线，反映只存在光温水土条件限制下的潜在产量。
- 充分发挥能力状态下的产量水平线 (Q_1)，随着经济发展水平的提高，农业生产者对土地的利用能力越高，因此在充分发挥能力状态下可以实现的产量比例也越高。
- 实际产量线 (Q_2)，与前两条产量线不同，实际产量线呈倒 U 型。在经济很不发达的西部地区，由于信息获得及参与市场的机会贫乏，以及社会文化方面的原因，农业生产比较粗放，实际产量低于充分发挥农业生产要素状态下的产量；在中部农业主产区，机会成本小，农民精耕细作，实际产量几乎接近完全发挥能力状态下的产量水平；在经济发达的东

部沿海地区，尽管农业资源优质（它的U_1高于中部产区的U_1），但由于农业生产机会成本高，农民不愿投入农业，反而导致土地利用总系数U有可能小于中部地区。

三、“土地利用系数两部法”的计算

目前，我国大部分省份已经完成了对当地光温产量的测度和上报工作；各地的实际产量数据，各省统计部门的均有公布。这也意味着土地利用系数两部法中的总系数U已知，关键是要求出U_1，即土地利用能力如何。

第一步，计算土地利用总系数U

$$U=\frac{\text{当地潜在产量}}{\text{实际产量}}=\frac{Q_2}{Q}$$

当地潜在产量应用各省上报国土资源部的光温产量数据，实际产量来自《中国统计年鉴》。

第二步，计算土地利用能力系数U_1

对于什么状态属于充分发挥能力状态，很难用客观、简便的方法确定，因此我们建议用间接的方法求得。根据上文分析，农业生产能力与经济发展水平呈正相关：经济发展水平越高，可以投入农业的资金就越多，农业生产条件得以改善的几率就越大，同时由于信息、科技的可获得机会高，生产者的素质也较高，从而导致土地利用能力水平就越高；相反条件，土地利用能力水平则较低。

(1) 确定各影响因素对土地利用水平的贡献。本课题组在做了多方案比较后，实证分析表明：在我国，影响土地利用能力的主要因素是各地区经济发展和农业机械化程度。为了确定以上两个因素对土地利用水平的贡献，课题组应用C—D生产函数模型，发现各地土地利用水平与当地经济发展水平（用人均GDP代表）和农业机械化程度（用每公顷耕地拥有农业机械动力）之间存在以下关系①：

$$\ln(U)=-2.771+0.120\ln(\text{人均GDP})+0.107\ln(\text{每公顷耕地拥有农业机械动力})$$
$$(-12.98)\qquad\qquad(4.71)\qquad\qquad(6.79)\cdots\cdots\text{t值}$$
$$R^2=0.13$$

即：当人均GDP增加1个百分点，当地土地利用水平增加0.12个百分点；当每公顷耕地占有农业机械动力增加1个百分点，当地单产水平增加0.107个百分点。

(2) 假设在全国土地实际利用水平（U）最高的地区，在它所处的经济发展水平和农业机械化程度下完全实现了其农业生产能力，即该地区的$U_1=U$，$U_2=100\%$。以该地区为基点，根据上一步求出的各要素贡献，求其他地区的土地利用能力系数U_1。

在已有统计的县市中，土地利用系数最高（U）为0.46，全国土地利用水平最高的三个地区为河北的正定县、新乐市和无极市，这三个县（市）的人均GDP平均为10 039元，每公顷耕地拥有农业机械动力为43.47千瓦。以该点为基点，求得土地利用能力水平U_1的推导公式为：

$$\ln(U_1)=-2.287+0.120\ln(\text{人均GDP})+0.107\ln(\text{每公顷耕地拥有农业机械动力})$$

第三步，求得各地区反映农民利用意愿的土地利用意愿系数$U_2=U/U_1$

① 由于土地利用能力水平U_1只是一个理论意义上的土地利用水平，在实际工作中测度难度很大。为了确定经济发展水平和农业机械化程度对土地利用能力水平的贡献，我们用实际土地利用系数（U）代替U_1。由于贡献值只是近似的估计，这样简化处理应该不会影响分析效果。

四、我国15省（自治区）的土地利用系数分解

应用两部法，本文对广东、福建、山西、新疆、内蒙古、吉林、黑龙江、河北、河南、江苏、安徽、湖南、广西、山东、湖北等15省（自治区）的农用地的土地利用系数进行了分解和测算（见表1和表2）。我们发现，土地实际利用水平与能力水平并不一致，全国各地对土地利用水平最高的地区是经济发展水平处于中等偏上的地区，而土地利用能力最强的地区是东部发达地区，对土地利用意愿最高的地区是属于中下收入水平的农业主产区，具体特点如下：

- 就土地实际利用水平（U）来说：随着经济发展水平的提高，土地利用水平先上升后下降，收入水平属于中高的地区（人均GDP处于7 000到10 000元之间）的土地实际利用水平最高，其平均土地利用系数达到0.225。
- 就土地利用能力（U_1）来说：经济发展水平越高的地区，对土地的利用能力也更强。高收入组地区（人均GDP万元以上）的土地利用能力系数最高，达到0.402。
- 就土地利用意愿系数（U_2）来说：经济发展水平中等偏下的地区，对土地的利用意愿最高，我国最主要的农业产区，如河北、河南、湖北、湖南、安徽、四川，均属于这个收入档次，这表明在农业主产区从事农业生产的积极性最高（0.674），而随着经济发展水平的提高，农业生产的边际成本增加，农民从事农业生产的积极性逐步降低，在我国经济最发达的地区，从事农业生产的意愿最低，只有0.402。

表1　不同经济发展水平地区的土地利用系数

	人均GDP（元）				平均
	低于3 000	3 000～7 000	7 000～10 000	高于10 000	
土地利用总系数	0.183	0.222	0.225	0.231	0.215
土地利用能力系数	0.295	0.328	0.357	0.402	0.323
土地利用意愿系数	0.615	0.674	0.639	0.573	0.648

注：(1) 收入分组的依据：2000年我国全国的人均GDP为7 078元，收入最低的10%的县的人均GDP低于2700元，因此将3 000元以下的归为低收入组，3 000～7 000元的为中低收入组，7 000～10 000元的为中高收入组，高于10 000元的为高收入组；(2) 加粗的为最高值。

表2　我国15个省区的土地利用系数

	土地利用总系数（反映实际利用情况）U	土地利用能力系数（反映利用能力）U_1	土地利用意愿系数（反映农民利用意愿）U_2
广东	0.241	0.363	0.673
	(0.17)	(0.16)	(0.20)
福建	0.168	0.374	0.451
	(0.24)	(0.09)	(0.24)
山西	0.215	0.313	0.670
	(0.27)	(0.10)	(0.29)
新疆	0.229	0.305	0.754
	(0.28)	(0.11)	(0.27)

（续）

	土地利用总系数（反映实际利用情况）U	土地利用能力系数（反映利用能力）U_1	土地利用意愿系数（反映农民利用意愿）U_2
内蒙古	0.142	0.322	0.449
	(0.47)	(0.12)	(0.43)
吉林	0.157	0.307	0.510
	(0.35)	(0.08)	(0.35)
黑龙江	0.152	0.316	0.483
	(0.21)	(0.07)	(0.22)
河北	0.254	0.360	0.668
	(0.39)	(0.13)	(0.35)
河南	0.272	0.329	0.832
	(0.22)	(0.07)	(0.23)
江苏	0.203	0.274	0.743
	(0.13)	(0.09)	(0.13)
安徽	0.184	0.334	0.544
	(0.20)	(0.07)	(0.18)
湖南	0.223	0.327	0.682
	(0.22)	(0.07)	(0.20)
广西	0.172	0.322	0.535
	(0.28)	(0.08)	(0.27)
山东	0.281	0.382	0.742
	(0.12)	(0.08)	(0.16)
湖北	0.222	0.335	0.658
	(0.29)	(0.08)	(0.27)

注：括号内为标准差变异系数。

参考文献

[1] 张凤荣等．对《农用地分等定级规程》土地利用系数的探讨［J］．中国土地科学，2002，(1)
[2] 中华人民共和国国土资源部．农用地分等定级规程［S］(内部发行) 2001
[3] 孔祥智．现阶段我国农户投入地产业选择［J］．中国农村观察，1998，(2)
[4] 王景新．中国农村土地制度的世纪变革［M］．北京：中国经济出版社，2001，(12)：76
[5] H. 范里安［美］．微观经济学：现代观点［M］．上海：上海人民出版社，2000

中小企业采用市场缝隙战略时应遵循的“321”策略*

何有缘　常　英

以乡镇企业为主体的中小企业，在推动国民经济快速发展时起到了重要的作用。但是随着外界环境的变化，企业之间的竞争变得越来越激烈，不少中小企业陷入了经营的困境而难以自拔。面对日益严峻的挑战，中小企业只有立足市场，突出优势，采取适合自身发展的市场营销战略，才能在激烈的市场竞争中求得生存和发展。根据中小企业的特点和国内外许多中小企业的成功经验，我们认为市场缝隙战略是保障中小企业生存和发展的理想选择。为了使市场缝隙战略在实践中取得预期的成效，中小企业的经营者应该抓住产生市场缝隙的 3 个源头，坚持 2 项战略推进原则，遵循 1 个系统的实施程序。我们把这种营销思路简称为“321”策略。

一、抓住产生市场缝隙的 3 个源头

市场缝隙战略是日本学者长岛总一郎在 20 世纪 90 年代率先提出来的，其基本战略思想是：任何市场总会存在一些大企业的触角伸不到的经营缝隙，中小企业可以凭借自己规模小、机动灵活、适应性强的特点，及时向这些空隙市场提供产品或服务，最终形成自己的竞争优势。一般说来，发掘市场缝隙，可从以下三方面着手。

1. 利用已存在的市场缝隙。所谓已存在的市场缝隙，是指大企业不愿干或干不了的那部分产品市场。例如，空中航运市场在美国是个竞争激烈的行业。为了求得自身的发展，规模较小的西南航空公司专门寻找那些收费高、服务差的航空公司作为取代对象，常常开辟大航空公司弃之不用的小城市之间的航线，通过多提供航班、热情待客、票价低廉等营销手段，击败了众多竞争对手而后来居上。

2. 借助市场细分来发现潜在的市场缝隙。所谓潜在市场缝隙，是指现有的产品或服务不能满足的、隐而不现的市场需求。根据消费者在性别、年龄、收入水平、心理个性等方面存在的差异性，把某一产品的整体市场细分为若干个消费群体，可以发现很多的潜在市场需求。例如，牙膏是人民生活的必需品，按理在中国有广阔的市场。可是当杭州牙膏厂厂长陈瑞华上任时，全国牙膏积压 7 亿多支，该厂也积压了 2000 多万支。为了摆脱经营的困境，他对牙膏市场进行了细分，发现全国十几亿人口中就有 3 亿多儿童，患龋齿病的儿童多达 70%以上，可是专为儿童生产的牙膏当时还是空白。于是，该厂抓住这一市场缝隙，采用国际防龋齿药剂，配以国际流行的草

* 原载《中国乡镇企业》2003 年第 12 期。

莓香料，再加上在中央电视台儿童节目中的强势广告宣传，“投儿童所好”的“小白兔”牙膏在全国一炮打响，至今仍保持旺销的态势。

3. 通过创新来追踪市场缝隙。前面所阐述的两种市场缝隙，都局限在一种静态的分析基础之上。随着社会经济的进一步发展，消费者的需求变化开始加快，企业面临的市场环境也日新月异，这时会涌现出许多大企业难以追踪的市场缝隙。中小企业则可以利用自身规模小、机动灵活性强、人员上下沟通方便、决策程序简单等特点，采取适时创新的手段来填充层出不穷的市场缝隙。例如，钟表石英技术最初由瑞士人开发出来，但在机械表一统天下的钟表王国，瑞士钟表制造商对石英技术的应用前景反应迟钝，而以中小企业居多的日本钟表制造商抓住这一机会，对瑞士人的技术发明进行改进，没过多久，由微型电池驱动的石英钟表便以横扫千军之势，占据了世界钟表市场的半壁江山。

二、推行市场缝隙战略时应坚持的2项原则

抓住了产生市场缝隙的3个源头后，还要坚持下述2项原则，才能保障市场缝隙战略的推进取得成功。

1. 力量集中原则。通过对市场缝隙的3个源头进行分析，中小企业可以方便地找到市场的切入点。如果一段时间内可供选择的市场缝隙比较多，那么中小企业应该集中全部力量，对具有较大市场扩张潜力的缝隙进行重点营销，形成自己的“专一化”经营策略，切忌把有限的力量分散到各个市场缝隙，最后可能连一个市场缝隙也占领不了。

著名的杭州娃哈哈公司，在公司的食品厂创建之初，通过对全国营养液市场进行调查分析，发现国内生产的营养液都属老少皆宜的全能型产品，没有一种儿童专用营养液。针对这个市场缝隙，他们专门生产适合儿童消费的“娃哈哈”营养液而走红全国市场。该公司随后开发出来的系列保健食品，也主要是以儿童这个专业市场为营销对象的。反观巨人、爱多等红极一时的公司，无一不是盲目走多元化道路而开始衰败的。

2. 动态联盟原则。中小企业在推行市场缝隙战略时，常常会遇到资金不足、生产技术水平不高、销售渠道不畅等难题；借助于与其他企业进行各种形式的动态联盟，可以有效地化解上述难题，迅速壮大自己。所谓动态联盟，就是指几个企业组成一个群体，针对特定的市场机遇（如新发现的市场缝隙），按照优势互补原则，共享各自价值链上某些优势环节，集中使用各自的优势力量，克服各自的薄弱环节，从而实现多赢的目标。一般来说，动态联盟具有临时性的特征，它随着市场机遇的出现而产生，随着市场机遇的消失而消失或重组。

台湾有“中小企业王国”之称，岛内的许多企业与美国的通用电气、菲利浦、德克萨斯仪器等公司进行联盟，取得了下述经营成果：①提高了生产效率；②通过公司间的技术转移，提高了技术水平；③借人之名，拓展了销售渠道；④对技术和销售信息的获取变得更为快捷，因而更容易适应新的环境与市场变化，发现更多的市场缝隙。

三、实施市场缝隙战略时应遵循的工作程序

为了有效地实施市场缝隙战略，除了坚持力量集中和动态联盟原则外，还应该遵循下图所示的工作程序。

1. 周详调查。实施缝隙战略时，首先要分析消费者的需求。如前所述，需求有现实需求、

潜在需求和未来需求之分。不管是着眼于哪类需求，都要求中小企做好市场调查工作。企业要从多种渠道（顾客、中间商、专家、本企业职工、合作伙伴、情报资料、实物样品等）和运用各种调查方法（询问法、观察法、实验法等）来了解各类需求的具体内容、范围、强度，然后选定恰当的主攻目标、开发合适的产品或服务。

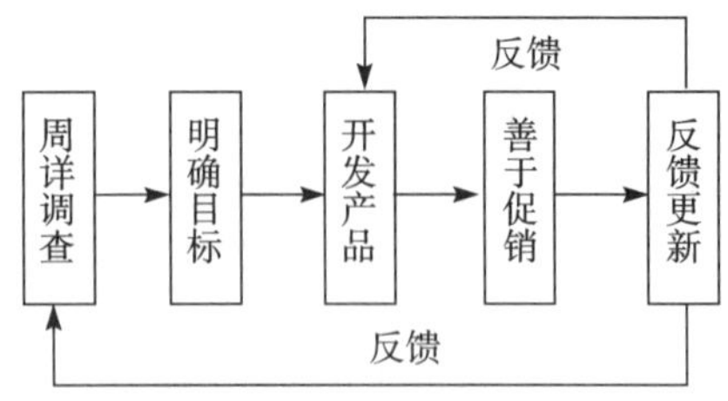

2. 明确目标。由于中小企业的人力、物力、财力等各项经营资源都较为有限，因此在一段时期内只能选定一个主攻的市场缝隙，避免力量分散带来的负面效果。一般说来，最好在现有市场缝隙、潜在市场缝隙和创新所产生的市场缝隙中选择其中一个方面，进行重点经营。在某一市场缝隙站稳脚跟并取得较大的市场占有率后，再转向下一个值得经营的市场缝隙。

3. 开发产品。中小企业向市场缝隙提供产品时，要学会用“整体产品”的概念来指导开发工作。一般说来，现代产品的整体概念包含 3 个层次：一是核心产品，是指顾客从产品的使用或消费中所得到的基本利益，如购买家用计算机是为了处理各种信息；二是形式产品，是指核心产品借以体现的具体形态，如计算机的质量、功能、款式、包装、品牌等；三是延伸产品，是指顾客购买产品后得到的附加服务，如对计算机用户提供安装、使用指导、维修以及软件知识培训等。由于中小企业具有反应灵敏、行动迅速等特点，在开发产品或提供服务时，一定要注重从延伸产品方面多做一些创新的工作，以便在与大企业的竞争中突出自己的比较优势。

4. 善于促销。采用市场缝隙战略开发出来的产品，多半是冷门产品，开始阶段一般不被顾客所知晓，中小企业应该善用各种促销手段，及时把有关的产品信息传递给消费者。一般而言，企业可供选择的促销手段有 4 大类：广告、人员促销、营业推广和公共关系。对于中小企业来说，人员促销应作为其重点选择。这是基于以下三方面的考虑：一是中小企业财力有限，不可能像大企业那样开展持续的广告宣传活动，而中小企业的人力资源较为充足且成本低廉，可以有效地发挥出人员促销的优势；二是人员促销时，通过与顾客面对面交谈，不但可以了解顾客的需求、动机等，而且可以当场解答顾客的疑虑，诱导顾客的购买欲望，促成顾客早日作出购买决策；三是人员促销活动除了宣传产品外，还可兼做许多相关工作，如提供咨询服务、进行市场调查研究、寻找新的潜在顾客等。

5. 反馈更新。推行市场缝隙战略时，需要对顾客的需求变化进行跟踪，发现顾客对现有产品的不满之处并及时反馈给设计和生产部门，以便向顾客提供更加完善的产品。此外，中小企业还要不断跟踪外界经营环境的变化（如产业结构的升级、绿色产品概念的兴起、保健时尚的流行等），从这些环境变化的趋势中抓住即将显现出来的市场缝隙，及时开发出新的产品或服务来占领市场，增强中小企业在这些特定目标市场的战略竞争能力。

关于我国农民收入问题的若干思考*

柯 炳 生

农民的收入问题，是“三农”问题的焦点之一。农民的收入问题，影响到农民的生活水平，影响到农业生产能力，也影响到国民经济中的市场需求。农民收入问题涉及到的因素较多，原因也相当复杂。本文就我国农民收入问题表现、原因和解决措施，提出若干思考与建议。

一、我国农民收入问题的表现

对于我国农民收入方面存在的问题，可以从不同的角度予以分析。概括地说，可以归纳为以下四个方面。

1. 绝对水平较低。2003年，全国的农民人均纯收入只有2 622元，折合为320美元，平均每天不足1美元。更值得注意的是，仍然有相当数量的农村人口，其收入水平比全国平均值还要低得多。按照人均635元的贫困线标准，2003年年底全国尚有2 900万绝对贫困人口。如果按照人均825元（100美元）的标准，则全国有9 000万左右的人口低于此标准，而这个数量大于欧洲任一国家的人口数量。2003年公布的绝对贫困人口数字，同2002年相比，不仅没有减少，反而增加了80万人。其主要原因不是别的，就在于仍然有相当数量的农村人口，虽然不属于统计中的贫困人口，但是收入水平很低，仅仅略高于贫困线，只要气候等生产条件稍有不利变化，就会陷入到贫困人口的行列中去。这部分贫困人口和准贫困人口的收入提高，将由于自然和经济基础条件的约束，难度非常大。近年来，减贫速度不断减慢。

2. 增长速度缓慢。我国农民人均收入增长缓慢，表现在两个方面。一是同过去比，速度大大降低。改革开放初期的前6年，农民人均收入的年增长按可比口径计算在14%～20%之间。而1997年以来平均只有4%。二是同全面建设小康社会的要求比，差距很大。2000年我国农业劳力人均GDP为4 460元，折合为540美元，按农业人口折合为人均300美元左右。到2020年全面实现小康社会，人均GDP要达到3 000美元。农村人均要实现这个目标，每年的增长率要达到12.2%。即使考虑到城乡经济发展水平的差距，将农村人均GDP的目标确定为社会平均水平的一半即1 500美元，每年的增长率也要求达到8.4%。同这个要求相比，实际发展速度要低得多。

3. 城乡差距加大。改革开放以来的25年中，城乡收入差距扩大的年份有16年，而城乡差价出现缩小趋势的年份只有9年，主要集中在1978－1983年和1995－1997年的两个阶段。其中的主要原因，在前一个阶段是劳动生产率和农产品价格的大幅度提高，而在后一个阶段则主要是农产品价格的提高。城乡收入比例在改革开放之初的1978年为2.56，1983年缩小到最低为1.82，然后不

* 本文完成于2004年11月15日。

断扩大，到1994年达到了一个新高，为2.86；然后降低到1997年的2.47；从1998年开始，逐年显著扩大，2003年扩大到3.23。2004年尽管诸多因素都很有利，农民增收目标可以超过5%，但是仍可能是落后于城镇居民，从而城乡差距仍将继续扩大。展望明年和未来一个时期中，城乡居民收入关系将如何发展，差距发展到何种程度才会稳定乃至开始缩小，仍然是不明朗的。

以上仅仅是就统计数据而言，如果考虑到实际收入水平，差距更大。因为城乡收入的计算包含着一些不可比因素，主要是城市在教育、卫生、交通、文化、社会保障的方面享受到的福利，是农村居民所远远无法相比的。此外，除了收入流量之外，在存量方面的差别更为显著，表现在城乡居民享用的生活耐用品和储蓄水平方面。

4. 地区差距加大。不同的地区之间，农民的人均收入差距较大，并且这种差距没有减少的趋势。总地说来，呈现出明显的东高西低，从东南沿海向西部内陆地区递减的趋势。上海、北京和浙江的农民人均收入水平，是西部云南、贵州、甘肃和陕西等省的3～4倍。

由于城市居民在不同地区之间相对差异较小，因此，城乡居民收入的差距，呈现出明显的由东向西的递增趋势。即，东部沿海地区城乡居民收入差别较小，而西部地区城乡差别更大一些（图1）。

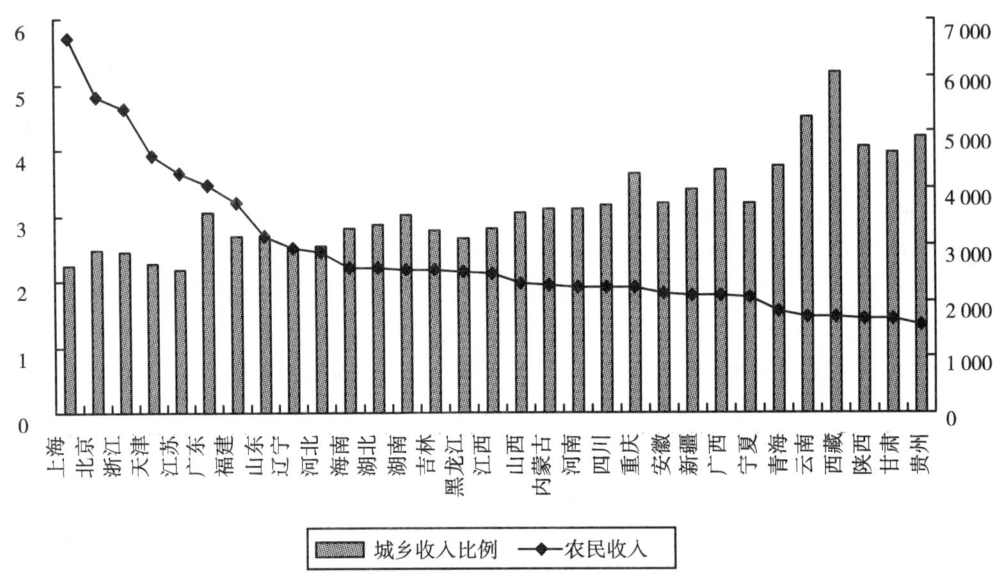

图1　我国地区之间农民收入差距与各地区城乡收入差距

二、造成我国农民收入问题的原因

造成我国农民收入问题的原因很多，涉及许多方面。我个人不认同一些人将农民收入问题单纯地、简单化地归结为体制问题或政策问题。我国长期以来形成的城乡分割政策无疑是造成城乡收入差别的重要原因，但是，体制问题并不是全部原因。否则，就无法解释其他许多发展中国家也同样存在的二元结构和城乡不统筹问题。印度、墨西哥和非洲的许多国家，都是这方面的例子。

造成我国农民收入问题的原因，可以归纳为以下几个方面。

1. 国民经济发展水平。这是一个基础性原因。所有的发达国家，城乡差别都比较小，基本性原因就在于发达国家的总体发展水平较高。而几乎所有的发展中国家，都有较大的城乡差别，无论社会和经济制度如何。当然，这仅仅是一个基础性原因，绝不是唯一原因。好的体制，会有助于减少或减弱差距。

2. 国民经济结构。国民经济发展水平低，更具体一些是表现在国民经济结构方面。农业在整个国民经济结构中所占的比例，是不均衡的。在GDP方面，我国农业所占的比重已经降低到15％以下，而农业就业在整个社会就业中所占的比重，却仍然高达50％。如果不考虑税收等因素，粗略地说，这大致意味着50％的人分享15％的财富。因此，农民人均收入水平较低，就是必然的。改革开放以来我国农业的结构比例（农业就业比重与农业GDP比重之间的比例），与城乡居民的收入差距，形成了高度密切的关系（图2）。也就是说，农业就业比重越高，农业GDP比重越低，城乡的收入差距就越大。由于恩格尔定律的作用，农业GDP比重随着经济的发展将不断降低，这是世界各国和我国的经济发展所证实的规律；如果与此同时，农业就业不能发生同样幅度的降低，则城乡收入差距就必然会加大。这也正是图2所展示的发展过程。

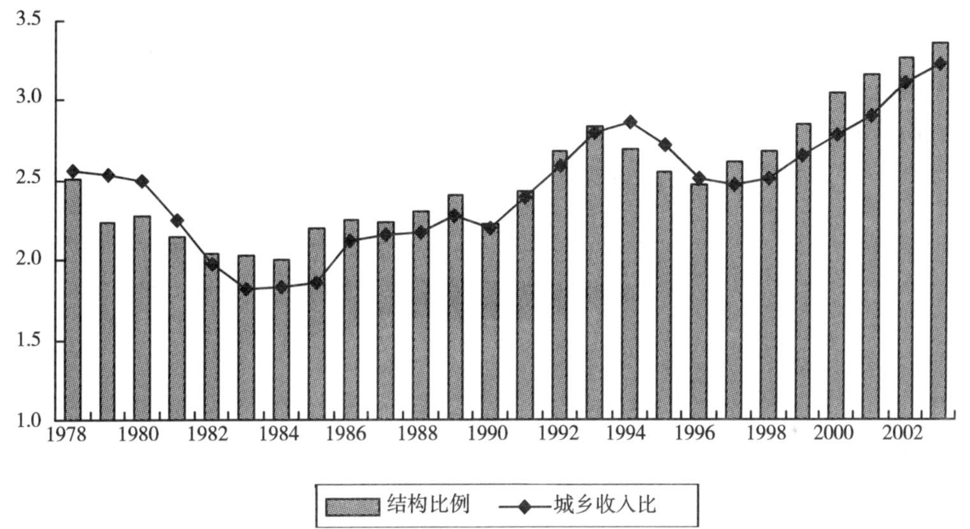

图2　我国城乡收入差距与结构比例（农业就业比重与农业GDP比重的比例）的变化

这种国民经济结构的偏差特点，不仅仅是我国所独有的，而是具有普遍性的趋向（表1）。无论是发达国家，还是发展中国家，农业在就业中所占的比例，一般都高于在GDP中占的比例。这也解释了为什么即便是在发达国家中，政府也高度重视农民的收入问题。当然，各国的城乡收入差别程度，还是不同的。

表1　各国农业就业与农业GDP的对比

	就　业	GDP
中　国	50	15
美　国	2.6	2
日　本	5.1	2
德　国	2.8	1
英　国	1.5	1
意大利	5.4	3

（续）

	就　业	GDP
加拿大	3.3	2
澳大利亚	4.9	2
俄罗斯	11.8	6
韩　国	10.9	4
巴　西	23.4	9
印　度	60	28
低收入国家		27
中等收入国家		10
高收入国家		2

资料来源：《中国统计年鉴》2003；世界银行《农业发展报告 2002》

3. 农业内部结构。这主要是指我国农户的经营规模结构很不利，平均每个农户的经营面积只有半公顷左右，大致相当于欧盟的 1/40，美国的 1/400。即使与农业经营规模较小的日本和韩国相比较，也要小得多，大致相当于 1/3。

经营规模小的直接影响后果是不利于新技术的采用，因为许多新技术的采用，是以一定的规模为前提的；并且，如果达不到一定规模，农民也没有学习和采用新技术的积极性。规模小往往也与产品质量低、价格低相关联。更主要的是，规模小，商品量就少，劳动生产率就低。

表 2　各国农业劳动生产率（以谷物当量计）

单位：吨/人

	1990	2000	增长数量
美国	227.4	324.5	97.1
加拿大	192.7	271.4	78.6
墨西哥	9.4	11.5	2.0
巴西	10.9	18.5	7.6
阿根廷	46.0	72.9	26.9
德国	72.8	116.8	44.0
法国	114.6	173.9	59.3
埃及	7.7	5.3	−2.4
印度	1.3	1.7	0.4
日本	22.1	22.1	0.0
韩国	9.1	10.8	1.7
中国	2.5	3.8	1.3

资料来源：根据 FAO 各国农产品生产与农业劳动力数据计算。谷物当量系数按欧盟标准适当调整。

按照谷物当量系数，将所有的农产品都折算为谷物当量，可以计算出以谷物当量为单位的劳动生产率。通过这种方法，可以对不同国家和不同地区的农业劳动生产率进行比较（表 2）。从表 2 中可以看出，美国等一些国家不仅农业劳动生产率较高，而且增长幅度也较大。我国的农业劳动生产率不仅绝对水平低，不到 4 吨/人，并且增长幅度也较小。我国不同省份之间，差异也较大，大体上与农民收入的分布特点相同，也呈现出东高西低的趋势（图 3）。从图 3 中可以看出二者之间明显的相关关系。当然，也有少数省份例外，包括：浙江、江苏、广东和福建，农业劳动生产率较低，而收入较高，是因为非农业收入占的比重较大。另外，人均土地面积多的北方四省、自治区（黑、吉、新、内蒙古）农业生产率较高，但是，农民的收入水平却不高，主要是由于粮食生产比较利益较低的缘故。

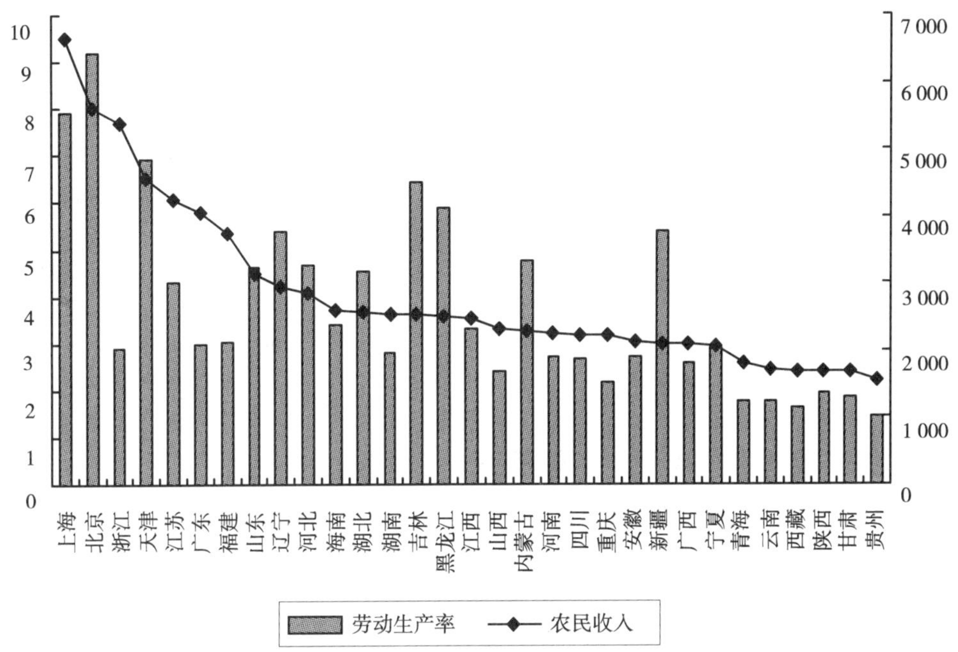

图3　我国各地区农业劳动生产率与农民收入的比较

4. 体制与政策原因。政策方面的原因，主要表现在农业支持政策、农业税收政策、土地征用政策、农业劳动力转移政策等方面。

就农业支持政策而言，可以按照世贸组织的规则分为“黄箱”政策和“绿箱”政策。我国的“黄箱”政策支持主要是前些年对粮食流通补贴的支出，其是用于国有粮食企业的补贴，并没有使得农民得到多少实惠。在“绿箱”政策方面，占绝大比重的是基础设施建设支出，而其中大部分是水利建设，包括大江大河的治理，主要并不是服务于农业的。尽管近年来党和国家高度重视“三农”问题，增加了对农业和农村投入的数额，但是投入不足的问题依然存在：一是总量仍然不足，例如我国的农业科研投入强度仅仅为0.29%，不仅远远低于发达国家的水平，也明显低于世界平均水平和发展中国家的平均水平；二是缺乏保障增加农业投入的机制，因为近年来农业投入的相当比重是依靠国债投资而不是预算基数内的投资。

在农业税收政策方面，我国长期以来实行专门的农业税费政策，农业税率水平很高。在税费改革时，各地减少农民负担约20%～30%，而改革后的新农业税及其附加为常年农业产值的8.4%。按此推算，改革前的农民税费负担当在10%以上。这对农民收入的发展是明显不利的。

在土地征用方面，据估算，改革开放以来各地政府共征用了1亿亩耕地，每亩的补偿标准一般为8 000～12 000元。而政府将土地出让的价格，往往数十倍于此。据估算，由此造成农民的损失高达2万亿元以上。在土地征用方面对农民利益的侵犯，是极为明显的。因为，如果土地作为农业用途可以给农民提供稳定的生活来源，而转换为非农业用途，土地的使用价值至少要增加数倍乃至数十倍。从理论上讲，农民只要获得了其中的百分之几，就可以比原来生活得更好。但实际上很多地方的例子表明，对农民的补偿，不仅没有使得农民从土地转为非农业用途后获得改善，反而下降。

在农村劳动力流动政策方面，影响更为突出。主要是各城市在对待外来农民工方面，采取了一些不合理的限制或者歧视性措施。这些措施包括直接性的限制就业，各种不合理的收费，农民工社会保障缺乏，农民工子女的就学限制等方面。长期以来的等级性户籍制度，是所有不平等待遇的集中表现。按照这种等级性户籍制度，从特大城市、大城市、中等城市、小城镇到农村，形成了一个只能顺序向下流动，而很难反序向上流动的体制。农村人口处在这个等级梯次的最下端。农村劳动力和人口不能够按照经济发展的要求向外大量转移，就使得农业就业在整个社会就业中所占的比例不能较快降低，使得劳动生产率难以较快提高。

5. 农民本身素质。农民本身的素质不高，也是影响农民收入的一个重要因素。据统计，我国农民的平均受教育水平仅仅为七年。受教育水平低，一是影响到农民了解、学习、采用和掌握新技术的能力，二是影响到进行农业结构调整的能力，三是影响到外出打工的能力。而这三个方面，都是农民增加收入的主要途径。

三、解决我国农民收入问题的思路

从以上分析可以看出，制约我国农民收入问题的原因是非常复杂的。解决我国农民的收入问题，也是一个非常复杂的问题，是一项艰巨、复杂的系统工程，是一个需要长期努力的过程。这既需要农民自身的努力，也需要各级政府的帮助。对于政府而言，需要采取各种不同的措施，包括长期措施和短期措施，治标措施和治本措施。

1. 加快城市化进程。城市化是各国经济发展的历史规律，也是我国经济发展的必然之路，是促进我国农民增收最重要的外部条件。只有大规模地转移农业劳动力，才能大幅度地提高农业劳动生产率；只有通过城市化，才能提供较多的二、三产业就业机会，尤其是就业发展潜力最大的第三产业，只有在城市中才能发展和扩大。城市化也会提高非农业用地的使用效率。积极推进我国城市化进程，需要逐步深化一系列体制改革，尤其是户籍制度改革和社会保障制度改革。城市化的重点应当是加快促进中小城市的发展，在中西部地区以县以上城市为主，在东部地区也应当包括一些中心乡镇。

2. 促进农村劳动力向外流动。农村劳动力外流到城市中就业，是城市化过程的一个有机组成部分。在我国目前的情况下，农村劳动力外流与城市化有所区别，是因为户籍制度和社会保障制度的城乡差别限制，使得到城市务工的农村劳动力，并没有真正或者正式纳入到城市中去。在户籍制度和社会保障制度的全面改革之前，城市中的农民工现象将长期存在。取消对农村劳动力到城市中就业的各种歧视性限制，保护农民工的合法权益，加强对农民工的培训，是促进农村劳动力向外转移的重要措施。

3. 提高农村人口的基础教育水平。提高农村人口的受教育水平，既是提高农民增加收入的基础性措施，也是建设小康社会的必然要求。加强农村基础教育，关键是国家要增加经费投入。目前依靠县级财政办教育的体制，是不能满足需要的，尤其是在县级财政困难的中西部地区。中央和省级财政要加大投入，重点解决：①农村中小学生的课本费和学费减免问题；②西部地区寄宿制学校所需要的建设投入；③农村教师待遇过低问题；④进城农民工子女就读的民办学校建设问题等。

4. 改革农业税收政策和农业补贴政策。农业税的全面取消，可望不久就会实现，这相当于增加了农民的纯收入。直接补贴政策的实行，也对增加农民收入起到了积极的作用。随着国家财政收入的不断增加，补贴的幅度会有所增加。不过，就总体而言，对于通过直接补贴普遍性地解

决农民的收入问题，不能寄予过高的希望。直接补贴是一种收入政策，而不是一种产业促进政策，也不是促进粮食生产的有效手段。从财政资金使用效率的角度，从社会公正的角度，国家的直接补贴应将重点放在对贫困人口和低收入人口方面，尤其是对于那些由于自然条件和家庭特殊困难而难以通过生产解决生计问题的农村人口。

5. 完善土地管理政策。土地政策方面的关键是按照《农村土地承包法》，强化"承包经营权"的物权性质。应当由国家（或者至少省级政府）发放全国统一的带有国徽的"土地承包经营权证书"，也可以简称为"地契"，以增强土地承包经营权的权威性。所有涉及农村土地使用权、收益权和转让权的问题，均以该证书或地契为基本依据。此外，从长远看，也要考虑在适当的时候，以适当的方式，将农民的土地权力从30年转变为永久化。这既是农村集体所有土地不经过国有化直接进入土地市场的要求，也是完善我国土地制度本身的要求。在此基础上，完善征占农民土地的补偿机制：无论是公益性还是盈利性用途，均需按所征占土地的市场价值对农民进行补偿。建立全国统一的失地农民社保机制，将农转非土地增值收益的一个比例纳入社会保障基金，用于失地农民的社会保障。允许农民在土地按规定转为盈利性非农用途时，以土地承包使用权入股，参与利益分享。

6. 完善市场与农民组织政策。在我国，小生产与大市场的矛盾将在相当长的一个时期内存在。农民在短期内的收入情况都会直接受到市场的影响。在发挥市场机制在资源配置上的基础性作用的同时，应当加强政府在市场服务方面的职能，包括提供市场信息服务等，以指导农民的正确生产决策。此外，鼓励农民在自愿的基础上，以各种不同的方式组织起来，进行合作性质的购买、经营和销售，应用先进技术，改进产品质量，更好地适应市场需要，增加市场谈判能力和市场竞争力等。这也是提高农民收入的重要途径。对各种合作经济组织的支持，包括通过法律法规支持和保护，在管理和技术方面提供培训，以及在税收方面给予适当的优惠等。

7. 改革农村金融政策。农村金融和信贷问题，是影响农民生产和生活的一个重要因素。为了从根本上解决农民贷款难的问题，必须深化对农村金融体制的改革。目前正在进行的改革，本质上是通过注入国家资金，对现有体制进行维护和维持，并没有改变体制和机制，不能从根本上解决问题。农村金融改革的最终方向和出路，应当是市场化。这包括两个方面：金融机构的多元化和存贷款利率的浮动化。按照我国加入世贸组织的承诺，外国金融机构在我国加入世贸组织三年后就可以对中国的企业开展人民币业务，五年后就可以对居民开展人民币业务。在我国的金融市场向外国资本开放的情况下，农村民营和合作金融组织的发展，就不再应当是一个禁区。如何实现现有农村合作基金会的改造和改制，如何将现在广泛存在的农民非正规民间金融行为正规化，是必行之路。当然，加强设立审查、监管和培训扶持等，也是同样重要的。

8. 促进农业生产发展政策。农业生产仍然是农民收入的主渠道。加强农业生产能力，是稳定和保障农民收入的基础。要增强农业科技创新能力，加大对农业科技的国家投入，加强国家重点农业科研机构的建设，包括队伍建设、资金投入等。要增强农业科技推广能力，重点是加强县级推广部门的建设，使之成为向上连接各级科研机构，向下连接农业产业化龙头企业、农村合作组织、专业农户、示范农户、村级农业技术员（村干部）等的纽带。从长远看，应借鉴国外经验，建立全国统一管理的国家农业技术推广体制，中央部门垂直管理，并负担相应的经费支出。在短期内可以鼓励有条件的省，先实现省一级的统一管理。要增强土地可持续生产能力，包括土地整治、坡地改梯田、节水农业、中小型水利设施建设和维护等。

9. 建立农村社会保障政策。主要包括医疗保险政策、失业（失地农民）保障和农民退休保障政策。在医疗保险方面，一方面是要探索适合我国情况的可行制度，另一方面要加大中央和省级政府的补贴强度。在失业保障方面，可以从失地农民的社会保障制度做起，因为，土地是农民就业和社会保障的重要资料，农民拥有土地，就有较好的保障。当农民因为农用地转为非农业用途失去土地时，土地会发生大幅度增值，土地的新价值完全可以保证农民的收入水平不降低，关键是补偿机制和保障制度的安排。应当建立起全国统一的失地农民社会保障制度，为每一个失地农民都建立起一个社会保障账号。失地补偿金中，应当首先划出足够的社会保障金，为失地农民提供基本的生活保障。在农民退休保障方面，可以结合独生子女政策，从独生子女养老补贴开始，逐步建立和完善适合我国特点的农民退休制度。

10. 切实落实《农业法》，不断增加农业总投入。以上诸方面中，有些是体制性改革，不涉及国家财政支出，而另一些则是需要国家增加财政支出的。因此，如何保障国家农业总投入的不断增加，是关键问题。近年来尤其是 2004 年，在党中央国务院高度重视“三农”问题的背景下，我国对农业的投入有较大幅度增加。但是，如何从法规框架和体制上对农业投入的长期增加提供明确的保障，是仍然没有解决的问题。目前，最重要的法律条款是《农业法》第二十四条，即“国家逐步提高农业的总体投入水平，国家财政每年对农业总投入的增长幅度应当高于国家财政经常性收入的增长幅度”。这条法规在落实执行和检查上存在一些困难，其中最主要的是“农业总投入”的含义不明确。《农业法》第二条对农业的规定是“种植业、林业、畜牧业和渔业”。但是，在所有公开发表的统计资料中均没有国家财政“农业总投入”这样的统计数据。为了从根本上改变这种状况，可以从两个方面做出改进：①按照农业和农村经济发展的实际情况，明确界定“农业总投入”的含义和范畴，并在财政支出项目上明确反映出来；②规定每年新增加的财政收入中，用于新增农业投入的，至少不低于某个比例。考虑到从长远发展看，需要的比例可能不同，可以先制定未来一个时期中的比例，例如未来 5 年或者 8 年的最低比例。

保护农民权益的关键在于深化农村集体产权改革*

——兼谈农村产权改革的具体形式

许 惠 渊

一、农村集体产权制度的沿革和弊端

20世纪50年代后半期，中国广大农村发生了伟大的产权变革，亿万农民在中国共产党的领导下，迅速组织起来，先后成立初级合作社、高级合作社和人民公社。从此，我国农村开始形成以公有产权制度为特征的集体经济组织。半个世纪以来，这一集体经济组织经历过几次变革：60年代初确立“队为基础，三级所有”管理体制。70年代末80年代初实行“联产承包”责任制。这些改革都不同程度地调动了农民的积极性，尤其是“联产承包”责任制，极大地焕发了亿万农民的活力，一举解决了我国人民的吃饭问题。但是集体资产集体经济组织成员共同共有的产权关系并没有从根本上改变。对于中国农村大地上出现的这一“集体经济组织”，历来存在不同认识，大体可以归纳为三种观点：一是认为集体产权属于公有产权，我国是以公有制为主体的国家，共同共有的集体产权无可非议。二是认为我国实行联产承包责任制以来，集体经济已是徒有虚名，不如彻底私有化。第三种观点认为集体经济组织的存在在我国农村仍具有重要意义，它对于提高农民组织化程度起着重要作用，现实中许多农村集体经济组织是农民生产生活的纽带和载体。

“共同共有”实质是“平均共有”，这种制度已被实践证明，它导致集体财产“人人有份，人人不问”。集体资产运作和集体经济发展问题往往由集体经济组织的领导人说了算。尤其是属于“集体所有”的农村土地，虽然通过“联产承包”赋予了农民土地使用权，然而，农民并不能以产权主体的身份行使职能。主要存在以下问题，一是土地所有权归属不清，所有权主体缺位。“农民集体所有”，到底是哪一级集体所有，各地执行不一，有的是乡镇一级所有，有的是行政村所有，有的是自然村所有。乡镇政府是国家基层政权组织，村民委员会和村民小组则是村民自治组织，它们都不应是经济实体。严格地讲他们都不宜充当土地所有权主体，而按有关法律规定，作为农村社区组织成员的农民个人也不是所有权主体，只有农民集体经济组织才是土地所有权主体。显然，在实际上，土地所有权主体缺位。二是农村社区行政管理层代理农民集体经济组织的职能。现实中，人民公社、大队、生产队等经济组织已不存在，而起相应职能的是乡镇政府，行政村委员会和自然村的村民小组，各级管理层的领导者既是国家基层政权的管理者，同时也是农

* 原载《北京市政府专家顾问团简报》2004年第16期。

民集体经济组织的产权主体代理人，这些领导人有的是村民选举的，也有的是上级组织委任的，有的本身是该集体组织的成员，有的不是。总之，农民集体经济组织产权主体的执行人并非完全是从组织成员农民中产生的，“以政代经”，他们是以农村社区管理者的身份来行使农民集体产权，他们有的与本地区土地权益有直接联系，有的只是间接联系，有的则根本没有联系，造成产权主体错位。加上有些官员（农村社区管理者）为了创造业绩工程或通过暗箱操作获得某些利益。因此，他们不可能全力去维护农民的权益，更多的是考虑自己的权位、职务的升降。对任命他们的上级负责。三是：现行的土地征用制度是在计划经济体制的背景下出台的，当时的情况是，国家征用土地基本用于公益，国防等用地，亦即农村土地由集体所有的“小公”变为国家全民所有的“大公”，“公有土地资产”不存在流失现象，只是小河汇入大河。现在我国已由计划经济体制转向市场经济体制，在土地征用中，突出特点：一是征用主体由政府单一主体扩展为政府、企事业法人，还有自然人等多元主体，特别是众多的开发商；二是土地在转让中按市场价格流转，在流转中不断增值，而政府在向农民的一次征地仍按《土地管理法》的补偿费，安置费给付，这个价格是计划经济时代的计划价格，补偿费为前三年平均产值的 3～6 倍，安置费为 2～5 倍，不能真实地反映土地市场价格，或者说大大低于市场价格，因此，农民所获得的一次征地收入只是按计划规定的土地价格计算的微薄收入，随后按市场价格转让的土地增值被中介机构或个人所得，这其中有的是开发商，有的是入区的企业和个人，也有一部分是按计划价格得到土地的事业单位。这些法人和个人发财了，钱袋变鼓了，农民和政府并没有得到应有的土地收益（据悉京近郊某房地产开发商开发某片商品房获利数亿元，农民才拿到 1 亿多元土地收益）。加上腐败现象的滋生，一些开发商为了获得计划价格的低价土地，往往向当地官员行贿，造成一部分官员被拖下水，拿回扣，部分土地收益变相地落入腐败官员的腰包。统计表明多数腐败现象与土地开发有关。总之，土地流转中农民权益得不到保障的根本原因在于土地产权制度的缺陷，以及征地制度过时所致。

另外，我们从浙江和江苏两省农村产权制度的不同及发展效果的差异，也充分说明原有集体产权制度的弊端。苏南模式（北京市郊区与苏南模式相似）与浙江模式相比，苏南以集体经济为主，乡镇（村）政府为主导，趁“短缺经济”之机和八方竞贷的良好资金支持，来自上海的技术，通过政府组织资源，开始时经济发展比较快。走先工业化后市场化的路子，但经过 20 多年，显出后劲不足。原因在于产权不明、少数人代理操纵、政企不分、干预过多、取之过甚、政府承担无限责任，经营者无直接责任，缺乏监督机制。而浙江走的是另一条路子，以家庭工业、个体私营、前店后厂起步，以市场化促进工业化，私人资金闯市场，通过市场配置资源，产权明晰，交易成本低、自主权大、政府干预少，日益显出活力，增势明显强于苏南。通过近年来的制度创新由个体私营向股份合作制再向股份制发展，形成投资主体多元化的公司制，克服了私人资本单薄，家族企业经营封闭的弱点，许多“家庭企业”已演变为“企业家庭”（即集团制）。两种发展模式，其效果差异的根本原因也在于产权制度。

总之，产权主体不能人格化，产权边界模糊的产权制度是剥夺农民权益，阻碍我国农村经济发展，影响政治稳定和社会繁荣的症结。制度性障碍和结构性障碍是影响农民富裕、农业发展、农村繁荣的两大障碍，而制度性障碍是根本性的障碍，党的十六届三中全会提出了产权制度改革的新论断，“产权是所有制的核心和主要内容。建立归属清晰、权责明确、保护严格、流转顺畅的现代产权制度，有利于维护公有财产权，巩固公有制经济的主体地位；有利于保护私有财产权，促进非公有制经济发展；有利于各类资本的流动和重组，推动混合所有制经济发展；有利于增强企业和公众创业创新的动力，形成良好的信用基础和市场秩序。这是完善基本经济制度的内

在要求，是构建现代企业制度的重要基础。要依法保护各类产权，健全产权交易规则和监管制度，推动产权有序流转。”实践证明，市场经济作为交换经济顺畅运行的前提，是产权明晰。市场经济越发展，产权关系越复杂，产权的明晰界定就愈加重要。社会主义市场经济体制的建立和完善，无论如何都绕不过产权制度改革这一关。

二、深化农村集体产权制度改革的具体运作

集体所有制源自苏联，当时仅限于农村，主要组织形式是集体农庄，20世纪50年代中期，我国从苏联引入了集体所有制概念，并在开展农业合作社和公私合营运动中推广到农村和城镇，这样，苏联的集体农庄所有制就演变成为我国农村和城镇的集体所有制。改革开放以来，人们对集体经济的认识不断深化，邓小平指出：“中国农业的改革和发展要实现两个飞跃，第一个飞跃是废除人民公社，实行家庭联产承包责任制……第二个飞跃是适应科学种田的生产社会化需要，发展适度规模，发展集体经济。”江泽民在十五大报告中提出：“劳动者的劳动联合和劳动者的资本联合为主的集体经济，尤其要提倡和鼓励”，劳动联合强调的是共同劳动和共同积累，按劳分配、民主管理；资本联合强调的是劳动者个人拥有产权，按资分红。以前，我们只承认劳动者的劳动联合，否定了劳动者的资本联合，否定了劳动者的个人产权。因此，农村集体经济组织的产权制度改革应朝着“劳动者劳动联合和劳动者资本联合”的方向推进。着重要解决的问题有两个：

一是农民个人作为集体经济组织的成员，其产权主体如何体现。或者说，集体经济组织如何实现产权主体人格化；二是如何将模糊的集体产权明晰到每个农民个人头上。经过改革开放以来的艰苦探索，我们认为就一般的农村社区集体经济而言，实行股份合作制比较适宜。股份合作制是以合作制为基本原则，吸收了股份制的适用规定而形成的新型的经济组织形式，它类似于合作制，但它明确了资金的联合，明确了按资分配，使农民真正拥有自己的产权份额。股份合作制便于实现无差异共有性向差异性共有转变，建立劳合和资合两结合的产权制度，将无差异性共有界定为差异性共有，能够较好地解决产权明晰到农民个人，真正确立农民的产权主体地位。同时，在股份合作制改制中，通过股权设置和产权界定，能够比较民主和实事求是地解决我国半个世纪以来形成的农村集体资产的归属和产权保护问题，特别是农民权益的保护问题。

具体运作中可以分为三个方面，采取不同的做法：

1. 农村土地产权制度创新。土地是农民的基本生产资料，最重要的资产，为了维护农民的权益和社会稳定，除非农村地域完全变为城市区域（如城市郊区）以外，广大农村农民应当拥有一份地产。在维护我国宪法所规定的农村土地归农民集体所有，城市土地归国家所有的大原则下，将现有的土地使用权、收益权、处置权真正地界定给农民个人，使每个农民成为自己那份承包期内土地的真正“三项”产权主体，可以合法进行转让、继承、抵押等，杜绝公权侵犯私权，行政权侵犯财产权和基层干部“吃地皮”的腐败现象。

土地“三项”产权落实到农民个人以后，农民的生产经营及开发用地等如何进行，采取什么样的组织形式，可以多种多样。例如采取农地股份合作制，即农民个人拥有的土地折股经营（所谓股田制），保证农民的土地股权收益。又如采用土地基金会的形式，即农民以土地加入土地基金会，由基金会统一经营，基金会所得土地收益按合同返还农民个人。有的以村委会出面经营土地，这种做法不可取，容易导入行政运作，不能实现完全的市场运作，农民权益往往得不到保障。

总之，明确农民拥有土地“三项产权”，使农民个人真正成为土地产权主体，然后应用市场

机制进行土地流转，是保障农民土地权益的根本出路。

2. 农村社区的集体经济组织（除地产外）**产权制度改革。**我国农村社区集体经济组织已经历半个世纪的风风雨雨，至今为止，各地的情况不一，有的积累了不少的集体资产，如大城市郊区的村社（这与卖地沉淀的集体资产有关）。也有的地区乡村集体在推行联产承包责任制以后集体资产基本荡然无存了。集体组织的名称也不一样，例如北京市郊区冠于农工商公司，它是原来的大队，生产队和公社演化而来的，名曰“公司”，听起来像是企业，公司领导称“经理”，实则是行政领导，是公社、大队、生产队、合作社的别名，他们实质上是社区社会政治经济的管理者。对于农村社区集体资产历来也是“人人有份，人人不可能真正过问”。必须改革，改革中村集体经济通过实行股份合作制，把集体资产全部量化到农民个人，量化中既按身份，即本社区农民成员，又根据其历来贡献，设置基本股和贡献股，做到公开、公平、公正。同时，对50年代农民投入集体经济组织的原始股金根据自愿原则，可保留，也可以由集体组织收购转让结算。集体资产量化的股权可以继承、转让、抵押。在量化股权的基础上，按照现代企业制度的要求，完善治理结构。这样既明晰集体产权，保证农民的基本权益，又使集体资产不至于分割使用，有利于发展规模经济和提高农民组织化程度。对于乡镇一级的集体资产，改革的适宜方式是将其评估界定给下属村作为法人股，乡镇集体经济组织转变为投资公司，与乡镇政府完全脱钩。

3. 乡镇（村）**集体企业的产权制度改革。**乡镇（村）集体企业是指由农村社区集体经济组织投资兴办的企业。改革开放前称社队企业。80年代蓬勃兴起，90年代上半期大发展，90年代后半期以后逐步走向衰落。衰落的原因除了产业层次，技术与管理水平低下、政策资金环境和市场环境发生变化等等以外，产权制度是根本性障碍。由于乡镇（村）集体企业的出资人是社区集体经济组织，投资者是组织，其代表是乡镇（村）政府官员，如上述，产权主体存在缺位和错位问题，投资代理人的利益和企业发展缺乏产权纽带关系，因而容易造成要么监管不力，要么政企不分。另一方面，企业的经营者、生产者和企业的生存与发展也缺乏产权关系，激励和约束机制难以建立起来，因此，企业的持续健康发展难以保证。乡镇集体企业产权改革大体经历三个阶段：

第一阶段，80年代初引进农业联产承包责任制的做法，实行承包制，典型的形式是“五定一奖”（即定人员、任务、资产、利润、消耗，超利润奖励）。80年代初至90年代初承包制在乡镇企业中一直占到60%以上。承包制是企业财产使用权（经营权）的转让。这一制度的推行使经营者拥有较大的决策权，剩余价值索取权在所有者和经营者之间分割，因而调动了企业经营者的积极性。但是，由于财产所有权并没有变，政企仍然不分；经营者负盈不负亏。往往是厂长负盈，企业负亏，银行负债，政府负责；经营者行为短期化，企业发展无后劲。

第二阶段大体从80年代中期开始，兴起股份合作制，1985年中央一号文件对股份合作形式加以肯定。文件指出：“有些合作经济采用了合股经营，股金分红的方法，资金可以入股，生产资料和投入基本建设的劳动也可以计价入股，经营所得利润的一部分按股分红，这种股份式合作，不改变入股者的财产所有权，避免一讲合作就合并财产和平调劳力的弊端，却可以把分散的生产要素结合成新的经营规模，积累共有财产。”股份合作打破了个人财产权得不到承认，单一按劳分配，财产平均共有等弊端，1992年到1995年间达到发展高峰，全国共有800多万家。但是由于股份合作存在个人股权趋于均等，集体控大股，企业治理结构不完善，有的由于集体控大股，导致更加政企不分，企业内激励和约束机制未能真正建立起来，因此，从总体上看，这种形式也并非理想的形式。

第三阶段是党的十五大以后，乡镇企业呈现出向经营者控大股的方向发展。经营者是企业生

存和发展的关键，其贡献最大，但也最难监督，通过控大股把控制权和剩余索取权相联系和相匹配，充分体现人力资本的作用，较好地建立起激励和约束机制，同时也大大地减少企业的代理成本。通过控大股，减少甚至完全转让集体股，使企业形成多元的股权结构，建立起真正的公司制。

第三阶段的乡镇集体企业改制一直到目前仍在继续进行，尽管阻力较大（阻力主要来自现职的乡镇村领导，他们怕丢权失控），但已取得很大成效。党的十六大以后，随着国有企业改革的深入，乡镇集体企业改革的步伐也在加快。

所以，乡镇集体企业改革的目标是公司制企业制度，由①单一集体产权通过转制改组变为多元化产权结构。②由股份合作制那种分散的均等股权结构逐步优化为股份制企业的股权结构。建立真正的产权明晰、权责明确、政企分开、管理科学的现代企业制度。达到产权多元化，资本社会化，管理法治化，分配公正化。

综上所述，我国农村产权制度改革主要涉及农村土地产权制度，农村社区集体经济组织产权制度和乡（镇）村集体企业产权制度改革三个方面，农村土地产权改革主要是落实农民对土地的使用权、收益权和处置权三项财产权利。农村社区集体经济组织（非土地产权）的产权制度改革主要是将模糊的集体产权界定给农民个人，推行股份合作制，达到集体产权明晰化。乡（镇）村集体企业产权制度改革则应走公司制道路，通过经营者、技术骨干等企业内部自然人控大股，转让集体股，吸收社会法人、自然人股份，形成多元股权结构的公司制企业，完善治理结构，建立真正的现代企业制度。至于在农业产业化过程中形成的专业性经济组织也应以股份合作制或公司制为宜，避免美其名曰“合作”，实则产权不清，甚至“归大堆”的所谓合作经济组织或集体经济组织。

谈如何有效地发布墙体广告*

陈红华

[摘　要] 本文从墙体广告在我国的发展状况出发，分析了墙体媒体的优缺点，并针对墙体媒体的特点，提出了有效发布墙体广告的建议，同时分析了墙体广告未来发展中可能出现的潜在危机，提出了相关建议。

[关键词] 墙裙广告　高墙广告　CI

当越来越多的企业认识到了广告在企业发展中所起的重要作用时，很多企业将巨额资金投放在电视、广播、报纸、杂志这四大传统媒体以及互联网络上，同时，有一些企业也开始关注到了人们忽视的媒体：墙体。

2003 年，创维集团总部在我国农村发起了墙体广告运动，要求每县至少发布 10 块墙体广告的"品牌圈地"运动；保健品牌三株也曾经把小报、墙体、专题片作为它提高知名度的重要手段，尤其是墙体广告的密集程度，甚至连偏远农村的牲口圈都充满了广告，也一举推动了三株当年 80 亿的销售额。于是墙体广告也就成为了我国一些保健品推广市场不可缺少的促销手段，从红桃 K 到汇仁肾宝等品牌都曾经在全国进行了铺天盖地的墙体广告。就连我国的饲料大王——希望集团也要求全国各分公司制作一定量的墙体广告。

但是这并不说明所有的产品都适合选择墙体作为广告的媒体，而即使适合做墙体广告的产品，若是企业不懂得墙体广告的特点特征、不规范地加以利用，也很难起到良好的促销效果。

一、墙体广告在我国的起源和发展

墙体广告在我国的发展最早要追溯到 20 世纪初，而新中国成立后墙体媒体的发展则要追溯到我国计划生育政策在农村的推广，尽管当时利用墙体宣传的并不是企业的产品，只是国家的政策，但是它对于计划生育观念在我国广大农村地区的普及，起到了重要的宣传作用。正是由于墙体宣传在农村人们当中所起到的重要作用，因此后来逐渐被企业认知并大力推广，用在了产品的宣传与推销上，成为我国农村市场开拓的一种重要宣传手段。

由于当时我国经济发展水平比较落后，并且认为广告是资本主义的东西，并不大力倡导，因此不用说是墙体广告，就连电视这种大众传播媒体的广告在新中国成立后发展都十分缓慢，特别是到了"文革"十年期间，我国的广告基本上被全部取消，直至 1979 年之后广告才得以重新恢复。

* 原载《经济论坛》。

20世纪80年代，我国整个经济发展水平逐步有了起色，但是生产力的发展仍然远远不能满足人们日益增长的购买力的需要，仍然处在卖方市场的状况，因此广告并没有受到广大企业的重视，而针对农村的墙体广告就更是没有引起企业足够的关注。

墙体广告在我国真正得到大的发展是在20世纪90年代以后，随着1992年市场经济体制在我国的推行，改革开放速度的加快，全国人民包括我国广大农村人民的生活水平迅速提高，当外资企业、国内企业在广大城市地区进行了激烈的竞争与角逐之后，越来越多的企业意识到，要想真正的占领市场，不能忽略我国8亿农民，他们的收入和消费观念都发生了很大了变化，于是众多企业纷纷把精力转向农村这个巨大的市场。户外墙体广告也就被很多想要进入农村市场的企业当成了重要促销手段。

尽管墙体广告在我国农村蕴涵着巨大的商机，但还是有一些人认为墙体广告质量低、制作比较粗糙、广告效果难以把握、宣传效果不好等而对此不屑一顾。而我们的建议是：只要了解墙体媒体的特点和规律，注意把握和规范的使用，就能达到较好的宣传效果。

二、墙体媒体特点分析

1. 目标对象主要是广大农村消费者。在我国由于经济发展很不平衡，特别是我国广大西北部以及中部地区，生产力比较落后，有很多的家庭还没有能力购买电视机等耐用消费品，而已经购买了电视等产品的农村又由于农村地区收视信号薄弱，有线电视没有开通等原因，因此和广大城市消费者不同的是，电视媒体的宣传效果并不是很好，而墙体对我国很多农村地区来说是更合适的媒体。

2. 广告的效果好坏受到墙体广告发布方式的影响。我们通常所说的墙体广告事实上可以分为两种不同的种类，一种是墙裙广告即矮墙广告，一般是2米高，长度不定。很多人会将墙裙广告等同于墙体广告，其主要受众是骑车或步行受众，兼顾靠路边行驶的车载受众。这种广告一般制作比较粗糙，给人的视觉冲击不强，颜色多以红白，蓝白相间为主，而且容易受到各种因素的干扰和影响，给人以产品廉价、企业缺乏实力的感觉，因此这不是我们倡导使用的形式。

另一种就是选在较高的建筑物的房屋或高楼体的侧面，广告面积较大、墙体平整、色彩鲜明，能对消费者产生较强的视觉冲击效果。从颜色上偏重以醒目的红色、黄色等为底色，字体字色与底色形成鲜明对比与反差，这种墙体广告就是我们所说的高墙广告，主要受众是车载受众兼顾行人路人，通常会给受众可靠可信的感觉，也会给消费者企业实力雄厚的印象。1999年康佳公司率先推出了在整幅墙面上制作广告，起到了很好的宣传效果。这种高墙广告是我们建议广大企业采用的墙体广告的主要形式。

3. 广告费用低廉。与电视、杂志等传统媒体相比，墙体广告费用低廉，通常收费就是在一平方米一年十几元左右。根据所需墙体画面效果、位置、大小收费状况会有所变化，但是总的来说，远远低于传统四大媒体和互联网络的收费水平，另外从广告的相对效益千人成本来看，墙体广告到达千人的费用也是相当低廉。由此可见，不仅大中型企业，而且实力不是很雄厚的小企业，选择墙体广告也是很经济实惠的一种宣传方式。

4. 墙体广告发布的信息稳定时间相对较长，具有一定的“强制性”，能给消费者持久的印象。墙体广告一般发布时间为半年至一年，具有较持续的视觉刺激和连续冲击效果，信息时间稳定，容易给消费者尤其是居住在其周围的消费者反复阅读，加深记忆的可能性。同时墙体广告还具有一定的“强制性”，只要消费者从旁边经过，就会看到广告信息。

5. 广告效果的监测比较困难。作为户外广告的一种，墙体广告同样存在广告效果监测困难的难题，这也成为阻碍企业选择墙体广告的原因之一。

6. 选点复杂，制作周期较长，难以确定统一标准进行制作。墙体广告的成功与否在很大程度上受到墙体位置选择的影响，再加上墙体大小、位置、平整程度都各不相同，因此难以确定统一的范例来制作。也给企业发布墙体广告带来了一定的困难。

三、对有效发布墙体广告的几点建议

针对以上墙体媒体的特点，我们提出几点建议，以便提高企业墙体广告的发布效果。

1. 明确企业产品是否适合采用墙体广告。并不是所有的产品都适合采用墙体广告，只有当企业产品的目标消费者必须与墙体媒体的受众相吻合，才能达到较好的宣传效果。墙体广告的主要受众是我国广大的农村朋友，因此农民朋友们所需要的化肥、饲料等产品比较适合采用墙体广告。

2. 墙体广告地理位置的选择要符合醒目、密集、竞争性原则。我们倡导的2米以上的高墙广告，主要受众是车载受众，兼顾一般行人。墙体广告地理位置的选择就相当于电视广告中的频道选择、报纸杂志广告中的版面选择那样重要，因此“醒目”是发布墙体广告地理位置选择的首要原则，通常对于公路两边的墙体广告来说，国道、省道两侧的醒目地方，主要公路干道及加油站附近，旅游景点附近，国道旁的住宿、吃饭的场所，人群密集的村庄、学校，省道及城市的出入口等都是较醒目的位置。

当然对于不同产品，目标消费者不同，地理位置选择的醒目原则也是有所不同的，上述地理位置对于县级以上消费者会是较醒目的位置，对于村里的消费者又未必如此，因此地理位置的醒目性原则还要考虑产品的目标消费者的具体分布状况。乐百氏集团的纯净水的广告就选在了福建、江西、湖南、湖北、河南五个省的每个主干道上，共计10万平方米，这种地理位置的选择就是考虑到了在我国纯净水的目标消费者绝大部分是在县级以上的消费者，广大的乡村级消费者还没有喝纯净水的习惯。

若是设置在铁路两边的墙体广告，在位置的选择上则要考虑如何让消费者最大可能的看见广告并且留下较深的印象，一般列车在高速行进时，信息转瞬即逝，难以把握，而列车的始发站、终点站以及到达终点站前列车速度变慢的这些地方，都是较醒目的位置。

选择地理位置需要注意的另一个问题，就是要注意墙体广告的投放要达到一定的规模才能显出其整体效果。高墙广告的受众主要是车载受众，由于信息转瞬即逝，因此只有墙体广告的投放达到一定的密度和规模，才能引起消费者关注。因此要在一个区域内，在企业财力允许的范围内，集中发布几块墙体广告，不要过于分散，并综合考虑竞争对手墙体广告数量等因素，确定发布的规模。

3. 墙体广告应选择较长的发布周期，广告内容应简洁明了清晰。墙体广告只有选择较长的发布周期（通常为一年），才有可能形成较稳定的广告累加效果；同时墙体广告发布内容应以产品商标品牌为主，若要阐述产品利益也要言简意赅，同时附上企业或者经销商的联系方式。从广告的性质来看，墙体广告属于印象性的广告，在转瞬即逝的信息中，梦想在墙体广告上向广大消费者详细阐明产品的特点功能是不现实的，因此墙体广告重点是给广大消费者留下产品的印象，而不适合做解释性的复杂广告；同时在语言的使用上，也要考虑受众的接受心理，若是针对广大农民朋友，则要求语言通俗易懂，不要过于书面化，避免使用晦涩难懂的语言。

4. 发布的墙体广告与企业CI要相符，制作尽可能精美，避免粗制滥造。企业形象应给人以统一规范的印象，在报纸杂志等媒体上容易做到也容易监督，但是在墙体广告发布上由于地理位置的分散性，企业难以监督与控制，往往出现墙体广告涂色与企业的形象系统要求不一致，因此企业在发布墙体广告时一定要确保使用标准字和标准色，符合企业形象系统（C1）的要求，不能随意更改，同时要尽可能做到制作精美，墙体选择要平整，给消费者留下企业规范值得信任的印象，否则粗制滥造的墙体广告既会破坏企业统一形象系统，也会给消费者企业不正规、产品劣质的感觉。

5. 要派人定期监督维护，防止墙体广告褪色，脱漆以及被毁坏。企业要辅助墙体广告发布公司监督维护本企业的墙体广告，企业可以通过当地区域的销售代表以及经销商定期对本企业的墙体广告进行巡视，及时发现问题，若是墙体广告褪色脱皮，或者被竞争对手涂抹，都要通知广告公司及时修复，以达到墙体广告的预期效果。

6. 选择有资质的正规的广告公司代理发布墙体广告。正规的有资质的广告代理公司发布墙体广告时，所使用的涂料都是专业的，能够保证使用较长的时间，不会短期内风吹雨淋日晒就脱落，同时广告颜色质地都能够得以保证。

企业的墙体广告被竞争对手涂抹，有时是因为企业选择的不是正规合法的广告发布公司，这种情况出现容易引起纠纷，因此我们建议企业一定要选择有资质正规的经过工商局注册登记的广告公司，特别是要选择专业发布墙体广告的广告公司做代理，而不是只寻求价廉，这样既能保证企业的利益，也能有效保证墙体广告的发布水平。

四、墙体广告发展的潜在威胁

随着经济发展和人民生活水平的提高，人们对于环境的要求越来越高，当人们驾车行驶或者坐在火车上时，更希望能够看见大自然的美景，而不是满眼的广告、有时甚至是粗糙破旧的广告。正是基于上述原因，有些地方政府已经开始治理规范路边的墙体广告，例如北京市政府就已经开始把进入北京市两边的环境列入重点治理的范畴，可以预计，越来越多的城市都将把铁路两边、公路两边的墙体广告做为美化环境、治理整顿的重点，因此，这就要求我们企业能有预见性，及时做好准备。为此我们建议如下：

1. 发布墙体广告时要和城市的规划部门、城管部门事先协调，确保企业墙体广告发布的合理合法性。

2. 不要在旅游景点内等地发布广告，发布广告时使用的颜色等要考虑和周边的环境相协调、配合，达到广告和环境的协调统一，而不是像目前的有些墙体广告和周围的环境格格不入。

3. 坚决取缔低档次的污染环境的墙体广告，使墙体广告成为美化城市环境的亮点之一，由粗放型投放墙体广告转变为精细型投放，树立精品投放意识，与政府美好环境的要求达到一致。

参考文献

[1] 王九格．路边墙体广告的设计、布局及未来趋势．河南教育学院学报．2003（1）
[2] 罗丹．独具中国特色的户外墙体广告．江西社会科学．1999（12）
[3] 墙体广告：混乱中的迷茫．销售与市场．2001（2）
[4] 郭韶华、蒋灵．创维集团墙体广告运动．户外广告．2003（1）

黑龙江省主要畜产品市场现状及趋势预测

刘宏曼

[摘　要] 本文首先运用国内资源成本系数法和综合优势指数法，从国际市场和国内市场两方面对黑龙江省主要畜产品生产比较优势状况进行详尽分析；然后将黑龙江省放在世界和全国大背景下，分析主要畜产品市场供求现状，明确各产品市场发展空间；并对黑龙江省主要畜产品的市场发展前景和趋势进行了预测；最后做出了结论性评述。

[关键词] 比较优势　市场供给　市场需求

一、国际和国内市场比较优势分析

测定比较优势的方法很多，本文选择国内资源成本系数法和综合优势指数法，二者结合能起到相辅相成的作用。国内资源成本系数（DRCC）主要从资源配置效率及机会成本的角度，通过计算一国某产品生产的机会成本的大小和换汇效率的高低，分析国内产品生产在国际市场上的比较优势状况。DRCC 兼用生产成本数据和贸易数据，并且按照影子价格和机会成本计算生产的成本收益，从而在很大程度上消除了政策的保护和扭曲作用，可以反映生产真正意义上潜在的比较优势。从指标值来看，DRCC<1，国内生产具有比较优势，数值越小，优势越强；DRCC>1，具有比较劣势；DRCC=1，处于临界状态。综合优势指数（AAI）则是通过生产的结果以反推生产上的比较优势，主要是通过某地区某畜产品产量占该地区所有畜产品产量的比率与全国该产品产量占全国所有畜产品产量的比率进行对比，从而判断该地区畜产品生产在全国范围内的比较优势状况，该指标适合于在全国范围内地区之间的比较。AAI>1，具有比较优势，数值越大，优势越强；AAI<1，具有比较劣势；AAI=1，处于临界状态。

表 1 列出了黑龙江省主要畜产品肉、蛋、奶的比较优势情况，并给出了全国平均值。首先看肉类，从国内资源成本系数来看，我国猪肉、牛肉、羊肉全国平均 DRCC 分别为 0.73、0.54 和 0.62，表明与国际市场相比，国内生产整体上具有显著的比较优势，在国内生产可以赚取或节省外汇。黑龙江省猪肉、牛肉、羊肉 DRCC 分别为 0.70、0.66 和 0.52，与国际市场相比，比较优势显著。而且，黑龙江省羊肉生产 DRCC 明显低于全国平均水平，潜在优势更加明显。禽肉生产无论是全国平均，还是黑龙江省，DRCC 值都介于 0.85 和 0.95 之间，和国际市场相比，具有微弱的比较优势。从综合优势指数来看，黑龙江省猪肉和羊肉 AAl 分别为 0.56 和 0.69，小于 1，表明与国内其他省区相比不具有规模比较优势，在全国分别处于第 24 位和第 14 位。黑龙江省牛肉 AAI 为 0.98，具有微弱的比较优势，在全国排在第 10 位。黑龙江省禽肉生产综合优势最为明显，AAI 值为 1.21，列于全国第 5 位。综上两方面分析，黑龙江省牛肉生产无论与国际市场相比，还是与国内其他省区相比，都具有比较优势；羊肉国内产量优势一般，但与国际市场相比优

势最为显著，具有很大的发展潜力；禽肉国际市场优势一般，但国内市场优势最为显著；与牛、羊、禽肉相比，猪肉比较优势较差。其次看蛋类，从国内资源成本系数来看，我国禽蛋生产具有微弱的比较优势，DRCC值介于0.85和0.95之间，黑龙江省也是如此，而且，从黑龙江省近5年禽蛋DRCC值可以看出其比较优势还有进一步下降的趋势。从综合优势指数来看，黑龙江省禽蛋生产不具有比较优势，综合优势指数AAI值为0.77，在全国排在第19位。综上两方面分析，黑龙江省禽蛋生产无论在国际市场上，还是在国内，比较优势都不明显。最后看奶类，从国内资源成本系数看，我国牛奶生产无论是全国平均，还是国内各生产省区，DRCC值都明显小于1，表现出我国牛奶生产与国际市场相比，具有显著的比较优势。其中，黑龙江省DRCC值为0.47，表明赚取或节省1单位外汇，只需投入47美分的国内资源成本，潜在的比较优势最为显著。从综合优势指数来看，黑龙江省牛奶生产AAI为4.44，列于全国第1位，在国内市场上具有显著的生产比较优势。综上两方面，黑龙江省牛奶生产，无论是与国际市场相比潜在的比较优势，还是与国内其他省区相比现实的比较优势，都位于全国前列，表现出生产牛奶良好的区位优势，是全国名副其实的牛奶生产基地。

表1　主要畜产品国内资源成本系数和综合优势指数

	全国平均		黑　龙　江	
	DRCC	AAI	DRCC	AAI
猪肉	0.73	1.00	0.70	0.56
牛肉	0.54	1.00	0.66	0.98
羊肉	0.62	1.00	0.52	0.69
禽肉	0.87	1.00	0.91	1.21
禽蛋	0.90	1.00	0.89	0.77
牛奶	0.46	1.00	0.47	4.44

注：为了消除年际变动，表中数据为2000—2002年三年平均数。

资料来源：DRCC根据《全国农产品成本收益资料汇编》(2001—2003)数据计算整理而得；AAI根据《中国农业年鉴》(2001—2003)数据计算而得。

二、市场供给和需求现状分析

（一）总产量分析

表2列出了2002年世界、中国及黑龙江省畜牧业产品产量，从中可以看出我国畜产品生产在世界的位置，以及黑龙江省畜产品生产在全国的位置。通过黑龙江省畜产品供给与全国及世界供给水平的对比，有利于全面地了解黑龙江省畜产品的市场发展空间。

表2　2002年世界、中国及黑龙江省畜产品产量及比重

单位：万吨,%

	肉类	猪肉	牛肉	羊肉	禽肉	禽蛋	牛奶
世界	2 425.7	9 417.8	5 813.5	772.8	7 464.4	5 918.7	50 046.7
中国	6 586.5	4 326.6	584.6	316.7	1 249.8	2 462.7	1 299.8
黑龙江	144.0	82.4	28.2	4.7	26.5	84.6	235.8
中国占世界比重	26.7	45.9	10.1	41.0	16.7	41.6	2.6
黑龙江占全国比重	2.2	1.9	4.8	1.5	2.1	3.4	18.1

资料来源：世界数据来自《FAO贸易年鉴》及 http://faostat.fao.org；中国和黑龙江数据来自《中国农业年鉴》(2003年)。

从表 2 可以看出，中国是世界上最大的肉类生产国，2002 年肉类总产量为 6 586.5 万吨，占世界肉类总产量的 26.7%。其中，猪肉是我国肉类生产和消费的主体，我国也是世界上第一大猪肉生产国，2002 年猪肉产量为 4 326.6 万吨，占世界总产量的 45.9%。我国羊肉生产也是世界第一，2002 年羊肉产量占世界总产量的比重达 41%，其他主要羊肉生产国依次是欧盟、印度、澳大利亚和新西兰。与猪肉和羊肉相比，我国牛肉生产相对落后，但仍然是世界牛肉生产大国，2002 年我国牛肉产量为 584.6 万吨，占世界牛肉产量的 10.1%，排在世界第三位。位于世界前两位的牛肉生产大国依次是美国和巴西，2002 年产量分别为 1 242.7 万吨和 713.6 万吨。禽肉生产在我国规模也较大，2002 年禽肉产量占世界总产量的 16.7%，位于世界第 2 位，排在第 1 位的美国禽肉产量占世界产量的 23.6%。尽管我国是肉类生产大国，但黑龙江省肉类生产远远落后，除牛肉和禽肉产量占中国产量比重较高外（比较优势测算 AAI 分别为 0.99 和 1.21），其他肉类产量在全国不占规模优势。但是应该看到，黑龙江省肉类生产国内资源成本系数普遍很低，表现出在国际市场上具有潜在的比较优势，发展潜力巨大。与肉类生产相反，中国牛奶生产在世界范围内比较落后，2002 年牛奶产量 1 299.8 万吨，仅占世界牛奶总量的 2.6%，而世界第一的美国 2002 年牛奶产量为 7 724.8 万吨，是我国牛奶产量的 5.9 倍。但是，黑龙江省牛奶生产在全国却占有绝对的优势地位，2002 年产量占全国比重在 18%以上，是全国重要的牛奶生产基地。我国禽蛋生产在世界占较大比重，2002 年禽蛋产量 1 299.8 万吨，占世界总产量的 41.6%，但黑龙江省不具产量优势。

（二）人均占有量分析

表 3 列出了 2002 年世界、中国及黑龙江省人均主要畜产品占有量，是从产品供给结构角度反映人们的生活在水平。通过黑龙江省与全国及世界水平的对比，可以看出黑龙江产品供给情况；将人均占有量与人均需求对比，有利于调整结构，实现总供求平衡。

表 3　2002 年世界、中国及黑龙江省人均主要畜产品占有量

单位：千克

	猪肉	牛肉	羊肉	禽肉	禽蛋	牛奶
世　界	15.1	9.3	1.2	12	9.5	100.4
中　国	33.7	4.6	2.5	10.6	19.7	10.2
黑龙江	21.6	7.4	1.3	7.5	22.7	61.8

资料来源：中国和黑龙江数据来自《中国统计年鉴》（2003 年），其中猪、牛、羊肉根据产量比例计算而得；世界数据根据产量和人口数计算而得。

从表 3 可以看出，世界猪肉人均占有量平均水平为 15.1 千克，我国人均占有猪肉水平很高，2002 年为 33.7 千克，是世界平均水平的 2 倍多，黑龙江省人均猪肉占有量为 21.6 千克，低于全国平均水平，但仍高出世界平均水平 43%左右，发展空间不大。从牛肉来看，世界人均牛肉占有量达 9.3 千克，我国人均占有牛肉 4.6 千克，仅为世界平均水平的一半，黑龙江高于全国平均水平，人均 7.4 千克，但与世界平均水平相比，还有很大的发展空间。从人均羊肉占有量看，2002 年中国人均羊肉占有量为 2.5 千克，是世界平均水平的 2 倍多，黑龙江人均占有羊肉 1.3 千克，低于全国平均水平，与世界平均水平相当。人均禽肉占有量世界平均为 12.0 千克，我国为 10.6 千克，黑龙江省仅为 7.5 千克，低于全国和世界水平，还有发展空间。人均禽蛋占有量我国和黑龙江省均高于世界平均水平，发展空间不大。从牛奶人均占有量来看，2002 年牛奶人均占有量世界平均水平为 100.4 千克，发达国家平均为 288.1 千克，发展中国家平均为 35.4 千克。而中国人均牛奶占有量仅为 10.2 千克，不仅远远低于发达国家水平，与世界平均水平甚至与发展中国家平均水平也相距甚远。黑龙江省是我国重要的牛奶生产基地，人均占有牛奶量远远高于中国平均水平，是全国平均水平的接近6倍，但是距世界平均水平还有很大差距。由此看出，我国牛奶发展潜力巨大。

（三）居民家庭消费分析

表4列出了中国和黑龙江省城镇居民家庭和农村居民家庭人均全年主要食品购买量和消费量。从中可以看出，在鲜蛋消费上，黑龙江省高于全国平均水平，这恰好与黑龙江省禽蛋人均占有量较高的事实相符；但是在猪肉、禽肉和乳品消费上，黑龙江省无论是城镇居民，还是农村居民，都明显低于全国平均水平。其中，黑龙江省城镇居民人均猪肉消费为全国平均水平的67.5%，农村居民人均猪肉消费为全国平均水平的53.3%；农村居民人均禽肉消费与全国平均水平相当，城镇居民人均禽肉消费仅为全国平均水平的50%；城镇居民人均乳品消费略低于全国平均水平，农村居民人均乳品消费不到全国平均水平的一半。在人均牛羊肉消费上，黑龙江省城镇居民消费略高于全国平均水平，农村居民仅为全国平均水平的1/3。总体上来看，反映出黑龙江省居民在肉类和乳品消费上，消费需求不足。此外，从人均占有量和人均消费量对比来看，黑龙江省猪、牛、禽肉以及蛋、奶产品人均消费都低于人均占有量。其中，黑龙江省人均乳品消费量远远低于人均乳品占有量，2002年人均牛奶占有量为61.8千克，城镇居民人均消费为14.8千克左右，农村居民人均消费仅为0.5千克，说明黑龙江省奶产品消费需求明显不足。另一方面，人口的数量和结构是在消费水平一定的条件下影响食品消费需求总量的最直接因素。用城镇人口数和乡村人口数分别与城镇居民家庭人均购买量和农村居民家庭人均消费量相乘，可以近似地得到居民家庭全年食品总消费量。从总消费和生产对比来看，黑龙江省是羊肉消费大省，年消费量大约8万吨，地产羊肉仅能满足一半，产品供不应求，缺口较大，主要由内蒙古羊肉和进口羊肉所填补。在当前其他畜禽肉类价格走低的情况下，羊肉价格仍保持每千克14～16元的价位。

但是，需要说明的是，通过对黑龙江省部分地区居民家庭人均畜产品购买量和消费量实地调查，发现统计数据中人均购买和消费数有低估的可能。而且，城镇居民家庭人均全年主要购买的产品数量不能完全代表其实际消费量，因为城镇居民除了以购买的形式消费外，还有实物消费的部分，即不通过商品性购买行为实现的消费，包括单位分给职工实物以及农村亲戚朋友赠送等途径。而且，在外餐饮也是居民消费的一个途径，但没有在官方公布的城镇居民购买量与农村居民消费量中体现出来。随着人们生活水平的提高，我国居民在外用餐的频率上升，尤其在城市，人们在外用餐支出已成为食品支出中不可忽视的一部分。但是，由于实地调查的不完全性，以及从购买外实物消费和在外用餐中分离出实际的产品消费量比较困难，因而仍使用官方统计数据，这些数据仍能在一定程度上反映出居民消费畜产品的大致趋势及购买欲。

表4　2002年中国及黑龙江居民家庭人均主要食品消费量

单位：千克

	猪　肉		牛羊肉		禽　肉		鲜　蛋		乳　品	
	城镇	农村	城镇	农村	城镇	农村	城镇	农村	城镇	农村
中　国	20.3	13.7	3	1.2	9.2	2.9	10.6	4.7	15.7	1.2
黑龙江	13.7	7.3	3.6	0.4	4.6	2.5	12.5	6.5	14.8	0.5

注：表中城镇数为城镇居民家庭平均每人全年购买的主要食品量。

资料来源：中国城镇居民家庭人均全年购买的主要食品量数据来自《中国统计年鉴》（2003年）；中国农村居民家庭人均主要食品消费量数据来自《中国农村统计年鉴》（2003年）；黑龙江数据来自《黑龙江统计年鉴》（2003年）。

三、市场前景及趋势预测

（一）牛羊肉

牛羊肉市场需求旺盛，发展前景广阔。①从国际市场需求来看，我国牛羊肉出口潜力大。我国的周边国家及地区是牛羊肉的主要进口国和地区。随着我国牛羊肉产品质量的提高和市场营销网络的不断健全，对东南亚、中东和俄罗斯等周边国家及地区的出口潜力巨大。②从国内消费来看，牛羊肉市场需求空间大。今后，随着我国肉食结构逐步向三三制（猪肉、牛羊肉、禽肉各占1/3）过渡，牛羊肉的消费数量还会呈现持续增长的局面。旅游业的迅速发展使得高档星级宾馆快速增加，逐年快速递增的海外游客对高档牛羊肉的需求大幅增长。中国拥有12亿人口，且平均每年以净增1 500万人的速度增长，如果每个中国人一年平均多吃1千克牛肉，整个市场的容量就增加120万吨。而且，目前我国人均牛羊肉消费量水平很低，和世界平均水平差距很大。随着城乡居民收入的增加，消费观念的转变，今后国内牛羊肉市场应有较大的需求空间。预计到2005年，全国人均牛羊肉消费量将达到5.5千克，国内市场牛羊肉需求总量将达730万吨。从黑龙江省来看，肉牛和肉羊发展前景广阔。黑龙江主产玉米和大豆，为牛羊业生产提供了丰富的饲料资源，而且该省拥有较多的地方优良种源，还有足够的科技实力来支撑这一产业。根据目前国内外牛羊肉需求旺盛、生产效益比较好的现状，肉牛和肉羊生产规模将不断扩大，争取利用几年的时间把黑龙江省牛羊肉生产提高到一个较高的水平，为建设畜牧业大省做贡献。争取到2010年，肉牛存栏1 000万头，出栏肉牛300万头，产肉量达75万吨，人均占有量达20千克；肉羊存栏800万只，出栏羔羊300万只，产优质羊肉6万吨，产值7.5亿元。

（二）禽肉

经济增长和人民生活水平的不断提高，成为驱动禽肉产业发展的重要因素。据推测，未来10年中，世界各国禽肉消费量占肉类消费总量的比例将以每年1个百分点的速度增长，我国增长速度可能超过世界发展水平。禽肉是一种蛋白质含量高、脂肪含量低的肉类，21世纪，消费者越来越关注健康食品，使得禽肉产品具有广阔的市场需求。在禽肉生产中，大鹅的综合开发，前景非常广阔。鹅是经济价值高、以食草为主的水禽。养鹅生长快、易管理、投入少，产出多。用喂一头肥猪的饲料可养100只鹅，所产鹅肉量为产猪肉量的3倍多，需要的时间只是猪的1/3，获利是养猪的8～10倍。大鹅是近年来市场需求增长最快的一个养殖品种。世界许多国家对养鹅业特别重视，对鹅肥肝、鹅肉、羽绒制品需求量不断增长，养鹅使得经济效益倍增。现今在发达国家是“穷人吃鸡，富人吃鹅”，鹅肉价格是鸡肉价格的3倍。鹅肥肝号称“世界食品之王”，在国际市场上十分抢手。近年来，我国鹅肉市场需求旺盛。东北菜中日益火爆的大鹅锅、风行全国的粤式卤水鹅头、安徽等地腌大鹅的传统习惯以及鹅绒的广泛应用等造就了一个日益火爆的大鹅市场。我国吃鹅肉的风气已从南方向北方扩展，鹅肉销量大幅度增加，鹅肥肝已进入大饭店和大宾馆。近年来，黑龙江省鹅的饲养规模在加大，据黑龙江省防疫站统计资料，2002年全省大鹅出栏5 000万只。黑龙江省生产的大鹅，多销往南方地区，但产品供不应求。基于目前旺盛的国内外市场需求，以及养鹅较高的经济效益，并结合建设畜牧大省的发展目标，黑龙江省应该把发展大鹅产业作为畜牧业结构优化的一个重点方向，通过产业化经营使龙江鹅业成为振兴当地经济的一个新的增长点。

（三）牛奶

牛奶市场前景广阔，消费需求将不断递增。

1. 国内市场需求旺盛。奶业是朝阳产业，是我国经济发展的新的增长点之一，中国政府把奶业确定为重点支柱产业，列入“菜篮子工程”规划的重要内容，发展奶牛是我国畜牧业结构调整的重中之重。目前，中国牛奶的人均年占有量位居世界第148位，仅相当于世界平均水平的1/10，发达国家先进水平的3%左右，消费群体仍以收入水平较高的城镇居民为主。随着人民生活水平的提高，消费观念的转变，国内乳品市场潜力巨大。随着全国“学生饮用奶计划”和“奶类行动计划”的实施，预计到2005年全国人均消费量将达到10～12千克，奶类总量需求增加约400万吨。到2010年，全国人均消费奶类水平将达到16千克，奶类产量需达到2 600万吨（农业部，《牛奶优势区域发展规划》）。

2. 黑龙江省发展潜力巨大。审视黑龙江省的资源发现，与全国其他地区相比，黑龙江省具有构造奶牛竞争优势的最佳基础和条件：①这里与处于同纬度的北欧、北美同为世界公认的最适宜奶牛生长的地带，饲养奶牛的自然条件得天独厚；②全省有433. 3万公顷草原，年产饲草800万吨，每年有180亿千克商品粮4 500万吨作物秸秆可用于“过腹增值”，为发展奶牛提供了良好基础；③这里农民有着上百年养奶牛的经验，其他地区无可比拟：④全省还有上百家乳制品加工企业，而且，目前已有雀巢、光明、伊利、蒙牛、草原兴发、妙士等国内外10多家乳品加工企业在这里建厂，其中大部分是近两年进入的；⑤生产能力居全国领先地位，是全国最大的奶牛生产基地。目前，全省奶牛存栏为93万头，日处理鲜奶6 000多吨，均居全国首位；鲜奶年产量已经居全国第一，达到240万吨。预计到2005年，黑龙江将从一个“大粮仓”变成名副其实的“奶业王国”。到2010年，全省奶牛存栏计划由现在的93万头增加到300万头，鲜奶产量由现在的240万吨增至1 000万吨，转化粮食35亿千克，国内乳品市场占有率由目前的20%提高至30%以上。

四、结论及政策建议

（一）大力发展畜牧业

畜牧业是在我国加入WTO后具有一定国际竞争力的优势产业，也是拉动农民增收的支柱产业。黑龙江省适合发展畜牧业，畜牧业是入世以后全省农业最具竞争优势的产业。主要表现在以下几方面：①根据国际和国内市场比较优势的测算，黑龙江省畜产品国内资源成本系数普遍较低，表现为在生产上具有潜在的比较优势，国内生产可以赚取或节省外汇；② 黑龙江省具有大力发展畜牧业所需具备的资源条件，包括草地资源、饲料资源、劳动力资源、技术资源以及加工企业；③黑龙江省具有良好的地缘优势，畜产品国内外市场需求旺盛，发展前景广阔；④黑龙江省畜牧业落后的结构现状影响农业、农村以及整个国民经济的发展，应把大力发展畜牧业作为黑龙江省结构调整和优化的重点，实现建设畜牧大省的目标。

（二）调整和优化畜牧业结构

根据前文比较优势分析、市场供求现状分析及市场前景分析，黑龙江省畜牧业结构优化的重点方向应该为奶牛、肉牛、肉羊以及禽肉中的大鹅。从黑龙江省猪肉生产的人均占有量上看，省内市场的发展潜力不大，不应在规模上继续扩大。黑龙江省发展养猪业的潜在市场主要是在省外和境外。那么，为了打开国内外的猪肉市场，就必须通过产品质量的提高来提升市场竞争力。应该依托黑龙江省绿色食品基地的优势，大力推进绿色猪的生产。那么，为了保证黑龙江省主要畜产品的安全生产和畅销，应加强品种改良与配套体系、优质饲料生产体系、疾病防治体系、科技推广体系以及产品保鲜、储存与加工等体系的建设，提高畜产品的质量安全水平，并加强生产基地建设，大力发展龙头企业，按比较优势进行生产布局，形成优势产业带。

参考文献

[1] 聂凤英，崔国胜．2003年羊肉形势分析与2004年展望．中国动物保健．2004（1）：44～46
[2] 谭向勇，辛贤等．中国主要农产品市场分析．北京：中国农业出版社，2001．385～387
[3] 武果桃，樊振华，牛国庆．我国禽肉产业的发展方向．中国家禽．2001，23（7）：3
[4] 徐志刚，钟甫宁，傅龙波．中国农产品的国内资源成本及比较优势．农业技术经济．2000（4）：1～6

Analysis on Elemental Changes of Market Competitive Strength of Enterprises in E-time

Zhao Dongmei

Abstract According to the principle of "dualistic nature", this article will divide enterprise system into two subsystems, one is the physical "actual" subsystem composing of human resource、money、material, the other is the "virtual" subsystem composing of dual attribute (information); This article establishes a open systematic competitive model; Analyze the intension and function of information space; analyze the relevant change and trend of elemental changes of market competitive strength of enterprise in e-time on the analysis mentioned above in detail.

Key words analysis of element, market competition, dualistic space, network economy

1. Introduction

In e-time, the commercial applications of information technology, represented by Internet, has greatly changed the method and framework of enterprise competition in market. Therefore, the analysis on the construction and the relevant change of enterprise competitive strength elemental factors in the new form, is helpful to promote the enterprises to grasp the competitive situation, and offer the relevant support to decision-making in management.

2. Dualistic Space of Competition Enterprise

According to the principle of "dualistic nature", any system can be divided into two subsystems in accordance with certain kind of conception composed of "virtual" and "actual" . Therefore, we might as well suppose a "absolute system" of the unity of opposites for the competitive enterprises in market, so that we can make a all-round consideration on the elemental changes effecting enterprise competition in the new situation: one is the real subsystem X of material structure, composing of human resource、money、material, the other is the subsystem X^* of virtual structure, composing of suggestive attribute (information) of these material. X^* is the dual (information) space of X.

Enterprise final profits are gained through the material exchange (human resources、money 、material) between market and environment, which is operated by material system X. However enterprise management is founded on the basis of operating the relevant dualistic (information) space (refer to Figure 1). Management is to drive the operation of material system (human resources、money、material) in phase, through the functions on the suggestive dualistic (information) space of the relevant material system. Therefore enterprise competitive model in market can be expressed as an open system:

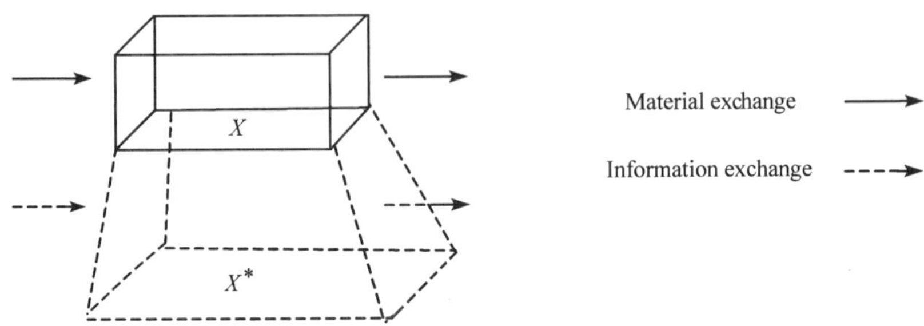

Figure 1 dualistic space of enterprise system

$$\dot{X} = F(X,A) + u$$

X represents the aggregation of the competitors of commodity market in network economy: $X = \{x_i \mid i \in \Lambda\}$, x_i represents the sale of the i the competitor (market supply); A represents a parameter, coming from a parameter space; u represents the information or energy input from the other system excluding system X (positive or negative).

Enterprise competitive strength reflects the capability of switching material from outside. Accordingly, object in management is the dualistic (information) space of the material system, decision-making strategies of enterprise management originated from the analysis on information space X^* alluded by the material system X, composing of interior human resources、money and material; Enterprise exterior appearance expresses more and more the information exchange of system X^*. Whether or not enterprise could effectively drive the high-efficiency operation and material exchange of material system, will even more depend on the context of X^*.

Hypothetically A comes from parameter space X^*, then X^* is the dualistic (information) space of X, representing attribute or information space of substantiality X; Hypothetically $A = \{a_i^0, a_i, a_{ij}\} \in X^*$, a_i^0 is inner-inherited coefficient of the i the competitor (x_i), representing inner competitive efficiency, which is determined by the inner management level of x_i; a_i represent the external tactical efficiency carried by x_i, a_{ij} represents the restrain-efficiency- coefficient of x_i to x_j. The author will put coefficient A into discussion, in order to analysis the elemental changes and trends effecting market efficiency in E-time.

3. Elemental Analyses of Inner-inherited Coefficient a_i^0

Inner-inherited coefficient a_i^0 comes from the internal functions of competitor x_i system, representing internal management level. General speaking it is determined by several factors, the uniform function expression can be expressed as follows:

$a_i^0 = f_i(c_{0i}, \sigma_i, z_i, g_i, h_i, l^i m_i \cdots)$

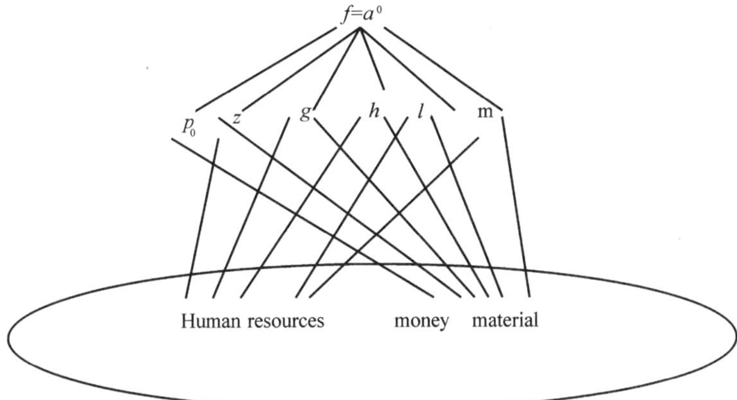

Figure 2 elemental analyses of inner-inherited coefficient a^0

In the expression mentioned above, c_0 represents production cost、δ represents material management cost、z represents the level of research and development 、g represents scale structure、h represents service level、m represents management level and l represents ability of qualified personnel.

Referring to Figure 2, all the parameters belong to the attribute space of x_i, but are short of substantiality. Therefore it is very difficult to measure them in detail, let alone grasp and control them. Since practice and theories have proved that these factors are objective realities, and they are essential to a_i^0. The author will explain in the following section:

3.1 Production Cost c_0

Production Cost c_0 is a comprehensive factor, and is the function of other factors. General speaking, $C = F + \xi + H + S + K$

In the expression mentioned above, F represents fixed cost, ξ represents total cost of raw material, H represents human recourses cost, S represents stock cost, K represents inner management cost。Furthermore:

$$\xi = \sum_{i=1}^{n} a_i m_i$$

$$H = \sum_{i=1}^{r} b_i \tau_i$$

a_i represents the price of the i th raw material, m_i represents the quantity of the i th raw material, n represents the variety of raw material; b_i represents the payment per hour of the labor i, τ_i represents the total working hours of labor i, γ represents total number of labor. So:

$$C = \sum_{i=1}^{n} a_i m_i + \sum_{i=1}^{m} b_i \tau_i + F + S + K$$

Raw material cost ξ: following with the application of Internet, on the one hand, enterprise can make choice among more selective suppliers, competition will cause the decrease of a_i (price of raw material); on the other hand, owing to the application of inner information technologies, production and control become more precise, m_i (the sum of actual application of raw material) is also decreasing. Raw material cost ξ tends to decrease.

Human recourses cost H: on the one hand, owing to improvement of the requirement of improving labor quality, b_i (average payment per unit time of labor in network economy) will reach a higher stage; on the other hand, the application of information technology, τ_i (required time to complete the same work) will decrease. Therefore the change of human recourses cost H will depend on the combination of b_i and τ_i.

Fixed cost F: first of all, traditional enterprises should increase investment in software and hardware in order to promote inner information management; Second, owing to the varieties of the technological methods of establishing information communication with suppliers, it will lead to various surplus expenditure. for example application of Web EDI, large-scale enterprise and small-scale enterprises stay in different situations, and their relevant expenditure are various: big enterprise need to burden all the development expenditure of EDI, but small enterprises only need to fill up Web form; at last, since they have different sale channels, the relevant fixed cost of enterprise is various: the enterprises (traditional sellers) depending on traditional marketing need to spend the expenditure of establishing physical storefront, whereas the enterprise (short for absolute net-sellers) operating through retail market in network, just need to pay the expenditure of setting up the relevant web-site. furthermore, the enterprises (mixed tradesman) have both selling channels mentioned above will pay both expenditure mentioned above . It is obvious that, there is actual difference in fixed cost of enterprises in network economy. General speaking, traditional enterprises should increase the investment in information equipment and channels of sale on web in order to adopt E-time, fixed cost will increase in accordance with the expression of $F=F_0+f$; Absolute net-businessman will take more advantage in fixed cost.

Stock cost S: enterprises in network can get the information of consumer and raw material suppliers in a more effective way, so they can reduce the quantity of raw material、semi-product and product (even zero) by a big margin, and reduce stock cost by a big margin.

Inner management expenditure K: in network economy environment, enterprises promote more electronic office in inner management, introduce information control management, and reduce management cost.

3.2 Material Management Cost (δ)

Refer to Figure 3, management cost δ includes stock & supply cost (δ_1) and distribution cost (δ_2) . The relevant expression is expressed as follows: $\delta=\delta_1+\delta_2$.

In network economy, owing to the application of EDI and other technology, stock & supply cost δ_1 will decrease; transportation cost δ_2, which should has been offered by consumer, will be translated into distribution cost because of sale on web; since the management method and measures of material distribution are various (if necessary, the material distribution of the third party should be adopted), the cost of deliver goods are also various; business on web has lower retail cost than that of traditional channel, buyer can directly input the information of search and purchase in sales web sites. Therefore, it saves the cost of recording order for goods and collecting the information of client activities for businessmen.

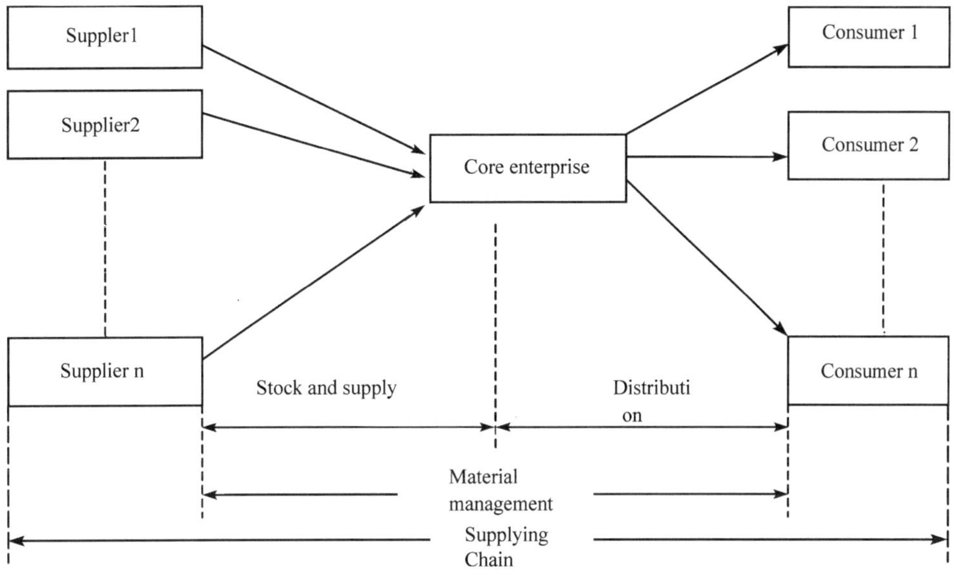

Figure 3 Enterprise external material management cost

3.3 Research & Development level z

Research & development level is also a compositive factor, which mainly means of innovative effect of "technology", or technical content and technological surplus value of product. In network economy, enterprises should maintain persistent capability of research & development because of bamboo telegraph of technology. Especially the capability of technological innovation, can not only make product quality up to the standard, but also can constantly create new product to take share of market. Therefore research & development level is an important competitive factor. In network economy, consumer and product enterprise can be integrated with each other. Enterprise can design product in accordance with the requirement of consumer, consumer can also directly take part in the product plan and the process of designation. (Refer to Figure 4)

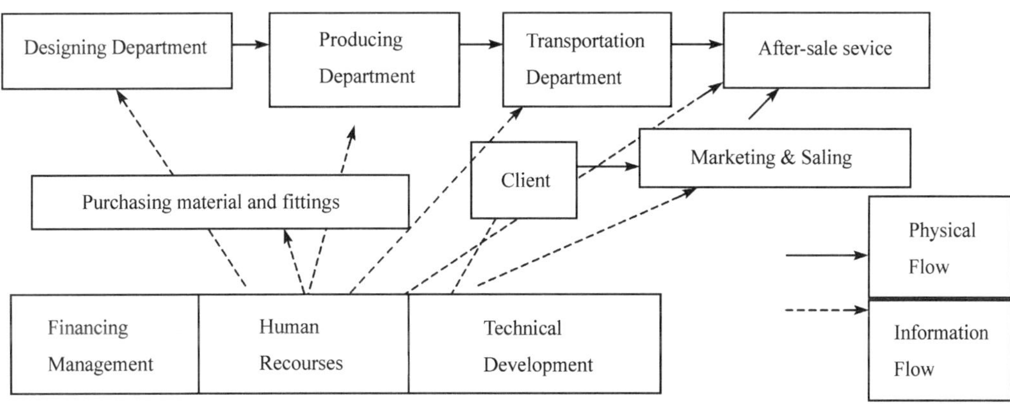

Figure 4 Material & Information Exchange between Client and Enterprise in New Economy

3.4 Scale Structure *g*

Scale of each system has a optimal value, which is determined by other internal factors in the system. Enterprise can maintain vertical integrative organizational format is predicated on that internal management control cost is less than market exchange cost. Therefore, scale of enterprises in network economy have two changing trend: on one hand, internal information in enterprise decrease management cost, enterprises have chance to extend scale to realize vertical intergradations, and save more business expenditure; on the other hand, information technology can help enterprise to reduce market business expenditure, enterprise can sign contract with exterior enterprises, but not depend on internal recourses of enterprise; Scale of enterprise can be reduced on the requirement of the same output and income. Therefore, enterprise should change its scale in accordance with the balance between enterprise control cost and market business cost.

3.5 Service Level *h*

Service directly show the image of an enterprise to consumers, and help to form a mental reflection in consumers' mind. Service Level has become an essential competitive factor of businessmen. It is different from traditional economy that service level of network economy will materialize in retail web sites of enterprises on many conditions. Including the aspects as follows: Convenient shopping: consumer can know convenient shopping form the aspects as follows: web site can make good use of search tool, enterprise has guidelines to check the convenient performance of searching and valuing product, reduce the cost of consumer' s searching and transforming product.

Reliability of fulfilling business: since the buyer and vender in network market have gap in time and space, the exchange of price, currency and product can' t be dealt at one time, consumers specially worry about the risk of distribution. Therefore consumer' s opinion on Reliability of enterprise will depend on the factors as follows: time of distribution、whether product can be distributed as will, continuous service for consumer.

Product information: The depth and width of product information offered in web site is also a symbol of service level.

3.6 Management Level、Qualified Personnel Ability *l*

Management level should be expressed as optimization of "controlling process", concretely it should be expressed as harmony and high-efficiency of all factors in the whole system. Effective application of information technology will certainly improve management level.

Qualified personnel ability l only means of a overall index of individual ability and giving rein to the relevant role, specially ability and the relevant role of supervisor. `qualified personnel certainly expresses his ability through the system x_i, composing of human recourses、money、material. Therefore l is still a competitive factor in system x_i.

4 Marketing Coefficient a_i、a_{ij}

a_i、a_{ij} come from system x_i (or between x_i and x_j), express in the scope out of the relevant system, and is an embodiment of market competition.

$a_i = \psi(p_i, y_i, b_i, c_i, s_i)$

Market pricing strategy (p_i)、marketing strategy (y_i)、advertising strategy (b_i)、brand packing (c_i) and product quality (s_i) are the direct reflections of competitive information in market, their effect will directly impact the sum of x_i, their conjunct effectiveness value is a_i.

$-a_{ij}$ represents the restrict of x_j's market efficiency to x_i, so it can be expressed as $a_{ij}=\alpha\frac{a_j}{a_i}$, in the expression mentioned above: α represents adjusting index. The author will explain pricing strategy (p_i)、advertising strategy (b_i) and brand strategy (c_i) in following section:

4.1 Pricing Strategy p_i

The value of price state in market is the balanced reflection of individual principal part's competition, and reflects natural rule of economy. At t moment, competitive aggregation of some kind of product $X=(x_i, x_2, \cdots, x_k)$, the corresponding competitive aggregation is P_t (p_1, $p_2\cdots$, p_k). Viewing from competition, businessman i will probably change p_i into $p'_i=p_i+\Delta p_i$ at $t+l$ moment, owing to the substitution of the same product , it will certainly lead to the change of x_i, according to $x'_i=x_i+\Delta x_i$, profits will change from p_ix_i into $p'_ix'_i$, therefore each enterprise system x_i will probably adjust its pricing strategy, and arose the shock of market price. The shock of market price will lead to three outcomes: circle to the former level, or stay in new price level, or incline to divergent trend. The low menu cost in network economy, will make it easier for enterprise to change product price to adopt market, the shock of market price will incline to high frequency; since the difference in fixed cost、marginal cost and financing capability, all enterprises should pay more attention to long-term benefits, strategically price will be close or lower than marginal cost, and other venders will probably be compelled to short-term benefits, their pricing will not lower than marginal cost.

In addition, businessman will classify consumer groups and the corresponding requirements in accordance with the information get from selling platform, in order to make chances to practice various pricing strategy, including pricing in accordance with product grade, pricing in accordance with purchase quantity、promoting season pricing 、chance pricing、discrimination pricing and promote partial pricing , which is to make p_i be a vector (make x_i to be a vector): $\{P_{ir} \mid r=1,2,\cdots,R\}$.

4.2 Advertising Strategy b_i

Advertising can play a role in introducing product and developing requirement, but each product has its corresponding Advertising expenditure in corresponding proportion, at the same time Advertising expenditure is related with listed time and the relevant "market depth"、competitive environment. Comparing with traditional newspaper、TV、broadcast、magazine、out-of-doors、 mailing and other media forms, as for Advertising on web, passive spread is more than initiative spread, passive spread has lower cost、more spectators, more lively form, easy to amend, individuation, be able to calculate precise audience rating, cheaper price、more optimal and so on. However there is much more information on web, consumer will be at loose ends. So how to attract "attention" of consumer is an essential issue.

4.3 Brand Strategy c_i

The invisible capital of Brand has arouse more attention from theory of management, and the establishment of this value need a accumulating process, for it represents the accepting degree of product after examination in market. First of all good product quality is the basis of establishing brand, second good brand can reduce purchasing risk of consumer, third enterprise can set up a good image of brand through the authentication of the third party.

5 Conclusion

Enterprises in E-time are confronted with new competitive structure; information technology will bring new competitive chances and challenges to all enterprises in market. Whether the enterprise can gain success in the new round of completion or not, is a complex dynamic process of the game, and need complexly analyzing and comparing. Enterprise competitive strength will more depend on the status level of the attribute (information) space of material system.

References

[1] Alba, J., Lynch, J. and Weitz, B. (1997), "Interactive home shopping: consumer, retailer and manufacturer incentives to participate in electronic marketplaces", Journal of Marketing, Vol. 61, pp. 38～51

[2] Wright, C. M. (1999), "Imagineering the future of the Internet: sketches from the year 2010", Bulletin of the American Society for Information Science, April/May

[3] Benjamin, R. and Wigand, R. (1995), "Electronic markets and virtual value chains on the information superhighway", Sloan Management Review, Vol. 36, No. 2, pp. 62～72

工厂化农业企业核心能力研究*

乔　忠　李应博

[摘　要] 工厂化农业是一种农业现代化生产方式。本文分析了工厂化农业企业核心能力的结构、特点以及实现方式，研究了工厂化农业企业核心能力的管理结构，最后以具体的工厂化农业为例来研究工厂化农业企业的核心能力问题。

[关键词] 工厂化农业企业　核心能力　技术创新　顾客价值

本文拟分析工厂化农业企业核心能力的结构、特点以及实现方式，并对工厂化农业企业核心能力的管理展开讨论，为我国工厂化农业企业的运营提供参考。

一、工厂化农业企业核心能力的内容

（一）工厂化农业企业核心能力的定义和特点

工厂化农业是一种在相对可控环境条件下，采用工业化生产、实现集约高效及可持续发展的现代化生产方式，以及在可控环境条件下设施与露地相配套的，具有高度的技术规范、高效益的集约化规模经营生产方式。

工厂化农业企业则是以工厂化农业为技术依托并通过现代企业制度形成的新型农业企业组织形式。它集科研、生产、加工、销售于一体而实现规范化的企业运作。由于企业核心能力是由组织中不同的生产技能和多种技术组合形成的，因此工厂化农业企业的核心能力就是为实现高的科技贡献率和转化率而在农业企业内部形成的创新能力、研发能力、转化能力等硬件能力以及制度能力、管理能力和应变能力等软件能力的有机结合体。

工厂化农业企业的核心能力除了具有价值性、稀有性、不易模仿性等一般企业具有的特点之外，还应充分体现知识性、动态性和敏捷性。由于工厂化农业企业应用现代生物技术、农业工程、农用新材料等，以现代农业先进的设施为依托，因此核心能力充分体现了科技含量，具有知识性；动态性则体现在工厂化农业企业的核心能力要不断进行动态调整，以便适应市场需求和农业科技的发展趋势；敏捷性则要求企业的核心能力具有与时俱进的特点，以实现最佳的市场绩效。

（二）工厂化农业企业核心能力的构成

工厂化农业企业核心能力可以分为两种类型．一种是“硬件能力”，另一种是“软件能力”。

* 原载《农业经济问题》2004年第1期。

"硬件能力"主要是指工厂化农业企业的创新能力、研发能力和转化能力。它是通过企业的设施、环境、技术、产品来实现的。

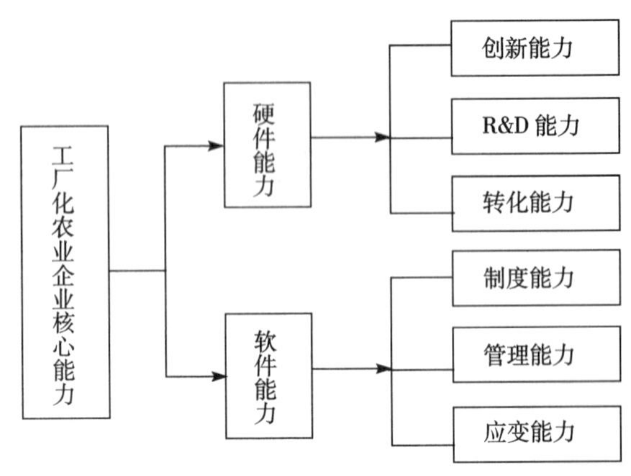

图1　工厂化农业企业核心能力的构成

"工厂化农业企业的发展在相当大的程度上取决于它的技术创新能力",因此,无论是建立都市农业、精品农业还是创汇农业,都必须以创新能力为企业的首要核心能力。工厂化农业企业的创新能力主要是指技术创新能力和产品创新能力。我们可以通过从新产品的市场份额、企业产品线的宽度以及同类产品更新换代的速度等数量化指标来衡量工厂化农业企业创新能力的大小。例如北京锦绣大地农业股份有限公司经营的果蔬业务,主要的新产品为水培生菜和水培空心菜,通过测定其市场份额以及在本企业的产品线中所占的比例就可以了解企业的创新能力大小。

研发能力则是指工厂化农业企业的研发人员数量和科研能力以及企业的研发投入。企业可以通过研发人员占全体职工的比例、科研成果水平与数量、研发成本占企业总投入的比例来衡量其研发能力的大小。像北京锦绣大地农业股份有限公司的研发人员比例大约为10%,国外研究表明,企业研发人员比例占到5%～15%是处于较高水准上的,10%这个比例可以从一个侧面反映该企业的研发能力。

转化能力是指工厂化农业企业的科技投入转化为效益产出的能力。工厂化农业企业在现阶段出现一种瓶颈效应,就是企业科技投入很大,但是市场绩效却不明显。因此转化能力对于工厂化农业的可持续发展来说是至关重要的一种核心能力。本文认为有两种可供参考的数量指标:一是科技转化率,一是科技贡献率。科技转化率通过测定企业的经营收益与科技成本投入的比值来衡量;科技贡献率通过企业的税后利润与科技成本的比值来衡量。企业在进行科技投入的时候,应该进行上一阶段的转化能力评价,以免造成不必要的资金浪费。

以上所述的是工厂化农业企业的硬件能力,而作为工厂化农业企业整体的核心能力来说,必须硬件能力与软件能力相互协调、共同发展。软件能力往往是工厂化农业企业欠缺的核心能力要素。

"软件能力"主要指工厂化农业企业的制度能力、管理能力和应变能力。制度能力是指企业内部的产权制度、运营制度是否适应本企业、同行业以及农业产业链的特点,从而形成市场竞争优势的能力。制度是要靠"人"来完成的,工厂化农业企业如果形成优良组织设计结构和"事业部"式的管理方式,对于制度能力的培养是至关重要的。工厂化农业企业要拓展自身的观察视角,不要认为自己仅仅就是一个农业企业,要依据现代企业制度形成一整套制度规章,并且建立激励奖惩机制和企业的文化理念。纵观国内外成功企业,无不有健全的制度体系和先进的文化理念。只有这样,才能够为工厂化农业企业提供一个良好的内部制度环境,适应国际化农业竞争的局面,增强工厂化农业企业可持续的核心能力。本文认为工厂化农业企业的制度应当围绕具有现代企业制度的生态型企业并倡导"绿色生活"的企业理念来培养。

管理能力则需要一个充分沟通、相互协作的团队式组织以及高级管理人才队伍。工厂化农业企业由于其生产方式的特殊性,例如有些企业在每一个科技园区都经营一个具体的项目,因此采用“事业部”式的组织结构对于其自身业务的拓展和组织管理能力的发挥都会起到很好的促进作用。

应变能力则是指工厂化农业企业通过建立一个学习型组织来培养在外部环境不确定的情况下做出迅速而有效的调整能力。工厂化农业企业有别于一般性质的农业企业，它具有高科技含量和规模化生产，而一般农业企业则主要采用劳动密集型生产方式。因此工厂化农业企业能够形成工业化的生产能力和组织结构，而形成学习型组织的目的就在于能够使得工厂化农业企业自身得到很好的学习能力，根据技术发展的趋势和市场需求的变化，及时调整其经营策略或者经营方式，做到“有备无患，可持续发展”。这对于兼有农业企业和工业企业特点的工厂化农业企业来说，意义是相当重大的。

（三）工厂化农业企业核心能力的实现方式

核心能力的实现方式依据诸如设施、技术和产品等不同的农业企业经营形式以及企业在生命周期中所处的阶段而有所不同。

工厂化农业企业的经营形式有很多种，主要有：种子种苗工程型农业企业、采后处理加工型农业企业、种植工艺型农业企业和设施与环境控制型农业企业等类型。种子种苗工程型企业主要从事优质蔬菜、花卉以及机械化精良播种等生产，因此核心能力可以通过设施和技术创新来实现。智能化温室型农业企业则主要以设施和环境为核心能力的实现方式。采后处理型农业企业则主要以产品为核心能力实现方式，通过气调保鲜与包装新技术实现产品的市场差异化。

在企业生命周期中，如果工厂化农业企业处在建立阶段，则首先应当以产品（或服务）为核心能力的实现方式，并通过转化能力和创新能力来形成自己的核心能力。如果工厂化农业企业处于成长阶段时，则应当强调经营管理，通过制度能力和管理能力来塑造核心能力。如果企业处在成熟阶段，那么组织文化建设对于经营理念的培养，从而最终形成核心能力则起到积极的影响。如果企业处在转型阶段，那么技术创新与设施改进就成为创新能力的核心内容，以便为企业进入下一个生命周期做好准备。我国目前很多工厂化农业企业都处在转型阶段，因此应当找好技术突破点。每一个工厂化农业企业都应当找到适合自身特点的能力取向，从而形成核心能力（图2）。

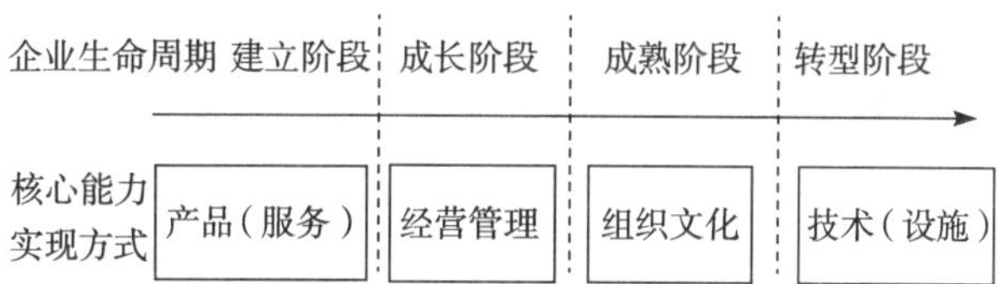

图2　工厂化农业企业核心能力的实现方式

二、工厂化农业企业核心能力的管理

（一）核心能力管理的影响因素分析

工厂化农业企业核心能力的管理需要良好的环境。核心能力管理的内部影响因素主要是指企业的经营目标、经营战略和经营理念。经营目标是指导企业进行运营管理的指导方针。工厂化农业作为一种新型的企业模式，其经营目标应当是“通过高效集约以及可持续发展的现代农业企业的经营方式而实现科研、生产、加工、销售等价值活动的有机结合”。经营战略是企业为完成经营目标而制定的一系列具有前瞻性的措施来实现技术上、组织上、制度上以及管理上的突破和发展。工厂化农业企业应该应用现代企业的战略规划理论做好长期的企业战略。而经营理念则为工厂化农业企业核心能力的管理提供一个“天时、地利、人和”的文化氛围，使得核心能力的管理更为有效。工厂化农业企业由于其发展的历史比较短，因此企业经营理念的形成需要一个过程。

工厂化农业企业的外部环境对于核心能力管理也具有重要的影响。外部环境可以分为宏观环境和微观环境两种。宏观环境如政治法律、经济状况、社会文化以及技术进步。由于工厂化农业企业是国家目前扶持倡导的一种农业企业模式，因此宏观环境对于工厂化农业企业的核心能力培养来说是一种正面的、积极的而且可以有效利用的外部因子。微观环境主要指供应商以及顾客的讨价还价能力和替代品威胁。供应商所提供的原料、半成品的供应能力，很大程度上影响着企业的核心能力培养。产品由价值链的上游流转到下游，不仅要体现产品本身所创造的价值，还要实现企业的低成本。如果供应商本身的成本高昂，那么在实现低成本的过程中就会遇到困难；而如果成本很低，产品的质量或者科技含量却不高，同样也不会形成市场竞争力。因此这是一个兼顾低成本与高质量的双向选择问题。另外还要提防市场上的替代品威胁。由于工厂化农业企业的产品市场价格较高，同样品种的蔬菜和瓜果，顾客必然倾向于价格低廉的产品。因此工厂化农业企业核心能力的管理应当围绕其核心产品或服务来进行。如果工厂化农业企业没有过硬的产品或服务，就会失去市场立足的根基，更谈不上核心能力的管理了（图 3）。

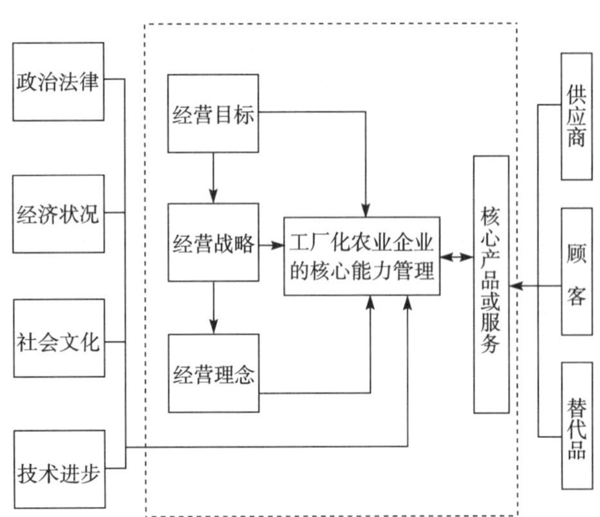

图 3　工厂化农业企业核心能力管理的环境因素

工厂化农业企业要想实现核心能力的良好管理状态，就必须首先做好环境分析，只有具有良好运行环境的工厂化农业企业，才能够形成可持续的核心能力。

（二）工厂化农业企业核心能力的管理内容

企业核心能力作为一种企业资源，需要系统化、知识化的管理结构。工厂化农业企业的核心能力管理包括以下四个方面内容：一是核心能力识别，二是核心能力培育，三是核心能力评价，四是核心能力发展。

1. 企业核心能力的识别和培育。企业进行核心能力管理的前提是对企业核心能力的识别。核心能力要充分体现企业的经营目标和经营理念。工厂化农业企业的产品特点决定了其市场消费的特殊性。因此在识别工厂化农业企业的核心能力时，除了传统认识上的资源和技术，还要有一种“市场观”，即通过企业的产品平台连接市场、强调市场。

然后是核心能力的培育。这一环节是核心能力管理的关键。工厂化农业企业的重要特点就是技术先进、资金雄厚。由于很多重点农业试验室的知识储备以及国家和地方政府对于工厂化农业的支持和倡导，因此在技术支撑和资金供给方面不是一个非常棘手的问题。关键在于如何利用这种技术优势和资金优势来培育自己的核心能力。由于工厂化农业企业的自身特点，培育核心能力要兼顾农业企业和工业企业的优势。

2. 企业核心能力的评价和发展。对于企业核心能力的评价，一般的做法是进行数量化综合评价，因此要建立一定的评价指标体系和方法。由于工厂化农业企业核心能力的评价具有很强的模糊性，因此本文认为用模糊评价方法能够比较好地实现评价效果，并建立以下核心能力评价的数量化指标体系。

核心能力的发展则要求工厂化农业企业根据环境的变化作出适时的调整，不仅应当满足当前市场的需求特征，还要形成可持续的核心能力。核心能力不是一个短期的概念，而是经过时间积淀而形成的长期能力。纵观国内外成功企业的成长历程，其核心能力无不是经过一个很长时期而形成的。因此，我国工厂化农业企业要形成自身的可持续核心能力，要通过企业化建设、规模化建设和知识化建设来逐步形成。

三、工厂化农业企业核心能力的案例分析

本文以北京锦绣大地农业股份有限公司为例来作案例分析。北京锦绣大地农业股份有限公司成立于1998年2月，初期投资2.3亿元，现已投资3.66亿元，计划总投资逾5亿元。公司是以现代企业制度组建的规范化股份制企业，由13家国有、集体制企业共同投资而成。公司现有员工434人，95%拥有大专学历，有含5个职能部门在内的26个部门，大部分为公司的事业部。

（一）企业的经营目标、组织结构形式和外部市场环境分析

该企业在生产经营上体现多元化，主要涉及种植业（包括果蔬、花卉、育种和食用菌）、畜禽养殖业（包括优质种牛、优质种羊、珍稀禽类和鱼类养殖）、观光农业、兽药制造、物流配送和产品深加工等6种业务领域。该企业的短期经营目标是以畜牧业（主要是种牛）、种植业（主要是花卉）和观光农业为三大支柱，采用低成本扩张、市场和利润驱动，政府指导。长期的经营目标是开发深加工和物流两个方面，提高市场占有率。

企业采用的组织结构形式为事业部式，即企业的每一个事业部均自主经营和自负盈亏，总公司安排企业的战略部署、各事业部拥有独立的产品市场。政策管制集权化、业务营运分权化。

企业目前的市场单一产品的优势很强，主要表现在种植业的育种在同类产品中的优势以及养殖业的市场优势。企业种牛产品的市场替代性很小，具有优势，但花卉等产品的市场替代品较多，产品市场具有压力。企业通过市场调研来获得市场信息，并建立营销网络和物流配送系统来增强自身的营销能力。企业产品面临的主要问题是市场价格较高，主要原因是成本高，因此企业必须注重产品质量和效益，并尽量降低成本，从而实现产品的价格优势。

（二）核心能力的构建

由于以上原因，笔者认为该企业的核心能力主要应该包括以下内容：

1. 技术创新能力。这主要涉及到高科技产品的多样性和农业服务的先导性。由于企业的产品主要是种牛和花卉，因此产品的科技水平和质量直接引导企业的技术创新能力的发展。而观光农业则倡导农业与旅游业的有机融合，开拓农业发展的新渠道。

2. 制度能力。由于企业采取的是股份制，并且以事业部制为组织结构，所以现代企业制度的优势都可以尽可能在该企业发挥。例如产权制度、战略管理、人力资源管理、财务管理以及信息管理等方面都会行之有效。因此完善的制度能力能够使得企业的经营管理更为有效，而且针对市场变化，做出及时的调整。

3. 管理能力。这主要是指该企业实行内部银行以及人力资源管理等手段。内部银行指企业每一个部门都有物资账和设备账两个账本。每一个部门都有自己的资金核算体系。不同部门如果有资金流量，都会留有资金记录。这样做可以降低企业的各种费用。在人力资源管理上，该企业采用“引进和培养高级人才，在管理上大量使用高学历人才”的做法，打破了以往农业企业的人才匮乏的局面，从“软件能力”上着手实现核心能力的可持续性。这样企业无论现有业绩如何，只要能引进人才、留住人才、造就人才，就不怕外界市场竞争的冲击，最终还是会走到同行业的前列。

4. 抓住主营业务具有的核心能力。由于企业采取多元化战略，因此很可能造成力量分散，市场优势不明显。采用集中化战略，抓住主营业务，找准本企业的强势业务，集中发展它所具有的核心能力，会为企业整体的核心能力培育奠定坚实的基础。

5. 确定该企业在生命周期中所处的阶段，根据不同阶段企业采取的核心能力培育手段，确定自身的核心能力。该企业成立于1998年，迄今为止已经有近五年的时间，因此企业应当处于生命周期中的成熟阶段。企业应当充分的市场调查，不断调整产品定位和业务定位，集中技术创新和设施改进，形成可持续的核心能力，使企业保持较长的发展优势。

四、总结

工厂化农业企业是我国当前农业发展中具有广阔前景的一种农业企业形式。由于它本身可以充分发挥农业生产的生物潜力、环境潜力、空间潜力和时间潜力，因此对建设“无公害绿色食品工程”的绿色农业生态体系具有深远的影响。本文立足工厂化农业企业内部核心能力问题，研究了核心能力的构成以及管理等方面的问题。希望通过深入研究工厂化农业企业的核心能力，能够对入世后我国农业企业核心竞争力的提升有一定的参考价值。

参考文献

[1] 工厂化高效农业示范工程北京分项课题组．前进中的北京工厂化农业［M］．北京：中国科学技术出版社，2001

[2] 魏文铎等．工厂化高效农业［M］．沈阳：辽宁科学技术出版社，1999

[3] 覃征等著．网络企业管理［M］．西安：西安交通大学出版社，2001

[4] 李麟，李骥著．企业价值评估与价值增长［M］．北京：民主与建设出版社，2001

[5] 张继焦，吕江辉编著．数字化管理［M］．北京：中国物价出版社，2001

[6] [美]迈克尔·波特(Porter,M.E.)著．陈小悦译．竞争优势[M]．北京:华夏出版社,1997

[7] 朱怀意等．企业核心能力状况的综合评判方法探索．科技进步理论，2002.1

[8] 陈殿奎．我国工厂化农业实施与发展综述．农门议题，2000.4

[9] 芮明杰．中国企业发展的战略选择［M］．上海：复旦大学出版社，2000

[10] 国家“十五”科技攻关计划研究课题组．我国工厂化农业发展战略与管理创新研究调研报告，2002.10

[11] ［英］坎贝尔（Cambell，A）等编．严勇等译．核心竞争战略：以核心竞争力为基础的战略［M］．哈尔滨：东北财经大学出版社，1998

[12] 康建中．企业技术创新体系与战略经营能力．中国标准化［J］，1999（10）

国家农业综合开发项目投资决策科学化思考*

杨秋林　王小林

众所周知，决策的意义从宏观角度讲在于提高资源利用效果；从微观角度讲在于提高资源配置效果。由于经济资源的稀缺性，使得无论是宏观决策者站在国民经济的角度考虑，还是微观决策者站在企业（个体）层面考虑，都十分重视提高决策的质量。决策的质量无论对国民经济的整体增长与发展，还是对企业的生存与发展都具有重大现实意义。国家农业综合开发是政府支持、保护农业发展，合理利用农业资源，优化农业结构，提高农业综合生产能力，实现农业持续稳定发展的战略性政策措施。因此，农业综合开发项目投资决策的质量高低，直接关系到我国农业持续稳定发展这一战略性政策的执行效果。本文针对国家农业综合开发项目的特点，尝试性提出提高决策效果的几点意见，抛砖引玉，以期引起广泛讨论，为提高我国农业综合开发投资决策水平提供参考。

一、国家农业综合开发项目管理模式规范化为投资决策科学化提供了实践基础

我国农业综合开发项目管理，是在借鉴世界银行项目管理经验的基础上，结合我国实际情况实施的，并形成了规范的农业综合开发项目管理五阶段模式，即按工作程序依次分为前期准备、申报审批、项目实施、竣工验收、运行管护五个阶段。

1. 前期准备阶段。农业综合开发项目的前期准备是指项目列入投资计划前的准备工作，包括制定开发规划和建立项目库、提出项目建议书、编制项目可行性研究报告、进行评估论证等。

2. 申报审批阶段。农业综合开发项目经过评估立项以后，具体实施之前，必须进行计划申报。目前计划申报审批的做法是在统筹规划和前期准备的基础上，实行一年一定的办法。

3. 项目实施阶段。项目实施是农业综合开发项目管理中的一个关键阶段。一般是指从主管部门批复年度实施计划之后，到项目竣工的整个管理过程。

4. 竣工验收阶段。农业综合开发竣工项目验收的主要依据：国家规定的农业综合开发方针政策，规章制度及工程建设标准，各类项目计划（包括存量和增量资金项目计划）批复及调整文件，以及经批准的项目文件和初步设计。

5. 运行管护阶段。农业综合开发项目竣工验收后，必须明确产权归属，落实管护主体，及时办理移交手续；要建立健全各项运行管护制度，保护项目正常运转，长期发挥效益。国家农业

* 原载《中国农业综合开发》2004年第1期。

综合开发办公室积多年管理农业综合开发项目之经验，并多次组织专家对农业综合开发项目管理的一整套办法进行反复讨论、试行、修订，初步形成一套比较规范的农业综合开发项目管理办法，这对我国其他农业投资项目管理具有重要借鉴作用。这种规范化的管理模式，为进一步提高我国农业综合开发项目投资决策提供了良好实践基础。

二、项目投资评估学科的发展为农业综合开发项目投资决策奠定了理论方法基础

随着经济的发展，世界各国以项目的形式进行的农业投资越来越多，决策者越来越需要成熟的项目投资决策理论与方法来指导项目投资决策。从20世纪50年代到现在，经过50多年的发展，已经基本形成了比较成熟的农业项目评估的理论与方法体系。农业项目投资决策是一个需要由多方面专家对项目的技术、组织管理、市场、社会、财务、经济等多方面做出科学评估的复杂的决策过程。比较成熟的农业项目投资评估理论与方法是1972年Gittinger J. P. 的《农业项目的经济分析》，1982年出版了该书的第二版，该书着重讨论项目确定上马前，准备过程中的可行性分析及财务和经济评估方法。1975年由Lyn Squire和Herman G. Van Der Tak合著的《项目经济分析》(Economic Analysis of Projects) 出版，是项目评价方面的主要文献之一，该书提出的方法被称为S—V—T法，该书对项目的费用—效益分析的基本概念、影子价格推导、影子价格估算进行了讨论 (1975)。1991年，由W. A. 沃德、B. J. 德雷和E. H. D. 西尔维著的《项目分析经济学——实践者指南》(The Economics of Project Analysis—A Practitioner's Guide) 出版，1993年由杨秋林等翻译的中译本 (1993) 在我国出版。该书明确指出，项目分析的理论基础是新古典经济学说和公共部门理论。项目分析以经济效率最大化为目标、资源配置和利用效率为中心问题。该书扩充了Gittinger J. P. 关于时间对项目分析的影响的讨论，并对通货膨胀、影子价格以及项目风险分析进行了讨论。该书讨论了世界银行和其他组织在发展中国家运用项目经济分析的经验。在使用和解释所谓“支付意愿标准”、“外汇衡量标准”等方面的发展作了详细的讨论。这几本书的出版标志一个比较成熟的农业项目投资评估理论与方法体系的建立。1985年，《项目评估》(Project Appraisal) 学术期刊创立 (王小林，2002)。

我国从20世纪80年代初从世界银行引入关于项目评估的理论与方法，1983年，国家计划委员会正式颁发了《关于建设项目进行可行性研究的试行管理办法》。农业项目投资评估在内的正式出版著作是20世纪80年代末开始的。1989年，王靖主编的《农业项目评估与分析》出版。1987年，北京农业大学（现中国农业大学）经济管理学院率先开设《农业项目投资评估》大学本科课程，1990年，杨秋林主编的《农业项目投资评估》由农业出版社出版。1992年，朱希刚、杨秋林编著的《农业区域开发项目管理》出版。1993年，杨秋林、殷久勇等翻译并出版了世界银行经济发展学院发展丛书《项目分析经济学——实践者指南》。1993年，杨秋林、沈慎宇主编的世界银行经济发展学院发展丛书《农业项目管理——着重世界银行经验》出版。1994年，杨秋林编著的《贫困地区投资项目管理》和《贫困地区投资项目可行性研究》出版。2000年，杨秋林编著的《项目投资财务分析实务》出版。在这期间，中国农业大学逐步设立了农业项目投资评估的硕士与博士研究方向。20世纪90年代初，中国建立起比较完善的农业项目投资评估理论与方法体系（王小林，2002)。20世纪90年代以来，信息技术正以前所未有的速度迅猛发展，特别是决策支持技术的迅速发展已经对项目决策产生了巨大影响。

三、我国农业综合开发项目投资决策科学化存在的难题

1. 农业综合开发项目投资决策者要在多个决策属性中进行权衡。决策按要素的分类，从决策单元分为单人决策与多人决策，多人决策又分为群组决策与主从决策；从决策准则分为单准则决策与多准则决策，多准则决策又分为多目标决策与多属性决策；从决策环境分为确定型决策与非确定型决策，非确定型决策又可分为风险决策、笼统决策与模糊决策三类；从决策规则分为最优决策与满意决策。农业综合开发项目的投资决策，从决策单元的角度看，要有技术、市场、财务、生态环境等多方面的专家参与决策，显然大多数大型农业项目投资决策具有多人决策中的群组决策特点。从决策准则的角度看，农业综合开发项目投资决策者在追求经济效益这一属性最大化的同时，还要考虑项目的社会效益、生态环境效益等属性。因此，具有多准则决策中的多属性决策特点。

因此，从决策角度看，农业综合开发项目投资决策面临的第一个难题是：农业综合开发项目投资决策普遍存在多属性，由于属性的增多，就产生了属性间的不可公度性，甚至矛盾性等特点，农业综合开发项目投资决策者要对多属性决策问题求解。

2. 农业综合开发项目投资决策者在模糊决策环境下对项目属性做出判断。在农业综合开发项目投资评估中，项目“技术成熟度”、“安全可靠性”、“技术适用性”、“组织管理”、“项目技术服务体系完善程度”等许许多多的概念，都具有外延不分明的特点。这样的概念相对于明确的概念，我们称之为模糊概念。经典数学是以精确为特征的，但经典数学面对模糊问题是无能为力的。1965年美国加利福尼亚大学控制论专家扎德（Zadeh）教授在《Information and Control》杂志上发表了一篇开创性的论文“Fuzzy Sets”，标志模糊数学的诞生。模糊数学的诞生为模糊决策的发展提供了理论基础，人们利用这一理论对模糊意见集中决策、模糊二元对比决策、模糊综合评判决策、模糊多属性决策、模糊多属性群体决策等问题进行研究。

从决策环境角度看，农业综合开发项目投资决策环境中，不仅涉及定量因素，而且还有大量的定性因素。这些定性因素的处理涉及到模糊因素。因此，具有非确定型决策的模糊决策特点。

因此，农业综合开发项目投资决策面临的第二个难题是，农业项目投资决策环境（即自然状态）具有模糊性，方案集合中蕴藏的决策目标是很难确切描述的。

3. 农业项目投资决策者要对结构不良问题做出决策。决策者在一种决策环境下所面对的问题类型，通常决定了他如何对待此问题。决策问题通常分为两种类型：结构良好问题（Well—structured problems）和结构不良问题（Mal-structured problems）。结构良好问题，它们是指那些直观的、熟悉的和易确定的问题。它们与完全理性假设接近一致。结构不良问题，它们是新的或不同寻常的、有关问题的信息是含糊的或不完整的问题。例如，决策投资于一个“蓖麻新品种繁育高技术产业化示范工程项目”，就属于这类决策。因为，从技术上讲，这个项目在国内首次采用“一系两用”、“两系法”的蓖麻杂优研究和利用途径，育成的蓖麻Lm型雌性系，获得国家专利。也就是说，从技术角度来分析，是新的或不同寻常的，而关于其更加详细的信息则是含糊的或不完整的。

决策问题的类型不同，通常采取不同的决策方式，一般结构良好问题采取程序化决策（Programmed decision），而结构不良问题采取非程序决策（Non-programmed decisions）方式。对于结构不良问题的决策，由于决策问题的复杂性，一般由多人做出决策。根据我们前面的分类，多人决策分为群体决策和主从决策两大类。群体决策的优点是：信息更完整，方案更多，对方案的接受程度更大，以及更具合法性。但是，如果多人决策是主从决策，那么，决策可能被少数人所左右，产生遵从的压力并使责任不清。对于农业综合开发项目投资决策而言，以“某市蓖麻新品种繁育高技术产业化示范工程项目”为例，这一项目的决策涉及“技术的高新特点”、“技术的成熟性”、“产业关联度分析”、“技术风险”、“市场前景”、“财务效益”、“社会效益”、“管理者水平”等多方面，除财务效益外，其他方面都是结构不良问题。

因此，农业综合开发项目投资决策面临的第三个难题是：农业综合开发项目投资决策大部分属于对结构不良问题（Mal-structured problems）进行决策。

四、农业综合开发项目投资决策科学化思考

上述分析表明，农业综合开发项目投资决策存在多属性、模糊性和结构不良性三大难题，若能在某种程度上对农业综合开发项目投资决策中的三个难题进行改进，那么可望提高农业综合开发项目投资决策效果。

1. 用层次分析法（AHP）处理多属性决策，可有效解决农业综合开发项目投资决策的多属性问题，进而提高项目投资决策效果。在决策过程中，层次分析法（AHP）便于将定性的和主观判断量化处理，是一种解决那些包括指标或方案两两比较的复杂的决策问题的实用方法。AHP方法已经在解决复杂决策问题中得到广泛的应用，AHP在项目评估中与决策支持系统中都有成功的应用。Expert Choice以及Newtech两个决策支持系统应用软件就是基于传统的AHP法的。已有的理论研究与应用开发，说明AHP方法能够用来解决农业综合开发项目投资决策的多属性问题。

2. 模糊数学的模糊决策方法可有效解决决策环境的模糊性，进而提高农业综合开发项目投资决策效果。1970年，享有“动态规划之父”盛誉的南加州大学教授R. E. Bellaman与Zadeh一起在多目标决策的基础上，提出了模糊决策的基本模型。在该模型中，凡决策者不能精确定义的参数、概念和事件等，都被处理成某种适当的模糊集合，蕴含着一系列具有不同置信水平的可能选择。这种柔性的数据结构与灵活的选择方式大大增强了模型的表现力和适应性，被以后的研究人员引为发展和推广模糊决策的基础。迄今为止，模糊集理论的应用已经渗透了决策科学的各个领域。无论是独裁决策还是群组决策，是单一准则决策还是多准则决策，是一次性决策还是多阶段决策，或者是不同种类交叉的混合性决策，模糊集理论在决策思想、决策逻辑和决策技术等方面都发挥了重要作用，并取得了良好的效果。大量的研究已经证实，模糊决策方法可有效处理决策环境的模糊性。而且，决策科学是年轻的模糊集理论在实际应用中最为成功的领域之一。

3. 决策支持系统（DSS）可以解决结构不良问题（半结构化/非结构化问题），**通过决策支持系统的人—机对话系统引导决策者对问题的表达和理解，通过电子会议改进群体决策效果，可有效提高农业综合开发项目投资决策效果。**DSS的主要特征就是辅助决策人员完成半结构化和非结构化的决策问题，这些问题很少或几乎得不到管理信息系统的支持。对于大型农业综合开发项目投资决策，需要群体决策。这些群体的决策过程往往是：根据已有的材料（如项目可行性研究报告），根据群体成员（技术专家、财务专家、行政官员等）各自的经验和智慧，通过一定的议程（如项目评审会议），集中多数人的正确意见，作出决策。而群体决策支持系统（GDSS）可提供三个级别的决策支持：第一层次的GDSS旨在减少或消除群体决策中决策者之间的沟通障碍；第二层次的GDSS提供善于认识过程和系统动态的结构技术，决策分析建模和分析判断方法的选择技术。第三层次的GDSS是将第一层与第二层的技术结合起来，引导决策者参与决策。

五、结论

将上述思想集成在一起，就可为提高农业综合开发项目投资决策效果提出一个整体解决的思路：建立基于模糊层次分析法以及模糊群体决策模型的农业综合开发项目投资群体决策支持系统，对定性与定量问题以及群体意见进行综合；通过群体决策支持系统的支持，充分考虑决策群体的决策思想及经验，促进意见集结，改进结构不良问题的解决。

参考文献

［1］王小林，杨秋林．利用决策支持系统提高农业项目投资决策效果．中央财经大学学报．2002（11）

［2］王小林．农业项目投资群体决策支持系统——系统框架及多属性决策模型研究．中国农业大学经济管理学院博士学位论文，2003

［3］杨秋林．农业项目投资评估（第三版）．北京：中国农业出版社，2003

传媒业运营的现状分析及对策研究*

——从传媒业上市公司 2003 年报看传媒业的运营

陈 红 华

[摘 要] 本文从传媒业的现状出发，简单介绍了传媒业上市公司的情况，并从传媒业主要上市公司 2003 年报财务数据和指标入手，分析了传媒业上市公司存在的主要问题，并就这些问题提出了相应的对策和建议。

[关键词] 传媒业 传媒业上市公司 年报 财务数据

在新世纪，传媒业已经成为世界各发达国家经济的支柱产业。以全球头号经济强国美国为例，根据有关调查报告，美国文化传媒产业的产值在 2002 年已经超过了其庞大的军火产业。我国传媒业从改革开放至今，已经经过了 20 多年的发展，形成了目前以电视、报纸、杂志、广播为主体的，年广告收入突破 900 亿元的庞大市场。从 1998 年起，我国传媒业利税总额首次超过烟草业，成为国家排名第四的支柱产业。

一、传媒业上市公司简介和 2003 年报财务数据及指标

传媒行业在我国的迅速发展，离不开传媒行业代表性企业—传媒上市公司的发展。从 1994 年上海电广总局下属的东方明珠股份有限公司发起设立上市，以及随后的直接上市、重组、收购等资本运作行为，我国传媒业上市公司已经形成了一定的规模。

根据华尔街最权威的道琼斯分类标准，美国资本市场将传媒业称为“广告与传媒”（Advertising and Media)，下面又分为三个子类，分别是广告业（Advertising)、广播电视业（Broadcasting)、出版发行业（Publishing)。根据我国证监会发布的《上市公司行业分类指引》精神，将传播与文化产业定为上市公司 13 个基本产业门类之一。其中，传播与文化产业又主要分为出版业、声像业、广播电影电视业、艺术业、信息传播服务业、其他传播和文化产业等六大类。

根据上市公司的行业划分标准，同时考虑到公司涉足传媒业的程度、经营情况和业绩表现，笔者将传媒类上市公司分为涉足传媒业的公司和代表传媒业的主要上市公司。

涉足传媒业的公司是指已经小规模地涉足传媒业，基本上属于个案投资，尚未将传媒作为发展的重点。属于这种类型的上市公司主要包括：强生控股（600662)、ST 万鸿（600681)、ST 信联（600899)、ST 国嘉（600646)、ST 永生（600613)、巴士股份（600741）丹东化纤

* 原载《江苏商论》2004 年 10 月。

（000498）、湖南投资（000548）、赣南果业（000829）、中体产业（600158）、ST 银广夏（000557）、青鸟天桥（600657）、ST 松辽（600715）、北京巴士（600386）、振华科技（000733）、海虹控股（000503）、鲁银投资（600784）、山西三维（000755）等。

代表传媒业的主要上市公司是指传媒主业明确，规模大，业绩显著，业务扩展能力强的公司，以及已经在传媒行业有较大规模的投入，且将传媒业作为今后公司发展的战略重点，在未来一两年在传媒业仍会有较大规模的重组和购并事项发生的公司。目前上市公司中代表传媒业的主要上市公司有 10 家，它们分别是：电广传媒（000917）、东方明珠（600832）、聚友网络（000693）、广电网络（600831）、歌华有线（600037）、中信国安（000839）、青鸟华光（600076）、博瑞传媒（600880）、赛迪传媒（000504）和中视传媒（600088）。

根据中国证券监督管理委员会指定上市公司信息披露网站——巨潮咨询网所披露的上市公司 2003 年年报，整理出如下的财务数据和指标（见表 1、表 2）。

表 1　10 家主要上市公司 2003 年主要财务数据

序号	公司名称	货币资金	流动资产	总资产	主营业务收入	投资收益	补贴收入	利润总额	净利润
1	电广传媒	787 077 999	2 387 565 863	4 984 539 542	968 086 489	87 130 975	152 000	7 718 439	47 571 863
2	东方明珠	218 097 254	334 840 850	4 490 661 372	780 790 360	41 920 666	5 685 520	313 498 667	259 552 678
3	聚友网络	321 438 079	440 576 763	1 152 022 786	307 909 970	−258 422	0	21 099 861	16 158 128
4	广电网络	44 869 512	68 069 167	313 851 841	217 082 120	0	0	22 042 667	19 045 506
5	歌华有线	853 598 467	897 553 853	2 352 404 394	669 771 791	17 104 645	28 600 000	274 742 228	236 112 785
6	中信国安	1 130 953 269	2 927 042 302	5 938 753 477	1 627 245 122	159 126 132	745 389	281 233 522	192 292 697
7	青鸟华光	243 903 706	1 418 285 750	2 050 854 574	239 195 937	−7 325 956	23 891 101	12 584 956	9 592 893
8	博瑞传播	86 178 185	182 198 902	562 514 214	346 859 541	22 817 327	0	95 161 511	55 050 202
9	赛迪传媒	68 243 955	257 020 236	595 751 055	255 944 522	−8 846 694	0	35 098 952	31 854 064
10	中视传媒	254 102 342	451 114 483	945 610 718	310 686 942	4 660 405	14 532 973	6 036 220	3 130 750
	总计	4 007 941 563	9 354 273 986	23 411 284 851	5 723 572 794	316 329 078	73 606 983	1 069 217 023	870 361 566
	平均	400 794 156.3	935 427 398.6	2 341 128 485.1	572 357 279.4	31 632 907.8	7 360 689.3	106 921 702.3	87 036 156.6

表 2　10 家主要上市公司 2003 年主要财务指标

序号	公司名称	加权平均每股收益(元)	净资产收益率%	每股净资产（元）	加权平均每股经营活动产生的现金流量（元）	扣除非经常性损益后的加权平均净资产收益率（%）
1	电广传播	0.18	2.00	9.24	2.54	2.03
2	东方明珠	0.269	8.28	3.25	0.48	8.06
3	聚友网络	0.084	3.75	2.23	0.582	4.57
4	广电网络	0.156	11.81	1.318	0.165	11.89
5	歌华有线	0.67	12.62	5.33	1.32	11.13
6	中信国安	0.291	6.88	4.237	−0.841	5.07
7	青鸟华光	0.04	0.94	4.03	−0.06	0.81
8	博瑞传播	0.42	18.36	2.41	0.92	18.48
9	赛迪传媒	0.10	7.60	1.35	0.18	7.57
10	中视传媒	0.013	0.43	3.08	0.13	−1.63
	平均	0.222	7.27	3.648	0.542	6.8

二、传媒业上市公司存在的主要问题

1. 货币资金。10家公司持有货币资金达40亿，平均每公司持有货币资金4亿，比上年增长了18.73%，而且货币资金占流动资产的42.84%，说明传媒业上市公司拥有充足的资金，同时由于大量货币资金在手上，暗示着传媒业上市公司缺乏有效的利用资金的手段、缺乏好的投资方向和项目。

2. 主营业务收入。10家公司主营业务收入总计 达57亿，比上年增长了26.67%，比两市的总体主营业务收入增长33.01%要低，表明传媒业上市公司盈利能力低于上市公司平均水平。

3. 非经常性损益。10家公司的投资收益比上年增长1亿多，有补贴收入的公司由上年的3家增加到6家，补贴收入比上年增长3949万，非经常性损益占利润总额的36.46%，比上年的28.94%增长了7.5个百分点，非经常性损益成为公司实现盈利的一种手段。

4. 主要财务指标。10家公司加权平均每股收益为0.222元，净资产收益率为7.27%，每股净资产为3.648元，都比两市的平均值高，与2002年相关指标相比，分别上升了5.26%、3.91%、−1.58%，而与两市在相应指标上43.045%、35.565%、5.825%的增长率相比，明显低于均值，其中由于东方明珠和聚友网络实施了利润分配使得股本增加、导致每股净资产比上年减少。加权平均每股经营活动产生的现金流量为0.542元，低于沪市上市公司均值的0.597元。相对来说，传媒业上市公司整体业绩水平在下降。

5. 偿还能力分析。现金流动债务比(=经营现金净流量/流动负债×100%)和现金债务总额比(=经营现金净流量/债务总额×100%)，这两个指标反映企业用每年经营现金流量偿还流动负债和全部债务的能力，指标越高，偿债能力越大，可反映企业的最大付息能力，企业只要能够按时付息，就能借新债还旧债，维持债务规模。10家公司在这两个指标上分别为0.2996和0.2756，有2家公司甚至为负值，反映出传媒行业现阶段经营活动产生的现金净流量很少，偿还能力比较差。

资产负债率（=负债总额/资产总额×100%），该比率越小，企业长期偿债能力越强，承担的风险也越小。但是该指标过小，反映出经营者没有很好的利用财务杠杆的作用。传媒业在此指标上为38.66%，比发达国家传媒行业的50%小很多，说明传媒业的经营者没有很好的运用财务杠杆，对负债经营缺乏必要的手段。

6. 营运能力分析。由于细分行业的特殊性，使得广电网络、歌华有线和博瑞传播的收款能力很强，除去这3家公司外，另外7家上市公司的应收账款周转率均值为7.036、应收账款周转天数为51天，存货周转率均值为5.444，存货周转天数为67天，说明传媒业收款能力比较好。在流动资产周转率和固定资产周转率指标上，有一半的公司小于1，表明传媒业流动资产和固定资产的利用率低。

7. 获利能力分析。尽管10家公司营业利润率达到了13.43%，但是其中有3家公司小于0，表明传媒业的期间费用比较高。总资产报酬率（=（利润总额+利息支出）/平均资产总额×100%）用来衡量企业对所有经济资源的运用效率，高于同期银行借款利率和社会平均利润率，则说明公司总资产获利能力足。10家公司的总资产报酬率为5.93%，低于目前银行一年期贷款年利率，说明传媒业对所占有资源的运用效率低下。

三、对策和建议

针对上述的问题，笔者提出如下的对策和建议：

1. 努力扩大投资项目。目前传媒业上市公司手中握有大量的现金，即使各公司有长远的投资规划，大力开发短期投资项目，用好用活手中的现金，是传媒业上市公司经营者必须做好的事情。

2. 提高企业管理能力。提高企业管理能力，要从开源和节流两个方面同时进行。开源就是要更大地开拓市场以增加收入和增加毛利率，节流就是要加强内部的管理制度以减少各种费用。

3. 提高经营所产生的净现金流。经营产生的净现金流是公司健康发展的基础，也是反映一家公司举债能力的重要指标，目前传媒业上市公司要尽快采取强力措施，扭转经营产生的净现金流低下的局面，给广大投资者以希望，有利于传媒业上市公司今后的融资和发展。

4. 有效的运用财务杠杆。目前传媒业上市公司的资产负债率不到40%，发达国家传媒行业的资产负债率在50%以上，我国的传媒业上市公司需要学会用更高的财务杠杆来争取获得超额利润，不要满足于暂时的、依据政策赋予的天然垄断地位而维持现状和保守经营。

5. 提高各种资源的运用效率。上市公司必须能够获利才有存在的价值，而有效的提高公司所拥有的各种资源的效率，是提高公司获利能力的必要方式。目前急需传媒业上市公司解决好各种资源的运用效率问题，提高传媒业上市公司获利能力，以期进一步提升传媒业板块在上市公司中的地位，吸引更多的投资者。

6. 更加规范传媒集团和传媒上市公司的行为。由于传媒上市公司所从事的能直接带来收入的媒体经营性业务，一般是从其控股的媒体集团的广告、发行、印刷、节目制作、网络传输等经营性业务改制而来，这些业务必然要依托于传媒集团的媒体资产来开展，因此大量的关联交易无法避免，那么难免不出现传媒集团利用关联交易从上市公司套取巨额现金的行为。由于媒体经营完整的成本信息不能够在上市公司信息披露上真实地反映出来，使得广大公众投资人难以正确地判断出上市公司业务的真实盈利能力和发展前景，也无从发现和制止传媒集团对上市公司的利益侵占。而上市公司盈利的提高，很大程度上依赖于传媒集团的支持，一旦传媒集团实力下降，无力扶持上市公司，或者调整对上市公司的优惠政策，这将给上市公司的业绩造成重大打击。所以，要更加规范传媒集团和传媒上市公司的行为，从制度上、政策上引导传媒集团和传媒上市公司健康稳定地发展。

参考文献

[1] 孙燕君．报业中国．重庆：中国三峡出版社，2002
[2] 金碚．报业经济学．北京：经济管理出版社，2002
[3] 曹鹏，王小伟．媒介资本市场透视．北京：光明日报出版社，2001
[4] 孙正一，农秋蓓，柳婷婷．我国新闻媒体资本运营情况初探．新闻记者．2001（5）

农业产业化龙头企业政府财税补贴政策效率：基于农业上市公司的案例研究*

林万龙　张莉琴

一、导言

为摆脱目前农业发展面临的困境，政府和学术界普遍认为解决好小农户生产与大市场的衔接问题是提高我国农产品竞争力、增加农民收入的关键。在这种背景下，农业产业化经营受到政府日益重视是很自然的事。根据农业产业化的发展情况和国家对农业产业化扶持重点的变化，可以把国家对农业产业化的扶持政策分为三个阶段。第一个阶段（1993—1995年），是我国农业产业化的倡导阶段，在这个阶段，中央政府开始倡导农业产业化经营，要求“以市场为导向，积极发展贸工农一体化经营”①。第二个阶段（1996—1998年），是我国农业产业化正式起步和摸索、发展的阶段，在这个阶段，中央政策虽然强调“积极兴办以农产品加工为主的龙头企业”②，但是对龙头企业的扶持还没有在政策中体现出来。第三个阶段（1999年至今），是政府大力扶持农业产业化龙头企业的阶段，中央在一系列农业政策中不仅强调了农业产业化对农业结构调整的重要意义，而且在提出对农业产业化扶持的同时，突出了扶持农业产业化的重点是扶持龙头企业。在1999年到2002年4年的中央农村工作文件中都连续提到了扶持农业产业化经营，扶持龙头企业。在2001年11月，中央经济工作会议做出“扶持产业化就是扶持农业，扶持龙头企业就是扶持农民”的论断，于是，扶持龙头企业的各项政策在全国各地迅速升温。政府的优惠政策涉及龙头企业生产的各个环节，包括税收减免、财政贴息、公益性补贴、价格补贴、用地优惠甚至上市政策优惠等，政策支持力度大，影响也非常广泛。

政府对龙头企业的扶持，其政策意图很明显，即希望通过龙头企业的发展壮大，有效带动农民进入市场，从而提高农民收入水平。这也就是“扶持产业化就是扶持农业，扶持龙头企业就是扶持农民”这一广为流传的提法的逻辑所在。因而，按照这一逻辑，政府政策的绩效，首先必须体现在农业产业化龙头企业能够因政府的财税补贴政策而获得更快的发展速度上。

那么，政府对农业产业化龙头企业所采取的财税补贴政策的绩效究竟如何呢？目前，尚无任何研究对此加以系统分析并做出深入的评估。政府支持产业化龙头企业的最终目标是促进农产品增值和升级，提高农民收入，如果政府补贴对于龙头企业的发展并无明显作用，那就可以认为政府扶持龙头企业的政策为低效率或无效率的，这一政策的合理性也就存在疑问。沈晓明（2002）、

* 原载《中国农村经济》2004年第10期。

① 《中共中央、国务院关于当前农业和农村经济发展的若干政策措施》（中发［1993］11号）。

② 《中共中央、国务院关于“九五”时期和今年农村工作的主要任务和政策措施》（中发［1996］2号）。

沈晓明等（2002）曾分析了补贴政策对农业上市公司的影响，发现这些公司的真实盈利能力较差，他们认为补贴政策的影响是消极的。如果确实如此，那么，这一现象就理应引起学术界和政府相关部门的高度重视。

遗憾的是，沈晓明（2002）、沈晓明等（2002）的研究仅仅是一种简单的统计分析，缺乏严格的计量分析。鉴于研究的结论具有极强的政策含义，因而本文试图用更为严格的计量经济方法分析政府对农业产业化龙头企业的财税政策的效率，力求使研究结论更为可靠。

本文的结构安排如下：小结我国农业产业化龙头企业所享受的优惠政策；提出本文的待检验的假说；运用农业上市公司2000—2002年的财务数据对假说进行检验；最后，给出研究结论并讨论分析结果。

二、我国农业产业化龙头企业享有的财税优惠政策

我国各级政府、各地政府均给予农业龙头企业各种优惠政策，这些优惠政策包括财税、信贷和用地等方面。本文所考察的政府财税扶持政策，则可以分为两大类：税收优惠政策和财政补贴政策。

（一）税收政策

农业产业化龙头企业享有的税收优惠政策包括所得税减免、增值税减免、出口退税和其他税收优惠政策。

1. 所得税减免。所得税减免是政府给予农业产业化龙头企业的最重要的扶持政策，它的支持力度非常大。对于中央一级由八部委认定的农业产业化国家重点龙头企业，国家税务总局发文要求各级税务部门对这些企业从事种植业、养殖业和农林产品初加工取得的收入，暂免征收企业所得税。而比照中央政策，各省（直辖市）也纷纷出台了相应的所得税减免优惠政策，对于其认定的省级龙头企业也给予各种不同程度的企业所得税免征或减征。甚至有些县级政府也出台了相似的政策，例如浙江宁海县规定，对本县县级以上（含县级）农业龙头企业从事种植业、养殖业和农林产品初加工所得，暂免征收所得税①。

所得税减免政策对农业产业化龙头企业的扶持力度，可以清楚地从上市龙头企业的财务业绩表现上看出来。在所得税减免之前，上市的农业产业化龙头企业执行的所得税税率有7.5%、14.85%、15%和33%之分。如果《农业产业化国家重点龙头企业认定和运行监测管理暂行办法》（以下简称《办法》）规定的所得税减免优惠落到实处，那么龙头企业的利润将有很大的改善，减免税收直接变成了企业当年增加的利润。举两个例子来看，维维股份（豆奶粉行业中的领头企业），是第二批农业产业化国家重点龙头企业之一，仅仅免征所得税就可使公司2003年当年利润增长10%左右；而同属第二批国家重点龙头企业的丰原生化（柠檬酸行业中的领头企业），免征所得税对公司2003年业绩影响则更大，据估计至少可提升当年利润的30%左右②。

农业产业化龙头企业不仅享受所得税率低的好处，还享有税前抵扣的种种优惠。依据《办法》，由八部委联合认定的农业产业化国家重点龙头企业研究开发新品种、新技术、新工艺所发

---

① 资料来源：宁海侨网（http：//www.nhqw.gov.cn）。

② 郭锐（2003）：《农业产业化龙头企业上市公司分析》，证券时报网（http：//www.p5w.net），2003年3月13日。

生的各项费用，比上年实际发生额增长10%以上（含10%）的，其当年实际发生的费用除按规定扣除外，经税务部门审核批准后，可再按实际发生额的50%直接抵扣当年应纳税所得额；还有，农业产业化国家重点龙头企业为技术改造购买国产设备的投资，可按照规定享受抵免企业所得税的政策。从全国范围看，并不仅仅是国家重点龙头企业享受此项优惠政策，很多省级、县级政府也纷纷参照《办法》，将同样的优惠授予本级别的农业产业化龙头企业。

2. 增值税减免。虽然增值税减免不是政府专门为扶持农业产业化出台的优惠政策，但我国大部分的农业企业却一直享受增值税减免的优惠待遇。根据我国《税法》，销售饲料、化肥、农药、农机、农膜、农产品应适用13%的低税率，但为了进一步降低农业生产成本，在低税率的基础上，上述行业的企业已经连续多年享受免征增值税的优惠待遇。农产品销售企业，如果销售的是自产农产品，那么免征增值税；如果销售的是外购农产品，那么适用13%的税率。2000年以后出台的农业产业化龙头企业扶持政策进一步强调，要落实龙头企业可以享受的增值税减免优惠政策。

3. 出口退税。出口退税是我国政府鼓励出口竞争的重要政策。对于外贸业务多的农业产业化龙头企业，出口退税成为企业补贴收入的重要来源之一。

4. 其他税收优惠政策。各地根据当地农业发展的特点，除了落实龙头企业享有所得税减免、增值税减免、出口退税等三项税收优惠，还出台了其他一些税收优惠政策，其中，减免农林特产税是一个常见的优惠政策。比如，云南省委、省政府在2002年12月出台的《关于推进农业产业化经营的意见》中要求：对云南本省新开发的特色农副产品生产基地，给予一定数额和期限的农林特产税减免；在荒山、荒地、荒滩、荒水上建设的农林特产基地，从取得收益之年起，免征3年农林特产税及营业税；对新建或扩建的大型农产品批发市场，3年内市场管理费减免30%。

（二）财政补贴

农业龙头企业接受的财政补贴类型，主要有出口创汇贴息、财政补助两类。出口创汇贴息同出口退税一样，是政府鼓励农产品出口竞争的一项优惠政策。例如浙江宁海县对龙头企业收购本地农产品加工的农副产品自营出口的，以2000年收购额为基数，超基数部分每美元奖励人民币0.04元；2001年后首次出口的企业，按当年实绩计奖，每美元奖励人民币0.05元①。

龙头企业接受的财政补贴，主要来自地方政府。补贴款名目也很多，就2002年的财政补助情况来说，中水集团远洋股份有限公司接受有海洋渔业资源探测经费，江西赣南果业股份有限公司接受有新产品开发补助资金、生产经营补贴收入，北京顺鑫农业股份有限公司接受有北京市政府冻猪肉专项储备费用补贴，安徽丰原生物化学股份有限公司接受有财政专项补助污水治理补贴款等。

上述财税优惠政策，从性质上来说，可以大体分为两类。一类是对特定企业的优惠，包括所得税减免政策和除出口创汇贴息以外的大部分的财政补贴政策，本文称之为“专向性补贴政策”（税收减免实际上也是一种财政补贴）。其特点是：这类优惠政策不是给予所有的农业企业，而是仅给予由各级政府所认定的龙头企业（国家级的、省级的、县级的等）。另一类是对涉农企业的普遍补贴和优惠。包括增值税减免政策、出口退税政策、农林特产税减免政策和出口创汇贴息政

① 资料来源：宁海侨网（http：//www.nhqw.gov.cn）。

策等。其特点是：这类优惠政策所面对的不是特定的企业，而是对符合一定条件的企业（例如从事涉农产业的企业、出口农产品创汇的企业）的扶持，从本质上来说，这类政策不是对农业企业的扶持政策，而是对农业产业的扶持政策。本文称之为“非专向性补贴政策”。严格来讲，所谓对农业产业化龙头企业的财税支持政策，应当指第一类政策，即“专向性补贴政策”。事实上，在我国，这一类政策的支持力度要远高于第二类政策。

三、假说

在此本文先进行一些简单的统计分析。本文选择了与农业产业化经营相关的58家农业上市公司2000—2002年的财务数据进行分析。按照这些公司2002年相对于2000年的主营业务收入的增长幅度，本文将它们分为低、中低、中等、中高和高5个组，然后观察这5个组的企业的所得税综合税率（指所得税与主营业务利润的比例）。如果综合所得税税率较低的企业，其主营业务增长速度较快，那么，这就意味着政府通过所得税减免等给予龙头企业的优惠政策可能会是有效的。但是，表1的数据却没有支持这一点，在农业上市公司中，除了在主营业务扩张最快的那个企业组中所得税优惠表现出积极作用外，其他的企业组均显示，所得税综合税率越低的企业组，其主营业务收入的增长速度却越慢。例如，所得税综合税率最低的企业组（税率为3.81%），其主营业务收入的增长速度是最低的；所得税综合税率最高的企业组（税率为10.71%），其主营业务收入增长速度属于中高水平。这似乎表明，对大部分农业上市公司，所得税税负的减少并没有对企业业务的增长表现出积极的作用。

表1　按主营业务收入增长速度分组的农业上市公司的所得税综合税率

	总平均	低	中低	中等	中高	高
平均	6.04%	3.81%	4.37%	6.66%	10.71%	4.49%
	(0.0711)	(0.0769)	(0.0283)	(0.0607)	(0.1067)	(0.0425)
最小值	0.00%	0.00%	0.00%	1.91%	0.06%	0.51%
最大值	36.88%	25.34%	8.36%	23.38%	36.88%	14.86%

注：①主营业务收入增长为各上市公司2002年相对于2000年的增长幅度；②这里的所得税综合税率，用所得税与主营业务利润的比率表示；③低、中低、中等、中高、高各组各占企业数量的20%；④括号内为标准差。

有鉴于此，本文有理由对国家所给予产业化龙头企业的财税扶持政策的实际效率表示怀疑。为了进行更严密的实证分析，在此所提出的本文有待检验的假说是：

原假说：龙头企业的产出是政府补贴的函数，政府财税补贴对企业的产出水平有显著的促进作用；

备择假说：政府财税补贴对产业化龙头企业产出的促进作用不显著。

本文提出的原假说实际上也是政府扶持龙头企业的理论依据，如果享有扶持政策的龙头企业的行为符合市场竞争机制，那么应该可以得到的政府想要的结果——即政府的各项优惠政策会带来企业收入增长。下文是对假说的检验，看是接受还是拒绝原假说。

四、假说的检验

（一）数据

为对假说进行检验，本文选择与农业产业化经营相关的农业上市公司进行跟踪分析，其数量为 58 家①。选择农业上市公司作为研究样本的理由是：

(1) 上市公司历年的财务数据均是公开的，因此，选用农业上市公司作为研究样本可以满足实证研究对数据的要求。

(2) 这 58 家农业上市公司包括了 41 家上市的农业产业化国家重点龙头企业中的 40 家，其中第一批农业产业化国家重点龙头企业中的上市公司或关联公司 16 家，第二批农业产业化国家重点龙头企业中的上市公司或关联公司 24 家。因此，对这 58 家农业上市公司的分析结果可以大体代表农业产业化国家重点龙头企业的状况。

(3) 农业上市公司的信息公开披露制度提供了完整、具体、具有连续性的财务数据，与可系统获得的其他来源的农业企业财务数据相比，应当更具有公信力。

所有样本数据均来自证监会公布的各上市公司 2000—2002 的公布年报。

在我国政府对农业产业化龙头企业的财税补贴政策中，可计量的补贴包含了所得税优惠、增值税减免、出口退税、财政补贴等。其中，所得税优惠是企业享受的最主要补贴。由于 2000 年会计处理方式发生变化，上市公司会计年报中“补贴收入”中的“所得税返还”转出，直接从“应交所得税”中扣除，故“补贴收入”的账面数额减少。这就导致了 2000 年以后和 1999 年以前的补贴收入所含科目不一致。由于所得税优惠对龙头企业的影响是本文分析的重点，因此，出于数据一致性的考虑，本研究将样本时期定为 2000—2002 年。

(二) 对假说的检验

1. 变量选择。要验证假说“龙头企业的产出是政府补贴的函数”，就是看政府补贴对龙头企业产出有无明显作用。用函数表示就是：

$$y = f(s, x_1, \cdots, x_n)$$

y 为企业的产出，s 为政府补贴（或支持），x_1，…，x_n为影响企业产出的其他变量，包括企业的资本投入、劳动投入、管理能力，以及企业特征变量（例如，组织方式、行业性质、管理水平）等。由于本文使用的是上市公司公布的会计年报数据，无法得到企业的具体资本、劳动力投入、管理能力、企业特征方面的数据。但如果不包括这些信息，那么，估计的方程参数将是有偏的。为尽量克服这个缺陷，本文使用了面板数据，即假定所省略掉的变量在 2000—2002 年三年内没有发生大的变化。这个假定有一定的现实合理性，一般来说，三年内企业的组织方式、管理能力以及劳动力使用等基本情况变化不会太大。

具体的变量选择如下：

(1) 被解释变量——企业的产出，用企业主营业务收入来代表，为谨慎起见，本文采取了两种具体形式来衡量：一种为消除资产规模的影响，用主营业务收入与总资产的比率表示；另外一种是考虑主营业务收入绝对量的变化，选择了对数形式。

(2) 解释变量——政府的扶持力度，考虑用所得税综合税率、销售税金税率、补贴收入三个指标来代表。

① 本文所选的 58 家公司，包括了 2000—2002 年中所有主业与农业和农产品有关的上市公司。在这些公司中，连云港如意集团股份有限公司（股票代码：000626）和湖北武昌鱼股份有限公司（股票代码：600275）的主业已经不是农业，在此不予列入；河南春都集团（股票代码：000885）、中垦农业资源开发股份有限公司（600313）和湖北蓝田股份有限公司（600709）三家公司均被会计师事务所出具了保留意见，在此也未包括在样本之内。

所得税综合税率，由于上市公司的不同分公司、不同行业①所适用的所得税率可能是不同的，因此，需要计算上市公司整体的所得税税负水平，即所得税综合税率。这里需要说明一点，本文所衡量的所得税综合税率是用企业所缴纳的所得税与主营业务利润的比重来表示，而不是以所得税与利润总额的比率来表示。这样处理，是因为上市公司报告的利润总额通常包括了投资收益和为经营安全性计提的大量准备金。根据我国《税法》，如果本公司对外投资的公司与本公司适用的所得税率相同，那么本公司的投资收益就无需再缴纳所得税；上市公司为经营安全性计提的大多数准备金也不允许在税前抵扣。这时，要反映企业真正的所得税税负水平，用所得税与主营业务利润的比率表示显然比用所得税与利润总额的比率表示要更合适些。

销售税金税率的高低，能反映企业是否享有增值税减免、农牧业税减免等优惠。本文用主营业务税金及附加与主营业务收入的比率来表示销售税金税率。主营业务税金及附加主要包括营业税、城市维护建设税、教育费附加和交通附加费、农牧业税等。主营业务税金附加的税基主要为增值税。

企业接受的政府补贴收入，根据上市公司利润表“补贴收入”科目中的数据来衡量。

2. 主营业务收入用比率形式表示的估计方程及估计结果。要估计的用比率形式表示的方程形式为：

$$y_{it} = \delta_1 + \delta_2 d01_t + \delta_3 d02_t + \beta_1 x_{1it} + \beta_2 \chi_{2it} + \beta_3 \chi_{3it} + \alpha_i + u_{it}$$

y_{it}表示第i个公司第t年的主营业务收入与总资产的比重；d01、d02分别代表2001、2002年的年份虚变量；x_1表示所得税综合税率；x_2表示销售税金税率；x_3表示补贴收入与总资产的比重；α_i是由无法观察到的变量所造成的误差，它可以与解释变量相关；u_{it}为随机误差项，它与解释变量不相关；δ_1为常数项，δ_2、δ_3分别为年度虚变量的系数，β_1、β_2和β_3分别为三个政策变量x_1、x_2、x_3的系数。

差分后实际估计的函数形式为：

$$\Delta y_{it} = \delta_2 d01_t + \delta_3 d02_t + \beta_1 \Delta x_{1it} + \beta_2 \Delta x_{2it} + \beta_3 \Delta x_{3it} + \Delta u_{it}$$

可以发现，δ_1和α_i在差分时就去掉了，正因为去掉了α_i，得到的β_1、β_2和β_3三个系数估计值才是无偏的，而这三个系数正是本研究所感兴趣的。

运用有关数据得到的估计方程如下：

$$\Delta y = 0.56 - 0.0038d01 - 0.0079d02 + 0.39\Delta x_1 - 2.99\Delta x_2 + 4.22\Delta x_3$$
$$(-0.14) \quad (-0.30) \quad (2.07)^{**} (-2.63)^{***} \quad (1.35)$$
$$R^2 = 0.04$$

括号中的数字为t统计值；＊＊和＊＊＊表明估计值在单尾检验中分别在5%和1%的可信水平上明显不为零。

系数估计及相应的t统计表明，补贴收入对企业业务扩张作用并不明显；销售税金税负水平对企业业务增长有反向作用，销售税金税率下降1%，主营业务收入相对于总资产的比率上升2.99%，这点与预计的相同；但与所期望不同的是，所得税税负越重的企业，其主营业务增长反而越快，所得税税负水平下降1%，主营业务收入相对于总资产的比率反而下降0.39%。销售税金税负水平的高低主要由当地的税收和产业政策决定，销售税金优惠一般没有包括在政府扶持龙头企业的优惠政策中。而所得税减免是政府对龙头企业扶持的最重要的优惠政策，据沈晓明(2002)估计，如果把企业少交的税收算作补贴，所得税减免要占到政府对龙头企业补贴的一半以上。

---

① 国家税务总局《关于明确农业产业化国家重点龙头企业所得税问题的通知》要求：只对重点龙头企业从事种植业、养殖业和农林产品初加工业取得的所得，暂免征收企业所得税(2001年11月15日，国税发[2001]124号)。

3. 主营业务收入用对数形式表示的估计方程结果。主营业务收入（y）和补贴收入（x_3）都用绝对量表示。要估计的用对数形式表示的方程形式为：

$$Lny_{it} = \delta_1 + \delta_2 d01_t + \delta_3 d02_t + \beta_1 x_{1it} + \beta_2 x_{2it} + \beta_3 Lnx_{3it} + \alpha_i + u_{it}$$

对该方程进行同样的差分处理，得到的方程估计结果与前面用比率形式得到的估计结果类似。方程估计结果如下：

$$\underset{}{\Delta Lny} = 19.98 + \underset{(1.32)}{0.088d01} + \underset{(4.14)^{***}}{0.284d02} + \underset{(1.42)}{0.56\Delta x_1} \underset{(-3.04)^{***}}{-14\Delta x_2} + \underset{(0.38)}{0.01\Delta Lnx_3}$$

$$R^2 = 0.20$$

括号中的数字为 t 统计值；＊＊＊表明估计值在单尾检验中在1%的可信水平上明显不为零。

系数估计及相应的 t 统计表明，补贴收入和所得税减免对企业的主营业务收入增长均无明显作用，只有销售税金税率的降低对企业业务发展有积极作用，销售税金税率下降1%，主营业务收入增长14%。

4. 分析结果讨论。两种形式的方程的估计结果实际上均拒绝了本文提出的原假说而支持了备择假说，即政府的扶持政策对龙头企业业务扩张并没有明显的积极作用。这是因为，虽然在本文所关注的三个政策变量中，销售税金税率的降低对企业业务的发展有积极作用，这与预期的结果一致，但是，销售税金优惠主要属于前文所说的“非专向补贴政策”，在严格意义上来说不属于对产业化龙头企业的扶持政策，而补贴和所得税减免是政府扶持农业产业化龙头企业的两种主要财税政策，且基本属于“专向性补贴政策”。由此本文得出的结论是：我国的农业产业化龙头企业扶持政策是缺乏效率的，主要的扶持政策，即政府补贴、所得税减免对企业业务增长均无明显作用。这不仅与理论上的推测不一致，也与政策界的期望和预想不一致。

对于这一结论的可靠性，有可能会有一些的质疑，在此可以对这些质疑进行简单的讨论：

（1）关于分析样本的有效性。本文所采用的样本全部都是农业上市公司，有一种观点认为，农业上市公司与非上市公司相比，财务造假的动机和可能性更大，因为上市成功可以获得巨大的利益。这意味着对中国资本市场功能的否定。本文认为，对中国资本市场的否定比对现行农业产业化龙头企业财税补贴政策效率的否定更令人难以接受。进一步来说，如果认为公司上市存在系统性的寻租行为，那么，就没有理由认为目前的龙头企业财税补贴政策不会存在这种系统性的寻租行为。这将恰恰能说明以农业产业化国家重点龙头企业的评审来决定财税补贴对象这一政策的无效率。

（2）关于补贴效率的标准。有一种观点认为，国家给予农业产业化龙头企业以财税补贴政策，其目的并不是要企业发展壮大，而是希望它能促使农民增收。有一些企业虽然是亏损的，但如果不给予补贴，则可能立即倒闭，从而会对当地的农民就业和增收不利，在这种情况下，补贴的效率就体现为维持企业不倒闭而不是促使企业发展壮大。这种观点本文是不能认同的，因为如果这一个企业需要靠补贴来维持生存，就说明它是缺乏市场竞争力的，也就说明还有其他更好的企业存在。在这种情况下，补贴的存在实质是对公平竞争的市场机制的破坏，补贴降低了资源配置效率。

五、结论性评述

自20世纪90年代“农业产业化”的提法提出以来①，出于各种原因，各级政府把扶持龙头

① “农业产业化”这一提法最早是1992年在山东潍坊提出的，其实践基础是在该地农村中自20世纪80年代以来所出现的“公司＋农户”、“贸工农一体化”、“产加销一条龙”等新的农业经营形式。

企业作为了扶持农业产业化的主要手段，其中的逻辑是：通过促进龙头企业的发展壮大，来扶持农业和农民。为此，各级政府给予了龙头企业各种优惠政策和优惠补贴，其扶持力度越来越大①。

然而，本文运用2000—2002年58家农业上市公司的数据进行的实证分析结果却表明：至少就农业上市公司的案例研究来看，作为扶持农业和农民的两种手段，对行业的扶持和对特定企业的扶持，其政策效率不同。对农业行业的扶持，销售税金减免等“非专向性补贴政策”有一定的政策效率，而作为对特定企业的扶持，所得税减免和政府补贴等“专向性补贴政策”则明显缺乏政策效率。因此，我国政府对所谓“龙头企业”的扶持政策是低效率的。

由于政府对龙头企业的扶持对农产品加工龙头企业的主营业务增长并无明显作用，甚至是那些接受政府补贴少的企业更具备经济效率，政府扶持并没有直接带来所期望的农业龙头企业产出的增长，因而也就谈不上通过扶持龙头企业来带动当地农产品原料的产销，“扶持龙头企业就是扶持农民”这一想当然的提法并不成立。这意味着，无论是何种原因，至少就目前的情况来说，政府对龙头企业继续进行扶持的政策依据并不充分。

对于目前财税优惠政策效率低下原因的探讨不是本文的主要目的，但本文仍愿意在此给出一个可能的解释。在现实中，一个企业如果能被认定为“龙头企业”，那么，它可以享受到的好处非常多，仅免征所得税一项就非常诱人，这一点可以从全国各涉农企业对“龙头企业”认定资格的激烈竞争中就可以看出来。在名额有限的情况下，只有那些与政府关系密切的企业才可以更容易地获得“龙头企业”的称号，也只有这样的企业才更容易获得政府的各种补贴和优惠。在这种状况下，企业的目标已经发生了变化。如果追求政府补贴成为许多企业的重要目标，那么，政府就很难区分优质企业和劣质企业，更何况由于种种原因，在许多情况下，许多的政府部门和政府人员也并不想这样去做。

本文的研究可以引发的另外一个思考是，政府的财政专项农业支持资金的发放机制应该如何才更有效率。许多人往往相信，只要在扶持企业的资格认定上加强工作（例如，严格认定标准、规范认定程序），就能够解决上述问题。这就涉及一个基本的理念判断，即政府到底是有限理性还是无限理性的？本应由市场加以鉴别的东西（例如企业质量的好坏），政府是否也能做到？因此，从公共政策的角度来说，为了促进农业的发展，政府的扶持环节和扶持方式究竟应该是什么？这是必须认真思考的一个问题。

参考文献

[1] 陈吉元．农业产业化：市场经济下农业兴旺发达之路．调研世界．1997（2）

[2] 沈晓明．论农业产业化政策的市场性目标与公益性目标的冲突——兼析农业上市公司的竞争力减弱现象．农业经济问题．2002（5）

[3] 沈晓明等．补贴政策对农业上市公司的影响与调整．中国农村经济．2002（6）

① 例如，国家级重点龙头企业的数量由2001年的151家增加到了2003年的372家。

中国牧区村庄决策权研究*

——以新疆和甘肃为例

张　正　河

［摘　要］在广大的西北牧区，哪些人决定着村里的大事及村民的价值取向？谁在牧区村庄有号召力？权力结构是什么样的？涉及牧民利益的公共决策是如何被通过的？新的生产技术是如何引入的？这些问题困扰着政策制定者和执行者。通过对新疆和甘肃43个县（市）5 800个村中500个村3 561位农牧民的访问调查，作者认为，村庄事务有三种；村庄的权力主体有四个，亚主体有10个；四大权力主体对三大事务的影响力和作用方式有很大的不同；不同的组合会产生不同的村庄治理模式；政府、村官、民间组织、宗族势力、能人精英之间的角色定位及权力发生作用的空间可能会产生竞争和互补效应。

［关键词］村庄　决策权　牧民

一、研究目的及调查范围

村民自治制度的实行，要求广大农民在农村内部公共事务的管理中切实享有管理参与权，同时，对个人事务享有自主的决定权、管理权和处置权，从而实现自我管理、自我教育、自我服务，真正体现当家作主的主人翁地位。但是，从公共管理理论上讲，管理的过程总是少数掌握公共权力资源的人对多数不掌握公共权力资源的人进行组织、指挥、协调、影响和控制的过程。

1999—2002年，我主持世界银行在中国的一个大型项目（中国西部草畜发展项目，国务院总理办公会已于2003年2月通过，并启动）的前期准备工作，这个项目国家政府承贷，是政府主动型项目，但项目执行、还贷要落实到牧户。项目户在哪些村发展？哪些人决定着村里的大事及村民的价值取向？谁在牧区中有号召力？中国牧区的权力结构是什么样的？涉及牧民利益的公共决策是如何被通过的？新的生产技术是如何引入的？……

在长达四年的深入西部牧区访问和调查研究、汇报、讨论的基础上，我逐渐形成了牧区村级决策（影响）权及相互作用的一些观点，经过认真研究，我认为这些观点对中国在西部地区特别

＊ 本研究得到农业部外经中心和世界银行的大力支持。甘肃和新疆的工作人员给予全面的配合，本文依据大量的世界银行、甘肃和新疆的调查资料进行了归纳性分析，中国农业大学的田维明教授、秦富教授、韩建国教授、王若军博士、林万龙博士、戎承法等给予多方面的帮助，很多观点和材料是在联合调查和讨论中碰撞出来的，农经权威专家俞家宝先生给予了精心指导，在此一并表示感谢。

是广大牧区的技术推广、政策改革、经济发展、社会管理会有一定的帮助。

本研究的调查区域为新疆维吾尔自治区和甘肃省，43个项目县（市），其中新疆为24个县（市），甘肃省为19个县（市）。走访村庄500个，有记录的访谈人员3561人。下面为项目调查县的分布状态。

新疆维吾尔自治区

伊犁州：新源县、特克斯县、巩留县；

塔城地区：乌苏市、沙湾县、裕民县；

博尔塔拉州：博乐市、温泉县；

昌吉州：玛纳斯县、呼图壁县、昌吉市、阜康市、吉木萨尔县、奇台县；

阿克苏地区：温宿县、拜城县；

巴州：焉耆县、博湖县；

阿勒泰地区：阿勒泰市、富蕴县；

巴州：和静县；

阿克苏地区：库车县；

哈密地区：哈密市；

吐鲁番地区：吐鲁番市。

甘肃省

酒泉地区：酒泉市；

张掖地区：张掖市、肃南县；

金昌地区：永昌县；

武威地区：凉州市；

白银地区：会宁县、靖远县、景泰县；

定西地区：临洮县、定西县；

天水地区：张家川、清水县；

临夏地区：临夏市、临夏县、康乐县；

平凉地区：灵台县、平凉县、华亭县；

庆阳地区：宁县。

二、农牧区村庄权力主体

（一）权力主体Ⅰ——正式的权力机构

对于村一级来讲，虽然它没有国家行政机构，但是，党支部和村委会担负着部分行政管理“责任”，是事实上的政府末端组织。在调查过程中，村干部谈论最多的是如何与中央保持一致、如何组织生产、如何带领农牧民致富、如何处理各种纠纷等，他们把发展生产、安定社会视为己任。同时，村民对村级组织也寄予了更多的在组织生产、解决生活、处理公共事务方面的期望。

1. 党支部。按照地方法规和政策的规定，农村党支部是农村各种组织和各项工作的领导核心。农村牧民委员会、共青团、妇女联合会、民兵营等群众自治组织与群团组织都要服从村党支部的领导。凡属于本村内部的重大事项，先由村民委员会提出初步方案，再经过党支部讨论，然后交给村民会议或村民代表会议讨论表决。党支部对村委会的行为具有监管权。党支部还享有对本村村务管理人员以及普通村民进行思想教育和法纪管理的权力。

2. 村委会及专门委员会。村民委员会是村务的主要执行者，它履行村民会议、村民代表会议通过的决定和计划，按照法律规定行使管理村务的职权和职责，向村民会议负责，并接受村民会议或村民代表会议的监督。

3. 团支部。专兼结合，从牧区的实际资料看，团支部对村庄事务决策影响力比较小，它是党支部和村委会一些具体工作的推进者和执行者。

行政村为乡级政府之下的村民自治组织，村的管理主要由村民委员会进行。在新疆麦盖提县，多数村子由7～9个干部组成，党支部书记、村长、副村长（1～2个）、副书记、会计、妇联主任、专干（1～2个）。村长、副村长由村民选举产生。选举时，由农民自己提候选人，然后，乡政府拟定两个备选人名单，进行差额选举，每3年选举一次。行政村之下有若干自然村（村民小组）。

村干部作为乡政府与农民之间的中介，工作内容繁多。上级各部门所有的政策、措施都要通过村干部加以落实并反馈，村民们的各种生产、生活问题都要找村干部进行解决，收集各种税费，分配水等（在塔村，水源来自提孜那甫河，通过水渠通到这里。春天的2～3月和5～6月水特别紧张，由小组提出申请，村长分配）。

多年的习惯和村官行政的权威使村民们在寻求帮助时普遍以村干部为首选对象。

表1　新疆24个县被访户农牧民寻求帮助的主要对象

单位：%

	村干部	家人和亲属	邻居和朋友	银行	其他
生产上遇到困难首先找谁	75.5	11.9	2		10.6
生产上帮助最大的人	50.7	35.6	2.4	4.8	6.5
生活上遇到困难首先找谁	30.5	50.3	12		7.2
生活上帮助最大的人	18.1	74.4	2.6	1	3.9

资料来源：根据项目组对新疆实地调查资料整理（2000—2002年）。

村官的处境及心态

农村党支部书记是村组干部和广大农民群众的“领头雁”，他们工作的积极性如何，对牧区的政治、经济和社会的稳定和发展都有着直接影响。从对两大牧区调查来看，影响村官们工作积极性的因素较多，主要包括：

心理压力加大。随着牧区改革的深入，特别是随着社会主义市场经济体制的逐步建立和完善，牧区工作的重心发生了变化，在工作目标上，由原来促进农牧产品增产变为现在保牧民增收、保社会稳定；在工作方式上，由原来按照上级种养计划要求布置任务变为现在引导牧民自觉调整产业结构。在这一变化过程中，村官面临着多重压力：首先，上级党委、政府的工作要求不断提高。不仅考核指标增加了，而且考核标准严格，越来越具体。其次，宏观环境和市场供求变化难以掌握。由于市场环境难以预测，尤其处于相对欠发达地区，大多数村官信息闭塞，对实现农民增收目标显得力不从心。再次，农民群众对村支书的期望值越来越高。在符合“经济人”假设条件的牧区，牧民当前最关心的就是增加收入，他们迫切要求村干部能够指导他们搞好生产，带领他们过上更加富庶的生活。如果村支书不敢放手指导农民生产，他们就会认为这个村支书不称职，只拿报酬，不替群众做事；如果村干部积极推广某种畜种，却碰不到好市场，卖不出好价格，他们又落埋怨。电视及报纸上优秀村官的形象成了评估他们的标准。最后，村官的工作量大大增加。从大的方面讲，经济建设、精神文明建设、党的建设都要管；就具体工作而言，“生、老、病、死、钱、粮、财”都要抓。

报酬待遇偏低。据我们调查，2001年牧区调查村的支书和村长的年平均报酬为2 402元，但与村支书的工作量和辛苦程度相比仍偏低。而且，由于近年来集体经济发展减慢，集体积累增长不快，村级财务入不敷出，补贴工资不能及时兑现，实际上，在大多数地方，村干部的收益在于面子好，经济上的好处有限。《中华人民共和国村民委员会组织法》规定村民委员会成员不脱离生产，根据情况，可以给予适当补贴，但补贴能否兑现，完全取决于村的经济状况和村官的风格。在村官经济犯罪的审查中，这也是村官们为自己辩护的理由之一。

出路不畅，前途暗淡。过去能力强、工作出色的村支书可以安排进乡镇机关、事业单位或者乡镇企业工作。随着公务员制度的施行、事业单位改革和乡镇企业改制，能考上公务员的村官少之又少，等于堵死了原来这条升迁的路子，觉得没有前途。

村官的角色

在所调查的县中，有约6%的村庄，农村基层组织处于软弱涣散、瘫痪半瘫痪状态，这固然与基层干部素质低下，地方政府领导不力有关，但是制度上的缺陷可能是更为根本的原因。村官具有多种角色，也存在多头受气的现象。目前村干部的基本特点是：代理人与当家人的角色冲突，不脱产与脱产的名实不符，报酬低且缺乏社会保障，政府和村民都离不开他们但又都不满意他们。村干部无法真正从上级下达的大量政务中挣脱，转而根据村民意志处理村务。

面对现实制度的掣肘，村级干部只能徘徊在“保护型国家经纪人”与“营利型国家经纪人”角色冲突的阴影中。作为保护型经纪人，村干部夹在上级政府与农牧民之间，既是政府的代理人，又是自治组织的当家人，总想两头不得罪，而结果往往是两边都吃力不讨好，成为“夹缝中的老鼠”，两头受气，但不排除使两头满意的灵活者。作为营利型经纪，村干部——在市场经济的大潮中，无法满足仅有的微薄的补贴（工资），或是忙于村级经济的发展，或是谋划个人事业的发达，无暇顾及村中公共事务。人心先散，组织自然随之涣散，村委会形同虚设。更为严重的是在这一过程中村干部极易利用职务之便假公济私、中饱私囊，造成干群关系紧张，进而出现农牧民对政府的连带性不信任。

关于村官的选举

村民选举的一个明显结果是影响了农村干部的政治行为方式。在没有选举机制的情况下，大多数村干部巴结乡镇干部，向上看齐是争当村干部的主要策略。然而，当村民每隔三年左右就有一次选举村干部的机会时，竞争者能否当选村官就取决于他们能否获得大多数人的选票。于是，向下看齐、争取普通牧民的选票就成为村干部的主要策略。为了得到牧民的支持，有时甚至要敢顶撞乡镇领导，捍卫牧民利益。向下看齐比向上逢迎巴结更为重要，因为村是村干部立脚之根，两方面的都应该照顾到，否则，下次选举成功的可能性就很小了，在很多地方，民主集中制的集中权在乡镇政府手里（当然，我们不能把向上与向下策略对立起来。更为重要的是，有些乡镇领导定制度规定他们最终审定候选人名单）。

新疆某村的复员军人郭某，连续三次当选为村长，他总结了下述几条成功经验。

第一，要想当选，必须注重平常积德，做好事。要想连任，压力更大，好事必须做得更多、更妙。这是选票的主要源泉。

第二，在选举中，着重抓中间流动票。支持我的，毋需做工作；铁心支持他人的，也毋需做工作。成立一个不公开的竞选队伍（十人左右），预备几万元选举经费，请客吃饭，不送钱，这样并不违反选举法。

第三，竞选口号是：“把致富的人选出来，带动全村致富。”此外，在请客吃饭时，说些亲切的话，如“请帮帮忙”，或“给我一个机会试试看”。

第四，在选举日，如选举方式采取开大会形式时，布置自己的人拉着那些中间流动分子一起填票，这样出于乡情面子，就可控制大部分流动票。如采用流动票箱方式投票，派自己的人跟着流动票箱，可大致算出得票率。

第五，选上村长，不能有任何官架子，不能独裁专断，要放权给其他人，一则可得到这些人的支持，二则可减轻自己的工作负担。

第六，不打牧民血汗钱的主意，定期公开村庄财务。

由上可见，村民选举机制确实使村干部采用民主方式和政治艺术处理干群关系。这种东西不是宣传的产物，而是乡村政治的现实需要，因而有生命力，向下争取选票的政治行为方式也产生了另一种负现象：当选出来的村主任对村里不良之风不敢大胆处理。例如，农民违章建筑占公地，村干部睁一眼闭一眼，不敢处理，以防丢失选票！

在甘肃某县，在2002年选举的时候就出现了很多问题，出现了一车一车拉外边的人到村里，强迫村里老百姓必须要投××人的票，否则就要挨打。我觉得这种黑社会性质的黑选强选行为，在目前的农牧区中都已经有不同程度的表现。但从总的情况看，情况并不严重，并且是可控制的，可以通过法律等各种各样的途径来改善。

在经济条件比较好的新疆牧区，出现一定程度的贿选苗头，比方说向老百姓买选票，给他点钱，老百姓就卖了。从村民的态度和实际运行看，这种富裕精英当上村干部后的行为有利于当前以经济建设为中心的大方向，但要谨防把当村长作投资而要取得经济回报贿选。这种区别是很困难的，不论是对学者还是当地的村民。

选什么样的人当村长?

讨论什么样的人来治理村庄，是一件于村级治理研究具有基础意义的工作。好人治村或恶人治村，能人管村或庸人管村，是从村干部个人的品性与治村能力来评论村级治理的型态，这个意义上，我们可以区分出四种相当不同的村级治理型态，即好人型、强人型、恶人型和能人型村治。好人是从治村干部的品性上讲的，一般具有良好人品和人缘，不愿用粗暴的手段去惩治村中任何一个村民，也缺乏让一般村民畏惧的个人力量。正因为好人不愿惩治村民，对于村中一些不良倾向与行为闻而不问，问而不管，害怕得罪村民，但心里却很窝囊，被一些村民称为“老好人”。这种村官一般不会谋求私利，也不会为非作歹。他因为缺乏足够的个人魄力而不会给村庄造成个人决断失误所带来直接损失，但由于优柔寡断会造成机会损失。好人治村的不足是往往迁就村中恶人，缺乏与坏人坏事作斗争的勇气和决心，也没有抵制村中不良势力的个人魄力。总体来讲，好人治村，难以为村民创造额外的公共收益，一般也不会损害村民已有的公益。

与好人相对应的是强人。强人也是从品性上讲的，性格强悍之人，这样的人敢于承担责任，敢于与村中不良倾向作斗争，他往往具有令一般村民畏惧的健壮身体、社会关系或暴烈个性。强人治村的好处是他敢于碰硬，在大多数村民的支持下，他敢于惩罚那些有损全村公益的行为和村民，敢于顶上级的摊派，在一定程度上促进全村农民的福祉。

在不受足够约束的情况下，强人很容易向恶人转化。恶人一定是强人，但与强人不同，恶人的私欲更重。恶人治村可以通过抑制村中一些有损公共收益的行为，为村庄创造收益。只是恶人往往乐于将自己为村庄创造的公共收益据为己有，有时候，他不仅不创造新的公共收益，而且为了个人私利捞取本身就不多的村中集体财富或损害公益。由于村级经济规模有限，所以在位期间的贪污数额不会很大，从几百元到几千元，但影响很坏，会恶化民风。

恶人村官下台后，可能会产生一个真空，恶人当不上，好人不敢当。曾有一个村，一个大家族放言，除了该家族外，别人谁都不能当，谁当村长砸谁，导致该村组织空缺达三年之久。

能人治村，是指那些有特殊经营头脑和一技之长的人，尤其指那些已经发家致富的村民充任村官。为了不辜负村民对自己的热望，这些能人也有参与村务的热情。能人治村的好处很多，第一，在个人已经富裕起来的情况下，他一般不会揩公家的油水；第二，他有带领村民致富的能力，也有为村集体增加公共收益的办法。能人治村并非百好，其中的一大弱点是，能人治村时，他期望在已有经济成就的基础上，通过当村干部来获得声誉，他期待经济现实变为社会声望。或者说能人当村干部，具有强烈的声望取向。他不愿得罪村民，他的治村与好人治村有相似之处，不同的是他不愿如好人治村一样碌碌无为。因此，能人治村，倾向于在不得罪任何一个村民，即不减少任何一个村民收益的情况下，额外地为村集体创造公共收益空间，他试图通过这个额外的收益空间，来获得他当村干部所期待的政绩、面子与声望。

现实牧区的行政权力往往是以上四种类型的混合，或者说是这几种型态的轮回，每一种型态的治理都有自己的空白，为下一次的弥补式的替换及其他主体参与公共决策留下了空间和伏笔。以上依据村干部个人能力和品性划分为好人、强人、恶人和能人四种可能的村治型态，对于把握当前中国农牧区村级治理的现状，特别是其间的变迁，大有益处。

麦盖提县××村村委会选举

1999年，村干部选举进行了2天。乡里决定的两个候选人，一个是现任村长，另一个是库万。开始大家认为现任村长爱喝酒，不想选他。但库万在当会计时，大家认为他弟弟有盗卖化肥的嫌疑，也不想选他。最后大家认为再没有更合适的人了，就选了现任村长。虽然村民都希望能够让有知识、有技术，能带领村民致富的人作村领导，但在与公平、廉洁相比时，更倾向于后者。村干部大多是本村土生土长的，但为了避免徇私，近来规定会计一职必须由外村人担任。

权力的发挥方式

这是村民权力体系中的正式组织，通过乡规民约、发布指令、督促和奖惩等方式实现。在本研究中，将I_1、I_2、I_3作为一个整体来处理，不管是支书还是村长，只要能发挥作用，都代表着正式权力，一个普遍的现象是支书和村长间存在着有竞争的合作关系，总体上讲，在村庄正式权力体系中，支书占据Ⅰ的主导决策地位，村长居从属地位，团支书的影响力最小。

（二）权力主体Ⅱ——民间组织

严格意义上的民间组织在所调查的村中并不存在，出现这样情况的主要原因有两个：第一，总体而论，农牧区县、乡、村三级行政垂直管理体制是一种严格而有效的社会控制模式，政府对畜牧业生产和社区其他活动的高度控制性管理使民间组织的功能定位弱化，所以许多农牧民认为没有必要搞民间组织参与管理，他们更多地希望有一个高效、公平、廉洁和强有力的政府行政体系，为他们的生产提供服务；第二，农牧民本身的民主参与意识比较低，认识有偏差，很多人认为，搞其他民间组织是另立山头，与村干部对着干，这样不符合过去的习惯。

1. 经济组织。我们的调查发现，现在农牧区存在着两种组织，在某种意义上起着民间机构的作用：一个是羊毛羊肉协会的分支机构，另一个是村经济合作社（经济合作社的存在并不很普遍），这两个组织首先是政府提倡建立的，羊毛协会主要的任务是使羊毛羊肉生产、收购和出售一条龙，主要由省区畜牧厅直接管理的养羊协会通过各个地区、县的畜牧局组织成立；他们关心更多的是羊毛羊肉的质量；经济合作社带有某种程度的农牧民经济协作的性质，也是由乡政府和村委会出面组织的，吸收了农牧民代表参加，主要就当地经济发展的问题进行合作和协商，如农区引进新的作物品种和新技术、牧区引进牲畜品种等，这些组织在业务上按照国家政策和法律的规定，享有独立开展经济活动的自主权，村民委员会不干预农民合作组织的自主经营活动和内部事物。但是，调查中我们也发现，经济合作组织经常受到村官的干预，由于管理体制等方面的原因，起到的作用一般都不是太大，其发言权和影响力都很有限，农牧民仅把他们作为一个交易对象，对他们的信任程度比较低。

2. 宗教组织。在信仰伊斯兰教地区，宗教组织存在于县、乡、村中。这种情况主要出现在以维吾尔族、回族为主要族群人口居住的区域里，它们对教民社会生活，特别是精神生活的影响是巨大的；哈萨克族居住的区域内，由于历史传统的原因（游牧），清真寺只建立在定居人口地区，因此宗教组织的影响远不及维吾尔族居住区域。蒙古族居住区域的喇嘛教也具有比较大的影响，但影响不及南疆维吾尔族聚居区域的清真寺。

个案：新疆区牧民对养羊协会的看法

在调查访谈中，当我们讲明养羊协会的作用后，902 位（91.2%）农、牧民普遍表示有必要建立。654 人（74.4%）认为协会应由养羊户自己推选的代表管理，185 人（21%）认为协会负责人的产生应由村委会决定，这些人应该是懂技术、会管理、有能力、愿为大家服务的。农牧民们希望这个协会的作用应该是技术为主，兼做一些信息和对外交往的工作，如交流技术和经验、传递市场信息、管理草场、指导种草及饲料、监督贷款执行情况等。被调查的牧民普遍表示，协会如果起到这些作用，大家都会主动要求参加。

权力发挥作用的方式

羊毛羊肉协会可以向村委会甚至更高的管理层提供谁家有养羊能力，谁家应该贷款，贷多少款等；宗教组织通过有规律的宗教仪式，严格规定教民可以做什么，不可以做什么。

（三）权力主体Ⅲ——亲友合作圈

牧区农村宗族组织的恢复，很快在农村形成一种非正式的社会力量，即宗族势力。农村宗族势力早期活动的基本方式是修家谱，立宗祠，祭先祖，这些活动对农村基层社会、政治、经济、文化生活并没有明显的负面影响。但是，到 20 世纪 80 年代末、90 年代初以后，由于村民自治制度在农村的兴起，农村宗族势力开始正式侵入农村公共权力体系，他们借村委会直选的机会，把持和控制农村基层社会，以大欺小、以强凌弱，把公共权力变成宗族私权，为本宗族成员获得利益和好处提供方便，宗族组织的社会危害越来越明显。从 20 世纪 90 年代以来，牧区有关宗族势力控制支配村党支部和村委会权力、宗族械斗影响农村社会安定、宗族势力破坏计划生育政策贯彻落实的事例屡见不鲜。

1. 家族圈权力。如果行政村比较大，村内各姓之间通婚现象比较普遍，这样，在一村内就会形成血缘、姻缘、朋友为成员的非正式组织，以一人为主，可将媳妇娘家、女儿婆家、叔伯、堂表兄弟拢到一起，形成一个非常牢固的小团体。在调查中可以看出，当农牧民在遇到生产和生活问题时，村干部和亲友是最主要的求助对象，但真正能解决实际问题的，是亲族和朋友。

在新疆和甘肃，有血缘姻缘关系的几家或十数家组成生产或生活互助组织，对渡过生产和生活难关有一定的效果。

在对外活动中，亲族关系是非常紧密的，其生产和生活的合作也是最经常的，如共同购置生产机械，一同销售农牧产品；但在家族内部，权力之争也是最激烈的，最经常的，主要表现在父子、兄弟之间，这些竞争的核心是谁拥有对家庭资源的决策权。在新疆，为了解决这一带有普遍性的矛盾，塔湾县某村在广阔的草坡上划出竞赛草场，采用经济记账方式，用最后的经济效益高低决定胜负，因为年轻人在运用劳动力、放牧方式、围栏技术明显优于父辈，年轻人最后取得了大面积胜利，这一比赛结果引发了牧区家族决策权向下转移，对促进科技进步和社会变迁有重要

的意义。

2. 小家庭权力。总体而言，在两省区的农牧区，男性在家庭事务中仍处于支配性地位，但其重要性正在下降[②]。在本文中，重点研究了女性的权力及地位，因为男女的决策权是相辅相成的。调查发现，女性的权力大小、发挥作用的方面、程度与族群、调查地点的宗教文化、经济发展水平有着密切的关系。

在1949年前的农村维吾尔族传统家庭里，男女地位极不平等，妇女只能俯首听命于男子，她们被束缚在家庭里，没有自由外出行动的权利，不允许参加社会活动，无权过问或处理家庭财产。新中国建立后50多年来，新疆和甘肃牧区妇女的社会地位及在家庭中地位都有了很大的提高，相应地，妇女开始关注并参与社会事务，村里的妇女主任专门负责妇女工作及妇女的权益保护。但在村内参与社会工作的妇女并不多，一般在村干部中除妇女主任、计划生育专干由妇女担任外，其余皆为男性。新疆牧区调查点资料显示，农村干部中约有12%是妇女。而在一般舆论调查中，男性对妇女参与村务是积极的，79%被调查男性认为如果一个妇女有足够的能力，会被选为村委会的主要领导，在村庄事务中有说话的权利。舆论调查结果与实际结果存在一定的差异，在新疆塔湾县，一名男子在我们访问时说男女均可当村官，可后来村委选举会上大家推他妻子任妇女主任时，他却以各种理由否定，最后不得不另选别人。

在哈萨克族农牧民家庭中，妇女参与家庭经济决策和村里的生产决策的程度要高于维吾尔族农牧民家庭。在家庭事务中，家庭的决策权由过去的男性独断已转为男性为主，女性为辅，妻子参与决策，共同协商。也有一些家庭妻子和丈夫是家庭事务的共同决策者。

个案：昌吉市榆树沟镇（座谈会纪要）

汉族、哈萨克族妇女在家能做主，维吾尔族、回族妇女在家不能做主，不能做主的原因主要是不愿做主，形成习惯，不愿负责任。小事可以做主，对外大事、种地、盖房由双方商量，我行我素不给丈夫打招呼不行。年轻人可由双方商量。有分歧时，女人认为是对的，丈夫是错的，最终由丈夫做主。

对在家里的地位都满意，丈夫都尊重自己。比如要孩子，要几个，要和丈夫商量，要孩子的时间，要能说通，则自己决定。在孩子教育方面，只要经济条件允许，孩子也有能力，男女都能继续上学。如果经济有困难，汉族、维吾尔族、回族是男孩女孩只能有一人能上学时，则谁有能力谁上学，父母尽自己最大能力供子女上学。而哈萨克族是男孩优先。在教育孩子问题上妇女的话起百分之八十作用，希望孩子最低也得初中毕业。从这一点上讲，妇女决定着未来人力资本的存量，应了一句古话，“男好一人好，女好好一家”。

在昌吉市榆数沟镇，调查点的妇女们认为她们在家中的地位较以前有所提高，已能普遍参与家庭重大问题的决策过程，多数妇女对自己在家庭中的地位感到满意。但与男性相比，妇女的受教育程度较低，仍处于相对弱势的地位，在参与村务决策方面仍受到多方面条件的制约。

权力发挥作用的方式

一个大家族的头人，说话是很有分量的，其言行不仅对族内人有很大的影响，对村内的事务也会产生一定的影响，由于家族人多势众和非理性的遵从，会迫使村内的公共决策向有利于大家族的利益方向偏转，至少不会损害大家族的利益，而门户小的牧民就有可能受到利益上的损害。

（四）权力主体Ⅳ——精英能人、神汉和村霸

1. 精英能人。精英的定义很多，诸多定义中，核心的一点是精英比一般人拥有更多的社会影响力。

主要指经济成功，有良好个人品德，知识水平较高，或者有较多宗族血缘纽带的个人魅力型人物，由于有很强的动员能力，在村庄里往往有一言九鼎之威，并在村级组织干部系列之外，我们称其为强势精英。这些人不愿意当村干部，或有意逃避村中公职。

可以分为传统型精英和现代型精英。所谓传统型精英，在当前的中国农村社会，大致可以指那些以名望、地位、特定文化中的位置乃至明确的自我意识为前提而成为的村中精英。举例来说，过去当过村干部的和现在仍在当村组干部的公众人士，有教养而服众的人士，有名望有知识的明事理人士，热心公益事业的人士，在宗族中有地位的人士等等。构成此类精英人物的条件往往来自于某种既定的身份和品质以及他们个人对村庄事务的关心程度。比如党员身份、在外当过兵见过世面、曾参与村务决策，以及由于曾处于边缘地位而产生明确的自我意识从而关注公众事务的村民等等。

所谓现代型精英，大致是在指实行市场经济中脱颖而出的经济能人，这些经济能人因为经济上的成功，而在农村社会具有广泛的影响力和号召力。

经过考察和思考，作者认为当前乡村权力结构中的精英主要有以下几种类型：首先是那些改革开放进程中"先富起来"的牧民，包括个体户和私营企业主以及见多识广的进城打工人员，如种养大户、私营企业主、建筑包工头、运输专业户等等，他们拥有足够的经济资源、外界的社会关系，新的视野开阔的观点和有效的解决办法能摧毁乡村传统偶像和权威。二是，拥有丰富的坚实的"官方资源"或权力资源的村民（譬如：领导的战友，亲戚位居显要，认识"上面"等），有些农民本身也具有一定的权威性质的角色，如劳动模范、各级人大代表等。三是，退位的村支书、村主任等，由于相对的高素质和余威及各种关系的存在，"在野"时，他们的言行也有一定的影响力。

各种精英经过其他条件的综合，可形成民间权威。几乎每个被访问的村子都存在民间权威。这些没有干部身份（包括村民自选干部），在农村生产、生活中有一定影响作用的民间权威，不欺负人也不害怕人，做事公正，往往能够作为村民的代表向村委会及县乡提出自己的意见，而且在一定时段内，其身份是可以互相转化的。一般情况下，精英在培养权威的过程中，需要各种经济资源与社会资源的投入，因此民间权威大多是年龄较大，有一定经济能力或政治基础，在县乡有较多关系、大方而公正的人。所以，有能力的老年人对村公共事务决策有一定的影响作用。特别是在经济、技术、社会结构、观念变化较慢（准静止社会）的地区，农牧民心中的领袖是年龄较大、在外面跑过事由的、经济条件比较好的、公正不欺负村民的、口才比较好的善良之人，因为他们的经历可以给变化不大的村庄以做事的指导，不论是生产或生活，不论是对内还是对外。但在技术变化比较大（变迁社会）的村庄，长老与有学问的年轻人经常发生着不见硝烟的战争，在解决新问题时，年轻人往往超过老年人，也就是说，随着技术和观念变化速度的加快，年龄在形成权威过程中的作用趋小，这与我在中原农区河南林州市和开封市的蹲点试验结论是吻合的，在屡战屡败的条件下，长老们虽然很不情愿，但都客观地承认后生可畏，一代比一年强，他们的希望是得到后生们的尊重和孝敬。

村干部与精英经常存在竞争、合作与角色的互换，在强村官条件下，精英有其活动的领域和方式，但施展影响力的空间有限；在弱村官条件下，精英更风光，甚至可以替代村官发挥作用。

2. 村霸。这种人在村庄有一定的影响力，其影响程度受其家庭财富多少，家族门户大小，怪癖暴戾的性格、自制能力和县乡法制能力等多因素共同作用，这几个因素的不同组合产生不同类型的村霸，造成的危害也不同。

在我们的调查过程中，牧民向我们传递着某种信息，在牧区乡村，存在一些大大小小的乡恶

村霸，在访问调查的500个村中，约有29个村，都有类似的恶人；3个村里有村霸乃至乡霸，村民惹不起他们，甚至也躲不开他们，对村民的财产和人身安全造成很大的威胁，村民生活较为压抑。甘肃天水市平南乡××村有个远近闻名的村霸，名叫刘某，横行乡里多年，直到杀人被判死刑。他的那个村庄，有200多户人家，1000多口人，但从党支部、村委会、治保组织，到派出所，居然都对他无可奈何，老百姓提他的名字就脊梁骨发凉。这个村子里无人养鸡，因为此霸见鸡就打，几年来，村里约有百余只鸡被他吃光了。在村里，没有他不敢打、不敢杀的人。村主任的肋骨被他打断了几根。每年村上收土地提留款，与刘某关系好的，乡村干部都不敢去收，去要就是挨打！在该村，村中妇女，不管老少、结婚与否，只要被刘某看上，就得跟他睡觉，敢说个不字就会招来全家横祸。被刘SS施暴凌辱的本村和邻村妇女多达五六十人，大到五十多岁，小到十四五岁，被凌辱的妇女忍气吞声、不敢声张。不少做丈夫的，明知妻子被欺辱，却装聋作哑，不敢吭声，没人敢报案，或者说，报了案也没人管。黑势力横行乡村，说明正不压邪，或者已经没有了正。

精英与村霸可以在一个村里共存，村霸一般不找精英的茬，精英也很难劝服善化村霸，一正一邪，达到阶段性平衡，二者的关系是很微妙的。据民意调查，村霸的铲除需要外部力量的介入，仅靠村民很难，如果县乡法制机关不及时介入，就会出现以非法形式除掉邪恶势力的现象。

3. 神汉。在一定的方圆区域内，总会有一个神汉，负责周围村民的“阴朝事务”，这种分布状态符合克里斯塔拉的中心地理理论的解释。神汉的服务对象主要是老年人、病弱之人、神经质的人和妇女等，随着文化教育水平和电视普及率的提高，其在村民中的影响力日趋下降。但在危机和灾难面前，特别是在用过去行之有效的方法失败后，其神灵的作用就会在村民中传播，神汉会成为一时一地的行动指针。在牧区雪灾、蝗灾、鼠灾、雷击恶人等事件后，发布似是而非的消息，以提高自己的影响力，同时收取一些财物。

新疆个案

在塔尔勒克村140户人家中，被村民们认为是民间权威的有3人：

(1) 阿吾提，28岁，家中4口人，高中肄业，生活较富裕，小组会计。

(2) 那尤甫，38岁，初中文化，家中6口人，有摩托车，生活较富裕。

(3) 肉孜，46岁，初中肄业，家中6口人，三组组长，家用电器齐全，有生产和生活用的两部车辆。

这三位人说话是很有分量的，谁家有大事如红白喜事等，若有村干部和他们参加，就显得有面子，如果有人因生病、孩子上学、盖房子、买汽车等需要借钱，家中没有粮食，来借粮食，只要经济能力允许，他们愿意帮助别人；有这三个人出面说合，信用社贷款一般能如愿，如有邻里争端，总也是由他们来出面调停。特别是当村干部有某种缺陷时，他们的正向补位作用非常明显。

甘肃牧区永昌县西沟村民间精英赵某的个案

家庭背景：赵某，52岁；家有姐弟二人，姐姐在新疆种有100多亩棉花，有几十万家产。自家有17间住房（1996年建的，土木结构）；有一个儿子和一个女儿，儿子已结婚，在外当包工头，包修水利工程，一年下来可以挣近10万多元。女儿出嫁了，女婿在供销社当会计。

赵打算1999春天贷5万元搞种草养殖，贷款利率为6厘，种美国大叶紫花苜蓿，然后舍养和放牧相结合饲养肉牛、肉羊。由于他的示范带动作用，他所在的乡种草养畜发展很好，调整了产业结构，增加了牧民的收入，保护了退化的草场。2002年，他计划办一个为当地草畜发展服务的绿色畜产品销售公司，一头连着大城市的消费者，一头连着草原上的生产者。

赵某致富的原因：经历丰富。以前搞过大规模的养殖种植，养过猪、鸡、牛，承包过地（240亩）种大麦，卖给啤酒厂，效益很好，赚了十几万；做过小生意；平时爱问好学，到过四川、贵州、河南、甘肃等地考察。他认为大规模有规模效应，首先，人能集中精力，劳力也能集中。其次，降低成本。现在农村发展的一个问题就是分散，形不成规模，就没有效益。

头脑灵活。他认为以后可以种玉米（大规模），效益会好，因为电视报道了汽车烧酒精，不污染环境，现在张掖已经有了用玉米生产酒精的厂，以后玉米会有好销路。

要有胆识。他认为赚钱，要有胆识。

与科研人员为友。他甘愿冒一定的风险，示范新的品种，在和科技单位及人员打交道的几十年中，他得到的很多，损失的几乎为零，他引进的草种和畜种能很快传给村里的其他农民，所以，很多科研单位愿意将新东西或新方法让他先用，如果有效，则不推自广。

村长选举时，乡里和村民均把他定为村长候选人之一，但是他表示：可以像以前一样为村里做些力所能及的工作，为百姓做些好事，但坚决不当村长，原因是他没有亲兄弟，只有一个儿子和一个女儿，没有庞大的家族力量，所以他现在仍只是村民所羡慕的有头脑的能人。

权力发挥作用的方式：精英施加影响的方式靠远见，靠关系资源，靠社会资本；村霸靠威胁和百姓的忍让；神汉靠受众的愚昧和对自然的无能为力。

三、村庄权力系统及组合研究

（一）牧区村庄权力系统

四大权力主体对村庄的公共事务都发挥着作用，如图1。

（二）村庄治理的形态和特征

以四大权力主体为基础，从纯数学角度排列，共有15种村治权力结构模式；从理论上讲，这四个主体同时存在并相互作用是中国西部牧区村庄治理结构的常态，Ⅰ＋Ⅱ＋Ⅲ＋Ⅳ是权力发挥作用的一种完全式。这四个主体的不同强弱程度和亚主体的性质，代表着不同的村治方式。但由于历史、政治、民族文化等方面的影响，有些主体非常微弱，对公共事务决策几乎没有任何影响，我们就可以将它忽略，这样，西部牧区村庄治理的主要形态可概略为表2。

表2　西部牧区村庄治理的形态及特征

权力主体结构模式	名称	占被调查村比例%	特　　征
Ⅰ＋Ⅳ	政权与精英式	28	相互制约、补充
Ⅰ＋Ⅱ	政权与民间组织	20	经济型政权，有内部交易及腐败的可能
Ⅰ＋Ⅱ＋Ⅲ＋Ⅳ	完全式	18	相互制约
Ⅰ＋Ⅲ＋Ⅳ	政权与家族	12	政权、优势家族和相对独立的能人的共存；有可能产生恶少
Ⅱ＋Ⅳ	精英致富式	9	能人控制式，村官无能或空缺
Ⅰ＋Ⅲ	家族控制	2	长期执政使家族骄盛；或大家族控制选举
Ⅲ＋Ⅳ	家族与恶少	0.6	$Ⅲ_1$＋$Ⅳ_2$政权空缺，

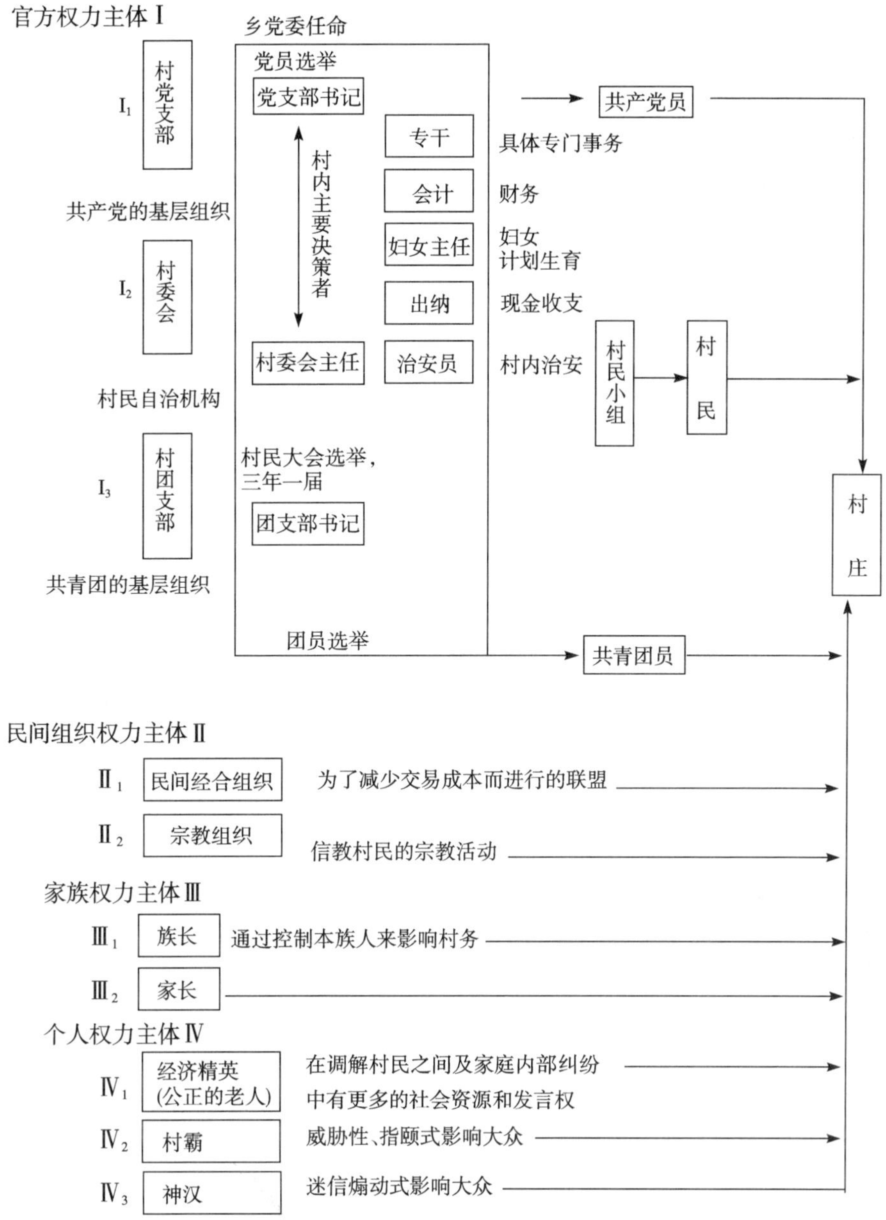

官方权力主体Ⅰ

I_1 村党支部

共产党的基层组织

I_2 村委会

村民自治机构

I_3 村团支部

共青团的基层组织

乡党委任命

党员选举

党支部书记

村内主要决策者

村委会主任

村民大会选举，三年一届

团支部书记

团员选举

专干　具体专门事务

会计　财务

妇女主任　妇女计划生育

出纳　现金收支

治安员　村内治安

共产党员

村民小组

村民

共青团员

村庄

民间组织权力主体Ⅱ

Ⅱ$_1$ 民间经合组织　为了减少交易成本而进行的联盟

Ⅱ$_2$ 宗教组织　信教村民的宗教活动

家族权力主体Ⅲ

Ⅲ$_1$ 族长　通过控制本族人来影响村务

Ⅲ$_2$ 家长

个人权力主体Ⅳ

Ⅳ$_1$ 经济精英（公正的老人）　在调解村民之间及家庭内部纠纷中有更多的社会资源和发言权

Ⅳ$_2$ 村霸　威胁性、指颐式影响大众

Ⅳ$_3$ 神汉　迷信煽动式影响大众

图1　村庄权力主体结构图

从管理学角度讲，在一定的人群中，总有各种各样的权力在发挥作用。如果国家权力在基层出现真空状态，就会有别的权力形式来填充。①

在传统落后地区，官方行政力量虽然不到位，但仍是决定性力量。国家行政力量的代言人——Ⅰ基础权力框架结构在西部牧区是完好的，牧民对它抱有很大的认同感，如果今后加强村级

① 在新疆调查时对989人进行该项询问。

干部教育，提高道德水平和自约能力，严把选举关，村民赋予权力，同时给予监督，上级乡镇党政给予指导，这一基层组织结构是可以发挥很好作用的。①

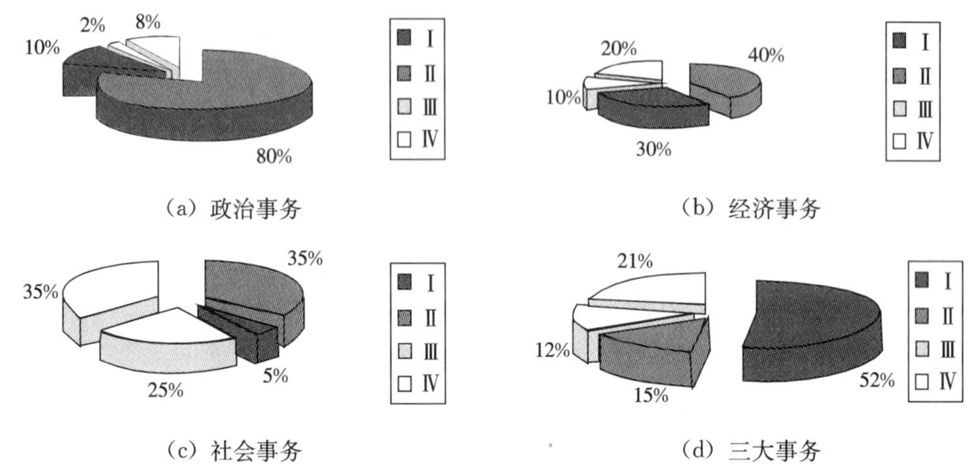

(a) 政治事务　　(b) 经济事务

(c) 社会事务　　(d) 三大事务

图 2　各主体在村级事务中的作用

从牧区改革后的发展趋势看，家族力量——Ⅲ在村级事务决策中的影响力量在增强。如果不从制度和道德上加以规范和约束，对基层政权会产生一定的冲击。②

从图 2 上可以看出，四大主体对三大事务的影响力度是不同的，这个结构图和各主体的作用方式，能为牧区政策制定、执行、技术推广、项目发展、社会稳定等工作提供了一个切入点。③

参考文献

[1] 杜赞奇．文化、权力与国家．南京：江苏人民出版社，1995 年

[2] 仝志辉，贺雪峰．村庄权力结构的三层分析．中国社会科学．2002 (1)

[3] 王铭铭．村落视野中的文化与权力．北京：三联书店，1997

[4] 吴毅．村治中的政治人．战略与管理．1998 (1)

① 从总体上讲，男性外出打工日益普遍，女性接受教育程度的提高，明显提高了女性在农村公共和私家事务中的决策影响力。

② 三大事务指农村政治事务、经济事务和社会事务。

政治事务包括改革进程、支部建设、村民选举、参军、草场承包、党员学习、税费改革、政策学习等；

经济事务指家畜养殖技术、特种作物种植技术、品种引进、村内集体项目、村民做生意、信贷、村办及个人创办企业实体等；

社会事务指邻里关系、教育、宗族门户争斗、五好家庭评选、修路、防火、安全等。

通过对 500 个村的会议座谈及访问，取得相应的资料，然后进行分类整理。

在总评时，我们给三大事务的权重都是 1/3，这样做不仅是为了计算的方便，而是对 1999—2002 年期间总体把握基础上的基本判断，是新疆和甘肃牧区三大事务重要程度的具体体现。三大事务的重要度在不同年代、不同地带有很大的差异，如在 20 世纪 80 年代前，政治事务位占第一；90 年代后，经济事务的重要性上升很快，小康社会的建设，对社会事务的关注度有明显的上升；在边境线上的村庄，政治及国家安全一直为中心任务。

③ 这个命题有很大的不确定性。如果一个村内有两个大家族，这两个家族为争夺控制权而进行的争斗是非理性的。

［5］威廉·F·奥格本．社会变迁．杭州：浙江人民出版社，1989
［6］沈延生．村政的兴衰与重建．战略与管理．1998（6）
［7］费孝通．乡土中国．北京：北京大学出版社，1998
［8］贺雪峰．论民主化村级治理的村庄基础．社会学研究．2002（2）
［9］范瑜，贺雪峰主编．村民自治的村庄基础：来自全国十省市的村民自治调查报告，西安：西北大学出版社，2002
［10］赵秀玲．中国乡里制度．北京：社会科学文献出版社，2002
［11］Oi，Jean C. & Scott Rozelle 2000，Elections and Power：The Locus of Decision Making in China Village，The China Quarterly，Special Issue
［12］O'Brien，Kevin J. & Li，Lianjing 1996，Villagers and Popular Resistance in Contemporary China. Modern China，Vol. 22 No. 1
［13］Shi，Tianjian 1999，Economic Development and Village Elections in Rural China. Journal of Contemporary China，Auguest

农户灌溉技术选择的影响因素分析*

韩　青　谭向勇

［摘　要］本文依据山西省的农户调查资料，运用 Multinomial Logit 模型，对农户灌溉技术选择的影响因素作了实证研究。研究表明，粮食作物和经济作物在灌溉技术选择中表现出明显的差异，粮食作物一般采用水利用率较低的传统技术，而经济作物一般采用水利用率较高的现代技术。模型估计结果显示，水资源短缺程度会影响农户灌溉技术的选择；水价和是否有政府扶持对经济作物灌溉技术选择有显著的影响，而这两个因素对粮食作物灌溉技术选择几乎没有影响。

［关键词］灌溉技术选择　粮食作物　经济作物

一、引言

发展节水灌溉是我国农业提高水资源利用效率、摆脱缺水危机、保障粮食安全的必然选择。20 世纪 70 年代到 80 年代初期，技术问题被看作是制约我国节水灌溉技术采用的主要原因。为此，我国从节水灌溉技术的节水机理、节水灌溉制度、水资源合理利用、节水灌溉设备等方面进行了深入与综合的研究，取得了丰硕的研究成果，并且有些研究已经居世界领先水平。目前，以节约灌溉用水、提高用水效益为核心的农田灌溉技术变革所要求的技术条件已经基本具备了。但从节水灌溉推广运用现状看，我国节水灌溉面积占有效灌溉面积的 1/3 左右，喷灌和微、滴灌等高效节水灌溉方式仅占有效灌溉面积的 4.8%，传统的漫灌方式仍居主导地位；我国灌溉水的利用率只有 45%左右，而发达国家灌溉水的利用率已达到 80%，这导致了水资源的大量浪费。在节水灌溉技术供给相对充足的条件下，研究农户灌溉技术选择的影响因素，分析农户技术需求不足的原因，对于加快我国农田灌溉技术变革，具有重要的现实意义。国内已有的大量文献认为制约我国节水灌溉技术推广的因素大致有以下三个方面：①政策因素，主要表现在节水农业政策不配套。一方面，灌溉水价过低，不能对农户产生节水激励。另一方面，法制不健全，没有形成鼓励农户合理、高效用水的机制。②灌溉技术因素。首先，节水灌溉工程资金投入量过大，超过了农户的承受能力。其次，节水设备质量不高，产业化程度低，农户节水技术服务没有保障。最后，灌溉工程产权不清，老化工程设施不能得到有效的维修，导致节水效益低下。③农户自身因素。主要表现在农户节水意识较差和缺乏对新技术的实际操作技能（冯广志，1999；祖雷鸣，1999；沈大军，2001；韩洪云，2001；常云昆，2001；薛亮，2002 等）。以上研究以规范分析为

* 原载《中国农村经济》2004 年第 1 期。

主，多数研究未能以节水灌溉技术采用状况的实地调查数据作为支持，同时缺乏对影响农户灌溉技术选择的因素的全面研究，如缺乏作物品种特征和农户特征对灌溉技术选择影响的研究。本文试图克服以上不足，依据 2003 年 3 月对山西省三个县市的实地调查数据，运用 Multinomial Logit 模型，对影响农户灌溉技术选择的因素作一实证研究。

二、样本点的选取与基本情况

我国现阶段采用的节水灌溉技术主要包括节水灌溉工程技术、农业耕作栽培节水技术和节水管理技术等。节水工程技术又可以分为输水方法的节水技术和田间配水方法的节水技术。其中，渠道防渗和管道输水技术是把灌溉渠道运用混凝土或塑料等材料进行防渗处理，减少灌溉水从水源输送到田头的渗漏损失，它们属于输水过程中的节水技术。喷、微灌和地面灌溉改进技术属于田间配水方法的节水技术，这些技术主要解决如何提高田间水的利用率的问题，即如何将已送到田头的灌溉水均匀有效的分布到作物根系活动层中去。渠道输水除了渠床渗漏之外，还有水面蒸发与渠床上杂草的蒸腾。而用管道输水则可基本避免这些输水损失。喷、微灌技术不仅有显著的节水效果，并且能增加作物收益。本文所研究的灌溉技术特指节水灌溉工程技术。并依据各种技术的节水效果，将渠道防渗称为传统技术。管道输水和喷、微灌技术称为现代技术。

本文选择山西省作为考察对象，主要基于以下考虑。山西省地处黄土高原的东部，历史上是个十年九旱和水土流失十分严重的地区。2001 年山西省人均水资源为 456 立方米，为全国人均水平的 1/5，远低于人均 1 000 立方米的严重缺水界限。山西作为全国重要的能源重化工基地，工农业之间争水的矛盾较为严重。全省农业灌溉用水的比例已由 1980 年的 80%降至 2001 年的 65%，而且还会继续下降。山西省耕地面积亩均用水量为 217 立方米，仅为全国平均水平的 1/9。与此同时，山西省农业用水浪费却十分严重，全省农田灌溉中 80%的渠道为土渠，渠系输水损失达到 50%以上，并且大多数地方采用大水漫灌，加上地面不平整，造成灌溉水的利用率较低，全省灌溉水的利用系数仅为 0.4①。山西省水资源短缺和节水灌溉技术落后并存的状况在我国北方缺水地区具有较强的代表性，由此得出的结论将具有普遍意义。

（一）选择以户为单位调查的依据

与农户使用新型作物品种和病虫害防治技术相比，采用渠道防渗、管道输水和喷、微灌等节水灌溉工程技术所需的资金投入较高，并不是目前小规模家庭经营的单个农户所能完成的。农户灌溉技术采用往往是一种集体行为，即技术选择是以乡（村）为单位集体行动的结果。但笔者在对山西省部分县市的调查中发现，由于山西省农村经济发展水平落后，大多数乡（村）集体缺乏自我积累能力，因此，一味依靠乡（村）集体扶持来促进先进技术采用是不可能的。虽然政府支持行为具有一定的强制性，但农户作为独立的市场主体，如果采用新技术不仅不会提高收入，而且还会增加劳动力投入，那么农户做出的理性选择是仍然采用传统灌溉技术。政府行政干预下实施的新技术只是起到临时的“示范”作用。山西省各类灌区的输水渠道一般是在 20 世纪六、七十年代建成的，工程设施老化导致水的渗漏损失很大。90 年代以后，部分渠道在各级政府扶持或由村民集资进行了改造，采用了目前的渠道防渗或管道输水技术。个别地区的农户自发采用了

① 数据资料来源于 2002 年《山西省水利统计年鉴》和《山西省统计年鉴》。

涌泉灌和渗灌等地面灌溉技术。由以上分析可以得出，山西省农户灌溉技术采用是集体行为和农户个体行为共同作用的结果，并且表现为较强农户个体行为。因此本研究选择以户为单位进行调查。

（二）样本选择方法

由于山西省的农业灌区绝大多数分布在其中南部，北部地区以发展工业为主。因此，样本的选择主要集中在山西的中南部。首先依据水资源短缺程度，对山西省中南部各地市进行了高、中、低三个档次的分组，按随机抽样原则分别在三组中抽取了1个地市。其次，在所抽得的地市中随机抽取一个县或县级市。再次，在每个县随机抽取3个乡镇。最后在每个乡镇抽出2个村，每个村随机抽取10个样本户。抽样结果为：晋中市榆次区、临汾地区侯马市和运城地区万荣县。共获得9个乡镇18个村的180个农户样本①。由于调查结果存在数据丢失问题，最后选取152户为有效样本户。

（三）样本点的基本情况

在所调查的三个县市中，晋中市榆次区位于山西省的中部，侯马市和万荣县位于山西省的西南部。榆次区属温带大陆性季风气候，区内土地肥沃，气候条件适宜，是山西省重要的粮食产区。侯马市属暖温带大陆性季风气候，光热条件较好。万荣县属温带大陆性半干旱季风气候，春季气温回升快而不稳，风多且大，蒸发旺盛，春旱严重，故有“春雨贵如油”之说。榆次区、侯马市和万荣县多年平均降水量为分别为520毫米、540毫米和475毫米，人均水资源占有量分别为478立方米、546立方米和304立方米。万荣县在这三个调查点中，水资源最短缺，是山西省贫水县之一。地下水是全县生产、生活用水的唯一来源。近年来，万荣县地下水超采导致地下水位急剧下降。目前深井一般在200米左右，最深达300米以上。榆次区和侯马市地下水采用量分别占总用水量的81%和89%。20世纪90年代中期以后，水资源紧缺的压力迫使以上县市加快了节水灌溉技术推广步伐，节水工程建设呈现出国家、集体和农民个体多元化的投资态势。目前，以上三个县市所采用的节水工程技术有管道输水、渠道防渗、喷灌、微灌、涌泉灌和渗灌等技术。各种节水技术并存的状况，为研究农户节水技术选择行为提供了有利的条件。

在所调查的18个村152个有效样本中，户主教育水平为小学的有41个，初中的有83个，高中的有28个，分别占27%、55%和18%②。每个样本户种植的作物品种较为繁杂，为了突出不同作物品种在采用灌溉技术方面的差异，本文对样本户所种植的作物进行了简化和归类。选择粮食作物（小麦和玉米）和经济作物（蔬菜和水果）两类，其中种植粮食作物的有131户，种植经济作物的有126户。粮食作物采用了不灌溉、渠道防渗（包括土渠）和低压管道输水等灌溉方式，分别占样本户的20.6%、48.9%和30.5%③。经济作物采用了渠道防渗（包括土渠）、低压管道输水和喷、微灌技术，分别占样本户的30.2%、62.7%和7.1%。由以上可以看出，粮食作物一般采用较为落后、水的利用率较低的传统技术，如渠道防渗技术。而经济作物一般采用水利

---

① 为了考察样本户所处的自然环境对其灌溉技术选择的影响，调查中所选样本村的个数尽可能大一些。

② 在调查中有5个户主所受教育水平在小学以下，在对他们的调查中存在数据遗漏和对调查指标认识不清的现象，因而剔除了这部分农户数据。

③ 在政府扶持建成的节水示范园区中，有6个样本户在2001年以前对粮食作物采用过微灌技术。但绝大多数农户反映微灌技术复杂费工，不容易掌握。而且，粮食作物收益低，现在已经不用了。

用率较高的现代技术，如低压管灌和喷、微灌技术。

三、模型选择与变量选择

（一）模型选择

本文选择 MLM（Multinomial Logit Model）模型对影响农户多种灌溉技术选择的因素进行研究，MLM 模型的估计方程为具有特征 X_j 的农户面临 I+1 种灌溉技术选择的一组概率。即：

$$P_{ij}=\frac{e^{\beta_i x_j}}{\sum_{i=0}^{I} e^{\beta_i x_j}}；\ i=0，1，\cdots，I；j=1，2，\cdots，J \quad (1)$$

为了消除模型中的不确定性，一个传统的方法是假定 $\beta_0=0$。由此，方程（1）可以转化为以下两个方程：

$$P_{ij}=\frac{e^{\beta_i x_j}}{1+\sum_{i=1}^{I} e^{\beta_i x_j}}；\ i=1，2，\cdots，I；j=1，2，\cdots，J \quad (2)$$

和

$$P_{0j}=\frac{1}{1+\sum_{i=1}^{I} e^{\beta_i x_j}}；\ i=1，2，\cdots，I；j=1，2，\cdots，J \quad (3)$$

假定 i=0 为对照技术，把方程（2）和方程（3）相除后取对数，得到：

$$\ln\frac{P_{ij}}{P_{0j}}=\beta'_i x_j，i=1，2，\cdots，I；j=1，2，\cdots，J$$

通过最大似然估计法，可以得到估计系数。

（二）变量选择

由于农户灌溉技术选择受其所面临自然因素、经济因素和社会环境因素等的影响，因此，本文选择自然环境因素、制度因素以及农户自身因素等对此问题进行研究。考虑到变量之间有些会存在高度的相关性，尽可能选择具有代表性的变量。具体选择方法如下：

1. 反映水资源短缺程度。由于所选的三个县市的地下水采用量占总用水量比重较高，因此，选择村地下水深度（米）来反映该村水资源短缺程度。

2. 反映耕地细碎化程度。本研究是考察每块耕地种植作物所采用的灌溉方式，因而选择每块耕地的面积（亩/块）来反映耕地细碎化程度。针对有的样本户会同时种植小麦和玉米两种粮食作物或蔬菜和水果两种经济作物，对粮食作物或经济作物的每块耕地面积进行了平均。

3. 反映作物经济特征。选择每块耕地所种植作物的亩产值（元/亩）来反映作物的经济特征。

4. 反映农户特性。选择户主的文化程度、劳动力数量占家庭人口的比重和年种植业收入占家庭总收入的比重来反映农户特征。户主的受教育程度分为高中、初中和小学三个层次，用虚变量来表示。

5. 反映制度因素。选择征收水费的标准（元/小时）和农户所实施的灌溉方式是否有政府支持来反映制度因素对灌溉技术选择的影响。如果农户采用的灌溉技术是在省、市、县乡有关部门资金扶持（农民只投入义务工）下进行的，这说明政府对技术采用有支持行为，则取值为 1，如果是由村民集资或农户自发进行的，则取值为 0。

所选变量的均值和方差如表 1 所示。

表 1　变量均值和方差（2002 年）

自 变 量	粮食作物		经济作物	
	均值	方差	均值	方差
地下水深度（米）	98.34	57.40	134.63	78.94
平均每块耕地的面积（亩/块）	2.90	2.08	3.82	2.55
亩产值（元）	267.44	113.64	1657.57	2051.04
劳动力数量占家庭人口的比重	0.56	0.18	0.53	0.17
年种植业收入占家庭收入的比重	0.54	0.30	0.67	0.26
水费征收标准（元/小时）	18.32	8.00	28.33	15.03
政府扶持（0/1）	0.11	0.31	0.24	0.43

四、计量分析

（一）农户灌溉技术选择的影响因素的计量分析

为了考察农户种植结构对灌溉技术选择的影响，笔者分别对粮食作物和经济作物利用 MLM 模型进行估计。估计的结果如表 2 和表 3 所示。模型的结果表明：

1. 地下水深度和亩产值是决定粮食作物灌溉技术选择的重要因素。由表 2 可以看出，比较渠道防渗与不灌溉这两种方式，显著性较高的变量为亩产值和地下水深度。比较渠道防渗和管道输水这两种技术，地下水深度这个变量的系数为正，且显著性很高。以上结果表明：粮食作物收益越低，农户越易选择不灌溉粮食作物的消极方式；地下水越深、水资源越缺乏，农户越选择不灌溉或者选择较为节水的管道输水技术，而不选择渠道防渗技术。

2. 水费征收标准和是否有政府扶持等对粮食作物灌溉技术选择没有影响。当把粮食作物水费征收标准这一变量放入模型中，统计结果不显著且不稳定，因此，将这一因素从模型中剔除。这意味着水价对粮食作物灌溉技术选择的影响不明显。是否有政府扶持这个变量没有通过检验。这表明在目前种植粮食作物收益普遍较低的状况下，通过政府支持来激励农户采用先进的节水灌溉技术成效很小。

3. 水资源短缺程度和耕地细碎化程度等对经济作物灌溉技术选择有显著影响。在考察经济作物灌溉技术选择的影响因素时，把所有的自变量放入 MLM 模型中进行回归后，所有的变量均未通过检验，整个模型也未通过检验。当除去政府扶持这一变量时，亩产值、劳动力数量占家庭人口的比重和种植业收入比重等未通过检验，剔除这些变量后，重新回归，结果如表 3 模型 1 所示。地下水深度这一变量通过了检验，说明水资源越短缺，农户越倾向于选择管道输水或喷、微灌等先进节水技术。喷、微灌技术与管灌技术相比，耕地细碎化指标也通过了检验，且系数为正，这说明经济作物每块地的面积越大，农户越易选择喷、微灌技术。渠道防渗技术与管灌技术相比，耕地细碎化未通过检验，但其系数为负值，这在一定程度上意味着每块耕地面积的增大有利于农户放弃传统技术而选择先进技术。

4. 提高水价和加强政府扶持力度对经济作物采用先进的灌溉技术有积极影响。由表 3 模型 1 可以看出，喷、微灌技术与管灌技术相比，水费征收标准通过了检验，并且显著程度很高。其系数表明提高水价会导致农户采用更为节水的喷、微灌技术。为了更深入的研究政府支持在经济作物灌溉技术选择中的作用，保留政府扶持这一变量，依次引入其他变量，回归结果显示，只要加入水费征收标准或户主受教育程度这两个变量，则政府扶持、水费征收标准或户主受教育程度等变量都不能通过检验。剔除这两个变量后，模型通过了检验。模型 2 估计结果显示：喷、微灌技

术与管道输水技术相比，政府支持这一变量系数为正，显著性很高。这表明，在有政府支持的前提下，就会大大增加农户采用喷、微灌技术的概率。

5. 农户教育水平的差异对灌溉技术选择产生不同的影响 由表2和表3的估计结果可以看出，不管种植粮食作物还是经济作物，受过高中教育的农户比小学水平的农户更倾向于选择管道输水技术或喷、微灌技术等现代节水技术。而初中水平的农户与小学水平的农户在技术选择上没有显著区别。

表2 粮食作物灌溉技术选择的影响因素分析

自变量	技术选择	
	不灌溉	管道输水技术
耕地细碎化程度	0.336 (0.71)	−0.128 (0.47)
亩产值	−0.032 (2.39)**	0.001 (0.32)
高中	1.009 (0.55)	1.23 (1.47)*
初中	−0.76 (0.55)	0.393 (0.56)
地下水深度	0.060 (2.74)**	0.032 (3.93)***
政府扶持	0.514 (0)	40.31 (0)
观察值数	131	
似然比卡方	164.98	
对数似然值	−53.45	
伪决定系数	0.607	

注：①模型中渠道防渗技术为对照组。

②括号内的数字为渐进t值的绝对值。***表示在1%的水平上显著，**表示在5%水平上显著，*表示在10%水平上显著。

表3 经济作物灌溉技术选择的影响因素分析

自变量	技术选择			
	模型1		模型2	
	渠道防渗	喷、微灌	渠道防渗	喷、微灌
耕地细碎化程度	−0.038 (0.34)	0.607 (2.83)**	0.167 (1.040)*	0.353 (1.98)*
高中	0.636 (0.90)	3.169 (1.95)*	—	—
初中	0.507 (0.87)	0.365 (0.26)	—	—
地下水深度	−0.026 (1.85)*	0.140 (17.26)***	−0.043 (4.94)***	0.025 (2.65)**
水费征收标准	0.028 (0.51)	1.455 (21.59)***	—	—
政府扶持	—	—	−40.953 (0)	3.292 (2.76)**
观察值数	126		126	
似然比卡方	73.65		125.42	
对数似然值	−69.356		−43.473	
伪决定系数	0.347		0.591	

注：①模型中管道输水技术为对照组。

②括号内的数字为渐进t值的绝对值。***表示在1%的水平上显著，**表示在5%水平上显著，*表示在10%水平上显著。

（二）农户灌溉技术选择行为实证研究的结果分析

1. 水价政策对不同作物的灌溉技术选择有不同的影响作用。 分析其中的原因，我们发现60%以上的样本户是以地下水作为农业灌溉的主要水源，地下水的超采导致使用地下水的成本提高，具体表现在农业水价的居高不下。目前，山西省农业灌溉用水水价在全国几乎居于最高水平。根据有效样本的生产投入数据，水费支出占粮食生产成本（包括化肥、农药投入和水费）的比重平均为47.5%，最高达80%，152个样本户中有5户种植粮食作物的生产投入大于产出。亩水费支出占粮食作物亩产值的比重平均为19.5%，而经济作物亩水费支出占亩产值的比重为15.6%。可以看出粮食作物的水费支出已经达到农户承受的最高限。提高水价，在目前粮食作物收益普遍较低和节水灌溉工程投入成本较高的双重压力下，农户不会采用先进节水技术，却有可能会减少灌溉水的利用，甚至对粮食作物不灌溉。同时，经济作物的耗水量要大于粮食作物，经济作物对水价的变动要比粮食作物敏感得多。实证研究的结果也表明水价提高，经济作物采用先进灌溉技术的概率要大于粮食作物。因此，提高水价有助于经济作物采用节水灌溉技术，而对于粮食作物来说，这一措施是不可行的。

2. 政府扶持是决定农户采用先进节水灌溉技术的关键因素。喷、微灌技术的节水成效明显但建设成本高，由农户完全承担技术改造成本，在现行以粮食为主的种植结构和较低的农产品价格条件下，节水灌溉技术带来的收益的增加不能补偿技术改造导致的农业生产成本的增加。因此，在没有政府扶持的情况下，农户对所种植的作物（特别是粮食作物）实行先进节水技术的内在动力不足。政府扶持可以使农户不支付技术改造的成本，而使其享受技术改造的收益，这有助于增加农户的节水激励。这表明，在传统灌溉技术向现代灌溉技术的转化过程中，适当的政府扶持是必要的。

3. 作物收益是影响农户灌溉技术选择的重要经济因素。样本户所种植的小麦和玉米的亩产值平均为267.4元，而蔬菜和水果的亩产值平均为1657.6元。经济作物收入占样本户种植业收入的80%左右。在山西省农村工业化和城镇化水平较为落后的情况下，农户非农收入较少且不稳定，样本户种植业收入占家庭总收入的57.2%。也就是说经济作物收入占家庭总收入的比例平均为46%，而粮食作物收入只占家庭总收入的11%。在面临先进技术时，农户在对技术改造的成本和收益进行权衡后，往往会对能够给其带来高收益的经济作物采用现代技术，而对保证其基本生存需要的粮食作物仍旧采用传统技术。这表明，农户的技术选择是在稳定收入和增加收入的双重目标下进行的。作物收益的提高，可以相对地减轻农户技术创新的压力，从而促进先进节水技术的采用。

五、政策建议

根据以上实证研究的结论，我们可以看出政策因素是决定农户灌溉技术选择的重要因素。为此，提出如下促进山西省节水灌溉技术推广的政策建议。

1. 实行有效的推动节水灌溉技术推广的政府支持政策。首先，运用信贷手段加强政府对节水灌溉技术的扶持力度。其次，各级政府建立节水灌溉发展基金，对采用节水灌溉技术的农户实行物质激励，同时对实行粗放的灌溉方式、水资源浪费严重的农户给予相应的惩罚，以实现灌溉水的有偿转让。最后，增强节水技术研究方面的投资力度，鼓励研究机构开发高科技含量、低成本的节水技术。

2. 实行农业灌溉水价的结构性调整和农业生产结构调整相结合的策略。一方面，分作物品种制定不同的水价。可以较大幅度的提高效益高的经济作物的水价，而较小幅度的提高或基本稳定效益低的粮食作物的水价。鉴于以上政策在实际操作中难度较大，可以以村为单位建立用水管理协会，负责核实该村的农业种植结构和监督水费征收情况。同时，把所征收的水费的一部分以基金的形式来发展当地的节水灌溉技术，以避免水价提高而增加农民负担。另一方面，鼓励农户

种植高品质、高收益的作物，这样既可以缓解水价提高带来的压力，又可以增强农户技术改造的积累能力。

3. 完善基层节水灌溉技术推广机构的服务职能。运用多种方式（如对农户定期培训、田间指导和发放节水技术资料等）使农户充分了解技术信息，从而增强农户对新的技术灌溉技术的实际操作技能。

4. 在有条件推广节水灌溉技术的地区实行土地的适度规模经营政策，以减少农户之间在灌溉技术采用中的协调成本。

参考文献

[1] 薛亮．中国节水农业理论与实践．中国农业出版社，2002

[2] 林毅夫．制度、技术与中国农业发展．上海人民出版社，1994

[3] 汪三贵，刘晓展．信息不完备条件下贫困农民接受新技术分析．农业经济问题．1996（12）

[4] 韩洪云，赵连阁．农户灌溉技术选择行为的经济分析．中国农村经济．2000（11）

[5] Gareth Green，David Sunding，David Zilberman，Doug Parker ，“Explain irrigation technology choices：A Microparameter Approach”，Amer. J. Agr. Econ，78（November 1996），pp1064～1072

[6] Margriet F. Caswell，David Zilberman ，“The effects of well depth and land quality on the choice irrigation technology”，Amer. J. Agr. Econ，68（November 1986），pp798～811

[7] Ariel，Dinar，“Adoption and Abandonment of irrigation technologies”，Agr. Econ，6（April 1992），pp315～332

[8] Margriet F. Caswell，David Zilberman，“The choice of irrigation technologies in California” Amer. J. Agr. Econ，67（May 1985），pp223～234

Evaluation of the Aquaculture Pond Water Quality

Wang Ruimei, Dr. Li Li, Professor, Dr. Zhou Zhijian, Professor, Dr.
Zhang Xiaoshuan, Dr. Fu Zetian①, Professor, Dr.

Written for presentation at the 2004 CIGR International
Conference • Beijing Sponsored by CIGR, CSAM and CSAE
Beijing, China 11 - 14 October 2004

Abstract Water quality plays a very important role in fish life and aquatic product quality. In the paper, according to the fish tolerance to the factors of water quality, the questionnaire, the Water Quality Standard for Fisheries and the advice from the domain expert on the spot, significance of the water quality factor was confirmed by the Delphi method. According to all the above, calculating and selecting the index system of the evaluation (such density of dissolved oxygen, temperature, pH), the indicator system for evaluation and five classes of water quality standard was founded.

The fuzzy evaluation of the multiplex water quality parameter, it can evaluate the water quality integrative, and supply the degree of membership that the water quality belong to all the standards.

By the monitored datum in North China, with the above five level water quality standard and the two evaluation methods, the evaluation was made for the four ponds water quality monitored in July 3, 2002, the results of the evaluation was proved to be actual.

Keywords Evaluation, fuzzy, water quality, aquaculture.

1. Introduction

Along with the rapid development of aquaculture, the degree of intensive cultivation is increasing. Because the density of the breeding was enhanced, the management of the water quality becomes the most important element for constraining the output of the fish. In the recent years, The serious aging and eutrophicated aquaculture ponds in China, the unbalance of ecosystem of aquacul-

① Corresponding author.

ture water, and the frequent emerging of all kinds of disease lead to the death of the fish (Hu, 1995), the shrimp and the shellfish. Therefore, the evaluation of water quality and management based on the evaluation is very important and essential, and it is imperative under the situation to research on the foundation of relevant index system of the evaluation and feasible evaluation methods.

The pond water quality management requires the prompt confirmation of the pond water quality situation in the process of production, the aim of which is to clearly understand the current pond water quality situation and provide the water quality management with scientific proof. To achieve the aim of evaluation of pond water quality, the complete, rational and scientific indices system and appropriate methods are inevitable. Thus, the chapter combines the fuzzy judgment theory, expert questionnaire, establishes the pond water quality evaluation indices system, evaluation standards, and builds the pond water quality evaluation model.

2. Material and Methods

2.1 Confirming the Pond Water Quality Evaluation Indices Systems

There are many factors that influence the pond water quality. An evaluation system cannot include all the factors, and for a single factor its influence on the pond water quality is different. The influencing factors of the fresh breeding pond water quality include physical factors, chemical factors and biological factors. The physical factors include the macro environmental factors and the pond water quality factors. The chemical factors include some basic chemicals and some microelements such as DO (dissolved oxygen), pH, and the biological factors include plankton and other benthic organism and microbes.

Production proves that in the process of the pond water quality evaluation, some factors such as the microelements and toxicants are negligible. Different experts give different values on these factors. That is, experts hold different ideas on selecting which factors to evaluate generally the pond water quality. Because of this, we confirm the pond water quality evaluation indices by the expert questionnaire. Under the instruction of the experts, we choose 14 factors, and ask the experts to give importance on each of the 14 factors. The factors' importance degree coefficients are determined as follows:

Suppose that the pond water quality evaluation will choose the appropriate factors to evaluate from the following m factors, such as DO, pH value, transparency, and let the factor set be

$$U=\{u_1, u_2, \cdots, u_m\} \tag{1}$$

The importance degree fuzziness subset of the factor U:

$$\underset{\sim}{A}=\{a_1, a_2, \cdots, a_m\} \tag{2}$$

We determine the factors' importance degree coefficients a_i ($i=1, 2, \cdots, m$) by the Delphi method, the Delphi method is also called expert evaluation method, which combines the experts' intelligence and is one of the effective ways to determine the factors' importance coefficients in the process of problem solving. The work of calculating the factors' importance degree coefficient must be done by the experts, requiring the experts' profound knowledge and the whole situation of the problem needed to be solved.

2.1.1 The Determination of the importance rank of the pond water quality factor u_i

The experts choose the importance rank valueF_i of every factor u_i according to their personal experience and opinion. The value of F_i is between 1, …, m, that is $F_i \in \{1, 2, \cdots, m\}$. The $F_i$value of the most important factor is 1, and the $F_i$value of least important factor is m. Denote the importance rank value of the factor u_i given by the k experts as F_{i-k}. Every expert provides an evaluation table of F_i for every factor u_i.

According to the concrete situation of the Tianjin fresh water pond water breeding, when choosing the evaluation indices, we must delete the irrelevant and unimportant influential factors, and save the 14 factors shown in the table, then establish the evaluation indices among the 14 factors.

2.1.2 The acquisition of the pond water quality factors' priority table

The factors' importance ranking values F_i by the experts are statistic as follows:

When $\frac{F_{j-k}}{F_{i-k}} \leqslant 1$, *Denote* $A_{ij-k}=1$ and When $\frac{F_{j-k}}{F_{i-k}} > 1$, *Denote* $A_{ij-k}=0$

Suppose that there are n experts in total. Sum up all the A_{ij-k} value of all the experts. That is,

$$A_{ij}=\sum_{k=1}^{n} A_{ij-k}, \quad i=1, 2, \cdots, m, \qquad j=1, 2, \cdots, m \tag{3}$$

Thus, m×m statistic A_{ij} consists of the following priority table 1.

2.1.3 value of the important degree for every element of pond water quality

It can be give from the result of A_{ij} in every line of the above table.

$$\sum A_i=\sum_{j=1}^{m} A_{ij}, \quad i=1, 2, \cdots, m \tag{4}$$

$\sum A_i$ shows the accumulated value of A_{ij} in the line I, order that

$$\sum A_{max}=\max\left\{\sum A_1, \sum A_2, \cdots, \sum A_m\right\}, \sum A_{min}=\min\left\{\sum A_1, \sum A_2, \cdots, \sum A_m\right\} \tag{5}$$

In evidence, the degree of importance of element is highest which is corresponding with $\sum A_{min}$, moreover, it is the lowest that comparing with other elements which is corresponding with $\sum A_{max}$。

2.1.4 grading 'd' of important degree between elements

$a_{max}=1$, $a_{min}=0.1$ (a_{max}, a_{min}) was determined, they can be in [0, 1], then

$$d=\frac{\Sigma A_{max}-\Sigma A_{min}}{a_{max}-a_{min}} \tag{6}$$

According to equation (6), it can be given in the paper that d=223.33

2.1.5 coefficient a_i for important degree of every element in water quality

$$a_i=\frac{\Sigma A_i-\Sigma A_{min}}{d}+0.1 \qquad (i=1, 2, \cdots, m) \tag{7}$$

The fuzzy subset can be given which is planed to determine.

According to the above equation, fuzzy subset (Zhang, 1992) of element important degree for aquaculture water quality: $A=(a_1, a_2, \cdots, a_m)=(1.004, 0.866, 0.812, 0.691, 0.74, 0.333, 0.239, 0.737, 0.248, 0.454, 0.449, 0.458, 0.337, 0.1)$ Evaluation index was give, u_1, u_2, u_3, u_5, u_8. That is DO, pH, Phytoplankton (mg/l), SD and N.

2. 2 The confirmation of the evaluation standard

2. 2. 1 the confirmation of the grade of water quality

The fish has its adaptability to each biological index, which is due to the fish' s physiology. Different fish may have different adaptability for the same index, and the same fish may have different adaptability to deferent indexes. This paper put its emphasis on the adult carp, so the evaluation standard was designed for carp.

The adaptability for fish to element affected on water quality is decided by the distributing of the water element. For the majority of the index, both a high density and a low density will violate fishes' living environment. Further, it can cause fish to get disease or die. The adaptability and duration of the fish to these indexes follow the normal distribution. For some elements, the smaller (bigger) the value of the index is, the better this index is. It can be considered as the left part and the right part of the normal distribution. According to this principle of normal distribution and the suggestions from the experts, we grade the water quality as the following. Based on the fish' s duration to the inspect index, five grades are established (Wang, 2003) .

According to the information above, the evaluation standard of the pond water quality can be confirmed by using the questionnaires.

2. 2. 2 dividing of the evaluation index of water quality

(1) The distribution of the evaluation data First, we divide the data into several segments in terms of the value of the data from small value to big one, and then we can get a pillar figure by calculating the ratio of certain evaluation experts to the whole experts. Now, we take a expert questionnaire based on excellent pH as an example. It is shown as the left-side pillar in the figure 1.

(2) Value determinate of the standard for evaluation The authority of the expert is reflected by the particular expert's familiarity to the degree to which a certain index can affect the water quality. We multiply every evaluation by the authority coefficient. That is to say, we select the expert authority value that lies in the same evaluation interval and add them up, and then we calculate the percentage of the authority coefficient of a particular interval in the gross authority coefficient (Chen, 1999) . We still take an expert questionnaire based on excellent DO as an example. It is shown as the right-side pillar in the figure 1.

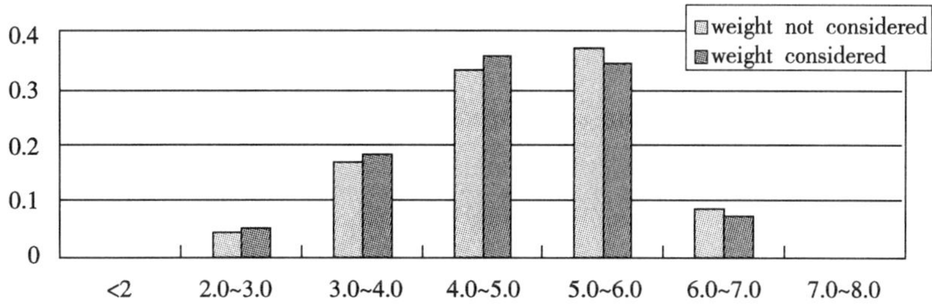

Figure 1 The condition is that DO is excellent by the expert

(3) evaluation standard According to the above methods, the evaluation standard can be given as it is showed in the table 1.

Table 1 the scope of standard value of the index system

Index	Excellent	Good	Middling	Bad	Very bad
pH	7. 5<pH<=8. 5	6. 5<pH<=7. 5 8. 5<pH<=9. 0	6. 0<pH<=6. 5 9. 0<pH<=9. 5	5. 5<pH<=6. 0 pH>9. 5	pH<=5. 5 pH>9. 5
SD (cm)	25<SD<=40	15<SD<=25 40<SD<=60	10<SD<=15 60<SD<=80	5<SD<=10 80<SD<=100	0<SD<=5 SD>100
TN (mg/l)	1. 5<TN<=2. 5	2. 5<TN<=4. 0	4. 0<TN<=7. 0	7. 0<TN<=10	TN>10
DO at 8 AM	4. 0<DO<=6. 0	3. 0<DO<=4. 0	2. 0<DO<=3. 0	0<DO<=2	0<DO<=2
Phytoplankton (mg/l)	35<FYZ<=60	20<FYZ<=35 60<FYZ<=90	15<FYZ<=20 90<FYZ<=120	5<FYZ<=15 120<FYZ<=150	0<FYZ<=5 FYZ>150

2. 3 *Fuzzy synthetically evaluation of multinomial water quality element*

The same as other phenomenon in the nature, fuzzy phenomenon and fuzzy concept (Tamura, 1971) exist in the pond water environment. About the water quality, it makes the changes of the water quality in people's mind be fuzzy, because besides the parameter is multi-changeable that can reflect the water quality, the definition of water quality is fuzzy itself. For example, when people say that the water quality is getting better or worse in recent years, or say that the water quality in one region is better than the one in another region, there is no clear conceptual boundaries between the 'good' and 'bad' . Therefore, a discussion on using the fuzzy theory to study and deal with the water quality is worthwhile.

There belong to both one level and the other level in bad water or good water carving up, which is the called as fuzzy. So the task of the evaluation of the pond water quality is to confirm the samples the grade of membership in the sample set X to the fuzzy subclass $\tilde{A}$CDubois and Prade, 1980) .

Suppose that there are several elements (or indexes) to describe the water quality. The element set is $U=\{u_1, u_2, u_3, \cdots, u_n\}$. Again, we suppose the possible comment is m, and comment set is, $\tilde{A}=(a_1, a_2, a_3, \cdots, a_m)$

2. 3. 1 the quantitative disposal of the evaluation index

As a result for the quantitative disposal (Bezdek, 1981) of the evaluation index of table 1, the standard value of the index system is given in table 2.

Table 2 The standard value after quantitative disposal of the evaluation index

	Excellent	Good	Middling	Bad	Very bad
PH value	8	7 or 8. 75	6. 25 or 9. 25	55. 75 or 9. 75	5. 25 or 10
SD (cm)	30	10 or 50	10 or 70	10 or 90	10 or 110
TN (mg/l)	2	3. 25	5. 5	8. 5	11
Do at 8 AM	5	3. 5	2. 5	1	1
Phytoplankton (mg/l)	47. 5	25 or 75	7. 5 or 105	7. 5 or 135	160

2.3.2 the integrated weighted matrix of the graded evaluation index of the pond water quality

According to the water quality standard and the local experts'experiences, the grade C of water quality and m evaluation index can be confirmed. We sample water from n ponds or testing place. In each sample, there are m-inspected values of graded evaluation index. The degree of good or bad for water quality is divided into c classification. It is the value y that the standard for the density of the evaluation index. Therefore, we can get the standard density matrix $y_{m\times c}$of the c classification water quality and the inspected density matrix $x_{m\times n}$ of the pond water quality.

In pattern recognition, the value in the standard of the evaluation index is confirmed according to the inspected sample value.

We divided the index into a descending part and an increasing part. (1) The standard value is decreasing from 1 classification to C classification; (2) the standard value is increasing from 1 classification to C classification. But due to the fish's demand to the pond water quality, it is the combination of the above two type. That is to say, it is not that the higher (or lower) value it gets, the better it is. And the majority indexes are the combination of the above two types.

A good or bad concept of pond water quality is very fuzzy. So it can be described by the grade of membership in the fuzzy set. It is regulated in this paper that the element value 1 in the fuzzy matrix correspond to the standard density of 1 classification water quality, 0 in the fuzzy matrix correspond to the standard density of c classification water quality, and the interval [0, 1] correspond to the water quality standard density that is between 1 and C classification. To the (1) type index, let corresponding grade of membership be 0 (left apices) if the it is less than or equal to the c classification value; let corresponding grade of membership be 1 (right apices) if the it is larger than or equal to the 1 classification value. The corresponding grade of membership can be confirmed according to the linear transformation when the standard value is between c classification and 1. The corresponding grade of membership of (1) type can be confirmed as in formula (8) .

$$r_{ij}=\begin{cases}0 & x_{ij}\leqslant y_{ic}\\ \dfrac{x_{ij}-y_{ic}}{y_{ic}-y_{i1}} & y_{ic}<x_{ij}<y_{i1}\\ 1 & x_{ij}\geqslant y_{i1}\end{cases},\quad s_{ih}=\begin{cases}0 & ,\ y_{ih}=y_{ic}\\ \dfrac{y_{ih}-y_{ic}}{y_{i1}-y_{ic}} & ,\ y_{ic}<y_{ih}<y_{i1}\\ 1 & ,\ y_{ih}=y_{i1}\end{cases}\tag{8}$$

According to the linear transformation as formula (9) .

$$r_{ij}=\begin{cases}0 & x_{ij}\geqslant y_{ic}\\ \dfrac{y_{ic}-x_{ij}}{y_{ic}-y_{i1}} & y_{i1}<x_{ij}<y_{ic}\\ 1 & x_{ij}\leqslant y_{i1}\end{cases},\quad s_{ih}=\begin{cases}0 & ,\ y_{ih}=y_{ic}\\ \dfrac{y_{ic}-y_{ih}}{y_{ic}-y_{i1}} & ,\ y_{i1}<y_{ih}<y_{ic}\\ 1 & ,\ y_{ih}=y_{i1}\end{cases}\tag{9}$$

In the same way, transforming the inspected density of the water quality evaluation index can get the inspected density matrix S.

The equation 10 describes the indexes'entire grade of membership in n samples to the fuzzy subset. According to the fuzzy set theory that the grade of membership can be defined as weighted one, we can take the inspected density of the water quality evaluation R as the weighted matrix in different element density. And by considering the different indexes'effects on the water quality, we weight the m evaluation indexes'effect on the water quality classification (According to the result of the questionnaire, we can get each index' s weight by adding up the optimized value of the 5 indexes of the evaluation index system and then get the result of summation be divided by each index.)

$\overline{v}=(\nu_1, \nu_2, \cdots, \nu_m)$, $(\sum_{i=1}^{m} vi=1)$, from the above calculations, then . $\overline{v}=(0.24, 0.21, 0.19, 0.18, 0.18)$.

$$A_{m\times n}=\overline{v}\times R_{m\times n} \tag{10}$$

The element in matrix $A_{m\times n}$ was normalized in term of arrangement, and then the matrix $W_{m\times n}$ can be gained.

2.3.3 Fuzzy pattern recognition of the pond water quality evaluation

So we can consider using the generalized distance of W_i to describe the difference of water quality standard between the jth sample and the grade h.

$$\overline{w}\mid s_h-r_j\mid=\sqrt[p]{\sum_{i=1}^{m}(W_i\mid s_{ih}-r_{ij}\mid)^p} \tag{11}$$

In the formula (14), p is the distance parameter.

According to the fuzziness of the pond water quality classification, the sample lives under each grade water quality standard with different grades of membership. It can be described by fuzzy matrix . $U_{c\times n}$.

The constraining condition is:

$$\sum_{h=1}^{c} u_{hj}-1=0 \qquad \sum_{j=1}^{n} u_{hj}>0 \tag{12}$$

We use the least square method to establish a function to express the difference of water quality standard between Sample j and grade h.

$$\min\{F(u_{ij})\}=\sum_{j=1}^{n}=\min\left[\sum_{h=1}^{c}u_{hj}^2\left[\sum_{i=1}^{m}[W_{ij}\mid r_{ij}-s_{ih}\mid]^p\right]^{2/p}\right] \tag{13}$$

Then the LaGrange function is constructed as equation 15.

$$L(u_{hj}, \lambda)=\sum_{h=1}^{c}u_{hj}^2\left[\sum_{i=1}^{m}[W_{ij}(r_{ij}-s_{ih})]^p\right]^{2/p}-\lambda\left(\sum_{h=1}^{c}u_{hj}-1\right) \tag{14}$$

The partial derivative is gained by differentiating the λ and u_{hj} of the $L(u_{hj}, \lambda)$, and then let the partial derivative be zero, so the best expression of element of classification matrix can gained.

While P is equal to 1, it is called hamming distance. When P is equal to 2, it is called Euclidean distance. The researches have proved that it is obvious that the advantages of the distance grade of membership. The advantage is that it can objectively reflect the difference of the standard grade of membership among the items that are waiting for evaluation. In practice, the Euclidean distance is to adopt to calculate the grade of membership. Shown in formula (15):

$$u_{hj}=\frac{1}{\sum_{k=1}^{c}\frac{\sum_{i=1}^{m}[W_{ij}(r_{ij}-s_{ih})]^2}{\sum_{i=1}^{m}[W_{ij}(r_{ij}-s_{ik})]^2}} \tag{15}$$

According to the above formula (15), each element in the best classification matrix can be calculated, and then the sample set's grade of membership to each classification can be gained. As a result, a reasonable evaluation for the pond water quality can be made.

3. Results and discussion

In order to test the reliability of the above method, we now evaluate the data collected from NanHe JingWu Co. Fresh Water Aquiculture Pond in TianJin on the 3rd July and 15th August 2002. Then we compare it with the real situation and analyze the result.

Table 3 Inspected data of the pond water quality

	Number of pond	SD (cm)	PH	TN (mg/l)	DO at 8 : 00	Phytoplankton (mg/l)
3 rd July	1	14	8.6	2.098 304	8.468 72	73.85
15th July	1	12	8.92	4.74	5.04	51.466
3 rd July	2	13	8.4	0.949 864	6.205 68	58.76
15th July	2	11	9.10	5.05	5.85	69.625
3 rd July	3	16.5	8.8	1.184 573	7.195 76	67.45
15th July	3	14	8.90	5.10	6.08	51.747
3 rd July	4	24	8.8	1.087 137	7.036 64	123.58
15th July	4	16	8.81	5.70	7.51	50.069

The data in table 5 is collected from the pond 1 to pond 4 of Fresh Water Aquiculture Pond in TianJin in NanHe JingWu Co. on the 3rd July and 15th August 2002. By using Fuzzy synthetically evaluation to evaluate the water quality of the four ponds, we get the result that is shown in the following matrix of the grade of membership:

Table 4 Evaluation result for water quality on 3rd July

Grade of water	Degree of dependence			
	Pond number 1	Pond number 2	Pond number 3	Pond number 4
1	0.233 3	0.390	0.218	0.473
2	0.530	0.438	0.584	0.350
3	0.153	0.109	0.130	0.095
4	0.050	0.038	0.042	0.048
5	0.336	0.034	0.026	0.034

Table 5 Evaluation result for water quality on 15th July

Grade of water	Degree of dependence			
	Pond number 1	Pond number 2	Pond number 3	Pond number 4
1	0.041	0.018	0.019	0.020
2	0.250	0.097	0.185	0.109
3	0.390	0.410	0.505	0.486
4	0.230	0.377	0.207	0.261
5	0.090	0.098	0.083	0.123

According to principle of the maximal grade of membership and the above matrix, we found that the water quality is good on 3rd July. The water quality of 1st, 2nd and 3rd pond are in grade 2, and the water quality of the 4th pond is excellent and in grade1. The fish lives normally. But compared with the situation on 3rd July, the water quality has been deteriorated on 15th. August. On 15th August, the water quality is all at normal classification. That is to say, some of the indexes have approached or reached the upper limit or lower limit of the fish endurance. If the water quality keeps on deteriorating, the fish will fall sick or will even die. So it is necessary to improve the pond' s water quality. On 8th August, the fisherman took some measures to improve the pond' s water quality. In the practice, water quality in 2nd pond is the worst. For several times, the fish has been floating head, and a few fishes died. It is proved by the practice that the result by this classification is accord to the practical situation. So it is a feasible evaluation method.

4. Conclusion

In this paper, we choose Delphi method and rank the factors in Tianjin Jingwu Group fresh water breeding, choose the most influential factors, and determine the evaluation indices system, and establish evaluation mode and evaluate the pond water quality.

Based on the former research methods, taking into consideration the fuzziness of the pond water quality, we determine the subjective weight of the indices according to the indices importance required by the Delphi method. Then, we determine the objective weight by means of the relationship between the real density matrix and standard density. The vector combination of the two weights leads to the total weight of the factor, and we obtain the concept and calculation methods of the pond water quality comprehensive matrix. According to the fuzziness of water quality, the determination of the weight by this method avoids the great amount of subjective factors, full of scientific and pragmatic functions.

The evaluation indices standard density in the text means bi-directional density method, we establish the pond water quality evaluation model; bring up the optimal ranking mode of the water quality fuzziness evaluation. This method combines together the experts' experience and the method and theory of the evaluation, and it will reflect the fuzziness of the water quality and increase the objectivity of the evaluation, it is a complement to the existed theory of the water quality evaluation. We evaluate the supervision data from the four ponds separately, and the evaluation results correspond with the basic situation of the pond water quality, indicating that the evaluation method can really reflect the real situation in the pond.

References

[1] Bezdek J. C. Pattern Recognition with Fuzzy Objective Function Algorithms. Pleaum Press. New York, 126～138. 1981

[2] Chen Yongsen. Environmental Evaluation (second edition), Chapter 3 and Chapter 5 (In Chinese). 1999

[3] D. Dubois and H. Prade. Fuzzy Sets and Systems-Theory and Application, New York, 218～256. 1980

[4] Hu Heyong. Aquaculture Survey. Beijing: China Agricultural Press. 112 ～ 116 (In Chinese). 1995

[5] Hushon, J. M., ed., Expert system for Environmental Applications. Washington, D. C. American

Chemical Society. 88～94. 1990

[6] GB11607 - 89. Water Quality Standard for Fisheries, 1989 http：//www. xjepb. gov. cn/law _ hbbz _ bz9. htm (In Chinese)

[7] S. Tamura, et al. Pattern Classifice Based on Fuzzy Relations IEEE Trans, Smc - 1, 38～47. 1971

[8] Zhang Yue, Zuo shouping, Su Fen. The method and application of fuzzy mathematics, Chapter 4 (In Chinese) . 1992

[9] Wang Ruimei, Fu Zetian, Fu Lizhong. Evaluation of the aquaculture pond water quality, Poster Session 203 (Hydrology and Water Quality) at 2003 ASAE Meeting . 2003

Pond Water Quality Evaluation and Early-warning Decision Support System

Wang Ruimei, Dr. Zhou Zhijian, Professor, Dr. Li Li, Professor, Dr.
Zhang Xiaoshuan, Dr. Fu Zetian①, Professor, Dr.

Written for presentation at the 2004 CIGR International
Conference • Beijing Sponsored by CIGR, CSAM and CSAE
Beijing, China 11 - 14 October 2004

Abstract Based on the monitored data in the aquaculture pond in North China for one year and the experience of the domain expert. PWQEE-DSS consists of six sub-systems: database, knowledge base, picture base, model base, method base and countermeasure system. The database includes monitored datum, and the correlative concept; the knowledge base include the metaknowledge, and the inference engine; the picture base has atlas of freshwater biota in China; the model base includes evaluation models, such as network predicting model, pond ecological model, ecological model; the method base includes methods, such as evaluation and predicting method; the countermeasure base acquires the needing decision-making datum from the source database by the data scarifying system.

PWQEE-DSS can provide the result of evaluation and early-warning for fisherman and the expert, the management countermeasure for the water quality to the fisherman. PWQEE-DSS also can provide the predicting datum of the factor according to the long time monitored datum and partial monitored datum real-time.

Keywords Early warning, decision support system, water quality, evaluation

Introduction

With rapid development of the aquaculture, the degree of intensive cultivation is going up and up. Because the density of the breed was enhanced, the management of the water quality becomes the most important element for constricting the output of the fish. Recently years, the water in the

① Corresponding author

aquaculture ponds in China was serious aging and eutrophication, the zoology of the aquaculture water was unbalance, all kinds of disease was occurred frequently, it leads to the death of the fish (Hu Heyong, 1995), the shrimp and the shellfish. Therefore, it is very important and essential for the evaluation of water quality and management based on the evaluation, and it is imperative under the situation to research on the foundation of relevant index system of the evaluation and feasible evaluation methods.

The concept of presentiment was at first applied in the military field on radar technology and missile defensive system. In recent years, the theory was spread to the fields such as flood presentiment, agricultural economics (Rural Advancement Fund International, 1992), weather, environmental disaster (Loftus. R. 1993; RAFI-Communique, 1992; Scott-MG, 1990). In addition, it is mainly used in the natural sciences, and the earthquake presentiment and weather forecast presentiment are the typical example of success.

In recent years, the quality of water in some breed ponds began to deteriorate, and fish disease frequently occurred, which led to great economic loss. The effective method of controlling the deterioration in the fresh water ponds is to forecast the disease before its occurrence; before the deterioration occurred, one must bring up the forecast, warning, and take effective measures to restrain, alleviate, control and cure the disease, leading it to the positive circulation. Meanwhile, from the perspective of the study and management on the water quality in the fresh breed ponds, the comprehensive and complete study on the pond water quality is few (Meulenberg.-E, 1996; Borcherding, -J., 1993; Balk, -F., 1993), and the statistical data on the water quality is hard to obtain, leading to the lack of forecasting information support. The statistical supervision in the process or after the deterioration is hard to warn effectively and timely before the deterioration. Obtain of the statistical data after the deterioration generally leads to the irretrievable loss.

Thus, to guarantee the normal development of the fishery and to make people realize the jeopardy in the water quality, it is necessary to early-warn, forecast and guide against the deterioration. In addition, it is imperative and necessary for the great number of fresh water breeders to set up a complete, forecasting decision support system on the water quality evaluation and early-warning, which will give effective and timely warning before the water in the ponds began to deteriorate, and provide the scientific explanation to utilize water resources in the ponds effectively. This section automatically starts a new page. Start a new paragraph with a single hit of the Enter key, without a tab or indent. It will look like a double space between paragraphs.

1. The structure and module function of pond water quality evaluation and early-warning decision support system

Evaluation of the water quality of aquaculture pond expert system, which was mainly made up by knowledge base and model base, it consists of four subsystems, knowledge base system, database system, model base system and method base system. The architecture of the system is shown in the figure 1.

Knowledge base and model base are the principal part of this system, the knowledge base is use

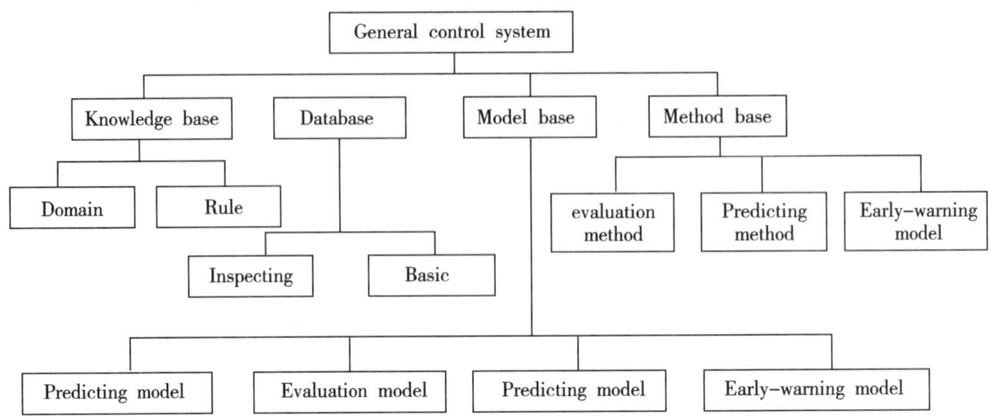

Figure 1 the architecture of pond water quality evaluation and early - warning decision support system

to store the rules, which is the foundation that the reasoning machine can use it to reason, such as synthetically evaluation, classified distinguishing, then make the conclusion. Model base is to put the model in it, the model is set up according to the inspecting data of the water quality, the model is the principal part of the reasoning machine in the system, the model base include two subsystems: one is evaluation model subsystem, the other is predicting model subsystem. The evaluation model subsystem consists of one-object evaluation, multi-object evaluation and synthetically evaluation. The predicting model is consists of Dissolved Oxygen predicting model, Unlinear temperature model, BOD-DO multi linear model, and One dimension zoology model. Method base is consists of Simple classic evaluation method and Fuzzy synthetically evaluation method.

2. The characteristic of the knowledge and the constitutes of the systematic knowledge base in the evaluation and early-warning of the water quality

2.1 The acquisition of the knowledge

Holding of the knowledge is very important symbol for the expert system distinguished from other computer soft wares, therefore, the quality and the quantity of the current domain expert knowledge are the decisive factors for level of the made up expert system and the capability of the expert system. Acquiring the knowledge correctly and expressing them with appropriate form is key for the success of an expert system. The thesis acquires the knowledge by the following methods.

• The criterion and standard of the environment quality

Such as, writing outline of the environment quality process-verbal, which has been put out by national environment protecting bureau, technical regulate put out in the environment quality process-verbal, water quality standard for fisheries. These process-verbal and standards are acquired by the domain expert from many years hard working and long term testing, they are the centralization and the summarization of the domain expert systems, it can adapt to the situation of a country, it also can instruct and control the system macroscopically.

• **The experience of the expert**

Knowledge base is the principal part of the expert system, therefore, the experience of the expert is the core of the knowledge base, the experience of the expert of this thesis mainly came from several experts who engage in the production of the aquaculture water environment for many years, by surveying some domain experts and generalizing their experiences, evaluation of the water quality of aquaculture pond expert system was set up strongly, the knowledge base of the system can reflect the characteristic of the system.

• **The knowledge from books**

Basic theory, method, and experiential knowledge which has been summed-up by the expert, such as the respecting of the water quality and evaluation, water quality mathematical model, grizzled correlative degree evaluation, fuzzy synthetically evaluation, these make the system be on the strong theory basis, and based on the scientific elements.

• **The case of the evaluation of the water quality of the pond**

Inspecting the water environment of the pond and acquiring mass of the experiential knowledge by evaluating the case of the aquaculture factory in the strict of the small south river in Tian Jin, such as the analysis of the Dissolved Oxygen, the analysis of the pollution, the analysis of the pH, the analysis of the temperature of the water, and then form the rules by studying.

2.2 The general characteristic and the representation of the knowledge of the water quality in the aquaculture pond

2.2.1 The general characteristic of the knowledge of the water quality in the aquaculture pond

The knowledge of the water quality in the aquaculture pond, it has a wide relation with others, it concludes biology, physics, chemistry, water conservancy, hydrology, meteorology, its general characteristic can be summed up as the followings.

• **Experience**

The experience has always gone with the process during the researching on the water quality of the aquaculture pond. For example, judging whether the water quality is good or bad always by observing the color and the diaphaneity of the water; judging the status of the Dissolved Oxygen of the aquaculture pond by the activities of the fish, these are all according to the experience.

• **The table format of the datum**

Large numbers of datum of the pond water are always presented of the table format. All kinds of analysis, predicting, the result of the evaluation was shown them to the user by table format, this can make the datum intuitionist and easy to understand, and it also can aid the expert system for machine learning.

• **Changeability**

On account of the different places, different sizes of the pond, different deepness of the water, the species and the numbers of the aquaculture are not the same, these make some target describing the biology and the water environment have changeability.

• **Incompletability**

On the researching of the water quality, all countries in the world has began the researching on the river water quality earlier, and has already full-blown, researching on the water quality of the lakes and the reservoir began correspondingly later than researching on the river, otherwise, on the pond water quality has not mature researching currently, there are only some fragmentary, aiming at a certain aspect or a certain target, such researching can be brought of a little of the accumulation of the knowledge, and they are in the further researching now.

- **Fuzziness**

The pond water quality itself has fuzziness. For the same pond, some factors are not determined such as the richness or the leanness of the pond water, it has not a specific borderline, and the different experts can make different judgments.

- **Randomicity**

In the course of the researching of the changes of the water quality, the interrelation of each factor of the water quality is needed to discuss frequently, but the kind of interrelation is often uncertain, they has the relation of the certain statistical interrelations, that is, from a mass of the datum of the water quality, a certain regularity can be found between them, this is the randomicity of the water quality knowledge.

2.2.2 Production formalist of the water quality evaluation knowledge

The elemental form of the Evaluation of the water quality of aquaculture pond expert system presented by the production formalist is:

$$P \rightarrow Q, \text{ or if } P \text{ then } Q$$

There into, P is the precise of the production, can also be instituted first component, condition, precondition, used to point out whether the condition can be used for the production rule; Q is the conclusion or operation of the production, can also be named backward condition, it is used to point out while the condition was satisfied which is pointed out by the precise P, the conclusion or operation would be deduced or executed. That is, if the precise P is satisfied, then the conclusion Q can be deduced or the operation, which has been regulated by Q, can be operated.

For example:

The precondition or the fact is: the color of the water is blue and green, and $\mathrm{pH}<8$.

The conclusion is: the predominance of the blue green algae, the water quality is aging.

The operation or the treatment process is: cleaning the water by bleacher; cleaning the water by diplexer pluses ferrous sulfate.

Of course, this is an easy BNF (Backus Normal Form) production rule. Its formal description of the production and semantic can be presented as following methods.

<Production>: : =<precise>→<conclusion>

< Precise >: : =< Simple precise> | < multiple precise >

<Conclusion>: : =<Fact> | <operation>

< Multiple precise >: : =< simple precise >AND< simple precise > [(AND< simple precise >) …] | < simple precise >OR< simple precise > [(OR< simple precise >) …]

< Operation >: : =< operation name> [(< variant >, …)]

For the water environmental quality of the pond, the precise can be simple, but the majority of

the precise is complicated, because that the water environmental quality of the pond is a very complicated small sized ecosystem, although the pond ecosystem is far small from the ocean, lake, and the reservoir ecosystem, its ecosystem has the characteristic of all the ecosystems, so the pond has the characteristic of complexity as all the other ecosystems, the complexity of the pond ecosystem has determined that the knowledge of the water environmental quality of the pond is complex, so its precise of the production rules mostly is complex, and they are mostly complex conditions, whereas the conclusions which diagnose the water environmental quality of the pond are the judgments of the phenomenon which is the fact that brought forward to the whole pond, the operation is the countermeasure or the office procedure to the water quality management related to the judgments. Because the pond ecosystem is far smaller than the ocean, lake, and the reservoir ecosystem, so the changing velocity of the water environment is far more than the changing velocity of the ocean, lake, and the reservoir, the frequency of occurrence of paroxysmal water quality deterioration is high.

2.3 The structure of the knowledge base

KB1, that is study base, its initial value is vacancy. It is only open to the Adeline, it has been established and enhanced based on the practical experience accumulating in the system, and the domain knowledge of the water environmental quality of the pond was increased or mended, so the knowledge base can be established and consummated better.

KB2, that is meta knowledge base, it mainly includes the heuristic rules of reasoning explaining, knowledge acquisition of the water quality evaluation and predicting problem, and instructs the problem solving, reduces the blind search.

KB3, that is domain knowledge base, it is consists of KB30, KB31... KB3n, altogether there are n+1 knowledge bases, KB30 is the knowledge base tree, namely, the decomposed record of the task of the chief target, KB3i ($1 \leqslant i \leqslant n$), it is the solving knowledge base of the first level subobject, the valuation of n was determined while the chief target was decomposed.

KB4 is the countermeasure base; it supplies the best scheme or the best measure under the production management.

KB1—KB4 is the relative independent module, this kind of structure make the memory-resident decrease, and the matching and searching has small state space, this can decrease a mass of blind search, enhance the reasoning efficiency consumedly, and can be easy to manage and maintain, this is a kind of high performance structure of the knowledge base.

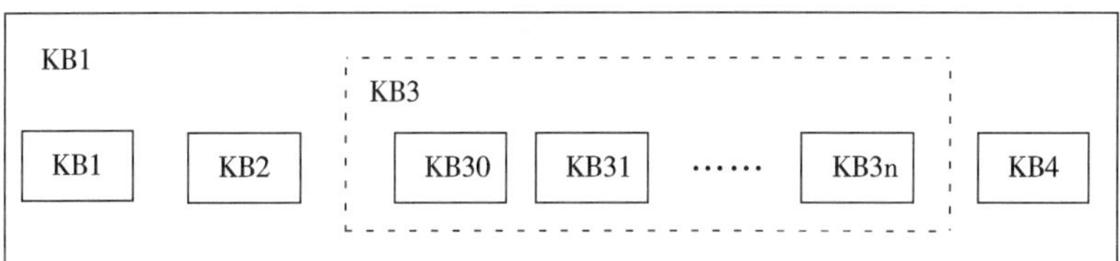

Figure 2 the structure of the knowledge base

3. The Functions and Activities of the Pond Water Quality Evaluation And Early-warning Decision Support System

3. 1 The Functions and Activities of the Pond Water Quality Evaluation And Early-warning Decision Support System

The pond water quality early-warning system, will not only indicate the pond breeders or the agricultural technologist how to improve the formal function, that is the production of the fishery products, but also generate new management function, in order to form the new mechanism that will prevent the disease (Wang Ruimei, 2003). The features of the function is as follows:

(1) Evaluation Function: A kind of function that can evaluate the pond water quality. It evaluates the pond water quality by establishing the pond water quality indices, evaluation standards and evaluation methods, providing relevant decision support on the management of the pond water quality.

(2) Forecasting Functions: The forecast of the pond water quality is the important part of the pond water management. According to the actual situation of the different water quality, it can express the variables by the definite mathematical relationship, and by the modules in the system dynamics. The variables that can't be expressed by the definite mathematical relationship will be forecasted by the blur system based on neutral network. , according to the great quantity of the actual supervision data. The Chapter discusses the quantity of phytoplankton forecasted by system dynamics, and forecasts the DO, $NH_3=N$, NO_3-N and $NO_2=N$ by the blur system based on neutral network, and revise the results.

(3) Warning Functions: A kind of function that supervises, recognizes, diagnose and warn the variables of water quality. It will establish the possible territory that is vulnerable to the elements that influence the pond water quality. It will recognize and warn the possible water deterioration and disaster omen and danger, to guarantee the water a safe and effective situation and guarantee the normal activities of the fish.

(4) Revision functions: a kind of function that can revise the incorrect management method and measures used in the process of pond breeding, and can early-warn and correct the informal trend of the pond water quality management.

(5) Immunity functions: a kind of function that can forewarn and recognize simultaneously the homogeneous factors causing the water deterioration. When the water quality in the pond shows the homogeneous symptoms and triggering factors, it can prognosticate and take timely measures to deter the increase of the trend.

3. 2 Forewarning contents analysis of the pond water quality

The features of the pond water quality and forewarning functions determines the contents of the pond water quality forewarning system, which can be divided into two tasks: forewarning analysis and prevention methods.

(1) Forewarning analysis: The forewarning analysis of the pond water quality is to recognize,

analyze and evaluate the triggering factors that cause the deterioration in the pond water. The fore-warning analysis includes three steps: supervision, recognization and diagnosis.

- Supervision: to supervise the factors in the management of pond that can easily lead to water deterioration, to supervise the whole process of the pond breeding, to look into the change in the water quality, dynamic changes and trend, to classify, stock and process the great amount of supervision data, to establish the shared information data, and to compare the current water quality situation with its historical situation.
- Recognization: According to the evaluation indices system established in Chapter 3 and the Fishery Water Quality Standards, we will analyze the supervision data and information to identify the symptoms and the triggering factors. The main task for recognization is to identify the variation degree of some factor in the long period of changing and the possible chain reaction, and to identify its formal, alert or dangerous situation, and give alert if necessary.
- Diagnosis: Comprehensively analyze the factors that have the alert and dangerous situation, identify the main deterioration source that cause the factors to deteriorate the water, and estimate the changing situation and results caused by the factors.

(2) The fore-control measures of the pond water deterioration The deterioration of the pond water quality will inevitably lead to fish disease, or even death, which will cause great economic loss. According to the results from the fore-warning analysis, the fore-control measures of the pond water deterioration will take the water quality management activities, such as processing and controlling the early deterioration symptoms in time.

3.3 The Forewarning Measures on the pond water quality

When we will apply the evaluation methods, fore-warning methods and fore-warning standards to forewarn the pond water quality by the real and estimate index density, it is a very important part in the water quality management to process the warnings in time, which will guarantee the formal water quality. Table 1 listed the forewarning measures on the pond water quality. Putting the fore-warning measures into the knowledge base will achieve the object of the intelligent management of the water quality forecasting.

3.4 The Running Process of the Forewarning management system

3.4.1 The Running Mode of the Forewarning Activities

Under the support of the forewarning theory and methods, at first, forewarning management system analyze and processes the supervision and estimated information, supervise, recognize and diagnose the informal trend of the pond water deterioration symptoms, and implement the fore-control at this base, in case that the water quality appear the situation of deterioration (Cheng, 2002). The forewarning of the pond water quality will probably leads to two results: The correct and effective management turns the deteriorated trend into a good trend; false and failure management or measures will exacerbate the deterioration and generate the dangerous events. After the dangerous events, the forewarning system will cure the water quality by taking the crisis succoring measures. The successful results of the forewarning and fore-control activities will restore the formal functions,

Tabl 1 The Forewarning Measures on the pond water quality

	A	B	C
1	指标	浓度范围	对　　策
2	pH值	6.0～6.5	在天津地区出现在冬天，与池塘底质老化有关，应在清塘时清除过多底泥，越冬前施用10～15ppm的生石灰（天津地区此类现象极少见）
3	pH值	9.0～9.5	主要出现在高温季节，同时伴有水中氮磷等含量过高，浮游植物大量繁殖所致
4			氨氮在2.0以下时，池水不需处理，浮游植物繁殖高峰过后，pH值会自然下降
5			氨氮在2.0以上时，有条件的可换新水，无条件的可用0.7ppm的明矾全池泼洒有一定的效果
6	pH值	5.5～6.0	在天津地区出现在冬天，与池塘底质老化有关，或有外来酸污染，应在清塘时清除过多底泥，越冬前施用10～20ppm的生石灰（天津地区此类现象极少见）
7	pH值	9.5～9.9	主要出现在高温季节，同时伴有水中氮磷等含量过高，浮游植物大量繁殖所致，大多出现在低洼盐碱地池塘，
8			有条件的池塘可换新水，无条件的可用酸制剂（如磷酸硫酸等）应急处理
9	pH值	4.2～5.5	多为有外来酸污染
10			有条件的池塘可换新水
11			无条件的池塘可施用10～20ppm的生石灰（天津地区此类现象极少见）
12	pH值	＞9.9	此池水鱼类已基本不能活，不能用作养殖用水
13	透明度(SD)	0～15	此种情况一般有两种因素：水中悬浮物、浮游植物
14			由水中悬浮物造成的，有条件的换新水，无换水条件的可用20～30ppm的沸石粉全池泼洒；水深小于1米（有大风时）或投饵量过大，饵料粘结度不够也易造成透明度过低，此时应增加池水深度，改善饲养管理
15			由水中浮游植物造成的，如pH、氨氮在正常范围，有条件的换新水，无换水条件的可用0.7ppm的硫酸铜硫酸亚铁合剂（5∶2）全池泼洒，可杀灭部分浮游植物增加透明度，如pH、氨氮不在正常范围，有条件的换新水，无换水条件的以降pH为主
16			由水中悬浮物和浮游植物共同造成的，以降低水中悬浮物为主
17	透明度(SD)	0～10	原因与解决方法同上，以大量换水为上策
18		60～80	此种情况一般由水体过瘦，或转水造成
19			前者可用每亩1斤磷酸二氨和2斤尿素或8～10斤碳酸氢氨全池泼洒
20			后者先开动增氧机暴气，引入肥水，再每亩使用1斤磷酸二氨和5～7斤磷肥；另外有条件的池塘以加注新水为上策
21		80～100	此种情况一般由水体过瘦，或转水造成

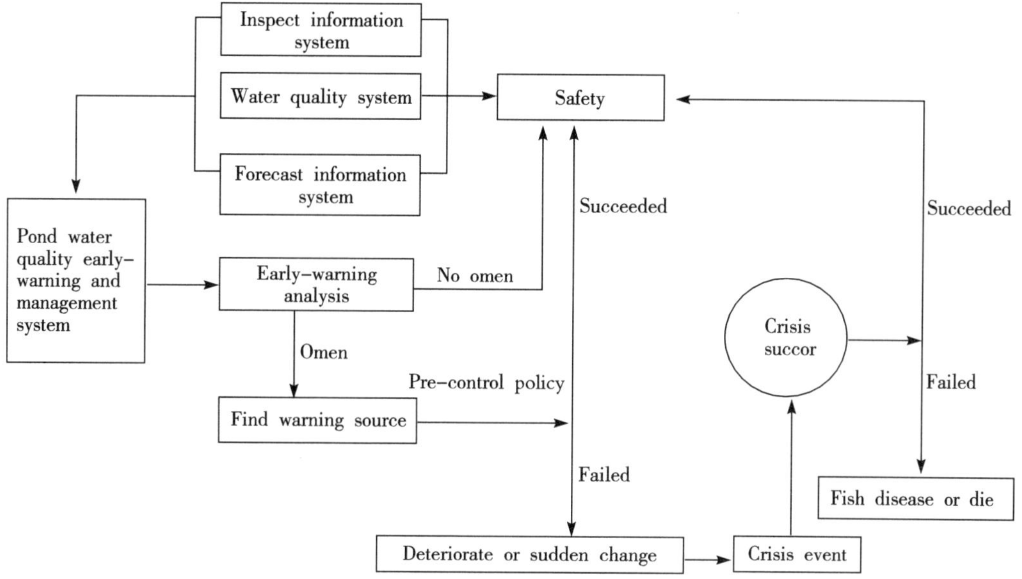

Figure 3 The Running Mode of the Forewarning Activities of pond water quality and early - warning intelligent decision support system

turning them into a good development trend, and safe production situation. After failure, the pond water quality will become more and more deterioration, which will lead to the fish disease, death, causing great economic loss. In fact, the frequency of the occurrence is high.

3.4.2 The Main Running Steps of Forewarning Management

The main steps of the pond water quality forewarning includes identifying the supervision objects of the forewarning activities, establishing the forewarning activity plans and emphasize the points of the fore-control measures.

(1) Identifying the supervision objects of the evaluation and forewarning activities To think about the supervision objects of the pond water quality forewarning activities, we must take into consideration their importance, necessity, possibility and convenience by designing the simple and pragmatic supervision evaluation indices, in order to reflect the objective situation correctly. Based on the analysis from the preceding chapters, the supervision of the physical indices is not hard, the wind speed, air pressure and water temperature which can be easily satisfied can be obtained by anemoscope, barometer and thermometer respectively. However, the measures of some chemical indices are quite hard, which need the great amount of apparatus and equipment. Some fresh water breeding cannot provide the everyday supervision; the supervision is carried out only when necessary. However, Some factors are very important such as DO, which are introduced in Chapter 2. At present, in Tianjin the density of pH value and NH_3 - N can be easily measured by color grade researched by Tianjin Agricultural College. The measurements of some factors such as DO are very hard, and the requirements are restrict, in the general situation, we can estimate by means of the neural network estimate and other complementary estimate.

(2) Establishing the plans of evaluation and forewarning activities Establishing the plans of the forewarning activities includes supervision objects, everyday supervision methods, the establishment of forewarning evaluation indices, forewarning analysis activity program, and forewarning countermeasure activity program, which means When and Which indices of forewarning. For example, at the beginning of the summer, when the fry are fed, because the water temperature is low, water creatures is few, at the time the degree of the density of DO should not be taken into consideration. When the fry is fed, the fry is sensitive to the contents of pH and NH_3 - N, if the contents exceed some extent, the fry will die in great numbers, lowering the surviving rate.

(3) Emphasize the points of the fore-control countermeasures The pond water quality forewarning management is correlated with the natural environmental situation, pond water quality, current management level and emergency handling capacity, thus, the forewarning activities must pay much attention to the main contradiction between the triggering factors of the water quality deterioration or fish disease. In order to control in advance the water quality deterioration and fish death, we must emphasize the implementation of the fore-control and solve the problem correspondingly. After selecting the time and objects of forewarning and analyzing the cause of the forewarning, we will find ways to solve the problems and emphasize the problems we are going to solve.

4. The Pond Water Quality Evaluation and the result analysis of the forewarning decision support system

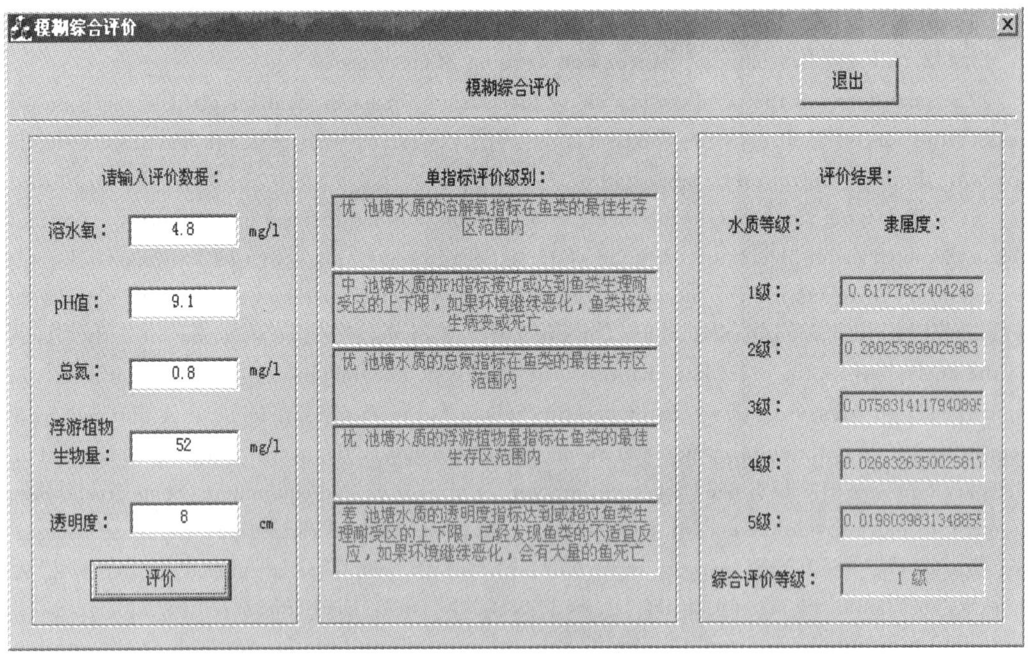

Figure4 The pond water quality evaluation result

Conclusion

Figure 4 and figure 5 are the pond water quality evaluation and forewarning simulation results respectively, combining the real situation at that time, the result from the water quality evaluation mode corresponds with the real water quality, the forewarning trend from the forewarning mode and corresponding measures are feasible. Thus, the system runs well, and can provide the Aquaculture department with the corresponding decision support.

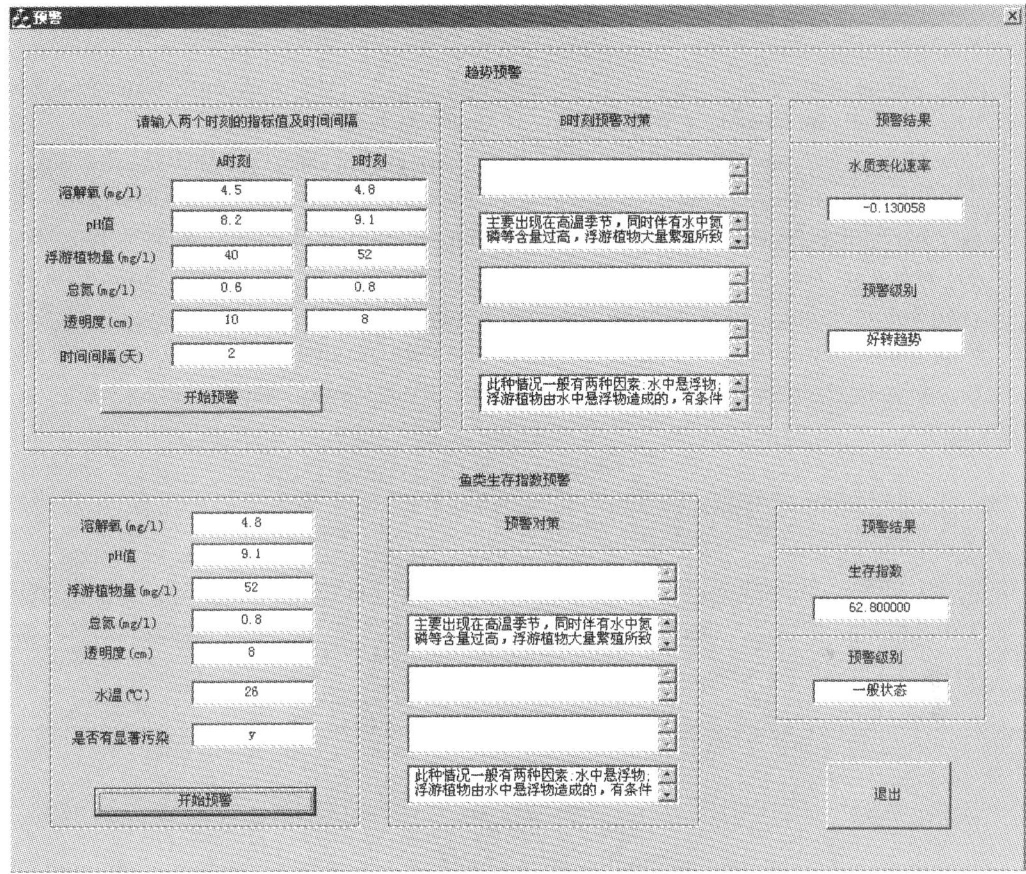

Figure 5 The pond water quality early - warning result

References

[1] Balk, -F.; Okkerman, -P. C.; Van-Helmond, -C. A. M.; Noppert, -F.; Van-der-Putte, -I. Biological early warning systems for surface water and industrial effluents. International Conferance on Rehabilitation of the River Rhine, Arnhem (Netherlands) 15～19 Mar 1993

[2] Borcherding, -J.; Volpers, -M. The "Dreissena-monitor" -First results on the application of this biological early warning system in the continuous monitoring of water quality. International Conferance on Rehabilitation of the River Rhine, Arnhem (Netherlands) 15～19 Mar 1993

[3] Cheng Qi, Research about the forewarning management towards highway transportation disasters, 2002, Wu Han University of Technology dissertation.

[4] Hu Heyong, Aquaculture Survey. Beijng: China Agricultural Press. 1995

[5] Loftus-R. World Watch for domestic animal diversity released by FAO and UNEP provides "early warning system". Diversity. 1993, 9 : 3, 34～36

[6] Meulenberg, -E. ; Stoks, -P. The application of immunochemical methods in monitoring and early warning systems for water quality control. IWSA Specialized Conference on New Developments in Modeling, Monitoring and Control of Water Supply Systems, Amsterdam (Netherlands) 24～25 Sep 1996

[7] Rural Advancement Fund International. Genetic engineering of pyrethrins: early warning for East African pyrethrum farmers. RAFI-Communique. 1992, June, 3

[8] Scott-MG; Hutchinson-TC; Piekarz-D. The use of lichen growth abnormalities as an early warning indicator of forest dieback. Special issue: Ecological indicators of the state of the environment. Papers presented at the workshop on ecological indicators of the state of the environment, held at the University of Toronto, Canada. Environmental-Monitoring-and-Assessment. 1990, 15 : 3, 213～218

[9] Wang Ruimei, Fu Zetian, Fu Lizhong, Evaluation of the aquaculture pond water quality, Poster Session 203 (Hydrology and Water Quality) at 2003 ASAE Meeting, 2003

Social Viability Roles of the Agricultural Sector in China *

Tian Weiming　Liu Xiumei　Kang Xia

Abstract This study assesses how the transfer of rural labor to non-farm sectors affects China's national economy and the role the agricultural sector plays with respect to rural-urban migration. Econometric models using official Chinese statistics are used to: evaluate the marginal productivities of rural labor in agriculture versus non-agriculture; identify determinants of rural labor transfer; and assess the socioeconomic impacts of these transfers. It is concluded that though agricultural growth stems problems relating to over-urbanization, there are significant economic costs and undesirable social consequences associated with under-urbanization. Gains brought about by flexibility in the transfer of rural labor to non rural labor include higher GDP and reduced discrepancies in living standards for rural and urban populations.

Keywords agricultural development, China, migration, rural labor

1. Introduction

This paper addresses issues associated with rural-urban migration in China today. While problems relating to excessive urbanization (such as urban congestion, pollution, and crime) are an issue, China's experience suggests that problems of under-urbanization (such as underutilization of the rural labor force, environmental degradation due to overuse of agricultural resources, inadequate growth of rural income, prevalence of rural poverty, underdeveloped rural infrastructure and social services, and legal infractions by rural residents) may outweigh them.

The social viability role of agriculture should be assessed from the viewpoint of the development of both rural and urban populations. Accordingly, this paper intends to: identify major socioe-

* The authors gratefully acknowledge research funding from the Government of Japan for the FAO Project, *Socio-Economic Analysis and Policy Implications of the Roles of Agriculture in Developing Countries the Roles of Agriculture* (GCP/INT/772/JPN ROA). We also gratefully acknowledge the useful comments and suggestions of ROA Central Team, participants in the China Inception Workshop, the China ROA National Workshop, the FAO International Conference on the Roles of Agriculture, 20-22 October, 2003, and Maria Casa and Jacques Vercueil.

conomic mechanisms that influence rural and urban development; assess the roles that agriculture plays in social viability and stability; analyze how these roles are affected by changes in policies and social infrastructure; and derive policy implications.

This report is organized as follows. The next section describes the urbanization process and the transfer of farm labor to non-farm labor in China. The third section introduces the analytic framework and methodology used in this study. The fourth section presents and discusses model results. The last section summarizes findings and discusses policy implications.

2. Overview of urbanization and rural labor transfer

Historical development

In the mid 1950s, China established a household registration system, which allowed the government to control migration of rural people to urban areas. At the time, China intended to raise the initial capital needed for industrialization from agricultural surplus. Because of limited land resources, the government promoted intensive land cultivation in order to raise land productivity. Rural laborers were organized into collective farming units and the government implemented a state procurement system through which it acquired nearly all surplus farm products at low, state-set prices. Although agricultural output was increased through this approach, labor productivity remained low. The speed of urbanization was restricted by agriculture's capacity to generate surplus, and a need to control rural-urban migration continued to be strongly felt. In reality, little progress was made toward urbanization in China until the 1980s (see Figure 1).

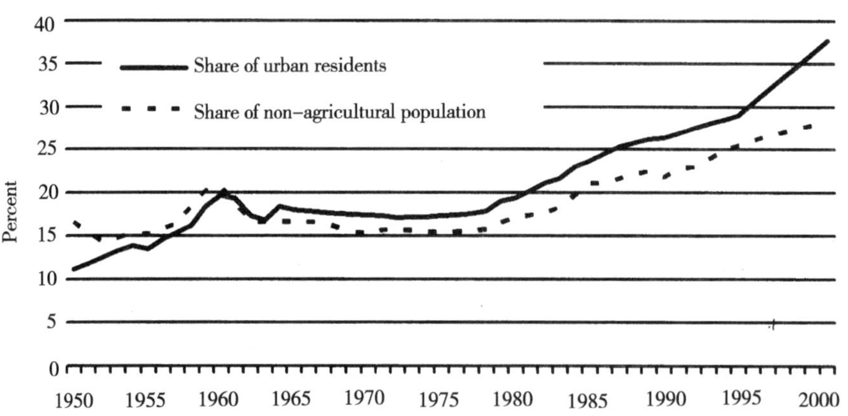

Figure 1 Development of urbanization in China

Source: Authors' calculations based on official statistics (NSB 2002a).

When the government shifted its top priority to economic growth with the policy reforms of 1978, the situation began to change. A burst of agricultural productivity was achieved in the early 1980s through the household production responsibility system, which altered producer incentives, and through an increase in modern farm inputs. Along with increased imports of grains, this greatly eased food shortage. The government gradually relaxed restrictions on the transfer of rural laborers to non-agricultural industries and China's urbanization process accelerated notably①

During the 1980s, rural labor transfer to off-farm jobs resulted in the rapid development of Township and Village Enterprises (TVEs). TVEs emerged during the collective farming stage, and up to the mid 1980s were owned by rural collectives. Initially, TVEs were mainly bound to processing local raw materials and supplying local markets. These restrictions were removed, however, by the policy reforms of the 1980s when the government granted TVEs preferential financial and taxation status to encourage their development. As a result, the total number of those employed by TVEs rose rapidly (see Figure 2). During the same period, the government also began permitting rural people to establish private businesses (Song and et al 2000). While a large number of rural laborers transferred to non-farm activities during the 1980s, most of them remained in their hometowns. The transfer of rural laborers during that period was characterized as "leaving the land but not countryside". Rural labor transfer was bolstered by policies designed to increase rural employment opportunities and raise rural income without threatening urban sector food supply and stability.

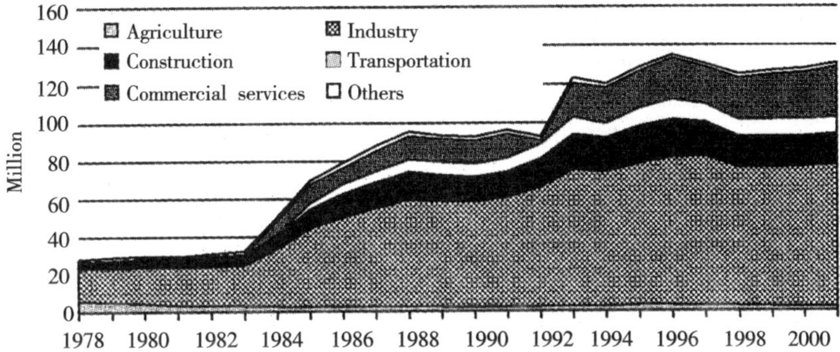

Figure 2　Number of labourers employed in TVEs

Source: Authors' calculations based on official statistics (NSB 2002a).

But there was a negative side to TVEs. They suffered from the lack of scale economy, made inefficient use of land and spread pollution through countryside. By the 1990s, it became evident that local TVEs were increasingly outdated. As market competition grew, TVEs had to take measures to raise efficiency and reduce costs. Employment practices were increasingly based on efficiency criteria rather than communal considerations and their ability to absorb rural surplus laborers was

① The increased share of urban population in China is partially due to a revision in the administrative definition of towns. Prior to 1963, a town was defined as consisting of more than 2 000 permanent residents, of which 50% or more were considered as non-agricultural population. In 1964, the number of permanent residents for a town was raised to 3 000 and the percentage of non-agricultural population to 70%, or 2 500 permanent residents with over 85% of non-agricultural population. In 1984, a town was defined as: an area where a county-level government was located; an area with a population of below 20,000 with a non-agricultural population of 2,000; an area with a population of more than 20,000 with 10% or more of non agricultural population; remote, mountainous, small-sized mining, small harbor, tourist, or border area with non-agricultural populations below 2 000. If the non-agricultural population share is used as an indicator, China's urbanization rate was only 27. 9% in 2 000, in comparison 36. 2% using urban population (NSB 2002; MOA 2002).

notably reduced.

The policy and market changes of the late 1990s imposed further challenges to TVEs. In order to protect the environment, the government increased pollution controls. As income increased, consumers became increasingly conscious of product quality . Technically backward TVEs had trouble surviving. Finally, TVEs, especially exported-oriented ones, were hard hit by the Asian financial crisis of 1997. During this decade, the total TVE employment remained at around 130 million (NSB 2002).

Alongside TVE employment, many rural laborers begin to find off-farm jobs away from hometowns. Although the government attempted to maintain administrative restrictions on migration to cities through the household registration system, the rapid changes in economic and social infrastructure rendered controls increasingly ineffective. With the abolishment of the food rationing system in the early 1990s, food products could be bought freely in the urban market. Housing system reforms opened the way for migrants to rent, or even buy houses, in cities. Some cities even introduced preferential residential policies to attract external investors, including rural entrepreneurs. Local governments in areas with substantial surplus rural labor often assisted out-migration by providing rural laborers with training and job information. In some localities, the governments made efforts to move rural residents from small villages to rural towns with the goal of improving social services as well as protecting scarce land resources.

Classifications of population

The classification and terminology used to describe urbanization and migration in China is complex. The national household registration system includes two elements, identifying each individual as 1) either agricultural or non-agricultural and 2) either urban or rural. This results in the overlapping illustrated in Figure 3 which depicts the relationships among different population types. It shows, for example, that the agricultural population living in suburban areas of cities is counted as urban population, while, rural people who take part-time off-farm jobs in urban areas retain their rural population status.

Another distinction to be made is between "transferred rural labor" and "migrants." Generally speaking, transferred rural labor refers to laborers working either part or full time in local (or at least provincial) off-farm jobs. Migrant labor tends to refer to workers who leave rural areas to work in urban areas for the better part of the year, even though they don't have urban resident status.

Pattern of rural labor transfer and migration

According to Xian (2001) and Cai, Zhang and Du (2002)①, the rate of rural labor transfer to off-farm jobs has accelerated notably in recent years. Agricultural labor in China peaked in 1991 and declined steadily thereafter. Rural household survey information (Xian 2001) indicates that over one-half of transferred rural laborers remained within their home counties. While such localized

① Although these two studies use the same data source, the reported results differ frequently. This may be attributed to that different methods for treating data. We prefer to use the study by Cai, Zhang and Du (2002) as a reference.

transfers are still dominant, their share declined notably between 1997—2000. Rural laborers who received better education tend to move to off-farm jobs. It is found that cash income brought home by migrant laborers is related positively to educational levels.

There are distinct regional patterns to the transfer and migration of rural laborers. The share of rural laborers who transferred to non-agricultural activities was higher in municipalities and coastal provinces with more prosperous economies. These regions attract a lot of migrant laborers from other provinces as their growing economies generate new jobs. In contrast, inland backward regions have limited local employment opportunities and rural laborers tend to migrate to other counties or provinces for jobs.

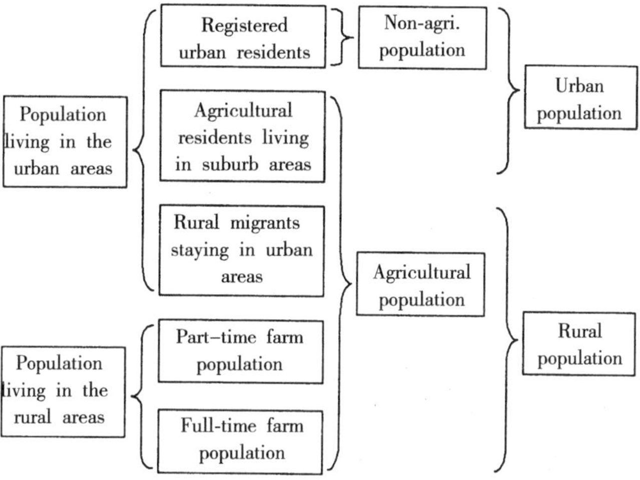

Figure 3 Relations between different population sets

Source: Authors.

Urbanization and rural labor transfer policies and instruments

Although China's urbanization process has picked up since the advent of policy reforms, rural people can still only change their residency status under certain conditions, such as employment upon graduation from university, discharge from the army, confiscation of cultivated land, and the purchase of housing in cities on the commercial market. Rural laborers who go to urban areas for jobs are required to pay city governments fees for temporary residency, family planning, urban expansion, etc (Bai and Song 2002).

In 1997, the Chinese government began experiments on the urban residency system in 382 counties, in small cities and towns① (Ministry of Agriculture 2002). Under the scheme, rural people who had procured stable income-earning jobs in these cities and towns were allowed to apply for permanent residence. These individuals were given the choice of either retaining the parcels of land contracted to them by the government according to their status as rural people, or lease it to others to avoid leaving the land unused. The Ministry of Agriculture (2002) reports that by 2001, only

① Small cities and towns refer to cities of county seats or towns.

1.3 million rural residents had taken this option and changed their residency status. In the meantime, many cities began to relax residency restrictions, according preference to those with higher skills and capital investment.

There are indications that the Chinese government is moving toward a coordinated urban and rural sector strategy. Recently, the Chinese government declared a target of building "a well-off society in an all-round way by 2020" (Jiang 2002; Zhu 2003). Two basic policies are proposed with regard to the transfer of rural laborers. The first is to encourage the rural labor force to find work locally, either in labor-intensive agriculture or in non-agricultural industries. The second is to assist the rural labor force in finding employment in other areas by strengthening information networks and employment services, offering pre-transfer training and overseeing the flow of the rural labor force. Establishment of a unified and standardized labor market and new household registration system is also being planned (IOSC 2002). It is expected that China's urbanization process will accelerate in the years to come.

Regional variations in socioeconomic conditions lead to diverse approaches towards rural labor migration. In economically developed regions, where a market-oriented economic system tends to be well established, enterprises, especially private ones, employ workers as cheaply as possible. Most unskilled positions are filled by rural migrant laborers, especially those coming from backward inland regions and immigration of rural laborers is allowed to take place rather freely.

However, unlike other regions, few of these migrants are granted permanent residency. This results in the regular movement of migrant laborers between employment areas and their hometowns. Guangdong, where migrant laborers come from neighboring provinces like Guangxi, Jiangxi and Hunan, as well as distant provinces like Henan, Sichuan and Guizhou, is a typical example. In many cities, governments face pressure to reduce local unemployment and to maintain adequate incomes for urban residents. Minimum wage schemes have been adopted in recent years in many cities. Those factors tend to discourage migration.

In less developed populous inland provinces, governments use labor export as a means to raise rural income and encourage out-migration by providing training, job information and logistic services.

Major problems

Since China's accession to the World Trade Organization (WTO), raising rural income has been perceived as a major goal. Given the fact that agricultural resources will continue to decline as a result of urbanization and expansion of the industrial sector, and that agricultural prices can no longer be raised by the government as they were under the planning scheme, the transfer of rural labor to non-agricultural jobs is regarded as a primary way to achieve this objective. However, due to a lack of effective governance, the transfer of rural laborers has not been well coordinated, and has lead to the following range of problems.

Firstly, although migrant laborers are better educated than those who stay home for farming, their knowledge and ability are still inadequate for them to find and hold skilled jobs in towns and cities. Most migrant laborers engage in arduous, low-paid jobs. Furthermore, without urban residency, this "floating population" is not entitled to the full range of social services, such as child ed-

ucation, socialized health services and housing, provided by city governments and employers. This difference in status between rural migrants and urban residents is a major cause of conflict.

Secondly, China lacks an efficient job information system to facilitate transfer of jobs. Migrants find themselves making blind moves, leading to substantial wastes of time and money and even recourse to illegal actions in order to survive away from home.

Thirdly, rural migrants lack bargaining power when entering into work contracts with urban employers who tend to depress wages as much as possible. Other problems include inferior working and living conditions, failure to provide labor insurance in accordance with government regulations, failure to pay wages, undue dismissal of employees, and inhuman treatment of workers. Migrant laborers are usually unable to protect their own interests because they lack legal knowledge and the ability to enter lawsuits with employers.

Fourthly, faced with the great uncertainty of off-farm jobs and incomes, households, even whose primary laborers work away from hometowns, maintain their contracted land. The contracted land is a means for rural households to ensure family security, however, it leads to inefficient utilization of China's scarce land resources①.

Fifthly, given the fact that official permanent residence in urban areas is still very difficult for rural laborers to obtain, they take temporary jobs. This results in an over concentration of travel and upheaval for the transportation system during large-scale seasonal movements of rural migrants between hometowns and workplaces.

Sixthly, frequent separation of migrants from their families can affect family stability. It also affects adhesion to the family planning policy, which local leaders are responsible for implementing. Migrant families can evade birth control measures and have multiple births even though they do not have sufficient incomes and adequate living conditions for their children.

Finally, rural migrants are generally better educated than those who stay home, thus migration constitutes an export of human capital from the rural sector to the urban sector, that is from poorer regions to richer regions. While migrant laborers can earn more money from off-farm work than from farming, they do not gain much new knowledge and skills. This phenomenon may lead to growing polarization in regional development.

3. Methodology

Literature review

Many empirical studies on urbanization and migration of rural labor have been based on theoretic models proposed by development economists, such as Lewis (1955), Fei and Ranis (1961) and Todaro (1971), which identify the push and pull factors determining rural-urban migration in different socioeconomic settings.

While, urbanization and rural labor migration have received much attention in China as well,

① To cope with the problem, the Chinese government adopted the Law for Rural Land Contract in late 2002, which provides a legal basis for protecting the interests of land users and for voluntary transfer of land use rights.

most studies have been descriptive and analytic in nature. How the transfer of rural labor to the non-agricultural sector contributes to national economy is a topic discussed by many researchers (e. g. Zhang 1997; Hu 1998; Pan 1999; Ding 2001).

The overall consensus is that the transfer of rural labor to non-agricultural sectors significantly contributes to the growth of the Chinese economy by raising labor productivity. It is also recognized that the transfer of rural labor may generate negative impacts, such as inefficient use of agricultural resources, decrease of agricultural production and general decline in rural areas. Zhang et al (2002) assess the effect of out-migration of labor on farm production at the household level using survey data. They conclude that when male household heads go work off farm, leaving women in charge, there is no negative impact on household crop production. This is because the land-labor ratio, and thus marginal productivity of labor in farming, is low in China. Withdrawing labor from agriculture does not necessarily result in a notable decline of output and the increased remittances from migrants may even improve household production conditions.

How well China's rural labor market functions is an issue under hot debate. While many maintain that administrative barriers, such as the household registration system and restricted access to urban social and educational systems, hinder transfer of rural labor to the urban sector, others maintain that the accelerated growth of rural labor transfer denotes the emergence of a functional rural labor market. Cai, Zhang and Du (2002) find that off-farm incomes are related positively to educational attainment of rural labor, indicating that human capital is remunerated through the market mechanism. De Brauw et al (2002), using household survey data from the past two decades to assess development of China's rural labor market, conclude that many trends are consistent with the emergence of a functional labor market.

Some studies focus on identifying determinants to rural labor transfer. Du and Bai (1997) cite lack of agricultural resources as a major factor for out-migration. Zhao (1997), using household survey data from Sichuan Province, finds that migrants were mainly unmarried young males with basic education and that those with higher educational preferred to transfer locally. Du (2001) studied time allocation of rural labor between agriculture and non-agriculture in poor regions. He concludes that time allocation is driven not only by the optimization of labor resources, but also by minimizing income risk. In this regard, family assets and labor resources are factors used to cope with income risk. Xian et al (2001) find that the efflux of rural labor is related positively to rural per capita net income and related negatively to per capita land area and share of agriculture in GDP, while influx of rural labor is related positively to wage rates of urban employees and development of private businesses. De Brauw et al (2002) find from a multivariate analysis that better educated young males tend to dominate off-farm employment and out-migration. They also find that the land-labor ratio and value of rural households durables are related positively to labor transfers to off-farm jobs.

The phenomenon of return migration has been examined by Bai and Song (2002) who used sample survey information to analyze why migrant laborers choose to return home. They find that difficulty in finding jobs and family reasons rank as the most important factors for return migration, while returning to home areas to open businesses is very rare. They also find that educational levels of migrant laborers are related positively not only to off-farm incomes levels, but also to the length of their stay outside, indicating that education helps rural laborers find and hold jobs. Zhang et al. (2001) examine China's rural labor transfer experience and conclude that agriculture can act as a buffer during economic recessions.

Impacts of rural labor transfer on income disparity among regions or households is another issue that receives great attention. Zhang (1998) uses the decomposition method to evaluate effects of different sources of income on equality of income distribution. He concludes that nonagricultural income is a major factor in high regional income disparity, which relates in turn to regional variations in off-farm employment opportunities. However, Gu (2002) finds that the officially reported per capita GDP tends to exaggerate regional income disparity by failing to take into account interregional labor transfer. He concludes that interregional flow of rural labor and the associated transfer of income narrow regional income gaps.

Model specification

This study on rural labor transfer and urbanization limited itself to the following empirical analyses: contribution of rural laborers to agricultural GDP and non-agricultural GDP; determinants of the pattern of interregional transfer of rural laborers; and socioeconomic impacts associated with rural labor transfer.

Contribution of rural laborers to agricultural GDP and non-agricultural GDP.

The evaluation of labor's contribution to GDP is arrived at through the production function approach. Agricultural GDP (AGDP) is specified as a function of agricultural labor input (AL), crop planting area (AREA) and material inputs (AMI) with all values converted using the GDP deflator into real terms①. Similarly, non-agricultural GDP (NAGDP) is specified as a function of urban labor (UL), rural laborers transferred to off-farm jobs (RTL), capital assets represented by total value of depreciation in the GDP account (DEP). As national GDP is the sum of AGDP and NAGDP, the contribution of the transfer of rural labor to non-agricultural sectors to the national GDP can be assessed with the following equation system:

$$AGDP = f\ (AL,\ AREA,\ AMI) \tag{3.1}$$

$$NAGDP = f\ (UL,\ RTL,\ DEP) \tag{3.2}$$

$$GDP = AGDP + NAGDP \tag{3.3}$$

Determinants of the pattern of interregional transfer of rural laborers.

How to treat transferred rural labor is of critical importance for this study. The simplest way is to assume that rural laborers are homogenous and thus transferred laborers are equally productive as those who stay in farming. Alternatively, homogeneity of rural laborers can be taken as a testable hypothesis. In the former case, AL is defined as total rural laborers (RL) minus rural transferred laborers (RTL). In the latter, AL is defined as $RL-\beta_1 \cdot RTL$, where whether homogeneity of rural labor should be accepted corresponds to a hypothesis test $\beta_1=1$. In the NAGDP equation, both urban labor and transferred rural labor are directly used as explanatory variables and thus the functional form is flexible enough to allow for non-homogeneity. However, in order to make com-

① Variable AREA not only reflects regional endowment of land resources, but climate and infrastructure (e.g. irrigation) conditions as well, major factors in determining cropping intensity in different regions.

parisons, an alternative form with total labor input being defined as $UL+\beta_2 \cdot RTL$ is also considered, where homogeneity of urban labor and rural transferred labor corresponds to a hypothesis test $\beta_2=1$. To test labor homogeneity, nonlinear form of production functions are required. Thus, defined as Cobb-Douglas function, the two versions of production functions are as below:

Linear-form version

$$\text{Log (AGDP)} = \alpha_0 + \alpha_1 \text{Log (RL-RTL)} + \alpha_2 \text{Log (AREA)} + \alpha_3 \text{Log (AMI)} + u \quad (3.4)$$

$$\text{Log (NAGDP)} = \gamma_0 + \gamma_1 \text{Log (UL)} + \gamma_2 \text{Log (RTL)} + \gamma_3 \text{Log (DEP)} + \gamma_4 ER + v \quad (3.5)$$

Nonlinear-form version

$$\text{Log (AGDP)} = \alpha_0 + \alpha_1 \text{Log (RL} - \beta_1 \text{RTL)} + \alpha_2 \text{Log (AREA)} + \alpha_3 \text{Log (AMI)} + u \quad (3.6)$$

$$\text{Log(NAGDP)} = \gamma_0 + \gamma_1 \text{Log(UL} + \beta_2 \text{RTL)} + \gamma_3 \text{Log(DEP)} + \gamma_4 ER + v \quad (3.7)$$

Two dummy variables, ER for the eastern region and CR for the central region, are included in the production functions to take account unexplained regional differences①.

To reflect the regional pattern of rural labor employment and interregional transfers, two sets of indicators are derived from the available statistics. The first set of indicators shows the regional patterns of rural labor employment and transfer, which may be called intensity of rural labor employment. The indicators are defined by the formula below:

$$IRLE_{ij} = (RLE_{ij}/RLE_j) \ / \ (RL_i/RL) \quad (3.8)$$

where RLE_{ij} is the number of rural labor employment in region i by type j, RLE_j is the national total employment by type j, RL_i is number of total rural labor in region i, and RL is national total of rural labor. By definition, when $IRLE_{ij}$ is greater than one, the ith region has a higher proportion of rural labor employment by type j.

With regard to labor transfer, rural households need to consider not only whether to take action or not, but also where to go. Different types of transfers are associated with different costs and benefits and thus should be explained separately. Based on the available statistics, rural labor employment and transfer is classified into the following five types:

Agricultural labor (IRLEA);

Off-farm employment within home townships (IRLEWT);

Off-farm employment out of townships but within home counties (IRLEWCOT);

Off-farm employment out of counties but within home provinces (IRLEWPOC); and

Off-farm employment out of home provinces (IRLEOP).

The second set of indicators focuses on inter-provincial transfer of rural labor. Using the matrix of rural labor influx and efflux by province in 2000, the following two indicators are derived:

---

① The eastern region includes Beijing, Tianjin, Hebei, Liaoning, Shanghai, Jiangsu, Zhejiang, Fujian, Shandong, Guangdong and Hainan. The Central region includes Shanxi, Jilin, Heilongjiang, Anhui, Jiangxi, Henan, Hubei and Hunan. The western region includes Inner Mongolia, Guangxi, Chongqing, Sichuan, Guizhou, Yunnan, Tibet, Shaanxi, Gansu, Qinghai, Ningxia and Xinjiang.

$$RSRLT_{sd} = (TRRL_{sd}/RL_s) \times 100 \quad (3.9)$$

$$NSRLT_{sd} = (TRRL_{sd}/RTL) \times 100 \quad (3.10)$$

where TRRLsd stands for the number of rural laborers transferred to off-farm jobs from source region to destination region, including within home province transfer; RLs stands for total amount of rural laborers in source region; and RTL stands for national total of transferred rural laborers.

By definition, RSRLT reflects how large a proportion of rural laborers in source region transferred to off-farm jobs either within or out of home provinces. The statistics reveal that the proportion is relatively high in both economically developed regions and in populous but less developed regions. However, within-province transfers prevail for the former case, while out-province transfers prevail for the latter. In contrast, NSRLT measures the share of interregional transfer of rural laborers from source region in the national total, therefore, the scales of rural labor force in different regions matter.

These two sets of indicators are used as dependent variables in the regression analyses. To identify important determinants for the pattern of rural labor employment, the equations are specified as below:

$$IRLE_{ij} = f\ (LANDL_j,\ EDRL_j,\ SNAGDP_j,\ (AGDPL/ULW)_j,\ HPA_j,\ DNSE_j,\ UUE_j,\ UNR_j) \quad (3.11)$$

where: LANDL = cultivated land per rural labor;

EDRL = educational attainment of rural labor①;

SNAGDP = share of non-agricultural GDP in total GDP;

AGDPL = agricultural GDP per rural laborer;

ULW = urban labor wage;

HPA = value of productive assets per rural household;

DNSE = degree of development of no-state economy;

UUE = urban unemployment;

UNR = urbanization rate;

subscripts i and j refer to employment type j and region i, respectively.

It is expected that, if rural people have adequate land resources to work with they may achieve a comfortable livelihood through farming. Education is related to ability to gather job information, master skills and adapt to a new living environment, which are important for migration. The share of non-agricultural sectors reflects the status of regional economic development, which is an important determinant for capacity to generate off-farm jobs. Agricultural GDP per rural labor is used as a proxy for farm wage. The urban labor wage is represented by that of construction workers and employees in wholesale, retail and restaurants, where a significant proportion of positions are filled by unskilled rural laborers. Productive assets owned by rural households are not only the major productive means for household businesses, but also a kind of wealth held by rural families. Given the

① Variable EDRL is an index of weighted average of rural labor education levels, where the weights are 0.6, 0.9, 1.1, 1.3 and 1.5 for illiterate, elementary school, middle school, specialized school and college, respectively.

current social infrastructure few rural laborers can be employed by state-owned enterprises, except for low-paid informal work. In contrast, the private sector uses a lot of rural laborers in order to save labor costs, especially in labor-intensive industries. Therefore, the scale of rural labor transfer is likely to be affected by development of non-state sector. Recent experience shows that when urban unemployment becomes severe, city governments tend to impose restrictions on employment of rural migrants, therefore migration is likely to be affected by urban unemployment. The variable UUE can also be seen as a proxy for the probability to find jobs in urban sector. It is expected that highly urbanized regions may offer more job opportunities to rural migrants, especially in the service industries.

Similar specification is also applied to the models of interregional transfer of rural laborers. The two equations take the forms as below:

$$RSRLT_{s,d}=f\ (DIST_{s,d},\ NAGDP_s,\ NAGDP_d,\ LANDL_s,\ AGDPG_s,\ DNSE_s,\ DNSE_s,\ EDRL_s,\ ULW_s,\ ULW_d,\ UUE_s,\ UUE_d,\ UNR_s,\ UNR_d,\ GD) \qquad (3.12)$$

$$NSRLT_{s,d}=f\ (DIST_{s,d},\ NAGDP_s,\ NAGDP_d,\ LANDL_s,\ AGDPG_s,\ DNSE_s,\ DNSE_s,\ EDRL_s,\ ULW_s,\ ULW_d,\ UUE_s,\ UUE_d,\ UNR_s,\ UNR_d,\ GD) \qquad (3.13)$$

Previously mentioned variables retain their meanings. New variables added into the two equations include:

$DIST_{s,d}$ = distance through railway between the capital cities of source and destination regions;

NAGDP = non-agricultural GDP in source or destination regions;

$AGDPG_s$ = growth rate of agricultural GDP in source region;

GD = dummy variable for Guangdong Province.

Distance is related positively not only to the travel costs of interregional transfer, but also to job-search costs. Therefore, scale of migration is related negatively to distance between home and destination. Since most of transferred rural laborers are employed in non-agricultural sectors, non-agricultural GDP can represent a pull force to attract rural laborers out of homes. In contrast, growth of the agricultural sector in source regions can pull rural laborers back. The dummy variable GD is added to take into account the fact that over one-half of the rural laborers who move inter-regionally choose Guangdong as destination. To evaluate the effects of the above variables on interregional migration, all observations corresponding to local transfers are excluded when estimating the models.

Socioeconomic impacts of with rural labor transfer.

Transfer of rural labor to off-farm jobs may have multi-faceted socioeconomic impacts. Due to data limitation, we can only consider the effects on rural income and on urban-rural income disparity. The two equations are specified as:

$$RNI = f\ (HPA,\ LANDL,\ EDRL,\ SRNAL,\ ER,\ CR) \qquad (3.14)$$

$$URIR = f\ (PGDP,\ LANDL,\ UUE,\ UNR,\ SRNAL,\ ER,\ CR) \qquad (3.15)$$

where the new variables are:

SRNAL = share of non-agricultural labor in total rural labor force; and

URIR = ratio of urban per capita living income to rural per capita net income.

Equation (3. 14) assumes that rural per capita income is dependent on the amounts of household resources (HPA and LANDL), their quality (EDRL) and ways to use them (SRNAL).

Level of economic development is perceived as a major determinant of urban-rural income disparity. This disparity may constitute a nonlinear trend. Increase of land area may raise labor productivity in agriculture, which improves rural income. When urban unemployment becomes severe, urban wages tend to fall and income disparity tends to narrow, ceteris paribus. Regions with higher degrees of urbanization often have better infrastructure and more effective social security systems, which is favorable to a more equitable growth of urban and rural incomes. Whether transfer of rural laborers to non-agricultural industries helps to narrow income disparity is verified through SRNAL.

By definition, equations (3. 11), (3. 12) and (3. 13) have a lower boundary of zero and in such a case OLS estimators may be biased and inconsistent (Pindyck and Rubinfield 1998). Therefore, the TOBIT procedure is used to estimate the models. The other equations are estimated with OLS or NLS methods.

Data

Our data comes from two main sources:

Provincial statistics published by the National Statistics Bureau (NSB) (2002);

Report from a study on the development of small cities and towns and transfer of rural laborers by Xian (2001).

The first source provided the basic socioeconomic indicators for the modeling work, such as GDP and labor employment by sectors, crop planting areas, urban wages and rural incomes, rural labor education, values of productive inputs into agriculture and national economy, unemployment. While it provides statistics for rural labor employment in agricultural and other industries, it does not provide information on transfer of rural laborers by type.

The research report by Xian (2001) is based on NSB special surveys on rural labor transfer in recent years. So far, the detailed data have not been made available. In the information released in the report, estimated shares of different types of rural labor transfers by provinces are reported for 1998—2000. A full matrix of inter-provincial rural labor movement is provided for 2000 only. Other relevant data from this publication include shares of different educational attainments of transferred rural laborers.

This study used the information provided by Xian (2001) to estimate the amounts of transferred rural laborers by destination. On this basis, we derive the indicators for regional labor transfer to different destinations and use them as dependent variables for empirical analysis. The explanatory variables are derived from NSB (2002).

Given the limited periods for observing interregional rural labor transfer, this study uses pooled time series and cross-section data for modeling. The dataset covers 30 provinces and municipals (Tibet is excluded due to lack of information), for the 1998—2001 period.

4. Results

Labor productivity

The estimated results of the linear and nonlinear forms of equations are shown in Table 1. The discussion below refers to the linear version, except for where explicitly indicated.

It can be seen that, for agricultural GDP, all of the primary inputs have expected signs and are statistically significant. The results confirm that while labor input contributes to agricultural production, its marginal productivity is relatively low. The estimated parameter of the AREA variable is not very large either. It is commonly perceived that land is a critical input in agriculture, given its extreme scarcity in China. However, it can be observed from the statistics that land-scarce provinces have high agricultural output values measured in terms of either per laborer or per unit of land. The underlying factor is that these provinces have altered the structure of agricultural production towards more income-elastic farm products, such as horticulture, livestock and fishery, which depend less on land than conventional crops. In contrast, the land-rich provinces are located mainly in remote regions, where agricultural productivity is low due to inferior natural conditions and poor market development. The two regional dummy variables are not significant and are thus excluded. The results indicate that China's agricultural production presents a constant return to scale.

For the non-agricultural sector, capital assets account for a dominant share of GDP with an elasticity of 0. 7. The elasticity of urban labor is about 4 times as high as that of rural transferred labor. The fact that the two types of labor force are of almost the same magnitude, implies that productivity of transferred rural labor is much lower than its urban counterpart. The results also reveal that the non-agricultural sector presents a characteristic of increasing return to scale.

The testing of labor homogeneity using the nonlinear production functions reveals that both β_1 and β_2 are significantly different from 1. Furthermore, the fact that β_1 is 1. 47, β_2 is only 0. 41, indicates that transferred rural laborers have higher agricultural productivity than rural farm laborers, but lower non-agricultural productivity than their urban counterparts. The notable difference in rural labor quality may be attributed to the fact that transferred rural laborers are normally better educated and physically more capable. Though, they may still lack the knowledge and skills necessary to perform well in urban sector.

Table 1 Estimated production function of agricultural and non-agricultural GDP

Variable	Agricultural GDP		Variable	Non-agricultural GDP	
	Coef.	*t-Stat.*		*Coef.*	*t-Stat.*
		Linear Version			
Constant	−0. 204	−1. 00	Constant	1. 123	7. 89
LOG (RL-RTL)	0. 221	5. 60	LOG (UL)	0. 287	5. 30
LOG (AREA)	0. 123	2. 28	LOG (RTL)	0. 076	3. 89
LOG (AMI)	0. 675	20. 36	LOG (DEP)	0. 715	12. 64
			ER	0. 194	4. 25
R2	0. 960		R2	0. 979	
Adjusted R2	0. 959		Adjusted R2	0. 978	
F-statistic	935. 3		F-statistic	1093. 3	
		Nonlinear Version			
α0	0. 526	2. 51	γ0	1. 012	7. 08
α1	0. 245	6. 83	γ1	0. 362	5. 75

(Continue)

Variable	Agricultural GDP		Variable	Non-agricultural GDP	
	Coef.	*t-Stat.*		*Coef.*	*t-Stat.*
β1	1.466	129.41	β2	0.410	2.90
α2	−0.049	−0.80	γ3	0.712	11.90
α3	0.787	26.35	γ4	0.197	4.26
R2	0.971		R2	0.974	
Adjusted R2	0.970		Adjusted R2	0.973	
F-statistic	957.8		F-statistic	1081.8	

Note: The reported t-statistics are that after correction for heteroskedasticity using white method.
Source: Authors' calculations.

Given that transfer of rural laborers from farming to off-farm jobs contributes positively to non-agricultural GDP but negatively to agricultural GDP, it is relevant to measure the "net effect" on the national GDP. One approach is to compare marginal productivities of rural labor in farming and in off-farm works using the estimated equations. Table 2 reports the calculated marginal productivities for the three regions using the linear version of equations. Considering that the results are dependent on assumptions imposed, emphasis should be given to relative magnitudes rather than the absolute values.

The figures clearly indicate that transfer of rural farm labor to off-farm jobs can result in a sharp increase in labor productivity for all three regions. The acceleration of rural labor transfer to off-farm jobs in the past decade represents an improvement in allocation of labor resources, which contributes to the growth of China's GDP. Calculated income ratios suggest that, with given resource endowments, the eastern region offers the most attractive opportunities for nonagricultural jobs for within-region transfer of rural labor. In contrast, within-region transfer in the central region is the least attractive.

Table 2 Calculated marginal productivities of labour by type and region Unit: RMB per year per labourer

Region	Rural labour		Urban labour b
	Agriculture	*Non-agriculture a*	
Eastern region	1 512	5 759 (3.81)	23 113 (4.01)
Central region	1 039	3 501 (3.37)	13 715 (3.92)
Western region	785	2 919 (3.72)	12 296 (4.21)

Note: Calculated using the estimated equations at the respective regional means of the relevant variables in 2001. The numbers in parentheses are the productivity ratios of rural non-agricultural labour to that of agricultural labour. The numbers in parentheses are the productivity ratios of urban labour to that of rural nonagricultural labour. Source: Authors' calculations.

The results also reveal that, although the transfer of rural laborers from farming to off-farm activities results in a big jump in labor productivity, a large gap still remains to catch up with the productivity of urban labor. These gaps might not be attributed purely to the differences in human capital, administrative factors, such as barriers on employing rural laborers in certain urban industries, may also matter. Moreover, the incapacity of rural people should be regarded as a result of the past urban-biased development policies, which created an unfavorable environment for rural labor to development itself.

Patterns of rural labor employment and migration

Table 3 presents the results of estimated parameters of equations (3. 11). All equations, except for IRLEWPOC, have high explanatory power as indicated by the obtained R^2.

In general, the estimated coefficients of variable LANDL are significant in all equations. As expected, they present a positive sign in the equation of farm employment and a negative sign in all other equations, indicating that scarcity of land resources can be regarded as a push-side factor for out-migration. Where there are enough land resources to work with, rural laborers may not go out for jobs.

Table 3 Estimated equations for regional patterns of rural labour employments

	Farming (IRLEA)		Off-farm jobs within township (IRLEWT)		Off-farm jobs outside township but within county (IRLEWCOT)		Off-farm jobs outside country within province (IRLEWCOT)		Off-farm jobs outside province (IRLEOP)	
	Coef.	*z-Stat.*	*Coef.*	*z-Stat.*	*Coef.*	*z-Stat.*	*Coef.*	*z-Stat.*	*Coef.*	*z-Stat.*
C	2.470	8.45	−8.205	−3.38	−12.451	−6.33	5.192	2.02	4.019	1.89
LOG (LANDL)	0.155	9.97	−0.537	−4.72	−0.319	−3.04	−0.281	−2.05	−0.190	−1.71
EDRL	−0.006	−2.66	0.010	0.55	0.065	4.63	−0.054	−2.90	0.020	1.36
SNAGDP	−0.006	−4.04	0.039	3.36	0.026	2.43	0.027	1.95	−0.020	−1.78
AGDPL/ULW	0.024	0.55	0.334	1.10	−0.779	−2.61	1.039	2.66	−0.547	−1.75
LOG (HPA)	−0.004	−0.21	0.407	2.31	0.604	4.15	−0.298	−1.56	−0.442	−2.82
DNSE	0.000	−0.98	0.003	0.79	−0.006	−1.82	0.014	3.17	−0.003	−0.84
UUE	0.000	−0.53	−0.008	−2.05	−0.011	−3.13	−0.012	−2.77	0.025	7.06
UNR	−0.005	−6.91	0.034	5.95	0.013	2.87	0.006	1.02	−0.013	−2.54
R2	0.889		0.785		0.754		0.394		0.678	
Adjusted R2	0.880		0.767		0.734		0.344		0.652	

Source: Authors' calculations.

The estimated coefficients of variable EDRL are significant in equations IRLEA, IRLEWCOT and IRLEWPOC. The signs of these parameters seem to suggest that, the poorer the rural education, the more likely rural laborers work on farm or migrate to remote cities for jobs. In contrast, within county transfer prevails in regions where rural laborers are better educated (normally economically developed regions). This finding is consistent with China's experience. In many coastal provinces where economies are prosperous and the rural educational system is advanced, rural laborers are widely employed by local TVEs or private businesses. Instead of going to distant unfamiliar cities, capable rural laborers can open their own businesses locally. These opportunities are much reduced in less developed central and western provinces where rural education is relatively poor, leading to large-scaled migration away from hometowns.

Variable SNAGDP is also significant in all equations. The signs of this variable show a regular pattern of change. Development of non-agricultural sectors can pull rural laborers away from farming as well as retain rural laborers within their home provinces for off-farm jobs. This gives an additional explanation for the distinct patterns of interregional rural labor migration.

Variable AGDPL/ULW is used to examine whether employment decisions are driven by relative incomes from farming and off-farm jobs. The results indicate that this variable is not highly significant in three of the five equations. Moreover, this variable shows an unexpected positive sign in equation IRLEWPOC. Given that China's labor market is underdeveloped, it is difficult to derive relevant wages for rural laborers in farming and off-farm jobs, and thus to verify the relationship.

The coefficients of variable HPA also present a regular pattern of change in sign. While farming is unrelated to the amount of household productive assets, the decision to out-migrate is affected by this variable. In general, while transfers within townships and counties are related positively to values of household productive assets, the variable shows a negative impact on transfers away from home counties. This implies that wealthier rural laborers tend to take off-farm jobs locally. In contrast, those who lack such assets may either continue to farm or go to distant urban areas for jobs. This suggests that, in the current social environment, migration far away from homes is not the most preferable choice.

Variable DNSE is significant only in equations IRLEWCOT and IRLEWPOC and the two coefficients are in opposite signs. The positive coefficient in the equation IRLEWPOC is consistent with expectations. State owned enterprises have long been dominant in China's urban sector, which offers limited job opportunities to rural migrants. In contrast, non-state enterprises prefer to hire low-cost rural laborers, especially in labor-intensive industries. Therefore, development of a non-state economy helps to absorb rural surplus laborers. The negative sign of this variable in equation IRLEWCOT may be attributed to the fact that rural laborers may be pulled out of their home counties when non-state economy development creates job opportunities in other areas within the same province. This signifies that development of the non-state economy plays a role in reducing migration from home provinces.

Urban sector unemployment has an strong impact on the pattern of rural labor migration as revealed by the coefficients of variable UUE. Labor for farming is not notably affected by urban unemployment. However, all types of off-farm employment within home province are related negatively to urban unemployment in the provinces. This impact tends to increase from within-township migration to within-province migration. In contrast, out-province migration is affected positively by urban unemployment in home provinces, signifying that the greater home provinces unemployment, the more rural laborers migrate to other provinces. This is a clear indication that availability of off-farm employment opportunities is a major factor rural laborers' decision to migrate. Urban-biased employment policies also ply their role in such a phenomenon.

Variable UNR is statistically significant in all equations except for IRLEWPOC. The estimated coefficients reveal that development of urbanization helps to pull rural laborers out of farming as well as to retain them within their home provinces. Therefore, acceleration of urbanization is a way to absorb rural surplus labor and to dampen large-scaled interregional movement.

The results of estimated equations of SIRLT and SURLT are presented in Table 4. Although the two dependent variables are calculated with different formulas, the coefficients show a very close pattern in terms of their signs. As expected, the distance between source and destination regions has a negative impact on the intensity of interregional migration. The positive signs of variables NAGDPs and NAGDPd mean that the larger the non-agricultural economies in source and destination regions, the more rural laborers move between them. Therefore, interregional migration of rural laborers presents a pattern similar to that described by the so-called "gravity model". The negative sign of variable LANDLs verifies again that limited availability of land resource in source regions is a push-side factor for migration. Growth of the agricultural sector in source regions may dampen out-migration as implied by the negative coefficient of variable AGDPGs. Development of a non-state economy in both source and destination regions does not show significant impacts on interregional migration, although a positive relationship is expected in the former. The average educational attainment of rural labor in source regions (EDRL) has a significant negative coefficient. This result is consistent with that obtained from the rural labor employment models discussed above. The coefficients of urban wage rates in both source and destination regions are statistically significant. As expected, the coefficient is positive for ULWs and negative for ULWd, implying that pursuance of high earnings is a driving force for movement of rural laborers cross provinces. The negative coefficient of variable UUEs means that the higher the unemployment in source regions, the more rural laborers move out of their home provinces. On the other hand, high unemployment in destination regions retards migration of rural laborers from other provinces. Development of urbanization in source regions may help to check out-migration as implied by the significant negative coefficient of variable UNRs. The coefficients of dummy variable GD are positive and highly significant, which reflects the fact that nearly half of the inter-provincial migrants are concentrated in Guangdong Province.

Table 4 Estimated equations for inter-provincial migration of rural labourers

Dependent variable	RSRLT		NSRLT	
	Coefficient	*z-Statistic*	*Coefficient*	*z-Statistic*
C	6.207	4.43	36.664	3.91
LOG (DISTsd)	−0.172	−10.49	−1.215	−10.82
LOG (NAGDPs)	0.110	5.50	0.606	4.56
LOG (NAGDPd)	0.024	1.69	0.157	1.61
LANDLs	−0.065	−2.39	−0.368	−2.03
AGDPGs	−0.016	−3.68	−0.096	−3.32
DNSEs	0.000	0.38	0.000	0.04
DNSEd	0.000	−0.35	−0.002	−0.47
EDRLs	−0.028	−3.05	−0.173	−2.80
LOG (ULWs)	−0.277	−3.25	−1.403	−2.45
LOG (ULWd)	0.113	2.16	0.761	2.12
UUEs	0.001	2.44	0.011	2.63
UUEd	−0.001	−2.06	−0.009	−2.01
UNRs	−0.005	−2.44	−0.035	−2.41
UNRd	0.001	1.13	0.006	0.98
GUANGDONG	0.691	13.68	4.862	14.03
R2	0.434		0.422	
Adjusted R2	0.423		0.411	
Total observations used	870		870	

Source: Authors' calculations.

The above models reveal that both pull-side and push-side factors affect rural labor employment and migration. The direction and scale of rural labor transfers are driven primarily by economic factors, although current policies and social infrastructure also play important roles.

Social impacts

The results of the two estimated equations are presented in Table 5. Household productive assets, land resource and human capital are important determinants for the level of rural per capita net income. However, the estimated coefficients imply that land resource cannot contribute much to income when per labor land holding is limited as is the case in most of China. Therefore, farmers have to rely on off-farm jobs to earn additional income. This is confirmed by the positive and highly significant coefficient of variable SRNAL. The coefficients of both ER and CR are positive and statistically significant. Their magnitude implies that income-earning capacity of rural households is highest in East China and lowest in West China. Such remarkable differences may be attributed to the difference in agronomic conditions, infrastructure and socioeconomic institutions.

Table 5 Impacts of rural labour transfer on rural net income and urban-rural income disparity

Log (RNI)			URIR		
Variable	*Coefficient*	*t-Statistic*	*Variable*	*Coefficient*	*t-Statistic*
C	5.335	12.72	C	−6.098	−2.24
LOG (HPA)	0.057	2.37	LOG (PGDP)	1.184	3.83
LOG (LANDL)	−0.365	−12.07	1/PGDP	3.456	2.58
LANDL	0.805	13.40	LANDL	−0.790	−4.52
EDRL	0.005	1.64	UUE	−0.005	−1.86
SRNAL	0.016	14.13	UNR	−0.010	−2.24
ER	0.280	9.15	SRNAL	−0.030	−4.85
CR	0.113	3.86	ER	−1.225	−10.21
R2	0.944		CR	−0.770	−9.19
Adjusted R2	0.940		R2	0.757	
F-statistic	268.2		Adjusted R2	0.740	
			F-statistic	44.2	

Note: The reported t-statistics are those after correction of heteroskedasticity with White method. Source: Authors' calculations.

In the URIR equation, the obtained coefficients of LOG (PGDP) and 1/PGDP are both positive. It can be calculated from the estimated coefficients that, ceteris paribus, urban-rural income disparity tends to be narrowed first and then enlarged with growing per capita GDP. Given that, with the exception of Guizhou, the per capita GDP in all provinces is much higher than the calculated turning point (3624 Yuan - US$440), China's income distribution is worsening with economic growth. Such a situation is understandable since China's economic growth has been primarily driven by the expansion of secondary and tertiary industries in the urban sector. The negative coefficient of variable LANDL means that when farmers have more land to work with, they improve their income earning ability, which in turn helps to narrow the income gap. The variable UUE works in an opposite way as implied by its negative coefficient. That is, the higher urban unemployment, the lower urban income and the smaller rural-urban income disparity. Urbanization also helps to reduce income disparity. The transfer of rural laborers to off-farm undertakings makes an important contribution to the reduction of income disparity. The regional dummy coefficients indicate that unemployment is higher in less developed regions.

5. Conclusions and implications

Since the late 1970s, the Chinese economy has grown rapidly, but urbanization has lagged. At present, nearly one-half of China's labor force is classified as agricultural laborers, but the agricultural sector makes up only 15% of the national GDP. Underutilization of rural laborers means low rural income. Over the past two decades, nearly one-third of rural laborers transferred to non-agricultural seasonal or year round work, resulting in a significant rise in rural income and economic growth for China. Changing from rural to urban residency status remains difficult. China's urban and rural socioeconomic development is not integrated, resulting in a wide range of problems, such as slow rural income growth, growing urban-rural income disparity, underdeveloped rural infrastructure and social services, growing crime in both urban and rural areas, rural public health hazards, greater pressure on the transportation system from large scale seasonal movement of the "floating population", and conflicts between urban residents and rural migrants.

This study finds that transferring rural labor from agriculture to non-agricultural jobs results in a significant improvement in the marginal productivity of labor, suggesting that policies that keep rural labor on land may lead to loss of national GDP.

Results reveal that both pull-side and push-side factors are relevant to rural labor transfer patterns. Rural laborers are pulled out of farming by opportunities to earn additional incomes from off-farm jobs. The scarcity of land resources pushes rural laborers away from farming. However, while working in towns and cities may raise household incomes, this gain must be traded off with the cost of migration. The costs are not limited to those associated with the physical movement of people between source and destination, but include uncertainty in finding and keeping jobs, working in an unfriendly environment, abandoning family life or working and living in awful conditions. More importantly, access to urban social services by rural migrants is severely limited. Under present circumstances, it may not be the most desirable choice for rural laborers to go to distant towns and cities for jobs.

It is confirmed that the growth of agricultural production helps to keep rural laborers on farm and thus reduce interregional migration. In this sense, agriculture generates a positive externality for the urban sector. However, given the resource endowments of rural households and agricultural market conditions, marginal costs of production tend to increase rapidly so there is little hope for rural people to raise their income through farming. Policies that keep rural people on their land will inevitably result in a growing polarization of urban and rural societies and associated social tensions. More importantly, they may contribute to a decline in rural education and other social services, retard rural household accumulation of physical and human capital, weaken fiscal capacity of local governments in agricultural regions, and overlook rural infrastructure development. This study reveals that the level of rural income is related positively to the scale of rural labor transfer to non-ag-

ricultural employment, which in turn plays a role in reducing urban-rural income disparity. Given that urban-rural income disparity is a major cause for social disorder, both the growth of agricultural production and the transfer of rural laborers to non-farm sector can contribute positively to social stability.

While there are problems deriving from excessive urbanization, retaining rural laborers on land may have more negative overall social consequences. Policies that help to remove obstacles to migration are likely to be conducive to social viability. The real decision that the Chinese government needs to make is not whether to allow the rural people moving to cities or not, but how to manage the process so as to avoid undesirable consequences. Transfer of rural labor to non-agricultural employment will create favorable conditions for a structural adjustment of agriculture and the rural economy, such as farm land consolidation, scaled farm production and growing rural market demand. The gradual transfer of rural people to towns and cities is a necessary step in achieving coordinated urban-rural development, which in turn determines long-term social stability. To achieve this, it is necessary to fundamentally reform the policy-making process, laws and social infrastructure, as well as to empower rural people through improving rural education and vocational training.

The transfer of rural labor depends on regional socioeconomic conditions as well as household attributes. The real poor in remote regions are less likely to migrate because of high costs and risks. If they do migrate, they are also less likely to succeed in the competitive labor market.

Therefore, at the current stage of development, while it may raise rural income, migration may not alleviate rural poverty. Complementary measures need to be taken with the transfer of rural labor, such as the creation of income safety nets.

References

[1] Bai, N. and H. Song. 2002. Returning to Villages or Entering Cities: Study on Return Migration of Rural Laborers in China (in Chinese), China Economic and Financial Press, Beijing

[2] Cai, F., J. Zhang and Y. Du. 2002. (ed.). Employment in Rural and Urban China: Issues and Options (in Chinese), Social Sciences Documentation Publishing House, Beijing

[3] de Brauw, A., J. Huang, S. Rozelle, L. Zhang and Y. Zhang. 2002. The evolution of China's rural labor markets during the reforms, *Journal of Comparative Economics*, Vol. 30, No. 2, 329-353. June

[4] Ding, X. 2001. Contribution of Transferring Rural Labor to China's National Economy, *China Rural Survey*, (2) 18～24

[5] Du, Y. 2001. Risk Dispersion and Supply of Non-agricultural Labor: Empirical Evidences from Rural Poverty Regions, *Journal of Quantitative and Technical Economics*, (1)

[6] Du, Y. and N. Bai. 1997. Going Out Countryside: Empirical Studies on Transfer of Rural Labor in China, Economic Sciences Publishing House, Beijing

[7] Fei, C. H. and G. Ranis. 1961. A Theory of Economic Development, *American Economic Review*, (9)

[8] Gu, J. 2002. Disposable Income, Labor Mobility and Market Separation, *Journal of Management*

World, (9)

[9] IOSC (Information Office of the State Council) 2002. White Paper on Labor and Social Security in China. April 29

[10] Jiang, Z. 2002. Build a Well-off Society in an All-Round Way and Create a New Situation in Building Socialism with Chinese Characteristics, Report delivered at the 16th National Congress of the Communist Party of China

[11] Lewis, W. A. 2002. The theory of Economic Growth, Allen & Unwin, 1955

Ministry of Agriculture. China Agricultural Development Report 2002 (and previous issues), China Agricultural Press, Beijing

[12] NSB (National Statistical Bureau). 2002. China Statistical Yearbook 2002 (and previous issues), China Statistical Press, Beijing

[13] Pan, W. 1999. Economic Effect of Transferring Rural Surplus Labor in China, *Statistical Research* (4), 31～34

[14] Pindyck, R. S. and D. L. Rubinfield. 1998. Econometric Models and Economic Forecasts, 4th ed. McGraw-Hill Companies, Inc

[15] Song, H. et al. 2000. *Evolutions of China's Agriculture and Rural Economic Policies in the Reform Era* (in Chinese), China Economic Press, Beijing

[16] Todaro, M. P. 1985. Economic Development in the Third World, Longman Inc., London

[17] Xian, Z. (ed.). 2001. Construction of Small Cities and Towns and Immigration of Rural Labor (in Chinese), China Statistic Press, Beijing

[18] Zhang, B. 1997. Structural Effects in Economic Growth, *Journal of Quantitative and Technical Economic*

[19] Zhang, L., A. Hughart, S. Rozelle and J. Huang. 2001. "Off-farm Jobs and On-farm work in periods of Boom and bust in Rural China", *Journal of Comparative Economics*, (29), 505～526

[20] Zhang, L., J. Huang and S. Rozelle. 2002. Employment, Recessions, and the Role of Education in Rural China, *China Economic Review*, (114), 1～16

[21] Zhang, P. 1998. Regional Income Disparity of Rural Household and Non-agricultural Employment, *Economic Research*, (8)

[22] Zhao, Y. 1997. Rural Labor Mobility in China and the Role of Education, *Economic Research*, (2), 37～42

[23] Zhu, R. 2003. Report on the Work of the Government, delivered at the First Session of the 10th National People's Congress on March 5, 2003

中国城乡居民对粮食安全的态度、风险承受能力及其影响因素分析*

肖海峰　何秀荣　李　鹏

［摘　要］城乡居民对粮食安全的态度与风险承受能力是中国政府制定和完善粮食安全政策的重要依据。本文根据在4个不同级别城市（北京、郑州、顺德、榆林）和3个不同特点农村县（榆树、中山、榆林）专门进行的居民家庭抽样调查数据，对中国城乡居民对粮食安全的态度、风险承受能力及其影响因素进行了分析，并在此基础上提出相应的政策建议。

［关键词］粮食安全　态度　风险承受能力　影响因素

确保粮食安全是中国政府农业政策最主要的目标之一。在中国加入WTO后国内农产品市场对对外开放程度不断加深的背景下，我国城乡居民对粮食安全在国民经济中的重要性、我国未来粮食安全状况以及如何实现粮食安全有何看法？对粮食安全风险的承受能力如何？哪些因素对城乡居民对粮食安全的态度和风险承受能力具有重要影响作用？搞清楚这些问题，对于政府制定与完善我国的粮食安全政策具有重要意义。

本文根据在4个不同级别城市（北京、郑州、顺德、榆林）和3个不同特点农村县（榆树、中山、榆林）专门进行的居民抽样调查数据，对中国城乡居民对粮食安全的态度、风险承受能力进行了描述分析，并对其影响因素进行了定量分析。

一、样本选取及调查内容

本次关于我国城乡居民对粮食安全的态度和风险承受能力的调查于2002年9—10月在国家统计局城市社会经济调查总队大力支持下完成。为考察不同级别城市和不同特点农村地区居民对粮食安全的态度和风险承受能力，我们选取北京（直辖市）、郑州（省会城市）、顺德（发达地区县城）、榆林（贫困地区县城）4个城市和榆树县（粮食主产区）、中山县（发达地区）、榆林县（贫困地区）3个县作为样本地区，在各个样本地区中分别抽取部分家庭户，采用问卷调查的方法调查了城乡居民对粮食安全的态度和风险承受能力。

在上述各地区中样本户的选取方法是：以国家统计局2002年在该地区进行住户调查的样本户为抽样框，采用简单随机抽样的方法抽取样本户，在被选中的样本户中，被访者的选择也按照

* 原载《中国农村经济》2004年第1期。

随机原则进行。各个地区的样本数量为：北京100户，郑州100户，顺德（县城）50户，榆林（县城）50户，榆树县50户，中山县50户，榆林县50户，总样本量为450户。

考虑到城市居民只是消费者，而农村居民既是消费者又是生产者的特点，在本次调查中对城镇居民和农村居民分别设计了调查问卷。在针对城市居民的调查问卷中，主要调查内容包括以下几个方面：

——对粮食安全在国民经济中重要性的看法；

——对加入WTO对我国粮食安全的影响以及我国未来粮食安全状况的看法；

——粮食消费习惯与偏好（国产粮食还是进口粮食）；

——如何实现粮食安全（自给自足、依靠进口、还是自己生产为主、进口调节为辅）；

——所能承受的最大粮食价格上涨幅度；

——是否认为将来总能够既买得到又买得起所需粮食；

——对政府粮食安全政策的看法；

——个人和家庭信息（如性别、年龄、文化程度、职业、收入等）。

在针对农村居民的调查问卷中，除上述内容外，还主要包括以下几点：

——农民作为生产者，是否担心市场开放后国外农产品的冲击以及是否有信心和措施来应对这种冲击；

——农民的生产决策行为（决策中所考虑的因素、价格对农民决策的重要性等）；

——农民所能承受的最大粮食价格下降幅度；

——农民对政府粮食安全政策的看法。

二、中国城乡居民对粮食安全的态度和风险承受能力分析

1. 对粮食安全重要性的看法。几乎所有被调查城乡居民认为粮食安全在国民经济中占有重要地位。在针对“粮食安全在国民经济中的重要性”这一问题的5个选择（非常重要、重要、中等程度重要、不重要和非常不重要）中，选择“非常重要”和“重要”的被访者比例在城市为98.1%，在农村为98%，其中，选择“非常重要”的比例在城市为68.2%，在农村为52%。选择“非常重要”和“重要”的被访者比例在4个城市和3个县之间差别很小。

2. 对中国未来粮食安全状况的判断。根据样本地区居民对我国未来粮食供求态势、中国加入WTO对粮食的安全影响、将来是否能够买得到和买得起粮食这三个问题各种选择的比例，我们可以得出以下几点结论：

——平均来看有超过70%的城乡居民认为我国未来粮食会呈现“供过于求”和“供求平衡”的态势（表1）。在贫困地区——榆林，城市居民和农村居民中认为未来“粮食供不应求”的比例最高，分别达到46%和32%。

认为加入WTO对中国粮食安全具有有利影响的比例城市（40%）高于农村（15%），农村中有近一半的人认为加入WTO对中国粮食安全产生不利影响，特别是在产粮大县——榆树高达94%。

——一半以上的城市居民和40%的农村居民认为将来能够实现粮食安全（既买得到又买得起所需粮食）（表2）。有62.8%的城市居民认为将来能“买得到”粮食，有54%的城市居民认为将来能够“买得起”粮食。贫困地区——榆林县城的居民认为“买得到”和“买得起”粮食的比例远低于其他城市（分别只有36%和20%）。榆树、中山和榆林的农村居民认为将来能够得到所

需粮食的比例分别为42%、66%和14%。无论是在城市还是在农村，经济发展水平高的地区，其居民认为将来能够实现粮食安全的比例也高。

表1　各地区居民对我国未来粮食供求态势各种判断的比例（%）

地区	供过于求	供求平衡	供不应求	不知道
城市总体	23.2	48.7	8.2	20.0
北京	18.7	54.9	13.2	13.2
郑州	32.9	36.8	7.9	22.4
顺德	28.0	58.0	8.0	6.0
榆林	12.0	0.0	46.0	42.0
农村总体	16.0	56.7	13.3	14.0
榆树	26.0	58.0	2.0	14.0
中山	2.0	74.0	6.0	18.0
榆林	20.0	38.0	32.0	10.0

表2　各城市居民认为将来能"买得到"、"买得起"粮食的比例（%）

地区	买得到粮食	买得起粮食
城市总体	62.8	54.9
北京	66.7	62.2
郑州	61.8	52.6
顺德	84.0	80.0
榆林	36.0	20.0

3. 对粮食安全风险的承受能力。城市居民是粮食的消费者，粮食供应不足导致粮食价格上涨是城市居民最可能遇到的粮食安全风险，因而可将城市居民所能承受的粮食最大价格上涨幅度作为其对粮食安全风险承受能力的判断指标，城市居民所能承受的粮食价格上涨幅度越大，意味着对粮食安全风险的承受能力就越强。

农村居民既是粮食的消费者，同时又是粮食的生产者，在中国农村居民粮食消费自给程度很高的情况下，农村居民对粮食安全风险的承受能力主要体现在为保证粮食的正常供给而必须满足的最低外部条件上，这些外部条件包括价格、国外农产品的竞争等方面。农村居民所能承受的粮食价格下降幅度可作为衡量其粮食安全风险承受能力的一个指标。另外在中国已加入WTO和市场化程度进一步提高的背景下，农村居民对国外农产品竞争的看法、应对能力、种植决策行为等均可从一个方面来反映其对粮食安全风险的承受能力。

根据上述有关反映城乡居民粮食安全风险承受能力指标的调查结果，我们可以得出以下几点结论：

第一，城市居民对粮食安全风险的承受能力不高。95.8%的城市居民所能承受的粮食价格最大上涨幅度在100%以内，只有4.2%的城市居民能够承受的最大粮食价格上涨幅度在100%以上。

第二，农村居民对粮食安全风险的承受能力十分有限。这表现在以下三个方面：

——超过一半的农村居民认为加入WTO会使中国的粮食产量、价格下降，同时进口粮食会给中国粮食生产造成巨大竞争压力，在产粮大县——榆树的比例更是超过90%；有44%的人担心这种竞争压力，有66%的人认为没有办法应对这种压力，榆树的比例超过90%（表3)。

——市场价格在农民播种决策中非常重要，有60%的人主要根据市场价格作出播种决策：农民对粮食价格下降的承受能力非常有限，超过80%的人所能承受的最大价格下降幅度在20%以内（表4)。

——在种菜比种粮赚钱的假设条件下，62.3%的农民愿意将粮田转为种菜，但愿意全部用于种菜的比例仅为16.3%；有近一半的农民仍要保留足够粮田自己生产，解决所需粮食，而准备全部从市场上购买所需粮食的农村居民比例仅为16.2%，这从一个侧面反映了我国农民具有较强的粮食安全风险意识，但也同时说明我国农民粮食安全风险承受能力较低。

表3 农村居民对进口粮食各种看法选择的比例（%）

	农村总体	榆树	中山	榆林
你认为加入WTO对中国粮食生产的影响是：				
价格上升、产量增加	1.4	0	2.2	2.0
价格下降、产量下降	54.5	98.0	21.7	40.8
价格和产量不变	23.4	0	50.0	22.4
不知道	20.7	2.0	26.1	34.8
您是否认为进口粮食会给我国粮食生产造成巨大的竞争压力?				
会	53.3	92.0	22.0	46.0
不会	12.0	2.0	22.0	12.0
不一定	16.0	2.0	30.0	16.0
不知道	18.7	4.0	26.0	26.0
您是否担心这种竞争压力?				
担心	43.9	94.0	4.0	33.3
不担心	31.1	4.0	72.0	16.7
说不清	25.0	2.0	24.0	50.0
您是否有办法应对这种竞争压力?				
有	6.7	0	10.0	10.0
没有	66.0	98.0	52.0	48.0
说不清	27.3	2.0	38.0	42.0

表4 农村居民有关粮食播种决策各种选择的比例（%）

	农村总体	榆树	中山	榆林
在粮食播种决策中您考虑的最主要因素是：				
市场价格	60.0	86.0	38.0	56.0
政府要求	1.3	2.0	2.0	0
种植习惯	36.7	12.0	56.0	42.0
其他	2.0	0	4.0	2.0
您对粮食价格下降的最大承受范围是：				
10%以下	44.5	36.7	58.0	38.3
10%～20%	36.3	63.3	22.0	23.4
20%～30%	15.8	0	14.0	34.0
30%～50%	2.1	0	6.0	0
50%以上	1.3	0	0	4.3

表 5　农民种粮与种菜行为选择比例（%）

	农村总体	榆树	中山	榆林
假定种菜比种粮更赚钱，你是否考虑将土地用于种菜？				
是	62.3	82.0	59.2	44.7
否	37.7	18.0	40.8	55.3
如果是，您最多愿意将多少粮田用于种菜？				
全部	16.3	0	39.3	17.4
三分之二	26.1	7.3	25.0	60.9
一半	26.1	39.0	21.4	8.7
三分之一	31.5	53.7	14.3	13.0
在上述情况下，您如何解决自己家庭所需粮食？				
保留足够粮田全部自己生产	46.7	61.0	53.1	21.9
全部从市场上购买	16.2	0.0	34.4	18.8
自产为主，市场购买为辅	31.4	39.0	3.1	53.1
市场购买为主，自产为辅	5.7	0	9.4	6.2

4. 对实现粮食安全措施的看法。调查显示，有超过 80%的城市居民和农村居民认为实现我国粮食安全的最好办法应该是“尽量自给”和“自给为主”（表 6），认为依靠进口是实现粮食安全最好办法的比例在城市为 0，在农村为 3.3%。这表明，我国绝大多数城乡居民对采取国际贸易的方式来实现粮食安全信心不足。

针对“你是否愿意提高税收，以提高农民补贴、实现我国粮食安全”这个问题，在北京、郑州、顺德和榆林县城这 4 城市总体中有 36%的被访者回答“愿意”，31%的被访者表示“无所谓”，33%的被访者明确表示“不愿意”。愿意提高税收以提高农民补贴的被访者比例与各城市经济发展水平具有较为密切的关系，这个比例在北京最高，达 44%，而在贫困地区县城——榆林只有 26%。

调查结果还显示，农民对补贴的期望值较高 。在榆树、中山和榆林三个县中，有超过 40%的农民认为政府为提高自给率给粮食的补贴占粮食总收入的比例应在 40%～60%之间，有 20%的农民认为这一比例应在 60%～90%之间，特别是在榆树县，没有一个被访者认为这一比例应在 40%以下。

表 6　各地区认为实现粮食安全最好办法各种选择的比例（%）

地区	尽量自给	依靠进口	自给为主	依靠储备调节
城市总体	46.4	0	40.1	13.5
北京	59.3	0	27.5	13.2
郑州	51.3	0	36.8	11.9
顺德	24.0	0	62.0	14.0
榆林	38.0	0	46.0	16.0
农村总体	48.0	3.3	35.3	13.1
榆树	42.0	0	40.0	18.0
中山	48.0	2.0	38.0	12.0
榆林	54.0	8.0	28.0	10.0

三、中国城乡居民对粮食安全的态度和风险承受能力影响因素的计量分析

1. 模型的建立。在本节中，我们选取反映城乡居民对粮食安全的态度和风险承受能力的几个核心问题，建立计量模型来对其影响因素进行分析。对于城市居民进行分析的问题有：是否认为将来在任何时候都能买得到和买得起粮食、所能承受的最大粮食价格上涨幅度、实现粮食安全的措施以及为提高粮食自给率是否愿意提高税收以增加农民的补贴。对于农村居民进行分析的问题有：是否认为在任何时候都能得到粮食、所能承受的最大粮食价格下降幅度、实现粮食安全的措施以及为提高粮食自给率希望的得到的补贴比例。

对城市居民来讲，影响其对粮食安全态度和风险承受能力的可能因素有个人特征变量（性别、年龄、收入、文化程度、职业）、家庭特征变量（家庭规模、家庭结构）以及地区特征变量三类，我们将城市居民对粮食安全态度和风险承受能力与各影响因素建立如下模型：

$$Y = \beta_0 + \beta_1 \mathrm{Gender} + \beta_2 \mathrm{Age} + \sum_{i=1}^{2} \varphi_i Educate_i + \sum_{j=1}^{7} \gamma_j Career_j$$
$$+ \beta_3 \mathrm{Pincome} + \beta_4 \mathrm{Homesize} + \sum_{k=1}^{4} \lambda_k Family_k + \sum_{s=1}^{3} \eta_s D_s + \mathrm{u}$$

在上式中，Y 为被访者对某一个问题看法的选择，Y 的取值方式在不同问题的模型中不同，具体取值见各模型估计结果表；Gender 为被访者性别虚拟变量（男性为 1，女性为 0）；Age 为被访者年龄；$\mathrm{Educate}_i$（i＝1，2）为被访者文化程度虚拟变量，文化程度分为低学历（包括文盲、小学和初中文化水平）、中等学历（包括高中、职高、技校和中专）和高学历（大专及其以上）；Career_j（j＝1，2，3，4，5，6，7）为被访者职业虚变量，职业分为 8 类，即政府和企事业单位管理人员，政府、企事业单位非管理人员，自由职业者或个体从业者，学生，没有工作，退休人员，家庭主妇，以及其他职业；Pincome 为被访者个人月收入；Homesize 为家庭规模；Family_k（k＝1，2，3，4）为家庭结构虚变量，家庭结构分为 5 类，即单身或一对夫妇，一对夫妇带有孩子，单亲家庭，三代同堂，其他；D_s（s＝1，2，3）为地区虚变量，共有 4 个城市，即北京、郑州、顺德、榆林；β、φ、λ、η 为待估参数。

对农村居民来讲，影响其对粮食安全态度和风险承受能力的可能影响因素有个人特征变量（性别、年龄、文化程度）、家庭特征变量（家庭规模、家庭结构、家庭收入、固定资产原值、家庭耕地面积、家庭粮食和制成品消费量中外购数量所占的比例）以及地区特征变量，我们将农村居民家庭对食品安全风险态度和承受能力与上述影响因素建立如下模型：

$$Y = \beta_0 + \beta_1 \mathrm{Gender} + \beta_2 \mathrm{Age} + \sum_{i=1}^{2} \varphi_i Educate_i + \beta_3 \mathrm{Homesize} + \sum_{k=1}^{4} \lambda_k Family_k$$
$$\beta_4 \mathrm{Fincome} + \beta_5 \mathrm{Fixasset} + \beta_6 \mathrm{Plowland} + \beta_7 \mathrm{Foodpurchase} + \sum_{s=1}^{2} \eta_s D_s + \mathrm{u}$$

在上述模型中，Y、Gender、Age、$\mathrm{Educate}_i$（i＝1，2）、Homesize、Family_k（k＝1，2，3，4）所代表的含义与城市模型中相同；Fincome 为被访者家庭月收入；Fixasset 为被访者家庭农业生产性固定资产原值；Plowland 为被访者家庭耕地总面积；Foodpurchase 为家庭粮食及其制成品总消费量中外购数量所占比例（在分析农民对粮食价格下降承受能力的模型中，此变量换为 Salegrain，表示粮食出售量占家庭粮食总产量的比例）；D_s（s＝1，2）为地区虚变量，共有 3 个县，即榆树、中山、榆林：β、φ、λ、η 为待估参数。

2. 模型估计结果与分析。城市居民和农村居民对粮食安全态度及风险承受能力影响因素模

型的估计结果分别列于表7和表8中，由这两个表我们可以得出以下几点结论：

表7　城市居民对粮食安全态度和风险承受能力影响因素计量模型估计结果

	是否买得到粮食（是为1，否、不一定、不知道为0）	是否买得起粮食（是为1，否、不一定、不知道0）	所能承受的最大粮食价格上涨幅度(50%以下为1，50%～100%、100%～200%、200%～300%、300%以上为0)	解决粮食安全的最好办法（尽量自给为1，依靠进口、自给为主进口为辅为0）	是否愿意提高税收(包括个人所得税)增加农民补贴以提高粮食自给率(1愿意,2无所谓,3不愿意)
常数项	0.019 204	−0.709 297***	0.745 011***	0.065 455	1.997 532***
性别（男性为1，女性为0）	−0.095 574	−0.062 521	0.026 005	−0.079 797	−0.282 136**
年龄	−0.001 705	0.008 705**	0.001 501	0.003 338	0.008 027
个人收入	0.000 137**	−4.21E−06	−0.000 108**	−6.36E−05	−0.000 173*
文化程度虚变量					
低学历	0.100 843	−0.097 548	−0.092 791	0.187 304**	−0.121 776
中等学历	0.050 195	−0.051 720	0.005 484	0.060 806	−0.213 961
职业虚变量：					
政府、企事业单位管理人员	−0.036 254	0.338 329**	−0.175 299	−0.227 424	0.090 704
政府、企业单位非管理人员	0.028 040	0.301 701**	−0.097 352	−0.237 899*	0.151 078
自由职业者或个体从业者	0.035 016	0.223 340	−0.264 185	−0.153 525	−0.566 852
学生	−0.440 316	0.195 677	−0.689 876	−0.619 753	1.062 267
没有工作	0.092 175	0.158 433	−0.243 478	−0.220 095	−0294 648
退休人员	0.051 513	0.254 115	−0.110 597	−0.143 135	−0.297 434
家庭主妇	0.104 743	0.260 738	−0.160 913	−0.091 363	0.142 313
家庭规模	0.076 753**	0.094 006***	−0.006 302	−0.015 162	−0.045 484
家庭结构虚变量：					
单身或一对夫妇	0.139 096	0.106 665	0.092 229	0.204 343	−0.169 389
一对夫妇带有孩子	0.042 237	0.087 164	0.037 344	0.370 890**	0.107 458
单亲家庭	0.183 449	0.164 736	−0.179 195	0.518 435**	0.113 953
三代同堂	0.025 248	0.120 583	0.186 505	0.389 613**	0.146 956
地区虚变量：					
北京	0.251 246***	0.335 983***	0.257 044***	0.270 517***	0.080 573
郑州	0.230 675**	0.248 901***	0.143 983*	0.165 891*	0.007 480
顺德	0.314 526***	0.496 148	0.225 370**	0.005 404	0.202 000
R^2	0.153	0.241	0.119	0.187	0.123

注：*、**、***分别表示在90%、95%和99%的置信水平上显著。

表 8　农村居民对粮食安全态度和风险承受能力影响因素计量模型估计结果

	是否能得到粮食（是为 1，否、不一定、不知道为 0）	所能承受的最大粮食价格下降幅度（10% 以下为 1，20%～30% 为 2，30%～40% 为 3，40%～50% 为 4，50%以上为 5）	解决粮食安全的最好办法（尽量自给为 1，依靠进口、自给为主进口为辅为 0）	为提高粮食自给率政府对农民的补贴占种粮总收入的比例应为（20 以下为 1，20%～40%为 2，40%～60%为 3，60%～90%为 4，90%以上为 5）
常数项	0.093 440	0.174 017	−0.700 718	2.064 177***
年龄	0.001 692	0.015 942**	0.008 877*	0.008 086
性别虚变量（男性为 1，女性为 0）	0.037 561	0.072 141	−0.146 162	0.261 716
文化程度虚变量				
低学历	−0.353 306	0.341 810	0.145 008	−0.030 662
中等学历	−0.347 361	0.147 240	−0.186 137	0.012 324
粮食和制成品消费量中外购部分所占比例（在粮食价格下降最大承受能力模型中改为粮食的出售比例）	0.497 690**	0.155 636	−0.284 845	0.579 678
家庭收入	−6.25E−06	0.000 188***	0.000 118***	4.20E−05
农业生产性固定资产原值	−1.65E−06	6.00E−06	−5.14E−07	1.94E—07
家庭耕地面积	−0.000 666	−0.018 215*	−0.006 901	0.002 159
家庭规模	0.026 027	−0.097 801*	0.024 561	0.058 721
家庭结构虚变量				
单身或一对夫妇	0.250 608	0.216 704	0.234 705	−0.292 352
一对夫妇带小孩	0.109 574	0.350 301	0.372 544*	−0.172 506
单亲家庭	−0.337 615	0.917 071	0.380 773	−0.216 746
三代同堂	−0.032 139	0.706 604*	0.304 310	−0.403 400
地区虚变量				
榆树	0.345 828**	−0.365 161	−0.062 448	0.954 553***
日山	0.673 055***	−0.386 832*	−0.080 056	−0.305 874
R^2	0.270	0.239	0.269	0.532

注：*、**、***分别表示在 90%、95%和 99%的置信水平上显著。

第一，城乡居民对未来粮食安全状况的判断主要受地区差异的影响。

在城市居民对将来是否“买得到粮食”和“买得起粮食”判断影响因素的两个模型中，北京、郑州、顺德三个地区虚变量的影响显著。三个地区虚变量前面系数的大小表明，在所考察的四个城市中，对认为将来能够买得到和买得起粮食的选择倾向由高到低依次为顺德、北京、郑州和榆林（县城）。主要原因是相对于郑州和榆林，顺德和北京经济发展水平高、居民市场意识较强、市场开放程度较高、流通设施较完善，因而居民对将来能够买得到和买得起粮食有较强的信心。另外，职业虚变量（政府、企事业单位管理人员和非管理人员）对将来是否“买

得起粮食”的判断具有显著正向影响，并且系数较大，这表明与其他职业类别（自由职业者和个体从业者、学生、没有工作者、退休人员、家庭主妇）相比，政府、企事业单位的管理人员和非管理人员由于其具有相对稳定的工作和收入，对将来能够“买得起粮食”更具有信心，选择倾向更高。

在农村居民对将来能否得到所需粮食判断影响因素模型中，榆树、中山两个地区虚变量的影响显著，中山地区虚变量前面的系数远高于榆树地区虚变量前面的系数说明，中山由于地处广东发达地区，市场开放程度、市场设施方面均好于榆树，居民对将来能够得到粮食有较强的信心；榆树虽然市场化程度要低于广东中山，但它是中国有名的产粮大县，所以与贫困地区农村——榆林相比，农村居民对将来能够得到粮食的信心仍要高。另外，在农村模型中粮食及其制成品消费量中外购数量所占比例也具有显著正向影响，外购比例越大，农村居民越倾向于认为将来能够得到所需粮食，这意味着市场化程度的提高有利于增强农村居民对保证粮食安全的信心。

第二，粮食安全风险承受能力，城市居民主要受地区和个人收入的影响，农村居民主要受地区、家庭规模、家庭结构、家庭收入、家庭耕地面积和被访者年龄的影响。

由城市模型估计结果可以看出，北京、郑州、顺德三个地区虚变量对城市居民所能承受的最大粮食价格上涨幅度具有显著影响。个人收入对城市居民所能承受的粮食价格最大上涨幅度也具有显著影响且符号为负，这说明在模型中因变量的取值方式下（所能承受的粮食价格上涨幅度50％以下为1，超过50％为0），收入越高的人，所能承受的粮食价格上涨幅度也越大。

由农村模型估计结果可以看出，地区虚变量（中山）对农村居民所能承受的最大粮食价格下降幅度具有显著影响，并且系数符号为负，这意味着在所考察的榆树、中山、榆林三个县中，中山农村居民对粮食价格下降的承受能力要低于榆树和榆林。主要原因是由于中山地处广东经济发达地区，非农产业较发达，种粮的机会成本较高所致。

第三，关于实现我国粮食安全最佳措施的选择，城市居民主要受地区、家庭结构、职业和文化程度的影响，农村居民主要受年龄和家庭收入的影响。

在城市模型中，从具有显著影响各变量前面系数的符号我们可以得出：北京、郑州的居民对“尽量自给”的选择倾向要高于顺德和榆林；一对夫妇带孩子、单亲家庭、三代同堂这三类家庭的居民与单身或其他类型家庭居民相比，更倾向于“尽量自给”的方式，与其他类型职业的居民相比，政府、企事业单位非管理人员不倾向于选择“尽量自给”的方式；与中等学历、高学历居民相比，低学历居民更倾向于选择“尽量自给”的方式实现中国的粮食安全。

在农村模型中，被访者年龄和家庭收入具有显著影响，并且系数符号为正，这表明，年龄越大、家庭收入越高，农村居民选择“尽量自给”的倾向也越大。

第四，城市居民关于“提高税收（包括个人所得税）以增加农业补贴、提高粮食自给率”的愿意程度主要受性别和收入影响。在城市模型中，因变量“城市居民提高税收的愿意程度”的取值方式为：1为愿意，2为无所谓，3为不愿意，在这种取值方式下，性别虚变量（男性为1）和收入前面的系数符号为负表明，男性相对于女性、高收入者相对于低收入者更倾向于愿意提高税收以增加农业补贴、提高粮食自给率。

第五，农村居民为提高粮食自给率而希望得到的补贴额占种粮收入的比例主要受地区差异的影响。在模型中，地区虚变量（榆树）影响显著，并且系数为正，这表明在考察的榆树、中山、榆林三个县中，产粮大县——榆树的农村居民所希望得到的补贴额占种粮收入中的比例要显著地高于其他两个县的农村居民。

四、结论与政策含义

通过前面对中国城乡居民对粮食安全的态度和风险承受能力及其影响因素的分析我们可以看到：98%的城乡居民认为粮食安全在国民经济发展中占有重要地位，这意味着个人特征、家庭特征和地区特征对看法的形成基本没有影响；超过70%的城乡居民认为我国未来粮食会呈现“供过于求”和“供求平衡”的态势，一半以上的城市居民和40%的农村居民认为将来能够实现粮食安全（既买得到又买得起所需粮食），地区差异是城乡居民对未来粮食安全状况判断的主要影响因素，某个地区的经济越发达、市场化程度越高、市场设施越完善，则该地区居民对实现未来粮食安全的信心越大；城乡居民对粮食安全风险的承受能力不高，95%左右的城市居民所能承受的粮食价格最大上涨幅度在100%以内，作为生产者，超过80%的农村居民所能承受的粮食价格最大下降幅度在20%以内，收入是城乡居民对粮食安全风险承受能力的显著影响因素之一，收入水平越高，城乡居民对食品安全风险的承受能力也越大；有超过80%的城市居民和农村居民认为实现我国粮食安全的最好办法应该是“尽量自给”和“自给为主”，对实现我国粮食安全最佳措施的选择，城市居民主要受地区、家庭结构、职业和文化程度的影响，农村居民主要受年龄和家庭收的影响。有36%的城市居民愿意提高缴税额、补贴农业以提高粮食自给率，愿意程度主要受性别和个人收入水平的影响，男性相对于女性、高收入者相对于低收入者愿意程度更高。

上述研究结论具有如下政策含义：第一，我国政府目前实行的“以自给为主、进口调节为辅”解决粮食安全问题的基本方针具有非常广泛的群众基础，这项政策措施得到了绝大多数国人的赞同；第二，进一步提高粮食的市场化程度，完善市场设施，是提高城乡居民对未来粮食安全信心和粮食安全水平的一个重要措施；第三，大力发展地方经济，进一步提高城乡居民的收入水平是增强城乡居民对粮食安全风险承受能力的重要措施。

农民合作经济组织的构建与发展*

安 希 伋

中共十六届三中全会通过的《完善社会主义市场经济体制若干问题的决定》中规定："发展多种形式的合作组织。"现在各地已经出现了各种不同类型的农村合作经济组织；全国人大常委会也已把农民合作组织的立法工作纳入了规划议程。之所以要讨论农民合作经济，一则因为这可能是化解"三农"，问题困境的有效途径之一：二则因为它是体现我国经济快速增长所遵循的运行机理的一个案例。这篇短文拟就以下三个问题提出一点个人看法：农民合作经济组织产生的时代背景及其经济意义、组建过程中可能遇到的两大难题及农民合作经济组织的发展前景。

一、农民合作经济组织产生的时代背景及其经济意义

我国社会主义市场经济正在迅猛发展，小农户面对这个大市场，处处难以适应。例如：农户生产规模小，不可能批量生产，一家一户提供的零星产品，单独进入市场的交易费用很高；市场对于各种农产品的需求数量和质量标准变化不定，个体农户市场信息和技术信息不灵通，往往处在一种手足无措的境地，遭受不同程度的经济损失；在资金融通方面，个体农户与金融机构之间很难建立起互信机制；个体农户缺乏有效的农产品加工、储藏、包装、运输等项工具和设施，传统工具不但效率低，也难达到市场需求的质量标准。在这种背景下，农民迫切需要联合起来，建立自己的合作经济组织，主要是农产品运销合作社、农用品采购合作社以及农村信用合作社，藉以克服上举种种困难。

长期以来，农民的经济活动基本上局限于农牧业生产领域，现在联合起来主动进入市场，参与运输业、仓储业、包装业、加工业以及商贸服务业，就大大扩大了经济活动空间，从而增强农村综合生产能力。这是农民通向宽裕乃至富有生活可供选择的一个途径，也是在联合所有制形式下，农民以企业主人身份实现农转非的通路之一。可见，这是一件具有重大经济意义的事情。

从政府方面来看，当然不会听任亿万农民处在困境而不顾。并且，这种状态也不利于经济持续、均衡发展，不利于较公平的收入分配，不利于社会安定。而且，面对分散、无组织的千百万农户，近年来政府各种支农政策的组织实施工作往往遇到一些具体困难，还要支付一大笔行政费用。所以政府也在积极支持、鼓励、援助农民组建合作经济组织。有组织的农民也便于与政府互相勾通，良性互动。

农民合作经济组织是一种特定历史条件下的产物，不是我国所独有，许多经济发达国家在市场经济发展早期阶段，为了克服个体农民融入市场经济的困难，都曾涌现出农民合作经济组织。

* 这是应邀为讨论全国人大常委会拟议中的农民合作经济组织立法问题而写的一篇短文，2004年10月。

许多国家还一步步构建成全国性的合作经济网络，参与国际市场竞争。在当前，许多发展中国家也面临着与我们相似的问题，有的国家，农民合作经济组织已有了很大的发展。可见，农民合作经济的发展具有普遍意义。

二、构建农民合作经济可能遇到的两大难题

我们要建立的农民合作经济组织是个什么性质的组织呢？这是一个不可回避的问题。具体来说，它与1956年我国普遍建立的高级农业生产合作社和1958—1978年间的农村人民公社有何异同？根据国际合作社联盟1995年给合作社所下的定义：“合作社是自愿联合起来的人们，通过联合所有与民主控制的企业，来满足他们共同的经济、社会与文化需求与抱负的自治联合体。”它是一个独立的企业。可见，农村人民公社与国际合作社联盟所定义的合作社有本质的区别：前者是自上而下建立起来的一种政社合一的组织，以计划经济为背景，行政色彩很浓重；后者是由社员民主控制并具有法人地位的独立企业，以市场经济为背景，在市场机制中运作。并且，它不但是一个独立的企业，并且还含有群体社会活动与文化生活，孕育着互助精神与公民意识。值得注意的是：农村人民公社虽然早已解体，但是它给人们、特别是给农民留下了深刻印象。这种认识上的影响还有待清理。同时，对于农村人民公社的评价，理论界还有争论，需要深入探讨。而清理这些思想认识问题，却是一件艰巨的工作。可见，如果我们要建立与国际合作社联盟接轨的农民合作经济组织，就需要花大力气做好这个旧体制遗留下来的思想认识上的清理工作。这是组建农民合作经济组织要克服的第一个难题。

其次，我们正处在经济体制转型的过渡时期，计划经济的惯性力量还在经济生活中时隐时现。例如1998年中央规定农民土地承包权三十年不变。可是有些地方行政机构往往不遵守土地承包契约，随时任意收回农民拥有的土地承包权，即土地使用权。从而限制了农户的自主经营权。在农产品市场运销过程中，也常遇到干扰，农户独立的经济实体地位得不到充分体现。在农户产权失衡状态下，又怎样去建立独立自主的农民合作经济组织呢？这是一个制度性难题。

在农民合作经济组织筹建过程中和营运阶段，还会遇到业务方面的技术性难题。这些基本上属于经验性问题，较易克服，这里不作讨论。

三、农民合作经济组织发展前景

农民合作经济组织的发展前景可用三句话来概括：前景光明，要有耐心、艰苦工作。

组建农民合作经济组织意味着提升流通和加工领域的经济规模，从而带来规模效应。农村综合生产力的提高就是一项最直接的规模效应。社会生产力的增长是不可阻挡的，生产关系会适应生产力的增长而不断调整，这是我们熟悉的客观经济规律。违反这个规律将受到惩罚。我国正在从计划经济向着社会主义市场经济转轨。从理论上来看，这是中央顺应这一客观规律的要求而做出的一项重大决策。在农村方面，相对于小农经济而言，农民合作经济组织不仅代表着先进生产力，并且，组建以联合所有制为特征的农民合作经济组织，意味着生产关系起了变化，是经济转型跨出的一个重要步骤。

从25年来我国的实践经验来看，转型经济有它独特的运行机理，也可以说有它独特的客观规律，它的运行机理体现在；在经济增长中搞经济转型，在经济转型中为进一步经济增长开拓空间。我在“我国土地制度变革新动向”（2004，9）一文中，曾把农民与土地向非农产业的转移过

程视为体现转型经济规律的两个案例。我认为农民合作组织的兴起是体现这一规律的又一案例。2000年我在为《中国农村经济：问题与挑战》一书写的序言中曾提出这样一个观点：研究并阐明转型经济客观规律是对我国一代经济学家的一项挑战。这一观点还有待于讨论。主要是深入研究我国的经验和国际经验。在全世界从计划经济向市场经济转轨的29个国家中，我国起步最早，经验最丰富，取得的成果最突出。① 本文讨论的只是我国经济的一个方面，还有商业、外贸、工业、投资、金融等各种行业。他们在25年来的发展过程中，总的来看，无不贯穿着经济增长与经济转型的良性互动这条红线。当然会有曲折，这就提醒我们：需要牢牢把握这条红线，尽量避免失误。有22个转型经济国家成效不彰，他们的负面经验也值得引起我们警惕。

我国经验还说明，经济转轨是一件十分错综复杂的事情，涉及方方面面社会经济关系的调整，社会经济结构需作全盘重组。而实现这种重组要有一个相当长期的转换过程，不可能一蹴而就，要步步推进。这就需要有耐心。也可以说，这个耐心也是尊重转型经济客观规律的要求。

耐心当然不等于无所作为。既然经济转轨是一件很复杂的事情，当然就需要艰苦工作，积极向前。2004年中央一号文件提出的“多予，少取，放活”方针，对于推动农村经济发展已经取得了明显效果。不过从经济发展战略来看，还有一些基础性的工作可做。例如落实农村义务教育政策，推广农业科技知识等；不可忽视第四生产要素的作用——人力资本，不改变农民文化滞后状况，何来现代化农业？又何来合格的正在向非农产业转移的农民工人？这也是从精英文明转向公众文明的一个关键所在。而加快社会经济结构调整步伐，为建立行政权力约束机制做些准备工作，就是更深层的事情了。

① 根据（英）安格斯·麦迪森：《世界经济千年史》一书所引用的统计数据。北京大学出版社，2003年。

我国绿色食品推广不力之经济学分析及解决对策*

王春华　王卫华

[摘　要] 在国际市场上普遍看好的绿色食品产业，何以在我国迟迟不能发展起来？本文欲从经济学的角度加以分析，并据此给出相应的解决对策。

[关键词] 绿色食品　消费意识　柠檬市场　市场秩序　信誉机制　政府行为　对策

据了解，中国绿色食品已有将近20年的发展历史，各相关部门也做了大量的工作。如农业部所属的中国绿色食品发展中心在全国30个省区和直辖市委托建立起38个管理机构，已开发出1360多种绿色食品。北京金三元新世纪投资有限兴建了数百米的绿色食品专营超市。还有许多“绿色商潮、绿色食品专柜、专营区等等。但是据统计，我国的绿色食品市场份额还不到全国食品市场的千分之一，同时现有的绿色食品市场上各商家也是惨淡经营，绿色食品市场出奇地冷。在国际市场普遍看好的绿色食品产业，何以在我国落得这种地步呢，笔者试用经济学的方法从以下几个方面加以分析。

一、绿色食品发展中存在的困难之经济学分析

1. 国民绿色食品消费意识淡薄。在整个国际市场上，虽然绿色食品产业的前景极其看好，但在我国，由于绿色食品知识宣传力度不够，目前了解并接受绿色消费的只有少数消费者，绝大多数消费者对绿色食品缺乏完整的认识，没有形成内在的绿色消费需求，往往未将绿色食品纳入消费预算之中，消费随意性较大。据广州市统计局今年3月份的一项调查表明，大部分市民听说过“绿色食品”这个名词，但能够分得清“绿色”认证标志的只有21.9%，一半以上绿色食品的购买者不明白绿色食品和普通食品的主要区别，甚至有相当一部分的人以为绿颜色的食品或天然的食品就是绿色食品，还有人认为保健食品就是绿色食品。

一种新的消费理念的推广初期，都需要投入很大的宣传成本。我国目前大部分绿色食品生产企业是以县、农场为主的小企业，资金实力比较弱，而且，从理论上讲，所有消费者的绿色消费理念、消费习惯对生产者来说是一种公共产品，它所提供的好处是生产者都可以享受而不必支付普及绿色知识，引导绿色消费这一不合理部分的宣传费用。众所周知，公共产品必然会伴随着“搭便车”问题，大家都想享受消费者具有绿色消费意识、有绿色消费习惯所带来的好处，但也很少有人愿意为此支付一定的成本，那就是普及绿色知识，宣传绿色产品所花费的时间、精力以

* 原载《中国农学通报》2004年第1期。

及其他费用，因此，尽管各种绿色食品市场的前景非常看好，人们仍然没有积极性在这方面大量投资。

2. 价格瓶颈制约消费。一方面，我国申请绿色标志的费用昂贵，包括申请费、审查许可费、标志使用费（含三年内的抽检费、宣传费）和公告费。按每个产品计算，申请费是500元；审查许可费是8 000元；标志使用上按使用绿色食品标志的不同产品销售收入的102%收取，并根据绿色食品企业的生产规模、使用绿色食品标志的数量、及绿色食品标志对市场的影响力等不同情况，由标志所有者与标志使用者协商收费金额；公告费按公告实际支出收取。有效期是三年，三年后还得重新申请。因此尽管我国农村的劳动力成本比较底，但还是无法弥补千家万户农民分散经营带来的高额的组织成本，从而使一家一户的农民无力单独进行绿色食品的开发。绿色食品的生产只能通过产业化模式，由市场上的龙头企业引导千家万户的农民来生产，但是在我国这种有实力的龙头企业比较稀缺。

另一方面，由于绿色食品生产过程限制或者禁止使用农药、化肥、激素、抗生素等人工合成物质，限制转基因等某些先进农业科技的应用，在采用增产和抗病虫害措施上受到了一定程度的限制，生产和管理成本较高；同时，绿色食品追求天然品质，认证、加工、储藏、检验、包装等环节有一定特殊要求，推动成本进一步上升。

所以我国市场上的绿色食品生产成本较一般农产品高出约40%以上，使得消费者在绿色产品面前望而却步，这也是造成绿色食品爆冷门的原因之一。

3. 假冒伪劣产品充斥市场。在我国，存在某些绿色食品生产企业仅仅是通过认证了事，求得一个“绿色”卖点，而没有在提高质量和加强管理上下功夫，使得产品质量良莠不齐。根据北京某果品批发市场的调查显示，在市场批发的果品中，有近20%的产品包装上印有“绿色食品”字样，其中近80%的“绿色食品”系假冒产品。

现实生活中，商品市场上生产者和消费者之间存在着信息不完全和不对称的现象，消费者不了解生产者的生产过程，同时消费者又缺乏必要的质量检验设备，在市场上购物时，仅凭肉眼无法区别产品是否是绿色食品。现在市场上普遍存在着又大又鲜亮的经过撒药、涂色的西红柿、葡萄等水果；经过喂避孕药而催长的胖胖的食用蛇；用激素快速养成的大闸蟹等有毒食品。由于利益的驱动，生产者拿着这些有毒的食品，也大张旗鼓地打着绿色食品的旗号混入市场，不但迫使真正的绿色食品因成本过高而退出市场，还影响了绿色食品的名誉和推广，于是就出现了经济学上的“柠檬市场”现象。

4. 信誉机制的缺乏导致市场秩序的混乱。我国绿色食品市场秩序混乱，虽然有相应的绿色认证准则，但由于有关部门管理不严，监督不力，使得很多良莠不齐的产品任意进入市场，对真正的绿色食品造成了冲击，导致大量绿色食品的成交价格下降，不再反应供求矛盾，不能引导资源的优化配置，也从而打消了生产者的积极性。

经济学家张维迎认为，一个市场经济的发展一定要有良好的市场秩序作基础，而建立一个市场秩序首先要建立一个良好的信誉机制，此时信誉机制的重要性要高于法律。形成信誉机制有五个条件：第一是产权制度，只有产权明确，生产者才会有长期预期，才会有积极性保持信誉；第二要规范政府行为，一个企业的发展不但靠内部因素，还依赖于外部环境。这就出现下面的问题，因为国家政府的解释权在政府部门，一个权力的最大来源就是和约的不完善。由于我们的政策是模糊的，不透明的，这就使得政府官员本身享有了好多权力，他们随时有权利宣布某某行为是违法的，这使得各企业家没有一个稳定的预期，因此他们就会追求短期利益。在这个意义上，政府行为在很大程度上也决定着个人的行为。现在我国的民营企业、私营企业受到好多制度上的、政府的歧视，他们对自己的未来没有信心，也不预期自己企业做大之后，做好之后，有了信誉了后可以收回果实。所以他们就免不了要追求短期的利益。由此导致了民营企业不会重视信誉。另一方面，大量的政府部门有任意、随意创造权力的权力，政府管得特别多，生产者都感到非常不确定，所以他们就追求短期行为而坑蒙拐骗，政府认为这么多坑蒙拐骗一定要进行管理，所以政府管得越多坑蒙拐骗就越多，坑蒙拐骗越多政府就管得越来多，从而进入一个恶性循环。第三要有一个很好的信息传输机制。在前两个条件满足之后，如果让那些欺骗行为的信息尽快地在市场中传输，那么传输得越快市场秩序的建立就越容易，生产者和商人也就不得不建立一种信誉了。第四要完善法律。第五要尽量减少政府部门的交易行为。

日前我国绿色食品市场秩序混乱，最根本的原因正是缺少了这种信誉机制，在建立信誉机制的条件中，当前最迫切需要的就是规范政府行为和建立信息传输机制。

二、推动绿色食品产业发展的对策和建议

1. 加大绿色食品知识的宣传，提倡绿色消费，引导居民树立科学的食品消费理念和消费习惯。充分利用广播电视、报刊杂志、科普读物、广告和互联网等多种媒体对绿色食品知识进行宣传，通过宣传引导，增强消费者的食品安全和环境保护意识，树立科学文明的、有益于人体健康和经济、社会、环境持续协调发展的食品消费结构。目前，随着人民生活水平的提高，居民的消费观念开始发生变化，但是，无论食品消费的市场细分到什么程度，食品安全问题总是第一位的，是所有消费者的共同期待，也是政府、企业和生产者的共同责任。为此，政府部门和有关方面要因势利导，促进科学的食品消费模式尽快形成。一是增强居民的食品安全意识，并逐步改变购买价值取向，由过去食品消费中的“价格优先”，向质量、价格并重的方向转变，使人们自觉地购买绿色食品。二是提高消费者的感官鉴别能力。对有污染的食品鉴别十分困难，但是通过科普教育、不断学习、不断总结，人们还是可以从形状、颜色等方面做一些简单的感官鉴别。三是逐步形成科学的膳食结构，讲究安全卫生、营养搭配、经济合理。四是逐步养成有利于环境保护的消费方式。最后通过宣传、引导将绿色食品的潜在市场需求转变为现实需求。

2. 推进农业产业化的发展同时加强政府的服务职能。大力推进农业产业化进程，积极发展农业产业化组织，推进龙头企业和农民合作社的发展，从而扩大绿色食品的生产规模，减少绿色食品的生产成本，交易成本；加强绿色食品生产基地的建设，培育名牌企业，名牌基地，打开国内市场，进而争取打入国际市场。在这个过程中，政府应该给予适当的扶持，加强其服务功能。为提高绿色食品的开发能力和市场竞争力，各级政府应当有侧重地在绿色农产品开发所必须的良种繁育、技术示范与推广、质量标准及质检体系建设、基地建设、技术培训、扶持龙头企业与中介组织、市场促销等方面给予必要的扶持。

绿色食品推广过程中，各级政府既要引导生产，也要引导消费，要积极培育市场，牵线搭桥，搞好产前、产中、产后的跟踪服务。特别要增强企业的品牌意识，树立品牌形象，对达标的优质产品准许适当的提高价格，对未达标产品限期整改，多次检测不合格者坚决予以取缔。为了鼓励创建名牌，各级政府应该建立一套激励机制，给予开发绿色食品的农户及企业各方面例如信贷方面的优惠。

3. 完善社会舆论监督保障体系，建立信息传输机制。在推进绿色食品产业的进程中，应该充分发挥社会舆论监督作用，建立信息传输机制，同时，各级政府部门还应尽快建立食品卫生质量信息发布体系，及时收集、分析、发布食品质量卫生信息，对有害食品形成强有力的监督机制

和震慑力量，以达到遏制生产者的短期行为的目的。

4. 规范政府行为。现代经济学推崇这样的理念：在大部分情况下，市场自身的缺陷只能用完善市场的办法去解决，而不是仅仅引进政府管制机制。因为市场在出现失效的同时，政府也会出现更大的失效，其管制成本一点也不比市场调节低。

所以要想整顿市场秩序，首先要从逐步规范政府行为开始，而不是反过来强化政府各部门对市场经济活动的干预，不能由于要整顿市场秩序而又造成新一轮的“政出多门”，各部门以“市场管理”为名又为自己设置许多权利、出台许多事实上扰乱市场的规章制度。政府对市场进行监管的方式一定要通过各方面广泛的研究、讨论，统一协调，公正透明，市场行为才能逐步规范起来。

参考文献

[1] 张维迎．博弈论与信息经济学．上海三联出版社，2002

[2] 龙彭年．绿色食品开发和发展对策．世界农业．2002（6）

[3] 张志刚．提倡绿色消费培育绿色市场开辟绿色通道．在全国“三绿工程”工作会议上的讲话 2002（10）

[4] 张维迎．市场条件下的信誉机制．世纪大讲堂．第103期

[5] 刘伟．中国的市场化进程和市场秩序建设．世纪大讲堂．第101期

[6] 刘志彪．信息不对称、政府管制与企业的质量战略．学海．2000（5）

[7] 徐金水，陈资灿．信息不对称与当前药品市场价格秩序混乱及对策．价格月刊．1997（10）

中国蔬菜绿色营销的现状分析*

陈善晓　王卫华

［摘　要］本文从生态环境的恶化，绿色消费的兴起，绿色法规的完善，绿色市场竞争等方面，阐述了蔬菜绿色营销的必要性，分析指出现阶段我国蔬菜绿色营销中存在的问题，提出开展和加强蔬菜绿色营销的合理措施。

［关键词］蔬菜　绿色营销　消费

人类文明的高速发展，工业化的加速，导致全球环境污染日趋恶化，已经威胁到人类自身的生存和发展。人类的环保意识逐渐增强，思维方式、消费心理和消费行为发生很大变化。为了人类的生存和健康，人类呼唤绿色文明，呼唤绿色营销。蔬菜绿色营销自然也成为人们关注的焦点。

一、实行蔬菜绿色营销的意义

绿色营销是指生产经营者在充分满足消费者需求、争取适度利润和发展的同时，注重自然生态平衡，减少环境污染，保护和节约自然资源，维护人类社会长远利益及其长久发展，将环境保护视为企业生存和发展的有利条件和机会的一种新型营销观念和活动。绿色营销是环境保护意识和市场营销观念相结合的产物，是“以消费者为中心”的现代营销观念的新发展。与纯市场营销观念相比较，它更重视消费者的长远利益和社会整体利益。主要意义在于以下几个方面：

1. 经济利益。绿色营销将生产经营者的营销目标从最大限度地刺激消费需求转变为追求可持续消费，增加了蔬菜消费的长期性，可使获利持久平稳。

2. 环保作用。营销服务的对象从消费者扩展到“消费者与社会”，将顾客重新定性，从毫无约束的物质资源“消费者”转向保护自然资源的“人”，对于环境保护起到重要作用。

3. 以人为本。绿色营销将“顾客满足”重新定义，使消费者在购买蔬菜及食用蔬菜过程中能够得到更为复杂、细致和周到的服务。体现了以人为本的精神，同时为人类健康保健起到了十分重要的作用。

4. 营销管理的内容增加。70 年代以来的营销管理强调生产经营者应以重视顾客满足为出发点的整体管理。绿色营销管理则将环境保护纳入生产经营者整体管理的范畴。生产经营者在整体营销管理中必须考虑绿色产品与包装、产品生产和营销过程中的污染和废弃物对环境的影响等，并以此实施整体管理。

* 原载《农业与技术》2004 年第 1 期。

二、绿色营销的涉及领域

绿色营销涉及宏观和微观两大体系，包括生产、流通、消费三大领域。从宏观方面看，我国有关环境保护的法规已经出台，成立了国家绿色食品发展中心，并向国家工商总局注册了绿色食品标志，制定了《绿色食品的标志管理办法》，确定了若干产品的绿色食品标准。目前该中心已在全国30个省、自治区、直辖市委托了38个管理机构9个部级产品质量监测机构和56个省级环境监测机构，从事绿色食品的认证和质量管理工作，全国环境监测农田和水面积达4 000多万亩，涉及粮油、果品、蔬菜、禽畜蛋奶、水海产品、酒类、饮料等行业。这表明，国家制定农产品营销政策的绿色营销导向已十分明显。因此可以说蔬菜的绿色营销宏观条件基本具备。

从微观方面看，目前绿色营销观念正被越来越多的蔬菜生产经营者所认识，对其营销活动影响越来越大。在营销组合策略方面所体现的绿色营销观念也越来越明显。首先是绿色包装；其次是绿色商标；再次是绿色价格策略；绿色蔬菜的生产和流通有特殊的环境要求，其成本也较之一般产品高，因此绿色蔬菜的价格也高于普通蔬菜，使之获得了良好的经济效益和社会效益。最后，在绿色营销促销中，将产品信息传递与绿色教育融为一体已成为新趋向。所有这些都表明绿色营销已成为蔬菜营销的一种新方式。

三、我国蔬菜绿色营销中存在的问题

我国蔬菜绿色营销在发展的同时，存在很多问题：

1. 生产和消费过程中存在不正确观念。发展绿色蔬菜要求减少化肥和农药的施用量，保证蔬菜的各项指数不超标。但大多数生产者追求蔬菜产量，使用生长调节剂，造成蔬菜安全的隐患。同时，仍有相当一部分消费者对绿色蔬菜的意识不强，对蔬菜消费存在无所谓的态度。

2. 缺乏相关的配套技术。发展绿色蔬菜需要相应的生产和其他配套技术进行指导。对绿色蔬菜生产过程中的土壤肥力、病虫害防治、环境污染控制以及生产后的包装运输等问题要有相应的解决办法和相关研究，但目前我国的相关技术发展不够快速，跟不上发展的需要。

3. 监督检查机制不够健全。我国绿色蔬菜生产处于起步阶段，在申报绿色标志上，管理部门忙于前期的考察和审批工作，却对生产和后期跟踪方面欠缺工作力度，从而不能完全保证具有绿色标志的蔬菜完全符合要求，同时不可避免的让假冒伪劣蔬菜有机可乘。从外观上，绿色蔬菜与普通产品的区别很难用肉眼区别，消费者没有简易可行的方式进行辨别。如果不能保证绿色蔬菜的质量，很容易使消费者对绿色蔬菜存在疑虑，产生不信任感，影响绿色蔬菜的推广和食用。

4. 营销渠道和市场不理想。绿色蔬菜本身存在较大的优势，质量高于普通蔬菜，但同时受劳动力、时间、使用材料等的限制，产量低，价格高，甚至与普通蔬菜有几倍之差。目前在我国，绿色蔬菜的销售渠道少，市场占有率较低，同时受到市场秩序的影响，难以使绿色蔬菜深入人心，使绿色蔬菜的发展缺乏动力。

四、开展和加强绿色营销的措施

在目前情况下，对于我国蔬菜的绿色营销要加强以下几个方面的工作：

1. 政府行为。

(1) 加强宏观调控，完善绿色法规。要发展绿色蔬菜，就要在绿色蔬菜产业初具规模以后，成立综合性的绿色蔬菜管理组织，制定全面完善的“绿色标志”制度，以促进绿色营销的实施。另外，还必须尽快成立具有权威性的与“国际绿十字会”接轨的绿色组织，承担起对有关“绿色知识”的教育培训、宣传推广、监督控制。国家在财政预算上应适当提高环保资金投入，开发环保技术及绿色蔬菜生产技术。增开绿色税，以累进制污染税代替现行的排污收费。我国在绿色蔬菜的开发刚刚起步，国家应在税收、贷款、用地上给予优惠，在一些政府购买行为中优先购买有绿色标志的产品。

(2) 加大监督检测力度，确保绿色蔬菜质量。在现有环境保护法的基础上，根据我国现阶段法规，以强制手段促进生产经营者依法进行绿色营销，管理部门要加强对绿色蔬菜营销的管理监督。一方面要严格把关，保证绿色蔬菜食品标志的审批工作顺利进行；另一方面也应加强生产过程的后期监督管理，保证绿色蔬菜产品的真实可信度。

(3) 加大宣传力度，提高绿色消费比例。在目前状况下，我国大部分人对环境问题缺乏认识，绿色意识比较薄弱，对绿色蔬菜的认识及信任度不够，这些都影响了绿色蔬菜的销售。政府有关部门应联合市场营销协会、农绿协会、企业，利用网络、电视、报纸等媒介，对消费者进行广泛宣传，呼唤消费者的绿色意识，加深人们对绿色蔬菜的认识，提高绿色蔬菜的市场地位，从而提高绿色蔬菜的市场占有率，逐步形成优质优价的良好市场秩序，有利于推动绿色消费运动的发展，促进绿色蔬菜产业的发展。

2. 生产经营者行为。

(1) 收集绿色信息。在繁多的市场信息中蕴含着许多商机。生产经营者要从市场需求出发，搜集有关的绿色信息，包括绿色消费信息、绿色科技信息、绿色资源和产品开发信息、绿色法规信息等，可以为绿色营销的实施提供决策依据。

(2) 开发绿色蔬菜品种。开发绿色食品的关键是“农业绿色科技”的发展。生产者应与高校、科技单位加强合作，支持市场、科研、企业一体化，引进资金及技术，不断推进“农业绿色科技”的进步，为开发绿色蔬菜品种奠定基础。绿色蔬菜设计包装时应符合绿色包装的要求，应选择纸料、生产塑料等可分解、无毒性的材料与包装，以符合环保要求。

(3) 制定绿色价格。总的来说，绿色蔬菜价格要高于非绿色蔬菜的价格。这是因为绿色蔬菜生产过程中增加了环保费用（使用有机肥、生态农药及绿色包装等），成本较高。此外，利用人们的求新、求安全、崇尚自然的心理及消费者心目中对绿色蔬菜“觉察价格”较高，也可以制定较高的价格。在不同的国家和地区，同一样品质的绿色蔬菜价格上扬幅度不一样，因为这还取决于消费者的收入水平及对绿色蔬菜价值的理解。

(4) 开辟绿色通道。绿色蔬菜品质与一般蔬菜的差异很难辨别，在外观上具有相同或相近的色泽、形状及表现。开辟绿色通道是有效地开展绿色营销的重要环节，关系到绿色蔬菜在消费者心目中的定位。绿色市场发育比较成熟的地方，应尽量选择绿色信誉比较高的中间商，借助中间商本身的良好信誉，推出绿色蔬菜。在绿色蔬菜市场尚不成熟的地方，则应建立绿色蔬菜专柜，强化消费者绿色印象，但要严格保证绿色蔬菜质量。

(5) 树立绿色形象，开展绿色营销。首先，生产经营者在给蔬菜命名或选择品牌时，应遵循绿色要求，符合绿色标志制度，即在给绿色蔬菜进行品牌命名和选择商标时，要更注重符合绿色标志的要求，使人们在接触产品及其商标时，很自然的联想到葱郁的植被、茂密的森林、诱人的花草、清澈的水源、优美清洁的环境和蓬勃的自然生机。例如：有些蔬菜产品的包装可以直接使

用“可食商标”；一些瓜型蔬菜如冬瓜、西葫芦、南瓜等产品，则用硬枝把商标写在幼果上，图案同瓜果一起长大，保持原汁原味，既无公害又带有商标。

其次，生产经营者应积极参与环保工作，主动与政府及环保机构合作，同时注意利用多种传媒宣传自己的所作所为及成果。制定以公共关系、广告促销为主的促销组合，积极开展促销活动以提高绿色蔬菜的市场占有率。

参考文献

[1] 刘瑞涵. 浅析绿色食品的开发与营销. 北京农学院学报 . 2000 Vol. 15 (4)：52～56

[2] 洪彬，周发明，周冬娥. 试论农产品绿色营销. 农业现代化研究 . 2002 Vol. 23 (3)：211～214

[3] 鹿翠，李芒. 绿色营销与企业经营策略分析，江苏商论 . 2003 (1)：71～73

[4] 谢仁寿. 我国实施绿色营销战略的难点与对策. 南方经济 . 2003 (1)：59～62

[5] 李玉辉. 实施绿色营销的意义与对策. 哈尔滨商业大学学报：社会科学版 . 2003 (1)：100～101

中国农民边缘化的产权制度分析*

王英辉　许惠渊

［摘　要］自20世纪90年代中期以后，我国农民的收入增长速度明显落后于城市人口，农民贫困化成为一个不争的事实，这已经严重影响了国民经济的协调发展。农民的边缘化是国家产权分配不合理的表现。因此，只有通过建立完善的现代产权制度，组织成立维护农民产权利益的农民协会，改革农业税收政策，制定优惠的农业生产领域资本吸引政策等，才能够抑制农民的边缘化。

［关键词］农民　边缘化　产权制度

一、农民边缘化现实

现阶段农民的边缘化现状已经是一个不争的现实，中国国家统计局副局长邱晓华指出：中国城乡居民收入差距大大高于账面上的3∶1。这个差距应该为5∶1，甚至达到6∶1。邱晓华解释说，2002年中国城市居民收入为6 860元人民币，农民收入为2 366元，表面差距是3∶1。但实际上，农民收入中实物性收入占了40%。扣除40%的实物性收入，用于购买商品、服务的货币只有1 800多元，平均每月150元左右。这150元中，还有20%用于第二年扩大生产的开支，如买种子、农药、化肥、柴油等。邱晓华还指出，2002年中国一个农民每月真正能用做商品性消费的货币收入只有120元，而城市居民的货币收入平均每月接近600元，城乡差距为5∶1左右；而城市居民收入中还有一部分并没有纳入统计范围，如各种各样的隐性福利、住房、教育、卫生，甚至是用电都比农民有更多的优惠。若将城市居民的一些隐性福利、优惠折算成收入，中国城乡居民收入差距可能达到6∶1。由于农民的边缘化，农村收入与消费的萎缩已经对全国经济的发展产生了负面影响，从某种意义上来说，解决农民边缘化的问题看似一个维护农民的利益的问题，实质是农民的进一步边缘化会影响到GDP的增长速度和国民经济协调发展的问题。所以，遏止农民的边缘化问题已是迫在眉睫。笔者认为，从根本上讲，农民的边缘化是农民产权由于没有纳入现存产权制度保护的范围而导致农民应有产权被剥夺，农民利益被占有，农民无法获得积累，也无能力进行再投资，农业生产领域的边际效益已经为负，这意味着农民的投入越大产出越小，不解决农民的产权保护问题农民的边缘化就不会得到遏制。

二、对产权和农民产权的分析

1.“大产权”概念的提出及“大产权”的受益分配。西方著名经济学家诺思提出的产权是指

---

* 原载《经济体制改革》2004年第2期。

“产权的出现是国家统治者的欲望与交换当事人努力降低交易费用的企图彼此合作的结果”。我们通常所说微观意义上的产权即企业、个人的产权，作为全国公民纳税后形成的国家财产产权即宏观层次上的产权，我们可以称之为“大产权”，全体国民是国家产权的拥有者，政府是国家产权的管理者。因此，通过纳税形成的国家资产——国民收入，在进行二次分配的过程就是产权在宏观层次上的产权的受益权的体现。也就是说国家或者政府通过对国民收入的分配完成国家产权的受益分配。从这个角度分析，产权的受益者应该是全体国民。但是在这个分配过程中要通过制度来保证由产权形成的收益分配的公平，合理。产权制度是一种国家制度结构之一，它的形成并不是国家决策者的偏好所能决定得了的。因为它是社会中各利益集团博弈而达成利益均衡的结果。因此，这必然存在这样一种可能：当社会利益集团之间的力量及其偏好发生变化的时候，相应的国家产权制度也会发生变化，各利益集团的受益权分配将发生变换。即存在着这样一种可能：有些社会阶层可能在某种产权制度下其利益受到剥夺，造成产权分配的不平等，致使其被边缘化。

按照以上对产权的分析，我国农民应该和其他产业或行业的劳动者一样享有同等的产权。所不同的只是农民在土地上劳动，而其他行业的劳动者在机器或服务场所劳动而已。或者说农民的劳动更具有随意性而已。按照产权经济学对宏观产权的解释，农民的产权包括的内容与工人，教师等职业所含盖的产权除了工作方法不同以外并没有太多的区别。也就是说产权对于职业的区分并不明显，这与产权的定义也是完全一致的。但是，现行的国家产权制度却存在着对农民产权的剥夺。

按照一个公民应该具有的产权束，我国农民丧失或缺少了哪些产权呢？

第一，受平等教育权。农民应该像其他社会成员一样享有平等的受教育的权利，但现实是从农民的孩子参加小学教育开始，农民就享受着不平等的受教育权。首先，农民的教育经费来源无法像城市公民那样获得保证。按照我国义务教育法第十条规定，国家对接受义务教育的学生免收学费。国家设立助学金，帮助贫困学生就学。但教育经费最终要从农民口袋里掏出的一个严重后果，使农民负担过重的问题凸现出来。城市居民从来没有交过“教育费附加”之类的费用，而在向农村收缴的所谓“三提五统”款项中，比例最大的一项就是为办学而设立的“教育费附加”。这导致城乡义务教育经费的不平等，2001年，我国初中生预算内教育经费平均为807元，其中农村初中生平均667元，城镇初中生平均1 114元，高于农村初中生67%。小学生预算内教育经费平均为658元，其中农村小学生平均558元，城镇小学生平均953元，高于农村小学生71%，接近1倍。在义务教育法中农民子弟的平等教育权在现实中由于投资渠道的不同而被剥夺。教育资源在城乡的分布也极不合理，虽然农村教师的工资已经转为县财政支付，但县级财政能力在不同地区是完全不同的，导致农村教师工资的拖欠总是出现，而至今却没有听说过城市的教师工资被拖欠。其次，由于户籍政策的限制导致农民即使入城务工，高额的赞助费使得农民子弟也无法享受城市市民子弟的入学待遇，进而出现了没有合法身份的“农民子弟学校”，其教学设施和教学条件当然无法保证教学水平。再次，在高等教育方面，也存在显著的不平等。据中国青年报对北京多所高校2 000余名学生的抽样调查发现：2 000余名学生里，28%来自北京，30%来自北京以外的城市，24%来自全国各地不出名的城镇，18%（确切数值是17.7%）来自农村。调查表明，2 000余名学生当中，城乡大学生的比例分别是82.3%，和17.7%（这两个数值，我们在下面引用时将它们四舍五入，变成80%和20%）。依据统计学中随机抽样原理，那么通过上面的材料得出这样的一个信息：在我们这个城乡人口比为2∶8的国家，城乡人口实际上享受高等教育的机会比尚不到8∶2。由此可见，农民在国家教育的不同层次都被剥夺了或多或少的教育权，存在严重的城乡受教育权利的不平等。农民的教育权利被现行产权制度所剥夺，使得农民掌握的知识相对匮乏，各种生存能力随之下降，致使其只能生活在社会底层。

第二，对农民交易权的剥夺。粮食是农民的产品，农民只有将剩余粮食转化为收入以后才能进行再消费，粮食交易的价格和方式成为制约农民收入的主导因素。政府高度的粮食交易垄断使得农产品的自由交易权被剥夺，即使在政府保护价收购粮食的政策下，农民也没有获得粮食交易的利益，因为政府的保护价收购给农民传递的信息是农产品交易市场的一种错误导向，农民更多的生产粮食导致在国家财政补贴无法完全承载时，必然的向下调价，农民的利益再一次受损。而在市场导向下，当粮食的价格下调时，农民会及时的调整种植品种及数量，甚至会不种粮食而种植经济作物。粮食在供给减少的时候自然会导致价格的上升，粮食价格的平稳就是在这样一种价格机制下运作的。农民的收益也在这种机制下获得平稳的保障。

第三，农民的社会保障权利被剥夺。农民医疗、养老、失业等社会保障的缺失是众所周知的事实。农民保障制度的丧失并不是农民没有为社会作出贡献，相反农民以社会的贡献不亚于其他社会职业。应当看到，我国农民的增收减负还存在相当大的空间。我国是世界上为数不多的几个仍向农民征收农业税的国家之一，从 1990 年到 2000 年，除了提留统筹和各项社会负担外，国家从农业征收各税总额由 87.9 亿元迅速增加至 465.3 亿元，增长 4.3 倍。有学者曾经做过统计，中国城镇居民人均税赋 37 元；而中国农民人均税额 146 元（《战略与管理》2003 年第 4 期）。1999 年全国农民直接承担的税费负担总额约为 1 200 亿元，农民人均负担税费为 130 多元。其中，农民缴纳的农（牧）业税、农业特产税、屠宰税等各项税收近 300 亿元；农民直接缴纳的村提留和乡统筹费约 600 亿元。“两工”中的以资代劳及其他各种社会负担（包括行政事业性收费、集资、罚款、摊派等）约为 300 亿元。由于没有农民协会这类代表农民利益的组织，农民的声音无法通过组织的载体表达出来，这导致农民在进行权利主张的时候缺乏强有力的代表者，而农民的生产又具有个体性特点，其权利的丧失容易，保障难也就不难理解了。

第四，农民的农地产权也不完整。按照土地法，农地的所有权归集体，农地的使用权归农民。但客观上讲代表集体的村委会及各级政府对农民农地的使用权具有无限处置的权利。首先，农民对土地使用不是永久的，也不能继承，当然更不能买卖。农民只是被严格的限定在确定下来的土地上进行耕种。土地产权拥有主体客观上是虚位的，农民的土地产权从这个意义上讲是缺少的。其次，农民事实上没有出让土地使用权的权利。在实践上由于社会并没有为农民转换身份提供相应的制度保障，农民没有转换其他职业的可能性，除非农民创业建立了自己的乡镇企业或成为农村个体户，但农民的身份没有变化，土地的经营权名义上没有变化，即使让别人来耕种也是一种对别人劳动的支付，不涉及权利变化。再次，在法律上农民经营权没有合法买卖的法律依据，法律上只保障农民的经营权不保障农民的使用权的转让。

2. 农民成为现行产权制度的最大受损者。在土地上进行耕种的农民由于上述权利被剥夺，农民边缘化的速度在加快，撂荒土地到城市打工的农民同样摆脱不了这种边缘化的命运。因为农民被剥夺了上述产权后被迫成为土地的高度依附者，即使农民进城打工，由于没有合法的身份，农民的子弟也没有享受城市福利的权利，包括不能平等的和城市市民子弟享受同样的教育，农民的最终归宿仍然是农村。同时由于农民被剥夺了上述权利导致农民的低素质，他们必然只能从事收入低下，劳动强度大的职业，由于我国不同城市对农民的务工有着严格的职业界定和资格界定，导致农民在选择职业上存在天然弱势。一方面农民被迫廉价的出卖自己的劳动力；另一方面还要用这些微薄收入去支付自己土地的各种税费，农民受到双层的不平等待遇。在这种情况下农民被边缘化是可想而知的。有一组数据说明农民在近年来边缘化的速度。1997 年，农民人均来自农业的纯收入为 1 267.69 元，而 2001 年仅为 1 165.17 元，4 年间人均在农业收入上减少了

102.52元，即减少了8.1%。而我国在农业中就业的劳动力总量，2001年与1996年相比，不仅没有减少，反而增加了约200万人。国家统计局公布的数字显示，2003年前三季度中国城镇居民人均收入为4 719元，而农民的人均收入仅为1 500元，还不及城镇居民收入的1/3。从人均收入的增长情况来看，落后前者5.9个百分点，增长速度仅为前者的三成不到。而1995年城乡人均收入之比为2.49，1978年这个比例为2.36。城市职工所得税的征收起点为800元，而农民不论收入多少都要交各种税费，这明显就是对农民利益的一种剥夺。如果说在计划经济时代通过剥夺农民应该享有的上述权利是为了减少农业投入成本，支持工业的发展还情有可原的话，那么在市场经济的今天，剥夺农民的保障受益权就是对农民的歧视性待遇，在这些产权制度被剥夺的情况下，城乡差距进一步拉大，农民日甚一日的贫困。

三、遏制农民边缘化的产权制度建设构想

1. 建立完善的现代产权制度。完善的现代产权制度是一个系统、公正的保证社会各职业阶层产权利益的产权保护制度，为防止农民产权被剥夺，应该对如下几个方面进行改革：①建立自由的迁徙制度。废除现存的户籍制度，允许农民自由的选择生活的地域及生活方式，农民是一个职业而不是一个阶层，更不能是一个被歧视的阶层，这只有通过废除限制农民进行职业转化的制度来完成，其中现存的户籍制度就最具有歧视性。②实施自由择业制度。取消我国各大中城市的择业限制，城市是全国人民的城市，只要想在这个城市工作，每个人都应该有平等的职位竞争权利，而与每个人原来的身份没有任何关系。③平等享受九年制义务教育制度。不论城市还是农村，九年义务教育的资金由中央政府和省级政府共同拨付，防止出现资金不能及时到位的情况，废除由于资金来源不同而导致的义务教育投资不平等的现实。④实行平等的社会福利制度。主要包括养老制度，失业保险制度，医疗保险制度，社会救济制度，在我国经济实力尚无法提供完全福利的情况下，即使福利水平很低，农民也应该和其他职业者一样享受同等的社会福利，因为这是人权和产权平等的主要体现。⑤建立市场化的农产品交易制度。国家可以制定交易规则，但不能干涉交易双方的权利。允许农民根据市场供求对农产品自行定价，不受限制的自由交易。当市场农产品的交易价格低于农产品的盈亏平衡点价格时，国家应参照美国保护农业的方式的对农民给予直接补贴，防止出现“谷贱伤农”现象。⑥实施永久的农民土地使用制度。在承认土地的所有权归集体的前提下，国家可以将现有的土地按照现在的经营权界定农民的永久使用权，并且可以继承。⑦建立土地使用权的交易制度。允许土地使用权的有偿转让，投资，入股，承认土地使用权买卖的合法性，建立土地使用权的交易规则，监督土地使用权的公平交易。⑧实行农民再教育制度。通过立法赋予国家为农民提供再教育的职责，通过立法强制50岁以上的农民一生必须接受至少一项职业培训，并取得执业资格，以此提高农民素质，增强农民的从业能力，使农民有能力进行职业转换。通过上述制度的建立真正从产权制度上废除原来的对农民歧视性的产权剥夺。

2. 组织成立维护农民产权利益的农民协会组织。农民协会是维护农民利益、反映农民呼声的农民维权组织，它应当具有与工会同等的地位和职能，当农民产权利益受到损害时可以代表农民利益与政府及相关机构沟通，并可同时具有组织协助农民进行选举，监督村委会的工作，保证村委会能够正确行政，防止村委会侵犯农民的合法权益，可参照日本农协的组织办法，按照“自愿、互利、民办、民管理、民受益、共同发展”原则组织农民协会。农协除了维护农民权益外，还可以进行农业指导服务，提供农业信息等。使农民协会成为联系农民和市场的中介组织，这样既能保证农民利益也可以为农民提供相应的配套服务，提高农民的市场掌控能力，同时还可以监

督政府依法行政，防止政府侵害农民利益的行为发生。

3. 改变农业税收政策。我国是世界少数征收农业税的国家之一，而欧盟和美国以及一些发展中国家都在对农业进行补贴。在这国计划经济时期实行长期的剪刀差的农业政策，用农业补工业，农业没有得到应有的积累，农业设施落后，生产模式效率低，生产的技术含量低，交易水平差，交易方式简单，还处在传统农业阶段。在我国农业产业产出与消费双双现出下滑的情况下，已经开始影响整个国家 GDP 的增长了，现在应是工业补贴农业的时候了。国家已着手对现有的农业税收政策进行调整，十届全国人大二次会议通过的政府工作报告已明确提出，在 5 年内完全取消农业税。政府应考虑在取消农业税基础上再逐渐增加对农业的补贴。

4. 为农业生产领域制定优惠的资本吸引策略。农业生产领域目前是外资吸引最少的领域。这既与我们一直实行的土地政策有关，同时也与农业吸引资本的相关法律法规不完善有关。有关数据表明，在 1996—2000 年间，农业部门的国内生产总值为 7.129 1 万亿元，占同期国内生产总值比重的 18.18%。这个期间农业部门协议利用外资占各个行业部门总量的比重为 2.25%，实际利用外资占各个产业部门总和的比重为 1.53%。就是说，农业部门实际利用外资的比重只有农业占国内生产总值比重的 8.42%。“九五”期间农业部门的总投资为 1 148.60 亿元，占全社会总投资比重的 2.05%。这种状况远远不能满足农业与农村经济发展的需要，与农业部门在我国国民经济中的重要地位极不相称。此外，外商直接投资的项目规模普遍偏小，虽有个别引资项目规模达到中等水平，但大多数外资项目都属于小型项目，大多为 50 万美元以下的小项目，远远低于外商投资项目的平均规模。1994 年、1995 年、1997 年和 1998 年我国外商投资项目平均规模分别为 174 万、247 万、243 万和 263 万美元，而同期农业项目平均规模则为 92 万、192 万、131 万和 138 万美元，几乎都只为前者的一半，这在一定程度上制约了我国利用外资水平的提高。所以，为了吸引资本进入农业生产领域，必须制定优惠的吸引各类资本进入该领域的条件，同时还要制定优化农业生产领域利用资本的环境，政府要为资本的进入加大农业基础设施建设，加快农业生产领域保护资本进入的法律法规的出台。建立系列具有不同特色的农业生产特区，加快传统农业向现代农业转化。在其他产权制度建立起来的基础上，农业人口转移的障碍就小多了，实行规模化的集约农业便成为现实。

总之，遏制农民被产权制度边缘化已经是迫在眉睫之事。国家已对原有的农业产权制度进行了调整，促进农民收入的提高已经成为我国的一项国策。今后还需要对现行的产权制度进一步修改，以达到真正公平地保证国家产权的合理受益分配。当然通过产权制度对保证农民获得公正的产权受益保证需要一个很长的过程，需要社会协调的改革才能完成，因此，解决农民边缘化的产权制度建设是一个长期的战略任务。

参考文献

[1] 孙立刚. 资源、产权与农民收入问题 [J]. 农业经济问题. 2001 (12)

[2] 蔡宝刚. 从诺思的产权理论看西方世界兴起的法律逻辑 [J]. 南京经济学院学报. 2002 (06)

[3] 刘艳. 产权制度——农民增收的深层瓶颈 [J]. 财经问题研究. 2002 (05)

[4] 石磊. 中国农业在经济结构变动中的边缘化趋势 [J]. 产业经济研究. 2002 (01)

[5] 张德元，钱海燕. 对农村土地制度的再思考 [J]. 江西财经大学学报. 2003 (01)

[6] 刘鹏. 结构性贫困：对中国农民弱势处境的分析 [J]. 东北师范大学学报. 2002 (01)

[7] 曹燕萍，吴小平. 从城乡一体化看农村税费改革 [J]. 财经理论与实践. 2003 (01)

1981—2000年中国农产品价格上涨的波及效应*

王秀清　钱小平

［摘　要］本文利用投入产出模型，测算了1981—2000年中国农产品价格上涨对国民经济其他部门产品价格上涨乃至全国物价总水平上涨的影响程度。结果显示，农产品价格上涨对全国物价总水平的影响程度呈现明显的下降趋势。1%的农产品价格上涨，在1981年将会导致全国物价总水平上涨0.40%，而在2000年，这一影响程度下降为0.195%。经过20余年的改革和发展，农产品价格对全国物价总水平的影响程度降低了约一半。从农产品价格上涨对各个产业的影响程度来看，食品工业和纺织工业等农业关联产业所受影响最大，但也呈现逐渐降低的趋势。

［关键词］农产品价格　投入产出模型　物价总水平

一、引言

2003年10月中旬开始的中国农产品价格大幅度上涨，又一次引起人们对通货膨胀的普遍担心。多年来，许多学者和政府官员一直存在着粮价上涨会导致通货膨胀的观点。然而，迄今为止并没有实证研究足以证明，是粮价上涨领先于通货膨胀。相反，卢锋和彭凯翔（2002）在收集整理粮食集市价格和消费物价月度数据基础上，运用协整检验和均衡修正模型方法对中国1987—1999年粮价变动与通货膨胀关系的实证研究结果表明，无论在长期意义还是在短期意义上，中国的通货膨胀变动都领先市场粮价变动，粮价对通货膨胀不具有格兰杰意义上的因果关系。但是，人们对这一重要的研究结果似乎视而不见，各种文章（例如张永军，2003）总是不断地强调1985年、1988—1989年和1993—1995年三次较为严重的通货膨胀都是由于上年或当年粮价大幅度上涨所引起的，并由此而引出对这次农产品价格上涨的担心。由此看来，农产品价格上涨对整体物价水平的影响程度到底如何，经过改革开放20余年的发展，其影响程度发生了哪些变化等，仍然是各界十分关心而又尚未得以解决的课题。

由于农产品价格的上涨常常伴随着其他产品价格的上涨，因此，直接分解出农产品价格上涨对通货膨胀的贡献十分困难。但是，有一种类似于自然科学试验的思路可以近似地解决这一问题，即在控制其他条件不变的前提下，单纯地考察由农产品价格上涨这一突发的冲击所导致的其他产业的产品价格变化和整体物价水平的变化。投入产出模型（Leontief，1966）的开发和投入产出表的编制为这类研究提供了可能。投入产出表全面反映了国民经济各个产业部门之间直接与

* 原载《中国农村经济》2004年第2期。

间接的联系，因此，可以用来分析其中某一个产业的突然变化对其他部门带来的影响。沿着这一分析思路，本文利用投入产出模型具体测算了1981—2000年中国农产品价格上涨对国民经济其他部门产品价格上涨乃至全国物价总水平上涨的影响程度，发现农产品价格上涨无论对各个部门产品还是对整体物价水平的影响程度都呈现明显下降的趋势，这从另一个角度说明，不能简单地把伴随着农产品价格上涨的通货膨胀归因于农产品价格上涨。农产品价格上涨对整体物价水平的影响十分有限，而且呈现衰减趋势。该研究结果是对卢锋和彭凯翔（2002）等研究结果的一个补充。本文第二部分介绍分析中所用的均衡价格模型，第三部分讨论分析结果，第四部分是主要结论和政策含义。

二、均衡价格模型

投入产出表揭示了国民经济各产业部门之间直接与间接的联系，既可以用来分析农业产出变化对其他产业产出的影响，也可以用来分析农产品价格变化对其他产业产品价格变化的影响。其基础是建立在一般均衡基础上的均衡价格模型。

投入产出表中投入系数与增加值率的列和为：

$$\sum_{i=1}^{n}\alpha_{ij}+\nu_j=1\ ,j=1,\cdots,n \tag{1}$$

（1）式反映了某产业j生产一单位产品时的费用构成。如果用货币单位表示价格，并将各产业产品（或服务）的价格都标准化为1，则有：

$$\sum_{i=1}^{n}\alpha_{ij}p_i+\gamma_j=p_j,j=1,\cdots,n \tag{2}$$

其行列表达式如下：

$$\begin{Bmatrix}P_1\\P_2\\\vdots\\P_i\\\vdots\\P_n\end{Bmatrix}=\begin{Bmatrix}\alpha_{11}&\alpha_{21}&\cdots&\alpha_{j1}&\cdots&\alpha_{n1}\\\alpha_{12}&\alpha_{22}&\cdots&\alpha_{j2}&\cdots&\alpha_{n2}\\\vdots&\vdots&\vdots&\vdots&\vdots&\vdots\\\alpha_{1i}&\alpha_{2i}&\cdots&\alpha_{ji}&\cdots&\alpha_{ni}\\\vdots&\vdots&\vdots&\vdots&\vdots&\vdots\\\alpha_{1n}&\alpha_{2n}&\cdots&\alpha_{jn}&\cdots&\alpha_{nn}\end{Bmatrix}\begin{Bmatrix}P_1\\P_2\\\vdots\\P_i\\\vdots\\P_n\end{Bmatrix}+\begin{Bmatrix}\nu_1\\\nu_2\\\vdots\\\nu_i\\\vdots\\\nu_n\end{Bmatrix} \tag{3}$$

如果用p表示价格列向量，ν表示增加值率列向量，用A^T表示投入系数矩阵的转置矩阵，则上式可以改写为$p=A^Tp+\nu$，即$p=(I-A^T)^{-1}\nu$。由$(I-A^T)^{-1}=[(I-A)^{-1}]^T$于，所以，$p=[(I-A)^{-1}]^T\nu$，这就是均衡价格模型的基本公式。

当某产业或若干产业的工资与间接税发生变动时，这些产业的增加值率会发生相应变化并最终导致整个价格体系发生变化。如果用$\triangle\gamma$表示增加值率的变化，则价格体系的变化为：$\triangle p=[(I-A)^{-1}]^T\triangle\gamma$。由于在公式$p=[(I-A)^{-1}]^T\nu$当中已经假定价格列向量p的要素均为1，所以，这里计算得出的$\triangle p$本身就表示价格的变化率。该公式可以用来分析某一特定产业产品的价格变化（只有产业i的价格发生变化$\triangle p_i$）通过产业关联而对其他产业产品价格产生的影响。

设b_{ij}为列昂杰夫逆矩阵$(I-A)^{-1}$的元素，则列昂杰夫逆矩阵的转置矩阵$[(I-A)^{-1}]^T$当中第i列的元素为$(b_{i1},b_{i2},\cdots\cdots,b_{ii},\cdots\cdots,b_{in})^T$。其含义是产业i的增加值率变化为$\triangle\gamma_i=1$而对各个产业的价格（包含产业i的价格在内）产生的影响。这时，产业i自身的价格变化恰好为$\triangle p_i=b_{ii}$。而在产业i的价格变化恰好为$\triangle p_i=b_{ii}$时，包括产业i在内的整体价格变化为$(b_{i1},b_{i2}$,

……，b_{ii}，……，b_{in})^T。因此，列昂杰夫逆矩阵的转置矩阵 $[(I-A)^{-1}]^T$ 当中第 i 列的各个元素除以 b_{ii}所得到的 $(b_{i1}/b_{ii}，b_{i2}/b_{ii}，……，1，……，b_{in}/b_{ii})^T$，就是产业 i 的价格变化恰好为 1 时对其他产业的价格影响。如果用$\triangle p^i$ 表示产业 i 的价格变化恰好为$\triangle p_i$ 时对整个价格体系的影响，则可以用如下公式计算：

$$\triangle p^i = (b_{i1}/b_{ii}, b_{i2}/b_{ii}, \cdots\cdots, 1, \cdots\cdots, b_{in}/b_{ii})^T \triangle p_i \qquad (4)$$

当$\triangle p^i$ 等于 1%时，(4) 式的各个元素恰好反映了由产业 i 价格变化 1%所引起的各产业的价格变化率。在此基础上，用各产业占全国总产出的比重对这些变化率加权求和，就可以得到因该产业价格变化所引起的全国物价总水平的变化率。据此，我们既可以分析农产品价格变化对其他各个产业价格的波及效应，还可以分析对全国物价总水平的影响程度。

三、农产品价格上涨的波及效应

根据可以获得的有关中国整体经济的投入产出表资料，本文运用上述分析模型，具体估测了农产品价格上涨 1%对各个产业和全国整体价格的影响程度。其估测结果如表 1 所示。其中，1981—1995 年的数据来源于《新编可比价投入产出序列表》(李强、薛天栋，1998)，1997 年数据来源于《1997 年中国投入产出表》(国家统计局，2000)，2000 年数据来源于笔者根据日本亚洲经济研究所 (IDE，2003) 编制的中国多地区投入产出表中有关资料加总整理后得到的《2000 年中国 17 部门投入产出表》。由于资料来源不一致，各年度中产业部门划分粗细不均，也不完全一致，所以，表 1 中，1981—1995 年的结果只是沿用 1981—1995 年可比价投入产出表中 18 个产业的顺序加以汇总，与 1997 年和 2000 年的结果相应的产业部门则在表注中加以说明。各年度加权平均值是根据各年度最详细的部门划分计算而成。农产品收购价格和居民消费价格资料来源于各年度《中国统计年鉴》。由于投入产出表中采用的是生产者价格，所以，据此计算出的价格影响不能完全等同于对居民消费价格的影响，但可以作为对全国物价总水平的影响的一个近似。具体计算步骤如下：首先，假设农产品价格上涨 1% (即$\triangle p_i = 1\%$) 而其他条件保持不变，根据公式$\triangle p^i = (b_{i1}/b_{ii}，b_{i2}/b_{ii}，……，1，……，b_{in}/b_{ii})^T \triangle p_i$ 可以计算出仅仅因为这一变化所导致的全国各产业产品价格的变化率，其结果如表 1 中“加权平均值”以上的各行所示；然后，用各产业占全国总产出的比重乘以上述变化率之后加总求和得到加权平均值，其含义相当于仅仅因为农产品价格上涨 1%所导致的全国物价总水平的上涨幅度，其结果如表 1 的“加权平均值”所示；最后，该加权平均值乘以当年实际的农产品价格上涨幅度（考虑到投入产出表建立在生产者价格基础之上，所以，用农产品收购价格来代替），可以近似得到各年度源于农产品价格上涨的物价总水平上涨幅度，其结果如表 1 中“源于农业的物价上涨估计”一行所示。把该结果跟当年实际的居民消费价格指数或物价总水平指数变化相比较，可以近似地分解出农产品价格上涨对物价总水平上涨的贡献程度。

表 1 的结果显示，农产品价格上涨对全国物价总水平的影响程度呈现明显的下降趋势。1%的农产品价格上涨，在 1981 年将会导致全国物价总水平上涨 0.40%，而在 2000 年，这一影响程度下降为 0.195%。经过 20 余年的改革和发展，农产品价格对全国物价总水平的影响程度降低了约一半。农业总产出的不断增长以及农业占国内生产总值比重的不断降低使得整个国民经济对农业变化的适应能力不断增强。虽然这里使用的是各产业价格变化的加权平均值，不是居民消费价格指数，不能简单地将结果理解为农产品价格变化对通货膨胀的影响，但是，该指标依然可以大

体上反映农产品价格变化对全国整体价格的影响。以1987年和1995年为例，1987年全国农产品收购价格较1986年上涨了12%，根据表1的影响程度推算，由农产品价格上涨所造成的全国物价总水平上涨幅度应该是3.6%，而当年全国居民消费价格水平较上年实际上涨了7.3%，农业的影响仅仅相当于一半的程度。1995年农产品收购价格较1994年上涨了约20%，根据表1所揭示的影响程度推算的它所导致的全国物价总水平上涨幅度应该约为4%，而当年全国居民消费价格水平较上年实际上涨了17.1%，农业的影响程度下降到不足1/4。全国物价总水平的上涨还存在着农产品价格上涨之外的其他原因。

表1　1981—2000年中国农产品价格上涨的波及效应

单位：%

	1981年	1983年	1987年	1990年	1992年	1995年	1997年①	2000年②
农业	1.000	1.000	1.000	1.000	1.000	1.000	1.000	1.000
冶金工业	0.037	0.057	0.041	0.062	0.038	0.038	0.029	0.026
电力工业	0.020	0.068	0.022	0.045	0.027	0.041	0.023	0.020
煤炭及炼焦工业	0.048	0.089	0.041	0.073	0.042	0.035	0.020	0.025
石油天然气工业	0.039	0.063	0.021	0.034	0.029	0.045	0.014	
化学工业	0.261	0.271	0.174	0.188	0.112	0.090	0.117	0.061
机械工业	0.106	0.166	0.068	0.073	0.041	0.030	0.032	0.023
建筑材料及其他非金属矿业	0.162	0.206	0.074	0.095	0.057	0.048	0.043	0.028
木材加工及家具制造业	0.142	0.256	0.138	0.138	0.102	0.085	0.125	0.088
食品工业	0.778	0.677	0.549	0.524	0.511	0.408	0.506	0.413
纺织工业	0.385	0.367	0.305	0.339	0.248	0.219	0.232	0.193
缝纫及皮革制品业	0.394	0.362	0.298	0.282	0.208	0.155	0.163	
造纸及文教用品业	0.337	0.353	0.213	0.229	0.165	0.140	0.109	0.077
其他工业	0.479	0.475	0.140	0.131	0.129	0.115	0.149	0.039
建筑业	0.129	0.242	0.059	0.071	0.052	0.045	0.039	0.024
运输邮电业	0.019	0.035	0.022	0.040	0.026	0.025	0.022	0.037
商业饮食业	0.142	0.196	0.159	0.168	0.146	0.126	0.380	
其他非物质生产部门	0.051	0.075	0.044	0.053	0.046	0.048	0.065	0.053
加权平均值	0.404	0.413	0.303	0.302	0.239	0.199	0.216	0.195
农产品收购价格较上年上涨	5.90	4.40	12.00	−2.60	3.40	19.90	−4.50	−3.60
居民消费品价格较上年上涨			7.30	3.10	6.40	17.10	2.80	0.40
源于农业的物价上涨估计			3.60	−0.78	0.81	3.98	−0.97	−0.72

注：①1997年各产业依次为：农业、金属冶炼及压延加工业、电力及蒸汽热水生产和供应业、石油加工及炼焦业、石油和天然气开采业、化学工业、机械工业、非金属矿物制品业、木材加工及家具制造业、食品制造及烟草加工业、纺织业、服装皮革羽绒及其他纤维制品业、造纸印刷及文教用品制造业、其他制造业、建筑业、邮电业、饮食业、社会服务业。

②2000年各产业依次为：农业、金属制品业、电气水供应业、开采业、化学制品业、机械制造业、非金属矿制品业、木业、食品工业、纺织服装业、造纸印刷业、其他制造业、建筑业、商贸运输业、服务业。

从农产品价格上涨对全国整体物价影响程度不断下降的趋势来看，许多学者和官员对农产品价格上涨特别是粮食价格上涨将会导致成本推进型通货膨胀的担心应该逐渐解除，相关的农业政策制定也应该从这种担心中解放出来，不能一旦看到粮价的突然上涨就改变市场化改革的方向。特别是不能一旦同时感受到粮价上涨和整体物价水平的上涨就把原因归罪于农产品本身，因为农业对整体物价水平的影响逐渐降低且十分有限。从另一个角度来看，本研究的结果反而提醒我们，随着全国物价总水平对农产品价格的依赖程度逐渐降低，在未来更长期的角度上，在国家和地方财力许可的情况下通过政策把农产品价格维持在一定水平之上将不会对整体经济构成冲击。

农产品价格上涨波及效应越低，上述冲击将会越小。因此，应该及时跟踪和研究整体经济对农产品价格变化的反应和变化。

从农产品价格上涨对各个产业的影响程度来看，农业关联产业所受到的影响最大，但是也呈现逐渐降低的趋势。1981年，农产品价格上涨1%，化学工业、食品工业、纺织工业、造纸及文教用品业等农业关联产业的产品价格分别相应地上涨0.26%、0.78%、0.38%和0.34%；到了2000年，上涨幅度分别下降为0.06%、0.41%、0.19%和0.08%。在1995年以前的投入产出表中没有饮食业的详细资料，所以，不能区分农产品价格上涨对饮食业的影响。但是，1997年的资料显示，农产品价格上涨1%将导致饮食业价格上涨0.38%。受到农产品价格变化冲击最大的食品工业和饮食业，经过近20年的发展，对农产品价格变化的适应能力亦不断增强。在20世纪80年代初期，食品工业几乎是把农产品价格的上涨幅度原样传递给食品工业制品，价格上涨幅度高达0.78%；但是，到了20世纪末，对农产品价格变化的反应幅度下降为0.41%。食品工业的技术进步、库存调节和营销策略等使得食品工业品价格的变动幅度远远小于农产品价格的变动幅度。农产品收购价格指数和食品工业品出厂价格指数显示，在价格上涨时期农产品价格上涨要快于食品工业品，在价格下降时期农产品价格跌落也比食品工业品要快。食品工业通过自身的不断发展，缓和了农产品价格波动对食品工业品价格的影响，从而可以以相对稳定的价格向社会提供食品工业制品。

可以预见，随着农业关联产业技术的不断进步，随着农业占国民经济比重的不断下降，农产品价格上涨对各个产业乃至全国整体物价水平的影响程度将会继续不断地降低。政策制定者和学者的视野应该由关注农产品价格上涨是否会导致通货膨胀转向如何才能增加农业的收入，如何确保在农产品交换过程中农民的利益不会受到严重的侵害。因通货膨胀导致低收入群体生活困难的问题不能再通过强制压低农产品价格的方式来解决。

参考文献

[1] W. Leontief. *Input-Output Economics*, Oxford University Press Inc., New York 1996

[2] 国家统计局. 1997年中国投入产出表. 北京：中国统计出版社，2000

[3] 李强，薛天栋（主编）. 中国经济发展部门分析兼新编可比价投入产出序列表. 北京：中国统计出版社，1998

[4] 卢锋，彭凯翔. 中国粮价与通货膨胀关系（1987—1999）. 经济学（季刊）. 2002年第1卷4期

[5] 亚洲经济研究所. 2000年中国多地区投入产出表

[6] 张永军. 粮油价格全面上涨是新一轮通货膨胀的前兆吗?《上海证券报》（网络版）. 2003-10-31

论旅游业的关系营销*

刘 丽　李 山　王 铮　何有缘　刘 娟

［摘　要］文章探讨了新兴的关系营销模式在旅游业中的应用问题。结合江西省上饶市旅游业发展规划，针对旅游产品特点，提出旅游业关系营销的中心是形成顾客友好。为此提出实行全面质量管理、提供额外的服务和多样化奖励、实行“回头客”优惠制、产品开发与游客互动、开展顾客化营销、建立旅游服务链、建立信息系统和参与慈善活动等，并且提出了实行旅游业关系营销的10个技术要点。

［关键词］旅游业　关系营销　顾客友好

一、引言

20世纪70年代以来，我国的旅游业从无到有地迅猛发展，近几年来，随着社会经济的快速发展，人们对旅游的需求程度不断增加，这就刺激了旅游业的开发热潮。20世纪90年代，随着长假制度的建立，旅游业开发达到高潮，许多地方政府为了谋求区域经济新的增长，大量开发旅游区和旅游项目，结果旅游区“遍地开花”，仅仅4A级旅游区及国家级风景名胜区（不重复计算）就达到322个。在众多的地区积极发展旅游业、建设旅游区的情况下，旅游业营销就成为了一个重要问题。

旅游业营销作为一种经济活动，从旅游业开始发展就在我国出现。20世纪90年代开始，我国出现了相应的旅游业营销研究，到20世纪90年代后期，出现了旅游业营销专著，如冯若梅(1998)[1]和旅游营销教材如谷慧敏（2002)[2]。到目前为止，这些研究多注意传统的营销方法在旅游业中的应用，对新兴的营销方法关注较少。本文结合江西上饶市旅游业的营销问题，探讨关系营销在旅游业中的应用问题。

关系营销的思想最早产生于20世纪70年代。这一理论思想逐渐形成了Nordic服务学派（从服务角度看待管理和营销）和IMP小组（将产业组织视作一个相互关联的网络）。这两个学派的共同观点是：营销不仅是一项职能，更是一个管理课题；管理营销是开展市场导向的管理活动，应当建立在关系的基础上，而不是以交易为基础（Henning-Thurau，Hansen，2000)[3]。到20世纪80年代末，“关系营销”成为一门学科。随着企业间竞争的日益激烈，这一理论得到广泛传播，很多著名企业已经把关系营销作为企业的核心理念并取得了成功，例如英国马狮百货的成功和戴尔公司的成功。然而，人们对关系营销的认识主要还是处于理念、观念阶段，因此在旅游业

* 原载《中国农业大学学报（社会科学版）》2004年第2期。

领域还未引起注意。怎样把理论和实践结合起来，真正地在旅游企业经营过程中贯彻关系营销的观念，是旅游业营销研究中的难题。

本文第二部分介绍关系营销的原理，第三部分讨论旅游业的特殊性对关系营销的修改，提出旅游业关系营销的 10 个技术要点。

二、关系营销进展

什么是关系营销？关系营销作为发展中理论，不同作者的概念范围有所不同。Sheth 和 Paratiyar（1995）指出[4]，关系营销是“解释、说明和管理企业与供应商及顾客已有的商业合作关系”，而 Gummessson（1999）则将关系营销定义为“以关系、相互作用和网络关系为基础”的营销理论[5]。李蕾（2000）认为，所谓关系营销，就是企业必须与顾客、分销商、政府等相关组织和群体建立、保持并加强关系，通过互利交换和共同履行诺言，实现企业自身目标[6]。综合各家之言，关系营销理论的关键在于：不仅争取和创造交易是重要的，而且维护和巩固已有的关系更加重要；不仅是给予承诺，更重要的是履行承诺；建立有利的商业关系需要企业与顾客及其他利益相关组织和群体建立相互信任。

关系营销的中心理念是“顾客维系”，从而实现“顾客忠诚”，即顾客与组织建立稳定的消费关系。

从供应商的角度来看，顾客维系就是一系列旨在加强顾客关系的活动。从供求关系的角度来看，顾客维系就等于一定时期内供需双方的良好的关系气氛。为此它强调要识别顾客，对顾客分类营销，选择重点。顾客维系的基本技术包括：①建立顾客满意指标（CSI）；②形成倾听顾客习惯并利用他们的建议去改革；③ 实现顾客化营销即根据每个顾客的不同需求制造产品并开展相应的营销活动；④建立、维持和使用顾客数据库。

为了实现上述的技术要点，Henning-Thurau ，Hansen（ 2000）强调在技术应用中需要把握 6 个原则，被称为“6I 原则”，它们包括[7]：

供应商必须尽力获得其客户的可靠信息并建立客户数据库，利用数据库的信息进行顾客关系营销（Information）；

企业必须选择有价值客户进行投资（ Invest- ments）；

为顾客提供个性化服务，也就是顾客化服务（Individuality）；

价值创造过程中企业应注意和顾客之间的互动（Interaction）；

把顾客整合到价值创造过程中，即让顾客参与价值创造过程（Integration）；

企业应用关系营销战略的目的应该是创造与竞争对手不同的交易关系（Intention）。

顾客维系的目的是实现“顾客忠诚”。顾客是企业存在和发展的基础，市场竞争的实质是对顾客的争夺。关系营销的最终目的是要通过维系现有顾客获得经营成功，因此关系营销理论要求企业必须切实关心顾客的利益，提高顾客的满意程度，从而实现顾客对企业的信任、亲情和友好。

由顾客对企业的信任、亲情和友好构成的顾客忠诚，关系营销理论强调它具有下列的特征：①双向沟通。②合作，并通过合作实现协同。③双赢及多赢。旨在通过合作增加关系各方的利益，而不是通过损害其中一方或多方的利益来增加其他各方的利益。④亲密。必须让参与各方能从关系中获得情感的需求满足。⑤ 控制。企业建立专门的部门，用以跟踪各利益相关者的态度，由此了解关系的动态变化，及时采取措施消除关系中的不稳定因素和不利于关系各方利益共同增长因素。

作为顾客忠诚的内容，在企业的营销关系中，忠诚的顾客包括与企业关系最直接和密切的当属供应商和分销商。顾客忠诚意味着与他们建立起牢固、稳定的关系，使之对企业产生某种联盟关系，对保证企业关系的正常运转发挥积极作用。这里强调供应商与分销商，是因为企业与供应商和分销商在产品开发、产品质量、制造和后勤等方面的全面沟通和合作，能保证企业生产经营的顺利进行，同时通过双方的合作有助于提高产品质量、降低成本，更有效地满足顾客需求。另外，公司在市场上的声誉也是部分地来自与供应商或中间商所形成的关系。

作为顾客忠诚的一部分，关系营销包含员工忠诚的内容。关系营销注意内部营销，即把员工看作是企业的内部市场，任何一家企业，要想让外部顾客满意，它首先得让内部员工满意。只有工作满意的员工，才可能以更高的效率和效益为外部顾客提供更加优质的服务，并最终让外部顾客感到满意。而只有员工忠诚了，才可能实现上述目标。

由顾客维系到顾客忠诚，关系营销形成不同于传统营销的特点。在表 1 中我们给出了关系营销与传统的交易营销的差别。

表 1　关系营销与交易营销的主要区别

不同之处	关系营销	交易营销
主要目标	保留顾客	一次性交易
关系长短	长期	短期
基本战略	现有关系维系	找寻新的顾客
联系强度	很高	低
相互依赖程度	一般很高	一般较低
对顾客服务的重视程度	高度重视	较少强调
市场范围	所有内外部市场	仅限于目标市场
内部营销职能	战略支持作用	没有或有限的作用
生产观念	大规模顾客化	规模生产
质量观念	全面质量管理	生产管理
评价指标	顾客份额	市场占有率

除了顾客维系和顾客忠诚，关系营销还强调：①优秀的企业离不开优秀的人才，面对激烈的市场竞争，关系营销认为企业应该关注劳动力市场上的各种人力资源的变化，为企业的发展网罗各种有用人才。②在竞争者市场上，企业营销活动的主要目的是争取与那些拥有与自己具有互补性资源竞争者的协作，实现知识的转移、资源的共享和更有效的利用。种种迹象表明，现代竞争已发展为“协作竞争”，在竞争中实现“双赢”和“多赢”的结果才是最理想的战略选择。③注意金融机构、新闻媒体、政府、社区，以及诸如消费者权益保护组织、环保组织等各种各样的社会压力团体，对于企业的生存和发展也会产生重要的影响。因此，企业有必要把它们作为一个市场来对待，并制定以公共关系为主要手段的营销策略。

三、旅游业关系营销

在认识了关系营销原理的基础上，我们可以讨论旅游业的关系营销问题。基于游客旅游目的的多样性，它们的行为有差异，因此我们将游客分为观光型和休闲型。把面向观光型游客的旅游区称为观光型旅游区，面向休闲型游客的旅游区称为休闲型旅游区。

在关系营销中强调顾客维系，希望顾客稳定地购买企业组织地产品。对于旅游消费来说，要求游客稳定地到一个景区旅游消费至少对于观光型游客来说是不可能的。因此，观光型旅游区维系的不是一般游客，而应该是旅行社乃至导游。因此观光型旅游区需要与旅行社达成双向沟通、合作、双赢、亲密的关系，不仅如此，需要有专门部门跟踪它们，建立它们的数据库，发现它们的可合作性。

然而，游客毕竟是真正意义上的顾客，仅仅维系旅行社是远远不够的。对观光型游客，旅游区不谋求顾客忠诚，但是需要谋求"顾客友好"，顾客友好即游客为旅游区提供好的评价、鼓励新的旅游者，挖掘潜在的市场。事实上，通常旅游者对旅游目的地的选择多数基于从已经到旅游区旅游过的游客那里获得信息，游客对旅游区的评价往往成为新旅游者选择目的地的最重要基础。我们在上饶的调查表明，到上饶来的游客中约有41%是根据亲朋好友推荐才来这里旅游的；其次是受到电视广播的影响，另外有8%是看到书刊杂志上的宣传；当然这里还有一个不容忽视的途径是单位组织来上饶旅游的，这部分占到了10%的比例；通过旅行社的介绍来上饶旅游的游客只占5%。另外网络作为一种新兴的传媒途径，目前在旅游信息提供方面仍然不占主体，但是发展快。网络特点的"言论自由"和高速传播，对旅游区发展影响大。对上饶婺源，许多游客在互联网上发表赞扬婺源的言论，发表赞扬婺源美的诗文，使得许多人认识了婺源，成为游客。可见顾客友好的重要性。

按照关系营销理论，与游客实现沟通、合作，形成双赢、亲密的关系可以达到"游客友好"。必须指出，目前我国一些旅游区给导游"回扣"，看起来是关系营销，实际上欺骗了游客，违背了"双向沟通、合作"的原则，一旦曝光，就会使游客产生敌视情绪，结果愤怒地评价旅游区，导致旅游区形象受损。

怎样建立与游客沟通、合作、双赢、亲密的关系，达到"游客友好"呢，我们认为下列措施是必要的：

1. 强调旅行社和旅行团体的作用。事实证明，因为旅行社这样的团体在组织客源方面比其他团体和个人更有效，而且他们是从事专业活动的单位，将旅行社作为主要营销对象，可以建立稳定的互惠关系，在互惠这一点上，比散客更容易实现。除了旅行社，工会、妇联以及其他可能组织福利活动的单位也是重要对象。

2. 建立长期关系，实行"回头客"优惠制。对旧地重游的游客和旅行社，实施凭旧门票购买优惠门票、服务等折扣，这一措施包括对当地居民实行优惠。这种方式可以引起游客对旅游区的认同感和自身的荣誉感，从而自发为旅游区宣传，也利用了人们喜欢"优惠"的心理和显示优越的心理。将创造由"回头客"、"当地人"带来别的游客的机会。笔者之一，1995年曾经建议昆明民族村采用这种制度，他们至少实行了"当地人"优惠制，结果扩大了市场。

3. 通过现有关系开发市场。增加游客亲情，与关系单位分享利益是通过现有关系开发市场的基本手段。游客旅游大多带有放松自己、回归自然的需要。亲情的作用也带来了放松与回归的感觉，使得游客对旅游区产生美好感觉。许多关系的建立使得游客和旅行社对旅游区认同。关系单位的联系共享是实行合作的基础。增加亲情的一个办法是参与慈善事业。有规模有效益的旅游区和旅游组织，可以通过参与慈善活动来营销自己。这种慈善活动，如有可能与旅游区有联系，可以尽力推进。活动不要仅仅限于捐赠，而要有稳定性。例如本文作者之一曾经建议云南民族村提供云南民族地区旅游免费咨询，资助出版《民族文化旅游》杂志，前者争取大众的亲切感，后者争取知识界的亲切感和公众的崇敬心理。

4. 提供额外的服务和多样化奖励。为游客提供额外服务和多样化奖励，使游客产生喜出望外的感受。例如在游客离开旅游区时赠送纪念品，抽取下一个旅游区的门票等，但事先决不言明。这种制度也包括在旅游中或者游客离开后抽取幸运游客，为游客提供下一次或下一个景区旅游的某种优惠，例如免费门票、来旅游区的路费。一般讲这种被奖励者可能会带来陪同人员，增加新的游客。为了实现喜出望外，额外服务需要不断变更形式，不然就成为固定模式反而滋生不满。我们知道 DELL 计算机销售几乎每个月都有优惠，但优惠形式月月变化，不然就成为“份内”，没有惊喜。

5. 开拓游客化营销，实行个性化服务。旅游业难于根据每个顾客的不同需求制造产品，但是可以针对不同游客群开展相应的营销活动。例如专门为老年人服务的银色旅游项目，选择平缓路线，配备护士同行、提供特色项目。又如与工会、团组织联系，提供特色旅游，组织特色的节目表演。不仅如此，旅游区需要根据最近的特色，发展适合某些群体的游客化项目。因为我国游客文化水平普遍提高，北京、西安等发展了皇家文化色彩的风光游，2002 年我们曾经建议太湖旅游区发展突出汉族民间文化精神山水游，它适合目前有文化的城市居民旅游。

6. 建立旅游服务链。将旅游服务作为产品供应，按供应链模式建立旅游服务链。包括与旅行社的联合、几个景点的互相配合、住宿和购物的一体化服务，从而扩大市场。推行“一票制”，“一票制”作用在于从游客“内部”挖掘了市场。但是一票制的运作一定要景点互补，不要使游客感到重复、失望，感觉上当。同时“一票制”形式要多样化，要让游客凭“一票”有选择，不要没有选择而造成强迫心理。感受强迫，是与游客的旅游动机违背的。另一方面，一定要防止敲诈、回扣行为，排除有这样的企业参与，不然宁可不建立这样的服务链。

7. 大规模顾客化。在旅游区倾听游客意见，不仅如理论所指出的产品的思想改进绝大多数来自顾客，而且，倾听游客意见，意味着游客参与了旅游区建设和旅游产品开发，其结果是激发游客的认同感，产生亲密关系。产品开发注意与游客互动，事实上许多好的景区创新构想最初来自顾客而不是专家。倾听游客意见还包括出版或者在网上发表游客的游记、艺术作品，为某些有文学爱好、艺术爱好的游客实现一定程度上的“抱负”。例如婺源县在自己的旅游网页上登载游客游记。

8. 实行全面质量管理。全面质量管理，就是“全员、全过程、全组织”的质量管理。游客旅游是为了体验生活美、追求享受，为此首要任务是让游客感觉舒适。实行全面质量管理就要求为游客提供全面的舒适感受。旅游业需要开发好景点，为游客提供方便的服务，休息场地、小卖部、厕所、道路等布局与设计需要为游客着想，不仅如此，旅游区的服务中心及周围环境还要形成舒适、美观、协调的环境，同时提供微笑服务也是重要的。云南省旅游业的发展，与它在“世界园艺博览会”之前，几乎全民动员，改造城市有极大关系。在江西婺源，我们建议他们建设好服务中心，不仅要推进已经形成“中国最美的乡村”形象建设，而且要在县城和旅游通道形成“中国最大的公园”形象，收到了效果。为改变城市形象，北京提出反“膀爷”（男性光上身出入街道），上海提出反“万国旗”（伸到户外空间晾衣服），都体现了全面质量管理的思想。

9. 坚持旅游区创新。创新是旅游区的生命。旅游区创新包括服务创新、景区创新、旅游商品创新以及观念创新。这种创新使游客感到旅游区具有新的生命力，可以游览新的内容，获得新的知识，触发看看新面貌和感受新文化的旅游动机。值得注意的是，景区创新反对经常破坏旧景点，相反要维护好这些景点，但是可以根据文化观念的进步，改变解说方式、解说内容。各种创新的基础是观念创新，适应新的美学观念。例如，对于舞阳河旅游，我们根据它的青年期喀斯特地貌特点，强调它是与广西桂林山水（老年期喀斯特地貌）、云南石林（壮年期喀斯特地貌）并列的“天下第三景”。

10. 建立游客信息系统。建立游客信息及意见的数据，以及游客满意度评价系统，动态掌握

游客及一般旅行社动向，并且实施评价，提出改进方案。由于这是一个专业化的工作，需要有专家帮助，不搞“土法上马”。

总结上面关于关系营销管理的讨论，我们提出了表2的技术要点。

表2 旅游业关系营销特点与技术要点

特征	关系营销	交易营销	技术要点
主要目标	旅行社、游客团体	散客	首先需要争取旅行社，建立服务链
关系长短	长期	短期	实行回头客优惠制，每年抽样为离开的旅客寄送小礼品或贺年片
基本战略	通过现有关系开发市场	独立找寻新的游客	增加游客亲情，与关系单位分享利益
联系强度	很高	低	认真听取游客意见并给以奖励，实行多样化奖励，与部分游客分享利益
对顾客服务的重视程度	高度重视	较少强调	开展游客化营销，实行个性化服务，如针对特殊团体的护士随行等
市场范围	所有内外部市场	仅限于目标市场	通过建立服务链
经营观念	大规模顾客化	规模生产	景区建设与游客互动，建立游客联谊会，出版游客游记等
质量观念	全面质量管理	景区管理	注意游客的非观光要求，附加服务、期望产品。改进区域环境
景区建设	坚持景区创新	维护和扩大景区	景区创新重点在观念创新、服务创新，在增加内容的前提下扩大景区
评价指标	顾客份额	市场占有率	建立游客信息系统

在这10个技术要点中，个性化服务，重要的是增加亲情，争取游客。听取游客意见，奖励建议者，值得注意的是，游客的奖励必须坚持奖励的多样化，不然游客会把奖励看作旅游区必须付给的东西，DELL计算机直销中，经常实施加价奖励，但是奖品却经常变化，实现了奖励多样化，不然可能适得其反。大规模顾客化需要与游客产生互动活动，使其在景区得到才能的发挥，成为Y型管理的产物。景区建设与游客互动，除了引起游客对旅游区的认同感和自身的荣誉感，重要的是获得改进意见，使得旅游区能提供让游客更满意的服务。此外，全面质量管理也是很重要的，因为游客希望在旅游中安全、放松，这种行为对于休闲性旅游来说更重要；而个别服务不到位和环境欠佳的景区，会破坏游客的休闲心理，使之产生敌意，结果导致负面宣传。在许多地方发展旅游中，一味强调扩大景区，其实如果没有新的更强烈刺激感观的形象物体，扩大景区反而会带来旅游区平均景观水平下降，使游客产生浪费时间的感觉，所以景区扩大必须与旅游活动增加配合。最后，信息系统的建立是现代产业的特点，它的应用已经在各产业收到了良好效果。

在江西省上饶市旅游规划中，我们强调了这10个技术要点，提出上饶旅游的营销口号是：乡情美，绿染群山，鸟乐江湖。这个口号突出了关系营销基本战略增加亲情的思想，也强调了现代美学观念。由于积极推广新的营销方法，在与其他措施配合下，上饶市2002年游客量比2001年增加近一倍，尤其是婺源县旅游发展最为迅速。

四、结语

关系营销是一种新兴的营销模式，它在众多领域取得成功。本文把它从一般产业推广到旅游业中，提出了旅游业关系营销的活动基础。

旅游业在发展中，旅游营销作为新兴学科也在发展中，我们期待着旅游营销理论的快速发展，旅游营销方式的丰富。

参考文献

[1] 冯若梅，黄文波．旅游业营销［M］．北京：企业管理出版社，1999

[2] 谷慧敏．旅游市场营销［M］．北京：旅游教育出版社，2002

[3]［7］Henning thurau T，Hansen，U.（ed）. Relationship marketing：gaining competitive advantage through customer satisfaction and customer retention［M］. Berlin：Spinger，2000

[4] Sheth J H，Parvatiyar. Relationship marking in consumer markets：antecedent and conseguences［J］. J Academy of Marketing Science，1995，23（4）：255～271

[5] Gummesson E. Total relationship marking：from 4Ps to 30Rs of the new marketing paradigm［M］. Oxford：Butterworth-Heinemanm，1999

[6] 李蕾．引入关系营销［J］．管理视野．2000（2）

关于发展经济学学科定位与发展方向的思考

刘 拥 军

［摘　要］发展经济学应当是经济学中关于增长与发展问题的学问，它正随着经济学的发展而发展。那些声称发展经济学“走下坡路”或“已经死亡”的人，主要是对发展经济学的学科定位不准确。不恰当的学科定位使发展经济学陷入尴尬境地并引发失望情绪。发展经济学不是与经济学分庭抗礼的独立学科，它是一门以经济学为基础，不断从经济学的最新成果中汲取养分的经济学分支学科。发展经济学不仅需要将历史上发达国家的发展经验和当今发展中国家经济发展中的经验教训兼容并蓄，而且需要将古典的发展思想与现代经济学的前沿成果融为一体。准确的学科定位有利于发展经济学在与其他经济学学科的相互学习、融合与互动中不断向前发展。

［关键词］发展经济学　学科地位　发展方向

一、发展经济学走入低潮的原因

尽管有关经济增长与发展的思想源远流长，但发展经济学直到第二次世界大战后才成为一门独立学科，其目的在于解决发展中国家的经济发展问题。20世纪30年代，苏联经济的快速工业化、资本主义全球性经济危机以及随后发生的凯恩斯革命，都对战后诞生的发展经济学的走向产生了重大影响（克鲁格，1997）。五六十年代发展经济学的基本出发点是发展中国家的经济结构与发达国家有实质性差别，因而从发达国家中孕育出来的正统经济学理论不适用于发展中国家，特别需要一门独立的经济学理论来指导这些新独立国家的经济发展实践。发展经济学的早期创立者们建立了一系列专门针对发展中国家的理论模型，如著名的大推动理论（罗森斯坦—罗丹），贫穷的恶性循环论（纳克斯），低水平的均衡陷阱理论（纳尔逊），平衡增长（赫希曼），两缺口模型（钱纳里），而影响最大的则是由1979年诺贝尔经济学奖获得者阿瑟·刘易斯于1954年首创，后来由费景汉、拉尼斯、乔根森等人做了进一步修正和发展的二元经济模型。所有这些模型的共同特点都是通过国家干预和计划手段促进资本积累以迅速实现工业化。正由于这一特点，早期发展理论迎合了落后国家力图在最短时间内赶超发达国家的强烈愿望，因而赢得了发展中国家的普遍青睐。可以说，年轻的发展经济学一登场便轰轰烈烈，不仅得到了广泛传播，而且也确实对战后发展中国家的发展战略和经济政策产生了重大影响。从20世纪50年代到70年代，凝聚着发展经济学早期核心思想的进口替代工业化战略成为各国纷纷追求的战略模式。然而好景不长，进入80年代以来，除新兴工业化国家外，大多数发展中国家陷入国际收支失衡、外债缠身、持续通货膨胀、失业率上升以及由农村凋敝导致的结构失衡之中。经济理论界开始反思发展战略的失误，对发展经济学的批评也甚嚣尘上。许多人把发展中国家经济发展的不成功归罪于发展经济学，更有人对发展经济学作为一门学科的合法的地位提出了质疑。许多经济学家甚至一些著名的发展经济学家也对发展经济学的前途或持悲观看法（拉尼斯）、或提出了批评（赫希曼）。经济学界的普遍看法是：发展经济学在经历了五六十年代短期的繁荣之后走入了低潮（刘易斯）。西方许多著名学者甚至声称发展经济学已经死亡或不复存在（拉尔，1985；克鲁格曼，1995）。我国国内学者则大多认为发展经济学方兴未艾、大有可为（张培刚，1989），有的学者还认为发展经济学正处于“全面繁荣时期”（马颖，2001）。客观地讲，我国学者的看法与西方主流学者的看法有较大的差距。那么到底如何看待发展经济学目前的状况呢?

关于经济增长与发展问题的研究长期以来一直在经济学研究中占据重要位置，这些研究成果已经在经济学园地中形成了一块独立的领域，而且在战后有了更加明确和更有针对性的研究对象——发展中国家，因而将其独立成为一门经济学学科本是顺理成章之事。在20世纪五六十年代发展经济学繁荣时，没有人怀疑这门学科的合法地位。为什么西方经济学界会认为这门学科会走下坡路，甚至连其最起码的生存合法性都受到质疑呢？依笔者之见，发展经济学之所以被西方主流学者认为走下坡路并非简单地是由于发展中国家的经济发展出现问题，因为当被研究的对象出现问题时，旧的理论被抛弃是正常的，而一门学科就此走下坡路却是不正常的。当理论不能解释现实时，也恰恰是诞生新理论的契机。发展经济学进入低潮也并不是由于五六十年代出现的新思想过多，需要相对平静的时间去吸收和消化（刘易斯）。笔者认为，其走下坡路的根本原因是不切实际的学科定位，总体来说就是早期的发展经济学过分强调发展中国家经济结构的异质性，与此相联系进而过分强调发展经济学有别于主流经济学的特殊性。从20世纪40年代末、50年代初这门学科成立之初开始，发展经济学对西方主流经济学主要采取批判的态度，一些发展经济学家甚至试图建立完全独立于主流经济学之外的发展经济学，短期的成功助长了这种心理。不切实际的学科定位导致发展经济学在相当程度上与主流经济学分野。这是发展经济学走入低潮的根本原因。具体说来，进入80年代后发展经济学之所以走入一个低潮大体上有如下几个原因：

(1) 发展经济学没有及时吸取经济学中的最新研究成果。60年代以后，经济学中新制度经济学、信息经济学、博弈理论开始兴起。以产权、特别是以产权、交易费用为核心的制度分析补充了新古典分析的不足；信息经济学大大扩充了经济学家们的研究视野；博弈理论则为经济学家提供了一种全新的研究方法。许多发展经济学家基于学科偏见没有主动或及时地将这些新的理论与方法运用到对发展问题的分析。

(2) 发展经济学没有处理好与一般经济学的关系。受学科定位的影响，早期发展理论多以发展中国家经济结构的特殊性为出发点，相对忽略了从一般的发展角度看待发展问题的思路，因而不仅对发达国家早期的发展经验重视得不够，而且对古典的经济发展思想挖掘得不深。

(3) 发展经济学没有建立起坚实的微观基础。受凯恩斯经济学的影响，早期发展经济学的一个显著特点是从宏观的角度观察问题，寄希望于通过国家干预迅速改变落后的经济结构，对经济发展的微观机制并未深入研究，对欠发达国家中个人及企业面临的发展约束重视不够。

(4) 发展经济学侧重于挖掘发展中国家在经济结构方面与发达国家的重大差别。但却没有充分认识到发展中国家与发达国家在经济体制和市场成熟度方面的重大差别。发达国家拥有完善的市场体制，而发展中国家在市场成熟度及产权制度建设方面却非常落后。忽视市场的作用，强调国家干预成为早期发展经济学的重要特点之一。发达国家的政府干预是建立在市场体制的基础上的，而不发达国家的国家干预则是建立在市场不发达的基础上，前者的结果是对市场作用形成补充，而后者的作用却是对市场形成抑制和替代。

二、发展经济学的学科定位

20世纪五六十年代，发展经济学从发展中国家结构的特殊性出发创造了许多宏大的模型，致使许多人误认为发展经济学是一门独立于主流经济学的学科。这就一方面形成对发展经济学的过高期望，另一方面使发展经济学与主流经济学的对立日益加深。这样就形成了一个矛盾，一方面发展经济学艰难地在发展中国家的特殊性中寻找自己的合法地位，另一方面发展经济学又不能排除经济学对它的强大影响。回顾发展经济学的演化脉络，经济发展思想的演变与主流经济学的演变是密切相关的。战后初期经济学中凯恩斯主义盛极一时，发展经济学中主张国家干预的结构主义学派便占据了上风，当60年代后货币主义及理性预期学派的兴起，新古典经济学重新确立了在经济学中主流地位时，发展经济学中的新古典学派也占据了上风。80年代后，当新制度经济学大行其道，科斯、诺斯等新制度经济学家相继获得诺贝尔经济学奖后，以产权、制度分析为核心的新制度经济学又对发展经济学的走向又产生了重大影响。由此可见，发展经济学本质上并不是一门独立于经济学之外的学科。它既不是大杂烩，也不是欠发达国家专用的经济学，它应该是一门既包括增长问题又包括发展问题的视野开阔的经济学分支学科。

经济发展的思想却源远流长，在经济学开山鼻祖亚当·斯密的著作中就可以找到丰富的关于经济发展的思想。资本主义发展早期的经验也为后来的发展经济学提供了丰富的素材。从这个意义上讲，在发展经济学正式建立以前，它就已经孕育在正统的经济学中了。尽管如此，这些关于经济发展的思想并没有形成一门独立的发展经济学。边际学派的兴起和数学在经济学中日益广泛的应用对整个经济学的走向产生了重要影响。在马歇尔写作《经济学原理》时，面对经济学中的两大主题——分工及专业化演进和资源的优化配置，他选择了后者。因为资源配置问题已经可以借助数学工具模型化。当然，正是由于数学的引入使经济学确立了作为一门科学的合法地位，而且成为社会科学皇冠上的一颗明珠，新古典经济学也由此确立了其在经济学中的主流地位。但遗憾的是，分工和专业化演进这样重大的发展思想被马歇尔归结为规模经济问题一笔带过。从此以后直到发展经济学诞生，关于经济发展和增长的思想从主流经济学的教科书中消失了。早期的发展经济学并没有认真地梳理经济学中关于增长与发展的早期思想，踌躇满志的发展经济学家们热衷于建立宏大的理论模型，这些模型都是根据发展中国家的结构特点设计的，这就使发展经济学与主流经济学的距离越拉越大。发展经济学就像一个抱负远大的离家出走的浪子，倔强地寻找着属于自己的天地。客观地讲，年轻的发展经济学也确实干出了一番事业，缪尔达尔、刘易斯、舒尔茨等发展经济学家相继获得诺贝尔经济学奖标志着经济学界对发展经济学的认同。然而，一味地强调发展中国家的特殊性，只能使自己的路子越走越窄。忘记了自己的渊源，相当于割断了自己思想的源泉。正如著名发展经济学家金德尔伯格在论及发展经济学与主流经济学具有重新融合趋势时指出的那样："这种融合并不像是离家出走的孩子回到永远正确的父亲面前那样，发展经济学的许多理论对主流经济学的进一步发展也能起到重大影响"。但无论如何，当80年代后经济增长理论日益受到西方主流经济学家的重视时，人们对发展经济学却逐步丧失了热情与兴趣。

从发展经济学的起伏中需要吸取的最重要的教训是：发展经济学的发展离不开经济学的发展，新的经济学理论的不断出现为发展经济学的发展提供了不竭的源泉和动力，也正是发展经济学进一步发展的良机。可是，许多发展经济学家抱着旧思维不放，从主观上排斥经济学科中出现的新思想或前沿理论。在他们眼中发展经济学是一门与主流经济学分庭抗礼的学科，因而故步自封，面对经济学中喷涌而出的新思想，他们不是主动去学习和吸收这些新的思想，而是哀叹发展经济学走下坡路了。笔者认为，关于发展经济学生死存亡的争论根源在于对发展经济学的学科定位。如果把发展经济学仅仅定义为研究发展中国家的理论和政策问题，并过分强调其特殊性，发展经济学就不能随着经济学的发展而发展。而如果把发展经济学定义为研究增长与发展问题的经济学应用学科，发展经济学就能将古典的发展思想与现代经济学的前沿成果融为一体，将发达国家早期工业化阶段的经验和当今发展中国家发展经验融为一体。人们就会改变一提发展经济学就会想到二元模型、大推动理论、贫穷恶性循环的印象，发展经济学将成为一门不断汲取经济学中不断涌现出的丰富思想的应用性经济学科。发展经济学不仅将获得蓬勃的生命力，而且必将对发展中国家的经济发展实践具有更强的指导意义。

三、发展经济学的演进方向

发展经济学要想重新获得生命力，首先必须更加细致地揭示经济发展的微观机制。发展经济学不排斥宏观经济分析，但决不能仅仅建立在宏观经济分析上。发展作为一种特殊的现象需要国家的推动，但这种推动必须找到一个准确的切入点。如果把国家干预看作一个杠杆，发展的微观机制就是一个确保杠杆发挥作用的支撑点。战后发展中国家经济发展的实践已经充分证明：过度的国家干预不仅不能解决发展问题，而且还带来价格扭曲、寻租、腐败等一系列严重问题，进一步增加经济发展的难度。社会经济的运行是一个复杂的系统，各种力量互相发生作用，其复杂程度远远超出了人类的想像，绝非像哈罗德—多马模型描述的那样提高储蓄率就能实现经济的快速发展。各种经济力量必须借助于市场这架大机器有机地结合在一起，互相推动，才能最终产生出我们称之为“经济发展”的现象。国家干预不是去替代市场机制的作用，而是弥补市场失灵，帮助市场更好地发生作用。

早在两百多年以前，亚当·斯密就描述了我们称之为经济发展的“富裕的增进”过程。人的生产效率提高的关键是更加专业化，从社会的角度看就是扩大分工的范围。分工通过提高人的熟练程度、节省从一项到另一项工作的转换时间以及有利于机器的发明三种方式提高生产率。但分工主要受到市场范围的限制。扬格（Allyn Yang，1928）在就任皇家经济学会主席的主题演讲中，进一步发展了关于分工的理论，其主要内容是：一方面分工受市场范围的制约，另一方面专业化和分工的演化又会产生收益递增，从而降低产品的成本。而产品成本的降低又会扩大需求，扩大市场。可见，专业化和分工协作是生产率提高的源泉，分工与市场的相互促进推动经济进步。那是什么因素导致人们能够自愿地扩大彼此之间的分工与合作呢？斯密指出，是由于人们的自利心使然。每个人为了自己的利益去努力，通过“一只看不见的手”最终实现了社会利益的最大化。新制度经济学的兴起使我们认识到这只“看不见的手”就是指资本主义经济运行的规则体系。以科斯等人为代表的新制度经济学家们认识到了市场交易是有费用的，如果交易的费用太高，则市场就不能实现人们之间的产权交换，人们通过市场进行分工与合作就会受阻甚至根本就不会发生。交易费用的高低主要取决于制度及规则的完善程度。市场规则越健全，人们之间的交易就越便利，人们之间的分工与协作就越容易。综合上述分析我们发现，在古典思想、新古典经济学、新制度经济学的结合之处，一条发展的微观脉络便清晰可见了。这就是产权——交易费用——市场规模——分工演进——经济发展。这条线索有两个要点：①要通过市场机制充分地利用个人的利己之心，人的利己之心是推动市场规模扩大及分工演进乃至经济发展的动力之源。②不断修改和完善规则，清晰界定产权，不断降低经济活动参与者之间交往的交易费用是保证分工、市场扩大乃至经济发展的外部条件。

过去当市场交易受阻的时候，人们首先想到的是政府干预，而不是想到去完善市场，增强市场的功能。20世纪30年代伴随资本主义经济大萧条诞生的凯恩斯经济学对战后世界各国的经济政策都产生了重大影响。发达国家施行凯恩斯主义政策的后果导致了70年代出现“滞胀”问题。而深深打上凯恩斯主义烙印的发展经济学给发展中国家开出的药方也没能带来经济的持续发展。反思战后两类国家出现的问题，都是由于忽视了市场的基础性作用。在这个问题上，发展中国家要更明显一些，过分强调政府干预的作用，必然会忽视甚至破坏市场的基础性作用。本来发展中国家的市场机制就不完善，强调国家计划的作用进一步妨碍了市场功能的发育和成长。造成市场的扭曲。对政府的过分依赖不仅没有弥补市场的缺陷，而且造成腐败和“寻租”行为的恶性蔓延。所有这一切都源于对经济运行的本质理解不深，违反了经济运行的内在机制。

新制度经济学中产权和交易费用的思想使我们认识到市场经济也是一个不断完善、发展与成熟的过程。市场经济的运行要求对产权进行不断的明确、细化及调整，这种制度越细化，交易费用越低，市场经济的运行效率就越高。从西方资本主义国家的发展经历看，市场经济的发展过程就是一个不断界定和完善产权制度以降低交易费用，从而获取专业化和分工利益的过程。分工和专业化的演进会增加交易费用，而产权的清晰界定会降低交易费用，只有不断降低交易费用，才能推动分工和专业化向纵深发展（杨小凯、张永生，2000）。衡量市场经济的成熟程度，可以有很多指标，但分工水平与交易费用的高低是其主要衡量标准。越是发达成熟的市场经济，可实现的分工水平越高，其在特定分工水平下交易费用越低。越是不发达的市场经济，分工水平越低，其在特定分工水平下交易费用越高。看来，市场机制能不能实现资源的有效配置，能不能推进分工和专业化的演进，还要看市场的发育程度及与其相关的交易费用的大小。产权是资本主义市场制度的基础和前提。市场的功能能否正常发挥，产权界定是关键。妨碍产权的实现必然会影响当事人对物品的使用和获得来源于市场的收入，其实就是妨碍市场功能的正常发挥，从而会增大市场交易的摩擦与成本。产权界定越清晰，交易费用越低。产权界定越模糊，当事人的机会主义倾向越强烈，交易费用越高，市场越不成熟。可以说，只有一个能充分保障产权的制度，才可能把经济中行为人的报酬和激励联系起来，才能充分地调动人的潜力和积极性，一个充满活力的经济，必然是一个充分依赖人类自利心理的经济，一个能够把这种自利心理转变为社会发展动力的经济。

从一定意义上讲，发展经济学确实要向主流经济学“复归”。但这种复归不是简单地回到新古典经济学，而是在更广泛的意义上吸收古典经济学、新古典经济学、新制度经济学、博弈论以及信息经济学中的新思想。发展经济学不是另起炉灶，而是运用现代经济学理论去分析解释广泛存在的增长与发展现象。发展经济学不是宏观经济学的分支，而是经济学的分支。重新定位的发展经济学是一门兼容并蓄、视野开阔的学科，经济学中不断涌现出的新思想成为研究发展问题的理论和方法基础，这样的一门发展经济学当然不会走下坡路，更不会死亡了。从80年代以后的客观实际情况看，发展经济学也并没有停下前进的脚步，不断有人将经济学中的最新成果运用到对发展问题的分析，如卢卡斯（Rorbert Lucas，1988）对人力资本作用的揭示，斯蒂格里茨将信息经济学的研究成果与发展问题的结合，新制度经济学对发展中国家制度演变的深入研究，新古典经济学和新增长理论关于经济收敛的丰富文献，将古典分工理论数学化的新兴古典发展理论，这些都可以看作80年代后发展经济学的新进展。此外，今后发展经济学的研究重点还包括以下几个方面：

（1）如何充分地利用人的自利之心。人的自利之心不是发展的障碍，而是发展的动力和源泉。发展过程必须是一个广大人口有利可图并且积极参与的过程（吉利斯等，1989）。六七十年代发展经济学关注的是如何削减贫困、满足人的基本需要、改善收入分配。笔者认为，不如把思路改一下，即怎么样调动广大人民群众为改善他们的福利而努力和奋斗。

(2) 如何在保证人类追求自利的过程中彼此之间互相合作。如何建立彼此之间交易的正常秩序，如何避免一些人在追求自利时损害其他人的合法利益。也就是说，如何建立保障所有人的合法产权的制度，减少人与人交往的不确定性，降低社会运行的成本。

(3) 如何确定政府的作用。政府应该做那些事，不该做那些事。怎样才能形成一个"保护性政府"，在不损害社会效率基础的前提下努力促进社会的公平。如何制约政府的权利，怎样才能使合法使用暴力的政府不至于侵害到个人或公民的合法权利。如何通过设计更完善的公共选择机制推动制度变迁，克服制度变迁过程中的利益集团的阻挠。

(4) 如何实现可持续的经济增长，保持人与自然的协调与平衡。经济增长是改善人类福利的手段，但追求经济增长也使我们付出了惨重的代价，这个代价就是自然资源的耗竭和环境的破坏。以人为中心的发展战略不仅关心当代人的福利，而且关心下一带人的福利，保持经济的可持续增长。

(5) 在全球化日益发展的今天，如何避免全球经济发展中的两极分化现象。如何避免国际分工利益的不均衡分布。如何将那些人力资本非常贫乏的国家结合到全球分工与协作的网络之中。更多地考虑这些国家的利益和发展。

参考文献

[1] 詹姆斯·A·道等．发展经济学的革命 [M]．上海：上海人民出版社，上海三联书店，2000

[2] 科斯等．财产权利与制度变迁 [M]．上海：上海人民出版社，上海三联书店，1994

[3] 吉利斯等．发展经济学 [M]．北京：经济科学出版社，1989

[4] 刘易斯．经济增长理论 [M]．上海：上海三联书店，1990

[5] 杨小凯，张永生．新兴古典经济学和超边际分析 [J]．北京：中国人民大学出版社，2000

[6] 马颖．发展经济学 60 年的演进．国外社会科学．2001 (4)

[7] Bardhan, P. K. and T. N. Srinivasan . Cropsharing Tenacy in Agriculture: Rejoinder. American Economic Review, 1974, Vol. 64

[8] Krueger, Anne O.. Trade policy and Economic Development: How We Learn. The American Economic Review, 1997, volume 87, number 1, p1～22

[9] Krugman, P. . Development, Geography, and Economic Theory, Cambridge, Massachusetts: the MIT Press, 1995

[10] Lucas, Rorbert E. On the Mechanics of Economic Development. Journal of Monetary Economics, 1988, volume 22, p3～42

[11] North, Douglass C.. Institutions, Institutional Change and Economic Performance. Cambradge University Press, 1990

[12] Romer, Paul M.. Increasing Returns and Long - run Growth. Journal of Political Economy, 1986, volume 94, No. 5, p1002～1037

[13] Yang, Allyn. Increasing Returns and Economic Progress. The Economic Journal, 1928, No. 152. Vol. 38

[14] Yang Xiaokai, Shi Heling. Specialization and Product Diversity. The American Economic Review, 1992, volume 82, number 2, p392～397

浅谈基于资源的企业可持续竞争优势的建立

李晓红

[摘　要] 文章在讨论了企业可持续竞争优势概念及作用的基础上，系统评述了基于资源的可持续竞争优势问题，并依此提出了建立企业可持续竞争优势的模型。

[关键词] 资源　可持续竞争优势　企业

需求的多样性，环境的多变性及竞争的激烈性，使战略管理已经成为现代企业管理的核心；而寻求竞争优势，维持竞争优势则是战略管理的关键和战略管理理论研究的重要方向。波特教授从战略角度提出的企业获取竞争优势的总成本领先战略、差别化战略和目标集聚战略已为大家所熟知，本文仅从企业所拥有的资源角度来探讨持续竞争优势的建立模式。

一、竞争优势和可持续竞争优势

1. 竞争优势内涵。竞争优势的概念最早是由英国经济学家张伯伦（E. Chamberlin）在1939年提出的，1978年，霍弗和申德尔（Hofer & Schendel）把它引入战略管理领域。直到20世纪80年代中期，哈佛商学院的波特教授（Michael E. Porter）才开始对企业的竞争优势进行系统和深入的研究。

到目前为止，对竞争优势的概念还没有一个统一的定义。霍弗和申德尔认为，竞争优势就是，“一个组织通过其资源的调配而获得的相对于其竞争对手的独特性市场位势。”波特认为，企业竞争优势“来源于企业为客户（即消费者）创造的超过其成本的价值。价值是客户愿意支付的价钱，而超额价值产生于以低于对手的价格提供同等的效益，或者所提供的独特的效益补偿高价而有余。”巴尼（J. B. Barney）认为，“当一个企业能够实施某种价值创造性战略而其他任何现有和潜在的竞争者不能同时实施时，就可以说该企业拥有竞争优势。”

尽管这些定义或概念在表述上有所差别，但是其基本内涵却是一致的，即企业竞争优势就是指一个企业在向消费者提供具有某种价值的产品或服务的过程中所表现出来的超越或胜过其他竞争对手并且能够在一定时期之内创造超额利润或获取高于所在行业平均盈利率水平的属性或能力。

2. 企业可持续竞争优势内涵。在市场竞争中，企业不仅希望能够在短期内或某个时点上获得竞争优势，而且更希望能够在长期内抵御竞争者的侵蚀而守住已有的竞争优势。

战略管理理论认为，持续竞争优势就是指能够在长期内一直存在或维持的竞争优势。例如，波特就认为一个企业只要能够长时间维持高于所在产业平均水平的经营业绩，就可以说这个企业具有持续竞争优势。这是持续竞争优势的表现。但由于技术的进步、消费者偏好的变化、政府政策的变革、新企业的进入及竞争对手的反击和模仿，企业原有竞争优势将被削弱，故巴尼认为只要企业拥有竞争对手无法复制的战略优势，它就具有了获取持续竞争优势的源泉。

二、持续竞争优势与资源关系的理论综述

目前，关于资源对企业（行业、国家）竞争优势贡献的研究，比较典型的理论有：比较优势理论、资源基础理论、环境理论。

1. 比较优势理论。比较优势理论认为国家在特定产业上的成功主要是依据土地、劳动力和天然资源等所谓的生产要素。一个国家可以从自身拥有最丰富，可以密集使用的要素中，获得比较优势。如大卫·李嘉图的比较成本理论说明不同国家具有不同的资源禀赋条件，通过国际分工和交换可产生比较优势；亚当·斯密则认为专业化可提高生产率，可导致产业在一定地域范围内的集中；俄林的资源禀赋差异论认为，各国资源的差异决定了一国的产业类型是资本密集型还是劳动密集型。这些是对资源与竞争优势关系的最早认识。

2. 资源基础理论。20 世纪 80 年代产生的资源基础理论对企业（产业）竞争优势的形成也有精辟的阐述。如，沃纳菲尔特 1984 年美国在《战略管理杂志》上发表了《公司资源学说》一文，提出了公司拥有和控制的资源、企业的组织能力和知识的积累是解释企业获得超额收益、保持竞争优势的关键。其后，更多的资源学派研究者对资源的内涵、特性进行了深入的研究，他们认为，维持企业竞争优势的“资源”是指那些符合价值性、稀缺性、不可模仿性和不可替代性，并可以为企业带来超额收益的资产，企业竞争优势正是来源于企业拥有、并利用这些异质性资源获得的超额回报。企业要保持持续的竞争优势必须通过某种隔离机制来限制自身的异质资源被模仿、替代和复制，隔离机制的强度越大，效率越高，优势维持的时间越长；或者，企业可以通过不断创新，生成具有增值作用和稀缺特点的资源，以建立先动者优势，保持持续的竞争力。

3. 国家优势理论。1990 年，迈克尔·波特教授在其著作《国家竞争优势》一书中研究提出，一个国家的特定产业能在国际竞争中出现竞争优势，是因为有形成竞争优势的国家钻石体系，即竞争优势来自于国家的四大特质：生产要素条件、需求条件、相关产业与支持产业以及企业战略、结构和同业竞争。其中生产要素决定了在产业中竞争的必要资源投入，如劳动力、土地、资本、自然资源和技术等。不同的生产要素在不同的产业竞争中有不同的作用。一个国家的特定产业竞争优势不仅来源于广泛可得的通用生产要素，更来源于其所创造的专业化生产要素；拥有某些优势要素并不必然意味着具有竞争优势，有效地调动要素的能力也是保持竞争优势的关键。

三、基于资源的企业持续竞争优势获取机制分析

由以上理论分析可知，企业的资源是建立竞争优势的必要条件，没有资源，竞争优势建立就成为“无木之本”，但不同理论所强调的资源内涵不尽相同。比较优势理论中，形成竞争优势的资源仅指企业拥有的有形的物质资源，如自然资源、劳动力、资金等；资源基础理论中，对资源的界定不仅仅指企业拥有的有形物质资源，也包括无形的智力资源、技术资源，甚至企业运用整合资源的技巧、能力也被看作企业的一种特殊资源，而且这些资源均是异质、稀缺、不易被模仿的；另外，不仅包括企业内部资源，也包括外部资源，如企业与客户、供应商、政府、咨询机构、高校、标准组织等组织的关系；波特教授的国家优势理论中，影响一国产业竞争优势的资源要素是指关键性、专业性的生产要素及运用这些专业要素与通用要素的能力。由此可见，随着资源与竞争优势理论的发展，资源的内涵越来越广，特性也越来越明确。综合以上三种关于资源与

竞争优势的理论，可有如下启示：

1. 企业获取竞争优势的源泉在于拥有专用性、关键性的资源要素。这是因为，一个企业的运营需要多种资源，但并非每种资源都同等的重要。行业中每个企业都能广泛使用和容易获取的资源称之为通用资源；关键资源或专用资源或异质性资源则是本企业区别于行业中其他企业而特有的，具有增值性、稀缺性、不可模仿性和不可替代性的资源。专用资源或关键资源或异质资源的增值性和稀缺性有助于为企业尽快创造价值，不可替代和不可模仿有助于企业尽量保留价值，因而能使企业获取和保持竞争优势的应该是企业资源和能力中的关键资源。

2. 隔离机制可以保持关键性、专用性资源的异质性，从而可以维持企业的可持续竞争优势。隔离机制是企业的专有资源或关键资源不被对手模仿、替代，从而保障自身资源异质性和竞争优势的措施。企业一旦获得竞争优势，通过有效的隔离机制可以获得一个比较长的优势维持。隔离机制的强度越大，效率越高，有效期就越长，优势维持时间也就越长。一般来说，隔离机制可通过完善产权制度、加强保密措施、提高市场进入壁垒来建立，也可以通过资源产生的路径依赖性来建立。若关键性资源或专用资源产生依赖于企业（行业）特有的背景和行为，则该资源的形成过程就具有不可模仿性、不可交易性。这种路径的依赖性必然会成为资源保值和维持稀缺性的首要机制。

3. 持续的创新活动可以培植、更新、丰富企业专有资源，维持企业的持续的竞争优势。由于企业的竞争优势容易因竞争对手的模仿或替代而丧失，因此创新活动就成为企业获取竞争优势的最根本途径。企业根据市场的信息，投入一定的资金、人力，通过研究开发等一系列的创新活动可以创造出有别于竞争对手的专用性资源，如形成具有自我知识产权的专利技术、专有技术等。这些专有资源在其自身的保护机制下可为企业带来超额的利润，使企业获得竞争优势。企业通过不断地创新活动就使得竞争优势不断地从现在过渡到未来，进而获得持续的竞争优势。

企业持续的创新能力存在于企业技术能力、管理能力和资源禀赋之间的交互作用中。具有相似资源的企业由于管理能力及技术能力的不同，资源的利用效率和转化速度差异很大，企业的竞争优势也表现出巨大反差。一般说，资源禀赋是创新活动的作用对象，处于创新过程最开始部分；技术能力是具有技术特性或依附于专业技术人员的技能和知识的集合，它可使企业获取时间、成本和价格方面的竞争优势，是创新能力的根本性基础；管理能力是企业有效的开发、整合企业的内部资源、外部资源的技巧，它对重塑一个企业的技术基础和资源基础有很强的反作用力，可以提高技术与资源的配合度，提高创新活动的效率，是创新活动的催化剂。因而，基于资源禀赋、管理能力及技术能力的结合创新活动，可以培植、丰富、更新企业的专有资源，是持续竞争优势建立的关键环节。

四、基于资源的企业持续竞争优势获取模式分析

根据以上分析可知，企业可持续竞争优势建立及维持的良性循环过程如图1所示。

具体来看，企业可以通过以下两条途径/模式获取持续竞争优势：

（1）找寻、识别企业现有的关键性或专用性资源，以此为基础形成核心竞争力，并在隔离机制保护下获取超额收益，进而使企业获得竞争优势；竞争优势的增强使得企业在竞争中处于有利地位，能以较强的竞争力击败对手，获取或吸引更多资源，从而进一步丰富了企业的专有或关键资源。这样就形成了一个持续的竞争优势循环圈。

（2）基于企业的技术能力、管理能力，通过整合现有资源，进行创新活动，培植或形成新的

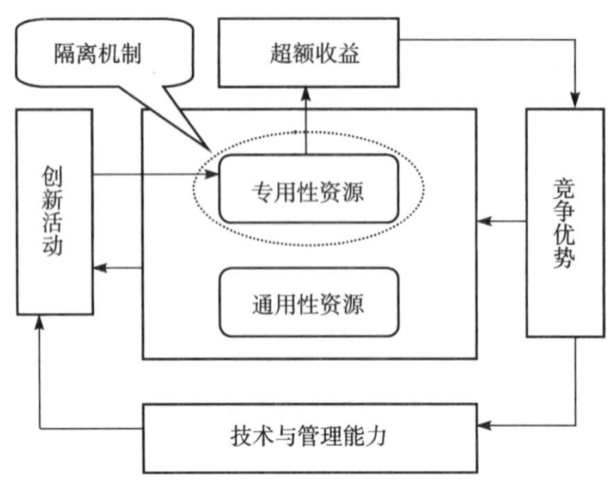

图 1

专用性或关键性资源；专用性资源或关键性资源在隔离机制保护下给企业带来超额收益，使企业获得竞争优势；竞争优势不仅丰富了企业的资源，并且强化了企业的技术与管理能力；在技术、管理与资源的推动下，企业创新活动会创造出更多、更强的专用资源。这样又形成了一个持续的竞争优势循环圈。

以上的结论可从我国中药企业的发展略见一斑。我国具有竞争优势的中药企业可以分为三大类：第一大类包括同仁堂、云南白药、九芝堂、桐君阁、广州药业（旗下拥有“陈李济”、“潘高寿”、“采芝林”等多个“中华老字号”品牌）等中药企业。这些企业主要以品牌这一独特的无形资产为先导，同时又很重视地道药材的种植及知识产权的保护，例如同仁堂制药必求地道药材，在遵古炮制方面极其认真，并不惜工本，分别在吉林、湖北、山西、浙江、河南、河北等地进行了中药材 GAP 基地建设；而云南白药建立了武定药材种植基地，以求药材的地道；而且他们大多数产品进入国家医保目录和申请了新药专利；第二大类包括东阿阿胶和吉林敖东等中药企业。这些企业主要是借势于得天独厚的道地资源和区位优势。例如，东阿阿胶具有“地道药材（驴皮）和独特水质”的资源优势；而吉林敖东则地处有丰富的地道药材的长白山区。这一独特的地理、生态和物产优势使该地区在清代即被列为皇室御用药材封禁宝地，目前该公司拥有生产规模居亚洲之首的梅花鹿养殖基地，长白山绿色药材基地、吉林省科尔沁草原植物药发展研究基地、四川巫溪中药材原料加工基地、珠海海洋生物药品生产基地以及 4 个人参种植场等；第三大类主要是一些现代中药企业。这些中药企业的产品既缺乏悠久的历史，又几乎不依赖于当地特有的某种药材，但他们同样业绩出色，其最大的特色在于利用现代技术研发创新。主要包括中新药业、昆明制药、金陵药业、三九医药、太极集团、天士力、通化东宝等。例如太极集团技术储备强，拥有国家级企业技术中心，内设 13 个博士后工作分站，与重庆中药研究院、太极医药研究院及国内外 30 多家著名科研院所、100 多名专家合作；而通化东宝先后投资 2 亿元于 1998 年 10 月研制出中国第一支基因重组人胰岛素，使得我国成为世界上第三个能够生产基因人胰岛素的国家，并已申请国际专利；2002 年又投资 1.99 亿元启动了国家级高新技术产业化工程“基因重组人胰岛素高技术产业化示范工程”；目前已开始了基因胰岛素原料药、基因胰岛素制剂的出口路程。

由以上的分析可知，我国具有竞争优势的中药企业，虽然由于各家历史、环境及实力的差异，各自形成了独特的核心竞争力，但这些核心竞争力正是得益于以上竞争优势获取的两种模式：专用资源驱导型以及创新—专用资源驱导型。尤其在现代知识经济时代，企业的已不能单纯

依靠传统生产要素投入来实现持续发展，而应该更多的应转向通过技术创新、制度创新以推动资源开发为主的内涵式发展，综合技术创新水平将成为今后企业能否在未来市场竞争中获胜的至为关键性因素。

参考文献

[1] 迈克尔·波特．竞争优势．华夏出版社，1997
[2] 贺小刚．企业可持续竞争优势 [J]．经济管理·新管理．2002 (14)
[3] 迈克尔·波特．国家竞争优势．华夏出版社，2000
[4] 王静鹏等．企业家能力与企业可持续竞争优势 [J]．经济管理·新管理．2002 (12)
[5] 蒋学伟．动荡环境中的企业持续竞争优势 [J]．经济管理·新管理．2002 (2)

全球经济一体化条件下的中国品牌农业发展*

陆　娟

[摘　要] 加入WTO，意味着我国真正进入经济全球化大潮中，意味着我们的企业所面对的市场更为开放，竞争更为激烈。在开放和竞争的市场上，品牌可谓是市场的灵魂。每一个企业，甚至每一个国家都只能通过自己的品牌步入市场和占领市场，从而确立其在市场竞争和世界经济中的地位。我国是一个农业大国，但不是农业强国，其原因就在于我国缺少富有市场竞争力的农产品品牌。面对全球经济一体化条件下的开放市场，中国只有发展品牌农业，才能巩固我国在世界经济中农业大国的地位，并使我国由农业大国走向农业强国。

[关键词] 全球经济一体化　品牌农业　品牌创立　品牌维护

一、全球经济一体化条件下的品牌与中国农产品品牌

随着全球化市场竞争时代的到来，品牌已成为一种新的国际语言进入千家万户，国际品牌超越了民族文化的障碍，以其独特的品牌魅力吸引着全球的消费者。品牌在市场经济中已起到不可估量的作用。联合国工业计划署的调查表明，名牌在整个产品品牌中所占比例不足3%，但名牌产品所占有的市场却高达40%以上，销售额占50%左右。难怪有人说，未来的营销是品牌的战争——品牌互争短长的竞争。加入WTO后的中国农业企业，也已被历史无情地推入了这场没有国界和终结的竞争——品牌竞争之中。人们逐渐认识到，每一个企业，甚至每一个国家都只能通过自己的品牌步入市场和占领市场，从而确立其在市场竞争和世界经济中的地位。

品牌是一个系统，是产品或企业市场属性的综合体现，是企业与顾客之间的关系性契约。品牌首先是反映不同企业及其产品之间差别的标识，但这只是品牌最表层的含义。由于顾客消费的不是品牌本身，而是与品牌相联系的产品。因此，品牌的差异必然与企业及其产品本身客观存在的差异相联系。也就是说，从深层次意义上讲，品牌的不同代表了不同企业及其产品之间的差异或特征，而不仅仅代表标识的不同。品牌所代表的不同企业及其产品之间的差异或特征，并非纯粹取决于不同企业及其产品本身客观存在的差异或特征，还取决于顾客对不同企业及其产品的认知。因此，更进一步讲，品牌事实上是顾客对产品的知觉。由于知觉与顾客的主观因素（如个性、爱好等）有关，所以，客观上同样的产品，就可能由于顾客主观条件不同，从而导致顾客对产品的认知不同，而产生不同的品牌偏好。这说明，所有的品牌都借助于产品实体而产生，但品

* 原载《国际商务》2004年第3期。

牌的发展又相对独立于产品。品牌的这种特性，为农业企业根据顾客心理需求增加自己品牌的差异性或个性特征提供了广阔的空间，为我们认识和研究农产品品牌发展战略指明了方向。

对于品牌发展的研究，农业晚于工业，因此，目前我国的农产品品牌尚处于数量少、竞争力弱的起步阶段。正如一些学者所认为的那样，我国农产品品牌存在“四多四少”现象，即在市场上的农产品中，无品牌的多，有品牌的少；在已有品牌的农产品中，品牌不注册的多，注册的少；在农产品品牌的设计中，以地名、人名命名的多，有寓意、创意的少；在农产品品牌宣传中，宣传品名的多，宣传品牌的少。品牌意识的薄弱，品牌发展的战略性思维的缺乏，导致我国农产品在市场上（特别是国际市场上）缺乏知名度与美誉度，从而使我国在加入WTO后一段不长的时间内，遭遇“绿色壁垒”、反倾销指控等农产品贸易争端不断上升。这不仅使我国广大的农民和农业企业遭受巨大的经济损失，而且也严重影响了我国农业的健康发展。

针对目前我国农产品品牌上存在的上述问题，笔者认为，现阶段中国发展品牌农业的关键是抓好品牌的创立与维护工作。只有这样，才能创立一批富有市场竞争力的品牌，并让这些品牌在维护中得到不断发展。

二、农产品品牌的创立是发展我国品牌农业的基础

由于目前我国农产品品牌的数量相对比较少，要发展我国的品牌农业，必须创立出足够数量的农产品品牌。品牌创立的目标是形成一批具有较高知名度和美誉度的农产品品牌。换言之，创立品牌是为了发展品牌，使品牌最终成为驰名品牌或国际级乃至世界级的品牌。因此，在品牌创立阶段，就要考虑赋予品牌足够的生命力与成长能力。要做到这一点，首先必须进行品牌的准确定位，明确品牌的个性与发展方向；其次是在品牌定位的指导下设计理想的品牌名称，使品牌有个有别于其他品牌的视觉符号及声响符号；要让顾客了解品牌的定位与品牌名称，还必须依赖于品牌形象的塑造与传播，这是品牌创立战略的第三步。只有通过以上三大步骤，才有望在品牌创立阶段塑造出企业所期望的理想品牌。因此，我们认为，品牌创立具体应包括品牌定位、品牌命名与品牌形象的塑造。

1. 品牌定位。“定位”一词是由美国著名营销学家杰克· 特劳特和艾尔·里斯于1972年首先提出的。所谓品牌定位，就是针对潜在顾客的心理采取行动，即要将品牌（产品）在潜在顾客的心目中定一个恰当的位置。经过20多年的进一步研究后，杰克·特劳特（1995）又指出，定位的基本原则并不是去塑造新而独特的东西，而是去操纵原已在人们心中的想法，打开联想之门，目的是要在顾客心目中占据有利的地位。对企业而言，品牌定位是指企业的品牌要在顾客的脑海里留下有别于竞争者品牌的印象和位置。由此可见，品牌定位的实质，就是为品牌培养一定特色，树立一定的形象，以求在顾客心目中形成一种特殊的品牌偏爱。品牌定位不是去琢磨产品，而是要在琢磨顾客想法上下功夫。

为了达到品牌定位的目的，品牌定位的实施必须经过以下三个步骤：一是确定所创品牌所具有的潜在竞争优势。必须通过市场调查的研究分析，才能确定企业在产品、服务、技术、成本和形象等方面能与竞争者相区别的竞争优势。二是选择竞争优势，即在上一步确定的若干竞争优势中选择最重要的竞争优势，作为企业的定位优势。三是向目标市场显示竞争优势。企业选择竞争优势的最终目的是让目标顾客知道其竞争优势，并使该竞争优势成为企业品牌在目标顾客心目中的“定位”。然而，竞争优势不会在市场中自动显示出来，企业必须运用一切力量，明确地将这些优势告知消费者。而企业一旦将某种足够打动消费者的独特属性作为自己的品牌定位后，就必

须不遗余力地利用各种机会不断强化这种定位。

2. 品牌命名。心理学研究显示，语言文字的力量远远胜过影像，是打开人的心灵的最有效的传播媒介。有了好名字，就拥有了吸引潜在顾客的诱饵。Keller（1998）认为，品牌资产与消费者对品牌的认知直接有关，而在品牌的认知要素中，品牌名称是一最根本和最关键的要素。

品牌名称的重要性引来了对品牌命名的许多研究。纵观国内外有关品牌命名的研究，笔者认为，尽管现实中有许多不同的命名程序被用来进行新品牌的命名，而且不同的命名程序中也确实存在着某些特色，但大多数命名程序都离不开一些基本步骤。当今的中国农业企业如果掌握了这些基本步骤，就基本上能给品牌取出一个理想的名字了。这些基本步骤包括：定义品牌目标、开发品牌名、筛选品牌名、对最后确定的5～10个品牌名进行更为广泛的信息搜索、对品牌名进行消费者测试、以及选择并注册品牌名这六大步骤。

定义品牌目标是品牌命名的第一步，它是根据品牌命名的基本原则，即有利于发挥品牌认知、品牌联想和名称功能的原则，确定用什么类型的品牌名，以确保新品牌名与公司目前众多品牌相匹配，与公司目前的品牌文化相匹配，并使新品牌名富有创新。品牌目标确定以后，便是根据品牌目标开发品牌名。也就是利用各种可产生名字的资源，如公司经理与雇员、潜在顾客（包括相关的零售商与供应商）、广告公司、专业命名顾问、以及专业计算机命名公司等，开发出尽量多的品牌名称和概念。接下来根据步骤一定义的品牌目标，从便于营销的角度对所有品牌名进行筛选。筛选时主要考虑品牌名是否含义不清、是否难发音，是否已经被用过，是否太接近某个已存在的品牌名，是否有明显的法律缺陷，是否与品牌定位有明显的矛盾等。品牌命名的第四步是对经筛选确定的最后5～10个品牌一一进行广泛的信息检索，特别是国际法律检索。对品牌名进行消费者测试可以帮助品牌名设计者们来判断品牌名的可记忆性与意义，因此，这一步也必不可少。最后，在以上各步骤搜集到的信息的基础上，选择一个能使公司品牌目标和营销目标最优化的品牌名并将其登记注册。

3. 品牌形象的塑造。品牌形象不仅取决于产品质量形象，而且取决于顾客对以产品质量为基础的品牌个性特征的理解和认知。因此，品牌形象的塑造，关键在于对产品完善质量的追求，以求树立品牌个性特征并对品牌个性特征信息进行有效传播，以强化顾客对品牌的正向认知与评价。所以，品牌形象塑造应包括对产品完善质量的追求和对信息进行有效传播。而经验表明，最有效的信息传播策略是广告与公关。

名牌首先是一个质量概念，质量是名牌之本。消费者对名牌的信赖主要也是对名牌质量的信赖，高质量的内在品质是名牌商品在市场上立于不败之地的根本保证。对产品完善质量的追求，一方面，强调的是质量的物质性和社会性的协调统一。质量的物质性表现为绝对质量，即产品的技术水平和技术含量；质量的社会性表现为相对质量，即产品满足社会需要的程度。相对质量的提高要以绝对质量的提高或改进为基础，但绝对质量的提高或改进只有符合社会对质量的需要，才能转化为相对质量的提高。名牌商品一定要注意研究不同消费条件下的社会质量需要，研究消费者的质量观念和质量评判标准的变化。我国许多企业已在这方面作了有益的尝试，如白酒行业从传统的高度白酒转向低度酒的开发，就是一个成功的范例。对产品完善质量的追求，另一方面，强调的是名牌产品在技术上的独创性和领先性，以塑造品牌的产品质量形象。目前，我国农业企业多数还没有形成以创新性技术为基础的竞争力。农业企业要采取多种措施，包括直接融资，充实企业资金，将资金投向关键性技术改造项目，形成面向市场的产品开发和技术创新机制，这样才能从根本上促进农业品牌的成长与发展。

广告主要是通过沟通和说服过程来塑造品牌形象的。①消费者看到广告可以产生对品牌的认知，从而对品牌产生熟悉的感觉。②使消费者认知品牌的利益和属性（利益的基础）。③广告也可以在受众中创造感觉，从而使他们开始与品牌或消费相联系。④通过对代言人和各种实施工具的选择，广告可以创造品牌的形象，即“品牌个性”。⑤广告可以创造这样的印象，即该品牌正为消费者的同事或专家——消费者喜欢仿效的个人或群体——所热衷。这五种效果可以创造对品牌热衷的爱好或态度，它随后应该导致购买行动。为了达到以上的广告目标，必须实施广告的信息战略与媒体战略。广告信息战略的任务是确定以品牌个性为沟通内容，并对沟通此内容的最有效方式进行决策；广告的媒体战略则确定投入多少资金在媒体上支持广告活动和利用哪个大众媒体。

由于消费者每天都要面对众多的广告，他们总是极力避免广告而且对其内容感到怀疑。为了吸引这些难以打动的消费者，并以某种可信的方式将信息更巧妙地传达给他们，越来越多的现代公司倾向于做好“公共关系”，即以公众利益为出发点，通过有效的管理和双向信息沟通，在公众中树立良好的品牌形象和信誉，以赢得企业内外相关公众的理解、信任、支持与合作，为企业的品牌发展创造最佳社会环境。公关的目的是塑造品牌形象，搞好公关的关键是选择适当的公关信息与工具。科特勒（1997）认为，主要的公关工具有：公开出版物、事件、新闻、演讲、公益服务活动及形象识别体系。巴茨等（1999）认为，公关活动的常用方式是主动给媒体发送新闻或召开新闻发布会、制造事件、以及组织相关的竞赛。公关不仅能为品牌形象的塑造传递有效信息，而且与动辄上千万的广告预算不同，大多数公关活动的成本相对较低。

三、农产品品牌的维护是发展我国品牌农业的根本保证

发展我国的品牌农业，不仅依赖于众多在创立阶段形成的品牌，而且要善于维护已具有市场优势的品牌。对于农业企业来说，要善于分析竞争对手的各种进攻手段，有针对性地做出回应，以确保企业的品牌优势不被削弱。关于品牌维护的内容，笔者认为，应包括自我维护、法律维护和经营维护。

1. 品牌的自我维护。品牌的自我维护主要是通过防伪打假与品牌秘密的保护。防伪打假主要包括以下三方面：①运用防伪技术。假冒伪劣商品屡禁不止的原因之一，就是名牌产品的商标和包装的技术含量不高，使伪造者易于仿制。为此，应该大力开发和运用专业防伪技术。如在产品包装上使用先进的激光防伪商标，以维护品牌的良好形象。②提高辨别能力。假冒伪劣产品屡禁不止的又一原因，是人们不了解企业的产品，从而真假难辨。因此，企业应利用广告和公共关系等手段，来宣传自己产品的特色、商标、包装和质量等，教会消费者区分的方法，使消费者能正确识别和及时投诉，形成强大的社会监督保护体系。③开展打假活动。企业应积极配合各级工商管理部门和商标局整顿市场秩序、查处侵权行为，并在召开的各种新闻发布会上进行曝光，对假冒伪劣产品的制售者给以沉重打击。品牌秘密的保护包括对生产工艺、产品配方以及一些关键的技术参数的秘密性的保护，应采取对关键技术人员的适当管理、谢绝技术性参观以及增强职工保密意识等措施。

2. 品牌的法律维护。品牌的法律维护主要应通过商标的注册和驰名商标的申请进行。加强品牌商标的注册工作，使品牌获得法律保护，这是保护品牌最为有效的手段之一。根据“注册在先”的原则，任何创品牌的农业企业都必须及时注册自己的商标，切勿等产品出名之后再行注册，以免被他人抢注。随着世界市场的进一步一体化，商标不仅应在国内更应在国外及时注册，以使中国农业企业的名牌产品顺利销往国外，参与国际市场的竞争。为了防止假冒与侵权，农业

企业还应在同类产品中将与自己产品商标相近似的文字、图形进行注册。注册的同时还应注意商标的管理工作，特别是加强对商标标识的印刷、保留、使用和专用权保护等方面的管理。一经发现他人申请的商标与自己注册的商标相同或相似时，应及时提出异议，运用法律手段保护自己的品牌。

由于目前多数国家在国内知识产权立法中对《保护工业产权巴黎公约》第六条之二“对驰名商标的特别保护”内容加以确认，因此，符合条件的著名品牌应及时申请驰名商标。我国 1996 年 8 月颁布的《驰名商标认定和管理暂行规定》第八、九、十条规定：不得将与他人驰名商标相同或者近似的商标注册；已注册的，自注册之日起 5 年之内驰名商标注册人可以请示撤销等。这些对驰名商标的特别维护规定，有利于对驰名商标“驰名”权益的维护和驰名商标在国际上的拓展。因此，著名品牌应及时申请成为驰名商标，以使品牌得到更广泛的保护。

3. 品牌的经营维护。品牌具有较高的知名度后，不仅应该进行自我维护和法律维护，更应该采用经营维护手段使著名品牌作为一种资源能得到充分利用，使品牌价值不断提升。品牌的经营维护主要是指对品牌资产的买卖与授权的科学决策与管理，也就是通过以品牌为旗帜的资本扩张来达到维护品牌之目的。“海尔”运用品牌价值扩张，在短短的两三年时间内涉足电视、电脑、移动通讯等领域。如果完全采取传统方式滚动发展，其投资能力是远远不够的。而作为快餐业老大的麦当劳则以快速发展连锁店，进行严格而又科学的连锁经营，使麦当劳品牌不断壮大并得以维护。当然，通过对品牌资产的经营来实现品牌维护绝非易事。国人对 20 世纪 80 年代中后期至 20 世纪 90 年代中期，中国名牌在外国著名品牌的收购战略下纷纷被封杀的惨痛教训至今仍记忆犹新。令人欣慰的是，国内企业保护自己品牌意识已开始形成，有关品牌自赎的事件常有报道，如上海家化在合资多年后，又花 1 900 万元的巨资赎回自己当年无偿奉送合资公司的“美加净”品牌。更喜人的是国内一些著名企业，例如家电行业的海尔，根据自己的发展需要已开始并购相关企业，使自己的品牌成为综合品牌，以此来维护自己较高的市场占有率，从而维护自身著名品牌的地位。一些从事连锁经营的企业，正在各种连锁形式中选择最有利于自己品牌发展与维护的连锁方式，进行品牌的授权管理。但我国农业界虽有希望集团这样的大型企业崛起，但在品牌经营维护上仍显不足。中国加入 WTO 后，许多农业企业已逐渐认识到，中国的农产品品牌，只有不断做大，才能在未来的全球市场竞争中占据一席之地。也只有这样，才能达到不仅维护了中国农产品品牌，而且通过农产品品牌输出，使中国农产品品牌在更为广阔的世界市场中驰名。

参考文献

[1] 白光，马国忠．21 世纪国产品牌经营应变大趋势．经济管理出版社，1998

[2] Jack Trout. The New Positioning——The Lastest on the Worlds' #1 Business Strategy, McGraw Hill, Inc, 1995

[3] Kevm Lane Keller. Strategic Brand Management, Prentice Hall, Inc. pp. 139, 1998

[4] 同 [3] pp. 140～143

[5] [美] 菲利普·科特勒．营销管理——分析、计划、执行和控制．上海：上海人民出版社，1997

[6] [美] 巴茨．广告管理．北京：清华大学出版社，1999

[7] 北京品牌资产评估事务所．'99 中国品牌价值报告．中华工商时报．1999. 12. 7

The Theories, Methods and Demonstrations of International Competitiveness Research for China's Meat Products*

Qiao Juan Li Binglong

Abstract This paper firstly constructs its particular theoretical framework and economic analysis methods, based on the International Trade Theory and the Industrial International Competitiveness Theory established by Michael E. Porter, and further constructs and confirms its relevant index system for measurement, including its main determinants and influencing factors. Then, the general situation and development trends of the international competitiveness of China's meat products are roundly and systemically studied for the first time, in the scope of that confirmed theoretical framework and economic analysis methods. Meantime, the direct or indirect factors inside the industry and the commercial environment factors outside the industry, both of which how to affect or determine the international competitiveness of China's meat products, are also studied roundly and systemically. Finally, this paper puts forward aimed and practical countermeasures and suggestions about how to promote the international competitiveness of China's meat products.

Key words international competitiveness, China's meat products, deciding or affecting factors

• The theoretical framework of international competitiveness research for China's meat product

With the ceaseless development trend of the internationalization of farm produce market, China' s meat products have already increasingly merged into the world market competition. As the position of each country and each industry in the world economic system is determined by many factors, comparative advantages play a decisive role from the angle of international division of labor, and competitive advantages have a determinant effect considering from industrial competition. While comparative advantages are mainly decided by factors of the gifts of resource and its allocation status, competitive advantages are not only determined by industry - inner direct and indirect factors,

* 本文为 Workshop on Sustainable Agricultural Development in China , EU and Israel 研讨会提交的论文(2004年3月26日至28日)。

but also industry - outer business environment factors. Although the industries possessing comparative advantages are easier to form stronger competitive advantages than the ones lack of comparative advantages, this doesn't mean the latter can't form competitive advantages. Therefore, based on the current comparative advantages, China's meat products must increasingly enhance their international competitive advantage if they want to gain further development. Moreover, to promote their international competitive advantages, it is crucial to roundly and systemically study the status of the competitive advantage of China's meat products, even the effect produced by various factors influencing their competitive advantage, based on constructing the theoretical framework and economic analysis methods of the international competitiveness research for China's meat products, so as to take positive countermeasures to enhance the international competitiveness of China's meat products.

The researches for Industrial International Competitiveness mainly study and analyze the particular industries' international competition posture of each country, and the central factors that have great influence on the given industries' international competitiveness of each country, acknowledging that comparative advantages exist in each country and each industry, and the comparative advantages have a decisive impact on the basic pattern of international industry division. According to the interpretation of the international competitiveness of industries and products made by economists such as Michael E. Porter and Jin Bei, we can define the international competitiveness of meat products as follows: under the condition of international free trade (or under the precondition of relevant WTO agreements), the meat products of one country, with higher productivity than other countries, can offer the world market more products to meet the demand of its customers, and are capable of obtaining profits persistently. By this definition, the international competitiveness research for meat products regards market competition as the point of observation. The market here refers to both the open - door native market and the foreign market open to the domestic market. Because native products can enter into international market, while foreign products can also hit our domestic market, under the condition of international free trade (or under the precondition of relevant WTO agreements, or consider of excluding trade barriers).

The basic external observations on the international competitiveness research for meat products are the international market share and profit ratio of the given meat products produced by related countries. Both of the two indexes are the final realization indexes to the international competitiveness of meat products, which can reflect the actual results of the international competitiveness of meat products. However, the aim of the international competitiveness research for meat products, are not only to impersonally describe the actual results of given meat products through international competition, but to discover diversified factors which can determine or affect the international competitiveness of the given meat products in each country. That's to seek for the causes leading to the actual results of the international competition of meat products and its future trend, so as to open out and demonstrate the causality of the international competitiveness of various meat products. In fact, there are countless factors that can affect the international competitiveness of each meat product produced by each country. Thereby, how to make out clear logic causalities through the innumerable factors affecting the international competitiveness of such meat product produced by such

country, especially to give prominence to the most important factors thereinto, has become an important problem need to be settled.

To study the international competitiveness of China's meat products, the products scope and country or region scope of this comparative research must be firstly confirmed. Then, both the realized results of the competitiveness and the factors which determine and influence the international competitiveness should be roundly and systemically analyzed. Analyzed from the results, the international competitiveness of meat products can be directly expressed by corresponding market share. While the market share is higher, with more profit, manifest stronger international competitiveness. On the other hand, on the base of the decisive or influential factors, all the factors that are helpful to exploit market, occupy market, and gain profits, can be considered as research objects. Hereon, we regard the indexes reflecting the result of competition as achieved indexes of international competitiveness, which reveals the extent that the international competitiveness has achieved. Meantime, we regard the factors reflecting competitive strength as direct and indirect factors influencing international competitiveness, which can explain whether a meat product possesses of international competitiveness or not. Next, the environmental factors which have a great impact on international competitiveness but not reflect competitive strength are regarded as the deep-seated factors determining or affecting international competitiveness. These deep-seated factors can play a big decisive or influential role in the international competitiveness. Finally, based on the research outline above, the theoretical framework of our research has been constructed as follows:

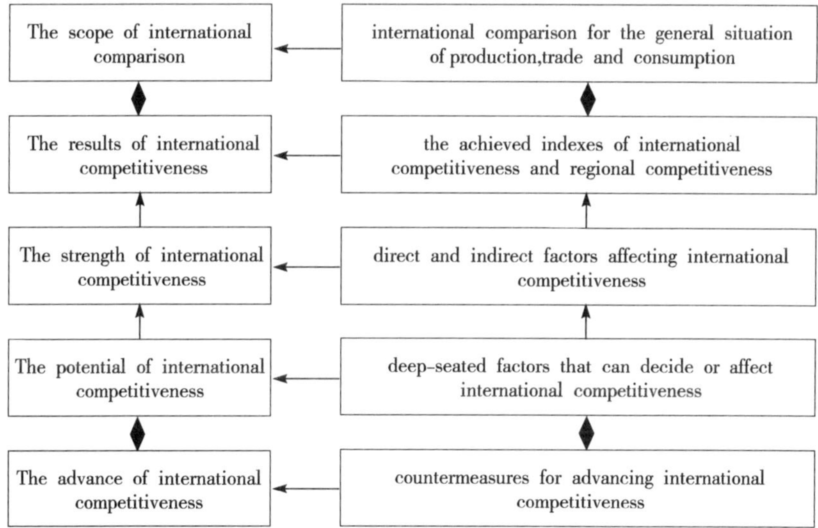

• The economic analysis methods of the international competitiveness research for China's meat products

• The definition of the research scope

To carry on the international competitiveness research for meat products, the research range of products and international comparison need to be confirmed firstly, in order that the research results is more meaningful for practical use. Therefore, this research range of products, international comparison, market opportunity and target market can be concretely confirmed by carrying through the international comparison for the general situation of production, trade and consumption in the worldwide.

During the past 20 years, the production, trade and consumption of worldwide meat products involving China's are mostly pork, poultry meat (mainly chicken), bovine meat (mainly beef and veal) and mutton (mainly goat and sheep). But the proportion of the mutton's production, trade and consumption amount to the meat gross has been lower all through. The amounts of the production, trade and consumption of other meat products only account for less than one percent of the meat gross (except the buffalo meat's output of China take over one percent of the total meat output, such as 1.2% in 2000). So in fact, the production, trade and consumption of worldwide meat products involving China's are mainly pork, poultry meat and bovine meat. Then, we restrict the product scope of the international competitiveness research for China's meat products into pork, poultry meat, bovine meat and mutton. As the production, trade and consumption of worldwide poultry meat products involving China's are dominated by chicken, the product scopes of the international competitiveness research for China's meat products mainly involve pork, chicken, bovine meat and mutton.

The chief producing countries and the chief exporting countries are basically identical, though exist some differences. Generally speaking, the primary export countries of various meat products are mostly producing countries (while the inverses are not always tenable). Some of the head import countries of meat products are part of primary producing countries and chief export countries, but all of them are not important leading (vital) producing countries and big export countries. Therefore, we restrict the international comparison range of the international competitiveness research for China's meat products to the primary export countries of meat products. However, during the practical research we can only go on the analysis of international comparison by materials from the vital export countries of meat products, because it is hard to gain observations.

• The achieved indexes of the international competitiveness of meat products

The indexes reflecting the results of international competitiveness involve Market Share, Trade Competition Index, Fixed Market Share Model, Revealed Comparative Advantages, etc. And Market Share and Profit Ratio are the leading indexes of all. That's because it is hard to gain the statistic data relevant to the profit of enterprises. And the Profit and Market Share can be supposed to have positive correlativity when mainly analyze the results of international competitiveness. So we mainly use Market Share and Trade Competition Index to assess the practical outcomes of China's meat products participating in international competition, and then research on the international comparison. Since the production indexes and trade indexes of the meat products of each country are partly created by foreign - invested enterprises, to calculate such indexes of the meat products of each country, the part which is created by foreign - invested enterprises should be excluded from the total, so that the special welfare factor of national benefits can be reflected in the international

competitiveness research for meat products.

1. Market Share Market Share is the most direct and most simple realization index, which can reflect the result of international competitiveness. It can indicate the competitive strength of given country in the competition of international market and domestic market, so as to reflect the realized degree of international competitiveness. Under the condition of free and nicer (WTO rules) market, native market and international market are identically open to the foreign countries. Accordingly, either domestic market share, or the market share of import countries, or international market share, can reflect the international competitiveness of given country. The higher the market share, the stronger the international competitiveness; whereas, the weaker. Furthermore, Market Share can also be used to analyze the dynamic change of international competitiveness. For example, if the Market Share during a certain period enhanced, it means that the international competitiveness is being strengthened. Contrarily, it means the international competitiveness is being weakened. Thereby, Market Share index can be calculated respectively from the following three aspects:

International market share is usually used to compare the international competitiveness of a given product from different countries (regions). While the export volume created by foreign-invested enterprises is deducted from the total volume of export, the international market share of certain product of some country can be calculated by the follow formula:

$$WMS_{ij} = \frac{X_{ij} - \beta_{ij} \times \gamma_{ij} \times X_{ij}}{X_{iw}} \times 100\%$$

Hereinto: WMS_{ij} stands for the international market share of product i in country j; X_{ij} stands for the total volume of export of product i in country j; β_{ij} stands for the proportion of the export volume of product i produced by the foreign-invested enterprises of country j to the total export volume of product i produced by country j; γ_{ij} stands for the proportion of the foreign capital of product i produced in country j to the capital invested by the foreign-invested enterprises of country j; X_{iw} stands for the total export volume of the worldwide product i.

The market share of chief import countries can reflect the competitiveness status of China's meat products in the market of chief import countries. In no consideration of the effect produced by foreign-invested enterprises, we can use follow formula to calculate:

$$IMS_{ij}^{k} = M_{ij}^{k} / M_{i}^{k} \times 100\%$$

Hereinto: IMS_{ij}^{k} is the proportion that the product i of country j accounts for the total import volume of product i in country k; M_{ij}^{k} is the total volume of product i imported from country j into country k; M_{i}^{k} is the total import volume of product i in the whole country k.

The domestic market of each country has being increasingly become a part of the international market. So the native market share of each meat product, to some degree, can also reflect its international competitiveness. If the part created by foreign-invested enterprises is deducted, the native market share of the certain product in one country can be calculated by the following formula:

$$DMS_{ij} = \frac{(S_{ij} - \alpha_{ij} \times \gamma_{j} \times S_{ij}) - (X_{ij} - \beta_{ij} \times \gamma_{ij} \times X_{ij})}{(S_{ij} - X_{ij} + M_{ij})} \times 100\%$$

Hereinto: DMS_{ij} stands for the domestic market share of product i in country j; S_{ij} stands for the total sale of product i in country j; α_{ij} stands for the proportion of the sale of product i created by the foreign - invested enterprises of country j to the total sale of product i in country j; the definitions of X_{ij}, β_{ij} and γ_{ij} are the same with the above.

2. Trade Competition Index Trade Competition Index can indicate whether the meat products of certain country are net import or net export, as well as the comparative scale of the net import or net export. So it can reflect whether certain meat product of such country has a competitive advantage or disadvantage in the competition of productivity, as well as the degree of the advantage or disadvantage, compared with the same kind of products offered by other countries of the world market. Therefore, compared with the same kinds of products offered by other main export countries of the world, trade competition index can be adopted to reflect whether China's meat products have competitive advantages or disadvantages in productivity competition, as well as the degree of the advantages or disadvantages, so as to illuminate our international competitiveness status and changing trends. If the part created by foreign - invested enterprises is deducted, this index can be calculated by the following formula:

$$TC_{ij} = \frac{X_{ij} - \beta_{ij} \times \gamma_{ij} \times X_{ij} - M_{ij}}{X_{ij} - \beta_{ij} \times \gamma_{ij} \times X_{ij} + M_{ij}}$$

Hereinto: TC_{ij} stands for the trade competition index of product i in country j; the definitions of X_{ij}, M_{ij}, β_{ij} and γ_{ij} are identical with the above definitions. When TC_{ij} value is over zero, which means the product i of country j is net export; the productivity of such product in its country is higher than the international level, with stronger international competitiveness; the bigger absolute value, the stronger international competitiveness. When TC_{ij} value is less than zero, which means the product i of country j is net import; the productivity of such product in its country is lower than the international level, without or lack of international competitiveness; the bigger absolute value, the lower international competitiveness. While TC_{ij} value is null, the productivity of the product i in country j is equal to the international level; accordingly its export and import are absolutely exchanges of breeds with the world.

• The analysis of direct and indirect factors affecting the international competitiveness of meat products

The direct and indirect factors affecting international competitiveness reflect either the strength possessing in the international competition, or the realized direct and indirect explain variables of international competitiveness. These factors can decide the competitive results of meat products in international market; and explain why certain meat product has or hasn't competitiveness in its international market. There are so many direct and indirect factors affecting the international competitiveness of meat products, but they can be summed up to the following five aspects:

1. cost and price Cost is the basis to decide the product price, so the different levels of cost determine whether such product has the advantage of price competition and profit ability or not. Just as product cost greatly determine product price, the competitiveness status of products can be embodied by the product price in some degree, especially when the production and trade are in complete competition, cut - throat competition will make the long - term balanced price of each product

identify with the long-term cost. The main factors determining the cost of meat products are the price and cost of ingredients; so the price of pup, the price of poult, the price of feed, the price of labor, the price of feeding facilities and the proportion of each ingredient in unit product, can be regarded as the big influential factors, with which to analyze the international competitiveness of meat products.

When analyzing product cost and the impact of cost change on the international competitiveness of meat products, we mainly choose the array data of time of producer's price index to measure the cost and price competitiveness change of China's meat products, as well as its influence on the international competitiveness through international comparison. There are two reasons leading to our choice. On the one hand, the international competitiveness research for China's meat products need to carry out international comparison, but it is a very difficult thing with great workload if we want to roundly master the cost structure and the historical data of average cost of each meat product in main export countries. On the other hand, we only take the cost as one of the factors affecting international competitiveness.

While the same product sold at the same market, the lower the price, the stronger the competitiveness. This is a proverbial fact existing everywhere, and a basis for economic analysis. Here, various complicated factors relating to marketing strategies and consumption demands are excluded. As the level of consumption promotes in real-life, the demands of consumers for meat products put more emphasis on the quality and safety, which makes the international competitiveness of meat products not only determined by product price. But when the product quality index and safety index of different countries are very identical, and the difference in the marketing strategies of enterprises is not so large, price is still a big factor in affecting the competitiveness of products. Therefore, by compare the sale prices of the congener meat product from different countries at the same market, the differentia of the competitiveness of congener meat product from different countries in price can be explained. So, to analyze the competitive advantage of the price of China meat products and its changing trend, we can compare the export price of each meat product of each country with the average export price of the world.

2. Quality and Safety Quality is a complex factor affecting competitiveness. One side, the estimate of quality not only rest with the indexes of theorization and technical grades, but the demand of consumers for product quality. In respect that, without the demand of consumers for higher quality, it's hard to realize the product value of high quality. On the other side, high quality always needs more input and higher sale price. So according to the modern marketing opinions, enterprises should firstly follow the demands of target customers, and then offer products of proper quality to suit the estate of special buyers. But as a generally accepted opinion, the congener meat product with higher quality will have stronger competitiveness, and are capable of gain more additional value, while they are sold at the same price. Based on this view, economists usually use the indexes reflecting the plus value of product to indirectly reflect the quality of products. Thereby, by using the quality index of export products to estimate the quality and change of plus value of each meat product of each country, the improvement status of the quality of each meat product of each country may be manifested, and the competitiveness status of export meat products in value and technical content may also be reflected. The quality index of export products is the ratio of the unit price index of the export meat products of one country to its total index of export products. Theoretically speaking, the ascending trend of the quality index of such export product indicates the plus value of such product is increasing, which means its competitiveness of quality in the international market is rising. Whereas, the descending trend of the quality index of such export product indicates the plus value of such product is decreasing, which means its competitiveness of quality in the international market is declining.

The hygiene of food security is an important factor affecting food quality and its international competitiveness. Generally, along with economic development and the formation and extension of buyer's market, market demand for various foods will pay more attention to its security and hygiene. Especially with the constantly improving of the living standard in material and culture, as well as the increasing care of people about their own and whole social long-term benefits, the hygiene of food security will be more emphasized. So, in the future competition, certain product, which can satisfy the demand of its target market with lower cost and super safe hygiene, may be able to take up the advantage or the leading position. The situation of each meat product of each country is affected by various factors, but mainly determined by the sound and implementation situation of the hygiene system of food security of meat. Among them mainly include: the restriction of pesticide, animal remedy and various kinds of harmful substances remain in the meat food, the criterions of safe hygiene in the process of meat food production, the surveillant and control system of the safe hygiene of meat food, the quarantine, prevention and cure of livestock and poultry' epidemic disease, the environmental protection in the food production process of meat and so on. Therefore, we must carry out international comparison in the above aspects, in order to analyze and estimate the safe hygiene situation of China's meat food, as well as its effect to the international competitiveness.

3. Productivity level The productivity level of each meat product in each country directly determines its production efficiency and production cost, and affects the international competitiveness level of various meat products. The two important indexes reflecting the productivity level of meat products are the delivery rate for sale and the meat yields of unit livestock on hand. So we can judge the productivity level of various meat products mainly by the two indexes, and through international comparison evaluate the productivity level of China's meat products, along with the effect to its international competitiveness. There are many factors affecting the productivity level of China's meat products, involving variety resources, feed technologies, prevention and cure of epidemic diseases. And the excellent breed resource state of livestock and poultry may be a big factor affecting productivity level of meat products. If the fine breed resource of the meat livestock and poultry of specialization is deficient, their production efficiency and product quality will be directly affected. Technology, which is one of the key factors determining production efficiency, not only determines productivity level, product cost and price in high degree, but also has a decisive role in the aspects of product quality, product structure and new product development. Though it's hard to economically measure technology, we can still estimate the effect of technical gap on the international competitiveness of China's meat products, through the international comparison of various kinds of techni-

cal research affecting the productivity level of meat products, and their application status.

4. The structure of export products Through analyzing trade competition indexes and the indexes of international market share, we can find that not all the meat products, produced by nearly all the primary export countries of the world, possess of stronger international competitiveness. Every country has one kind or several kinds of meat products with stronger competitiveness in the world market. Moreover, such kind of meat product can form a product structure of seriation or pluralism, and satisfy the demand of given market with given product, or satisfy the various demands of given market with various products. In this way, the core competitiveness of each country can get full development. And each country can constantly update in the field of which products with core competitiveness to fit the new demand of consumption. All of these will be helpful to enhance both the competitive power and the market share.

There are many indexes reflecting product structure. And from the international competitiveness angle, we mostly use the structure of export products to analyze. By comparing the change of the trade structure of each meat product in each country with the change of respective trade competition index and international market share, the structural change of corresponding international competitiveness can be figured out. According to the analysis of international comparison, we can fine the advantages and disadvantages of China's each meat product in the export structure aspect, and estimate its effect on the international competitiveness of China.

5. The scale level of enterprises The scale and market share of enterprises are concernful factors in determining the comprehensive strength of the market competition of such enterprise's products, especially the meat products with obviously economy of scale. When the scale of livestock and poultry breeding reaches a certain level, the effect can be divided into the following three aspects: firstly, it helps to adopt advanced technologies of production and management, improve production efficiency, and get the economy of scale; next, it favors the control of the use of feed and feed additive, the use of animal remedy, the medicine - stop period, the remedy, the harmful substances remain and the like; thirdly, it makes for the control, quarantine, prevention and cure of livestock and poultry' epidemic disease, so as to reduce the death rate of each kind of livestock and poultry, and finally promote the productivity level. However, when the breeding scale of livestock and poultry is too large, and the feedlots harmful egesta (such as dejecta, the harmful substance remain and smell of stale) exceed the limit that can be accepted by the environment, the pollution of environment may be not avoidable. In reverse, the polluted environment will limit the lasting development of the breeding of livestock and poultry. So developed countries don't think the larger scale will be better, considering the requirements of environmental protection and lasting development, not advocate to enlarge the scale of feedlots without limit but take measures to control the scale of feedlots (the gap of various countries' breeding scale control situation differ greatly according to the environmental situation of various countries).

To enlarge business - running scale and enhance the market share, will help the productive enterprises of meat products to enhance the competitiveness of their brands. In fact, brand competition has obvious effect of scale. If one brand name product wants to grow into a famous - brand product, it will be indirectly affected by so many factors involving management, technological development and product innovation, besides the direct factors like product quality, price, advertisement, etc. and all the aforementioned factors affecting brand competitiveness in long-term will be directly restricted and affected by the running scale. As soon as the scale reaches some level, it is possible to effectively reduce the management cost, add more input to the technological development and exploitation, so as to heighten the competitiveness of brands. Brands with strong competitiveness will not only bring benefits to the productive and running enterprises of meat products, but also help to enhance the international competitiveness of native meat products. In respect that, brands can make it easy to distinguish famous products with other products, especially when the information is asymmetric, such brand is an important sign in identifying product quality. Meantime, various brands can satisfy certain special partiality of different customers, so having own brands is an important way to occupy the market and keep the market share. Thus, brand name products can produce a particular competitiveness. That is to say, brands have a very strong accumulated effect, which can deposit to form competitive advantages and penetrated into barriers.

• The analysis of deep-seated factors determining or affecting international competitiveness

After the researches for the international competitiveness of many countries' industries, Professor Michael E. Porter points out that whether certain industry of one country has international competitiveness or not, is determined by four basic determinants including the factor conditions of production, the demand conditions of domestic market, the status of related and supporting industries, Firm strategy, structure and rivalry, along with the role of Government and the role Chance as two additional factors; and finally cluster these factors together into the famous picture of national "diamond" reflecting the international competitiveness of industry. In the opinion of Michael E. Porter (1990), every factor will produce some effect on the international competitiveness of industry. Each factor may exert effect individually, and may exert effect jointly. And the effect of one determinant is always decided by the effect of other factors. For example, the quality of human resource is able to make its enterprise satisfy the demand of customers, or possessing of mature customers in home market doesn't mean such enterprise has the products with international competitiveness. So, various factors that determine the international competitiveness of industry constitute a complicated system in which factors interact and influence each other during the gradual evolvement. Meantime, the competition of domestic market and geographic concentration of industry are great power, which can connect various kinds of determinants to change into a system.

To study the environmental factors outside of industry which affect the international competitiveness of China's meat products, we can use the picture of national "diamond" reflecting the international competitiveness of industry constructed by Michael E. Porter as theoretical base, and divide the factors that affect or determine the international competitiveness of meat products into three patterns: firstly, the four basic determinants (the factor conditions of production, the demand conditions of domestic market, the status of related and supporting industries, Firm strategy, structure and rivalry) will be regarded as the basic environmental factors; then the role of Govern-

ment and the role Chance will be considered as assistant environmental factors; at last, the intricate system in which those basic factors and assistant factors interact and influence each other is regarded as the deep-seated factor. Until now, it's still hard to explore a method, which can synthesize that intricate system, so as to systematically analyze its effect on the international competitiveness of meat products. Therefore, our researches have to carry out international comparative analyses respectively on the basic environmental factors and the assistant environmental factors, while specially pay attention to the situation that various environmental factors interact and influence each other.

• The demonstrations of the international competitiveness research for China's meat products①

First of all, through the research on the international comparison of indexes involving international market share, main import countries' market share, China' s domestic market share and trade competition indexes, we found: China's live pig and pork preparations always have comparatively stronger international competitiveness; the international competitiveness of pork (fresh + chill + frozen) have experienced a course from strong to weak; the international competitiveness of pork (brawn-ham) and pork sausage are comparatively weaker; the international competitiveness of all China's pork and relevant pork goods have undergone an obvious decline. The international competitiveness of China's chicken (fresh + chill + frozen), canned chicken and live chicken are all comparatively stronger; but the international competitiveness of live and canned chicken take on a climbing trend, while the international competitiveness of chicken (fresh + chill + frozen) are showing a tendency to drop. The international competitiveness of China's beef (fresh + chill + frozen), beef goods and live ox are weak, all of which are showing a declining trend; but correspondingly speaking, the international competitiveness of live ox and beef preparations are strong, and the international competitiveness of beef (fresh + chill + frozen) are very weak. The international competitiveness of China's sheep meat, goat meat and living sheep are not so strong; and all of them are presenting a declining trend.

Secondly, according to the research on the international comparison of the direct and indirect factors affecting the international competitiveness of Chinese meat products, we find that: The absolute advantages of Chinese meat products are obviously in cost and price, but the change trend of the international competitiveness and the change trends of the absolute advantages in cost and price are just on the opposite; comparing China with other meat products' main export countries, the differences of meat products in safe hygiene and quality status are very large, especially the safe hygiene differences between China's domestic market and developed countries' are even much larger;

① Due to the difficulty in acquiring data, (a number of countries' data needed to make international comparison) we suppose that the influence of foreign investment enterprises of every country is identical or little. So this effect is overlooked temporarily in dissertation. The data needed in the demonstrations of this paper mainly comes from FAO database, USDA database and China's Customs Statistical Yearbook etc, from 1980 to 2002. data for China generally include those for Chinese Taiwan, but not include for those Chinese Hong Kong and Chinese Macao.

the productivity level of Chinese meat product is not only lower than the average level of the world, but also extremely lower than other main export countries of meat products, which may mostly caused by the lack of various fine breed resources of special meat livestock and poultry, along with the large gap of China with developed countries in the whole scientific and technological level of animal husbandry; compared with the leading export countries of various meat products including Denmark, Holland and America, the export structure of Chinese various meat products is obviously in the shade, but compared with other main export countries of meat products, Chinese pork and chicken still have some whole structure advantage; compared with other main export countries of meat products, the scale of each Chinese enterprise which breeding, processes and sells livestock and poultry is much smaller, especially its breeding of livestock and poultry are still mainly dominated by farmers' dispersed management on a small scale.

Thirdly, by the research on the international comparison of the deep-seated factors affecting the international competitiveness of Chinese meat products, we find: compared with some main export countries of meat products, the basic factors of production of Chinese meat products have some resource advantages, but Chinese advanced factors of production are basically in the inferior position; in China the per-capita consumption of meat increases fastest in all the main export countries of meat products, along with the lowest mature degree of consumers and saturation of native market; China's international competitiveness of feed, grain feed and animal feed is comparatively weak, but close to some European countries; China has a large difference with developed countries in breeding livestock and poultry and processing meat products; the systematization of the producers and operators of Chinese meat products is at a low degree (especially culturist of livestock and poultry); so the backwardness of the organizational form of industry has badly restricted the implementation of marketing strategies and the improvement of international competitiveness. The own characteristics of meat products' production and operation determined that it must overcome the failure of its market mechanism through the macro - control of certain government, so as to ensure the market mechanism to run effectively, based on the full development of market mechanism effect. However, by international comparison we find: compared with other main export countries of meat products, Chinese government's macro controls level and capability of the production and operation of meat products have a long distance to the requirements of promoting its international competitiveness, and even seriously restrict the improvement of the international competitiveness of Chinese meat products.

At last, based on the international comparison research of the above problems, we put forward the countermeasures and suggestions about how to promote the international competitiveness of China meat products as follows: firstly, it is to actualize target - marketing strategies in the international scope, through analyzing market opportunities, carrying on market segmentations, selecting target markets and market positioning. However, to actualize target - marketing strategies in the international scope, it's not the farmers who disperse management on a small scale can achieve, so the industrial organizational form for breeding, processing and selling livestock and poultry, which can fit the specific conditions in China, must be established and perfected as soon as possible. Furthermore, it is necessary to strengthen the Government's macro control of the production and operation of meat products, ensure the market mechanism running effectively, and constantly cultivate and advance the core competitiveness of Chinese meat products.

References

[1] Michael E. Porter. *The Competitive Advantage of Nations*. New York, The Free Press, 1990

[2] Jin Bei. China's international competitiveness of industry—theories, methods and demonstrations. Economic Management Press, 1997

[3] Qiao Juan. The international competitiveness research for China's meat products. China Agriculture Press, 2002

中国肉鸡行业产业化组织形式之比较*

王寒笑

[摘　要] 入世以来，我国肉鸡行业遭遇了许多新的挑战，迫切需要加快产业化进程，而确定适合我国国情的产业化组织形式就显得尤为重要。本文针对我国肉鸡行业现存的各种产业化组织形式进行了利弊对比分析，最后提出我国肉鸡行业产业化组织形式的演变方向。

[关键词] 肉鸡行业　产业化　组织形式　比较

一、“公司＋农户”模式

这种模式是以肉鸡产品加工或流通企业为龙头，通过合同契约、股份合作制等多种利益联结机制，带动农户从事专业生产，将生产、加工、销售有机结合，实施一体化经营。这是肉鸡行业最早采取的产业化组织形式，也是最主要的组织形式。

该模式的优点是：①便于带动农民致富。②资金投入少、风险共担。③对农户来说能够得到相对稳定的收入，对公司来说能较好地保证产品的质量与供应量的稳定（与向市场收购相比）。

该模式的缺点是：①公司和农户双方契约约束力脆弱，单方违约现象严重。当产品市场价格低于合同价格时，公司重则对农户撒手不管，以市场价直接从市场收购，轻则在拖延收购时间上做文章，以便调整收鸡数量和屠宰安排；农户则从市场收购毛鸡弥补饲养过程中的死淘数量，尽可能多地向公司交鸡。当产品市场价格高于合同价时，有的农户会私自将产品按市场价卖掉，或者人为增加死淘率，少向公司交鸡而直接卖给市场。②企业不便于管理，产品质量控制存在问题。由于各农户分散经营，企业很难对农户进行监督、管理。农户由于生产规模小，往往没有改善禽舍环境的愿望和能力，而禽舍环境差会严重影响肉鸡的成活率，进而影响农户的收益。在经济利益的驱使下，有的农户违规用药，结果造成药物残留超标。由于检测费用昂贵，公司在收购时无法进行全面的药物残留检查。这样的产品流通到市场上，势必影响人们的身体健康。而一旦这样的产品出口，又将面临检测结果不合格、出口受挫的问题。这不但会使龙头企业经济效益受到影响，甚至危害到整个行业的产品出口。

二、“公司＋基地＋农户”模式

“公司＋基地＋农户”模式由企业和农户共同分担投资，将养殖地点纳入到企业内部，基本

* 原载《农业经济问题》2004年第4期。

实现了从育雏、养殖、屠宰、加工、包装到销售的工厂化。

这种模式最突出的优点在于：①使企业获得了符合质量标准的原料来源。将养殖放在基地进行与农户分散饲养相比，禽舍的环境更好，减少了禽病的发生；地点相对集中，便于企业进行管理、监督和技术指导，促使农户只使用公司提供的饲料、药物，按照用药标准投放药物，同时也避免了违禁药物的使用。这些都保证了生产出来的肉鸡符合质量标准。②减少了单方违约的机率。由于饲养地点集中在基地，农户在市场价格高于合同价格时私自将鸡卖给市场的可操作性大大降低；而为了保证肉鸡的质量，企业在市场价格低于合同价格时抛弃农户从市场收购的动机也会减弱。此外，公司还有大批量、统一购进饲料和药物，降低平均可变成本的优点。

但是，这种模式也有不足之处：企业在厂房、设备上的投入比较大、承担的风险多；由于固定成本相对较高，所以对承包农户的准入门槛也较高，所谓的农户只能是大农户。这也许就是该模式普及率不高的原因之一。

三、“公司＋专业合作社＋农户”模式

“公司＋专业合作社＋农户”模式是在“公司＋农户”模式基础上发展起来的又一种新的模式。农户通过合作社与企业联结，企业与合作社签订购销合同，合作社再将生产任务落实到各个农户，所需的技术等服务由合作社或企业提供。产品由合作社与企业共同验收，企业把收购款付给合作社，合作社按交易量大小进行分配。

该模式优点：①合作社作为农业产业化的载体之一，使农户与龙头企业之间开展多种类型的产供销合作，从整体上提高了市场绩效。②减少了违约现象的发生，节约了签约、执行和监督成本。中国农村是一个典型的静态社会，农民之间不仅互相了解，而且存在着互相监督。由于道德约束的制约力，所以单个农户成为合作社成员后，自然会减少违约等机会主义行为。同时，合作社也会出于长远利益的考虑主动制止农户的机会主义行为。该模式中企业面对的不再是处于弱势的单个农户，而是力量相当的合作社，所以“公司＋农户”模式中的“店大欺客”的问题也可以避免。③社员不仅可以得到初级产品的利润，还可以得到产品加工、销售后那一部分增值利润的一部分。即通过合作社的经营，农户可以得到比单纯的合同制更多的利润。

该模式的缺点：合作社法律地位不明确、发育滞后，在技术、资金、储运等环节无法完全满足农户的要求；由于合作社的成员往往限于养鸡大户，所以该模式对于带动广大农民致富贡献不足。

四、“公司＋经纪人＋农户”模式

这是一种以经纪人为中介将企业和农户联结起来的模式。以江苏省海门京海肉鸡集团为例，“公司＋经纪人＋农户”模式是其三种产业化经营组织形式之一。公司在邻近县市培养了一批养殖规模较大的农户作为经纪人，依靠他们将公司生产的鸡苗发售给农户，公司根据经纪人的销售成绩给与酬金，农户养成的商品肉鸡由经纪人帮助推销出去。经纪人还在饲料、药物、技术方面给农户提供服务，并从有关企业获得佣金。公司与经纪人，经纪人与养鸡户之间分别订有协议，明确各自的责权利，规范和约束各自的行为。

此模式的优点是：①由于经济利益的驱动，经纪人在产前、产中、产后积极地为农户做很多实事、及时地解决各种问题，保证了生产过程的顺利完成；②经纪人都是当地的养鸡大户，了解

各农户的生产信息，便于对农户进行监督，以保证稳定的供应量和符合质量标准的产品；③经纪人的经济实力、社会地位高于普通农户，因此对企业的机会主义行为也有很强的制约能力。

此模式的不足是：经纪人受到的制约相对较弱，为了贪图一己之利，难免会有对单个农户的欺压行为；如果某经纪人联系的农户多，势力强大，也会出现“客大欺店”的现象；由于单个农户饲养规模小、禽舍环境差所造成的肉鸡质量不高等问题难以避免。

综上所述，虽然“公司＋基地＋农户”、“公司＋专业合作社＋农户”、“公司＋经纪人＋农户”等模式各有利弊，但在避免单方违约、便于管理、保证产品质量等方面的优点远胜于“公司＋农户”模式。从中我们应该可以得出这样的结论：“多元素参与”将是我国肉鸡行业产业化组织形式的演变方向。

小城镇发展的自组织机理分析*

王卫华　赵冬梅

［摘　要］文章根据对我国小城镇发展情况的分析，提出了认识小城镇发展的自组织行为，探讨其建立自组织机制的条件的思路。进而应用自组织系统原理，从开放性、非线性、反馈机制、失稳性、支配变量及环境选择六个方面对影响小城镇自我组织功能形成的条件进行了分析。

［关键词］小城镇　小城镇发展　自组织　机理分析

根据我国社会经济发展的现实条件与要求，中共中央、国务院及时出台了《关于促进小城镇健康发展的若干意见》，明确指出，加快城镇化进程的时机和条件已经成熟。实现城镇化与工业化的协调发展，小城镇占有重要的地位。抓住机遇，适时引导小城镇的健康发展，应当作为当前和今后较长时期农村改革与发展的一项重要任务[1]。

在促进小城镇发展过程中，我们必须充分尊重客观规律。要清醒地认识到，小城镇的发展是一个渐进的过程[2]。在这个长期的过程中，我们应该致力于建立小城镇自我产生、自我发展的内在能力，即建立小城镇发展的自组织机制。依靠人为的或外部的投入来进行超前建设的作法，都是“拔苗助长”的愚蠢行为，极不利于小城镇的健康发展。因此，认识小城镇发展的自组织行为，探讨其建立自组织机制的条件，对于正确把握小城镇发展的规律是十分必要的。

系统的组织有自组织和他组织两种类型，他们既指组织起来的群体，也指形成组织的过程，其区别在于组织力或组织指令来自组织内部还是组织的外部[3]。按照 H. Haken 的表述，如果系统在获得空间的、时间的或功能的结构的过程中，没有外界的特定干预，我们便说系统是自组织的；反之，便称系统是他组织的[4]。在小城镇发展过程中，自组织是基本的，他组织是指为推动其发展而采取的一些措施。

他组织往往是自上而下进行的，具有某种制约力。对于小城镇发展来说，他组织主要有两种基本类型：其一是诱导式的，包括各种优惠政策及各种指导性政策等，对小城镇发展只起引导作用，不具有强制性的组织力；其二是限定式的，包括用于规范小城镇发展的有关法律、法规等，只要不超出设定的边界条件，系统的运行是完全自治的。

自组织与他组织是一对矛盾，相互排斥又互相依存。上级部门对小城镇的他组织行为实质上是建立在小城镇的自组织行为之上的，是在小城镇自组织行为的基础上发展出来的。小城镇首先依靠自组织的能力建立起来，但其发展又有赖于外部的他组织力量；内部自组织机制与外部他组织力量相结合，才能推动小城镇的进一步发展，使其达到更高级的组织形态，即功能完备的、规

* 原载《中国农业大学学报》（社会科学版）（总41期）2000年第4期。

模适度的城市。

根据自组织理论我们不难判断，小城镇是一个耗散结构，他是在远离平衡态的条件下形成的有序结构，其有序性的形成依赖于与外部环境不断进行物质、能量和信息的交换。影响小城镇发展的结构、模式及形态演化的因素是多方面的，从其形成自我运动机制的角度，可以归纳为以下几个方面。

1. 开放性。一个与环境没有任何交换的封闭系统是不可能出现自组织行为的，对环境开放即与外界进行物质、能量和信息的交换的系统才能产生自组织运动。具体地说，系统内部熵产生是正的，只能通过与环境的交流并从外部引进足以克服其内部熵增的负熵，系统才能实现有序。所以，正确而又充分的对外开放，是系统实现自组织的基本保证。

小城镇的内部熵增主要来自两个方面：其一，随着整个社会经济的发展，城镇周围农村的农业生产的相对效益日益低下。为了提高农业生产的收益，农民通过引进农业新技术和资金，使农业从劳动密集型产业向资金密集型产业转移，这种转变的结果是在农业生产效益提高的同时，造成了越来越多的农村劳动力剩余，形成无序的局面。另一方面，作为区域性经济中心的小城镇，在工业化和城市化发展过程中对劳动力的需求越来越大，也呈现无序的状态。为了解决这种无序问题，小城镇必须通过与外部的交流，引进工业项目、资金、人才、大力发展工业经济，以吸收更多的农村剩余劳动力，同时促进农业生产模式的优化和城镇经济的繁荣。

所谓“正确而充分的开放”，就是指必须围绕引导农村剩余劳动力进入城镇这一目标，选择恰当的非农项目，以恰当的速度发展城镇经济、转变农业生产模式，以保证城乡的协调发展。

2. 非线性。系统与环境之间及系统组分之间的相互作用分为合作与竞争两种形式，其本质是非线性的。没有组分之间的合作，没有系统与环境的合作，就不会有新结构的出现：没有组分间的竞争，没有系统与环境中其他系统的竞争，也不会有新结构出现。足够的非线性关系是系统产生自组织行为的动力。

在小城镇发展过程中，要充分认识到小城镇与外部环境的合作与竞争及小城镇各部门之间合作与竞争的重要性。只有加强了这种合作和竞争，才能保证足够实现自组织所需要的非线性关系。我国社会主义市场机制的建立，为这种合作与竞争创造了良好的基础环境，但需要进一步加强和完善。善于与环境的合作，就是指能够正确地利用外部的资金、技术和人才；善于与环境的竞争，就是指能够正确地认识自己的优势，树立自己的特色。在小城镇内部，通过产业结构调整和各类生产组织的整合，可以有效地促进小城镇内部合作与竞争机制的建立。例如，建立农业生产合作组织、农村金融合作组织、联合企业、股份制企业等。这一点往往被人们所忽略。

3. 反馈机制。反馈机制是指系统应用现在的行为结果去影响未来的行为，包括正反馈和负反馈两种形式。新系统常常是先生成他的基核，依靠正反馈的自我激励机制逐步生长、壮大。但新结构不能一直生长下去，到一定程度就应稳定下来，不再增加规模，即系统应有自我抑制的机制，这就是系统的负反馈。正反馈与负反馈机制的适当结合，才能实现系统的自我组织，使系统能够自我创新、维持和发展。

在小城镇形成和发展的初期，正反馈机制的建立是最重要的，包括经济增长、城镇建设、人口聚集等几个主要方面。建立经济增长的正反馈机制，最重要的是依靠科学的管理和决策、产品技术含量的提高以及积极的人才培养，以提高资源的配置效率，培育经济持续快速增长的潜力。在城镇建设方面，要注意公共基础设施、生产设施及住宅设施建设的协调发展。发达国家的经验表明，城市基础设施的投资往往会收到十几倍乃至几十倍的回报，而从我国大多数小城镇的公共基础设施现状来看，还远远不能满足小城镇发展的需要[5]。因此，掌握城镇建设的客观规律、促进城镇建设增长方式的转变，是形成城镇建设正反馈机制的根本保证。人口聚集是城镇化的目标，也是城镇化的前提。人口的聚集受到许多条件的制约：农村的农业生产是否有良好的保障，农村剩余劳动力是否可以集中从事非农生产，城镇地区经济是否有足够能量吸纳农村的剩余劳动力，城镇的生活条件和生产是否有足够的优越性等等。只有创造出这样的条件，乡镇企业才能向城镇集中，居民才能向城镇集中，人口聚集才能形成正反馈。

当小城镇发展到一定程度，城镇的规模趋于饱和，就应该建立相应的负反馈机制，人口增长的抑制就是其中最重要的稳定机制。很多小城镇以发展成大、中城市为目标的想法是很荒唐的。小城镇应该对自己的资源潜力进行正确的估计，确定自己的适宜规模。过度的发展不仅不能促进城镇经济的发展，反而会破坏生产条件、恶化生活环境、危及城镇的前途。非洲西撒哈拉以南、印度次大陆等地区的很多城市就属这类情况[6]。在那里，城市不仅不是文明与发达的象征，而是极度贫困与恶劣环境的展示。

4. 失稳性。新结构的出现要以原有结构失去稳定性为前提，或者以破坏系统与环境的稳定平衡为前提，但新结构只有能够稳定下来才能确立自己，并在环境中存续运行下去，因此，自组织系统应是稳定性与不稳定性的统一。非线性特性使系统同时存在稳定轨道和不稳定轨道，因而能够既使旧模式失稳，又使新模式稳定下来，从而实现自组织。

在现有的小城镇管理体制中，有许多已不能适应小城镇发展的需要，主要包括行政管理体系、财政管理制度、户籍管理制度、土地管理制度等。小城镇的健康有序发展，要求必须打破这些现行的不合理的制度。只有通过当前系统稳定性的破坏，才能使系统在新结构上实现新的稳定。

由于受行政级别的限制，各类城镇的行政管理体系都是一个模式，制约了一些大型城镇的管理和发展；小城镇政府的职能被分割，职能不完善，不能适应城镇化建设的需要[7]。原有的小城镇财政体制只具有单纯的行政管理职能，以农村财政为主体。随着农村乡镇企业与第三产业的发展，许多小城镇的财政实力迅速壮大，收支结构出现了质的变化，已呈现出向“城市财政”转化的趋势。因此，小城镇财政管理体制应强化其公共服务职能，逐步使之具备组织收入和筹集资金的职能、分配的职能、宏观调控的职能和监督管理的职能[8]。户籍管理制度以及与之相关的社会福利保障制度，对小城镇的发展已形成严重的障碍，为此，中央已下发有关文件明确规定，放开农民进入城镇落户的限制[9]。在土地管理制度方面，土地收益分配不尽合理、土地权属管理混乱、管理制度不健全、市场行为不规范等问题十分突出，为了协调小城镇建设与耕地保护之间的矛盾，确保小城镇经济的健康发展和土地的合理利用，必须改革小城镇土地使用和管理的制度[10]。这些都是小城镇在发展过程中失稳性的表现，也是小城镇实现自组织功能的必然要求。

5. 支配变量。系统内部的不同组分、要素、趋势、力量、变量、模式之间，如果作用平均，系统就不能形成有序结构；只有少数趋势（或力量、模式、中心部分等）去引导、规范、支配大量其他组分、要素、趋势、模式等的行为，使他们协同作用，才能形成有序结构。这种起支配作用的模式或力量，H. Haken称为序参量。这种支配模式是在组分之间、系统与环境之间相互合作与竞争的过程中形成的；反过来，系统的组分、要素又在这种模式的支配下相互合作与竞争，从而建立系统的有序结构。

小城镇是一个复杂的社会经济系统，准确地确定其序参量是十分困难的。但是，按照H. Haken概念性的判断方法，序参量在系统处于无序时为0，而在系统处于有序状态时不为0。据此可以粗略地分析出：就要素而言，人口聚集量是支配性的；就力量而言，经济水平（资金）是支配性的；就模式而言，城镇居民的生活质量是支配性的。也就是说，在小城镇发展过程中，人口聚集、经济发展、生活质量改善是关键性的问题。

有的小城镇规模很小，只有几千人，根本不具备城镇的特点，必须首先在人口聚集上下功夫，再谈建设与发展的问题。有的小城镇已经具备了一定的人口规模，但是在经济上没有支柱产业，资金困难，城镇化建设只能是纸上谈兵。有的小城镇只注意经济发展，而不重视公共设施、环境质量、教育条件及生活设施的建设，居民生活质量不能很好地改善，没有显示出城镇生活的优越性，也同样难以健康地发展。

6. 环境选择。一种结构或模式，要接受环境的评价和选择，被环境选择的系统不一定是各方面最优者，但必定是能与环境协调共存者。

小城镇发展方针的制定，不能只考虑自身的条件和意愿，而必须充分考虑周边环境的资源状况、经济条件及发展态势，顺应环境、利用环境、融于环境，制定与周边环境协调发展的战略。如果小城镇的发展背离、妨碍或破坏了环境的整体发展要求，就必然会受到遏制和制裁。

综上所述，小城镇“正确而又充分的开放”是其自组织的前提；充分加强小城镇内部组分之间以及小城镇与其环境之间的合作与竞争，才能使小城镇具备自组织所需要的足够的非线性关系；适时而恰当地建立正反馈或负反馈机制，是促进小城镇发展和维持其稳定的内在动力；打破旧的平衡，进行失稳阶段的调整，是小城镇走向新状态的必要条件；人口规模、经济水平和生活质量的改善对小城镇的自组织发展产生支配作用；与周边环境的协调共荣是小城镇健康发展的基本准则。

参考文献

[1] 中共中央、国务院．关于促进小城镇健康发展的若干意见．中发（2000）11号文件．2000年6月13日

[2] 邵秉仁．小城镇建设和城镇化问题．“可持续发展的中国小城镇”国际研讨会．2000年10月24日，北京

[3] 苗东升．系统科学精要．中国人民大学出版社，1998年

[4] Hermann Haken：AdVanCed Synergetics——Instability Hierarchies of Self-Organizing Systems and Devices Springer-Verlag Berlin Heidelberg，1983

[5] 饶会林．城市经济学．东北财经大学出版社，1999

[6] 顾德伟．世界城市化发展的现状及面临的问题．新华网．2000—09—26

[7] 国家民政部．中国小城镇行政建制与职能调整．“可持续发展的中国小城镇”国际研讨会．2000年10月24日，北京

[8] 国家公安部．中国小城镇户籍管理制度改革．“可持续发展的中国小城镇”国际研讨会．2000年10月24日，北京

[9] 国家财政部．加快中国小城镇发展的财政对策研究．“可持续发展的中国小城镇”国际研讨会．2000年10月24日，北京

[10] 国家国土资源部．中国小城镇土地使用和管理制度改革．“可持续发展的中国小城镇”国际研讨会．2000年10月24日，北京

国家与产权的排他性：一个联盟博弈*

吕之望

［摘　要］国家与产权之间的关系，对于转型经济尤为重要，本文力图阐明国家行为对产权结构的影响。作者不完全契约理论来讨论国家保护产权排他性的条件，作者设定国家处于一个联盟博弈之中，保护产权的排他性实际就是与某一方当事人组成联盟。这个联盟博弈最终说明国家保护产权排他性仍然是出于自利的动机。然后，本文把以上的讨论应用于村民自治，对在基层民主建设进程当中的国家行为做出一个产权解释。国家积极推进村民自治实际上是与农户组成一个联合，以对抗基层乡镇县级政府对农户产权的侵犯。

［关键词］产权　国家　不完全契约　村民自治

一、导言

保护与实施产权的重要环节是第三方对产权的保护，这也是巴泽尔所强调的。在我们的讨论中，这个第三方主要指的是国家（我们在这里只好摒弃了另外一些绝对不是不重要的情况，也就是作为第三方的非国家组织）。一般认为，排他性和可转移是产权的两项基本属性，而且可转移建立在排他性基础之上。如果一个人能够以强力来占有一项资产，那么他是以自己的力量来实现权利的排他性，但是大多数人实现产权排他性是依靠国家或者其他组织团体。

假定存在一项资产，它被某人获得。获得的途径包括购买、继承、赠与等。总之按照诺齐克（Nozick）的原则来讲，这个人正当地得到这项资产（这里所说的购买等方式实际上涉及产权的交易，为了不在逻辑上产生混乱，我们只好认为这种交易是自我实施的）。这时候，能否认为这项资产就属于该人所有呢？只能肯定的是，这个人是最愿意保护这项资产的人。在阿姆拜克（1981）“强力界定产权”的模型里，由于没有政府的参与，初始产权分配是在人们的土地—劳动的边际技术替代率均等的情况下达到均衡。这个模型的内涵在于，人们用武力争夺或保护资产的时候，武力的分布与资产的边际产出成正比。如果所有人具有相同的武力禀赋，占有的资产应该是均等的。而某人占有的资产越多，自身对它的保护就越不周到，遭到侵犯的可能性就越大。另一个产权起源的模型把国家保护以形成秩序，从而双方得益当作国家存在的基础（李军林，1998）。但是这个模型假定除国家外的个体是同质的，这至少在阿姆拜克的分析中还是能够产生均衡的。而我们认为，个体禀赋的不同才是一个更贴近现实的假定，而且，武力相向争夺资产在

* 原载《中国农业经济评论》2004年第4期。

这种情况下更容易发生。

言归正传，一个人得到某项资产，但是有一个具有武力比较优势的人对此垂涎已久。如果没有国家的保护，我们还能认为前者真正拥有这项资产吗？本文当然没有替强盗逻辑辩护的意思，但是“防人之心不可无”，而且如果旁边站立着一个强盗，个体的行为肯定会发生变化，这一层限制必然会降低资产的价值。下面首先简单地设想一个两人模型。

（一）两个人的情况

与阿姆拜克的模型一样，每个参与人人都拥有劳动和暴力的禀赋。不过，我们只假定劳动是惟一需要考虑的生产要素，参与人利用暴力来争夺的是劳动产品，而不是阿姆拜克模型所分析的对土地的争夺，也就是生产资料争夺。那么，这样的不同是否会对结果产生影响，譬如对劳动者积极性以及产量的影响。

假设产出是劳动投入的函数，因为两个人都拥有暴力禀赋，双方会相互争夺，而获得的份额由两个人暴力的相对水平决定。所以，双方会根据自己的暴力禀赋获得一部分剩余。我们没有假设胜者通吃的情况，是出于以下考虑。比方说两个人斗殴，尽管有强有弱，但是其结果无非是弱者多吃了几拳，强者少挨几拳。其中剩余份额是一个人在双方暴力结构中的地位，那么，当两个人的暴力相同时，这个份额就是1/2；对弱者而言，份额小于1/2，强者大于1/2。这样一来，我们就把以上问题变成了一个分成的问题，对边际努力有影响的是分成比例。这样可以运用传统的佃农理论，也就是将分成与税收对等的方法。

假定边际成本不变，而边际收益递减，同时也可以假定边际收益不变而边际成本递增。这样的话，分成的比例必然影响劳动的投入，它使得生产的劳动投入不足。就我们的分析而言，就是相对暴力水平决定的分成比例导致至少一方生产的积极性缺乏。在这里，之所以运用遭受张五常重点批判的传统理论，是因为在我们的分析中，还没有考虑外部竞争的问题。这样，张五常的批评就不适用了。

实际上，从中也可以体会一点，即就是当暴力对产出的归属起作用，从而也就在事后决定了产权的分配。这里的产权可以包括一般生产要素的产权，也可以包含个人劳动的产权。仔细考察阿姆拜克的分析，可以发现我们的结论与其相差无几。在阿姆拜克的结论中，个人劳动的投入是和土地的多少相一致的，劳动投入在其边际产出远未达到零值时就停止了。隐隐约约我们可以感受到暴力和劳动相互替代的关系。

（二）国家的介入

在这里我们不打算为国家下一个严格的定义，因为并不需要讨论国家的起源以及职能等问题。在以下的分析中，只需要一个类似于霍布斯所谓的“利维坦”这样的一个大怪物就足够了。假定国家不再侵犯个人产权，因为在此基础之上，我们才能讨论国家保护产权排他性的问题。所以，它具备的暴力潜能只是保证它可以是一个以暴抗暴的机器，来对付其他人的暴力活动，同时，也要假定它不具备生产能力。

我们来考虑，当这个大怪物加入到以上所描述的二人世界的时候会发生变化。用联盟博弈可以构造以下的情况：我们知道强者和弱者各自都有和国家结盟的动力，那么，对国家而言下面哪一种行动是有效的：和弱者联合对抗强者，以保证弱者的资产；和强者联合，保证强者的资产；联合所有的人。从社会最优的角度来看，哪一种行动又是有效的。但是总的来说，各个行动都会对产出的分配产生影响，国家和个人的所得份额会因为行动的不同而不同。

这个份额的决定过程，不论是通过讨价还价还是别的方式，其实就是产权的界定过程。因为我们采用的是以产出的分配来刻画产权的界定，也就是生产要素以及劳动力事后实际的归属，所以一般来说都是从后向前看。如果一个人不能完全拥有自己的劳动的产出，则说明市场要素或者劳动力或者两者至少不完全属于他。完全拥有产权或者完全不拥有产权是两个极端，因为要达到这样两种状态，其交易费用太高，以至于可能根本无法实现。就现实情况而言，当国家存在时，一项资产的权利总是或多或少地在国家和个体之间分配，国家即使不从事生产，也会以税收的形式获得一定的份额。

二、一个不完全契约理论模型

我们在这里要倚重不完全契约理论。在格罗斯曼和哈特（1986）研究了一体化的成本和收益之后，哈特和穆尔（1990）不再把视角局限在企业高级管理人员的激励上，他们进一步讨论当所有权变得集中时，当事人的激励的变化。在有多种资产的情况下，当事人某一种联合对资产可以有不同的控制结构，这个结构对应着所有权的安排。提高投资人的投资激励的控制结构是可行的。而在 Rajan 和 Zingales（1998）的研究中，所有权不再被当作一种有效的激励手段，代之以通路（Access），也就是资产所有者对资产使用者的一种限制，由于其灵活和不可靠因而比所有权更具激励效果。对于我们下面将要进行的分析而言，他们研究的问题在于：哈特和穆尔仍然是从社会最优的角度出发，他们考虑的成本和收益都是社会的成本和收益。在那里没有利益相关的第三方①，而在 Rajan 和 Zingales 模型中，第三方是产权的所有者，他们分析的是所有者如何分配许可权才是最优的。我们认为在不完全契约的研究路径上，还应该重视下面将要分析的情况，这也是前人所忽略的，即作为第三方的利益相关人对所有权的分配，当然，一般而言这个第三方是国家。

之所以要分析第三方分配所有权的情况，是出于这样的考虑：假设有一项资产，在国家退出了所有权之后，由什么人来获得所有权。而这时候国家对于产权仍然是重要的，否则就又回到了强力界定产权的局面。国家的重要性体现在一方面它可以通过国家强力推行资产的分配方案；另一方面这种分配结果是由国家强力保证的。联系产权的排他属性，如果论证了国家对资产的初始分配，实际上也就证明了国家对产权排他性的保护。因为当国家指定某人为某一项资产的所有者时，也就暗含了一种保证，即对此人排斥他人觊觎该资产的保证。譬如，国家认定某人拥有一项资产对国家更为有利，国家就会保证此人对该资产的排他权利，否则国家收益受损。当然，我们还不能忽视一种可能，即就是从社会最优的角度或者国家利益的角度，将一项资产分配给某个个人或者某个团体不是最优的结果，而一种共同所有才更为可取。这种情况与我们的分析并不矛盾，因为不是所有的资产都要具有排他性，共同所有以达到最优的情况实际是对像公共产品一类资产的描述。另外我们知道，从社会最优的角度分配所有权和从国家利益的角度分配所有权，其结果极有可能是不同的。

（一）所罗门王的断案故事

在下文中，可以把国家对产权排他性的保护等价地当作国家配置所有权的过程，因为我们主

① 实际上他们也论证了外界的第三方不应该拥有所有权，但是这个第三方不是利益相关者，这与我们分享中国家作为第三方是不同的。

要关注的是国家为什么要保护排他性，以及在什么条件下保护排他性的问题。由此可以想见，从国家利益出发，也必然会出现这样的局面：即某些特征的人应该拥有所有权（对国家来说最优），某些特征的人不应该拥有所有权。

这些特征是重要的，《旧约》中的《列王记》中记载的关于所罗门审断疑案的故事就包含了对这些特征的描绘。两个妇人争说孩子是自己的，所罗门王决定将孩子一分为二，两个妇人各取其一。结果一个妇人于心不忍，要求放弃；另一个妇人则满不在乎，愿意听从所罗门王的安排。于是所罗门王将孩子判给了第一个妇人。

为了不会转移注意力，我们不去考虑这个故事中关于信息经济学上的涵义。如果把以上的故事当作一个国家界定所有权的问题，则可以从中得到一些有意义的洞见。活的孩子便是一项资产，两个妇人分别代表利益不同的当事人，不言而喻，所罗门王即为国家的代表。两个妇人都要求得到孩子，那么所罗门会有三种备选方案：一是将孩子给这妇人；一是将孩子给那妇人；第三可以让她们共同所有。虽然这个故事认为所罗门以神的智慧判断出了真正的母亲，但是从社会最优的角度来看，我们只认为这是一种有效的配置方式。可以设定，所罗门实际上并不知道，也不需要知道谁是真正的母亲，在他的眼里，这妇人慈爱有加，而那妇人则冷酷无情，那么把孩子交给这妇人是好的。从这一点上来说，即使这两个妇人都不是孩子的母亲也不重要。

我们似乎还要考虑这样的界定对于所罗门自己的益处。把孩子交给心地仁慈的妇人可以使他健康成长，为国家增加一个好公民。而如果把孩子交给冷酷的妇人，则不光是孩子的不幸，所罗门作为君主不能从中得益。再进一步设想，如果两个妇人在所罗门王面前表现相同，该当如何？譬如，两个妇人都放弃孩子，也就是说她们一样地心地善良，那么将孩子由她们共同所有是不是最好。而如果两个妇人都冷酷无情，将孩子交给她们中间任何一个或者让她们共同所有，这似乎都不是一个好主意，那么是否由国家所有才是有效的呢？

到目前为止我们一直暗含的假定是所罗门王能够无成本地执行自己的旨意，如果他需要一支军队才能实施国王的意图，因为譬如要防止没有得到孩子的妇人的恶意报复行动，而维护这支军队是有成本的。那么这是否会影响所罗门的选择和行为。以上这些讨论将体现在后面正式模型的分析中。

（二）模型及分析

实际上下面我们要解决两个层次的问题，一是看资产是共有还是个人所有；一是如果个人所有，则要看资产由具备哪一类特征的人所有。当然，我们在这里建立的模型仍然是为了描述国家的行为，所以是以国家的利益作为出发点的。假设存在一项资产 A，持风险中性态度的两个当事人 a 和 b，以及国家，用 G 表示。两个当事人具备一定的武力，按照不完全契约理论的经典假设，在第 0 日，当事人进行某种专用性投资，用 e 表示。为了简化，我们只讨论人力资本投资的情况。一般来说，第 0 日的投资会影响当事人在第 1 日的生产。另外，国家也可能有投入，譬如用于军队和警察的开支。我们知道国家的投入更具有不完全契约的性质，也就是说这在事先是无法写入契约的。

用 S 来表示参与人可能的联合，联合体的所得记做 $v(S)$，它是得自当事人投入产出的一部分，我们知道对于 S 的所有子集 $S' \subset S$，存在 $v(S) \geqslant v(S')$。因为如果某一方的当事人的边际产出为负，则这样的联合是没有意义的。同时，我们假定国家没有生产能力，国家在不同其他参与人联合将不会有所得，也就是说，$v(S)=0$，当 $S=\{G\}$ 时。这样一来，联合就有了充分的理由，为了简化，有必要认为不参与联合的任何一方当事人都不会有所得。而当一方当事人与国家联合的时候，不论前者的武力禀赋如何，国家都可以利用自己的暴力潜能保证他不受其他联合之外的人的侵犯，这也就是我们在这里分析的排他性权利。另外我们还要考虑一种可能，非国家的当事人联合也能有所获得，原因在于，一方面我们事先假定国家不会用国家暴力去争夺资产；另一方面当事人虽然也可能武力相向，但是他们可以形成一个讨价还价的机制，来制约双方的暴力行为，同时分享剩余。在这里需要对讨价还价机制作一个简单说明，假定双方对剩余进行均分，我们求得了纳什解，但是这个结果会显示双方将一半的砝码（因为他们均分剩余）押在不合作的情况上。设想一个擅长武力的当事人和一个擅长生产的当事人达成了某项按照一定分配剩余的协议，擅长生产的人是不会把全部的精力投入到生产中去的。譬如个人得到黑社会保护的情况。

回想一下 Rajan 和 Zingales 对 GHM 模型的两个关键性的批评：其一是认为在 GHM 模型中，参与人是否属于企业无关紧要，这样便不能为企业建立起一个明确的边界；其二是 GHM 模型缺乏一个由外在权威构成的实施机制，没有这个权威，所有权失去意义，这样无法定义企业。而当我们讨论一个拥有武力的国家决定所有权分配时，尽管也是关于所有权的问题，但是以上对 GHM 所有权模型的批评并不适用于我们的框架。因为在我们的分析中，参与人是否被国家排除在联合之外是重要的，这也建立了一个类似企业边界的范围；同时国家承担起了权威的角色，它将负责所有权的实施，而且我们考察的重点也是国家的行为动机。这也确实是 GHM 模型所欠缺的。

对于当事人的投入，我们考虑两种情况：替代性的投入和可加性的投入①。仍然沿用 Rajan 和 Zingales 的假设，在当事人的投入是替代性的时候有

$$v(G,a,b)=R(\max\{e_i\}_{i=1}^{n}) \tag{1}$$

当投入为可加性的时候有

$$v(G,a,b)=R(\sum_{i=1}^{n}e_i) \tag{2}$$

其中我们设 $R'>0$，$R''\leqslant 0$，$R(0)=0$，且 $R'(0)=\infty$，$R'(\infty)=0$。以上只是生产函数的形式，而国家不具备生产能力，所以国家的投入不体现在其中，但是国家投入的边际产出我们仍然可以用 $v(G, a, b)-v(a, b)$ 表示出来。另外，当事人和国家的投入都是有成本的，我们假定成本与投入是相同的，即 $C(e)=e$。联系所罗门王断案的故事，从投入的角度来讲，善良的妇女投入水平高，而冷酷的妇女投入水平低。这样一来，当投入是替代性的时候，似乎所有权分配给投入高的人是天经地义的，但是我们不得不考虑所有权由两人共享更具效率，还是有一方独享更优，这需要验证。还是运用这个例子，可加性投入指的是两个妇女将给予婴儿不同益处（所罗门王不考虑这个问题），譬如一个提供知识教育，一个提供健康营养保障②，两种投入既不是替代性的，也不是互补性的，但是都会影响产出水平。

对于不完全契约的模型，行动的顺序是重要的。在第 0 期，国家选择多少人享有所有权和由什么人享有所有权，在第 0 期和第 1 期之间，获得所有权的当事人选择投入水平，这个投入水平是无法用契约描述的；在第 1 期各方进行讨价还价；由此决定第 2 期产生的剩余的分配。

---

① Rajan 和 Zingales 则考虑了替代性、可加性以及互补性三种可能。因为我们不关注企业问题，而是单单讨论所有权的分配，所以略去了互补性投入的情况。当然这样做只是为了简化分析。

② 这实际上已经与两个妇女善良或冷酷与否没有关系。

遵循 GHM 和 Rajan 和 Zingales 的分析，我们使用夏普利值（Shapley value）作为解的概念①。当然，夏普利值并不是联盟博弈唯一的解概念，只不过相对于要么为空集合要么非常之大的解概念，夏普利值更适合应用于预测方面，因为它能够给出当事人唯一的预期支付。于是我们可以假定当事人 i 所占的份额由他的夏普利值决定：

$$B_i = \sum_{S|i\in S} \frac{(s-1)!(n-s)!}{n!}[v(S) - v(S\setminus\{i\})] \tag{3}$$

国家具有推行自己意志的能力，这是本文分析框架中一直坚持的假设。于是可以通过比较在不同所有权结构下国家预期支付来解释国家的行为选择。联系所罗门王断案的故事，我们原本可以对国家有成本和国家无成本两种情况区别对待，但是过于强调这一点似乎也不合适，成本的大小只是于国家在边际上选择投入水平的情况下才有意义。本文暂时假定国家在合作中的投入是固定的，这是出于两个方面的考虑：第一，国家的成本是一种沉没成本，譬如维持一支武装的费用；第二，个人的暴力相对于国家来说是微不足道的。那么，有理由相信，在哪一种所有权分配结构中国家的预期支付越大，国家就倾向于该分配结构。下面，我就替代性投入和可加性投入两种情况分别进行讨论。

1. 替代性投入。当事人 a 和 b 的投入是替代的，根据前文的假设，产出将由投入较多的一方决定。对于国家来说，将所有权分配给某一个当事人或者让当事人共享所有权会产生不同的预期收益。当国家将所有权排他性地授予一方当事人时，国家的预期支付为

$$1/2(R(e) - R(0)) - e_G \tag{4}$$

这就是说，当国家只与一方结成联盟时，这个联合的产出是 R（e），而国家不在联合中时，该当事人的投入水平为 0，产出即为 R（0）。根据夏普利值的定义，这个联合只有两种排序方式，从而国家的预期支付由上式表示。而国家将所有权让双方当事人共享的时候，假定双方的投入水平不变，国家的支付用式（5）表示为

$$1/6(R(e_a) - R(0)) + 1/6(R(e_b) - R(0)) + 1/3(R(\max\{e_a, e_b\}) - R(\max\left\{\frac{e_a}{2}, \frac{e_b}{2}\right\})) - e_G \tag{5}$$

对于上式的解释是：国家将所有权让两人共享，也就是联合由三方构成，那么就有 6 种可能的排序方式。存在两种可能是只有 a 或 b 排在 G 的前面；两种可能是 a 和 b 都排在 G 前，只是 a 和 b 的位置不同，但是 a 和 b 位置的不同不会反映在夏普利值中；另外两种可能没有在上式中得以体现，因为没有当事人排在国家 G 的前面，而国家被我们假定为没有生产能力，所以这两种可能的产出为 0。如果 $e_a > e_b$，则式（5）就简化为

$$1/6(R(e_a) - R(0)) + 1/6(R(e_b) - R(0)) + 1/3(R(e_a) - R(\frac{e_a}{2})) - e_G \tag{6}$$

① 并不是每个经济学家都对夏普利值抱有乐观的态度。Osborne 和 Rubinstein（1994）在他们的教科书提到 Luce 和 Raiffa 认为夏普利值给人留下的印象是一个在值概念中的缺陷，相对而言，Myerson 的观点比较积极。而 Myerson（1991）对该值做了如下解释：假设要把大联盟 N（总人数为 n）集中到一个房间里面，房间的门只能容一个人进入。所有的当事人在门口随机地排队，则有 $n!$ 种排序方法。把集合 S 看作是由当事人 i 和位于 i 前面的当事人的集合，则这个集合有（$s-1$）!（$n-s$）! 种可能的排序方法（s 是集合 S 中包含的当事人的个数）。当事人 i 进入房间时，联合的其他成员已经进入房间的概率是（$s-1$）!（$n-s$）! /n!。而该当事人进入房间是对联合的边际贡献可表示为 v（S）$-v$（$S\setminus$ {i}）。所以，在随机排序进入的情况下，当事人 i 的夏普利值是其进入时的预期边际贡献。

这样我们就可以比较在两种不同的所有权结构下国家的支付，从而了解国家会做出什么样的选择。于是我们得到：

命题1：在当事人的投入是替代性的时候，国家倾向于将所有权分配给单独的一方，而且是效率较高的一方当事人。

以上命题的证明是简单的。

首先假设 $e_a>e_b$，因为 $R'>0$，所以 $R(e_a)>R(e_b)$。另外我们先假定在所有权授予一方的情况下，他的投入水平为 $(e_a+e_b)/2$。又因为 $R''>0$，所以

$$1/3(R(e)-R(0)) > 1/6(R(e_a)-R(0)) + 1/6(R(e_b)-R(0)) \tag{7}$$

而且

$$1/6(R(e)-R(0)) > 1/3(R(e_a)-R(\frac{e_a}{2})) \tag{8}$$

由此可见，当国家把所有权授予单独的一方，如果他的投入为 $(e_a+e_b)/2$，则国家将不会倾向于共享的所有权结构。同样的道理，如果国家把所有权授予投入较多的一方时，以上的关系将更为稳固。

这促使我们做进一步的考虑，如果所有权被单独地授予投入较低的一方，对国家而言，是否仍然优于共享的所有权。譬如，国家将所有权授予投入较低的当事人 b，于是国家的预期支付为

$$1/2(R(e_b)-R(0))-e_G$$

从上式中减去式（6），我们得到

$$1/3(R(e_b)-R(e_a)) + 1/6(2R(\frac{e_a}{2})-R(e_a)) \tag{9}$$

显而易见，式（9）中前面一个加项为负，另外由于凹性假设，后一个加项为正。因为我们无法知道生产函数的具体形式，而两个加项相对独立（前一个取决于双方投入水平的差距，后一个取决于生产函数的形式），所以不能肯定式（9）的正负，也就是说无法确认对国家来说，将所有权单独地授予一方严格优于共享所有权的情况。但是，得出一些大致的判断还是可能的。

我们设定一个生产函数形式和高投入一方的投入水平，则可以确定后一个加项的大小。e_b 将在 $[0, e_a]$ 这个区间上取值，当取0值时，式（9）为负；当双方当事人的投入相等时，式（9）为正。生产函数是连续可微的，所以 $[0, e_a]$ 区间内存在唯一的临界值 e_a^*，使得式（9）为零。当 e_b 小于这个临界值时，对国家而言，共享的所有权结构要优于将所有权授予投入较低的当事人的情况；当 e_b 大于这个临界值时，由单独的一方当事人获得所有权将严格优于共享所有权的结构，当然这仍然以国家的收益作为出发点。

另外，回想 Rajan 和 Zingales 的研究，他们证明了在当事人的投入为替代性的时候，通路权（Access）只授予一个当事人相比授予两个当事人，总产出至少一样多，而且只有更小的投资成本（详细内容参见 Rajan 和 Zingales（1998）命题1）。在本文的框架中，他们的这个命题仍然是适用的，我们可以注意到他们是从社会收益的角度出发，而我们只考虑国家的收益。两方结论大致相同，这是令人高兴的，国家保护产权的排他性是即利国，又利民。

2. 可加性投入。而如果当事人的投入是可加性的时候，每一个人的投入都会对最终的产出做出贡献。国家的行为选择仍然取决于在不同所有权结构下的收益，我们在这里比较国家在单方拥有所有权和共享所有权时的预期支付，参与人还是国家和两个当事人。

言归正传，我们知道国家把所有权排他性地授予某一个人，则国家的支付与在投入是替代性时的支付是相同的，仍为

$$1/2(R(e)-R(0))-e_G \tag{10}$$

国家把所有权让双方分享，根据夏普利值的定义，国家的预期支付是

$$1/6(R(e_a)-R(0))+1/6(R(e_b)-R(0))+1/3(R(e_a+e_b)-R(\frac{e_a+e_b}{2}))-e_G \quad (11)$$

对上式稍作解释：在六种可能的排序方式中，其中两种可能是分别有一个当事人排在国家的前面，于是就有了上式中的前两个加项；两种可能是当事人都排在国家前面，但是他们位置不同。根据我们前文的假定，如果两个当事人联合而将国家排除在外，则双方都会在生产上只投入一半的努力，所以就有了上式中第三个加项；另外还有两种可能没能得以体现，那是因为其产出为0。

在这种情况下，为了分析方便，我们假定双方当事人的投入相等。如此做法也是不得已而为之，否则将会纠缠于生产函数的讨论中而得不出有意义的结论。从式（10）中减去式（11），由于假定 $e_a=e_b=e$，我们得到一个简化后的结果①

$$1/2R(e)-[1/3R(e)+1/3(R(2e)-R(e))] \quad (12)$$

即

$$1/2R(e)-1/3R(2e) \quad (13)$$

现在我们需要根据式（13）的正负来解释国家的选择行为②。显然，当式（13）大于0时，国家倾向于将所有权授予某一方当事人，反之则国家更乐意选择共享的所有权结构。于是我们有

命题2：如果 R 是线性函数，则国家倾向于共享的所有权结构。

命题2是显而易见的，因为如果 R 是线性函数，式（13）将不会大于0，国家从维护共享所有权的行动中获益更多。线性函数意味着生产不受边际收益递减的影响，正所谓“多多益善”，被授予所有权的个体越多，国家的收益越多。

但是这违反了我们前面做出的凹性假定，而凹性假定会相对减少式（13）的后一个加项。这增加了问题的复杂性，所以我们只能做一些简单的比较。

首先，我们用 $R=e^{\frac{m}{n}}$，且 $m\leqslant n$ 的函数形式来模拟上文的生产函数③。于是式（13）变为

$$\frac{1}{2}e^{\frac{m}{n}}-\frac{1}{3}(2e)^{\frac{m}{n}}$$

对收入水平 e 求导数，我们得到

$$\frac{1}{2}-\frac{1}{3}\frac{4}{\sqrt[n]{2^{n-m}}}$$

所以我们可以得到：

当 $\sqrt[n]{2^{n-m}}>4/3$ 时，式（13）单调递增；

反之，当 $\sqrt[n]{2^{n-m}}<4/3$，则式（13）单调递减。后者包括生产函数为线性的情况。

又因为在投入水平为0时，式（13）等于0，所以式（13）的单调性也决定了它的正负。也就有了以下这个简单的结论：

命题3：如果我们用 $R=e^{\frac{m}{n}}$，且 $m\leqslant n$ 的函数形式来模拟生产函数，则在现有条件下，生产函数决定了对国家有益的所有权结构。当 $\sqrt[n]{2^{n-m}}>4/3$ 时，国家倾向于将所有权授予单独的个人，

---

① 但是，将所有权授予一人或者多人所产生的激励效果是不同的，一般而言前者的激励更大。

② 实际上 e 并不是函数 R 的唯一投入，只不过为了简化才表示成为 R（e），所以 R（e）不能看作是齐次可微的函数形式。

③ 真正的生产函数不具有这一形式，但是这个函数符合我们对生产函数的假定，所以用它来逼近生产函数。

反之国家会倾向于共享的所有权结构。

我们对以上的命题稍做说明是有必要的。考虑极端的例子，譬如 $m=n$ 的情况，满足 $\sqrt[n]{2^{n-m}}<4/3$，也就是说国家比较中意共享的所有权结构。而且这时我们知道生产函数为 $R=e$，该结果和命题2是相符的。再考虑 $m=0$ 的情况，根据命题3可知在满足这个条件时国家会倾向于将所有权授予单独的个人，而这时的生产函数在平面坐标系上的表现是一条平行于横轴且截距为正的曲线，即 $R=1$①。这样的生产函数意味着不论投入多少努力，其产出的结果是完全相同的；或者说，联合中的成员数与产出没有关系。从直觉上看，增加一个额外的成员并不能增加最终产出，而对国家来说，增加一个联盟成员不能提高它的预期所得。那么，让两个以上的人成为联盟成员就是一种浪费。

关于可加性投入的论述得出了似乎与排他性相矛盾的结论，排他性要求国家将所有权授予唯一的一个投资人，投入的可加性却使得国家也可能乐意于看到共享所有权的情况。我们不需要为这种“意外”感到紧张，实际上国家不分青红皂白地排斥共享所有权才是难以想像的。因为直观地说，如果将所有权授予单独一方永远对国家是有利的，那么推而广之，最后就会产生一个唯一的垄断者，而这在理论上和现实中都是站不住脚的。其间的原因，我们认为还是在于边际产出递减规律的影响，不要忘记阿姆拜克的强力界定产权的模型。同时，前文命题3关于生产函数形式与国家行为选择的推断也在反映这个道理，线性函数表示着边际产出不变；而生产函数的曲线平行于横轴，则边际产出为零。声明一点，这只是一个模糊的判断，并不意味着我们能够量化边际产出对国家行为的效应。

至此本文完成了对产权排他性的一个简单的证明，试图说明产权的排他性也是国家通过比较不同契约结构下自身利益而进行行为选择的结果。我们假设在个人具备暴力的情况下，资产的配置不可能避免争端，拥有武力优势的人更会觊觎别人已经占有的物品，对于社会福利而言这当然是低效率的。国家的介入会带来或者提高财产权利的排他性，我们把排他性的获得看作国家对所有权的初始分配。本文建立了一个联盟博弈的模型，国家作为第三方，它可以确定参与哪一个联合能为自己带来更多的收益。在三方博弈中，如果国家愿意与一方合作，而排斥另外一方，从所有权初始分配上看，这是国家将所有权授予单独的一方；而就产权的基本属性来说，则是国家保证了一方所有权的排他性。②

三、村民自治：一个农地产权的解释

在这一部分，本文用村民自治作为案例来验证我们对产权排他性的分析。在前面的讨论证明

① 这个形式的函数无法表现出当投入为零时，产出亦为零的情况。不过这个缺点是可以原谅的，因为它毕竟不是真正的生产函数，而是一种近似。

② 根据上文的模型，我们似乎能够得出一个判断：国家如果保护产权的排他性，也是倾向于生产效率高的人的权利。那么，难道在实际中一些不具备效率优势的人的财产就得不到有力的保障吗？我们只能说，本文仅仅讨论了国家对产权进行初始分配的情况，这个过程舍去了诸如继承、转让以及馈赠等因素，也是为了简化的需要。另外在理论分析中，应该对国家保证排他性的行为与社会效率是一致还是偏离的问题给出严格的证明，不过这可以在以后的工作继续。在分析技术上，我们没有能很好地处理国家成本的问题，而只是为国家假定了一个固定的沉淀成本。实际上，在有些国家发生的国家军队从某些地区撤离的行动意味着，可变的国家成本可能是更恰当的假设。

了产权的排他属性实质上源自国家的自利动机①。在我们看来，尽管村民自治在我们国家有悠久的历史，但是只有当国家参与进来之后，尤其是相关的制度安排体现在法律法规上的时候，农民自治才算步入正轨。那么，国家为什么要在农村推行基层民主建设？或者确切地说，在某些地区自发探索村民自治的道路之后，国家为什么要积极回应这种趋势并推进相关法律的建设？当然，国家是以立法来保护农户的利益，这是显而易见的，但是国家并不是仅仅为了保护农户参与政治的权利。另外，如果把村民自治上升到宪政改革的层次就过于理想化了，因为通过这种民主程序建立起来的村民委员会并不具有政府的性质。从实践的结果来看，它可能只是改变了村民同乡镇政府以及县级政府的谈判能力。

一个不容否认的事实是，人们的一切权力都来自于财产权。对于农户来说，最重要的财产权就是土地产权，农地制度决定了农户的政治地位。我们在这里不对时下的一些讨论进行评价，我们只是认为，如果把基层民主建设和农地产权制度结合起来考虑，可能会得出一个有说服力的解释。

需要说明的是乡村管理体制的创新和演变并不单单涉及政治层面，而且涉及经济体制，文化，社会等多个领域，尤其是经济体制范畴。实际上对于经济体制与政治制度，并不需要严格区分，因为其更多是为了概念分析的便利。所以本文在分析乡村管理体制时，不应把它只看作政治制度的变迁。同样，我们在论述农地制度时，也不会只把它当作经济体制领域的创新。可以这样说，论及制度，尤其是论及将国家理论，公共选择理论容纳进来的制度变迁理论时，其不仅包括经济体制，也包括政治体制及其他领域的变迁。

20世纪80年代农业财政状况是国家的行为的一个诱因，与此同时《中华人民共和国村民委员会组织法（试行）》出台。如果我们再联系农民的负担问题，则可能为国家推行基层提供较为合理的解释。农民的负担被称为“三提五统”，三项提留在原则上是承担村级组织提供的公共物品的成本，而五项统筹实质上是承担乡政府提供部分公共物品的成本。三提五统既不通过税收，又游离于公共收支系统之外，属制度外公共物品供给。在制度之外，缺乏法律约束和监督机制，只要基层政府职能扩张，制度外统筹资金的办法就成为首选。问题就这样暴露出来了，为了自身利益，各个部门、各级地方政府都有了扩大收费项目的动机和行动，其被称之为“三乱”：乱集资、乱收费、乱摊派。

从决策者的角度来看，农民的不满正在降低国家的义理性（政治合法性）。因为随着农地关系的转变，与农民合作的价值越来越大，而农民负担又与国家财政相关度不高，为了重新获得广大农民的支持，就必须减轻农民负担，所以才会有多年来各地的改革试点。尤其是进入20世纪90年代以后，国家在湖南、安徽、河北、贵州等省份进行农村税费改革的探索。总的来看，“费改税”是一种较为通用的办法，因为费改税从征收形式上是将制度外资金规范到制度之内，伴随的是税种的减少。在一定程度上，这种做法得到了农民的欢迎，在形式上税种的减少使农民认识到其所交的不是一笔糊涂账，这有利于农民对税种的认同。

农村税费制度改革势在必行，但问题并为彻底解决。费改税是一种较为普遍的办法，但“费”之所以能够改为“税”，是源于收费的不合理。一部分费可以改税，一部分就不能改为税，因为费与税本身是不同的经济概念，其来源不同，用途不同，合在一起只会产生新的麻烦。如三提五统中，五统是乡政府用于提供公共产品的资金，可以进行费改税；而三提用于建设村内事务，村组集体又是一个财产权力主体，所以三提的使用不属于财政活动，就没有费改税的可行性。

---

① 时下有许多研究更重视村民自治对中国民主建设的意义，这是出于政治学上的考虑，我们只是从经济学的意义上给出一个解释。

财税制度改革的不足可以通过深化改革进程加以克服，但农民负担过重不只是财税制度的问题。大量制度外财政的存在就不能只通过财政制度改革消除。政府固然可以将一些制度外财政活动规范到制度内，但是必然又会出现新的制度外活动。在压力型政治体制下，所有的压力最终会落在基层民众身上，农民负担过重是这种体制问题的经济写照。农民虽然对此极为不满，但长期以来缺乏有效的组织形式来抵抗来自基层政府的压力，这就意味着压力型体制需要改变。

以上的描述和分析实际上只是为以下的假说提供一种铺垫，它只有一重意思，那就是为国家的行为找一个动因，从而给村民自治一个产权的解释。在我们看来，村民自治的产生虽然也带有基层自发摸索的意味，但是国家的法律建设起着主导的作用。前面已经说过，人的一切权利最终都来自财产权利，不论是村民自治，还是范围更为广大的基层民主建设，归根结蒂都要落实到产权结构上。在村民自治这一政治进程中，不同阶层（不光是政府和民众之间的对立）的不同利益被清晰地展现出来，这其中包括中央政府、基层地方政府以及广大农村居民的利益。我们用三层分析法来理解中国的政治体制结构。上层是中央政府，下层为广大民众，中间层为各级地方政府。“上、中、下”三者良性互动的一个重要环节就是中央政府与普通民众的“上、下”结盟来制约“中间层”的离心倾向（崔之元，1998）。值得注意的是，当不同利益的冲突反映在制度上时，利益结构也就是产权结构，而且上中下三个层次的互动也就构成了产权的博弈。

在我国，中央政府面临的情形是：农业财政连年赤字，国家曾做过减轻负担的努力①，但效果不甚显著，而且这都是在中央财政连年赤字的情况下发生的。另一方面，国家为了重新获得广大农民的政治支持，又不得不对农民的“喊叫”做出回应。上层没有钱可用，下层又喊叫负担过重，于是上层会得出结论：农业税费在中间层流失太多。要减少乃至杜绝这种流失，只依靠上层加强管理和监督是不可行的。因为上层派出的监督者很容易与中间层合谋，而且这种监督又要增加财政支出。那么，较为可行的办法就是上层与下层达成同盟来约束中间层，这就要上层授意和授权下层以反抗中间层对下层利益的侵蚀。

就中国的村民自治而言，国家以立法等形式积极推进村民委员会的建立是对广大农民要求的一种顺应。农民要求的是有效的组织以保障他们的切身利益。如果没有中央政府的支援，农民的自发创新将一直处于摸索状态，而没有法律地位的制度创新运行成本很高。上、下层的同盟确实构成了对中间层的制约，在现实中，对村民自治反应最强烈的是基层政府，县乡两级感到工作不如以前那么好做了。同时村民集体的谈判能力得以凸现，村级干部也认为他们是民意所归，“说话办事腰杆子硬”。由此，压力型体制从最低层发生了变化，来自高层的压力不能像以前那样容易地传递到民众。民众的自我保护能力的增强，使得乡级政府可能成为压力的最终承担者，这就难怪他们反应强烈了。简单的说，以国家主导推进村民自治的制度化进程是以财政问题为诱因的，为的是联合广大农民制约地方各级政府的制度外行为。其预期结果不仅将增加政府的财政收入，也会降低农民负担。

在本章的最后，我们再归结到产权上来。对应前面关于产权排他性的理论分析，可以认为国家推进基层民主建设实际上是国家为保护农户土地排他性的一项举措。这里应该区分两个问题：一是国家保护农户土地的利益何在；二是国家选择行动的时机。对于前面一个问题，前文已经有了很多理论铺垫，国家保护农户土地的排他性，也就保护了农户的生产力，当然国家将从中受益。之所以如此，固然出于基层地方政府没有生产能力，但是即使它有生产能力，只要农户的生

① 这可以从财政支农的结构变化中看出来。

产能力高于它，以上的结果仍然是可靠的。我们对后一个问题大致的解释是，国家对行动时机的选择取决于农业财政的状况。一方面地方政府机构的膨胀使得农业赋税在中间层流失增多，国家的农业财政状况也就越窘迫；另一方面，农业生产力的提高和农户财富的增加会使得农户更具与之合作的价值。这两个方面的因素加起来影响了国家的预期收益。

参考文献

[1] Barzel, Yoram, 2002. *A Theory of the State: Economic Rights, Legal Rights and the Scope of the State*. Cambridge University Press

[2] Barzel, Yoram, 1999. Property Rights and the Evolution of the State, Working paper, Department of Economics, Washington University

[3] Che, Jiahua, and Qian, Yingyi, 1998. Insecure Property Rights and Government Ownership of Firms, *Quarterly Journal of Economics*, 113 (2): 467～496

[4] Cheung, Stephen N. S., 1983. The Contractual Nature of the Firm, *Journal of Law and Economics*, 26 (1), 1～21

[5] Grossman, Sanford, and Oliver Hart, 1986, The Costs and the Benefits of Ownership: A theory Vertical and Lateral Integration, *Journal of Political Economy* 94, 691～719

[6] Hart, Oliver, 1995. *Firms contracts and financial structure*, Oxford, Clarendon Press

[7] Hart, Oliver, and John Moore, 1990, Property Rights and the Nature of the Firm, *Journal of Political Economy* 98, 1119～1158

[8] Hart, Oliver, Andrei Shleifer, and Robert Vishny, 1997, The Proper Role for Government: Theory and an Application to Prisons, *Quarterly Journal of Economics* 112, 1127～1162

[9] Rajan, Raghuram, and Luigi Zingales, 1998, Power in a Theory of the firm, *Quarterly Journal of Economics* 113, 387～432

[10] Umbeck, John, 1981. Might Makes Rights: a Theory of Formation and Initial Distribution of Property Rights, *Economic Inquiry*, vol. 19, January

[11] 巴泽尔．费方域等译．产权的经济分析．三联书店，1997

[12] 陈郁．企业制度与市场组织——交易费用经济学文选．三联书店，1996

[13] 韩朝华．明晰产权与规范政府．中国制度经济学研讨会（杭州）论文，2002

[14] 李军林．权利、均衡和制度变迁——一种关于产权起源的非合作博弈解释．南开经济研究．1998 (2)

[15] [加] 马丁 J. 奥斯本，[美] 阿里尔·鲁宾斯坦．博弈论教程（中译本）．中国社会科学出版社，2000

[16] 荣敬本，崔之元．从压力型体制向民主合作体制的转变．中央编译出版社，1998

[17] 张军．关于村民自治的思考．中国农村观察．2000 (1)

[18] 张曙光，赵农．决策权的配置与决策方式的变迁——关于中国农村问题的思考．中国社会科学评论．2002 第 1 卷第 1 期

[19] 郑志刚．激励机制设计的新视角：从产权理论到管制通路理论．中国社会科学评论．2003 第二卷第二期

[20] 周其仁．中国农村改革：国家和所有权关系的变化．中国社会科学季刊．1994 秋季卷

非政府组织营运管理体系初步探究*

苏保忠

[摘　要] 科学的营运管理体系是非政府组织能否有效发挥其积极作用的关键。本文运用系统的手法，从动态上论述了非政府组织的营运管理体系。主要包括以下内容：使命确立与战略规划管理；组织与决策管理；行销管理；经费管理；人力资源管理；监督与评估。

[关键词] 非政府组织　营运管理　行销　绩效评估

非政府组织在现代公共生活中扮演着重要角色，它具有促进经济发展、为社会提供多样化服务、帮助政府减轻负担、为政府决策提供参谋咨询、促使政府精简机构等积极作用。然而，非政府组织的这些作用的有效发挥并不是自发实现的，而是需要有一个科学的营运管理体系。因此，认真研究和探索非政府组织的营运管理体系，对于促进我国非政府组织的健康发展进而加快政府职能的转变，将具有积极的意义。

我们认为，在通常情况下，非政府组织的营运管理体系应包括使命确定与战略规划管理、组织管理、行销管理、经费管理、人力资源管理以及监督与评估等内容。

一、使命确立与战略规划管理

非政府组织作为一种特定性质的组织形式有其特有的使命、行为规则以及文化体系等，其中，组织的使命至关重要。非政府组织就是为了使命而存在，“它想要改变社会和自己的生活，这就是为了使命而存在，而且不可稍有或忘。”一个非政府组织从其初创时起，就应把它的使命确立在最优先的位置。需要指出的是，非政府组织的使命是形形色色，纷繁复杂的。如女权主义、生态主义、人道主义、慈善精神、利他精神等，都有可能被当作非政府组织的使命。尽管非政府组织的这些使命相互之间的差异很大，但它们在公益性和利他精神方面却是一致的。非政府组织首先应有自己的使命，然后在这种使命的驱动下，去设想组织的未来，确立组织活动所应达到的目标以及应如何去实现这些目标。这就要求非政府组织确立其战略规划。“眼光要放得长远，这一点对非政府组织犹然，就是因为它们不设短期低限，并以服务人群为己任。”非政府组织确定组织的活动战略，应有自己的优先安排事项、目标和方法以及相应的理论。非政府组织的战略规划所涉及的内容主要有：如何了解组织活动的对象；如何对其活动的目标进行定义；所关注的问题，是单一问题还是多重问题，即是只针对消除贫困开展活动，还是涉足于一系列领域如计划

* 原载《中国行政管理》2004年第4期。

生育、卫生保健、环境保护以及教育事业等；是采取单一方式还是多种方式开展活动，即是只搞操作性活动，或者只搞倡议、说服活动，还是兼采多种方式；是只在当地或者本国进行活动，还是在本国活动的基础上开展跨国活动，在全球范围积极发挥作用；是从长期和宏观的角度规划组织的活动，还是只采取一些相机性对策根据即时情况确定活动的策略。非政府组织的基本职能是提供特定的产品和服务，因此，确定组织的产出是非政府组织战略规划的基本内容之一。非政府组织的产出可以是处理、加工和提供信息，提供专家咨询和建议，提供资助，提供特定的物质产品和社会服务，影响大众和决策者的观点等。

二、组织与决策管理

非政府组织要完成自己的使命并实现自己的战略规划，就必须依托于合理的组织结构和科学的决策机制。一个非政府组织如要治理得好，应在非政府组织内建立和维持适当的治理结构与决策程序。非政府组织应根据实现自己使命的需要去设置组织机制，如确立组织内的选举程序，确立董事会（理事会）的组成和运作程序等。大多数非政府组织都是通过设立董事会（理事会）的形式来行使组织内部的决策和领导职能的。“通常在非政府组织建立之初，其董事会（理事会）的构成和职能较为非正式和自然，而在非政府组织的发展与巩固时期，理事会在结构和程序方面则需要制度化和专业化。”非政府组织董事会（理事会）的构成，对非政府组织的使命和战略规划的实现至关重要。迄今，非政府组织董事会（理事会）的构成形式有很多，如有由工作人员组成的董事会（理事会），由专业人员组成的董事会（理事会），也有由各方面人士组成的混合结构的董事会（理事会）。确立一个适当的董事会（理事会）结构，需要考虑到多种因素。如非政府组织要保持持久的动力与活力，在董事会（理事会）中就需要有特别热心于公益事业的具有理想和奉献精神人士的位置；非政府组织如要有效地开展活动，就需要具有专业知识和能力的专业人员参加董事会（理事会）；为了使非政府组织向其服务对象负责，吸收服务对象的代表参加董事会（理事会）也是必要的；而吸收资助者的代表参加董事会（理事会）则可以有助于向资助者负责。非政府组织的管理还涉及决策民主与实施效率。非政府组织需要有民主的管理风气，以调动其工作人员的积极性。要使组织的决策程序民主化、科学化，非政府组织就需要有一种独特的行政管理风格。这种风格是这样的，它能够通过内部管理将其工作人员的积极性充分调动起来，使每一个人都能够扬其所长，避其所短。这样非政府组织的实施潜力才能得到充分的挖掘，组织的整体效率才能得到提高。

三、行销管理

合理的组织结构和科学的决策机制仅仅是为非政府组织完成自己的使命提供了依托，但能不能完成自己的使命，还要看非政府组织是否懂得行销。为什么提供公共物品和服务还需要行销呢？“布鲁克林大桥用卖的可要比用送的容易多了”（It is so much easier to sell Brooklyn Bridge than to give it away.）这句19世纪警世名言已经给出了答案。免费赠品没人敢要，就算非政府组织提供的产品或服务对人类公德无量也就不能不做行销了。行销，顾名思义，就是行为营销。它是一种影响个人行为方案的设计、执行及控制，以增进个人与公共利益的活动。在这个活动中，虽然非政府组织用到的许多行销术语和工具与商界没什么两样，但其本质却是天南地北，相距甚远。同销售行为相比，它要比去做市场调查、市场细分以及奉行顾客导向的观念更进一步：非政

府组织还得知道自己提供的产品或服务是什么，对象是谁，什么时候去提供。它是一种“结合行为科学以及交换原理，利用非经济的激励方法影响人的行为，以达到改变社会的目的”的行为。非政府组织进行行销时，首先要重在让人们了解组织的使命，即“强调自己是为了他人的、公共的利益而付出努力，以此来鼓励公众支持某项事业”（他们或是向非政府组织提供资助，或是为组织提供义务劳动），从事有益于公众利益的活动，这样才能改变公众的行为。其次要把全部的精力集中在组织本身力所能及的事项来。行销时不能认为自己无所不能，尤其是不能将组织有限的资源偏洒在不会有收成的“土地上”，这是通向有效行销的关键。第三要了解组织的“顾客群”。这也是实施组织战略规划的第一项内容。这项工作不仅需要行销的态度认真，而且还要方式得当。如不要说，我们都知道什么是为他们好，而是应该去了解他们的价值观是什么，如何才能打动他们等。

四、经费管理

经费管理是指对非政府组织的经费来源、筹集使用等进行科学指导、协调、控制与监督，以保证非政府组织工作的正常开展。非政府组织的经费管理主要有，对非政府组织的经费积极进行筹划（方式主要有争取专项基金赞助，收取会费、团费等），加强非政府组织决策过程中的经济分析和经费预测、预算并努力制度化，建立必要的规章制度，按照非政府组织经费使用的有关规定对经费使用情况进行及时检查，用好用活经费。非政府组织经费管理是实现非政府组织目标的基础条件，是非政府组织自身发展的保证。一般来讲，不同类别的非政府组织会有不同的经费筹集和控制手段。对于那些完全依靠慈善捐赠支持的非政府组织，如各类基金会，在经费的筹集上只能考虑采用一种合适的慈善性资助组合：现金捐助、非现金捐助或者是志愿劳动。对于依靠慈善性支持所获得的资金，非政府组织必须有完整的财务计划，合理使用这部分资金并接受政府及社会各方面的监督。而作为政府监管部门也应强化对这部分资金的取得和使用的监督。对于部分自给（收费）的非政府组织，由于所收费用只能部分地补偿其必要的经费开支，因此，它们仍需政府的资助和有关方面的捐款。对于这些经费的控制，最有效的措施就是财务公开，以利于社会公众和捐赠人的监督。对于自给自足型的非政府组织，其经费的来源主要是对提供的公共物品和服务进行收费。收费标准可以低于其平均成本，因为这类非政府组织很容易得到慈善性投资、志愿者以及非现金捐款等。因此对于这类非政府组织的经费控制，应重点加强对业务宗旨的把握，以防止组织的活动背离“为他人或公共利益”的宗旨。

五、人力资源管理

人力资源管理主要指非政府组织进行及时地吸收、发展、培训和使用员工并充分调动其组织成员的积极性，进而促进非政府组织正常发展的一系列活动。它是非政府组织存在和发展的基础，是非政府组织完成使命的关键。非政府组织需要具有特定素质的工作人员。在吸收非政府组织工作人员时，要着重考察其是否具有利他主义的奉献精神，对组织的使命是否认同，是否具有所需的专业知识和特定的技能等。非政府组织需要在组织内部设立相应的激励机制，以增强组织的凝聚力和吸引力。尽管在像德国和日本这样的国家，非政府组织的工作人员像公务员那样工作、接受培训并领取相应的薪水，但在绝大多数国家里，非政府组织工作人员的社会地位较低，他们大多是以志愿者的身份参与非政府组织的活动，而且少有培训。通常情况下，能够对组织工作人员形成激励，吸引他们参与非政府组织工作的因素不是个人的收入，而是能够获得良好的工作经历，能得到做事的机会以及为他人、公众服务的奉献精神等。然而，从组织的角度看，对非政府组织工作人员（也包括义务工作人员）的工薪、地位、提升和工作条件以及培训的机会等都是要重视的，这些都是增强组织吸引力的重要因素。需要特别指出的是，一个卓有成效开展活动的非政府组织，还需要有高素质的领导人。他要能在许多牢不可破的原则之间取得平衡，以求取得组织的最佳表现；他要能协调好非政府组织内部和外部的各种关系，从而为非政府组织的存在与发展创造良好环境。

六、非政府组织营运的绩效评估

由于非政府组织涉及到同政府、捐款人、提供产品和服务的对象以及成员等多方面的利益关系，因此，对非政府组织的营运进行绩效评估就显得极其重要。

1. 评估主体的确定。对非政府组织进行绩效评估，首先要确定评估主体。可以说，即使是同样的目的和方法，由不同的评估主体进行评估可能得出不同的结论。因此，适当的评估主体对于评估成功有重要意义。评估是一项专业性和技术性都很强的工作，因此，评估人员须有相关领域的专家，或是具有一定评估技术水平的人员。需要指出的是，由于非政府组织在其组织发展和活动中须向其服务对象、本组织成员、捐助人、政府以及社会公众等各方负责，因此，让非政府组织所涉及的各方的代表参加评估，会有利于评估工作的认真、公正、有效。

2. 绩效评估的内容和指标。绩效评估的内容主要有政策执行、项目评价以及质量保证三个方面。对政策执行进行评估的目的在于确认组织的活动是否符合非政府组织的使命，控制活动的流程以确保组织目标的实现，同时还能向有关各方提供反馈信息。因此，需要对政策执行过程和效果的合法性（筹集经费的方式）、使命或战略规划在执行过程重大变化程度以及影响目标和战略规划实现的影响因素（如经费的落实与使用情况）等方面进行评价；对项目的评估包括项目的目标及其社会政治影响（如能否促进社会公平和正义）、完成项目的影响因素、项目的成本和受益分析以及项目经验是否可以推广等。常用的项目评估方法主要有数据监测、社会调查以及成本效益分析。其中，成本效益分析法是较全面的一种方法。该方法的重点是项目预算和成本测量，因此会计人员和审计人员可以发挥重要作用；质量保证的评估其实就是对活动结果的评估，目的是保证服务对象得到良好的服务。它主要是对服务对象的心理状况和生活状况的改善情况以及非政府组织的社会影响等方面进行评估。

3. 评估应遵循的原则。对非政府组织进行绩效评估，应在公正、客观、科学的前提下遵循以下原则：首先是社会目标与经济目标相结合的原则。社会目标与经济目标是密不可分的，它们相互依存，相互制约。对于非政府组织来说，应该是“使命为先”。偏离了组织的宗旨，非政府组织将会失去其存在意义。但是，良好社会效益还需要相应的经济条件来作为保证，而且，适当的经济指标也是科学衡量社会效益必不可少的尺度。其次是微观利益同宏观利益相结合的原则。在评估的过程中，从非政府组织本身的角度评估活动的微观社会和经济效益是必要的，但不应忽视是从国民经济的大局出发去考察它的宏观社会和经济效益。因为政府不会允许只顾“小团体”利益而违背国家利益存在的。第三是短期利益同长期利益相结合的原则。应该说，短期和长期利益在总体上是一致的。但是，对于非政府组织而言，立即取得经济效益和社会效益的回报（即短期利益）是有相当难度的。而且，过分追求短期利益，还会损害总体利益。因此，把短期利益同长期利益结合起来，有利于正确、客观地评价非政府组织的营运绩效。

4. 关于评估的结果。对非政府组织进行绩效评估不是目的，而是一种手段。因此，应当重视对评估结果的应用。要应用评估结果，首先要保证评估结果的公开性。在我国的许多组织中，往往可以看到这样的现象：评估活动进行时，兴师动众；评估结果出来后，悄然无声。这既不利于绩效差的组织改进工作，也不利于绩效好的组织进行经验推广，从而使评估活动流于形式，失去了其真正的意义。因此，非政府组织绩效评估结果的应用，其本身就是评估目标达成的过程，同时也是检验评估活动有效性的试金石。

参考文献

[1] 彼得·杜拉克．非营利机构的经营之道．台北：远流出版社，1994
[2] 赵黎青．非政府组织与可持续发展．北京：经济科学出版社，1998.
[3] 陈柏昌．非营利机构管理．北京：团结出版社，2000

我国中小企业核心竞争力的培育与管理

何有缘　穆维松　王瑞梅　侯　兰

［摘　要］文章认为培育核心竞争力是中小企业的长久发展之道，讨论了培育核心竞争力的三条主要途径：自主开发核心技术、建立精细化的管理体系、培育独具特色的企业文化，提出了采用每一条途径时应重点关注的若干要素。

［关键词］核心竞争力　核心技术　精细化管理　企业文化

根据国家经贸委提供的材料，目前各类中小企业已超过800万家，占我国企业总数的99%以上，其工业产值、实现利税和出口总额分别占全国的60%、40%和60%左右。中小企业也是安置社会就业的主体，是社会的"稳定器"。根据统计，中小企业吸纳了75%以上的城镇就业人口，与此同时，中小企业还对经济结构调整、工业化和城镇化进程的加快发挥着重要作用。

但由于长期以来，只重国有企业的改革，忽视了中小企业的发展，中小企业普遍存在着管理上的缺乏，发展策略简单呆板，难以吸引人才，导致中小企业发展后劲不足，影响了整个国民经济的发展。相对于大型企业，中小企业普遍存在着的规模较小、资金筹措困难、信用度不高、经营成本较高等问题，在与大企业的竞争中通常处于较为不利的地位。

解决上述问题，除了需要政府政策的扶持，更重要的还是要靠中小企业自身的努力。中小企业只有认真分析自己的优势与劣势，加强企业的内部管理，选择恰当的发展战略，才能在激烈的市场竞争中使企业保持旺盛的生命力。

一、中小企业竞争战略的选择

在我国众多的中小企业中，为什么有些企业能长盛不衰，发展壮大，而有些企业只有昙花一现？究其原因，关键在于企业是否拥有长期的竞争优势。中小企业在某个特定时期取得竞争优势并不是太难，难的是长期保持竞争优势。

1. 培育和提升核心竞争力是中小企业可持续发展的需要。经济全球化时代，由于产品寿命周期的日渐缩短，竞争成功的关键在于企业是否拥有不断开发新产品和开拓市场的特殊竞争能力。企业的长期竞争优势来源于优于竞争对手的核心竞争力。因此，只有培育和提升中小企业的核心竞争力，才能带动企业方方面面工作的开展，把企业有限的人力、物力和财力等战略资源优化配置到有利于企业长期生存和发展的轨道上来，使企业长期保持超过同行业平均水平的投资回报率，进而创造出持续的竞争优势。

2. 核心竞争能力的基本特征。根据哈默和普拉哈拉德的定义，核心竞争能力是"组织中的积累性学识，特别是关于如何协调不同的生产技能和有机结合多种技术流的学识"。所以，核心竞争能力是某一企业内部一系列互补的技能和知识的组合，这种组合可以使企业的业务具有独特

的竞争优势。说它是组合，是指它既包括科学技术，又包括管理、组织和营销方面的技能。它具有以下4个基本特征。

(1) 核心竞争力能实现用户所看重的核心价值。企业核心竞争力能为用户提供超过其他企业的更多的使用价值，能够更好地、更全面地满足用户需要，同时能使企业比竞争对手有更高的劳动效率、更低的产品成本，从而取得更高而且长期的经济效益，实现企业价值最大化。

(2) 在竞争方式上，企业的核心竞争力具有独特性，难以模仿和超越。

(3) 从企业未来成长的角度看，核心竞争力具有延展性。企业能够从某种核心竞争力衍生出一系列产品与服务，从而打开多种产品潜在市场、拓展新的行业领域。核心竞争力有从“核心竞争力→核心技术→核心产品→最终产品”的延展过程。相应地，企业核心竞争力的延展，一般都呈现出以生产环节为起点向研发和营销两头延伸的特征。

(4) 从管理的角度看，企业的核心竞争力是动态调整的，如果外部环境发生剧变或管理不善，企业在某阶段的核心竞争力到后阶段会贬值成一般能力甚至流失，因此，核心竞争力需要及时的保护、调整和创新，需要进行妥善的管理。

二、中小企业核心竞争力的培育途径

根据中小企业自身管理的特点，培育核心竞争力时可以着重从开发核心技术、建立精细化的管理体系、培育独具特色的企业文化这三方面来着手展开。

1. 开发核心技术。一个企业要形成和提高自己的核心竞争力，必须有自己的核心技术。核心技术应该是独特的，竞争对手无法对其加以复制或复制起来难度很大。

有一种普遍看法，认为开发核心技术需要大量的资金投入，因而只有大企业才能做，中小企业不可能形成自己的核心技术。由于这个观点忽视了中小企业技术创新的特点，因而是非常片面的。

事实上，中小企业的组织结构灵活而有弹性，具有“小型化”、“柔性化”的特点，其“组织资产”的专用性不是很强，甚至开发与营销之间也可以不设界限，开发人员包括高级研究人员都能与用户直接接触，再加上领导层比较精干，上下级关系比较融洽，企业家与科技人员容易沟通，因而企业家能够较快地根据市场变化作出创新决策。与大企业比较，中小企业对那些小的、不太重要的创新活动表现出比大企业更大的热情。有资料表明，日本民营小企业的每百名员工的产品创新率，较大企业的每百名员工产品创新率要高出9个百分点。正由于这些原因，与大企业相比，中小企业的技术创新无论是在量上还是在质上，往往都体现出相当高的水平。

中小企业在技术创新过程中，应该注意两个事项。一是要“专精”。鉴于大多数中小企业技术力量还不够雄厚，因此可以专攻一门技术或一种系列产品，不搞小而全，但求精与专，力争产品精尖化、专业化。

日本阿拉发电子株式会社是一家小企业，员工仅150人，但其却依靠高新技术做精了市场前景非常好的金属箔电阻器。该产品是把铌合金加工成2.5微米长，大约是一根头发丝的1/30薄厚的箔片，在上面点一个电阻点，然后制成电阻器，这是很多企业难以做到的。由于阿拉发的电阻器稳定性好，耐温差性强，可广泛用于多种自动控制装置。据说，美国发射的土星探测卫星中，就装有1万个以上的阿拉发电阻器。现在，阿拉发电阻已占日本市场的85%，世界市场的23%。

二是要善于在与大企业的合作中学习与积累为己所用的核心技术。中小企业在进行技术创新时，由于受自身条件的限制，不可能独自建立自己的研发系统，更没有能力承受研发活动的市场风险。因此，企业可以向外界获取新技术和能力，通过市场手段获得企业需要的核心技术源或掌握核心技术源的人才，也可以通过与拥有互补优势的另一企业建立战略联盟，或兼并收购拥有某种所需要的专长的企业，为己所用，将外来的不同知识技术有效地沉淀在企业内部，形成存在于企业内完整的知识体系，从而成就核心竞争力。

如华旗资讯从成立之日就从众多IT产品领域中选择了移动存储产品进行突破。在吸收、借鉴国内外先进技术的基础上创立自己独有的生产制造技术。在技术引进的过程中不断学习、掌握、积累技术。由于形成了自己的核心技术，仅几年的时间，aigo（爱国者）移动存储产品就取得了全球市场销量第一、国内市场销量连续三年遥遥领先的骄人成绩。

2. 建立以“精细化”为特征的管理体系。在管理实践中，大企业的主要优势就是经营规模大、经营范围广，这种优势是通过其经理阶层实现的。但管理层级的膨胀、垂直的命令和报告系统以及信息沟通方式，也使大企业处于较为僵化和分割的状态。而中小型企业规模小，管理层级简单，分工不那么严密，管理者大多是多面手，因此在沟通和决策方面要比大企业快捷得多。这种速度上的优势，不仅有助于中小型企业在竞争方面获利（快鱼吃慢鱼），而且使之更具灵活性。在当前环境变化不断加快、要求企业予以快速响应的时代，此种速度和灵活性的价值将与日俱增，已经成为大企业难以模仿的核心竞争力之一。

发挥中小企业速度和灵活性的有效途径，就是在经营环节的各个层面上实行“精细管理”，靠准确把握细节来形成核心竞争力。

当零售业巨头沃尔玛以2 400亿美元的年营业总额荣登2003年全球500强的第一把交椅时，《财富》杂志记者不无惊叹地写道：“一个卖廉价衬衫和鱼竿的摊贩怎么会成为美国最有实力的公司呢?”他成功的秘诀就在于它特别注重服务细节。沃尔玛服务客户的每个细节都有精确的规定。例如“10英尺规则”：沃尔玛的任何一个职员，在顾客距离你10英尺（三米）以内的时候一定要问候并保持微笑，甚至还有量化的标准：“请对顾客露出你的八颗牙”；为提高服务，沃尔玛规定员工认真回答顾客的提问，永远不要说“NO”。正是注重了每一个“细节”，才缔造了强大的沃尔玛帝国。

一般说来，中小企业在细节方面培养核心竞争力，可以从以下几个方面着手。

（1）在企业内部管理上，要注重“精耕细作”和“精打细算”。所谓“精耕细作”，就是对企业的生产环节要严密组织、严格要求，优化配置原料，积极组织技术攻关，提高产品技术含量，降低物质消耗，以少的原料投入，多产出高质量、高效益的适销对路产品。也就是要在组织管理生产上走革新、改造、挖潜的内涵扩大生产的路子，变粗放生产为集约生产。

所谓“精打细算”，就是要求企业的多项管理工作都要树立经济核算的观念。例如在资金管理上要加强成本核算，对负债经营要算清利息与利润的账，决不可负债过度，形成资不抵债；在费用管理上要加强预算控制，算清费用（成本）与效益的账，坚持“清费用，创效益”的原则，坚决堵塞浪费漏洞。总之，企业的每一项重大管理措施出台，都必须精打细算，先算账论证，后决策施行。

（2）在市场开拓上，要注重寻找市场缝隙。当中小企业发现某种行业的主要市场已被知名品牌所垄断时，就应该考虑到市场分化的问题了。随着时间的推移，市场将细分为若干消费者群或市场板块，他们希望普通产品和服务也能按其特殊喜好量身定制。中小企业面向大企业照顾不到的消费群体，满足他们的需要，市场机遇就应运而生。缝隙市场绝不是残羹冷炙，因为它们有利可图。人们常常愿意多付一些钱，购买满足自己特定需要、追求或适合自己生活方式的某个专门品牌的产品或服务。而且，一旦公司打入市场并获得很大的市场份额，这些特殊产品或服务就比较容易保住地位了。开发缝隙市场将成为中国大部分的中小企业面临的巨大机遇之一。为专门的消费对象生产专门产品，也将是中小企业对抗国际品牌而成功发展的关键之一。

在我国这个“自行车王国”里，自行车市场早就“饱和”了，许多自行车生产厂家或倒闭、或停产、或改制，纷纷另谋出路。可捷安特公司却激流勇进、迎难而上，瞄准市场缝隙先后开发出了山地车、旅游车、城市车、娱乐车、轻快车等系列车型，适应了不同消费者的体形特点和审美情趣，且具有环保、休闲、健身等功能，成为雄霸自行车市场的第一品牌。

(3) 在营销管理上，要注重“精雕细刻”。在绝大部分产品都供过于求的今天，中小企业的经营重心应放在独具匠心的营销管理上。营销管理过程是一个系统工程，应该把每一家客户、每一位消费者看作理性的对手。营销手段可以千变万化，而实质却是唯一的，就是注重服务与沟通。营销服务的目的就在于通过对每一个销售环节细致入微的把握，通过各种方式的沟通最终战胜对手。如果说一个神来之笔的营销策划是赢得消费者的手段，那么注重营销过程中的每一个细节，则是用四两拨千斤这种“巧劲”来使这种策划变成现实。在产品同质化、服务同质化日益加重的今天，当种种的营销创新无法靠出奇制胜的时候，中小企业只有靠扎实的积累与细节的挖掘来赢得胜利了。

美国著名的零售公司西尔斯公司，为稳定自己众多的客户，将所有与公司打过交道的顾客名单统统搜集起来，建立一套多达6万多个家庭的“西尔斯家庭档案”，根据档案，查阅这些家庭的收入情况、消费购物习惯，设计出各种档次的家庭用品消费方案，并分寄给这些家庭；结果，家庭用品销售量立即猛增了三倍。西尔斯公司独出心裁的做法，可以说在某种程度上参与了消费者的购物行为和家庭管理。这种“精雕细刻”的经营方式和周到的服务理念贴近了顾客，从而在顾客心目中提高了信誉，扩大了自己的市场占有率。

3. 培育独具特色的企业文化。企业文化是指企业长期经营过程中形成的共同理想、工作作风、传统习惯和行为规范的总称。企业文化是一个企业的灵魂，是企业发展、创新、创造的源泉，企业文化是企业特有的，是企业在长期发展过程中逐步积累、提炼出来的，它具有独特性。一种开放的、尊重个人的积极向上的企业文化是现代中小企业发展最需要培养的，它是核心竞争力的重要因素，企业文化的高低同样决定企业核心竞争力的强弱。

(1) 企业文化是最难以模仿的核心竞争力。在激光打印机的王国里有这样一个神话——“惠普现象”。HP在中国激光打印机市场上“一枝独秀”的局面已持续多年，近年来，虽然有联想、方正、实达等国内厂商及Lexmark、Xerox、Epson、Canon等国际强手奋力冲击中国激光打印机市场，但都没有从根本上撼动HP在市场上的垄断地位。在激光打印机这样一个相对成熟稳定、竞争激烈的市场里，惠普一家的市场占有率居然达到了50%以上，比第二名足足高出5倍，这在其他行业几乎是一件无法想象的事情。在性能、耗材和价格方面都没有明显优势的惠普打印机如何能占有如此大的市场份额？

中国惠普市场总监高建华道出了个中秘籍：“我们并没有什么秘密，惠普只是在企业的管理流程中，及时把握市场变化，时时刻刻为用户着想，踏踏实实地做事，并不断超越自己，培养了惠普打印独特的核心竞争力。简单说，就是依据以市场（用户）需求为中心制定一切策略的营销理念，不断创新技术和产品。这个秘密是公开的，大家都理解，但行动才最重要。我们不仅做了，而且可能比别人做得更细腻、更好一点”。

“客户第一，重视个人，争取利润”，惠普文化的核心观念就这样被惠普的员工在每天的工作中体现出来，变成了惠普公司的行为方式和特点，并最终形成了惠普独特的核心竞争力，创造了打印机的惠普神话。

美国西北航空公司的创始人哈伯深有感触地说："文化无所不在，你的一切，竞争对手明天就可能模仿，但他们不能模仿我们的文化。"这是对企业文化是核心竞争力的最好注解。

(2) 中小企业在建设企业文化时应重点抓好的主要工作。中小企业要搞好企业文化建设，必须做好以下三方面的工作。

一是要在企业创立之初就要树立抓企业文化建设的意识。惠普目前虽然是个闻名全球的大企业，但其"客户第一，重视个人，争取利润"的文化精髓，却是由惠普公司创始人戴维·帕卡德(David Packard) 和威廉·休利特 (William Hewlett) 于 1939 年从 538 美元的资产起家时所创立的。

企业创立初期，一切都还没有定型，好比是一张白纸好绘画，这时比较容易形成独特的文化雏形。这些雏形刚开始可能是来自创业者的某种直觉，它是用来指导和约束员工的成文或不成文的条例和规范，并有意识或无意识对企业员工进行灌输，使之融入企业管理行为中，自觉自愿地遵守所形成的约束激励机制，久而久之，就逐渐形成企业自己独特的价值观、道德观，从而形成一种企业凝聚力，使之推动企业高速发展，实现企业文化之真正内涵。

二是要培育企业独特的企业精神。企业精神是企业文化的精髓，中小企业在发展过程中必须对"企业自我"有一个清晰的认识，必须拥有自己独具特色的经营理念、价值观、道德观和精神风貌。这种独特的企业精神能使企业全体员工上下团结一致，充满凝聚力和活力，使得企业能够渡过重重难关，保持旺盛的发展势头，长久不衰。

三是要提高企业的学习能力，建立学习型企业，为培育和提升核心竞争力提供全方位服务。从根本上来讲，培育企业核心竞争力的关键，在于建立一支由较高的专业水准、富有创造性思维能力、懂得与他人合作共事以及认同企业价值观的员工组成的团队。建立这种团队，需要按"学习型组织"的模式来改造企业。由于构成企业核心竞争力的知识和能力不是每一个员工知识和能力的简单相加，而是员工知识和能力的有机组合，因此，通过有组织的学习，不仅可以提高个人的知识和能力，而且还可以促进个人的知识和能力向组织的知识和能力转化，使知识和能力聚焦，积累到一定程度就形成了企业的核心竞争力。

三、中小企业核心竞争力的管理

中小企业核心竞争力管理的内容比较多，主要包括发掘目前可能隐藏在企业内部的核心竞争力，制定今后 3～5 年内培育核心竞争力的战略计划，保持现有的核心竞争力不流失等。在这些管理工作中，最重要的是要做好现有核心竞争力的保持工作。

由于核心竞争能力可以使企业在竞争中获得超额收益，竞争对手总是千方百计地对企业的核心竞争能力进行研究和模仿。核心竞争能力是通过长期的发展和强化建立起来的，核心竞争能力的丧失会带来无法估量的损失。所以，企业在加强核心竞争能力培育的同时，一定要重视企业核心竞争能力的保护工作。为此，要针对核心竞争能力丧失的主要原因，努力构筑核心竞争能力的模仿障碍，尽量防止核心竞争能力的丧失，延缓核心竞争能力的扩散。

1. 核心竞争能力丧失的原因。

(1) 核心竞争能力携带者的流失。核心竞争能力携带者是指体现和掌握核心竞争能力的技术人员或管理人员，他们在企业核心竞争能力的建立过程中曾起过中流砥柱的作用，一旦他们离开企业为竞争者效力，可能会导致企业关键技术的泄密，使核心竞争能力的优势大大削弱。

（2）与其他企业的合作。企业在与其他企业合作时，常常会扩散自己的核心竞争能力。例如，日本一些企业通过战略联盟从西方合作伙伴中获得大量的技术能力，从而使得西方企业的核心技术能力不再独享，它们的核心竞争能力也就不复存在了。

（3）放弃某些经营业务。例如，通用电气、摩托罗拉等公司从1970—1980年间先后退出彩电行业，从而失去了各自在影视像技术方面的优势。

2. 保护核心竞争能力的措施。

（1）加强对核心竞争能力携带者的管理和控制。核心竞争能力的携带者是企业的宝贵财富，企业高层管理人员必须清楚地识别他们，制定相关政策，防止这些人的流失。例如，可以通过股权激励给他们带上“金手铐”，使他们的利益与公司的利益保持一致，以及培养其忠诚度等。

（2）谨慎处理某些经营不善的业务。在那些因短期市场前景暗淡而即将被企业放弃的业务中，可能含有某些具有潜在价值的核心竞争能力或其组成部分。企业在处理这些业务时必须谨慎，要充分考虑到业务的放弃或转让所造成的影响，看看是否会对企业和竞争对手的核心竞争能力会带来什么影响。

（3）加强对企业核心技术的保密措施与管理制度。

（4）在现有核心技术或技能融合模式基础上，利用全面质量管理等方法不断对其进行改良与改进。

参考文献

[1] 陈佳贵，黄群慧. 中国中小企业发展的几个问题 [J]. 经济管理·新管理 .2002（2）：4～9

[2] 顾天辉. 企业战略管理 [M]. 北京：科学出版社，2004

[3] 熊蕴. 精细管理的内容与方法 [J]. 中国物资流通 .1996（2）：36

贸易自由化背景下 中国肉产品区域生产、消费和流通*

辛贤 尹坚

［摘　要］在农产品市场更加开放的条件下，中国畜产品市场在空间上不断趋向整合，各地区间价格联系和贸易流通关系更为密切。本文应用空间均衡分析法，模拟了贸易自由化背景下中国猪肉、牛羊肉和禽肉等主要肉产品市场的基本区域格局以及区域间的流通情况。本文通过应用空间均衡模型的分析，在一定程度上展现了我国未来畜牧业发展的地区分工格局，对了解我国畜牧业专业化和规模化的发展趋势具有重要意义。

［关键词］畜产品　区域　贸易自由化

一、前言

农产品贸易自由化改革是我国自 1978 年以来的一个基本的农业政策取向，尤其是 1985 年以后，我国先后采取了取消畜产品统购统销、放开价格和经营等政策，市场在畜牧业资源配置中的作用日益显现。进入 20 世纪 90 年代后，我国畜牧业生产区域化态势日趋明显，生猪、肉牛、山绵羊、蛋鸡等都已形成相对集中的生产区域。畜牧业专业化、区域化生产极大促进了畜产品在地区间的流通和国内贸易自由化程度的不断提高，也促进了中国畜牧业的发展（蒋乃华、尹坚，2003）。

由于畜牧业发展对中国有着独特的重要性，尤其是在中国加入世界贸易组织后畜牧业发展肩负着更多的政策目标，中国畜产品市场引起了政府和学术界的广泛关注（蒋乃华、辛贤、尹坚，2003）。当然，对畜产品市场格外关注的原因，还同时源于随着国际农产品贸易改革以及中国正在推行的更加自由的农产品贸易，畜产品市场与饲料粮市场的联系更加紧密（田维明、周章跃，2003；辛贤、田维明等，2001），而饲料粮是影响中国乃至世界粮食安全的重要议题，世界范围内对饲料粮的关注自然也使得对中国畜产品市场的研究更具有现实意义。

在农产品市场更加开放的条件下，中国畜产品市场在空间上不断趋向整合，各地区间的价格联系和贸易关系更为密切。但是，回顾已有文献不难发现，尽管已有文献对我国畜牧业及畜产品市场的各方面有比较深入的研究，但这些研究也存在着一些不足。首先，以往的研究主要关注全国层次上的畜产品市场，基本上忽略了国内各省（区）市场的价格联系及各地区的自身特色。其

* 原载《中国农村经济》2004 年第 4 期。在本文形成过程中，扬州大学蒋乃华博士、中国社会科学院陈劲松副研究员以及中国农业大学的田维明教授等先后提出建设性的修改意见，一并表示感谢。

次，以往的研究主要集中在畜产品生产、消费和国际贸易等方面，而对国内各省（区）间的贸易及相互关系的研究几乎无人涉及，当然，这与我国在这方面缺乏统计数据有关系。忽略地区之间价格和贸易联系的研究，其研究结果也就不可避免地存在缺陷，根据其研究结论所引申出来的政策含义自然也就要大打折扣。

鉴于以上各方面考虑，本文选择对中国肉产品市场空间均衡格局进行研究，重点模拟贸易自由化背景下，我国各地区肉产品生产和消费的基本格局以及区域间的流通量。

二、研究方法

空间均衡模型（Spatial Equilibrium Model）是局部均衡理论和商品运输模型的有机结合，首先由 Samuelson（1952）提出，后来经 Takayama 和 Judge（1971）完善和发展，形成标准的空间均衡模型（MacAulay，2001）。单商品两地区市场空间均衡的基本原理是，A 地区和 B 地区发生流通前，均衡价格分别为 p^3 和 p^{33}。假设 $p^3 < p^{33}$，A 地区将会有一部分商品运到 B 地区，这样，A 地区价格将上升、需求量减少，而 B 地区价格将下跌、需求量增加，直至达到新的均衡。当达到新的均衡时，地区 A、地区 B 的均衡价格分别为 p_a 和 p_b。若两地区间的运输费用 t_{ab} 为零，则 $p_a = p_b$；若两地区间的运输成本 t_{ab} 不为零，则 $p_b - p_a = t_{ab}$。空间均衡模型的目标函数是最大化生产者剩余和消费者剩余总和减去总运输成本，或最大化总社会收益函数减去总运输成本①。

根据空间均衡理论的分析框架，结合我国的实际情况，中国肉产品市场空间均衡模型（CMPSEM）的表达式如下：

目标函数：$\text{Max NSR} = \sum_{i=1}^{N}\sum_{\mu=1}^{M} D_i^\mu \cdot P_i^\mu - \sum_{i=1}^{N}\sum_{\mu=1}^{M} S^{i\mu} \cdot P^{i\mu} - \sum_{i=1}^{N}\sum_{j=1}^{N}\sum_{\mu=1}^{M} utc_{ij}^\mu x_{ij}^\mu$

约束条件：$D_i^1 = \alpha_i^1 + \beta_i^{11} p_i^1 + \beta_i^{12} p_i^2 + \beta_i^{13} p_i^3 + \beta_i^1 Y_i$

$D_i^2 = \alpha_i^2 + \beta_i^{21} p_i^1 + \beta_i^{22} p_i^2 + \beta_i^{23} p_i^3 + \beta_i^2 Y_i$ 需求限制

$D_i^3 = \alpha_i^3 + \beta_i^{31} p_i^1 + \beta_i^{32} p_i^2 + \beta_i^{33} p_i^3 + \beta_i^3 Y_i$

$S^{i1} = \omega_i^1 + \eta_i^1 p^{i1} + \theta_i^{11} p^{i1} \theta_i^{12} p^{i2} + \theta_i^{13} p^{i3} + \lambda_i^1 S^{i1}(-1)$

$S^{i2} = \omega_i^2 + \eta_i^2 p^{i2} + \theta_i^{21} p^{i1} \theta_i^{22} p^{i2} + \theta_i^{23} p^{i3} + \lambda_i^2 S^{i2}(-1)$ 供给限制

$S^{i3} = \omega_i^3 + \eta_i^3 p^{i3} + \theta_i^{31} p^{i1} \theta_i^{32} p^{i2} + \theta_i^{33} p^{i3} + \lambda_i^3 S^{i3}(-1)$

$P_j^\mu - P^{i\mu}\ F\ utc_{ij}^\mu$ 竞价套利原则

$-\sum_{j=1}^{N} x_{ij}^\mu + S^{i\mu} E 0$ 流出限制

$-\sum_{i=1}^{N} x_{ij}^\mu + D_j^\mu F\ 0$ 流入限制

$(D_i^\mu,\ S^{i\mu},\ p_i^\mu,\ p^{i\mu},\ P^{i\mu},\ utc_{ij}^\mu,\ x_{ij}^\mu)\ E 0$ 变量符号限制

求解：D_i^μ，$S^{i\mu}$，p_i^μ，$p^{i\mu}$，x_{ij}^μ

$i, j = 1, 2, \ldots, n$；$\mu = 1, 2, 3$

其中，D_i^1、D_i^2、D_i^3、S^{i1}、S^{i2}、S^{i3} 分别表示各地区猪肉、牛羊肉、禽肉的需求量和供给量；（－1）表示上一期供给量；p_i^1、p^{i1} 分别表示各地区猪肉的需求价格和供给价格；p_i^2、p^{i2} 分别表示各地区牛羊肉的需求价格和供给价格；p_i^3、p^{i3} 分别表示各地区禽肉的需求价格和供给价格；P^{i1}、

① 关于空间均衡模型更为详尽的讨论参看 Smith（2001）。

P^{i2}、P^{i3}表示各地区生猪、牛羊、家禽饲养的饲料价格，Y_i表示各地区居民的人均收入，x^{μ}_{ij}表示各种产品从 i 地运到 j 地的数量；utc^{μ}_{ij}为每单位产品的运输费用。

CMPSEM 所包含的内生变量有：各地区猪肉、牛羊肉和禽肉的供给量 $S^{i\mu}$和需求量 D^{μ}_i 以及供需价格 P^{μ}_i、$P^{i\mu}$和各地区之间猪肉、牛羊肉和禽肉的流通量 x^{μ}_{ij}。当达到均衡时，内生的各地区猪肉、牛羊肉和禽肉供给价格将等于需求价格，内生的流通量 x^{μ}_{ij}指标直接反映各地区之间的猪肉、牛羊肉和禽肉的流通方向和规模，从而反映出各地区之间肉产品的贸易流通关系和我国各种肉产品的进出口情况。

CMPSEM 所包含的外生变量有：直接影响各地区各种肉产品消费水平的各地区人均收入水平 Y_i、直接影响各种肉畜禽饲养情况的饲料价格 $P^{i\mu}$、各地区间各种肉产品的单位运输费用 utc^{μ}_{ij}，以及反映各地区各种肉畜禽饲养水平的滞后一期产量指标以及"世界其他"各种产品供给、需求和价格。如要进行政策模拟，可以直接运用调整这些外生变量的变化情况来实现对各政策方案模拟的求解。当然，对内生变量进行一定的设定使其外生化，也能实现对某些方案模拟的功能。

CMPSEM 的参数主要有反映供给和需求限制供需方程中的各个系数和单位运输费用。从政策模拟方面看，各种弹性将是用于政策方案模拟的重要工具，也是求解 CMPSEM 模型重要参数的一部分。在实际求解方程时，可以将估算出的弹性重新代入弹性计算公式中求出线性供需方程中的各个系数。因此，实际上对于 CMPSEM，需要的参数主要是各种弹性，例如各地区各种肉产品需求价格弹性、需求交叉价格弹性、支出弹性、供给价格弹性、供给交叉价格弹性、供给饲料价格弹性以及供给对上一期供给的弹性。

三、数据

用 CMPSEM 研究贸易自由化背景下中国肉产品市场的区域供需和流通格局，所需数据主要包括基期年份的区域供需数据和价格数据，以及运输费用和模型需要的参数，尤其是各种弹性数据。限于篇幅，此处仅列出区域供需数据，简要介绍中国肉产品市场的基本状况。

我国各种肉产品的生产和消费呈现明显的区域性特点。以 2000 年的数据为例，四川、湖南、山东、河南、河北、江苏、广东、广西等我国传统的生猪主产区，猪肉产量总和占全国的 59.94%，每个地区猪肉的生产集中度均高于 5%，其中，四川最高，达到 13.67 %。中原四省（山东、河南、河北、安徽）、东北三省、内蒙古、新疆以及四川等我国最主要的肉牛生产区，2000 年牛肉产量总和占全国的 76.58 %，且每个地区的生产集中度均高于 4%，其中，河南省牛肉产量最高，生产集中度为 15.58 %。内蒙古、新疆、四川、河北、河南、安徽、山东、江苏等我国羊肉主产区，2000 年羊肉产量总和占全国的 71.46 %，其中，新疆、河南和内蒙古产量最高，生产集中度均高于 10 %。山东、广东、四川、江苏、吉林、辽宁、河北、河南、安徽、广西等我国禽肉主要生产地区，2000 年禽肉产量总和占全国产量的 74.46 %，其中，山东和广东两省的禽肉生产集中度均高于 10 %。

从各地区消费看，除几个少数民族聚居地区外，我国其它地区居民主要习惯于消费猪肉；对于牛羊肉和禽肉，一般东部及南方地区居民消费更偏好于禽肉而北方地区居民则更偏好于牛羊肉。2000 年猪肉消费集中度在 4% 以上的有 10 个地区，其消费量总和占全国的 62.78 %，其中，四川的消费集中度最高，达到 11.95 %。这 10 个地区中，属于高收入的有广东（包括海南）、

江苏和浙江，属于人口基数较大地区的有四川（包括重庆）、山东和河南。另外，其他一些高收入地区（例如北京、上海、天津）的人均猪肉消费水平较高，但由于人口数量有限，这些地区的猪肉消费集中度不高。牛羊肉消费集中度在5%以上的有9个地区，除山东和江苏（这两地区人口基数大）外均为北方地区，其中，新疆的消费集中度最高，达到了14.31％。禽肉消费集中度在4%以上的有11个地区，且均为南方地区，其中，广东（包括海南）的消费集中度最高，为16.22％；其次是江苏和山东，其消费集中度分别达到了10.38％和10.04％。

从各地区供需均衡看（见表1）。猪肉方面，28个地区有14个需要调入，10个地区有猪肉调出，内蒙古、宁夏、青海和新疆4个地区基本能达到均衡。其中，广东（包括海南）、浙江和江苏调入量最大，分别占全国总调入量的20.58％、17.35％和10.32％；而湖南、河南、广西、河北和四川等5个地区调出量最大，占总调出量的79.15％。牛羊肉方面，有14个需要调入，有13个地区能够调出，江西基本达到均衡。其中，需要大幅调入的地区有新疆、北京、天津、上海、江苏和浙江，调入量均占全国总调入量的8%以上；而河南、山东、河北、四川等地区调出量均占全国总调入量的9%以上。禽肉方面，有14个需要调入，9个地区能够调出，另外有5个地区基本保持均衡。其中，广东、浙江和上海调入量最大，占全国总调入量的比重均超过10%；而吉林、辽宁、河北和山东的调出量最大，占全国总调出量的比重均超过15％。

表1　2000年各地区肉产品供需均衡状况

单位：万吨、%

地　区	猪　肉		牛羊肉		禽　肉	
	供需差额	比重	供需差额	比重	供需差额	比重
北　京	−34.00	5.65	−29.72	18.14	−15.81	5.86
天　津	−26.07	4.33	−17.60	10.74	−4.25	1.58
河　北	61.26	10.37	36.86	14.66	47.92	20.21
山　西	−25.37	4.22	−6.54	3.99	−3.29	1.22
内蒙古	0.35	0.06	13.93	5.54	−2.19	0.81
辽　宁	−36.34	6.04	−10.02	6.12	43.93	18.52
吉　林	14.44	2.44	10.31	4.10	55.50	23.40
黑龙江	−17.42	2.90	−2.46	1.50	6.36	2.68
上　海	−54.35	9.03	−14.24	8.69	−35.05	12.99
江　苏	−62.11	10.32	−13.75	8.39	−22.45	8.32
浙　江	−104.42	17.35	−14.06	8.58	−56.57	20.97
安　徽	41.79	7.08	24.93	9.92	11.35	4.79
福　建	−30.94	5.14	−4.76	2.90	−23.04	8.54
江　西	15.80	2.68	−0.15	0.09	4.71	1.99
山　东	41.48	7.02	42.53	16.92	41.95	17.69
河　南	124.22	21.03	64.63	25.70	6.67	2.81
湖　北	−28.97	4.81	−2.96	1.81	−7.58	2.81
湖　南	136.68	23.14	6.63	2.64	−12.94	4.80
广　东	−123.87	20.58	−10.26	6.26	−58.25	21.59
广　西	84.13	14.25	6.59	2.62	−2.67	0.99
四　川	61.19	10.36	23.77	9.45	18.75	7.91
贵　州	−20.68	3.44	6.18	2.46	−1.94	0.72

（续）

地　区	猪　肉		牛羊肉		禽　肉	
	供需差额	比重	供需差额	比重	供需差额	比重
云　南	9. 22	1. 56	7. 46	2. 97	−8. 80	3. 26
陕　西	−13. 52	2. 25	3. 62	1. 44	−1. 37	0. 51
甘　肃	−15. 44	2. 57	3. 98	1. 58	−3. 72	1. 38
青　海	−2. 12	0. 35	−2. 97	1. 81	−0. 93	0. 34
宁　夏	−1. 29	0. 21	−3. 45	2. 11	−0. 51	0. 19
新　疆	−4. 95	0. 82	−30. 92	18. 87	−8. 44	3. 13

注：若该地区为调入区，供需差额指标为负；若该地区为调出区，则供需差额指标为正。“比重”指标指某地区调入量（或调出量）占全国各地区总调入量或（总调出量）的比重。以上数据根据蒋乃华、尹坚（2003）调整后数据整理①。①

四、贸易自由化背景下区域肉产品市场基本格局

运用GAMS软件可以对CMPSEM进行模拟，得到贸易自由化背景下我国区域肉产品市场的基本格局。各地区肉产品生产和消费数据的模拟结果见表2，区域间流通数据见表3 、表4 、表5。

从最近应用空间均衡模型分析农产品贸易的一些文献（Waiquil and Cox ，1995 ；MacAulay and Richards ，1998 ；Smith ，2001 等）看，对判定所构建模型有效性的标准不尽相同，一般认为，基准方案模拟结果与现实之间的差异在25 ％之内是合理的。对比发现，CMPSEM的模拟结果达到了这一标准。另外，借助斯皮尔曼等级相关系数也可以判断CMPSEM模拟值在空间上的差异与真实值在空间上的差异是否具有相对一致性。检验标明，各个斯皮尔曼等级相关系数均可以通过1％显著性水平双尾检验。综上所述，基本可以得出所构建CMPSEM没有改变各地区间相互关系的结论，CMPSEM因而是有效的。

表2　贸易自由化背景下中国区域肉产品生产和消费状况

单位：万吨

地　区	生　　产			消　　费		
	猪肉	牛羊肉	禽肉	猪肉	牛羊肉	禽肉
北　京	23. 571	3. 969	17. 415	60. 193	36. 827	31. 383
天　津	15. 57	4. 32	5. 76	41. 636	23. 776	8. 82
河　北	218. 52	80. 91	66. 51	157. 265	47. 769	14. 311
山　西	39. 15	12. 87	3. 96	64. 523	21. 039	6. 399
内蒙古	68. 94	48. 24	6. 75	68. 586	36. 734	8. 041
辽　宁	105. 3	26. 28	68. 76	141. 644	38. 972	20. 31
吉　林	85. 95	33. 03	73. 35	71. 514	24. 439	13. 631

① 国家统计局公布的相关数据存在以下两方面令人困惑的现象：①粮食产量增长速度与畜产品产量增长速度的不平衡和由此产生不该有的巨大饲料粮需求赤字；②畜产品生产增长速度与消费增长速度的不平衡和难以解释的两者之间存在的巨大缺口。因此，中国肉产品统计数据也常受到怀疑（钟甫宁，1997 ；卢锋，1998 ；Fuller ，Hayes 和 Smith ，2000；袁学国，2001 ；马恒运，2001）。在此，本文所用数据经过相应调整，具体调整方法和过程参考蒋乃华、尹坚（2003）。

（续）

地区	生产			消费		
	猪肉	牛羊肉	禽肉	猪肉	牛羊肉	禽肉
黑龙江	78. 39	27. 54	29. 16	95. 815	32. 328	19. 788
上　海	23. 31	0. 63	25. 56	77. 663	16. 083	54. 074
江　苏	185. 13	18. 81	86. 85	247. 236	35. 089	96. 778
浙　江	80. 82	3. 15	21. 51	185. 24	18. 574	70. 486
安　徽	166. 32	38. 79	62. 28	124. 535	14. 811	45. 015
福　建	95. 85	3. 06	23. 58	126. 788	8. 375	42. 291
江　西	129. 15	5. 49	31. 14	113. 35	6. 036	23. 362
山　东	257. 31	84. 6	150. 84	215. 827	45. 419	93. 646
河　南	290. 61	103. 5	49. 5	166. 389	42. 014	37. 12
湖　北	174. 15	15. 12	34. 56	203. 122	19. 349	37. 804
湖　南	334. 62	17. 64	38. 88	197. 942	11. 68	47. 335
广　东	206. 55	7. 83	108. 9	330. 424	19. 335	151. 334
广　西	186. 12	11. 07	50. 31	101. 99	4. 73	48. 288
四　川	496. 08	41. 67	91. 89	434. 89	18. 875	65. 957
贵　州	94. 32	10. 08	6. 57	115. 005	4. 071	7. 921
云　南	155. 34	16. 74	11. 34	146. 121	9. 79	18. 692
陕　西	54. 81	11. 97	7. 29	68. 332	8. 982	7. 678
甘　肃	35. 01	13. 86	2. 52	50. 453	10. 581	5. 696
青　海	6. 3	12. 06	0. 27	8. 418	15. 968	1. 116
宁　夏	7. 92	5. 94	2. 52	9. 207	10. 059	2. 714
新　疆	9. 72	53. 73	6. 84	14. 665	90. 875	13. 838

表 3 反映贸易自由化背景下猪肉的地区间流通情况。可以看出，河南、湖南、四川以及河北和广西是最主要的猪肉输出地区，其猪肉总输出量为 438. 8 万吨，占全国总输出量的 74.9 ％ 。此外，山东猪肉输出达 48. 5 万吨，吉林为 32. 6 万吨，输出数量也较大。广东、浙江、江苏、上海和湖北是猪肉的主要输入地区，其猪肉输入总和占全国总输入量的 72. 7 ％ 。从地区间看，河北的猪肉主要运往北京、山西和浙江；河南的猪肉主要运往江苏和湖北；湖南的猪肉主要运往浙江、福建和广东；四川的猪肉主要运往上海和西北一些地区；广西的猪肉主要运往广东。

表 3　贸易自由化背景下猪肉地区间流通情况模拟

单位：万吨

调出	调入															
	北京	天津	山西	辽宁	上海	江苏	浙江	福建	江西	湖北	广东	贵州	陕西	甘肃	青海	新疆
河　北	17.5		19.7			6.4	16.9									
内蒙古	10.7															
吉　林	4.5	24.7		3.4												
黑龙江				14.2												
安　徽							10.2									
山　东							48.5									
河　南						53.5				62.9						
湖　南							32.6	33.2			48.1					
广　西											60.4					
四　川					66.5	1.8							1.2	11.2	2.2	4.8
云　南											6.6	11.6				
宁　夏														1.2		
进　口											11.3					

表4反映贸易自由化背景下牛羊肉的地区间流通情况。从表4可以看出，河南、山东、河北、四川以及安徽和内蒙古是最主要的牛羊肉输出地区，其牛羊肉总输出量为438.8万吨，占全国总输出量的84.6％。除此之外，云南的牛羊肉输出量为7.93万吨，贵州为7.11万吨，输出数量也较大。从输入看，北京、新疆、上海、广东、天津、辽宁以及江苏是牛羊肉的主要输入地区，其牛羊肉输入总和占全国总输入量的72.9％。从地区间看，河北的牛羊肉主要运往北京和山西；内蒙古的牛羊肉也主要运往北京；安徽的牛羊肉主要运往上海和浙江；山东的牛羊肉主要运往天津和辽宁；河南的牛羊肉主要运往江苏和浙江；四川的牛羊肉主要运往新疆。另外，还有一部分牛羊肉用以出口。

表4　贸易自由化背景下牛羊肉地区间流通情况

单位：万吨

调出	调入														
	北京	天津	山西	辽宁	黑龙江	上海	江苏	浙江	福建	江西	湖北	广东	宁夏	新疆	出口
河北	27.29		7.63												
内蒙古	10.04												3.02		
吉林					1.53										
安徽						18.82		4.23							
山东	2.65	18.48		16.55	2.04	0.06									
河南							12.04	15.28			0.68	7.81			32.84
湖南									2.89			2.48			
广西												5.42			
四川														26.16	
贵州									5.19	1.92					
云南															7.93
陕西														2.91	
甘肃														5.63	
青海														1.49	

表5反映贸易自由化背景下禽肉的地区间流通情况。可以看出，山东、吉林、辽宁、河北、安徽、河南以及江苏是最主要的禽肉输出地区，其禽肉总输出量为438.8万吨，占全国禽肉总输出量的94.8％。从输入来看，广东、浙江、上海、福建和北京是禽肉的主要输入地区，其禽肉输入总量占全国总输入量的55.5％。除此之外，云南的禽肉输入量为13.6万吨，湖南为11.5万吨，输入数量也较大。从地区间看，河北的禽肉主要运往广东；辽宁的禽肉主要运往北京和湖南，有一大部分用以出口；吉林的禽肉大部分用以出口，其他小部分运往了湖北和甘肃等地；江苏的禽肉主要运往上海；安徽的禽肉主要运往浙江和福建；山东的禽肉主要运往上海和浙江；河南的禽肉主要运往广西和云南。另外，总出口数量达92.9万吨。

表5　贸易自由化背景下禽肉地区间流通情况

单位：万吨

调出	调入																	
	北京	天津	山西	上海	浙江	福建	湖北	湖南	广东	广西	贵州	云南	陕西	甘肃	青海	宁夏	新疆	出口
河北									56.29									
辽宁	16.25	2.88						11.5								0.27		31.21
吉林			0.84				7.56							2.86				60.41
黑龙江									1.11		3.53		0.94					
江苏				16.91														

（续）

调出	调入																	
	北京	天津	山西	上海	浙江	福建	湖北	湖南	广东	广西	贵州	云南	陕西	甘肃	青海	宁夏	新疆	出口
安　徽					7.39	14.14												
江　西						9.12												
山　东				21.11	45.01							5.06						
河　南										7.65		5.79			0.63		5.29	1.31
四　川												2.77						

五、简短的总结

本文应用空间均衡分析法，模拟了贸易自由化背景下，中国猪肉、牛羊肉和禽肉等主要肉产品市场的基本区域格局以及区域间流通情况。从估计结果看，各主要输出地和主要输入地基本符合实际情况，虽然地区间流通的数据有待于进一步验证，但在比较分析时，运用该方法所求的结果具有一定的参考价值。应用空间均衡分析框架的分析，在一定程度上能够展现我国未来畜牧业发展的地区分工格局，对了解我国畜牧业专业化和规模化的发展趋势具有重要意义。

参考文献

[1] MacAulay，T. G. and Richards，R.（1998）：*Non-Linear Regulatory Mechanisms in a Spatial Trading System*，Paper Presented at 42nd AARES Conference，Armidale，January 19th ～22nd

[2] MacAulay，T. G.（2001）：*Spatial Equilibrium Modeling*，Materials Prepared at the Workshop on Spatial Equilibrium Model，August 4 －5，2001，Asian Agribusiness Research Center，the University of Sydney

[3] Samuelson，P. A.（1952）：Spatial Price Equilibrium and Linear Programming，*American Economic Review*，42；283～303

[4] Smith，Dominic（2001）：*China's Live Cattle and Beef Marketing and Distribution*，Ph. D. Thesis，the University of Queensland，Australia

[5] Takayama，T.，Judge，G. G.（1971）：Spatial and Temporal Price and Allocation Models，*Contributions to Economic Analysis*，No. 73，North-Holland Publishing Company，Amsterdam，the Netherlands

[6] Waquil，P. D. and Cox，T. L.（1995）：*Spatial Equilibrium with Intermediate Products：Implementation and Validation in the MERCOSUR*，Staff Paper，December 1995，No. 388，Agricultural Economics，University of Wisconsin-Madison

[7] 蒋乃华，辛贤，尹坚著．中国畜产品供给需求与贸易行为研究．北京：中国农业出版社，2003

[8] 蒋乃华，尹坚．中国畜产品生产效率、消费行为与贸易前景．中国农业经济评论．2003（1）

[9] 卢锋．我国若干农产品产消量数据不一致及产量统计失真问题．中国农村经济．1998（10）

[10] 田维明，周章跃．国际农产品贸易改革以及对中国饲料粮市场的影响．中国农业经济评论．2003（2）

[11] 辛贤，田维明等．中国饲料粮生产和流通格局变化．AARC 论文系列 No. 16，澳大利亚悉尼大学，2001

[12] 袁学国等．中国畜产品生产统计数据被高估了吗？——来自中国六省的畜产品消费调查．中国农村经济．2001（1）
[13] 钟甫宁．关于肉类生产统计数字中的水分及其原因分析．中国农村经济．1997（10）
[14] 周章跃，田维明等．研究方法差异对中国饲料粮供给和需求预测的影响．中国农业经济评论．2003（1）

地铁广告投放效果研究*

陈 红 华

［摘　要］地铁广告是户外广告媒体的一种，随着户外广告的日益发展，地铁广告也开始逐渐引起了人们的关注。本文即从影响地铁广告投放效果的因素分析出发，提出了提高地铁投放广告效果的建议，同时分析了地铁广告投放应注意的问题。

［关键词］户外广告　地铁广告　随动广告　大型墙贴广告

自1863年英国伦敦诞生了世界上第一条地铁以来，全世界有超过60个城市修建了地铁，长达三万多公里。我国的地铁最早出现在20世纪60年代北京，上海的地铁则在1990年开始全面开工建设。地铁的出现不仅为大城市日益拥挤的交通提供了有效的解决途径，同时随着地铁承载乘客数量的与日俱增，其广告宣传的作用也日益受到了企业的广泛重视。仅以北京为例，1971年北京一线地铁投入运营，乘客约有828万人次，到了1992年则增加到4.28亿人次，而到1995年则达到将近每年5亿人次，到了现在则每年客流量达到近15亿人次。如此巨大的客流量背后蕴涵着巨大的广告商机。

一、地铁广告与户外广告

户外广告是现存最早的广告形式之一，最早期的户外广告形式，通常是在房屋外墙壁上的显眼处，贴上一些抢眼的标志。考古学者在古代罗马和庞贝古城的废墟中发现了不少这样的标记。发展到今天，户外广告的主要类型有：射灯广告、单立柱、霓虹灯、墙体、三面翻，候车亭、车身、地铁、机场和火车站广告等。它们通常可以单独购买，而像地铁、候车亭等也可以按照一组或者套装的形式购买。

1990－1999年的十年，是电视广告媒体发展最快的十年，电视广告增长率达到了88%，全球广告媒体排名中，户外媒体排在杂志之后、位居第三位增长率为44%，高于报纸36%的增长率。而从1999年至2003年，户外广告的增长速度开始高居各媒体之首。我国户外广告的发展在1990－1999年十年间，年平均增长率也达到27.5%，日益成为人们备受关注的媒体之一。

地铁广告是户外广告的一种重要的形式，指在地铁范围内设置的各种广告，其形式主要有十二封灯箱、四封通道海报、特殊位灯箱、扶梯、车厢内海报等。可以单独或网络式购买。它既具有户外广告的基本特征，同时也拥有自己特殊的特点，因此备受企业瞩目。上海地铁广告销售额在2004年预计能达到2亿元左右，而我国的地铁广告在未来2～3年内广告收入预计能突破

* 原载国家核心期刊《集团经济研究》。

10亿。

二、地铁广告媒体特点分析

1. 目标受众清晰明确。地铁广告在所有的户外广告形式中是目标受众最明确的一种媒体形式。任何产品都有自己的目标市场，因此企业都希望广告的目标受众能与产品的目标市场相吻合。相对来讲，路牌广告、射灯广告等户外媒体形式由于每天路过的人群不固定，广告投放的受众难以确定，因此广告的有效针对性难以把握。但地铁作为特殊的运输工具，每天乘坐的人群基本是固定的。以北京地铁为例，根据国家广告杂志社和IAI国际广告研究所对北京地铁的乘客调查结果显示出如下特点：

年龄：18～40岁之间的占到乘客总数的89.2%；

教育程度：大学以上的占到69.3%；

收入水平：中高层收入为主；

职业分布：以公司职员，大学生和管理人员居多。

2. 广告效果较好。受众在关注地铁广告时更加集中注意力、更加主动。而不是如电视节目中的广告，人们更多是处于被动状态。进入地铁站之后，由于空间范围比较小，在等车过程中，人们或是停留在报刊亭旁看报纸或者是浏览周围的广告；在开车后，地铁车厢相对封闭，广告就更容易让受众集中精力阅读。同时乘坐的乘客比较固定，地铁广告内容又不像电视或广播广告信息转瞬即逝，反复阅读的可能性很大，容易加深印象。而与其他路牌等户外广告形式比，地铁广告受到外界干扰因素又较小，因此广告注目率较高。

在广告目标理论研究中，美国学者认为：广告要达到Awareness（知觉）－comprehension（理解）－conviction（信服）－action（行动）的效果，而地铁广告在提高受众对品牌的认知度，加深受众对品牌的理解上有较好的效果，这一点从有关的调查数据中也得到了证实。但是目前由于地铁广告投放的灯箱越来越密集，广告效果也受到了影响。

3. 广告相对费用较高。从地铁广告投放所需费用来看，比电视要便宜很多，但是从广告的相对费用千人成本来看，显得略高，尤其是要想提高广告投放效果，一般要采取密集投放，一次性购买较多数量的广告灯箱，因此对于实力较弱的企业会受到一定影响。

4. 广告效果容易监测。由于地铁广告目标受众的明确性与固定性，因此对于广告效果的监测能够得到比较清晰的数据与结论。遗憾的是我国一些广告公司对地铁广告不够熟悉，因此对于地铁广告的效果监测不是很了解，影响了企业对地铁广告的选择。

三、提高地铁广告投放效果的建议

1. 针对地铁目标受众特点，有选择性地投放商品广告。不是所有的产品都适合在地铁上投放广告，针对地铁广告受众年龄较轻、文化程度较高、收入中上等的特点，我们认为，如教育类、时尚类以及日常消费品是地铁广告投放的主要方向。在人们对地铁广告回忆度的一个调查中，排在前几位的分别是网站、饮料、药品保健品、通讯、食品、化妆品、演出信息等；与我们对地铁目标受众的分析是一致的。

2. 地铁广告投放位置的选择、版面的大小，对地铁广告起到很重要的作用。与电视广告的频道时段、杂志报纸广告的版面选择相同，影响地铁广告注目率的重要因素就是地铁广告的位置

选择。通常来讲，可供选择的广告位置包括通道、月台、车厢内、扶梯两侧等。从广告投放效果看，我们认为月台广告由于版面较大，位置独特，视觉冲击力较强，因此效果最好；其次是车厢，车厢广告由于空间的封闭性，对受众有一种强制性关注的作用，但是由于版面空间的问题，广告的视觉效果以及冲击力不如月台广告。再次是通道两侧广告，由于乘客往往是匆匆走过通道，对通道两侧广告更多的是无意识的注意。

3. 地铁广告的色泽在广告投放效果中起到重要的作用。通常说来，彩色广告比黑白广告的注目率要高，在色彩选择上，我们又应该具体分析广告产品目标消费者的特点，针对其性别等特点选择合适醒目的颜色。通过对受众的分析调查，我们发现在常见的广告颜色中，蓝色、绿色、黄色都是比较引人注目的颜色，其中蓝色效果更好，当然这还需要在广告中采取颜色搭配，以求良好的广告视觉效果。

4. 从广告投放类型看，感性广告效果更好。广告按照产品的类型和性质不同，可以分为理性诉求和感性诉求两类。从地铁广告的投放效果来看，我们建议投放感性的广告更容易引人注目，产生较好的广告效果。地铁广告往往是人们上下班采用的主要交通工具，现代生活的节奏加快，人们的工作压力越来越大，因此轻松的感性色彩的广告更容易引起人们的关注，感觉更轻松，更容易从心理上去接受，不会产生厌倦的心理。

5. 地铁广告标题的表达方式要尽可能新颖、特殊、引人注目。广告标题是否新颖是决定广大受众能否会关注地铁广告的一个重要方面。对于地铁广告而言，尤其是地铁通道两端的广告，除了广告的色泽，画面的规格会成为影响广告效果的因素外，标题也是重要的影响因素。人们路过地铁两端通道，通常都是匆匆忙忙的路过，对广告只是无意识的浏览一下，此时标题如果新颖别致，乘客才有可能驻足阅读。

6. 在地铁投放广告的同时还要注意和其他媒体的有效组合，达到广告效果的累加效应。地铁广告效果再好也只不过是一种单一的媒体形式，何况它还有着一些缺陷，因此要想达到较好的广告效果，我们建议要同时在其他媒体上进行宣传：先明确地铁广告产品的目标消费者，然后在目标消费者最有可能阅读观看的电视、杂志或者其他媒体上同时推出广告，配合地铁广告，达到广告的组合效果和累加效应。

四、地铁广告投放应注意的几个问题

随着地铁广告竞争的日益激烈，地铁作为广告媒体的一些优势也开始面临强有力的挑战，因此，要保持较好的地铁广告投放效果，除了在广告的设计要新颖别致外，还有如下几点需要我们关注：

1. 地铁广告只有加大投放的密度，才更有可能从众多产品中脱颖而出。从2002年起，北京地铁广告首次在天安门西地铁站推出12封灯箱广告，把原来地铁站台上12封灯箱零散的销售形式，改变为正面墙统一销售的形式，创造了极好的广告效果。2001年推出的大型墙贴广告，在建国门换乘通道，以巨幅长距离的形式向人们展示着产品，得到了人们的一致认同。这两种广告形式都以巨幅的大面积的投放空间，给人们造成了视觉上的强大冲击。尤其是在目前地铁广告中竞争对手产品过多的情况下，极大的分散了地铁广告的效果，而大型墙贴和密集灯箱的发布形式较好的解决了这个问题。

2. 地铁广告在形式上只有不断创新，才能确保广告的投放效果。人们对地铁广告如何投放已经形成了一种模式，但是只要不断创新，地铁广告就能始终保持生命力。

德国宏耐地板是德国知名的强化木地板生产企业，为了有效地宣传产品的良好质量，广告代理商并没有选择常规的地铁广告投放模式，并没有制作广告灯箱，而是在建国门换乘通道入口采用了实物地贴及台阶广告，用“绿色环保 2000 万人次踩踏”的宣传为产品的过硬的质量在实践中获得了巧妙的验证，取得了一定的轰动效应。

此外地铁广告空间的有限性也要求我们不断地创新。2004 年初，在复兴门至西单段地铁的隧道里就出现了一种新型的广告形式——随动广告。利用一段长近百米、宽近半米的超薄电子显示屏，列车出站半分钟之后，车内乘客就可以透过里侧车门、车窗欣赏到“动画片”。内容主要是逐渐咧嘴微笑的卡通人头和蹦跳的卡通小企鹅。它们靠向前疾驰的地铁把一幅幅静止的画面连成“连环画”。尽管随动广告要求安装技术比较高，但是实践证明儿童对这种广告形式很喜欢，尽管其广告的商业价值还有待进一步考证，但是地铁广告形式的推陈出新却是必然。

参考文献

[1] 张凯铁．北京地铁广告掘宝．国际广告．2003 年 3 月

[2] 广发证券发展研究中心．户外广告行业的发展现状及趋势分析．finance. china. com. 2002－12－10

[3] 赵正．跨过四道坎 地铁广告才能狂奔起来

[4] 王帏．北京地铁隧道悄然热播动画片．北京青年报

[5] 北京地铁卖广告车票随想．广告杭州网．2004－3－1

我国家族企业职位开放的模式选择*

付文阁　于春晖

职位开放是指在家族企业中，家族成员让渡部分或全部中、高层职位给非家族成员。它包括内部开放和外部开放。内部开放主要是指家族企业给予全体员工以公平竞争的机会和成长的空间，无论是否是家族成员，所有有能力的人都能够升迁到他最能够发挥作用的职位上；外部开放则是指从企业以外引进人才。职位开放是家族企业整合管理资源，实现企业持续发展的重要手段。

一、我国家族企业职位开放中存在的弊端

我国家族企业已经在一定程度上向非家族企业成员开放了职位，但开放的程度仍然是很低的，存在着很多弊端。

1. 我国家族企业职位的低度开放导致的弊端。在家族企业初创时期，家族企业所有权与经营管理权合一，企业职位全部由家族成员占据。因为这一制度符合当时发展的需要，因而成为大多数家族企业的最佳选择。然而随着企业的成长，市场竞争的加剧，对家族企业职位的开放度提出了更高的要求。这是因为：① 在企业发展规模日益壮大的过程中，管理半径加宽，监督成本加大，管理事务负荷加重。②企业发展的领域和空间发生了根本的变化，无论是从技术、产品，还是从市场、融资等各方面，均超出了管理者本人或家庭成员所拥有的经验积淀和知识准备，再学习的速度往往跟不上企业发展的速度，而经验和知识的折旧速度又远远高于企业的变化速度。③ 信息不对称的制约作用在扩大了的企业规模上日益严重。伴随企业生产、管理专业化的加强，信息本身的专业性增强；伴随企业团体忠诚度的递减，获取信息的成本在加大。④核心人物的魅力递减，凝聚力下降，特别是有了一定的积累又有了一系列社会荣誉及责任之后，核心人物的民主理念、团结风范日减，而刚愎武断日盛。⑤企业有了相当积累和发展之后，家族成员间的利益矛盾加深，特别是企业产权事先在自然人之间未加严格界定的条件下，摩擦极大。

与上述变化的要求相比，所有权与经营权合一决定的家族企业职位的封闭性对企业发展的负面影响越来越突出。其弊端在于：①决策的经验性和随意性。企业的所有者并不一定就是优秀的管理者，仅靠企业所有者作出的经营决策难免带有经验性和随意性。② 较强的排他性。因为家族企业的管理人员一般都从家族内部选择，很少从企业外部引进优秀管理人才，而家族成员中，有相当一部分人缺乏管理企业的能力，导致了企业管理水平下降，甚至破产。③激励效应弱化。家族成员职务的晋升在很大程度上依赖于血缘关系，而非家族成员则因为很少得到重用，往往怀

* 原载《经济理论与经济管理》2004年第6期。

才不遇，因此，企业员工的积极性普遍不高。

2. 我国家族企业任人唯亲的职位开放原则导致的弊端。任人唯亲是以亲情、血缘为基础，讲的是感情原则而不是理性原则，这与任人唯贤的规则经常是冲突的。究竟以什么作为职位开放的原则，对于谋求持续发展的家族企业来说是至关重要的。

在我国家族企业发展的初期，任人唯亲有其适应企业创业的一面，况且，不能说家族企业内部的亲人都不是“贤人”。事实上，“贤”“亲”合一的现象是存在的。然而，即使是“贤”“亲”并举，相对于企业持续、快速成长对人才的要求来说，也是杯水车薪。因此，家族企业必须对非家族成员开放职位。而在职位开放以后，首要的问题是“贤”与“亲”谁占先的问题。“亲”字占先的结果是感情战胜了理智，情义取代了制度。由于家族感情在经济利益的冲击下不断变化，在衡量标准缺乏相对客观性、一致性和确定性的情况下，既引发了家族成员之间的纠纷，也引发了企业内部家族成员与非家族成员的纠纷。退一步讲，即使是“亲”居于“贤”之后，如何避免“亲”对“贤”的干扰，在家族企业治理框架内构造对引进职业经理人的有效激励与约束机制更为重要。对此，我国家族企业采用了“内外有别”的双轨制，这是一种明显不公平而又十分简单的做法。它表现为：家族成员得到更多的信任，获得更多的机会和更大的收益。在家族企业中，以业主为核心，家庭近亲占据了财务、采购、销售等关键职位，家族成员分布在生产、技术、管理各个环节。同时家族成员较少受到规范化管理的约束，外人无论多么有能力，多么努力工作，也难以得到家族的真正认同；外人不管如何忠心耿耿，也会感觉到老板处处设防。非家庭成员的职业发展受到限制，导致其长期努力工作的热情消减，责任感和忠诚心下降。在管理专业化程度不断加深的今天，这一做法必然带来职业经理人管理行为短期化、负盈容易负亏难、道德风险、逆向选择、所有者和经营者信息不对称以及委托一代理成本高等问题，而且即使是薪酬水平可观，也难以留住人才，更难以激励人才。非家族成员的工作满意度低而流失率高，这无疑成为阻碍家族企业持续成长的致命弊端。

二、我国家族企业职位开放模式的选择

（一）我国家族企业在职位开放过程中，就家族成员和非家族成员关系处理而言，主要有举贤避亲和贤亲并举两种模式

1. 举贤避亲模式。它是指在选择人才时面向家族外部，而回避家族内部成员。这种模式很好地解决了家族内部成员能力和素质的局限性，避免了家族矛盾和企业管理矛盾的交错混杂对企业发展的影响。在实际操作过程中，举贤避亲的模式又分为事前避亲和事后避亲。

事前避亲是指在企业创立之初就通过限制家族成员对企业的参与避免由于家族成员能力不足或者家族矛盾与企业矛盾交织影响企业的发展。事前避亲的典范是希望集团。希望集团的决策者们从一开始就严格把关，除了高素质的四兄弟参与董事会、总部管理外，只允许家族中一些有大专以上学历的人在企业工作。在1995年产权明晰前，四兄弟的夫人们都不许干预公司事务。对于文化水平低的亲戚，宁可将其养起来，也不允许他们在集团内部的企业工作。

事后避亲是企业发展到一定程度之后，家族成员占据重要管理岗位的模式弊端凸现，家族企业的创始人开始认识到家族管理已经成为企业发展的绊脚石，这时企业开始让家族成员退出公司，由外来经理人接替他们。事后避亲往往会经历一个非常艰难的过程，才能让家族成员淡出企业的管理层。

从现实来看，我国的大多数家族企业在成立初期，其职位对非家族成员是高度封闭的。在这

些企业发展遇到管理人才瓶颈时，必须开放职位，所以事后避亲虽然操作困难，但还是许多家族企业要选择的模式。

2. 贤亲并举模式。它要求家族企业在职位开放时，不仅对外开放，也要对内开放。不管是家族成员还是非家族成员，只要具备企业发展所需的能力，都向他们开放职位。虽然举贤避亲的模式解决了家族成员大量参与企业经营管理对企业发展造成的影响，但这种一刀切的方式，很可能同时将部分贤亲合一的家族成员拒之门外，造成人力资源的浪费和流失。而贤亲并举的模式既可以削弱贤亲分离对企业正常发展的影响，又可以避免对贤亲合一型人才的浪费。

选择贤亲并举模式开放职位又可以进一步分为分层级对外开放和有选择对外开放两种模式。

（1）分层级职位开放。根据企业组织结构中管理层级的高低来决定开放程度，离最高决策层越远的职位开放程度越高，外部人的参与程度也越高。而高层职位全部由家族成员担任，不对外开放。德隆公司的职位开放就是典型的例子。唐家兄弟中排行第四的唐万新创办了德隆公司，因此现在他仍然担任公司的首席执行官，老大唐万里担任董事长，唐氏家中的四个兄妹在德隆公司中都担任要职，唐氏家族在德隆公司中占据了主要的职位。德隆各控股公司的总经理基本上由非家族成员担任，比如新隆蛭石有限公司的总经理赵凯轩、罗布泊钾盐科技开发有限责任公司总经理李浩等都是从外部引进的。

（2）有选择的职位开放。家族企业的企业主不是按照职位的层级来开放，而是依据职位的重要程度、保密程度等有选择地决定职位开放的程度。在同一层级的岗位中，保密程度高因而对忠诚度要求高的职位由家族成员担任，其他的职位向外人开放。重庆力帆集团的尹明善在其企业中，把忠诚度要求高的岗位尽量分配给亲属，忠诚度要求不高而能力或技术要求高的岗位尽量分配给外人。比如集团的总工程师、总会计师均不是家族成员，但集团的财务总监由尹明善的妻子陈巧凤担任；尹明善的大侄女婿任建军任集团副总裁，主管法律事务；尹明善的二侄女婿王延辉任集团副总裁，主管对外投资业务。

3. 模式选择的影响因素。

（1）家族企业所处的产业。家族企业所处的产业不同，决定了家族企业职位开放模式的不同。对于技术性、知识性强的行业和产业，家族企业更可能选择不避亲的模式，因为这些行业对管理人员的忠诚度要求很高，如果技术泄漏，将对公司造成无法估量的损失，因此在职位开放中选择贤亲并举的模式更为现实。家族成员控制了那些掌握技术机密和核心知识的岗位，可以保证家族企业的利益不受损害，减少由于外部经理人的道德风险造成的损失。

（2）家族企业的制度建设。家族企业内部制度是否健全也影响着职位开放模式的选择。在举贤避亲和贤亲并举两种模式中，举贤避亲对企业内部制度的要求更加严格。只有企业的内部制度相对健全，才能通过制度约束保证非家族成员维护家族利益，否则，将会给家族企业带来重大隐患。例如，兰州的黄河集团由于内部制度不完善，差点被职业经理人颠覆。

（3）对职业经理人的信任度。企业主的自身经历会影响到对职业经理人的信任度，从而影响其职位开放模式的选择。尹明善选择贤亲并举的模式与职业经理人对他造成的损害有关。除此之外，对职业经理人的信任度对职位开放模式选择的影响还表现在是否有令企业主信赖的职业经理人。如果企业主有自己非常信任的职业经理人，他们会倾向于选择举贤避亲的模式。

（二）我国家族企业在职位开放过程中，就非家族成员介入企业管理的渠道而言，主要有内部培养模式和“空降兵”模式

1. 内部培养模式。我国家族企业的经营管理人员来源的渠道已经多元化了。就总体而言，

社会招聘逐步成为私营家族企业管理人员进入的主要渠道。然而高层经营管理人员的来源具有更强的内生性，重庆力帆集团主要的高层管理人员基本上都来自于企业内部培养。

2. “空降兵”模式。“空降兵”是指通过猎头公司或者通过对外招聘从企业外部引进的人才。这些“空降兵”一般都经过正规的专业训练或者具有该行业的相关管理经验。一些家族企业希望能够借助“空降兵”拥有的丰富的管理经验促进企业发展。在实践中也不乏成功的案例，但是，大多数引进“空降兵”的家族企业都惨遭失败。“空降兵”屡遭失败的事件说明，我国家族企业在选择高层经理人时，更适合选择内部培养的模式，而要慎重选择“空降兵”模式。

农产品关税减让效果的评价研究*

徐宏源　姚　蕾　田志宏

［摘　要］在WTO农业谈判中，关税减让模式的选择一直是一个重要议题。各成员基于自身的利益主张不同的关税减让模式，不同减让模式的减让效果存在很大的差异。本文从关税减让的效果分析入手，根据建立的多指标效果评价体系，对乌拉圭回合减让模式、协调减税法、直线减税法、瑞士公式和Harbinson模式等5种关税减让模式进行关税减让效果模拟评价，可以为决策者比较和判断农产品关税不同减让模式的减让效果提供技术支持。

［关键词］农产品　关税　减让效果　评价指标体系

农产品已经成为世界贸易中问题最多的领域之一。在GATT建立后的几十年中，大多数贸易部门都逐步走向了自由化，但农产品贸易却一直受到限制和扭曲的困扰，未能进入谈判框架，农产品的关税水平远远高于其他产品。在乌拉圭回合谈判中，农产品首次被纳入多边贸易谈判体系，关税减让作为市场准入的重要组成部分是农产品贸易谈判的关键议题之一。乌拉圭回合农业协议要求将农产品贸易中存在的非关税措施关税化，并给各成员提供了统一的降税模式。在WTO新一轮农业谈判中，市场准入问题仍然是谈判的焦点，其中农产品关税减让模式的选择是重中之重，各成员方基于自身利益不断提出了新的关税减让模式，例如，鸡尾酒模式、Harbinson公式（分层模式）等。农产品关税减让模式的确定关系到新一轮谈判是否能够顺利地进行下去，各方都给予了充分的关注。

有鉴于此，如何评价和比较农产品关税减让效果，对于农产品关税减让政策的制定乃至自由贸易的推进都有着十分重要的作用。本文将从关税减让的效果分析入手，探讨不同关税减让模式的减让效果。

一、关税减让效果评价指标体系的确立

关税水平降低，会对消费者、生产者以及政府三个不同的利益集团产生不同的经济效应。关税税率减让幅度的大小取决于关税政策制定者在各方面的不同偏好，这种偏好因产业性质、国家经济发展水平等条件而变化。因此，关税减让的效果受到多因素的影响，这些因素包括一些需要主观判断的可控因素，例如，国家对各利益团体的重视程度以及国际规则中对关税减让的规定，以及其他一些因素例如贸易规模、贸易竞争力、重点产品和近年来的贸易变化趋势等。

* 原载《中国农村经济》。

据此，本文建立了以下 4 个效果评价指标。

（1）简单平均税率的降税幅度。该指标采用所有农产品简单平均税率的降税幅度进行评价。原因有二：一是在目前关税减让方案中，有的直接提出平均减让，而其他一些方案需要在各个税目减让完毕后进行算术平均以便进行比较；二是通过平均的降税幅度可以直接描述关税的降税效果。

（2）关税合理性测度值。合理性测度值的计算公式为：$R=\frac{\text{关税税率算术平均值}}{\text{关税税率加权平均值}}$。

关税降低后的效果，可以从关税减让后的名义关税率和实际关税率的比较来衡量。在实际测算中，采用减让后关税率的算术平均值与加权平均值之比来测量。如果 $R>1$，则说明关税减让后，财政作用和保护作用没有达到预期的效果，即减让后的关税设置不合理；如果时 $R<1$ 时，说明关税税率减让后的关税设置比较合理。

（3）降税效率。降税效率是一国使用某种关税减让方式进行减让时加权平均税率的降幅与算术平均税率的降幅之比。其经济学含义是，当该国进行关税减让时，算术平均税率降低 1%时，实际保护水平能够降低多少。

（4）关税高峰比例指数。该指标着重考虑重点产品的减让。本文中定义超过 15%的关税为关税高峰，用关税高峰比例指数来说明关税减让的效果。关税高峰比例指数是指关税减让后关税高峰比例与关税减让前关税高峰比例的比值。如果关税高峰比例指数大于 1，说明关税减让后仍然存在较多的关税高峰。由于关税必须逐年地进行减让，所以关税高峰比例指数取值不会出现大于 1 的情况，一般来讲，关税高峰比例指数都小于 1。

以上 4 个评价指标是对关税减让的结果进行直接分析，其中考虑到了进口规模以及重点产品的保护，所以该指标体系可以全面地对关税减让效果进行评价。

二、农产品关税减让的主要模式

在乌拉圭回合《农业协议》执行中，关税减让采用的是一种有弹性的减让模式，被称为乌拉圭回合模式。新一轮农业谈判启动之后，各国纷纷提出不同的减税模式，主要有瑞士公式、协调减税法、直线减税法以及 Harbinson 减让公式（分层模式）等。

（1）乌拉圭回合模式。乌拉圭回合模式是对关税进行比例减让，它一方面将全部农产品税率平均削减一个百分比，另一方面对每个税目的农产品规定最低的削减比例。

根据乌拉圭回合《农业协议》，发达国家全部农产品关税平均削减 36%，每项农产品最低削减 15%，实施期为 6 年；对于发展中国家全部农产品关税平均削减 24%，每项农产品最低削减 10%，实施期为 10 年。

（2）协调减税法。协调减税法是由欧共体在东京回合多边贸易谈判（1975—1979 年）中提出的，这种方法对消除各国关税差异以及解决关税升级问题有着突出的表现。其计算公式为：

$$Z_1=X\times(1-X),Z_2=Z_1\times(1-Z_1),Z_3=Z_2\times(1-Z_2),Z_4=Z_3\times(1-Z_3)\quad(1)$$

其中，X 是原税率，Z_1、Z_2、Z_3 和 Z_4 分别是四次减让后的税率，Z_4 也就是采用该方法降税的最终税率。

（3）直线减税法。直线减税法的含义是，如果原税率 X 小于或等于 6.67%，则按减税幅度为（$50+1.5X$）%的比例进行减让；原税率大于 6.67%的产品，均按 60%幅度进行削减。在实际的减税过程中，一般将用 6%作为分界点。

（4）瑞士公式。瑞士公式是由瑞士于 1976 年提出并用于工业品的关税减让，利用瑞士公式能够达到普遍降税、维持原税率的梯级和高税多减、低税少减的目的。

具体公式为：

$$Z=\frac{A\times X}{A+X} \tag{2}$$

其中，Z 为减让后的关税税率，X 为原税率，A 为固定参数。公式中参数 A 的选择对结果有着非常重要的决定作用，选择的参数越大，关税的降税幅度则越小。

（5）Harbinson 减让公式。Harbinson 减让公式也称为分层公式，是 2003 年 2 月由 WTO 农业委员会主席根据各国新的谈判意向提出的一种新的减让模式。该减让公式是对不同层次的税率进行不同程度的降税。计算公式如下：

$$\begin{cases} T>90\% & \text{简单平均削减 }60\% \\ 15\%<T\leqslant 90\% & \text{简单平均削减 }50\% \\ T\leqslant 15\% & \text{简单平均削减 }40\% \end{cases} \tag{3}$$

三、关税减让效果评价指标的测算结果

本文针对上述 5 种农产品关税减让模式，测算上述 4 个关税减让效果评价指标，对关税减让的效果进行评价。具体做法是：利用关税税率的模拟数据，比较某国关税减让前后的税率，测算各评价指标，具体结果见表 1。

表 1　对五种减让模式减让效果的评价测算结果

关税减让模式	简单平均降税幅度（%）	关税合理性测度值	降税效率	关税高峰比例指数
乌拉圭回合模式	35.00	1.78	1.00	0.58
直线减税法	59.94	1.75	0.99	0.11
协调减税法	48.92	1.59	0.88	0.05
瑞士公式	49.26	1.58	0.87	0.11
Harbinson 模式	28.38	1.76	0.97	0.85

说明：①乌拉圭回合模式的平均降税比例参数设为 35%。②瑞士公式的系数选定为 25。③Harbinson 模式中参数的界定是选用新一轮谈判 2004 年 3 月 18 日特别会议中对于发展中国家所提出的数值，即分为四个层次：农产品关税>120%，平均削减 40%；60%<农产品关税≤120%，平均削减 35%；20%<农产品关税≤60%，平均削减 30%；农产品关税≤20%，平均削减 25%。

不同关税减让模式的减让效果如下：

（1）从简单平均降税幅度指标来看，直线减税的降税幅度最大，减税速度最快；相对来讲，Harbinson 模式的减让速度最慢。简单平均降税幅度从小到大依次是 Harbinson 模式、乌拉圭回合降税模式、协调降税公式、瑞士公式和直线减税。

（2）一般认为，不存在绝对合理的关税减让模式，只有相对合理的模式。无论是在关税减让前，还是在减让后，关税合理性测度值都明显大于 1，说明农产品关税的设置不合理，具体表现在名义税率远远大于实际税率。通过对测度值大小的比较，可以判断出利用瑞士公式可以使减让后税率设置较为合理。其余的依次排序为协调降税法、直线减税、Harbinson 模式和乌拉圭回合降税模式。

（3）由降税效率指标可以看出，在利用瑞士公式进行减让时，算术平均税率降低 1%时，实

际关税水平的降低幅度较小，即降税速度较慢。而乌拉圭回合降税模式的降税速度为最快，其他模式降税速度由慢到快的依次顺序是协调降税法、Harbinson 模式、直线减税。

（4）比较关税高峰比例指数，使用 Harbinson 模式进行减让后，关税高峰比例指数较大，说明仍然存在较高的关税高峰，关税的减让速度相对较慢；减让速度较快，关税高峰指数较低的降税模式是协调减税法。

四、结束语

本文在考虑影响关税减让效果多个因素的基础上建立评价指标体系对关税减让效果进行评价。评价指标包括简单平均降税幅度、关税合理性测度值、降税效率和关税高峰比例指数。

本文利用所建立的评价指标体系，测算不同关税减让模式的减让效果。对评价指标测算结果进行对比分析表明，不同的效果评价指标有着不同的效果判断，这给决策者在利用指标体系指导决策时提供了可选择的空间，即需要对多个目标统筹兼顾。

参考文献

[1] 保罗·克鲁格曼等．国际经济学．北京：中国人民大学出版社，2002

[2] 牛宝俊．论中国农产品进口关税的调整及其影响．岭南学刊．1998（3）：69～71

[3] WTO. Negotiations On Agriculture，Committee on Agriculture Special Session，2003

[4] 田志宏，邓乃扬，万鹤群．关税税收效应的经济学分析．见：俞晓松主编．走向 21 世纪的中国关税．北京：中国经济出版社，1998．125～130

[5] 田志宏，姚 蕾．对 WTO 新一轮农业谈判中市场准入问题的研究．（韩国）21 世纪展望季刊．2003（4）：165～173

[6] 农业部农产品贸易办公室．新一轮农业谈判研究．中国农业出版社，2003．18～65

中国国家层面的食物安全评估*

何秀荣　肖海峰　朱启荣　李　鹏

[摘　要] 本文采用实证研究和理论分析方法，从粮食角度、食物角度、国际比较等诸角度对中国城乡居民食物安全状况作了估计和判断。结论为：1978年以来的中国城乡居民食物安全程度不断得到提高；2001年中国居民食物安全处于较高的水平；与相近人均GDP水平的国家相比，中国的食物安全也处于较高的水平。

[关键词] 食物安全　粮食安全　中国

食物安全①是任何政府都关心的问题，因为广泛存在食物不安全的话，会影响到长期经济发展速度甚至政权的稳定。进入20世纪后，中国的人口得到空前增长，耕地面积的扩张和农业生产率提高均赶不上人口增长②，加之严重的贫富不均和20世纪上半叶连年的战争，使得粮食供给和分配处于严重的不安全状态。1949年新中国成立时的人均粮食(包括大豆在内)占有量仅只有208千克。

新中国成立以来一直将保障粮食安全作为基本国策之一。即使在国家重工业优先发展战略时期（1953—1980年），也一直尽可能地将农业资源集中于粮食生产，最大程度地压缩其他农作物面积③，使得中国的农作物结构几乎成为单一的粮食作物结构。

大力发展粮食生产的政策取向在技术进步的帮助下迅速提高了粮食生产量，1998年粮食产量达到了历史最高纪录（超过5.1亿吨），1949—2001年期间的粮食年平均增长率达到2.7%；20世纪70年代开始的计划生育政策使人口增长速率得到了有效控制。在这两种主要变化的共同作用下，中国的人均粮食占有量得到了提高，1996年的人均粮食占有量达到了20世纪的最高纪录（414千克/人）。粮食问题的初步解决和市场化取向的经济改革使得中国政府的食物安全视野从集注于粮食逐渐扩展到全面的食物种类，其结果是除粮食以外的食物生产也获得了举世瞩目的增长。本文的任务是对2001年中国国家层面的食物安全水平做出基本评估。

一、相关概念、指标和方法说明

鉴于国内时常将食物安全和粮食安全两个概念混用的情况，本文将区分食物与粮食二个概

---

* 原载《中国农村观察》2004年第6期。

① 1990年以前，我国普遍将“粮食安全”等同于“食物安全”，至今这一认识仍相当流行。其原因大约在于当时我国居民的食物营养主要来源于粮食。

② 1910—1949年人口增长了47.13%，而耕地仅扩大了0.89%。1935—1949年期间绝大多数农产品总产量下降。

③ 后来流传的“以粮为纲、统统砍光”的民间说法是对当时农作物种植政策的一种形象描述。

念。中国的粮食概念包括谷物、薯类和非蔬菜类的豆类（主要是大豆）；而食物的范围远比粮食宽泛，包括一切能向人类提供热量、脂肪、蛋白质的正常可食物质，而不仅仅局限于粮食。因此，如果一国粮食达到安全水平时，一国也必然达到了食物安全水平；但食物安全并不一定需要粮食安全，即粮食不安全也并不等于食物不安全。这种认识将为人们提供一个更广泛、更符合客观事实的视野。对一个具有丰富的粮食以外的食物资源的国家来说，这种认识能使国家食物安全战略建立在更宽广、更切实的基础上。这种认识也有利于本文进行食品安全评估的技术处理。

评价国家层面的食物/粮食安全指标往往采用粮食自给率、人均粮食占有量、粮食贸易依存度、粮食供求关系、贫困人口比例、实物营养平衡关系、粮食供给风险程度等指标。这些指标均在某一侧面或某种程度上反映了食物/粮食安全，但至今缺乏一个既能较好地综合反映食物/粮食安全状况、又易于使用的衡量指标。所以本文在对中国食物安全程度进行总体估计时将采用多项指标从不同的角度来考察中国的食物（特别是粮食）安全状况。

本文将首先从粮食角度来判断国家层面的粮食安全，因为粮食依然是中国食物营养摄取的主要来源，并且许多非粮食食物（如肉奶蛋水产品）也是在粮食性饲料的配合下得到的。接着，从食物角度来判断国家层面的食物安全，其基本方法是依据主要食物的热量、脂肪、蛋白三个指标来进行营养学判断，以确定中国的总体食物消费水平是否达到营养学的合理范围及其变化状况。最后将进行国际比较来确定中国现有食物营养水平的国际位置。

二、粮食安全角度的判断

中国食物安全水平可以从构成其主要内容的粮食安全水平来得到一定的反映。这里采用人均国内粮食占有量和粮食自给率这两个指标反映粮食安全水平的变动状况。

采用国内粮食生产的人均占有量指标虽然不能确定是否达到了一个安全水平，也就是说人们不能简单地说人均粮食占有量在350千克时处于不安全水平，而355千克时就处于安全水平了，但通过对该指标的序列观察至少可以反映出粮食安全程度的变动方向。

这里采用对1949—2001年中国人均国内粮食占有量进行三年移动平均的方法来消除年际间的偶然变动因素(图1)。严重的天灾人祸使得1959/1961年成为人均粮食占有量(人均226千克)最低的年份,1996/1998年人均粮食占有量达到407.5千克的最高水平。1949/1951至1999/2001年期间人均粮食占有量以年均0.94%的速率增长。从这种人均粮食占有量的长期增长可以得出粮食安全水平在不断提高的判断。从现实情况看,1996—1999年连续四年的粮食大丰收带来了严重的粮食过剩,使得政府因粮食增产反而背上了沉重的财政负担,严重的粮食过剩使粮食生产失去了增长动力,政府实际上放弃了刺激粮食生产的行动。从现实情况大概也可以看出2001年中国处于国内粮食供给存量大于需求的境地。

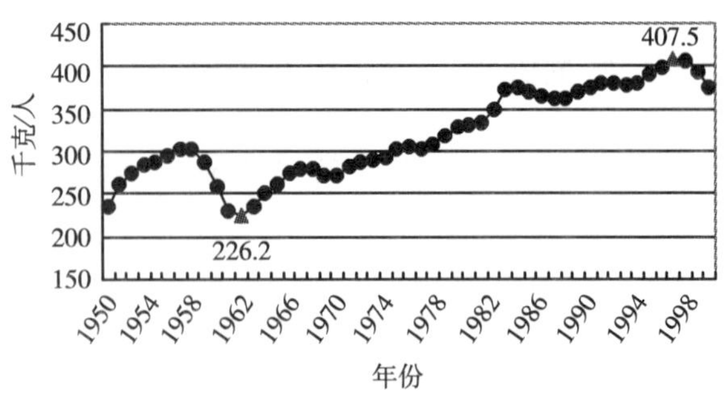

图1　中国人均粮食占有量

注：三年移动平均：1949/1951至1999/2001

采用粮食自给率来检验中国的粮食安全水平时,可以发现中国的粮食自给率是极其高的(>95%),即使在粮食供给不足的计划经济时代也是如此。国内许多人认为高于95%的自给

率表明一国的粮食供给处于安全状态，但简单地利用这一指标数据作出的判断是不充分的，如在中国人均粮食占有量较低的1950—1960年期间的粮食自给率均在100%以上，显然这种高自给率是在压制国内粮食消费的基础上取得的。为了换取宝贵的外汇，不得不压缩国内粮食消费来出口粮食。如果设想一国处于封闭经济状态，其粮食自给率必然是100%，但粮食供给可能仍然处于不安全水平。因此，粮食自给率指标应当与其市场环境联系起来考察。随着1978年开始的市场化改革，粮食生产首先得到刺激，但居民收入迅速提高和农业产业结构发生调整，对粮食的需求相应扩大，中国的粮食自给率也依循国际常见的轨迹变化，粮食自给率有所下降，但一直没有低于95%的粮食自给率。1997—2000年期间，中国的粮食自给率再次超过100%。这次的高自给率是在市场化和人均粮食占有量达到400千克水平的条件下得到的，并且库储量也在增加。这些情况基本反映了中国粮食充足的境况，从中可以窥见2001年中国粮食供给大于需求的基本事实。

三、食物安全角度的判断

粮食供给状况只是从一个侧面反映了食物安全水平的状况，如果一国的长期粮食供给已经使人民营养水平达到了生理营养学要求的话，必然达到了食物安全水平。但如果粮食供给没有达到生理营养学要求的话，也未必就能得出没有达到食物安全水平的判断，必须结合其他主要食物的摄入状况才能做出正确的判断。这里选择贫困发生率、食物消费数量、食物能量供需平衡表指标来进行评估。

1. 贫困发生率角度的判断。采用贫困发生率即贫困人口比例指标来衡量食物安全的理论依据在于并不会所有的人都缺乏食物，只有其中的一部分贫困人口缺乏食物，食物不安全实际上指的是这部分人，当这部分人口的比例较小时，就具有较大的食物安全水平。

中国的贫困人口主要集中在农村，1978年农村约有2.5亿人处于贫困状态，贫困发生率高达33.1%，温饱问题是贫困人口面临的主要问题。至2001年农村贫困人口减少到0.29亿人，贫困发生率下降到3.2%（表1），也即是说，食物不足的人口要小于3.2%。农村贫困人口持续大幅度地减少，从一个侧面表明中国农村（也基本上可以说是全国）的食物安全程度在不断提高。

表1　1978—2001年中国农村贫困人口变化

年　份	1978	1985	1990	1995	2000	2001
贫困人口（万人）	25 000	12 500	8 500	6 540	3 209	2 927
贫困发生率（%）	33.1	14.8	9.4	7.1	3.4	3.2

资料来源：国家统计局农村社会经济调查总队．中国农村贫困监测报告2002. 中国统计出版社

如果考虑到统计意义上的贫困人口中并不是所有的人都食物不足（其中有一部分人处于温饱与贫困标准之间），如果考虑到中国几次提高贫困标准线及其与物价变动的比较，食物不安全的人口比例可能还要小。

2. 食物消费数量角度的判断。食物消费数量指标是把一些主要食物与粮食一起纳入考察视野，这些主要食物包括粮食（贸易粮）、鲜菜、食用植物油、猪牛羊肉、禽肉、鲜蛋、水产品、食糖、乳制品和水果。

从中国居民食物消费量的统计数据（表2和表3）已经可以看出，无论是城镇居民还是农村居民都呈现出下面三个共同特征：①粮食直接消费量减少；②畜产品（肉奶蛋）、水产品和食用植物油的消费量在明显上升；③蔬菜的人均消费量在下降。前二个共同特征表明，居民食品趋向

多样化，从而使得粮食在食物营养来源中的地位下降。对于人均蔬菜消费量的下降，就城镇来说，由于市场供给方式的变化导致净菜率提高，使得城镇实际人均蔬菜摄入水平的下降至少不像统计数据所显示的那么快，甚至可能没有下降，目前缺乏具体的数据来进行定量分析；对农村人均蔬菜消费量的下降缺乏较好的解释。在城镇居民消费中还可以看到，水果的人均消费量在波动中缓慢上升。统计数据也未能反映出水果质量方面的显著改善和品种的丰富化的这些事实。现实中，农村地区的水果和乳制品消费也在增长，但目前缺乏系统的数据支持。通过表 2 和表 3 至少可以看出，居民的食品消费正在不断趋向多样化和丰富化，粮食在食物营养来源中的地位正在下降，这些正是食物处于安全水平的国际经验特征。

表 2　城镇居民人均主要食品购买量（千克/人）

年份	粮食	鲜菜	食用油	肉类	鲜蛋	奶	水产品	水果	食糖
1981	145.44	152.34	4.80	20.52	5.22	n. a.	7.26	n. a.	2.88
1985	134.76	144.36	5.76	22.56	6.84	n. a.	7.08	n. a.	2.52
1990	130.72	138.70	6.40	25.16	7.25	n. a.	7.69	n. a.	2.14
1995	97.00	116.47	7.11	23.65	9.74	5.23	9.20	36.56	1.68
2000	82.31	114.74	8.16	25.50	11.21	11.55	9.87	49.13	1.70
2001	79.69	115.86	8.08	24.42	10.41	13.00	10.33	50.88	1.67

注：粮食为贸易粮。

资料来源：中国统计年鉴。

表 3　农村居民家庭平均每人每年主要消费品消费量（千克/人）

年份	粮食（原粮）	蔬菜	食油	肉类	鲜蛋	水产品	食糖
1978	247.8	141.5	2.0	6.1	0.8	0.8	0.7
1980	257.2	127.2	2.5	8.5	1.2	1.1	1.1
1985	257.5	131.1	4.0	12.0	2.1	1.6	1.5
1990	262.1	134.0	5.2	12.6	2.4	2.1	1.5
1995	258.9	104.6	5.8	13.1	3.2	3.1	1.3
2000	249.5	112.0	7.1	17.5	5.0	3.9	1.3
2001	238.0	109.3	7.0	17.4	4.7	4.1	1.4

资料来源：中国统计年鉴（历年）。

上述数据还未包括在外饮食的人均食物消费量，随着经济发展和生活节奏的加快，在外饮食在城镇居民生活中的重要性变得越来越重要，特别是在外饮食对肉类消费量的估计尤为重要。一些研究表明，在外饮食中的肉奶蛋消费量要占到家庭内消费量的 10%～20%①。蒋乃华甚至认为，人均在外消费的肉类制品数量已从 1984 的 0.94 千克上升到 2000 年 24.94 千克②。但由于未能获得在外饮食的实物消费数据，从而导致本文来自统计数据的人均消费水平与实际人均消费水平相比会产生一个偏低的倾向。如果再考虑到其他一些未纳入统计的食品项目以及国家统计局住户样本收入水平的偏低状况，大概可以判定，从统计数据得出的人均营养获取量一般要低于实际的人均营养获取量。

3. 营养学角度的判断。食物消费量数据虽然反映了食物结构和数量的变化趋向，但并没有

① 卢锋：我国若干产品产销量数据不一致及产量统计失真问题，中国农村经济，1998 年第 10 期；袁学国：中国城乡居民畜产品消费研究，中国农科院博士论文，2001

② 蒋乃华：中国畜产品供给需求与贸易行为研究，中国农业大学博士后研究工作报告，2000 年，第 45 页

给出一个营养学意义上的参考量。只有达到营养学摄入量要求的食物供给才是真正意义上的食物安全。本文采用二种方法来判断中国是否达到营养学意义的食物安全。

一种方法是估计国内主要食物供给水平是否能满足国民平均人日热量要求，如果一国主要食物的国内供给水平大大超出人均每日热量要求的话，该国的食物总体供给处于安全状态。本文利用中国的主要农产品产量数据估算人均拥有的主要食物，将其折合成统一的热量单位①（见表4），与人均每日热量2 600大卡的营养学基本要求相比较（表4），从而来估计是否达到营养学的热量要求。由于这种方法具有较大的缺陷，因此只是用来作粗略的估计。

表4　中国国内主要食物的平均人日热量拥有量

单位：千卡/平均人日

年份	加工系数	热量系数（千卡/千克）	1978	1980	1985	1990	1995	2000	2001
合计			2 592.9	2 713.9	3 337.5	3 668.7	4 142.1	4 133.9	4 111.9
粮食			2 297.3	2 310.7	2 691.7	2 892.7	2 965.8	2 792.2	2 733.8
稻谷	0.73	3 500	995.8	992.2	1 114.8	1 159.2	1 070.5	1 037.8	974.0
小麦	0.85	3 500	455.9	455.9	660.7	700.3	687.8	640.7	599.5
玉米	0.93	3 600	533.1	581.7	553.1	776.8	848.1	767.1	820.0
其他谷物	0.75	3 500	109.1	88.9	165.6	64.4	99.1	66.3	61.7
豆类	1.00	4 120	88.8	90.8	112.0	108.6	166.6	179.0	181.6
薯类	1.00	1 270	114.7	101.3	85.6	83.5	93.7	101.2	97.1
油料			54.0	77.9	148.7	136.2	176.0	223.9	213.8
花生	0.65	5 500	24.2	35.7	61.7	54.6	82.8	111.6	110.6
油菜籽	0.33	9 000	15.8	19.7	43.1	49.5	65.7	73.1	72.2
芝麻	1.00	6 200	5.7	4.5	11.1	7.0	8.2	10.9	10.7
其他油料	0.50	9 000	8.3	18.1	32.9	25.2	19.4	28.4	20.3
糖料			35.9	42.7	82.7	91.3	94.9	87.3	98.2
甘蔗	1.00	530	31.9	33.6	70.7	73.2	78.4	78.2	86.1
甜菜蔗糖	0.13	4 000	4.0	9.1	12.0	18.1	16.4	9.1	12.2
水果			9.2	9.3	15.5	23.4	50.9	71.2	75.3
苹果	1.00	620	4.0	4.1	5.8	6.4	19.6	27.4	26.6
柑橘	1.00	520	0.6	1.0	2.4	6.0	9.7	9.9	13.0
梨	1.00	400	1.7	1.6	2.2	2.3	4.5	7.3	7.6
葡萄	1.00	400	0.1	0.1	0.4	0.8	1.6	2.8	3.2
香蕉	1.00	900	0.2	0.2	1.5	3.1	6.4	9.6	10.2
其他水果	1.00	400	2.5	2.3	3.2	4.7	9.1	14.2	14.8
主要水产品			11.9	11.2	16.7	27.1	50.8	80.2	81.5
鱼类	1.00	1 000	10.1	9.7	14.3	22.2	40.2	56.3	56.8
虾蟹类	1.00	750	1.2	1.0	1.5	2.1	3.6	6.2	6.5
贝类	1.00	750	0.6	0.5	1.0	2.8	7.0	17.6	18.2
畜产品			184.6	262.1	382.2	498.0	803.8	879.2	909.2
猪肉	1.00	8 000	177.4	251.8	342.6	437.3	660.2	697.2	718.6
牛肉	1.00	2 700	2.4	2.0	3.3	8.1	25.4	31.1	31.8
羊肉	1.00	3 670	4.8	4.5	5.6	9.4	16.7	21.7	23.1
禽肉	1.00	1 040					22.0	27.0	26.8
其他肉类	1.00	2 000			0.3	1.0	2.7	3.8	4.6
奶类	1.00	700		2.7	5.2	8.0	10.7	13.9	16.9
禽蛋	1.00	1 700			23.5	32.4	64.5	82.4	85.3
蜂蜜	1.00	4 000		1.1	1.6	1.8	1.6	2.1	2.2

资料来源：根据历年《中国统计年鉴数据》整理计算。

① 主要食品所含的碳水化合物、脂肪和蛋白质折合成统一的热量单位（千卡/千克）。

这里必须指出，表 4 的方法具有如下主要局限性：①未考虑部分产品的非食用用途，如玉米作为饲料的畜牧利用以及工业利用，从而会导致一个偏高的估计。②未考虑进出口状况，从而可能会在净进口数量为正数时导致一个偏低的估计，在净进口为负数时导致一个偏高的估计。③许多食物未能被纳入计算，从而会导致一个偏低的估计。但尽管表 4 的方法会导致一些估计偏高或偏低的估计结果。但从该表中仍然不妨碍得出如下判断：

（1）中国的食物生产能力在不断提高，使得人日热量拥有量不断提高，1978—2001 年期间人日营养热量的年均增长率为 2%。

（2）尽管方法缺陷导致一些偏高或偏低的估计，但仍然不难判断出，即使将这些偏高或偏低的估计因素考虑进去的话，2001 年国内生产的主要食物的热量供给仍然大大高于营养学的要求（2 600 大卡/人日）。

将表 4 结果整理后得到表 5，从表 5 可以看出，中国居民的营养热量仍然主要来自于粮食。但在营养热量供给结构中，粮食的重要性在下降，畜产品和油料的重要性明显增强。

表 5　中国国内主要食物的热量构成（%）

年　份	1978	1980	1985	1990	1995	2000	2001
粮食	88.6	85.1	80.6	78.8	71.6	67.5	66.5
畜产品	7.1	9.7	11.5	13.6	19.4	21.3	22.1
油料	2.1	2.9	4.5	3.7	4.3	5.4	5.2
糖料	1.4	1.6	2.5	2.5	2.3	2.1	2.4
水果	0.4	0.3	0.5	0.6	1.2	1.7	1.8
主要水产品	0.5	0.4	0.5	0.7	1.2	1.9	2.0

资料来源：根据本文表 4 整理计算。

上述估算的数据基础毕竟不是居民实际的食物消费量，这里依据中国国家统计局城乡住户调查数据（城乡居民人均主要商品消费量）与营养学推荐标准（人日热量 2 600 大卡、蛋白质 72 克、脂肪 72 克①）相比较，来估计中国居民的食物消费水平是否达到营养学要求的食物摄入水平。（见表 6）。

表 6　人均每天食物热值、蛋白质和脂肪含量

年　份	1978	1980	1985	1990	1995	2000
热量（千卡）	2 247.1	2 328.0	2 618.0	2 712.8	2 873.7	3 029.2
蛋白质（克）	52.2	54.3	62.0	65.4	75.6	85.5
脂肪（克）	27.2	33.1	43.4	54.3	70.7	84.0

资料来源：FAO 食物平衡表。

表 6 表明，中国居民在 1985 年时的人均热量水平已经达到了合理的营养学要求，2000 年的人均热量水平已经大大超过了营养学的要求。从中国目前日益增多的肥胖病现象也可以感受到，相当一部分居民已经处于富营养水平，引导合理进食倒成为一项重要的教育任务。

中国居民的食物安全水平与收入水平有较大的正相关关系，将 2001 年与 1995 年的各项指标相比较，可以看到收入较高的群体无论在具体的蛋白质、脂肪、碳水化合物指标上，还是在综合性的热量指标上都高于低收入群体（表 7）。但同时也要看到另一个现象，高收入群体与低收入群体之间的差距在缩小，这一特征往往是处于食物安全状态的经验特征。

---

① 国务院于 1993 年 2 月 9 日审议通过的“九十年代中国食物结构改革和发展纲要”提出了 2000 年达到人均每日 2 600 千卡热量、72 克蛋白质和 72 克脂肪的预定目标。

表7 城镇居民平均人日营养购买量比较（最低收入户购买量＝100）

项目	年份	最低收入户	低收入户	中等收入户	高收入户	最高收入户
蛋白质	1995	100.0	111.4	119.9	132.9	144.7
	2001	100.0	109.7	121.8	128.2	137.6
脂肪	1995	100.0	113.4	123.7	139.4	149.9
	2001	100.0	110.2	122.1	125.0	132.5
碳水化合物	1995	100.0	108.5	110.4	118.0	126.5
	2001	100.0	105.4	111.2	112.7	119.0
热量	1995	100.0	110.3	115.8	126.3	135.8
	2001	100.0	107.9	116.5	119.0	126.5

资料来源：根据国家统计局《中国价格及城镇居民家庭收支调查统计年鉴》数据整理和计算。

四、中国食物安全水平的国际比较

上面的分析大体反映了中国食物安全水平的演变和2001年的状况，从中可以得出这样一个基本印象：中国食物供给的总体状态是安全的。本节试图从国际比较的角度来判断中国食物安全的国际地位。表8显示了世界食物平衡状况的平均水平，将表8与表6联系起来考察的话，就可以得到表9。

1990年以前中国的人均营养供给水平一直低于世界平均水平，1990年的人均热量达到世界平均水平，但蛋白质和脂肪尚低于世界平均水平。2000年的人均热量、蛋白质和脂肪均超过世界平均水平，其中热量水平列世界第46位，与立陶宛、叙利亚、百慕大、巴巴多斯在一个水平上；人均蛋白质水平列世界第52位，与俄罗斯、巴巴多斯、多米尼加、利比亚在一个档次；人均脂肪水平列世界65位，与毛里求斯、智利、南非、日本在一个档次。

表8 世界食物平衡的平均水平（人日消费量）

年　份	1978	1980	1985	1990	1995	2000
热量（千卡）	2 527.2	2 535.0	2 644.1	2 709.4	2 748.3	2 805.4
蛋白质（克）	66.8	66.9	69.9	71.6	73.7	75.6
脂肪（克）	57.4	59.4	64.1	68.2	70.8	75.2

注：本表数据已包括了储备和进出口因素。
资料来源：FAO食物平衡表。

表9 中国与世界的人均每日食物平衡比较（世界平均水平＝100）

年　份	热量	蛋白质	脂肪
1978	88.92	78.08	47.42
1980	91.83	81.17	55.72
1985	99.01	88.65	67.70
1990	100.12	91.35	79.69
1995	104.57	102.45	99.87
2000	107.98	113.11	111.76
2000年世界排名	46	52	56
2000年相近营养水平的国家	立陶宛、叙利亚 百慕大、巴巴多斯	俄罗斯、巴巴多斯 多米尼加、利比亚	毛里求斯、南非 智利、日本

注：本表数据已包括了储备和进出口因素。
资料来源：根据FAO食物平衡表计算。

如果与世界上同等人均收入水平的国家相比较，中国居民的营养水平是较高的。世界银行采用两种方法来衡量人均收入水平，即传统的人均 GNP 和经过购买力平价（PPP）修正的人均 GNP。这里分别用世界银行这两种人均收入水平来进行比较。表 10 是传统的人均 GNP 水平下的人均营养比较，表 11 是经购买力平价（PPP）修正后的人均 GNP 水平下的人均营养比较。两种方法都显示出 2000 年中国的人均热量、蛋白质和脂肪营养水平都大大高于同等人均收入国家的相应指标。

表 10　相近人均 GNP 水平的人均每日营养量比较

世界排名	国　家	人均 GNP（美元）	热量（千卡）	蛋白质（克）	脂肪（克）
112	斯里兰卡	870	2 404.82	54.12	46.31
113	洪都拉斯	850	2 394.66	58.71	66.58
114	中国	840	3 029.18	85.51	84.03
114	土库曼斯坦	840	2 675.35	76.62	67.27
114	吉布提	840	2 049.65	47.63	60.29
其他四国平均		—	2 381.12	59.27	60.11
中国水准（四国平均数＝100）		—	127.2	144.3	139.8

资料来源：人均收入水平数据取自世界银行《世界发展报告 2001》，营养数据取自 FAO 数据库。

表 11　相近人均 GNP（PPP）水平的人均每日营养量比较

世界排名	国　家	人均 GNP（PPP）（国际标准元）	热量（千卡）	蛋白质（克）	脂肪（克）
94	约旦	4 040	2 749.10	75.22	80.92
95	土库曼斯坦	4 040	2 675.35	76.62	67.27
96	中国	3 940	3 029.18	85.51	84.03
97	危地马拉	3 770	2 170.75	54.79	47.70
98	乌克兰	3 710	2 871.47	78.87	73.77
其他四国平均		—	2 616.67	71.38	67.42
中国水准（四国平均数＝100）		—	115.8	119.8	124.6

资料来源：人均收入水平数据取自世界银行《世界发展报告 2001》，营养数据取自 FAO 数据库。

五、结论和醒示

经过上面多指标角度的估计和比较，基本可以判定：1978 年以来的中国城乡居民食物安全程度不断得到提高；2001 年中国居民食物安全处于较高的水平；与相近人均 GDP 水平的国家相比，中国的食物安全也处于较高的水平。

但相对于上述判断，有两点必须指出：①国家层面的食物安全只是表明一国的食物总供给角度的安全性，并不意味着每个家庭都得到了食物安全，还要看食物安全网的状况，安全网可能会因网眼过大而使得一些个别群体（缺乏足够购买力的弱势群体）未能受到保护。各国食物安全得不到保证的穷人由不同的子群组成，按地理分布、职业、资产拥有状况、种族、民族、年龄和性别的划分而不同。各国都面临一个重要而难于解决的问题：在保证国家食物安全的同时如何保障家庭食物安全，中国也不例外；②尽管中国的食物安全不断得到改善，并且至 2001 年已经处于一个安全状态，但并不等于中国具有未来的长期食物安全。对于人口众多、人均资源匮乏、经济正处于快速发展阶段的中国，保证自身的长期食物安全依然是一个任重道远的难题。

参考文献

[1] FAO. The sixth world food survey [M]. 1996

[2] FAO. The state of food insecurity in the world [M]. 1999 &. 2000

[3] FAO. 粮食和农业状况 [M]. 历年

[4] K. Ge, Chunming Chen &. T. Shen. Food consumption and nutritional status in China: achievements, problem and policy implications [A]. FNA/ANA, Vol. 1. 1991. Vol. 2. 1992

[5] Maxwell etc. Alternative food security indictors: Rising the frequency and severity of cropping strategies [J], Food Policy, 1999, Vol. 24

[6] World Bank. 在中国的餐桌上：保障粮食供应的途径 [M]. 1997

[7] 部若素，马国南. 中国粮食研究报告 [M]. 北京农业大学出版社. 1993

[8] 厉为民等. 世界粮食安全概论 [M]. 中国人民大学出版社. 1988

[9] 史培军等. 中国粮食自给率水平与安全性研究 [J]. 中国人民大学报刊复印资料：农业经济. 2000年第1期

[10] 中国国务院新闻办公室. 中国的粮食问题（中国粮食白皮书）[Z]. 1996年10月

[11] 朱泽. 中国粮食安全状况研究 [J]. 中国农村经济. 1997年第5期

我国粮食综合生产能力影响因素分析*

肖海峰　王　姣

[摘　要] 本文采用柯布—道格拉斯生产函数对我国粮食综合生产能力的影响因素进行了定量分析。通过分析得出如下结论：第一，播种面积、其他物质投入和化肥投入是影响我国粮食综合生产能力的三个主要影响因素，生产弹性值分别为0.879、0.345和0.205；第二，自1978年农村经济体制改革以来，我国粮食综合生产能力的提高主要得益于化肥和其他物质投入的增加以及劳动生产率的提高，粮食播种面积的减少对粮食综合生产能力具有较大的副作用。第三，采取切实有效措施保护耕地并尽最大可能保证粮食播种面积、增加化肥和其他物质投入、加快农业科技进步和制度创新、提高抵御自然灾害的能力，是稳定和提高我国粮食综合生产能力的主要途径。

[关键词] 粮食综合生产能力　影响因素　生产弹性　贡献率

提高粮食综合生产能力，是确保我国粮食安全的一条主要途径。而准确把握我国粮食综合生产能力的影响因素及影响程度又是提高我国粮食综合生产能力的一个重要基础。本文将建立柯布—道格拉斯生产函数，依据各个影响因素的生产弹性和贡献率来分析我国粮食综合生产能力的影响因素和影响程度，最后得出结论及政策含义。

一、模型、变量及数据的选择

粮食综合生产能力是指在一定地区、一定时期和一定的社会经济技术条件下，由各种生产要素综合投入所形成的、能够相对稳定地达到一定水平的粮食产出能力。由于我国长期以来一直采取各种措施努力提高粮食的实际产量，并没有像欧美国家采取耕地休耕制度，因而我国的粮食综合生产能力可以用粮食实际产量来反映。因而对我国粮食综合生产能力影响因素的分析实际上就是对我国粮食产量影响因素的分析。

从理论上讲影响粮食产量的因素很多，这些因素基本上可以分为四类，第一类是各种生产要素的投入量，如土地、劳动、化肥、机械、资本等的投入量；第二类是各种农业技术进步；第三类是国家粮食政策、农业生产组织与经营制度；第四类是各种自然灾害。

粮食播种面积是解释粮食产量变化的一个关键变量，且对粮食产量是一种正向影响。同时，各种自然灾害对粮食产量的影响很大，成灾面积可以反映粮食生产中受自然灾害影响的程度，粮食产量与成灾面积是一种负相关关系。现有各种公开出版统计资料中的成灾面积都是农作物总成

---

* 原载《农业技术经济》2004年第6期。本文为农业部计划司项目“构建新阶段我国粮食综合生产能力保护体系研究”的部分研究成果，项目主持人为肖海峰、黄守宏。

灾面积，并没有单独反映粮食作物成灾面积的指标，在本研究中假定自然灾害在各种不同作物种类中的分布是均匀的，这样粮食成灾面积可用粮食播种面积占农作物总播种面积的比例乘以农作物总成灾面积得到。

劳动力是粮食生产的主体，也是影响粮食生产的重要因素之一。但是，现有公开出版的统计资料中并没有关于投入粮食生产劳动力人数的数据，仅有农业劳动力人数，而农业劳动力人数是指包含农、林、牧、渔的广义农业劳动力人数。目前已有的类似研究中多将农业劳动力数量作为粮食产量的解释变量来建立模型，这样不可避免地导致结果产生偏差。为纠正这一偏差，本研究中将采用《全国农产品成本收益资料汇编》中粮食生产中每亩的标准用工日数作为反映粮食生产中劳动投入数量的指标。

化肥是粮食生产的主要投入要素之一。由于不同种类化肥的有效元素含量不同，而且《全国农产品成本收益资料汇编》不同时期的统计口径存在差异，1991年以后化肥使用量为折纯量，而此前的统计口径为标准吨，因此，本研究中选择了每亩的化肥费用支出作为衡量化肥投入水平的解释变量。在建立模型时，为消除物价变动的影响，已采用农村生产资料价格指数对不同年份的化肥费用数据进行了调整。

在我国粮食生产的各种物质投入中，化肥费占有较大比重，而其他如种子秧苗费、农家肥费、农药费、排灌费、机械作业费等每一项的比重相对较小。在过去几十年中，我国农产品成本收益核算方法做过多次修订和调整，一些明细分类数据在统计口径上缺乏可比性。因此，本研究中将除化肥费以外的所有物质费用投入总和作为一个变量引入模型，用来反映除化肥以外的其他物质投入对粮食生产的影响。为消除物价变动的影响，也采用农村生产资料价格指数对各年其他物质费用的数据进行了调整。

农业技术进步是影响粮食产量的一个非常重要的因素，考虑到农业中的技术进步常常物化在良种、农膜、农药以及农业机械的使用方面，而本研究采用的其他物质投入是一个非常宽泛的概念，能够在很大程度上涵盖农业中的技术进步因素，另外，目前常用的以时间T作为代表技术进步变量的做法并不十分科学，因此在本研究模型中将不引入变量来单独反映技术进步对粮食生产的作用。

自1978年农村经济体制改革以来，我国农村实行的是以家庭为基本经营单位的生产组织制度以及与此相联系的按人口平均分配的土地制度，这项制度作为农村的一项基本制度将长期保持稳定。早期研究认为，中国农业生产提高的动力在改革初期主要来自农村经济体制创新，但是，这种影响只是一次性的，随着这一制度的普及与稳定，制度创新对于粮食增产的促进作用几乎为零。在对1978年后粮食生产的分析中完全可以假设制度因素为一常量。

根据上述分析，在利用柯布—道格拉斯生产函数对粮食产量影响因素的分析中最终选择的解释变量为粮食播种面积、劳动用工日、化肥费用、其他物质费用和成灾面积5个变量。

粮食产量和粮食播种面积数据来源于《中国农村统计年鉴》，劳动用工数量、化肥费用和其他物质费用来源于《全国农产品成本收益资料》，粮食成灾面积根据《中国农村统计年鉴》相关数据整理。由于我国农产品成本收益统计资料发布开始较晚，比较完整的资料仅从1975年开始，因而在本研究中利用1975—2002年关于上述变量的时间序列数据来建立模型。为消除1978年开始的农村制度变革对的影响，引入时间虚变量D，设1979年以前的D值为0，1979年及以后的D值为1。

根据上述分析，需要估计建立的柯布一道格拉斯生产函数为如下形式：

$$\ln Y = C + a_1 \ln X_1 + a_2 \ln X_2 + a_3 \ln X_3 + a_4 \ln X_4 + a_5 \mathrm{Ln} X_5 + a_6 D + \varepsilon \quad (1)$$

式中：

Y——粮食总产量；

X_1——粮食播种面积；

X_2——劳动标准日；

X_3——化肥费用；

X_4——其他物质费用；

X_5——粮食成灾面积；

D——时间虚变量；

ε——残差。

a_1、a_2、a_3、a_4、a_5 为待估参数，分别表示粮食播种面积、劳动用工数量、化肥费用、其他物质费用和成灾面积的生产弹性。

由于劳动用工数量、化肥费用和其他物质费用的总量均是每公顷投入量与粮食播种面积的乘积，同时化肥费用和其他物质费用的历史数据具有较为明显的同趋势性。如果采用劳动用工数量、化肥费用、其他物质费用总量进行模型估计，必然出现较为严重的多重共线问题。为解决这一问题，我们先采用每公顷劳动用工数量、每公顷化肥费用、每公顷其他物质费用与其他数据进行模型估计，然后将粮食播种面积的系数减去这三个变量的系数就可得到粮食播种面积的弹性值。

二、模型估计结果与分析

运用 OLS 法对（1）式进行回归计算，得到的结果如表 1：

表 1　柯布一道格拉斯生产函数模型估计结果（被解释变量为 LnY）

变　量	系数	标准误	T 值	概率
C	−4.121504	4.467360	−0.922582	0.3667
LnX_1	1.193785	0.418725	2.851003	0.0096
LnX_2	−0.234813	0.093935	−2.499753	0.0208
LnX_3	0.204724	0.037913	5.399809	0.0000
LnX_4	0.345326	0.075070	4.600068	0.0002
LnX5	−0.104110	0.037126	−2.804236	0.0106
D（1979 年后为 1）	0.042169	0.032104	1.313516	0.2032
判定系数 R^2	0.977936	F 值		155.1270
调整后的判定系数 R^2	0.971632	概率		0.000000

在表 1 中粮食播种面积前面的系数实际上是粮食播种面积、每公顷劳动用工、每公顷化肥费用和每公顷其他物质费用的生产弹性之和，从中我们可以计算出粮食播种面积的生产弹性值为 0.879。

从估计结果来看，R^2 和 F 值很大，表明模型的拟合程度很好，所考察的粮食产量的 5 个解释变量分别在 95%和 99%的置信水平上显著。这说明这一模型很好地反映了 1975—2002 年间我国粮食产量与其影响因素之间的关系。

在所考察的 5 个影响因素中粮食播种面积的生产弹性最大，为 0.879，说明播种面积仍是粮食生产中对产量提高制约性最强的因素，扩大播种面积是提高粮食产量的最有效途径，粮食播种面积每增加 1%，就可导致粮食产量增长 0.879%。其他物质费用的生产弹性为 0.345，对粮食产

量的影响程度仅次于播种面积，这可能与本研究中对其他物质费用的定义有关，在这一变量中包含了种子秧苗费、农药费、排灌费、机械作业费以及固定资产折旧费等多项内容，这些因素从单个来看对粮食产量的影响程度可能不大，但合在一起对粮食产量仍有较大的影响作用。化肥对粮食产量影响的重要性位于第三，生产弹性值为0.205，说明就我国粮食生产总体而言，化肥投入增加对粮食产量的增加仍具有较大的作用，化肥费用增加1%，就可带来0.205%粮食总产量的增长。但是，我们也应该认识到我国地区发展的不平衡性，一些经济发达地区化肥使用量已经达到或超过国际上的先进农业国家的水平，这一方面可能使化肥投入的边际产量接近于零甚至为负数，另一方面过量使用化肥造成土壤板结、土壤有机结构恶化的负效应，提高化肥使用效率也是必须要解决的一个具有现实意义的问题。

劳动投入的生产弹性值为−0.235，这一方面显示了随着时间的推移，我国粮食产量增加而所需劳动投入数量减少的现实情况，同时另一方面也表明在粮食生产中劳动生产率对粮食产量的具有较大程度的正向影响作用。粮食成灾面积的生产弹性值为−0.104，这表明粮食成灾面积对粮食产量具有一定的反向影响作用，粮食成灾面积每增加1%，将导致粮食产量下降0.104%。

三、各影响因素对我国粮食综合生产能力增长的贡献率

前面利用柯布一道格拉斯生产函数测算出了我国粮食产量各主要影响因素的生产弹性，这些弹性值从相对量的角度反映了各个影响因素对粮食产量的影响程度，即说明了某个影响因素增加一个百分点将会引起粮食产量变动的百分点。但在某个特定时期内，某个因素对粮食产量增长的贡献不仅取决于该因素的生产弹性值，而且还取决于该因素在这个时期内的变化幅度，因此要想了解在某个特定时期内，各个影响因素对粮食产量增长到底起了多大的作用，还必须计算各个因素对粮食产量增长的贡献率。某因素对粮食产量增长的贡献率等于该因素的生产弹性值乘以该因素的变化幅度，再除以粮食产量的增长率。

表2　不同时期各因素对粮食产量增长的贡献率（%）

时　期	1978—2002	1978—1984	1985—1993	1994—1998	1999—2002
粮食产量变动幅度	50	33.6	20.4	15.1	−10.1
播种面积	−24.3	−16.7	6.6	22.5	−71.3
用工数量	33.0	33.7	10.0	7.9	40.8
化肥费用	47.2	18.9	45.1	16.0	−30.6
其他物质费用	31.0	21.3	34.4	0.2	−38.9
成灾面积	−0.8	9.5	−0.5	14.3	5.4
其他	13.9	33.3	4.4	39.1	−5.4

表2中列出了自1978年农村改革以来和粮食综合生产能力发展的四个时期中各影响因素对粮食产量增长的贡献率。由此表我们可以看出，在粮食综合生产能力的不同发展时期，各要素对粮食产量增长的贡献率也不尽相同。改革开放初期，即1978—1984年间，除粮食播种面积下降对粮食产量增长具有较大不利影响外，化肥、其他物质投入增加以及成灾面积减少对粮食增产的贡献率分别是18.9%、21.3%和9.5%，这期间制度创新及其他因素对粮食增产的贡献率高达33.3%，家庭联产承包责任制的实行极大促进了粮食产量的提高。

在1985—1993年粮食产量的增长中，化肥和其他物质投入的增加做出了主要贡献，二者的

贡献率分别达到 45.1%和 34.4%，与 1978—1984 年相比，具有大幅上升。在这一时期制度创新对粮食产量的促进作用已显著降低。

在 1994—1998 年期间，受这一时期国内通货膨胀因素的影响，生产资料价格上涨迅速，化肥以及其他物质投入增加速度与上期相比明显放慢，对粮食产量增长的贡献率也大幅降低，其中其他物质投入的贡献率仅为 0.2%。为弥补生产资料价格上涨对农民的不利影响，政府于 1994 年和 1996 年两度大幅度提高粮食收购价格，价格上升刺激粮食播种面积的增加，播种面积增加对粮食产量增长的贡献率达到 22.5%，是同期贡献率最大的投入要素。

1998 年以后国内市场疲软，粮食价格下滑。为提高农民收入，各地都根据比较优势进行农业种植结构调整，粮食播种面积及其在农作物总播种面积中所占比例下降很快。1999—2002 年粮食总产量下降了 10%，其中播种面积下降的作用占了 71.3%，化肥和其他物质投入的减少所起的作用分别为 30.6%和 38.9%。

整体来看，在 1978—2002 年期间化肥投入的增加对粮食产量增长的贡献最大，贡献率达到 47.2%，其次是由于劳动生产率的提高导致用工数量的减少对粮食产量增长的贡献率为 33%，其他物质投入的贡献率也非常大，达到 31%。而粮食播种面积减少和成灾面积增加对粮食产量的提高有负面影响，其中由于粮食播种面积减少使粮食产量下降的幅度达 24.3%。整个时期内除上述因素以外其他因素的贡献率为 13.9%，这些因素主要包括诸如制度、政策以及没有物化在上述投入要素中的技术进步等。

四、结论及政策含义

通过上面的分析我们可以得出如下两点基本结论：第一，播种面积、其他物质投入和化肥投入是影响我国粮食综合生产能力的三个主要影响因素，生产弹性值分别为 0.879、0.345 和 0.205；第二，自 1978 年农村经济体制改革以来，我国粮食综合生产能力的提高主要得益于化肥和其他物质投入的增加以及劳动生产率的提高，粮食播种面积的减少对粮食综合生产能力具有较大的负面作用。

上述两点基本结论具有如下政策含义：采取切实有效措施保护耕地并尽最大可能保证粮食播种面积、增加化肥和其他物质投入、加快农业科技进步和制度创新、提高抵御自然灾害的能力，是稳定和提高我国粮食综合生产能力的主要途径。

参考文献

[1] 国家统计局．中国统计年鉴．北京：中国统计出版社（历年）

[2] 国家统计局．中国农村统计年鉴．北京：中国统计出版社（历年）

[3] 国家计委．全国农产品成本收益资料汇编（历年）

我国乳品企业“差异化”渠道设计初探*

张娣杰　牛　霞

［摘要］目前，牛奶及其制品成为了人们日常消费品，市场需求空前旺盛，而且逐年增长；与此同时，乳制品企业也如雨后春笋般蓬勃发展起来。随着市场空间的扩展，消费者需求的变化，市场营销渠道逐渐成为企业参与市场竞争活动的有力武器。关注市场营销渠道并对其进行适当的设计和管理，使自己的产品比同行更好，更快地转移到消费者手中，从而获得利润，创造出更强大的竞争优势，成为乳制品企业市场竞争的重要手段。本文在对乳制品企业现有渠道分析的基础上，从理论上探讨乳制品企业如何设计差异化的营销渠道。

［关键词］乳品企业　差异化　销售渠道

前言

随着收入的增加，人们在日常生活中越来越注重生活质量和食物的营养与科学性。经过对自然界各种食物的比较，人们发现牛奶是大自然赐予人类最理想的食品。为此，牛奶及其制品成为人们日常消费品，市场需求空前旺盛，而且逐年增长；与此同时，乳制品企业也如雨后春笋般蓬勃发展起来。目前，我国乳品加工企业有 1 500 多家，其中年销售收入在 500 万元以上的有 395 家，上亿元的有 12 家，光明、三元、伊利、蒙牛、三鹿、完达山等知名企业在多年的竞争中脱颖而出。在市场竞争中，各企业采用差别化的经营策略，分别在技术方面、奶源方面、产品方面以及品牌塑造等方面取得明显的竞争优势。

随着市场空间的扩展，消费者需求的变化，市场营销渠道逐渐成为企业参与市场竞争活动的有力武器。尤其是乳制品，一方面产品具有容易变质特性，除超高温产品及奶粉外，均需要冷藏；另一方面，消费者对乳制品的消费计划性强，定量消费的情况偏多。因此，关注市场营销渠道并对其进行适当的设计和管理，使自己的产品比同行更好，更快地转移到消费者手中，从而获得利润，创造出更强大的竞争优势，成为乳制品企业的市场竞争的重要手段。本文在对乳制品企业现有渠道分析的基础上，从理论上探讨乳制品企业如何设计差异化的销售渠道。

一、乳品企业现有的渠道分析

销售渠道就是促使产品或服务顺利地从制造商转移给消费者的一系列组织机构，通常由制造

* 原载《食品科技》2004 年中国乳业科技大会论文专辑。

商、批发商、零售商及其他辅助机构组成。他们为使产品到达最终消费者手中而发挥各自职能，通力合作，有效地满足市场需求。一个运作良好的分销渠道不仅要在适宜的地点、以适宜的价格、质量和数量提供产品或服务来满足市场需求，而且要通过渠道成员的各种营销努力来刺激市场需求，实现各方效益最大化。

销售渠道的结构会随着商品的特点、渠道成员的多少、市场需求状况，企业自身状况等因素的不同而不同。

在消费者市场的分销渠道中，传统销售渠道的经典模式是厂家——总经销商——二级批发商——三级批发商——零售店——消费者的金字塔式渠道。在这种销售渠道中经销商掌握着巨大市场资源，制造商对渠道的控制性差。现在，随着市场的发展，消费品销售渠道由传统的金字塔式向扁平化方向转变。即销售渠道越来越短、越来越宽，销售网点则越来越多。销售渠道短，增加了企业对渠道的控制力；销售渠道宽，销售网点多，则增加了产品的销售量。同时，渠道整个运作以终端市场建设为中心。

我国乳品企业乳制品企业顺应市场的变化，在对传统渠道改造的基础上形成了宽且相对短的销售渠道，增强了企业对渠道的控制和增加了乳制品的市场销售量。(如图1所示)。

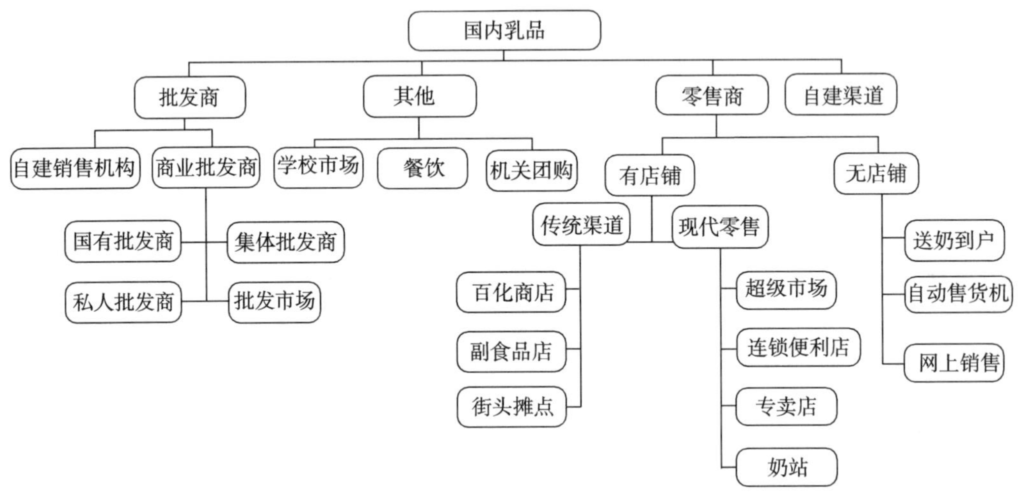

图1　乳品企业销售渠道示意图

然而，各家乳制品企业在销售渠道的建设中采用了几乎无差异的结构形式和渠道成员，形成同一渠道为多家竞争产品服务的格局，加剧了产品的竞争压力。以北京市场为例，各家乳品企业为抢占市场，扩大市场占有率，大都采用了如图1所示的渠道结构和渠道成员构建企业的销售渠道。

在消费者的眼里，乳制品是高度“同质化”的商品，除了商标、包装外，几乎没有区别；同时，乳制品是有计划性消费的日常消费品，在同一销售地点，面对同一种类的乳制品，产品的价格和促销方式等成为消费者购买时十分重要的影响因素。而各家企业没有意识到渠道对企业获取持续“差别化”竞争优势的重要意义，不论实力强弱、规模大小，在制定渠道策略时，不会根据自己的产品特点、实力状况、地区差异等因素灵活地制定适合自己的渠道策略，只是根据“传统”习惯或其他同类企业的渠道来制定自己销售渠道，结果形成千篇一律的“无差异”的销售渠

道。这种“无差异”的销售渠道，不能有力地支持产品定位，不能有效的把目标顾客吸引到乳品销售氛围中。在市场销售中，只能由消费者在一组“无差异的”乳品销售场所中随意地购买，从而导致企业之间的竞争更加激烈。笔者认为这是近来乳制品市场出现“价格战”的一个重要原因。

现代市场营销理论告诉我们：面对不断变化的市场环境，日益激烈的市场竞争，企业不仅应采用差异化的产品策略、促销策略和价格策略，还应该采用差异化的渠道策略去适应环境，取得市场竞争的胜利。

二、“差异化”渠道设计

1. 采用成本领先的渠道管理观念指导渠道设计。回顾过去十年来管理理论和实践的发展，我们可以看到重视降低成本正成为一种潮流，比如许多乳品企业通过合并或收购创造规模经济，或设计出更合理的组织和管理方法来降低费用，或进行“组织”再造以赢得低成本高效率，或使组织“扁平化”来降低管理层次节约费用支出，以及通过削减人员以降低成本。同样的，这些思想应该渗透到渠道管理中来，企业通过更好地管理营销渠道来降低分销成本。成本领先的渠道策略较突出的一点优势就是：建立在低成本基础上的渠道策略能赢得对价格较为敏感的细分市场客户，从而使得企业能够将费用节约的好处让渡给消费者，使顾客获得更大的让渡价值，并通过挑战竞争对手的价格而获得更大的市场占有率和更为满意的利润。

从根本上说，企业在竞争中的低成本优势来源于企业在价值链的各环节为降低成本而进行的系列活动，而营销渠道作为价值链系统重要的一环，同样也存在着可以降低成本的因素。

2. “别具一格”的渠道结构和成员选择。要适应激烈竞争的市场环境，企业必须考虑通过分销渠道的“差异化”来开辟一个具有相对独占性的销售空间，在这个空间里突出的是企业的产品形象和顾客价值，竞争对手的影响被最大程度地隔离开来。这种分销渠道的差异化调整，对于乳品企业来说，就是要重新选择目标市场，再次进行产品定位，严格区分企业的产品形象与竞争对手形象，据此对分销渠道进行调整。

别具一格的渠道策略的目的是：通过差异化的渠道，企业能够向其客户（现实的或潜在的）提供独特的、对客户来说有价值的产品，从而将自己与竞争厂商区别开来。这种差异使得企业能够向顾客提供更高的顾客让渡价值，从而使得企业可以在一定价格下出售更多的产品和服务，或者在周期性、季节性经济下跌时，获得顾客信任、顾客忠诚之类的附加利益。如果企业获得的利益高于其为了实现别具一格而发生的追加费用，它就会使公司获得更高的利益。

营销渠道可以通过多种方式为乳品企业提供独特性（差异性），从而使企业获得别具一格优势。例如：满足顾客需要。企业通过全面分析顾客需要的性质、内容、特点，确定渠道中的每一成员、每一条通路的形成；确定各个渠道成员的分工协作关系，以便能够针对不同市场需求，不同的细分市场供应和分销商品，从而使各种具有不同需要的消费者和用户都能及时、满意地获得商品。也就是说乳品营销渠道在为其顾客和市场提供乳制品过程中既具有针对性，又具有全面性，使其能够区别于其他企业的渠道系统而具有独特性。

3. 注重信息技术对渠道的支持。近年来，信息技术得到突飞猛进的发展，并不断应用于渠道实践。从80年代的销售点终端技术（POS）、可实时监控的计算机化的库存系统发展到以电讯技术和网络技术发展为基础的计算机网络互联，以数据库技术和计算机网络的发展为基础的、将渠道成员实时联结在一起的电子数据交换（EDI）系统，直到目前以 Internet 为代表的互联网技术的发展。信息技术的发展和应用改变了传统时空概念意义上的渠道，使信息存储、传递、使用成本大幅下降，为生产商提供了全新产品和服务分配系统，使制造商、零售商和消费者之间可以克服时空限制，实现充分的互动交流。

在信息技术的支持下，渠道成员能够利用其获取并保持竞争优势，真正实现零库存管理。例如，可以使用电脑安排商业会谈，保持最新的乳品目录，分离畅销品和滞销品并针对有选择的目标顾客进行促销等。再如，自动化仓库可以减少手工的照单发货中的错误，加快货物运送和降低劳动力费用，可以使制造商当零售商那里一出现顾客要购买的产品缺货时，就马上做出生产计划。

4. 要与其他策略协调配合。当然，差异化渠道策略的实施不可能在真空中进行，需要与其他营销组合元素相协调，这种协调可以降低营销组合四要素在运作时可能会出现的矛盾，提高企业营销战略实施的整体效果。

现代营销管理的实质是需求管理。因此企业的营销管理活动要针对目标市场需求，设计由产品、价格、促销和渠道组成的最佳营销组合，达到竞争，比对手更有效地满足市场需求的目的。营销组合中的产品与渠道关系密切。例如，新产品导入的成功在很大程度上依赖于渠道成员在产品库存、陈列方式和促销方面的高度支持；在产品生命周期不同阶段所实施的产品策略对渠道管理有重要的影响。同时，企业从渠道成员那里获得的合作程度与定价策略密切相关。尽管在制定价格策略时，产品成本、市场需求和竞争状况等因素是非常关键的，但是渠道因素同样也非常重要。企业在制定价格策略时，不能够忽视渠道成员对经营产品的毛利要求、不同渠道成员希望获得的价格折扣、渠道成员销售的竞争性产品的价格、特别的定价安排等等渠道成员所关心的问题。再者，企业所推行的促销活动需要渠道成员的有力的和坚持不懈的支持，才能获得促销的成功。例如，企业的许多广告促销活动常常需要在商店中举办大型展示活动，或者企业为满足突然的过量需求需要渠道成员库存额外的货物，这些活动都要求零售商和批发商的全面参与。获得渠道成员的合作和支持并不是理所当然的事，相反的，需要企业切实考虑到渠道成员的利益，努力去说服渠道成员，获得渠道成员在促销战中持久的和长期的合作。

参考文献

[1] 菲利普·科特勒．市场营销导论．北京：华夏出版社，2002

[2] 武金凤，北京乳品市场销售渠道的研究．中国农业大学硕士论文，2001

[3] 郭键等．面对加入 WTO 中国乳业的战略选择．中国乳品工业，2001，6

B-C电子商务市场价格离散及其动因分析

赵冬梅

［摘　要］传统经济理论将价格离散归因为市场信息不完全，伴随Internet等信息技术的推广，搜索引擎等工具的使用使得网上市场更趋近于“无摩擦”市场，价格离散应减少，即同质产品价格应趋于一致。然而近来的实证研究并不支持这个结论。本文围绕价格离散产生的原因，在理论分析的基础上建立模型，针对93个B-C电子商务网站的商家特征，535种商品的市场特征，9大类产品，6 313个价格数据进行了价格离散的实证研究，结果表明，产品的市场特征是价格离散的主要原因。不同服务特征聚类的网站价格制定的根据也不同。

［关键词］价格离散　B-C电子商务　Internet市场　信息经济

一、引言

价格离散是指在同一市场同一时间不同卖家同种商品的价格分布。价格离散现象已经被证实是普遍而且是客观存在的（Stiger 1961，Dahlby和West 1986，Sorenson 2000），即使在倾向于完全竞争的市场环境中也是如此（Dahlby和West 1986；Pratt等1979；Sorenson 2000）。价格离散的大小不仅对建立厂商和消费者行为模型有重要影响，也是衡量市场效率和竞争力的重要指标之一。如果一个市场的价格离散度大，表明该市场的信息处理是低效的（Ratchford 1996）。伴随Internet等信息技术的融入，搜索引擎等工具的推广和使用，新兴的网络商务市场涉及这样的假设：电子商务市场降低了搜索成本，提高了市场效率。然而近来的实证研究并不支持这个假设。为了判定在线市场是否仍然缺乏效率并解释其中的原因，研究网上价格离散状况以及零售商销售的各类同质产品动因是非常有意义的，这也是本论文研究的目的。

最先提出了有关价格离散的理论解释的是Stigler（1961），他把价格离散归因为不完全信息。后来的一些学者通过建立模型分析了价格离散是由于市场搜索成本高，使得一些消费者放弃寻找最低价格的商品而出现的市场均衡现象（Burdett和Judd 1983；Burdett和Coles 1977；Carlson和McAfee 1983；Salop和Stiglitz 1982）。由此推论，当消费者能够获得更多信息，或者搜寻成本更小的时候，市场价格离散度应更小。

国外已经有许多关于价格离散产生原因的理论的分析，主要观点包括：①菜单成本。由于菜单成本的存在，当需求变化出现时，不是所有企业都能够及时调整价格（Fishman 1992）；②需求的不确定、资金实力和价格策略的差异（Dana 1999）。市场竞争越激烈，价格越离散；③价格歧视。虽然价格歧视现象通常是在垄断的背景下讨论的，但是Giulietti（1999）研究证实了印度杂货品市场存在价格歧视现象，而且发现这个市场转移成本很高；Clemmon，Hahn，和Hitt

(1998) 在网上旅游代理市场也存在价格歧视现象。④消费者认识上，时间、品牌忠诚度等差异，导致市场在价格离散下的均衡（Wernerfelt，1991）。⑤企业不可测量特征包括服务差异（Brynjolfsson 和 Smith 2000；Sorensen 2000）等，产生同质产品的价格离散。

相对于理论研究，关于价格离散产生原因的实证研究比较少。而且已有的研究大多是针对价格离散原因的某一特定方面（如 Clemmon，Hahn，和 Hitt 1998；Dahlby 和 West 1986；Erevelles，Rolland 和 Srinivasan 2001；Giulietti 1999；Pratt，Wise 和 Zeckhauser 1979；Smith 等 2000；Sorenen 2000），而且许多研究仅仅建立在类似而并非完全相同的产品（如 Clemon 等 1998；Dahlby 和 West 1986；Sorenen 2000），所以不可测量的产品差异导致其结论的局限性(Smith，Bailey 和 Brynjolfsson 2000)。目前还没有一个对上面理论解释的一个综合实证分析。

由于 Internet 等信息技术的商业应用，新兴的电子商务市场被认为是更有效率的市场（Bakos 1997）。目前只有少数文献讨论了网上市场的价格离散，理论认为电子商务商场应有更低的价格离散度，主要基于以下 3 个原因：①搜寻成本的降低使得消费者能够更便捷地通过比较更多家商品的价格信息，选择更低的价格的商品；②店铺简化成为一个网站（Brynjolfsson 和 Smith 2000），进入成本的降低以及技术传播的速度的加快，增加了企业间的竞争；③电子商务零售商具有较低的菜单成本，能够更容易地根据需求及时调整价格（Brynjolfsson 和 Smith2000）。

然而近来的实证研究并没有支持网上市场价格离散缩小的假设。Bailey（1998），Brynjolfsson 和 Smith（2000），和 Clemmon 等（1998）对比网上市场和传统市场研究了书籍、CD、软件和飞机票的价格，发现网上市场的价格离散度不比传统市场低，而且这种高的离散度并没有随时间而减弱的趋势（Brynjolfsson 和 Smith2000；Bailey，Brynjolfsson 和 Smith 2000）；网上丰富的信息可能会导致低的价格敏感性和高的离散度（Shankar，Rangaswamy 和 Pusater 2001）。尽管 Smith 和他的同事对网上大而且持续的价格离散现象给出了解释，但还没有得到实证的检验。

总的来说，目前价格离散问题尚缺乏全面、系统的经验分析。网上零售的出现和快速增长为我们研究价格离散提供了一个很好的机会。对比传统市场，从网站上我们更容易获得同质商品的横截面价格数据、企业可观测的特征数据、产品的市场特征数据（如通过畅销商品的排行榜，我们获得产品的畅销状况）。

正如机器大工业代替手工劳动一样，网络所带来的新经济是由于生产力变革而导致的一场人类社会经济形态上的划时代变化。这个新经济中呈现的许多现象，已经无法用以机器大工业为背景的传统经济学等理论来解释，而且飞速发展网络经济实践急切呼唤这方面的理论和实证研究来指导。在这个背景下，深入分析网络经济市场下的价格离散现象，细致研究其产生原因，对检验网络经济市场效率、考察其运行机制具有重要的理论意义，同时也为正在实践中摸索的网络经济下的政府、企业和消费者行为决策提供支持。这也是本篇论文的立意所在。

二、理论框架

完全市场信息至少应该包含两类完全信息：一类是不同企业提供该种产品的价格信息，另一类是不同企业提供与该产品相关的服务的质量（可靠性）的信息。虽然 Internet 提供的搜索引擎等技术大大地降低了搜索成本，使得消费者能够比传统市场更轻而易举地货比多家，但是消费者能够掌握的商品信息依然十分有限。即使他们能够通过网络方便地了解到所有销售所需要商品的地点以及各个销售地点的价格，他们还需要进一步比较质量水平的差异。而在很多情况下，质量

信息经常被企业隐藏起来，使得消费者根本无法判断。因此，即使是在线市场，消费者的消费过程仍然处于信息不完全的地位。

相对于价格信息，产品的质量信息更加隐蔽，消费者需要具备一定的信息才能够辨别与理解产品间的质量差异。消费者所具备的信息主要包括三个层次：（i）关于产品内部信息，即表明产品的内部属性以及判定这些属性的方法；（ii）购买的经验，即消费者通过消费者多次购买可以累积的知识；（iii）对产品外部质量属性的认知程度，即消费者掌握的体现产品质量属性的一些外部暗示信息。

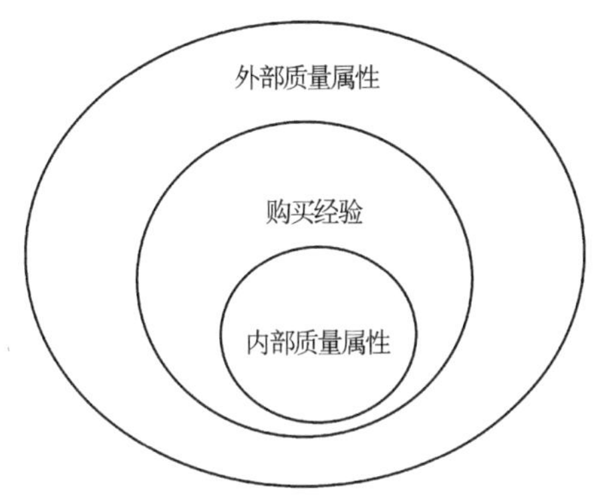

产品的质量信息层次

产品质量的内部属性通常是产品自身的组成部分，如皮沙发质量的内部属性可能包括皮质、耐用性、弹性、外观和弓形支撑的数目，而饮料的质量可以表现为味道、浓度、甜度、色泽等方面。在很多情况下，消费者可能不知道产品质量内部属性具体表现为哪些内容；即使知道，可能也不知道如何判别，正如许多消费者不知道如何识别沙发的弹性、服装的面料以及手机的芯片等。在另一种情况下，消费者可能根本就无法在购买前识别产品的质量，如饮料的味道、服务的水平、汽车的使用年限这些属性，消费者只有在使用后才能判别。

购买经验是消费者通过多次的购买可以培养起来的识别质量变化的能力。上一次的购买行为总可以为下一次相同的购买行为积累一些知识和经验，如产品的性价比、服务水平，使用感受等在消费时才能评定的产品特性。但是在有些情况下，消费者即没有什么产品知识、又缺乏购买经验，如耐用品的购买。一方面耐用品难以通过观察来决定质量的高低，另一方面产品再购买的革新率又低，购买次数又少。此时，消费者只能根据平时掌握的体现产品质量属性的一些外部暗示信息来判断产品质量，如认为价格高的产品质量必然高于价格低的产品，或是认为知名品牌的质量较非知名品牌的质量更有保证，或是根据产品的销售地点推断，或是依据广告水准、包装优劣等。

消费者购买决定则取决于企业标注价格 P 和消费者保留价格 P^* 的对比，当 $P<P^*$ 时，消费者选择购买，当 $P>P^*$ 时，消费者拒绝购买，因此消费者保留价格 P^* 是消费者决定购买的关键。

设企业的成本 C，企业的标注价格 P 能够均衡存在的范围是：

$$C<P<P^* \tag{1}$$

消费者确定保留价格 P^*，至少要考虑 3 方面的因素：①消费者的搜索成本，也就是寻找价格信息的容易程度，这里用 e 表示；②消费者对市场价格离散的预期，这里用 G 来表示。在均衡状态下，消费者的预期将是正确的，G 也将是真正的价格离散；③消费者对于产品价值的认定，这个依赖于企业特征和产品特征，如消费者预测的企业提供给产品相关的服务和可靠性，用 v 来表示。所以 P^* 可以用下面的函数来表示。

$$P^*=f\ (e,\ G,\ v) \tag{2}$$

不同的消费者有不同的搜索成本 e，包括所花费时间的机会成本，搜索商品的疲劳度以及通讯和交通费用。消费者搜索活动的收益则是以较低的价格获得质优的商品。一般来说，搜索过程不会一直的持续下去，因为每个消费者心中都有一个平衡点，即边际搜索成本与边际收益相等的那个时点。(如图中的 A_1 和 A_2 点)。各个消费者的这个平衡点是不同的，其位置主要取决于消费者的搜索成本 e，主要是表示为时间 T 的函数，即 $e=g(T)$，且 $de/dT>0$，T 通常可以用 t 时间内放弃的报酬来衡量。在 t 时间内，消费者放弃的报酬越多，其搜索成本的曲线就越靠近纵轴，平衡点就越低，即用于搜索的时间越少。如对于高收入者与低收入者，职业妇女与家庭主妇，在同样的时间下前者放弃的报酬一般都高于后者，正如图 2 中的 A_1 和 A_2 所示，$t_1<t_2$。因此，对于时间成本较高的消费者，花费太多的时间寻找最低的价格不一定值得，宁愿以高的货币价格支出作为补偿，这样的消费者也就具有更高的保留价格 P^*；而对于另外一些人来说，情况可能正好相反，低的搜索成本导致低的保留价格 P^*。

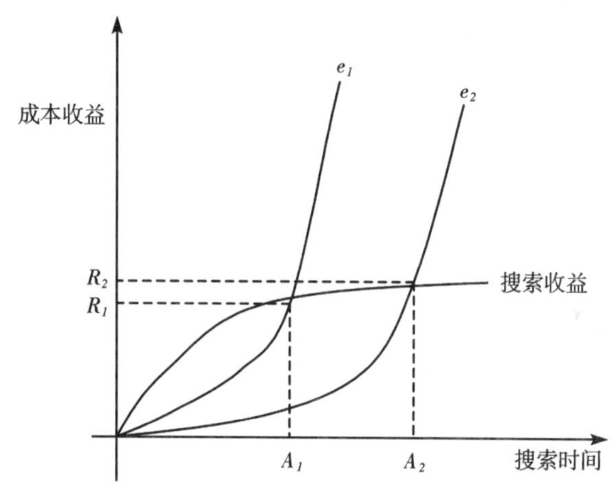

消费者对市场价格离散的预期 G 通过它的均值和方差影响价格的预期。高的均值导致高的保留价格 P^*，相反，高的方差将导致低的保留价格 P^*，G 与市场特征有关。此外，消费者对于产品价值的认定 v 与企业特征和产品特征有关。

市场价格中所包含的信息内容是以隐含的形式表现出来的，理论上能够让消费者具有更高预期 P^* 的企业的产品可以标注更高的价格 P，因此 P^* 的差异也就产生价格离散。由于在线市场使得搜索成本大大降低，根据以往的研究，影响价格离散的因素可以包括以企业的特征差异、市场特征差异和产品差异。

B-C 企业特征包括企业服务特征和其他特征，其中服务特征主要包括：

(1) 配送与支付服务。配送和支付服务是电子商务能够顺利发展的基础条件。消费者特别关心配送风险（Smith，Baily，and Brynjolfsson 2000），直观上看，拥有优质配送服务的 B-C 电子商务企业在索要价格时处于有利地位，因为这样的服务对顾客是有利的。顾客是否为优质的配送服务支付更高的价格，是一个还不清楚的实证问题。Brynjolfsson and Smith（2000）发现一些优质的服务和价格是负相关的，例如：一些有更好回报策略的 B-C 电子商务企业标注更低的价格。因此，B-C 电子商务企业的服务和价格的关系需要一个更详细的调查。但不管怎样，配送是价格离散的主要因素。此外，支付服务对于电子商务的重要组成部分，能否提供电子支付是消费者关心的也是实现电子商务活动的关键环节，这里假设支付服务差异也是形成价格离散的原因之一。

(2) 购物的便利性。B-C 电子商务企业购物便利性的差异将影响价格离散，借助好的搜索工具、导航以及消费者对产品的评价功能能够快速查找和评估所需购买的产品，从而减少搜索和转

移成本，方便购物。因此，提供一个高便利水平的B-C电子商务企业可以索取高价格（Smith，Baily，and Brynjolfsson 2000）。这种购买便利性和精力将影响在线市场价格竞争（Novak，Hoffman，and Yung 2000）。因此，这里假设B-C电子商务企业所提供的消费者购物的便利性的差异影响价格离散。

（3）交易的可靠性。能够被消费者察觉的B-C电子商务企业交易可靠性差异将影响同种商品的价格离散程度。交易可靠性与配送时间、消费者能否跟踪查询被送货品等。由于网上购买者和卖者有空间的间隔，货币和商品的交换不能同时进行。所以，相对于那些消费者感觉不可靠的B-C电子商务企业来说，可靠的B-C电子商务企业可能会索取更高的价格。假设B-C电子商务企业可察觉的交易的可靠性差异影响产品的价格离散。

（4）网站速度。由于网络基础设施问题，目前我国网民普遍认为上网速度比较慢。B-C电子商务企业将自己的Web服务器设置在交通便利的“繁华闹市”还是狭窄拥堵的“僻静小巷”，将影响消费者浏览和购物的兴趣；此外，网站本身的设计等也影响其访问速度。这里假设网站速度与价格离散有关。

（5）产品信息提供。网站上提供更详细的产品信息会降低消费者对价格的敏感性（Shankar，Rangaswamy，and Pusateri 2001）。拥有详细信息的B-C电子商务企业相对那些产品信息较少的B-C电子商务企业产品敏感度更低而且价格更高。因此，假设产品信息提供的差异会影响市场的价格离散程度。

（6）退货说明。在电子商务市场，消费者往往担心当送来的货物质量不符合要求时的退货问题。如果B-C电子商务企业能够提供详细的退货说明，也许会帮助消费者排除顾虑。因此，假设退货说明的差异会影响市场的价格离散程度。

除了服务特征之外，B-C企业特征还包含如下其他方面：

（1）进入在线市场时间。在传统市场环境下，已经广泛的讨论过早期进入市场的企业的优势（Shankar等，1999；Urban等1986）。虽然对于在线市场这个问题还很少得到关注，但可以将传统市场类似的优势推广到网络市场。Geyskens，Gielens和Dekimpe发现早期进入比后来进入者在互联网渠道引入方面表现更好，例如：Schmalensee（1982）指出早期进入市场可察觉的风险比晚期进入市场者低，消费着乐意支付更高价格给早期进入市场者。所以，进入市场越晚，所期望的价格越低。把这个结论扩展到网络市场上，假设在线市场企业进入者时间间隔越大，价格离散越大。

（2）信誉和品牌。信誉和品牌的价值能够降低消费者可察觉的风险。消费者愿意为值得信赖的B-C电子商务企业支付高额费用（Urban，Sultan和Qualls 2000）。在消费者选择同质性产品时，B-C电子商务企业的品牌将成为重要的决定因素（Smith and Brynjolfsson 2001）。借助于提供一次令人满意的服务和经第三方认证和推荐的方式，B-C电子商务企业可以在消费者中间建立信誉和品牌价值。因此，这里假设信誉和品牌差异程度将影响价格离散。

（3）消费关注程度。传统市场中，由于信息的稀缺性，一些消费者不会及时得到最低价格。在网络市场上，在线价格比较引擎方便消费者处理信息并因此确定最低价位。而这些引擎的使用也取决于消费者对它的关注程度。因此，拥有大量消费者关注的B-C电子商务企业相对于那些毫无名气的竞争者会索要更高的价格。Burdett和Coles（1997）提出了一个有争议的搜索模型，并指出“随着顾客流量的变化商店将改变价格”以及“较小的（拥有较少消费者关注程度）会公布更低的价格”。Brynjolfsson and Smith（2000）发现象Amazon. com和CDnow这样的拥有消费者很高关注程度的B-C电子商务企业，相对于Books. com和CD Universe这样的不太出名的B-C

电子商务企业可能索要高出7%～12%的价格。Adamic和Huberman（1999）指出由于受高度关注的AOL拥有很高的顾客忠诚度，显示出了一种能够掌握更高价格的能力。消费者关注程度虽然不属于B-C电子商务企业的一方面，但它是被借以控制更高价格的B-C电子商务企业特征的一个方面。消费者对B-C电子商务企业的关注程度差异越大，则价格离散度越大。

此外，产品的市场特征也将影响价格离散。主要包括：

（1）市场中竞争者数目。一个市场中竞争者数目反映这个市场的竞争程度（Gielens和Dekimpe 2001），也是检验传统市场价格离散模型中的一个因素（Carlson和McAfee 1983；Cohen 2000；Dahlby和West 1986）。Carlson和McAfee基于搜索模型，指出当一个市场中有更多的竞争者时价格离散会减少。然而，当Dahlby和West（1986）将Carlson和McAfee的模型实证应用在汽车保险市场时，发现市场竞争者数目越多价格离散度越大，现在仍然不能解释这个冲突。Cohen最近的研究指出市场上可替代品的数量是一把双刃剑。一方面，竞争者的数目增加使替代品增多，价格离散度将降低；另一方面，信息作用的扭曲（DIF-ness）也增加和导致消费者信息缺乏，因此，价格离散增加。一个小型的家庭调研支持“DIF-ness”确实随竞争者数目增加而增加，这里假设竞争者数目影响价格离散。

（2）产品的价格水平。消费者的搜索行为与产品的价格水平有关（Kujala和Johnson 1993）。少数研究表明由于通过搜索获得的潜在利益不同，消费者更加倾向于努力搜索贵重商品（Miller 1993）。正如搜索模型所预测的那样，我们这里假设在昂贵商品中价格离散更小。这方面的实证研究并不充分：Cohen（1998）的发现支持这个结论，Pratt，Wise，和Zeckhauser（1979）的发现则相反。现有的在线市场价格离散的研究仅仅局限于低价商品，如图书和CD等，很少涉及像笔记本等贵一些的商品。因此，需要更进一步研究。

（3）产品的畅销程度。畅销产品是那些被许多消费者接受和购买的商品。借助于新闻组、电子公告牌(BBS)和聊天室等电子渠道，在线消费者能够更快地交流信息，由于战略上的原因，许多B-C电子商务企业都在WEB网站上开设了评论版以便顾客能够很容易的交流。畅销产品吸引了顾客的注意力，也就比其他产品有更多的信息，所以，假设畅销商品比滞销商品价格离散度小。

最后，产品种类别差异会影响价格离散程度。Clemon，Hann，和Hitt（1998）在控制了包括到达和离开的时间、中转次数和星期日晚间逗留时间等可观察到的产品异质性后，发现在线机票价格离散很明显。然而，产品其他方面的异质性如提供的餐饮和退款制度等差异也可能是价格离散的原因，但是这些没有包含在他们模型之中。所以，有必要研究像书、CD、DVD、电子产品、礼品、化妆品等完全同质性产品，从而排除不可测量产品的异质性。产品的内在自身特点可能导致不同类别产品有不同的价格离散程度，例如，人们熟悉的产品价格离散度可能小。假设不同的商品有不同的价格离散，由于跨商品研究不是本文的研究重点，因此，研究中用虚拟变量控制了可能的产品种类差异。

三、研究方法与模型

根据前面的理论框架，为了研究价格离散的影响因素，建立如下模型：

$$Dprice_{ij} = \alpha + \beta^1 DX_{ij}^1 + \beta^2 DX_{ij}^2 + \gamma Y_{ij} + \lambda Z_i + \xi_{ij} \quad (3)$$

其中：i代表某商品，j代表产品类型；变量前面的D代表该变量的离散度。

被解释变量$Dprice_{ij}$表示第j类产品中商品i的价格离散的度量值，研究中采用5种方法来度量，即各零售网站该商品的价格极差值、价差百分比（价格变化幅度/价格平均值）、价格标准差、价格方差及价格变异系数（标准差除以平均价）。

DX_{ij}^{1}、DX_{ij}^{2}分别表示销售第j类产品中商品i的B-C企业服务特征向量和其他特征向量离散的度量值，在研究中采用了两个变量集合：一个是各变量的极差值，另外一个是标准差。DX_{ij}^{1}是根据B-C电子商务企业问卷调查结果，通过因子分析获得的反映这些B-C企业可观测服务水平度量值的公因子得分计算所得。DX_{ij}^{2}反映的是企业其他方面的特征向量，这些特征包括企业进入在线市场的时间、采用第三方认证的次数、网站的连接数等等。

Y_{ij}表示第j类产品中商品i的市场特征向量，包含了竞争者数目、消费者参与度以及是否畅销等变量。因为我们的样本基本覆盖了所有在北京地区销售的B-C零售企业，所以在研究中采用样本中包含的销售第j类产品中商品i的B-C企业个数代表竞争者数目；用销售第j类产品中商品i各B-C网站的价格的平均值作为该产品的消费者参与度；用该产品是否列入著名网站的畅销排行榜来度量是否畅销。

Z_i表示商品i所属产品类型的虚拟变量。

α、β^1、β^2、γ和λ为参数向量；ξ为误差项。

对于每个被解释变量，分别运行线性、半对数和双对数模型分析并比较结果。

在分析出B-C电子商务企业价格离散的动因之后，本文继续研究了一个与价格离散密切相关的问题：哪类B-C电子商务企业索取的价格高，哪些B-C电子商务企业索取的价格低，它们为什么这样做。论文运用回归方法研究了B-C电子商务企业的特征和价格间的关系。考虑到由于产品种类不同以及B-C电子商务企业所属聚类不同（为了确定各B-C电子商务企业网站可观测服务方面的竞争地位，根据各B-C电子商务企业的服务水平的在因子分析以及相关度量结果，进行了商家服务特征的聚类分析），商家的特征对价格影响也可能不同，所以我们针对不同产品类型以及不同聚类，使用下面的价格回归公式，并比较结果。

$$Nompri_{ij}=\alpha_j+\beta_j type_{ij}+\lambda_j X_{ij}+\eta_{ij} \tag{4}$$

i代表商品。针对产品类型回归时，j代表该产品所属类型；针对销售企业所属聚类回归时，j代表该产品所属聚类。α、β、λ为参数向量，η是误差值。

为了使所有商品的价格具有可比性，被解释变量引入了新的价格指标变量—标准化价格（$Nompri_{ij}$），即B-C电子商务企业所卖该种商品的观测价格除以各网站的平均价格。$Nompri_{ij}$反应的是每一种商品的价格均值为1的相对度量价格指标，排除了商品的价格水平差异的影响，符合我们的研究目的。

解释变量$type_{ij}$反映的是第j类产品（聚类）中商品i的企业销售渠道的虚拟变量。电子商务市场存在着两类不同的B-C电子商务企业：一类是只通过网上市场销售的企业，没有物理店面；另一类是通过网上市场和传统市场两个渠道销售的企业。两类企业各有优势：前者省去租用物理店面以及聘用导购人员的花销，后者由于有传统渠道可能更容易被消费者了解和信赖，由于连锁等原因，可能在配送和存储等管理上更有优势。但在制定价格上，后者由于在网上和传统存在自身竞争问题，所以定价时需要考虑在两个渠道的一致性。因此，在模型中设计了反映这两种B-C企业类型的虚拟变量$type_{ij}$（1表示企业为第一类企业，0表示企业k为第二类企业）。

解释变量X_{ij}为商家特征向量，包含了因子分析得出的网站服务特征的各公因子分值以及进入在线市场的时间、信誉和品牌、消费者热衷程度等其他商家特征的变量。

因为B-C电子商务企业服务特征中包含的因子分数值有负值，所以模型采用了线性模型、半对数模型运算估计并比较结果。

最后，对每个中模型每个被解释变量，进行各参数的t检验，运用White检验和Breusch-Pagan 检验是否存在异方差，用 GMM（广义矩法）获得方差和斜方差的有效估计值。

四、数据

研究中共调查了 145 个在线零售网站，几乎包含了所有能够在北京范围送货的在线零售商。研究过程中剔除了部分平台、中介等性质的网站，保留了 93 家 B-C 企业网站。我们共选择了 536 款商品，为了避免不可测量产品的异质性问题，研究集中在同质性强的产品（这类产品也适合电子商务）。调查的产品包括图书、音像制品、笔记本电脑、礼品、化妆品、摄像机、数码相机、MP3、手机共 9 大类产品。为了保证被比较的网站都销售的是同样商品，调研中我们控制了产品的同质性。例如书和音像制品保证是相同的 ISBN 号，其他产品也限定了品牌和型号等。最后我们确定了 536 款商品，在 2004 年 7 月 5～8 日间收集了这 536 款商品在 93 个 B-C 电子商务企业的价格，共获得 6313 个价格样本，统计结果如表 1。

表 1　价格样本统计总表

产品种类	商品数	样本数	平均值（元）	标准差（元）	最小值（元）	最大值（元）
图书	99	1172	25.44	30.28	1.5	495
音像制品	52	469	25.96	31.44	4.5	205
笔记本电脑	30	242	16 988.99	5 096.02	9 400	38 000
礼品	74	760	208.27	106.01	22	698
化妆品	82	1 022	304.31	192.19	21	1 145
数码摄像机	37	508	7 704.97	4 641.30	3 250	26 800
数码相机	43	648	2 682.20	730.66	650	4 900
MP3	46	713	1 392.522	544.8767	598	4 900
手机	72	779	2 500.37	1 369.36	700	8 180
总计	535	6 313	2 110.00	4 024.48	1.5	38 000

通过问卷调查为了获得商家特征和市场特征数据，我们设计了调研问卷。问卷包含了下面的问题：网站性质、网站类型、进入在线市场时间、该网站销售产品类型、是否差别定价、产品价格等级、是否有购买积分奖励制度、提供的广告类型、是否提供产品排行榜、产品信息提供方式、是否提供产品的消费者评论功能、提供搜索的类型、简单/快速搜索中提供条件搜索的种类、是否提供产品比较功能、是否提供用户的搜索历史记录、是否必须先注册后购买、支付方式种类、是否提供订单的跟踪查询、受理咨询，投诉的方式、处理咨询，投诉的速度、退货说明是否详细、为顾客提供反馈信息的方式、网站外观、配送范围、配送方式、送货上门的费用金额、是否承诺以及提供生成订单后的发货时间、各种配送方式的到货时间、是否标注 ICP 网上经营许可、是否有标注其他第三方认证、网站连接数目、相关产品详细描述字数等等。2004 年 7 月间，我们针对研究的网站进行了在线和离线调查，获得了这些网站相关服务特征的原始数据。

此外，在价格样本的同时，我们也就获得了相关产品的两个市场特征变量数据：一个是某产品销售企业（竞争者）的数量，另一个是用平均价格表示消费者的参与程度。用著名网站的畅销榜，研究中用来度量该商品的畅销程度。

五、结果分析

在 B-C 电子商务企业问卷调查中，涉及企业服务特征的问题包括：货物的配送范围、提供的

配送方式、支付类型、提供产品搜索方式的类型、是否提供产品的消费者评论功能、是否提供订购货物的跟踪查询、是否承诺生成订单后及时发货、发货时间、网站速度、产品信息提供方式的、退货说明的详细程度等等。根据调研结果，首先对93个B-C电子商务网站的相关服务特征进行了因子分析，其结果表明存在6个服务基本因子，这6个基本因子解释了原始数据中80%的变化，如表2。

表2 B-C电子商务企业可观测服务的因子分析结果旋转因子载荷矩阵

	因子					
	1	2	3	4	5	6
配送范围	0.863	−0.062	−0.165	−0.143	0.063	0.028
配送方式	0.787	−0.042	0.055	0.154	0.055	−0.105
支付方式	0.697	0.197	0.114	−0.089	−0.018	0.159
搜索类型	−0.056	0.830	−0.183	0.038	0.144	0.062
评价功能	0.133	0.799	0.229	−0.277	−0.015	−0.085
跟踪查询	0.065	0.046	0.896	0.144	−0.102	0.060
及时发货	0.257	0.291	−0.524	0.372	−0.455	0.148
网站速度	−0.069	−0.163	0.107	0.894	0.122	0.018
信息提供	0.130	0.162	−0.084	0.147	0.894	0.023
退货说明	0.041	−0.008	0.027	0.028	0.003	0.984
因子名称	配送与支付	购物便利性	交易可靠性	网站速度	信息提供	退货说明

公因子提取方法：主成分分析；旋转方法：方差最大正交旋转。

因子1主要包含了B-C企业对所销售货物的配送范围、提供的配送方式、消费者支付费用可选择的类型等与配送和支付相关的信息；因子2主要集合了提供搜索的类型以及网站是否提供产品的消费者评论功能的信息，反映了B-C企业购物便利性的信息；因子3集合了网站是否提供订单的跟踪查询、是否承诺以及提供生成订单后的发货时间等反映消费者感觉到的交易可靠性信息；因子4主要反映网站速度；因子5主要为信息提供方式的种类信息，因子5反映了网站是否提供详细的退货信息。总的来说，B-C电子商务企业这些服务上的异质性可以用以下6个因子来决定，即配送与支付、购物的便利性、交易的可靠性、网站速度、信息提供以及退货说明。

根据前面因子分析等结果将模型（3）中的各个向量用变量替换，得到下面的模型，进行价格离散的回归分析。

$$\begin{aligned} Dprice_{ij} = {} & \alpha + \beta_1^1 Dshi_{ij} + \beta_2^1 Dcon_{ij} + \beta_3^1 Drel_{ij} + \beta_4^1 Dspe_{ij} + \beta_5^1 Dinf_{ij} + \beta_6^1 Dret_{ij} + \\ & \beta_1^2 Dtim_{ij} + \beta_2^2 Dtru_{ij} + \beta_3^2 Dawa_{ij} + \gamma_1 Com_{ij} + \gamma_2 Inv_{ij} + \gamma_3 Por_{ij} + \lambda_1 Viau_i + \\ & \lambda_2 Ltop_i + \lambda_3 Gift_i + \lambda_4 Maku_i + \lambda_5 Csho_i + \lambda_6 Vcam_i + \lambda_7 Mp3_i + \lambda_8 Mpho_i + \xi_{ij} \end{aligned} \quad (5)$$

i代表某商品，j代表产品类型；变量前面的D代表该变量的离散度。

被解释变量$Dprice_{ij}$表示第j类产品中商品i的价格离散度，用5种方法度量。解释变量、$Dshi_{ij}$、$Dcon_{ij}$、$Drel_{ij}$、$Dspe_{ij}$、$Dinf_{ij}$、$Dret_{ij}$分别表示销售第j类产品中商品i的B-C企业服务特征的差异变量，分别表示B-C企业间的配送与支付、购物的便利性、交易的可靠性、网站速度、信息提供以及退货说明的差异；$Dtim_{ij}$、$Dtru_{ij}$和$Dawa_{ij}$分别表示销售第j类产品中商品i的B-C企业其他特征差异变量，分别为进入市场时间差异、信誉与品牌差异以及消费者关注程度的差异，回归时采用两个集合，一个是这些变量的极差，另外的集合是这些变量的标准差；解释变量Com_{ij}、Inv_{ij}和Por_{ij}表示第j类产品中商品i的市场特征，分别为竞争数目变量、消费者参与度变量和畅销程度变量；解释变量 $Viau_i$、$Ltop_i$、$Gift_i$、$Maku_i$、$Csho_i$、$Vcam_i$、$Mp3_i$、$Mpho_i$ 为代表商品 i 的产品类型的虚拟变量，分别是：音像制品、笔记本电脑、礼品、化妆品、摄像机、数码相机、MP3、手机，比较的基础产品类型是书。α 为截距，β_1^1、β_2^1……β_6^1 为企业服务特征向量系数，β_1^2、β_2^2、β_3^2 为企业其他特征的向量系数，γ_1，γ_2 和 γ_3 为市场特征变量系数，λ_1、λ_2、…… λ_9 分别为表征产品特征的虚拟变量的系数，ξ_{ij} 为残差项。

表 3 列出了价格离散度 $Dprice_{ij}$ 的 5 种度量值的统计概况。

表 3　不同价格离散度量方法的统计

变量	样本数	平均值	标准差	最小值	最大值
极差（元）	535	565.44	1 082.70	1.44	10 600
价差百分比	535	42.01%	26.68%	1.40%	163.14%
标准差（元）	535	171.91	339.99	0.61	4 075.34
方差	535	144 933.7	861 279.9	0.37	1.66E+07
变异系数	535	0.13	0.08	0.01	0.51

表 4 是每种产品类型价格差异百分比的统计概况。

表 4　不同产品类型的价差百分比统计

产品类型	样本数	平均值	标准差	最小值	最大值
图书	99	47.32%	22.78%	10.26%	146.53%
音像制品	52	74.88%	36.50%	17.09%	163.14%
笔记本电脑	30	17.99%	10.70%	1.40%	49.32%
礼品	74	50.03%	22.21%	18.50%	119.00%
化妆品	82	34.44%	20.28%	2.04%	103.51%
摄像机	37	28.06%	15.16%	6.00%	57.44%
数码相机	43	38.38%	22.99%	5.06%	111.86%
MP3	46	46.67%	26.64%	9.06%	138.18%
手机	72	28.13%	15.68%	1.48%	74.66%

从表 4 可以看出，Brynjolfsson 和 Smith（2000）以及 Baily（1998）等人调查的两类品，图书和音像制品价差范围较大的两类（这两种产品的平均价差百分比平均值分别是 47.32%和 74.88%）。这个值略大于 Brynjolfsson 和 Smith（2000）的研究报告（图书：33%，CD：25%）。这种差异一面可能是中国电子商务刚刚起步，市场不完善的原因，另一方面方可能是本研究的 B-C 电子商务企业的数目多于 Brynjolfsson 和 Smith（2000）。在其他 8 种商品中，价格差百分比的平均值从 17.99%到 50.03%，这种差异也相当大。价格差百分比最大值超过了 Brynjolfsson 和 Smith（2000）提出的 47%，证实了网络市场价格离散是个普遍现象，一些产品的价差百分比已经超过了 100%。

对于每个被解释变量，我们运行线性、半对数和双对数模型并进行比较，基于 Box-Cox（1964）检验选择了双对数模型，对不同的被解释变量度量值双对数模型的 OLS 回归结果非常类似（表 5）。统计结果没有显示出任何多重共线问题。计算稳健的标准误与前面回归结果没有差异。在显著性水平下系数估计值和模型的拟合度如表 5。

B-C 电子商务企业间的价格离散能够很好的被回归模型解释。所有模型的检验都是显著的（$P<0.01$），并且每个模型的调整系数 R^2 都大于 92%。另外，各模型提供了几乎一致的结果：

某个变量在一个模型中的是显著性的，那么在其余的模型中也是显著的。

在所考察的企业服务特征中，配送与支付、交易的可靠性、信息提供以及退货说明等差异与产品的价格离散显著相关，而购物的便利性与网站的速度与价格离散间的关系不显著。这说明企业更容易根据配送与支付、交易的可靠性、信息提供以及退货说明等服务的优势进行差别定价，消费者可能更关注这些与购物安全性相关的信息。企业其他特征的变量，进能入市场时间的不同与价格离散有关；第三方认证的差异与价格离散不是正相关，这可能是因为网站的信誉问题是一个复杂的问题，企业还不能够凭借 ICP 等认证的差异实现差异定价。在任一模型中，网站的链接数差别都与价格离散无关。

关于市场特征变量，结果表明随着竞争者数目的增加价格离散会增加，表明消费者吸收和消化市场信息的效率随着商家竞争者的数目增加而降低；价格离散随着代表消费者参与程度的价格水平增加而增加，高消费者参与度（价格水平）的产品显示了更小的相对价格离散度，如笔记本电脑；与我们预测不同的是，产品的畅销程度对价格离散的影响不明显。

表 5　价格离散动因的回归结果

商家特征度量	极　差		标准差	
价格离散的度量	极差	标准差	极差	标准差
调整的 R^2	92%	93%	93%	93%
截距	−2.45***	−2.74***	−3.74***	−4.04***
商家特征				
配送与支付	0.14*	0.16**	0.32***	0.34***
购物便利性	−0.05	−0.02	0.21	0.25
交易的可靠性	0.28*	0.22	0.64***	0.57***
网站速度	−0.17	−0.20	−0.16	−0.19
信息提供方式	0.23***	0.22***	0.27**	0.26**
退货说明详细否	0.32**	0.27**	0.69***	0.63***
进入市场时间	0.30**	0.26**	0.22***	0.21***
第三方认证数	−0.19	−0.19	−0.63**	−0.57**
网站链接数	0.01	0.03	0.00	0.00
市场特征				
竞争数目	0.29**	−0.05	0.50***	0.15*
消费者参与度	0.91***	0.92***	0.90***	0.91***
畅销程度	−0.01	0.01	0.02	0.03
产品类型差异				
音像制品	0.60***	0.62***	0.72***	0.72***
笔记本电脑	−0.16	−0.28	−0.11	−0.22
礼品	0.62***	0.58***	0.94***	0.88***
化妆品	−0.10	−0.19	0.12	0.03
数码摄像机	−0.10	−0.23	0.12	0.00
数码相机	0.01	−0.04	0.23	0.18
MP3	0.21	0.16	0.44*	0.39
手机	−0.23	−0.27	−0.12	−0.15

注：被解释变量和非虚拟解释变量的度量采用的是自然对数形式。

显著水平：*** 表示 $P<0.01$，** 表示 $P<0.05$，* 表示 $P<0.10$。

表 6　价格离散动因的结果

因素	与价格离散的关系 理论预期	研究结果
商家特征		
配送与支付	S	S
购物便利性	S	Ns
交易的可靠性	S	S
网站速度	S	Ns
信息提供方式	S	S
退货说明详细否	S	S
进入市场时间	S	S
第三方认证数	S	Ns
网站链接数	S	Ns
市场特征		
竞争数目	S	S
消费者参与度	S	S
畅销程度	S	Ns

注："S"表示有显著影响，"Ns"表示回归系数不显著区别于零。

表 6 列出了商家特征和市场特征对 B-C 电子商务市场价格离散度的影响预测和回归分析结果的对比。与我们预测一致的是，企业服务特征中的配送与支付、交易的可靠性、信息提供以及退货说明等方面的差异对网上价格离散有显著影响；企业的其他特征中进入市场的时间与价格离散离散有关。此外，价格离散随着市场变量中的竞争者和消费者参与度（价格水平）增加而提高。

由于各变量的单位不统一，表 5 的解释变量的回归系数的大小不能反映各变量对价格离散影响的程度。为了弄清楚价格离散不同种类动因的影响程度相对大小，我们通过对各模型中解释变量和被解释变量 z 得分回归得到标准系数（Standardized Coefficients），并比较其平方值的相对大小，结果如表 7。

表 7 列出了可归因于三类解释变量和误差项变化的百分比。在 4 个模型中，市场特征能够解释 88%以上的变化，然而企业特征和产品特征产生的影响相对较低。主要是因为价格和价格极差和价格标准差之间的关系。然而，当用价差百分比和变异系数作为价格离散变量时，也就是在价格极差和价格标准差除以平均价格，市场特征因素影响的相对大小明显的降低到 6%～12%，而企业特征因素的影响的相对大小上升到 8%～9%，产品特征上升到 19%～22%，在这种情况下，误差也更大。这是因为测量相对于价格的度量能把因参与度（市场特征之一）形成的变动从回归分析中剔除出去。因此，我们推测市场特征、产品特征以及商家特征都对价格离散产生影响，尤其是市场特征是影响价格离散的重要因素。

表 7　价格离散的动因影响比较

商家特征度量	极　差				标 准 差			
价格离散的度量	极差	价差百分比	标准差	变异系数	极差	价差百分比	标准差	变异系数
商家特征	1%	9%	1%	8%	1%	8%	1%	8%
市场特征	89%	12%	90%	8%	88%	11%	89%	6%
产品特征	2%	19%	2%	21%	4%	22%	3%	23%
误差	8%	60%	7%	63%	7%	59%	7%	63%

为进一步研究哪些 B-C 电子商务企业索取的价格高，哪些 B-C 电子商务企业索取的价格低，

以及这些网站定价的原因。我们用模型（4）回归研究了零售网站的商家特征和价格间的关系。在分产品研究中，带入相关变量，模型（4）变为（6）的形式。

$$Nompri_{ij} = \alpha + \beta_j type_{ij} + \lambda_{1j} shi_{ij} + \lambda_{2j} con_{ij} + \lambda_{3j} rel_{ij} + \lambda_{4j} spe_{ij} + \lambda_{5j} ijf_{ij} + \lambda_{6j} ret_{ij} + \lambda_{7j} tim + \lambda_{8j} tru_{ij} + \lambda_{9j} awa_{ij} + \eta_{ij} \quad (6)$$

采用半对数模型和GMM法估计出来的标准化系数如表8所示，线性模型结果与之类似，没有采用双对数模型，因为B-C电子商务企业特征是因子分数值包含负值。这9个价格回归模型每一个都是显著的（$P<0.01$）。R^2 普遍不高，只有图书（20%）和手机（33%）比较适中。从表中可以看出，不同种类的产品影响价格的商家特征也不同。

和我们的预测相同，总体来看，商家类型对价格具有显著影响。只通过网上渠道销售的企业相对于即通过传统渠道又通过网上渠道销售的企业，会制定更低的价格。

配送和支付方式选择的是消费者网上购买所考虑的重要因素。在我们研究的9类产品中，配送和支付因素对5种有显著影响，而且总的看来提供更多配送和支付方式的B-C企业往往标注了更低的价格，但像数码相机这类家用电子产品除外。其中有高参与度类的IT产品（如笔记本电脑和MP3）影响程度更大。

9类产品中有6类产品的购物便利性对价格有显著影响，但影响有正有负—对于书、音像制品、化妆品以及手机等这类日用品，B-C企业在提供更便利购物的同时索要更低的价格，对于参与度较高的手机最明显。相反，对于礼品以及MP3这类产品能够提供更好便利性的企业则会标注更高价格，这表明消费者愿意花费更多的费用以减少搜寻这类产品精力。

交易的可靠性是消费者在网上购物时所考虑的一个重要因素，在我们研究的9大类产品中有5种产品的价格有显著影响。其中礼品和具有高参与度的笔记本电脑类产品影响最大，而且表现为更值得信赖的B-C企业能够标注更高价格。相反，对于图书、数码摄像机以及数码相机这类更大众些的用品，更值得信赖的B-C企业反而能够标注了更低的价格。这可能是由于购买礼品和笔记本电脑的目的往往是上班族为了工作或应酬，他们不愿意花费更多的精力去搜索，愿意选择在交易的可靠性更高的网站订购产品；而对于购买图书、数码摄像机以及数码相机这类往往是年轻人，购买目的往往是为了个人爱好，他们有兴趣也愿意花费更多的时间去搜索，网站需要在提供更优质服务的同时标注更低的价格才能留住他们。

网站速度只对音像制品和笔记本电脑两类产品的价格有影响，对消费者参与度高的笔记本电脑的影响较大。对于相对便宜的CD产品，网站速度快的B-C企业标注了更高的价格，而对于贵重的笔记本电脑则相反。

产品的信息提供方式与4种产品的价格有明显联系。Smith等人（2000）研究中发现，提供更多信息服务的B-C企业会索取更高的价格，与此类似，我们的研究表明提供更多信息提供方式的企业一般会标注更高的价格。退货说明的详细程度3类产品的价格的关系明显，他们分别是图书、礼品和化妆品。其中，对于便宜的图书产品，提供详细退货说明的企业没有索要更高的价格，相反还标注了更低的价格；对于相对贵重的礼品和化妆品来说，B-C企业在提供更在提供详细退货说明标注了更高的价格，这表明相对于图书来说，可能礼品和化妆品的标准化程度低，消费者更关系购买后不符合要求的退货问题，愿意为提供更详细退货说明的企业支付更多的费用。

进入在线市场时间对6类商品的价格有显著影响。与我们的预测相反，进入市场时间越长的B-C企业不但没有标注更高的价格，反而标注了更低的价格。这可能的一个原因是规模经济。早进入在线市场的B-C企业拥有更多的消费者，也就有能力标注更低的价格，进而保持更大的市场份额。

具有较高信誉的B-C电子商务企业应该能够索要更高的价格，研究中我们用第三方认证数来度量了企业的信誉。对于书、礼品和化妆品我们的确发现，第三方的认证对价格具有积极的影响；然而对于数码相机和手机这类电子产品的影响却为负号，一个可能的原因是对信誉的度量（第三方认证）可能相对不太可靠，网上的诚信是多一个多维结构（Urban，Sultan 和 Qualls 2000）。

网站链接数能够带来更多的消费者关注，因此企业可以有机会索取更高的价格。在所研究的9类产品中，网站链接数对5类产品的价格有显著影响，且网站链接数目越多，该企业标注的商品价格越高，其中影响最大的是手机和礼品。和我们预测的相同，对于大部分产品消费者愿意为高关注度的网站支付更高的价格，但图书和音像类产品除外。

表8 各类产品商家特征的价格回归的标准化系数（Standardized Coefficients）

产品类型	图书	音像制品	笔记本电脑	礼品	化妆品	摄像机	数码相机	MP3	手机
样本数	1 172	469	242	760	1 022	508	648	713	779
调整的 R^2	30%	15%	18%	12%	7%	5%	15%	12%	22%
商家类型	−0.22***	−0.09	0.09	−0.29***	−0.22***	−0.10**	−0.23***	−0.17***	−0.04
配送与支付	−0.05	−0.16*	−0.30***	−0.20***	−0.02	0.08	0.15***	−0.26***	0.07
购物便利性	−0.15***	−0.17***	0.02	0.15***	−0.07*	0.05	−0.01	0.10**	−0.38***
交易的可靠性	−0.09***	0.01	0.36*	0.39***	0.05	−0.13**	−0.20***	−0.01	0.02
网站速度	0.04	0.17***	−0.32**	−0.01	−0.03	0.07	−0.07	0.04	0.06
信息提供方式	0.12***	0.17***	0.12	0.02	0.01	0.13***	0.23***	0.04	−0.05
退货说明	−0.21***	0.00	0.08	0.11***	0.08***	0.07	−0.02	0.06	0.00
进入市场时间	−0.19***	−0.17**	0.09	−0.10***	0.05	−0.07	−0.12***	−0.12***	−0.22***
第三方认证数	0.06*	−0.01	−0.06	0.14***	0.12***	−0.09	−0.28***	0.00	−0.17***
网站链接数	−0.01	−0.07	0.09	0.35***	0.10***	0.12**	0.12***	−0.07	0.40***

注：显著水平：***表示 $P<0.01$，**表示 $P<0.05$，*表示 $P<0.10$，整体检验显著。

考虑到商家的定价可能会根据自己的服务差异，因此根据前面因子分析的得分对所研究93个B-C电子商务企业用 k 聚类分析，得到3个企业群集，如9为最后的聚类重心。这是利用ANOVA方法得出的结果，显示了前5个因子的均值在3类集群中是显著不同的（$P<0.1$）。

聚类1包含了11%的成员，是最小的一组。这个集群中的B-C电子商务企业除了交易可靠性表现不突出以外，其他指标都是最优秀的。可以推测这类B-C企业希望通过周到的在线服务来争取市场，如卓越、天天购物、800BUY以及E国商城等著名网站都在此聚类中；聚类2包含了57%的样本，是最大的一组。这个聚类中的B-C电子商务企业突出优秀的交易可靠性特征，但是其他指标都最差。可以推测这类企业希望通过让消费者感觉更安全可靠的服务来获得市场优势；聚类3包含了32%的网站，这类网站产品信息提供方式最少，其他指标表现均衡，如当当、天天

购物、中关村在线都在这个群集中。

表9　因子分析的结果最后各类的重心

	聚类		
	1	2	3
配送与支付	0.36	−0.25	0.32
购物便利性	0.55	−0.17	0.11
交易的可靠性	−0.19	0.62	−1.02
网站速度	0.42	−0.20	0.21
信息提供方式	2.41	−0.17	−0.50
退货说明	0.26	0.02	−0.12
占总样本的比例	11%	57%	32%
B-C网站特点	交易可靠性表现一般，其他各指标表现优秀	优秀交易可靠性、配送、支付及购物的便利性差、网站速度最慢、其他各指标表现一般	信息提供方式少、其他各指标表现一般

在分聚类类回归分析中，考虑到企业竞争者数目对价格的影响，模型中增加了竞争者数目这一市场变量。带入变量后如（7）。

$$Nompri_{ij} = \alpha + \beta_j type_{ij} + \lambda_{1j} shi_{ij} + \lambda_{2j} con_{ij} + \lambda_{3j} rel_{ij} + \lambda_{4j} spe_{ij} + \lambda_{5j} ijf_{ij} + \lambda_{6j} ret_{ij} + \lambda_{7j} tim + \lambda_{8j} tru_{ij} + \lambda_{9j} awa_{ij} + \lambda_{10} com_{ij} + \eta_{ij} \quad (7)$$

同样采用半对数模型和GMM法估计出来的标准化系数如表10所示，线性模型结果与之类似，没有采用双对数模型，因为B-C电子商务企业特征是因子分数值包含负值。这3个价格回归模型每一个都是显著的（$P<0.01$）。

表10　各聚类商家特征的价格回归标准化系数（Standardized Coefficients）

聚类	聚类1	聚类2	聚类3
样本数	630	3 531	2 152
调整的 R^2	19%	5%	15%
商家类型	−0.22*	−0.11***	−0.19***
配送与支付	−0.50***	−0.12***	−0.09***
购物便利性	0.45***	−0.03*	−0.22***
交易的可靠性	0.09	0.09***	0.05
网站速度	0.29***	−0.03	0.04*
信息提供方式	−0.08	0.09***	−0.02
退货说明	NI	−0.08***	−0.08***
进入市场时间	−0.42***	−0.13***	−0.07***
第三方认证数	0.12	0.04*	0.11***
网站链接数	−0.53***	−0.02	0.22***
竞争者数目	0.08**	−0.02	−0.04**

注：显著水平：***表示 $p<0.01$，**表示 $p<0.05$，*表示 $p<0.10$。

NI是由于多重共线性问题没有包括在模型中。

各聚类零售网站商家特征对价格水平影响的分析结果如表10。模型拟合度的调整系数从聚类2的5%变化到聚类1的19%。对所有聚类完全一致的是：只通过网上销售的企业相对即通过传统渠道又通过网上渠道销售的企业明显标注更低的价格；提供更多的配送和支付方式的企业却标注了更低的价格；早进入在线市场的B-C企业标注更低的价格；第三方认证对价格有积极的影响。

聚类1是除了交易可靠性指标以外，各方面服务指标都是最优秀的集群，它们中那些提供更高购物便利性、更快捷的网站速度的企业对同类产品标注了更高的价格；网站链接越多的企业价格越低，表明这类企业没有因为消费者更多的关注而索取更高的价格，相反是通过持续低的价格来维持企业数低成本的形象而增加销售份额；对于竞争者数目越多的产品，这类企业凭借服务优势会制定更高的价格。

聚类2交易可靠性最高，研究结果也发现这类网站中会能够向消费者提供感觉可靠的交易服务的企业会标注更高的价格，在其他指标中，除了信息的提供方式以外，这类网站基本上是更优质服务同时索取更低的价格。

聚类3是各类服务指标表现一般的。除了提供更高网站速度的企业标注更高价格以外，几乎都是在更优质服务的同时索取了更低的价格；与聚类1相反，网站的链接数对这类企业的价格有积极影响，表现为链接数目越多，价格越高，可见这类企业中那些能够博得更高消费者关注地位的有能力索取更高的价格；市场中竞争者数目的影响也与聚类1不同，表现为竞争者数目越多价格越低，这表明当企业当面对更多竞争对手时，可能会制定更低的价格用来保持市场份额。

综上所述，回归结果证实了有关价格和B-C电子商务企业特征关系的假说。具体来说，纯网销商比混合网销商索取更低的价格；进入在线市场早的企业也相对索取了更低的价格；提供更多的配送和支付方式的企业却标注了更低的价格。其他服务指标各类集群表现不一致。尽管B-C电子商务企业会根据他们各自的特征设定网上价格，但是，提供更好的服务、索取更高价格的直觉是不成立的，各类B-C电子商务企业影响价格的原因也是不同的。关于B-C电子商务企业如何制定价格策略需要更进一步研究。

六、结论

论文在回顾了以往的研究基础上，提出了一个价格离散动因的理论框架。通过国内93个B-C电子商务企业中的9类产品类型536款商品的调查，获得的6313个样本数据，实证研究了价格离散的动因。详细研究了B-C电子商务企业的可观察的商家特征以及市场特征差异对所考察商品对价格离散的影响，B-C电子商务企业的商家特征包括了配送与支付、购物的便利性、交易的可靠性、网站速度、信息提供以及退货说明等B-C企业的服务特征以及其他诸如进入网上市场时间、信誉、消费者关注程度等特征。市场特征包括竞争者数目、消费者参与程度（价格水平）与产品的畅销程度。

包含了以下4个方面的工作：

1）B-C电子商务企业可观察特征进行因子分析。确定了B-C电子商务企业一些服务的基本方面，结果表明有6个因子：配送与支付、购物的便利性、交易的可靠性、网站速度、信息提供以及退货说明。

2）价格离散的回归分析。应用一系列的模型检验了536款商品价格离散的原因。回归模型的调整系数一致超过92%，因此能很好地解释价格离散的动因。所得的标准化回归系数表明市场特征、产品特征以及B-C电子商务企业特征是形成价格离散的原因，尤其是市场特征。具体来说，在B-C电子商务企业的服务特征中，配送与支付、交易的可靠性、信息提供以及退货说明的差异能够导致价格离散；而购物的便利性和网站速度差异对价格离散影响不明显。关于B-C企业的其他特征，在所有模型中进入市场时间的不同都将导致价格离散，而第三方认证和网站链接数没有显著影响。在市场特征中，价格离散会随着竞争者数目的增加而增加，随着消费者的参与度

的提高而增加，产品的受欢迎程度不会影响价格离散。至于产品的特征，音像制品和礼品的价格离散比书大，而其他产品种类的价格离散与书的没有不同。

3）B-C 电子商务企业服务特征的聚类分析。基于因子分析的公因子得分进行了聚类分析。结果表明这 3 类 B-C 电子商务企业，他们以不同的消费群体为目标市场。聚类 1，是最小的一个聚类。包括了几乎各方面指标都是最优秀的网站；聚类 2 包含了那些被认为是交易最可靠的企业，其他服务都是最差的，这类企业占整个样本的一半以上；聚类 3 包含了各方面指标均衡的企业。聚类分析显示了网站服务特性的总体差异。

4）价格水平差异的企业特征分析。论文研究了 B-C 电子商务企业如何依据自己的产品和聚类不同而索取或高或低的价格。研究中引入了一个相对价格变量，研究结果一致表明：早进入在线市场的、纯网销商的 B-C 企业标注更低的价格。各服务指标的影响符号表现不相同，但是可以说明的是并不是更优质的服务伴随更高的价格，相反更优质服务的企业反而标注了更低的价格。分聚类回归结果表明 B-C 电子商务企业提供服务的异质性，仅对 B-C 电子商务企业价格方面的变化有部分责任。同时，也反映了这三类 B-C 电子商务企业价格制定的动因不同。

参考文献

[1] Arnold, Michael (2000), "Costly Search, Capacity Constraints, and Bertrand Equilibrium Price Dispersion," *International Economic Review*, 41 (1): 117～131

[2] Bailey, Joseph (1998), "Intermediation and Electronic Markets: Aggregation and Pricing in Internet Commerce," *Ph. D. Thesis*, *MIT*

[3] Bakos, Yannis (1997), "Reducing Buyer Search Costs: Implications for Electronic Marketplaces," *Management Science*, 43 (12): 1676～1692

[4] Baye, Michael R. and John Morgan (2001), "Price Dispersion in the Lab and on the Internet: Theory and Evidence," *Working Paper*, Indiana University

[5] Brynjolfsson and Michael Smith (2000), "Frictionless Commerce? A Comparison of Internet and Conventional Retailers," *Management Science*, 46 (4): 563～585

[6] Burdett, Kenneth and Kenneth Judd (1983), "Equilibrium Price Dispersion," *Econometrics*, 51 (July): 955～969

[7] Burdett, Kenneth and Melvyn Coles (1997), "Steady State Price Distributions in a Noisy Search Equilibrium," *Journal of Economic Theory*, 72 (1): 1～32

[8] Carlson, John and Preston McAfee (1983), "Discrete Equilibrium Price Dispersion," *Journal of Political Economy*, 91 (3): 480～493

[9] Carlson, John and Preston McAfee (1983), "Discrete Equilibrium Price Dispersion," *Journal of Political Economy*, 91 (3): 480～493

[10] Clemons, Eric, Il-Horn Hann, and Lorin Hitt (1998), "The Nature of Competition in Electronic Markets: An Empirical Investigation of Online Travel Agent Offerings," *Working Paper*, The Wharton School of the University of Pennsylvania, June

[11] Cohen, Marcel (1998), "Linking Price Dispersion to Product Differentiation Incorporate Aspects of Customer Involvement," *Applied Economics*, 30: 829～835

[12] Dahlby, Bev and Douglas West (1986), "Price Dispersion in an Automobile Insurance Market,"

Journal of Political Economy, 94 (2): 418～438

[13] Dana, James (1999), "Equilibrium Price Dispersion Under Demand Uncertainty: The Role of Costly Capacity and Market Structure," *Rand Journal of Economics*, 30 (4): 632～660

[14] Ellison, Glenn and Sara Fisher Ellison (2001), "Search, Obfuscation, and Price Elasticities on the Internet," *Working Paper*, Sloan School of Management, MIT

[15] Erevelles, S., E. Rolland and S. Srinivasan (2001), "Are Prices Really Lower on the Internet?: An Analysis of the Vitamin Industry," *Working Paper*, University of California, Riverside

[16] Fishman, Arthur (1992), "Search Technology, Staggered Price-Setting, and Price Dispersion," *The American Economic Review*, 82 (1): 287～298

[17] Giulietti, Monica (1999), "Price Discrimination in Grocery Trade: Evidence From Italy," *Applied Economics*, 31 : 319～329

[18] Pratt, John, David Wise, and Richard Zeckhauser (1979), "Price Differences in Almost Competitive Markets," *Quarterly Journal of Economics*, 93 (May): 189～211

[19] Salop, Steven and Joseph Stiglitz (1982), "The Theory of Sales: A Simple Model of Equilibrium Price Dispersion with Identical Agents," *The American Economic Review*, 72 (December): 1121～1130

[20] Smith, Michael, Joseph Bailey, and Erik Brynjolfsson (2000), "Understanding Digital Markets: Review and Assessment," *Erik Brynjolfsson and Brian Kahin, eds, Understanding the Digital Economy*, MIT Press, Cambridge, MA

[21] Sorensen, Alan (2000), "Equilibrium Price Dispersion in Retail Markets for Prescription Drugs," *Journal of Political Economy*, 108 (4): 833～850

[22] Stigler, George (1961), "The Economics of Information," *Journal of Political Economy*, 69 (3): 213～225. Urban, Glen L., Theresa Carter, Steven Gaskin, and Zofia Mucha (1986), "Market Share Rewards to Pioneering Brands: An Empirical Analysis and Strategic Implications," *Management Science*, 32 (6): 645～659

[23] Varian, Hal (1980), "A Model of Sales," *American Economic Review*, 70 (4): 651～659

[24] Wernerfelt, Birger (1991), "Brand Loyalty and Market Equilibrium," *Marketing Science*, 10 (3): 229～245

[25] 乌家培．网络经济及其对经济理论的影响．学术研究．2000 (1)

[26] 张铭烘，陈蓉．网络外部性问题分析．中国经济问题．2002 (2)，71～73

[27] 芮廷先，我国信息产业存在的问题与发展思路．财经研究．1994 (9)，43～44

[28] 左志刚．电子商务的经济作用分析．中国经济问题．2002 (3)，67～74

[29] 郑亚莉，吕品．网络效应下的信息服务需求分析．数量经济技术经济研究．2002 (11)，21～24

世界乳品贸易格局分析*

安玉发　焦长丰

［摘　要］世界乳品的生产、消费和贸易都具有一定的区域性特征。通过数据分析的方法研究世界乳品贸易的特点，把握主要出口国和主要进口国的市场份额及产品流向，对于全面了解世界乳品贸易格局和国际市场环境具有重要的参考意义。

［关键词］乳品　贸易　国际市场

本文首先根据联合国粮农组织（FAO）对贸易区域地理类别的划分，以地理和经济类型区域为单位，分析了世界牛奶的生产、消费和贸易状况；然后以国家为单位，分析了主要国家的乳品进出口贸易格局；最后对分析结果进行了概括。本文的数据来源为FAO数据库和联合国统计司（UN）数据库。

一、世界主要区域乳品生产、消费和贸易状况

（一）世界各主要区域牛奶生产状况

表1列出了世界各大区域牛奶产量占世界份额的变化情况，从中可以看出以下几个特点：

表1　世界各大区域牛奶产量占世界份额的变化

单位：%

区域＼时间	1980	1985	1990	1995	1996	1997	1998	1999	2000	2001
非洲	2.72	2.83	3.16	3.60	3.62	3.73	3.80	3.90	4.05	4.07
亚洲发达国家	1.70	1.79	1.91	2.06	2.11	2.09	2.06	2.01	1.99	1.93
亚洲发展中国家	7.09	8.27	9.90	12.39	13.28	13.68	14.21	14.59	14.92	15.17
欧洲	—	—	—	47.93	46.55	45.45	44.75	43.70	42.69	42.69
北美发达国家	15.54	15.79	15.65	16.90	16.69	16.85	16.75	17.05	17.26	16.82
大洋洲发达国家	2.90	3.08	2.91	3.83	4.08	4.35	4.44	4.45	4.81	4.86
南美	5.84	5.87	6.63	8.35	8.95	9.08	9.16	9.28	9.16	9.30
中美洲及加勒比海地区	2.42	2.29	2.06	2.38	2.45	2.52	2.55	2.64	2.71	2.72
世界	100	100	100	100	100	100	100	100	100	100
发达国家	82.53	81.29	78.75	73.87	72.25	71.59	70.89	70.13	69.67	69.24
发展中国家	17.47	18.71	21.25	26.13	27.75	28.41	29.11	29.87	30.33	30.76

数据来源：联合国粮农组织（FAO），品种为882①。①

* 原载2004年中国乳品科技大会论文集．食品科技．2004（8）：38～41。

① 联合国粮农组织（FAO）数据库分类编号，以下同。882牛乳，所有（鲜的）。

(1) 发达国家牛奶产量大于发展中国家。1980 年到 2001 年，发达国家牛奶产量占世界总产量的份额有所降低，但基本保持在 70%以上；发展中国家牛奶产量占世界的比重呈上升趋势，从 1980 年的 17.74%上升到 2001 年的 30.76%。但发达国家的牛奶产量仍然远远高于发展中国家。

(2) 欧洲、北美发达国家和亚洲发展中国家是主要的牛奶生产区域。欧洲、北美发达国家和亚洲发展中国家三个地区是世界主要的牛奶生产区域，其中欧洲的牛奶产量占世界的比重一直在 40%以上；北美发达国家的产量占世界的 15%～17%；亚洲发展中国家的牛奶产量所占比重自 1995 年以后一直在 10%以上，2001 年达到 15.17%。

（二）世界各个主要区域的奶产品消费状况

表 2 列出了世界各区域奶产品的年人均消费量变化状况，从中可以看出以下几个特点：

(1) 发达国家年人均奶产品消费量远远高于发展中国家。从 1980－2001 年，发达国家年人均奶产品消费量一直保持在 90 千克到 100 千克之间。同时，发展中国家奶产品人均年消费量呈上升趋势，从 1980 年的 23.0 千克上升到 2001 年的 31 千克。由此可见，发展中国家的奶产品人均消费与发达国家相比还是很低的，2001 年发展中国家的人均消费还不到发达国家的 1/3。

表 2　世界各区域年人均奶产品消费量变化状况

单位：千克/人/年

区域＼时间	1980	1985	1990	1995	1996	1997	1998	1999	2000	2001
中美洲及加勒比海地区	91.9	64.9	68.9	61.6	60.9	57.8	67.0	68.7	70.2	64.2
非洲	27.4	26.6	25.5	25.6	25.3	26.0	26.3	25.9	26.2	26.4
亚洲发达国家	42.2	43.6	48.5	47.7	47.0	47.5	45.1	44.1	44.2	44.0
亚洲发展中国家	15.1	19.6	20.6	22.7	23.8	24.5	25.0	25.4	25.2	24.7
欧洲	98.5	102.1	85.9	94.4	94.6	93.1	97.7	97.0	93.9	92.5
拉美和加勒比海国家	75.5	67.4	73.3	81.7	84.6	81.7	85.7	85.3	84.9	81.4
北美发达国家	132.7	134.3	125.0	121.4	131.6	130.1	112.4	111.2	115.2	112.8
北美发展中国家	56.5	50.0	47.9	24.7	26.9	24.9	25.2	25.0	26.7	26.7
大洋洲发达国家	126.1	142.2	140.6	130.0	127.7	118.0	119.3	127.2	137.6	116.9
大洋洲发展中国家	13.7	11.0	18.7	17.2	13.3	15.4	14.2	13.2	12.1	8.8
南美	67.7	68.5	75.3	91.4	96.0	93.2	94.8	93.4	92.1	89.8
世界	43.4	44.4	42.5	44.7	46.0	45.8	46.0	45.9	45.6	44.5
发达国家	99.8	100.2	91.9	96.8	99.1	98.1	96.7	95.8	95.3	93.7
发展中国家	23.0	25.5	26.9	29.3	30.4	30.6	31.5	31.8	31.7	31.0

数据来源：联合国粮农组织（FAO），品种为 2738[①]。

(2) 大洋洲发达国家和北美发达国家奶产品的年人均消费量较大，高于发达国家的平均水平。大洋洲发达国家和北美发达国家年人均消费量都在 100 千克/人/年以上，远远高于世界平均水平，也高于发达国家的平均水平。

（三）世界各主要区域牛奶贸易状况

1. 区域牛奶出口贸易格局特点。表 3 表明了世界各大区域牛奶出口贸易格局有以下特点：

① 2738：所有奶总计。

（1）发达国家是主要的牛奶出口区域。世界绝大多数的牛奶出口来自发达国家，其年出口量在1980年占世界总出口量的98.77%，2001年占96.97%。

表3　世界各大区域牛奶出口市场份额的变化

单位：%

区域 \ 时间	1980	1985	1990	1995	1996	1997	1998	1999	2000	2001
亚洲发达国家	0.00	0.01	0.03	0.02	0.01	0.01	0.01	0.01	0.01	0.01
亚洲发展中国家	0.98	0.94	1.88	1.18	1.20	1.25	1.06	1.09	1.09	1.42
非洲	0.03	0.03	0.12	0.05	0.11	0.44	0.25	0.14	0.37	0.20
大洋洲发达国家	1.85	1.00	1.23	1.57	1.80	2.08	2.06	2.20	2.27	2.34
南美	0.15	0.09	0.03	1.93	2.68	3.25	2.95	2.59	2.25	1.35
北美发达国家	1.16	0.65	1.11	0.50	0.66	0.83	0.61	0.38	0.43	0.43
欧盟15国	94.21	95.89	92.67	91.91	90.16	88.85	89.27	91.24	90.30	89.06
欧盟15国不含内部贸易	—	—	5.56	4.85	8.06	4.09	2.19	1.89	2.43	3.10
世界	100	100	100	100	100	100	100	100	100	100
发达国家	98.77	98.92	97.97	96.67	95.85	95.03	95.68	95.98	96.31	96.97
发展中国家	1.23	1.08	2.03	3.33	4.15	4.97	4.32	4.02	3.69	3.03

注：按贸易量计算的结果。

数据来源：联合国粮农组织（FAO），品种为882①。

（2）欧盟是主要的牛奶出口区域。欧盟是主要的牛奶出口区域，其年出口量占世界总出口量的90%左右，但是，近年来其出口所占比重呈现下降趋势。

2. 区域牛奶进口贸易格局特点。从表4世界各大区域牛奶进口市场份额及其变化情况看出以下特点：

（1）发达国家是主要的牛奶进口市场。世界绝大多数的牛奶进口都在发达国家，其牛奶年进口量占世界总进口量的90%以上。

表4　世界各大区域牛奶进口市场份额的变化

单位：%

区域 \ 时间	1980	1985	1990	1995	1996	1997	1998	1999	2000	2001
亚洲发达国家	0.01	0.00	0.00	0.00	0.00	0.00	0.00	0.00	0.00	0.00
亚洲发展中国家	4.02	2.50	3.24	3.07	3.90	3.26	3.04	2.87	2.65	3.73
欧盟15国	86.35	91.16	86.90	86.03	84.69	86.34	87.80	89.53	88.89	90.08
欧盟15国不含内部贸易	—	—	1.07	0.42	3.94	0.66	0.30	0.22	3.65	4.36
拉美和加勒比海国家	1.30	1.41	2.50	4.48	4.62	4.58	3.59	2.95	3.07	2.25
北美发达国家	0.42	0.38	0.28	0.00	0.10	0.14	0.13	0.16	0.08	0.08
大洋洲	0.41	0.37	0.37	0.50	0.47	0.46	0.49	0.46	0.40	0.40
世界	100	100	100	100	100	100	100	100	100	100
发达国家	89.71	93.52	91.01	89.90	89.79	90.66	91.93	93.00	93.10	92.63
发展中国家	10.29	6.48	8.99	10.10	10.21	9.34	8.07	7.00	6.90	7.37

注：按贸易量计算的结果。

数据来源：联合国粮农组织（FAO），品种为882②。

① 882牛乳，所有（鲜的）。

② 882牛乳，所有（鲜的）。

(2) 欧盟是最主要的牛奶进口区域，其牛奶贸易主要在欧盟内部国家之间进行。欧盟是主要的牛奶进口区域，其进口量占世界总进口量的比重在85%和92%之间波动。欧盟的牛奶贸易主要在其内部国家之间进行，排除内部贸易之后，欧盟对贸易区之外的国家的牛奶贸易量仅仅占世界牛奶贸易总量的1%～5%。

二、主要进出口国家贸易格局分析

(一) 世界乳品十大出口国

从出口流向看，德国、法国、新西兰是世界十大乳品出口国。1997—2001年间，三国年均乳品出口贸易额分别达到22.83亿美元、13.01亿美元和10.33亿美元，分别占世界乳品进口额106.70亿美元的21.4%、12.2%和9.7%。名列第四到十位的国家依次是荷兰、比利时、澳大利亚、英国、爱尔兰、美国和奥地利（见表5和图1）。

表5 世界乳品十大出口国家（1997—2001年）

序列	出口国	年平均贸易额（千美元）	所占比例（%）
	世界	10 669 740	100
1	德国	2 282 697	21.4
2	法国	1 300 906	12.2
3	新西兰	1 033 441	9.7
4	荷兰	926 856	8.7
5	比利时	866 386	8.1
6	澳大利亚	750 609	7.0
7	英国	416 886	3.9
8	爱尔兰	283 311	2.7
9	美国	242 575	2.3
10	奥地利	227 203	2.1
	其他	2 338 870	21.9

数据来源：联合国统计司（UNSD），品种为0401，0402，0403①。

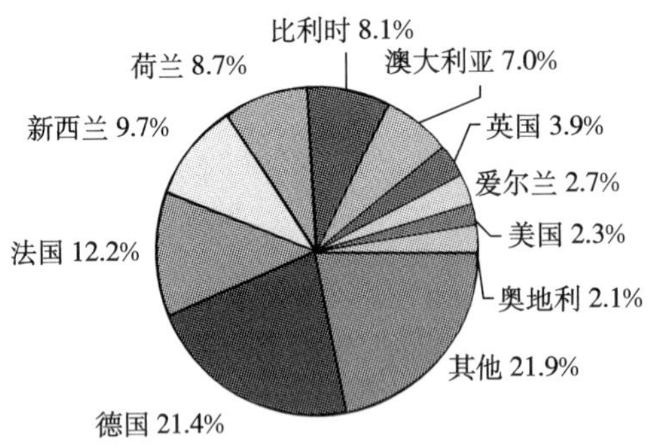

图1 世界乳品十大出口国

① 0401（未浓缩未加糖或其他甜物质的乳及奶油）、0402（浓缩、加糖或其他甜物质的乳及奶油）、0403（酪乳、结块的乳及奶油、发酵或酸化乳和奶油）。

德国是世界上最大的乳品出口国，排在前两位的出口市场是意大利和荷兰。德国年均出口到这两个国家的乳品分别为 7.49 亿美元和 5.83 亿美元，占 32.8%和 25.5%。

法国是仅次于德国的世界第二大乳品出口国，较大的出口市场有意大利、比利时、西班牙和阿尔及利亚。法国年均出口到四国的乳品分别为 2.15 亿美元、1.92 亿美元、1.85 亿美元和 1.32 亿美元，占其出口总额的 16.5%、14.7%、14.2%和 10.1%。

新西兰是世界第三大乳品出口国，马来西亚、菲律宾和委内瑞拉是其前三位的出口市场。新西兰年均对四国的乳品出口额分别达到 1.13 亿美元、0.92 亿美元和 0.67 亿美元，占 11.0%、8.9%和 6.5%。

（二）世界乳品十大进口国

从进口流向看，意大利、荷兰、比利时是世界上三个最大的乳品进口国。1997—2001 年间，三国年均乳品进口额分别为 12.11 亿美元、9.29 亿美元和 7.38 亿美元，占世界年均进口总额 89.27 亿美元的 13.6%、10.4%和 8.3%。名列第四到十位的国家（地区）依次是法国、德国、西班牙、墨西哥、中国香港、英国和巴西，其中法国年均进口乳品 7.31 亿美元，占 8.2%（见表 6 和图 2）。

表 6　世界乳品十大进口国（1997—2001 年）

序列	进口国	年平均贸易额（千美元）	所占比例（%）
	世界	8 927 171	100.0
1	意大利	1 211 270	13.6
2	荷兰	929 363	10.4
3	比利时	737 943	8.3
4	法国	730 558	8.2
5	德国	455 937	5.1
6	西班牙	390 384	4.4
7	墨西哥	321 235	3.6
8	中国香港	298 337	3.3
9	英国	256 374	2.9
10	巴西	245 833	2.8
	其他	3 349 936	37.5

数据来源：联合国统计司（UNSD），品种为 0401，0402，0403①。

意大利作为世界上最大的乳品进口国，有超过一半的乳品从德国进口，达 7.78 亿美元，占意大利进口乳品总额的 64.3%，其次是法国和奥地利，分别为 2.13 亿美元和 1.18 亿美元，占 17.6%和 9.8%。意大利从其他国家进口的乳品很少。

荷兰是仅次于意大利的世界第二大乳品进口国，有一半的乳品来自德国，达 4.79 亿美元，占 51.6%。其次还有比利时、法国、英国等，其中从比利时、法国年均进口乳品 1.71 亿美元和 0.70 亿美元，占 18.4%和 7.5%。

比利时是世界第三大乳品进口国，主要的进口来源地有德国、荷兰、法国和英国。比利时从这四国年均进口额分别为 2.32 亿美元、2.03 亿美元、1.89 亿美元和 0.77 亿美元，占 31.5%、27.5%、25.6%和 10.4%。

① 品种解释同表 5。

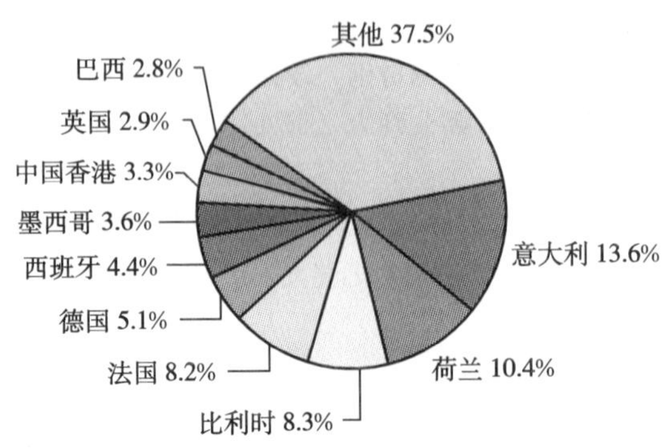

图 2　世界乳品十大进口国

三、结论

(1) 欧洲、北美发达国家和亚洲发展中国家是主要的牛奶生产区域。发达国家奶产品消费量大，为奶产品的主要消费区域，尤以大洋洲发达国家和北美发达国家较为突出。

(2) 世界乳品出口市场集中度较高。德国、法国和新西兰占有较大的出口比例，这三个国家年均出口额合计占世界总出口额的 43.3%。

(3) 世界乳品进口市场较为分散。乳品进口前三位国家的意大利、荷兰、和比利时的年均进口额合计占世界乳品总进口额的 32.3%。

(4) 欧盟内部乳品贸易所占比重大，德国、法国和荷兰既是较大的出口国又是较大的进口国。德国、法国和荷兰这三个国家同时名列在世界前十大进口和出口国当中，其年均出口分别排在世界的第一、第二和第四位，进口额分别排在世界的第五、第四和第二位。

参考文献

[1] 联合国粮农组织网站（http：//www. fao. org）
[2] 联合国统计司网站（http：//www. unstats. org）

中国农业关税政策的空间性应用一般均衡模型构建及分析

穆月英　小池淳司　笠原浩三

[摘　要] 对缩减中国农业关税率之后所产生的影响进行计量分析、是一个值得关注的课题。为此、本文首先构建了对多地区（或多国家）、多部门进行计量分析的空间性应用一般均衡模型（SCGE）。然后在将中国农业关税率缩减30%的假定下，对中国以及其他国家在产品价格、需求及受益水平等方面所带来的影响进行了模拟分析。

[关键词] 关税率　空间性应用一般均衡模型　模拟分析　农业　SCGE

一、研究目的

2001年12月，中国正式加入世界贸易组织（WTO），被世界所公认的是，由此中国经济进入了一个新的发展阶段。在加入WTO之后，伴随着市场开放等所带来的环境变化，对整个国家经济及农业等所带来的计量方面的影响也被提到议事日程。本研究为了对农业关税政策进行计量分析，首先构建了空间性应用一般均衡模型（SCGE：Spatial Computable General Equilibrium），然后运用模拟分析法，对中国农业关税率变化所产生的影响进行了分析。

对于关税政策的分析评价，世界各国已开发出不少应用一般均衡模型（CGE：Computable General Equilibrium）。在这些模型中，按其对空间的处理方式，可划分为两类：一类是以单一国家（或一个地区）为分析对象的分析方法（参考文献［1］和［3］）。可以用来分析本国的农业政策的变化对其国内经济的影响，但难以对其他国家所产生的影响进行分析。同时，对于随着宏观政策的变化而带来的地区间交易类型的预测，这类分析方法也是难以办到的。与第一类方法不同的是，可考虑空间概念的空间性应用一般均衡模型在20世纪90年代初，被开发出来①，但是，由于模型构造复杂性，使得对这些既有模型的掌握和应用成为一大问题，即难以将其运用到特定政策变化的研究中。

本研究目的如下：第一，以多地区（或国家）、多部门为研究对象，并且在考虑空间概念的基础上，构建了SCGE模型。第二，运用我们构建的SCGE、以亚洲国际投入产出表的数据为依据、对中国的农业关税政策的变化所引起的波及效应进行实证分析、评价。论文构成为：首先，对中国的农业的地位及农产品的贸易政策作一考察。其次，构建SCGE并将其用方程式进行具体

① 由世界贸易中心于1992年开发出应用一般均衡分析的全球贸易分析模型GTAP（Global Trade Analysis Project）。运用GTAP，产生了许多关税政策分析成果。

化。然后，依据多国、多部门数据，在对生产函数和效用函数中一系列系数进行估计的基础上，对中国农业关税政策的变化进行了模拟分析。最后，对计算结果进行分析、考察。

二、中国农业的地位及农产品贸易政策

表1表示的是在中国农业增加值占GDP的比重等反映农业地位的指标（参考文献［5］）。从表中可见，改革开放以来，虽然农业增加值占GDP的比重等呈减少趋势，但到2000年为止，农业增加值、农业从业人员、农产品出口、农产品进口、农业税收等在各自的总体中所占比重分别是：16.4%、50%、5.0%、6.3%、2.4%。特别是农业从业人员的比重，虽然从1985年开始有一定的下降，但是到2000年仍然在50%的高比重上。从中可见，对中国来说，农业是一个非常重要的产业。

表1　中国农业的地位

单位：%

年度	农业增加值占GDP的比重	农业从业人员占社会从业人员比重	农产品进口额占进口总额的比重	农产品出口额占出口总额的比重	农业税占各项税收的比重
1985	29.8	62.4	12.1	24.5	2.1
1990	28.4	60.2	16.1	17.2	3.1
1995	20.8	52.2	9.3	9.4	4.6
2000	16.4	50.0	5.0	6.3	2.4

此外，从20世纪80年代开始，中国农产品进出口两方面呈现出明显的增加趋势。80年代初期的出口金额是40亿美元左右，但高峰的90年代中期达到140亿美元的水平。农产品进口高峰是1995年，进口金额达到120亿美元（参考文献［4］）。另外，关于中国的农产品贸易伙伴，基本上处于在出口方面是对日本的依赖、在进口方面是对美国的依赖状态。从2001年中国的食品进口比重看，从美国的进口占22.9%，从东盟五国的进口占12.0%（参考文献［4］）。2001年年末中国的加入WTO被举世瞩目。中国农业领域在加入WTO时的条件是：①所有的非关税措施的关税化；②关税率的大幅度下调；③对谷物、棉花等主要农产品的进口配额限制的实施；④取消出口补贴。

具体地，中国农业关税率正在骤然下降到与发达国家相近的低水平上，即农产品的平均关税率从入世前的220.2%下调到2004年的15.8%（参考文献［2］）①。从关税以外的农业保护政策看：第一，关于对农业的国内支持，在加入WTO之前，中国的国内农业支持政策是处于WTO农业协议的没有消减义务的“绿箱政策”范围内的。比如说，国内财政对农业的支持政策、农业开发项目等。第二，关于农产品市场支持政策，可以说是负保护。即几十年来通过农产品收购制度等的实施，对农业实行的是比较苛刻的政策。第三，关于对农产品的出口补贴，WTO的有关协议中，是以1986到1990年为基准，将取消出口补贴作为一种义务规定下来。实际上中国从1990年起已经取消了出口补贴，因此今后也不应该对农产品实施出口补贴。综上所述，加入WTO之后，在中国的农产品进口方面可调整的政策主要是通过调整关税率来调节农产品进口。这也是本研究将农业关税政策作为研究对象的一个主要原因。

---

① 一般来说，“农产品”是指食品和天然纤维，其供需结构不一定是一致的。另外，食品占绝对多的比重。在这里，“农产品”是指包括水产品在内的食品。

三、模型的构建

1. 基本假定。对模型的构建是建立在以下的前提之下：①是由多个国家构成的空间；②资本、劳动力等不存在国家间的移动；③汇率没有变动；④以 Armington 假定为前提，即产品的不完全代替特性；⑤各国分别由具有代表性的家庭、生产厂、政府而构成，政府实施进口关税等政策，并将征收的税向家庭分配。

此外，生产地和消费地的价格存在数量上的差异，两者关系用以下公式加以表达：

$$p_m^{i'i} = (1 + a_m^{i'i})\, p_m^i \tag{1}$$

$p_m^{i'i}$：在 i' 国生产、但在 i 国消费的产品 m 的消费地价格（C. I. F. Price）

p_m^i：在 i 国生产、也在 i 国消费的产品 m 的生产地价格（F. O. B. Price）

$a_m^{i'i}$：消费地价格和生产地价格的差距（包括海上运输费、关税等）

2. 消费者的行动。消费者的家计是在家庭收入的范围之内，通过消费生产者所生产的产品来使得效用达到最大化。此时，消费者的选择分为两个层次且用 Nested - CES 型效用函数来表达。

第一层次：来确定合成品（Composite Goods）的消费水平。

$$\begin{aligned} V^i &= \max.\left[\sum_m \gamma_m^{i\,\frac{1}{\rho}} x_m^{i\,\frac{\rho-1}{\rho}}\right]^{\frac{\rho}{\rho-1}} \\ s.t. \quad & \sum_m p_m^{*i} x_m^i = w^i L^i + r^i K^i = T^i \end{aligned} \tag{2}$$

其中 V^i 表示 i 国的间接效用水准、x_m^i 表示 m 产品的合成消费水平、p_m^{*i} 表示 m 产品的合成消费价格、w^i 是单位时间的工资、r^i 是贷款率、L^i 是劳动力拥有量、K^i 是资本拥有量、T^i 是政府的补助金。

第二层次：来确定不同生产地产品（Products）的消费水平。

$$\begin{aligned} V_m^i &= \max.\left[\sum_{i'} \gamma_m^{i'i\,\frac{1}{\rho'}} x_m^{i'i\,\frac{\rho'-1}{\rho'}}\right]^{\frac{\rho'}{\rho'-1}} \\ s.t. \quad & p_m^{*i} x_m^i = \sum_{i'} p_m^{i'i} x_m^{i'i} \end{aligned} \tag{3}$$

其中，V_m^i 代表从 m 产品的消费中得到的间接效用水准、$x_m^{i'i}$ 代表从 i' 国到 i 国的产品 m 的合成产品消费量。

将以上的公式（2）和公式（3）分别进行最优化、可得到消费函数 x_m^i 和 $x_m^{i'i}$ 及合成消费价格 p_m^{*i}。

3. 生产者行动。将生产者行动（生产函数）用图 1 的层次构造图进行概括。

首先，在 i 国，生产 m 产品的生产函数可用以下的 Liontief 型生产函数来表达。

$$Y_m^i = \min.\left[\frac{VA_m^i(l_m^i, k_m^i)}{a_{0m}^i}, \frac{x_{1m}^{'i}}{a_{1m}^i}, \cdots, \frac{x_{m'm}^{'i}}{a_{m'm}^i}, \cdots, \frac{x_{Mm}^{'i}}{a_{Mm}^i}\right] \tag{4}$$

其中，Y_m^i 代表生产量、VA_m^i（l_m^i，k_m^i）是附加价值函数、l_m^i 是劳动投入量、k_m^i 是资本投入量、$a_{m'm}^i$是投入产出系数、$x_{m'm}^{'i}$是为了生产产品 m 而对产品 m'的中间投入水平。

生产者追求的是使费用最小化。其单位附加价值所投入的生产要素可用以下 Cobb - Douglas 生产函数进行表达.

$$\begin{aligned} \min. \quad & w^i l_m^i + r^i k_m^i \\ s.t. \quad & VA_m^i = \eta_m^i l_m^{i\,\alpha_m^i} k_m^{i\,(1-\alpha_m^i)} = 1 \end{aligned} \tag{5}$$

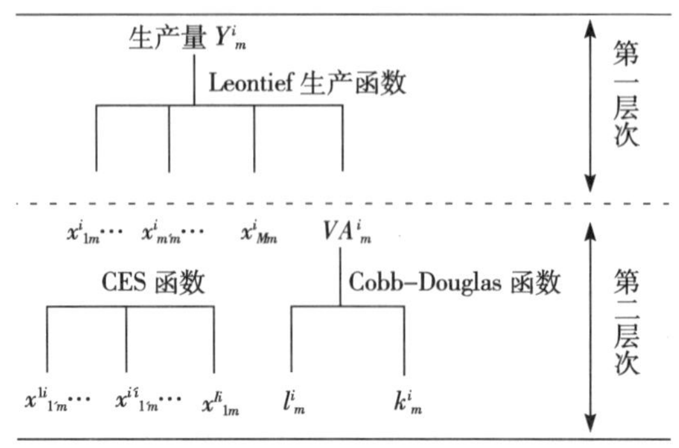

图 1　函数构造

η^i_m、α^i_m：是需要估计的参数。

此外，对于中间投入产品的分产地的表达，是用下述费用最小化行动进行的：

$$\begin{aligned} &\min.\ \sum_{i'} p^{i'i}_m x'^{i'i}_{m'm} \\ &s.t.\ \ x'^{i'}_{m'm} = \mu^i_{m'm}\Big[\sum_{i'}\delta^{i'i}_{m'm} x'^{i'i}_{m'm}{}^{\frac{\rho-1}{\rho}}\Big]^{\frac{\rho}{1-\rho}} = 1 \end{aligned} \tag{6}$$

将公式（5）进行最优化可以得到单位附加价值的劳动需求函数 cl^i_m 和资本需求函数 ck^i_m。另外，由公式（6）的最优化可以得到中间投入产品的需求函数 $x'^{i}_{m'm}$及合成价格 $p^{**i}_{m'm}$。

由于生产函数是以规模报酬不变为前提，所以生产者提供的产品价格与单位生产量的费用相等。用公式表示如下：

$$\begin{aligned} p^i_m &= a^i_{0m}(w^i cl^i_m + r^i ck^i_m) \\ &\quad + \sum_{m'} a^i_{m'm}\frac{1}{\mu^i_{m'm}}\Big[\sum_{i'}\delta^{i'i}_{m'm}{}^{\rho''}[(1+a^{i'i}_m)P^i_m]^{1-\rho''}\Big]^{\frac{1}{1-\rho''}} \end{aligned} \tag{7}$$

4. 交易阻碍的测定。在进行产品交易之时，生产国要征收税金、进口国要征收关税，另外，海上运输费、保险等，这些因素对产品交易起着阻碍作用。用以下公式表示。

$$\begin{aligned} p^{i'i}_m &= (1+a^{i'i}_m)p^i_m \\ &= (1+t^{i'i}_m+t'^{i'i}_m+c^{i'i}_m+c'^{i'i}_m)p^i_m \end{aligned} \tag{8}$$

其中，$a^{i'i}_m=t^{i'i}_m+t'^{i'i}_m+c^{i'i}_m+c'^{i'i}_m$，$t^{i'i}_m$ 为生产国的运输费，$t'^{i'i}_m$ 为消费国的运输费，$c^{i'i}_m$ 为生产国的关税，$c'^{i'i}_m$ 为消费国的关税。

根据税收及 Ice - berg 运输费用规则，生产国和消费国的税收及运输需求分别为：

$$\bar{x}^{i'i}_m = c^{i'i}_m P^i_m\Big[x^{i'i}_m + \sum_{m'} x'^{i'i}_{m'm}\Big] \tag{9}$$

$$\bar{x}'^{i'i}_m = c'^{i'i}_m P^i_m\Big[x^{i'i}_m + \sum_{m'} x'^{i'i}_{m'm}\Big] \tag{10}$$

$$T^{i'i}_m = t^{i'i}_m P^i_m\Big[x^{i'i}_m + \sum_{m'} x'^{i'i}_{m'm}\Big] \tag{11}$$

$$T'^{i'i}_m = t'^{i'i}_m P^i_m\Big[x^{i'i}_m + \sum_{m'} x'^{i'i}_{m'm}\Big] \tag{12}$$

从中可以得到 i 国税金和运输费的计算公式如下：

税金的计算：

$$\bar{x}^i_m = \sum_i \bar{x}'^{i'i}_m + \sum_{i'} \bar{x}^{i'i}_m \tag{13}$$

运输费的计算：

$$T_m^i = \sum_i T_m^{i'i} + \sum_{i'} T_m^{i'i} \tag{14}$$

5. 平衡关系式。综合以上的推算，可以得到产品供求平衡关系式为：

$$Y_m^i = \sum_{i'} \sum_{m'} x_{mm'}^{ii'} + \sum_{i'} x_m^{ii'} + T_m^i + \bar{x}_m^i \tag{15}$$

生产要素供求平衡关系式为：

$$\sum_m w^i [a_{0m}^i Y_m^i cl_m^i (w^i, r^i)] = w^i L^i \tag{16}$$

$$\sum_m r^i [a_{0m}^i Y_m^i ck_m^i (w^i, r^i)] = r^i K^i \tag{17}$$

以上平衡关系式中的未知数是产品价格 P_m^i 及生产要素价格 w^i，r^i，共计有（M+2）×I 个。方程式共计有（M+2）×I 个。

6. 对获利的定义。对一国由关税政策的实施所获得的利益的推算，是通过对这种政策变动所带来的效用水准的变化量来具体测算的。用等价偏差来表示，其公式为：

$$EV^i = (w^{i^0} L^i + r^{i^0} K^i) \left[\frac{V^{i^1} - V^{i^0}}{V^{i^0}} \right] \tag{18}$$

其中，上标 0、1 分别表示政策实施前后。

四、数据整理及参数估计

数据来源于日本亚洲研究所编制的《1995 年亚洲国际投入产出表》。为便于对农业关税政策进行分析，将亚洲国际投入产出表按照两国、两部门进行了整理。具体地，将国家分为中国和亚洲其他国家。亚洲其他国家和地区包括印度尼西亚、马来西亚、菲律宾、新加坡、泰国、中国台湾、韩国、日本等。将部门分为农业和其他部门。其他部门包括矿业、制造业、电力·煤气·自来水、建筑业、贸易·金融·服务业等。由此整理得到表 2 所示的投入产出表。

表 2　运用 SCGE 模型表示的亚洲国际投入产出表

		中间需求				最终需求		国际运输费及关税		总产出
		亚洲		中国						
		农业	其他	农业	其他	亚洲	中国	亚洲	中国	
亚洲	农业	$P_1^1X_{11}^{11}$	$P_1^1X_{12}^{11}$	$P_1^1X_{11}^{12}$	$P_1^1X_{12}^{12}$	$P_1^1X_1^{11}$	$P_1^1X_1^{12}$	$\bar{x}_1^{11}$	$\bar{x}_1^{12}$	$P_1^1Q_1^1$
	其他	$P_2^1X_{21}^{11}$	$P_2^1X_{22}^{11}$	$P_2^1X_{21}^{12}$	$P_2^1X_{22}^{12}$	$P_2^1X_2^{11}$	$P_2^1X_2^{12}$	$\bar{x}_2^{11}$	$\bar{x}_2^{12}$	$P_2^1Q_2^1$
其他	农业	$P_1^2X_{11}^{21}$	$P_1^2X_{12}^{21}$	$P_1^2X_{11}^{22}$	$P_1^2X_{12}^{22}$	$P_1^2X_1^{21}$	$P_1^2X_1^{22}$	$\bar{x}_1^{21}$	$\bar{x}_1^{22}$	$P_1^2Q_1^2$
	其他	$P_2^2X_{21}^{21}$	$P_2^2X_{22}^{21}$	$P_2^2X_{21}^{22}$	$P_2^2X_{22}^{22}$	$P_2^2X_2^{21}$	$P_2^2X_2^{22}$	$\bar{x}_2^{21}$	$\bar{x}_2^{22}$	$P_2^2Q_2^2$
附加价值	劳动	$w^1l_1^1$	$w^1l_2^1$	$w^2l_1^2$	$w^2l_2^2$					
	资本	$r^1k_1^1$	$r^1k_2^1$	$r^2k_1^2$	$r^2k_2^2$					
总投入		$P_1^1Q_1^1$	$P_2^1Q_2^1$	$P_1^2Q_1^2$	$P_2^2Q_2^2$					

根据表 2 对公式（4）的投入产出系数 a_{Mm}^i 及附加价值率 a_{0m}^i 进行了计算。另外，利用 Calibration 方法对公式（2）、（3）及（6）的分配参数 γ_m^i、$\gamma_m^{i'i}$ 及 $\delta_{m'm}^{i'i}$ 进行了估计，此外计算了公式（5）的分配参数 α_m^i 和效率参数 η_m^i。

五、模拟结果及分析

利用得出的参数和外生变量，对用本研究构建的 SCGE 模型得到的均衡解与现实数值的吻合程度进行检验。具体地，运用模型得到的估计值与亚洲国际投入产出表的实际值进行比较，以各国家、各部门中间投入的估计值和实际值的相关系数进行了计算，其结果用图2表示。

在应用一般均衡模型中，由于设定了对所估计的参数的现实再现性的考察，即根据现实再现性来判断模型的分析效果。由图2可见，本研究所构建的SCGE模型具有很高的现实再现性，因此，SCGE模型及其计算程序适宜于中国农业政策的分析。

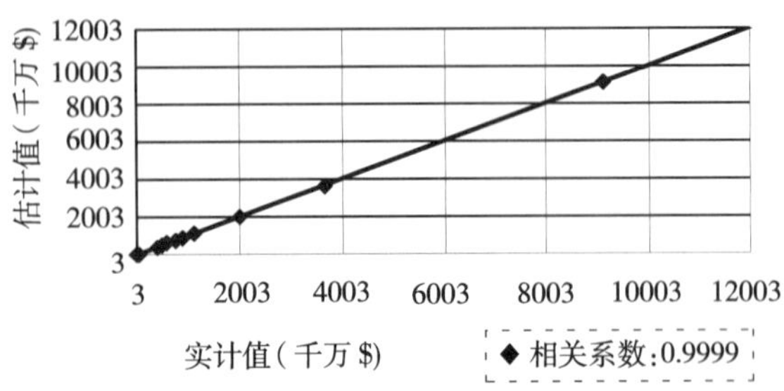

图2 中间投入的现实再现性

如前所述，由于对中国农业进行保护的主要措施为关税，因此本研究进行模拟研究时所设定的场景是：假定中国在加入WTO之后，农产品平均关税率缩减30%。按照以上假定、进行均衡收敛计算、最后得到平衡解，将其与关税发生变化之前所得到的均衡解进行比较，从中可以分析关税政策的效果。

将计算结果整理到表3～表6中。首先，从表3最终需求量的变化中可以看出，如果将中国的农产品关税降低30%，那么，在中国的最终需求中，从亚洲其他国家进口增加将最多，增加率达2.36%，增加金额为3 016千美元。不仅是最终需求量，而且从中间需求量的变化中也可以看到，在中国农业的中间需求中，对亚洲其他国家农业及其他部门的产品的需求的增加最大，增加率分别达到2.33%（基准值为31 492千美元）和2.06%（基准值为1 567 171千美元）。与此形成对照的是，在中国农业的中间需求中，对中国农业及其他部门的产品需求分别以0.024%和0.009%的减少率略显减少趋势。因此，从最终需求和中间需求两方面可以看出，随着中国农业关税率的降低，对中国农业部门产生比较明显的影响。

表3 最终需求量的变化分析

单位：千美元

		亚洲			中国		
		基准期	政策后	变化率（%）	基准期	政策后	变化率（%）
亚洲	农业	123 608 104	123 608 607	0.000 29	127 364	130 380	2.367 94
	其他	13 523 300 610	13 523 327 150	0.000 20	22 209 999	22 213 415	0.015 38
中国	农业	1 311 949	1 311 954	0.000 29	109 336 895	109 347 995	0.010 15
	其他	77 560 838	77 561 051	0. 000 19	595 568 014	595 659 627	0.015 38

表4 产品的消费地价格的变化*

	基准期	政策后	变化率（%）
亚洲・亚洲（农业）	0.99 832	0.99 832	−0.00 056
亚洲・亚洲（其他）	0.99 766	0.99 766	−0.00 030
亚洲・中国（农业）	1.09 194	1.06 052	−2.87 734
亚洲・中国（其他）	1.06 048	1.06 032	−0.01 508
中国・亚洲（农业）	1.10 131	1.10 130	−0.00 056

（续）

	基准期	政策后	变化率（%）
中国·亚洲（其他）	1.10 435	1.10 434	−0.00 022
中国·中国（农业）	0.99 031	0.99 024	−0.00 686
中国·中国（其他）	0.98 809	0.98 794	−0.01 508

注：＊在应用一般均衡模型中，产品的价格是一种相对价格。

表5 生产要素的使用和附加价值的变化

	亚洲		中国	
	农业	其他	农业	其他
劳动（%）	0.00 012	0.00 005	−0.23 867	−0.86 362
资本（%）	0.00 146	0.00 118	0.00 835	0.00 165
附加价值（千美元）	1 665	1 198	−1 009	135

表6 效用水平的变化及受益情况

	效用水平		等价偏差（EV）	
	基准基	变化量	总量（千美元）	按人平均（美元）
亚洲	123 774 598	500	55 657	0.069 42
中国	92 985 494	12 646	97 983	0.080 06

产品价格是导致上述结果的主要因素。表4显示的是产品的消费地价格。消费地价格是由生产地价格加上国际运输费、海上保险及关税等而得到的。如果中国农业的关税率降低30%，从亚洲其他国家到中国之后产品的价格将减少2.88%，和其他消费地价格相比这一减少率相当较大。另外，从亚洲其他国家到中国的其他部门产品消费地价格的减少率也较大。

此外，随着中国农业的关税率的变化对生产要素的影响情况用表5表示出来。随着关税政策的调整，中国农业和其他部门的劳动雇用量将分别下降0.24%和0.86%。1997年，中国的农业劳动者数是32 435万人，如果将其乘以劳动雇用量的变化率0.24%，即可以看出农业部门的劳动雇用量将减少77.4万人。与此相对应，中国农业的附加价值的生产将减少1 009千美元。从中可见，中国加入WTO之后，对劳动力市场的影响不容忽视。

最后，从对表6效用水平和等价偏差的分析中，可以从综合福利效果的角度对中国农业的关税政策进行考察。基准期中国的效用水平是92 985 494，关税率降低之后，效用水平将增加12 646，增加率为0.01%，其变化微乎其微。等价偏差是表示家计的福利受益，因此从等价偏差可以把握在经历经济均衡化过程之后的态势。从计算结果可以看出，若将中国农产品关税率缩减30%，中国的家计综合福利受益为97 983千美元，人均为0.080 06美元；亚洲其他国家的家计综合福利受益是55 657千美元，按人平均之后为0.071 31美元。因此，无论是对中国，还是对亚洲其他国家，福利受益极为渺小。也就是说，在中国加入WTO之后，由于中国农产品关税政策等方面的改革，不会带来多大的福利受益。同时，对亚洲其他国家的影响也不会很大。

六、结论及今后的课题

在本研究中、首先将 CGE 模型进行了扩张，并构建了对多地区（或国家）、多部门进行分析的 SCGE 模型。在此基础上，对缩减中国农业关税率之后在各方面所产生的影响进行了分析。其分析结果可概括如下：

（1）本研究通过将空间概念引入到应用一般均衡分析、并在模型构建中将生产者行动和消费者行动分别按两个阶段进行。与此同时，把产品的消费地价格和生产地价格的差值导入模型中使得模型可以直接用于对关税及国际运输费变化所带来的影响进行分析，这也是本研究所构建的 SCGE 的一个特征。此外，通过计算可以看出，本研究所构建的 SCGE 模型有很高的现实再现性，因此无论模型、还是计算程序，适宜于对中国农业政策的计量分析。

（2）如果将中国的农业关税率降低 30%，其对中国的最终需求、中间投入、生产要素市场、产品价格造成的影响不容忽视。也就是说，在中国的最终需求和中间需求中，从外国进口的那部分将有明显增加。此外，关税率降低之后、对劳动力的需求将呈减少趋势。

（3）对于已加入 WTO 的中国来说，随着农业关税政策等方面的改革，不会带来多大的福利受益。

今后我们将继续从不同方面对中国的农业关税等政策进行应用一般均衡分析。将运用本研究构将的 SCGE 模型，一方面是对农业按部门细分、甚至将农产品按品种细化之后进行分析；与此同时，以个别国家之间作为研究对象进行农业政策的计量分析。另一方面，在政策模拟分析中，所设定的前提条件不仅要考虑本国的政策变化，而且将考虑贸易伙伴国家的政策变化。此外，今后将运用应用一般均衡分析方法，对农业关税以外的政策、比如说农业补助金等政策进行计量分析。

参考文献

［1］Hertel，T. W.，Thompson，R. L. and Tsigas，M. E.《Economywide Effects of Unilateral Policy Liberalisation in US Agriculture》，in Stoeckel，A. B.，Vinwcent，D. and Cuthbertson，S.(eds)，《*Macroeconomic Consequences of Farm Support Policies*》［C］，Duke University Press，Durham，pp. 260～292（1989）

［2］阮蔚．加入 WTO 一年来中国农业的动向［J］．农林金融．Vol. 56，No3，pp. 24～42（2003）

［3］齐藤胜宏．日本的大米进口配额的经济效果［J］．农业经济研究．Vol. 68、No. 1，pp. 9～19（1996）

［4］中华人民共和国海关总署编．中国海关统计年鉴［M］（各年版）

［5］中华人民共和国农业部编．中国农业发展报告 2001［M］．中国农业出版社，2001

企业基本竞争战略理论评述*

米增渝

美国著名经济学家罗纳德·科斯（R·H·Couse）在1937年发表的《企业的性质》（Firm Character）的论文，可以是研究企业基本竞争战略的出发点。在新古典经济学领域，企业被视为生产函数，市场关系由供求曲线表达，无论市场交易还是企业内部的交易都被假定是在瞬间完成的，反过来说，交易活动是不稀缺的，交易费用几乎可以为零。但是，科斯的论文突破了这种经典性的假定，科斯提出了影响很大的"交易费用"概念。一个企业的存在比另一个企业更能节约交易费用，这个企业就会在市场竞争中获得优势地位并最终淘汰那些交易费用高的企业。同样，一个企业的组织形态、竞争机制和发展战略，其有效与否的检测标准也是要以交易费用的节约与否为准。如果企业的基本竞争战略不能使企业在成本节约和效率提高上得到帮助，这样的基本竞争战略就毫无意义。科斯用企业存在的交易费用概念来解释企业存在的理由，第一次使企业存在价值形态具体化、可计量化。因为交易费用的概念，不仅包含了以前企业组织和运营过程中的风险因素、信息因素、垄断因素、政府管制因素等，而且还包含了企业竞争机制、企业基本竞争战略、企业发展战略等一系列前人忽视的影响企业交易费用的因素。所以，后来的许多管理学家和竞争战略学家，都在不同程度上接受了科斯的企业价值理论，并以此为出发点构建了各自的基本竞争战略理论。

迈克尔·波特（Micheal E·Porter），美国哈佛商学院教授，80年代初期，他先后出版了著名的三部曲：《竞争战略》（Competitive Strategy）、《竞争优势》（Competitive Advantage）和《国家竞争优势》（Competitive Advantage of Nations），被公认为管理领域中经典性的著作。波特在1980年的《竞争战略》一书中，揭示了一个企业如何通过有效地竞争不断加强其在市场上竞争优势的战略：企业基本竞争战略的实质是如何将一个企业内部环境与其外部环境建立起有效的联系，关键性的因素是企业决定投入竞争的一个或几个产业，以及企业对外部环境的应变能力。产业竞争的强弱及产业利润率是由顾客、供应商、替代品、潜在的进入者和现有竞争对手五种竞争作用力共同决定的，其中最强的一种或几种对基本竞争战略的形成起决定性作用。企业在与五种竞争力量相抗衡中，有三种互相有内在联系的基本竞争战略可供选择：总成本领先战略、标歧立异战略和目标集聚战略。五年后，又出版了《竞争优势》一书，重点阐述企业在实践中，如何创造和保持竞争优势，并将其广泛的基本竞争战略转化为能获取竞争优势的具体实施步骤。波特在这里提出了具有创新意义的价值链理论：企业是进行设计、生产、营销、交货及对产品起辅助作用的各种活动的集合，所有这些活动都可以通过价值链表示出来。因此，竞争优势的源泉是企业在进行各种价值活动中，尽量优化每一个价值活动，来获得比竞争对手更有效的价值链。

* 本文是国家自然科学基金资助项目《乡镇企业与小城镇互动机理及模式研究》（70073037）的一部分。

一、纽曼和霍尔的企业竞争战略理论

(一) 纽曼、洛根和赫加蒂的企业战略管理理论

美国学者纽曼(W·H·Newman)、洛根(J·P·Logan)和赫加蒂(W·H·Hegarty)三位企业管理理论的著名学者,在1971年共同合作出版了《企业战略》(Strategy, Policy, and Central Management)一书,最大的创新之一是提出当今企业管理在理论与实践两个方面的发展趋势——企业的战略管理。

他们认为,随着企业竞争的加剧,企业经营环境社会化和国际化趋势的加强,企业要想维持其生存和发展,并同不断变化的世界保持一致,必须要有非常清晰的远景规划和明确的奋斗目标,而企业战略则犹如舵柄,指引着企业之舟在波涛汹涌的大海里驶向理想的彼岸。企业的战略是经济实体的基本经营方式,通过企业的战略规划、政策制定、机构组建、实施指导、综合平衡等一系列的战略管理程序,使企业在所处环境中充分地发挥自己的优势。

纽曼等认为影响企业成功的因素很多,但是,企业战略主要侧重于获胜的关键性因素。主要包括四个方面:①企业经营范围的选择。企业要明确在富有魅力的市场中能向社会提供产品和服务的项目,挑选适合自己的经营方位。例如富兰克林国家银行(Franklin National Bank),最初的经营范围是为长岛地区的客户和小企业服务的一家小型乡村银行,当发展成为较有影响力的银行后,该银行为从根本上改变其单一银行形象而寻求其广阔经营范围,在纽约金融中心曼哈顿开业,并在一系列金融业务上紧跟花旗银行、大通曼哈顿银行等银行巨头,最终成为美国名列第13位的主要银行。②企业为经营范围服务的特异优势。企业要想持久地吸引住顾客和资源,除必须在同行业中承担一定的经营义务外,还必须使自己的产品或服务在设计、科研开发、交货时间、成本、环境保护等方面有独特性。如一家中等的保险公司——开拓者生活公司,在集团保险经营上跟大型保险公司竞争时发现,大公司普遍忽略了少于200名雇员的企业集体保险业务,因而决定开辟为小公司服务的特异优势。他们挑选优秀的业务人员为小型企业所有雇员的保险事物提供咨询服务,为其制定一系列标准化保险政策。为适应集体保险并使其成为公司内部的独立经营单位,对公司内部结构进行重组,从而在雇员保险业务的技术领域内形成独树一帜的优势。③企业改变现有地位所进行的战略推移。当环境变化时,企业原来所面临的一些不确定因素可能会变成肯定因素,同时又会产生新的不确定因素。企业为适应新的环境和条件,必须不断地修订或改变企业战略。④企业必须达到的目标和结果。为推行企业战略提供资源或赞助的人们,希望所有的经营活动都能导致令人满意的结果。

(二) 霍尔的产业在逆境中获取生存和发展能力战略的理论

1980年10月,美国经济学家霍尔(W·K· Hole)在《哈佛商业评论》杂志上发表了《关于逆境下争取生存的战略》(Survival Strategies in the Hostile Environment)的文章,对产业走过成熟期开始进入衰退期时应如何根据环境的变化及时调整或转移竞争战略的问题提出了很有价值的观点。

他分析了美国主要产业在50、60年代的高速增长,70年代增长停滞,80年代慢速增长三个历史阶段的变化情况,并从八个产业中选择了64个有代表性的大型企业进行实证性和规范性的分析。这些企业在70年代曾一度陷入困境,亏损严重,甚至濒临倒闭的边缘,但仍有少数企业取得了与其他产业经营优良的企业相媲美的利润。

霍尔深入探讨了这些在困苦环境中能继续生存并逐步走向繁荣的企业战略，分析其在竞争战略上的变化，以及其企业在产业中竞争地位的变化，提出了三种基本竞争战略：一是企业必须在产业中通过低价格竞争，获取低成本的竞争优势地位；二是企业通过高质量的产品和服务，获取差异化的竞争优势地位；三是在价格与质量两个方面都取得优势地位。这种情况只适用于在技术、资金和销售网络等方面具有雄厚经济实力的大企业。霍尔认为，在一般情况下，企业应尽量避免同时追赶两个目标而造成资源分散，成功的企业大多是在价格与质量二者中选择其一作为自己的主攻方向，全力以赴直至最后胜利。但也有个别企业在两个方面都获得成功。如经营建筑机械的卡塔比拉公司，既在生产方面取得了成本领先地位，又在流通与服务方面取得有别于其他竞争对手的别具一格的竞争优势。经营卷烟业的菲力普·毛里斯公司不仅依靠高度自动化的生产设备，取得了世界上生产成本最低，而且又在商标和促销环节进行大胆投资，最终在产品差异化方面也取得成功。

霍尔与波特关于企业基本竞争战略的理论都是以成本领先和产品差异化为基本出发点，总体上讲是一致的。但波特比霍尔的研究则更加深入，在总成本领先和标歧立异两种基本竞争战略的基础上，提出了以细分市场为特征的第三种基本竞争战略即目标集聚战略。

二、大前研一的企业家战略头脑理论

日本的大前研一先生在日本早稻田大学毕业，又在东京工业大学和麻省理工学院深造并获得硕士和博士学位。1979年起，在美国麦肯锡顾问公司担任董事及驻日负责人，专门作产品市场战略、海外投资、改善公司收益、组织系统及拟定企业战略等规划工作，也帮助日本最著名的公司制订竞争战略，被人们尊称为“战略先生”。主要著作有《企业参谋》、《策略家的智慧》、《麦肯锡成熟期的成长战略》、《无形的大陆：新经济的四种法则》等。

在《企业家的战略头脑》书中，他从企业家的角度探索了制订企业竞争战略的逻辑框架。首先提出要对企业所面临的问题进行全面细致的分析，明确自己与竞争对手相比自己具有的优势和劣势，在此基础上确定企业成功关键性因素，围绕关键性因素建立企业的相对优势，通过企业的创新精神和开辟新的发展空间制订适合企业发展的战略。其次，提出顾客、企业、竞争对手是构成竞争战略三个关键角色，企业家的任务就是要使企业在关键因素上优于竞争对手，把握其战略与市场需求相适应，使市场需求与企业目的彼此协调，在满足顾客需求的同时，有效地区别于竞争对手。第三，强调企业战略和环境变化的关系，指出世界上没有一个能确保战略成功的现成公式，这就要求企业家必须经济地分配管理资源，现实地安排战略步骤，根据变化了的环境随时毫不迟延地调整自己的竞争战略。

（一）企业在竞争中成功的关键因素的观点

随着科学技术的飞速发展，世界资源日趋短缺，原有的游戏规则逐渐被破坏，整个世界的经济增长速度普遍趋于缓慢，企业所处的环境因素越加变化无常。在这种情况下，企业如何将人、财、物和时间等有限资源集中在能决定其获得成功的关键功能领域，并正确地组合调配是至关重要的。确定企业在竞争中成功的关键因素有两种方法：一是准确地分析和剖析市场，确定市场的关键区隔；二是分析成功企业不同于失败企业的原因。企业首先将自己的目标市场分解成小的区隔，通过产品市场的各个区隔确定在战略具有关键性的市场区隔，然后，根据关键市场区隔制定实施企业产品——市场区隔战略，最后，企业对每个区隔进行严格的经济论证，并根据企业所能利用的全部资源情况，休整关键市场区隔。当然，不同的领域、不同的产业部门在盈利和获得的市场份额方面的成功关键因素，在于不同的功能、不同的领域和不同的销售渠道。

（二）重视与竞争对手比较在市场上的竞争地位的观点

日本企业在世界各地商业竞争中取得空前成功的原因，是日本企业家独特的战略思考模式，也就是非常重视与竞争对手比较在市场上的竞争地位。日本企业以增强企业本身的竞争地位为依据，演绎出一套完整的竞争战略：①强化企业的经营性差异。集中稀有的宝贵资源重点出击，用于某一关键性的经营职能，是此项战略的核心指导思想。在不同的产业领域中，成功要素主要维系于竞争者如何发挥最具决定性的经营职能。②不断问为什么。市场竞争瞬息万变，企业不能寄希望依靠其要素而取得长盛不衰的竞争优势。从长远看，没有一个成功要素是稳定和无限制性的，特别是一些普遍为人接受的产品设计及生产运作概念更值得质疑。只要多问为什么，就一定可以发掘更多打破常规，必然会为企业带来竞争优势。③利用对手的弱点。如果在同一产业领域中，所有竞争者都懂得分析成功要素，努力施行强化经营职能性差异的竞争战略，结果是没有任何竞争者可以取得相对优势，因为同等的活动会互相抵消，使各竞争者无法凸显其独特优胜之处。在这种情况下，企业应尽量看准对手的弱点，才有建立竞争优势的机会。企业要清楚掌握对手的弱点，务必将自己的产品与竞争对手的产品作一详尽的比较，这样做可以提供线索，为企业定价和成本构成方面打下竞争优势的基础。④为使用者寻求最大利益。为用户带来更大利益的产品，在市场上就越受欢迎，越有竞争力，这是不容置疑的。企业生产的产品必须顾及使用者的需要才能吸引用户购买。要满足用户的需要，提高销售量，企业在产品设计时应尽可能考虑用户的利益。企业所能做到的，是如何在某些客观条件的限制之下，选择若干个具有战略性的设计变量，作为奋斗目标。

（三）选择和排出优先顺序的观点

企业要想在激烈的竞争中战胜对手，不可能在从资源控制到服务的每一环节上都处于明显的领先地位，只要它能在一个关键功能上形成决定性的边际优势，就可逐渐在竞争中处于领先地位。日本企业成功的秘诀是按次序改进其功能竞争力的技巧。日本企业取胜的基本竞争战略可分为三个阶段：第一阶段是进入低级商品市场的阶段，日本企业很少涉足海外市场及其在研究开发方面的投资，而将主要精力集中在制造工程技术和人力资源上，生产技术和低廉的人力资本是优势的源泉，其代表性产品有：计算机、压缩机、建筑设备、大规模集成电路等；第二阶段是进入中、高级商品市场的阶段，战略重点转向质量控制和产品设计能力，在发展规模经济的基础上，努力树立自己的商标形象，其代表性产品：发电机、普通纸复印机、汽车、电信设备等；第三阶段是争取全球市场的阶段，战略重点是通过持续不断的创新，开辟新的海外市场，在基础研究和直接市场上踊跃投资而赢得世界市场，其代表性产品：照相机、立体声音响设备、磁带录音机录像机、电视机、超大规模集成电路等。当然，有些行业的关键功能是经常变化的，关键是随着关键功能的迅速变化，随时转移各种所需资源。

三、彼得斯和奥斯汀的企业战略优势理论

1982年，美国著名管理专家托马斯·彼得斯（Thomas Peters）与小罗伯特·沃特曼（Robert H·Wateman）合著出版的《追求卓越》（In Search of Excellence：Lessons from American's

Best-Run Companies）一书，被译成几十种文字，在全世界发行了500多万册。他们对美国的优秀公司进行严格的筛选，从中选择经营最成功的43家公司进行了深入细致的调查研究，从其关注“生产产品与服务的人与购买产品与服务的人”的管理思想出发，归纳出企业管理八项原则：紧靠顾客、行自主、倡创业、以人促产、深入现场以价值观为动力、不离本行、精兵简政、紧中有松和松中有紧。

1985年，彼得斯与南希·奥斯汀（Nancy K· Austin）合作又推出新著《赢得优势》（A Passion for Excellence：the Leadership Difference）。这本书有四个方面的突破：一是研究范围从以往的以技术先进和实力雄厚的大公司为主，扩展到小企业、金融业、服务业、传统工业，以及学校、军事单位和政府机关，使其论点更带有普遍性；二是在《追求卓越》理论研究的基础上，将原来的八项原则精炼为四项原则：“面向顾客”、“不断创新”、“以人为核心”和“领导素质”；三是着重阐述了领导者的素质和艺术在三项原则中的决定性作用，并认为企业的成败、优劣关键在于领导者的素质和水平的高低；四是重点突出顾客至上原则。他们认为单纯地追求低成本战略，或是市场占有率，或是质量，而忽视顾客的实际需求，企业最终将失去竞争优势地位，在市场上最终购买商品并支付账单的是顾客。

1987年，彼得斯出版了其第三本管理畅销书《乱中求胜》。该书仅在发行之后的半年内，便再版了十次。在一个急剧变化而又不可预知的年代，怎样才能做好“顾客、创新、员工和领导”四个方面的管理工作？为了回答这个问题，彼得斯在书中分别就这四个方面的问题提出了10个处方，同时就应付未来时代的挑战在每个方面提出5条建议，前后共45条。

（一）顾客至上的观点

要“让生产成为市场营销的武器”，摈弃过去那种只见生产、不见市场，只见产品不见顾客需要差别的错误经营理念，需要“发动一场为消费者着想的革命”，要“全神贯注地倾听顾客的意见”。对于顾客，无论是直接接触还是通过信息联系的间接接触，都是企业最为重要的人物。企业的职责就是不断地满足顾客随时随地的需求。企业为顾客服务并不是企业给了顾客什么好处，反过来倒是顾客给了企业为他们服务的宝贵机会，从而使顾客和企业都有利可图。不是顾客依赖企业，而是企业必然要依赖顾客。显而易见，顾客与企业之间的相互信任关系并非小事，这决定着企业的声誉和命运。

要根据消费者的需求差别，将一个整体市场划分为若干细分市场，并针对不同的细分市场以专业化、差别化的策略寻求在整个市场中的局部优势地位，所谓的差别化和专业化，体现在“创造独家特色”，“为顾客提供可感觉到的最优质量”，“提供优质服务特别是无形服务”，“建立对市场的不同寻常的反应能力”等方面。

（二）以人为本的观点

在彼得斯的上述三本著作中，一条贯穿始终的红线便是“以人为本”的管理思想。彼得斯以这一管理思想为基石，构筑了以“人”为框架的管理体系。这一体系犹如一个等边三角形，三个顶端分别为顾客、员工和企业家。

以人为本就是一切从人的因素出发。企业通过自身独特的经营思想、价值准则、道德规范、文化传统及崇高的精神等，使职工形成共同的目标感、方向感和使命感，激发每个职工的积极性，既对产品质量、服务、改进和革新主动承担责任和义务来赢得优势，提高生产率。从一般意义上说，人们需要工作是因为希望得到有利于发挥和表现自己特长的机会。他们积极地参与到某一适合自己的项目当中，负起责任，并尽力充分地表现自己的能力和潜力。职工实际上都有自己的积极性，关键是企业的领导者如何创造有利于人们的才能和智慧得以自由发挥和施展的空间环境，可以说这是所有企业成功的共同主题。

（三）倡导创新的观点

顾客需求不仅差别越来越大，而且变化越来越快，由此导致市场不但细分化甚至碎化，与此相随相伴的则是竞争日益激烈化。在这种情况下，一个企业倘要“建立对市场不同寻常的反应能力”，办法只有一条，这就是“快节奏的创新”。实现“快节奏的创新”，意味着一个企业能以比竞争对手更为迅速、更为及时、更为有效和更能为顾客创造较大的价值的方式满足目标市场变化着的需要。那么，怎样进行“快节奏的创新”呢？从什么地方开始快节奏的创新呢？彼得斯的处方是：企业进行快节奏的创新，要集中力量从小处着手，小市场及其需求特性虽然细微但却是经常性的革新。

彼得斯说：“无论你到组织中哪个部门，都要过问创新型产品和服务的小开端，或者过问使现有产品得到扩展或实现差别化（增加价值）的方法，则要成为人人须知的准则”。以此为基础，彼得斯提出了从小处着手进行快节奏创新的四个方面的操作策略和鼓励创新的四个方面的管理策略，并认为只要从小处入手，正确实施与之有关的八个方面的策略工作，则可形成公司的总体创新能力。

（四）领导者素质提升的观点

“我们一直尊重的经营管理原则正经受着无情的打击，而且正在逐渐退出历史舞台，我们珍爱的大多数因果关系分析现在看来已经不够用了。”因此，彼得斯疾呼：“为了适应明天迅速发展的世界，各个层次的领导人必须做到：努力掌握几乎与所有传统管理理论对立的一系列悖理”。而所谓悖理，就是听起来似乎自相矛盾、难以置信或荒谬，然而事实上可能就是真理的陈述。在彼得斯的语境中，从经验出发，质疑传统的管理理论并掌握与之对立的悖理，是成功地履行领导职责的重要前提，也是热爱变革的标志。领导的职责就是发扬企业家的革新精神，体现对员工的人文关怀并赋予其责任感和所有权，关注顾客的需要和欲望，进而实现创新与发展。

四、小结与展望

在20世纪60年代前后，欧美企业过多地注重营销管理。70年代后，欧美企业与日本企业的竞争中发现，日本企业强大的竞争力主要来源于产品的高质量、低成本和优质的售后服务，这引起了欧美企业的高度关注。80年代初到90年代后，各国的经济环境和世界经济环境发生了根本性的变革，世界各国的管理学者开始关注竞争战略的基本思想，进行了大量的实证与理论研究，企业界广泛应用这一战略思想，这也是企业基本竞争战略理论和实践发生重大转移的阶段。

把质量竞争看作是改善竞争地位的优先战略，是发展中国家的企业基本竞争战略特点，也是与发达国家的企业基本竞争战略的明显区别。澳大利亚、韩国已显示出基本竞争战略转移的迹象。发展中国家的企业基本竞争战略的特征主要表现为：①服务竞争开始取代一般的质量竞争。知识经济时代的到来，经济增长的中心已转向服务领域的竞争；②企业综合能力竞争取代一般产品竞争。快速变化的国际市场环境，迫使发展中国家的企业努力提高其整体综合实力，以便在国际市场竞争中有一席之地；③技术跟进竞争让位于技术创新竞争。相当一批发展中国家在经历了

一段时期的技术跟进战略后，在资金、技术和人才等方面已具有了与发达国家相抗衡的能力，通过广泛的产品开发和技术创新战略同发达国家展开激烈的市场争夺。

20世纪70年代以来，欧美等发达国家企业纷纷仿效日本的高质量、高功能的基本竞争战略，这一战略在80年代后期国际竞争中渐渐失去其优势，取而代之的是具有时代气息的新模式。发达国家的企业基本竞争战略的新动态，具体表现在三个方面：①以人力资源为导向的基本竞争战略。以人为核心是指给职工更大发挥自身能力的机会，通过对职工的定期培训等手段，加强对职工对企业的责任感和义务感。在欧美发达国家中，生产技术的作用在竞争中逐渐下降，呈上升趋势的是以人力资源为导向的管理"软"技术竞争战略。②以顾客为导向的基本竞争战略。1994年至1996年，欧美大部分企业经济效益下滑，致使企业重新审视其战略，发现关键的因素是顾客，在战略制定上更加关心顾客，尤其是与关键顾客和供应商建立亲密的伙伴关系，并使其发展成为企业战略联盟的伙伴。以顾客为导向的产品战略渐渐取代传统的新产品开发战略。③迅速改变产量及快速交货能力的基本竞争战略。世界经济和技术的迅猛发展，种类繁多产品及其替代品使顾客购买心理发生易变，许多企业为了适应顾客日益变化的需求以及购买量缩小的倾向，努力提高企业快速改变产量和及时交货的能力。

参考文献

[1] Thomoms Peters & Nancy K • Austin (1985), A Passion for Excellence: the Leadership Difference, Random House Press, New York

[2] Robert H • Waterman (1994), What America does right: Learning from Companies that Put People First, Norton Press, New York

[3] Sanjaya Lall (2001), Competitiveness, Technology and Skills, Edward Elgar Press, U. K.

[4] Ganeshan Wignaraja (2003), Competitiveness Strategy in Developing Countries: A Manual for Policy Analysis, Routledge Studies in Developing Economics, Routlegde Press, New York

[5] 罗纳得·科斯．企业、市场与规律．上海三联书店，1990

[6] W·H·纽曼．企业战略．贵州人民出版社，1987

[7] 迈克尔·波特．竞争战略．华夏出版社，1997

[8] 迈克尔·波特．竞争优势．华夏出版社，1997

[9] 大前研一．企业家的战略头脑．三联书店，1986

[10]大前研一．企业参谋．企业管理出版社，1986

[11]大前研一．无形的大陆：新经济的四种法则．新华出版社，2003

[12]托马斯·彼得斯，罗伯特·沃特曼．追求卓越．中央编译出版社，2003

WTO规则下国际农业政策的发展趋势*

李秉龙　王可山　乔　娟

一、WTO规则下各国市场准入和出口补贴政策的比较

乌拉圭回合农业协议使所有WTO成员都承诺了要对农产品的进口关税和出口补贴进行消减。进口关税对农产品贸易的影响除了关税水平外，还可通过关税升级、关税高峰、复杂关税、关税配额和特殊保障机制等多个方面来表现。美国、欧盟、日本、韩国等国家农产品关税升级、关税高峰和复杂关税使用的都比较显著（如表1所示）。虽然乌拉圭回合农业协议达成了各国削减进口关税、国内支持、出口补贴的承诺，但当不利于本国农业发展的情况出现时，很多国家都采取了相应的措施以保护本国农业的发展，美国、欧盟、日本、韩国等国家有复杂关税的品种几乎都有特殊保障条款就是一例。出口补贴被认为是对贸易扭曲最严重的政府政策。乌拉圭回合农业协议要求成员方承诺削减现有的补贴农产品出口的数量与预算开支，对在基期没有进行出口补贴的农产品，则禁止在今后对该产品实施出口补贴。

表1　农产品主要进出口国的农产品进口关税政策比较

	关税升级（%）				关税高峰			复杂关税			
	初级产品	半制成品	制成品	最高税率	税目个数	所占比例	税目总数	从量税数	复合税数	选择税数	非从价税比例
美国	4.66	6.60	12.18	350	854（745）	49.34	17 312	620	109	0	43.04
欧盟	4.52	5.71	12.21	75	1 179（967）	56.06	103	641	191	50	45.98
日本	5.24	11.42	15.30	64	851（324）	47.36	1 778	206	57	51	17.66
韩国	49.10	60.92	26.58	917	1 240（69）	82.2	1 505	0	0	69	4.60
加拿大	2.38	5.75	5.99	238	402（380）	29.69	1 354	155	42	170	27.10
澳大利亚	0.35	0.93	2.73				746	5	0	2	0.94
巴西	8.81	12.69	15.90				937	0	0	0	0
泰国	32.05	26.88	17.27	65	929（557）	93.37	995	116	0	439	55.78

资料来源：田志宏等. 对WTO新一轮农业谈判中市场准入问题的研究. 中韩农产品发展研讨会论文集. 2003. 10. p30～37

在进口关税和出口补贴方面对本国农产品保护水平最为突出的是欧盟和日本。

1. 欧盟。1995年欧盟农产品平均进口关税水平大约为25%，经过削减1997年也仅降低到20.8%。并且在国际市场上竞争力较弱，而本地区生产量较大的谷物、肉类、奶和奶制品、糖等农产品进口关税水平更高。在农产品进口问题上，欧盟充分运用了特殊农业保障条款（SSG），

---

* 原载《调研世界》2004年9月。

1995—2000年间，欧盟共根据SSG条款的规定采取与价格和数量有关的措施212次，占这段时间全部WTO成员采取的743次限制措施的28.5%。此外，欧盟国家所实行的严格的食品卫生和动植物检疫标准，也对外部农产品的进入构成限制。就出口补贴来看，据美国农业部经济研究局资料，从1995年到1998年期间，WTO成员每年使用出口补贴金额大约为70亿美元，其中欧盟使用60亿美元，几乎占WTO成员全部出口补贴的90%。欧盟出口补贴不但金额大，而且补贴范围广，几乎涉及到所有谷物、牛奶、奶粉、黄油和牛肉。从单个农产品来说，牛肉出口补贴水平最高，占到了全部农产品出口补贴的22%。

2. 日本。在WTO农业协议中，日本承诺至2000年农产品的平均关税率降为12%，列入关税目录中的主要农产品“一次税率”平均为20%，但不同的品种减让幅度差别较大。如规定牛肉的关税从1995年的50%降低至2000年的38.5%；鲜橙从40%降至32%；其他如小麦、大麦、乳制品等要求6年间关税减让大约15%。尽管大多数农产品进口实行了差别税率的关税化政策，但大米被允许实行“关税特别措施”，至2000年大米最终关税率为490%，同期最低大米进口量占其国内消费量的比重应从1995年的3%提高到5%，即年进口量从37.9万吨增加到72万吨（这6年间实际进口大米量338万吨），大米仍然受到较大程度的保护。1999年4月，日本政府在未到2000年年底之前，宣布开始实行大米的关税化政策。但大米的进口关税1999年为每千克351日元，2000年为341日元。如此高的大米进口关税，使关税化后的进口大米价格高于国产大米批发价格，由于实施大米的关税化政策，并没有带来进口的大量增加，而且通过这一措施，使得日本将2000年的最低市场准入量由75.8万吨降低到68.2万吨，从而使大米的高关税成为保护国内大米市场的国境保护措施。日本与美国、欧盟一样，也保持较大的关税率波动幅度，日本峰值关税的近1/3超过30%。特别是对超过配额的进口品实行很高的峰值关税，如超过配额进入日本的干货蚕豆和小扁豆峰值关税可达460%～640%。日本的峰值关税主要集中在食品工业，食品工业所有的峰值占全部关税峰值的40%。FAO的有关研究认为，包括日本在内的发达国家有关税升级的迹象。与其他发达国家相似，日本也实行极为严格的进口食品质量检验制度，使其他国家食品难以通过低价竞争方式进入日本。此外，日本实行的严格检验检疫制度和商品质量标准对农产品贸易具有非常强的限制作用。在乌拉圭回合谈判协议中，日本保留了对121个税号的农产品采取特殊保障措施的权利，占总税号的12%。1994—1999年间，日本共采取了94次征收临时性附加关税措施以抑制进口的急剧增长，其中涉及到猪肉、奶粉、蔬菜等。

二、WTO规则下各国农业国内支持的比较

按照WTO的乌拉圭回合农业协议，农业国内支持是有特定内涵和外延的。根据各国实施的支持措施对生产和贸易的扭曲程度，分为“绿箱”、“黄箱”和“蓝箱”措施。乌拉圭回合农业协议框架下农业国内支持包括综合支持量（AMS）、“绿箱”措施和“蓝箱”措施，加上特别及其差别条款中的微量支持。

OECD在每年发布的成员国农业政策评估报告中对农业支持相关内涵也有相应的界定。根据OECD对农业支持的划分，农业总支持（TSE）主要由三个部分组成：生产者支持（PSE）、对消费者的直接预算补贴（CSE）和政府的一般服务（GSSE）。其中生产者支持又包括市场价格支持（MPS）和预算补贴（BS）。由于乌拉圭回合农业协议框架下的AMS基于“黄箱”而计算的，不包括“绿箱”措施和“蓝箱”措施，因而并不表明全部的农业支持量。为了比较全面对农业国内

支持水平进行国际比较分析，我们在这里主要使用OECD的资料。OECD成员间农业支持水平如表2所示。利用财政支农分别在农业总产值和国内生产总值中所占比重（如表3所示），可以比较各国通过财政预算在农业支持方面的总体水平。

表2 OECD成员间农业支持水平比较

	TSE占GDP比重（%）		人均负担的TSE（美元）	
	1986—1988年	1999—2001年	1986—1988年	1999—2001年
OECD	2.3	1.3	297	295
美国	1.4	1.0	282	348
欧盟	2.6	1.5	322	300
日本	2.4	1.5	476	511
韩国	10.0	5.0	341	456
加拿大	1.7	0.8	271	171
墨西哥	0.6	1.3	17	72
澳大利亚	0.8	0.4	103	72
冰岛	5.0	1.9	1 041	557
新西兰	1.7	0.3	176	42
挪威	3.4	1.5	711	556
斯洛伐克	5.0	1.7	141	62
瑞士	3.7	2.0	929	704
土耳其	3.5	5.1	59	145

资料来源：《PSE/CSEdatabase，OECD，2002》。

按照OECD农业支持框架，农业支持主要由生产者支持、对消费者的直接预算补贴和政府一般服务三大部分组成。在农业支持领域，越来越多的国家放弃了对消费者的正向支持，消费者由受支持者变成农业支持的承担者，农业生产者则为受益对象。从资料来看，整个OECD成员1986—1988年期间，PSE在TSE中所占比重近80%，1999—2001年虽然有所下降，但PSE在TSE中所占比重仍占3/4（如表4所示）。

根据美国向WTO通报的各种国内农业保护政策来看，美国在乌拉圭回合谈判后的最初几年里大幅度减少了国内扶持支出，特别是从“黄色价格支持”变为“蓝色的对农民直接固定支付”。在1986—1988年到1996年期间，用生产者补贴等值（PSE）作为指标，美国对农业扶持的力度大幅下降。但1997年后PSE出现明显上升，从1995年的11%上升到1999年的24%，其中谷物、糖和奶类的扶持水平居高不下。

根据乌拉圭回合谈判协议，欧盟通过调整共同农业政策，充分利用了WTO允许的“绿箱”政策，而同时“蓝箱”政策支出趋于稳定，属于“黄箱”政策的微量支出额、AMS总量明显减少。经过1992年的共同农业政策改革，欧盟对农业的支持力度有所下降，但对不同的产品其支持力度及变化程度又有所不同。生产者补贴等值最高的是牛奶和牛肉，1996—1998年与1991—1993年相比有所下降，但牛奶仅下降了4个百分点，而牛肉只下降了1个百分点。生产者补贴等值最低的是猪肉和蛋，1996—1998年都为4%。欧盟通过以上的共同农业政策的调整，不仅使自身行为符合乌拉圭回合谈判的协议，相对PSE从1986—1988年基期的42%下降到1999—2001年的36%。但一些欧盟比较敏感的商品，如肉类、奶类、糖、谷类等仍保持着较高的相对PSE值，其中肉类的保护强度近期还有上升的趋势。

表3 财政预算中农业支持水平的国际比较（%）

	财政预算支农占农牧业总产值比重				财政预算支农占GDP比重			
	扣除农牧业税前		扣除农牧业税后		扣除农牧业税前		扣除农牧业税后	
	1986—1988	2000	1986—1988	2000	1986—1988	2000	1986—1988	2000
OECD	20.39	25.32	17.36	21.75	0.89	0.68	0.76	0.59
美国	34.49	40.68	33.42	39.89	1.01	0.76	0.98	0.74
欧盟	13.45	22.37	12.67	22.25	0.68	0.70	0.64	0.70
日本	19.07	22.08	3.55	1.28	0.59	0.38	0.11	0.02
加拿大	31.65	17.32	31.43	16.97	1.05	0.50	1.04	0.49
墨西哥	16.10	9.83	15.61	7.07	1.66	0.51	1.61	0.37
澳大利亚	9.53	6.51	9.53	6.51	0.65	0.30	0.65	0.30
新西兰	12.83	1.90	12.77	1.88	1.45	0.21	1.44	0.21
挪威	58.08	73.49	52.57	72.44	1.68	0.92	1.52	0.91
斯洛伐克	26.94	24.97	26.35	24.36	2.91	1.45	2.84	1.41
瑞士	30.99	47.86	10.61	31.66	1.13	0.88	0.39	0.58
土耳其	5.30	12.12	5.17	11.37	1.14	1.93	1.11	1.81
匈牙利	9.37	17.17	9.73	16.60	1.33	1.60	1.38	1.55
波兰	5.25	0.55	4.49	0.12	0.78	0.02	0.66	0.00
中国	7.92	8.98	6.77	6.88	3.13	2.23	2.68	1.70

资料来源：OECD及其成员数据根据《2002年OECD成员农业政策评估与监测》中有关资料计算整理，中国数据根据相关年份《中国统计年鉴》计算整理。

表4 农业生产者支持地位（%）

	PSE在TSE中所占比重		PSE在农产品销售收入中的比重	
	1986—1988	1999—2001	1986—1988	1999—2001
美国	61.04	53.70	25	23
欧盟	85.49	88.17	42	36
日本	85.24	80.24	62	60
韩国	85.26	84.57	70	66
加拿大	79.22	75.12	34	18
墨西哥	—43.05	81.35	—1	18
澳大利亚	77.01	68.86	9	5
新西兰	82.85	40.80	11	1
挪威	88.21	91.32—	66	66
斯洛伐克	90.42	87.71	35	20
瑞士	82.30	88.87	73	70
土耳其	88.83	67.27	14	21

资料来源：根据《2002年OECD成员农业政策评估与监测》中有关资料计算整理。

在履行WTO协议的过程中，日本采取的做法与欧盟相类似，即改变财政扶持费用的用途，以此来减少AMS的总量支持和微量支持额。1995年，日本已经将用于“黄箱”政策的费用支出降到总支出的52%，从而达到WTO要求的削减额度。但从得到扶持的品种来看，日本的稻米仍然是受保护最严重的品种，在全部国内支持总额中其占了75%左右，位于第二位的猪肉仅为9%左右，牛肉略微大于5%。

根据WTO的测算韩国从1995年起逐步减少现行AMS总额及国内支持总量，截至1998年已完成乌拉圭回合协议的削减规定。韩国通过农业政策的调整不仅使自身行为符合乌拉圭回合谈判的协议，相对 PSE 从 1986—1988 年基期的 70%下降到 1999—2001 年的 65%。但一些韩国比较敏感的商品，如水稻、油料、肉类、奶类等仍保持着较高的相对 PSE 值，其中油料、牛肉、蛋类的保护强度近期还有上升的趋势。

三、WTO 规则下各国农业政策调整的比较

在 WTO 规则下，各成员对农业政策都做出了积极的反应，在完成 WTO 农业协议减让承诺的基础上，积极调整本国农业发展政策，通过增加财政支出等手段来促进本国农业快速发展来适应 WTO 这种新的农业贸易制度框架，不断提高本国农产品的国际竞争力，最大程度地支持本国农业的长期持续发展。

1. 美国。1986 年乌拉圭回合谈判启动后，美国极力推动各国接受扩大开放农产品贸易的目标。为此，在谈判期间，美国国会于 1990 年通过了《食物、农业、生态保护和贸易法》和《预算调整法》，主动着手对本国农业政策进行改革。与 1985 年《食物安全法》相比，1990 年农业法强调了市场机制对粮食市场的引导作用。乌拉圭回合谈判结束后，美国农业政策的具体调整集中体现于 1996 年美国国会通过的《联邦农业促进和改革法案》，虽然该法案仍然重视保障农业生产者的收入，但在具体措施上则开始由传统的市场价格支持方式转向对生产者的直接支付方式，从而减少了政策造成的扭曲。2002 年 5 月 13 日，美国政府开始正式实施《2002 农业安全和农村投资法案》，该法案涉及到与农业相关的方方面面，旨在扩大农业补贴，增强本国农产品的国际竞争力，保障本国农民收入水平，全面发展农村经济。然而，由于新农业法中的一些政策属于 WTO 规则要求减让的与价格、产量相关的政策，这引起了其他 WTO 成员的反对，认为其是在贸易自由化道路上的后退，将导致全球农产品贸易格局的改变。

2. 欧盟。欧盟共同农业政策改革以前，其农业政策工具主要包括市场和价格干预。1992 年，欧盟对共同农业政策进行了三方面的改革：第一，逐步降低粮食、油料、豆类作物和牛肉等农产品的支持价格，使之接近世界市场价格。第二，对生产者由此而蒙受的收入损失采取直接收入支付方式给予补偿。第三，对上述作物的种植面积进行限制。改革的基本思路是：市场和价格政策要坚定地按照市场的要求进行调整，收入和社会政策目标要力争用其他手段来满足，尽最大的可能来减少资源配置的扭曲，避免资源配置和收入分配目标之间的根本冲突。欧盟委员会在 2000 议程中提出新的农业政策目标：①提高农业的竞争力；②保证食品的安全性和质量；③采用有利于环境的农业生产方法；④保证农业从业人员有一个适当的生活水准和促进农业收入的稳定；⑤将共同农业政策与环境目标联系起来；⑥为农场主和他们的家庭创造增加收入和选择就业的可能性；⑦在欧盟内要把农业政策和农村发展政策在经济上紧紧地连在一起。在这些目标当中，强调了提高农业的竞争力，承认了环境政策的特殊价值，农村发展政策作为欧盟经济内部合作的手段被提了出来。改革后的欧盟共同农业政策更具有市场导向、消费者导向和环境导向性质。2003 年，欧盟通过了共同农业政策改革新方案，其突出特点是：①农业补贴的总额仍然很高。例如，规定 25 个成员国的农业总预算在 2006 年预算期内将控制在 453 亿欧元的水平，另外每年增加 1%的通货膨胀率，直到 2013 年。②加强对农村发展政策的支持力度。强调对环境、食品安全、动物福利、职业安全水平等标准的建设和关注，提出采用新措施和增加资金投入促进农村发展；规定将大农场直接收入补贴的削减额作为成员国的发展资金以促进农村发展。这表明欧盟共同农业市场的开放程度将主要取决于欧盟内部不同利益集团之间达成的利益均衡。

3. 日本。随着1995年乌拉圭回合农业协议的生效，日本便转而更多地依赖国内农业政策影响农产品国际市场。1994年12月通过的《食品法》取代了执行半个世纪的《食品控制法》，着手对以追求高自给率来保证粮食安全的农业政策进行根本性的改革，重点是一方面尽量减少乌拉圭回合农业协议对农业和农村的影响，另一方面大力加强农业基础设施的建设，为农村注入活力，力图把农业发展为自立的骨干产业。为更加全面适应WTO农业规则与支持保护21世纪日本农业农村发展的要求，从1995年开始，日本政府较大幅度地修改调整了本国农业政策，修订颁布了“新粮食法”、新的“大米流通法”、“新农业法”、“农业经营政策大纲”，提出新一轮农业谈判方案。为适应新形势，日本政府更加重视农业，强化了农业补助金制度，加大农业投入，并支持农业经营地规模化和高度化，实施农业收入的稳定政策。

4. 韩国。韩国的农业政策目标是随着农业发展环境的变化而不断调整的。从1991年开始，韩国政府陆续制定和实施了一系列新的国内农业政策：“农业与渔业结构调整计划”、“新农业计划”、“农业与渔业开发计划”、1996年的农业政策、“农业农村基本法”等。这些农业政策的目的或指导思想就是改变过去以收入或价格支持为主转为以市场、竞争力和效率为主。韩国在乌拉圭回合之后确定本国初步政策框架是：加强农渔村竞争力，改善农渔村生活条件，提高农渔民生活水平。今后，韩国农业政策的核心问题是：全面的国际化，提高农业的国际竞争力，维持一定的国内生产标准，扩充农业的多方面功能。同时推进提高以农业大户为中心的竞争力和小型农户的对策，调整作物品种，提高品质竞争力，缓和国内农业政策的国际化以及与国际往来国的商业摩擦，确保多方面功能的政策开发和支援。

5. 中国台湾。台湾地区农业是小农经营型态，农场规模较小，随着经济快速成长，工资上涨，虽因大量资本投入吸纳部分工资支出，但产销成本仍高，农业经营不易。在加入WTO以后，中国台湾地区官方指出，农业部门必须加速产业结构调整转型，在兼顾产业竞争力、农民福利与生态保育前提下，通过整体性、前瞻性的规划，争取全民的认同与支持，让本土农业更切合现代生活需要，才能维护台湾地区农业的可持续发展。中国台湾地区行政院农业委员会制定了“迈进二十一世纪农业新方案”，提出了具体应对WTO的农业政策：发展农业知识经济，促进农业产业升级，提高农业竞争力，创造农业多元化功能；确保粮食安全，生产优质、卫生、安全的本土优质农产品；提高农村生活环境品质，增进农民福利；推动农业结构变革，确保台湾地区农业的可持续发展；确立台湾地区农业在国际市场新的定位。

四、WTO规则下国外农业政策发展趋势总体评价

以乌拉圭回合农业协议为主的WTO农业相关规则是WTO成员之间进行农业贸易的基本框架和制定国内农业政策的重要依据，但各国由于资源禀赋不同、经济发展阶段不同、经济结构也存在较大差异，因而其农业政策倾向和选择也必然不同。处在经济发展不同阶段的国家，执行WTO农业协议、参与WTO农业贸易谈判时，必然会依据自己国家农业部门的利益，提出符合各自利益要求的农业政策，由此各国会在不同立场上互相摩擦和冲突。各国农业政策的发展趋势及新一轮农业谈判的现实，都充分地说明了这一点。

1. 各种农业政策，实际上是不同国家有效保护本国农业产业的结果。任何一种农业政策的制定，都体现着国家对其自身利益保护的倾向。以美国为例，1988—1989年美国发生的严重旱灾使美国的过量库存减少，而美元贬值和出口补贴措施又扩大了美国的粮食出口，因此在制定1990年农业法时，美国强调了市场机制对粮食市场的引导作用。这一基本思想也反应在美国在

乌拉圭回合谈判中所提出的收入与价格脱钩的建议中。又如欧盟，经过1992年的共同农业政策改革，对农业的支持力度虽然有所下降，但对不同的产品其支持力度及变化程度又有所不同。一些欧盟比较敏感的商品，如肉类、奶类、糖、谷类等仍保持着较高的相对PSE值，其中肉类的保护强度近期还有上升的趋势。

2. 利益机制决定各国实施新政策的动机。当一国预期到其外部收益的存在，并且获取这些收益的成本要低于可能的收益，他们就会有实施新政策的动机。无论各国如何标榜各自政策的科学性，都不可避免地带有特定的利益倾向，这一表现，在强势利益集团的行为中可以得到更为显著的验证。比如自1996年起，美国在国际市场需求疲软和农产品价格持续下跌的双重打击下，农业部门收入下降，许多农场兼并破产。为了维持美国农产品的国际竞争优势，确保其国家利益不受威胁及其全球战略优势不受动摇，美国甘愿在国内财政压力和国际社会强烈反对的情况下，冒着可能在新一轮WTO农业谈判中丧失信誉和要价筹码，以及可能导致破坏国际农产品公平自由贸易环境的巨大风险，在《2002年农业安全及农村投资法》中宣布大幅度提高农业补贴，将联邦补贴在未来的10年内提高67%，总计达1 900亿美元，与其所倡导的“自由市场农业”发生了根本逆转。

3. 农业产业的特殊性，加剧了制定可执行性较高协议的难度。作为WTO成员，应该遵守WTO的各项协议。但是农业是战略产业，事关国计民生和国家安全，推动这样一个产业贸易自由化，制定可执行性较高协议的难度无疑很大，WTO新一轮农业谈判充分地说明了这一点。能否考虑未来经济环境中各国在国际贸易中的地位，平等、均衡地考虑各国的利益，体现利益平等原则是制定可执行性较高协议的关键所在。我们认为，农业协议必须考虑各国具体经济环境，超越各国经济环境之上的农业协议是不现实的，农业协议不在于制定统一的贸易规则，而在于在可能的范围内，尽量减少各国间的差异、消除不必要的分歧、寻求协调。

利率市场化为期货市场打开了想像空间*

胡 俞 越

在人们最不经意的时候，上月底央行突然宣布加息，虽然基准利率只是调高了 0.27 个百分点，扣除居民消费价格指数增长因素后，实际利率仍为负数，但它的象征意义大于实际意义。它给市场一个强烈的信号，中国政府转向市场调节手段加强宏观调控，抑制过快的经济增长，中国有可能从此进入一个加息周期。国际股市、汇市、期市和基础原材料市场迅速作出反应，国际石油期货价格很快从每桶 50 多美元降至 40 多美元。这也充分表明，在全球化的进程中，中国在整个世界经济中的地位越来越重要，对全球经济的影响越来越大。

此次加息还有一点意味深远，那就是自今年 1 月 1 日起对所有商业银行放宽贷款利率浮动区间后，此次放开贷款利率浮动上限，允许存款利率下浮。这表明利率改革进一步迈向“贷款上不封顶，存款下不封顶”的更大的灵活机制，金融机构的定价自主能力不断扩大。利率市场化迈出了极其重要的关键一步，可以说在不知不觉中利率市场化的一百步已经走完了九十步。随着利率市场化的逐步实现，利率风险在不断加大。商业银行、金融机构、企业和个人需要寻找新的避险工具来转移可能面临的经常变动的利率风险。国债期货作为一种资产利率风险管理工具，其推出的市场条件基本成熟。国债期货不仅具有规避利率变动而产生的潜在风险的功能，而且具有反映利率水平的未来趋势的功能。十年前我们曾经有过国债期货的尝试，虽然因为 327 事件而暂停，但我们也因此积累了经验，吸取了教训，而且那时的国债规模小，品种少，期限结构单一，利率市场化没有实现。现在的情况不同了，近年来我国不仅是出于发债高峰，而且是出于偿债高峰。去年我国就发行国债 6 283.4 亿元，品种结构、期限结构、持有者结构都发生了深刻变化。但我们应当看到，我国债券市场依然存在诸多问题。此次央行加息，债券市场应声而下，其原因正在于我国至今尚未推出真正意义上的市场做空机制，因此债券市场的利率风险日渐凸现。今年以来债券市场始终弥漫着人民币利率上调的预期，中长期债券更是一路走低，特别是今年 4、5 月份，我国债市在利率上调预期的压力下，出现了前所未有的暴跌，以国有商业银行为主的金融机构由于大量持有中长期国债，其境地是可想而知的。一个显而易见的原因就是，我国现有的利率风险管理手段已远不能满足投资者对风险进行有效管理的需求。而在国际期货市场上，利率期货早已成为交易量最大的期货品种。中国债券市场投资者迫切需要建立以利率衍生品为基础，对利率风险进行动态和主动的风险管理模式。从现实的角度来看，当前要推出利率期货，最具条件的就是国债期货，因为国债利率是中国各种利率中市场化程度最高的。开展国债期货交易，就能利用这一金融衍生工具规避利率风险，促进债券市场价格发现，而且有助于活跃整个债券市场，大大提高市场流动性。

---

* 原载《期货日报》2004 年 11 月 18 日。

利率期货的标的物是一定数量的某种与利率相关的金融商品，即各种固定利率的有价证券。固定利率有价证券的价格受到现行利率和预期利率的影响，它们的价格变化与利率变化一般呈反比关系。如果利率出现频繁的波动，使债券持有人和发行人面临随之产生的债券价格波动的风险，也使资金借贷者面临借贷利息不稳定的风险。利用利率期货进行套期保值，是金融机构、公司企业以及投资者降低所持有的固定收入证券的利率风险的有效手段。套期保值的基本思路是，在期货市场上建立与现货市场相反的交易部位，利用两个市场上价格的正向相关性，一个市场的收益弥补另一个市场上的损失，从而消除投资者现货市场部位收益的不确定性。利率期货交易产生之后，其成交量规模每年以几何级数式增长。目前，无论在美国还是美国之外的国家和地区，利率期货的交易量都是排在第一位的。2003 年全球利率期货、期权交易量达到 18.8 亿手，比上年增长 27.3%，占全球各类期货、期权交易量的 24%；利率期货交易金额达到 588 万亿美元，比上年增长 24.5%，占全球各类金融期货交易金额的 94%。尽管在市场上存在着很多利率工具，但并不是所有的利率工具都适合开展期货交易。目前世界上最成功最活跃交易量最大的利率期货当数美国的中长期国债，它为全球的投资者都提供了一个有效的利率避险工具。在我国适时推出国债期货，不仅有助于化解利率波动的价格风险，而且可以大大推进市场利率机制的形成，从而发现充分反映市场供求关系的利率水平。

无论是从经济总量还是国际贸易来看，中国已经成为一个经济大国，但并非经济强国；无论从居民储蓄还是外汇储备来看，中国也是一个货币大国，但并非货币强国。中国经济作为全球经济最大的增量部分，所产生的影响是深远的。当我们在防范国际市场风险的同时，国际市场也在利用各种手段防范中国这个最大的变量因素所带来的风险。其中期货就是最常用的避险工具。期货固然风险很大，但没有期货风险更大。我们需要通过期货市场来争取国际商品市场的话语权、主动权，促使我国从经济大国走向经济强国。随着利率和汇率市场化的逐步实现，我们也同样需要学会利用金融衍生品来转移国内国际市场的利率风险、汇率风险，促使我国从货币大国走向货币强国。此次加息意味着央行悄悄放松了对利率的管制，为利率市场化打开了通道，也为期货市场的发展打开了想像空间。

“以教哺农”从根本上扭转“三农乾坤”*

张 仲 威

一、从我国和“三农”实际出发提出“以教哺农”问题

新中国成立50多年，就“三农”而论，比之过去取得了翻天覆地巨大的变化，积累了很多宝贵的经验，这里均不拟列述。但也曾出现和至今依然存在着很多诸如农村劳动力大量剩余、农业资金短缺、农业技术落后、农民收入不高、农民素质低下、农村生态环境恶化等主要问题。其中农民素质低下认为是许许多多问题中的核心问题。之所以说它是核心问题，因为它不仅制约着上述许多主要问题，还制约着全面小康社会建设和农业现代化的实现。从1996年第一次全国农业普查资料显示，在56 147.9万个农业劳动力中知识结构是：不识字或识字极少的占14.00%；小学文化程度的占42.15%；初中文化程度的占38.04%；高中文化程度的占5.07%；中专文化程度的占0.57%；大专文化程度的占0.16%。平均教育年限为6.6年。这样的知识结构，这样文化素质的农业劳动力怎么能对自己拥有的资源合理开发、利用、保护？何能对人力、土地、资金等生产要素优化组合？何能把科技潜在的生产力变为现实生产力？何能生产出的产品在国内国际市场上处于竞争的优势？即使国家经常采取多种多样的措施诸如财政拨款、银行贷款、减免税收、补贴、扶贫、科技支援、以工代赈、社会支助等等；即使我国农民具有抗争、勤劳、节俭等品质和积累的五千年农业生产经验；即使农业经济体制的改革和农民获得生产经营自主权等，“三农”的问题却依然严峻，原因何在？不是“标”的问题，而是“本”的问题，即农民素质低下这个根本问题所致。如何扭转“三农”乾坤？依据我从事农业教学、科研和生产实践50年的体验，应针对“本”采取“以教哺农”，这样，也只有这样才能从根本上扭转“三农”的乾坤。二次世界大战后，东方的日本，西方的德国，所以迅速地步入经济发达国家行列，其主要原因是重视“三农”，重视“三农”智力投入，把提高农民素质作为提高国民素质国策的重要组成部分之故。

众所周知，在科学技术日新月异的发展之际，在世界经济一体化、全球化、国内外市场激烈竞争的时代里，在2020年实现全面小康社会，距现在仅仅剩16年的时间情况下，以“以教哺农”来提高亿万农民的素质，已成为十分必要，十分迫切的任务了。否则，就不会有亿万高素质的农业劳动者掌握先进的科学技术、经营管理技能、经济信息知识，和具有高素质的政治、思想、法律、道德水平，不具备这些，就不可能优化配置资源，合理组合生产要素，科学预测政治、经济、发展趋向，生产高质量、低成本、销售快、效益宏的产品，就不可能在强敌如林的国内外市场激烈竞争之中取得优势地位，从而也就不可能在2020年实现全面小康社会。据

* 原载《通讯》2004年第16期。

此，就不难理解党和国家把“三农”问题定为经济工作“重中之重”的政治与经济意义，现实与深远意义了。

二、充分利用城乡两大剩余人才资源，扭转“三农”乾坤

我国具有13亿人口，8亿多农民，提高其素质是一项十分复杂，十分艰巨的任务，尤其是提高农民素质就更加复杂而艰巨。因为8亿多农村人口，其中4亿到5亿多农业劳动力，绝大多数不脱离生产，居住分散，且文化程度差异很大，若对之施教，教师、设备、设施等方面需要量极大。以教师为例，按我国现行统计，大学、中学每一教师平均18个学生计，5亿农村劳动力的素质提高，则需要2 770多万个教师。而全国大、中、小学教师2003年统计总数才1 600万人，即使全部下“三农”，也远远满足不了需要。如何解决这个矛盾？根据我国目前硕士生、博士生为数尚少的情况下，只有毕业大学生莫属了。据2003年统计，全国高校毕业生260多万，其中70%找到了工作岗位，30%（约70万）待业。2004年应届280万毕业生情况亦然。加上在此以前积留的为数不下百万以上。其中有的虽有了岗位，是降低了自己期望工资，比起薪月工资还低的1 000元以下的报酬签约的。与此同时，占农村总劳动力5%具有高中文化程度的人，约2 000万～2 500万人，加上应届高中毕业生，因种种原因未能上大学的人，已成为以千万计的农村剩余人才资源，这些城乡两大人才资源若不充分发掘利用，无疑，这是人才资源极大的浪费，不符合党和国家人才战略精神的要求。为贯彻执行党和国家提出的《2002—2005年全国人才队伍建设规划纲要》，运用市场机制和宏观调控的手段，使城乡中两大人才资源有机地结合，即从各大学应届毕业生中，在个人志愿的基础上挑选出百分之一二的人与社会上积留待业的大学毕业生组成百万左右大军到“三农”中去，用4年的时间把占农村总劳动力5%具有高中程度的人（约2 000万～2 500万以上），挑选出1 000万～2 000万作优秀生源，按1比10～20教师学生比例施教（我国大学、中学教师学生比为1∶15和1∶17）。这样4年后就可培养出1 000万～2 000万个中国农村成人教育大学毕业的大学生。然后再以上述办法请这批1 000万～2 000万名毕业大学生作为教师施教，4年后又将培养出1亿～2亿个毕业大学生。这样到2020年以前农村约5亿左右劳动力，除去外出者外，都可基本上达到大专水平。

有人会问毕业大学生在“三农”中工作能不能达到教学及其他预期的目的？他们教出来的农村毕业大学生数量与水平能不能达到大专水平，又能不能发挥其才智，提高生产，增加收入，改善农村生产与农民生活生态环境的能力？答复是肯定的。拟从其基本知识水平、基本综合能力和基本决策能力三个方面分述，首先基本知识方面，除外语、计算机技术和现代高新信息知识等绝大多数不如应届毕业大学生外，数学、语文、政治、法律、农业技术和经营管理基本知识不比城市应届毕业的大学生差，甚至在体会上更实际、更深入。其次，在基本决策能力方面要比城市应届毕业大学生强，实践出真知，实践锻炼人之故。第三，在基本综合能力农业技术、经营管理、政治道德法律等方面，绝大多数要比城市毕业出来的大学生水平高、主要是实际操作、实际经营管理、实际策划等方面要比城市应届毕业大学生水平高，甚至某些人更高。在我从事有关“三农”50年实践中，如1976年在河北藁城进行农村规划过程中，1996至2002年在河北燕山承德接坝区进行试区实践过程中，2001年在山东枣庄接触生态家园的工作人员中，看到、接触到和亲手培养的农村具有和还不具有高中水平的人中蕴藏着待开发的智力潜能和开发后的巨大能量。

三、"以教哺农"的若干建议和保证条件

（一）以大田、农户庭院、生态家园为载体，进行农村人力、智力资源开发、利用，实行生产与教育相结合，创业与创收相结合，创造价值，为"以教哺农"奠定经费基础

大田、农户庭院、生态家园既是农村高中毕业生生源的居住地，又是百万城市毕业大学生或居住或施教的场所，也是其创业和创收的空间，在以实行教育与劳动相结合的方针指导下，毕业大学生与当地高中生、农民一起共同开发大田、农户庭院、生态家园空间内的资源，发展大田、庭院与生态家园经济，实践充分证明，不仅是提高农业生产和农业经济的水平，还大大提高农民的收入水平和解决"以教哺农"的经费的最佳途径。是具有我国明显特色的，促使"三农"巨变，扭转"三农"乾坤的一项最佳方式。所以是最佳方式，在于它能从根本上解决"三农"问题。若采用其他途径，从根本上解决"三农"问题，仅以资金来说，资金从何处而来？国家拨？"以工哺农"？"以工代赈"？减免税收？利用外资？等等办法，少量可以，大量目前难以办到，今后20年也难度较大。怎么办？只有主要靠"三农"内力与城市百万毕业大学生结合，"以教哺农"发展大田、农户庭院经济，创建生态家园和从事其他企业、事业，实行创收。现以以下三个实例证明：

1. 大田是农民劳动的场所，也是"以教哺农"的载体。从1996—2002年我们在燕山承德接坝区进行试区实践，从中体验到燕山穷不是自然资源穷，而是缺乏人的素质，脑袋"穷"。鉴于此，我们"以人为本"，抓人的素质提高，充分发挥他们的智力和生产的积极性，特别是当地土专家的积极性、创造性，他们用当地的语言向广大农民传授我们授予他们的科学技术、理论知识及操作新方法。如把中国农大研制的移栽灵、天神多维元素、立丰灵等新品种、新技术，很快地与当地其他生产要素优化组合，推广应用到生产中，不仅提高了万亩水稻产量，由500千克提高到750千克，突破了大面积超高产记录，还提高了质量（改用新品种），降低了成本（每公顷降低2 235元），提高了参与国际市场竞争的能力，迎接了入WTO后的严峻挑战，增加了农民的收入，2002年比1995年人年均增加了158元。

2. 依据我们在全国的调查、实践的资料显示，发展农产庭院经济可解决"以教哺农"，农村全面实现小康社会和现代化的资金来源、剩余劳动力出路、生态优化和农民素质提高四个大问题。

首先，农户庭院是培养亿万高素质的多种类型人才的预备学校。农村涌现出的一批能人、巧匠，善经营、管理、组织的会计、统计、技术等专门人才和厂长、经理等领导者、企业家，他们大多从小小庭院中成长、培养起来的。若一个村出了一个有才干的经营者、组织者，全国就培养出500万～600万个人才，比全国一千多所大学每年培养出50万～60多万名大学生还要多10倍。由此可见，农产庭院这一空间，带来的不仅是经济效益，更大和无法估量的是为满足农业现代化培养了一大批人才的社会效益。

其次，农户庭院空间对剩余劳动时间吸收与利用，则为我国农业现代化发展广开了道路。据统计，全国剩余劳动力约有1亿以上，21世纪中叶要达二三亿之多，剩余劳动时间则就更富裕，南方一年之中有五六个月之多，北方则更多，少者七八个月，贫困山区则更长，按庭院经济发展较好的地方，每一庭院至少吸收一个或一个多整劳力计，全国2亿多户的庭院，平均至少吸收2亿个整劳力，这个数字比10多年来乡镇企业吸收劳动力总数多一倍，比全国职工人数还多。全国按1/2

农户发展庭院经济，也可吸收1亿多个剩余劳动力。这样在劳动大军现阶段不能大批拥入城市、工矿、乡镇企业情况下，庭院便成为吸收“两个剩余”，使之发挥作用，创造财富的场所。

第三，农户庭院经济发展起来以后，每农户从其庭院经济中收入平均1 500元到2 000元，多者上万元或更多。若1亿户，每年全国就可增加1 500亿元到2 000亿元。

第四，随农户庭院和农村经济的发展，农村也必然逐步变成绿化、净化、美化的生态环境。

3. 山东枣庄市农户庭院经济发展在全国名列前茅。2001年全市发展到53万户，占其67万总农户的79%，收入突破31亿元，户均4 650元，其中年收入3 000元以上的达40万户，万元以上的12.7万户。随着生产力的发展，先进科技信息的应用与农户庭院面积小；加入WTO后产品质量要求高；生产成本要求低与农户规模小等矛盾日益突出。为解决上述矛盾，枣庄市提出并实施富民生态家园经济。这是农户庭院经济发展的新阶段，是农民自愿原则下，把宅基地与部分承包地统一起来，平均每户经营0.13公顷土地，采取抬标的办法落实到户。实行居住、温室大棚、廊院走道与绿篱、立体种植、畜禽养殖、沼气生产区等六位一体的集约化综合设施模式。发展生态家园经济的农户，以市场为导向，农户经营为基础，以高新科技和社会化服务为手段，实行产供销，种养加贸一体化的农业产业化集约化经营，吸收了其全部整铺劳动力，户平均创收3万元左右，提高了国内外市场的竞争力，提高了农民文化、科技、政治、思想、法律的素质，达到了经济、社会和生态三大效益良性循环和可持续发展，为“以教哺农”提供了良好的环境条件和资金基础。

以上三个实例仅仅是少数毕业大学生和教师以较少的时间与当地结合创造的价值和取得的成就，若上述城乡两个人才资源长期结合，创造的财富就难预计了。若从中按百分之一提留用作“以教哺民”经费，其总额不下数百亿。

（二）建议中央制定有关政策；地方转移工作重心；中央、地方与农村成人三个方面的大学、中学院校紧密结合，协调发展，共同“以教哺农”

1. 政策的制定。百万大学毕业生从城市下“三农”，进行“以教哺农”的工作，是一项巨大的、复杂的、艰巨的、具有重大意义的系统工程，除依据市场机制配置外，中央还必须制定以下有关政策、制度，采取宏观调控及其他行政手段，以使之有序地、健康地和有效地进行。即如何使百万毕业大学生自愿地到“三农”中去，如何在“三农”中积极地发挥自己的才能，达到预期的目的，又如何自豪地返回或不返回到城市中来，并各自找到满意的岗位，这就需要中央制定有关政策。诸如工资、报酬、奖励、服务期限、返回深造留学、研究生、安置工作等一系列政策和对“以教哺农”工作做出突出贡献的各级干部、单位、中央应建立表扬、奖励、晋级、晋升制度。

建立中国农村成人教育大学及拨付300亿启动经费作100万毕业大学生第一年工资（每人3万元）。第二、三、四年工资可从“三农”工作效益中提留。

2. 地方各级政府工作重心转移。省、地、市、县、乡各级政府，为使百万大学毕业生下“三农”“以教哺农”，扭转“三农”乾坤的工作取得成效，必须把工作重心从城镇转移到“三农”中来，以较多的时间、精力放在“三农”工作上，以较多的资金投在“三农”建设上。在工作重心转移的同时，思想认识、工作方法和工作作风上都要相应改变。如视城市来的毕业大学生，他们不是下放干部，不是上级委任去工作的新干部，不是知识青年下放劳动接受贫下中农再教育的，不是领导下农村调查、检查、考察工作的，不是“钦差”，也不是有人认为的“定时炸弹”，更不是犯错误的人劳动改造的。而是“以人为本”，从素质上改变“三农”面貌，脱贫致富，脱

愚致智，脱病致健，实现全面建设农村小康社会和现代化的教师；他们不是过去一直“送鱼”来的工作干部，而是“授渔”来的设计师、技术师、教师、医师、律师等灵魂工程师。为此，对之要本着“以人为本”，爱才之心，识才之智，容才之费，用才之艺，做好毕业大学生的政治思想工作的同时，抓好本部门的干部群众思想认识宣传工作。营造为毕业大学生发挥才智的工作环境，即千方百计地在经济上优待、组织上重用、法律上保护、生活上照顾，这是贯彻党中央人才战略，尊重知识，尊重人才的具体执行与体现。这也是激励他们为“三农”安心而又积极地干成和干好这项事业，使他们从实践中逐渐产生成就感、荣誉感、自豪感。这样就创造了“人的工作政绩”代之“城镇建设政绩”。人的工作做好了，其他工作随之迎刃而解。

3. 在中央、地方的各级政府的组织领导、协调下，在教学（包括师资）、生源和教学场地、仪器、设施、设施、信息、资料等等诸方面，把中央、地方的大学、中学、小学与农村的各类学校，特别是中国农村成人教育大学有机地结合起来，促使中国农村成人教育大学的建立、健全和发展，从组织上完成扭转“三农”乾坤的神圣历史使命。

(1) 教学首先是师资城市大、中、小学，尤其是1 000多所大学中的教师，是下“三农”的百万大学毕业生的老师，他们在下“三农”之后，师生关系不是疏远了，相反，更加密切起来，会经常在“三农”从教或从其他工作过程中，会带疑难问题来母校向老师求救的；会不断邀请老师下农村作一次性的专题讲座，短期性的或长期性的聘任老师作兼职教授的；以助他们提高教学质量、办学声望和地位。

(2) 在农村办成人教育大学，可以说白手起家，经费极度困难，关于大量的教学设备诸如电子计算机、电气化教学用的设施等购置更为困难。但随科技日新月异发展，城市大学、中学教学设施也在不断更新，如电子计算机迄今已更换了数代，每次更换下来的东西对农村成人教育大学来说是宝贵的有用的资源，若这些设备、设施、多余的图书、资料等资源不通过二道贩子，而直接以无偿或低价（不低二道贩子收购价）送给、捐助给或售给农村成人大学，岂不是资源的有效利用，最有价值的处理，岂不是“以教哺农”在物力上为农村人力资源有效培养的具体体现。

(3) 农村成人教育大学没有像城市大学的教室、固定楼群，因此，它的教学空间是非固定的、分散的，不是田间、地头，就是农舍；不是租借农村中、小学教室、场地，就是事业、单位、驻军、厂矿的礼堂。为不断改善教学条件和环境，把农村成人教育大学与当地大、中、小结合起来解决某些教学方法、教师和设备仪器上需要同时在教学空间上与之紧密结合，在寒暑假期间，在过年过节假日期间充分使用其设施、体育场、教室、展览室、资料室、影像室等，又是“以教哺农”在空间上的具体体现。

(4) 城市百万毕业大学生下“三农”，由于他们来自不同性质的学校，毕业于不同的专业，掌握不同的技术、技能、知识；他们不是一个人而是上百万以上的知识大军，“三农”所需要的人才他们都具备；他们爱国、爱“三农”，特别是从农村来的毕业大学生，会给“三农”排忧解难的，主要是排科技文化低之苦，增收缓慢之忧，解医疗看病之难。他们在“三农”工作的实践中，不仅会达到前述预期之目的，还会与农民结成浓厚的友情。但不可否认，毕业大学生虽做农村成人教育大学的教师，还必须加强世界观、人生观的改造，必须严以律己，宽以待学生，加强学习，严谨治学，这样才能使“以教哺农”工程竣工，为中华民族、伟大祖国做出创新的业绩。

附：关于创办农村成人教育大学的建议

关于农民素质提高问题，中央、国务院、教育部及一些省市区都已关注并提出了诸如西部地区“两基”的战略目标、黑龙江省的一村一个大学生培养计划等措施，都是十分重要的。但根据我国当前有8亿多农民、4亿～5亿多农村劳动力；又据1996年全国普查资料显示其素质比较低下，文盲加小学程度的农村劳动力占农村劳动力总数的56%以上，若加上初中文化程度的则占90%以上的实际情况，若不下大力量来解决这一问题，2020年要实现全面小康社会建设，继而实现农业现代化的宏伟目标是不可能的。为此，冒昧地建议教育部呈报国务院创办农村成人教育大学，与城市成人教育大学同属部领导。建校的一些具体问题简列于下：

1. 目的与宗旨。①提高亿万农民素质，为全面小康社会建设、农业现代化培养农村具有德智体较高级人才；②落实党中央的人才战略，发掘城乡人才资源潜力，主要是农村人才资源潜力，营造“造血”功能，为“三农”服务；③缓解城市空间争工作岗位的矛盾，同时为城市输送高质量的农村人才。

2. 生源。根据1996年国家统计数字，农村劳动力中高中文化程度的占总劳动力的5%，即2 000万～2 500万人，可从中挑选1 000万作为培养对象，采取不脱产学习的方法施教，四年毕业。四年后再从农村具有高中程度的劳动力中挑选第二批人作生源。

3. 师资。主要从在城市毕业后待业的大学生中招聘。按2003年统计约有60万～70万大学毕业后未找到工作岗位的人，加上以前毕业而未找到工作岗位的大学生，不下100万人，这部分人一旦被可激励的政策调动，从城市向农村转移，以亿计的农村劳动力被他们培养出来，将是“三农”质变的巨大物质力量。按当前大学、中学教师与学生之比为1∶17计，四年后，“三农”空间将出现1 800万～1 800万以上的大学生。这1 800万新的大学毕业生聘之为师资教新的高中程度的农村劳动力，再经四年“三农”空间将出现3.2亿个毕业大学生，这样不到2020年4亿～5亿农村劳动力，即可全部达到大专水平。这样农民知识结构将起巨大变化。

4. 经费。主要作为100万名城市待业大学生的工资。若按毕业大学生起薪2 500元月工资，年薪3万计，100万人×3万元/人年则为300亿元，4年为1 200亿元。8年为2 400亿元。该经费可由中央和地方共同解决。若国家以2 400亿元实现“三农”质的飞跃是最值得的。比由于盲目搞城市建设的不良资产的浪费有价值得多。至于在成人教育毕业的大学生作教师的经费，则可从其从事“三农”的纯利润中提取不低于1%的比例。

5. 报酬形式。从事教学工作的人可为年薪制。从事“三农”其他工作如医师、技师、工程师、律师等等的可自择年薪制或股份制（知识入股）。

6. 设施。教室、体育场、阅报室等，因地而异，可从大、中、小学处捐、租、借、购教室及其他设施，也可租借培训班及当地行政、驻军的一些房舍。本着从俭，不大兴土木工程的原则办校。

7. 教学形式与时间。冬季农闲时间集中施教，农忙时间可充分利用夜间施教，也可采取分散方式，方式应采取集中与分散，常规与培训班相结合，灵活多样，求实效，不求形式。

8. 毕业分配。应采取哪来哪去的办法，即就地分配。从事“三农”教学、企业管理、行政管理或生产管理要因人而异、因志趣而择定。

9. 办校制度化、规范化、法制化。教学计划、教构内容、考试制度等必须结合“三农”特点，参照城市成人教育大学办法进行。

10. 监督、考核。教学效果应经常进行，除学校外，各省（市区）、县、乡教育部门组织来人监督、考核、检查、评比办校效果。

农用地核算相关问题的探讨

刘治钦　杨秋林

[摘　要] 国有农业企业执行全国统一会计制度——《企业会计制度》，面临着在清产核资过程中必须解决的农用地核算问题。本文从会计核算制度和原则的相关规定出发，首先讨论了农用地的会计确认问题，然后对农用地的会计计量和会计核算方法从理论和实务两个方面进行了探讨，认为国有农业企业的农用地核算应计入“固定资产”和“资本公积”两个科目。

[关键词] 国有农业企业　农用地　会计确认　会计计量

我国财务会计改革要求，国有农业企业必须实行全国统一的《企业会计制度》（财政部于2000 年 12 月 29 日发布）。按照相关要求，国有农业企业在实施《企业会计制度》之前，必须进行清产核资工作。而在清产核资过程中，有一个问题必须明确：农用地是否应该入账？如果入账，应如何进行会计确认和计量？账务上如何处理？本文拟从理论和实务两个层面对以上问题进行探讨。

一、农用地资产特征及其初始确认的探讨

《企业会计准则》将资产定义为：“过去的交易、事项形成并由企业拥有或者控制的资源，该资源预期会给企业带来经济利益。”我们认为，资产要素所具有的主要特征可归纳如下：资产的实质是经济资源，这种经济资源具有在未来期间创造经济利益的能力；该经济资源的使用权（或控制权）的归属是明确的；这种经济资源必须是过去交易或事件的结果，或者是导致特定主体可以获得这项经济资源的交易或其他事件已经发生；经济资源必须能以货币计量。

《中华人民共和国土地管理法》规定：农用地是指直接用于农业生产的土地，包括耕地、林地、草地、农田水利用地、养殖水面等。从这一概念出发，有的学者进行了进一步的内涵延伸，认为农用地还包括部分经整理后能够开发利用或者可复垦为农用地的非农用地（后备土地资源）。

从资产会计确认的角度分析，农用地完全具备资产的一般特征。

（1）农用地是相关经济主体进行农业生产经营活动所必不可少的生产资料，也是最基本的生产资料。离开农用地，在目前条件下农业生产就无法进行，更谈不上从农业生产经营中获取利润。因此，农用地具有在未来期间创造经济利益的能力这一资产的本质特征是毋庸置疑的；

（2）一项资产的会计确认和会计计量，是针对某一个企业而言的，是对某一经济主体的农用地进行确认和计量，因此农用地的使用权（或控制权）的归属是明确的；

（3）经济主体对于其拥有的农用地，可以决定它的具体用途（前提是用于农业生产经营活动），也可以转让其使用权（如承包给家庭农场进行经营），因此可以说，经济主体对农用地拥有

实际的控制权；

(4) 农用地的价值是可以确定的，可以用货币进行反映。虽然目前国内农用地的市场非常的不活跃、不健全，但是谁也不能否认农用地的价值是可以确定的。

除此之外，农用地还有不同于一般资产的显著特点：

(1) 农用地是自然和人类的联合产品，但更主要的是自然本身的产物。农业生产是自然再生产和社会再生产相互交织在一起而进行的，它离不开土地这一自然资源综合体。

(2) 农用地具有生态脆弱性。具有肥力的土地（土壤）是农业基本生产资料，这是农用地与非农用地根本性差异，而由于土壤肥力受制于自然条件及社会经济的双重影响，具有强烈的生态脆弱性，从而影响农用地资产的运行效率。

(3) 农用地转化为非农用地较易，但非农用地转化为农用地却很困难，即便有的能重新转化为农用地，其生产力水平还需很长时期才能达到原有水平。

(4) 与非农用地相比，农用地资产开发与运行所需资金较少，但用地规模一般较大。

通过以上的分析，我们完全可以得出这样的结论：农用地不仅具有资产要素的一般特征，而且是农业企业生产经营中一项具有重要意义的特殊资产。它必须纳入农业企业的会计核算体系之中，以真实地反映农业企业的资产情况。

实际上，有关农用地的会计确认问题，相关的会计准则、制度等也有比较明确的规定。例如，《国际会计准则第 16 号——不动产、厂房和设备》在第 37 段指出："不动产、厂房和设备是指在企业经营过程中，具有类似的性质和用途的一组资产。以下是各种单独的类型的例子：①土地；②土地和建筑物；③机器；④船只；⑤飞机；⑥汽车；⑦家具用品和办公设备。"；另外，我国《企业会计制度》中也有两处提到土地的问题：制度第二章第三十五条（不计提折旧的固定资产的范围）和科目说明中有关"累计折旧"科目的说明，两处的提法完全一致，即"下列固定资产不计提折旧：……（四）按规定单独估价作为固定资产入账的土地"。但是，对这个规定，《企业会计制度》未作任何更加明确和详细的说明，农业企业在执行《企业会计制度》时，应明确确认农用地的资产属性，并做出相关的补充规定。

二、农用地初始计量的探讨

（一）农用地计量属性的分析

计量属性是指被计量对象的特性或外在表现形式，即被计量对象予以数量化的特征或方面。FASB 在 1984 年发布的《企业财务报表的确认和计量》中，详细论述了它的计量属性思想，这些思想主要有：①资产，负债或权益变动必须具有相关的计量属性，可以充分可靠地用货币单位予以计量；②提出了五种可供现行实务选择的计量属性，即历史成本、现行成本、现行市价、可实现净值、未来现金流入量现值；③主张依据应予以计量的项目的性质、计量属性的相关性和可靠性来选择计量属性；④虽然现行财务报表经常以历史成本计量属性为其特征，但多种计量属性同时并存的情况将会继续下去。

(1) 历史成本。历史成本一直是会计计量的基本原则，是最重要的计量属性。从一般意义上讲，历史成本是指取得资源时的原始交易价格。它之所以在财务会计计量中受到普遍的推崇和应用，主要原因是：历史成本是以实际交易并经交易双方认可为基础，因而具有可靠性，有利于对各项资产、负债项目确认和计量的结果进行检查、核证和控制。

(2) 现行成本。现行成本是指在本期重购或重置持有资产的成本，又称为重置成本。现行成本的主要优点是：①能避免物价变动的虚计收益，确切反映生产耗费的补偿，有利于资产保全；②计量结果所揭示的是现实的财务状况，与决策的相关性更强；③现行成本和现行收入的配比具有内在的统一性，有利于计算真实收益；④能明确区分经营收益和持有损益，从而可以正确地评价企业的经营管理业绩。

(3) 现行市价。现行市价是指资产在正常清算条件下的变现价值或现金等值。在现行市价计量属性下，全部资产和负债按变现价值重新估价，变现价值是市场价格扣除预计销售费用后的差额。现行市价的主要优点是：①资产的现实变现价值与决策的相关性更强；②现行市价无须根据资产寿命分期地把资产成本转作费用，能消除费用分摊的主观随意性。

(4) 可实现净值。可实现净值是指资产在正常经营状态下可带来的未来现金流入。可实现净值与现行市价相比，虽然都反映资产的未贴现的变现价值，但在变现的时间上，现行市价基于当前的脱手价格，适用于现实销售的资产，而可实现净值基于预期的未来脱手价格或未来清偿的既定负债。

(5) 未来现金流入量现值。未来现金流入量现值是指资产在正常经营状态下可望实现的未来现金流入量的现值。未来现金流入量现值作为一种资本化价值，其主要依据是：资产是预期的未来经济利益，这种经济利益的大小与预期现金流入的时间分布有关，即要考虑货币时间价值。

(二) 农用地计量属性的选择

在对农用地进行会计计量时，由于我国土地市场不完善，现行市价的计量属性不适合农用地的计量；此外，可实现净值是基于预期的未来脱手价格，也难以确定，因此可选择历史成本、现行成本或未来现金流入量现值作为计量属性。

(1) 历史成本。对农用地而言，按历史成本就是企业已经作为固定资产核算的农用地价值。企业在取得农用地时，需要加以确认入账，入账时的价值就是按历史成本进行计量的。

(2) 现行成本。按现行成本对农用地进行计量，实际上就是计算目前取得农用地的所有花费。

(3) 未来现金流入量现值。未来现金流入量现值是资产在正常经营状态下可望实现的未来现金流入量的现值。在目前很多学者在对农用地估价的研究中，认为该方法能比较科学地反映农用地的真实价值，因此该计量属性在很大程度上广泛适用于农用地的估价。

(三) 农用地计量方法的确定

根据以上分析，结合我国的现实情况，农用地的计量方法即入账价值的确定方法，主要有两种：收益还原法和成本逼近法。收益还原法计算的是农用地的未来现金流入量现值，成本逼近法计算的是农用地的现行成本。

(1) 收益还原法。收益还原法是以土地收益价格为理论依据，认为土地价格是土地收益即地租的资本化，认为地价高低取决于土地收益的大小。一般来讲，典型的农用地可以认为是永久作为农业生产使用的土地，其收益价格除考虑每年相对固定的生产纯收益及适当的还原利率外，很少考虑其他因素，而市地的变化性却很大，因此，收益还原法适合于农用地的估价。

伊利（R. T. Ely）认为把预期的土地年收益资本化而成为一笔价值基金，这就是土地资产的价值。他把地价（V）、土地纯收益或经济地租（R）、还原利率（ι）之间的关系描述为下式：
$V=\frac{R}{1+r}+\frac{R}{(1+r)^2}+\frac{R}{(1+r)^3}+\Lambda+\frac{R}{(1+r)^n}=\frac{R}{r}\left[1-\frac{1}{(1+r)^n}\right]$。当n趋向无穷大时，土地的所有

价格就可以表示为：V=R/r

使用该方法计算农用地价格时，最根本的问题还是在于农用地纯收益或农用地经济地租和还原利率的测算和选择。在农用地纯收益或经济地租的测算问题上，由于地价是对预期收益的反映，因此就本质而言，模型中的收益应该是预期纯收益，也可以使用最佳资源配置状态下的理论收益。但是，农用地预期纯收益的计量没有确定的模型，应根据各地具体情况而定。在实际工作中可以首先确定实际的纯收益，然后将其调整成预期纯收益。

还原利率的选择对于农用地价格的计算影响非常大，对还原利率的确定也是众说纷纭。采用下式计算的还原利率应该更合理。

$$\text{土地还原利率}=\frac{\text{一年期银行存款利率}}{\text{同期物价指数}}(1-\text{农业税率})$$

在实际工作中，可以按照单位面积农用地的年租金作为经济地租、按照上式计算的还原利率进行简单的计算。

(2) 成本逼近法。成本逼近法的基本原理可以从假设的农用地买卖双方来考察。从买方的角度看，成本逼近法的理论依据是替代原理，买方愿意支付的最高价格不能高于他所预期的重新开发该地块所花费的代价；从卖方的角度看，成本逼近法的理论依据是生产费用价值论，卖方愿意接受的价格，不能低于他为开发该地块已花费的代价。双方可接受的共同点必然等于正常的开发成本（包括正常的费用、税金和利润）。

根据《农用地估价规程》，运用成本逼近法计算农用地价格的基本公式为：

农用地价格＝土地取得费＋土地开发费＋税费＋利息＋利润＋土地增值收益

该公式中各个部分的含义比较明确，在此不作具体说明。

在确定农用地的入账价值时，还有一个问题需要结合实际进行考虑：这就是农用地的入账价值不能太高。原因在于：大部分农用地之前并没有进行核算，一旦进行核算，必然会增加资产总额，相应的等额增加所有者权益。如果按照收益还原法和成本逼近法计算的农用地的价值入账，则资产和所有者权益变动幅度就会很大。这样一来，在以后国家征用农用地时，由于国家征用土地时所给予的补偿（包括土地补偿费、安置补助费和青苗、附着物补偿费。其中，青苗、附着物补偿费是对附着于土地的建筑物、生物资产的损失补偿，不属于对土地本身的补偿。因此本文所讲的国家给予的补偿只包括土地补偿费和安置补助费）相对较低，必然产生很大数额的农用地处理损失，从而影响企业的当期损益，使得企业各期的损益产生较大的波动，不利于报表使用者对企业经营状况的正确理解。

例如，广东佛山市南海区利用收益还原法计算的质量等级最低的 4 级农用地的价格为每亩 54 750元，而实际的土地补偿费和安置补助费之和平均只有每亩 16 372 元。如果按照每亩 54 750 元作为农用地的初始入账价值，则处理时每亩就会产生 38 378 元的损失。假设国家征用 100 亩农用地，则该企业当期仅农用地处理损失就有 383.78 万元之多。

三、农用地会计核算账务处理的探讨

农用地入账时的账务处理，涉及到两个方面的问题：一是将农用地计入资产的哪一个项目，二是与资产对应计入所有者权益的哪一个项目。

一般地讲，农用地计入资产有两个去向：计入固定资产或计入无形资产（农用地同时具备单位价值较高和使用年限长的特点）。我们认为国有农业企业的农用地在入账时应计入“固定资产”

科目。原因在于：

如果农用地在入账时计入“固定资产”科目，根据“土地不进行折旧”的原则，一方面企业的资产增加了，另一方面企业也可以获得正常的营利。虽然我国实行的是土地公有制，企业不拥有农用地的所有权，但企业拥有农用地的控制权。

而如果计入“无形资产”科目，必然面临在一定年限内摊销的问题。假定每亩农用地的入账价值为40 000元，按50年的期限摊销，则每亩每年摊销800元；而目前情况是：从事大田种植的企业每亩的年均纯收益还不足800元（在不考虑土地价值摊销的前提下）。也就是说，如果农用地按无形资产入账并进行摊销，以粮食种植和销售为主要业务的国有农业企业根本不可能赢利！

国有农业企业的农用地在计入“固定资产”科目时，其对应科目也有两个：“实收资本”和“资本公积”。如果对应科目为“实收资本（国家投资）”，则国有农业企业会面临以下问题：①一旦计入“实收资本”科目，其账面价值就很难变动（根据资本保全原则）；②在考核经营者的经营业绩时，其考核指标（主要的一个指标是“资本保值增值率”）就会很难看；③资本变动需要重新进行登记注册，程序相对繁琐。而如果对应科目为“资本公积”，以上问题就会迎刃而解。而且由于资本公积可以转增资本，因此企业就可以根据具体情况决定是否转增资本以及转增资本的具体数额。从目前一些已经将农用地估价入账的企业来看，大家也倾向于增加“资本公积”而非“实收资本”，并且这两种处理方法从会计理论上将都是可行的，对国家而言也没有什么实际的损失。

论法律风险与畜产品生产者的质量安全选择*

李秉龙　王可山

［摘　要］农产品质量安全是关系到人类生存与发展的重大问题，本文试图从法律风险入手，对畜产品质量安全问题给出一种解释。主要观点是：在法律的框架下，经济人会不断地在最大化自身利益和遵循法律之间做出选择。我国低风险的法律制度环境，助长了一些畜产品生产者的机会主义行为，在相当程度上决定了我国畜产品质量安全水平偏低。

［关键词］法律风险　畜产品　质量安全

一、引言

随着社会经济的快速发展，生活水平的不断提高，人们对畜产品的消费在数量上不断增多的同时，开始向安全、优质、营养、高档方面发展，对畜产品的内在品质和安全质量要求更高更严。乌拉圭回合之后，国际间的畜产品贸易摩擦不断、争端重重，虽然各个时期畜产品贸易争端的特点和重点有所不同，但一个显著的现实和趋势是以确保畜产品质量安全、保护动植物健康福利和环境资源等为名义而设置的技术性贸易壁垒对畜产品国际贸易的影响越来越大。在各种力量的共同推动下，畜产品的质量安全水平按理说应该有一个令人满意的提高，然而，现实状况是近年来我国畜产品质量安全事故不断发生，畜产品外贸出口屡遭挫折，这些都反映了目前推动我国畜产品质量安全水平大幅度提高的合力还没有形成。对此，许多学者从监管体系、标准体系、检测检验体系、认证体系等不同角度作了研究，本文试图从法律风险入手，对畜产品质量安全问题给出一种解释。

二、畜产品质量安全现状：简单描述

改革开放以来，我国畜牧业持续稳定发展，逐步成为独立的支柱产业，在发展国民经济、提高人民生活水平、增加农民收入等方面发挥了重要作用。2003 年，我国肉类产量达 6 932.9 万吨，禽蛋产量达 2 606.7 万吨，居世界首位；奶及奶制品产量也实现了较快增长，从 1979 年 90 万吨发展到 2003 年的 1 848.6 万吨。畜牧业的发展带动了市场供求关系的转变，基本满足了不同消费层次的需求，实现了畜牧业生产由数量型向质量效益型转变。然而，从现实情况看，近几年我国畜产品质量安全问题却十分突出，主要表现在：

* 原载《中国禽业导刊》2004（17）。

（一）抗生素、激素等残留超标

在养殖过程中，农民为了防治疾病、提高饲料转化率和动物生长率、提高动物产仔率和仔畜体重、改善动物胴体质量，经常使用抗微生物药、驱虫药、杀虫药和激素类药等，这些兽药残留对人体健康危害极大，主要表现为变态及过敏反应、细菌耐药性、致畸、致突变、致癌作用以及激素样作用等多方面（张晓东，2002）。在我国，含有“瘦肉精”（盐酸克伦特罗）的猪肉最早发现于1997年，1999年有关部门抽查“瘦肉精”的检出率为19.8%（李哲敏，2003)。2001年农业部抽查了11个省（直辖市）的263个养猪场（户），23家养殖场（户）被查出饲料中含有“瘦肉精”。我国的浙江省杭州、金华、嘉兴，广东河源、顺德等地都发生过“瘦肉精”中毒事件，2001年11月，北京发生首例“瘦肉精”中毒事件，14人中毒。

（二）农药污染严重

据国家农业标准化与监测中心在2001年全年的抽检报告显示，我国畜禽肉农药残留主要为蝇毒磷、敌百虫、敌敌畏、滴滴涕、六六六和三氯乙烯等的有机氯、有机磷、农药公害问题最大。以滴滴涕和六六六为例，猪肉、猪内脏、鸡肉、鸡蛋中，六六六的检出率在60%～100%，超标率在3%～8%（超标9倍以内者居多）。滴滴涕的检出率在0～100%，超标率在0～74%（超标6.5倍以内者居多）。就残留平均值来看，滴滴涕和六六六虽大都超出我国食品卫生标准所规定的允许含量，并大大超出发达国家所规定的允许含量（李婷婷，2003)。农药将通过食物链造成蓄积，存在致癌和损害人体健康的潜在危害性。

（三）不合格或超量、超范围使用化学色素、化学添加剂等现象严重

在畜产品生产加工过程中，为满足加工工艺的需要或为延长保质期或为改善产品的感观性状，往往会加入某些化学色素、添加剂等，若使用不合格或超量、超范围使用，都会造成畜产品的污染。加工设备、工具、容器、包装材料若不符合食品加工的卫生要求，其中的有害化学物质，如铅、砷、镉、汞、苯、二甲苯、氯乙烯单体溶出，在一定条件下成为畜产品的污染源。

（四）不合理的贮藏、保鲜等造成污染农产品的事件时有发生

在食物运输、流通过程中，由于不合理的贮藏、保鲜，不遵守相关的卫生管理规定，使用不洁的或曾贮运过有毒、有害物质的仓库和运输工具，导致有害微生物入侵，污染畜产品的事件时有发生。另外，由于畜产品市场准入制度尚未健全，市场监督管理不严，保障体系不完善，投入不足，优质优价政策不落实等造成种种畜产品质量安全问题。

三、畜产品质量安全与法律风险：理论分析

（一）一般分析

一般说来，市场有动力提供质量安全的畜产品，因为生产者（经营者）需要依靠他们的信誉来重复出售他们的产品（Jensen，1998)。然而，市场通常不能提供质量安全属性符合社会需要的畜产品，其原因是：①消费者在购买之前不能判定想要购买的畜产品是否是安全的。甚至当消费者购买畜产品时，他们通常也不能识别是否该畜产品会使他们染病，或者长期消费该种畜产品会对健康产生危害。②质量安全措施会增加生产者的成本，而信息的缺乏又会减少生产者提供质

量安全畜产品的动力。同样，消费者也不能准确的区分生产者提供的产品是安全还是危险，从而也就不能对生产者加以区分而分别给予信任或责罚。③当消费者得知某一畜产品质量安全事件而不能将其归责于某一生产者时，消费者会简单地停止消费该类畜产品，从而，安全优质畜产品的生产者会受到伤害，甚至退出市场。

沿用理性经济人来讨论，我们可以认为，生产者为了个人的利益最大化，他们必然会利用包括法律规范在内的一切可能利用的空间。但是，理性经济人也表明，生产者的机会主义行为并非随意且无约束的，他们总是要考虑当时环境下各项制度的约束与限制，最终选择他们认为是“得大于失”的方式。实践表明，人既有可能是规范遵循者，又有可能是最大化利益者，何时遵循规范，何时最大化自身利益，主要取决于法律对人的利益的改变程度。在法律的框架下，经济人会不断地在最大化自身利益和遵循法律之间做出选择。

如果将畜产品生产者一般性地界定为“逐利的理性经济人”，那么，他们的行为模式主要取决于该项行为所可能产生的经济后果。而某项行为的经济后果又在相当程度上受当时的制度安排所影响，换言之，是某一时期社会的制度安排，影响了畜产品生产者的行为方式。因而，如果一定时期的制度安排能够有效地鼓励提供安全优质的畜产品，并对实施这种行为的生产者给予奖励，则市场上普遍提供的畜产品，其质量安全水平应当能令人满意；如果情形与此相反，并且那些提供质量安全没有保障的畜产品生产者不能受到应有的监督与惩罚，而又能获得不菲的收益，则市场上普遍供给的畜产品，其质量安全水平必定偏低。

（二）具体分析

究竟什么是法律风险？我们可以将之描述为违法者被发现的概率和发现后遭到惩罚的力度大小。

在畜产品市场上，质量安全信息是不对称的，生产（经营）者对此具有完全信息，而消费者具有部分信息或完全无信息，在没有外力干预的市场机制作用下，消费者仅仅凭借搜索和观察很大程度上无法确定畜产品的质量安全水平。畜产品市场的这种质量安全信息不对称状况，使得市场效率降低，不能有效分辨畜产品质量安全水平的高低，因而也就降低了违法者被发现的概率，其法律风险随之降低。

分辨畜产品质量安全水平过程是非常专业的技术活动，普通的消费者要想证明畜产品生产者的生产过程中存在行为不当现象和畜产品本身存在质量安全问题，其难度很大，且成本高昂。以对证明猪肉是否含有“瘦肉精”为例：我国早在1997年就发布了禁止生产、销售含瘦肉精猪肉的禁令，但在禁令发布后，浙江、广东等地先后发生多起瘦肉精中毒事件，2001年农业部抽查了11个省（直辖市）的263个养猪场（户），依然有23家养殖场（户）被查出饲料中含有“瘦肉精”。有令不禁，究其原因是对瘦肉精的检测成本很高，使得获取充分的执法信息的可能性减少。事实也证明了这一点。瘦肉精的检测成本到目前来说仍居高不下，每头猪的初步检测成本在150元至200元左右，最终定量和确认的成本在800元左右。检测设备也因价格高昂而不能被各地所拥有。正因如此，虽有禁令的存在，但各地几乎没有把瘦肉精的检测项目列入对猪肉的常规检测项目，很多猪肉没有被检测是否含有瘦肉精而上市。

我国到目前为止的法律制度中，关于举证责任仍然适用“谁主张，谁举证”。从利己经济人角度来看待诉讼，诉讼成本的高低是提起诉讼的决定性因素之一。从图1可以看出，随着诉讼成本的不断提高，基于成本效益对比的角度考虑，提起诉讼的概率也逐步降低。由于普通的消费者证明畜产品质量安全水平的难度很大，成本高昂，诉讼的门槛高，失去了对畜产品质量安全问题

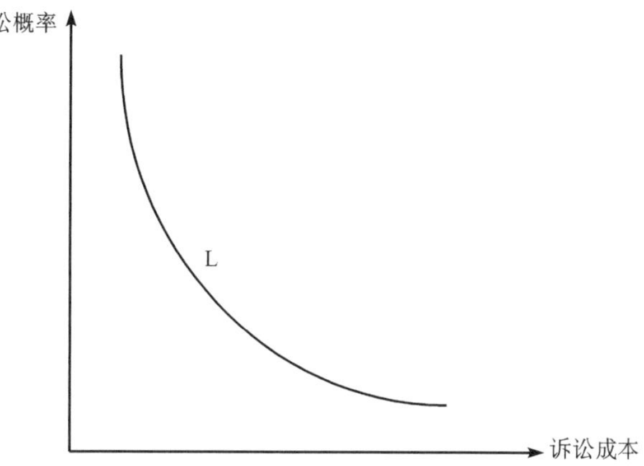

图1　诉讼成本与诉讼概率的关系

提起诉讼的动力。因而，畜产品生产者即便真的向市场提供存在质量安全问题的产品，被发现的概率很低，其法律风险也随之降低。

一旦发现畜产品存在问题，其生产者遭到的惩罚又如何呢？如果生产者因此遭到的惩罚严厉，承担巨额的赔偿责任，那么，这种法律风险会极大地提高生产者降低质量的机会成本，使生产者提供低质量不安全畜产品的行为从经济上变得无效，进而减少或停止该行为。然而，目前我国不健全的法律制度、特别是没有严格的民事赔偿制度，即使畜产品生产者被起诉并败诉，其赔偿责任也是很低的。1999年全国因违反产品质量法规而被查处的经济案件案值达11 254万元，而罚款金额为1 401万元，没收金额516万元，罚没合计1 917万元，占总案值的17.03%（孙百昌，2003）。由此，生产者遭到的惩罚力度可见一斑。从提起诉讼一方来说，赔偿责任代表了诉讼的收益，赔偿责任越小，表明诉讼的收益越小，这又与前面诉讼成本的高昂形成呼应，最终，低惩罚在相当程度上助长了一些畜产品生产者的机会主义行为，同时，也进一步降低了生产者的法律风险。

四、畜产品生产者质量安全选择：利益使然

目前的畜产品安全问题，其原因是多方面的，但从经济的角度而言，理由只有一个：利益使然。任何生产者，都不能脱离自利的理性经济人的约束，他们的行为模式主要取决于该项行为所可能产生的经济后果，他们会根据外部环境调整其生产行为，以达到利润最大化。当生产者预期某项行为不会受到法律法规的约束和惩治时，或者该行为预期的收益远远大于因受到惩治而带来的损失时，他一定会实施该项行为。只要是利己的经济人，他们一定会选择对自己有利的处理方式。

在市场竞争机制下，所有的经营者都在千方百计地在不降低自己市场份额的前提下尽可能地降低成本和追逐利润（乔娟，2002），畜产品市场上质量安全方面的信息不对称，为畜产品生产者的这种行为创造了空间和机会，而较低的法律风险又使这种空间和机会存在下来并得以利用，造成某些生产者非法牟利，坑害消费者，甚至直接威胁消费者的身心健康和生命安全。

总的说来，如果生产者预期法律风险高，他的理性行为应该是提高产品质量安全水平，以尽可能降低法律风险；同样，在较高的法律风险前提下，提高产品质量安全水平会降低其可能承受

的法律风险。现实中，法律风险与畜产品质量安全水平存在着一种正向关系，要么是高风险、高质量，要么是低风险、低质量。因为低风险、高质量是一种理想状况，要求产品市场信息对称，这在现实中是不存在的，而高风险、低质量则会使生产者很快退出市场。因此，我国低风险的法律制度环境在相当程度上决定了我国畜产品质量安全水平偏低。

五、若干讨论

本文讨论了法律风险与畜产品质量安全水平之间的关系，主要结论是：低法律风险必然导致畜产品质量安全水平的低下。

本文的局限性在于：只是从法律风险角度对畜产品质量安全问题做出一种解释，没有充足的经验数据的支持与验证，这也是今后进一步研究的方向。

本文的政策性启示是：解决我国畜产品质量安全问题，应该需要提高相应的法律风险水平，通过法律提供足够有效的强制力，使违法生产者行为不经济。

参考文献

[1] 张晓东，杜文兴．无公害畜产品生产手册．科学技术文献出版社，2002

[2] 李哲敏等．我国农产品安全的现状、争论与建议．中国农业科技导报．2003. 第5卷（3），P68～71

[3] 李婷婷．畜禽产品质量安全与标准化．中国标准化．2003. 第1期，P22～23

[4] Jensen，Helen H. 1998，Costs of Improving Food Safety in the Meat Sector. Journal of Agricultural and Applied Economics. 30，1，P83～94

[5] 孙百昌．管制制度理论及工商行政管理制度博弈研究．中国工商出版社，2003

[6] 乔娟．中国肉类产品国际竞争力研究．中国农业出版社，2002

品牌扩展对品牌的记忆结构及提取的影响分析*

徐洁怡

[摘　要] 从有关的记忆理论及相关研究分析品牌扩展对核心品牌的影响，认为品牌扩展会增强品牌的记忆网络，促进对核心品牌的提取。这种促进效应受品牌的市场地位（优势品牌和非优势品牌）及扩展适宜性（高和低）的影响。

[关键词] 品牌扩展　记忆结构　品牌提取

一、引言

品牌扩展（Brand-extension）是现代企业常用的一种品牌策略。它是指企业在推广新产品时，为了降低营销费用、强化品牌价值，对新产品继续采用已有的品牌名称的市场行为。这种策略在一定程度上能够利用母品牌的知名度，并且由于消费者对母品牌已建立的好感也可能迁移到新产品上，因此新产品的失败风险也会降低。1990年，OC&C咨询公司比较了两种不同品牌的成功率，一种是新品牌的产品，另一种是老品牌的产品，发现：只有30%的新品牌产品持续4年以上，而品牌扩展产品接近60%，几乎是前者的两倍。

正是由于品牌扩展有较高的市场成功率，因而非常受管理者的青睐。尽管管理者追求品牌扩展所带来的效益，但是他们也会为了长期的效益希望保持原有的核心品牌力。许多研究都表明：品牌的扩展有可能产生一种“稀释效应”，会损害消费者对品牌的评价（Loken & John，1993）。这些研究主要集中在给消费者呈现不匹配的或失败的品牌扩展，再测量这些扩展对核心品牌的态度和信念的影响。但是人们都不太注意去检验品牌扩展是否对消费者的记忆和信息提取产生稀释效应。

Russo & Leclerc在消费者购物的眼动实验中发现：在店内购物的过程中，消费者对货架上的产品“扫视”时，对每一个包装产品只给了3.44秒的时间。这表明消费者对品牌信息的加工是在极短的时间内进行的，因而对品牌的认知和提取速度的快慢有可能会影响消费者对品牌的选择。是否存在对品牌信息提取的稀释效应，从企业短期的营销额中可能发现不了，从消费者的评价中也很难发现，但我们可以用有关的记忆结构理论以及某些已有的研究数据进行分析。

二、记忆结构理论

关于扩展品牌对品牌的记忆结构及提取过程产生促进或抑制效应，记忆理论有什么看法呢?

* 原载《商业研究》2004（21）。

从记忆理论看，每一个品牌和产品都是相对应的，两者之间存在着某种联系。这种联系的强度是消费者知晓某个品牌名的关键因素，也是品牌价值的重要因素。

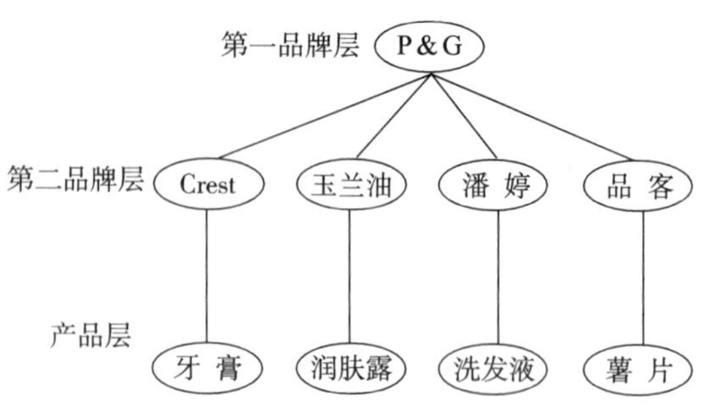

图 1　P & G 的记忆网络图

长时记忆的网络联系理论认为，语义信息储存在分等级的网络结点中，每一网络结点包含某些代码或概念。某个代码的活动达到阈限水平，就能产生激活，成功地提取记忆中的信息。如，图 1 P&G 的品牌-产品记忆网络（简略图），启动产品层，就能激活相应的第二品牌层，再激活第一品牌层。

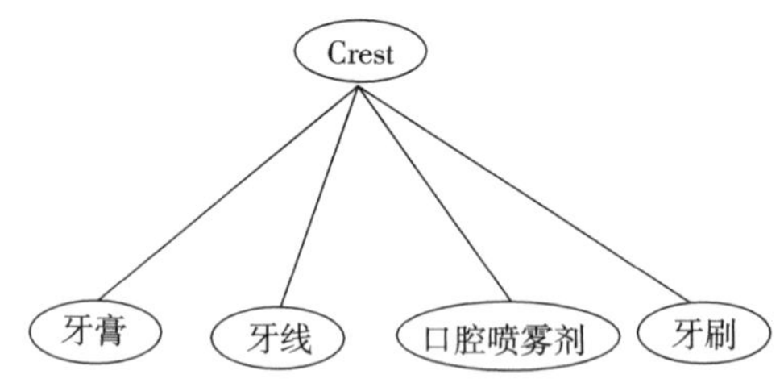

图 2　扩展后的 Crest 记忆网络

如果对 Crest 进行品牌扩展，加入更多的其他口腔清洁用品，就 Crest 而言形成了如图 2 的记忆结构。在原来的记忆结构图中，只有当消费者接触到 Crest 牙膏才能激活 Crest，而当 Crest 扩展之后，消费者可以从更多的路径接触到 Crest，也就是说网络图中所包含的产品如牙线、口腔喷雾剂等都有可能激活 Crest。由于路径的增多，接触 Crest 产品的可能性增大，导致提取 Crest 的阈限水平降低，促进对该品牌的提取。

Nedungad（1990）的实验同样证明，不需要改变对品牌的态度，只要品牌名的易接近性增加，就会影响消费者对品牌选择的可能性。这样，没有伴随态度的变化，品牌记忆的联系力量发生改变，就能改变消费者的选择行为。

然而，抑制效应同样也可能会发生，因为把其他的口腔清洁用品加入到原先存在的 Crest 记忆网络中，记忆网络扩大了，而原本的 Crest—牙膏的联系就会被削弱，在提取品牌信息的过程中，只是提取了 Crest 品牌，而不是对 Crest—牙膏的提取。因而品牌扩展增强了对 Crest 品牌的提取，抑制了对 Crest—牙膏的提取，产生了抑制效应。从图 1 中我们同样可以发现，P&G 这个品牌的激活阈限很低，因为任何 P&G 的产品都有可能激活 P&G，但是 P&G 与某个产品的特殊联系非常弱，一提起 P&G 就会想到很多产品，而不是某一个产品。

品牌扩展后的记忆网络对品牌的记忆过程到底会有什么影响呢？促进还是抑制？Zeynep 的研究认为：扩展所建立的品牌名储存在记忆网络中，并有相当强的品牌——类别的联系力，这种联系力会对网络扩展的抑制效应产生免疫作用。虽然有可能会削弱品牌与原有产品之间的联系，但是随着品牌的扩展，记忆网络中品牌——类别的联系增多，从总体上而言，整个记忆网络的强度增强。因而，对于已进行扩展的品牌而言，网络激活的促进效应是主要的，即给消费者呈现扩展信息会增强对品牌的提取而不是抑制。

但是，不同的品牌市场地位及品牌扩展的适宜性会影响这种促进效应的大小。

三、相关研究

Maureen Morrin 1999 年的研究用反应时作为因变量对品牌——类别的联系力进行了直接的测量。用这个研究作为我们分析的基础，主要是基于这样的考虑：在其他的有关品牌扩展的研究

中，主要是用消费者对于品牌或品牌信念的评价值进行分析。而企业在进行品牌扩展的营销过程中，通过广告、促销和人际交流传递给消费者的都是中立的或讨人喜欢的信息，消费者并没有接触到品牌扩展的负面信息，因而对态度或信念的测量捕捉不到可能存在的效应，故本文主要选用以反应时为应变量的研究作为讨论的依据。

实验中对品牌的市场地位及扩展进行了划分，品牌分为优势品牌（指如果给消费者某个产品类别线索，消费者能回忆起来的第一、第二个品牌）和非优势品牌（指如果给消费者某个产品类别线索，消费者能回忆起来的除第一、第二个品牌之外的品牌），扩展划分为适宜性高（扩展的新产品与原有产品在某些特性上有较高的相似性）和适宜性低（扩展的新产品与原有产品相似性低）。

（一）品牌市场地位的影响

给消费者呈现优势品牌和非优势品牌的扩展品牌后，对品牌的提取速度都加快了，这个结果与上面分析的结论是一致的，记忆网络的联系力增强正反应时的表现就是提取速度的加快。但对非优势品牌的提取速度提高的更快，这说明品牌扩展对信息的提取有促进作用，非优势品牌获得的促进效应比优势品牌要明显。这个实验结论可能与大家想像中的不一样，为什么对于非优势品牌，这种影响力会更大？这是因为非优势品牌的记忆网络较弱，品牌与产品之间的联系力不如优势品牌那么强，还存在着较大的改善空间。扩展之后，使较弱的品牌联系网得到加强，使之与以前相比更容易达到。而优势品牌，在记忆网络中的联系已经达到了最高限度的水平，再增强所起到的作用已是微乎其微，因而品牌扩展所导致的记忆网络强度增强对优势品牌而言产生的作用相对较弱。

（二）扩展适宜性的影响

给消费者呈现适宜性高和适宜性低的扩展后，在前者情境中被试表现出对品牌更快的提取。这表明适宜性高的扩展所起的促进作用要明显。因为扩展的适宜性会影响从核心品牌到扩展品牌情感性转移的程度，适宜性高的扩展会促使消费者把对原有产品积极的情感通过泛化机制迁移到扩展品牌，因而消费者更喜欢适宜性高的扩展。这使得研究人员联想到类别学习理论：学习是使用一个熟悉的基础域去了解一个不熟悉的目标域。消费者在缺乏外界信息的情况下，会自发地利用已知的产品知识去了解一个陌生的产品。如果扩展品牌与核心品牌共享特质较多，即扩展的适宜性高，消费者头脑中核心品牌的知识结构（基础域）易于被激活，也容易产生对该品牌的提取。

上述的结论同样可以用 Rosch 的研究来说明：在某一个家族品牌网络中，典型的产品与非典型的产品相比，提取的速度要快。类似的，适宜性低的扩展可以被认为是家族品牌网中典型性较低的，因而低适宜性的扩展与高适宜性的扩展相比，对核心品牌的提取促进程度要低。

扩展的适宜性结合品牌的市场地位来看，非优势品牌进行高适宜性的扩展更能获益，表现为对品牌的提取速度更快。相反，优势品牌扩展适宜性的高低并没有对品牌的记忆联想力产生有差异的影响。

四、总结

品牌扩展会增强原来的品牌记忆网络，并且对品牌信息的提取不受稀释效应的影响，相反，通过品牌的扩展对现有的品牌信息提取有促进效应。因而，对于管理决策者来说，品牌扩展确实是一条比较有效的增强消费者对品牌记忆的方式，但是对于市场中不同地位的品牌而言，应该有不同的操作。

非优势品牌获得的促进效应比优势品牌要明显，因而对于行业中不是处于前几位的品牌而言，更应该进行品牌扩展。

适宜性高的扩展比适宜性低的扩展更能促进品牌信息的提取，且非优势品牌进行高适宜性的扩展更能获益。因而非优势品牌想要通过品牌扩展来使消费者增强对该品牌的记忆，应该进行适宜性高的扩展或线性扩展，而优势品牌受这方面的约束要小。

参考文献

[1] 让·诺儿·卡菲勒．战略性品牌管理［M］．商务印书馆，2000

[2] Russo，J. Edward and France Leclerc，An Eye-Fixation Analysis Of Choice Processes for Consumer Nondurables，1994，21 (2)，274～90

[3] Loken，Barbara and Deborah Roedder john，Diluting Brand Beliefs：When Do Brand Extensions Have a Negative Impact ? Journal Of Marketing Research，1993，57 (July)，71～84

[4] Nedungadi，prakash，Recall and Consumer Consideration Sets：influencing Choice Without Altering Brand Evaluations，journal of Consumer Research，1990，17 (3)，263～76

[5] Zeynep Gurhan-Canli and Durairai Maheswaran，The Effects Of Extensions On Brand Name Dilution and Enhancement，Journal Of Marketing Research，1998 35 (November)，464～473

[6] Maureen Morrin，The Impact Of Brand Extensions On parent Brand Memory Structures and Retrieval Processed，Journal Of Marketing Research，1999，36 (November)，517～525

[7] Keller，Kevin Lane and David A. Aaker，The Effects Of Sequential Introduction Of Brand Extensions，Jouraal of Marketing Research，1992，29 (July) 35～50

[8] Rosch，Eleanor，Cognitive Representations Of Semantic Categories，Journal Of Experimental psychology，1975，104 (3)，192～233

中国农业财政投入的入世变革

王正谱　虞　涛

［内容提要］入世三年以来，中国的农业财政投入政策发生了重大变化。本文首先回顾了三年前中国入世承诺中涉及农业财政投入的部分，然后对三年来中国农业财政投入政策的变化情况从“黄箱”政策的调整和“绿箱政策”的利用两个方面进行了回顾和评述，最后就下一阶段农业财政投入政策进一步发展方向的问题进行了探讨。

三年前，中国正式加入了WTO，从此走上了不可逆转的全球化之路，这是中国历史非常重要的转折点。入世前后，最受各界关注、争论最为激烈的产业之一就是农业，而关注的焦点之一就是入世对中国农业国内支持政策的影响。一般而言，农业国内支持政策是一个比较庞杂的体系和比较宽泛的概念，从支持方式上看，主要包括财政投入政策、金融扶持政策以及国内流通支持政策等方面，其中，受入世影响较大的是财政投入政策。

三年之后的今天，有必要对农业财政投入政策的变革进行回顾，并就政策的进一步发展方向进行探讨，使财政投入真正为中国农业顺利通过入世大考保驾护航，并为解决“三农”问题提供正确和充足的资源保障。

一、中国农业财政投入与入世承诺

中国的广义农业财政投入政策原本包括《乌拉圭回合协议》定义的出口补贴政策和国内支持政策。中国在入世之前，对玉米等部分大宗农产品的出口由国家财政提供出口补贴，入世之后已经按照承诺要求取消了这些补贴，因此，按照《农业协议》对国内支持的定义和统计测算口径，它所说的国内支持政策目前基本等同于我们所说的广义农业财政投入政策范畴。

《乌拉圭回合农业协议》是WTO关于农业和农产品贸易的基本准则。《协议》认为，国内支持是造成国际农产品贸易不公平竞争的原因之一，为了消除对生产和贸易产生不利影响，《协议》把国内支持政策划分为两类：一类是对贸易产生扭曲作用的政策，称“黄箱”政策；另一类不引起贸易扭曲的政策，称“绿箱”政策，对“黄箱”政策要求必须削减，对“绿箱”政策则免予减让承诺。

《协议》规定需要减让承诺的“黄箱”政策包括：价格支持，营销贷款贴息，面积补贴，牲畜数量补贴，种子、肥料、灌溉等投入的补贴。《协议》规定，上述国内支持总量的上限是不超过以1986—1988年为基期的平均农业生产总值的5%（发展中国家为10%）。我国在加入WTO的农业谈判中承诺，中国农业价格补贴、投资补贴和投入补贴等“黄箱”政策的上限是8.5%。

《协议》规定免予减让承诺的“绿箱”政策则主要包括以下诸多方面：①政府财政投入所提供的一般性政府服务（如农业科技、病虫害控制、培训、科技推广与咨询服务、检验检疫、市场促销、基础设施服务等）；②以食物安全为目的的公共储备；③通过投资提供的农业结构调整计划；④地区援助计划；⑤通过生产者休耕计划提供的结构调整援助；⑥通过资源休闲计划提供的结构调整援助；⑦环境规划计划；⑧与生产不挂钩的收入支持；⑨国内食物援助；⑩自然灾害救济支付；等等。

从入世承诺来看，中国在“黄箱”政策方面还存在较大的投入增长空间。按照入世谈判结果，大米、玉米、小麦和棉花确定为中国的特定产品，以 1996—1998 年为基期，若按 8.5%计算，财政对这几种产品的价格补贴有 66.25 亿美元的空间；对农产品及农业生产资料的其他补贴和农业投资补贴（包括贷款贴息）为非特定补贴，1996—1998 年中国农业生产资料价格补贴为 33.87 亿美元，投资补贴大致为 1.56 亿美元，若按 8.5%计算，中国非特定产品的支持空间为 209.82 亿美元。

在“绿箱”政策方面，根据中国向世贸组织提交的“绿箱”政策支持表，1996—1998 年三年平均支持量为 1375.95 亿元人民币，但其中包括了国家对水利建设的投资、粮食流通补贴和生态环境建设投资等。若扣除这三项，“绿箱”政策的支持量就只有 450 多亿元；若按 WTO 的规定，再扣除 180 亿元农业税和 140 多亿元农林特产税，入世之前中国“绿箱”政策就仅有区区 130 亿元了。对于中国这样一个基础设施薄弱、生产方式落后、科技水平低下的农业大国来说，这些投入总量是非常小的。

因此，中国农业财政投入适应入世要求，最基本的就是要大幅度增加投入总量。与此同时，农业投入的结构也需要进行重大调整，这主要表现在四个方面：

（1）政府财政农业支出的大头用于人员供养及行政开支，而用于建设性的支出比重不高。支持农业生产支出和农林水气部门的事业费占财政农业支出的 70%左右，用于建设性支出的比重仅为 30%。

（2）用于水利建设比重较大，直接用于农业基础设施建设的比重较少。1996—2000 年，中央财政累计安排水利基础设施建设投入约占中央农业基本建设投入总量的 70%。大部分水利资金被应急投到了防洪、抗旱、灌溉等救急性工程项目上，农业生产性投入和气象等基础设施投资总量所占比重却呈下降之势。1996 年以来，中央政府在安排农业基本建设投入时，用于农业科技、良种工程、信息体系建设、检验检测体系等方面的投入还不足农业投入总量的 10%。一些关系农业和农村经济发展全局的基础性、战略性、公益性项目，如农业品质改良、重大病害控制、食品安全保障、执法体系建设、社会化服务体系建设等则缺乏足够的投入保障。

（3）直接用于流通环节的多，用于产前、产中和产后服务环节的少。1998 年以来，财政支农投入中，每年用于粮、棉、油、糖流通的补贴占政府农业支持总量的 30%以上。2000 年，政府财政支农资金用于农业基础设施的资金约在 600 亿元左右，占整个投入的比重在 30%稍弱；用于补贴流通领域补贴 615 亿元，占整个投入的 30%；用于农业公共服务 462 亿元，占整个投入的 22%；直接用于生产的资金 423 亿元，占整个投入的 18%左右。在农产品产前和产后，尤其是在社会化服务、产业化经营、农产品检验检疫等环节，政府支持力度明显不够。

（4）对农民的直接收入支持有限。中国农业财政资金的投入主要以间接支持为主。2000 年，以间接方式支持农业、农民、农村的资金占整个资金投入的 67%左右，包括对大型水利、生态、气象等基础设施的投入，农林水气等部门事业费的大部分，政策补贴等；与农民收入直接有关的资金投入占 23%左右，包括支持农村生产支出、农业综合开发、支持不发达地区发展支出、农林水气等部门事业费和农业基本建设投资的一部分。

二、“黄箱”政策的调整及其效果分析

三年前，经过艰苦谈判，中国“黄箱”政策的上限确定为8.5%，而以1996—1998年为基期测算的“黄箱”政策支持总量大致为3.3%左右。因此，“黄箱”政策的利用还有较大空间，如何有效利用这些空间是我们入世之后面临的一个重大课题。入世三年来，中国农业财政投入政策在将支持重点从对流通领域的补贴转向对生产者的直接补贴方面取得重大进展，突出表现在价格支持和生产资料补贴等方面。

入世以前，中国“黄箱”政策的一个极其重要的方面就是对粮食的价格支持政策，主要是通过给粮食流通部门提供大量财政补贴来对粮食提供价格支持。1998年粮食流通体制改革后确立的粮食购销体制简单来说就是：粮食部门用从农发行贷款的金子，从种粮农民手中按保护价敞开收购粮食，然后在市场上顺价销售，销售收入用于补偿运行成本并归还贷款。但是，这种“敞开收购、封闭运行、财政补贴、顺价销售”的体制在运行中产生了大量问题，由于非国有收购渠道的广泛存在，市场价不取决于粮食企业的销售定价，顺价销售难以实现，大量挂账使得财政不堪重负；与此同时，由于粮食收购企业的压级压价行为，使农民难以得到实惠，因此，入世以后，对这一体制进行了改革，通过放开粮食购销市场，以及建立属于“黄箱”政策范畴的“粮食最低收购价”制度和属于“绿箱”政策范畴的“粮食直补”制度，基本取消了对粮食流通环节的补贴，变为对农民的直接补贴。

其中，“粮食最低收购价”制度主要是针对早稻收购问题而建立的，后来扩展到粳稻和晚稻。与原有体制最根本的不同就是“不补收粮企业，直补种粮农民”，这是中国价格支持政策的一个重大转变。由于今年水稻市场价始终维持在较高的水平上，这一制度基本上没有启动，也并没有形成实际的财政投入。

与此同时，对“黄箱”政策的利用又在生产资料补贴等其它方面开始了新的探索。

2003年开始，国家设立了优质专用小麦、高油大豆良种补贴的财政专项，补贴资金总额约3亿元，补贴方式是通过良种供种渠道对购买良种的农民进行直接补贴。这种补贴方式通过降低农民购买良种的成本，确保了良种补贴真正起到鼓励使用良种的作用。

2004年，良种补贴的对象范围扩大至玉米和水稻，补贴金额大幅度增长到28.5亿元，其中，水稻良种补贴总金额高达25.5亿元，一些省份也陆续出台了良种补贴政策。在补贴方式上也进行了一些调整，小麦、大豆良种补贴维持去年的方式不变，水稻良种补贴则变为按照农民计税土地上实际种植水稻的面积进行补贴。这种补贴方式是一种崭新的探索，刺激了农民种植水稻的积极性，但实践中存在的问题也不少，如普惠制的补贴方式偏离了鼓励使用良种的政策目标，有人认为这种补贴在水稻主产区实际已演化为收入补贴，应当归于“绿箱”政策范畴；此外，测算水稻的实际种植面积也存在较大困难，操作复杂、成本过高。

2004年出台的另一项重大“黄箱”政策是农机具购置补贴，就是对农民购买某些特定农机具给予资金补贴，中央财政的补贴总额为7000万元，地方各级财政的补贴总额为4亿多元。这一政策的出台极大地激发了农民的购机热情，也使得部分省区的农机具市场急剧升温，但是，由于补贴的资金总量太小，受益面太窄，远远不能满足农民购机的要求。与此同时，政策宣传在某种程度上存在一些误导，致使农民在被激发起购机热情之后却无法得到补贴，在一定程度上损害了农民对政府政策的信任度。

总的来说，入世以后，“黄箱”政策的调整在财政投入的方向、渠道、方式和数额上都取得了重大进展，当然，任何创新和探索总是需要付出一定代价的，任何政策也都不可能是十全十美的，必然也会存在这样那样的问题，这也正是需要我们大家共同努力，进一步研究解决的课题。

三、"绿箱"政策的利用及其效果分析

在WTO规则中，"绿箱"政策是不受限制的，入世三年来，特别是今年，经过各方面的共同努力，中国对"绿箱"政策的利用取得了突破性的进展，甚至可以认为是出现了中国农业史上一个历史性的转折点。

前文提及，以1996—1998年三年平均为基期，扣除水利建设的投资、粮食流通补贴和生态环境建设投资这三项之后的"绿箱"政策支持量为450亿元，而按照部分学者的定义和统计口径，在450亿元之中再扣除维持农林水利等部门运转的事业费以及其他不直接用于农业投入的费用之后，仅有30%即约130多亿元是真正意义上的财政支农投入。在此基础上再抵扣农业税180亿元和农林特产税140多亿元之后，中国的"绿箱"政策投入实际为负数。按照这样的计算方法，根据一些历史学家的研究，自中国可考证的历史开始，历朝历代的农业投入扣除"皇粮国税"之后实际都是负数。

然而，这样的历史终结于中国入世之后的第三年，即公元2004年，笔者相信，公正的历史将会为这一年写下浓墨重彩的华章。2004年年初，国家出台了粮食直补政策、农业税减免政策和免征农林特产税政策，这三项政策都属于"绿箱"政策的范畴，都是对农民进行直接的收入补贴。其中，粮食直补资金约110亿元，减免农业税约100亿元，免征农林特产税100多亿元，再加上"黄箱"政策中新增的20多亿元的良种补贴和农机具补贴，无论采取什么样的统计口径，国家对农业的投入由负转正都已经成为了不争的事实。当然，这既是中国入世对农业财政投入变革的推动，也是多年来各方面努力共同作用的结果，特别是1998年到2001年的农村税费改革成果确保了此次农业税减免的实际效果。

尽管在实践中存在这样那样的问题，但是，无论如何，包括粮食直补、良种补贴、农机具补贴和农业税减免在内的"三补一减"政策的出台和实施，促进了农民收入的增长，调动了种植粮食的积极性，改善了农村干群关系，更极大地增强了农民对政府的拥护和信赖。

除了收入支持政策之外，入世三年来，中国对"绿箱"政策的突破性利用还表现在其他各个方面，特别是政府一般性服务方面。

例如，在农产品质量安全体系建设方面，2004年安排了8000万元无公害农产品质量安全监测投入、3000万元农业行业标准制定和修订投入、1000万元农产品质量认证投入，等等，以此启动了中国建设农产品质量安全体系的进程，希望经过几年的努力，通过为各检验机构配备现代化的检验手段、提升检测能力和水平，形成一个建设内容与承担任务相适应，建设布局与农产品优势区域布局相一致，布局合理、层次分明、功能互补的农产品检验检测体系；并通过科学、公正的合格评定程序，初步建立健全对农产品进行认证和产地认定的农产品认证体系。

在农业信息和农产品市场体系建设方面，2004年安排了2700万元农业信息预警投入、1700万元农产品促销投入，等等。一方面，在完善信息收集、整理、发布制度的基础上，建设中国农业信息网，完善省级信息网络，加强县级信息平台和乡镇信息服务站的建设，使农业信息网络向龙头企业、批发市场、中介组织、农民和乡村延伸，促进农业信息进村入户。另一方面，加强中国农产品市场体系建设，通过发展批发市场、集贸市场、期货市场逐步形成完善的市场体系，同时破除各种不合理的障碍，形成全国统一的市场体系，增强中国农产品的市场适应性，应对入世

冲击。更进一步地，要促进中国农产品走出国门，进一步利用其比较优势参与国际市场竞争。

在农业社会化服务与管理体系建设方面，2004年新增了7000万元的农民专业合作组织建设投入，主要是通过扶持合作社、专业协会等各种专业合作组织来推动建设农民与市场之间的连接桥梁，直接为农民提供产前、产中和产后的各类服务，将分散的小农组织起来，增强农民应对市场风险的能力。

此外，2004年的农业财政投入中还增加了3000万元的农业国际交流与合作投入，这一专项是直接针对应对入世挑战而设立的，主要目的是加强中国农业与国外的交流和合作，引进国外资金、技术和管理经验，同时，为中国农产品走出国门提供帮助。

四、关于政策发展方向的思考

入世三年，回过头来看，WTO已经从一个新鲜的名词，变成了一个实实在在的东西，在中国农业经历着入世风雨洗礼的同时，中国的农业财政投入政策也已经经历了并正在继续经历着重大的变革。

尽管三年来，中国农业发展平稳前行，并没有出现三年前一些悲观预测中描绘的遭受毁灭性打击的景象，中国农业财政投入政策也走上了良性的持续变革轨道。但是，应该看到，伴随着过渡期的结束，农产品市场准入程度将进一步提高，服务贸易也将全面开放，对中国农业的大考远未结束，与此同时，农业财政投入也面临着进一步调整的考验，更重要的是，必须清醒看到，当前农业财政投入不足、基础薄弱的局面并没有改变，促进粮食增产、农民增收的长效机制还没有建立，应对入世挑战的农业支持与保护体系还没有建立起来，对于这些困难，我们宁可估计得更充分一些。

从三年来特别是2004年以来农业财政投入变革过程中取得的经验和凸显的问题，以及过渡期结束后农业对财政投入的政策需求趋势来看，笔者认为，2005年是农业财政投入政策进一步调整的关键一年，一方面要解决今年政策变革中出现的一些问题，另一方面要继续探索和不断创新，是承前启后的一年，如果这一年的政策调整取得较好效果，将为未来一段时期的政策良性发展打下良好基础，也将有助于中国农业顺利通过入世大考。笔者认为，2005年农业财政投入政策主要应从如下几个方面进一步调整：

（1）继续加大“三补一减”等政策的力度。应该进一步扩大农业税免征范围，加大农业税减征幅度，争取在未来三年之内实现全国农业税免征；继续实行粮食直补，粮食直补在继续保持收入补贴性质的同时，尽可能探索与直接促进粮食生产相结合的机制；中央财政继续增加良种补贴资金总量，地方财政针对地方特色品种提供良种补贴，但在补贴方式上建议仍采取通过供种渠道补贴的方式，真正发挥鼓励使用良种的作用；各级财政大幅度增加农机具购置补贴资金总量，扩大受益面，改进补贴方式，推动农业机械化的发展。保障国家粮食安全，增强粮食等土地密集型农产品的竞争力，这是无论“绿箱”政策还是“黄箱”政策都应当关注的重点。

（2）大力增加小型农田水利基础设施建设投入。目前，制约中国农业综合生产能力提高的瓶颈就是小型农田水利基础设施严重老化、投入严重不足，水利投入基本用于大江大河治理。财政应当不断加大对小农水建设的投入力度，重点支持粮食主产区，继续推进节水灌溉示范，在粮食主产区进行规模化建设试点，在缺水地区推广应用各种蓄水保墒技术，继续建设旱作节水示范区，预算内经常性基建投资和国债资金也要增加安排小型农田水利基础设施建设项目。这应当作为进一步利用好“绿箱”政策的第一个重点。

(3) 加大农业劳动力转移扶持力度。富裕农民就要减少农民，劳动力转移是促进农业规模经营、提高农民收入水平的必由之路，这是解决中国三农问题、从根本上应对入世挑战的大思路。在非农产业已经具备一定吸纳能力的情况下，农村剩余劳动力素质问题就成为了阻碍转移的关键问题，对此，应提到应有的高度来认识和扶持，各级财政应当大幅增加对农业劳动力转移的培训投入和服务投入。这应当作为进一步利用好“绿箱”政策的第二个重点。

(4) 大幅增加应对绿色贸易壁垒的投入。面对入世后世界各国在关税壁垒逐步削减的同时，绿色壁垒急剧高筑的趋势，要加强中国农产品的国际竞争力就要进一步健全应对体系，主要从以下几个方面大幅增加应对投入：大幅度增加农业综合开发投入，建立全国耕地质量动态监测和预警系统，发展保护性耕作，推行有机肥综合利用和无害化处理；扩大重大农业技术推广项目专项补贴规模，优先扶持节水、节肥、节药、节本并重的组装集成与配套技术开发，加强重大病虫害防治；大幅增加无公害农产品质量安全监测投入和质量认证体系建设投入，大幅增加畜禽疫病防治投入。这应当是“绿箱”政策利用的第三个重点。

(5) 探索建立畜禽良种补贴制度。小麦、玉米、大豆的良种补贴的实施效果表明，这种补贴对于促进良种推广确有很大作用，也提升了相应农产品的竞争能力。中央财政可以考虑设立畜禽良种补贴财政专项，借鉴作物良种补贴的实施经验，促进畜禽良种的进一步推广。各类良种补贴应当明确为“黄箱”政策调整的第一个重要方向。

(6) 加大对投入少、效益好、易操作的应用型技术的推广投入。这些技术应用简单、推广容易、成本低廉、市场适销，能够取得良好的经济效益，有助于促进农民增加收入，例如苹果套袋技术。对此，财政应当提供阶段性的补贴，力促其推广应用。这应当作为“黄箱”政策调整的第二个重要方向。

(7) 大力探索对农业灌溉进行直接补贴。各级财政应当设立小型农田水利建设补助专项资金，对受益农户投工投劳自主开展小型农田水利基础设施建设予以补贴；选择部分地区开展对农民购买节水设备进行财政补贴的试点。这应当作为“黄箱”政策调整的第三个重要方向。

总的来说，“黄箱”政策的调整和“绿箱”政策的利用都还有很多进一步发展的空间，但一切的调整和利用都应当围绕如下四个根本性的政策目标进行：提高农业综合生产能力、增强农产品的市场竞争力、保障国家粮食安全和增加农民收入。

推出我国国债期货的基本条件与风险分析

胡俞越

［摘　要］论文从分析“3.27”国债期货事件入手，在总结当年国债期货交易经验教训的基础上，揭示国债期货市场运行的基本规律，并论述在我国利率市场化程度不断提高的条件下推出国债期货的重要现实意义。以此为切入点，用不确定性条件下的风险决策模型和参数估计模型分析我国再次推出国债期货的基本条件和存在的风险，目的在于认清当前国债期货推出的市场基础并寻求一套有效的风险防范措施。最后，对我国未来的国债期货市场进行构想并展望其发展前景。

［关键词］国债期货　利率风险　国债现货　风险防范

国债期货是以标准化的国债交易合约为标的的金融衍生品，是买卖双方通过交易约定在未来特定的交易日以约定的价格和数量交收一定国债品种的交易方式。1976年1月6日，芝加哥商业交易所（CME）上市90天短期国债期货合约，标志着国债期货交易的开始。作为利率期货的主要品种，国债期货交易自推出以来发展迅速，交易规模在利率期货各品种中名列前茅。目前，交易最活跃的国债期货是CBOT的中长期国债交易以及CME的短期国债期货交易。在利率市场化程度不断提高的国际金融市场上，国债期货交易越来越显示出其重要性。

一、“3.27”国债期货事件的启发

（一）“3.27”国债期货事件分析

谈到国债期货，不得不涉及“3.27”国债期货风波的话题。为了活跃国债二级市场，带动一级市场，我国曾由政府和市场组织者引入国债期货，并于1992年12月28日在上海证券交易所首次试行。所谓“3.27”国债期货风波，是指在1995年2月13日财政部公布的1995年新债发行量被认为利多，并且1992年发行的3年期国库券——3.27国债本身贴息消息日趋明朗的情况下，空方在行情飙升后蓄意违规抛出大量卖单，打压价格，致使多头全线暴仓的事件。“3.27”国债风波以及后来的“3.19”风波发生后，1995年5月17日，中国证监会鉴于当时并不具备国债期货交易的基本条件，做出暂停国债期货交易试点的决定。

从1992—1995年，中国的第一个也是唯一一个利率期货品种在经历短短的30个月后便宣告夭折。但是，当年的实验并非完全失败，追溯国债期货当年的发展历程，可以得到很多启发。当年国债期货市场上风波不断，并不仅仅是由于个别交易者蓄意违规造成的，而是由于当时国债期货市场中存在的根本缺陷造成的。前车之鉴，发人深思。

1. 对国债利率风险的套期保值需求应该是国债期货推出的必要前提。任何一种期货品种的推出，都必须基于套期保值的需要，一般而言，在比较成熟的期货市场，套期保值者要占20%～

30%。利率未市场化导致的套期保值需求缺损是当年国债期货交易暂停的根本原因之一。由于国债价格与市场利率呈反向变动关系，当市场利率变动时，国债持有者承担利率风险，国债期货正是基于规避这种风险的需求而产生的。在这一连串关系中，利率的市场化是前提。然而，在20世纪90年代初，我国的利率水平和结构均由官方制定，利率较为稳定，国债收益率变动不大，保值需求不足。当时，国债期货市场的参与者大多出于投机心理，非理性行为较多，从而导致国债期货市场风波不断。

2. 成熟完善的国债现货市场应该是国债期货市场的依托。现货市场是期货市场存在和发展的根基。任何期货市场的性质最终都要回归于现货市场。国债现货市场规模过小，且流通国债比例过低是导致当年国债期货交易暂停的又一原因。到1995年3月初，我国名义可流通国债量约1 200亿元面值。同时，由于将近有一半国债为居民个人持有，实际可流通国债资金不超过650亿元。没有合理的市场规模，就无法形成合理的市场价格。现货市场规模越小，期货市场越容易被操纵。

3. 风险监控与防范必须作为期货市场永恒的主题。 “3.27”国债期货时间的发生虽然由国债保值贴补的政策因素影响，但期货交易法规不健全，交易所风险监管体系不完善也是违规事件发生的重要原因。1992年，上海证券交易所在仓促推出国债期货时，不仅缺乏相应的监管法规和交易规则，更缺乏对市场风险的必要认识。“3.27”国债期货风波发生之前，交易所不仅没有涨跌停板限制，而且为了吸引更多投资者，甚至放松了对保证金比例和持仓限额的管理，最终导致了惨剧的发生。

（二）国债期货的现实功能

尽管当年的国债期货试点以暂停告终，但作为一种新的金融市场衍生工具，国债期货在利率风险管理中的作用不容忽视，特别是当历史的车轮驶入21世纪后，随着经济全球化和利率市场化程度进一步提高，我们更应以发展的眼光看待国债期货的开发。作为金融期货的一种，与其他商品期货一样，国债期货具有规避风险和发现价格两大基本功能。具体而言，国债期货的主要作用在于规避利率的不确定性变动给债券持有者造成的风险，以及促进合理的市场利率的形成。

1. 稳定收益功能。在我国，随着利率市场化程度的不断提高，利率波动将变得频繁。为稳定未来收益，利率风险管理显得极为重要。由于缺乏期货市场的对冲机制，目前最常用的利率风险管理技术是久期缺口模型，即以每笔资产或负债占总资产或总负债的比例为权重计算每笔资产或负债的加权平均久期，并通过调整两者之间的缺口状况来调节利率风险水平。设每笔资产久期为D_A，负债久期为D_L，资产负债率为μ，则资产负债久期缺口为：$D_{GAP}=D_A-\mu^* D_L$。

一般情况下，如果保持D_{GAP}为零或略大于零，就可以规避利率波动对所持头寸对收益率的影响。但是，现实中由于利率的频繁波动导致久期很难计算，而且久期零缺口也很难保持，所以久期缺口模型已无法满足利率市场化条件下的利率风险管理需求。此时，利率期货的推出就显得极为必要，而我国目前利率期货最理想的承载体式国债期货，因为国债利率是我国目前市场化程度最高的利率。

2. 促进利率市场化和债券合理定价功能。国债期货的推出，将为我国利率体系引入远期价格揭示机制，同时，改变“做多才能盈利”的单向盈利模式，这将有利于促进市场形成利率和债券合理定价，有助于构筑更为平滑合理的市场收益率曲线。此外，根据CBOT的经验，国债期货合约的标的往往是虚拟债券，空方在交割时有利用债券转换因子选择“最便宜的债券”交割的权利，该种交易制度有助于改变我国债券现货市场分割的状况，加快我国债券市场整合与统一的

进程。

3. 风险投资、增加收益的功能。国债期货的推出将增加金融市场投资工具，对于套利者和投机者而言，这种高风险高收益的投资工具有助于极大地提高他们的收益，同时，也可以将国债期货作为资产组合中的一种，利用马克威茨资产组合理论进行组合投资，创造收益。

二、重推国债期货的基本条件分析

自1995年国债期货被叫暂停至今，已经历了10年的时间。这10年间，我国的经济环境发生了巨大的变化。在利率市场化改革取得实质性进展，国债发行规模急剧扩大的情况下，考虑推出国债期货已经成为不可回避的问题。关于国债期货推出的基本条件，我们可以从以下几个方面进行分析：

（一）利率市场化进程与利率风险敞口的存在

利率市场化是国债期货推出的前提。具体而言，利率市场化的特征可以从四个方面考虑：第一，利率形成体系上，由市场资金供求决定利率水平；第二，利率结构上，短、中、长期利率水平合理；第三，利率监管体制上，在央行进行宏观调控的前提下，金融机构拥有充分的利率自主权；第四，有一个市场基准利率，在我国这个基准利率目前应该是国债利率。

纵观国际上许多国家利率期货的产生过程，绝大部分是在利率管制放开之前，就已经推出了国债期货。以美国为例，20世纪70年代，为解决“石油危机”影响下的通货膨胀问题，美联储频繁调动利率，造成债券市场收益率不稳定，应市场需求，CME在1976年就推出国债期货，但是当时美国并没有完全实现利率市场化。美国的利率市场化进程比较漫长，直到1986年3月废除联邦储备法案中规定的Q条例以后，才成功地实现了利率市场化。可见，利率的市场化是国债期货推出的前提，但并不是必要条件。国债期货也可以在利率市场化的过程中推出。

我国利率管理体制经过二十年的改革，在利率市场化方面取得了很大的成就，特别是1996年以来，改革幅度较大，利率市场取得了实质性的进展。1996年以来我国的利率市场化改革进程，依据的是“先外币后本币；先贷款后存款；先农村后城市；贷款先扩大浮动幅度，后放开上限；存款先放开大额，后放开一般存款”的总体思路进行的。1996年，中国人民银行组建全国统一拆借市场，形成一个统一的同业拆放率CHIBOR，并启动公开市场操作业务，实现拆借利率市场化。同年，财政部正式引入价格竞争的招标方式发行国债，实现国债发行利率市场化。1997年，银行间债券市场形成，推动了国债流通市场利率的市场化。中国人民银行又于1998年扩大对中小企业贷款的利率浮动幅度。同时，国债交易利率也在该年实现自由化。由于国债具有“金边债券”的特质，按照西方国家的经验，金融市场中的一个基准利率在我国基本出现。1999年，中央银行放开协议存款利率，并允许外资银行，农村信用社，证券投资基金，甚至证券公司、保险公司进入银行间债券市场，使得上至一年，下至七天的金融机构间同业拆借利率最大限度反映国内金融市场的供求关系。2000年，放开外币贷款利率，下放外币贷款和300万美元以上外币存款利率的自主定价权。2001年，长期国债采用拍卖方式发行，并发行15年长期国债，使国债发行收益率进一步市场化。2002年，中国人民银行下放非中国居民小额外币存款自主决定权。2004年，央行扩大金融机构贷款利率浮动空间。2005年3月17日，中国人民银行决定调整商业银行自营性个人住房贷款利率，同时将金融机构在人民银行的超额准备金存款利率由1.62%下调至0.99%。我国的利率市场化进程在改革中不断前进，时至今日，虽然央行以行政方式确定银行存贷款利率的模式有待改进，但在相当大程度上，我国的贷款利率已基本实现市场化，国债利率市场化程度已经较高，已经达到美国当年推出国债期货时的利率市场化水平。

利率市场化的直接结果是利率的波动将变得频繁，进而导致利率风险敞口扩大，利率相关证券持有者的未来收益不稳定。我们可以把这里的利率风险敞口看作是未来收益不确定状况下的利率风险升水问题。设利率上升概率为P，而利率下降概率为（1－P）；利率上升时债券持有者财富状况为 W_1，利率下降时为 W_2，则风险升水＝E（g）－CE，使一个完全决定的收入水平 E（g）减去风险升水后所产生的效用水平仍等于不确定条件下的期望效应水平（见图 1），是指当一个完全确定的债券收入 E（g）转化为利率不确定变化条件下的两个不确定的收入 W_1 和 W_2 后，债券头寸持有者因面临风险而付出的代价，即利率风险敞口。

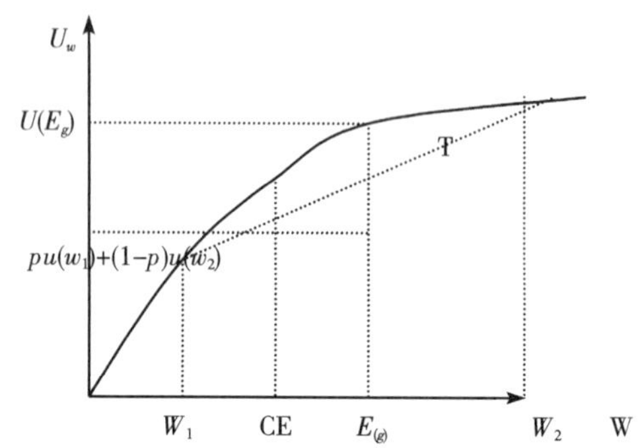

图 1　利率风险敞口示意图

其中，$E_{(g)} = pw_1 + (1-p)w_2$

利用国债期货规避利率风险，最基本的做法是在期货市场上作一笔与现货市场数量相等、合约标的尽可能相同而交易方向相反的国债期货交易，到期时再对所持国债期货头寸进行对冲平仓，使现货市场与期货市场综合盈亏状况为零，套期保值的目的即达到。国债期货推出后，对利率不确定性变动下投资者的最优选择问题，可以用西方经济学中不确定性条件下的风险决策原理进行分析。从套期保值的目的出发，进行国债期货交易的目的是为了稳定所持债券头寸的未来收益。因此，无论将来利率上升还是下降，套期保值者的效用应该保持不变（这里的效用可以用财富状况来衡量）。由于未来利率变化方向不定，这是一种或然状况下的最优选择问题。设利率上升状况为 W_b，利率不上升状况为 W_g，利率上升概率为 P，期货交易单位成本为 r。同时，假设投资者初始债券头寸为 W_0，在利率上升情况下变为 W_1，期货市场的盈亏状况恰好为 W_0（见图 2）

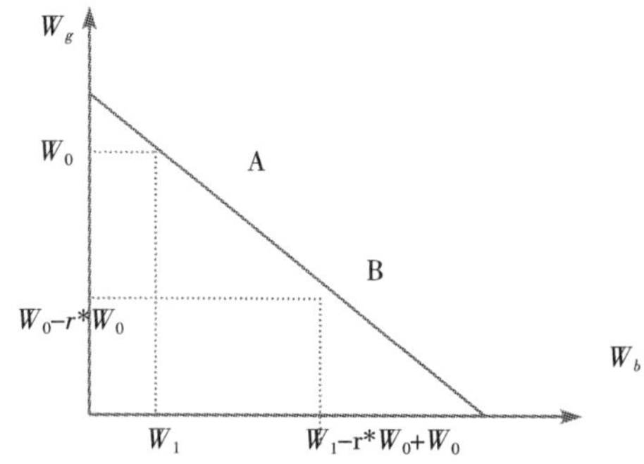

图 2　不确定性条件下的风险决策图

A 点：不进行期货交易情况下，若利率上升，则投资者财富状况为 W_1；若利率不上升，则为 W_0

B 点：进行期货交易情况下，若利率上升，则投资者财富状况为 $W_1 - r^* W_0 + W_0$；若利率不上升，则为 $W_0 - r^* W_0$

投资者预算线为斜率为：$\frac{W_g}{W_b} = -\frac{W_0 - (W_0 - r^* W_0)}{(W_1 - r^* W_0 + W_0) - W_1} = -\frac{r^* W_0}{W_0 - r^* W_0} = -\frac{r}{1-r}$

投资者无差异曲线为：$E[u(w)] = P^* u(w_b) + (1-p)^* u(w_g)$

债券持有者的最优化选择问题可以表示为：

$$\begin{cases} \max. E[u(w)] = P^* u(w_b) + (1-p)u(w_g) \\ s.t. \dfrac{W_g}{W_b} = -\dfrac{r}{1-r} \end{cases}$$

由拉氏乘数法，得：$MRS_{b,g} = \dfrac{\dfrac{-\partial U(w)}{\partial W_b}}{\dfrac{\partial U(w)}{\partial W_g}} * \dfrac{p}{1-p} = -\dfrac{r}{1-r}$

即：$\dfrac{\dfrac{\partial U(w)}{\partial W_b}}{\dfrac{\partial U(w)}{\partial W_g}} * \dfrac{p}{1-p} = \dfrac{r}{1-r}$

在投资者理性的情况下，p＝r，则在国债期货推出后，投资者的最优投资选择条件是：$\dfrac{\partial U(w)}{\partial W_b} = \dfrac{\partial U(w)}{\partial W_g}$，即在利率上升和利率不上升状况下的边际效用相等。投资者可据此求出自己的最优套期保值比率，从而利用国债期货市场来规避利率风险。

在我国，规避利率风险存在现实的需求。如，2004年10月29日，中国人民银行宣布上调金融机构存贷基准利率，债券市场应声而下，其原因在于我国至今尚未推出真正意义上的市场做空机制，债券市场的在缺乏充足的避险工具情况下利率风险凸现。近几年来，央行对具体利率水平的调整固然重要，但更重要的是其向市场传达了利率结构调整和利率市场化的信息。在这种情况下，国债期货的推出越来越显示出其必要性。

（二）国债现货市场的发展与完善

任何期货市场的发展都要以现货市场为依托。国债期货的推出必须建立在国债现货市场发展与完善的基础上。关于我国国债现货市场的发展状况，可以从国债发行规模和期限结构、国债可流通比例与交易规模、国债持有结构等几个方面进行分析。

首先，从国债发行规模上看，自1981年恢复国债发行以来，我国国债的发行规模呈稳步增长趋势，特别是1997年以后，国债发行规模一直保持较高水平（见表1、表2）。

设：y_i：国债余额/GDP

x_i：GDP增长率

从表1、表2中取1997～2003年数据，n=7，$\begin{cases} \bar{X} = 8.1\% \\ \bar{Y} = 14.4\% \\ \sum (x_i - \bar{x})^2 = 0.000\,273 \\ \sum (x_i - \bar{x})(y_i - \bar{y}) = 0.000\,552 \end{cases}$

设参数估计模型：$y_i = \beta_0 + \beta_1 X_i + U_i$

由最小二乘法，得：

$$\begin{cases} \hat{\beta_1} = \dfrac{\sum (x_i - \bar{x})(y_i - \bar{y})}{\sum (x_i - \bar{x})^2} = 2.02 \\ \hat{\beta_1} = \bar{y} - \bar{\beta} * \bar{\chi} = -1.962\% \end{cases}$$

所以，$y_i = -1.962\% + 2.02\chi_i$

可见，随着GDP增长，国债余额占GDP比重会以2倍以上速度增长。

表 1　中国国债发行情况

单位：亿元

年份	实际发行数	期限（年）	余额（亿元）	国债余额/GDP
1997	2 412	2～10	5 548	7.5%
1998	3 808.7	3～10	7 766	9.9%
1999	4 015	3～10	10 524	12.8%
2000	4 657	1～10	13 674	15.36%
2001	4 884	3～20	15 618	16.3
2002	5 934.3	3～30	19 336	18.9
2003	6 280.1	0.3～20	—	—
2004	6 924	—	—	—

资料来源：《中国人民银行统计季报》、《金融市场统计月报》1997—2003 年。

国债市场容量的扩大，有利于促进国债期货市场价格发现功能的发挥，从而促进真正的市场利率的形成。虽然我国国债的总体发行规模占 GDP 的比例小于西方发达国家的 45%～60%的水平，但是，我国经济的高速发展必然要求中央财政的负债水平的提高，从参数估计模型可以看出，我国的国债发行规模将随着 GDP 的增长而扩大。比较世界上其他国家在推出国债期货时的国债规模（见图 3），美国在推出国债期货时期国债余额达 3 千多亿美元，占 GDP 比重的 16.67%，而日本在 1985 年推出国债期货时，国债余额占 GDP 比重达 50.567%。可见，我国目前国债规模已达到当年美国推出国债期货时的水平，已基本能够满足国债期货推出的需要。

此外，通过对表 1 的分析，可以发现在国债的期限结构上，过去的 2～5 年中期国债占 80%以上的局面已有所改变，长期国债发行比例增加，1 年以内的短期国债也开始发行。国债期限结构的多样化，有利于国债期货标准化合约的设计。同时，在当前利率水平较低而利率上调可能性较大的情况下，投资者对短期国债的需求量往往会很大，中央财政适时发行短期国债，在一级市场顺利发行的同时，还有利率活跃国债二级市场。

表 2　1997－2004 年中国 GDP 增长率

年份	1997	1998	1999	2000	2001	2002	2003	2004
GDP 增长率	8.8%	7.8%	7.1%	8.0%	7.5%	8.3%	9.3%	9.5%

资料来源：《中国统计年鉴》，2004。

其次，从国债流通规模上看，我国国债可流通比例不断提高。1997 年国债可流通比例为 40.7%，到 2000 年可流通国债比例提高到 54%，2001 年又达到 63.1%。与 1995 年相比，我国可流通国债的数量增加了近 10 倍。可流通国债是国债期货合约的真正标的，国债可流通比例的增加不仅提高了债券市场的流动性，也为国债期货的推出创造了条件。

再次，从国债交易规模上看，可流通国债比例的增加提高了债券市场的流动性，大大活跃了国债现货市场以及国债回购市场的交易（见表 3）。

表 3　中国国债交易情况

单位：亿元

年　份	1996	1997	1998	1999	2000	2001	2002	2003
现货交易	5 029.2	3 582.8	6 059.9	5 300.9	4 157.5	4 815.6	8 708.7	5 756.1
回购交易	13 008.6	12 876.1	16 262.8	12 890.5	14 733.7	15 487.6	24 419.7	52 999.9
合　计	18 037.8	16 458.9	22 322.7	18 191.4	18 891.2	20 303.2	33 128.4	58 756.0

资料来源：《中国经济信息网》。

此外，2004年5月20日，银行间市场正式推出国债买断式回购业务，即国债持有人将国债卖给购买方的同时，交易双方约定在未来某一日期，卖方再以约定价格从买方买回相等数量同种国债的交易行为。这一国债交易方式的设计，客观上提供了做空的可能：债券市场的投资者可以在回购期间内卖出债券，在回购期满时买回，这样即使在市场下跌时，卖空的一方也可以获利。作为一种介于国债现货与期货之间的交易方式，买断式回购国债的运作经验可以为国债期货交易的制度设计提供有益的参考。

最后，从国债持有结构上看，自1997年国家规定银行系统必须推出交易所网上流通系统后，证券公司及保险机构成了国债现货市场上的流通主体。虽然我国国债持有者结构上期满兑付型个人投资者比例仍占60%以上，但是就对国债期货的推出其实质性作用的可流通国债而言，我国目前70%以上的可流通国债掌握在商业银行、证券公司、保险公司以及证券投资基金等机构投资者手中。机构投资者特有的专业理财能力以及对国债收益率的套期保值需求为国债期货的推出提供了坚实的市场基础。

相较于20世纪90年代初的国债市场，我国目前的国债现货市场已有了长足的发展。虽然在可流通国债比例、国债期限结构等方面还存在一些不足，但我国的国债现货市场已基本具备了退出国债期货的条件，已经能够为国债期货的推出提供坚实的现货市场基础。

（三）法律法规及监管体系的完善

鉴于当年国债期货交易的教训，在重新推出国债期货之前，必须重视监管体系的建设。

我国期货法规的建设在近十年来取得了很大的进步，相关法规的推出对整顿市场秩序、促进期货市场顺利运行方面起了积极作用。如，1996年国务院转批《关于进一步加强期货市场工作的请示》，1998年国务院发布《关于进一步整顿和规范期货市场的通知》，1999年以来，国务院又颁布了《期货交易管理暂行条例》及与之配套的《期货交易所管理办法》、《期货经纪公司管理办法》、《期货经纪公司高级人员任职资格管理办法》和《期货业从业人员资格管理办法》等。这一系列法规的颁布为我国重新推出国债期货提供了充足的法律后盾。

在期货监管体系方面，2000年12月29日中国期货业协会的成立使我国期货业形成了由证监会、期货业协会和交易所所组成的三级监管体系。此外，随着我国证券市场和商品期货市场的发展，证券交易所和期货交易所都已形成了一套比较完善的风险预警和防范机制，风险防范和抵御能力大大增强。

三、推出国债期货的风险分析与防范

（一）国债期货市场风险分析

国债期货具有“双刃剑”的作用，在规避利率风险和促进国债价格发现的同时，又由于其自身的“高杠杆性”和双向交易等独特的交易方式而存在极大的风险。按风险形成原因分，国债期货市场的风险大致可以分为以下四类：

1. 由于宏观因素和政策因素变化而引起的系统风险。宏观经济环境的变化以及特定时期政府政策的变化，会引起市场资金供求状况的变化，影响市场利率的正常变动，进而影响投资者对市场利率走向的预期，导致国债期货价格大幅波动，从而引发风险。这类风险的发生往往无法回避，属于不可控制风险。如果用方差Var（p）表示国债期货市场投资组合的总风险，则根据资产组合理论，

$$Var(p)=\sum_{i=1}^{N}W_i^2*\delta_i^2+\sum_{i=1,j\neq i}^{N}W_i*W_j*\delta_i\delta_j*\rho_{i,j}$$，W_i 表示第 i 项投资所占比重。

令 $W_i=W_j=1/N, Var(p)=(1/N)^2*\sum_{i=1}^{N}\delta_i^2+(1/N)^2*\sum_{i=1,j\neq i}^{N}\delta_i*\delta_j\rho_{i,j}$

当 $N\rightarrow\infty$ 时，$(1/N)^2*\sum_{i=1}^{N}\delta_i^2\rightarrow 0$. 非系统风险可通过组合分散.

$$(1/N)^2*\sum_{i=1,j\neq i}^{N}\text{cov}_{i,j}=(1/N)^2*\sum_{i=1}^{N}\sum_{j\neq i}^{N}\text{cov}_{i,j}\nrightarrow 0$$

可见，系统风险无法通过资产组合进行回避。

对于系统风险的衡量，可以用套利定价理论（APT）中的因素模型进行计算。设单因素模型为：R＝E(R)＋b＊F＋ e，其中 R—国债期货的实际收益率，F—宏观因素对其期望值的偏离，即宏观因素的反常变化，e—非系统因素对国债期货收益率的影响，b—R 对宏观因素 F 的敏感系数。假设这里的宏观因素为中央银行基准利率的变动，如 2004 年 10 月 29 日基准利率在原来 1.98％的基础上上调 0.27 个百分点，即 F＝0.27％，设某国债期货合约的 b＝1.5，预期收益率 E(R)＝5％，则根据模型可得，R＝5％－1.5＊0.27％＝0.995％。可见，中央银行基准利率的变动引起国债期货收益率的变化，变动幅度由 b 决定，即国债期货收益率对宏观因素变动的敏感系数 b 决定了国债期货市场系统风险的大小。这里的 b 通常可用资本资产定价模型中的 β 系数表示。

2. 由于市场流动性原因引起的流动性风险。所谓流动性风险，是指由于国债期货合约的流动性不足或国债期货市场资金的流动性不足造成的风险。国债期货合约的流动性大小与合约的设计有关。在投资者有开仓或平仓需要时，如果市场能够满足其需要，则该国债期货市场上的合约具有较强的流动性，如果市场无法使投资者的需要得到满足，则可能会发生违约风险。国债期货市场资金的流动性包括用于国债期货交易的资金量的大小以及资金能否及时到位两个方面。一定的国债期货交易规模要求有相应的资金量的支持，否则期货交易就无法顺利完成。此外，在保证金制度下，还要求投资者的资金能够及时补充保证金的需要。

3. 由于交易制度不完善而引发的制度性风险。交易所是国债期货推出后的交易场所，交易所交易制度设计是否合理、风险控制力能力是否充足关系到国债期货交易能否顺利进行。“3.27”国债期货事件的教训已经表明，不完善的交易所交易制度是国债期货市场风险产生的“温床”。

4. 由于投资者个人原因或投资机构原因造成的风险。国债期货市场应该是一个理性投资的市场，任何非理性的行为都会对市场产生不利的影响。此外，投资者的恶意违规操作性为也会扰乱正常的市场秩序，引发国债期货市场风险。

（二）国债期货风险防范

作为一种基于规避利率风险需求而产生的金融衍生工具，国债期货交易所产生的风险和损失并不是工具本身的错误。在承认风险客观存在的前提下，我们更应该重视的是风险防范体系的建设，特别是在金融体制改革不断深化和全球金融一体化程度不断提高的情况下，充分认识风险和重视风险监控是国债期货市场研究的核心。分析和总结 CBOT 以及香港国债期货市场风险监控和防范的经验，可以得出国债期货市场风险防范的一些基本措施。

1. 国债期货合理定价是起点。根据无套利定价理论，期货价格等与现货价格加上持仓费。考虑到国债附息，合理的国债期货价格应该等于国债现货价格加上融资成本减去国债票面利息收入。根据远期合同定价公式，国债期货价格可用数学公式表示如下：

F（0，t）＝S＊（1＋I－R）

式中，S：国债现货价格；

I：在国债期货合约有效期内的融资成本率；

R：0到t时刻内的国债票面应计利息率。

在有效率的市场上，由于套利者的存在，国债期货价格应满足上述公式。因此，在公平、公开、公正的国债期货市场上，应该有一个权威的国债期货价格的存在。由于定价是国债期货交易的开端，所以，国债期货的合理定价是防范国债期货市场风险的起点。

2. 实时风险预警体系的建设是核心。国债期货交易的风险是客观存在的，关键是在风险发生之前要对风险进行必要的预防，在风险发生之时要能做出及时地反应。"3.27"国债期货发生的一个重要原因就是上海证券交易所没能对空方的高风险违规行为做出及时反应。风险防范的有效措施是建立实时风险预警体系。实施风险预警体系的建立是一项复杂的工程，包括指标体系和统计查询体系两大部分的建设。根据多个指标的指示和对十多个项目的检测，可以对国债期货交易过程中的潜在风险做出很好地反映，从而达到有效的防范风险的目标。

3. 交易所交易制度的建设是关键。交易所是国债期货推出后集中交易的场所，也是防范国债期货交易风险的主要部门，因为国债期货交易风险首先发生在交易所内。交易所在防范风险方面，第一道措施应是国债期货交易会员资格审批制度，从源头上保证国债期货参与者的素质。其次，实行较高的保证金水平以及每日无负债结算制度。在国债期货推出初期，投资者对其认识不足，市场风险可能较大，较高的保证金水平可以减小国债期货的"杠杆效应"，同时，可以通过每日无负债结算制度控制一天之内价格波动的风险。再次，实行限仓制度和大户报告制度，目的在于防止少数投资者对国债期货市场的操纵，最后，实行涨跌停板制。虽然CBOT在国债期货交易中不设涨跌停板，但是，涨跌停板的设置能够有效地缓减或抑制一些突发事件和过度投机行为对国债期货价格的巨大冲击，减缓每一交易日的价格波动，能有效抑制风险的发生。

4. 培养成熟的机构投资者。机构投资者特有的专业理财队伍和专业投资能力可以减少非理性行为对国债期货价格的影响，从而减小国债期货市场风险发生的可能性。此外，在风险发生时，机构投资者往往巨头较强的风险抵抗能力，能够将风险造成的损失降到最小。

5. 国债期货交易法规的完善是保障。法律法规的作用在于从根本上规范国债期货市场各类行为主体的行为，防范市场风险，对现有的有关法律法规、规章制度进行补充、修改和完善，同时补充出台一些针对金融衍生品市场的管理法规，为国债期货在中国的顺利运行奠定良好的基础。

四、我国国债期货市场构想

国债期货在我国的发展虽然经受了1995年被叫暂停的挫折，但这种挫折可以使我们认识到当年国债期货市场中存在的问题，并为我国再次推出国债期货提供经验。随着我国金融体制改革的逐步深入、利率市场化的一步步推进、国债市场的进一步发展以及整个期货市场的回暖，再次推出国债期货的条件也越来越成熟。在我国再次推出国债期货成为可能的情况下，本人对我国未来的国债期货市场提出以下几点构想：

首先，在国债期货市场的市场架构上，以交易所为依托，实行国债期货有组织的高度集中交易；以期货经纪公司或证券经纪公司为桥梁，对它们实行严格的市场准入，保证投资者交易意愿的顺利达成；以机构投资者为主力，用其专业投资能力保证国债期货市场上投资者行为的理性。

其次，在政策建议上，提倡建立全国性国债二级市场，改变目前国债现货市场分割的状况，使国债期货价格有一个统一的现货价格基础；在我国目前国债品种还不是特别丰富的情况下，建议在国债期货市场上采用“混合交割”制度，引入“转换因子”，缓解现券品种不足与期货合约交割的矛盾，完善期货交易法规，为国债期货交易提供坚实的法律基础。

最后，在风险管理方面，高度重视国债期货市场风险管理。在证监会、中国期货业协会以及交易所三级监管的基础上，特别强调交易所风险监控体系的建设，利用市场准入制度、保证金制度、涨跌停板制度、每日无负债结算制度以及限仓制度等防范国债期货市场风险。同时，鼓励经纪公司和机构投资者利用先进的审计制度防范自身内部风险。

国债期货为一种重要的利率风险管理工具，在金融体制改革深入、利率市场化程度不断提高、利率风险敞口扩大的今天，其作用越来越大。在吸取当今国债期货交易的经验和教训的基础上，再次推出国债期货，必能充分发挥其规避利率风险和发现国债价格的功能，国债期货在我国有广阔的发展前景。

五、结论

本文首先分析了“3.27”国债期货事件，揭示国债期货市场的一些基本规律，并论述了在我国推出国债期货的重要现实意义。

关于国债期货推出的基本条件，文章以利率的市场化程度、国债现货市场状况以及法律法规的完善状况三个方面进行分析，在参考美国当年推出国债期货时的市场条件的基础上，用不确定条件下的风险决策模型和参数估计模型进行定量分析，发现我国已经基本具备再次推出国债期货的条件。

在国债期货市场风险防范方面，提出了以交易所为依托、以经纪公司为桥梁、以机构投资者为主体，大力加强法制法律建设的风险防范模式。

最后，展望发展前景，认为国债期货在我国具有很大的发展空间。

参考文献

[1] J. Hull. Options, Futures and Other Derivatives [M]. 美国：Prentice House，1997

[2] 平新乔. 微观经济学十八讲 [M]. 北京：北京大学出版社，2001

[3] 肖宇. 中国国债市场发展、比较与前瞻 [M]. 北京：社会科学文献出版社，1999

[4] 林朝晖. 国债期货引入卖空机制 [J]. 证券天地，2004 (6)

[5] 张超. 恢复国债期货势在必行 [J]. 金融电脑报，2005 (2) 73～82 页

[6] 叶永刚，黄河. 从无套利定价理论看我国国债期货市场的过去与未来——兼析“3.27”国债期货事件的深层次原因 [J]. 经济评论，2004 (3)

[7] 杨迈军，李辉等. 利率期货交易 [M]. 北京：中国物价出版社，2001

[8] 鲍建平. 论国债现券、回购与国债期货交易关系研究 [R]. 上海期货交易所发展研究中心，2004 年 8 月 28 日

[9] 褚玦海. 中国期货市场风险研究 [M]. 北京：中国财政经济出版社，2001

[10] F. Mishikin. The Economics of Money, Banking and Financial Market [M]. 北京：北京大学出

版社，2001
[11] 朱善利．微观经济学［M］．北京：北京大学出版社，2001
[12] 范龙振，王晓丽．上交所国债市场利率期限结构及其信息价值［M］．管理工程学报，2004（1）
[13] 李倩．运用利率期货，规避市场风险［N］．财经时评，2004（1）
[14] 巴曙松．结构与定价：2005年利率政策的主题［N］．国际金融报，2005（3）

正确理解品种分工和时区分工的理论

常 清

在参加“WTO与中国粮食市场论坛”时，我进一步阐明了品种分工与时区分工的理论，认为“本世纪中国将成为一些品种的世界性贸易中心，因而也就成为一些大宗商品的价格交易中心：未来中国的农产品期货市场会与芝加哥并列，在品种上和时区上进行分工，成为并列的、有分工的全球期货交易中心……这些品种必须是其产量、消费量在全球占有相当的比重以及其大量的贸易是在中国完成，也就是说其价格是在中国形成的。”自从我提出品种分工、时区分工理论之后，在理论界引起了很多的争论，见诸报端的文章也有不少，公开表示拥护者如王卫波先生的文章《从量变到质变——关于是否该禁止转基因大豆交割的思考》明确提出“中国农产品期货市场会与芝加哥市场并列，在品种上与时区上进行细化分工”的观点，赞成笔者的理论。贾中萍先生也在《期货日报》上发表了一篇《关于“影子”的是非问题》的文章，认为中国的市场只能是影子市场。读罢贾先生的文章，发觉贾先生在发表自己的看法时，似乎没有深入探讨理论本身，因此拟对品种分工与时区分工理论略做一些补充，以进一步的说明。

一、何谓品种分工？

品种分工是指世界上的定价中心各有自己的市场辐射半径，有其自己的市场环境优势和产品基础，当某些大量生产大量消费商品的市场基础与该定价中心的市场基础相重合时，该市场就会具有形成这种大宗商品价格的定价权威性，其他的市场可能会成为它的影子市场。例如美国CBOT交易的大豆品种是全世界转基因大豆的定价中心，日本东京谷物交易所交易的转基因大豆则是CBOT转基因大豆的影子市场。

由于产品功能上的差异，世界上可能出现同一种产品而用途不同的品种，有其环境特点。如我国的大豆、玉米品种，与芝加哥的大豆、玉米品种属于同一类商品，但我国的大豆、玉米是非转基因产品，因而我国的大连商品交易所就会成为非转基因的大豆、玉米的定价中心。

从更广泛的范围来看，品种分工服从于经济发展的格局变动，而不是仅仅局限于期货市场本身。中国入世之后，我国农业如何继续发挥自己的优势、争取在世界中占据一席之地呢？这自然要从我国的国情出发，依据国际贸易中的比较优势理论进行生产分工。我国主要生产天然的大豆、小麦、玉米等农产品，这些天然产品的价格和用途均不同于转基因产品。我国的农产品期货市场将会具有中国市场环境的优势，成为转基因大豆、玉米、小麦等粮食产品全世界的定价中心。

二、何谓时区分工？

时区分工是指亚洲、欧洲、美洲有一定的自然时差，亚洲闭市之后，欧洲开市，欧洲闭市，

美洲开市。当今社会是一个政治、经济、军事等影响市场的因素变幻莫测的时代，在任何一个时区的期货市场闭市后，世界上照样会有很多事件发生，因此需要另外一个时区的期货市场为企业管理风险，从这个意义上说，亚洲、欧洲、美洲需要有同一种产品的期货市场满足不同时区企业管理风险需要。

随着世界经济日趋一体化，不同时区都需要全天延续交易以反映不同时刻的价格变动，来规避任何时刻可能产生的价格风险；而传统上，每个地区只有一定的交易时间，并且进行交易的时间有先有后，以金属为例，伦敦首先进行交易，然后是美国进行交易，最后则是亚洲地区包括中国进行交易。

因此，所谓的时区分工就是几个重点时区的期货市场有所划分，都有一个形成价格的中心，为商品定价服务，这可以满足不同时区交易延续进行的要求，使得期货市场为经济发展服务，随时为套期保值者提供规避风险的手段。期货市场具有发现价格、为套期保值者规避风险的功能，这一点已经在学术界达成共识。而贾中萍先生是否认为我国也不需要有自己品种的期货市场，而仅仅参考国际期货市场的价格行事，成为国际期货价格的“传送器”或“信息发布网”？这一点显然不符合我国经济发展的要求。

通过上面的分析可以看出，时区分工、品种分工是在遵循国际惯例的基础上有所分工，突显出自己的特点和差异，而不是如贾中萍先生所说，像“阎锡山为了防止山西资源的外运，把山西的铁路修成比别人的铁路窄，别人的火车开不进去”这种所谓的“特色”并不是什么特色，而是在无奈的环境下选择了闭关自守。我们所说的分工理论则相反，是在遵守国际上对期货市场各种规则、期货合约设计的基础上，充分考虑我国经济发展、期货市场发展的实际，而不是照抄照搬别国期货市场情况。另外，根据分工建立不同的市场并没有与国际惯例割裂开来，仅仅是每个市场依据自己的特点对市场有所区分，美国大豆价格在我们进口大豆榨油时仍是参考价格，只是在交易非转基因大豆时我国大豆期货价格成为参考的重点，这种分工正如英国建立LIFFE发展金融期货一样对市场进行恰当的分工，两者岂能混为一谈？细细分析时区分工与品种分工理论，就可以得出与贾中萍先生大相径庭的结论：

(1) 强调分工，是在遵守国际惯例的基础上进行的，分工与惯例并不互相冲突。而且，惯例是大家所共创，中国同样参与了这个惯例的创造过程，不能将惯例与中国完全割裂。同时，惯例分为很多种，有好的，也有坏的。因此，我们所说的学习世界发达国家的惯例，是指学习期货市场“规律性”的东西，抓住其本质内容，而不是仅仅简单照抄，这样才能真正办好中国自己的期货市场。如果仅是全部模仿、全部照抄，我们为何要建立自己的期货市场呢？还不如建立一个CBOT的分部简单而又实效。

(2) 从时区分工的角度来看，也许我国某些期货品种成为别的国家的“影子”价格(COMEX也是LME的“影子”市场，该市场发展得也很成功)，但是，在其他品种上（如我国开设非转基因大豆品种）别国也许会成为我国市场的“影子”价格。而且，即使在某些品种上我们成为某些国家的影子，它仍然有助于我国期货市场发挥规避风险、套期保值的作用，这是别的市场所无法取代的。

(3) 否定我国在遵守国际惯例的基础上建立自己的特色产品，其实是认为中国没有必要参与国际分工，甚至没有必要建立自己的期货市场。

笔者拜读到贾中萍先生的文章时，很自然联想到南方周末的另一篇与大豆有关的文章《种中国豆侵美国“权”》。由于中国没有重视自己野生大豆的基因特点，没有申请自己野生大豆的专利权，美国孟山都公司以中国野生大豆品种为材料的研究专利可能导致下列情况：所有种植含有此类标记的大豆品种的国家，都有可能向美国孟山都公司付费，包括中国。以后中国这些大豆还能以较高的比较优势进行出口吗？这个问题的产生，正是由于我们没有高度重视自己的优势、没有重视自己的产品分工和品种分工所造成的，我们期货市场上的品种难道不应该早些加强自己的特色品种，为该品种的价格发现服务，走出自己仅仅作为“影子”市场的现状吗？

一场新的世界经济大战

常　清

加入WTO之后，我国的对外经济依存度提高到60%左右，作为一个新型的“世界工厂”每年大量进口能源、原材料和输出商品，因此，受国际商品价格的变动和重要货币价格的变动影响非常之大。从这两年的情况看，由于我国的一些经济主管部门和国有大型企业不适应国际化的市场变动，在金融和贸易领域的损失触目惊心。认真学习胡总书记关于“居安思危”的论断，有必要从战略的高度来研究这些新的经济现象。

目前，我国的外汇储备绝对额已达6 000亿美元，由于美元价格的变动已贬值30%左右，同时，我国的外汇大部分用于购买美国国债保值增值，而美国国债的价格又下降了20%左右，按市值计算，我们的外汇储备损失已经过半；2001—2002年，在美国大豆价格进口价格在每吨1 800—1 900元左右时，我国限制大豆进口，到了2003年，大豆价格达每吨4 000元时，我国大量进口，国内的榨油厂在美国大豆价格的最高时大量买入，据国内专家测算，2003—2004这两年，仅在大豆贸易上的损失按均价算，每吨多支付1 500元左右，年进口2 000多万吨，直接损失达300亿元人民币；石油价格长期在每桶十几美元徘徊之时，我们的进出口垄断企业并没有进行中长期的买入保值，据了解，日本的大企业都在12美元左右买入大量的中长期期货和期权，也就是说，日本人至今用的是十几美元一桶的原油，据《全球财经观察》2004年12月3日报道，2004年1～9月份，我国为国际原油价格上涨多付出130亿美元；再如有色金属，由于国家物资储备局轮库，在铜每吨1.8万之时向市场抛出了库存，在国内价格每吨2.6万之时买入补库，这一行为被国际炒家利用，成为一个国际市场上的突发性的需求、拉动国际国内价格上涨，价格飙升至每吨3.2万元，仅此一项，我国每年进口180万吨铜，每吨至少多付500～700美元，估计损失达100多亿元人民币。

为什么伴随着我国对外开放而出现如此大的损失呢？许多文章将许方的投机资本妖魔化，什么“金融大鳄狩猎中国买家”、什么“对冲基金制造梦幻陷阱引中国人入市”等等，表面上有些许道理，在市场上也的确我们亏损的钱被他们挣去了，因为我国买家往往在价格的最高处买入，接下的是国外基金和跨国公司的头寸，其对手都是外国大机构，钱被人家赚走了。但是，任何外国基金也并没有违背市场经济的法规去操纵市场，而是在有秩序的自由竞争中获得了合法利润。因此，我们应该从我们自身找出更为深刻的原因。我认为以下几个原因是值得我们重视的：

第一，我们从指导思想上并没有予以重视贸易金融衍生领域的竞争。由于我国对外开放长期以来将重点放在引进外资上项目和发展实物商品的出口领域，而没有去考虑“十几年创造的财富被一夜之间拿走了”（马哈蒂尔亚洲金融危机后所讲）这样一个高端竞争的领域。这从我们加入WTO的谈判就可以看出来，对于期货领域基本上没有涉及。在加入WTO的过渡期内，也没有任何措施和政策来提高贸易金融定价权领域的竞争力，基本上是空白，遇到了问题也是茫然不知所措。最近关于石油问题有些专家开始悟出了一定的道理：石油涨价，OPEC赚小钱，石化加工等高端产业赚中钱，期货贸易领域美国垄断资本赚大钱，而我国这样的发展中大国全部买单付款。

第二，国家的主管经济部门制定经济政策还没有面向国际市场。我国的经济主管部门还没有完全从市场经济的高度、从国际市场竞争的角度来制定经济政策，也不去面对国际市场商品价格的变化。许多政策仍然从我国国民经济是一个封闭循环的角度以自我为核心来予以考虑。如大豆的历史低价位限制进口政策的出台等等。更令人难以接受的是，一些国家部门在现象上配合国外大资本狩猎我们，最典型的例子是国家物资储备局，它只不过是一个正常的轮库，搅动了国际市场：在1.8万元左右卖出，使国内市场一下子供给充分，进口商错失了低价进口国际有色金属的机会，给了企业错误的信号；在价格上升到3万元之上时进行补库，使国际资本将铜价长期推升至历史高价位，我国企业被迫高价位进口。这样的举动使国内期货界人士十分不解，仅中国证券报就有近两个星期的连篇累牍地发表文章批评国储，可政府有关部门一点回音都没有。

第三，我国的垄断性企业体制官僚倾向化严重，不适应在国际市场上竞争。我国的金融企业和外贸大企业，都仍然是官僚化体制，而且都是高度垄断化的，这些企业典型的是“吃官饭”，其经营机制不是市场化的，因为仅仅国内市场上的垄断利润足以让其生存，它们没有动力也没有机制去国际市场上竞争，所谓“内战内行，外战外行”，其利润的来源主要是赚垄断利润和财政补贴。高层经营人员不是以企业家的标准要求自己，而是官员的标准要求自己，以不犯错误为基本原则，谁也不去高端领域竞争。这种机制就会出现石油10美元一桶而不去大量在期货市场上买入保值，而到了50美元一桶照样进口盈利完成任务向中央报喜的怪现象；也会出现买入美国国债会计科目上以原值计算市值亏损，不去计算外汇储备宁可受巨额损失而不去保值的“掩耳盗铃”的问题。

第四，我国缺乏能在国际市场上有定价话语权的专业巨型基金。在国际市场上，尤其是在大宗商品和金融商品的定价市场（期货市场），美、欧、日等发达国家都是一些巨型基金公司、跨国贸易公司参与其中，有专业的研发团队和操作团队，根据市场供求变化，特别是远期的供求预测，来进行中长期的保值和投资。因此，这些机构牢牢地把握了世界主要大宗商品和金融产品的定价权，在国际市场的竞争中显得游刃有余，无论市场如何变化，它们都能获得高端利润。我国只有少数外贸公司出于业务的需要，业务在领导有些魄力的条件下，做一点保值，在定价方面毫无发言权。这就出现了近两年“中国因素”主导世界市场的价格，可中国的企业只能被动的接受国际炒家定的高价的滑稽局面。

以上的分析说明，世界在发生巨大的变化。我国的改革开放应充分认识在新的时期，一场新的经济大战已经打响，我们和平崛起，不能再继续引进高污染、高耗能、低科技含量的加工工业，要建设一个经济强国，必须抢占世界经济的制高点，在贸易金融的定价权领域开展竞争。

工业革命以来，从经济学的角度可以将国家和民族之间的经济竞争划分为三个大的阶段，即初级资源的竞争、产品市场的竞争、贸易金融定价权的竞争。在工业化初期，掌握技术的国家缺乏资源，又没有世界性的商品市场，于是便出现了强国掠夺弱国的殖民贸易战争，建立了殖民贸易体系。第二次世界大战后，世界各国纷纷独立，都开始走工业化的道路，初级资源的产品市场逐步形成了畸形的带有殖民价格痕迹的国际市场。对工业制造大国而言，依靠国际市场容易获得廉价原材料，关键是产成品销售市场，于是，便开始走经济一体化、国际化的道路，利于经济制造强国有效地占领世界市场。进入21世纪，世界经济格局在发生深刻的变化，一些发展中国家利用比较优势逐步成为制造业大国，发达国家又开始向新的高端产业发展，出现了美国的新经济、高科技、强金融的新的生长点。国家之间的竞争已不在制造业领域，而转向了贸易金融领域，尤其是金融衍生品领域，即世界商品定价权领域的竞争。

加入WTO的过渡期即将结束，我们不仅要考虑国际市场的竞争问题，还要考虑金融业的开放问题。我们应从战略上占领期货领域这一制高点，“学人以渔”、“师夷之长以制夷”，以确保国家的金融安全。

第一，国家应高度重视国际贸易金融衍生领域的竞争，以打赢这场看不见硝烟的战争为目标，应设立一个经济安全的综合协调机构，来确定竞争的战略，协调国家各部门的相关经济政策，确保国内市场大开放中的国家经济安全。

第二，大力发展国内的期货市场，完善风险管理体系，提示国内企业的竞争力。

21世纪初期，国际形势复杂多变。“9·11”恐怖袭击、伊拉克战争等给美国经济带来重大考验。但美国金融期货市场确实有效地维护了美国的经济和金融安全。以期货为核心的金融衍生品市场在维护美国金融安全、经济安全上发挥了至关重要的作用。美联储主席格林斯潘指出：“在美国过去的两年半期间，虽然股票市场的财富缩水八万亿美元、资本投资也出现了严重紧缩，还有去年的‘9·11’事件，但美国的经济挺过来了，美国主要的金融机构都没有被迫拖欠债务。金融衍生品市场的风险对冲功不可没。在过去的15年期间，金融衍生品以超乎寻常的速度发展，期货以及其他复杂衍生产品的概念得以深化，加上计算机和通讯网络的进步，对冲风险的成本显著降低，机会也大大增加，金融系统也因此发展得比20多年前更灵活、有效和富有弹性，世界经济也因此变得更富弹性。”

我国企业的市场化程度低，应尽快在国内市场上练兵，提高其竞争力，并且在竞争中不断兼并、重组，才能有市场化的巨型企业参与国际竞争而立于不败之地。但我国的有关部门在发展期货市场的问题上迄今也没有从深化市场体制的改革、提高国民经济竞争力的角度去认识。因此，期货市场发展了十几年，仍然被管制得畸形，无法成长，不能适应国民经济发展的客观要求。

第三，支持有竞争力的民企，组建一些大型专业和综合类基金，进入国际市场，争取有定价的话语权。

我国有一些民企很早就进入了国际期货市场，而且在国际期货市场的竞争中有丰富的经验，这些机构的运行机制是纯市场化的，能够适应国际市场的风云变化和激烈竞争，国家可以给予政策支持，准其发行基金，做专业的商品或综合类投资。这些机构同时代为国内大的垄断国企进行套保业务，以弥补其企业机制的缺陷。

将我国建成国际性的期货交易中心

常　清

中国加入WTO，是中国进入世界经济主流社会的重要标志，也是中国经济发展的必然结果，即有实力同世界上经济发达国家共同坐在谈判桌前，讨论规则与分工。在此大背景下，中国的期货市场需要重新进行国际定位。笔者认为，本世纪初，随着经济的迅速发展，我国将建成与欧美并驾齐驱的又一个国际性期货交易中心。

一、形成世界性期货交易中心的背景和条件

期货市场的产生和发展与世界经济的发展步伐一致，密不可分。欧洲工业革命使伦敦成为世界性的原材料期货贸易中心；美国南北战争之后，农业生产力的迅速发展产生了芝加哥这样一个农产品期货贸易中心；20世纪70年代之后的经济全球化，使欧美又成为世界性的金融中心，金融期货在欧美也爆炸性地发展起来。在什么地方形成世界性期货贸易中心，主要是由该地区的经济发展所决定。进入21世纪世界以来，世界经济格局已发生了重大变化，应该说是亚洲经济飞速增长的时代，而中国经济的发展是亚洲经济发展的火车头。

根据经济学原理，要成为世界性期货交易中心的必备条件是：当地本身是区域性的贸易中心和金融中心，是大宗商品的集散地；大量交易这种商品的市场半径不断扩大，影响市场供求的因素越来越多，价格变化越来越复杂，正是这一不确定性要求投资者必须用套期保值的办法来规避各种风险；规范化的交易所能为期货交易提供便利、快捷和安全的交易场所。中国期货市场的发展已经为我国成为国际性期货交易中心创造了条件。我国香港和上海等地区都已成为亚太地区的贸易中心和金融中心，许多大宗商品其现货流通已辐射亚太地区。我国期货交易所也在国际上享有一定的声誉，如大连商品交易所的大豆交易规模已超越日本在世界上位列第二，郑州商品交易所的小麦交易也引起世界各国的关注，上海期货交易所的有色金属交易在亚洲处于领先地位。

亚太地区与欧美不同，期货交易的区域性比较明显，日本、新加坡、台湾地区、香港特区和大陆都已形成区域性的期货交易中心。目前辐射范围比较广的地区是中国和日本，但在亚太地区，期货交易中心的形成应以其中的一家为主。虽然中日两国都可能有自己的优势品种成为国际性的交易品种，但与日本不以内需为主、许多产业在海外等经济特点相比，中国经济更具能够支持其期货市场成为国际性期货交易中心的比较优势。

具体表现在：农业方面，其比较优势在于发展劳动密集型的农业，粮食种植将以生产绿色、天然、大量使用劳动力的粮食品种参与国际竞争；加工制造业方面，我国基础教育比较发达、高素质低成本的劳动力丰富、技术力量雄厚，从目前的情况看，中国正在成为世界性的加工制造业中心，许多工业原材料的交易中心正在向中国转移；金融业的本土优势和体制改革焕发出来的潜能使我国的金融业有较强的竞争力等等。这些优势不仅形成了我国在世界市场上的综合竞争能

力，而且也是我国期货市场发展的经济条件。

二、形成世界性期货交易中心的理论基础

下面笔者将用品种分工和时区分工理论，来进一步阐述“中国将成为国际性期货交易中心”的论点。

所谓品种分工是指在我国大量生产、消费和流通的商品，其价格主要由我国期货市场来决定，从而在交易品种上形成与欧美期货市场各有侧重的格局。

中国是重要的农业大国，很多大宗农产品如大米、玉米、大豆（非转基因）等，已经形成了大量生产、大量消费以及大宗交易的局面。我国小麦、稻谷的产量位居世界首位，玉米产量名列世界第二，大豆为世界第四。由于这些品种的交易辐射半径主要是在亚洲市场，因此，应与芝加哥期货交易所上市交易的品种有所区别。

例如，我国重要的农产品之一——大米，曾经是中国期货市场上很成功的上市交易品种，而芝加哥过去也曾试图上市该品种，但是效果并不理想，这主要是由于消费结构上的差异造成的：美国是以面包消费为主的国家，大米的生产量和交易量并不大；亚洲则有所不同，亚洲很多国家如中国、日本等是以大米为主食，可以形成大量生产、消费的格局。这反映了期货市场的交易品种一般是在当地大量集散的商品这一规律。

玉米和大豆品种也是如此。芝加哥上市交易的期货品种没有区分转基因与非转基因产品。（日本虽在交易中将转基因与非转基因产品区分开来，但由于日本仅是主要的消费国，而不是生产、交易和流通中心，因此，其期货市场所形成的价格不具有国际权威性。）中国生产的大豆、玉米主要是非转基因产品，与美国同类品种中主要生产转基因产品大相径庭，用途上必然有很大差异。以大豆为例，从美国出口到我国的大豆到岸价约为200美元/吨，主要用于饲料和榨油；而我国出口到日本的天然黄豆价格约为280美元/吨，主要用作高级营养食品。显然，中国天然大豆在国际市场上的价格比国外的转基因大豆高得多，这也正是我国在生产营养均匀、蛋白质含量高的天然产品方面所具有的比较优势之所在。因此，在目前国际消费潮流日益向绿色化、天然化产品发展的大趋势下，我国有望成为国际性绿色农产品的期货交易中心。

我认为建立期货市场不仅在于它有发现价格、套期保值的作用，重要的是从新的国际竞争格局来看，它关系到国家和民族的发展。从全球范围看，国家、民族之间的竞争随着世界经济现代化的进程而不断变化，我将近代社会国家竞争的重点划分为三次竞争：第一阶段的竞争是初级产品和资源的竞争，由于当时在世界上没有一个开放的市场，出现了殖民统治和战争，世界列强用强制性的手段获得了工业化所需要的原材料；第二阶段的竞争是在世界各民族纷纷独立之后、世界市场不断形成的前提下工业产品市场的竞争，如日本的家电、汽车在世界市场上占有很大的比例，支撑了日本战后经济的发展；第三阶段的竞争是金融业的竞争，按照马克思主义经济学原理，是金融统治工业资本。21世纪，金融业尤其是金融衍生工具市场上的竞争将成为一个重点，因为搞不好“几十年创造的财富一夜之间被拿走了”（马来西亚总理马哈蒂尔语）。金融体系日益成为一国的经济命脉之所在，因此，反映我国股市行情的指数期货、国债期货以及人民币利率、汇率期货等金融产品，只能在中国形成其定价中心，辐射亚太地区，欧美市场上市这些品种也只能是我国的影子市场。

所谓时区分工就是几个重点时区的期货市场有所划分，都有一个形成价格的中心，为商品定价服务，这可以满足不同时区连续交易的要求，使得期货市场能够实时地反映世界经济的变动情

况，以便为套期保值者提供随时回避风险的工具。我国是亚洲时区的一个重要经济大国，尽管一些品种国际上已有了成熟的市场，但是，由于时区的分工，我国也必须有自己的期货市场。

而所谓“影子”市场的形成与说法正是时区分工的产物。以金属为例，金属的价格形成是以LME为主。那么从这个意义上来说，美国的COMEX与我国的上海期货交易所成为它的“影子”市场。同时，在交易品种上可以略有不同，比如各自可以交易当地生产的商品，像石油，在中国可以交易由中国生产的石油，在美国交易他们本地使用的一些型号的石油。中国与欧美有十几个小时的时差，两个市场完成时间上的分工和衔接也符合经济全球化的客观要求。

三、主要战略措施

就目前而言，要实现这一宏观目标，我国期货市场的建设任重而道远。当前的主要任务有：1. 尽快上市一些关系国计民生的大宗期货品种，将新品种的研究设计任务交与交易所，由证监会核批，即转换品种上市的机制，以提高新品种上市的效率；2. 健全法规体系，参照国际惯例尽快对《期货交易管理暂行条例》进行修改，并着手进行《期货法》的制定；3. 加快期货交易的体制改革，将我国的交易所办成真正的交易所，使之与期货市场发展的客观要求相适应，彻底改变目前官办交易所的现状；4. 提高期货经纪公司的竞争力，使之规范化、职能和类型多样化，以适应国际竞争的新形势；5. 鼓励期货市场进行制度创新和技术创新，开创场外交易，满足24小时交易的客观要求，实行网络交易，满足交易参与普遍化的需要；6. 加强行业自律，提升全行业的素质；7. 吸引海外有志于报效祖国的优秀人才，加速培养有职业道德高素质的期货人才。

期货市场发展亟须走出的几个理论误区

常　清

自2001年我国期货市场呈恢复性发展以来，所有大的期货品种交易开始活跃，持仓量、交易量、交割量纷纷上升，引起了社会各界的关注，在得到了社会各界支持的同时，也有一些针对市场交易和交割的不同看法，近来有许多似是而非的观点再次出现在报刊上，如“过度投机”、“炒高价格”、“逼仓”、“中国特色”、“风险”、“市场操纵”等等。我认为有必要深入探讨这些观点，以免陷入理论上的误区，影响刚刚复苏的期货业的发展。

一、市场“规范”论

市场规范发展是期货市场一个永恒的主题，在期货市场发展的不同阶段，市场规范的内容是不同的。在试点初期，有一些不规范的交易所因为管理水平低，计划经济思维浓重而朝令夕改、随意修改交易交割规则，引发市场不规范行为，导致风险；还有个别的交易所是将开设交易所变成个人或小团体发财的手段，勾结不规范的客户，利用手中的权力限制交割、限制正常交易牟取暴利。这个阶段市场规范的内容主要是规范交易所的行为，当时中国证监会提出了会员制改造的方针，今天看来，是英明的，符合国际惯例。遗憾的是任何交易所没有办成真正的会员制交易所，而有些恶意操纵市场，获取小集团利益的交易所没有得到应有的惩罚。

在“稳步发展期货市场”的历史新时期，规范市场的内容，对于期货市场的发展而言依然是很重要的，吸取历史的经验教训，如何理顺交易所的体制（如交易所出资人权力虚置问题），如何规范交易所规则变动的行为（如规则的变动程序问题），都是我们应该深入研究的问题。

然而，目前有些人对于市场规范化指责的内容不是上述问题，而是集中于2002年以来的价格变动上面，有代表性的指责是“价格大幅上升”、“暴涨暴跌”、“过度投机”等等，针对此诘难，我想分别谈谈我的看法。

（一）关于价格上涨的原因

刚刚经历了通货紧缩、价格持续下降的我国经济，从2000年开始回升，当时，世界经济仍然低迷，因而我国经济发展被誉为“一枝独秀”，2002年之后，我国的经济增长逐步带动了一些基础原材料商品的价格触底回升，2002年的秋季到2003年，价格上涨幅度过快，有一些行业如橡胶的加工企业、油脂企业都惊呼“价格暴涨”，要求政府干预。

价格上涨原因何在？是因为期货市场的炒作吗？回答是否定的。

从国内经济发展的情况看，经济的强劲增长和需求结构的巨大变化是其根本原因：GDP以8%左右的速度增长，使基础产业产品库存减少，供求关系发生了根本性的变化；尤其是基本建设投资快速增长，使原材料行为的产品供不应求，价格上涨，最有说服力的例子是和期货市场没有关系的钢材尤其是建材价格暴涨；需求结构也发生了巨大的变化，从 2002 年和 2003 年的汽车工业增长幅度令人眼镜大跌的数字中也就十分清楚，居民收入达到一定的程度，必然集中性的对某一行业产品有爆发性的需求，房地产没有期货，照样价格大涨。

从国际市场的情况来看，美元的大幅贬值，世界经济的快速复苏，使全世界基础商品价格大幅上涨。除此之外，还有中东伊拉克战争，使石油暴涨。我国已经加入 WTO，两个市场的联系更加紧密，不可能再出现国际涨价、国内计划管制跌价的情况。

通过市场人士对我国现有期货品种和国外相同品种的价格比较分析，得出的结论是：价格走势一致，国内价格略低于国际价格（以到岸价计算），几乎所有商品的价格波动幅度因国内涨跌停板限制而幅度小于国际市场。

（二）关于对价格暴涨暴跌的指责

目前有一种看法认为价格暴涨暴跌是市场不规范的表现。这种看法源于计划经济时期他们十分习惯价格没有变动，一旦价格变动幅度大了，就认为有问题了。实际上这些指责者们并不了解价格运动的规律性。在国际市场上，价格的变动往往是异常剧烈的，如石油价格，几天之内变动达每桶 10 几美元，是很正常的事情。CBOT 的大豆一天每蒲式耳能波动 30～40 美分，相当于我国每吨大豆 130～180 元人民币，我国大连大豆波动幅度一天之内相比之下要小得多。就以我国不开设期货的一些品种而言，如许多商品现货的价格变动也是跳跃性的。

在市场经济条件下，影响价格的变动的因素很多有许多突发因素，甚至人们的心理预期、交易者的行为都会造成价格大幅波动，因而在一定时期内，价格大幅波动是一种市场的常态。

（三）关于过度投机

“过度投机”相对于“适度投机”或“投机不足”，它可以指总体而言，也可以指个体而言。

先说总体上，研究期货市场上存在不存在“过度投机”？一是说交易火暴，但我国一年的交易量与美国相比，只是人家一天的交易量，能说火暴？二是说资金太多，可全国期货保证金年均余额大约 150 亿元人民币左右，与证券市场相比，只相当于一支股票的资金；三是说钱比货多，仅就大豆而言，有人认为货太少，是一个不大的品种，可 1 600 万吨的货，也远远大于大连市场上的几十个亿的保证金。

有的指责者指个体行为，如指某某单位投机过度，做期货的保证金超过该单位的实力所能允许的范围，这是有一定道理的。国际上通行的办法是提示风险，调查该客户的资金能力，劝说客户占用 30% 自有资金投资。但是，在市场经济的运行过程中，谁不理智谁就要交学费，仅靠说教是不够的，相信这些过度投机的个体能够在实践中积累经验，避免不理智的行为。因此，这种“过度投机”的行为只能是随着市场的成熟而逐渐消失。

个体不理智的“过度投机”能否损害市场的功能？我认为不可能，因为任何一个个体的行为力量都是有限的，不可能影响市场行情，古今中外，概莫能外，住友事件，巴林银行事件已证明了这一点。

还有的指责者从国有资产主人翁的身份讲“过度投机”，认为国有企业参与期货市场投机会使国有资产流失。认为国有企业做亏了是国家负担，做赢了归个人或小集团所有，有利益冲动在其背后，因而产生过度投机。这种看法在试点初期是有道理的，也是对一些社会现象的总结。治理整顿之后，这种现象不复存在，因为国有企业只能保值，不能投机，何有“过度投机”？

市场规范论是永远正确的，关键要看其内容是什么，需要警惕的是有些人以市场规范为借

口，无端指责期货市场，不仅缺乏学术依据，而且将会影响我国期货市场发展的步伐。

二、上市品种条件论

国民经济的发展已经对不断上市新品种提出了客观要求，在实践中我们的许多基础产业也交了不少“学费”，然而新的上市品种的推出却一缓再缓，其理论根源在于条件不成熟理论。

我国目前正处于体制转变时期，交易所还不是真正的交易所，它不能像发达市场经济国家的交易所一样，自己能够根据经济的发展、市场的需求，来不断研究、设计新的产品，上报核准后上市交易，形成期货产品供求相互作用的运行机制。我国新产品上市要层层上报，各个部门共同审批后才能上报国务院批准上市。从最近几年的情况看，新品种的上报审批，往往是因条件不成熟而被搁置下来。

“条件不成熟”论者就目前而言主要指如下几个方面条件不成熟：一个是指体制条件不成熟，如有些商品仍有计划的管制，不是完全的自由交易，该领域属于计划经济；二是指经济条件不成熟，如一些关系到国计民生的商品，虽然放开了价格等管制，但仍担心其价格波动影响经济稳定；三是指期货市场本身条件还不成熟，市场上往往价格出现大涨大跌；四是指现货市场条件不成熟，市场秩序混乱，市场缺乏诚信基础。

第一个方面的内容指因商品受计划的管制而上市不成熟是有道理的，中国期货市场发展的条件关键是体制，若该商品实行计划经济管制，价格不能自由变动，交易不能自由进行，的确不能上市交易，但这种商品目前少而又少，目前大多数由交易所开发的新品种不受此条件的限制。

第二个方面的内容是讲因该商品关系到国计民生、担心价格变动幅度过大社会无法承受，其用心是良苦的，对于关系到国计民生的大宗商品，不同的体制有不同的办法，一种是计划管制，进行定量分配，固定价格，其结果是越管越少，短缺循环，我们已经试了几十年了。另一种办法是市场调节，通过价格的涨跌调节供求，使之在竞争中商品日益丰富，不断适应人们的需求变动。价格的大涨大跌在市场经济条件下是正常的经济现象，恰恰是市场供求的反映，也是市场发挥作用的表现形式。我国的经济体制以明确的市场作为配置资源的主要手段，那种以国计民生为借口的计划理论应该退出历史的舞台了。

第三个方面的内容是讲由于目前我国期货市场还不成熟而暂缓上市，我认为这些人带有主观色彩。我国的期货市场的成就是有目共睹的，按照西方经济学的衡量市场成熟与否的主要标准，如市场的流动性、交易所行为的规范性、规则的完备性、持仓的规模性、期现交割月的价格重合性等等，我国都已达标，所以说持不成熟论之人缺乏必要的学术研究。至于价格的大涨大跌，古今中外，概莫能外，那是价格运动规律性所决定的，如石油价格，国际上还发生过二次石油危机，但靠市场的办法照样能够解决，而且解决得迅速。

第四个方面的内容是讲因现货市场秩序混乱、市场诚信条件太差而不能上市新品种，实为颠倒了主次关系。持此观点的人对于期货市场的历史欠了解。当年芝加哥商品交易所建立时，正是由于现货交易市场秩序混乱、价格出现大的变动时有一方毁约，不讲诚信，才由82个商业公司发起成立了CBOT，制定一套交易交割规则，使市场秩序井然，结束不诚信行为。从此开始，市场的交易行为分为两个部分：期货市场定价、履约，现货市场完成物流，使得市场逐渐地秩序化，逐渐地建立了诚信体系。综观历史，期货市场有一个规律性的发展过程，我国目前的市场秩序混乱，不讲诚信正是因为期货市场不发达造成的。从实证的角度看，已有的期货品种大多克服了这些问题，如有色商品，期货市场决定价格，现货商们根据期货价格，加上质量、运输等升贴水进行交易，已不复存在欺诈和价格的纠纷，市场是透明化的、有秩序的。

总之，市场不成熟论是一种主观判断，是出于计划经济的思维方式来看待市场变动而得出的推论。实际上，上市品种越少，市场的作用范围就越小。我们应该尽快按国际惯例办事，改革新品种的上市机制。

所谓改革新品种上市机制，就是改计划审批制为上市核准制，按市场化规律办事。这方面美国的做法值得我们借鉴，美国的期货交易所根据经济发展的内在要求，研制出上市品种的期货合约，要上报美国期货交易监管委员会，期监会依法对上市品种进行判断，标准有两个：一个是"经济目的测验"，即交易所必须证明所提出的新合约上市目的是为了形成价格和企业套期保值，或其中之一；第二个标准是"不会损害公众的利益"，即交易所证明所新上市的合约交易不损害社会公众的利益，而不是指个别人的利益。期监会必须在法律规定的时间内予以答复，否则将视为默认。

我国目前法规上明确规定中国证监会有权审批新的上市品种，但实际上是和有关经济主管部门会审，谁都可以否定，而谁都不负责任。这种行为已脱离了经济学研究的范畴。

三、"逼仓"论

"逼仓"一词是一个我国期货市场试点时期特有的名词，通常指"多逼空"，不知出自何处，但常被市场评论文章使用。在国外的期货市场上，鲜有此词使用。在我国期货市场理论研究中，一般认为逼仓行为是一种市场操纵行为。这一特殊背景下产生的现象是有其特殊条件的，我国在期货市场的试点时期发生这种逼仓行为有如下几个条件：

（一）交易所的交易规则限制持仓量

从经济学理论上讲，期货市场是一个最充分竞争、自由交易的市场，若价格出现不符合供求的变动的情况出现，自然有投资者进入交易，校正价格，获取利润，而且其持仓量是无限的，强中更有强中手，再大的资金也不敢垄断。但是若交易所的规则限制新资金进入、限制持仓量，就有可能出现在限制范围内的垄断行为。历史上曾出现的"苏州红"、"天津红"、"海南橡胶"等事件，都是因为对会员有限仓量和出台临时措施不允许开新仓而致使逼仓行为发生。限仓规则使得在既定范围内个别大户可以垄断持仓量，交易所再出台不允许开新仓的措施，保护其垄断行为，使市场价格出现扭曲。若真正自由进出交易，只要价格脱离供求，就会有更大的资金进入，进行价格纠偏，谁也不可能垄断，市场就会有自我达到均衡的力量。

（二）交易所的交割规则限制实物交割

在当时的个别不规范交易所，主要负责人没有从传统的计划经济思维中走出来，大多来自计划管理部门，在制定规则时，计划经济的管理思想较重，充分考虑了如何扩大交易所的权力，以调控市场价格，因此，连临近交割月交割现货和买进现货都需要交易所批准，并且审查手续极为严格。这样，就限制了实物交割量。临近交割月份，卖货的保值者或套利者不能将手中的现货进行交割，或量上受到限制，势必要平仓了结，形成"多逼空"，引起价格失衡。

（三）通货膨胀的宏观经济环境

宏观经济环境是造成当时多逼空的一个重要原因。投机资本都是以获利为目的。当时的情况

是“多逼空”接货之后，能够获利卖出所接的现货，所以便使有些资金乐此不疲。因为当时正值我国通货膨胀的加速时期，物价上涨超过 2 位数，只要将商品存放一段时间，其价格自然会上涨。正是这种通货膨胀的环境，才使得逼空的资金有利可图。

以上三个条件使得试点时期的期货市场存在着“多逼空”行为，应该说是一种特殊历史时期的产物，若这三个前提条件不复存在，也就不会有所谓的逼仓行为。治理整顿之后，在交易规则上取消了持仓的限制，尤其是放开了实物交割，使得“多逼空”行为荡然无存。那么，在市场上为什么还存在着“逼仓”的说法呢?

一曰“空逼多”。与通货膨胀之时正好相反，在市场上近几年因通货紧缩而出现了“空逼多”。我认为这只是一个形象词语，实际上不存在“空逼多”。因为交易和交割都是自由的、放开的，不存在谁逼谁。只有一个原因是值得研究的，那就是交割成本太高，而且要由买方负担，如大豆一吨仅麻袋费就达近 40 元，还有质量升水、水分升水、出库费等等，有时每吨高达 100 多元，与现货同样价格的情况下，买入保值者不愿入市买进，所以，期货价常常低于现货价，其差额部分便是买方负担的交割成本。在进入交割月没有买入保值者进入接仓单的情况下，往往出现价格超跌，被称为“空逼多”。

二曰持仓量大即有逼仓之嫌。由于习惯性思维，只要临近交割月持仓量大，便有逼仓之说。我们与 CBOT 比较发现，CBOT 农产品的持仓量大的月份都是临近交割月的月份，到了交割月，采用了三日滚动交割法，自然就不断减仓，也没有听到 CBOT 的逼仓议论。我们许多人脑海里存有通货膨胀之时试点时期的记忆，认为近交割月，持仓量较大，又会出现逼仓。这种观点成因有二个：一是历史性记忆，没有去分析所谓中国式逼仓产生的条件都已是昨天的故事，现在已不复存在；二是不了解国外规范交易所的情况，他们的持仓量往往是我们的 10 几倍，我们的持仓量相比之下还太小。从实践中可见，越是仓大，期货市场的功能就发挥得越好。

逼仓理论观点的误区会给期货市场发展带来很多束缚，一是妨碍期货市场发现价格功能的发挥，由于此理论误区导致监管者对买入保值者很不公平，卖方可以放开交割，自由交易，而对买入保值有所限制，到交割月不能有较大的持仓，使得买卖力量不均衡，出现卖方占优势地位，所以致使期货价格常常低于均衡价格；二是持仓量永远也不能大，市场不能发展，与 CBOT 相比，我们还有 10 几倍的差距，在此理论束缚下，只要持仓量增长，就有逼仓之嫌，导致交易所干预，所以持仓量做不大，只能永远落后于国外的规模。

四、风险论

在期货市场试点初期，有些期货交易所的交易交割规则是按国际惯例设计的，所以没有出任何事件，运行非常规范；有些交易所是参考国际惯例，但主要是按当时的“现货情况”设计的，搞了许多创造审批权力的规则，以追求小团体利益为目的，违背期货市场运行的规律性，酿出了许多事件，引致了对期货市场长达近 6 年的治理整顿。因此，业内人士是谈风险色变，甚至有人提出风险控制是交易所的中心工作的观点。更有甚者，动辄以风险控制为由，影响价格形成。在此情况下，不把风险说清楚，将会影响市场功能的发挥和市场的发展。

所谓期货市场的风险是指价格变动给投资者带来的盈亏。期货市场风险可以按研究对象不同进行分类，一类是正常的供求变动引起的价格变动，另一类是突发事件引起的价格变动。风险控制是指期货经营机构利用保证金的变动来防止价格变动给经营带来损失，如穿仓损失等等。那么，在我国目前的实践中，风险理论的误区在何处呢?

风险论误区之一是持仓量大即有风险

目前有一种观点认为，持仓量增加，尤其是临近交割月持仓量较大就有风险。在此理论影响下，交易所都将交割月的持仓量化减作为一项重要工作，名其曰控制风险。于是，中国的期货市场便出现了一个怪现象：多空的某一方做错了方向，不像CBOT那样，平仓了结，而是利用风险理论的误区观点双向扩仓，致使交易所出面干预，以便利用交易所的临时措施减少损失甚至获利，影响了价格的正常形成。

在发达的市场经济国家里，以CBOT为例，交易所是否对临近交割月的月份持仓量大作为风险源来对待呢？回答是否定的。一般地讲，CBOT临近交割月的月份是该品种所有月份中持仓量最大的月份，一旦进入交割月，采用三日滚动交割法，也不用去审批套期保值，也不用限仓，就自然化仓。因为CBOT交易所从不出临时政策，只使用保证金手段管理风险，不去用临时措施管理风险。所以，交易者只考虑供求关系，并不考虑交易所的政策意图，因而也没有人去利用交易所的临时政策获利。

我国的期货市场的交易总量一年才相当于美国一天的交易量，差距甚远。我国的单个品种的持仓量与美国同品种相比，是人家的几十分之一。我们无论是持仓量还是交易量都太小，过小的持仓量和交易量容易使期货市场功能发挥不充分。相反，若仍以持仓量增大就等于风险加大为风险控制的指导思想，将会使我国的期货市场永远得不到长足的发展。

风险论的误区之二是交割量大即有风险

大连商品交易所2002年5月份实物交割量达93万吨大豆，引起理论界和舆论界的关注。有人认为是一次恶性交割事件，因为有人从现货高买再到期货低卖，在发达的市场经济国家里，是操纵市场的行为。有人认为是一次有风险的交割，交易所应该在交割月之前就出面尽早控制，避免大量交割。也有人认为，是正常的事情，自由买卖，交易所在大量持仓、大量交割之时不出临时政策，只用保证金控制风险是符合国际惯例的。占主流的观点认为大量交割是有风险的。

与持仓量相比，93万吨的交割量比例太大。我认为经济学分析要深入具体、以实证为手段，要从根本上分析这次巨量交割的原因。我认为重要的原因有如下几个方面：①我国现货交易存在着无秩序的“三角债”，农场和贸易商收回资金困难，期货交割马上可以得到现金，即使卖得价格低一些，也愿交割；②我国的国有企业套期保值不能在期货方面出现亏损，若卖出后价格上升，只好交割实物平账；③有些现货商对于大豆国际价格的转势没有认识到，卖出投机头寸价格太低，在价格上升后以实物交割了解，以减少亏损；④交割制度不合理，买方一般要比现货多付每吨100多元的成本，卖方有买方不接货的心理预期，若到交割月无人接现货，价格将会超跌，所以导致头寸加大，最后被动交割现货，以减少亏损。

历史的实践证明，5月合约巨量交割之后，没有出任何风险，到8月份，现货全部加工使用完毕。反思这一段历史，我认为交易所不出政策是正确的，唯一需要思考的是如何降低交割成本而已。

理论误区之三是一方亏损大即有风险

在期货市场上有着交易的双方，保值者没有风险可言，已经锁定了利润，只有投机者才有风险。投机资本是为了获利而入市，风险和利润都是成正比的，这对于投机者来讲，是入市的一个基本理念。只要是交易所不临时改变规则，盈亏是对供求关系的预测，投机者能够承受这些风险。

只有在一种情况下一方出现大的风险是值得考虑的，那就是战争、灾害等不可抗拒的外力的巨大变动，价格是连续涨跌停板，已不是正常的供求关系。此时，规则上有特殊处理条例，也已

有正常的化解办法。

我历来主张交易所不干预或者不影响行情，只有在一种特定的情况下，即出现非系统性风险之时，要及时控制风险。所谓非系统性风险即是人为地外生变量强加于市场价格形成中的东西，如突发世界大战。在此种情况下，应实施特别措施予以处理。

在上述分析之后，我认为风险控制的结论很简单，那就是还是本来的面目，用保证金手段保证交易正常进行，交易所管理风险的唯一手段就是保证金。

五、市场操纵论

期货市场要发挥其正常功能，就不能存在着市场操纵行为。我国在试点过程中的确出现过市场操纵行为，典型案例是红小豆事件和国债事件。防止出现市场操纵行为是自律和监管的一项重要任务。

期货市场与股票市场不同，价格上涨，全部赚钱，皆大欢喜，它是一个多空双方对峙的市场，价格任何一次变动，都会使双方出现盈亏，因此，矛盾比较集中，承担风险的一方往往不从供求上找原因，而从对方找毛病。因此，常常出现操纵市场一词。

对于操纵市场行为，是有严格定义的，美国伊利诺斯州大学鲁瑞教授这样界定："管理部门通常从五个方面来认定期货市场是否被操纵：①价格是否人为的；②被控操纵方有没有具体的操纵行为；③被控操纵方有没有大量的现货部位；④被控操纵方有没有大量的期货部位；⑤是否形成了故意的价格扭曲。"（《期货日报》2002年6月4日）。

根据我对美国期货监管法规的理解，我认为这五个方面是一个互为因果的关系，构成一个整体，缺一不可。首先，价格是否人为的，是定性的问题，若是人为的，必然不反映供求关系，与供求关系脱节。那么，人为的价格背后势必有市场操纵行为，要对被指控的操纵者进行行为判断，第三第四个条件是具体行为的印证。即垄断了现货之后，又去垄断期货，也就是所谓的大量的现货部位和期货部位，现货的囤积居奇和期货市场的多头头寸相结合或大量的垄断现货和期货市场上的大量空头头寸相结合，都是具体的行为证明。若仅仅在期货市场上持有较大头寸，是不能操纵市场的，因为还会有更多的资金进入，合约生成是无限量的，只能是一种大户持仓行为，并不等于操纵。第五个条件是结果，即是否造成了故意的价格扭曲，其衡量标准在国外是造成现货升贴水的无原因扩大，在我国是交易所所在地局部价格过分低于或高于销地批发价格或国际到岸价。

在我国目前的市场上常常出现的一个误区是对市场操纵界定不清，不能全面地去从动机到行为、结果断定，而是认为多空某一方力量强大就给人家扣上操纵的帽子。这根源于治理整顿时期，理论界和舆论界在泼洗澡水时将脏水和婴儿一起倒掉，对期货市场出现的几个事件不加分析统统扣上市场操纵的帽子，予以批评。

另外一个大的误区就是大户操纵市场。这也是苏州红、天津红、海南橡胶事件留下的记忆，认为大户就是操纵市场才能赚钱。我曾多次讲过，大户不一定操纵市场，要看其行为、结果，在大户单边持有某一方头寸过多时，如超过15%，有义务向监管部门报告，说明原因，当期货、现货一起持有较大头寸时，监管部门应予以重视。对于大户，应法律上一视同仁，无操纵行为者，让其公开地交易，若期货、现货联合有操纵意向者，要坚决查处。但是，这并不能说大户单边持有期货头寸过大就等于操纵市场。

对于市场操纵理论的误解，往往导致告状之风盛行，有些人认为小户亏了、大户赚了就应该上告，可以扣上大户操纵的帽子，而不去分析为什么亏损了，是否是供求关系变动的原因，这是一个误区。

六、中国特色论

我国是在由计划经济向市场经济的过渡时期进行期货市场的试点的，必然常有体制转化的特征，那么，这些过渡时期的特征是不是中国特色，值得我们深入研究。

我在过去的文章中，通过比较分析，认为我国的期货市场是有中国特色的，例如我国的竞价制度不是公开叫价制，也不是一节一价制，而是电子计算机竞价交易。我们在设计之初是公开叫价制，但是东西方商业文化有差别，国人不善于公开叫价，所以才产生了计算机竞价。这是中国特色的一个典型，我们对此进行剖析，以便得出中国特色的概念。

首先，它符合期货市场的基本规律。期货市场的制度要求就是实行自由交易原则、三公原则，公开叫价制符合了这些原则，计算机公开竞价也符合这些原则，所以是原则相同、表现形式有所差异而已。

其次，它和公开叫价制的原理是一样的。公开叫价制的原理是公开性、竞争性，公开、公正地自由竞价形成价格，计算机交易也同样采用时间优先、价格优先竞争形成价格的原则，二者在原理上是相同的。

因此，中国特色运行方式的概念应该是符合中国国情的一些具体形式，但其内容一定要符合期货市场运行的规律、符合期货市场的一些具体运作原理。若出现了本质上的不同或内容实际的不一致，不叫中国特色，那将是另类事物。

我们在期货市场的发展过程中，有过许多发明，也有过“土造”的错误，迄今为止，在我们的法规中，仍有许多不符合期货市场运行规律的地方，如客户编码制度、不允许多级代理的制度，使期货市场金字塔的内部构造被破坏，让交易所直接面对客户来控制风险，市场没有层层分散风险的作用，一旦有行情，随之而来的是交易所干预市场、化解风险，造成主体错位。再如会员持仓限制制度，使得国内的期货公司没有任何发展的余地和竞争力；套期保值头寸审批制度使得期货市场的临近交割月价格不再受供求的影响，而是被审批所控制，等等，这些在治理整顿时期是有一定过渡作用的，随着期货市场的发展进入一个新的阶段，应逐步过渡到国际惯例。

我国国家粮食安全问题的战略思考与政策建议*

柯 炳 生

粮食安全问题，事关国计民生，事关社会稳定。确保我国的国家粮食安全，是我国农业政策的两大基本目标之一。为此，需要树立正确的粮食安全观，认清制约粮食安全的因素和规律，制定科学的粮食生产与贸易战略，并采取相应的政策扶持和调控措施。

一、粮食安全的概念与意义

（一）粮食安全的概念

粮食安全概念最早出现于20世纪70年代中期，是20世纪70年代初期世界粮食危机时讨论粮食问题时引入的。最早的定义是由1974年在罗马召开的世界粮食大会（World Food Conference）提出的：粮食安全是指在任何时候都能够在全球范围内获得足够的基础性食物供给，以维持持续增长的食物需求和消除生产与价格的波动（Availability at all times of adequate world food supplies of basic foodstuffs to sustain a steady expansion of food consumption and to offset fluctuations in production and prices）。

这个最早的定义较为狭窄，注重的是生产和供给数量。此后，联合国粮农组织、世界银行和联合国发展计划署都不断对粮食安全的概念加以充实。最后在1996年的世界粮食首脑大会（World Food Summit）上提出了“人皆有食”的口号，并将粮食安全定义为：所有的人，在任何时间，都能够买得到和买得起足够、安全和营养的食物，以满足活跃、健康的生活所需的饮食需求和消费偏好（Food security exists when all people , at all times, have physical and economic access to sufficient, safe and nutritious food to meet their dietary needs and food preferences for an active and healthy life）。这个定义获得了广泛接受和使用。

从这个定义中，可以看出粮食安全概念的几个核心内容：①内涵方面：从基础性食物（谷物）扩大到食物，即包含了所有提供营养和热量的产品。②数量方面：总量上要足够，时间上要持续，地点上要够得着。也就是说，不仅涉及生产，也涉及流通（储藏和运输）。③质量方面：不仅要有营养，要有卫生安全，而且还要满足消费者的主观偏好。④经济可获得性：要人人都买得起。这隐含着对价格和收入因素的要求。这一点，对于理解全球范围的粮食安全问题，对于非洲的许多发展中国家，具有非常实际的意义。⑤粮食安全的最终目的：活跃、健康的生活。

粮食安全有不同的层次，主要是国家和家庭两个层次。上述概念是将两个层次的内容都涵盖在内了的。两个层次的关系概略地说，国家粮食安全是解决家庭粮食安全的前提和基础，是解决

* 本文完成于2005年4月。

能不能买得到的问题，即没有国家粮食安全，家庭粮食安全就无从谈起；而在国家粮食安全确有保障的前提下，家庭粮食安全保障的实现，就是一个能否买得起的问题，涉及到价格和收入问题，而归根到底是收入问题，所涉及到的因素和解决的措施都很复杂。本文重点阐述国家粮食安全问题。

（二）粮食安全程度的测定指标

对于粮食安全程度的测定指标，并没有一个公认的标准。所强调的重点不同，所采用的指标也不同。同时，在不同的层次上，粮食安全程度的测定指标是不同的。联合国粮农组织自20世纪70年代中期起，将谷物库存占全年消费量的17%～18%作为衡量世界粮食安全线标准。这是一个影响较大的指标。不过，近年来，也不断有人对此提出质疑，认为，随着信息、交通和交换等条件的改善，可能不需要这么高。此外，粮农组织还提出了其他一些相关的指标，包括最主要的5个出口国的谷物自给率，这5个国家的谷物库存率，3个主要进口国（中国、印度、独联体）的谷物生产，低收入谷物净进口国的生产等。这些指标的着眼点实际上是国际粮食市场的进口要求和出口能力的平衡情况。

对于一个国家来说，从政策操作的角度看，以下几个方面的因素（指标）有重要实际意义：①国内生产与需求的平衡情况。这也就是自给率。自给率水平越高，国家粮食安全的保障程度越高。这是一个从国家的角度看，能在多大程度上不依赖国际市场的问题。②国内供求缺口与国际市场出口总量的比例。也就是进口占国际市场的比例。这个比例越低，粮食安全的保障水平越高。这是一个从国家的角度看，能不能买得到的问题。③进口粮食（食物）外汇占出口总额外汇收入的比例。这个比例越低，说明进口的支付能力越强，粮食安全的保障程度越高。这是一个从国家的角度看，能不能买得起的问题。④国际政治和流通设施等因素。即是否存在国际禁运、国际与国内运输能力和运输成本等等因素。

（三）国际社会对粮食安全的重视

解决粮食不安全问题，就是解决饥饿和营养不良问题。1996年召开的世界粮食首脑大会提出了到2015年将世界饥饿和营养不良人口减少一半的目标。后来的千年首脑大会继续重申了这个目标。当时一些非政府组织抨击这个目标太低，认为这意味着继续容忍4亿多的人在20年后还继续挨饿。近年来的发展情况表明，情况不容乐观。尽管世界饥饿人口总数在减少，但是减少的速度很慢。甚至在非洲的一些国家，饥饿人口不仅没有减少，还在增加。据联合国粮农组织测算，要实现上述目标，每年至少要多减少2 000万饥饿人口。在新一轮WTO农业谈判中，对食物安全问题也给予了充分的关注，在《多哈宣言》中提出为了满足发展中国家的粮食安全等发展的需要，给予特殊优惠待遇。

（四）粮食安全问题对我国的重大意义

粮食安全不仅是重大的经济问题，而且也是重大的社会问题。高标准的粮食安全保障，对社会安定、经济（物价）稳定、工业发展（原料）供应、生态和资源保护，都具有重大的意义。

二、有关我国粮食安全问题的若干认识

为了采取正确有效的对策，切实解决我国的粮食安全问题，就必须澄清有关我国粮食安全问

题的一些认识，弄清制约我国粮食安全的重要因素和规律。这里，提出以下几个方面的基本认识和判断。

（一）粮食安全不是短期问题，而是长期问题

对我国粮食安全问题的一个基本判断是：短期无虑，长期堪忧。

在短期内，粮食生产出现一定程度的波动，是很正常的。这种波动的原因可以分为：①自然原因，包括各种自然灾害和病虫害等，是客观外部原因；②经济原因，主要是生产者适应价格、成本和风险变化所做出的调整，是由生产者主观决策所决定的。与生产的波动不同，粮食消费需求是不断稳定增长的，每年增加幅度大致在1%上下。这种生产和需求变化的不对称，必然形成短期内供求的不平衡。调节短期内的供求平衡较为容易，一是靠国内储备，二是靠进出口贸易。

我国短期内的粮食安全状况，并没有太大问题。据各个方面估计，2004年的我国粮食（含大豆）需求为4 900亿千克，国内生产达到4 695亿千克，缺口有200多亿千克。而2004年谷物进口100亿千克，大豆进口200多亿千克，合计300多亿千克，完全补足了缺口。未来三两年，适当增加一点进口，再加上国家仍然有一定的库存，因此，短期内我国粮食安全并没有问题。

然而，就长期发展趋势看，粮食安全问题非常严峻。在需求方面，随着人口的自然增加、人均收入水平的增加、国民经济的不断发展，对粮食和其他农产品的需求将不断上涨，这种趋势是明确的、持续性的、刚性的、不可逆转的。而在生产方面，却是不确定的：耕地面积减少，水资源短缺，生态条件恶化，所有这些因素都使得我国农业外延扩大再生产的潜力极为有限。在农业内部，通过挤占其他作物面积来扩大粮食面积的潜力，无论是从自然可能性还是从经济可行性的角度，都很小。增加国内粮食生产的唯一出路是提高单产，而单产的提高潜力能在多大程度上挖掘出来，取决于一系列不确定的因素。

（二）粮食安全主要不是流通问题，而是生产问题

通过进行储备、合理分配等流通环节的政策，对于解决粮食安全问题，具有一定的作用。但这种作用是很有限的：第一，只能是短期的。国家粮食储备系统无论如何健全和庞大，都不可能解决长期性粮食安全问题；并且国内外的历史经验都表明，储备的成本代价极为高昂，过度的储备是对国家财政资源的严重浪费。第二，短期市场措施常常损害长远发展利益。为了实现短期内粮食供求平衡所采取的一些政策，往往与市场规律相违背，例如垄断市场，限制农民销售粮食的权利，限制非国有经营部门的市场准入等。这些措施会压制农民的粮食生产积极性，降低市场流通效率，最终导致对长期粮食安全形成损害。

一些部门由于受长期计划经济观念的影响，一遇到粮食供求关系紧张，就往往倾向于采取旧的做法，想从管制市场上找出路。实际上这是饮鸩止渴，反而会加剧短缺。另外也有一种观念，认为只有国有粮食部门才能够发挥稳定市场、保障供给的作用，主张在粮食流通体制改革中要保证国有部门的主渠道作用。这也是不正确的。无论什么渠道，不过是渠道而已；没有充足的粮食生产作为源头的话，都不能保证粮食市场供应。反之，只要有了充足的生产，无论通过什么渠道，总是会输送到消费者那里去的。关键是生产水平和生产能力。美国和欧盟都没有国家粮食安全储备制度，也没有国有粮食部门的主渠道，却并没有粮食安全问题，根本性的原因也正是国内生产能力强大，足以保证粮食安全。

（三）粮食安全不是谷物问题，而是食物问题

这不是一个单纯术语和称谓问题。在现实生活中，粮食安全中的“粮食”是大粮食概念，是食物概念，而不仅仅是谷物。毫无疑问，谷物安全是食物安全的基础。但谷物安全对食物安全的重要性，现在比起三十年前，已经不可同日而语。城乡居民家庭的食品消费日益多样化，谷物的比重已经大大下降。

仅就口粮消费需求看，我国目前和在可预见的将来都不会发生大的问题。目前城乡居民每年的口粮消费折原粮不到5 000亿斤，其中城市居民的不到1 000亿斤。粮食需求增加的压力，主要是来自于畜产品、水产品和加工业的需求。因此，解决长期粮食安全的眼光，就要开阔一些，不能光盯在谷物方面。充分发挥耕地和非耕地资源的潜力，加大饲料资源的开发力度，提高饲养业和加工业的效率，都会减少对粮食的直接需求，从而都大大有助于保障粮食安全。

近年粮食产量的下降，原因之一是结构调整，而结构调整引起食物供给结构变化，总食品供给量并不一定发生变化。因结构调整引起粮食产量下降的同时，其他食品的生产是增加的。从生产方面看，任何农产品生产效率的提高，都会促进粮食安全保障。例如，如果棉花或者糖料的单产提高了，那么，就可以节省出更多的土地用于粮食生产。

（四）粮食安全主要不是价格问题，而是数量问题

人们对粮食安全问题的高度关注，是从粮食价格上涨引发的。但是，粮食安全问题主要是数量问题，而不是价格问题。粮食价格上涨，对于城镇消费者会有一定的影响，但是并没有超出承受能力。目前，我国城镇居民口粮消费支出占收入的比重，平均为2.5%，最低收入户组平均为7%。如果按照2003年的水平，粮食价格上涨50%，城镇居民用于口粮消费和畜产品消费支出的增加仅在4%左右，即使按最低收入组支持情况计算，也只有约9%。而2003年城镇居民人均收入的增加为9%。

实际上，消费者对粮食问题的关注，主要考虑的是数量而不是价格，也就是说，担心粮食出现短缺和供应断档情况。从理论上看，粮食的需求弹性很小，在我国现在的收入水平下，城镇消费者并不会因为粮食涨价就减少购买量。与此相反，在粮食价格出现上涨趋势时，人们并不减少购买量，反而会因为担心供应不足而增加购买量，结果会进一步刺激了价格的上涨。个别地方出现的暂短抢购，就是这样的结果。

因此，关注粮食安全问题，应当着眼于供给数量，而不是供给价格。在短缺趋势出现时，价格上涨不仅是必然的，而且是必须的。只要价格上涨没有超出一般消费者的经济承受能力，就应当允许并利用价格上涨，来刺激供给的增加。

（五）粮食安全不是局部性问题，而是全局性问题

粮食安全问题是全国一盘棋，不能各自为战。一方面，全国是一个统一的市场，粮食供求的平衡也是全国性的。解决粮食安全问题，需要每个地区都做出努力和贡献。毫无疑问，粮食主产区将起着非常重要的作用，但是其他地区也同样不可忽视，否则就会影响到全局。另一方面，又不能一刀切，对各个地区都提出自给率目标。各个地方的自然和经济条件很不相同，具有各自的比较优势。农业部提出的优势农产品区域布局规划，综合了各地的自然和经济条件，反映了比较优势的原则，在抓粮食安全的形势下仍然是具有重要指导意义的。如果各地不顾自身的自然和经济特点，片面地强调谷物生产，违背比较优势原则，就会起到适得其反的效果。

（六）粮食安全不是农民的目标，而是政府的目标

粮食安全是一个国家的农业政策目标，却不是农民生产者的目标。对于每一个农民来说，最关心的是如何提高收入。这是社会经济规律。无论宣传教育工作如何出色，都不能使得绝大多数农民自愿地、宁愿减少收入也要种植粮食。

通过法律或行政性的强制性手段，只能在非常有限的范围内有效。可以通过法律规定耕地上不能干什么，例如不能盖房子、挖鱼塘等，却不能通过法律规定农民在耕地上必须种植粮食或者必须种植多少比例的粮食。那样的规定是向计划经济的倒退，也无法监督执行。此外，即使一家一户的农民愿意增加粮食生产，也受到技术、投资、市场服务等方面的限制，需要政府提供相应的公共服务。

因此，真正要解决保障粮食安全问题，关键在于政府职能的发挥。国家应当通过有效的政策措施，通过市场机制或者补贴机制，让农民有增加粮食生产的主观积极性；通过各种服务和帮助，让农民有增加粮食生产的客观可能性。

三、我国粮食生产的波动与供求发展前景

我国的粮食安全问题再度引起全社会的广泛高度关注，起因是2003年10月份以来粮食价格的较高幅度上涨。市场价格上涨意味着出现了短缺。2003年前几年我国粮食问题主要表现在以下六个方面的减少或者降低。

（一）粮食种植面积减少

2003年我国粮食的种植面积同1998年相比，降低了2亿亩；同1978年相比，降低了3亿多亩。粮食种植面积在农作物播种面积中的比例，由70年代末期的80%降低到2003年的65%（谷物面积由68%下降到53%）。其中，稻谷面积和小麦面积的下降幅度最大，均超过1亿亩。2004年粮食面积有所回升，但是也仅仅是回升到了2002年的水平。

表1　我国粮食播种面积变化

单位：亿亩

	农作物	粮食	稻谷	小麦	玉米
1978	22.52	18.09	5.16	4.38	2.99
1980	21.96	17.59	5.08	4.33	3.01
1985	21.54	16.33	4.81	4.38	2.65
1990	22.25	17.02	4.96	4.61	3.21
1995	22.48	16.51	4.61	4.33	3.42
2000	23.44	16.27	4.49	4.00	3.46
2003	22.86	14.91	3.98	3.30	3.61
25年变化	0.35	−3.18	−1.19	−1.08	0.62

（二）粮食单产降低（1998—2003年）

改革开放以来的25年中，我国的粮食单产水平从总体上看有了很大提高。实际上，由于粮食面积没有增加反而减少，我国25年来粮食生产的增长完全是单产提高的结果。但是，粮食单

产的发展有一些波动，尤其是近年来表现更明显。我国粮食的单产水平在1998年达到最高，为每亩300千克。其后的几年有所下降，最多时降低了16千克。2003年粮食亩产分品种看，稻谷为402千克，比最高单产年份1998年降低了22千克；玉米为318千克，降低了33千克；小麦为259千克，比最高单产年份1997年降低了14千克。2004年粮食单产全面恢复，达到了308千克，超过了1998年的水平。

表2 我国粮食单产水平变化

单位：千克/亩

	粮食	稻谷	小麦	玉米
1978	168	265	123	187
1980	182	275	128	208
1985	232	350	196	240
1990	262	382	213	302
1995	283	402	236	328
1998	300	424	246	351
2000	284	418	249	306
2003	289	402	259	318
2004	308			

（三）粮食总产量减少

我国粮食生产自改革开放以来，总体呈现较大的增长趋势，尤其是前20年，粮食总产增加了68%，尤其是玉米增长幅度达到了138%，大豆和小麦增长了一倍，稻谷的增长幅度最小，为45%。

但是在1998—2003年期间，粮食播种面积减少，单产降低，结果使得粮食总产发生了大幅度地减少。1999—2003年我国粮食总产连续五年较大幅度下降，2003年粮食总产仅仅为4.31亿吨，已经倒退到1990年的粮食增产水平（4.46亿吨）以下。其中，玉米总产下降的幅度最小，回落到1995年的水平，小麦总产回落到1984年水平，而稻谷总产下降的幅度最大，已经回落到1982年的水平。2004年粮食全面增产，但是，即便如此，粮食总产也不过是恢复到1995年的水平，其中小麦和稻谷的总产水平，大体上恢复到80年代中期的水平。只有大豆达到了历史上最高水平，玉米仅次于历史最高水平。

表3 我国粮食的总产变化

单位：万吨

	粮食	稻谷	小麦	玉米	大豆
1978	30 477	13 693	5 384	5 595	761
1980	32 056	13 991	5 521	6 260	796
1985	37 911	16 857	8 581	6 383	1 051
1990	44 624	18 933	9 823	9 682	1 100
1995	46 662	18 523	10 221	11 199	1 350
1998	51 230	19 871	10 973	13 295	1 515
2000	46 218	18 791	9 964	10 600	1 541
2003	43 067	15 976	8 561	11 498	1 539
2004	46 947	17 626	9 061	12 498	1 789

（四）人均粮食产量减少

在粮食总产下降的同时，我国的人口总量却在持续增长，结果使得人均粮食生产占用量逐年降低。在1996年到2003年的7年期间，从419千克降低到了333千克，降低了86千克。

（五）粮食库存数量减少

近5年来，国家的粮食库存数量不断大幅度减少。前些年在粮食消费区省份建立的粮食仓库，发生了大量闲置。农民生产者的粮食库存，也出现了一定的下降趋势，尤其是在北方种植玉米等粗粮的地区。

（六）耕地面积减少

同前述的几个方面的减少或者下降问题相比，耕地面积的减少对我国粮食安全问题前景的影响更为重大。这是因为，前述几个方面的变化都还有一定的恢复可能性，而耕地面积的减少，却基本上是不可逆转的趋势。1996年我国农业普查以来，耕地面积整整减少了1亿亩，从1996年的19.51亿亩减少到2003年的18.51亿亩。如果不算复垦的土地，则减少了1.37亿亩。在这些减少的耕地中，生态退耕约占62%，非农建设约占15%，农业结构调整约占17%，灾害毁坏占6%。同期，人均耕地面积从1.59亩降低到了1.43亩。随着经济建设的发展，耕地的进一步减少是不可避免的。如果保护耕地政策执行落实的好，减少的幅度会小一些。

正是以上这些变化，引起了中央决策部门对国家粮食安全问题的高度重视。2004年采取了一系列重大的措施，包括国内促进生产政策和外贸进出口政策。在国内生产方面，由于政策、价格和天气等各种有利因素的作用，2004年我国粮食生产同2003年相比有了较大的增长，增幅达9%，总量增加将近388亿千克，是历史上增产最高的年份，粮食单产也达到了历史最高水平，为每亩308千克。2004年的粮食增产大大超过了原来的预想，来之不易。

2004年尽管我国粮食生产取得了好收成，但是，我国粮食安全的问题并没有因此得到根本的缓解。一是总生产水平仍然不高，只相当于90年代中期；二是同需求相比，仍然有200亿千克以上的缺口。展望未来一个时期我国粮食生产的发展趋势，就更不容乐观。主要原因有：

第一，耕地资源和水资源的限制。我国的耕地面积一直在减少，即使是在实行了最严格的耕地保护制度并且停止审批开发区的2004年，耕地面积也净减少了80万公顷。展望未来，随着城市化和工业化的发展，非农业用途对农业土地的占用是不可避免的，我国耕地面积下降的趋势是不可避免的，并且减少的多是土质肥沃、光热水条件好、复种指数高、土地生产率高的优质耕地。实行最严格的耕地保护制度，只是能起到减少下降速度的作用。土地后备资源的潜力极为有限，尤其是考虑到生态环境保护的要求，我们基本已经没有新的大片土地可以开垦。另一方面，水资源短缺对农业生产的约束也日益突出，非农业用水的需求越来越大，可用于农业的水资源日益减少。

第二，粮食面积扩大的可能性不大。2004年在粮食补贴、粮食价格高涨的情况下，粮食的种植面积仅仅增加了220万亩，增加了2.2%，几乎是历史上最高的年份。从发展趋势看，粮食面积难以继续扩大。在耕地总面积不能扩大的情况下，粮食面积要扩大，就必然需要减少其他作物的面积，而其他作物的面积很难有较大幅度的缩减，尤其是那些高价值的经济作物。从理论上看，这也是农产品供给总量弹性较小的必然表现。

第三，单产提高的难度变大。2004年我国粮食单产的水平已经达到了历史最好水平，比以往最高水平高 2.7%。去年天气条件少见得好，灾害发生率前所未有之低，是重要原因。今后这样有利的天气情况不会常见。因此，单产提高的主要希望是科技创新、科技推广应用和农业基础设施条件的改善。而在这些方面，仍然有诸多的不确定因素。

第四，粮食品种结构矛盾突出。玉米的总产水平较高，而稻谷和小麦的总产水平较低，2004年仅仅相当于 80 年代中期的水平。而未来耕地的减少，将更多的是东部发达地区的稻田和麦田。另一方面，人们对稻米和小麦的需求却将不断增大，更需要增加稻米（尤其是优质稻米）和小麦的生产。

同生产方面的不确定性相比，在粮食需求方面，未来的发展趋势却是相当明确而肯定的，即：需求将呈刚性增加。根据各个方面的估算，每年的增长幅度约在 1%左右，近期每年粮食需求的增长量在 500 亿千克以上。对粮食需求的增长包括直接食用需求的增加、转化粮（饲料）需求的增加和工业用粮（工业淀粉、燃用乙醇等）。因此，我国未来粮食的供求矛盾和压力将日益明显。如果国内生产不能充分满足需求，则需要增大粮食的进口。对此，需要回答的问题是：世界市场粮食出口的发展趋势如何，我国可以在多大程度上通过适当增加粮食进口来保障国家粮食安全。

四、我国与世界粮食贸易的发展特点和趋势

（一）我国粮食贸易的历史发展情况

（1）小麦：20 世纪 80 年代初期到 90 年代中期，我国一直大量进口小麦，平均每年的进口数量在 1 000 万吨以上。其中 1988 年和 1989 年进口数量最多，接近 1 500 万吨。90 年代中期以后持续大幅度减少，到 2003 年降低到 45 万吨。2004 年又急剧增加到 723 万吨。

（2）大米：我国一直是大米的出口国，90 年代中期以前一般每年出口几十万吨到 100 多万吨。90 年代末期以来出口增加到 200 万 ～300 万吨之间。2004 年降低到 88 万吨。在进口方面，90 年代以来开始进口大米，以泰国的香米为主，每年一般几十万吨。2004 年达到 76 万吨，接近出口数量。

（3）玉米：我国基本上是一个玉米的出口国。从 80 年代中期开始出口，出口的数量波动较大，在 2003 年达到出口高峰，接近 1 640 万吨。在进口方面，除了个别年份，如 1995 年进口了 500 多万吨，一般没有或很少进口。2004 年，玉米出口大幅度降低到 232 万吨。

（4）大豆：大豆是近年来我国进口幅度增长最快的农产品。90 年代中期以前，以出口为主，每年出口数量为几十万吨到 100 多万吨。90 年代中期以来，进口直线上升，从 1995 年的 30 万吨，增加到 2003 年的 2 074 万吨。2004 年继续保持在 2 023 万吨的高水平上。大豆进口的重要程度表现在：一是已经连续两年进口超过国内生产总量；二是我国的进口已经占到国际市场的 30%左右；三是大豆进口在我国农产品进口中所占的比例很高，2003 年占 33%，2004 年占 25%（70 亿美元）。

（5）其他粮食：主要是大麦，每年的进口数量在 100 万～200 万吨。2004 年为 171 万吨。

（二）加入 WTO 我国有关粮食贸易的承诺

加入世贸组织，我国所做出的承诺中，与粮食贸易有关的主要是：①在出口方面，不进行补贴。这是针对包括粮食在内的所有农产品。②在进口方面，实行关税配额制度。对小麦、玉米和大米三种主要粮食规定了配额的数量和配额内外的关税水平，如表所示。对于大豆和大麦等进口，不实行配额制度，而实行自由贸易，只征收 3%的进口关税。③在国内支持政策方面，我国承诺对包括粮食在内的农产品的“黄箱”补贴幅度不超过 8.5%。

表 4　我国的粮食进口配额承诺与实际进口数量

单位：万吨

	小麦	玉米	大米
2004年配额	963.6	720	532
配额内关税%	1	1	1
配额外关税%	65	65	65
2001实际进口	74	4	29
2002实际进口	63	1	24
2003实际进口	42	0	26
2004实际进口	723	0	76

加入世贸组织的前两年，我国的粮食进口并没有明显增加，主要原因是因为国内粮食市场价格较低，而国际市场粮食价格较高。世贸组织规定的关税配额，只是一种市场准入机会，而不是强迫性的进口数量。配额是否会使用以及使用多少，取决于市场价格对比关系。如果国内价格高，进口有利可图，配额就会获得使用。否则，配额不会获得使用，这也是不违背世贸组织规则的，因为世贸组织的规则归根到底是市场经济的规则。2004年我国进口粮食（主要是小麦和大米）大幅度增加，也正是因为国内市场粮食价格发生了较大幅度的上涨，超过了世界市场价格，进口有利可图。

（三）世界粮食生产与贸易发展特点

为了更好地理解我国粮食贸易与国家粮食安全的关系，需要将我国的粮食贸易放在世界市场的大背景中考察，需要对世界粮食生产和贸易的发展特点与趋势进行分析。

根据联合国粮农组织数据资料，近40年来世界粮食生产和贸易的主要情况如表所示。

表 5　世界粮食生产与贸易变化

	1961—1963	1971—1973	1981—1983	1991—1993	2001—2003
			生产（万吨）		
玉米	21 003	31 358	41 425	50 152	61 894
稻谷	22 978	32 003	42 661	52 541	58 512
小麦	23 534	35 329	47 199	55 879	57 399
大豆	2 740	5 071	8 670	11 097	18 229
			出口（万吨）		
玉米	1 833	3 896	7 250	6 927	8 373
大米	700	858	1 224	1 537	2 733
小麦	4 697	6 836	10 741	12 194	12 668
大豆	477	1 392	2 725	2 837	5 889
			出口占生产（%）		
玉米	9	12	18	14	14
大米	4	4	4	4	7
小麦	20	10	23	22	22
大豆	17	27	31	26	33

注：稻谷按70%出米率折算。

可以看出世界粮食生产和贸易发展的主要特点：①世界粮食生产过去40多年来有了较大幅

度的增长。②世界粮食出口在80年代之前基本与粮食生产同步增长或高于生产增长，而80年代以来低于生产增长。③世界粮食贸易中，小麦数量最大，目前在1.2亿吨上下；玉米其次，在8 000万吨左右；大米最少，只有2 600万吨左右。大豆的出口量近年来增加较大，已经接近6 000万吨。

（四）我国粮食进口占世界市场比重

按2004年我国进口数量计算，我国粮食进口在世界贸易中的比重为：小麦约为6%，大米约为3%，大豆约为34%。我国的大豆进口在世界贸易中的地位遥遥领先，不仅位居第一，并且比其他进口最多的四个国家（荷兰、日本、德国、墨西哥）的大豆进口总和还多。我国的小麦和大米进口数量和占世界市场的比重仍然不高，但是均已接近进口数量最多国家的水平。目前小麦进口数量最多的国家是意大利、巴西和日本，进口数量在500万～700多万吨之间，而我国2004年的进口数量已经超过了700万吨。大米的主要进口国是印度尼西亚和尼日利亚等，进口数量在100多万吨。我国2004年的大米进口已经达到了76万吨。

（五）WTO新一轮谈判对未来世界粮食生产和贸易趋势的影响

WTO新一轮谈判正在进行中。无论最后的结果如何尚有待发展，但是，贸易自由的总体趋势是明确的。根据目前的各种方案，出口补贴将大幅度减少乃至于取消，发达国家的国内生产补贴也将削减。补贴的减少会减少发达国家的生产数量，从而减少出口的数量。世界市场的粮食价格会因此而有一定的上涨。

五、我国近年来的粮食政策发展与分析

2003年以来，为了调动农民生产者增加粮食生产的积极性，国家出台了一系列粮食生产与流通政策。这些政策，对于稳定和提高我国农民增加粮食生产的积极性，起到了积极的作用。经过一段时间的实践之后，有必要对这些政策措施的实行情况进行分析，并不断加以改进和完善。这里重点对直接补贴政策、最低收购政策和种子补贴政策进行分析。

（一）直接补贴政策

2003年开始首次实行的对于农民的直接补贴政策，其积极意义是明显的，包括以下几个方面：①政治意义突出：有史以来，都是国家向农民要钱，农民由于从事农业生产而必须向国家交税。而直接补贴政策则完全相反，是国家拿钱给农民，仅仅是由于农民从事农业生产。②财政资金使用效率提高：将原来用于流通的财政补贴转用于直接补贴，全部补贴的实惠为农民所得，而没有在中间环节并截留。③对农民增加粮食生产有一定促进作用。直接补贴提高了农民的收入，并且是现金收入，使得农民的投入能力有所加强，尤其是在种植规模比较大的地方，如东北地区。

然而，在肯定这些积极作用的同时，也应当看到现在的直接补贴政策的一些局限性。具体表现在：

第一，直接补贴的目标不很明确。直接补贴的目标到底是增加农民收入，还是增加粮食生产，并不是十分明确。在几乎所有其他国家，直接补贴是一种收入政策，补贴的目标是稳定农民的收入。尽管补贴也对增加生产有促进作用，但是，与收入目标相比，增加生产是附属性的。

第二，直接补贴的作用效果不是很显著。①如果补贴的目标是为了增加农民收入，则在补贴对象上不尽合理。因为最应当予以补贴的是贫困人口和低收入人口。我国收入贫困人口和低收入人口最集中的地方，不是东北等地区，而是西部地区，而西部地区获得的直接补贴数额很少。②如果补贴的目标是为了增加粮食生产，则直接补贴所起的作用也是有限的。根据各个方面的调查，直接补贴在调动农民积极性方面的效果，远远低于价格上涨的影响；直接补贴对种粮收入的影响，仅仅相当于粮食价格上涨影响的1/4左右。尤其是当直接补贴不是直接与粮食生产数量挂钩的情况下，直补对粮食生产的刺激就更小。

第三，直接补贴在执行方面有一定难度。各地在落实执行直接补贴政策时，所采取的补贴方法各不相同，包括按计税基数（常年面积和常年产量之积）、粮食面积、粮食产量、商品粮数量等等。其中，只有按照计税基数的方法最为简单，其他各种办法均较为复杂，涉及到大量的计算和核实工作，也很难做到准确。希望将直接补贴与粮食生产密切挂钩的愿望是好的，但是具体操作起来太难。关键在于我国农户的规模太小，数量巨大。这是基层干部所普遍反映的一个问题。

第四，我国现在的直接补贴方法，按照WTO的规则衡量，不是属于“绿箱”政策，而是属于“黄箱”政策。不久前巴西诉美国棉花补贴案被WTO争端解决机构裁定成立，是一个很好的例子。尽管我国2004年的直接补贴水平占粮食产值的比重仅仅为2%多一点，远远不到我国加入WTO承诺的8.5%的水平，但是按照新一轮谈判的走向，对“黄箱”补贴的约束会日益严格。

基于以上分析，对于改进直接补贴提出以下建议：①明确其收入目标特性，按照计税基数计算支付。②在农业税尚没有彻底减免之前，可采用抵扣当年农业税的方式，以减少操作成本。③在农业税已经全部减免的地方，按照原来的计税基数计算。计税基数以后不再改变。以后如果直接补贴增加，按计税基数成比例增加。

（二）最低收购价格政策

今年提出的对三种稻谷实行最低收购价格政策。这对于调动农民的稻谷生产积极性，无疑具有重要的作用。但是，目前的保护价格政策的设计，还有一些需要改进的地方。

关于实行最低保护价格的时机、目的和方法，《粮食流通管理条例》第二十八条规定：“当粮食供求关系发生重大变化时，为保障市场供应、保护种粮农民利益，必要时可由国务院决定对短缺的重点粮食品种在粮食主产区实行最低收购价格”。这里有一些问题需要进行深入讨论。

第一，何时实行最低收购价格。按照条例规定，应当是在粮食供不应求，出现短缺时。但是，如何判断粮食出现或者将要出现短缺呢？在市场经济条件下，最主要的标志是价格将上涨。短缺越严重，价格上涨的趋势就越强。这时候，市场价格本身的发展态势，就已经提供了一个价格信号，就会刺激农民增加生产。

第二，如何确定最低收购价格的水平。在出现短缺时出台最低收购价格，就意味着在市场价格上涨的情况下出台最低收购价格，那么，最低收购价格的水平是高于市场价格还是低于市场价格呢？显然，不可能高于市场价格，而是低于市场价格。而低于市场价格的最低收购价格也就失去了意义。因为没有人会按照这个价格出售粮食。

第三，最低收购价格的有效期限多长。最低收购价格一经出台，是按照日历年度？作物年度？还是用其他方法确定的一个固定时段？最低收购价格的有效期限太短，就不会起到刺激农民增加生产的效果。而如果有效期较长，则又有另一种可能：即在市场价格将出现回落。而市场价格回落的原因只能是供求关系好转，短缺得到缓解乃至出现过剩。这时候，市场形势又不符合条例规定的短缺条件了。那么，这时是否还实行最低收购价格？

第四，如何实现只对主产区实行最低收购价格。在全国是一个统一市场的情况下，这一点很难实行和操作。实际上，也没有很大的必要，因为市场价格总是在主产区较低一些。当主产区的市场价格已经下降到最低收购价格水平时，主销区的市场价格水平可能还较高，中间有一个由运费等因素形成的差价。

目前最低收购价格设计中最主要的内在矛盾是：在出现短缺时使用。世界上所有最低收购价格政策（包括美国的贷款率、目标价格，欧盟的干预收购价格）都是针对过剩条件的。在过剩条件下，政府通过最低收购价格来托市，来减少农民的收入损失，保护农民的长期生产积极性和生产能力。而在短缺情况下，市场价格自然会较高，是不需要最低收购价格的。

从我国的实际情况出发，实行最低收购价格政策，应当是以保证农民的长期生产积极性和生产能力为目标的。最低收购价格水平一经确定，则应当在长期内保持不变，或者随着通货膨胀加以调整，以给农民一个稳定的价格预期，不断地改善生产条件，增强生产能力。在出现了市场价格大幅度下跌的情况下，要坚决地落实和兑现最低收购价格。这是因为，无论从哪些方面分析，就长期发展趋势看，我国的粮食生产和农业生产都处于短缺的压力之下。由于粮食生产和农业生产有较强的波动性，有些年份再度出现过剩是可能的。但是，这种过剩现象只能是短期现象。不能因为短期波动而影响了长期生产能力的加强和发展。而最低收购价格政策如果设计得当，会起到积极的作用。

（三）良种补贴政策

良种补贴政策是从大豆开始试点的，也取得了较好的效果。但是，今年在较大面积应用的对玉米、小麦和水稻的种子补贴，却有些不同。

良种补贴的积极作用，可是表现在两个方面：①降低了农民的生产成本；②引导农民采用优良品种，可以通过区域性的统一品种，克服小规模农户品种杂乱的问题。

就实际意义而言，第二个方面的重要性更为突出一些。因为，如果仅仅是为了降低成本，也就是说增加农民收入，则完成可以将种子补贴的钱同直接补贴合并，操作上更便利，减少管理成本。

目前在操作上，种子补贴较为复杂，很难按照第二个方面的要求实行，而基本上是按照直接补贴的办法，按面积将种子补贴发给农民了。对于良种补贴的目的和最佳方式，尚有待于深入研究。

六、对我国国家粮食安全的战略思考与建议

基于以上分析，我认为，我国国家粮食安全的总体战略思路应当是：加强国内生产能力，提高粮食转化效率，引导消费结构调整，适当进口弥补不足。

加强我国国家粮食安全的基础是国内农业生产。从世界情况看，小国可以通过进口来满足本国的需求，而大国则不可能依赖国际市场。我国是一个大国，每进口粮食消费量的 1%，就相当于世界粮食贸易量的 2%，大量进口粮食不仅给世界粮食市场带来巨大冲击，影响与第三世界粮食进口国的关系，而且还受到国际政治经济形势和运输等各方面条件的制约。此外，由于大国效应，我国增加农产品进口时，会对世界市场价格产生强烈的影响，会推动世界市场价格的提高，从而反过来又抑制进口的增加。因此，确保我国粮食安全必须立足国内，进口只能是一种补充。加强国内生产能力，不仅仅是指狭义的粮食生产能力，而是整个农业的基本生产能力，任何农产

品生产能力的提高，都会对促进国家粮食安全保障有促进作用。

提高粮食（谷物）转化效率，包括提高畜牧业的生产效率和用粮工业的生产效率，将一方面减少对粮食的需求，另一方面增加非粮食产品对粮食的替代作用。我国近些年来在粮食生产方面增加不多，但是畜产品生产却保持着较高的增长速度，就是粮食转化效率提高的表现，缓解了对粮食需求的压力。我国饲料转化率提高10%，将相当于增加2 000多万吨粮食生产。应当加大对饲料工业和畜牧业生产方面的科技投入，加强畜禽疫病防疫体系的建设。

引导粮食消费结构的调整，也具有重要作用。食品工业的发展，生活方式的变化，会逐步改变人们的消费习惯。例如，应增加对小麦、玉米和马铃薯等产品的消费，减少对稻米的需求。因为，由于非农业占地的原因，由于水土资源的限制，我国水稻生产方面增长的潜力相对最小，进口的潜力也小，而玉米和马铃薯的增产潜力较大。此外，还要引导消费者多消费蔬菜、水果和水产品等健康食品，减少直接粮食的消费量。

适当进口弥补不足，是合理利用国内国际两个市场的需要。我国农产品贸易的总体思路是增加劳动密集型产品如蔬菜水果和加工品的出口，而增加土地密集性产品包括粮食产品的进口。如果人民币升值，则增加粮食进口的可能性更大一些，因为进口产品的成本就会降低。但是，我国粮食进口进一步的增加，主要是小麦，因为小麦的世界出口总量较大，即使我国进口2 000万吨，也只占世界市场的15%左右。小麦的主要出口国是北美、澳大利亚、西欧和东欧。出口增长潜力较大的是北美和欧洲尤其是东欧国家。大米大量增加进口的可能性不大，主要是因为世界市场出口数量少，并且适合我国需求的粳米的出口数量更少，大米的出口国集中在东南亚。玉米在我国国内的供给较为充足，不会有较大的进口需求。大豆的进口数量已经很高，占世界市场份额已经达30%以上，不可能进一步大量增加。大豆增产潜力最大的地区是南美，主要是巴西和阿根廷。只要有需求，这些国家仍然有增加生产的潜力。在外汇购买力方面，不会构成限制约束，因为2004年我国谷物进口额为22亿美元，大豆为70亿美元，合计92亿美元。2004年我国出口创汇的总额已经高达5 934亿美元，顺差为320亿美元。粗略地估测，我国未来一个时期内粮食的进口，会有一定增加，但是不会超出一定的范围。如果将大豆考虑在内，我国粮食的自给率不会低于90%，我国谷物的自给率不会低于95%。

此外，在粮食储备方面，应当调整思路。①树立社会储备概念，除了国家储备之外，农民、加工企业和流通企业的储备也同样应当纳入考虑。为更好地判断短期粮食供求平衡情况，应当要求所有注册企业均定时报告粮食库存情况。②明确界定国家粮食安全储备的目标，只能是调节短期内（一两个生产周期）的供求平衡。调减库存数量到合理的数量，减少财政支出压力。③完善储备粮管理机制，承认国家粮食安全主要是中央政府目标的客观现实，从公平和效率出发，建立和不断完善全国统一的中央储备粮管理体系。

按照以上战略思路，重点提高和加强国内生产能力。这也是2004年中央1号文件的核心内容。我认为，落实中央1号文件，加强我国国内生产能力的各类措施，可以归纳为两个大的方面：①增加农民的生产积极性，这是增加粮食生产所需要的主观动力问题；②加强粮食生产的能力建设，这是解决增加粮食生产的客观物质和技术基础问题。具体加强一下几个方面的措施。

（一）加强农民生产粮食积极性的措施

2003年出台的一系列促进粮食生产政策，包括直接补贴政策、农业税减免政策、最低收购价格政策等，都对增加农民的粮食生产积极性产生了良好影响。但是，这些政策在执行中也发现了一些问题，需要不断进行完善。

我国现在的直接补贴政策，最突出的问题是要求与粮食生产挂钩。这种政策的用意是好的，但是操作成本很高，也难以做到真正的挂钩，无论是与粮食面积、粮食产量或者粮食商品量挂钩。从广义的“食物安全”的观点，我国不仅需要加强粮食的发展，也需要加强其他产品的发展。因此，直接补贴政策也不需要与狭义的粮食生产相挂钩。完善我国直接补贴政策的建议是：①改革计算方法：将每个农户农业税的计税总产量（计税面积与计税单产之积）作为补贴的计算基础。税费改革工作为此创造了极为有利的条件，现在每个农户的计税总产量都是清楚透明的。每年按照国家可用于直接补贴的总额和全国计税总产量，计算出当年单位补贴额。每个农户的计税总产与当年的单位补贴额之积，就是该农户获得的补贴总额。每个农户开一个账户，各个省或县可直接将补贴转入农户的账户。②随着国家财政支持能力的提高，不断提高用于直接补贴的数额。

今年提出的对三种稻谷实行最低收购价格政策，对于调动和保护农民的稻谷生产积极性，无疑具有重要的作用。但是，在具体的操作层面上，应当吸取以往的经验和教训，设计得更严密一些：①按最低收购价格收购的，只能是中央直属库。这样，便于控制和处理有关补贴问题。②充分保证做到真正的敞开收购，不管对象。只要市场是竞争的，最终的受益者就是农民。③为便于管理，对于收购数量，上不封顶，但是却可以规定每一笔收购的数量规模下限，如10吨。单个的农民可能难以达到这个数量，但是可以联合出售，或者可以委托中间商出售。这时的最低收购价格相当于批发价格。只要粮食市场是开放竞争的，最低收购价格的好处最终就还是为农民所得。中间只会有运销差价，而即便农民自己销售，也有运销费用问题。④为避免收获季节发生集中收购现象，可规定最低保护收购的适用时间，将收获季节的2～3个月排除在外。由于有最低收购价格预期，收获季节的价格并不会发生较大下降，最多只会略低于最低收购价格，大致相当于储藏2～3个月的费用。

目前已经确定实行最低收购价格的是三种稻谷。建议目前暂不扩大产品品种，而集中财力确保对稻谷生产的价格保护。在稻谷方面进行试点，探索和总结经验后，确定一套较为完整和成熟的方法后，再推广到其他品种，以减少政策成本。

（二）加强农业生产能力建设的措施

1. 坚决实行最严格的耕地保护制度。关键是切实落实“农村土地承包法”，把土地的权利真正交给农民，通过农民的权利限制对土地的过度征占。为了强化农民土地承包使用权的严肃性和权威性，应当首先从形式上大大改善土地承包合同证书，建议由国家（或者至少省级政府）发放全国统一的带有国徽的“土地承包经营权证书”，以增强土地承包经营权的权威性。所有涉及到农村土地使用权、收益权和转让权的问题，均以该证书或地契为基本依据。同时，从长远看，也要考虑在适当的时候，以适当的方式，将农民的土地权力从30年转变为永久化。这对鼓励农民进行长远性的土地投资具有重大意义。同时，要完善征占农民土地的补偿机制：无论是公益性还是盈利性用途，均需按所征占土地的市场价值对农民进行补偿。这既是对农民利益进行保护的要求，也是控制地方政府受利益驱动过度征占土地的有力措施，会有“釜底抽薪”之效。此外，要建立和完善问责制，对违反土地管理法规事件责任的追究，不仅要针对土地管理部门的负责人，更要针对同级地方政府的主要负责人，因为从我国的土地管理体制和行政体制出发，地方政府主要负责人在执行土地管理法规方面，负有重要的直接或者间接责任。在许多情况下，重大的土地征用决策都是地方主要负责人做出的。只有通过综合性的有力措施，中央1号文件提出的“确保基本农田总量不减少、质量不下降、用途不改变”的目标才有可能实现。

2. 增强农业科技创新能力。从长远看，增加包括粮食在内的农产品增产的根本出路是科技创新。这也是我国和世界农业发展的历史所证明的。农业科技创新的周期较长，必须要及早投入。目前应采取的重点措施包括：①加强重点农业科研机构的建设，包括队伍建设、资金投入等。②完善重大农业科技项目的管理体制。建议考虑设立国家农业专家委员会，研究重大农业科技发展战略，每年确立几个重大农业科研项目，并进行项目委托等。③完善重大科研项目的合作和协作机制。

3. 增强农业科技推广能力。我国农户的经营规模较小，农民的教育水平低，基础设施较差，因此，更需要政府部门在农业推广方面发挥更大的作用。重点加强县级推广部门的建设，使之成为向上连接各级科研机构，向下连接农业产业化龙头企业、农村合作组织、专业农户、示范农户、村级农业技术员（村干部）等的纽带。随着取消农业税等一系列农村改革政策的实施，农村基层组织的职能将发生很大变化，应当加强乡村干部在技术推广方面可以发挥的作用。从长远看，借鉴国外经验，建立全国统一管理的国家农业技术推广体制，中央部门垂直管理，并负担相应的经费支出，是发展方向。如果在短期内难以实行全国统一的体制，也可以鼓励有条件的省，实行省一级统一管理。

4. 增强土地的抗灾能力和可持续生产能力。必须通过加大政府投入，调整投入重点等措施，提高我国的土地生产能力。重点是：①促进西南和西北山区的坡地改梯田（每亩费用在西南山区大体上相当于5年退耕还林的支出，在西北山区相当于3年退耕还林的支出），更好地实现农业生产与生态保护的双重目标；②促进北方地区节水农业发展，发展干旱、半干旱地区的集水设施；③中小型水利设施建设和维护；④土地整治，重点是治理沙漠化、盐碱化，鼓励施用有机肥，提高土壤有机质含量，改善土壤肥力等。通过这些措施，提高我国有限土地资源的长远生产能力，并保护环境和生态，实行农业的可持续发展。

5. 增强农民的发展能力。包括加强农村地区尤其是贫穷落后地区的基础教育，真正提高农村人口的受教育水平，以及加强对农民的各种培训。从长期看，这是农业发展最基本的能力建设。其中，基础教育更具有长远性意义：有了良好的基础教育，职业教育、农业技术推广、农民工培训等等，就可以事半功倍；否则，就会事倍功半。建议中央财政加大农村教育支出，用于加快农村中小学教育，包括：扩大免费提供课本的范围，扩大免收学费的范围；扩大对西部地区初中寄宿制支持；等等。此外，应当鼓励和要求地方政府采取措施，改善打工子弟就学条件，包括进入当地公办学校，或者扶持打工子弟学校改善办学条件。

资产证券化模式的选择对资产管理公司发展的影响*

俞 勤

［摘　要］我国正在积极推进资产证券化，不久将开始住房抵押贷款和信贷资产的证券化试点。资产证券化有助于资产管理公司加快处置不良资产，但当前资产证券化模式使资产管理公司无法居于主导地位。为此，资产管理公司应加快自身调整，力争在资产证券化进程中发挥积极作用。

［关键词］资产证券化　资产管理公司　银行　金融

国外资产证券化出现于20世纪70年代，80年代中期有了很大发展，我国从90年代初也开始对资产证券化进行探索。随着中央明确了积极支持的态度，我国资产证券化进入了实质性发展的阶段。目前，几家银行相继提出了各自的方案，其中建设银行的方案率先获得了批准。资产证券化模式决定了我国资产证券化方向，对资产管理公司的发展有重要影响。

一、我国资产证券化的发展历程与现状

我国最早提出资产证券化是在1992年，之后在离岸证券化融资、资产管理公司和银行资产证券化、相关制度改进等方面进行了大量探索。

由于法律制度的限制，我国早期的资产证券化主要以离岸方式进行。这些资产证券化项目是以融资为目的，以资产的预期收益为支撑，通过国外机构发行债券的。较为成功的有1992年的三亚地产投资证券化、1996年珠海和广深珠高速公路证券化、1997年重庆市的基础设施ABS合作、1997年中国远洋运输公司的北美航运应收款票据证券化、2000年中国国际海运集装箱集团的应收账款证券化等。

其后，资产管理公司也加入到资产证券化的探索中。为处置各大银行的不良资产，1999年我国组建了中国信达、华融、长城、东方四家资产管理公司，并向其剥离了14 000亿元人民币的不良资产。四大资产管理公司通过折扣变现、债权重组、以物抵债等封闭式手段盘活了大量资产，但其处置不良资产的损失率较高、速度较慢，至2004年还有近70%不良资产未得到处理。面对这种情况，资产管理公司开始试图引入资产证券化方式。华融资产管理公司曾于2001年提出借助信托投资公司实现资产证券化，之后又以出售资产包、信托分层处置等方式消化不良资产。信达资产管理公司2003年与德意志银行签署了资产证券化和分包协议，2004年与中国国际金融有限公司签署不良资产国内证券化合作协议。但总体而言，资产管理公司的资产证券化进展

* 原载《时代金融》2005年第4期。

不大，其尝试仅仅属于“准资产证券化”。

近几年，银行成为了资产证券化探索的最主要力量。国家开发银行1998年提出进行资产证券化尝试，1999年介入深圳住房抵押贷款证券化，2004年推出了准资产证券化的“债权资产信托”项目。中国建设银行、中国工商银行2000年被批准成为住房贷款证券化试点。中国建设银行2002年提交了以表外融资为主资产证券化方案。中国工商银行2004年将宁波分行的不良贷款进行了证券化，这是国内商业银行第一个资产证券化项目。银行的探索主要集中在不良资产和住房贷款的证券化，但由于分歧较大，2004年前几乎没有方案得到批准。

与此同时，证券公司、信托投资公司和保险公司也在积极参与资产证券化。深圳平安保险公司1998年最早提出了住房抵押贷款证券化。中信证券股份有限公司和中诚信托投资有限责任公司参与了中国工商银行宁波分行的不良贷款证券化项目。浦发银行2004年的资产证券化方案也是基于与证券公司和信托投资公司的合作。

资产证券化是政府相关部委、金融机构和其他研究机构一直关注的课题，旨在为资产证券化扫清法律制度方面的障碍。1998年人民银行曾组织“住宅抵押贷款证券化的研究”。2002年的《信托法》为资产证券化提供了一个可参照的法律框架。同年的《2002年中国货币政策执行报告》首次提出“积极推进住房贷款证券化”。2003年一个由财政部、银监会、证监会、人民银行、部分资产管理公司以及研究机构的相关人员组成的“资产证券化推进工作小组”开始进行资产证券化的法制化调研。2004年中国人民银行、证监会、银监会、保监会、发改委、国资委、外管局、商务部和社科院协商资产证券化运作。同年，国务院在推进资产证券化试点的同时，开始起草商业银行资产证券化的基本法律框架《商业银行资产证券化管理办法》。

目前，中国人民银行明确表示将推动银行业开展资产证券化业务，并在2005年展开住房抵押贷款证券化、信贷资产证券化的试点。2004年几家银行再次提出了各自的资产证券化方案，主要包括国家开发银行的住房抵押贷款证券化（MBS）和信贷资产证券化（ABS）方案，建设银行的住房抵押贷款证券化（MBS）方案。经中国人民银行和国务院审批，最终建设银行方案获准通过。

二、当前资产证券化模式的基本特点

最终得到获准的建设银行方案采用表外融资模式，通过银行外部设立的特殊机构（SPV）收购银行资产，并公开在债券市场进行招标，发行主要基于中长期信贷资产的信托计划或者债券。依照建设银行的方案，我国当前资产证券化模式将有以下一些特点：

1. 银行是当前资产证券化的源动力。2004年我国银行业金融机构总资产超过31.5万亿元，国内主要商业银行的不良资产有1.7万亿元，偿还期5～20年的住房贷款有2.5万亿元。提高银行自身信贷资产的流动性，降低信贷风险，改善银行的监管指标是当前资产证券化的根本目的。

2. 现行法律制度决定了选择信托模式。特殊目的机构（SPV）是为资产证券化设立的中介机构，是实现破产隔离的核心手段。SPV通常由特殊目的公司（SPC）或特殊目的信托机构（SPT）来承担。SPC组织结构为人所熟悉，能够发行多种有价证券，更好地实现“真实出售”；SPT的关系简单，可以避免双重征税。建设银行的方案采用了SPT方式，主要是为了适应现行法律的要求。我国《证券法》规定商业银行不能投资于非银行金融机构，不能成为SPV的控股公司；而《信托法》规定信托资产独立于委托人、受托人，不受二者破产的影响。因此，可以选择信托方式实现资产证券化，即商业银行将需要证券化的资产出售给信托投资公司，由信托投资公司设立SPV，作为资产证券的发行人。但建设银行方案对信托投资公司依赖很大，银行将处于服务地位。

3. 资产证券化的核心是利用信托的财产隔离功能。创始人的资产转移给SPV的方式有真实出售和抵押融资。只有真实出售，才能将创始人的基础资产转移到资产负债表外，使这部分资产与其他资产完全剥离，从而使自己不再受基础资产信用风险和投资者追索权的影响。《信托法》规定"信托财产与委托人未设立信托的其他财产相区别"，这种信托财产的独立性解决了资产证券化中的风险隔离问题，是建设银行方案中的关键手段。

4. 流通性仍然是一个重要问题。建设银行方案将采用招标方式发行债券，这使之只能限定在银行间债券市场。我国银行间债券市场是一个以商业银行、保险公司、证券公司、基金公司等金融机构投资者为主，非金融机构参与的债券场外市场。虽然银行间债券市场是我国债券市场的主体，但其接纳的投资者范围仍不及证券交易所市场，这使得资产证券化产品的流通范围将受到很大局限性。同时，信托产品本身具有非标准化和私募性质，这也使之难以公开在市场上进行流通，尚不能进入证券交易所市场。

5. 统一和规范将是一个漫长的过程。资产证券化试点刚刚开始，很多方面是不统一、不规范的。目前，几家银行各自为战，所提方案的思路大相径庭。建设银行方案通过外部特殊目的机构（SPV）收购银行资产，满足了资产的真实出售和表外处理的要求，但该方案更多地针对建设银行本身，在普适性上还存在一定问题。建设银行方案针对住房贷款，属于按揭证券（MBS）。不良资产、基础设施投资等资产证券化领域，以及资产支撑证券（ABS）、资产支撑证券商业票据（ABCP）等资产证券化产品还未出现。二级市场、信息披露、信用评级、保险等相关环节也有待规范。

6. 法律制度将加快调整。长期以来，我国现行的法律制度一直是实行资产证券化的主要障碍。例如，《信托法》和《证券法》都没有明确信托受益权证书有价证券的法律性质，《信托投资公司资金信托管理暂行办法》对业务规模的限制条款不适合资产证券化，我国还没有针对资产证券化交易的会计准则，信用评级服务不能满足资产证券化的要求，资产证券化缺乏相应的税收制度等。但随着资产证券化试点的开始，《资产证券化管理办法》等一批法律文件的出台，清除这些法律制度障碍将只是个时间问题。

从以上这些特点可以看出，当前资产证券化的总体格局是以SPV为纽带，银行、信托机构、证券机构、政府共同参与，利用信托模式，以住房信贷为突破口的实质性尝试。银行在资产证券化中起着主导作用，它拥有对资产的掌控权，是资产证券化服务的对象，也是资产证券化方案的提出者。信托机构是我国当前法律制度下实现资产证券化的关键，它利用其特殊地位参与资产证券化，是资产证券化的主要受益者。证券机构不久将在资产证券化中发挥更显著的作用，其所获得的收益也将是巨大的。政府则可以通过资产证券化，解决不良资产比率过高、银行资产流动性差的问题，调整企业信贷、资产结构，开辟新的融资方式。

我国当前资产证券化的方向是明确的，但在资产证券化的领域、形式、产品、体系、法律制度等具体环节都还有很大的不确定性。建设银行方案的获准，并不是我国资产证券化模式的最终确立，而应视作通过试点判断资产证券化模式的开始。

三、当前资产证券化模式对资产管理公司的影响

从我国资产证券化发展的历史来看，资产管理公司对资产证券化的探索还要稍早于银行，最具代表性的是中国华融资产管理公司的两项尝试。2002年初，华融公司提出了与中信信托合作，

通过信托方式处理不良资产的方案。在该方案中，以华融公司为委托人，中信信托为受托人设立财产信托，华融公司享有全部信托受益权。该方案后因与《信托投资公司管理办法》的规定相抵触而搁浅。2003年6月，华融公司又推出了不良资产信托分层处置项目。该项目借鉴了资产证券化的风险隔离机制、现金流包装、资产支撑投资合同、信用增级等，被称为“准资产证券化项目”。资产管理公司开展资产证券化的根本目的是加快不良资产的处置速度，同时又能够以发行债券的现金流进行投资，在不良资产不断减少时增加自己的投资收益，为日后转型打下基础。而引入信托方式，可以隔离风险，满足监管层“稳妥”处置的要求。

但是，随着我国资产证券化格局的逐步明晰，资产证券化的发展并没有按资产管理的意愿进行。相反，当前的资产证券化模式对资产管理公司来讲还有相当大的负面作用。

1. 当前模式使资产管理公司难于在资产证券化中居于主导地位。资产管理公司曾试图以两种方式进行资产证券化。第一种方式是自己充当SPV，即接收银行资产后，资产管理公司负责管理资产池，并组织发行证券，这种方式的早期试验就是一些“准资产证券化”项目。第二种方式是通过下属SPV进行资产证券化，即自己充当母公司，另行设立SPV，把自己接收的银行资产由这个SPV处理。在这两种方式中，资产管理公司都将处于主导地位。但是，当前资产证券化模式使这一意图难于实现。首先，这两种方式都基于公司模式，而公司模式与我国现行法律制度冲突较大，我国最终采用了信托模式。其次，资产管理公司的资产来自银行，银行通过资产管理公司进行资产证券化将增加一个中间环节，当然不如银行自己将资产直接进行证券化处理。再次，资产管理公司如将资产进行证券化处置，将降低资产回收率，这与建立资产管理公司的初衷是违背的。出于这些原因，资产管理公司被置于当前资产证券化的核心体系之外，更不要说居于主导地位了。

2. 资产证券化将阻碍资产管理公司接收不良资产。资产管理公司的业务来自银行的不良资产。虽然国家已声言不再向资产管理公司剥离不良资产，但真正起作用的将是资产证券化。不良资产是资产证券化中最重要的领域，国家开发银行也在报批相关方案。可以肯定，不良资产证券化在不久也将开始试点。届时，银行不良资产的处置将有另外一个途径。由于资产证券化便捷、高效，随着其逐步成熟，对阻碍资产管理公司接收不良资产的作用将愈加明显。

3. 资产管理公司将更加侧重对资产的处置、管理功能。《金融资产管理公司条例》规定，金融资产管理公司可以从事债务追偿；资产租赁、转让、重组；债权转股权及阶段性持股、资产证券化；资产管理范围内公司的上市推荐及股票、债券承销；发行金融债券、向金融机构借款和中国人民银行再贷款；财务、法律咨询，资产及项目评估；参与企业破产清算等。如果无法直接主导资产证券化，资产管理公司的业务重心只能是对接收资产的处置、管理，资产证券化将仅仅作为资产处置的手段之一。

不过，资产管理公司仍有机会在资产证券化进程中发挥重要作用，这就是不良资产证券化。不良资产是资产证券化的重要领域。国家开发银行的不良资产证券化方案尚为敲定，但这个方案存在两个问题。其一，该方案需要设立SPC，是基于公司模式的方案。如果该方案得以通过，意味着现有资产证券化体系将容纳信托模式和公司模式，而公司模式将为资产管理公司参与资产证券化开辟道路。公司模式下，资产管理公司可以与银行合作，充当银行的SPC，也可以利用自身的资产处置、管理功能与SPC合作。其二，国家开发银行的方案被批评为“缺乏资产证券化愿望”，实际上是因为不良资产证券化在现实条件下实施还有一定难度。这些难度集中在不良资产的信用增级、资产池管理等方面，特别是我国的很多不良资产是由于历史的、政策的原因生产的，处理难度很大，而这正是资产管理公司可以发挥作用的领域。

四、资产管理公司在当前资产证券化下的应对

资产证券化是把缺乏流动性、但有预期收入的资产进行重组，据以在金融市场上发行、流通证券的融通资金过程。资产管理公司的资产符合这些特性，因而对资产证券化有现实需求。虽然我国目前阶段的资产证券化格局，特别是以银行为主导的信托模式对资产管理公司有负面影响。但从方向上讲，资产证券化无论以何种方式进行，资产管理公司都必须积极参与资产证券化进程。

资产管理公司应当积极纳入当前资产证券化体系。资产管理公司在资产证券化操作方面是走在前面的，华融公司的信托分层处置、信达公司的离岸处置方式都取得了成功。这些方式是资产管理公司依照资产证券化思路，结合我国现行法律制度而采取的变通方法。例如信托分层处置是以信托机构代替了 SPV，以信托合同代替了证券；离岸处置是通过国外渠道实现国内资产的证券化。当前资产证券化模式虽阻碍了资产管理公司成为主导力量，但与信托分层处置、离岸处置等变通方式相比，还是具有简便、规范的优点。资产管理公司应充分利用现实资产证券化模式，加速处置自身不良资产。

资产管理公司应注意与当前资产证券化模式相衔接。当前资产证券化模式是以银行为主导的，银行可以优先处置自身的资产，而资产管理公司则处于被动地位。资产管理公司的资产来自银行，现在又要通过银行设置的 SPV 进行证券化处理。因此，资产管理公司需要按照当前资产证券化模式的要求，调整自己的操作方式。

资产管理公司应对证券化融资、投资和证券化资产管理等内部业务进行调整。证券化融资就是向 SPV“真实地”出售资产。资产管理公司所拥有的不良资产处置难度越来越大，其信用等级也越来越低。为了顺利实现出售，除了外部信用增级外，更关键的是通过内部信用增级，提高待售资产自身价值。资产管理公司通过证券化所获得的资金，一部分用于偿还银行贷款，另一部分用于再投资。再投资方向对资产管理公司效益有重要影响，也将决定其未来转型的方向。另外，资产管理公司在资产出售后还将继续承担资产的日常管理工作，获取资产管理收益。因此，内部信用增级、再投资方向和资产管理收益将是资产管理公司内部业务调整的三个关键。

资产管理公司应继续关注信贷资产证券化的进程。首先，资产管理公司拥有的不良资产多属于信贷资产，并不同于建设银行方案所指的住房抵押贷款。只有信贷资产证券化的具体方式确定下来，资产管理公司的资产证券化操作才能够开始。其次，信贷资产证券化的模式对资产管理公司有重要影响。如果采用 SPC 方式，将为资产管理公司的操作留更多余地。再次，随着资产证券化的深入，如果 SPV 的设置不限于银行，将为资产管理公司进入主导体系开辟道路。另外，资产证券化也是资产管理公司未来转型应考虑的因素。

总之，我国积极推进资产证券化将为资产管理公司和银行处置不良资产开辟一条有效的途径。尽管当前以银行为主导的信托模式使资产管理公司受到很大限制，但资产管理公司还是应该尽快与当前资产证券化模式接轨，并随着资产证券化的发展谋求更主动的作用。

我国家族企业演进的目标模式*

——现代家族企业制度

付 文 阁

目前对家族企业的演进目标有几种不同的观点。第一种观点认为，家族企业是传统的企业制度，应根据市场经济的要求向现代企业制度演进；第二种观点认为，在现阶段我国家族企业规模小的情况下，实行家族企业制度是可行的，但当企业发展到一定规模时，家族企业就要向现代企业制度转变；第三种观点认为，家族企业有其存在的必然性，不一定向现代企业制度转变（黄泰岩等）[1]。实际上，家族企业应该将家族制和现代企业制度有机结合，建立现代家族企业制度，走一条融合家族企业和现代企业制度两者优势的中间道路，才是我国家族企业演进的目标模式。

一、现代家族企业制度是我国家族企业制度演进的目标模式

现代家族企业制度是与传统家族企业和现代企业制度并存的企业制度形式，它结合了传统家族企业制度形式和现代企业制度形式二者的制度优势（见图1）。

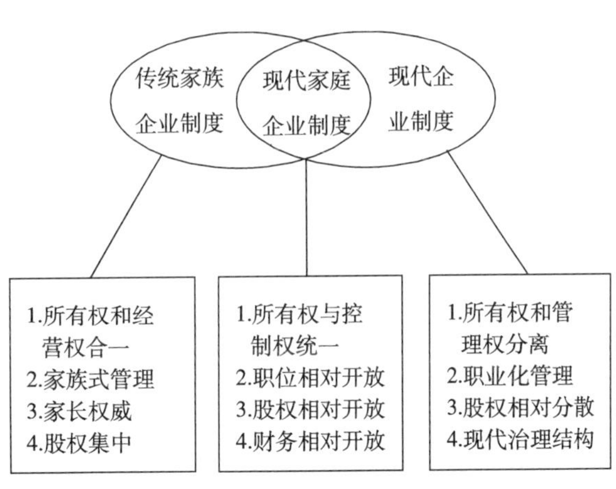

图1 家族企业制度比较

1. 现代家族企业保留了家族制的优势。现代家族企业制度借鉴了传统家族企业对所有权和经营权合一的合理成分，在一定程度上解决了内部人控制问题。

现代家族企业沿袭了家族企业的文化优势。家族文化强调和谐精神，使得管理中内协与外争效应良好统一。家族文化所强调的光宗耀祖的精神，为私营企业的发展提供了不可缺少的凝聚力和动力。家族文化中的节约原则运用到管理上，能有效地降低成本。

2. 现代家族企业结合了现代企业制度的特征，克服了传统家族企业的弊端。现代家族企业制度实现了所有权和经营权在一定程度上的分离，引入了外部管理，并在此基础上进行股权稀

* 原载《经济理论与经济管理》2005年第1期。

释，建立合理的企业治理结构。但同时现代家族企业制度在吸收现代企业制度优势的时候，并不抛弃家族制，而是二者良好的结合。家族所有和家族控制是家族企业最根本的特征，因此家族必须掌握所有权和控制权。

二、现代家族企业制度的基本特征

1. 现代家族企业所有权和控制权合一。所有权与控制权完全统一于“创业家族”的家族制，家族企业的产权配置结构有利于降低企业的委托-代理成本：这是因为，在股权分散的现代公司制企业里，企业剩余的索取者（股东）在一般情况下并不直接对其所有的企业实施控制，受薪的职业经理人虽然不承担经营风险，但却在很大程度上控制着企业剩余的多寡。企业所有权的非对称分布必然导致股东与职业经理人之间双向的委托-代理成本，但家族企业对称配置的产权结构则最大限度地保证了经营者行为取向与企业利益之间的激励相容。

2. 现代家族企业股权相对分散。现代家族企业改变了股权100%家族持有的状况，将股权相对分散，以解决股权集中的制度弊端，但是股权的分散要以保证家族对企业的控制权为界限。

3. 现代家族企业引入了外部管理人员。与传统家族企业不同，现代家族企业的管理不仅限于家族内部成员及其亲属，而是从社会上招揽人才，以弥补家族内部成员和亲属在管理上的局限性。家族在掌握所有权和控制权的情况下，做到经营权和所有权分离。

4. 现代家族企业具有合理的企业治理结构。现代家族企业需要建立相应的监督机制、激励机制和约束机制，一方面，改变了家长制管理，企业决策由个人决策转向组织决策，使决策更具有合理性；另一方面，加强了对企业主和经理人的制衡和监督，杜绝了企业经营管理中的随意性；另外，还有效地激励了经营层，并在制度约束下，打破了家族企业信息完全保密的格局。

三、向现代家族企业制度演进的主要内容

要改变传统家族企业的现状，向现代家族企业制度转变，在转变的过程中，需要做到三个开放，即职位开放、股权开放和财务开放。

1. 职位开放是指在家族企业中，家族成员让渡部分或全部中、高层管理职位给非家族成员。比较家族企业与其他类型企业的区别，可以发现家族企业实际上是由两个重叠的系统构成，即家庭系统和企业系统。家庭系统依靠血缘、亲情和感情来维系，企业系统则需要相应的规范和制度来约束。这两个“系统”各有自身的游戏规则、价值取向及系统构成。正是由于相同的个体必须履行本质上完全不同的双重系统职责，使得两个系统以特殊的方式相互融合相互渗透，所以家族成员参与企业经营既带来了积极的影响也带来了消极的后果。在创业阶段，家族成员在生产经营中起着积极的作用。这种积极作用通常表现为高度的敬业精神和自我牺牲精神。这是因为家族企业以维系家庭生存发展为基本目标，要求家族成员以家族利益为重，在思想上、行动上与家族保持一致，形成极强的“向心力”。这种为了家族的兴旺而表现出来的高度的敬业精神和自我牺牲精神，使处于发展初期的家族企业经常表现为家庭成员既是管理者也是劳动者，企业财务和家庭财务融为一体，利润与工资不相分离等。因为建立在血缘关系之上的个人信任弥补了体制信任的缺陷，简化了企业的监督和激励制度，有效地弥补了家族企业技术水平和管理水平的不足，所以家族企业就成为有效率、有竞争力的经济组织。从这个角度来看，家族成员参与企业经营，实质上是家族企业为寻求低成本发展而结合自身实际资源利用能力的一种本能、必然的选择。

但企业发展到一定规模后，家族成员在生产经营中表现的作用就开始有所变化。随着企业规模的不断壮大，企业在管理、营销、企业文化、市场调研、人力资源培训等方面所需的知识越来越多，除了极有能力的家族成员外，一般成员已无法担当重任，需要非家族的人才来填补和替代重要的位置。由于家族成员的家庭系统属性使他们在企业中占据要职，居功自傲，通常以优越的姿态拒绝扩充知识，探索新知，并对外来的资源和活力产生一种自然的排斥作用。另外，伴随家族企业的不断发展，家族成员的资历也不断提高，个人考虑逐渐增多，个人意愿开始高于家族企业营运目标，个人偏好开始背离家族企业的宗旨。高度的敬业精神和自我牺牲精神已经不再是家族成员的主要特质，家族成员就可能因为利益的分配而产生矛盾。在这种情况下，如果家长没有足够的权威和魄力就很容易出现内部分裂和派系斗争。这些矛盾和冲突处理不好，就可能导致分裂。此时家族成员参与企业经营的消极作用就开始大于积极作用。市场化竞争是以企业整体竞争力为度量指标的，当企业内部由于家族成员参与经营带来不经济或低效率时，必然会感受到市场的压力。因此，从有效整合资源的角度来看，有必要让最适当的人占据最适当的位置。家族企业在选择非家族成员时一般能够形成因事择人的流动机制，让合适的人到合适的位置上（张亚）[2]。

在开放职位的过程中，可以通过内部开放和外部开放两种方式来完成。内部开放主要是指家族企业给予全体员工以公平竞争的机会和成长的空间，所有有能力的人都能够升迁到他最能够发挥作用的位置上。外部开放是指从外部引进职业经理人或其他的管理者，接纳所有贤能人才，吸引社会上更多的人才为企业服务。这两种方式都不同程度地存在于我国的家族企业中，鉴于我国家族企业的发展阶段，以及我国信任制度的缺失，内部开放的模式较外部开放的模式更为常见。

2. 股权开放是指企业产权的开放。判断是否是家族企业并不是以是否是股权100%的持有，美国的《家族企业》杂志，在对家族企业进行统计时，所采取的标准就是只要家族掌握控制权。实际上，家族成员对企业只要能够控股，哪怕是相对控股，该企业的性质都属于家族企业。家族企业股权高度集中的股权结构在家族企业创业初期曾极大地促进了企业的发展。然而，如果企业的资金来源只是局限在家族范围之内，就会限制企业所能筹集到的资金数量，难以达到规模经济要求。因此，股权开放也是传统的家族企业向现代家族企业演进的一个重要内容。

进行股权开放要做到如下两点：①树立企业长远发展的理念。家族企业的持续、稳定发展要求家族企业主做出观念上的转变，主要是要树立企业社会化的观念。企业的社会化，即企业的股权分属于不同的所有者，企业作为一个法人独立于家族。②适应企业发展的需要，进行所有权结构调整。要明确界定产权。家族企业在创业之初就应该在家族成员间界定产权，而没有界定产权的，也需要根据企业的实际情况做出安排。产权界定虽然要付出巨大的成本，但毕竟对企业未来发展有着十分重大的意义。③吸收其他股东入股，实现企业产权结构的多元化。这既是获得企业所需资金的条件，也是企业能够持续、稳定发展的保证。

3. 股权的开放必然要求财务的开放。在股权开放的基础上，财务开放是必然结果。因为股权开放之后，企业发展状况不仅关系到家族利益，而且关系到其他股东的利益。在家族控股的情况下，如果财务不开放，其他股东的利益就得不到保障，就很难做到公平和公正，即使事实上是公正的，其他股东也还会感到不公正。家族企业需公开的财务资料有：①公司的股本总额、股份结构等。股份结构应说明设置的股份种类，各种股份在总股本中所占比重。②各发起人的基本情况，包括财务状况、资信状况和投资能力。各发起人所认购股份占总股本的比重。③公司的总投资及资金的计划投向、规模。各投资项目的效益预测、资金不足部分的筹资措施、方式等。④公司所需借贷资金、净资产占总资产的比例、公司产品与经营范围、发展方向、市场需求的状况、风险对策。⑤经济效益预测。公开的资料应对公司设立后三年的经济效益作出可信的、有客观依据的、稳健的测算。⑥利润分配办法。⑦以无形资产作价所折股份占公司注册资本的比重，等等。将这些财务数据进行公开有利于吸引潜在投资者，树立公司形象。及时、定期或不定期地公布公司的财务状况、财务信息，可以沟通公司与股东、潜在投资者、债权人、政府以及其他局外人士的联系，以保持他们对公司的信心，监督企业健康发展。

参考文献

[1] 黄泰岩，等. 与企业家谈经论道（第二辑）[M]. 北京：经济科学出版社，2004
[2] 张亚. 家族企业需建立家族成员退出机制 [J]. 宏观经济研究，2001 (11)

城乡统筹发展中的土地政策研究*

伍 建 平

我国正处在工业化起飞阶段，工业化带动城市化，城市面貌也在发生巨大的变化。工业园区建设、城市扩张、基础设施建设、生态建设挤占了大量农用土地，与农业生产产生了尖锐的矛盾。地方政府普遍以低价征用农民土地，高价转让给企业，获得巨额土地出让金，而把耕地锐减带来的诸如粮食安全、农民失地失业等问题推向了社会。在我国沿海发达地区，土地供给问题已经成为制约经济发展的主要因素。2004年中央政府对国民经济进行宏观调控，收回了部分土地审批权限，暂停审批农用土地转非农土地，重申基本农田保护政策。这些决定与地方政府发展经济的强烈愿望相抵触。我们需要什么样的土地政策？如何在满足城市化所需土地供应的同时，又能够保护农民的利益、保障国家的粮食安全？这个问题在现代中国尤其重要。笔者以为，要解决这些矛盾与冲突，必须以统筹发展的思路，协调各方面的利益与冲突，走出一条可持续的、土地集约利用的道路。

一、城乡统筹发展中土地政策必须协调的三大矛盾

（一）耕地锐减与国家粮食安全之间的矛盾

我国是一个人均耕地资源极其贫乏的国家。然而，即使是在这样一种情况下，我们还是没有珍视我们的耕地资源。近年来，在工业化、城市化的浪潮中，由于我们政策上的失误，退耕还林、城市基础设施建设、工业用地过度地占用了农民的土地，耕地面积锐减，粮食供应不足，已经威胁到了我国的粮食安全。

根据国土资源部《2003年中国国土资源公告》，2003年底我国耕地面积为18.51亿亩，而在1996年底我国第一次土地详查中我国耕地面积为19.51亿亩，7年间共减少了1亿亩，占全国土地面积的5%。

表1 1996—2003年我国耕地增减情况

单位：亿亩

年 份	1996	1997	1998	1999	2000	2001	2002	2003
耕地面积	19.51	19.49	19.45	19.38	19.25	19.14	18.89	18.51
比上年净减少	—	0.02	0.04	0.07	0.126	0.09	0.25	0.38

注：根据《2000—2003年中国国土资源公告》整理。

其中，1997—1999年，平均每年耕地面积净减少417万亩，2000—2003年平均每年净减少

* 原载《城乡统筹的理论与实践》，民主与建设出版社，2005年1月。

2 180万亩，2003年耕地净减少更是高达3 806万亩，耕地减少呈加速的趋势，且势头难以遏制。

我国耕地锐减的原因，一是近年来实行退耕还林的政策。据国土资源部统计，从1998年到2003年6年间，生态退耕占用耕地8 363亩，占同期耕地减少总量的64%。生态退耕的主要是坡耕地、沙化土地，但是这项政策没有考虑到我国的粮食生产和粮食安全，生态退耕面积过大，实施成本很高，效果欠佳，有值得检讨的地方；二是农业进行结构调整，用耕地建果园、挖鱼塘，搞多种经营，占用了2 365万亩耕地，占同期耕地减少总量的18%；三是建设项目占用了大量的耕地。近年来，我国经济高速增长，基础设施、房地产开发、工业园区、旅游度假村、大学城建设如火如荼，1998—2003年我国新增建设用地3 250万亩，其中占用了耕地1 701万亩，这些耕地主要是城郊附近的基本农田、菜地，对农业生产影响很大。

我国85%的食物是由耕地提供的，95%的肉、蛋、奶是由耕地提供的产品转化而来。耕地面积的减少是粮食减产的主要原因。1996年我国粮食产量达到创记录的10 500亿斤，之后连年减产，2003年仅为8 700亿斤，与我国粮食总需求相比短缺了1 300亿斤。由于粮食供给方面的结构性缺陷，诱发了粮食价格上涨，2004年我国主要粮食产品价格上涨30%，成为我国通货膨胀的主要因素。以我国粮食总需求10 000亿斤计算，粮食价格平均上涨0.3元，居民粮食消费支出就会增长3 000亿元。耕地锐减对国家的粮食安全构成了挑战。

（二）农民失地失业与社会稳定之间的矛盾

我国农民缺乏社会保障。土地事实上承担着农民社会保障的功能。尽管土地产出微薄，但是如果农民失地失业，失去生活来源，就会造成社会不稳定，土地纠纷引发的上访、诉讼事件络绎不绝。

1998—2003年我国建设用地占用了1 701万亩耕地，以我国人均1.43亩耕地计算，6年间至少造成1 600万农民人均占有耕地减少到0.3亩以下或者完全失去土地。这里还不包括违法占用耕地。据卫星遥感资料，违法用地数量占用地总量的20%～30%。据估计，我国人均占有耕地0.3亩以下或者完全失去土地的人口可能高达4 000万～5 000万人，占全国农村人口的5%～6%，是个很大的数量。由于征地范围过宽，补偿严重不足，被征地农民生活水平下降、就业没有着落的问题相当突出。根据国家统计局对全国2 942个失地农户的调查，由于征地补偿不足，46%生活水平下降；这些失地农户共有7 187个劳动力，安置就业的仅占2.7%，被迫赋闲在家的占20%。在国外，建设项目征地款占工程造价比重为50%～60%，我国平均为15%，不少建设项目征地款占工程造价比重只有3%～5%。许多腐败和犯罪案件与土地问题有关。农民上访60%以上和土地有关。大量失地无业农民已经成为影响社会稳定的重要因素。

中国农村人口众多，地区发展不平衡，改变城乡二元经济结构是个长期过程。为了积极而又稳妥地实现这种转变，避免或者减轻大规模社会变迁可能发生的混乱和震荡，必须解决好农民土地问题，防止大量失地农民沦为无业游民。在现行的土地制度下，农民很难从土地产权转让和用途变更中得到合理补偿。许多失地农民没有新的就业机会，滞留在农村又没有生活保障，这就需要国家为失地失业农民建立最低生活保障制度。

（三）农村基础设施建设与城市发展之间的矛盾

我国城乡基础设施建设差距很大，有外国友人评价中国城市像第一世界，农村像第三世界。我国财政十分紧张，基本上是吃饭财政，城市建设缺乏资金。一些地方提出了“吃饭靠税收，发展靠土地”的口号。出售土地成为地方政府筹集城市发展资金、弥补政府支出不足的主要方式。

在温州调查时了解到，一些乡镇70%～80%的财政收入来自于土地出让金。地方政府以每亩10万元不到的价格征用农民土地，通过挂牌招标拍卖的方式转让给企业，最高能达到每亩700多万元。2003年温州市龙岗镇土地出让金收入高达6亿元。2004年以来，国家控制土地征用指标，已经严重地影响了这些地方的财政收入。

可以说，我国城市基础设施建设取得骄人成就，是建立在土地的廉价供应的基础之上的。据有关部门粗略估计，改革开放以来国家通过土地征用从农村转移出的土地资产收益超过2万亿元，比几十年来国家通过工农产品剪刀差剥夺的农民收益还要大。与城市基础设施建设的巨大成就相比，农村基础设施显得破旧不堪。农民兴修水利、道路等公共工程，需要自筹资金，由于投入不足，农田水利常年失修，道路泥泞不堪，形成强烈地反差，不利于城乡协调发展。2004年，国家规定土地出让金拿出15%用于农业发展，相当于等于将部分土地增值收益返还给农民，每年至少可以为农村基础设施建设筹集几百亿元的资金，有利于城乡统筹发展。

综上所述，土地政策是涉及到农业、农民和农村的大事情。征用农民土地必须谨慎，必须有法可依，给农民充分的补偿。我国人口众多，城市化是一个长期的过程，不能以行政手段拔苗助长，强行推动城市化进程。以笔者在成都双流县调查为例，双流县提出“三个集中”的口号：工业向园区集中，农民向小区集中，土地向业主集中。“三个集中”的用意是好的，符合城乡统筹发展的长远规划，但是由于征用农民土地没有给农民充分的补偿，农民意见很大。调查中也发现，由于政府规划，工业向园区集中，实现产业集聚，容易做到，但是土地向业主集中很困难，主要是由于我国农民人均耕地面积很少，农民不愿放弃土地这个唯一的社会保障，恋土情结十分严重。再者，农民搬进住宅小区后，生活成本很高，生活不习惯，在缺乏就业机会的情况下，意见很大。

二、我国农用土地征用制度存在的问题

土地政策的核心是农用土地征用制度。根据中华人民共和国宪法，我国实行土地公有制，城市土地归国家所有，农用土地归农民集体经济组织所有，建设用地和农用土地市场相互隔离。农用土地转化为城市建设用地必须由国家征收。农用土地征用制度关系到农民的切身利益。

在建国后相当长的一段时间内，国家征收农用土地并没有给农村集体经济组织和农民任何经济补偿，只是对农民进行安置。在1986年颁布的《土地管理法》中明确提出征地予以补偿的原则，但是补偿标准很低，且不统一。我国土地征用制度，从总体上仍沿袭了许多计划经济时期的做法，存在许多制度性的缺陷：

1. 实行土地审批制度，征地程序繁琐，内容繁杂，成本高。我国1998年实施新的《土地管理法》，增加了土地预审制度、会审制度、公告制度、验收制度、耕地占补平衡制度。土地征用程序十分繁杂，各种程序上下交叉，且需要从乡镇、县、市（自治州）、省、国家各级土地部门逐级申报，致使申报内容异常复杂，各种土地检查收费名目繁多，耗时长，征用成本很高。

2. 产权不清，主体虚位。我国宪法规定农用土地归农民集体经济组织所有。但是在农村许多地方，农民集体经济组织已经不复存在。经常发生这样的情况，村干部把农民承包地卖了，而农民并不知情。由于土地产权不清，使耕地保护不力。

3. 征地范围不清，征地权使用随意性大。政府为了公共利益可以征用农民土地，然而什么是公共利益？是否部分人的利益甚至特殊人群的利益也可以代表公共利益？我国法律没有明确说明，政府官员的自由裁量权很大，从乡镇、县、市（自治州）、省各级政府官员都可以用公共利

益的名义征用农民的土地，造成土地侵占事件的频频发生。

4. 征地补偿标准不确定，利益分配不合理。《土地管理法》规定征地补偿费是根据土地的原用途进行评估，而不是根据相邻土地的市场交易价格来确定。政府通过低价征用农民土地，高价卖给开发商，获取巨额土地出让金；对于交通、水利等基础设施建设用地则采用行政划拨的方式，政府以无偿或者低价方式拨付给国有大中型企业，既违反了市场规律，也损害了农民利益。

5. 征地农民安置不妥当。现在土地征用一般采用货币安置方式，征地补偿费在经过层层克扣后到达农民手中时，已所剩不多。农民在经过 2～3 年花销后，又面临生活困难。纯粹以货币安置的方式解决征用农民土地的补偿问题，看来是欠妥当的。要解决农民长期生活困难，必须为失地失业农民建立最低生活保障制度。

三、统筹城乡发展，农用土地征用制度改革的基本思路

保护我国有限的耕地资源，统筹城乡发展，是一项长期的任务，要采取行政手段、经济手段和法律手段三管齐下。相对于行政手段和法律手段，经济手段是最有效的。本文拟提出农用土地征用制度改革的基本思路。

1. 政策目标。农用土地征用制度改革的有三：保证土地的正常合理流转、保障农民的合法利益、促进全社会走土地集约利用的道路。

保证土地的正常合理流转是农用土地征用制度改革的基本目标。如果土地不能正常合理流动，那么城市化进程就会受阻，就不能转移农民、富裕农民。

在土地征用过程中，要保障农民的合法权益，主要是提高农民的社会保障水平，弥补征地产生的外部性问题。

农用土地征用制度改革的基本思路是：通过为被征地农民建立社会保障制度，适当加大土地征收成本，提高土地利用的门槛，促进全社会走土地集约利用的道路。

2. 政府垄断土地一级市场，提高征地补偿标准。由于我国农用土地所有权归农村集体经济组织所有，不利于保护农民土地。因此有人主张实行土地私有制，或者实行“永佃制”，土地市场完全实行市场交易。对于这种极端的做法，笔者不能苟同。

（1）由于征用农民土地产生很大的外部性，不能完全运用市场机制解决。政府作为公众利益的代表，协调被征地农民、企业、房地产商、公众等各方面利益。政府垄断土地一级市场，是一项符合中国国情的做法。

（2）土地所有权是一把双刃剑。土地实行完全私人制以后，征用农用土地难度加大，将严重影响我国城市化进程，也不利于国家利用土地政策对国民经济进行宏观调控；

（3）土地实行私有制以后，并不能制止圈地运动。相反，农民由于生活所迫，出售土地以解燃眉之急，将形成一大批无业游民，形成“贫民窟”，将会带来更大的社会问题。

由于土地征用产生巨大的外部性，实行土地私有制，完全运用市场化的办法进行土地交易，并不能解决诸如粮食安全、失地失业农民社会保障以及城镇化发展对土地需求等问题。比较可行的方案是：在现有宪法的框架内，政府垄断土地一级市场，但是这并不意味着忽视市场因素的影响，要依据土地征用后用途、稀缺程度和失地失业农民最低生活保障成本等因素，确定土地征用价格。政府以完全市场化的方式，通过挂牌招标拍卖的方式将土地转让给企业，获得土地出让金，从土地出让收入中拨出一定比例用于支持农业发展、建立失地失业农民社会保障制度，实现城乡协调发展。

3. 实行同地同价政策。对全国的土地价格进行分类指导，实行同地同价的政策，不再区分土地征用和征收。这样有利于保护农民利益，有利于全国统一土地市场的形成，在实践中也易于操作。

4. 建立土地调节基金。土地有较大级差收入。适合搞房地产开发的土地占土地总量的15%左右，这些土地出售能够获得巨额收入。土地出让金按一定比例拨入土地调节基金，可以弥补各地征地收入差距，部分基金转入社保基金，充实失地失业农民最低生活保障基金，部分可用于失地农民就业培训和其他福利。

5. 保证农民的参与权、知情权和监督权。由于土地征用，牵扯到每位农民的切身利益，土地征用工作遇到很大阻力。在征地过程中，既要保证农民的参与权、知情权和监督权，又要决策的相对集中。由于土地归集体所有，村委会是谈判主体，在土地征用过程中，村委会征询每位村民的意见，农民讨价还价也有利于保护农民土地，防止耕地滥用。土地征用需要村民代表大会2/3表决通过即可。

6. 界定公共利益的范围。对于什么是“公共利益”，我国法律并未详细规定。一些我们习以为常认为是公共工程，其公共利益性质遭遇到挑战。例如，传统上，公路建设被认为是公共工程，但是事实上在许多地方高速公路建设和运营是以股份制的形式运作的，高速公路公司领导享受高工资，但是却借用“公共利益”的名义，以极低的价格征收农民的土地，是不合理的。建议国家从法律上界定公共利益的范围，即在什么情形下国家可以用“公共利益”的名义强行征收农民的土地，什么情况下不能。无论征收和征用都必须在考虑到农民的社会保障的基础上，以合理的价格收购。同地同价，以利于实践操作。征收和征用两者不同之处是征收是强制性行政行为，征用则需要充分协商。

7. 为失地失业农民建立最低生活保障制度。在我国一些城市，已着手为失地失业农民建立最低生活保障制度，但是农民需要缴纳一定的费用才能加入，而不是由政府买单。由于许多农民在用土地补偿款购置新居后，没有能力参加低保，造成“入保无门”的局面。

农民被征用土地，本质上已成为市民，为失地失业农民建立最低生活保障制度，纳入到城市最低生活保障范围，有利于建立城乡统一的最低生活保障制度。

将失地失业农民纳入城市最低生活保障范围，面临的最大的问题是谁来为这项政策买单？答案很简单：来自于土地出让收入。政府征用农民土地，以土地协商或者拍卖的方式转让给企业，获得了巨额的土地出让金，建议国家将土地出让金按一定比例转入社保基金，为失地失业农民提供最低生活保障；劳动社会保障部门负责登记失地失业农民人口数量，部门之间相互监督。尽管这项政策提高了征地成本，拉动城市房地产价格，但是有利于以经济手段防止地方政府滥征农民土地，有利于缓解社会矛盾，有利于城乡协调发展。

建立失地失业农民最低生活保障制度是一个长期而艰难的工作。由于过去的欠账太多，缺口太大，应本着先易后难的方针，凡新征用土地，失地失业农民一律纳入城市最低生活保障范围，过去的旧账逐步加以解决。

小城镇面向老年群体社会福利服务体系的构建研究*

高媛 马威

一、问题的提出

社会福利服务体系是社会保障体系的重要组成部分之一，不仅标志着一个国家经济发展的程度，也是体现社会人性化和人文关怀的最有效途径之一。相关研究显示，我国已提前进入老龄化社会，老年群体规模大，老龄化速度快，势必将给我国的经济和社会发展，特别是对老年群体社会福利事业的发展带来深远影响。在老龄化进程中，如何发展我国的老年群体社会福利事业，其有效办法之一就是建立一套完善的面向老年群体的社会福利服务体系。鉴于围绕有关问题，对小城镇的老年群体社会福利服务事业方面研究较少，我们以小城镇为研究对象，对这一问题加以研究。

二、相关概念的界定

（一）小城镇

小城镇，是指区别于大中城市和农村村庄的，具有一定规模的、主要由从事非农业产业活动的人口所聚居的社区。是一定区域政治、经济和文化中心。包括国家已经批准的建制镇（2004年2月建设部会同国家发展和改革委员会、民政部、国土资源部、农业部、科技部共同确定北京市昌平区小汤山镇等1887个镇为全国重点镇。建设部等6部委共同下发通知，指出，全国重点镇是当地县域经济的中心，承担着加快城镇化进程和带动周围农村地区发展的任务。力争经过5～10年的努力，将全国重点镇建设成为规模适度、布局合理、功能健全、环境整洁、具有较强辐射能力的农村区域性经济文化中心，其中少数具备条件的要发展成为带动能力更强的小城市，使全国城镇化水平有一个明显的提高）和尚未设镇建制的相对发达的农村集镇。

我国小城镇的特点是：乡镇企业比较集中，商业、服务行业有一定的规模；非农业人口相对集中，文化、科技、教育、卫生、通讯事业有一定基础；一般是附近农村贸易的集散地，区位条件比较好，在水陆交通沿线；处于城乡结合部，是乡头城尾，在管理上既具有城市的特性，又有农村的特点。在小城镇特殊的背景下，面向老年人的福利服务体系的构建就有别于其他，有其自身的特色。

---

* 原载《乡镇经济》2005年第3期。本文为国家科技攻关计划重大项目（项目批准号：2003BA808A14）的阶段性成果。

（二）对老年群体的界定

老年群体是社会公认的弱势群体（social vulnerable group），他们由于年龄、身体条件等自身不可抗之因素，导致其缺乏经济、政治和社会机会而在社会上处于不利地位。在社会结构中，老年人参与社会生产和分配的能力较弱、经济收入较少。

以年龄作为划分依据，就目前我国对老年人口的统计数据来看，60岁以上的老年人口约占总人口的11%；其中65岁以上的老年人口超过了9 400万，占总人口数的7%以上。按照国际通行的标准，我国已经步入老年型社会。预计2025年，我国老年人口将达到2.8亿，占总人口的18.46%，2050年达到4亿多，占总人口的1/4，从而成为高度老龄化的国家，小城镇作为全国的一个缩影，老龄化问题同样迫在眉睫。

（三）社会福利服务

社会福利是国家、集体和社会为保障全体公民的基本生活，提高人们的物质文化生活水平而提供的福利性物质帮助、福利性设施和社会服务。作为社会福利，其目标不仅仅是要保障人们的基本生活，更重要的在于不断满足人们日益增长的物质文化需求，提高人们的生活质量。在整个社会保障网络体系中，社会福利服务处于较高的层次。

随着经济的发展，老年群体，对于社会福利服务的要求也越来越高。据调查研究得知，老年群体在生活照顾、医疗服务、文化娱乐和健康设施等福利项目上都有需求，其中，对生活照顾和医疗服务的需求所占比重较大。此外，在部分较发达地区的小城镇，老年群体还需要服务人员为其提供一定的心理援助，这包括：克服晚年的孤独感、与现今社会出现隔阂、与晚辈发生代沟等心理问题。这些福利服务从基本层面到较高层面均有分布，但由于我国发展的不平衡性，处于不同地域的小城镇间经济实力差距较大，导致人们在生活水平、养老观念间亦存在差异，所以，各地小城镇不可能提供类型相同的福利服务。

三、城镇针对老年群体福利服务体系的构建研究

（一）老年群体社会福利体系的基本模式

由于我国小城镇在经济发展上极为不平衡，所以在今后一段时期内，小城镇的养老模式是以家庭养老为基础？是以老年社区福利服务为基础？还是以国家兴办的社会福利机构为基础？根据不同地区要区别对待，统一的总模式目前不能给定。

1. 欠发达地区小城镇老年群体社会福利服务体系的基本模式。对于欠发达地区小城镇的孤寡老人（五保户），由于没有家庭养老的经济和人力基础，较适宜采取国家兴办的社会福利机构集中供养的形式。集中供养降低成本，也易于管理。

在欠发达地区小城镇，老年人多半沿袭由子女或亲属照顾的居家养老模式，若子女或亲属健在而将老人送入福利机构养老，则被视为不孝的举动，在当地是不为大众所接受的，这也导致了当地几乎没有私人开办的养老性福利机构。所以，养老观念的不同加之经济条件的限制，该地区针对老年人的福利对象就锁定为孤寡老人。

孤寡老人多半为具有农业户口的农村老人，他们早已形成了自己的生活习惯，吃饱穿暖对他们来说足以，而集中供养恰好能满足老人们的需要。

有的地区采取了让孤寡老人在家养老，并专门为老人请了保姆照顾日常起居，其效果并不理

想。不但要额外支付保姆费用，提高了成本，而且，由于保姆一手包办老人当月所需的所有生活费用，老人的生活费被克扣的现象时有发生，根本没有起到让老人安度晚年的效果。所请的保姆多半为年轻女孩儿，没有照顾老人的经验，素质较低，常使老人独自在家，倍显孤独。

相比较而言，对于欠发达地区的小城镇，将孤寡老人集中在一到两处国家兴办的社会福利服务机构中安度晚年是适合当地发展需要的，同时也是地方政府能够负担得起的一种形式。

2. 发达地区小城镇老年群体社会福利服务体系的基本模式。对于经济发达地区，如东南沿海一带的小城镇，老年群体的福利服务应立足于社区，利用社区内现有资源进行统筹规划、合理配置，引导各方面实行资源共享，发挥社区整体资源优势，动员社区成员共同参与社区老年福利事业。

建立如老年公寓、敬老院、老年活动中心、医疗康复中心、志愿者服务站等福利机构。可以让老年人在老年公寓、敬老院中进行集中供养，提供高水平商业化的服务；亦可为社区内在家养老的老人提供如日间护理、医疗保健、体育健身、娱乐休闲等服务，满足不同需求的老人。

3. 次发达地区小城镇老年群体社会福利服务体系的基本模式。对于次发达地区的小城镇，在经济实力上与前两类地区相比，比上不足比下有余，完全照搬上述两类地区的模式显然是行不通的。所以，在此类地区，既要有国家兴办的社会福利服务机构，为孤寡老人提供纯福利性服务，为生活较困难的老人提供廉价的自费代养服务；又要有进行商业化运作的福利院或养老院等机构，为思想意识、养老观念超前的家庭和老人提供高水平、高质量的福利服务。

（二）老年群体福利服务体系的层次结构设计

由于各地区小城镇发展不平衡，老年群体的需求也有所差异，社会化老年福利体系应由不同层次、不同类型的服务网络组成。

1. 福利服务层次划分的必要性。根据老年群体的收入情况、养老观念的不同，对有养老需要的老人提供分层次的养老服务。

研究表明，经济发展较快的东南沿海地区的小城镇，老年群体收入较高，一般都有养老金、退休金或其他形式的收入，对生活质量要求也较高，能够承担上千元/月的收费标准。部分地区还对本镇的老人提供额外的福利补贴：如专门发放水果费让老人们买水果补养身体。对于这类高收入老人，应按市场价格收费，为其提供高水平、高质量的商业化服务。

而经济发展相对落后的中、西部地区，老年群体收入处于中、低档次，应向其提供低偿或无偿的、非营利的公益性服务，对于"三无"对象则提供纯福利性的服务。

2. 老年群体福利服务的层次结构设计。针对我国各地区小城镇发展现状，为老年群体提供的福利服务将其划分为三个层次、三种类型。

"康乐型"养老。对于经济较为发达的小城镇，我们将该层次结构称为"康乐型"养老。

老年群体不仅需要养老院、老年公寓等传统型养老机构，还需要提供健身、娱乐、休闲等多方位的服务，其中精神上的愉悦显得尤为重要，老人们看重老有所养的同时，更注重老有所乐、老有所康。

"混合型"养老。经济次发达地区的小城镇，我们将该地区的层次结构归纳为"混合型"养老。

该地区既要存在一定的商业化运作，依据当地消费水平和养老观念提供相应的福利服务，又要照顾到中、低收入老人的承受能力，提供低偿或无偿的服务。随着该地区经济的不断发展，高水平、高质量的商业化服务将是未来发展的目标。

"基本型"养老。经济欠发达地区的小城镇，其层次结构则被称为"基本型"养老。

所谓"基本型"，就是为老年群体提供最基本的生活照顾，能确保他们吃饱穿暖，有安居之所。其他的福利项目当地政府可依承受能力适当开展。"基本型"养老也应不断向"混合型"、"康乐型"养老发展。

综上所述，针对不同地区、不同需求的老年群体，提供的福利服务要有所区别。若都提供同样档次的服务，对于发达地区的老人，会觉得不满足，生活毫无新意，而对于欠发达地区的老人，会造成一定程度的浪费，因为他们可能不会使用或不能充分利用这些服务设施。况且，提供各种服务还要考虑到当地自身的经济实力，要量力而行，不能盲目攀比。所以，"康乐型"、"混合型"和"基本型"养老要依据不同地区区别对待。

参考文献

[1] Neil Gilbert，Paul Terrell 著．黄晨熹，周烨，刘红/译 Dimensions of Social Welfare Policy. 华东理工大学出版社，2003 (8)

[2] 贾晓九．关于中国老年社会福利事业的现状与发展思路．中国社会福利与社会进步报告，2002

[3] 庄会宁．投向弱势群体的关切目光 [J]．社会保障制度，2004 (2)

[4] 杨团．推进社区公共服务的经验研究——导入新制度因素的两种方式 [J]．管理世界，2001 (4)

实行制度创新，促进农民进入市场*

牛　霞　张惠良

目前京郊农民进入市场，主要以自营销售农副产品为主，存在着组织化程度低、运销效益低等困难，农民和市场联结不紧。解决这一问题应从京郊农村实际出发，借鉴国内外组织农民进入市场的成功经验，构建一种新的农产品流通体系，促进农民有效进入市场。

一、京郊农民进入市场的现状分析

随着农副产品流通体制由传统计划生产和统购包销转变为主要由市场调节，多主体运销，多渠道流通，主要农副产品的国营商业购销比重迅速下降，农民自销比重增大，农民成为农产品运销的主体。据市有关部门调查统计，农民自销的蔬菜占总销量的84.9%，粮食占55%，干鲜果品约占96.4%，鲜蛋约占37.3%，生猪约占43.8%，牛奶约占14.24%。农产品主要通过三种运销组织形式进入市场。第一种类型是农户以家庭为单位运销，包括将农副产品在田间、养殖场直接销售给消费者和运输到城乡批发、零售市场销售给消费者，是农产品运销的主要组织形式；第二种类型是农户通过运销组织销售农产品。流通运销组织包括：批发商、个体摊贩、长途运销商（含批发和零售）、产销合作组织和国合商业企业；第三种类型是农户将产品销售给农产品加工企业，如屠宰场、肉联厂、饲料厂、奶制品厂等，由这些农产品加工企业加工后，再通过城乡批发或零售市场销售给消费者。

从总体上看，这种以农户自营销售为主渠道的流通模式调动了农民商品生产的积极性，刺激了农产品生产，活跃了城乡农产品市场。但是，由于受市场经济体制尚不健全完善、社会化组织体系未能发育起来以及京郊农民本身存在的思想观念问题等因素的影响，这种流通组织模式在促进农民进入市场方面还存在着一些问题。其具体表现为：

1. 由于经营规模较小，专业化和集约化程度较低，造成交易成本相对较高，农民在市场交易中处于被动地位。例如：以蔬菜生产为例，京郊农民承包规模平均为6.5亩，平均年产商品菜为3万千克左右，每天上市量约为80千克。小规模经营单位产品的生产成本高，劳动生产效率低，在进入市场时，支付交易费用和其他流通费用相对较多，农户生产的比较利益偏低。为减少流通费用，降低交易成本，增加收入，农户不得不选择集市贸易和田间销售方式，也就把市场交易的主动权交给了从事批发和零售的运销商贩，不但在产品销路上受市场波动的支配，而且在买卖双方议价上也处于较弱的地位。

2. 农产品运销的组织化程度低，运销效率较低。目前京郊农民运输组织很少，且大多以自

* 原载中国农业大学《社会科学学报》1998年第3期。

购车辆为基础，2～3人合伙运销，而不专营农副产品，专业化程度低，组织形式极不稳定，严重地制约了农副产品有效流通和进入市场，使得农民自己营销，以千家万户面对竞争性大市场。

3. 农副产品批发市场发育程度低，功能不健全。由于农户运销农副产品的组织化程度低，也限制了批发市场的充分发育。据对大钟寺批发市场60户运销商的抽样调查，一家一户的运销商占40%，小规模自愿联合的运销商占47%，运输大户仅占13%；蔬菜的买方中，使用平板三轮运销的个体零售商贩则占80%以上。由于交易主体规模过小，进场交易人数多，批发市场的交易方式比较原始，市场的其他功能，如价格形成和调节功能，信息传递功能，产品加工增值功能，资金融通功能等均很难实现。

4. 不利于宏观管理，政府宏观管理部门面对千万个分散的农户，几乎难以实施有效的宏观指导。宏观调控的主要手段，如资金信贷、价格、税收、市场交易法规等等既不完善，也难以发挥有效的调控作用。同时，分散的农户也无法从政府部门获得统一的经营指导，而只能听凭市场价格信号调节生产和营销，盲目性比较大。

5. 农产品加工企业少，农产品附加值低。在流通中间组织中，缺少农产品加工企业，造成一方面供应市场的农副产品多以初级产品形式上市，增加了社会运输负担和大量的废弃物，另一方面，也难以提高农副产品的价值。

二、国内外组织农民进入市场的成功经验

从根本上来说，农民只有成为真正意义上的完全的商品生产者，才能自觉地开辟市场和占领市场，但这需要一个相当长的过程。对于目前分散的小农，则需要充分发挥政府和社会经济组织的作用，提高社会组织化程度，帮助他们进入国内外大市场。从我们调查和收集的资料分析，国内外一些成功经验可以借鉴，总结起来有如下几方面：

1. 建设大规模农副产品批发市场，完善市场服务和管理体系，通过批发市场引导农民直接参与大规模的商品交易。如荷兰阿斯梅尔鲜花拍卖市场是世界上面积最大、交易量最高的鲜花拍卖市场，山东省寿光市组建了全国最大蔬菜交易批发市场，都是通过建立比较完整的市场服务设施，将生产、供应、销售各环节有机结合起来，将农户、批发商和零售商结合起来。

2. 走贸工农一体化的道路，通过“企业＋农户”、“实体＋农户”的模式，将农户生产与产品加工、销售各环节紧密联系在一起。国内把这条道路概括为：以市场为导向，以龙头企业为核心，以大宗农产品基地为依托，以农户经营为基础，实施贸工农一体化。如泰国正大集团以其资金实力雄厚、技术先进、管理经验丰富的优势为基础，以契约形式把分散的农户生产与农产品加工企业联结在一起，成为世界著名的经营饲料和畜禽产品大企业。山东省诸城市以外贸公司为龙头，联结2 200个农民肉鸡饲养场，年加工出口肉鸡2 200吨，收入达到5 000万美元。

3. 组织农民合作运销，通过合作运销，提高农户自组织程度，降低交易成本，疏通流通渠道。顺义县赵全营乡成立“万亩韭菜产销服务协会”，日运输量达到2万～3万斤。美国销售合作社在农产品收购中的比重平均约为28%左右，法国有83%以上的农民参加各类专业合作社，日本通过委托农协销售的蔬菜占蔬菜流通总量的59.9%，台湾以农会为中心成立共同的运销组织，改变了个体农户在市场交易中的不利地位。

4. 发展农产品贸易中介组织和较大规模的私营运销商，通过这些中介组织和运销商把分散的农产品集中起来，组织运销到各类市场或出口。美国私营商业公司在美国农产品收购中的比重平均约为70%左右。日本有专门的收货公司为各地农协代理销售农产品。

三、农产品流通的制度创新

有效地引导、组织千百万分散的农户进入国内外大市场，解决产销关系这一深层次矛盾，必须建立一种新的立足于农业规模经营和大市场流通，按照社会化大生产的内在规律和价值规律把分散的农户组织起来，真正市场化的农产品流通体系。

新的农产品市场流通体系以满足市场需求为目标，以农户生产为基础，以规模经营的企业和经济实体为核心，以少环节、高效益为原则。其基本模式是通过以各种龙头企业和运销服务组织为纽带，把农业生产者与国际国内市场和消费者连接起来。在这个流通体系中，农户是基础，应该逐步提高农民家庭经营的专业化、集约化水平，并有适度的经营规模，成为商品农产品的生产者；各类加工运销企业处在核心位置，与农户的关系既是商品生产者之间商品交换关系，又是大生产中的分工协作关系，企业与农户要建立起产前、产中、产后的紧密联系。

新的农产品流通体系不可能孤立地产生和存在。因为这种流通体系的特点在于提高了农产品运销的组织化程度，提高了运销交易的效率，降低了交易成本，但必须辅之以健全的流通机制。所谓健全的符合市场经济规律的农产品流通机制是由自由贸易机制、农业保护机制和良好的宏观调控机制所构成的。自由贸易机制是破除人为限制市场公平竞争的壁垒，如地方保护主义、市场分割等等，要求全方位开放市场，放开价格，由各类经济主体自由竞争，由市场供求决定价格。农业保护机制是通过发展农业保险和建立农业风险基金，降低农户经营农产品的自然风险和市场风险。宏观调控机制是政府部门利用经济和法律的手段对农产品流通过程进行监督和调控，规范市场交易行为，指导农户和企业的生产经营活动，保证社会需要的基本农产品供求平衡。政府的宏观调控政策通过各类经济实体实施，利用经济实体的经济活动和为农民提供服务，引导农民的生产经营活动。

四、建立新体系促进京郊农民进入市场的政策措施

从北京郊区实际情况看，建立新的农产品流通体系，促进京郊农民有效地进入市场的重点是在深化农村经济体制改革的过程中，大力促进各类经济实体的发育，积极发展规模性的商品生产基地，促进各类经济实体与农户的联合，形成主要农副产品的产供销、科工贸一体化经营。

1. 积极发展农民合作运销组织，改善农户营销条件，提高农产品运销的自组织化程度。市政府应积极扶持一批农民合作运销组织，对于已具有合作运销功能的一些乡、村产销服务组织进行企业化改造，并应给予一定的资金信贷、物资装备和财政支持，引导这些产销服务组织形成农户产销联合体，完全实现企业化管理，按照市场供求去经营。

2. 扶植和发展一批按照现代企业制度规范的大中型加工和运销企业，使这些企业成为一头连着市场、一头连着农户的龙头企业。市政府应大力支持农产品生产和加工“一条龙”的生产经营体系发展，积极培育龙头企业。对于这些龙头企业由政府给予较优惠的税收政策，并提供政策性低息信贷。鼓励科研教育单位与这些龙头企业的合作，提供技术和培训人才的软件支持。

3. 加强市场流通体系的建设，规范市场交易行为。目前应采取的具体措施是：

（1）搞好市场建设规划，建立起配套的中央批发市场、消费地批发市场和产地批发交易市场，并防止出现有场无市。同时因地制宜地搞好市场建设，尽量减少进入市场的农户的费用负担，从而降低交易成本。

（2）规范市场管理，实现市场经营与管理职能的分离。市场经营者主要为市场交易活动提供各种必须的服务，如包装、储存、初加工、运输、计量、质检等方面的服务，减少运销联合组织在经营中的困难，而不再行使市场管理职能。成立市场综合管理协调机构，变多头管理为单头管理，统一管理制度，统一收费标准，维护市场公平交易。

（3）逐步实施市场准入制度，进入市场的交易者必须具备一定条件并遵循市场交易规则，同时对农产品加工运销企业和私营运销大户给予一定的优惠条件，鼓励规模化的主体进入市场。

（4）积极发展市场中介组织，允许成立各种类型的交易经纪人公司。

（5）逐步改革农产品批发市场上的初级交易方式，可开展农产品拍卖和期货交易，强化批发市场的功能，通过配送和连锁店方式将批发与零售联为一体。

4. 加大农产品流通体制的改革力度。经营农副产品的国合商业部门具有完善的机构和丰富的营销经验，可通过改造成现代公司制的企业或企业集团，重新成为农产品运销主体。

5. 积极建设区域性规模经营的农产品生产基地。市政府应加强对区域规模经营的指导，对于已具备区域规模经营雏形的农产品生产基地给予政策上的倾斜，发展一批专业乡和专业村。

6. 完善农产品流通的宏观经济政策，按照建立新的流通模式的目标要求调整有关经济政策。这方面的重点工作是：

（1）调整农业投资政策。由直接对农业生产单位的投资调整为对各类经济实体，特别是对龙头企业的投资。把政府农业开发投资分为两部分，一部分用于侧重社会效益的农业基础建设，另一部分作为生产经营性投资，以由国有资产投资公司采用无息或低息贷款以及参股方式投放给各类经济实体，扶植这些经济实体尽快形成规模，带动农户生产。除政策农业投资以外，社区组织的支农资金也应按此办法投放。

（2）调整农业产业政策，加速农业产业化进程。鼓励大中型工商企业投资农业，在企业与农业的结合中，形成新的农业增长点。

（3）调整政府对农业的宏观管理方式，加强决策信息服务系统的建设。由直接的行政性调控转为间接调控，特别是向企业和农业生产者提供市场信息，包括市场供求状况及其发展趋势，主要农产品市场价格，政府对某些农业生产项目的宏观政策等等，引导企业和农户利用宏观信息调节微观生产计划。

京郊农民收入变化的几个特点*

牛　霞

党的十一届三中全会以来，农村经济体制改革调动了京郊广大农民的积极性，解放了农村生产力，尤其是改革开放后的近十年，京郊农村经济的发展出现了前所未有的好局面。1990年京郊农村国内生产总值117.25亿元，1996年达到303.52亿元，比1990年提高了1.59倍，年平均递增17.18%，农村经济获得全面高速发展，使农民收入持续增长，人均纯收入从1987年的916元提高到1996年的3 580元，提高了2.91倍，年均递增16.35%，生活水平逐步从温饱型向小康型和宽裕型过渡。然而也应该看到，随着京郊农村经济体制改革的进一步深化发展，以及社会变革带来的分配主体多元化和收入来源的多样化，对农民收入所产生的深远影响。为保证农民收入的可持续增长，有必要对近十年来京郊农民收入的发展变化特点加以分析、总结。

表1　1987—1996年京郊农民人均纯收入

年　份	1987	1988	1989	1990	1991	1992	1993	1994	1995	1996
人均纯收入（元）	916	1 063	1 231	1 297	1 422	1 569	1 855	2 422	3 224	3 580

注：人均纯收入系按照现行价格计算的名义收入。

一、收入增长具有明显的阶段性

1987—1996年期间农民人均纯收入增长具有明显的阶段性，分为两个阶段：①1987—1991年的稳步增长阶段：从表1、表2看到，京郊农民人均纯收入由1987年的916元，提升到1 422元，名义收入平均递增11.71%，扣除物价上涨因素的实际收入平均递增8.33%。无论是名义收入还是实际收入，该阶段的年季间增长波幅不大，呈平衡上升状态；②1992—1996年的快速增长阶段；农民人均纯收入由1 569元提高到3 580元，名义收入平均递增20.66%，扣除物价上涨因素后的实际收入年均递增19.12%。名义收入和实际收入，在该阶段均呈现快速增长。对上述两阶段的分析可以看出，名义收入平均增长速度第二阶段比第一阶段高8.9%，实际收入年均增长速度第二阶段比第一阶段高10.79%。两个阶段名义收入年均增长速度与实际收入年均增长速度同向变化，且第二阶段的增速明显高于第一阶段，仅实际收入年均增长速度就相差1.3倍。

表2　京郊农民人均纯收入指数

单位:%

年份	名义收入指数	实际收入指数	年份	名义收入指数	实际收入指数
1988	116.05	107.8	1990	105.36	105.6
1989	115.80	115.0	1991	109.64	104.9

* 原载中国农业大学《社会科学学报》1998年第4期。

（续）

年份	名义收入指数	实际收入指数	年份	名义收入指数	实际收入指数
1992	110.34	110.0	1995	133.11	127.8
1993	118.23	113.8	1996	111.04	131.3
1994	130.57	112.7			

注：①名义收入指数系根据表1数据计算得到的；②实际收入指数系根据表1数据扣除物价上涨因素后计算得到的。

二、农民收入经营结构基本稳定

企业劳动报酬收入是农民收入的主体，也是农民收入增长的主体。各种不同来源的收入在农民总收入中的份额，即为农民收入的经营结构。农民收入的来源可分为劳动者报酬收入（包括从集体组织中得到的收入，乡村企业得到的收入）、家庭经营收入（指从第一、二、三产业得到的收入）、转移性收入和财产性收入。农民收入经营结构是显示农民收入来源主体的工具；若结合动态考虑，可反映农民收入来源主体演变过程。从近十年京郊农民人均纯收入两个阶段的经营结构格局看（见表3），第一阶段和第二阶段农民收入经营结构基本保持稳定，即在人均收入经营结构中占第一、第二位的仍是农民在企业劳动报酬收入和家庭经营第一产业收入。两个阶段这两项来源的比重分别是第一阶段的33.6%和29.6%、第二阶段的36.6%和26.5%。说明近十年来京郊农民人均纯收入的主体，仍是农民在乡镇企业劳动报酬收入和家庭经营第一产业收入。这也是决定京郊农民人均纯收入水平的主要因素。进一步讲，乡镇企业经营效益的好坏和家庭经营第一产业的产业结构、规模与效益是影响京郊农民纯收入水平的决定因素。要想使农民人均纯收入有较大幅度的提高，就不能不考虑调整农民收入经营结构。

表3　1987—1991年和1992—1996年京郊农民收入经营结构

年　份	第一位	第二位	每三位	第四位	第五位	第六位
1987—1991	人均在企业劳动报酬收入	人均家庭经营一产收入	人均在集体劳动报酬收入	人均家庭经营三产收入	人均非生产性收入	人均家庭二产收入
	33.6%	29.6%	15.6%	6.5%	6.2%	2.1%
1992—1996	人均在企业劳动报酬收入	人均家庭经营一产收入	人均在集体劳动报酬收入	人均非生产性收入	人均家庭经营三产收入	人均家庭二产收入
	36.6%	26.5%	20.6%	7.0%	5.1%	0.5%

三、农民收入形式结构中，实物收入份额下降，现金收入所占比重有所提高

改革初期，京郊农村经济中自然经济的成分比较大，商品经济的发展比较落后，在农民人均纯收入中，现金性收入所占比重较小，绝大部分是实物性收入。随着京郊农村商品经济的发展，农民人均现金性收入在人均纯收入中所占的比重越来越大，实物收入比重却不断下降。对照近十年京郊农民人均现金、实物收入占人均纯收入情况（表4）可以看出，1987年农民人均实物收入190元，占农民人均纯收入的20.74%，到1996年农民人均实物收入为539元，占农民纯收入的比重降为15.06%，下降了5.7%。而同期农民现金收入份额由79.26%提高到84.94%，十年来这一比重基本维持在80%～85%，这表明农民的生产和消费已发生了质的变化，不仅标志着京郊

农村经济已摆脱自然经济进入市场经济，走上了商品化的轨道，而且也标志着农民的收入已经转变为以现金收入为主。充分反映了农民的生产和生活与外界联系更加紧密。

但目前京郊农民收入经营结构中家庭经营第一产业比重过大，在农民尚不能很好的掌握市场供求规律的情况下，将来极难避免农产品的“卖难”问题，对家庭经营第一产业倚重过大的京郊农民收入势必会造成波动。

表 4　1987—1996 年农民人均现金、实物收入占人均纯收入比重

单位:%

项目＼年份	1987	1988	1989	1990	1991	1992	1993	1994	1995	1996
现金比重	79.3	81.1	82.8	79.9	85.2	86.6	83.0	81.1	81.6	84.9
实物比重	20.7	18.9	17.2	20.1	14.8	13.4	17.0	18.9	18.4	15.1

四、在农民收入的产业结构中，京郊家庭经营第一产业收入，尤其是粮食收入是农民收入的主要来源，且呈上升趋势

各种不同产业的收入占农民收入的份额即为农民收入的产业结构。农民收入的产业结构是显示农民收入产业来源的工具；若结合动态考虑，可反映农民收入产业结构的演变过程。前面我们已谈到，近十年京郊农民人均纯收入来源主体之一是家庭经营第一产业收入，而在这一主体中，又以粮食收入为主要来源。1987—1991 年粮食收入占农民家庭经营第一产业收入的比重平均为 46.6%，蔬菜收入所占比重平均为 17.2%，瓜果收入占 13.3%，养殖等其他收入所占比重为 22.9%。到 1992—1996 年间，粮食收入占农民家庭经营第一产业收入的比重提高到 49.7%，蔬菜收入比重降为 15.4%，瓜果收入比重略增为 13.9%，养殖等其他收入所占比重降为 21.0%(见表 5)。这种农民收入的产业结构表明，在京郊农民家庭经营第一产业中，主要目的是完成国家定购粮食任务的生产还占主导地位，而加工和增值潜力大的养殖业与瓜果及蔬菜生产欠发展。在目前我国现行的农商分管体制下，对农民来讲，粮食加工和增值潜力不及畜禽、瓜果和蔬菜。由于近十年来京郊农民一直维持这种收入的产业结构，所以，增幅有限的粮食收购价格、粮食市场供求状况和持续上升的农用生产资料价格以及家庭经营粮食生产难以达到规模经济，是近期影响农民人均纯收入增加的重要制约因素。因此，如果继续维持这种收入的产业结构，农民的收入将难于再有大幅度的提高。

表 5　家庭经营第一产业收入构成

单位:%

项目＼年份		1987—1991 年比重	1992—1996 年比重
家庭经营第一产业收入		100	100
其中	粮食收入	46.6	49.7
	蔬菜收入	17.2	15.4
	瓜果收入	13.3	13.9
	养殖等其他收入	22.9	21.0

五、京郊农民从集体组织获得的劳动报酬在人均纯收入中所占的比重减少

从表3中可以看出，京郊农民家庭经营第一产业收入占人均纯收入的比重超过集体组织劳动所得收入占人均纯收入的比重。主要有以下原因：①改革前农村经济主要是集体经济单位统一进行生产经营活动，农民的收入主要来自集体经济组织。改革后农村经济中高度集中的生产经营方式为家庭承包经营所代替，农民从集体组织获得劳动报酬收入的份额有所减少；②农村集体经济经营的农业项目，一直试图实现“规模经营”，但由于农用土地社区组织所有制度的限制，难以达到经济学意义上的“经济规模”，使单位产品的长期平均成本不能达到最低。同时集体经营的大部分“规模”养殖场，也由于产权不清晰，政企不分，导致经营不善，经济效益欠佳。这些因素在很大程度上决定了集体经济对农民收入的改善能力居于次要地位。提高农民的收入水平，农村集体经济在今后依旧是主要力量，在一定的条件下仍将可能发挥主导作用。关键是要明确集体经济的责权利，把农户的利益和集体经济的利益更加紧密的联系起来，提高集体经济的经营管理水平，特别是在市场经济中的适应能力。集体经营不仅要充分发挥提高农民收入的重要作用，而且要充当农民家庭经济发展的示范、指导、“龙头”作用，带动整个京郊农业上新的台阶。

六、京郊农民收入性质结构中非生产性纯收入比重不高

农民人均收入按生产性和非生产性可分成生产性纯收入和非生产性纯收入，计算不同的收入在收入总量中的比例形成了农民收入的性质结构。性质结构是识别农民兼业化活动或非农化活动的工具。从表6中可以看出，近十年来京郊农民人均非生产性纯收入占人均纯收入的比重平均为6.6%，这与农民收入主体来源的企业劳动报酬收入所占人均纯收入的比重相差近30个百分点。如此低的比重，意味着京郊农村非农化进程缓慢，农民的兼业化过程有待发展。目前京郊农民非生产性收入主要包括转移性收入和财产性收入。财产性收入所占比重一直不及转移性收入。财产性收入不高的原因：①在一定程度上和农村集体经济组织产权不清晰，没有将农民共同创造的一部分未分配财产积累而成的集体存量资产折股，明确分配和出售给农民个人；②农民作为出资人集体的一员，没有分享到应有的资产报酬；③农民对市场经济下的投资渠道不甚了解，投资意识不够。

表6　农民收入中非生产性纯收入份额

单位：元（%）

项目＼年份		1987	1988	1989	1990	1991	1992	1993	1994	1995	1996
人均非生产性收入	绝对值	54	67	75	71	106	131	99	159	251	254
	所占比重	5.89	6.30	6.09	5.47	7.45	8.35	5.34	6.56	7.89	7.09

参考文献

[1]《京郊统计资料（历年）》北京市计划委员会郊区处、北京市农村社会经济调查队合编

[2]《农业经济》人大复印资料，1997 年全年
[3]《农业经济问题》1998 年第 3 期
[4]《中国农村观察》1997 年第 6 期
[5]《农业技术经济》1998 年第 2 期

论农户与涉农企业的契约关系*

李秉龙　刘志国

［摘　要］本文首先将农业契约划分为古典契约、新古典契约和关系型契约，进而归纳了不同农业契约的特征，在此基础上分析了不同农业契约中农户与涉农企业的关系；其次分析了影响农业契约关系的三个基本因素：资产专用性、不确定性和交易发生的频率；最后探讨了农业契约的法律履行机制和私人履行机制。

［关键词］契约关系　农户　涉农企业

一、农户与涉农企业的契约关系

（一）契约与农业契约

在市场经济中，只要有市场就会有交易，市场是各种不同交易的集合，而契约则是连接各种交易的媒介。只要进入某种交易关系，就存在某种契约安排，这种契约安排可以是口头的或文字的，明示的或默许的，复杂的或简单的，自愿的或强制的。因而现代经济学已经大大拓宽了契约的内涵和外延，比法律中的契约概念意义更为广泛，不仅指法律上可执行的契约，也包括一些隐性契约和自我履行契约。这实际上是将所有的市场交易（长期或短期的、显性的或隐性的）都看作是某种契约关系。交易正是借着这些千差万别、丰富多样的契约安排来进行的。

契约在交易中具有重要意义。从实践角度说，契约产生于交易和合作的需要，反映有关各方的意愿和许诺。契约代表了交易活动各方之间的关系、交易的性质和内容。从理论角度说，契约是财产权利和责任的确定和延伸，关系到所有权及其转移的保障和规则，关系到维护自愿合作和自由竞争的制度基础。

农户与涉农企业之间的契约，本文称其为农业契约，是指农户与农产品加工、运销、为农户提供服务和农用生产资料等企业所达成的一致承诺。企业与企业之间的契约确实广泛存在着，但这并不是本文要研究的重点，本文关注的农业契约特指农业市场化过程中农户与涉农企业的纵向联结契约。

（二）农业契约关系类型

1. 契约关系类型。契约是分析组织的基本工具。契约一词包含了不同类型的联结关系（纵向或者横向）。威廉姆森（1979）根据麦克内尔的划分将契约分为三种类型：古典契约关系、新

---

* 原载《小康社会与农民、农业、农村》中国农业出版社2003年版。

古典契约关系和关系型契约关系。

(1) 古典契约关系。无论在法律意义上还是在经济学意义上这都是一种理想化的契约关系，他意味着契约条件在缔约时就得到明确详细的界定，并且界定的当事人的各种权利和义务都能得到准确的度量；契约各方不关心契约关系的长期维持，只关心违约的惩罚和索赔；当事人的人格化身份特征并不重要，因为交易是一次性的，交易完成后各方“形同路人”。在古典契约条件下，契约各方通过市场交换实现协调。

(2) 新古典契约关系。这是一种长期契约关系，他意味着当事人关心契约关系的持续，并且认识到契约的不完全和日后调整的必要；如果发生纠纷，当事人首先谋求内部协商解决，如果解决不了再诉诸法律；所以他强调建立一种包括第三方裁决在内的规制结构。如麦克内尔所说：新古典长期契约有两个共同特征，一是契约策划时即留有余地；二是无论是留有余地还是力求严格筹划，契约筹划者所使用的程序和技术本身可变范围就很大，导致契约具有灵活性。在新古典契约条件下，契约各方通过协商和独立的第三方实现协调。

(3) 关系型契约关系。他强调专业化合作及其长期关系的维持，因此契约当事人都愿意建立一种规制结构来对契约关系进行适应性调整。这种缔约活动和新古典契约关系有所区别：尽管两者都强调契约关系的长期维持和适应调整，但新古典契约的调整始终以初始契约条件为参照物，而在威廉姆森所说的关系型缔约活动中相应的规制结构一旦形成就会做自我演变式的发展；调整并不参照初始的契约条件，即使参照也不一定非坚持不可，而是根据现实需要作出适应性调整，并且一般不需要第三方加入。在关系型契约条件下，各方通过契约及背后的权威规定各自的行为规范，实现一定的利益规制和行为协调。

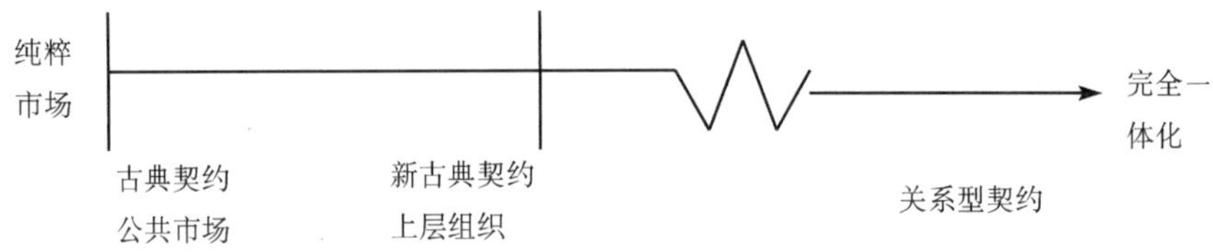

图1 契约关系类型图

不同的契约关系对应着不同的交易。需要指出的是，以上三种契约关系类型之间并非泾渭分明，很难将某种交易确切地归类为哪一种契约形式。可以把纯粹的市场交换关系和完全一体化作为两种极端组织形式，两者之间有各种各样的中间组织形式，而以上三种契约类型代表了三个不同阶段的显著特征。古典契约和新古典契约都是商品契约，而关系型契约已经不纯粹是商品契约，他涉及更为复杂的要素产权关系，所以从新古典契约变化到关系型契约之间不是连续的（在图1中用折线表示）。公共市场上的交易对应着古典契约，市场上层交易对应着新古典契约，而关系型契约将会走向完全一体化。

2. 农业契约关系类型与特征。

(1) 公共市场与古典契约关系。在市场+农户、专业市场+农户等组织形式中，农户与其他交易主体之间的关系大都属于古典契约关系，农业古典契约交易的发展突出地表现在集市贸易与专业批发市场的发展上。改革开放20多年来，中国农产品交易市场已经形成了比较发达的公共市场，市场的底层交易异常活跃广泛。在公共市场上，农户与涉农企业通过古典契约进行交易，交易是匿名的，在交易完成之后，各方当事人权利义务关系一次完结。古典契约交易的优点在于他的开放性，农户能够以较低的成本进入或退出，市场交易不要求他们具有太多的专业知识。在公共市场上汇集了大量的需求和供给方面的信息，大大节约了供求双方的搜寻成本。但古典契约交易也有弊端：首先，公共市场上市场价格波动幅度大，影响了农户收入的稳定。其次，在公共市场上，分散生产的农户对农产品的分类极其粗糙，产后处理和加工程度较低，农产品难以实现价值增值。最后，公共市场的交易半径受到限制。

（2）上层组织与新古典契约关系。这种契约关系类型突出的代表是“公司＋农户”，他的特点是：农户家庭分工生产农副产品，公司专事农副产品的加工和销售。除此以外，公司还有可能向农户提供一些产前和产中服务，如农用物资采购、农业技术服务等。农户按照契约规定生产某种品种、规格的农副产品，公司按照契约规定收购、加工、销售并提供相应的服务。公司和农户之间的契约是新古典式契约。契约为未来的不确定性留下了一定的余地。双方根据未来经济生活中发生的新情况相互调整，以维持既有的合作。在协调困难时，不排除引进第三方进行调解。契约各方的合作比较长久。新古典契约及市场上层组织的发展，有效地降低了市场价格波动，既稳定了农户收入，又确保了公司的原料来源。新古典契约使得农户可以按照公司要求生产优质、专用农产品，实现农产品价值增值。新古典契约大大拓展了交易半径，突破了地域限制，有些地区的农户开始与国外企业签订“国际订单”。

（3）关系型契约关系与完全一体化。从契约的本质来看，合作经济组织是通过关系型契约把分散的农户家庭连接成一个组织。各方的权利和义务紧密地联结在一起。契约是连续的。在契约背后隐藏着的权威时刻根据最新的情况对各方的行为进行调整，从而避免了市场上的不断谈判和谈判过程中的费用。农户在流通、加工环节、科技及信息等服务环节以自助的方式组成的合作经济组织，农户除了能从合作经济组织得到生产所得的利益外，还能得到合作经济组织从事其他环节经营服务所得的利润返还。在股份制企业中，农户参股，不但得到生产者的利益，还以股东的身份获得部分利润。这种以资产为纽带，将农户与合作制、股份制企业紧密联结在一起的组织形式，农户与企业之间不仅仅存在交易契约关系，而且存在更为复杂的产权契约。

通过以上分析，可将三种类型农业契约的特征归纳如下：

性质	古典契约	新古典契约	关系型契约
组织形式	市场＋农户	公司＋农户	合作制＋农户、股份制＋农户股东
交易方式	买卖交易，交易对象随机	买卖交易，交易对象相对固定	管理交易，交易对象固定
契约类型	短期通用性商品契约	长期专用性商品契约	长期专用性契约，人力资本与非人力资本契约
博弈次数	一次性博弈	重复博弈	长期重复博弈
定价方式	直接定价	直接定价和间接定价结合	间接定价
配置方式	价格机制	价格机制	权威机制
市场形态	外部、商品与公共市场	外部、商品和私人市场	内部市场，要素市场

（三）农户与涉农企业的契约关系

在实践中出现了各种各样的农业产业化经营组织方式，他们之间的契约联结方式和紧密程度有很大的差异。但农户与涉农企业之间契约关系的内容可以概括为两者之间产品、资金、信息的流动和激励、治理关系。在市场瞬时交易中，两者之间仅仅表现为产品、资金和信息的简单交换。在较复杂的契约交易中，农户和企业之间的关系除表现为产品、资金和信息的多次交换外，还表现为两者之间的激励和治理关系。这与农业产业化经营所生产的农产品对价格以外的产品维度的要求更加严格有关。在经典经济学中，以粮食为代表的农产品市场被假设为是完全竞争市场，同一种农产品之间只有很小的差异，他们只需进行一些简单的产品等级划分，所以农产品的生产与交换就以公开市场为主。但随着人们生活水平的提高，消费者对农产品的需求发生了变化，更加注重对产品品种、质量、获得的时间、地点等方面的要求。为了满足消费者的特定需求，企业需要对农产品的生产过程进行直接或间接的控制，这就使得企业和农户之间不仅仅表现为市场交易关系，而且在契约中还需要规定特定的激励和治理机制。

1. 古典和新古典契约中农户与涉农企业的关系。古典契约和新古典契约都属于商品契约，农户与涉农企业之间的关系归根结底是买卖关系。在自由交易条件下，双方达成交易契约，从经济学基本原理看，交易对双方都是有利的。但是交易的这种互利性并不能掩盖交易双方利益此消彼长的矛盾关系。市场交易中存在着很大的不确定性，交易契约就是双方对收益和风险的划分。在商品契约交易下，农户和公司仍是独立的经营主体，双方要对自己的契约选择行为负责。公司所采取的一些优惠农民的措施，其实是稳定与农户契约关系的一种经营策略，并没有改变公司与农户之间的契约交易关系。尽管在商品契约条件下，涉农企业对生产过程有特定要求，有时可以进行干预，但这不能改变买卖关系的本质。

2. 关系型契约中农户与涉农企业的关系。在关系型契约中，农户与涉农企业的关系已由产品契约变为要素契约的关系，农户已将某些生产要素的使用权或某些生产环节交给了涉农企业，农户丧失了某些生产经营自主权，企业经营管理者根据需要配置生产要素、组织生产和销售，节约了市场交易费用，有利于规模经济效益的发挥。农户可以作为合作社的社员或股份公司的股东参与重大事项的决策，因而这些企业是农户自己的企业。然而在关系型契约中，企业在节约交易费用的同时，由于经营规模的扩大也会带来经营管理效率的降低、信息传递失真、生产要素配置不匹配和资金占用过多等问题，即企业内部的经营管理费用也会增加。当企业内部经营管理费用的增加大于市场交易费用的节约时，关系型契约关系就可能解体。这也是严格意义上的农业一体化组织模式较少的重要原因之一。

二、影响农业契约形式的基本要素

威廉姆森（1998）认为描述交易的基本方面是不确定性、交易的重复频率及资产专用性。这三个方面共同决定了契约方式和契约关系采用的组织管理结构。

（一）资产专用性

威廉姆森认为资产专用性指的是为支持某项特殊交易而进行的耐久性投资。资产专用性表明某些资产有专门用途，其收益依赖于他支持的专门交易，专用性投资的特点是该资产用于别的用途就会降低其价值。一项资产投入的用途和次佳用途上的收益差异就是该资产的准租金。资产专用性分为地点专用性、实物资产专用性、人力资本专用性、完全为特定契约服务的专项资产以及品牌资本。

蔬菜、水果和畜产品需要较多的资产专用性投资，而且往往涉及较多的技术投资和品牌投资。蔬菜、水果和畜产品对于保鲜要求较高，需要较多的储藏和运输投资，因而就这些产品农户与涉农企业签订契约关系的比例就较高。

（二）不确定性

交易中的不确定性可能来自于外部，也可能来自于交易的内部。事实上，不确定性是引起有限理性的主要原因。

交易中来自于内部的不确定性由农户或企业处理，对来自外部的不确定性就可以考虑采取某种契约关系，将不确定性锁定。某些鲜活农产品不耐储藏或储藏费用很高，并且由于农产品价格调节的滞后性和农民行为的一致性，这类农产品的市场价格往往大起大落。价格风险越大，农户与企业签订契约关系的愿望也就越强烈。

（三）交易的重复频率

当双方的交易经常发生时，可以构造一个专门的契约治理结构，即使这样做的组织管理费用很高，可能也是必要的，因为分摊到每次交易的成本很低。但是，当交易是一次性的或不经常发生的时候，这种组织费用就很难得到补偿。

对农产品来讲，交易频率受到农产品生长的自然周期的影响。由于粮食等大宗农产品的生产周期较长，相应交易频率较低，而蔬菜等行业的交易频率较高，交易频率的高低也影响了契约交易方式的选择。就畜产品来说，鲜奶必须当天进行交易，因而契约化程度相当高；而肉牛的生产周期一般在一年以上，组织化程度就低，以散户饲养为主。

三、农业契约的履行机制

市场的形成过程就是市场契约化的过程，市场的发展水平是与市场契约化程度相关联的。市场发展程度越高，其经济行为契约化的程度就越普遍。然而在农业中违约现象却十分严重，其主要表现为中途退货与供货不能、拖欠货款、以次充好和压质压价以及契约欺诈。高违约率带来了许多负面影响，因而农业契约履行机制的有效运转就变得十分重要。

农业契约的履行机制可分为两类：一类是私人履约机制，包括自我实施和相互实施。自我实施是契约各方自我约束和遵守已经制定的规则，执行契约的力量来自于每一个参与契约自身；相互实施是契约的各方相互监督，执行的力量来自参与契约的各个主体之间的相互作用。另一类是法律履约机制，既由政府或法院等外部机构通过法律来确保农业契约的履行。

（一）农业契约的法律履行机制

市场经济能否正常运行的基本条件之一是：契约是不是可执行。为了保证契约的可执行性，就有了契约法以及相应的执法机构。有了执法机构才能保证双方有签订契约的意愿，以及契约签定以后的执行。如果没有执行契约的法律，所谓市场经济只能停滞在现买现卖的阶段。因此，在市场经济中有没有长期的交易关系取决于契约能否执行。

农产品交易中，违约现象层出不穷，有时必须采取法律手段。尽管法律可以对违约者进行惩罚，但无论对农户，还是对涉农企业来说，法律执行成本是巨大的。

法律执行成本巨大的第一个原因是由农户与涉农企业交易的特点所决定的。分散生产的农户与涉农企业不但在签约时要花费高昂签约成本，在一方违约时，处理纠纷的成本更大。当农户违约时，涉农企业找不到一个具有代表性的法律主体进行诉讼，大多数情况下只能法不责众，不了了之。当涉农企业违约时，千家万户分散生产的农户，由于缺少发言人和组织松散，难以追究违约企业的责任。

法律执行成本巨大的第二个原因是由于法律执行机关执法不严、工作效率低下造成的。执法过程中有法不依、执法不严，甚至执法犯法、违法不究的现象十分严重。执法机关队伍和手段严重滞后，缺乏统一而有权威的执法体系，势必造成执法效率低下。

（二）农业契约的私人履行机制

1. 私人资本在契约履行中的作用。首先，通过向农户提供种子、化肥、农药甚至资金信贷优惠，企业增加了关系专用性投资，提高了自身的违约成本。在市场经济中，农户和企业都是利润最大化的主体。企业没有义务也缺乏内在动力主动帮助农户，如果说，现实中的确有部分企业实行了保护价或者有利于农户的行为，那也只能是一种企业的市场策略。因为即便国家的所谓保护价都难以执行，企业作为以赢利为目标的交易主体，他就更不会主动地保护农户的利益。因此在农业产业化经营中出现的企业向农户提供种子、化肥、农药甚至资金信贷优惠等行为，实质上是在进行关系专用性投资。只有企业在已经进行了关系专用性投资之后，才能引导农户进行投资。其次，企业定期对农户进行技术指导，及时支付货款，农户及时按质按量交售农产品，在长期的重复交易中建立了固定的关系。再次，企业对农户制定了奖罚措施，防止农户可能的违约。农户也很可能对企业进行要挟。例如，农户可能将企业提供的化肥、农药、资金等用于其他方面，甚至将其销售。农户也可能在接受企业的技术指导或投资帮助后，将生产出的产品出售给其他的厂商以获取高价。但是通过企业和农户长期的交流，企业对农户的监督和了解得到了加强。对于以次充优、低报产量的行为，企业可以通过对每个农户进行交易记录以及相应的惩罚和奖励措施降低这种机会主义行为。

2. 信誉机制。传统的交易是一种建立在熟人之间相互信任基础上的合作秩序。相互信任构成了交易的前提，然而正如费孝通所说的“乡土社会的信用并不是对契约的重视，而是发生于对一种行为的规矩熟悉到不假思索的可靠性。”由于信任是从熟悉中得到的，而熟悉是互相之间的亲属关系、居住关系、职业关系和日常互助关系的结果或函数，所以从熟悉中产生的信任只能是个别的，或者说交易是人格化的。在这种传统的以交易者的宗亲关系为核心展开的人情式交易情况下，由于专业化和分工水平较低，彼此了解的交易双方重复进行交易，买和卖几乎同时发生。物品和劳务不同质，没有专门收集与分配市场信息的制度，物品和劳务度量制度复杂且没有标准化。文化同质，基本上不需要第三者来保证交易活动的顺利进行。交易的当事人会根据既有的价值观念、风俗习惯、道德伦理在交易过程中自动地履约，而不需要外在力量的强制。很显然这种人格化交易的交易成本是很低的，但他不具有交易扩展的潜能，即陌生人之间很难产生交易。人格化交易的另一个致命弱点是他会导致交易的非公正性，对不同的交易者采取不同的交易规则：对好友邻居、乡里乡亲，买卖公平；对外乡路人，则短斤缺两。所以费孝通说：“陌生人所组成的现代社会是无法用乡土社会的习俗来应付的”。信誉的损毁会有碍于长远利益的获得，因而良好的信誉将非常有利于农业契约的履行。

3. 抵押机制。用抵押品来支持交换的做法非常广泛，而且在经济上很重要。农户成为经营主体之后，一个重要的变化就是农户获得了积累自有资产的可能性。尽管农户私人财产有了很大增长，但是只有部分耐用资产如土地或不动房地产可以作为抵押品。而土地作为农业生产的最基本生产资料，其所有权并不归农户所有，而是归集体所有，农户仅仅拥有土地经营权。因此，农户拥有的土地产权是残缺的，这限制了农户的交易行为以及为专用性生产进行融资的能力。抵押本来是为了防止对方违约的一种机制，但是具体操作过程中，更强的一方（如涉农企业）“要求”较弱的一方（农户）提供抵押品，而弱者因为别无选择，所以只好同意。完善抵押机制，有待于农户私人产权制度的确立，也有赖于其他配套措施的建立和健全，比如农民可以联合起来进行组织创新，增强自身的市场力量。

4. 组织形式的创新。在“公司＋农户”的基础上，现实中出现了多种组织模式对其进行了

发展和完善，如“公司＋合作社＋农户”、“公司＋专业协会＋农户”等，有的地方实行了合作制或股份制，在一体化内部建立一种有效的利益均衡机制，平衡各方的利益关系，增强了农户和企业联结的稳定性。这些新的组织形式总的发展思路是试图通过产权契约来稳定和规范组织交易行为和利益关系，使农户和企业之间的商品契约关系转变成组织内部问题，从而在一定程度上消除农户与涉农企业之间的利益冲突。

参考文献

[1] 曹利群．农产品流通组织体系的重建．学术月刊．2001.8
[2] 曹利群等．商品契约优于要素契约——以农业产业化经营中的契约选择为例．经济研究．2002.1
[3] 黄祖辉，王祖锁．从不完全合约看农业产业化经营的组织方式．农业经济问题．2002.3
[4] 科斯，哈特等．契约经济学．经济科学出版社，2000
[5] 文启湘等．农产品交易困境与对策：资产专用性维度的分析．中国农村经济．2001.9
[6] 易宪容．现代合约经济学导论．中国社会科学出版社，1997

舆论监督对民主政治发展的功能模式探析*

——透视“焦点访谈”

苏保忠

［摘　要］本文依据对中央电视台“焦点访谈”栏目的内容分析，从政府工作、法制建设、反腐败以及价值取向四个角度对舆论监督的功能模式进行了深入分析，进而论述了舆论监督对民主政治发展所具有的重要作用。

舆论监督是民主政治发展的一项重要内容。通过新闻传媒发展舆论监督的作用是加速我国社会主义民主政治建设的一项重要原则，舆论监督已经成为我国权力制约监督机制的重要组成部分。因此，研究和分析新闻媒体的监督功能模式，对于我国社会主义民主政治建设的健康发展具有重要的现实意义。鉴于此，笔者查阅了大量有关中央电视台“焦点访谈”栏目的资料，并从其在1994年4月1日至1998年12月31日期间播出的1 700余期节目中根据其代表性和轰动效应挑选了近600期节目进行了深入调查，进而对其监督功能模式从法制建设、政府工作、反腐败和价值取向四个角度进行了研究和分析。

一、维护人民权益功能模式

维护人民权益功能模式是舆论监督对民主政治发展的基本功能模式之一，它主要通过对政府工作的监督来维护人民群众的权益。

1. 从总体情况看，在挑选的584期节目内容中，共涉及行政、法制、经济、文化、百姓、农村、改革和回声等八个方面。其中，有关政府工作的节目数量为126期，占调查总数21.58%。它表明：监督政府工作已经成为新闻媒体关注的一项重要内容。作为人民根本利益代表的我国政府，其宗旨是全心全意为人民服务，其根本任务是通过组织、管理国家和社会事务来执行并实现人民的意志。因此，政府工作的好坏直接关系到人民群众的根本利益能否得到实现，人民群众的意志能否得到切实执行。因此，政府工作自然也就成了新闻媒体和人民群众关注的热点。新闻媒体正是通过对政府工作的重点监督来保证人民的根本利益和意志得以维护和实现的。

2. 从“焦点访谈”对政府工作监督的内容看，主要集中在行政管理、行政工作作风和人事行政三个方面：①行政管理方面的节目数量为100期，占行政层面节目数量比例最大，为79.37%，主要是对包括违法行政、决策失误、行政越权、行政失职等行政行为的监督。②行政

* 原载《新闻与传播研究》。

工作作风方面的节目数量为18期，主要是对高高在上、脱离群众、欺上瞒下、官气十足、专横跋扈、打击报复、贪赃枉法等官僚主义作风的监督。1998年11月12日该栏目播出的“粮食满仓的真相”① 就是这方面的典型案例。③人事行政方面的节目数量为8期，主要是对包括任人唯亲、压制民主、行贿受贿等庸俗人事行政行为的监督和对行政机构改革、行政机关人员分流及公务员队伍建设的关注。以上三点显示出，新闻媒体对政府工作的监督已经由过去只对政府工作作风进行监督变成包括对政府的重大决策的全面监督，这不仅是我国新闻媒介对政府工作进行监督的重要进步，同时也是广大人民群众的民主参与意识有了明显增强的反映。

表1　1994—1998年对政府工作监督内容分类表

单位：期

类　别 / 时　间	立法	法制宣传	法律实施	年度比例（%）
1994年	1	3	23	17.09
1995年	3	12	14	18.35
1996年	2	3	7	7.59
1997年	7	8	19	21.52
1998年	6	8	42	29.11
合　计	19	34	105	100

表2　1994—1998年价值取向节目内容构成表

单位：期

类别 / 时　间	极端个人主义	社会主义价值观	年度比例（%）
1994年	8	1	12.86
1995年	9	2	15.71
1996年	3	13	22.86
1997年	3	10	18.57
1998年	21	3	34.29
合　计	44	26	100

3. 从对政府工作监督次数变化走势图（见图1）可以看出，从1994年4月1日至1998年12月31日期间，在“焦点访谈”栏目中播出的有关政府工作的节目稳中有升。特别是从1997年至1998年，有关政府工作的节目数量骤增。它一方面表明，随着社会的不断进步，人民群众保护自己合法权利的意识逐渐增强，参政议政的愿望逐渐加大，对建立一个能适合社会主义现代化建设需求的政府的要求也愈来愈高。另一方面也表明党和政府要充分发挥新闻舆论监督和人民监督的作用，加快廉洁、效能政府建设的步伐，进而更好地为人民服务的决心进一步增强。

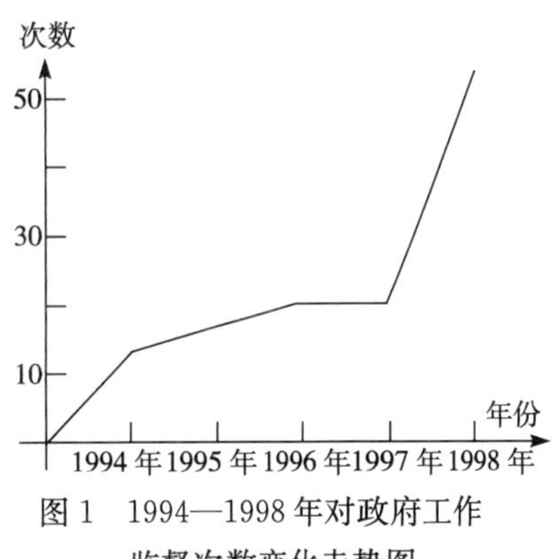

图1　1994—1998年对政府工作监督次数变化走势图

① 安徽省芜湖市南陵县峨岭粮站违反国家粮改政策，不但不敞开收购农民余粮，而且还压级压价，代扣代缴，致使大量农民把余粮出售给个体粮贩，其国家订购粮任务仅完成了50%。1998年5月，南陵县政府，县粮食局为应付前来视察粮食工作的朱镕基总理，从别处调运大批粮食到该县峨岭粮站，以制造粮食“满仓真相”欺骗总理。此举在当地群众中造成恶劣影响。

二、提供制度保障功能模式

提供制度保障功能模式是舆论监督对民主政治发展的重要功能模式之一，它是通过对法制建设的监督来为民主政治发展提高制度保障。

1. 反映法制方面的节目共有158期。它不仅占挑选节目的比例最大，为27.05%，而且还呈上升趋势（除1996年偏低外）。这反映出法制建设对于我国的民主政治建设具有举足轻重的作用。随着时代的发展和社会的进步，党和政府以及广大人民群众已经意识到，人治相对于法制来说不能不说是历史的落后，民主沿着法制的轨道前进则民主存，反之则亡。所以，作为为民主政治发展提供制度保障的法制建设能否健康发展，就必然成为新闻媒体和人民群众关注的焦点。

2. 从法制层面的节目内容看，主要涉及对立法的监督、法律法规的宣传以及对法律实施的监督。三者的节目期数分别为19、34、105，占法制层面节目的比例分别为12.03%、21.52%、66.45%。它表明：①在立法上，虽然改革开放20年来我国社会主义法制建设已经取得了长足进步，但是它与我国的社会主义经济建设和民主政治建设的要求还有很大的差距。主要表现在许多立法上（特别是经济立法上）不能与日益深化的改革同步。为此，国家立法机关必须加快立法步伐，提高立法质量，以保障人民群众能够依法参与国家和社会事务。②在法律宣传上，众所周知，法律意识是一切法制活动的基础。因此，要实现依法治国的基本方略，向公民宣传法律、提高公民的法律意识是必要前提。公民只有知法，才能守法、用法，才能依法享有自己的权利和履行自己的义务。“焦点访谈”正是以其独特的方式把国家法律、法规和政策的抽象灌输变成了对公民以生动活泼的宣传教育和潜移默化的影响，其效果可见一斑。③在法律实施上，如果说立法工作是依法治国的首要前提，那么法律能否得到有效实施就是依法治国成败的关键。从法律实施层面节目所占法制层面节目的比例可以看出，我国目前法制建设中所存在的主要问题还不是无法可依的问题，而是有法不依、执法不严和违法不究的问题。如果对这些问题听之任之，不仅不符合我国法制建设的要求，而且还会影响我国民主政治建设的健康发展。因为这绝不只是一个司法问题，而是关系到党和国家政权生死存亡的根本政治问题。“焦点访谈”正是通过对各种违法、枉法、压法等不法行为的及时“曝光”来维护法律的尊严和公正，进而为我国民主政治发展提供制度保障。1997年2月14日该栏目播出的“判决之后”① 就是这方面的典型例证。

三、“阳光”功能模式

“阳光”功能模式是舆论监督对民主政治发展的独特功能模式之一，它的公开性和透明性犹如杀灭毒菌之阳光令腐败现象和各种不正之风无处藏身，从而为民主政治的发展净化了环境。

1. 在调查的584期节目中，对腐败现象监督的节目数量为77期，占调查总期数的比例为13.18%。尽管其所占比例不大，但从其节目次数变化走势图（见图2）上可以得知，其增长速度是十分迅速的，它一方面表明，人民群众对为个人利益而侵犯公共利益的腐败现象是深恶痛绝的，特别是那些以权谋私、化公为私和权钱交易的腐败现象，直接影响并威胁着人民群众对国家

① 1994年，福建省福州市鼓山镇政府违法行政，干涉该镇公民余必志建房。法院在受理余必志的诉讼请求后，先后两次判决鼓山镇政府败诉，并责令该镇政府为余必志办理施工手续并允许其施工，但该镇政府对判决置若罔闻，拒不执行。在经过2次司法调解、4次党政协调后仍不执行判决。该镇政府藐视法律之举，令人震惊。

政权的认同；另一方面也显示，我们党和政府对反腐败工作是历来重视的，而且打击力度越来越大，特别是在深化改革和扩大开放过程中，党和政府已经把反腐败工作作为新时期民主政治发展的一项重要内容，并且坚持运用舆论监督的力量来保证我国民主政治建设健康发展。

2. 从反腐败节目的内容看，主要涉及司法腐败、行政腐败、教育腐败和村民委员会等群众性自治组织中的腐败等四个方面。笔者的统计结果显示，这些腐败现象在“焦点访谈”中被曝光的次数分别为54、11、1、11。这表明在我国，反腐败工作不仅已经全面展开，而且还在向纵深发展。阳光下鲜有罪恶，“焦点访谈”正是以其透明性、迅捷性、连续性、广泛性的手法让腐败现象无处藏身。对于反腐败犹如杀灭毒菌之阳光的舆论监督在我国民主政治发展中已经起到了其他手段无法替代的作用。1998年2月13日该栏目播出的“法官枉法，终落法网”①节目是这方面的典型案例。

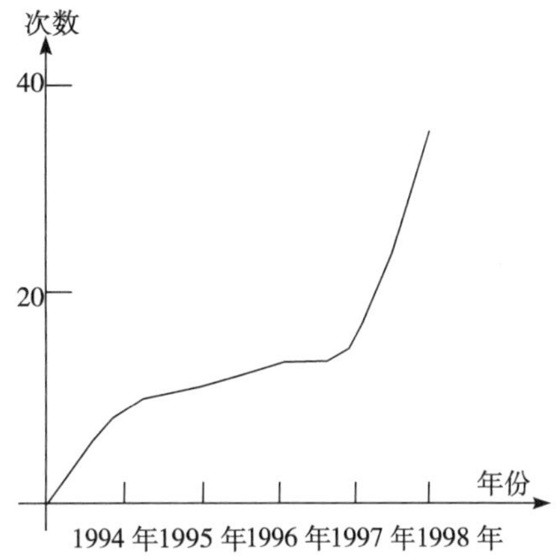

图2　对腐败现象监督次数变化走势图

四、导向功能模式

导向功能模式是舆论监督对民主政治发展的关键功能模式之一，它通过对社会价值取向的引导和监督来为民主政治的发展把握方向。

1. 从调查的总体情况看，有关价值取向的节目共有68期，占调查总数的11.64%。1994年、1995年、1996年、1997年、1998年在“焦点访谈”节目中播出有关价值取向的节目期数依次为9、11、14、13、21。它显示，在社会主义市场经济体制的完善过程中，原来在计划经济体制下的一元化价值取向（即：公共利益高于一切）已经受到了很大的冲击。一些干部（有些甚至是党的高级领导干部）的人生观、价值观已经发生了偏差，党风和社会风气已经受到很大影响。由极端个人主义的价值取向而产生的许多诸如拜金主义、享乐主义等问题，已经成为新闻媒体和广大人民群众愈来愈关注的焦点。

表3　1994—1998年价值取向节目内容构成表

单位：期

类别 时间	极端个人主义	社会主义价值观	年度比例（%）
1994年	8	1	12.86
1995年	9	2	15.71
1996年	3	13	22.86
1997年	3	10	18.57
1998年	21	3	34.29
合　计	44	26	100

① 山西省运城地区河津市人民法院经济厅原副庭长杜国太，贪赃枉法，收受贿赂。检察院在受害方申诉后立即查清了事实，逮捕了杜国太并准备对其提起公诉。

2. 从对价值取向监督内容分类构成表可知，有关价值取向的节目内容共有 70 期。主要集中在两个方面：一方面是监督并揭露极端个人主义的危害。此类节目数量共有 44 期，主要是对贪污腐化、损公肥私、损人利己等个人至上价值取向的揭露和抨击；另一方面是弘扬社会主义精神文明。此类节目有 26 期，主要是通过对先进典型的宣传和报道，让广大人民群众对这些先进的人、高尚的事以及科学的工作方法等典型事例公开发表评论，畅谈自己的看法和感受。这种既紧扣时代主题又贴近人民群众生活的正面宣传生动活泼，言之有物，使人民群众的世界观、人生观、价值观很好地得到了升华。1998 年 5 月 7 日该栏目播出的“丰碑永存”① 节目是这方面的典型例证。

由此可见，“作为人们在处理个人利益和公共利益关系时应遵循的一种思想准则的价值取向，对于政治社会化的内容和程度有着不可忽视的影响。”焦点访谈“通过对极端个人主义危害的揭露和对社会主义精神文明的弘扬，监督和引导亿万人民群众树立正确的人生价值取向，不仅有利于政治社会化，而且也促进了我国社会主义民主政治的健康发展”。

五、结论

由以上分析可知，舆论监督是一种运用新闻媒体干预社会的政治现象，它对于民主政治的发展具有重要的推动作用：

首先，舆论监督是人民群众行使民主权利的重要途径。人民当家作主是我国的一项根本政治制度。江泽民同志在阐述舆论监督与我国社会主义民主政治建设的关系时明确指出：“我国宪法规定，言论、出版自由是中华人民共和国公民的基本权利。广大人民群众享有依法运用新闻工具充分发表意见、表达自己的意志的权利和自由，享有对国家和社会事务实行舆论监督的权利和自由。”通过舆论工具对国家和社会事务进行监督，透明性高，参与感强，不仅有利于实现决策的科学化和民主化，而且还易于调动人民群众参政、议政的积极性，从而使自己的民主权利得到更好地实现。

其次，舆论监督是反腐败和纠正各种不正之风的强有力武器。舆论监督的公开性、透明性、迅捷性、连续性及其广泛性具有很大的威慑力，它不仅能使腐败现象无处藏身，而且还具有监督一个人、影响一批人，监督局部、影响全局的功能。可以说，舆论监督在整个权力监督机制中占有举足轻重的地位，具有其他手段无法替代的作用。

最后，舆论监督还是保证我国社会主义民主政治制度全面实现的重要手段。我国的民主政治制度包括民主和集中两个方面的含义。众所周知，“没有民主就没有社会主义”，人民的民主权利得不到实现，也不能算是真正的社会主义。但是如果只求民主而不要集中，我们的国家就会一盘散沙，社会秩序就会混乱。因此，在实行民主的同时，“我们的国家还需要集中统一的领导。”国家政权在接受人民监督的过程中，还必须在民主的基础上进行集中，自上而下地监督国家的法律、法规和政策的执行情况。舆论监督不仅可以揭露和纠正各种不法行为，而且还可以弘扬社会主义的人生观、价值观，凝聚亿万群众的巨大创造力，从而更好地推动社会主义民主政治健康

① 在江泽民同志题词“向孔繁森同志学习”第三个年头之际，中央组织部、宣传部召开了“学习孔繁森座谈会”，学习和总结经验。江泽民同志提出“向孔繁森同志学习”的号召后，全党全国掀起了学习高潮，并涌现出一批孔繁森式的人物。他们是：为民打井送水的英雄团长李国安、为民默默奉献的基层干部吴金印、为民排忧解难的信访干部吴天祥等。这表明在干部队伍中，孔繁森是代表，孔繁森式的好干部还有一大批。

发展。

参考文献

[1]《焦点访谈·行政卷》（上、下）. 中国政法大学出版社，1999
[2]《焦点访谈·法制卷》（上、下）. 中国政法大学出版社，1999
[3]《焦点访谈·经济卷》. 中国政法大学出版社，1999
[4]《焦点访谈·百姓卷》. 中国政法大学出版社，1999
[5]《焦点访谈·农村卷》. 中国政法大学出版社，1999
[6]《焦点访谈·改革卷》. 中国政法大学出版社，1999
[7]《焦点访谈·文化卷》. 中国政法大学出版社，1999
[8]《焦点访谈·回声卷》. 中国政法大学出版社，1999
[9]《邓小平文选》（一九七五——九八二年）. 人民出版社，1994
[10] 唐惠虎. 舆论监督论. 湖北教育出版社，1999
[11] 马乾乐，程谓. 舆论学概要. 山西人民出版社，1991
[12] 张永桃. 行政管理学. 南京大学出版社，1989
[13] 王沪宁. 腐败与反腐败——当代国外腐败问题研究. 上海人民出版社，1990
[14] [英] 诺尔曼·P. 巴利. 古典自由主义和自由至上主义. 上海人民出版社，1999
[15] [美] 萨托利. 民主新论. 北京东方出版社，1993
[16] 吴玉章. 论自由主义的权利观. 人民公安大学出版社，1997

中国进口农产品的关税水平及结构安排*

张 莉 琴

[摘 要] 关税是世界各国农产品保护的最主要形式，各国农产品关税水平的差异会导致农业利益的不平衡。加入世界贸易组织后，我国农产品关税水平大幅下调，基本接近入世承诺的约束关税水平。本文将深入分析入世前后（2000 年和 2002 年）我国农产品的关税水平及结构安排（仅限于进口），通过国际比较衡量我国农产品市场的准入程度。

[关键词] 农产品关税 市场准入 关税配额 关税升级

随着全球贸易自由化的深入，特别是乌拉圭回合谈判对非关税措施的限制，关税保护成为各国保护农业最主要的形式。而不同国家之间农产品关税水平的差异会导致各国农业利益的不平衡。加入世界贸易组织后，我国农产品关税水平大幅下调，基本接近入世承诺的约束关税水平。本文将深入分析入世前后（2000 年和 2002 年）我国农产品的关税水平及结构安排（仅限于进口），通过国际比较衡量我国农产品市场的准入程度。

为方便进行国际比较，本文所采用分析方法与 Paul Gibson，John Wainio，etc.（2001）分析全球农产品进口关税结构的方法一致。

一、农产品范围与归类

（一）农产品的范围

这里所计算的农产品是根据 WTO 农业协议包括的产品范围而确定的，主要包括《协调制度》（HS）中从第 1 章到第 24 章中去掉第 3 章（鱼、甲壳动物、软体动物及其他水生无脊椎动物）的商品。

（二）农产品归类

由于协调制度（HS）对商品的分类很细，包括 8 位或 10 位税目，因此需要进行必要的归类。我国关税表中采用 8 位统计数编码，相关的农产品税目有上千个，本文将按计算简单平均数的方法将其归类至 4 位税目。与政府公布的农产品算术平均关税计算方法不同的是，本文没有考虑种用农产品的关税影响。这是由于本文采用的是简单算术平均法，相当于赋予每一个税目产品相同的权重，而我国种用农产品的进口关税大多为零关税，在种用部分进口数量很少的情况下，

* 本文入选第四届中国经济学年会。

如果将种用农产品的零关税计算进去，将对计算出来的关税结构影响很大，会低估其关税水平。这也是为什么本文计算的农产品平均进口关税结果会比政府公布的略高的原因。

另外还需说明的一点，本文计算农产品关税总体水平采用了简单平均方法，而没有采用加权平均法（贸易量为权重），是因为加权平均法存在一个很大缺点：如果某些产品关税很高，属于禁止性关税，那么使用加权平均法，该产品的权重很小，这样会低估关税水平。

二、农产品关税结构和关税水平的分析方法

在一个国家的关税体系安排中，各种商品的关税水平分布往往并不是标准的正态分布（即钟形），因此简单平均值和变异系数并不能充分反映不同水平关税的分布。通常，各国的关税安排多是呈左偏分布，即多数商品安排在较低关税水平，只有少数重点保护的商品被赋予高关税。左偏分布的简单平均值会高估关税率真实的相对集中水平。因此在计算简单平均数的基础上，再计算中位值，可以用来估计高关税率的平均关税水平的影响。不同水平的平均值与中位值的组合有着不同的经济含义。

- 高平均值/高中位值：表示对该国大多数商品的保护程度都是比较高的。
- 高平均值/低中位值：表示尽管大多数商品的关税水平较低，但少数关税水平很高的商品拉高了平均值。对这种情况需要对关税的综合水平再进行分解，分析保护结构。
- 低平均值/高中位值：表示尽管大多数商品的关税水平较高，但少数关税水平极低的商品拉低了平均值。对这种情况也需要对保护结构进行分析。
- 低平均值/低中位值：表示对大多数商品来说，关税保护水平都是比较低的。

三、我国农产品的进口关税水平

（一）我国农产品的进口关税水平

本文运用上述方法对我国农产品的进口关税水平进行了计算（见附表1）。计算的结果表明，2000年我国农产品的平均进口关税水平（26%）还显著高于世界农产品市场平均关税水平，2002年我国的农产品关税水平已经降到了20%，基本与1998年的世界平均关税水平（19%）相同（Paul Gibson，John Wainio，etc.，2001）。我国入世后的2002年的关税水平（平均值20%，中位值17%），与入世前夕2000年相比（平均值26%，中位值20%），不仅关税平均水平下降很快，而且高关税商品的数量也在减少，这种变化符合WTO关于削减关税水平和消除关税高峰现象的精神。2000年和2002年的农产品关税水平具体如下：

2000年，在36大类产品中超过平均水平（26%）的从高到低依次为：烟草制品，谷物，饮料和酒，植物油，奶类，烟草，谷物制品，果汁，含油籽仁，水果制品，食用水果及坚果，甘蔗，茶及其提取物，鲜的牛肉、猪肉、禽肉等15类商品（图1a）。其中超过40%的包括烟草制品，谷物，饮料和酒，植物油，奶类等5类商品。

2002年，在36大类产品中超过平均水平（20%）的从高到低依次为：烟草制品，饮料和酒，糖食，谷物制品，谷物，水果制品，奶类，果汁，植物油，食用水果及坚果，蔬菜制品，鲜的牛肉、猪肉、禽肉，蛋类，鲜或冻的其他肉类，烟草，肉制品等16类商品（图1b）。其中超过40%的只有烟草制品、饮料和酒等两类商品。

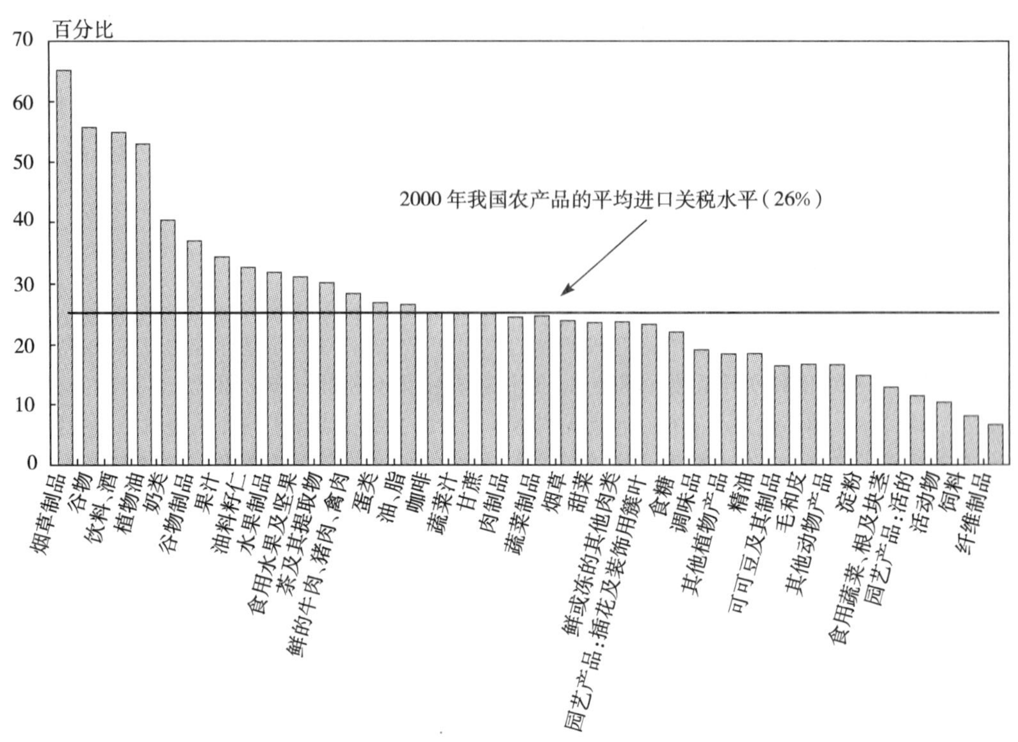

图 1a　2000 年我国农产品的进口关税水平

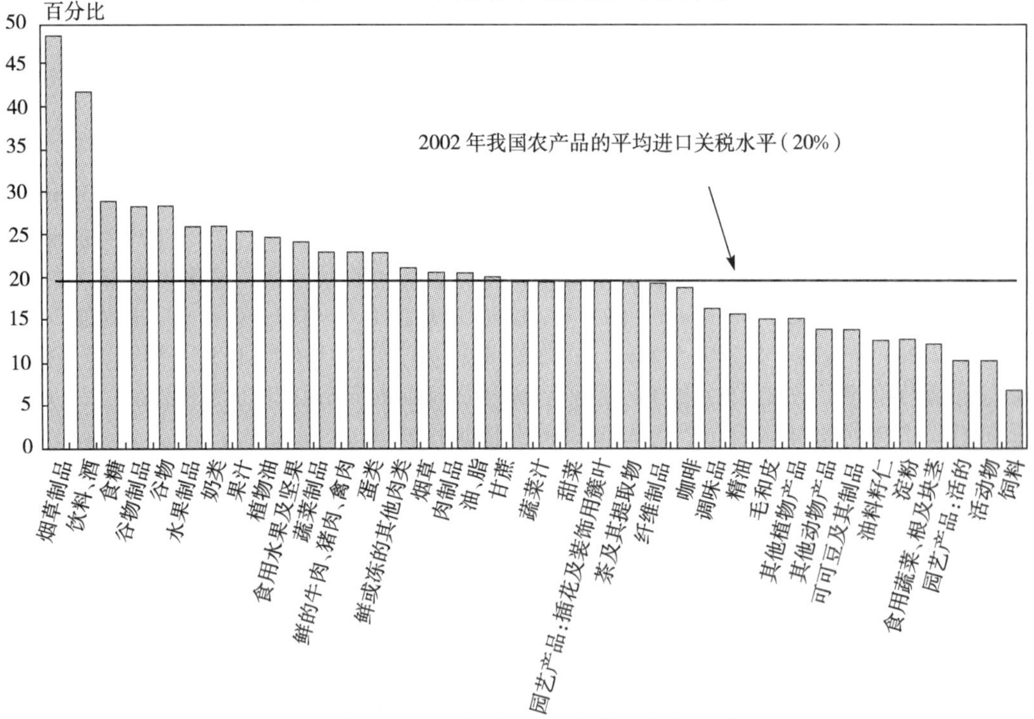

图 1b　2002 年我国农产品的进口关税水平

注：所计算关税 2000 年为优惠关税，2002 年为最惠国关税。

资料来源：《中华人民共和国海关进出口税则》（2000 年版和 2002 年版）。

我国农产品进口关税的分布基本对称，平均值与中位值相差不大，基本属于低平均值/低中位值和高平均值/高中位值两种情况（见图2a和图2b）。2002年，高平均值/低中位值比较明显的均为实行关税配额的商品，包括谷物、谷物制品、植物油、食糖、毛和皮，这里计算的是这些商品的配额外关税，它们的配额内关税要低得多，因此尽管属于高平均值/低中位值的情况，但并不是由于存在关税高峰导致。

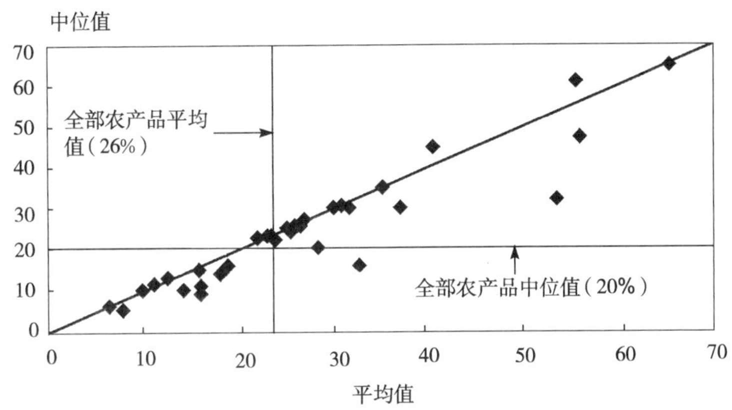

图2a　2000年我国农产品进口关税

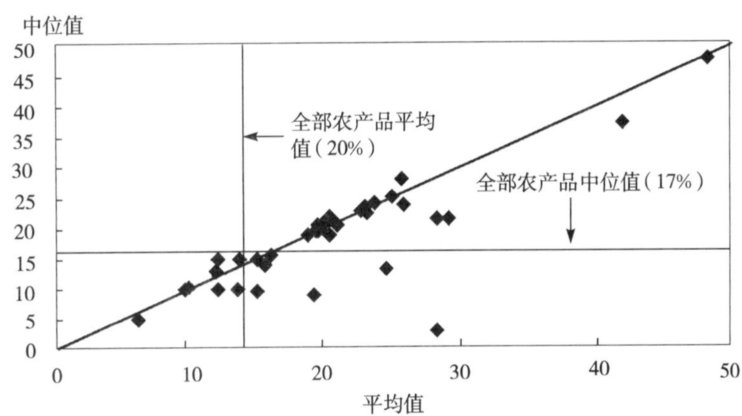

图2b　2002年我国农产品进口关税

注：所计算关税2000年为优惠关税，2002年为最惠国关税。

资料来源：《中华人民共和国海关进出口税则》（2000年版和2002年版）。

（二）进口关税配额

在乌拉圭回合结束之前，许多政府除了使用关税措施对本国农产品市场进行保护外，还广泛采用非关税措施，通过控制国内供给和进口数量限制来达到支持国内农产品价格的目的。由于各种数量限制对贸易的扭曲作用很大，甚至可以完全隔断国际市场和国内市场，因此乌拉圭回合农业协议禁止对农产品贸易实行数量限制（如配额）。由于农产品的特殊性，为了农业政策谈判和改革的顺利进行，农业协议允许协议签订时那些存在限制和配额的成员国采用关税配额作为过渡性的工具，目的是为了所有的关税配额管理会最终转化为单纯的关税管理。从1996年后，我国对一些重要的大宗农产品也实行了一般商品进口关税配额管理，包括粮食、植物油及油籽、羊毛等，后来又增加了糖和棉花，到2000年实行关税配额管理的农产品共有15种。2002年实行关税配额的商品减少到10种，并且配额内税率也进一步下降（其配额内、外税率见表1）。我国高关税农产品中，大部分是实行进口关税配额管理的农产品的配额外关税。

2002年，原来实行关税配额管理的商品——大麦、油料籽仁和部分植物油品种退出关税配额名单，完全实行关税化。目前，我国采取进口关税配额管理的产品有四大类、10种农产品：①重要的谷物，包括小麦、玉米、稻谷及大米；②植物油：豆油、棕榈油、菜籽油；③糖；④棉花、羊毛和毛条。这些农产品虽然在农产品税目中只占很小一部分，但在农产品进口中却具有举足轻重的地位，占我国农产品进口价值的60%以上①。可见，我国农产品进口中数量限制仍然起着举足轻重的作用。

我国配额的管理方式在短短几年内也发生了变化。入世前是实行进口许可证制度，对粮油等重要农产品的进口配额全部赋予国营贸易企业——中国粮油进出口总公司，配额数量及其分配也不向社会公开。这种暗箱操作方式，减弱了关税配额制度的透明度，降低了配额内、外关税对农产品贸易的调节作用。

入世后，进口关税配额的分配是根据申请者的申请数量和以往进口实绩、生产能力等条件或根据先来先领的方式进行分配。小麦、玉米、大米、豆油、菜籽油、棕榈油、食糖、棉花分为国营贸易配额和非国营贸易配额。国营贸易配额需通过国营贸易企业进口；非国营贸易配额，可以通过国营贸易企业或有贸易权的非国营贸易企业进口。羊毛、毛条实行进口指定公司经营。目前的配额管理方式在倡导竞争性方面比入世前有了明显改善，但在配额发放、执行环节的透明度还距WTO的要求有一定距离，需要进一步改善。

表1 农产品进口关税配额税率

商品类别	2000年税率			2002年税率		
	配额外		配额内	配额外		配额内
	优惠	普通		最惠国	普通	
小麦	114	180	1	71	180	1
大麦	91.2	160	3			
玉米	114	180	1	71	180	1
稻谷及大米	114	180	1	71	180	1
大豆	114	180	3			
油菜籽	40	80	12			
豆油	121.6	190	13	52.4	190	9
花生油	75	100	9.7			
棕榈油	30	60	10	52.4	60	9
葵花油	91.2	160	40			
菜籽油	100	170	20	52.4	170	9
玉米油	91.2	160	18			
羊毛	42	50	3	38	50	1

① 实行进口关税配额管理的15种农产品占农产品进口金额总量的比重：1998年为65%，1999年为61%。这里的农产品指HS中的前24章减去第13章（水产品），在加上第51章（羊毛）和第52章（棉花），资料来自《中国统计年鉴》(2000年）的表17-6“海关进出口商品分类金额”。

（续）

商品类别	2000年税率			2002年税率		
	配额外		配额内	配额外		配额内
	优惠	普通		最惠国	普通	
毛条				38	50	3
棉花	90	125	3	90	125	3
糖	90	125	30	65.9	125	20

资料来源：中华人民共和国海关总署政策法规司，《中华人民共和国海关进出口税则》（2000年版），附件4"2000年进口关税配额税率"，人民出版社，2000。

（三）我国2000、2002年关税水平与入世约束关税比较

从1992年以来我国多次调低了进口农产品的关税，截止到2000年，除了进行关税配额管理的谷物和植物油以外，我国其他的重要农产品关税水平还远远高于入世承诺水平，平均为2004年约束关税水平的3倍左右（见表2）。入世后，关税水平迅速下调，到2002年，已经降为约束关税水平的2倍左右；到2004年，我国农产品的实际关税水平已经基本下调到入世承诺水平。

表2　我国农产品2000年进口关税率与入世约束关税水平比较

	2000年进口税率（%）	2002年进口税率（%）	2004年约束关税税率（%）
大豆	114*	3.0	3
肉类			
牛肉	45	27.3	12
猪肉	20	17.6	12
禽肉	20	20.0	10
水果			
柑橘类	40	25.1	12
葡萄	40	22.9	13
苹果	30	18.0	10
杏仁	30	22.0	10
葡萄酒	65	38.5	20
乳品			
乳酪	50	27.2	12
冰淇淋	45	29.4	19

* 114%是大豆的配额外关税税率，2000年的配额内税率为3%。

说明：2000年税率为进口优惠税率，2002年税率为最惠国税率，数据根据《中华人民共和国海关进出口税则》（2000年版和2002年版）整理；2004年约束关税税率为中国入世承诺，来自《中国加入世界贸易组织法律文件》。

（四）"关税升级"

关税升级（Tariff Escalation），是指对初级产品采取零或低关税，而随着加工程度的提高，对加工品的关税率随之提高的关税管理办法。关税升级可以使加工品的增值部分（产品价值本身

扣除产品投入价值）的保护程度提高，即关税的有效保护水平高于其名义保护水平。各国为提高本国加工业和制造业的国际竞争力，关税体系的设计往往采取关税升级的模式。但也有些国家存在随着加工程度提高而关税水平下降的现象（称为关税降级，Tariff De-escalation），关税降级会使本国加工业和制造业处于不利的竞争地位。

从表3所示的我国不同加工程度农产品的关税安排中，可以看出无论2000年还是2002年的进口税率，我国农产品中的关税升级现象是普遍的，并且升级程度要明显高于全球一般水平。2002年，七组农产品中除了谷物与谷物制品，其他六组均存在明显的关税升级现象，蔬菜制品比鲜菜、植物油比含油籽仁均要高出1倍左右。

表3　我国不同加工程度农产品的关税水平及国际比较

	2000年进口税率[1]（%）	2002年进口税率[2]（%）	全球各地区的约束关税水平[3]（%）
谷物	56	28	69
谷物制品	37	28	70
含油籽仁	33	13	59
植物油	53	25	57
活动物	10	10	62
毛和皮	16	15	69
鲜或冻的肉类	28	23	57
肉制品	25	21	74
水果	31	24	74
水果制品	32	26	58
果汁	35	25	55
鲜的蔬菜	13	12	57
蔬菜制品	25	23	69
蔬菜汁	25	20	60
甜菜糖	23	20	63
甘蔗糖	25	20	70
糖食	22	29	62
烟草	24	21	69
烟草制品	65	48	89

注：1. 关税为进口优惠关税，数据来自《中华人民共和国海关进出口税则》（2000年版）；2. 关税为最惠国税率，数据来自《中华人民共和国海关进出口税则》（2002年版）；3. 关税为乌拉圭会议农业协议的约束关税水平，资料来源为Paul Gibson，John Wainio，etc.（2001）。

（五）关税高峰

关税高峰（Tariff Peak），是指大多数进口关税都较低，但对于少数敏感性产品（即希望保护国内生产者的产品）仍然设置高关税的情况。由于高关税的存在，往往导致外国竞争品的进入成为不可能（禁止性关税）或市场准入量很小，因此考察关税高峰的情况，对分析外国竞争品市场准入机会的影响有着重要的意义。另外分析关税高峰，也有助于分析一个国家在不同商品间的贸易保护结构安排。

WTO通常将关税高峰定义为超过15%的关税水平。但这种定义通常用来衡量制造品的进口。根据我国农产品的进口关税特点（2002年平均关税20%，并且在归类的36组商品中有32组的平均关税率在30%以下），如果将我国合适的关税高峰线定为40%，那么，按此标准衡量，

只有2组农产品进口品的平均关税属于关税高峰的行列，依次为：烟草制品（48%）、饮料及酒（42%）。可以看出，我国对农产品中属于奢侈性消费品设置了高关税。

四、结论

从上文对我国农产品关税水平和关税结构的分析中，可以看出：

- 到2002年，我国的农产品关税水平平均值为20%，中位值17%，已经基本降到了1998年的世界平均关税水平，与入世前相比不仅关税平均水平下降很快，而且高关税商品的数量也在减少，符合WTO关于削减关税水平和消除关税高峰现象的倡导。
- 实行关税配额管理的农产品品种减少为10种，配额扩大，配额内税率逐步下降，配额管理方式有所改进，但在配额分配、执行中的透明度方面还有待加强。
- 我国不同加工程度农产品的关税升级程度要高于世界一般水平，对加工品的有效保护程度要高于名义关税率。
- 我国农产品的关税高峰现象不多，高关税主要集中在烟草制品、饮料和酒这两类奢侈性消费产品上。

参考文献

Paul Gibson，John Wainio，etc.（2001），*Profiles of Tariffs in Global Agricultural Markets*，Market and Trade Economics Division，Economic Research Service，U.S. Department of Agriculture，Agricultural Economic Report No. 796.

附表 1　我国农产品的平均进口关税率

	基础优惠税率*（%）		2000 年进口优惠税率（%）		2002 年最惠国进口税率（%）	
	平均	中位值	平均	中位值	平均	中位值
谷物	73	62	56	47	28	3
谷物制品	58	60	37	30	28	21
饲料	23	20	8	5	7	5
淀粉	30	31	14	10	13	10
油料籽仁	59	50	33	16	13	15
植物油	67	51	53	32	25	13
油、脂	42	45	26	26	20	21
活动物	33	40	10	10	10	10
鲜的牛肉、猪肉、禽肉	50	50	28	20	23	23
鲜或冻的其他肉类	52	50	23	23	21	21
肉制品	70	70	25	25	21	19
毛和皮	35	36	16	9	15	10
奶类	57	70	40	45	26	28
蛋类	68	68	27	27	23	23
其他动物产品	48	53	16	15	14	15
食用水果及坚果	58	54	31	31	24	24
水果制品	65	66	32	30	26	24
果汁	68	68	35	35	25	25
食用蔬菜、根及块茎	48	50	13	13	12	13
蔬菜制品	55	52	25	25	23	23
园艺产品：活的	44	44	11	11	10	10
园艺产品：插花及装饰用簇叶	80	80	23	23	20	20
甜菜	50	50	23	23	20	20
甘蔗	50	50	25	24	20	20
糖食	45	40	22	23	29	21
烟草	50	50	24	22	21	22
烟草制品	150	150	65	65	48	48
纤维制品	28	20	7	6	19	9
咖啡	47	47	26	26	19	19
茶及其提取物	80	80	30	30	20	20
可可豆及其制品	30	25	16	11	14	10
调味品	42	42	19	16	16	15
精油	42	40	18	14	16	14
饮料、酒	114	120	55	61	42	37
其他植物产品	41	41	18	15	15	15
蔬菜汁	68	68	25	24	20	21
所有商品	52	50	26	20	20	17

* 基础税率，即我国为恢复关税即贸易总协定缔约国地位及加入世界贸易组织与各缔约国进行关税减让谈判时的基础。

资料来源：《中华人民共和国海关进出口税则》（2000 年版和 2002 年版），中华人民共和国海关总署政策法规司编，经济管理出版社。

农户生猪饲养行为的影响因素*

——对生猪散养模式和专业户养殖模式的比较分析

张莉琴　董晓媛

［摘　要］养猪业是中国具备明显成本优势的一个产业。入世后，从长期看养猪业是中国农业结构调整的一个方向。我国猪肉产量的85％来自农户饲养模式，研究农户生猪饲养行为中的限制因素，对中国农业结构调整和稳定农民收入有很强的政策意义。本文对农户生猪饲养行为的影响因素进行了深入分析，实证分析结果表明生猪散养模式和专业化养殖模式及其所依赖的要素禀赋存在明显差异，妇女是影响农户生猪散养的主导力量。

［关键词］养猪　生猪散养　专业户养殖　农户经济行为

一、引言

中国是一个土地资源相对稀缺的国家，因而在多数土地密集型农产品上缺乏国际竞争力。入世后，随着国内与国际市场的日益融合，中国农业面临艰巨的结构调整任务。对于调整的大方向，已经形成共识的是，农产品生产将逐步向具有国际竞争力的劳动密集型产品倾斜，其中扩大具备明显成本优势的养殖业是农业结构调整的一个重要方向。在我国的养殖业中，生猪是最重要的品种。猪肉产量占到我国肉类总产量的70％，价值总量的60％以上。在生猪生产体系中，农户饲养是最主要的模式，提供了我国生猪产量的85％以上。养猪业是农民家庭现金收入的重要来源，对于稳定和提高农民收入具有重要的意义。

随着市场经济的深化，我国的生猪生产体系正在发生明显的变化。在农村，与以前普遍家家养一两头猪的情况相比，农户家庭养猪已经出现了向两极分化的苗头，有一些农户干脆放弃了养殖，而另一些则在扩大养殖规模，转变为专业户①，甚至发展工厂化养殖。根据国际经验，养殖

* 本文在2004年6月18～24日由留美经济学会组织的“民营经济与中国发展国际研讨会”（International Symposium on Private Enterprises and China's Economic Development）宣读，尚未公开发表。本论文是福特基金会资助的“中国女经济学者研究培训项目”（2002年）的成果之一。感谢中国农业大学经济管理学院田维明教授对本论文的评论和建议。

① 散养和专业户养殖，是对农户家庭养猪的一个约定俗成的分类，散养一般指10头以下；养殖10头以上的，一般称为专业户养殖。工厂化养殖与专业户养殖的区别则在于，工厂化养殖已经不是主要依靠家庭资源（如家庭劳动力、农户宅院等）为特征的。

规模逐步扩大——农村养猪业由散养向专业户养殖、乃至工厂化养殖发展，将是我国养猪业未来的发展方向，也是我国农村养猪业内部结构调整的模式。本文将在农户层面，通过对生猪散养模式和专业户养殖模式的比较分析，识别影响农户养猪决策及生产效率的限制性因素，为政府制定相应政策措施提供经验支持。本文对农户生猪饲养行为的研究，包括两个方面的内容，一是分析农户选择两种饲养模式的影响因素，二是分析两种模式下养猪生产效率的限制性因素。

另外，本文还试图从性别差异的视角，考察农村妇女在养猪活动中的作用。在我国农村，养猪一直是由妇女负责的传统“副业”劳动，尤其是对散养户来说。随着我国经济发展的加速和城市就业机会的吸引，农村男性青壮年劳动力纷纷流向城市，“农业劳动妇女化”已经成为普遍现象，这可能使妇女在养猪业中的作用变得更为突出。本文在影响农户生猪饲养行为的因素分析中，将着重观察妇女对生猪饲养决策的影响和对生猪生产效率的贡献。

二、数据

本研究所使用数据来自澳大利亚悉尼大学和中国农业大学经济管理学院联合课题组在2000年对河南省杞县和吉林省公主岭市的6个乡镇、12个行政村做的农户抽样调查。河南是我国的养猪大省，属于我国农区典型的生猪散养模式，当地农村基本上是户户养猪，但规模很小，一般只养1或2头。吉林是我国最主要的玉米主产区，当地农户养猪模式多为专业户养殖，绝大部分调查农户的养殖规模都在10头以上。

尽管本文涉及的调查省份只有两个，还不足以说明我国散养和专业户养殖的整体情况，但从这两个富有代表性的地区比较中，还是可以看出，散养和专业户养殖这两种生猪饲养模式及其所依赖的生产要素存在明显差异（见附表1）。

(1) 以散养模式为主的河南与以专业户模式为主的吉林相比，土地资源更为紧张，自产饲料能力不足对河南生猪养殖规模扩大形成约束。河南杞县农户户均耕地面积不足5亩，对土地的利用以粮棉生产为主，种植业品种多元化，主要饲料作物玉米的种植占家庭耕地面积的比例为35%。吉林公主岭市是传统的玉米生产基地，户均耕地面积为17亩，农作物多以单季玉米为主，玉米种植占家庭耕地面积的85%。

(2) 以散养模式为主地区的农户兼业化程度较高。杞县男壮劳力在外出打工从事非农活动的时间长，平均每年从事非农劳动时间为2.6个月，公主岭市的男壮劳力平均每年从事非农劳动的时间只有1.3个月。

(3) 散养模式的生猪生产效率较专业户养殖模式要低。杞县农户生猪饲养规模以5头以下的散养为主，户均2.7头，但养猪户更多，生猪饲养周期长（202天），平均日增重0.515千克。公主岭市农户饲养规模大，户均24.7头，饲养水平较高，饲养周期短（140天），出栏及时，平均日增重0.615千克。

三、农户养猪决策行为分析

在养猪问题上，农户需要做两个决策：即养不养和养多少头。本文利用Probit模型和Tobit模型对影响选择两种养殖模式的因素进行分析，看看同一类因素对散养户和专业户模式到底有什么不同的影响?

（一）影响农户养猪决策的因素

根据调查，对于农户养猪的原因，养1、2头猪和规模化养殖有明显不同。专业户养殖和工厂化养殖通常是追求养猪收益最大化。而对养1、2头猪的散养户来说，其目标则表现的相对多元化，散养户的行为并不能完全用追求养猪收益解释。就拿这几年的情况来说，农民养一头猪的收益很低，即使不计人工，一头猪的纯收益也只有100～200元，如果算上人工，就基本没有什么利润了，但就是在这种情况下，农户还是普遍地养1、2头猪。为此，有必要对农户养猪的原因作一个分析。

根据新古典经济学理论，如果农户面临的产品市场和投入品市场都是完全竞争市场，那么他的经营决策将不会受家庭资源禀赋的限制；当农户面临的市场是缺失的或非完全竞争的时候，他的经营行为才受家庭自有资源的限制。我国散养户的大量存在以及其生产目标的多元化，都说明我国农村产品市场、投入品市场及劳动力等要素市场与完全市场化还存在相当大的距离，农户的生产经营决策还在很大程度上受家庭资源禀赋、不完全竞争的产品市场和投入品市场的影响。

归结我国农户养猪的原因，大致包括以下几类：

1. 增加收入。增加收入始终是养猪最重要的原因。在本课题调查的农户中，有96%的农户将增加收入作为其养猪的首要原因。

2. 积小钱为大钱，增加现金收入。目前，我国广大农区农户的生活情况基本属于温饱解决、手头缺钱花。农民自家种的粮食一般够吃，但由于土地经营规模小，农产品商品量少，即使在粮价较高的时候，农民从种粮上获得的现金收入也不多。另外，由于农村劳动力市场还不发达，农民非农就业机会少，使得农民来自农业以外的收入也很有限。这些实际情况都使得农户缺乏足够的现金收入来源。因此，对农民来说，养两头猪则可以利用家庭余粮和农业副产品，积小钱为大钱，将缺乏市场价值的闲散饲料资源转变为现金收入。

3. 积肥需要。猪粪是农民获得农家肥的主要来源，本课题调查结果显示，大约60%的农户认为获得农家肥是养猪的重要原因。

4. 饲料市场和产品市场的完善程度。根据新古典经济学理论，如果猪饲料市场化程度足够高，农民家庭自产饲料的影子价格就应该等于外购饲料的市场价格，那么农民是不是自己种饲料作物、自产饲料的多少对养猪决策就应该没有任何影响。同样，如果猪肉的市场化程度足够高，那么农户的猪肉自食部分对养猪也应该没有影响。

我国现阶段猪肉市场和饲料市场的发展情况还不尽相同。猪肉的商品率很高，农户面临的生猪市场可以看作是完全竞争市场。而养猪户面临的饲料市场则是缺失的，虽然这几年配合饲料市场发展很快，主要饲料作物——玉米的商品率也较高，但对于生猪散养户来说，喂的猪食很杂，除了外购部分玉米外，还包括家里部分余粮、农业副产品、泔水，以及红薯藤等粗饲料。而这些来源猪食的市场并不存在，或市场交易量很小。

市场完善程度对农户经营决策的影响应该是：通常情况下，如果农户面临的饲料市场化程度越高，那么农户的家庭生产饲料的能力对其养猪活动影响就越小；反之，则影响越大。

5. 劳动力的机会成本和就业机会对农户养猪的影响　我国农户养猪有雇工情况的很少，即使是专业户，养猪劳动也大部分是由家庭成员承担的；对养一两头猪的散养户，更是成为专门由妇女负担的“副业”的劳动。但家庭劳动力也是有机会成本的，劳动力市场工资率的提高和就业机会的普遍增加，会加大家庭劳动力的机会成本。如果机会成本大到超过养猪收益，农户就会选择退出养猪业。

6. 信贷约束。我国同大多数发展中国家一样，存在普遍的农村金融抑制现象，农户能从正规金融组织机构（国有商业银行，如农业银行或农村信用社）获得贷款的仅仅是一小部分，大部分农户的资金需求只能通过非正规渠道来解决。据本课题对河南的调查，当地民间借贷利率月利1.5%～2%，折合年利率为20%～27%（按复利计息），远高于正规金融渠道贷款利率8%（2000年的金融机构一年期法定贷款利率）。

对农村养殖业，缺乏资金来源已经成为制约养殖规模扩大的主要瓶颈因素。在本文对农户家庭借款的调查中发现：河南杞县平均借款利率为18%，吉林公主岭市为9%；河南调查户中有82户借款，其中有11户是从银行或信用社借款；吉林借款户71户，其中66户是从银行或信用社借款。以上数据透露出同一个信息，河南比吉林存在更严重的农村金融抑制现象，这也许能部分解释为什么河南的生猪养殖规模大大小于吉林公主岭市。

7. 家庭结构变动或家庭规模。家庭结构变动和家庭规模都会对农户的养猪决策产生影响。有老人的家庭、人口多的家庭，相对来说会更乐意养猪。现在，我国农村家庭结构逐渐由三代同堂的直系家庭向夫妇加小孩的核心家庭转变，再加上计划生育政策的影响，都导致了家庭人口的减少。这种变化会对农村养猪业产生影响，特别是在散养普遍的地区。

8. 农户对家庭卫生的态度。随着社会进步和生活水平提高，现代人更重视家庭卫生。这种生活态度的变化，直接导致农村院落养猪（backyard hog production）的减少。

9. 规避风险。在农村，养猪还有规避风险的作用。农民规避收入风险的做法通常是通过增加农作物的种植种类或养殖畜禽等。

（二）农户养猪决策模型

为了检验上述因素对农户养猪决策的影响，本文建立了农户养猪决策的Probit模型和Tobit模型。

Probit模型用于分析农户养猪与否的概率受什么因素影响，其模型形式为：

$$P(y=1 \mid x)=P(y=1 \mid x_1, x_2, \mathrm{K}, x_k)$$

$y=1$ 养猪；$y=0$ 不养猪

x_1，x_2，K，x_k：解释变量

Tobit模型适用于被解释变量数据存在裁剪（Censored）现象的情况，这里用来分析农户养猪规模受什么因素影响，其模型形式为：

$$y^*=\beta_0+\beta_1 x_1+\beta_2 x_2+\mathrm{L}+\beta_k x_k+u$$

$y=\max(0, y^*)$

y为养猪头数，它可以观察到的；y^*满足古典线性模型关于正态分布、同方差的假定。当$y^*\geqslant 0$时，$y=y^*$；当$y^*<0$时，$y=0$。

农户养猪决策模型考虑解释变量包括：农户现金收入短缺对养猪决策的影响、积肥需要的影响、养猪机会成本的影响、规避风险的影响、家庭规模的影响、妻子和丈夫特征的影响等。在三、（一）中提及的因素中，本研究无法直接观察到下列因素的作用：饲料市场完善程度、信贷约束和农户对家庭卫生的态度。饲料市场完善程度和信贷约束的作用观察不到，是因为调查年度只有1年，而且每个调查县农户面对的产品市场、投入品市场及金融市场都很类似、单一，在这种情况下，即使把衡量市场完善度和信贷约束的变量包括进去，也容易产生多重共线的问题，因此下文的分析就没有考虑饲料市场完善度和信贷约束对农户养猪决策的影响。关于农户对待家庭卫生的态度，由于通常情况下年轻人和文化水平高的人更重视生活享受，因此是否重视家庭卫生

对农户决策的影响可以通过妇女的年龄和受教育年限来间接反映。

解释变量的处理如下：

（1）农户现金收入短缺的影响，用家庭人均现金收入表示。根据三、（一）的分析，散养户养猪的一个重要原因就是因为缺乏其他现金收入来源。

（2）积肥需要。积肥对养猪重不重要，根据农户是不是把积肥视为养猪最重要的前两个原因来判断。如果是，则为1；否，则为0。积肥需要同现金收入的影响一样，应该对散养户影响大，而对专业户影响小。

（3）机会成本。与国外养猪业的商品化生产不同，我国农户的养猪与种植业在资源分配上主要不是互竞关系，而是互补关系，因此养猪的机会成本主要表现为农户家庭来自非农业的收入。反映养猪机会成本的变量考虑用家庭人均非农收入表示。从理论上分析，非农收入对农户养猪决策的影响应为反向的，即养猪的机会成本越高，农户越倾向于不养猪或少养猪。由于农户从事非农就业会与养猪之间产生冲突，养猪越多的家庭，非农收入一般会更少，因此家庭非农收入就不再是外生。为解决家庭非农收入变量的内生问题，这里引进本村劳动力出外就业比重作为工具变量。通常情况下，在劳动力出外就业多的村庄，农户的非农收入要高一些，但它与单个农户的养猪决策并没有明显关系。

（4）规避风险。农户对待风险的态度一般无法直接观察到，本文用一个近似变量——农户种植的农作物种类来代替，种植品种越多，表示农户规避风险的意愿越强，这种农户可归为风险厌恶型的；反之，种植品种越少，农户规避风险的意愿越淡薄，可归为风险偏好型的。

（5）家庭人均耕地面积。这里考虑耕地面积，是因为土地面积影响农户自己生产饲料的能力。

（6）家庭规模。家庭人口越多，意味着劳动力越多，农户会越有条件养猪，相应养猪规模也应越大。

（7）妇女因素。在中国农村，家庭养殖畜禽的工作通常是由妻子承担的，因此妇女因素是本文考虑的重要因素。本研究对妇女因素的考虑包括：妇女人力资源禀赋，妇女从事非农业劳动的机会成本，以及妇女非市场劳动。

反映妇女的人力资源禀赋的变量包括妻子的年龄和受教育年限。考虑到年龄和受教育年限对生产技能和经验的影响是分阶段的，而非线性的，因此在分析年龄和受教育年限对农户经济行为的影响时，将年龄分为五个阶段：18岁以下的（不含18岁）、18～29岁、30～39岁、40～49岁、50岁以上；受教育年限分为四个阶段：5年以下（含5年），小学水平；6～8年，初中文化程度；9～11年，高中文化程度；11年以上，高中以上文化程度。妇女年龄和受教育程度，应该对散养户决策作用明显，而对专业户决策作用不明显。年轻、文化水平高的妇女会有更多或更好的就业机会，她们养猪的机会成本就高。如果是散养户，养一两头猪由于收益少就会不划算；而对专业户，由于养殖规模大收益也多，则有可能划算。

反映妇女从事非农业劳动的机会成本用妻子每年从事非农业劳动的时间来表示，它对养猪决策的影响应为反向的。

妇女非市场劳动主要包括操持家务和抚育孩子。操持家务付出的劳动多少很难衡量，本文只考虑妇女抚育孩子所付出的劳动，用未成年孩子数来代表。小孩的多少，对散养户和专业户的影响应该不同。小孩多，对专业户来说，妇女投入劳动就越少，从而作用应是反向的；而对散养户来说，作用方向则不好判断，小孩多，妇女有可能无法出外从事其他生产而只好在家养两头猪，但也有可能连养猪都无法兼顾。

（8）男子因素。这里考虑了丈夫文化程度对养猪决策的影响，具体用丈夫的受教育年限表示。没有考虑丈夫的年龄，主要是因为调查户中丈夫与妻子年龄一般相当，自变量中加入丈夫年龄变量反而会造成多重共线的问题。由于农户家庭养猪多是由妇女负责，因此分析妇女年龄会更为合适。

根据上述讨论，预期各影响因素对农户决策的作用方向见附表 2。

（三）模拟结果

农户养猪决策的 Probit 模型和 Tobit 模型均用最大似然对数法估计，散养户和专业户的决策模型模拟结果分别见附表 4 和附表 5。可以观察到：

（1）积肥需要。获得农家肥，对散养户来说是养猪的一个重要原因，而它对专业户的养殖决策却不起有什么作用。在散养户类型为主的河南地区，认为积肥是养猪重要原因的农户，其养猪概率会比认为积肥不重要的农户要增加 12.4%，养猪头数要多 0.778 头。

（2）现金收入。估计结果从经验上支持了散养户养猪与缺乏其他现金收入来源有关的观点。虽然在模型设计中，农户的现金收入变量有内生的问题，但我们从估计系数的正负方向仍能说明一些问题。在河南，现金收入越少的农户，养猪的可能性越高；但随着养猪规模的扩大，农户家庭的现金收入也在逐渐增加。在吉林，养猪越多的农户，家庭人均现金收入越高。

（3）劳动力。估计结果表明，家庭是否有足够劳动力，对专业户的决策很重要，而对散养户不起什么作用。在专业户为主的吉林地区，家里多 1 口人，农户养猪的概率要大 29.2%，养猪规模会扩大 9.114 头。劳动力的多少对两种养殖模式的作用不同，可以用以下原因解释：对散养户来说，养一两头猪所利用的只是农民的部分闲暇，劳动力的多寡对养不养猪影响不大；而对专业户养殖必须保证有足够的劳动投入。

（4）农户的风险偏好。如果种植农作物的品种多少能较好地反映农户对待风险的态度，那么可以得出这样一个结论：在河南，风险偏好型的农户乐意扩大养殖规模，而风险厌恶型的农户养殖规模相对要小；在吉林，养猪户绝大部分属于专业户养殖，养猪是家庭收入的主要来源，规避收入风险波动不是其养猪的动因，因此规避风险对专业户的养猪规模决策的影响就不明显。

（5）农户土地资源禀赋。模拟结果表明，农户人均耕地面积的大小，对生猪散养户和专业户养猪决策影响都不明显。农户自己生产饲料能力的大小对农户养不养猪、养多少头猪已经不构成限制。从 20 世纪 90 年代以后，我国饲料市场发展很快、玉米的商品率也很高，农户是不是拥有足够的土地生产饲料已经不再是影响农户养猪规模的重要因素。

（6）养猪的机会成本。根据前文的判断，养猪的机会成本对养猪决策的影响应该是消极的，即机会成本越高，农户养猪的可能性应越小，养猪规模也应较小。模拟结果显示，专业户模型中该系数不显著，散养户模型中该系数很显著，但作用方向与预期相反。

专业户模型中，农户非农收入系数不显著，部分原因是因为工具变量的使用，工具变量虽然解决了非农收入变量内生性的问题，但同时也带来了方差较大的缺点。

散养户模型的估计系数结果表明，农户家庭来自非农业的人均现金收入每增加 100 元，农户养猪的概率反而上升 10%，规模增加 0.4 头。这种结果最可能的解释是，散养户养猪没有机会成本或机会成本很小，它只是利用了农户的闲暇。在就业机会很少的农村，农民隐性失业情况严重，勤劳的农民家庭通常各种收入都要高一些。为了证明这种情况，本文对河南调查农户的非农收入和农业收入之间的关系进行验证，结果表明它们之间是显著的正相关关系。

（7）妇女在养猪决策中的作用。可以发现，妇女在散养户和专业户养猪决策中均有明显作用，但影响散养户决策的妇女特征是年龄，影响专业户决策的是文化程度。

在散养户类型为主的河南地区：①妇女年龄越大，经验越丰富，越倾向于养猪，养猪头数也较多。相对于30岁以下的年轻妇女来说，30～39岁的妇女养猪的概率要高28.4%，养猪头数要多1.478头；40～49岁的妇女养猪概率要高32%，养猪头数要多1.907；50岁以上的妇女养猪概率大25%，多养2.579头猪。②妇女的非农劳动（每年用于非农劳动的时间）对养猪决策有显著影响，妻子每年从事非农劳动的时间每多1个月，养猪的概率下降7%，养猪头数减少0.37头。③妇女的非市场劳动对养猪决策影响也有明显影响，未成年小孩每多1个，家庭养猪的概率要高26.2%，养猪多1.024头。这正如前文所分析，小孩多的妇女无法出外工作，在家养一两头猪是比较好的选择。

在专业户类型为主的吉林地区：①妻子的年龄对养猪决策作用不明显。②妻子文化程度对养猪规模的决策作用显著，妻子文化程度越高，养猪规模明显扩大。相对于小学文化程度的妇女，初中文化程度的要多养5.293头，高中文化程度的要多养6.855头。③妻子从事非农劳动的时间则与养猪构成冲突，每年从事非农劳动时间每多1个月，农户养猪的概率减少10.1%。

(8) 男子因素。

（四）结论

从以上对农户养猪决策的因素分析，可以得出几个有意义的结论：

(1) 散养户目标多元化，除了追求养猪收益外，积肥、规避风险同样是散养户养猪的重要原因；专业户养猪则目标单一，其养猪目的就是为了追求利润最大化。

(2) 妇女在散养户和专业户养猪决策中均有明显作用，但影响散养户决策的妇女特征是年龄，年龄大的妇女更愿意养猪；影响专业户决策的是文化程度，受教育程度高的妇女养猪更多。这反映了散养与专业户这两种养殖模式对劳动力人力资源的要求不同。

(3) 散养户养猪的机会成本很低，对农户家庭资源禀赋要求不高；专业户则养猪机会成本高，家庭资源禀赋好的农户养猪更多。

对散养户来说，养猪与农户的其他生产活动（家庭非农收入）、妇女的非市场劳动（抚育孩子）之间没有冲突，它牺牲的是农户的闲暇，养猪的机会成本很低，特别是劳动力的机会成本基本为0。这里需要说明的一点是，“散养户养猪机会成本低，农户非农就业不影响其养猪”之所以成立，是就农村妇女依旧留守在家里的情况而言的。如上文所分析的，妇女外出务工时间会导致农户不养或少养猪。这也就是说，只要妇女还呆在家里务农，那么她的其他劳动就不会影响到养猪。散养模式的这个特点，进一步凸显了妇女在养猪这项传统“副业劳动”中的重要性。

对专业户来说，养猪与农户其他的生产活动、就业机会以及妇女的非市场劳动之间具有替代关系，养猪的机会成本较高，家庭劳力较多，是发展专业养殖户的重要条件。

四、农户养猪生产效率分析

文章的第3节分析了制约农户养猪决策的因素，第4节将利用Heckman模型对制约农户养猪生产效率的因素进行分析，这样我们就会对农户养猪的经济行为有较全面的认识，从而为政府扶持不同类型养猪户及提高它们的生产效率提供政策依据。

（一）农户生猪饲养效率模型

农户生猪饲养效率模型实际是一个供给反应函数，即农户饲养行为面对条件变化时做出的反应。本文所使用的调查样本中既包括养猪户，也包括一些不养猪的农户。这就产生了一个问题，生猪的饲养效率能否被观察到，取决于农户先前的一个选择过程，即农户是否选择养猪，只有先选择养猪的农户其养猪的生产效率才能被观察到。根据这种情况，本文对农户生猪饲养效率的分析采用了 Heckman 模型。

Heckman 模型一般被用于估计有选择过程的两步特征的方程，假设 y 为因变量，X 为自变量向量矩阵，b 为系数向量矩阵，模型的一般形式为：

$y=Xb+u_1$

选择方程：Z 为自变量向量矩阵，g 为其系数向量矩阵

当 $Zg+u_2>0$ 时，y 可以被观察到

其中：$u_1\sim(0,\delta)$，$u_2\sim(0,1)$，$corr(u_1,u_2)=\rho$

模型的被解释变量——农户的生猪饲养效率。本文采用了两种模型形式，模型一是日生产效率分析，用每头生猪的日增重来衡量生猪饲养效率；模型二是一个完整的生产函数，用每头生猪的增重（=出栏重－苗猪重）衡量生猪整个饲养周期的生产效率。

生猪饲养效率能否被观察到，取决于农户是否养猪，因此选择方程包括的解释变量与第 3 节农户养猪决策分析包括的解释变量相同，在此不再赘述。

影响生猪饲养效率的解释变量包括：

（1）精饲料饲喂水平。这里，模型一是每头猪的精饲料日粮，用每头猪的玉米日粮衡量；模型二用每头猪饲养周期内的玉米饲喂量来衡量。

工厂化养猪的饲料一般为配合饲料，玉米作为主要的能量饲料，配比比较固定，一般占到猪饲料的 70%左右。对农户养猪来说，喂的猪食则很杂，除了玉米外，还包括饲喂效果不如玉米、但更便宜的糟渣类饲料（如酒糟、玉米渣等），还有各种农业副产品、泔水，散养户还会包括相当数量的粗饲料（如红薯藤）等。因此猪粮中玉米的含量，代表了农户的饲喂水平。

（2）饲养周期。模型二中还包括饲养周期，用来衡量饲养生猪的劳动投入。

（3）农户的风险偏好。与养猪决策模型相同，用农户种植的农作物品种数来代表。通常情况下，风险偏好型的人，不太计较成本，也愿意尝试新技术、新知识；而风险厌恶型的人，比较保守，对成本控制严格，不太愿意率先尝试新技术、新知识。

（4）家庭规模。家庭人口越多，意味着劳动力越多，对养猪生产效率应有积极作用。

（5）妇女作用。与养猪决策模型相同，妇女因素的变量包括：反映妇女人力资源禀赋的变量——妻子年龄和受教育年限，反映妇女从事非农业劳动机会成本的变量——妻子年非农务工时间，以及反映妇女非市场劳动的变量——未成年孩子数。

妇女的年龄对生产效率的影响可能是正向的，也可能是反向的。因为随着年龄的增长，人的生产经验会越来越丰富，但对新事物、新知识的接受能力要差一些。妇女的文化程度对生产效率的影响应该是正向的，文化水平越高，掌握新技术的能力越强。

妇女养猪的机会成本越高，应该对生猪生产有消极作用。同样妇女的非市场劳动任务越重（未成年孩子越多），也会对生猪生产产生消极作用。

（6）男子作用。与养猪决策模型相同，考虑了丈夫文化程度对生猪生产效率的影响。其作用方向应与妇女文化程度的影响一样，文化水平越高，生产效率应越高。

综合以上分析，各影响因素预期作用方向见附表 3。

（二）模拟结果

模型一和模型二均用最大似然对数法估计，模拟结果见附表 6。

可以发现，模型二能解释吉林公主岭市的专业户生猪生产行为，而不能解释河南杞县的农户养猪行为。对散养模式普遍的河南地区，模型二的 p-value 为 0.359，这意味着包括模型二不能解释散养户的生产行为。在河南，家家养一两头猪，猪食成分杂，饲养周期差别大，周期短的有 120 天，长的有 420 天。与专业户养殖不同，散养户的饲养周期不能很好地衡量农户在养猪上的投劳，养猪对农户来说只是一个“副业”劳动。并且由于饲养周期差别太大，使得整个生猪生长周期中的玉米使用量也失去了衡量各户饲喂水平高低的作用。鉴于以上理由，本文仅就模型一，即生猪日生产效率模型，来比较分析散养户和专业户两种养殖模式的生产效率影响因素。

模型一的估计系数结果表明：

(1) 精饲料饲喂水平。精饲料日粮的多少，对生猪育肥效果作用很显著。对散养户，猪日粮每增加 1 千克玉米，生猪日增重将平均增加 0.073 千克；对专业户，猪日粮每增加 1 千克玉米，生猪日增重将平均增加 0.063 千克。散养户养猪的玉米边际产出高于专业户，说明散养户如果能增加猪粮中的精料比例，会取得更好的增重效果。

(2) 妇女特征对养猪效率的影响。妇女因素中年龄对养猪生产效率影响很大。估计结果表明，年龄大的妇女由于经验丰富，养的猪要更好一些。相对 30 岁以下的年轻妇女，散养户中，40～49 岁妇女的增加 0.115 千克，50 岁以上妇女增加 0.136 千克；专业户中，30～39 岁妇女养的猪日增重要多 0.074 千克，40～49 岁妇女的增加 0.075 千克，50 岁以上妇女增加 0.125 千克。

(3) 男子文化程度的影响。按预期，丈夫的文化程度对生猪饲养效率应有积极作用，文化水平越高，饲喂方法应更科学。然而，专业户的经验却没有支持上文的判断。丈夫初中文化程度的与小学文化程度的养猪户养猪效果之间没有明显差异，而高中文化程度的却要比小学文化程度的生猪日增重要减少 0.077 千克，高中以上文化程度的要低 0.157 千克。

(4) 农户的风险偏好。同样，由于散养户喂料随意，不同农户之间喂料差别很大。风险偏好型的农户不太计较成本，精饲料喂得多。而风险厌恶型农户，对成本控制严格，精饲料喂得少。所以，对待风险态度不同的散养农户，饲喂效果相差不少。风险偏好型的农户要比风险厌恶型农户每头猪日增重增加 0.026 千克。

专业户喂料营养均衡，配比科学，农户的风险偏好就对其生产效率作用不明显。

（三）结论

生猪散养户和专业户饲喂方式的显著差异，导致相同因素对他们生产效率的影响存在较大差别。散养户饲喂随意，农户间差异很大，精料的边际产出、妇女年龄和经验的边际贡献均高于专业户。专业户饲养遵循的是一整套成熟、科学的饲养方法，农户的受教育程度对养猪生产效率的影响并不显著，而经验更为重要。

五、政策含义

从上文对农户生猪饲养行为的影响因素分析，为政府扶持农户养猪业的发展提供以下有建设性的政策含义：

(1) 我国散养生猪生产目标多元化，除追求收益外，还满足农户获取现金、农家肥和规避风险的需要，在我国发展现阶段对稳定农民收入、发展农业生产有着积极的作用。

(2) 农村劳动力市场完善，有利于农户养猪生产效率的提高。无论对专业户，还是散养户，农户劳动力都对其生猪饲养行为有着重要影响，这间接说明，劳动力市场的缺失对农户饲养行为产生了不利影响。如果政府能在鼓励农村劳动力流动、城乡统筹方面多下工夫，那么会有助于我国农户养猪生产效率的提高和资源优化配置。

(3) 对不同养殖模式地区，要鼓励养猪业发展，政府需要采取的引导方式不同。生猪散养成本低，需要的资金量小，对农户家庭资源要求不高，并且养猪不会影响到农户的其他生产活动或就业，它对农户增加收入来源、稳定收入具有积极的意义。这种模式，特别适用于经济较不发达、农村隐性失业严重的农区发展，也适用于贫困地区脱贫工作。政府只要通过少量资助或小额信贷让农民够买仔猪的钱，就可以使贫困农户养一两头猪，而达到增加农民收入来源的目标。

专业户养殖成本高，资金约束强，对农户家庭资源要求也较高，与农户的其他活动或就业有很强的替代作用（即劳动力的机会成本高），生猪专业户养殖模式是农户增加收入的一条重要途径。这种养殖模式，适用于土地资源丰富、资金较宽松的地区发展。政府要扶持专业养殖户发展，给予信贷优惠、用地优惠等扶持政策，将会取得比较好的政策效果。

(4) 对不同养殖模式地区，要提高养猪生产效率，政府工作重点不同。对散养模式普遍的地区，农户喂料随意，农户间差异明显，饲养方法有待科学改进的余地很大，重视针对农户个人科学养猪方法的培训是提高养猪生产效率的重点。

对专业养殖模式普遍的地区，当比较成熟的科学饲养方法已经深入人心，成为专业户普遍掌握的技术。对这类地区，提高生产效率的重点在于推广新技术，引进专业化管理，进一步提高生产效率，促使其由专业户养殖向工厂化模式转变。

(5) 重视散养模式中的妇女作用。本文分析表明，妇女在我国生猪散养中起着至关重要的作用。妇女在我国生猪散养中起的重要作用体现在两方面：第一，妇女大量留守在农村家里，是我国农村散养户普遍存在的重要前提条件之一，这意味着，如果一个地区的农村妇女普遍外出务工，那么散养生猪的家庭会大大减少；第二，农村妇女在散养生猪活动中居主导地位。因此在散养模式普遍的地区，为鼓励养猪业的发展，政府应特别注重政策向妇女倾斜，比如：加强对妇女的培训，小额信贷等优惠政策应瞄准妇女等等。

附表：

附表1　调查农户的基本情况

	散养类型（河南杞县）	专业户养殖类型（吉林公主岭市）
调查户数	207	233
其中：养猪户占	77.5%	68.6%
户均自有耕地（亩）	4.6	17.0
	(1.97)	(6.52)
户均玉米种植面积（亩）	1.6	14.5
	(0.548)	(0.399)
养猪户户均养猪头数（头）	2.7	24.7
	(3.74)	(19.9)
养猪户户均生猪饲养周期（天）	201.9	139.8
	(57.92)	(22.12)
生猪出栏活重平均（千克/头）	113.65	102.2
	(17.14)	(8.12)
生猪日增重（千克/天）	0.515	0.615
	(0.15)	(0.10)

注：括号内为标准差。

附表2　农户养猪决策模型变量与预期作用方向

变　量	预期作用方向	
	散养户	专业户
现金收入	−	−
积肥需要	+	+/−
资金丰裕程度	+/−	+
非农收入	+/−	−
规避风险	+	−
家庭人均耕地面积	+/−	+/−
家庭规模	+	+
妇女因素：		
未成年孩子数目	+/−	−
妻子非农务工时间	−	−
妻子年龄	+	+/−
妻子文化程度	−	+/−
丈夫文化程度	−	+/−

附表3　农户养猪生产效率模型变量与预期作用方向

变　量	预期作用方向	
	散养户	专业户
日粮（玉米）	+	+
非农收入	−	−
规避风险	+/−	−
家庭规模	+/−	+
妇女因素：		
未成年孩子数目	−	−
妻子非农务工时间	−	−
妻子年龄	+/−	+/−
妻子文化程度	+	+
丈夫文化程度	+	+

附表 4 散养户养猪决策的 Probit 和 Tobit 模型（河南杞县）

因变量	Probit 模型		Tobit 模型	
	是否养猪的虚变量		养猪头数	
	系数	边际效应	系数	边际效应
积肥意愿	1.104	0.124	1.514	0.778
	(2.75)***		(2.67)***	
现金收入	0.000	0.000	0.001	0.001
	(−1.76)*		(4.08)***	
家庭规模	−0.856	−0.139	−0.578	−0.275
	(−2.06)**		(−0.78)	
风险偏好	−0.335	−0.055	−0.880	−0.419
	(−2.3)**		(−3.52)***	
家庭人均耕地面积	0.041	0.007	−1.149	−0.547
	(0.13)		(−1.9)*	
非农收入	0.008	0.001	0.009	0.004
	(4.73)***		(4.26)***	
妇女因素：				
妻子非农务工时间	−0.438	−0.071	−0.777	−0.370
	(−3.21)***		(−3.64)***	
未成年孩子数	1.608	0.262	2.151	1.024
	(3.49)***		(2.85)***	
妻子 30～39 岁	2.140	0.284	2.878	1.478
	(3.55)***		(2.9)***	
妻子 40～49 岁	2.688	0.320	3.577	1.907
	(3.87)***		(3.22)***	
妻子 50 岁以上	3.119	0.250	4.365	2.579
	(4.09)***		(3.63)***	
妻子初中文化程度	−0.256	−0.043	−0.171	−0.081
	(−0.7)		(−0.27)	
妻子高中文化程度	−0.063	−0.011	−0.154	−0.072
	(−0.15)		(−0.19)	
妻子高中以上文化程度	0.078	0.012	1.079	0.559
	(0.12)		(0.89)	
男子因素：				
丈夫初中文化程度	0.194	0.032	0.632	0.301
	(0.6)		(0.99)	
丈夫高中文化程度	0.540	0.071	1.182	0.599
	(1.42)		(1.51)	
丈夫高中以上文化程度	−0.260	−0.049	−0.943	−0.419
	(−0.37)		(−0.92)	
常数项	−0.339		−2.156	
	(−0.3)		(−0.93)	
Log likelihood	−71.387		−452.988	
Pseudo R^2	0.332		0.116	
p-value	0.000		0.000	
Observations	206		216	

注：① ***表示在 1%的水平上显著，**表示在 5%的水平上显著，*表示在 10%的水平上显著。

②括号内为 t 值。

附表 5　专业户养猪决策的 Probit 和 Tobit 模型（吉林公主岭市）

因变量	Probit 模型		Tobit 模型	
	是否养猪的虚变量		养猪头数	
	系数	边际效应	系数	边际效应
积肥意愿	0.336	0.076	−3.434	−2.046
	(1.17)		(−1.26)	
现金收入	0.000	0.000	0.004	0.002
	(3.29)***		(6.81)***	
家庭规模	1.199	0.292	14.918	9.114
	(3.58)***		(4.96))***	
风险偏好	0.591	0.144	4.695	2.869
	(1.87)*		(1.74)*	
家庭人均耕地面积	0.002	0.001	−0.221	−0.135
	(0.03)		(−0.37)	
非农收入	0.001	0.000	−0.002	−0.001
	(1.22)		(−0.4)	
妇女因素：				
妻子非农务工时间	−0.413	−0.101	−1.783	−1.089
	(−2.22)**		(−1.21)	
未成年孩子数	−0.581	−0.142	−5.322	−3.251
	(−1.59)		(−1.66)*	
妻子 30～39 岁	0.318	0.075	3.473	2.146
	(0.71)		(0.76)	
妻子 40～49 岁	0.296	0.069	2.011	1.240
	(0.62)		(0.42)	
妻子 50 岁以上	0.715	0.133	1.515	0.943
	(1.23)		(0.27)	
妻子初中文化程度	0.473	0.114	8.609	5.293
	(1.29)		(2.38)**	
妻子高中文化程度	0.888	0.191	10.661	6.855
	(2.01)**		(2.68)***	
男子因素：				
丈夫初中文化程度	0.372	0.083	8.903	5.814
	(0.73)		(1.69)*	
丈夫高中文化程度	0.436	0.112	9.295	5.451
	(0.81)		(1.72)*	
丈夫高中以上文化程度	−0.535	−0.162	4.696	3.095
	(−0.35)		(0.33)	
常数项	−6.331		−69.841	
	(−4.36)***		(−5.31)***	
Log likelihood	−75.514		−596.402	
Pseudo R^2	0.361		0.138	
p-value	0.000		0.000	
Observations	196		196	

注：① ***表示在1%的水平上显著，**表示在5%的水平上显著，*表示在10%的水平上显著。
　　②括号内为 t 值。

附表 6　农户养猪生产效率的 Heckman 模型

	散养户类型为主地区（河南）		专业户类型为主地区（吉林）	
	模型 1	模型 2	模型 1	模型 2
被解释变量:	生猪日增重	生猪出栏重－苗猪重	生猪日增重	生猪出栏重－苗猪重
解释变量:				
模型 1：玉米日粮				
模型 2：玉米饲喂量	0.073	0.011	0.063	0.024
	(3.67)***	(0.66)	(6.65)***	(2.42)**
饲养周期		0.024		0.103
		(0.92)		(2.14)**
风险偏好	－0.026	1.415	－0.005	0.979
	(－2.34)**	(0.94)	(－0.44)	(0.8)
家庭规模	0.014	7.458	－0.065	－0.257
	(0.43)	(1.74)*	(－4.18)***	(－0.15)
妇女因素:				
妻子非农务工时间	－0.012	－0.107	0.004	0.343
	(－1.41)	(－0.1)	(0.48)	(0.43)
未成年孩子数	0.009	－5.255	0.043	1.852
	(0.32)	(－1.37)	(2.23)**	(0.93)
妻子 30～39 岁	0.038	－1.449	0.074	5.197
	(0.89)	(－0.26)	(2.52)**	(1.69)*
妻子 40～49 岁	0.115	0.518	0.075	4.379
	(2.42)**	(0.08)	(2.44)**	(1.34)
妻子 50 岁以上	0.136	5.759	0.125	10.534
	(2.64)***	(0.86)	(3.62)***	(2.85)***
妻子初中文化程度	0.021	0.550	0.000	－0.719
	(0.74)	(0.14)	(0.01)	(－0.28)
妻子高中文化程度	－0.039	－0.265	0.013	1.576
	(－1)	(－0.05)	(0.55)	(0.59)
妻子高中以上文化程度	－0.028	－12.268		
	(－0.43)	(－1.5)		
丈夫因素:				
丈夫初中文化程度	0.043	4.369	－0.055	0.795
	(1.4)	(1.09)	(－1.46)	(0.21)
丈夫高中文化程度	0.058	1.802	－0.077	－0.900
	(1.51)	(0.36)	(－2.05)**	(－0.23)
丈夫高中以上文化程度	0.028	0.607	－0.157	－1.497
	(0.62)	(0.11)	(－2.4)**	(－0.22)
常数项	0.340	60.238	0.685	57.008
	(3.04)***	(4)***	(9.22)***	(7.07)***
选择模型:				
积肥意愿	1.041	0.973	－0.057	－0.127
	(3.15)***	(2.71)***	(－0.17)	(－0.41)
现金收入	0.000	0.000	0.000	0.000
	(－1.99)**	(－2.14)**	(2.79)***	(3.83)***
家庭规模	－1.043	－1.064	1.123	1.092
	(－2.72)***	(－2.73)***	(3.37)***	(3.05)***
风险偏好	－0.286	－0.266	0.611	0.656
	(－2.29)**	(－2.03)**	(2)**	(2.01)**

（续）

	散养户类型为主地区（河南）		专业户类型为主地区（吉林）	
	模型1	模型2	模型1	模型2
家庭人均耕地面积	0.168	0.212	−0.001	−0.048
	(0.6)	(0.73)	(−0.01)	(−0.65)
非农收入	0.006	0.007	0.001	0.000
	(5.21)***	(5.24)***	(1.36)	(0.79)
妇女因素：				
妻子非农务工时间	−0.282	−0.291	−0.399	−0.387
	(−2.45)**	(−2.45)**	(−2.12)**	(−2.01)**
未成年孩子数	1.581	1.542	−0.486	−0.521
	(3.99)***	(3.83)***	(−1.35)	(−1.32)
妻子30～39岁	1.721	1.709	0.083	0.588
	(3.39)***	(3.26)***	(0.19)	(1.21)
妻子40～49岁	2.457	2.462	0.066	0.604
	(4.11)***	(3.98)***	(0.14)	(1.18)
妻子50岁以上	2.622	2.583	0.456	1.031
	(4.1)***	(3.94)***	(0.8)	(1.65)*
妻子初中文化程度	−0.059	−0.046	0.506	1.003
	(−0.19)	(−0.15)	(1.42)	(2.38)**
妻子高中文化程度	−0.053	0.033	0.824	1.298
	(−0.15)	(0.09)	(1.91)*	(2.71)***
妻子高中以上文化程度	−0.181	−0.077		
	(−0.34)	(−0.14)	0.000	0.000
男子因素：				
丈夫初中文化程度	−0.068	−0.004	0.793	0.338
	(−0.23)	(−0.01)	(1.56)	(0.6)
丈夫高中文化程度	0.418	0.448	0.904	0.538
	(1.2)	(1.23)	(1.72)*	(0.93)
丈夫高中以上文化程度	−0.470	−0.306	0.131	−1.082
	(−0.91)	(−0.58)	(0.09)	(−0.7)
常数项	0.464	0.423	−6.181	−6.690
	(0.43)	(0.39)	(−4.15)***	(−4.33)***
Log likelihood	8.589	693.78	91.091	−502.895
p-value	0.000	0.359	0.000	0.000
Observations	216	200	196	187

注：①模型1是衡量生猪日生产效率的函数，被解释变量为生猪日增重；模型2是一个完整的生产函数，被解释变量为生猪出栏重－苗猪重，解释变量重增加了饲养周期。

②***表示在1%的水平上显著，**表示在5%的水平上显著，*表示在10%的水平上显著。

③括号内为t值。

美国政府农业决策及对中国的启示

张正河

中国农业对世界农业的发展作出了巨大的贡献，但近三百年来，其现代化进程明显低于世界平均速度。美国农业的生产方式和控制管理技能都属世界最先进之列，美国农业之所以成功，有其得天独厚的农业资源的因素，但更与经历市场竞争所形成的农业相关产业的组织结构、有竞争力的生产方式、积极的公共政策密切相关。

2002年是中国加入WTO后的第一年，中国农业进行了一系列调整，很多人预计的农业冲击似乎没有发生，但我国农业从生产到加工，从贮运到营销，都还存在很多的问题。2002年，作为教育部派出公共管理方面的高访学者，对两国的农业政策进行了理性的对比研究，得出一些有意义的差别，这些差别对于优化我国的三农政策具有重要意义。在两个大国间进行比较研究，从理论上讲完全可行的，但在实践中必须研究不同的自然条件、经济、社会和文化背景对农业制度的多方位影响。

一、美国农业发展：自然加政府，无为与有为

17世纪初期，美洲大陆刚有殖民者居住时，农业基本上自给自足。

通过独立战争，美国才赢得独立。1776年美国独立时，农业人口占总人口的97%。

1796年，杰弗逊当选总统，他认为众多独立的小农场是有效率的，为发展农业，政府决定无偿划拨土地供人们去耕种。当时美国国会通过的著名的HOMESTEAD ACT法案规定，无论是谁，只要愿意就可以耕种土地。此后通过的MORRILL ACT法案，政府又建立了许多农业大学或学院，在农业院校设置了由联邦和州负担经费的培训、技术推广站，并在每个县至少建有一个延伸服务站，为农民提供免费服务。为提高效率，农民开始有了特色种植。后来，铁路的发展使农产品贸易规模覆盖全美，专业化生产成为可能。

1900年，美国国会通过BECLAMATIONL ACT法案，规定农民只要在西部地区种草植树或修筑水渠达到一定面积和时间，就可从政府手中低价或免费获得土地，同时，政府在财政补贴和转移支付等政策方面给予相当大的鼓励和支持，加大资金投入，进行流域综合治理，使西部沙漠地区的农业发展成为可能，并逐步成为大的农作物种植区。

2002年，美国人口达到2.7亿人，GDP达80 000亿美元，其中只有2%的人真正从事农作物的生产，而农业产出为10 000多亿美元，占1/8强。农产品不仅能养活全美国人，而且还出口40%，美国每年农产品出口额约为600亿美元。

美国目前约有200万个农场，其中大型农场占25%，产量占农业总产量的75%，90%的农场只从事一种农作物生产，农业专业化程度很高。美国农场数量越来越少，规模却越来越大。以1940年、1970年、1990年、2002年4个年份为例，农场数量分别由635万个减少到294.9万个和214.3万个，再到200万个，每个农场的平均规模却由412公顷扩大到924公顷、1 139公顷和

1 200公顷左右。

美国现代化的农业具体表现为以下四个特点：

1. 农业生产区域化、专业化。经过多年的发展，美国农业形成了区域化和专业化的生产布局：东北部是玉米、豆类作物产地；东部及东南部盛产棉花、烟草、蔬菜；中西部盛产小麦；加州南部、佛罗里达地区气候温和，盛产蔬菜；北部主要产奶制品；西部地区干旱，适于放牧，牧产品丰富；南部得克萨斯州地区主要是牧产品和蔬菜，形成蔚为壮观的产业带和产业区。

2. 农业教学、研究和推广（延伸服务）**一体化。**19世纪中叶，美国每个州都被联邦政府无偿给予土地建一所农业大学，即政府赠地农学院。这种政府赠地农学院的主要目的是教学、研究及延伸服务。延伸服务是教学和研究完美结合的成果，美国每个县都有一名受大学雇佣的推广代理人员而不是政府雇员，负责农场主或农民推广最新的农业科研知识和成果，他们每年都要回到学校接受一定的培训，研究、学习和讨论一些他解决不了的问题，寻求到答案后，再传播给农民，并通过搞试验田的办法向农民示范，这是美国在农业教育上的主要特点之一。

3. 农业劳动者证书化，实用技术普及化。美国非常注重培训和宣传，提高农民的基本素质。除正规的院校教育外，美国对成人农业管理教育也十分重视。美国有专门农业教育者从事对农民的知识更新和农作物栽培辅导，并帮助农民制定和编制作物种植计划表、财务分析表和税务报表，根据接受教育的程度和水平为农民颁发管理能力文凭。这种成人教育被称为“没有围墙的大学”，其发挥的作用与正规农业院校相得益彰。在宣传方面，一些最新的农业科技知识、政府优惠政策，都会被印成小册子免费发给公众，或通过媒体无偿告知人们；在培训方面，除了政府拨出专款对青年农民进行多渠道的培训外，对农民更新农业知识、介绍农业新科技等后续教育考虑的非常周到细致。从这一点看，美国的农业发展政策是务实的、互动的和有效的。

4. 农业科技转让国际化。负责政府间的农业科技转让在美国有两个机构负责，一个是美国国际发展署，负责农业对外援助；另一个是美国农业部，内设对外出口署，主要负责联邦种子培育、牲畜繁育等技术的转让和出口。随着柏林墙的倒塌，美国政府的对外援助也开始逐年减少，代之而起的是私人投资的大量增加，鼓励私人企业向外出口。

美国农业发展，可以归结于六大因素：一是人少地多且适于农作的得天独厚的自然条件，美国气候条件适宜不同作物生产，农产品种类多而丰富；二是铁路、公路、水运和航空等交通运输业的发展，国内外农产品交换迅速、便捷，使地区专业化生产成为可能，形成了区域和专业生产分工；三是经济体制，美国政府鼓励农民发展新机遇，创造新价值；四是政府政策的介入，通过立法支持和发展农业，如成立学院、限产补贴、搞延伸服务等；五是大量科学技术的运用，促进了农业生产水平的提高；六是服务销售系统比较完善。

二、美国政府所面临的农业问题及政府决策

虽然是现代高效的农业，但美国政府也面临很多农业问题，并在不同的时期采取了不同的保护与促进措施。

（一）剩余

美国农产品过剩，不仅仅是结构性的，更主要的是数量的绝对性过剩。主要有小麦、玉米、高粱、水稻、棉花、烟草、奶类、蔬菜、水果，其数量或程度在不同时期有所不同。美国出台《农业调整法》，这部法规沿用多年，期间做过多次微调，但其核心没有太大改变。解决农产品过

剩的措施主要有五个方面。

1. 限制农产品播种面积。对主要农产品（谷物、棉花、烟草和花生等）分别制定“农产品计划”，规定停耕面积的比例，确定一部分停耕土地的补偿比例，政府同自愿限制生产的农场主签订合同，并保证他们生产的农产品取得一定水平的销售价格（即目标价格），政府的农产品信贷公司还向签约农场主提供无追索权贷款。当市场价格高于目标价格时，农场主可以在市场上出售农产品，用现金归还政府的贷款和利息；如果市场价格低于目标价格，农场主则可以把农产品交给农产品信贷公司，农产品信贷公司向农场主补足贷款与目标价格之间的差额。在实践中，这一政策总是和土地保护政策结合在一起，即农场主要在停耕的土地上种草或种树以保持水土，或转而种植可以提高土地肥力的作物（如豆科作物）。休闲补贴在一定程度上限制了农产品生产及其过剩，同时，也给美国政府带来了巨大的财政负担。

2. 由政府的农产品信贷公司建立农产品储备，以调节市场供求状态。农产品信贷公司建立农产品储备的作用是，当市场供过于求，价格下跌时，农产品信贷公司在市场上收购农产品，以提高价格；当市场上求过于供，价格上涨到一定水平时，农产品信贷公司则抛售自己的储备，以稳定价格，不使消费者受害。

3. 扩大农产品出口。为了解决农产品过剩问题，最有效的措施之一是扩大农产品出口。二战后，美国政府就以马歇尔计划、农产品贸易和发展计划、粮食用于和平计划等方法竭力扩大剩余农产品的出口。在扩大农产品出口的同时，政府还对某些农产品实行进口限制。美国粮食出口量占国内生产量的比重，玉米为 20%，大豆为 32%，小麦为 50%，美国是世界最大的粮食出口国，玉米、大豆和小麦都在世界市场上占有举足轻重的地位。

4. 扩大农产品的工业用途。首先研究出农产品的新用途，然后对其进行农产品深加工。美国工业生产的食品已占 80%～90%，以农产品为原料的加工业产值约为农业产值的 2～4 倍。多年来，在用玉米提取食油、糖浆和酒精等方面取得了很大进展。

5. 实行国内的食物分配计划。为了解决农产品积压和救济低收入家庭，美国从 30 年代就开始实行食物分配计划，例如有在校儿童早餐计划、午餐计划、暑假食物供应计划、特别牛奶计划。妇幼儿童食物补充计划、食品券计划以及其他食物赠予计划等。

（二）食物安全

与第一问题相关，在美国，食品的数量安全早已不是问题，食品的质量安全做得也相当好。主要采取了如下的政策和具体措施。

1. 制定严格的检验及分级标准。

2. 实行标签制度，对有机食品、转基因食品、含抗生素食品都加以标记，消费者可以根据自己的经济条件和偏好来选择食品。

3. 不同级别的食品，在价格上有较大的差别，实行优质优价，农场主据此信息和实力水平来制定生产决策。

4. 相关人员的操作规程和诚信道德教育。

5. 对农业管理与生产人员进行生产技术、国内外市场供求信息、政府意志与政策导向方面的培训和服务。

（三）政府对农业的补贴与休耕

美国于 1933 年颁布了《农业调整法》，开始对农业实行保护政策。对促进美国国内农业生

产、保护农民利益、保证美国农产品在世界贸易中的份额都发挥了积极作用。但是，随着美国政府财政困难的日益加剧，国内反对农产品价格和收入支持政策的呼声越来越高；补贴政策限制了生产，扭曲了市场价格，降低了美国农产品在世界市场的竞争力；大、中、小农场间不公平的竞争使农民要求有更大的生产自决权；再加上乌拉圭回合谈判削减农产品补贴的规定的影响，促使美国政府1996年4月出台了新的农业法即《1996年联邦农业完善与修改法》。

1. 1996年法案修改的主要内容。主要涉及6个方面的问题。

（1）从1996年起取消长期以来实行的农产品保护价格，2002年以后停止向农场主提供农产品价格和收入支持方面的补贴，使美国农业“完全过渡到市场经济”。政府将通过引导农民参与期货交易和农业合作组织，化解和分担农民的市场风险。此外，政府还将加大农业保护的力度，减少农业税收。

（2）作为过渡，在1996—2002年间设立“弹性生产合同补贴”，以取代农产品保护价格补贴。在新的补贴制度下，如农场主自愿执行政府制定的环境资源保护计划和沼泽地保护条款等法规，并与政府签订7年“弹性生产合同”，即可得到补贴。新补贴机制为政府大大减轻了财政负担。到2002年，政府的农业补贴将由1996年的56亿美元降至40亿美元。新法律规定的1996—2002年7年内市场过渡补贴的年度开支为：

年　度	1996	1997	1998	1999	2000	2001	2002
金额（亿美元）	55.7	53.85	58	56.03	51.3	41.3	40

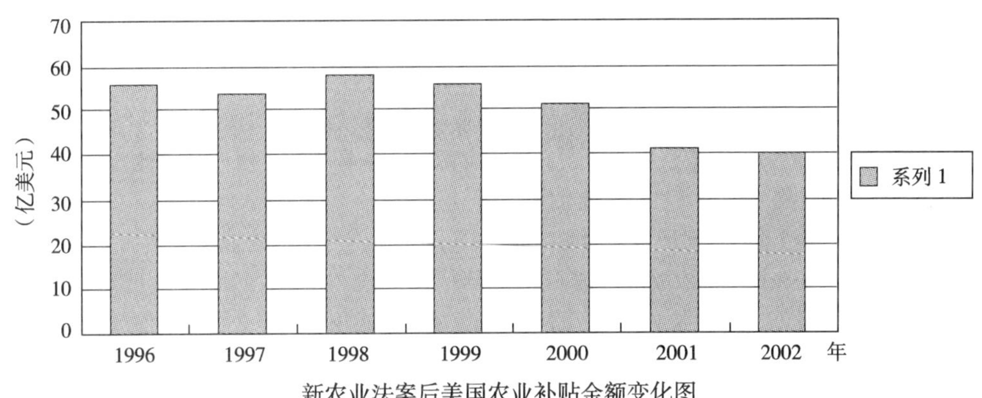

新农业法案后美国农业补贴金额变化图

根据法律规定，以上开支要按照以下的比例在各种作物中分配：

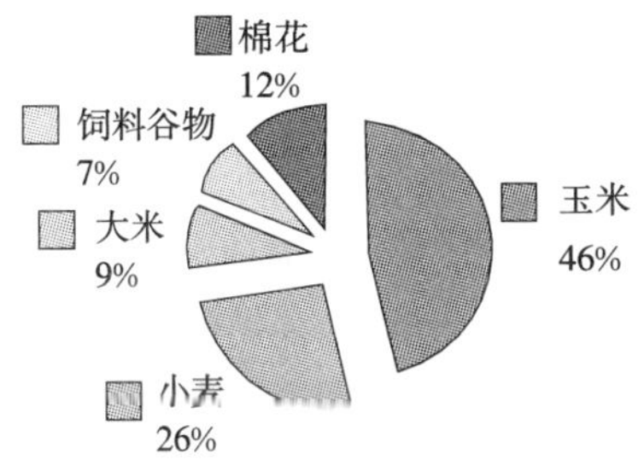

美国农业补贴作物分配图

按照以上的补贴比例分配到各种作物，然后根据各个合同农场的补贴数分配到各个农场。

(3) 取消了大部分农作物种植面积的限制。旧的农业法规定，为了防止农产品过剩、价廉伤农，农场主必须按政府设置的标准休耕一部分土地和种植规定的作物，方可享受补贴。《新农业法》实施后，除水果、蔬菜有种植限制和环保要求外，种什么、种多少，农场主有了完全自决权。只要与政府签订“弹性生产合同”，即可得到补贴。

(4)《新农业法》保留了无追索权贷款，但对贷款率的确定方法有所修正。无追索权贷款是美政府为了保证在农产品市场价格低于保护价，而农场主又不愿在市场出售产品时，农场主通过以自己的产品为抵押从政府获得贷款用于下一年生产年度的流动资金。《新农业法》对各种农产品的贷款率作了若干具体修改，确定最低保护价的上限。

(5) 取消对农场主储备的补贴，更多地依靠市场来储备粮食。到2000年美国政府仅保留400万吨对外援助粮食库存，其余依靠三个主体来储备。其一是各食品加工公司，它们需要储备原料；其二是谷物储仓公司，包括地方储仓、港口储仓和河边储仓。储仓公司储藏的粮食随时准备运往国内外市场。为了分散风险，它们大多参与期货市场交易；其三是农场储仓，这主要是农民在收获粮食后的临时储藏。为了鼓励农民储藏粮食，美国政府曾采取了向农民提供低息贷款或者给予一定补贴的政策。

(6) 实施“市场捷径计划”，从1996—2002年间，每年提供9 000万美元基金用于开拓海外市场。开拓出口潜力最大的农产品市场。重点放在新兴的市场化国家，由农产品信贷公司提供信贷出口担保，海外农业署负责技术援助和培训，进一步做好对外贸易补偿和支持工作。设立农产品出口优秀奖，授予那些在促进美国农业出口方面做出突出贡献的公司和其他组织，以鼓励扩大农产品出口。

为了能有效地促进农业向市场过渡，总统成立21世纪农业生产委员会，该委员会由11人组成，主要任务是检讨、评估在向市场过渡过程中农业政策的效果。

2. 1996年修改的美国农业法案的特点。主要有两点：一是增加了农民的种植自由度和弹性种植面积；二是政府的农业预算变得固定而可控制。

3. 1996年美国修改的法案所带来的影响。《新农业法》将给美国农业带来两大变化。其一，将再一次经历大农场兼并中小农场的过程，全国农场总数将进一步减少，而农业生产规模将更进一步集中；其二，将进一步增强美国农产品在国际市场上的竞争力，扩大在世界农产品贸易中的份额，从而影响全世界农产品贸易。

这个法律的通过和执行，对于大农场主来说是一个机会。因为他们可以、也有能力根据世界市场的需要来耕种自己的土地。优胜劣汰是市场经济的基本游戏规则，为了取得竞争的胜利，美国农场主必然掀起大规模更新设备和采用最新科技的热潮，从而促使农业生产效率大大提高。

新农业法的通过，对世界各国农业来说也是一种挑战。美国是世界上最大的农业生产国和农产品出口国，它的农产品在世界上具有极大的竞争力。由于国内巨大的生产潜力，美国农业的生产成本将有较大的下降，因此它可以更低的价格向外推销农产品。这种形势必然迫使其他农业生产国和进口国提高生产技术和降低生产成本，从而使世界农业出现一个竞相发展的局面。但是，另一方面，在这种压力下，部分国家的农业就可能受到严重损失。

对于我国农业来说，它绝对是一种挑战。目前，我国的许多农产品价格已经高于或接近世界市场价格，我们开放国内市场以后，美国及其他国家的廉价农产品可能会大量地涌进来，如果我们不能及时地改进生产技术，提高生产效率，农业必将受到很大的冲击。

（四）美国支农政策的特点与构成

1. 美国农业政策的特点。美国是一个市场经济发达的国家，农场根据市场价格信号、按照利润最大化准则自由地配置农业资源，同时，美国政府还根据市场机制的不足，采取许多政策手段，对农业发展进行宏观干预和调控，促进农业现代化的顺利发展。政府的干预措施起初只限于流通领域，以维持农产品价格为中心。从1933年罗斯福新政起，干预政策从流通领域延伸到生产领域，一方面对农产品实行价格支持政策，另一方面对农产品生产实行缩减政策，即对过剩农产品的播种面积实行休耕计划。实践证明，这种对农产品生产和市场供给进行宏观调控的政策，对消除农产品过剩的效果是明显的。因此，美国的农业缩减政策与农产品支持价格政策成为自20世纪50年代以来历届美国政府都采用的农业宏观调控的基本政策。

2. 美国农业支持政策的构成。美国对农业的支持大致可分为直接投入、补贴、税收优惠、立法管理等四大方面。

（1）直接投资改善农业生产基础条件，发展农业技术教育，建立农业产前产后服务体系。对农业投入的初期，主要体现在农业基础设施改善方面。美国的大型灌溉设施都是由联邦和州政府投资兴建，中小型灌溉设施由农场主个人或联合投资，农业部也要给予一定的资助。国家对农业基础设施的长期大量的投资已形成了发达健全的交通和水利设施，为农业的高效运转提供了前提条件。此外，为了保障农业长期发展的资金投入，规范投资主体的投资行为，防止农业投资的盲目性和随意性，制定并颁布了农业投资法。以立法手段加强对农业投入机制运营的有效管理。美国农业部及各州的市场新闻局定期免费为农场主、批发厂商、经销商提供农产品的价格、供需情况的最新信息，市场信息系统覆盖美国农产品主要集散中心及产区。

（2）农产品价格补贴和保险补贴。美国在农产品上市季节，根据农产品的生产成本加适当利润确定主要农产品的保证价格，保证价格就成了农产品销售的最低收入价格。价格补贴支出在政府农业预算中占到相当大的比重。通过参照工业部门规定比较高的保证价格，政府把相当部分的国民收入从其他经济部门转移到了农业部门。

自1970年实施的目标价格补贴，基本做法是：政府事先确定某些农产品高于支持价格（即贷款率）的目标价格，以此作为计算差价补贴的基础，在农产品收获后，如果生产者以低于目标价格的价格水平出售农产品，则可获得政府的差额补贴，其数额等于目标价格与市场价格或政府支持价格（贷款率）这两种差额中的较高者。这种直接收入补贴措施填补了市场价格与目标价格之间的差额，从而保证了生产者的收入，此时的政府支持价格也就成为农产品的最低保护价。1996年后，美国政府取消了农产品价格补贴，改为对农户直接的收入补贴，但仍保留了最低保护价的政策工具。

农业保险是美国实施农业保护的一项非常重要的手段和方式。美国国会于1980年通过了农作物保险修正法案，承保范围几乎覆盖了所有的粮食作物，农户只需缴纳少量保险费就可得到全额保险。为减轻自然灾害给农民可能造成的风险损失，政府对从事农业保险的机构提供大规模的保费补贴，从而使农民能以较低的利率普遍参加农业保险。1990年修订后的农业法规定，凡参加联邦农作物保险的农作物，在遇灾害时可根据农业保险的有关规定获得较高的赔偿，即使没有参加保险的农作物，如遇灾害时，也可获得按常年产量水平的40%给予赔偿。

（3）采取优惠的税收。美国在个人所得税、财产税、投资税上，都对农业和农民规定了特别的优惠政策，农业投资被认为是农户合法的“避税所”。

（4）谷物储备计划、生产控制、贸易保护和信贷支持。自1977年起，美国就实行鼓励农民自己储存农产品（主要是谷物）的政策，其基本内容是：政府付给农民一定的储存费用，由农民储存其产品，并对谷物等农产品预先规定“释放价格”和“命令价格”。当市场上农产品价格低于释放价格时，农民不能随便出售；当市场价格高于释放价格而低于命令价格时，政府不再支付储存费用；而当市场价格高于命令价格时，农民就必须在一定时间内出售其农产品，并归还贷款。这一计划有三个方面的效果：1）储存费用的支付，使农民获利，并保护了农民利益；2）起到缓解政府库存压力的作用；3）起到调节市场农产品供求关系、平抑市场价格的作用。

三、中国的差距及可借鉴之处

（一）从农业生产要素禀赋、生产主体、生产方式等生产力角度

1. 中国农业的生产主体在专业化和规模上与美国差距明显。美国的农业经营形式以家庭农场为主，约占各类农场总数的87%。由于许多合伙农场和公司农场也以家庭农场为依托，因此美国的农场几乎都是家庭农场，可以说美国的农业是在农户家庭经营基础上进行的。

由于农产品市场开拓、科技进步和大范围配置资源，促使农户分工分业，使生产要素向优势农户集中，专业化、集约化生产，加速了农户之间的兼并与重组。从农场数量和土地规模来看，1950年农场总数为565万个，拥有土地48 645.71万公顷（包括耕地、牧场和饲草用地，下同），平均每个农场拥有土地86.20公顷。到1998年农场总数下降为219万个，拥有土地38 598.87万公顷，平均每个农场拥有土地176.04公顷。农场数量下降了61%，平均规模扩大了一倍。进入90年代，农场总数已趋于稳定。农场总数的下降增强了农户的产业竞争力。

中国的农业生产主体自1980年农村改革后发生了很大变化，农户家庭逐渐成为中国农业生产活动的主体，与美国相似。但由于中国人多地少，人均农业资源占有量低，农户家庭的土地经营规模很小，户均只有0.5公顷，而且农田结构零散。大量的农村人口滞留于农业，较低的劳动者素质制约了中国农业劳动生产率的进一步提高。

2. 与美国相比，中国农业生产经营的现代化水平还处于初级阶段。美国人少地多，劳动力供给短缺，在要素市场上，劳动力价格相对较高，这种价格信号，诱导农民从资本替代劳动，所以美国农业的技术革命是从机械化开始的，随后经历了化学革命、生物及工程革命、管理革命等阶段。1910—1940年，实现农业基本机械化，1950年以后实现农业全面高度机械化。在一些费工及高难度作业领域，如马铃薯、甜菜、西红柿采收、畜禽饲养等的都实现了机械化，并向高度自动化和精确化方向发展。1960年以后，由于土地价格的高涨，土地利用率的提高成为农业现代化的一个突出矛盾。美国就把农业现代化的焦点集中到采用生物、化学技术、设施工程技术，以提高土地产出率上。与此同时，十分重视农业组织管理现代化，大力推行农业专业化、一体化、社会化，其专业化形式主要有三种：地区专业化、部门专业化、作业专业化。

同时，使那些不适合现代农业经营的农户重新定位，转换职业，进入城市，自然而然地完成了农业劳动力向二、三产业、向城市的转移。

（二）从管理策略的角度

与美国政府对农业的宏观干预、调节和扶持政策相比，中国政府更多的是利用行政力量通过工农产品价格的“剪刀差”，从农业抽取工业化原始积累，导致农业资源向非农产业转移，当然，这与中国当时的国内外政治形势有很大的关系。1979年以来，由于实行以家庭联产承包经营为基本制度的农村经济体制改革，释放出了巨大的政策能量，并初步建立起农村市场体系，在此框

架内，中国农业取得了举世瞩目的成就。到1999年，中国粮食总产达5 200亿千克，解决了农产品长期供给不足问题，2000—2002年，政府鼓励生产结构调整，压缩了粮食种植面积，这里需要指出的是，中国政府强调只压缩种植面积，不压缩粮食生产潜力，不再储备更多的现粮，但要储备一定量的粮食生产能力，即基本粮田的完好性。这是政府的远见卓识的体现，因为，中国未来发展面临的农业形势仍然很严峻。2030年前，中国人口持续增长，2050年中国城市化达到65%，对农产品的需求还会不断扩大并呈现出刚性特征，在WTO和动荡的国际形势下，政府如何保证农产品的安全供给，并不断提高农民收入成为本世纪中国政府的首要任务。

（三）美国农业政策对中国的启示

1. 不能因为农业比重的下降而动摇农业在国民经济中的基础地位，美国农业对其GDP的贡献日益减少，但仍是其经济和政治的基础。

2. 保证农民有一个体面的收入和生活水平，促进农民的自愿转移和流动，提高农场或农户的经营的规模。解决三农问题已被提升为各级政府的重要议程。

3. 农业现代化必须依靠科技进步，重视研究、教育与推广一体化。增加对农业科技的投入，重视农业科研和技术推广方面的制度创新，重视对“人力资本”的投入，最终将极大地提高农业劳动生产率。中国农业科研教学机构每年有创新成果数千项，推广应用的比例很低，这是极大的浪费。

4. 把握好政策的稳定性与进化之间的平衡，对政策的出台和执行要进行监督和评估，同时要有各种应急方案相配套。

5. 不求样样自给，实现李嘉图的多赢分工贸易格局。发挥自身的比较优势，产生绝对的竞争优势。

6. 加强农业立法和执法工作。用完善的法律手段对农业发展进行调控。

美国农业是发达的，是成功的，成为国际上农业发展的典范。美国政府发展农业的政策、技术、经营制度、调控手段都是相当有效的。但我们在借鉴时，一定要弄清中美两个大国在自然条件、国际背景、社会文化、人口素质、社会发展阶段间的异同，然后加以变种和嫁接，这才是对待一切外来成功模式的正确做法。

模式分析法在农业综合开发效益评价中的应用*

——以世行项目为例

张 正 河

本文以世行项目为例，说明了模式分析法在项目研究中的科学性，以及如何归类、如何设计模式等理论和操作问题。

一、模式分析法的科学性

多农户、多性质主体参与，是我国综合性农业发展项目的一个显著特点。由于参加农户众多，在财务经济分析时无法对每个农户进行分析，因此，可把项目区按不同的特点划分为若干个类型或部门，选择能够代表这一类型的典型农户作为标准形式的农户进行财务经济预测。在我们所做的世界银行贷款农业综合开发项目研究中，这种方法非常方便，很好地解决了众多参与者的差异性与评估中的方便性之间的矛盾。

模式分析法的作用体现在：

(1) 模式分析法可以科学地预测项目的实施将给农户和其他项目参与者带来的影响。模式农户分析不仅可以分析项目能在多大程度上提高农户的收入水平，还可以评估项目实施对农户生产行为、生产结构、资源利用结构的改变，并且，模式分析法还可以预测筹资和还贷方案对项目参与者收入水平和还贷能力的影响，从而为确定最优的资金筹措计划和还贷方案提供依据。

(2) 模式分析法可以为项目财务和经济评价提供基础数据。采用模式分析法，可以为项目的财务估算提供基础数据，将不同模式农户的数据按照每种农户模式的数量进行汇总，就可以取得较为真实、可靠的项目总体数据，从而对项目进行较为准确的财务和经济评价。

由于这是一个大型项目，涉及两省区的44个县市旗，数万农牧户和相关企业事业单位参与。根据基线调查数据，对生产活动一致、生产条件相似的农户设计为1个模式；分别对大农户、肉羊配种站、细毛羊配种站、奶牛配种站、肉牛配种站和兽医站设计了模式；情况各不相同的牛奶厂、饲料厂、屠宰加工厂、活畜交易市场、扩繁场和种羊场，也分别设计了模式。

二、子项目模式描述

1. 模式的分类和概括的内容是否准确，决定了模式分析法的准确性。

---

* 本文的模式设计是课题组共同研究的结果，世行的项目专家、中国农业大学的林万龙、王若军，中华供销总社的戎承法、农业部外经中心的唐治韶等做了大量的工作，特致感谢。

根据项目内容和项目区经济、社会和自然状况，经专家与当地生产管理部门、农牧民多次讨论，最终设定甘肃有27个模式，其中农户模式10个，企业及机构模式17个。新疆有8个模式，其中农户模式5个，企业及机构模式3个。分省模式分布如表1。

表1　分省模式分布

模式类型	甘肃数量（个）	新疆数量（个）	合计数量（个）
农户模式	10	5	15
企业模式	17	3	20

甘肃农户模式和企业模式的数量均比新疆多。其原因主要在于甘肃项目区的项目内容设计远比新疆项目区复杂。

每一模式的代号及基本活动内容如下表所示。

表2　项目财务经济分析中的农户模式与企业模式-甘肃（G）

农户（F）模式-代号	企业（E）模式-代号
平凉农户肉牛育肥模式-1GF	临洮工厂化大规模奶牛饲养模式（100头）-1GE
临夏肉牛饲养模式（2头）-2GF	肃南细毛羊扩繁场-2GE
平凉肉牛饲养模式（3头）-3GF	肉牛配种站模式-3GE
靖远肉羊圈养生产模式（本地品种）-4GF	奶牛配种站模式-4GE
肃南放牧式细毛羊生产模式A（甘肃美利奴绵羊）；包括对水窖的投资-5GF	肉羊配种站模式-5GE
肃南放牧式细毛羊生产模式B（甘肃美利奴绵羊）；没有水窖投资-6GF	腾飞裘皮公司-6GE
肃南农户细毛羊育肥模式（无天然草场）-7GF	靖远羊羔肉批发交易市场-7GE
永昌肉羊圈养生产模式（普通品种）-8GF	临洮饲料厂-8GE
永昌农户肉羊育肥模式-9GF	好为尔乳业公司-9GE
临洮家庭小规模奶牛饲养模式（2头）-10GF	酒泉好牛乳业公司-10GE
	临夏八坊公司-11GE
	陇原银洲肉羊养殖大户模式-12GE
	兽医站模式-13GE
	金鹿（大农户）模式-14GE
	皇城羊场-15GE
	永昌肉用种羊场-16GE
	省畜禽良种场-17GE

表3　项目财务经济分析中的农户模式与企业模式-新疆（X）

农户（F）模式-代号	企业（E）模式-代号
博乐放牧式细毛羊生产模式（新疆美利奴绵羊）-1XF	细毛羊配种站模式-1XE
博乐放牧式肉羊生产模式（新疆美利奴绵羊）-2XF	兽医站模式-2XE
特克斯放牧式细毛羊生产模式（新疆美利奴绵羊）-3XF	细毛羊种羊场模式*-3XE
富蕴放牧式肉羊生产模式（新疆阿尔泰当地品种）-4XF	
肉羊育肥模式（农业地区）-5XF	

* 塔城、贡乃斯和巴州三场合计（下同）。

2. 农户模式描述。表4给出了对两个项目区农户模式有无项目状态和收益的基本情况。从该表可以看出，项目实施给农户带来的效益不是来自于畜群数量的增长，而是来自于其他两个方面：一是畜群死亡率和牲畜体重增加所直接带来的效益，这一方面效益的取得是种畜、防疫体系和生产、饲料条件改进的综合结果；二是由于调整种植结构，提高了饲料自给率，从而降低了饲料成本。

表 4　农户模式描述

模式代号	种植和牲畜模式		项目效益
	无项目状态	有项目状态	
1GF	玉米-1亩；小麦-17亩；大豆-1亩；土豆-2亩；苜蓿-1亩；青贮玉米-0亩	玉米-3亩；小麦-5亩；大豆-1亩；土豆-2亩；苜蓿-6亩；青贮玉米-5亩；每个周期30头肉牛；每年2个周期	肉牛体重增加
2GF	牛犊-1头；小麦-7亩；土豆-2亩；玉米-1亩	牛犊-3头；小麦-3亩；土豆-0亩；玉米-7亩	销售增加和死亡率下降
3GF	牛犊-1头；青贮玉米-0亩；大豆-1亩；小麦-17亩；土豆-2亩；燕麦-0亩；苜蓿-1亩；玉米-1亩	牛犊-4头；青贮玉米-1亩；大豆-1亩；小麦-6亩；土豆-2亩；燕麦-1亩；苜蓿-4亩；玉米-7亩	销售增加和死亡率下降
4GF	母羊-5头；玉米-1.5亩；亚麻-1.5亩；小麦-12亩；苜蓿-0亩；草场-400亩	母羊-15头；玉米4.5亩；亚麻-1.5亩；小麦-4.5亩；苜蓿-4.5亩；草场-0亩	销售增加；体重也可能增加，但因不能确保该收益的获取，因此忽略
5GF	母羊-90头；燕麦和大豆-0亩；冬草场-1 500亩；夏草场-700亩	母羊-90头；燕麦和大豆-3亩；冬草场-1 500亩；夏草场-700亩	羊死亡率下降；冬草场和人工草场的产量和利用率增加，羊毛产量增加
6GF	母羊-90头；燕麦和大豆-0亩；冬草场-1 500亩；夏草场-700亩	母羊-90头；燕麦和大豆-3亩；冬草场-1 500亩；夏草场-700亩	母羊和羊羔死亡率下降;羊毛产量增加,冬草场产量和利用率增加,人工草场产量增加
7GF	土豆-1亩；小麦-7亩；燕麦和大豆-3亩；玉米-0亩；苜蓿-1亩	土豆-1亩；小麦-3亩；燕麦和大豆-3亩；玉米-3亩；苜蓿-2亩；每周期100头羊，每年3期	细毛羊体重增加
8GF	母羊-30头；玉米-0.5亩；大麦-8亩；苜蓿-0亩	母羊-30头；玉米-4亩；小麦-4亩；大麦-6亩；苜蓿-2亩；	活体重增加（显著，因为新的品种）；产羔率和羊毛产量增加，死亡率下降，饲料和饲草成本下降
9GF	玉米-0.5亩；小麦-7.5亩；大麦-8亩；苜蓿-0亩	玉米-3亩；小麦-3亩；大麦-6亩；苜蓿-2亩；每周期200头羊，每年2期；	肉羊活体重增加
10GF	奶牛-1头	奶牛-3头	牛奶，公牛犊和老母牛
1XF	母羊-128头;玉米-5亩;苜蓿-35亩;冬草场-1 800亩;春/秋草场-900亩;夏草场-900亩	母羊-128头；玉米-14亩；苜蓿-26亩；冬草场-1 800亩（包括150亩的改良草场）；春/秋草场-900亩；夏草场-900亩	产羔率和羊毛产量增加，死亡率和饲料成本下降
2XF	母羊-128头；玉米-5亩；小麦-8亩；苜蓿-15亩；冬草场-2 400亩；春/秋草场-1 400亩；夏草场-800亩	母羊-128头；玉米-10亩；小麦-5亩；苜蓿-15亩；冬草场-2 400亩；春/秋草场-1 400亩；夏草场-800亩	产羔率和羊毛产量增加，死亡率和饲料成本下降
3XF	母羊-128头；玉米-10亩；青贮玉米-5亩；小麦-10亩；苜蓿-10亩；冬草场-410亩；春/秋草场-310亩；夏草场-480亩；天然干草牧场-80亩	母羊-128头；玉米-15亩；青贮玉米-7亩；小麦-3亩；苜蓿-10亩；冬草场-410亩；春/秋草场-270亩；夏草场-480亩；秋草场-310亩；天然干草牧场-120亩	产羔率和羊毛产量增加，饲料、饲草产量增加；死亡率和饲草、料成本下降

（续）

模式代号	种植和牲畜模式		项目效益
	无项目状态	有项目状态	
4XF	母羊-136头；玉米-5亩；小麦-20亩；苜蓿-20亩；冬草场-5 000亩；春/秋草场-2 080亩；夏草场-1 250亩；天然干草牧场-50亩	母羊-136头；玉米-15亩；小麦-5亩；苜蓿-25亩；冬草场-5 000亩；春/秋草场-2 080亩；夏草场-1 250亩；天然干草牧场-50亩	产羔率和饲料、饲草产量增加；死亡率下降
5XF	玉米-6亩；小麦-30亩；青贮玉米-4亩；苜蓿-10亩；每周期25头羊，每年2个周期	玉米-12亩；小麦-6亩；青贮玉米-10亩；苜蓿-22亩；每周期25头羊，每年3个周期	肉羊体重增加，饲料和饲草产量增加（因为种植模式的改变）

3. 企业模式描述。表5是项目区企业模式的基本描述。

表5　企业模式描述

模式代号	项目活动描述	项目效益
1GE	饲养100头奶牛，年产奶量最低5 500千克，最高7 750千克	牛奶出售，公犊和淘汰牛出售
2GE	引入5只中国美利奴羊、10只甘肃高山细毛羊、购入草料加工机械、修建45米灌溉水渠、建设55公顷人工草场	羊群死亡率下降，羊毛单产增加，由于个体体重增加导致的羊出售价提高，单位饲喂成本的相对下降
3GE	新建肉牛配种站，设计规模1 000头	母牛配种费（20元/头）
4GE	新建奶牛配种站，设计规模550头	奶牛配种费（100元/头）
5GE	新建肉羊配种站，设计规模2 500只	母羊配种费（5元/头）
6GE	扩大裘皮加工能力，使加工量由40 000张增加到45 037张	裘皮加工收入增加
7GE	扩大市场规模，并购置相应设备，使市场容量扩大1倍以上（120%）	市场管理费和服务费增加
8GE	建设饲料加工厂，达产后年加工精饲料2 733吨，全价料8 202吨，颗粒料5 468吨	饲料出售收入
9GE	增加1条牛奶加工生产线，使年加工牛奶由20 000吨增加为40 000吨	新增加工牛奶收入
10GE	新建1个牛奶加工厂，加工高温奶、学生奶和酸奶共计30 000吨	加工牛奶收入
11GE	新建牛肉屠宰加工线，年加工生产优质牛肉22.5吨，分割肉3 250吨，牛皮和牛内脏各15 000副	牛肉、牛皮、牛内脏及其他副产品出售收入
12GE	扩建羊圈面积，并购置相应设备，购买优质寒羊母羊250只，公羊10只；滩羊母羊250只，公羊10只；进口肉羊母羊40只，公羊5只。使基础母羊由200只增加到700只	尽管羊群品质有所提高，但在计算时仅考虑了羊群数量增加所带来的效益
13GE	新建兽医站，服务规模为42 000只小牲畜，18 000头大牲畜	有偿服务收费收入，小牲畜为4.5元/只，大牲畜为7元/头
14GE	扩建羊圈面积，并购置相应设备，新增20公顷苜蓿地，购买优质寒羊母羊100只，公羊4只；滩羊母羊100只，公羊4只。使基础母羊由100只增加到300只	尽管羊群品质有所提高，但在计算时仅考虑了羊群数量增加所带来的效益以及人工草场建设所带来的饲喂成本的相对下降
15GE	进口优质种公羊8只，优质细毛羊胚胎188个，购买电动剪毛设备20台	羊群品质提高所带来的羊羔、种羊、淘汰羊和配种服务价格的提高，以及羊毛产量的增加

(续)

模式代号	项目活动描述	项目效益
16GE	进口优质肉用种公羊 20 只，优质肉用母羊 80 只	羊群品质提高所带来的种羊、淘汰羊价格的提高，以及羊毛产量的增加和对外提供的配种服务收入
17GE	购入新设备，新建配种站，购入进口肉用种公羊 20 只，进口肉用母羊 81 只，滩羊母羊 400 只以及寒羊母羊 571 只	种公羊和 F1 代母羊售价增加；对外提供配种服务
1XE	新建细毛羊配种站，服务规模为 6 000 只基础母羊	母羊配种费（2.5 元/只）
2XE	新建兽医站，服务规模为 48 000 只小牲畜，12 000 头大牲畜	有偿服务收费收入，小牲畜为 4.5 元/只，大牲畜为 7.5 元/头
3XE	更新设备与建筑工程；改良草场；新建人工草地	羊只死亡率下降；羊毛产量增加；饲喂成本相对下降

三、模式分析法的中成本与效益

（一）设定模式的固定投资

根据模式设计，各农户模式和企业模式的固定投资额如表 6 所示。它们是估算项目总投资的依据。

表 6　农户模式和企业模式的固定投资额

单位：元

农户模式	投资额	企业模式	投资额
1GF	30 200	1GE	2 447 160
2GF	8 000	2GE	198 860
3GF	10 200	3GE	15 350
4GF	6 525	4GE	16 450
5GF	14 150	5GE	36 350
6GF	12 400	6GE	675 000
7GF	7 500	7GE	607 500
8GF	7 600	8GE	853 000
9GF	6 500	9GE	14 339 000
10GF	30 000	10GE	19 197 690
1XF	17 050	11GE	15 670 000
2XF	16 850	12GE	1 367 800
3XF	15 990	13GE	46 500
4XF	16 000	14GE	334 750
5XF	37 000	15GE	681 600
		16GE	1 200 000
		17GE	2 542 000
		1XE	26 500
		2XE	57 200
		3XE	10 417 401

（二）设定模式的财务效益

在评估项目整体效益之前，必须首先评估各子项目的效益。这是因为，如果各个在财务上相互独立的子项目不能取得较好的财务效益，那么，项目实施之后，其整体效益也将无法得到实现，项目将不具有财务可持续性；另外，对子项目成本效益的评估，也为项目整体效益的评估提供了必需的基础数据。

在分析中，各子项目之间的收支往来均计入了其相应的成本效益流中。如，配种站提供的配种服务，其收费计入配种站的收入，也计入模式农户的配种支出。

项目的直接经济效益主要来自收入提高和生产风险降低。草场资源管理的改善和牲畜种质的改良将加速畜群周转，促使粗放式放牧向围栏饲养生产方式的转变。增加饲料生产将改善冬季饲料的供给，降低牲畜死亡率和提高畜牧业的生产力水平。估计的增量效益流来自“无项目”和“有项目”净效益的比较。“无项目”状态假设现有产量和牲畜生产力的延伸。“有项目”状态反映由于项目开展而导致的产量和牲畜生产力水平渐进提高。种植业的副产品和中间产品（即：农家肥、秸秆、饲草等等）只有当它们替代外购产品时才计入效益。这种方法避免了效益的多次计算及中间产品、副产品的估价问题，它还综合了不同经济活动间的双向效益互换。

牲畜生产净产值的评价建立在以下分析框架基础上：

(1) 畜群结构。畜群结构建立在畜群成员（即：母羊或母牛，后备母羊或后备母牛，羊羔或小牛）的动态关系上，和给定的一定时期内的技术参数（即：出生率、死亡率、成年死亡率、淘汰率，等等），以及当期畜群和上期畜群之间的联系。我们还分别规划了无项目和有项目状态的单独的畜群结构。这有重要的含义：畜群结构和规模可能变化，不能无视是否有无项目。例如，即使在无项目状态下，畜群规模也有可能逐渐增加，因此，如果保持无项目畜群结构不变，就会高估项目效益。

(2) 饲草生产。饲草生产模块评价在有无项目状态下对于牧户来说饲草提供的可能性，以此作为农牧户饲料成本的依据。对每个典型农户模式都计算了饲料平衡，我们用可消化干物质（DDM）表示。各种类型的饲草和饲料的生产均用饲料转换系数转化为DDM单位。

(3) 生产可变成本。这个模块估计与牲畜生产有关的现金支出。在牲畜生产中，现金支出的最大份额通常与补饲饲料的外购相关，这个分析模型是建立在这样一个假设上：为了保持基本的牲畜生产力水平，牧户需要通过外购更多的饲草填补饲料需求的差距。或者，通过农场内生产更多饲料，农户可以降低外购饲料成本。农户的优化生产决策由外购饲料单价和家庭生产饲料每单位生产成本相对价格决定。

(4) 收入。假设收入主要来自谷物和饲料生产活动。来自畜产品生产的收入主要来自羊毛、皮革和活动物（羊羔和淘汰羊）的出售。

项目对牧户收入作用表现在：a. 提高羊毛价格，通过引进机械剪毛，提高羊毛整理和分拣过程，引进更具竞争性的销售安排；b. 通过育种改良羊毛细度；c. 逐渐提高羊毛和牛奶单产，提高胴体重，这要归功于育种和营养提高；d. 通过降低死亡率和提高繁殖率逐渐提高畜群周转率。这些影响的头两个归结于市场体系（市场体系发育）的改善；最后两个则与牲畜生产和草地管理部分的投资有关。

模式分析法很好地解决了计算繁杂性问题，对较大型项目的评估有一定借鉴意义。

发展农业对我国农民增收究竟有多大的作用*

——历史角度的观察和思考

何 秀 荣

一、引言

“三农”问题被认为是我国经济和社会发展最大的变数，即“三农”问题解决得好或不好直接关系到未来发展的快慢顺阻。“三农”问题的核心是农民收入问题，密切关系到我国内需市场的扩大、整体购买力、社会稳定等方面。在“农民、农业、农村”这三个问题中，虽然解决农民收入问题不等于能解决农业和农村这两个问题，墨西哥、巴西等国的发展经验已经表明了这一点；但不能解决农民增收问题的话，就一定不能解决农业和农村这两个问题。

近年来，我国农民增收问题日益突出，关于农民增收的讨论很多，至今仍然热烈地进行着。提高农民收入的途径很多，发展非农产业来减少农民、兼业化、补贴农民和发展农业被认为是提高农民收入的四条基本途径。其中，发展农业一直被很多人认为是农民增收的重要途径。本文旨在从历史角度来观察和判断发展农业在总体上对我国农民增收究竟有多大的作用，并对某些相关的观点作一讨论，以期对农业发展与我国农民增收的关系问题有一个相对客观和清醒的总体认识。

二、农业对我国农民增收的作用

从历史发展的角度察看几个统计数据的变化也许能给我们一些有用的启示：

- 我国农民每年人均纯收入中来自农林牧渔业的收入 1985 年为 62%、1990 年为 63%、1995 年为 58%、2001 年为 48%；
- 我国农民每年人均纯收入中的工资性收入比重 1985 年为 18%、1990 年为 20%、1995 年为 22%、2001 年为 33%；
- 我国农民人均纯收入增量中来自工资性收入的比重 1990/1985 年为 23%、1995/1990 年为 24%、2000/1995 年为 52%、2001/2000 年为 62%；
- 我国农民人均纯收入增量中来自家庭经营收入中的农林牧渔业经营收入 1990/1985 年为 64%、1995/1990 年为 54%、2000/1995 年为 26%、2001/2000 年反弹为 32%。

从上述数据人们不难对全国农民收入的总体状况得出如下两个判断：①历史轨迹表明农业经

* 原载人民网 2003 年 11 月 13 日，《中国乡镇企业》2004 年第 1 期转载。

营渐渐不成为我国农民纯收入的主要来源；②在纯收入增量中，农业经营对农民增收的作用在不断减弱。与此同时，也至少可以引发出两个问题：①未来的农业发展对农民收入增长究竟能作出多大的贡献？②如何才能提高农民收入？

历史角度的分析有助于我们审视新时期农业发展对农民增收的作用。历史上农业发展对农民增收发挥过重要作用，在计划经济年代和1980—1984年承包责任制发挥巨大作用的年代中，农业发展的显著特征是增产即是增收，因为农产品价格是政府价格，基本上是刚性上升的；另一方面，产业封闭和城乡割裂将农民就业圈囿于农业经营，因此农业增产对农民纯收入的增长起到了决定性的作用。如1978—1984年农副产品收购价格总指数提高了53.6%；1984年农民家庭经营纯收入增量中仅仅来自种植业的增量收入就占到47%。但随着我国市场经济体制的逐步建立，农产品价格由市场决定而不是由政府决定，农业增产的作用也逐渐变为增产未必增收，甚至是增产不增收，这种情况自20世纪90年代以来表现得越来越明显。与此同时，农业劳动力在产业之间和城乡之间的就业流动自由化，为农民增收打开了非农产业之源。

国际农业发展史的实证经验和理论分析表明，来自大田作物产品（粮油棉）的收入增长主要依靠规模优势，这大约就是农民素质、技术投入、单位产量水平都不低于美国的日本农业在农业竞争中败北的主要原因；南美农业的国际竞争力在很大的程度上也是得益于农场规模优势。以此看我国的情况，也许我国东北和新疆等地区具有支撑农民收入增长的规模优势，对于其他绝大部分农区来说，依靠大田作物生产很难起到农民增收的支撑作用。园艺产品（花卉、蔬菜、水果）、畜牧产品（肉奶蛋毛皮）、水产品和林产品的生产具有较好的收益作用，国际上典型的例子是荷兰、以色列的园艺业对农民增收的作用，但园艺业需要较高的条件要求（即技术、投入、运输、市场，甚至地理气候条件和加工条件，等等）。具体就我国而言，虽然发展园艺业已经成为一种重要和必然的趋势，但具备如此综合条件的地方并不是很普遍。而且，作为一个大国，如果真的在很大比例上达到这一步的话，市场就会成为一个极大的问题。从国际现实看，尚难找到如此的大国例子。但从总体和相对意义上来说，园艺、畜牧、水产和林业产品的生产是比较适合我国细小农场规模和劳动集约型特征的。即使如此，细小的农场规模依然是我国农业的软肋。人们时常拿荷兰这类国家的情况来佐证农业对农民增收的成功作用，但必须至少看到一个基本事实，从1950年至今天，荷兰农场的平均农地规模扩展了约4倍，目前达到平均18公顷的水平，正是在扩大农场规模和技术进步的双重作用下才使得荷兰农业具有较高的劳动生产率。而我国甚至东亚国家和地区的农场规模扩张是极其困难和缓慢的，日本、韩国和我国台湾省对此提供了比较清晰的实例。

三、对农业发展和农民增收的一些常见观点的思考

上述关于“农业发展在我国农民增收中作用弱化”的观点往往引来一些反诘，首先容易得到的诘问往往是：照此逻辑推理，农业发展就变得无足轻重了？这里必须着重申明，本文所阐述的上述观点并不是要否定农业发展的作用，只是指出一个客观的变化趋势和引发如何发展农业来对农民增收发挥作用的思考，也可以说，是对历史新阶段农业作用的重新审视和认定。发展农业的当前作用在于：①虽然农业收入在农民纯收入增量中的比例在不断下降，但在纯收入总量中占有相当份额（如2001年占48%）；如果没有农业收入，农民纯收入存量将收到很大影响。②发展农业的作用在于提供就业机会；在以就业为目标的现代社会中，这一作用是极其重要的。③发展农业还在于农业的外部作用，即农业对食物保障、生态环境、社会稳定、乡村结构等的多功能

性。④发展农业为农业生产资料产业、农产品原料加工产业（如纺织业、食品加工业）、农业贸易以及围绕农业及其前后产业的相关商业和服务业提供就业与增长。⑤特别是要指出的是，农业发展对农民增收的直接作用具有区域性差异，总体状况上的弱化作用并不排斥局部地区范围的强化作用，对于地域辽阔、发展程度千差万别的我国更是如此。

既然农业发展保障不了农民纯收入增长，那么我国农民如何才能实现增收？这是时常遇到的又一个提问。中外农业发展的历史经验显示，提高农民收入的基本途径可以归纳为四条：发展农业、兼业化、减少农民和补贴农民。发展农业是最为原始的一条提高农民纯收入的途径，特别在非农产业不发达、农业供给不足等历史条件下更是一条行之有效的增收道路。但前面的数据已经表明，今天的历史条件下，这条道路的全国总体性的增收作用已经很有限了。减少农民被认为是农民增收的必由之路和根本之道，世界主要发达国家的农民收入增长的历史轨迹就是如此。理性分析也不难得出这样一个结论：将有限数量的资源和收益分配给少数农民必然能提高劳动生产率和农民收入。被誉为世界农业发展典范和农民收入典范的荷兰也离不开这条道路，从 1950 年至今天，荷兰的农场数目从 40 万个减少到 10 万个，农业劳动力从约 58 万人减少到 28 万人，正是在农场规模扩大和技术进步的双重作用下才使得荷兰农业具有较高的劳动生产率。换句话说，如果不能减少农民，则荷兰就不能达到目前的劳动生产率，也就不会具有目前的农产品国际竞争力以及与国内其他产业的竞争力，结果也就不会具有目前的农民收入水平。兼业化是维持和提高农民收入的另一条途径，日本为此提供了典型的例子；即使在其他一些发达国家，许多农场在经营规模达不到常规收入水准时，其选择不是退出农业经营就是进行兼业化。荷兰中央统计局（CBS）的农业普查数据显示，1999 年荷兰的兼业农场比重为 12%。农业补贴是增加农民收入的又一条途径。日本、美国和欧盟的农民享受着大量的农业补贴，在某种程度上可以说，如果没有农业补贴，他们的农民是不能保持现有收入水平的。一旦存在较大的从业者产业收入悬殊的话，其农业经营就很容易在国际竞争中或在国内产业竞争中落败。不同地区在不同的历史阶段所采用的提高农民收入的方法和政策措施往往是上述四条途径的不同程度的混合。重要的是，决策者如何因时因地选择适当的政策措施以及如何从眼前的政策选择过渡到长远的政策选择。

一种流行的看法是：提高农产品质量可以增加农民收入。从表象上看，微观市场交易情况似乎确实是如此，但对于这种看法的基本回答应当是否定的。市场上质量较好的产品总要比质量较次的产品具有较高的价格，任何发展阶段都不能消除这种产品质量差异以及由此产生的质量价差。经济学可以如此来解释，质量好的产品之所以有较高的价格是因为这一档次的供求关系有利于形成较高的价格，低档次产品的供求关系不利于形成较高的价格。这类产品的总体价格水平依然是由该类产品的供求关系决定的，当高质量产品的比例提高时（假设全部达到绿色食品的质量水平），等于增加了高质量产品的供给量，需求总量不变时，其价格必然下降。因此，仅仅因为产品质量价差是不能改变这类产品的总体价格水平的，只是改变了这类产品收入在其不同产品质量的生产者间的分配格局，即高档次产品的高价是以低档次产品的低价为代价的。世界农产品质量在不断提高，但世界农产品总体价格水平却在下降，其原因大约正是如此。

有人认为，提高农民的组织化程度能提高农民收入。不可否认，提高农民的组织化程度确实有助于提高农民收入，但这种增长并不来自于农业发展本身，而是源于市场交易博弈中农民地位的改善。未组织起来或组织化程度较低的农民在市场交易博弈中总是容易处于弱势地位，组织化程度的提高会增强农民在交易博弈中的讨价地位，从而在市场交易博弈中分得了比原先较大的利益份额；在其增大利益份额的同时，其交易对手将损失利益份额。如果这种博弈发生在农业内部的话，并不会提高农民的平均收入水平；如果这种博弈发生在农业与外部相关产业或消费者之间

的话，会提高农民的平均收入水平，但其对农民增收的贡献作用也将是很有限的。

不少人认为，提高农产品加工程度能够提高农民收入。首先出于统计数据归属上的原因，农业收入不包括农产品加工部门的收入在内，农产品加工部门的收入计入非农收入，这点在国际农业统计口径中也是如此。其次，如果农民不参与农产品加工，则来自农产品加工的收入与农民无关；如果农民参与农产品加工，这种从农业延伸到农产品加工业的做法实际上就是进入非农产业，在同时兼营农业时获得这种收入属于一种兼业收入，在完全从事农产品加工业时这种收入成为一种与农民无关的收入。

我国的农业现实是：农民数量众多、农场规模细小、农民转移困难。正是由于我国农民转移困难和农民数量众多，这就决定着减少农民这一提高农民收入的根本途径在我国是一个漫长的过程，即使改变我国现有的统计口径，即依照国际常规的农民统计口径，也不会改变这一特性。农业补贴可能是我国提高农产品国际竞争力所不得不选择的一种方式，但对于如此庞大数量的农民，补贴的收入效应是极其有限的，因为世界上从未出现过少数人补贴多数人的成功例子。因此，更可能的出现的是因为补贴政策的目标性而只是使部分农民能从农业补贴中得到较大的收入效应。农业发展本身对农民增收的作用比较有限。因此，就我国的实际情况看，农户为单位的兼业化将最可能成为未来相当一段时期内农民增收的主流趋势，近年的实际情况也正是如此。从近15年来非农产业吸纳农业劳力的主流增长点看，先后经历了乡镇企业劳动者、制造业中的打工妹和打工仔、建筑业的农民工、家政业的小保姆和近年实施财政政策导致的大规模基础设施建设的农民工这一系列兼业化过程①。从“农民兼业化 —— 较为稳定的兼业化 —— 完全脱离农业（减少农民）”的演变轨迹很可能成为提高我国农民收入的基本道路。

① 如果改变我国现有的农民统计口径、采用国际常规的农民统计口径的话，这里的兼业情况需另作分析。

对比较优势理论的回顾与评价

刘 拥 军

［摘　要］比较优势理论是现代国际贸易理论的基石，经济理论界一般把比较优势理论分为以李嘉图比较成本学说为核心的古典比较优势理论和以 HOV 定理为核心的新古典比较优势理论。古典比较优势理论以劳动价值论为基础、采用局部均衡的分析方法把贸易的起因归结为成本的差别或技术水平的差别。新古典比较优势理论则以边际价值论为基础、采用一般均衡的分析方法、在做了技术、需求、生产函数等一系列假设的前提下将贸易的起因归结为各国之间要素禀赋的不同。理解比较优势理论的关键是理解蕴涵于其中的一般均衡思想，发挥比较优势是市场机制在国际贸易领域作用的自然反映和必然结果。

［关键词］比较优势　贸易格局　一般均衡

在我国加入 WTO 的背景下，关于如何正确处理比较优势与产业升级的关系成为我国经济理论界讨论的热点问题。部分同志认为：由于要素在国际间的流动和新技术革命的演进，比较优势理论的基本前提已经改变，比较优势理论已经失去了现实意义（洪银兴，1996，2001）。另有一些同志则坚持认为充分发挥比较优势仍是指导我国对外贸易的根本原则并将发端于贸易研究领域的比较优势原理上升到一种经济发展战略的高度，即比较优势战略（林毅夫，1999）。对这一问题的讨论事关我国劳动密集型产业的发展，事关加入 WTO 背景下我国宏观经济发展战略的走向，因而具有重大的理论意义和现实意义。回顾经济学发展的历史，自李嘉图提出比较优势概念以来，尽管围绕发挥比较优势和加快产业升级的争论从来没有停止过，但比较优势理论一直是主流经济学理论体系中的重要组成部分。系统地回顾前人的研究成果，有助于我们进一步深化对比较优势理论的认识，有助于更好地理解比较优势和产业升级的关系。本文力求对比较优势理论做一个全面、客观和公正的介绍。根据研究方法的不同，本文将比较优势理论分为古典的比较优势理论和新古典的比较优势理论。本文分为四部分，第一部分介绍古典比较优势理论。第二部分回顾新古典比较优势理论，第三部分介绍对比较优势理论的挑战或不同看法，第四部分对比较优势理论做一个简单评价。

一、古典的比较优势理论

古典比较优势理论的核心是李嘉图提出的比较优势理论，也称比较成本学说。它是在斯密绝对优势理论基础上发展起来的。斯密的贸易理论与他的分工理论密不可分。在斯密看来，分工是导致经济进步的唯一原因。正是由于劳动分工使不同行业的产量成倍增长，才使一个社会出现了普遍的富裕。他认为，劳动分工并非出自人的本能，而是起因于人性中进行交换的倾向。这种倾

向受到自利心的鼓励。也就是说，通过分工和交换人类可以获得更大的利益。劳动分工虽然可以带来生产率的巨大增长，但分工本身并不能无限扩展。劳动分工的水平主要受制于交换能力或市场的范围。斯密所称的市场范围主要是一个地理的概念，在他的理论体系中，对外贸易是国内贸易的自然延伸，因为对外贸易可以进一步扩大市场的范围，推动一国分工的扩展和生产率的提高。根据斯密的观点，对外贸易基于一国与其邻国相比所具有的绝对优势，这种优势有可能是自然赋予的（土壤、气候、位置等），也有可能是经过后天努力获得的（分工）。不管这种优势是怎么得来的，只要一个国家拥有这种优势，而其他国家又需要其产品，那么对其他国家来说，购买这种产品就比自己制造要合算。斯密认为自由贸易可以为贸易双方都带来贸易利益，他反对国家干预，反对国家对贸易的控制，猛烈地抨击重商主义贸易干预政策。他认为让社会中的每一个成员都去追求自己的利益，通过一只"看不见的手"的自动调节，就完全可以实现社会利益的最大化。由此可见，斯密的绝对优势理论与他提倡分工、反对政府干预、倡导自由贸易的思想构成了一个内在一致的逻辑体系。斯密在论及殖民地发展农业时曾指出①：大多数富国一般在制造业和农业中都比穷国具有优势，但在制造业上往往比穷国具有更高的生产率，而穷国往往土地比较便宜。因此，尽管穷国在耕种上处于劣势，却能在某种程度上以其物美价廉的农产品与富国竞争，所以发展农业往往是新殖民国家的明智选择。由此可见，斯密的贸易理论中已经有了比较优势的思想，但他没有像李嘉图那样通过具体数字进行演算，因此，没能从绝对优势理论中发展出比较优势的概念。

李嘉图首次系统地提出了比较优势的理论②。从一定意义上讲，比较优势理论是对斯密绝对优势理论的进一步发展。斯密没有明确地回答当一个国家在两种产品生产上都处于劣势时该国能不能与他国开展贸易，如上所述，尽管他已经包含了这一思想，但毕竟没有把它变为系统的理论。李嘉图正是抓住了斯密贸易理论中的这一不足，发展出系统的比较优势理论。李嘉图证明了两国之间即使劳动生产率水平相差悬殊，但只要两种产品之间的生产率差别不同，就可以进行贸易，并使两国均获利。两国劳动生产率的差别如表1所示：

表1

	生产布的劳动生产率（单位/每人每年）	生产酒的劳动生产率（单位/每人每年）
英　国	100	120
葡萄牙	90	80

从劳动生产率的角度看，英国在两种产品的生产上都处于绝对劣势，而葡萄牙则在两种产品的生产上都处于绝对优势。如果英国专业化生产劣势较小的布，葡萄牙专业化生产优势更强的酒，通过分工与交换，两国都能比贸易前获得更大的利益。显然，在李嘉图看来，比较优势的来源是两国劳动生产率的差别，或理解为技术水平的差别。他把这种技术差别的原因简单地归结为一国的环境、气候特别有利于某些产业的发展。他没有进一步深入分析这种技术差别是如何产生的，以及怎样才能不断地缩小这种技术差别。因此，李嘉图比较优势理论研究的是一种静态利益。但即使就这种静态利益而言，其在贸易双方的分配也取决于双方产品交换的贸易条件。在极

① 参见亚当·斯密《国民财富的原因和性质的研究》，杨敬年译，陕西人民出版社，2001年，第10页。

② 多伦斯（Robert Torrens）在1815年出版的《谷物对外贸易评论》（Essay on the External Corn Trade）书中首次使用比较优势这一概念。但他的表述与李嘉图比不够系统和明确，因此，大多数经济学家仍将比较优势理论归功于李嘉图。

端的情况下，上述贸易收益可能完全归于贸易的一方，而另一方可能无所收获。李嘉图没有对此进行深入分析，他草率地认为英、葡两国之间的贸易条件在两国未进行贸易时价格比率的中间，对这一点他并未做出证明。因此从理论上讲，李嘉图的比较优势理论是不完整的。尽管如此，比较优势理论成为李嘉图倡导的自由贸易政策的理论基础。

穆勒在1848年出版的《政治经济学原理》的“论国际价值”一章中，深入分析了相互需求、贸易条件及贸易利益在国与国之间的分配。众所周知，穆勒的价值理论已经偏离了劳动价值论，在他看来，物品的价值取决于生产或获得一件物品所支付的生产费用。与李嘉图一样，他也用了一个英国和德国之间毛料和亚麻布相交换的具体的例子来说明他的相互需求原理。

表 2

	单位劳动生产的毛料数量	单位劳动生产的亚麻布数量
英国	10	15
德国	10	20

这样，相对于毛料而言，亚麻布的价格在英国是1.5，在德国是2。当两国进行贸易时，德国将从英国输入亚麻布，而英国则从德国输入毛料。贸易将使两国按同样的价格比例交换两种产品。穆勒观察到，如果两国两种产品的交换比例是1.5，则德国获得全部贸易利益，英格兰一无所获。如果交换比例是2，则英格兰获得全部利益，德国一无所获。那么这种交换比例又是由什么因素决定的呢？穆勒说，两种商品的相对交换价值，将根据两国消费者的爱好和境况自行调整，直到一国所需要的从邻国输入的商品数量等于后者需要从前者输入的商品数量恰好互相抵偿。或者说，这种国际交换价值取决于两国之间的相互需求。但这种交换价值的变动不能超出一定的界限，这个界限就是两种商品分别在两个国家的生产费用比例。或者说，亚麻布的相对价格既不可能大于2，也不可能小于1.5，而是在两者之间波动。值得指出的是，穆勒虽然是李嘉图的追随者，崇尚自由贸易，但由于他深入分析了贸易条件对贸易利益分配的影响，认识到在特定的贸易条件下，贸易利益可能完全被一国所获得，另一国则无所收获，因此，穆勒接受了一个落后的、正在发展中的国家需要对幼稚工业进行保护的思想。并提出了贸易保护的条件或原则，即一个被保护的产业必须在经过一个特定时期后具有国际竞争力。这就是所谓的“穆勒检验”(Mill test)。巴斯塔布尔（1903年）认为穆勒检验只能作为保护幼稚产业的必要条件，而非充分条件，并提出了所谓巴斯塔布尔检验（Bastable test)，即在特定的社会贴现率下，整个社会必须能以较高的回报率补偿因保护而导致的损失。但必须指出的是：穆勒的主导思想仍是主张自由贸易的，贸易保护仅限定于特定国家的特定时期，并满足上述所谓的穆勒检验条件。但无论是穆勒检验还是巴斯塔布尔检验都只能在事后观察到，它并不能作为后进国家选择被保护产业的标准。

二、新古典的比较优势理论

新古典比较优势理论是新古典经济学一般均衡思想在国际贸易领域的进一步发展，在市场机制充分发挥作用的前提下，一个均衡的经济体系必然会充分利用一国的要素禀赋并在与他国的贸易中表现出来。瑞士洛桑学派的创始人瓦尔拉斯首次系统地提出了一般均衡的分析方法，即用一系列的数学等式描述经济中各个变量之间的相互影响，通过对方程组统一求解，求出整个经济的

一般均衡解，其思想是从整个经济体系的角度看待均衡。瓦尔拉斯的均衡体系是一个封闭体系，并没有考虑对外贸易。帕累托则进一步发展了一般均衡的理论体系，而且是第一位把一般均衡的理论运用于对国际贸易分析的经济学家。在帕累托（1894年）的模型中，整个经济由不同的个人、公司、商品及生产要素组成，通过对外贸易与另外一个经济相连。他假定对外贸易是平衡的，因为每一个国家必须用其出口产品所得来支付其产品进口。他还假定一国进口的商品价格要略高于另一国的出口价格，因为其中包括了各种商业费用、运费及保险费。值得指出的是，从一般均衡的角度分析国际贸易却代表着贸易理论从局部均衡方法向一般均衡方法的转变。帕累托之前的经济学家，包括李嘉图、穆勒、马歇尔都是从部门之间生产率差别出发，逐步引入需求因素分析两国之间的贸易、分工和利益分配，都是局部分析方法。而瓦尔拉斯和帕累托把国际贸易置于整个经济体系一般均衡的框架之下，把对外贸易的平衡看作实现经济体系均衡的重要条件，这样，贸易部门与经济中的其他部门不再是割裂的，而成为了一个统一的整体。恩里克·巴罗尼（1908年）在瓦尔拉斯和帕累托一般均衡思想的基础上，第一次画出了生产可能性曲线并用它来研究贸易前后资源配置和贸易收益分配的变化。哈伯格（1936）则把只有劳动一种生产要素的李嘉图模型改造成包括劳动和资本两种要素的理论。他认为劳动可以在两个部门之间自由流动，而资本只能在特定的部门使用。这就是所谓“哈伯格定理”。在哈伯格的理论体系中，一国经济的比较优势与国际市场价格密切相关，任何国家不会在贸易的诱导下实行完全的专业化（这一点成为要素价格均等化定理的重要基础），一国的专业化程度和进出口规模的大小由资源的边际转换成本和贸易条件的交点共同决定。从短期看，产业保护会扭曲贸易和资源配置，因而会降低一国的消费水平，但从长期看，被保护产业的成长将会使生产可能性边界向外移，从而提高一国的消费水平。

赫克雪尔（1919年）和俄林（1933年）从一般均衡的思想出发，把研究重点转向了比较优势的根源，提出了要素禀赋理论。该理论从假定国家之间技术相同但要素的禀赋不同出发，得出了一个国家将因密集使用本国丰富的生产要素而获得比较优势的思想。这就是所谓的HO定理，二战后美国经济学萨缪尔森、琼斯、瓦尼克等人在HO定理的基础上发展出2×2×2模型，并在此基础上不断充实发展，最终形成了由“四大定理”组成的赫克雪尔—俄林—瓦尼克定理（HOV定理），新古典的比较优势理论体系就此形成。HOV定理采用规范的经济学研究方法，表现在其主要结论是在做出了一系列前提假定的条件下得出的。其主要假设如下：

（1）两个国家，两种产品，两种生产要素。

（2）两个国家的生产函数相同，且生产函数具有规模收益不变的性质。当一种要素保持不变时，另一种要素的边际产品递减。

（3）两个国家商品和要素的质量相同，两国生产要素的比例不同，商品的要素密集度不同。

（4）商品和要素在一国国内自由流动，商品在两国之间自由流动，生产要素在两国之间不流动。

（5）商品和要素市场都是完全竞争的。

（6）两国的消费习惯相同。

在上述的假定条件下，HOV定理包括如下主要内容：

（1）HO定理，一个国家将出口那些密集使用本国丰富生产要素的商品，进口那些密集使用本国稀缺生产要素的商品。简单地说，就是用本国丰富的生产要素去交换本国稀缺的生产要素。

（2）要素价格均等化定理（Factor Price Equalization Theorem），在一国不完全专业化生产出口商品的情况下①，商品在国际间的自由国际贸易将使要素价格在国家之间均等化。

(3) 斯托尔珀—萨缪尔森定理（Stoper and Samuelson theorem，1941）。它是指当一种产品的相对于另一种产品的价格上升时，该产品密集使用的生产要素价格也会相对上升。

(4) 鲁宾辛斯基定理(Rybczynski theorem，1955)。该定理声称，在商品价格保持不变的情况下，当一种要素相对于另一种要素增加时，密集使用该要素的产品产量将上升，另一种商品的产量将下降。

以上四个定理构成了新古典比较优势理论的核心，它们的共同特点是在一个高度简化了的一般均衡体系中，确立了产量与要素、商品价格与要素价格之间的联系。它们构成一个逻辑内在一致的体系，自此确立了在国际贸易理论中的主流地位。

三、对比较优势理论的挑战

古典比较优势理论作为古典时期倡导自由贸易的理论基础被广为传播。但从其一诞生起，这一理论及相关政策就受到许多非主流的经济学家的挑战，主要代表人物包括美国的汉密尔顿、英国的约翰·雷、德国的李斯特。他们都主张比较优势不是固定不变的，而是可以通过国家对产业的扶持创造出来。他们从相对落后国家的立场出发，反对自由贸易和按比较优势引导的方向发展国民经济，提倡对幼稚工业进行保护。汉密尔顿主张通过国家扶持和贸易保护发展更具长远利益的工业。美国虽然在制造业方面比英国落后，但通过国家的保护和扶持完全可以改变美国比较优势的结构。他驳斥了许多人认为美国发展制造业会面临人手紧张、劳动力昂贵、资本不足等问题的论断，指出劳动和资本要素的流动完全可以克服上述问题。但值得注意的是，汉密尔顿的幼稚工业保护理论虽然成为后来进口替代工业化战略的重要基础，但他所强调使用的手段却与后者不同，他更趋向于使用补贴而不是使用保护性的关税和其他禁止国外产品进口的措施，因为关税限制不仅会提高国内价格，损害消费者利益，还会减少竞争、产生垄断，不利于受保护的企业降低成本。苏格兰经济学家约翰·雷（John Rae）进一步论证了幼稚工业保护、创造比较优势、促进工业发展的重要性。他指出，由于个人在建立工业企业时会遇到进口先进的机器设备、人员，投入大等诸多困难，国家对新建工业的支持是必要的。只要产业保护所导致的产出增加能够补偿由它产生的资源成本，产业保护就是对社会有利的。李斯特则从 19 世纪德国赶超其他国家的需要出发提出了保护民族工业的学说，系统地论证了贸易保护的思想。他认为，为了克服产业发展初期面临的自然及人为障碍，落后国家需要对工业发展进行“系统的保护”。但他也认为，一旦产业建立起来，保护就应当逐步削减，且保护率要适当，以利于产业之间的竞争。值得指出的是，李斯特的经济理论有两大支柱，即对外实行贸易保护政策和对内发展自由市场经济，两者缺一不可。在对待自由市场制度这个问题上，李斯特并不反对斯密。李斯特反对的是竞争力相差悬殊情况下的国与国之间的自由贸易，而并不反对一国内部的自由贸易。相反，他还把国内的自由贸易视为保持经济活力的关键。许多人把德国经济在 19 世纪下半期的崛起看作是李斯特贸易保护主义的功劳，这种看法不够准确。德国经济在 19 世纪的腾飞固然可能得益于贸易保护，但却并非完全是贸易保护的功劳，取消国内壁垒、大力发展自由市场经济可能起着更加重要的作用。

二战后，汉密尔顿、李斯特等人的保护主义思想随着发展经济学的兴起得到了进一步发展。

---

① 如果在贸易的引导下两国实现了完全的专业化和分工，要素价格就不能均等化。萨缪尔森在一篇早期的文章中特别强调了递增的机会成本对要素价格均等化的重要意义。参见：International Factor-Price Equalization Once Again，International Trade：Selected Readings，edited by Jagdish N. Bhagwati，The MIT Press，1987

普雷维什和辛格提出发展中国家的贸易条件从长期看是趋于下降的，因此生产和出口初级产品是没有前途的。缪尔达尔则提出了中心——外围理论，指出作为外围的发展中国家会受到中心国家“反浪效应”的影响。因此，经济发展的关键是通过政府的有计划干预迅速实现工业化。为了发展工业，就必须对“幼稚产业”进行系统地保护，普雷维什基于上述思想提出了进口替代的工业化战略，被战后迫切需要实现赶超的发展中国家广泛采用。其主要内容是通过各种手段扶持本国工业的发展，用本国生产的工业品逐步替代本国市场上的外国产品。该战略的特点是借助于国家干预的力量，全面保护和发展幼稚的民族工业，迅速实现工业化。值得指出的是：战后的发展中国家在贸易保护和产业提升的道路上比历史上德、美两国走得更远。受凯恩斯革命和前苏联计划经济成功的影响，战后的发展经济学过分强调工业化、计划化以及国家干预的作用。大多数发展中国家不仅通过关税和补贴手段扶持少数战略性产业，而且普遍在经济体系中导入国家计划，农业受到普遍的忽视和挤压，汇率被普遍高估，利率则被压低，价格体系被全面的扭曲。这种过度的国家干预破坏了市场机制的基础性作用，不仅使资源难以实现最优配置，而且经济中的激励和信息系统被破坏。通过国家计划建立起来的工业项目由于缺乏产权激励机制使得成本难以降低，过多的管制又导致“寻租”行为泛滥，大量资源被浪费在非生产性用途上。进入20世纪80年代以来，进口替代战略的不良后果逐步显现。除新兴工业化国家外，大多数推行这一战略的发展中国家陷入国际收支失衡、外债缠身、持续通货膨胀、失业率上升以及由农村凋敝导致的结构失衡之中。与此形成鲜明对照的是，亚洲的日本、韩国、新加坡、中国台湾和香港由于推行了以促进出口为中心的发展战略，取得了引人注目的成就，被世界银行誉为“东亚的奇迹”。大多数发展中国家进口替代战略的失败和东亚国家和地区经济的成功促使经济学家又更多地关注如何发挥自身的比较优势。巴拉萨在李嘉图理论的基础提出了比较利益阶段论（1981），他认为在一个国家的经济发展过程中比较优势不断变化，贸易结构也应不断变化。这一变化体现在有形资本和人力资本的相对密集使用程度不断提高的动态过程中。一国在经济发展的初期总是把出口集中在劳动密集型产品上，因为这是该国在经济发展初期的比较利益所在。随着经济的成长，有形资本的积累迅速增加，教育的普及使人力资本的状况得到改善，这时该国的比较利益就会转到使用有形资本与人力资本较多的产品上去。而原来的产品则会被后来者替代。林毅夫则在分析了东亚日本、韩国、新加坡和中国台湾、香港的成功经验后提出了比较优势战略（1999年），他认为发挥比较优势、逐步提升资源禀赋结构是一种更为成功的发展战略。

李嘉图由技术差别导致的比较优势和赫克歇尔—俄林由要素禀赋产生的比较优势可以归之为外生优势。而由于分工和专业化使一国在生产一种产品上产生的优势可以称为内生比较优势（被创造出来的比较优势）。内生比较优势的思想来源于斯密的分工理论，分工和专业化水平的不断提高是劳动生产率不断提高的源泉。20世纪60年代以后，随着新贸易理论和新增长理论的兴起，内生比较优势的思想得到越来越多的经济学家的认同。随着战后世界经济和国际分工的扩展，相当一部分的国际贸易发生在要素禀赋相同或相近的发达国家之间，以跨国公司为主导的产业内贸易日益发展，要素禀赋理论难以对这类贸易现象做出合理的解释。在这种背景下，用内生比较优势来解释贸易起源的战略性贸易理论便应运而生了。在新贸易理论看来，内生比较优势起源于与分工有关的规模经济①。其实，早在1933年，俄林就已经把规模经济看成一国比较优势的重要

① 分工与规模经济是两个不同的概念。分工是指专业化程度的提高，而规模经济则是指由一个企业规模扩大导致平均成本降低（内在经济），或由于行业规模扩大导致单个企业的平均成本降低（外在经济）。但这两个概念又是相互联系的，马歇尔用后者完全替代了前者，这种处理方法遭到弗兰克·奈特的强烈批评。

来源。巴拉萨（1967）和克拉维斯（1971）则认为规模经济是解释战后工业国之间贸易增长的关键因素。20世纪70年代末、80年代初，克鲁格曼、兰开斯特（K. Lancaster)、迪克西特（A. Dixit)、诺曼（V. Norman）等一批经济学家先后发表了一系列关于规模经济、不完全竞争市场条件下的贸易理论，标志着战略性贸易理论的诞生。克鲁格曼（1979）则构造了一个垄断竞争条件下规模经济内生的模型，他用该模型说明，即使两国在偏好、技术及禀赋方面完全相同，规模经济也可以导致贸易并使贸易国获得贸易利益。战略性贸易理论放弃了传统贸易理论的规模收益不变和完全竞争的基本前提假定，而且结合了博弈论的思想，把市场竞争处理为一场竞赛或博弈。不完全竞争意味着企业生产的产品有差别，因而可以在一定时期内保持垄断利润，规模收益递增则意味着企业的平均成本从长期看是下降的，也就是说发展更快的企业可以更快地降低成本，从而击败竞争对手。战略性贸易理论的政策含义是：通过国家对企业或产业的扶持，一国企业就可以在国际竞争中占据有利地位，甚至击败或打垮他国企业，从而获取更高的贸易利益和国民福利水平。

新古典比较优势理论是在新古典经济学的框架内对古典比较优势思想进一步发展的结果。比较优势理论以其优美的结构，严谨的逻辑关系得到了经济学家们的广泛认可和赞誉，成为战后国际贸易理论的主流。但早在1953年，美国经济学家里昂惕夫利用1947年美国的投入产出表，测算了美国进出口商品的要素含量，他认为根据比较优势原理，美国应当出口资本密集型产品、进口劳动密集型产品，但测算结果却恰恰相反，即美国出口劳动密集型产品，进口资本密集型产品，这一测算结果与HOV定理恰恰相反，故称“里昂惕夫之谜”。里昂惕夫的计算代表着对比较优势理论适用性的早期质疑。后来者按照里昂惕夫的思路对其他国家的贸易格局进行了经验检验，发现有的国家符合比较优势原理，有的国家不符合（Tatemoto and Ichimura，1959；Roskamp，1968；Vanek，1963；Keesing，1966；Fareed，1972）。20世纪60年代后，对比较优势理论的批评和质疑日益增多。首先是一些数理经济学家从假设的科学性和理论的严密性角度对比较优势原理提出质疑。阿罗（1961）证明了，当生产函数采用CES形式，即使两国之间的生产函数相同，只要替代弹性在两种产品中不一样，就可能产生“要素密集度逆转”，即在一国是劳动密集型的产品，可能在另一国变为资本密集型产品。其原因是当要素的替代弹性相同时，两国两种产品的要素密集度会同时变化，但当要素替代弹性不同时，随着要素价格的变化，具有高替代弹性产品的要素密集度就会更快地变化，积累到一定程度，就有可能出现劳动密集型的产品可能变为资本密集型，或者相反。在两国两种产品的贸易模型中，只要同一产品在一国是劳动密集型的，而在另一国是资本密集型的，就一定会有一个国家违反比较优势原理。迪克西特和诺曼（1980）则证明了即使没有“要素密集度逆转”，当产品和要素多于两个时，比较利益理论也不一定成立。成文利、萨克斯、杨小凯（2000）则证明，HOV定理只在两个国家、两种产品、两种要素、两国都有相同的C—D型生产函数时才成立。在他们的模型中，参数变化时，斯托尔珀—萨缪尔森定理就不能成立。德布鲁（1974年）提出了所谓“不可能性定理”，即在不具体写出模型函数形式的情况下，不可能找出关于价格、产量、资源之间的一般规律。

四、对比较优势理论的评价

从总体上看，以李嘉图为代表的古典比较优势理论试图解决贸易利益的起源及其分配问题，其主要特点包括：①从局部出发推及整体的方法，通过两国两个典型部门的成本比较来分析由贸易产生的利益。他们缺乏从整个经济角度出发看问题的方法，没有把国际贸易放在整个经济体系

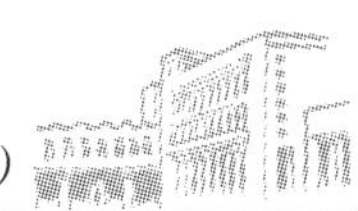

一般均衡的框架下进行分析。②贸易的起源被简单地归结为技术或成本（劳动生产率）的差异，而成本差异又往往是由先验因素决定的。他们既没有深入分析成本或技术差异背后的决定因素，也没有分析技术知识在国际间扩散的可能性。③贸易利益的分配问题是古典经济学家们关注的一个重点，由于没有对贸易条件进行深入分析，李嘉图的比较成本学说虽然比斯密的绝对成本学说前进了一大步，但他错误地认为贸易利益在贸易国之间可以平均分配。因此，李嘉图的比较优势理论存在重大缺陷。从斯密到李嘉图、再到穆勒，贸易问题都不是他们关注的重点，贸易理论不过是他们基本理论的扩展和延伸。斯密理论的核心是他的分工理论，由于分工受制于市场规模，因此贸易通过市场的扩大促进分工，贸易的原因是绝对成本的差别，分工的演进又会扩大这种绝对成本的差别。因此，斯密的贸易理论和分工理论是内在统一的。李嘉图受斯密“绝对优势”概念的启发提出了比较优势理论，并把它建立在劳动价值论的基础上。从对贸易起源的分析上讲，李嘉图的比较优势概念比斯密的绝对优势概念更加科学。但李嘉图比较优势的概念中缺乏动态演化的特征，而且李嘉图在没有深入分析贸易条件的情况下就武断地认为贸易可以使贸易双方均获利，这也是李嘉图比较优势理论的重大缺陷。李嘉图并非完全没有意识到贸易的动态利益，他赞成废除《谷物法》的主要理由是通过谷物进口降低工资成本从而促进英国制造业的进一步发展。穆勒虽然在一定程度上背离了劳动价值论，他试图用所谓的生产费用解释价值，这一特点在其对贸易利益分配的研究中可以反映出来。但穆勒对贸易条件的深入分析说明了贸易利益在各国之间的分配取决于贸易条件，在一定程度上弥补了李嘉图比较优势理论的缺陷。面对非主流经济学家的质疑和挑战，到了古典经济学的晚期，作为自由贸易政策理论基础的比较优势理论开始动摇，甚至像穆勒这样的李嘉图的追随者也开始对自由贸易持保留态度。可以说，19世纪70年代边际主义的兴起为贸易理论的发展提供了新的动力，在新古典经济学家那里，一方面，资本作为一种重要的生产要素被引入生产过程和成本的决定，使贸易理论更加丰富；另一方面，一般均衡思想的出现和发展为以要素禀赋为基础的比较优势思想出现奠定了基础。

新古典比较优势理论在特定的假设条件下，得出了关于产品价格、要素价格、产出量及要素投入之间的基本逻辑关系。该理论的前提假定是在一国内部市场机制可以充分地发挥作用（资源在一国内部可以充分地流动），而要素在国与国之间又不能流动，两国之间的生产技术、需求结构完全相同。在上述假定条件下，两国之间的贸易格局最终是由要素的禀赋所决定，即国际贸易可以归结为两国之间要素的交换。虽然一些假定与实际情况相差甚远，但该理论却能解释相当一部分的国际贸易现象，尤其是发达国家与发展中国家之间的贸易格局。与古典贸易理论相比，其重大进步不仅表现在资本要素的引入使分析更加细致，而且表现在理论思想和方法上的创新。最显著的特征是把贸易放在一般均衡的框架进行分析，在他们这里，贸易不只是两国之间部门相对优势的结果，而且是整个经济体系实现均衡的重要条件。古典经济学家所使用的分析方法是一种部门之间比较的方法，或者说，是从部门比较去推断整体的方法。依笔者之见，理解新古典比较优势思想的关键是掌握一般均衡的思想。比如关于我国劳动密集型产业的发展问题，谁都知道资本密集型产业利润空间大、发展前景良好。关键问题是，如果我们把资本密集型产业作为发展的重点，则会导致我国的就业问题更加严重。从总体上看，受计划经济时期赶超战略的影响，我国资本密集型产业的比重已经相对偏高，表现为大量剩余劳动力仍滞留在农业中，城市中的下岗失业人口也非常高，因此，在相当长的一段时间内，我国仍然要以发展劳动密集型产业为主。只有这样，才能从根本上解决我国经济转型时期劳动就业问题，才能保持我国经济的长期稳定发展。当然，按照一般均衡的基本思想，我国也并非完全放弃资本密集型产业，完全集中于劳动密集型产业的发展上，劳动密集型产业发展到什么程度，要由市场机制进行选择。由此可见，发挥比较优势的关键是加快我国经济市场化的改革步伐，不断完善市场机制的作用。发挥比较优势也并不是完全排斥贸易政策的作用，回顾世界各国经济发展的历史，我们既可以找到通过贸易政策加快经济发展的例证，也可以找到国家干预使经济陷入困境的例证，但我们确实找不出一个闭关锁国并忽视市场机制的作用而能保持国民经济长期稳定发展的国家。从战后发展中国家发展战略的失败中需要吸取的重要教训是：国家干预必须掌握一个度，贸易政策不能破坏市场机制的作用。否则就会得不偿失、欲速则不达。尽管比较优势理论对世界各国制定贸易政策和发展战略具有重大的现实意义，但以笔者之见，它仍具有如下缺陷：①包括的要素范围比较狭窄，在上述定义的基础上，把贸易的起源归结于要素禀赋就显得远远不够了。战后经济学理论的发展表明：除了传统的要素禀赋外，人的技能、知识也是重要的生产要素。其实，从广义上讲，企业家才能、政府的行政管理能力、产业的组织水平都可以构成重要的禀赋差异。②比较优势理论建立在发达完善的市场机制的基础上，对于市场化的水平及市场交易效率对资源配置和贸易的影响考虑不够。

20 世纪 60 年代兴起的战略性贸易理论虽然可以解释发达国家之间的产业内贸易现象，却不能很好地解释全球范围内的贸易格局。因此，把战略性贸易理论与比较优势理论完全对立起来并认为前者可以替代后者是错误的，战略性贸易理论与比较优势理论虽然是两种互相竞争的理论体系，但在一定意义上讲两者又具有互补性。任何一种理论都有特定的适用条件和适用范围，每个理论都可以解释特定条件和特定范围内的贸易现象，但都不能单独解释全部的贸易现象。战略性贸易理论虽然抓住了国际贸易中的重要现象（主要是发达国家之间存在的产业内贸易现象），但却没有新古典比较优势理论从一般均衡角度看待问题的总体思路。尽管战略性贸易政策确实可以获得更大的贸易利益并在贸易实践中被广泛使用，但任何一个国家对特定产业采取战略性贸易支持政策都是暂时的和有条件的，因为从博弈论的角度看，没有一个国家可以公然采用战略性贸易政策而不招致其他国家的报复。如果两个相互进行贸易的国家对相关产业同时采用战略性贸易政策，则战略性贸易政策的效果就会大打折扣甚至完全抵消，而且会导致资源的浪费和扭曲。而且，随着多边贸易体制的不断发展，越来越多的商品、越来越多的领域被纳入 WTO 的多边框架之下，贸易规则越来越透明、越来越细、越来越具有强制性和权威性。在这种情况下，使用战略性贸易政策的空间已经越来越小了。

最后值得指出的是，数理经济学家对比较优势原理的批评只能表明比较优势理论仍有改进的余地，并不能从根本上否定比较优势理论。数学只是经济学家进行逻辑演绎的工具，绝不能把工具当作目的。经济学在本质上是一门社会科学，判断一个经济学理论是不是好的理论，关键是该理论的主要结论能不能反映客观存在的实际情况，而不在于能不能举出反例。比较优势原理能不能成立，也必须在广泛搜集各国数据的基础上进行全面的实证检验。经济学中充满了悖论和反例，没有任何经济学原理不能举出反例。要想推翻一个经济学的原理，关键不是指出它理论上的弱点和漏洞，而是要从经验上证明该理论的前提和结论均不再成立。因此，那种认为通过举出一两个“反例”就能推翻比较优势理论的想法是片面的。

参考文献

[1] [英] 亚当·斯密．国富论．陕西人民出版社，2001

[2] [英] 约·斯·穆勒．政治经济学原理．商务印书馆，1991

[3] 杨小凯，张永生．新贸易理论、比较利益理论及其经验研究的新成果：文献综述．经济学季刊．2001 (1)：19～44

［4］林毅夫．比较优势与发展战略——对“东亚奇迹”的再解释．中国社会科学．1999（5）：4～20

［5］Balassa，Bela. Export and Economic Growth，Journal of Development Economics，Vol. 5，1978，pp. 181～189

［6］Chenery，H. B. Comparative Advangtage and Development Policy，The American Economic Review，Vol. 51，No 1，1961，pp. 18～51

［7］Deardorff，A. V. Weak Links in the Chain of Comparative Advantage，from International Trade：Selected Readings，edited by Jagdish N. Bhagwati，Second edition，The MIT Press，1979，pp. 101～114

［8］Deardorff，A. V. The General Validity of the Hechscher—Ohlin Theorem. The American Economic Review 72，No. 4，1982，pp. 683～694

［9］Dixit，Avinash K. and Stiglitz，Joseph E. Monopolistic Competition and Optimum Product Diversity，American Economic Review，volume 67，1977，pp. 297～308

［10］Ethier，W. J. National and International Returns to Scale in the Modern Theory of International Trade，The American Economic Review，Vol. 72，No. 3，1982，pp. 389～405

［11］Findlay，Ronald. Factor Proportions and Comparative Advantage in the Long Run，from International Trade：Selected Readings，edited by Jagdish N. Bhagwati，Second edition，The MIT Press，1970，pp. 93～100

［12］Freed，A. E. Formal Schooling and the Human Capital Intensity of American Foreign Trade：A Cost Approach，Economic Journal，Vol. 82，1970，pp. 629～640

［13］Keuschnigg，Mirela. Comparative Advantage in International Trade，Physica—Verlag Heidelberg New York，1999

［14］Lancaster，K. Intra—Industry Trade under Perfect Monopolistic Competition. Journal of International Economics，Vol. 10，1999，pp. 151～175

［15］Leamer，Edward E. Sources of International Comparative advantage，Theory and Evidence. The MIT Press，Massachusetts，1984

［16］Maneschi，Andrea. Comparative Advantage in International Trade，Edward Elgar，MA，USA 1998

［17］Samuelson，Paul A. International Trade and the Equalisation of Factor Prices，Economic Journal，58（230），1948，pp. 163～184

［18］Samuelson，Paul A. International Factor—Price Equalisation Once Again，from International Trade：Selected Readings，edited by Jagdish N. Bhagwati，Second edition，The MIT Press，1949，P5～20

［19］Tatemota，M. and Ichimura，S. Factor Proportions and Foreign Trade：The Case of Japan，Review of Economics and Statistics，Vol. 41，1959，pp. 442～446

［20］Treffer，D. International Factor Price Differences：Leontief was Right! Journal of Political Economy，Vol. 101（6），1993，pp. 961～987

［21］Vanek，J. The Factor Proportions Theory：the N—Factor Case，Kyklos，21，1968，pp 749～755

对世界农产品贸易中的比较优势的检验

刘 拥 军

［摘 要］本文在利莫尔、皮特森检验的基础上，利用61个国家的截面数据，对主要农产品谷物、棉花、油料、肉类、糖以及全部农产品的国际贸易是否符合比较优势原理进行了计量检验。本文的结论是：资源禀赋仍是解释农产品贸易格局的主要因素，各国市场经济的成熟程度对农产品比较优势的发挥具有显著影响。

［关键词］比较优势 要素禀赋 市场成熟程度

一、导论

比较优势理论是经济学理论中的精华，从李嘉图提出比较优势概念到现在将近二百年的时间里，比较优势理论随着经济学的发展而发展并经受住了时间的考验。李嘉图的比较优势概念建立在两国不同部门劳动生产率的差异性基础上，其中心含义是技术水平相差悬殊的国家也可以开展专业化分工并从相互贸易中受益。瑞典经济学家赫克雪尔（Heckscher，1919）和俄林（Ohlin，1933）则对比较优势的来源作了进一步挖掘。他们在假定技术水平一定、规模收益不变、消费者的偏好相同等一系列前提下，将比较优势的来源进一步归结为要素禀赋的差异，故称要素禀赋论。在萨缪尔森（Samuelson，1948，1949）、琼斯（Jones，1965）、瓦尼克（Vanek，1968）等一批经济学家的努力下，要素禀赋理论逐步被纳入了主流经济学的分析框架之内，成为国际贸易理论的重要基石。从20世纪50年代里昂惕夫（Leontief，1953）对这一理论提出质疑开始，虽然比较优势理论不断受到挑战和批评，但其在国际贸易理论中的基础性地位却并未动摇。60年代兴起的战略性贸易理论虽然可以解释发达国家之间的产业内贸易现象，却不能很好地解释全球范围内的贸易格局。因此，把战略性贸易理论与比较优势理论完全对立起来并认为前者可以替代后者是错误的，战略性贸易理论与比较优势理论虽然是两种互相竞争的理论体系，但在一定意义上讲两者又具有互补性。任何一种理论都有特定的适用条件和适用范围，每个理论都可以解释特定条件和特定范围内的贸易现象，但都不能单独解释全部的贸易现象。

理解比较优势理论的关键是新古典经济学的一般均衡思想。从一般均衡的思想出发，贸易就成为经济体系实现均衡的重要条件。由于一般均衡理论的基本前提是完善的市场机制，比较优势理论的正确性在很大程度上取决于相关国家或地区市场机制发挥作用的程度，而后者又在很大程度上取决于能不能处理好市场机制与政府干预的关系。在计划经济条件下的重工业优先发展战略下，抑制和忽视市场机制的作用必然使整个经济偏离由比较优势决定的轨道。在战后国家干预主义占主导地位的发展经济学的影响下，发展中国家纷纷推行进口替代的工业化战略，该战略的核心就是对外实行贸易保护，对内忽视和抑制市场机制的成长和发育，强化国家在经济中的作用，

以国家干预推动产业结构升级。在这样的背景下，贸易格局必然会表现出偏离比较优势的倾向。20世纪80年代后，由于进口替代战略导致了一系列严重问题，加之亚洲“四小龙”的示范作用，大多数发展中国家放弃了进口替代战略，纷纷推行“市场导向”的改革和贸易自由化进程，在此背景下，世界范围内的资源配置将进一步优化，比较优势规律必然会进一步显示出来。由此可见，比较优势原理虽然发端于对贸易问题的研究，却根植于市场经济体制，依赖于市场机制的充分作用。它与国家的政策和一国的经济发展战略密切相关。正因为如此，无论是巴拉萨的比较优势阶段论（Balassa，1978）还是林毅夫提出的比较优势战略（林毅夫，1999），其核心都是充分发挥市场机制的作用。

利用各国资料对比较优势理论的适用性进行经验检验是二战后对该理论研究出现的新特点。早在1953年，里昂惕夫就利用美国1947年的投入产出表对美国进出口的要素密集度进行了检验，他发现美国的贸易格局并不是按比较优势理论说明的那样出口资本密集型产品和进口劳动密集型产品。后来者按照里昂惕夫的思路对其他国家的贸易格局进行了经验检验，发现有的国家符合比较优势原理，有的国家不符合（Tatemoto and Ichimura，1959；Roskamp，1968；Vanek，1963；Keesing，1967；Fareed，1972）。另一些经济学家则试图从数学上证明比较优势原理的缺陷，如20世纪60年代，阿罗等人（Arrow，Chenery，Minhas，and Solow，1961）提出了“要素密集度逆转”，即在要素价格弹性不同的情况下，要素价格的相对变化会使贸易格局违反比较优势原理。杨小凯等人则指出比较优势原理违反了一般均衡的思想，因为商品的价格体系和要素密集度只有在相互作用的前提下才能确定，事先假定要素密集度不符合一般均衡思想。更有一些经济学家提出了所谓“不可能性定理”，即在不写出模型具体形式的前提下，就不存在严格意义上的比较优势原理。有人据此断言：严格意义上的比较优势理论已经被推翻（杨小凯，2001）。值得指出的是，无论是里昂惕夫式的检验还是数理经济学家的责难，都不能推翻比较优势理论。经济学中的理论不同于自然科学理论，后者可以进行可控实验，而前者一般说来是建立在对人类行为和各种社会现象的观察基础上，是对大量经济现象背后一般规律的总结。不能要求经济学中的定理像自然科学中的定理一样精确。利用数学手段描述经济现象虽然是经济学理论发展重要趋势，但判断一个经济学原理能否成立，更加重要的不在于其的数学表述形式是否精确，而在于该原理的基本思想能不能反映经济现象的内在规律。比较优势原理的正确性不是建立在每一个国家都符合该原理的基础上，在复杂多变的现实世界中，只要该原理能解释大部分或相当一部分国际贸易，它就是正确的。个别国家和地区不符合比较优势原理不能成为推翻这一理论的理由，只有当大部分或相当大部分国家的贸易不符合比较优势原理时，我们才能断定这一理论不成立。因此，关于比较优势原理能否成立的判断必须建立在对世界各国的贸易格局进行全面经验检验的基础上。

随着计量经济学的发展，利用世界各国的贸易资料、按照规范的计量经济学方法对比较优势理论进行经验检验已成为可能。利莫尔（Leamer，1984）在《比较优势的来源》一书中，系统地对比较优势理论进行了检验，其结论是，虽然部分产品贸易格局很难用比较优势来说明，但比较优势原理仍然能解释相当一部分产品的贸易格局。随着战略性贸易理论的兴起，大量的模型用来说明基于规模经济和不完全竞争的国际贸易（Helpman and Krugman，1985；Treffler，1995），但这些检验的出发点仍然是要素禀赋理论，甚至连战略性贸易理论的代表人物赫尔普曼和克鲁格曼也承认相当大一部分国际贸易可以由要素的交换来解释（Helpman and Krugman，1985）。哈里根（Harrigan，1997）则利用OECD国家的资料重点考察了技术差异对比较优势的影响，在哈里根检验中，要素禀赋仍然是基本的解释变量。皮特森（Perterson，2000）沿着利莫尔检验的思路专门对农产品贸易是否符合比较优势原理进行了检验，他发现粮食、棉花、油料等产品的国际贸易格局可以较好地用比较优势原理来说明，而另一些产品如肉类、糖、农产品总量等不符合比较优势原理。皮特森所用的资料来源于 20 世纪 90 年代早期（主要资料为 1992 年），在此期间，乌拉圭回合的贸易谈判正式结束，农产品贸易规则被纳入世界贸易组织的框架之内，世界各国的经济自由化和全球化趋势进一步发展。在此新的国际背景下，有必要对比较优势原理的适用性作进一步考察和深入研究。本文在利莫尔、哈里根、皮特森经验研究的基础上，搜集 61 个国家的数据，对比较优势原理对世界农产品贸易的适用性作了全面的考察。本文除了对主要农产品（谷物、棉花、油料、糖、肉类）以及全部农产品是否符合比较优势理论作了检验之外，还进一步考察了发挥农业比较优势与市场经济的成熟程度之间的关系。

二、模型

皮特森对农产品国际贸易中的比较优势的检验结果表明：粮、棉、油等大宗农产品的贸易基本符合比较优势原理，而糖、肉类、农产品总量却很难用比较优势原理来解释。本文利用 2000 年的资料对上述各类农产品贸易的比较优势重新进行了检验。与皮特森模型相比，本文的特色在于：①模型的样本容量进一步扩大，皮特森检验的样本为 40 个国家，本文扩展为 61 个国家，增加了发展中国家在全部样本中所占的比重。②利莫尔检验的时期分别为 1958 年和 1975 年，皮特森检验的时期为 1992 年，本文检验的基准期为 2000 年。国际贸易中的比较优势受国际贸易体制和全球化进程的影响，在此期间，由于发展中国家贸易自由化进程的加快和国际多边贸易体制作用的加强，国际贸易中的比较优势应该得到进一步的发挥。因此，本文的检验结果应当好于皮特森以及利莫尔检验的结果。③在皮特森检验中，环境变量和政策变量对模型均没有显著性影响。本文没有采用皮特森检验中的环境变量和政策变量，而是加入了反映各国市场经济成熟程度的制度指标。本文并不认为政策和环境变量对农产品贸易格局没有影响。相反，这两个变量尤其是各国的农业政策对农产品贸易格局的变化是至关重要的，但不同的国家的农业政策差异很大，一方面准确衡量政策的影响需要将各国的政策分解和量化，在操作上极其困难；另一方面，很难找到精确反映各种特定政策的变量，即使能够找到，过多过细的政策变量会冲淡理论的概括性意义。而从理论上讲，各国的市场经济的成熟程度是决定各国农业政策的基础性变量，因此，在很大程度上，市场经济的成熟程度对贸易格局的影响中已经包含了政策变量的影响。本文的模型可写为如下形式：

$$N_i = C + \alpha KS_i + \beta_m \sum_{m=1}^{3} EPO_{mi} + \gamma_n \sum_{n=1}^{4} LAND_{ni} + \theta MRK_i + \mu_i \qquad (1)$$

式中，N_i 表示谷物、棉花、油料、糖、肉类以及全部农产品的净出口。C 为常数项，KS_i 为资本存量，EPO_{mi} 表示按教育水平划分的三类经济活动人口，$LAND_{ni}$ 为按土地类型划分的土地面积，MRK_i 为衡量市场经济的成熟程度的制度变量。á，$\hat{a}_m$（m＝1，2，3），$\bar{a}_n$（n＝1，2，3，4），θ 为待估参数。$\grave{i}_i$ 为随机扰动项。

三、数据与资料

本文搜集了 61 个国家的数据，国家选择以资料的可获性为基础尽量增大样本容量，尽量考虑较大的国家，有一些人口不足 1 000 万的小国，虽然资料可以获得，但未被选入。农产品净出口的指标来源于联合国粮农组织（FAO）数据库，该数据库根据 SITC 国际贸易标准分类拥有详

细的关于农产品的一类、二类、甚至三类进口和出口数据。本文计算了全部农产品（Total Agricultural Products），谷物（Cereals）、油料（Oilseed）、棉花（Cotton）、糖（Sugar）、肉类（Total Meat）的净出口作为被解释变量，其中全部农产品、棉花、肉类以千美元计，粮食、油料、糖的净出口则以公吨计算，以上数字均为2000年的数字。

（一）资本存量

要素禀赋的资料包括资本存量、劳动力和土地的分类资料。利莫尔的资本存量是通过把各年投资按折现值进行累加得出的。其公式如下：

$$KC_i = \sum_{t=0}^{14}(1-\delta)^t(I_{it}/P_{it})$$
$$KS_i = KC_i \times P_{i0} \times XRAT_{i0}$$

其中 I_{it}/P_{it} 为用不变价计算的共15年的投资，ä 为折现率，取值约为0.133。P_{i0} 为计算期的物价指数，$XRAT_{i0}$ 为计算期的汇率。KC 为按当地货币计算的资本存量，KS表示按当期美元价值计算的资本存量。利莫尔计算了1958年和1975年的资本存量，皮特森也使用了这一计算方法，他计算了1992年相关国家的资本存量，本文沿用这一方法计算了2000年样本国家的资本存量，原始资料来源于Alan Heston等人创立的数据库（Alan Heston，2002）。该数据库有按当地货币计算的投资额(1996不变价)的详细资料，单位为百万当地货币或美元。本文使用了1986—2000年的原始数据，其中2000年投资额的权重为$(1-ä)^0$，1999年为$(1-ä)^1$，以此类推，1986年为$(1-ä)^{14}$，然后累加求出按当地货币计算的不变价资本存量KC，再利用2000年的汇率和物价指数将其换算为按2000年美元计算的资本存量。汇率和物价指数也来源于该数据库。

（二）劳动力分类

本文对劳动力的分类与利莫尔的分类略有不同，利莫尔将劳动力分为三类，第一类为全部经济活动人口中的职业、技术和相关工人的数量。第二类为非职业技术类的识字工人，第三类为不识字工人。利莫尔的分类是按职业和教育水平的混合分类法，缺乏内在一致性。此外，职业、技术及相关工人的数量只是国际劳工组织九大类职业中的一类，并不能准确反映劳动力受教育水平的差别。本文没有沿用这一方法，而是采用按教育水平对劳动力进行分类的方法，其特点是完全按受教育程度对劳动力进行分类。指标设定如下：

高素质劳动力：$EPO1=HMI\times EPO$

中等素质劳动力：$EPO3=HMI\times EPO$

低素质劳动力：$EPO2=EPO-EPO1-EPO3$

其中HMI为Harbison-Myers Index指数，该指数是指劳动力各年龄组中在中级和高级学校注册人数的平均百分比。资料来源为联合国工业发展组织（UNIDO，2003），计算该指数使用的基础数据来源为1998年。EPO为一国总的经济活动人口，资料来源为国际劳工组织数据库(ILO)。这样，EPO1就代表劳动力中受教育水平最高的组别，以下称为高素质劳动力。RAI为一国的文盲比率，该数字来源于世界银行（WB，2003），EPO3代表一国中由文盲人口组成的劳动力，以下称为低素质劳动力。而EPO2则是劳动力中介于文盲和受过中高级以上教育的劳动力，本文称为中等素质劳动力。

（三）土地类型

利莫尔根据气候类型将土地分为四类，即热带雨林、干燥、中等潮湿和轻度潮湿四类。

LAND1 为国土中热带雨林气候所占的面积，LAND2 为国土中干燥气候所占的面积，LAND3 为国土中中等潮湿气候所占的面积，LAND4 为国土中轻微潮湿气候所占的面积。托比(Tobey，1996)和皮特森均沿用了利莫尔的分类和资料。虽然气候特征变化的缓慢,但利莫尔的分类资料距今已有 30 多年,同时很难找到较新的资料对其进行更新,本文没有采用利莫尔的资料,而是利用当今国际上较为通用的地表植被分类法。资料来自美国信息技术协会网站(PCITA)，单位为平方公里。

LAND1：可耕地面积（Arable land）。

LAND2：永久作物面积（Permanent crops）。

LAND3：永久性草地面积（Permanent pastures）。

LAND4：森林和木材林面积（Forest and woodlands）。

LAND5：其他土地面积（Others）。

（四）市场经济的成熟程度

关于世界各国市场经济成熟程度的指标非常少，根本原因在于市场成熟程度是一个综合性的制度指标，度量的难度大、考虑的因素多，主观性强。本文采用两套制度变量反映市场经济的成熟程度，一套是 Gwartney 等人（Gwartney，J.，Robert Lawson and Dexter Samida，2001）编著的世界各国经济自由度指标，其特点是着重从市场完善程度的角度描述经济自由度，该报告将经济自由度分为七个项目：

1. 政府的规模，包括消费、转移支付和补贴。
2. 经济结构和市场利用。
3. 货币政策和价格稳定性。
4. 使用其他货币的自由。
5. 法律结构和产权。
6. 国际交易的自由度。
7. 资本市场的交易自由度。

本文根据上述七项的等权平均计算出反映市场经济成熟度的指标 MRK。尽管经济自由度和经济的市场化程度在理论上具有不同的含义，但一般说来，经济自由度越高，表明市场机制的完善程度越高。且从该指标体系的设定上看，除第一项指标衡量政府的规模外，其他六项指标均从资本、货币、商品市场的完善程度出发来衡量经济自由度。因此，该指数基本上可以反映各国市场经济的成熟程度。市场经济成熟程度或者说市场机制的完善程度是一个综合性的体制概念，很难用某个单项的经济指标来准确衡量，只能通过各相关指标进行综合评价，这就难免会加入主观性的判断，也必然存在测量误差问题。比如政府的消费、转移支付和补贴越高，经济自由化程度越低，然而，市场经济更加成熟的发达国家却普遍对农业进行补贴和转移支付，而后者可以增加农产品出口。这种情况与本文的结论恰好相反。为了消除这一影响，本文的扩展回归式中在 Gwartney 等人的指标体系的基础上计算了两个市场成熟度指数，一个是全部七项指标的等权加总，另一个是后六项指标的等权加总。此外，为了避免一套指标体系可能产生的测量误差、增加结论的稳健性，本文还使用了 Kaufmann 等人（Daniel Kaufmann，Aart Kraay and Pablo Zoido-Lobaton，2002）等人设计的制度质量指标，该指标包括六个方面：

1. 民众的参与政府责任。
2. 政治稳定程度。
3. 政府的行政效率。

4. 对经济的管制质量。

5. 社会的法制状况。

6. 对腐败的控制程度。

从该指标的六个方面来看，市场经济越成熟的国家，制度质量应当越高。根据上述 Kaufmann 等人的指标体系，本文也采用等权法计算出另一个反映市场经济成熟度的指标 INST。Gwartney 等人和 Kaufmann 等人的指标各有特点，但 INST 和 MRK 的相关系数为 0.76，在本文样本范围内，美国、加拿大、英国、澳大利亚、新西兰、瑞典、日本、丹麦等发达国家均得分较高，而尼日利亚、塞内加尔、阿尔及利亚、马达加斯加等非洲国家得分较低，因此，从直觉上看，这两个变量基本上反映了各国市场经济的成熟程度。

四、计量方法

本文的研究遵循利莫尔、皮特森检验的基本思路。所用基本方法为线性多元回归法。被解释变量为净出口指标，包括谷物（NEC）、油料（NEO）、棉花（NCO）、糖（NES）、肉类（NEM）、全部农产品（TAP）。解释变量分别为资本存量（KS）、按教育水平划分的三类劳动力（EPO1、EPO2、EPO3）、五种类型的土地（LAND1、LAND2、LAND3、LAND4 、LAND5）以及反映市场经济成熟程度的制度变量（MRK 或 INST）。为了便于对系数大小进行比较，对所有变量均作了标准化处理。对于任何一个基于横截面资料的多元回归模型，存在三个基本问题，①线性等式能否成立；②解释变量的之间的多重共线性问题；③异方差问题。一个模型如果不能考虑和处理上述问题，所得出的结论就必然不可靠。在修正了上述问题之后，模型的解释力可以用 R^2 值的高低来衡量，每个变量的解释力可以用 t 值的大小来衡量。

（一）关于线性等式能否成立的问题

利莫尔认为，用 GNP 作为被解释变量，用各种资源禀赋作为解释变量的线性回归可以观察基本模型的线性特征能否成立。如果 R^2 很高，并且回归的系数可以大体反映各要素在经济中的报酬，贸易等式的线性特征就可以成立，这表明价格的均等化使各国的要素报酬趋于相等。反之，如果 GNP 回归等式中 R^2 不高，系数出现异常，就表明价格均等化不能成立，贸易等式中的线性形式也不能成立。皮特森检验中也使用了这一方法，得出的结果非常理想。本文也采用这一方法，GDP 数据来源于世界银行（WB，2002）回归式如下：

$$GDP = C + \alpha_1 KS_i + \beta_m \sum_{m=1}^{3} EPO_{mi} \qquad (2)$$

结果如表1①：

表1　GDP 回归式

变　量	回归系数	T 统计量
KS	0.61	17.19
EPO1	0.73	11.00
EPO2	−0.49	−11.72
EPO3	−0.05	−3.81

① 由于所有变量都作了标准化处理，故常数项 C 没有在回归结果中出现。

从表 1 的回归结果看，R^2 高达 0.99，主要解释变量资本存量（KS）以及三类劳动力（EPO1，EPO2，EPO3）系数估计值的 T 检验都非常高，均在 1%的显著性水平上通过检验。正如预料的那样，资本（KS），熟练劳动力（EPO1）对 GDP 的贡献为正，非熟练劳动力对 GDP 的贡献为负。虽然我们不能说系数值的大小可以精确反映各要素在 GDP 中的贡献，但资本系数的估计值与皮特森检验中的系数估计值基本相同，基本可以说明线性特征成立。

（二）解释变量之间的多重共线性问题

多元回归中的多重共线性问题来源于解释变量之间的高度相关。共线性问题的存在将使估计系数的方差增大，从而使可信度下降。从表现形式来看，往往是 R^2 值很高，但估计的系数的 t 值较低。为了避免上述问题，本文将充分考虑解释变量之间的线性相关问题，从基本回归式中包含的 9 个解释变量中从相关系数阵观察，只有高素质的劳动力（EPO1）分别与资本存量（KS）、中等素质的劳动力（EPO2）、低素质劳动力（EPO3）和可耕地（LAND1）之间存在较强的相关关系。其他变量之间则没有明显的相关关系。轻微的共线性并不影响回归结果，只有较强的共线性才需要处理。此外，共线性并不影响 R^2 的大小，因此，当我们只关注模型的总体解释力时，可以忽略共线性问题，只有当估计回归式中的系数时才需要处理共线性问题。

（三）异方差的修正

利用截面资料回归会出现异方差问题，异方差的存在同样使参数的估计不具有有效性。当异方差的具体形式不能确定时，怀特（White，1980）提出了对参数估计进行修正的 Heteroskedasticity-Consistent Covariance Matrix 方法，本文在基本回归式和扩展回归式中均采用这一方法对异方差进行修正。

五、基本回归结果

在基本回归式中，被解释变量为谷物、棉花、油料、糖、肉类以及全部农产品的净出口，解释变量为资本存量、按教育水平区分的三类劳动力和按地表植被分类的五种土地资源，未对反映市场经济成熟度的制度变量加以控制。从回归结果中看（见表 2），除糖类农产品的 R^2 较低外，其他四类农产品及全部农产品的 R^2 值都显著大于 0.5，与皮特森检验相比，虽然谷物和棉花的 R^2 值低一些，但油料、糖、肉类、总农产品的 R^2 值却显著提高①。在谷物回归式中，高素质劳动力（EPO1）和可耕地（LAND1）有正的显著影响，资本存量（KS）、低素质劳动力（EPO3）和永久性作物面积（LAND2）有显著的负影响；在油料的回归式中，熟练劳动力（EPO1）和森林及木材林面积（LAND4）有显著的正影响，资本存量（KS）、中等素质劳动力（EPO2）以及难于分类的其他土地面积（LAND5）有显著的负影响；在棉花的回归式中，只有永久性草地面积（LAND3）有显著的正影响，资本存量（KS）、中等素质的劳动力（EPO2）和永久性作物面积（LAND2）有显著的负影响；糖的比较优势似乎很难用要素禀赋来解释，尽管如此，永久性草地面积（LAND3）和森林及木材林面积（LAND4）有显著的正影响，其他土地面积（LAND5）有显著的负影响；对肉类产品净出口有显著正面影响的变量是永久性草地面积

① 皮特森模型中各农产品回归式的 R^2 值分别为：粮食（0.86），油料（0.78），棉花（0.84），糖（0.27），肉类产品（0.40），全部农产品（0.64）。

（LAND3），有显著负面影响的变量为资本存量（KS）和低素质劳动力（EPO3）的数量；对全部农产品而言，高素质劳动力（EPO1）、可耕地（LAND1）、森林及木材林面积（LAND4）的影响为正，但只有可耕地通过了10%的显著性检验。资本存量（KS）、中等素质的劳动力（EPO2）、低素质劳动力（EPO3）、森林及木材林面积（LAND4）、其他土地面积（LAND5）对全部农产品有消极影响，其中资本存量和其他土地面积在1%的显著性水平上通过检验，低素质劳动力（EPO3）在5%的显著性水平上通过检验。

表2　基本的HOV回归式

因素	谷物 NEC	油料 NEO	棉花 NCO	糖 NES	肉类 NEM	全部农产品 TAP
资本（KS）	−0.67	−0.60	−0.47	−0.09	−1.47	−1.36
	(−4.00)***	(−4.77)***	(−2.53)***	(−0.44)	(−7.36)***	(−8.29)***
EPO1	1.33	1.50	1.59	−0.65	1.27	1.01
	(1.93)**	(2.72)***	(1.84)*	(0.58)	(1.49)	(1.45)
EPO2	−0.81	−1.43	−1.56	0.39	−0.70	−0.66
	(−1.50)	(−3.26)***	(−2.30)**	(0.39)	(−1.10)	(−1.25)
EPO3	−0.65	−0.19	0.04	−0.20	−0.65	−0.67
	(−1.88)*	(−0.69)	(0.10)	(−0.28)	(−1.71)*	(−2.10)**
LAND1	0.80	0.43	0.05	0.41	0.77	0.89
	(1.66)*	(1.15)	(0.08)	(0.44)	(1.37)	(1.88)*
LAND2	−0.17	−0.03	−0.27	−0.14	−0.11	−0.001
	(−2.16)**	(−0.56)	(−5.19)***	(−0.74)	(−1.56)	(−0.03)
LAND3	0.12	0.14	0.58	0.66	0.19	0.29
	(1.01)	(0.86)	(4.43)***	(2.58)***	(1.75)*	(2.92)***
LAND4	−0.06	0.48	−0.14	0.80	0.15	0.09
	(−0.41)	(3.07)***	(−1.30)	(2.48)**	(1.31)	(1.02)
LAND5	−0.04	−0.44	−0.02	1.03	−0.15	−0.22
	(−0.29)	(−2.16)**	(−0.17)	(−3.04)***	(−1.38)	(−2.75)***
R^2	0.79	0.86	0.77	0.49	0.68	0.73

注：括号内的值表示t统计量，***表示显著性水平在1%以上，**表示显著性水平在5%以上，*表示显著性水平在10%以上。

我们将基本回归式中的最后一列全部农产品回归式写成等式形式，去掉其中未通过显著性检验的解释变量重新回归，结果如下：

$$TAP = -1.05\times KS - 0.97\times EPO3 + 1.43\times LAND1 + 0.21\times LAND3 - 0.14\times LAND5 \quad (3)$$
$$(-9.84)\qquad(-9.28)\qquad(9.61)\qquad(3.80)\qquad(-2.62)$$
$$R^2 = 0.72$$

从上述基本回归式和标准化后的等式中，我们可以得到下列结论：

1. 资本（KS）对谷物、棉花、油料、糖、肉类以及全部农产品的净出口都有消极影响，除糖类产品未通过显著性检验外，谷物、棉花、油料、肉类以及全部农产品均以1%的显著性水平通过检验。这充分表明随着经济的发展和资本的积累，农产品会逐步丧失比较优势。

2. 高素质劳动力（EPO1）对谷物、棉花、油料、肉类以及全部农产品的比较优势均有积极影响，其中对谷物、油料、棉花具有显著性的影响，对肉类、全部农产品虽有正的影响，但未通过显著性检验。对糖的影响虽为负，但不具有显著性；这充分表明：劳动力素质的高低对农业比较优势的发挥至关重要。

3. 中等素质的劳动力（EPO2）对谷物、棉花、油料、肉类以及全部农产品均有消极影响，对糖类农产品的影响虽为负、但不具有显著性。低素质劳动力（EPO3）对谷物、油料、糖、肉类以及全部农产品均有消极影响，其中对谷物、肉类和全部农产品有显著的负面影响。这就进一步印证了劳动力的素质在农业发展中的重要性。本文对劳动力的分类虽然与皮特森模型的分类不尽相同，但检验结果却与皮特森检验的结果大体相同。皮特森对此的推测是：熟练劳动力丰富的国家可能具有更高水平的农产品加工业，因而更有可能出口这些产品。皮特森的推测虽然有一定的道理，但笔者认为更高水平的农产品加工产业也可能会增加农产品的进口，因而，对上述结果的另一种可能的解释是：尽管从总体上看农业劳动者的素质相对较低，但较高的劳动力受教育水平却可能对一国农产品出口产生重要影响。因为与制成品出口相比，农产品出口可能更为复杂，需要从业人员接受更高的受教育水平。

4. 可耕地面积（LAND1）的大小对谷物、棉花、油料、糖、肉类以及全部农产品比较优势的发挥均有正的影响，其中对谷物和全部农产品有显著性影响；永久性作物面积（LAND2）对谷物、棉花、油料、糖、肉类以及全部农产品的比较优势有负面影响，其中对谷物和棉花的比较优势有显著性影响；草地面积（LAND3）的大小则对谷物、棉花、油料、糖、肉类以及全部农产品比较优势的发挥有积极影响，反映了畜牧业在保持一国农业比较优势中的重要作用。森林和木材林面积（LAND4）对单项农产品的影响有正有负，对全部农产品的影响不显著；而除上述四种类型之外的其他土地类型（LAND5）则对谷物、棉花、油料、糖、肉类以及全部农产品的比较优势均有不利影响；总体而言，土地资源的数量和类型是决定农业比较优势的最重要因素。

5. 对发挥全部农产品（TAP）的比较优势而言，最大的不利影响来源于资本存量（KS）和低素质的劳动力队伍（EPO3），其他土地类型的面积（LAND5）也对农产品比较优势的发挥有一定的消极影响。而最大的有利因素则是可耕地面积的大小（LAND1），有利于畜牧业发展的永久性草地面积（LAND3）的大小也对农产品比较优势发挥有一定的积极影响。

六、扩展回归式——市场成熟程度的影响

农产品比较优势的发挥程度与一国市场经济的成熟程度密切相关。与工业制成品相比，农产品出口要求具备更加完善的市场网络，要求产前、产中、产后各环节更加密切地协调与配合，因而要求市场更加完善和成熟。对一个国家或地区而言，即使具备了发展农业生产的资源禀赋，但如果市场体系不健全，农产品的比较优势也难以发挥出来。在农产品国际市场竞争日趋激烈的情况下，成熟的市场经济制度虽然不是发挥农业比较优势的充分条件，却是保持农产品国际竞争力的必要条件。本文在接下来的扩展回归式中，集中考察市场成熟程度对全部农产品净出口的影响。那些在基本回归式中不具有显著性的解释变量被排除，只保留通过10%显著性水平检验的变量。为了增加结论的稳健性，扩展回归式中使用了三个制度变量并对被解释变量和制度变量中的异常值（outlier）作了处理。如表3所示，第（1）列是基准回归，该列使用的制度变量是James Gwartney指标体系中全部七项指标的等权平均。在全部61个国家中，有三个国家（芬兰、卢森堡、津巴布韦）由于缺乏土地资源和劳动力资源的分类被排除在外，回归中实际使用的观测值为58个。第（2）列中则使用去掉第一项政府规模后的六项指标的等权平均，其目的是修正由于补贴等因素导致的对市场成熟度指标的测量误差。从第（1）、（2）列的回归结果看，所有解释变量均是显著的，除其他土地（LAND5）在10%的显著性水平、市场成熟度在5%的显著性水平上通过检验，其他解释变量与在基本回归式中一样均在1%的显著性水平上通过检验。由于发达国

家往往是农产品的出口大国，同时市场成熟度较高，可能对本文的结果影响较大。为了增加稳健性，在第（3）列中排除了全部农产品净出口偏离平均值1.5个标准差以上的国家澳大利亚、法国、德国、荷兰、美国和日本，其中前五个国家净出口水平偏高，日本的净出口水平则偏低。第（3）列的回归结果表明：排除上述国家后，制度变量（MRK）的t值不降反升，由5%的显著性水平上升为1%的显著性水平，其他解释变量的t值和模型的R^2值均未有显著变化。这说明市场成熟度对农产品比较优势有显著影响的结论不受少数农产品出口大国以及日本这个的异常值的影响。一般说来，非洲国家的市场成熟度较低，同时大多数非洲国家为农产品净进口国，因此，本文的结论也可能受少数非洲国家所左右。在第（1）列基准回归式使用的58个观测值中，共有非洲国家12个，从MRK的样本中分析，上述国家中有四个国家（尼日利亚、塞内加尔、阿尔及利亚、马达加斯加）市场成熟度低于平均水平1.5个标准差以上。为了进一步增加本文结论的稳健性，第（4）列在第（3）列的基础上进一步排除上述四个国家，从回归结果看，资本存量、劳动力、可耕地、永久性草地面积等变量均不受影响，第五类土地的显著性水平明显下降。市场成熟度的回归系数略有下降，显著性水平也有所降低，但仍在10%的显著性水平上通过了检验。第（5）、（6）列则使用KAZ的制度质量指标代替（1）列中的市场成熟度变量（MRK），其中第（5）列未排除任何观察值，第（6）列中排除了全部农产品净出口偏离平均值1.5个标准差以上的国家澳大利亚、法国、德国、荷兰、美国和日本。从结果看，其他变量的系数和t值的大小均不受影响，制度变量的系数值也不受影响，尽管t值下降，未通过10%的显著性水平检验，但t值与10%的显著性水平非常接近。（6）列中排除了全部农产品净出口水平较高的国家后，制度变量的显著性水平上升至5%。上述检验充分表明：市场经济成熟度对农产品的比较优势有显著影响的结论是稳健的，市场成熟度的系数稳定地保持在0.12～0.16之间。由此我们可以得出如下判断：在其他要素禀赋不变的情况下，经济市场化水平每提高10%，农产品的比较优势将提高1%以上。

表3 市场成熟程度对全部农产品（TAP）净出口的影响

因素	(1)	(2)	(3)	(4)	(5)	(6)
资本KS	−1.09	−1.09	−1.22	−1.29	−1.09	−1.24
	(−10.61)***	(−10.78)***	(−4.84)***	(−5.21)***	(−10.59)***	(−4.60)***
EPO3	−0.92	−0.92	−0.63	−0.68	−0.93	−0.64
	(−8.25)***	(−8.16)***	(−4.11)***	(−4.46)***	(−8.00)***	(−4.18)***
LAND1	1.42	1.41	0.96	1.04	1.42	0.96
	(9.28)***	(9.24)***	(4.56)***	(4.95)***	(9.07)***	(4.54)***
LAND3	0.20	0.20	0.31	0.32	0.21	0.33
	(2.71)***	(2.75)***	(3.43)***	(3.66)***	(2.60)***	(3.59)***
LAND5	0.13	−0.14	−0.09	−0.09	−0.14	−0.10
	(−1.85)*	(−1.93)*	(−2.20)**	(−1.88)*	(−1.95)*	(−2.24)**
制度变量	0.15	0.16	0.15	0.13	0.15	0.14
(MRK或INST)	(2.15)**	(1.99)**	(2.91)***	(1.97)*	(1.56)	(2.04)**
R^2	0.74	0.74	0.53	0.56	0.73	0.51

注：括号内的值表示t统计量，***表示显著性水平在1%以上，**表示显著性水平在5%以上，*表示显著性水平在10%以上。

七、结论

发挥农产品比较优势最大的不利因素是资本存量（KS），资本存量的不断增长是经济发展过程中的必然规律，它反映的是经济发展过程中农业比较优势的逐步下降和非农产业比较优势的提高。在本文几乎所有的回归式中，资本存量都在1%的显著性水平上通过了检验充分证明了这一规律。可耕地（LAND1）面积的大小构成发展农业的重要条件，是农业比较优势的自然基础，对农产品的净出口有显著的积极影响。低素质的劳动力数量是阻碍农业比较优势发挥的另一个重要因素，这表明：提高农业劳动者的素质、加大人力资本投资是农业发展的重要途径。永久性草地面积（LAND3）的大小虽然对农业比较优势的发挥有积极影响，反映了畜牧业在发挥农业比较优势中的重要作用。但其影响程度远低于资本、劳动力和可耕地的影响。市场成熟程度（MRK）对农业比较优势的影响程度虽然不及上述四个因素，但其影响是显著的。在对农产品比较优势有明显影响的六个变量中，土地资源属于先天性禀赋，资本存量的增长虽然对农业有不利影响，但对整个经济的发展却至关重要，因此，为了保持农业的比较优势而降低资本积累速度的政策断然不可取。由此看来，政策可以影响的因素是低素质的劳动力数量和市场经济的成熟程度。因此，加大人力资本投资、不断提高劳动者素质，不断完善市场经济制度、提高资源配置效率是保持农产品比较优势的根本途径。尽管世界农产品贸易领域被公认是国家干预最严重的领域，但本文的分析表明：比较优势原理仍在发挥作用。这一结论对我们的启示是：在我国加入WTO的背景下，我国农业的结构调整也会按比较优势引导的方向进行，根据我国劳动力资源丰富、土地资源相对短缺的要素禀赋，具有劳动密集型特点的农产品如蔬菜、瓜果、园艺产品、肉类产品是我国今后的发展重点。但发挥劳动力资源优势的关键是不断提高劳动力的素质，加大对广大农村人口的人力资本投资。此外，不断完善市场机制、加快经济市场化进程可以实现农业资源的优化配置，更好地发挥我国农业的比较优势。

参考文献

[1] Alan Heston, Robert Summers and Bettina Aten, Penn World Table Version 6.1, *Center for International Comparisons at the University of Pennsylvania* (CICUP), 2002

[2] Arrow, K. J., Chenery, H. B., Minhas, B. S. and Solow, R., "Capital－Labor Substitution and Economic Efficiency", *Review of Economics and Statistics*, 1961, XLIII, 225～251

[3] Balassa, Bela, "Export and Economic Growth." *Journal of Development Economics*, 1978, 5, 181～189

[4] FAO, //apps.fao.org/page/collections? subset＝agriculture, Food and Agriculture Organization of the United Nations, Rome, Italy

[5] Freed, A. E., "Formal Schooling and the Human Capital Intensity of American Foreign Trade: A Cost Approach." *Economic Journal*, 1972, 82, 629～640

[6] Gwartney, J., Robert Lawson and Dexter Samida, *Economic Freedom of the World*: 2000 *Annual Report*, *Page* 209～230, 2001

[7] Harrigan, James, "Technology, Factor Supplies, and International Specialization: Estimating the Neoclassical Model." *American Economic Review*, 1997, 87 (4), 475～494

[8] Heckscher, Eli F., "The Effect of Foreign Trade on the Distribution of Income" (1919 in Swedish), reprinted in *Readings in the Theory of International Trade*, Homewood, IL: Irwin, 1950, 272～300

[9] Helpman, E., Krugman, P., *Market Structure and Foreign Trade*: *Increasing Returns*, *Inper-*

fect Compitition and the International Economy. Massachusetts, MIT press, 1985

[10] Jones, R. W., "The Structure of Simple General Equilibrium Model", *Journal of Political Economy*, 73 (4), 557～572

[11] Kaufmann, D., A. Kraay and P. Zoido-Lobaton, "Government Matters Ⅱ—Updated Indicators for 2000/2001" *World Bank Policy Research Department Working Paper*, No. 2772, Washington D. C., 2002

[12] Keesing, Donald B., "The Impact of Research and Development on United States Trade." *Journal of Political Economy*, 1967, 75, 38～49

[13] Leamer, Edward E., *Sources of International Comparative advantage, Theory and Evidence*. Massachusetts, the MIT Press, 1984

[14] Leontief, w. w, "Domestic Production and Foreign Trade: The American Capital Position Reexamined." *Proceedings of the American Philosophical Society*. 1953, 97 (September), 331～349

[15] 林毅夫．比较优势与发展战略——对"东亚奇迹"的再解释．中国社会科学．1999（5）：4～20

[16] ILO, *//laborsta. ilo. org/cgi − bin/brokerv8. exe*, International Labor Organization, Geneva Ohlin, B., *Interregional and International Trade*, Cambridge, MA, Harvard University Press, 1933

[17] Peterson, E. Wesley, "Agricultural Comparative Advantage and Government Policy Interventions." *Journal of Agricultural Economics*, 2000, 51 (3), 371～387

[18] PCITA, *www. photius. com/wfb1999/rankings/total _ land _ area _ 0. html*, Photius Coutsoukis and Information Technology Associates. Woodridge, NY 12789, USA

[19] Roskamp, K. W. and McMeekin, G. C., "Factor Proportions, Human Capital and Foreign Trade: The Case of West Germany Reconsidered." *Quarterly Journal of Economics*, 1968 (February), 152～160

[20] Samuelson, Paul A., "International Trade and the Equalization of Factor Prices." *Economic Journal*, 1948, 58 (230), 163～184

[21] Samuelson, Paul A., "International Factor − Price Equalization Once Again." *International Trade: Selected Readings*, Second edition, The MIT Press, 5～20, 1949

[22] Tatemota, M. and Ichimura, S, "Factor Proportions and Foreign Trade: The Case of Japan." *Review of Economics and Statistics*, 1959, 41, 442～446

[23] Tobey, James A., "The Effects of Domestic Environment Policies on Patterns of World Trade: An Empirical Test." *Kyklos*, 1996, 43 (2), 191～209

[24] Treffler, D, "The case of the Missing Trade and Other Mysteries." *American Economic Review*, 1995, 85 (5), 1029～1046

[25] UNIDO, *Industrial Development Report* 2002/2003, statistics annex, Page 167～168, //www. unido. org/doc/5156, United Nations Industrial Development Organization

[26] Vanek, J., *The Natural Resource Content of United States Foreign Trade*: 1870～1955. Cambridge, M. I. T. Press, 1963

[27] Vanek, J., "The Factor Proportions Theory: the N−Factor Case." *Kyklos*, 1968, 21, 749～755

[28] White, H., "A Heteroskedasticity Consistent Covariance Matrix Estimator and a Direct Test for Heteroskedasticity" *Economica*, 1980, 48, 749～838

[29] 杨小凯，张永生．新贸易理论、比较利益理论及其经验研究的新成果：文献综述．经济学（季

刊）.2001（第1卷，第1期）：19～44

[30] World Bank：*World Development indicators*，Page 208～210，1818 H Street NW，Washington D. C. 20433，USA，April 2002

[31] World Bank：*World Development Report* 2003——*Sustainable Development in a Dynamic World*，New York，Oxford University Press，Page 234～237

金融体制改革对农业企业融资的影响

陶益清

［摘　要］随着金融体制改革的深入，对企业产生了全方位的影响。本文作者将结合自身所处农业企业的实际情况，谈一谈金融体制改革对企业融资情况的影响。

［关键词］金融体制改革　中小企业　农业企业　融资

自从1993年底，国务院发布《关于金融体制改革的决定》和《关于进一步改革外汇管理体制的通知》以来，中国金融体制的改革进入了一个新的阶段。特别是近两年，随着中国WTO的加入，金融体制改革在不断吸取国内外经验教训的基础上有了进一步深入发展，逐渐摒弃了过去计划经济下形成的“大一统”的僵化体制，已初步形成了适应中国特色的市场经济所要求的金融体制。这种新型金融体制的确立必将会对中国经济未来的发展产生巨大推动作用。企业作为社会资金融通的主要参与者，经济活动的主体也必然会更直接面临金融体制改革所带来的冲击和影响。本文作者将结合自身所在企业的实际情况，就金融体制改革给企业，特别是农业企业融资方面所带来的影响发表自己的一些看法。

一、金融体制改革的主要内容概述

金融体制又称金融体系，是指一个国家或地区以行政的，法律的形式和运用经济规律所确定的金融系统结构以及构成这个系统各种类型的银行和非银行金融机构所形成的不同层次的职能作用及其相互间的关系。金融体制改革作为规模宏大的中国经济体制改革的一个重要组成部分，主要体现在以下三个方面：

1. 金融机构的规范化，多元化。金融机构的规范化要求：①中央银行的职能进一步明确和强化。不断规范中央银行行为，改进宏观金融调控方式，加强对金融机构的监管和金融风险的防范。②商业银行的改革进一步深化。明确法律地位和基本职能，分离商业和政策性业务，实现银行业，信托业和政权业分离；加强资产负债比例管理；建立多层次的商业银行系统。③政策性银行设立和运行。④加快非银行金融机构的改革和发展。金融机构的多元化要求：①金融机构所有制形式的多元化。以公有制为主体，多种所有制形式并存是未来中国经济体制的重要特征，金融机构的所有制形式也应与此相适应，目前所有制形式过于单一的格局应当予以改变。②金融机构种类的多元化。特别是商业银行种类的多元化，要在现有的基础上，采取有效措施促进股份制商业银行的发展，使其数量不断增加；进一步完善城市商业银行体系，推动其实力不断扩大，根据客观实际的需要建立一批区域性商业银行，为本地区客户提供各种形式的服务。③金融机构业务活动的多元化。努力使业务范围进一步扩展，使各种业务能够全面的展开；要积极开展各种新型金融业务，通过业务创新推动业务多元化的发展。

2. 建立完善的，多层次的金融市场体系。中国的金融市场建设是一项宏大的系统工程。金融市场的建设离不开金融改革。金融市场的建设主要包括：①加速利率市场化进程。一方面逐步建立以中央银行对金融机构贷款利率为引导，以同业拆借利率为基础的利率体系，使利率水平与物价变化和资金供求相适应，促进存款利率，贷款利率，债券利率和物价变动各方面关系趋于合理；另一方面，在理顺国债利率的基础上，适时地建立以国债利率为基准的利率市场体系。②调整和完善货币市场。首先，改革集中统一的拆借市场格局，使拆借市场中的利率，交易量和资金流向等，能够真实地反映全国各地对资金地供给和需求情况；其次，进一步促进国债市场的成熟和规范化；再次，积极推进票据贴现市场的发展，使其成为协调工商企业与银行间融资的重要机制。最后，积极发展票据市场，使其成为沟通工商企业间融资的重要机制。

3. 进一步加强央行的金融宏观调控职能，保证金融运行的平稳有序，更好地为经济发展服务。今后人民银行对宏观金融的调控要逐渐采用间接调控为主，直接调控为辅的方式，为此，必须建立起一整套较为完善的间接调控手段。①要进一步完善常规性调控手段。特别是公开市场业务的调控手段，今后应对其给予足够的重视。②要逐渐进行选择性货币政策工具的尝试。中国人民银行长期以来主要侧重于总量控制，结构性调节方面考虑得不多，今后应在此方面进行一定的改进。

当然在金融体制改革所涉及的以上三个层面中，金融机构的改革是关键。因为金融机构是金融体系的细胞。只有建立规范化的金融机构，才能为完善金融市场，改进金融宏观调控提供重要的前提条件。

二、农业企业在融资过程中所面临的难题

农业现阶段虽已不再是中国国民经济的主导，但其基础地位并没有发生动摇。农业发展的好坏直接影响着其他产业的发展。农业相对于其他产业而言属于弱质产业，因自身所固有的特点，使其产值面临很大的不确定性。一批新型农业企业的出现是进一步提升农业地位的必要条件。当然农业企业建立在农业的基础上，也不可避免地会受到农业自身发展的影响。农业企业的这种特殊背景，决定了其生产规模在一定时期很难做大，原料大多来源于农业所造成的不确定性也进一步制约其效益的快速提高。这一切都决定了农业企业大多为中小企业，中小企业融资过程中所面临的问题必然在一定程度上反映了农业企业的融资现状。农业企业资金来源一般可以分为两部分：内源式资金和外源式资金。内源式资金主要源于企业利润的资本化，也包括继承家业，合伙集资等来源。外源式资金主要源于两种渠道，一种是通过资本市场从社会大众融通的资金；另一种是通过银行和非银行金融机构贷款获得的资金。对于大多数农业企业来说，内源式资金是其资金来源的主要方面，外源式资金作为辅助部分。而在外源式资金来源中又以银行信贷的间接融资为主，直接融资几乎没有。这主要体现在以下四个方面：

1. 农业企业获得银行贷款难。贷款难主要有三个方面的原因：①农业企业自身的素质问题。农业企业一般资产规模和经营规模都相对较小，研发水平低，产品的竞争力弱，缺乏有经验的管理人才，导致获利能力不足，其信誉也就难以得到认可；大多数农业企业没有建立现代企业制度，防范财务风险的能力不足，容易产生较大的财务风险；农业企业由于规模较小，银行贷款抵押资产有限，为其贷款能进行担保的机构少，担保品种单一。这一切都容易导致银行惜贷行为的发生。②银行经营方面的问题。银行过去一直以来重复着一种传统的经营模式“从城镇居民处吸收存款，然后按计划要求或行政部门意图贷给国有大型企业”资金很少流向中小型企业。这一定

程度上与四大商业银行以前的特殊的专业银行性质有关，带有很深的政府干预烙印，从而形成贷款给国有企业是“公对公”即使贷款收不回也无所谓的思想，反正是一家人。这催生了银行大量的不良资产。而贷款给中小型企业一旦失败，往往有损公肥私的嫌疑。③银行放款原则的限制。商业银行的放款原则要确保资金的三性“安全性、盈利性、流动性”。生产规模大、实力强的优质客户成为各大银行争抢的对象。农业企业大都规模较小，经营中包含较大的风险，再加之社会上缺乏有效的信用评级机构，极易造成中小企业和银行之间严重的信息不对称，无形中加大了银行的交易成本，使它对中小企业贷款望而却步。

2. 农业企业直接融资来源少。直接融通的资金在农业企业中几乎没有。农业企业受其经营局限性的影响，生产规模、资本金、财物风险控制、信息披露等各方面都在短时间内难以达到上市公司的要求。到目前只有极少数农业企业能在深、沪上市来募集所需的资金。适用于中小企业融资的二板市场，中国还没有建立。上市门槛的限制把大多数农业企业挡在了股票融资的行列之外。农业企业也很难通过发行债券来进行融资。虽然，目前我国每年都要发行一部分企业债券，但中小企业基本上没有这个机会。发行债券的标准主要是追求企业具有的规模和对历史投资回报的考察，而对于企业未来的预期发展不够重视，而中小企业规模和大企业显然无法相比，发行债券当然也不会轮到中小企业头上。很难想像微软如果发展初期放在中国的话，是否会有它今天的发展壮大。

3. 农业企业融资缺少社会金融服务的支持。目前，中国仍没有专门为中小企业服务的金融机构，对中小企业发展的扶持缺乏针对性，更不用提专门为中小企业提供的管理、财务、信用评级等多方面的咨询服务。这严重影响企业的资金来源。

4. 农业企业融资缺乏相应的法律保障体系。纵观发达国家和地区的经验，为中小企业发展提供各方面的金融支持都离不开立法。如加拿大的中小企业融资法、美国的中小企业法、德国的中小企业组织原则等。而中国现在仍没有相应的法律，换句话说中国中小企业的融资处于无法可依的境地。

三、金融体制改革对农业企业融资的影响

金融体制改革是一项系统工程，它对中小企业的融资活动将不可避免的产生深远的影响。主要表现在以下几个方面：

1. 融体制改革有助于实现农业企业融资渠道的多样化。金融体制改革的进一步深化，有利于逐步改变中小企业融资主要依靠内源式资金所造成的融资渠道过于单一且总量不足的缺陷，通过银行、非银行金融机构、股票市场、债券市场、票据市场等多种渠道融通资金。

（1）随着国家加大对中小企业的扶持力度，专门为中小企业融资的中小金融机构和大的商业银行中小企业信贷部成立，银行贷款难的问题有望得到解决。对于农业企业，随着农村信用社脱离农业银行的控制成为自主经营的金融机构，其合作制性质的逐渐恢复必将为农业企业提供更大的资金扶持。

（2）政策性银行的建立和运作的完善，国家专门为扶持农业发展建立的农业发展银行也必将为农业企业提供更稳定的长期性的资金来源。

（3）非银行金融机构的发展特别是保险公司涉农险种的开发为农业企业有效回避风险提供了可能，也为农业企业贷款提供了无形的担保。

（4）根据国外经验，中小企业主要通过二板市场发行股票来为企业融通权益资金，虽然现在

二板市场在发展过程中遇到了一些麻烦，出现了严重的经济泡沫，极大的挫伤了投资者的信心，造成股指一路下跌。但从长远看来，随着国家监管手段的逐步完善，二板市场仍有很大的发展潜力。中国在金融体制改革的过程中，当时机成熟时，也有必要建立自己的二板市场为中小企业提供长期的权益资金，同时也为风险投资提供有效的退出机制。

（5）随着独立的社会信用评级机构的建立，也必然会给未来有极大发展潜力的中小企业给予适当的信用等级评分，以便减低中小企业的债券融资成本，充分发挥企业的财务杠杆效应，增加利润。

2. 金融体制改革有助于实现农业企业融资主体的多样化。随着金融体制改革的进一步深化，企业自身、银行、政府组织，社会大众都将有可能成为企业投资的主体。中小企业的不断发展，靠企业自身的积累和政府财政资金的支持显然无法满足需要。农业的稳步发展离不开政府的支持，但政府的支持毕竟有限，中国作为发展中国家没有能力也不可能投入太多的财政资金来扶持农业的发展。在关系国计民生的、投资期长、效益见效慢的项目仍以国家投资为主的条件下，金融体制改革的深入对于农业企业特别是那些附加值高，预期效益好的企业将会获得更多来自不同投资主体的资金，形成全社会多方面支持农业企业发展的局面。

3. 金融体制改革有助于优化农业企业的融资结构。所谓企业的融资结构，是指企业不同资金来源渠道之间及通过不同来源渠道筹集的资金之间的相互联系和比例关系。融资结构是企业融资行为的结果，它不仅决定和影响着企业的融资能力、融资绩效，而且反映企业的融资风险和融资成本。一般而言企业融通获得的资金主要有两部分构成：负债资金和权益资金。对于农业企业，资金来源构成中，负债资金明显多于权益资金，迫使农业企业不得不获得高的投资利润来偿还企业的债务，极易诱发企业的短期行为，同时使企业经常处在财务风险的威胁之下，不利于企业的长期发展。金融体制的进一步改革，金融市场的不断完善，企业必将会获得更多的权益资金来源。现在，中小企业资产负债率的下降趋势已开始显现，这充分说明中小企业的融资和资产形成对债务的依赖程度已开始减弱。相反通过权益融资得到的资金总量迅速提高，融资结构的抗风险能力已开始增强，同时权益融资的内部结构也有了比较明显的变化，20世纪90年代初期以来，实收资本在所有者权益总额中的比重相对提高；农业企业实收资本中，乡村集体资本金比重下降，国家资本金比重有微弱波动，法人资本金、个人资本金、外商资本金比重稳定提高。

4. 金融体制改革有助于改善农业企业的融资环境。随着金融体制改革的进一步深入，为中小企业融资服务的中小融资机构以及相应的法律体系的建立，中小企业的融资环境将会有极大改善。过去由于实行以公有制为主体的计划经济，中小企业往往被带上资本主义私有制经济产物的帽子而遭到歧视，严重压制了中小企业的发展壮大。现在中小企业是我国国民经济的重要组成部分，在国民经济中占有越来越重要的地位，特别在解决就业和拉动经济增长方面具有不可低估的作用。融资环境的改善，平等融资地位的确立，中小企业包括农业企业必将会有更广阔的发展空间。

四、农业企业应采取的融资对策

农业企业面对金融体制改革的影响，应适时抓住机遇，采取相应的融资对策。

1. 农业企业应充分利用农村信用合作社的信贷资金，在一定程度上实现产融结合为自己的融资服务。随着农村信用合作社三性的恢复，农业企业获得充足的信贷资金支持成为可能。随着农村信用社股份制改造的深入，农业企业在有条件的情况下，在自主自愿的基础上应积极参与农

村信用合作社的建设，实现一定程度的产融结合。企业可以以参股和控股的形式或直接发起创办信用社的形式等手段实现产融结合。这不仅有利于企业通过风险共担达到对风险控制的目的、解决在完全市场化条件下的由于银企投资回报率不同造成的信息不对称问题，而且有利于提高金融资本和产业资本的运营效率。产融结合使得产业资本与金融资本为实现共同的经济利益而紧密联系起来，农业企业获得金融资本，增强了资本实力和资金优势，资本积累和扩大再生产有了资金保障，市场竞争力也得到大大提高，有利于提高经济效益和资本的扩展能力。企业投资于金融机构，作为一种长期投资的最直接的利益就是可以享有金融机构较为稳定、持久、风险低、利润高的金融受益，提高农业企业投资收益和资金运营效率。另外，农业企业资本中含有信用社的资本，为企业带来金融信用“商誉”提高了企业市场形象的信誉程度，对企业的市场竞争有很大的帮助。

2. 农业企业应充分利用国家政策上的优惠，积极申请从农业发展银行获得相应的政策信贷资金扶持。从政策性银行获得的资金具有期限长、成本低的优点。这种融资成本低的优点相当程度上弥补了农业企业生产周期长，发展初期规模小见效慢的不足，有利于农业企业度过艰难的发展期。

3. 农业企业应与商业银行建立良好的信用关系，以获得银行信贷资金的支持。随着国家有关为中小企业融资服务的担保机构以及政府专项担保基金的建立，这种良好关系的确立越发成为可能。农业企业应积极配合银行对其财务活动的监督，及时通告企业的必要财务状况而不应当掩饰其不足之处。对于确实无法按期归还的贷款，应向银行充分说明理由，以获得银行的理解，并限期归还。这种良好银企关系的确立，有助于企业在急需资金时得到银行的帮助，使其顺利度过资金危机。

4. 农业企业应积极参与保险活动，化解融资风险。农业企业作为融资者为了确保能够按时归还融通的债务资金，可以投保信用保险，以保证资金的偿还。信用保险在西方发达国家已被企业广泛运用，在中国，相信随着金融体制改革的进一步深入，保险业的不断发展健全，此险种必将会成为中小企业融资回避风险的有效手段。

5. 农业企业应积极通过发行商业票据来进行融资。随着商业银行业务的创新和扩展，票据贴现业务、票据承对担保业务的展开，农业企业借助商业票据融资成为可能。农业企业在交易中，通过发行汇票的形式来达到节约资金的目的。

6. 农业企业应借助债券市场、股票市场来融通资金。随着金融体制改革的进一步深入，独立信用评级机构的建立，利率市场化程度的加深，那些未来预期效益好、有发展前途的中小企业会得到越来越多投资者的青睐。农业企业可通过拓展债券融资渠道，有条件的农业企业可以尝试发行可转换债券、附新股认购权证的企业债券、浮动利率债券来筹集资金。随着股票场外交易市场的完善，有条件的企业可通过发行股票来筹集资金。

7. 农业企业可通过期货交易市场为融通的资金提供风险防范保障。农业企业可运用期货套期保值技术以保证其原料成本的稳定。

参考文献

[1] 王国刚．进入21世纪的中国金融．北京：社会科学文献出版社
[2] 农业软科学委员会．农村金融与信贷政策．北京：中国农业出版社
[3] 徐国威．赶超型国家金融体制比较．北京：中国金融出版社

［4］杨济华．现代西方财务管理．北京：北京出版社
［5］张振强．开辟多元化融资渠道、扶持中小企业发展．北方经贸
［6］杨宇凌．我国中小企业融资问题分析．武汉：武汉理工大学学报
［7］凌智勇．中小企业融资对策研究．财经理论与实践

增强风险意识　加强资金管理

——对农村资金运行及其管理的理论思考

陶益清

农村资金运行一直是理论界和实践界普遍关心的问题，这不仅是因为农村资金直接关系到农业的发展，而且关系到农村基层组织的廉政建设和农民负担等涉及农村社会稳定的重大问题的合理解决。农村改革以来，中央政府和地方政府采取各种措施来规范农村资金的运行和管理，取得了一定的成效，促进了农村经济的发展。尤其是近年来在农村税费改革中，各地实施了“组有村管，村有乡管”的代管制度，该制度在控制农村费用列支，调剂资金余缺方面起到了一定的作用。但通过调查发现，虽然制度建立了，但是如何真正将这些资金管好用好，仍然是一个值得深入研究和探讨的问题。较深的一种感受是，农村经济管理部门的资金风险意识亟待增强，对农村资金运动规律的认识要不断深化。只有这样，才能真正改变观念，在错综复杂的经济环境中，把握资金运动的方向，加强资金管理，提高农村资金的经济效益和社会效益，避免发生金融风险。鉴于此，本文拟从理论的角度，围绕农村资金运行及其管理问题，以增强农村经济经营管理人员的风险意识为目的，对农村资金运行进行初步的理论分析。

一、农村资金运行中的金融风险及表现形式

金融指的是货币资金融通，其范围包括货币发行与回笼，存款的存入与取出，贷款的发放与收回，利率制定与银行其他金融业务和证券市场等等，其核心是货币流通与信用活动。农村金融无疑是指农村货币资金融通，直接涉及农村资金，有着相当广泛的内容。

农村资金就其内涵来说，是指农村各种企业 、承包户、专业户支配使用以进行生产经营的财产物资的货币形态；就其外延来说，农村资金是指农村社会再生产过程中生产、分配、交换和消费环节中的社会财产的货币形态。具体地说，农村资金既包括生产经营资金，比如购买生产资料的资金、产品资金以及农民用于购买日用商品的资金，又包括农村企业的自有资金、借贷资金、承包户和专业户的自有资金和借入资金，还包括国家向农村和农业投入的财政资金以及其他形式的资金。

风险是指由于事物的不确定性而发生损失的可能性。有盈利的事业都会有风险，收益与风险是相伴而生，相依而存的。金融风险成为人们关注的重要话题，是源于80年代出现的国际债务危机，进入90年代频繁发生的金融危机更使人们越来越关心金融风险问题。

金融风险是指资金的所有者或投资人在投资和融资过程中，因偶发性和不完全确定性因素所引起的收入的不确定性和资产损失的可能性。农村金融风险是一个很宽泛的概念，它不仅仅是指一般的金融风险，而且还包括其他风险，具体有：个体风险、行业风险及金融业风险、信用风

险、流动性风险、市场风险、政策性风险、国际风险等。

个体风险是指各类生产经营者在其生产经营活动的各个环节可能遭受到的风险。它涉及的范围相当广泛，在供、产、销各个环节，在计划、组织、决策的各个不同的决策领域，生产经营者可能遇到的风险都可以称为个体风险。在农村，这些“个体”包括农户、农民合作经济组织、乡镇企业以及其他类型的经济组织等等。比如，因企业投资项目决策失误，造成项目低效益或无效益，失去还款来源。农业生产中因自然灾害，影响了产量，收入较低。或因企业长期亏损，最终引致破产，使银行债务废止。

行业风险是指在经济发展过程中由于受行业自身特点的制约、受经济波动以及国家经济政策的影响，从而使行业遭受损失的可能性。整个行业都有自己的生命周期，它的发展具有阶段性，容易受整个国民经济发展的影响，因而该行业的收益具有不稳定性，从而产生行业风险。与国民经济其他产业比较，农业生产受自然条件影响较大，这种风险尤为突出。

金融风险是金融业务经营和管理中客观存在的不确定的可能导致某种形式损失的不利因素的总和。通常所说的金融风险就是指这种风险，它是对金融机构来说的。这种风险是所有其他风险的外在化，是各种风险的集中大爆发。引发金融风险的因素是多方面的，金融机构自身管理不善、利率变化、企业信用不足以及突发性事件等可能引致金融风险。

信用风险是指贷款人不能够及时定额偿还贷款本金和利息、不能及时承付贷款或向银行透支而产生的一种风险。这是最普遍、最基本和最传统的金融风险形式。这种风险是由于贷款人的信用差而引起的。

流动性风险，又可称为支付风险，是指银行不能够及时满足存款人提取存款和贷款人贷款的要求而产生支付困难的风险。这种风险主要是由于管理不当，资产运用结构不合理，长期资金占用过大而导致的。可以通过对资产的合理搭配来降低，甚至最终消除。

市场风险是指市场的变化而给经营者的资产交易和收入的实现带来的一些损失的可能性。这种风险是随着金融业务不断发展和市场化不断加强而逐步成为现代金融风险最重要、最具破坏力，因而也是最有影响力的金融风险形式。利率调整和商品价格变化都会引起市场风险。

政策性风险是由于国家经济政策的调整变化对经营者所产生的不利影响。比如取消对某些行业或者产品的政策扶持；取消优惠贷款；计划内重点建设项目评估失误或者投资项目失败；老少边穷地区扶贫开发贷款没有发挥效益而造成贷款损失；为安定社会，救助特困企业而发放的工资性福利贷款，大多由于企业濒危而难以收回。国家的农产品收购政策和价格政策的变化；农村金融体制改革等都存在一定的政策风险。

国际风险是由于国际社会政治、经济形势的变化而对企业进出口和投融资活动而产生的不利影响，从而引起企业经营收益不稳定而产生的风险。比如，由于发生金融危机致使进口国购买力下降导致我国的农产品出口减少，从而使这类企业收益受较大影响。同时由于外国商品的进口对我国生产的冲击，致使市场供给过大，商品价格下降，致使企业收益减少。

二、充分了解金融风险的特征，在经营中增强风险意识

在农村经济改革进程中，农村金融风险不同程度的存在着，农村合作基金遭到清理整顿就是强有力的例证。为加强农村资金管理，实行代管制度，不失为一条新路，但要防止出现像合作基金会那样的问题，避免金融风险，就必须充分了解金融风险的基本特征：

（1）客观性。风险的存在是不以人的意志为转移的客观事物。俗话说“天有不测风云，人有

旦夕祸福”说的就是这个道理。风险的客观性表现在它是无处不在、无时不有的。对企业来说，只要从事具体的生产经营活动，发生人、财、物等资源要素的流通和转换，就必定会面临风险的威胁。风险的客观性要求我们必须承认风险、接受风险，并采取相应的措施来对待风险，以此达到消除风险影响的目的。

（2）突发性。风险的爆发往往是偶然的，具有极大的随机性。因此，当人们面对风险时，常常会有一种突如其来的感觉。突发性是指风险实际发生时间很短，以至于让人在尚未意识到时就已处于风险状态之中。由于风险具有突发的特点，我们在资金管理和防范风险时就应该更加关注和识别风险的变化前兆，及时发现和判断事物发展过程中的风险诱因，以便提前做好防范的准备，减少企业可能遭受的风险损失。

（3）多变性。风险的多变性是指风险本身具有极强的不确定性。它的种类、大小、性质等内在要素都会随着企业内外部条件的变化而呈现动态变化特征。例如，企业面临的市场风险就是一个动态的。市场在不断变化，风险的性质也会随之改变。把握风险的多变性特点，要求我们在应付风险威胁时，应该准备各种应付方案，一旦风险发生变动，便选择相应的对策以处理不同类型的风险影响。

（4）无形性。风险是一项看不见、摸不着的无形要素。尽管人们能够意识并且感觉到风险的存在，但是却又无法精确地对它加以描述出来。想要对它进行定量预测和考察就更加困难。因此，我们在分析风险时，一般只能采取估计的方法，对风险有一个基本的评价。

（5）损失与收益的对称性。风险会对事物造成损失，因而它常常是和不利性联系在一起的。但是，和风险相伴随的，不仅仅有潜在的损失，也有获益的可能。风险是利益的代价，利益是风险的报酬。换言之，风险具有双重的影响，它既可以对事物产生不利的影响，又蕴藏着极大的获利可能。

三、认识农村资金的运动规律，合理组织资金的筹集和运用

同其他资金运动形式一样，农村资金要依次经过购买阶段、生产阶段和销售阶段的资金循环。在这一资金循环过程中，农村资金在不断地变换着自己的形态：在购买阶段由货币资金转化为储备资金，在生产阶段由储备资金转换为生产资金，在销售阶段由生产资金转化为成品资金，又由成品资金转化为货币资金，由此完成一次循环，并在这个循环中不断地增值。

但由于农村经济活动的特殊性，农村资金运动除了具有与其他领域资金所具有的一般运动规律外，还具有自己的一些特点，也正是由于这些特点的存在，致使农村金融风险相对较大。农村资金运动的特点是：

1. 农村资金运动具有周期长，周转速度慢的特点。农业生产是自然再生产和经济再生产过程相交织在一起的，这就形成了农业生产的周期长和季节性强的特点，从而导致农业资金运动的周转期长和周转速度缓慢。农业生产的部分生产资料，如种子，从收获之日起就要将一部分产品转入储备过程，以备第二年再生产所需；牲畜的饲料、饲草，也是从产品收获之日起，就留足全年所需，这也在客观上造成了农村资金运动的缓慢性。

2. 农村资金运动在空间、时间上有季节性特点。农业生产对自然条件的依赖性和生产周期长的特点，决定了一种作物有其特定的生产季节，它所需要的生产资料，许多是属于季节性储备。它首先几乎把所有的资金投入储备阶段，接着按农时要求全部或者大部分转入生产阶段，最后在较短的收获季节，依次跨入成品阶段。也就是说，农业企业的资金循环具有明显的季节性，

它不像工业企业在组织生产经营中，必须不断购进、不断投产、不断售出，使货币资金、生产资金和商品资金在空间上并存和时间上继起，而是成批购进、逐步生产和集中售出，从而使得货币资金、生产资金和商品资金在空间上有转换、在时间上有间歇。农业生产的专业化程度愈低，其资金循环的季节性就愈突出。

3. 农业生产所形成的农村资金运动自给性特点。由于农业生产自身的特点和社会经济条件等原因，农业生产在我国至今仍具有很强的自给性，比如农业生产中有一部分生产资料就是农产品本身，农民把它作为自己的生产手段，加入到生产中去。在农副产品的销售中，不是全部的农副产品都进入市场销售，而是只有一部分进入市场，经过销售过程实现其价值，取得货币收入。

4. 农业资金再生产过程中消耗，在分配过程中补偿形成了农村资金运动自我扩大功能不强的特点。主要表现在：①农业资金在生产过程中的消耗具有不稳定性、不规则性。农业生产受自然因素影响很大，有平年、丰年、灾年之分，形成年度之间资金消耗的不同与收入上的差别。同时农业生产单位面积产量的高低，受土地肥力的制约，不同地区农业资金的消耗往往也不相同。由此可见，在农业生产中，资金和劳动力的消耗在不同的年度、不同的地区、不同的土地上是不同的：灾年消耗大，平年消耗小，风调雨顺之年的消耗更小；贫瘠地区消耗大，土地肥沃地区消耗小。②物化劳动消耗的补偿，同样具有不稳定性、不规则性。例如，固定资产消耗的补偿，是根据农业生产年景的好坏，采取灾年少补或不补偿，平年正常补偿，丰年多补偿的以丰补歉办法。同时，物化劳动补偿的提留部分（即固定资产折旧）与从剩余价值中新提留的积累部分是混在一起的，这就带来了固定资产管理上的困难，在一定程度上影响了固定资产的重新购置。总之，农业生产在消耗和补偿中的不稳定性和不规则性造成了农村资金自身扩大功能不强的特点。

四、对策与建议

根据上述对农村资金运行中的风险问题的认识，结合农村资金运动的特点，在农村资金管理过程中，我们要加强对农村资金的预测分析，做到心中有数，以便及时组织资金，满足农业生产的需要。具体包括以下几个方面的工作：

1. 加强对当地农村经济的市场分析，增强对农村资金来源的可预测性。农村经济管理的复杂性是众所周知的，这不仅是由农村产业的多样性决定的，更重要的是农民的市场意识和决策水平尚不能适应市场经济发展的要求所致。对生产的盲目模仿，导致了市场的无序，价格的背离和收入的不稳定，直接影响到许多农业生产项目的效益，进而制约了农村资金的合理流动。为提高资金运行效率，管好用好农村资金，农村合作经济管理部门就必须加强对市场的分析，把握资金的来源，增强预见性，给农村基层组织和农户提供合理化建议。

2. 加强建章立制工作，配合银行搞好信贷管理。农村资金的代管代收也是一项信用性很强的工作，要使这一工作取得成效，首先要取得农民和村级基层组织的信任。因为任何层次的信用都是以诚信为基础的，只有取得了对方的信任，对方才会心甘情愿地将资金交给乡镇管理。同时，由于要将该笔资金存入银行或信用社，显然，进入金融体系的资金就成为信贷资金。对信贷资金的运用有其固有的规则，在信贷资金的借贷活动中，要按照银行的一些信贷规定行事。在村级合作经济组织的信贷过程中，乡镇政府往往是以抵押或质押代理人的身份参与其中的，当借款的村级经济组织无力偿还贷款时，乡镇政府就应当承担偿还的连带责任。为了防止出现无力偿还的问题，就要做好建章立制的工作，使农村资金管理工作有章可循。

3. 加强对农村财务管理工作的宣传，组织好农村财会人员的业务培训工作，提高相关人员

的整体业务素质。一个不容置疑的事实是，农村财会人员的业务素质普遍较低，在这些人员中绝大多数只有小学和初中文化水平，高中文化的只占少数。这样的文化素质就不能保证农村财会工作的正常运行，农村财务工作的不规范也就可想而知了。因此，在实施代管制度的同时，可以利用这一契机，花大力气组织好农村财会人员的业务培训工作，全面提高他们的整体业务素质，使他们不但会记账，而且能够会算账，会帮助村级合作经济组织进行科学的决策，减少生产的盲目性，降低农村资金运行中可能发生的风险，增强农村经济的稳定性。

中小企业融资问题与对策建议

陶益清

世界经济发展的经验表明，虽然大企业是国民经济的支柱，但中小企业同样具有广泛的发展空间。中小企业在扩大就业、活跃市场、增加收入、社会稳定以及形成合理国民经济结构方面起着难以替代的作用。在某种意义上，中小企业的活跃程度标志着一个国家或地区的市场经济的活力的大小。正因为这样，世界上经济发展较为成功的国家无不对中小企业给予高度重视，这些国家都有较完善的中小企业金融体系以解决中小企业发展中资金的"瓶颈"问题。由于资金融通困难是制约中小企业发展的一个重要因素，所以我国的经济发展要求对中小企业金融给予足够的重视。研究中小企业的融资问题对于促进我国经济与社会发展就具有极为重要的意义。

一、中小企业融资的特点及现状

从中小企业发展的生命周期看，不同阶段所需资金有不同的特点，因此需要从不同渠道筹措不同形式的资金。一般来讲，在创办阶段，初始资金大多数会来自个人投资、合伙投资以及一笔可观的风险资金；也有一部分会从商业银行以举债方式筹措少量资金。在其投入经营阶段和增长发展阶段，融资结构明显发生变化，而转为外部融资为主，主要从商业银行、中小企业投资公司以及商业信用等其他渠道获得流动资金贷款。而到了成熟阶段，融资结构又出现转变，将主要以大公司参股、雇员认股、股票公开上市等方式以及从投资公司、商业银行筹集发展改造所需的产权资金。从这里可以看出，中小企业对间接融资的需求是永恒的，而直接融资则是它本身发展到一定程度后的阶段性要求。本文也就是基于这一点出发，以银行为立足点来分析中小企业的融资状况。

截至目前，我国已有 461 308 户独立核算的工业中小企业。其数量占到了工业企业总户的 99%，工业产值的 60%，实现利税的 40%，出口额的 60%和就业的 75%。然而与中小企业在国民经济中重要地位不太相符的是，我国中小企业在资金融通方面受到了较大的限制，表现为：①受我国资本市场和货币市场发展所限，中小企业在融资中过分地依赖债务融资，股权融资相对不足；②在债务融资中有过于偏重银行等金融中介机构贷款，忽视其他的债务融资方式；③即使在目前现有的资金融通模式中，由于我国中小企业成分复杂、素质参差不齐、经营风险较大，资信度差，商业银行在放款中越发注重资产的安全性、流动性等因素，也使中小企业融资成本增加融资难度进一步加大，融资效益不高。④通过对国家商业银行的统计数字看，其贷款结构也很不合理。调查表明，国有及集体中小企业的贷款户数和余额分别占统计样本总额的 62%和 83%，而股份制企业、"三资"企业、私营企业、个体和其他性质企业的贷款户数和贷款余额分别占 38%和 17%。贷款明显向国有和集体中小企业倾斜，对其他所有制形式的中小企业贷款市场开拓不

够。也就是说，贷款主要投向国有企业，而对非国有中小企业贷款较少。

二、中小企业融资难问题剖析

在建立社会主义市场经济的过程中，作为市场主体的银行和企业本应该逐步建立相互信任、共同发展的关系，但在现实经济生活中，银行和企业围绕资金这一中心表现出了一定程度的矛盾，主要表现在：一方面中小企业资金缺乏，其占有资金周转速度不快，且资金使用效益不高，而另一方面银行资金又一定程度的表现为剩余，又不敢或不能轻易向中小企业投放，存在很大一部分资金游离于本地的企业，而通过拆借去了外地，或以居民储蓄形式沉淀于银行。在一定程度上看，商业银行及非银行金融机构对中小企业进行放款时，很难保证其在处理业务中应遵循的“安全性”及“流动性”的原则。良好信用关系的建立尚有待于进一步的努力。是什么原因导致中小企业融资的困难？概括起来，主要原因有以下几个方面：

1. 从银行（客体）的角度来看，大致有以下几点原因：

（1）给中小企业贷款形不成“规模经济”。因为与大企业相比，中小企业要求的每笔贷款数额不大，但每笔贷款的发放程序、经办环节都大致相同，这样一来，银行的贷款单位经营成本和监督费用上升。银行从节约成本和监督费用的“经济性”出发，不愿与中小企业打交道。

（2）对所有制认识上存在偏差。受计划经济的影响以及行政干预，我国国有商业银行给企业贷款至今还很大程度上是按照所有制性质来划分的，国有中小企业获得银行贷款要相对容易些，而乡镇企业、集体企业要获得贷款就难得多，一些私营企业干脆就得不到国家银行的贷款，即使信用能力较强、效益再好也不行。

（3）银行的信用等级评定标准中存在着对中小企业资信评估的不利因素。随着我国市场经济体制的逐步形成和完善，我国商业银行开始通过引进国际先进的银行管理经验来进行业务运作，实行市场化的资产负债风险管理。而银行信用等级的评定标准中又存在着对中小企业资信评估的不利因素，使这一矛盾更加突出。如：在工商银行的信用等级评定标准中，经营规模的一项所占比重为15分，而新开户企业信用满分是80分，经营实力一项占总分数的18.75%，而中小企业在经营实力一项基本上拿不到分数，因此中小企业获得贷款就更难。

（4）金融服务水平低。退一步说，不管中小企业的信用状态如何，也不管中小企业信用评级上是否存在低估因素，中小企业信用水平低只是造成银行贷款质量下降的一种可能，而不是一种现实。银行完全可以通过掌握企业的资信来降低贷款的风险。而中小企业也可以通过担保贷款而不一定是信用贷款或抵押贷款来解决贷款难的问题。但是我国一些信贷担保机构才刚刚成立，实力小，缺乏经验，运作还不规范。因此，我国中小企业融资难与其说是中小企业的信用水平低，倒不如说是我国的金融服务水平低。

2. 从企业自身（主体）来看，融资困难的原因包括：

（1）企业立项决策不科学，资金使用效益差，即时还贷观念不强。现实中一些企业注重短期效益和局部利益，盲目冲动上马新的项目，立项、审批的可行性研究不够，只管向银行要贷款，而对以后贷款的使用效益和偿还考虑甚少。

（2）一些企业因产品老化，质量差，产销不对路，导致产品大量积压，资金周转不灵，已面临破产或等待破产。问题特别严重的是，有些企业为了长期占用银行资金，即使效益较好，具有还贷能力，也故意拖欠不还。这样不仅破坏了银行同企业之间的信用秩序，而且在增加银行亏损的同时，占压了大量的信贷资金，严重影响银行的经营和发展，加大了金融风险，削弱了银行筹集资金支持企业生产经营活动的能力。

（3）更有甚者，部分企业借改制之机，大量逃废银行债务，恶意拖欠银行利息，严重恶化了银企之间的关系，作为债权人的银行支持企业的积极性被这种无序信用严重挫伤，企业自身违规的信用行为也使其急迫的信用需求被拒于银行门外。

三、支持中小企业金融的对策与建议

诚然，正如上面所指出的，融资问题是双方的。解决中小企业改革和运行中的突出问题，应该是多管齐下，针对上述问题，笔者从宏观方面、特别是银行角度提供几点支持我国中小企业融资健康发展的建议。

1. 实施政策上的支持。近几年来，我国在对私营企业和中小企业立法方面确实做了很大努力，如修改宪法、制定关于私有财产方面确定的法律等等。但我们的中小企业所有制构成比较复杂，而我国的企业立法和有关政策主要是按照所有制性质来制定的，这就使得不同所有制性质的中小企业处在不同竞争起跑线上，不利于中小企业的更快发展。因此，建议：①将中小企业视为统一整体，并依此为基础，制定《中小企业基本法》或《中小企业促进法》等法律法规，使中小企业管理走上法制化轨道。②重塑社会信用体系，强化《合同法》、《破产法》等有关法规的执法力度，硬化企业还贷机制，严格保护并落实中小企业转制过程中的金融债务，解决抵制逃废银行债务行为，消除银行与企业之间的信用障碍，防范和化解金融风险。③进一步完善有关金融法规，加强对中小企业的保护和扶持。包括健全中小企业融资机构，规定中小企业金融机构的设立及融资措施；规范中小企业银行、基金等金融机构的职责、资金来源、运作方式；确定各类银行对中小企业融资的最低比例和融资方式，地方性商业银行和城乡信用社要以中小企业为信贷重点，促进中小企业公平参与融资市场竞争；规范中小企业技术创新活动的一般权利和义务、限制条件；明确风险投资的优惠政策、机构设立条件、中介组织结构的创设等等。

2. 进一步深化金融体制改革，发展健全我国企业融资体系，建立银行与企业之间新型的信用关系。具体措施可考虑：①加强风险意识。风险是经济生活中非常核心的问题，资本主义的制度安排在处理风险上很成功，它是让社会的所有成员都来承担风险，这样风险救灾全社会达到了最大程度的分摊，有助于整个经济系统的稳定和效率提高。②组建金融公司，为中小企业提供多方面的间接融资服务。鉴于我国缺乏专门的中小企业银行，建议设立中小企业政策性和商业性银行，专门扶持中小企业发展。

3. 积极创造条件，大力发展中小企业的直接融资。①建立多层次的证券市场，拓宽中小企业特别是高新技术中小企业股权融资的渠道。在条件成熟时，允许符合条件的各类所有制中小企业特别是高新技术企业有选择地在上海、深圳上市融资。对于我国一些优秀高新技术中小企业而言，一方面，应支持其到香港的二板市场上融资，这对于企业规范化、现代化、国际化有着积极而深远的影响。另一方面，借鉴国外一些地方的成功做法，在适当的时候，设立内地的二板市场。另外，还可以建立一些地方性的中小企业产权交易市场或地方性证券市场，为中小企业直接融资和股票交易提供场所。② 拓宽中小企业尤其是高新技术中小企业债券融资的渠道。对于中小企业通过债券市场融资来讲，政府要不断健全债券市场，放开中小企业在债券市场上发行企业债券的限制。目前，我国中小企业若要到债券市场上筹资，但又不增加企业的财务负担并吸引投

资者购买，就要参照可转换债券，创新出我国的中小企业可转换债券。针对我国中小企业的特殊情况，我们在设计这类债券时，可考虑发行企业不一定是上市企业。可转换债券期满时，若发行企业已上市，则按一定的转换率将债务转化为股权；如发行企业未能上市，则同样可按比上市股权高一些的转换率转换债务。

Technical Efficiency and Its Determinants in China's Grain Production

Tian Weiming Wan Guanghua

Abstract Using survey data from China, frontier production functions are estimated individually for crops of rice, wheat and corn. Technical efficiencies and their determinants are analyzed. The results suggest that one cannot be optimistic about the future of China's grain sector as the scope for output growth through input injection and efficiency gain is found to be quite limited.

Keywords stochastic frontier production function, technical efficiency, China's grain production

1. Introduction

China is the world's largest grain producer and consumer. Despite severely limited and declining resources on a per capita basis, China has maintained an adequate growth of cereal output since 1949. Rice, wheat and corn are the major cereal crops in China, jointly accounting for over 90 percent of China's grain output. From 1978 to 1996, areas sown to rice and wheat declined, while that to corn rose. However, yields of these crops all increased significantly, particularly in the early stage of the rural economic reform. While some argue that the trend of yield growth cannot be maintained in the future (Brown, 1995), others are optimistic about China's grain outlook (Lin, 1995; Huang, Rozelle and Rosegrant, 1995; and Ministry of Agriculture, 1996). The mixed findings from previous studies highlight an urgent need for more research that may contribute to a better understanding of the Chinese grain economy.

Recently, productivity and efficiency in China's agricultural production have attracted considerable attention (McMillan, Whalley and Zhu, 1989; Fan, 1991; Lin, 1992; Wang, Wailes and Cramer, 1996; Kalirajan, Obwona and Zhao, 1996). However, earlier studies have basically neglected identification of factors influencing technical inefficiency in Chinese farming. Further, majority of previous attempts are based on data aggregated over crops thus little is known about technical efficiencies in the production of individual crops. Clearly, filling these gaps in the literature is useful and desirable to those interested in China's grain supply and demand, including policy-makers in China and elsewhere. In particular, analyzing efficiency determinants is perhaps more important

than merely presenting a set of efficiency indices.

In this paper, frontier production functions are estimated for each of the four most important cereal crops in China: indica rice, japonica rice, wheat and corn. Instead of the commonly used multi-stage estimation technique (e. g. Wan, 1992), the simultaneous estimation procedure of Battese and Coelli (1993, 1995) will be employed (see also Battese, Rambaldi and Wan, 1997). This procedure yields efficient and consistent parameter estimates for the production function as well as the function relating technical efficiency to its determinants.

The plan of the paper is as follows. Section 2 presents model specification. Data issues and related survey method are discussed in Section 3. Research findings and policy implications can be found in Section 4. Finally, Section 5 concludes the paper.

2. Model Specification

Stochastic frontier production functions have been used extensively to analyze technical efficiency in the past two decades. The original models of Aigner, Lovell and Schmidt (1977) and Meeusen and van den Broeck (1977) have been altered and extended in a number of ways. One development has been to express inefficiency as an explicit function of firm-specific variables. The model can be estimated by a two-stage technique where the stochastic frontier is obtained first and the predicted efficiencies are then regressed upon firm-specific variables. However, a simultaneous estimation procedure has the advantage of providing consistent and efficient estimates. Battese and Coelli (1993, 1995) proposed such a model based on panel data. The model is specified as:

$$Y_{it} = X_{it}b + (V_{it} - U_{it}) \qquad i = 1, \ldots, N; t = 1, \ldots, T \tag{1}$$

where

Y_{it} is the production output (or its transformation) of the ith firm in year t;

X_{it} is a $k \times 1$ vector of inputs (or their transformations) of the ith firm in year t;

b is a $1 \times k$ vector of unknown parameters;

V_{it} are i. i. d. random variables as N $(0, \sigma_v^2)$ and independent of U_{it}; and

$U_{it} \geqslant 0$ are i. i. d. normal random variables truncated at zero as N (m_{it}, σ_u^2)[1].

The term $m_{it} = Z_{it}d$ defines an index of technical inefficiency, where Z_{it} is a $1 \times p$ vector of variables which may influence the efficiency of a firm, and d is a $p \times 1$ vector of parameters to be estimated. These parameters indicate the impacts of variables in Z on technical efficiency. A negative value suggests a positive influence and vice versa.

The technical efficiency index can be calculated as:

$$EFF_{it} = E(Y_{it}^* \setminus U_{it}, X_{it}) / E(Y_{it}^* \setminus U_{it} = 0, X_{it}), \tag{2}$$

where Y_{it}^* is the production of the ith firm in year t, which equals Y_{it} when the dependent variable is in original units or exp (Y_{it}) when the dependent variable is in logarithms.

Unlike in most of the earlier studies (e. g. Tian, 1989, 1992; Wan, Griffith and Anderson, 1992; and Lin, 1992) which rely on a Cobb-Douglas (CD) functional form, the flexible translog specification is to be adopted in this paper. With three conventional inputs, the translog production frontier can be written as:

$$LnY_{it} = b_0 + b_1 LnL_{it} + b_2 LnF_{it} + b_3 LnOM_{it} + b_4 (LnL_{it})^2 + b_5 (LnF_{it})^2 + b_6 (LnOM_{it})^2 + b_7 (LnL_{it})(LnF_{it}) + b_8 (LnL_{it})(LnOM_{it}) + b_9 (LnF_{it})(LnOM_{it}) + b_{10} T_{it} + (V_{it} - U_{it}) \quad (3)$$

Crop output Y is measured in *jin* per *mu* (where 1 kg = 2 *jin* and 1 ha=15 *mu*). The input variables, labor (L), fertilizer (F) and other inputs (OM), are all expressed on a per *mu* basis. The last category covers costs of seed and seedling, farm chemicals, operation of draft animals and machinery, irrigation fees and overheads. While L is measured in standard person-days, F and OM are measured in value terms (*yuan*) at 1984 constant prices[2] (1 US$ ≈8.3 *yuan*). Apart from these conventional inputs, a time trend (T) is included to account for technical progress. Other notations are as defined earlier.

Having specified the production function, attention is now turned to factors affecting technical efficiency. Unfortunately, there exists no formal procedure which can be followed in deciding what variables should be included in the efficiency function versus the production function. In most empirical studies, conventional inputs such as labor and capital or their equivalents are usually included in the production function, with other variables to be included in the efficiency function. According to Battese and Coelli (1993), some variables may even appear in both functions.

In crop production, technical efficiencies are likely to be affected by a wide range of factors. These may include:

A. *Biological factors*—these are related to varietal attributes, inter-sequential influence among crops under intensive cropping systems, soil characteristics, and stresses generated by natural disasters during growth of crops. To a certain extent, producers are able to control or influence these factors via management decisions.

B. *Human resources*—these embrace knowledge and skills for carrying out production and managerial activities. Human capital can be accumulated through formal education and training, or learning-by-doing, and can be complemented by external technical services.

C. *Socioeconomic conditions*—these include the status of economic development, policy framework and institutional setting. In China, government intervention still exists in the agricultural sector at various levels. There are notable variations in food policies among regions, which are partially determined by regional grain market conditions and fiscal capacity of the regional governments. In particular, the land tenure system is likely to be an important factor affecting technical efficiency.

Due to data limitations, not all elements mentioned above can be incorporated into the model. Further, Forsund, Lovell and Schmidt (1980, p. 23) argue that inefficiency is typically determined by factors which are associated with farm management practice. Consequently, the following variables are considered for inclusion in the efficiency function:

1. Average level of education (LE). This variable is directly related to management skills. Better educated households are expected to be in a better position to utilize existing technologies thus be able to attain higher efficiencies (cf. Battese and Coelli, 1995). The variable is constructed using information on education attainment of household laborers from the State Statistical Bureau (SSB).

2. Per capita land possession (LA). LA is used to control for the substantial variations in farm

size across regions in China. Based on 1996 statistics, average land possession in Inner Mongolia was 10.17 *mu* per head while that in Fujian was 0.82 *mu* per head. Needless to say, farm size also affects production efficiency.

3. Proportion of cultivated land area with effective irrigation and drainage facilities (IAS). Irrigation as a conventional input is already included in the production function as part of the OM variable. However, variations in IAS largely depend on management decisions of various governments and, to a certain extent, of individual households. In recent years, regional government support to agriculture is primarily through construction and updating of such facilities.

4. Multiple cropping index (MCI). MCI is closely linked to geo-physical conditions in China and is a variable subject to local farming practices. As is known in China, some southern farms returned to double cropping from triple cropping after the introduction of the production responsibility system.

Given the above arguments, the efficiency function is specified as

$$M_{it} = d_0 + d_1 LE_{it} + d_2 LA_{it} + d_3 IAS_{it} + d_4 MCI_{it} \quad (4)$$

3. Data Issues

This study will utilize Chinese data from the Farm Production Costs and Returns Survey (FPCRS). FPCRS was initially designed by the State Planning Commission to collect information on costs and returns in farming, which were then used to set state procurement prices. It is carried out annually by the State Planning Commission in conjunction with several other government institutions. The survey was interrupted several times during 1960s and 1970s. A detailed description of the survey can be found in Han and Feng (1991).

The basic sampling unit in the FPCRS for the pre-reform period was a production team and is presently a farm household. The survey also covers some state farms in northern China. In principle, the FPCRS uses a multi-stage sampling procedure. For a particular crop, major producing regions are firstly identified. Each of these regions is then divided into superior, average and poor sub-regions in terms of production conditions and yields. Finally, sampling units are selected from these sub-regions. Sometimes, sample selection is based on the subjective judgment of the local implementing agencies. The selected units (households, production teams or state farms) are required to keep records on the relevant information sought by the State Planning Commission. The information is then collected by local officials for processing and summary. Processed data are submitted to the State Planning Commission and other responsible state institutions via provincial agencies.

The survey data, available to the authors, only provide national and provincial averages on a per *mu* basis[3] (State Planning Commission, 1997). While crop yields are actual outputs from the sample plots, returns are based on pooled incomes from all sources, including imputed values for self-consumed products. Production costs are classified as labor costs and material costs. The latter consist of expenses on manufactured inputs and hired services, imputed values for non-traded inputs and own-supplied services like animal power and overheads. Labor input is valued at the accounting wage rates determined annually by the State Planning Commission with reference to rural living standard. Since land is contracted to households without direct charges, land rent does not appear in production cost accounting. Figure 1 depicts input applications in wheat production over time. Clearly, usage of fertilizer and other inputs rose steadily in real terms while labor input gradually declined (see below for discussions). The general trends in input applications are similar for rice and corn.

Table 1　Definition of dummy variables

Cereal crop	Definition
Indica rice	MR=1 for mid-rice and 0 otherwise LR=1 for late rice and 0 otherwise
Japonica rice, wheat and corn	NR= 1 for provinces practicing single cropping (Inner Mongolia, Liaoning, Jilin, Heilongjiang, Gansu, Qinghai, Ningxia and Xinjiang) and 0 otherwise

The data to be used in the paper cover the period from 1983 to 1996. All input-output data are from the FPCRS, while observations on variables in the inefficiency functions are provincial averages from SSB thus are not farm unit observations. Consequently, the two data sets may not be in exact correspondence, which could lead to some biases in the estimation results. The FPCRS panel data are not balanced as some sample provinces did not conduct the survey in all years. Fortunately, the panel data model specified in the preceding section permits the use of unbalanced data (Coelli, 1994). In passing, we note that while the FPCRS data set is not flawless, it is the only data set that possesses a nation-wide coverage and provides exact correspondence between inputs and outputs of individual crops.

To allow for regional and varietal differences in grain production, dummy variables as defined in Table 1 are added to the relevant production frontiers. Dummy variables MR and LR are included in the indica rice equation in order to pool observations on early-rice, mid-rice and late-rice production. Regions dominated by single cropping are represented by the dummy variable NR. For wheat,

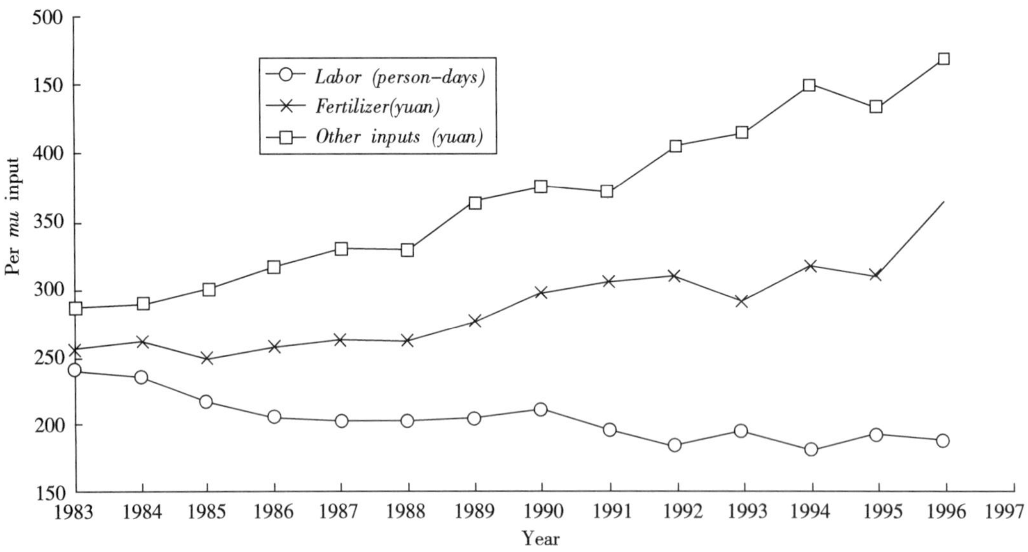

Figure1　Average input usage in wheat production in China.

NR separates the spring wheat from winter wheat.

4. Empirical Results and Discussion

After including dummy variables, the appropriate models are estimated using the computer program FRONTIER 4.1 (Coelli, 1994).[4] Instead of directly estimating σ_v^2 and σ_u^2, FRONTIER 4.1 seeks estimates of $\sigma^2=\sigma_v^2+\sigma_u^2$ and $\gamma=\sigma_u^2/\sigma^2$ via its maximum likelihood procedure (Coelli, 1992, 1994). If the null hypothesis $\gamma=0$ is accepted, this would indicate that σ_u^2 is zero and thus the term U_{it} should be removed from the model, leaving a specification with parameters that can be consistently estimated by ordinary least squares (Coelli, 1994).

Table 2 Parameter estimates of the frontier production and efficiency functions

Variable	Indica rice		Japonica rice		Wheat		Corn	
	Estimate	t ratio	Estimate	t ratio	Estimate	t ratio	Estimate	t ratio
				Frontier production function				
Constant	3.664	3.11	−0.352	−0.27	2.018	1.82	7.015	9.56
Ln (L)	0.656	1.18	0.818	1.65	0.401	1.15	−0.296	−1.07
Ln (F)	−0.038	−0.07	1.854	4.67	1.259	4.03	0.891	2.24
Ln (OM)	1.034	1.93	1.225	3.08	0.570	0.88	−1.214	−3.77
Ln $(L)^2$	−0.196	−2.18	−0.065	−1.13	0.051	1.53	−0.127	−2.35
Ln $(F)^2$	−0.014	−0.17	−0.073	−1.33	0.134	2.67	−0.413	−5.69
Ln $(OM)^2$	−0.029	−0.35	−0.099	−1.93	0.156	1.56	0.085	1.48
Ln(L) * Ln(F)	0.236	1.91	−0.248	−2.55	−0.129	−2.46	0.335	2.63
Ln(L) * Ln(OM)	−0.045	−0.34	0.094	1.06	−0.044	−0.46	−0.013	−0.14
Ln(F) * Ln(OM)	−0.174	−1.75	−0.144	−1.52	−0.441	−4.14	0.285	2.15
MR	0.191	11.99						
LR	−0.025	−1.71						
NR			0.128	3.50	−0.059	−2.48	0.181	5.87
T	0.002	0.82	0.005	1.85	0.011	4.78	0.013	5.65
γ	0.788	7.88	0.153	3.00	0.711	4.90	0.905	22.22
σ^2	0.041	2.53	0.013	11.27	0.035	4.09	0.038	4.20
				Efficiency function				
Constant	1.609	2.55	−0.091	−0.56	−0.355	−1.40	0.104	0.41
LE	0.943	2.07	0.862	5.04	−1.278	−2.28	−0.882	−2.50
LA	−0.652	−2.19	0.003	0.26	0.074	2.41	0.014	0.52
IAS	−1.381	−2.14	0.078	0.86	−0.451	−2.39	−0.449	−2.37
MCI	−0.508	−2.31	−0.342	−4.72	0.781	5.24	0.460	3.77
LR for testing translog vs CD	32.6		50.3		116.3		92.5	
Log likelihood value	282.5		177.7		192.5		198.5	
Mean efficiency	0.946		0.905		0.863		0.853	
Number of observations	346		224		335		288	

Table 2 presents estimation results for all the four crops, with parameter estimates for the frontier equation (3) reported in the top half of the table and those for the inefficiency function (4) reported in the bottom half.

Judged by the *t*-ratios, the empirical models are quite satisfactory. In particular, the null hypothesis $\gamma=0$ is rejected in all equations at the 5 percent significance level. Thus, it can be concluded that technical inefficiencies do exist in China's grain production. This, in turn, implies that traditional production functions which do not account for technical inefficiencies are inadequate for modelling the Chinese grain economy. On the other hand, the likelihood ratios as reported in Table 2 can be used to test the translog specification against the CD form. The later is rejected in all cases. Thus, early studies relying on the CD model may be misleading.

From Table 2, it can be seen that the estimates for a same parameter vary in sign, magnitude and statistical significance across equations. This, perhaps, is not unexpected given the territory size of China, concentration in crop distribution among regions and different characteristics of crops. Consequently, the following discussions will be presented mostly on a crop-specific basis.

Tabulated in Table 3 are input elasticities evaluated at the relevant sample means of the variables. Clearly, different inputs display different trends in their elasticities. The elasticities of labor rose over time in all crops except wheat. In contrast, the elasticities of fertilizer declined uniformly. The elasticities of other inputs increased for the two dryland crops of wheat and corn, but decreased for the rice crops. It should be noted that some negative elasticities are obtained for indica rice and corn. Apart from possible data problems, China's peculiar rural policies, in the authors'view, is a major factor leading to this seemingly irrational producer behavior, as explained in the following paragraph.

It is well-known that cereal production in China is extremely labor-intensive. Substitution of labor for manufactured inputs in farming was once promoted as a strategy to indirectly divert resources from agriculture to industries. Furthermore, under the commune system, the rural labor force was confined to farming. As a result, labor input was over-utilized. This, in turn, implies that the marginal productivity of labor then must be very low, even negative in some cases. The situation may have changed gradually since early 1980s. The rural economic reforms brought about two major changes in the farming environment. First, farmers in China have gained rights to make all production decisions under the given land tenure system and state procurement arrangements. Second, the rural labor market starts to emerge along with diversification of the rural economy. As a consequence, farmers naturally cut down over-used factors in production. In fact, labor input per *mu* is almost halved from the peak level of mid 1970s, leading to significant improvements in its marginal productivity as implied by the upward trend of labor elasticities. However, since there exists a huge amount of surplus labor in rural China, the true elasticities of labor is expected to remain low and their estimates may well turn out to be negative (cf. Wan and Chen, 1997 and references therein).

In China, supply and application of chemical fertilizer began to increase sharply after mid 1970s. By 1996, average usage of fertilizer reached 251 kg (in effective nutrient) per hectare of sown area, rising by 9.7 percent annually from 1975 (SSB, 1997). Fertilizer application to major cereals was relatively high under the commune system, but rose at a slower rate than that for cash crops due to low profitability. Nevertheless, a decline of marginal productivity of fertilizer input is expected. At present, fertilizer responsiveness is still high for wheat, moderate for japonica rice, but quite low for indica rice and corn. Over utilization of fertilizer may have occurred in the production of indica rice, as indicated by the negative elasticities in Table 3. Food security has been on the top priority list for the Chinese government ever since the foundation of the People's Republic. This is enforced through grain self-sufficiency and compulsory procurement policies, which drive local officials and, to a lesser extent, farmers to pursue high yields rather than profitability.

As mentioned earlier, the other input category consists of a wide range of productive materials and services, which could create quite different effects on crop yields. The FPCRS information shows that the usage of other inputs in wheat and corn production was much smaller than that for rice crops over the sample period. Generally speaking, rice growing regions possess well-developed rural infrastructure and farmers there are richer. This is why usage of other inputs is higher in rice production than in wheat and corn.

Based on the above results, it is clear that the prospect of raising cereal yields by using more labor and other inputs is not very promising under the existing farming practices. This is especially true for rice crops. Application of more fertilizer to wheat may still offer reasonable returns, but this is not so in the case of corn. Conversely, further increases of other inputs in wheat and corn production may be justifiable.

All the coefficients of dummy variables are statistically significant. Predictions based on the estimated models show that mid-rice (MR=1, LR=0) has a yield margin of 21 percent over early rice (MR=0, LR=0) and 24 percent over late rice (MR=0, LR=1). On the other hand, early planting and harvesting of mid-rice (which necessarily eliminate early rice) allow winter crops to have longer growth period and achieve higher returns than that under double-cropping of rice (early rice plus mid-rice). These help explain why rice growers in central China gradually returned to single rice cropping after rural economic reforms began.

The estimated coefficients of the time trend variable are positive for all crops. The upward shifts of the production frontiers are evident in wheat and corn production. In contrast, technical progress in rice cropping is quite small or statistically insignificant. Taking 1997 output shares as weights (early rice 12%, mid and late rice 28.6%, wheat 24.9% and other crops 34.5%) and using 1.3% (estimated for corn in this paper) as the rate of technical progress for other crops, overall technological changes in China's grain production amount to an annual rate of 0.84%. This rate is moderate by international standard but far from being high enough to exert a significant impact on the grain shortage problem in China.

Turning to the determinants of technical efficiencies, there seems to be no consistent relationship between the education variable LE and technical efficiencies from the estimation results. While the impact of education is significantly positive for wheat and corn, it becomes negative for rice crops. The inconsistency may be related to the fact that schooling is not an appropriate indicator of the knowledge and skills needed or utilized in actual farm management in rural China. Laborers with higher education are more likely to work off-farm (Chen and Wan, 1997), especially in the economically developed and rice-producing southern China.

Table 3 Output elasticities by crops: 1983—1996

Crop/Input	1983	1984	1985	1986	1987	1988	1989	1990	1991	1992	1993	1994	1995	1996
Indica rice														
Labor	0.024	0.048	0.066	0.077	0.090	0.116	0.113	0.129	0.120	0.117	0.154	0.154	0.158	0.190
Fertilizer	0.071	0.051	0.028	0.015	0.005	0.001	−0.028	−0.044	−0.028	−0.042	−0.037	−0.070	−0.068	−0.088
Other Inputs	0.211	0.199	0.202	0.210	0.201	0.179	0.174	0.169	0.170	0.188	0.192	0.184	0.150	0.134
Japonica rice														
Labor	0.039	0.037	0.059	0.086	0.063	0.045	0.055	0.057	0.048	0.072	0.065	0.028	0.021	0.038
Fertilizer	0.188	0.199	0.238	0.233	0.226	0.205	0.182	0.187	0.162	0.190	0.208	0.139	0.139	0.153
Other Inputs	0.405	0.389	0.401	0.392	0.372	0.344	0.320	0.300	0.268	0.267	0.272	0.207	0.202	0.205
Wheat														
Labor	0.154	0.144	0.137	0.132	0.118	0.119	0.111	0.101	0.088	0.079	0.089	0.087	0.086	0.060
Fertilizer	0.411	0.411	0.403	0.379	0.372	0.377	0.349	0.339	0.363	0.327	0.304	0.296	0.303	0.303
Other Inputs	0.068	0.068	0.108	0.122	0.143	0.136	0.143	0.141	0.126	0.152	0.193	0.199	0.182	0.150
Corn														
Labor	−0.084	−0.070	−0.077	−0.082	−0.053	−0.055	−0.023	−0.014	0.008	−0.001	−0.006	0.046	0.081	0.068
Fertilizer	0.257	0.253	0.276	0.299	0.249	0.245	0.196	0.171	0.160	0.178	0.178	0.089	0.024	0.035
Other Inputs	0.006	−0.011	−0.019	−0.012	0.018	0.020	0.066	0.098	0.084	0.088	0.084	0.137	0.175	0.172

Note: The elasticities are evaluated at the geometrical means of inputs.

Technical efficiency is found to be positively associated with average farm size for indica rice, but negative for wheat. The per capita land areas are relatively small in southern China where indica rice is produced, therefore size economy may be present, which could transmit into improvement in technical efficiency. On the other hand, available statistics indicate that the relatively large-size producers in the north achieve much lower wheat yields than their small-size counterparts in central China.

In line with a priori expectations, the estimation results suggest positive influences of irrigation and drainage on technical efficiencies, though statistically insignificant for japonica rice. This finding supports Wan and Anderson's (1990) recommendation for policy initiatives towards better management of irrigation systems in China.

Intensity of cropping, as represented by the MCI variable, produces significantly negative impacts on technical efficiency of wheat and corn production. The impact, however, is positive for rice crops. In China, the highly intensive cropping system is essentially rice based and is supplemented by winter crops such as wheat, barley or rapeseed. In general, the higher the intensity, the shorter the growth period left for the winter crops. In regions where highly intensive cropping is practised, fertile land with appropriate infrastructure is commonly occupied by rice, leaving minor summer crops such as corn on dry land and highland. These all contribute to the negative (positive) association between cropping intensity and technical efficiencies for wheat and corn (rice).

Table 4 Average levels of technical efficiency by crops and regions

Region	Indica rice			Japonica rice	Wheat	Corn
	Early	Late	Mid			
National average	0.954	0.941	0.946	0.905	0.862	0.853
Beijing				0.797	0.964	0.927
Tianjin				0.829	0.960	0.921
Hebei				0.878	0.944	0.944
Shanxi				0.791	0.940	0.924
Inner Mongolia				0.758	0.909	0.868
Liaoning				0.803	0.923	0.913
Jilin				0.805	0.857	0.942
Heilongjiang				0.793	0.913	0.850
Shanghai	0.951			0.967	0.945	0.942
Jiangsu	0.971		0.967	0.979	0.925	0.926
Zhejiang	0.971	0.976		0.994	0.657	0.667
Anhui	0.954	0.965	0.962	0.988	0.819	0.837
Fujian	0.958	0.959	0.929		0.636	
Jiangxi	0.960	0.965			0.575	
Shandong				0.948	0.942	0.920
Henan			0.943	0.972	0.910	0.870
Hubei	0.959	0.971	0.967	0.989	0.796	0.793
Hunan	0.970	0.976	0.977		0.734	0.509
Guangdong	0.949	0.932				
Guangxi	0.931	0.856				0.615

(Continue)

Region	Indica rice			Japonica rice	Wheat	Corn
	Early	Late	Mid			
Hainan	0.937	0.872				
Sichuan			0.950		0.804	0.768
Guizhou			0.867	0.994	0.681	0.666
Yunnan	0.873	0.958	0.922	0.989	0.801	0.736
Shaanxi			0.960	0.943	0.894	0.808
Gansu				0.914	0.935	0.879
Qinghai					0.913	
Ningxia				0.944	0.933	0.902
Xinjiang				0.812	0.966	0.885

Note: The figures are simple averages of the estimated technical efficiencies.

Variations in technical efficiencies over time are small for most regions. This may reflect the fact that in China management of a farm is quite simple and that no significant changes in farm management practice had occurred over the period of study. Looking at interregional differences, rice crops display smaller regional variations in technical efficiencies than those of wheat and corn (see Table 4). Regions with some potential for efficiency improvement are identified and reported in Table 5. For early indica rice, all the major producing regions are relatively efficient. Guangxi and Guizhou are the only two provinces that may have some potential for efficiency improvement, respectively in late rice and mid-rice production. Northeast provinces registered a rapid expansion of japonica rice production in the past decade. Their average technical efficiencies are low, most likely due to the fact that japonica rice is a relatively new crop in many areas within the region. From Table 5, inefficient japonica rice producers are situated in north China plain where growth of rice is often influenced by unstable water supply. All major producers of other crops are efficient except Sichuan, which is identified as the only inefficient major producer of corn and wheat.

Table 5 Regions with some potential for efficiency improvement

Crop	Major producing regions	Minor producing regions
Early Indica Rice		Yunnan
Late Indica Rice	Guangxi	Hainan
Mid Indica Rice	Guizhou	
Japonica Rice	Liaoning, Jilin, Heilongjiang	Beijing, Tianjin, Shanxi, Inner Mongolia, Xinjiang
Wheat	Sichuan	Zhejiang, Fujian, Jiangxi, Hubei, Hunan, Guizhou, Yunnan
Corn	Sichuan	Zhejiang, Hubei, Hunan, Guangxi, Guizhou, Yunnan

Notes: a. Major grain producing regions are defined as those provinces that account for 5 percent or more of the national output of the relevant crop.

b. Regions with potential are those whose efficiency index is below the national average by 5 percent or more.

It is important to point out that few major grain-producing regions are identified as inefficient producers. This seems to imply that the current distribution of cereal crops across regions in China is justified as far as technical efficiency is concerned.

Figure 2 depicts national average technical efficiencies of grain production in China. Over the

sample period, improvements in technical efficiency were relatively strong for wheat, stable for indica rice, but negative for japonica rice. The declining efficiency in japonica rice production is possibly resulted from its recent introduction and expansion into northern China where, as discussed earlier, technical efficiency in rice production is low. The efficiency of corn exhibits a cyclical pattern.

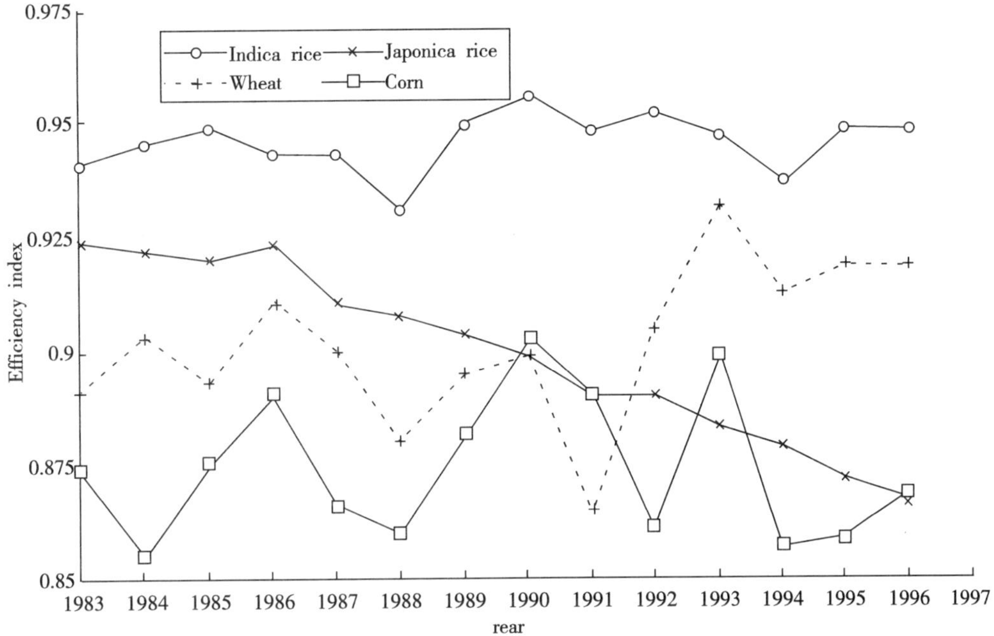

Figure 2 Average technical efficiency of grain production in China.

5. Conclusions

The results of this modelling exercise indicate that the marginal productivity of labor in cereal production is quite low and should not be relied on as an important source for future yield growth. While further increases of the fertilizer input can be justified for wheat, the scopes for output growth may be limited. Also, the impacts of chemical fertilizer on environment should be carefully considered (Huang and Rozelle, 1995). A major finding of this study is that China can no longer repeat its past grain production growth, which has been driven primarily by increased chemical fertilizer usage.

Analysis of technical efficiencies do not paint a promising picture either as major grain producers in China are found to operate close to their production frontiers. While improvement in irrigation and drainage facilities is conducive to efficiency improvement, the costs involved could be prohibitive. Enlarging farm size may represent another option, but the relevant social and psychological obstacles require careful ex-ante evaluation. Increasing cropping intensity must face efficiency tradeoffs between rice and dryland crops. In addition, both biological and economic considerations are likely to restrict the potential of further crop intensification.

In short, the future of the Chinese grain sector is not optimistic as far as efficiency gain and input injections are concerned. The other option obviously lies in shifting production frontiers by promoting R&Din agriculture. This prospect seems not very encouraging as the estimated rate of technical progress in Chinese grain production is only about 0. 84%. [5]Given these findings and the random nature of scientific discovery and technological breakthrough (Solow, 1988), China may have to turn to the international market for large amounts of grain or meat imports in the medium and long run.

Acknowledgments

We wish to thank the anonymous journal referee, Kali Kalirajan, Mary Milne and workshop participants at the Australian National University for useful comments. Peng Li and Xianghong Li provided assistance with data collection.

Notes

[1] This essentially amounts to the half-normal distribution of Aigner, Lovell and Schmidt (1977). An alternative is to assume an exponential distribution for U as in Meeusen and van den Broeck (1977). Both of these distributions have a mode of zero and can be generalized to truncated normal and gamma. See Greene (1980) and Stevenson (1980) for detailed discussions.

[2] The input costs were deflated by a price index, which was constructed using regional retail price indexes of farm inputs.

[3] This is why yield rather than output is used as the dependent variable in our empirical studies here.

[4] It would be desirable to estimate the models under alternative assumptions on the error terms. Unfortunately, Frontier 4. 1 can only handle the case of a half-normal distribution for U.

[5] Taking China's grain production as a whole, its rate of technical progress is low. However, such a low rate is largely attributable to negligible technological advances in rice production in recent years. Technical changes are positive and reasonably high in wheat, corn and other cropping (cf. Table 2). As China leads the world in rice production technologies, this low rate does not leave much room for China to catch up to foreign standards.

References

[1] Aigner, D. J., C. A. K. Lovell, and P. Schmidt. (1977). "Formulation and Estimation of Stochastic Frontier Production Function Models." *Journal of Econometrics* 6, 21～37

[2] Battese, G. E., and T. J. Coelli. (1993). "A Stochastic Frontier Production Function Incorporating a Model for Technical Inefficiency Effects." *Working Papers in Econometrics and Applied Statistics* No. 69, Department of Econometrics, University of New England, Australia, pp. 22

[3] Battese, G. E., and T. J. Coelli. (1995). "A Model for Technical Inefficiency Effects in a Stochastic Frontier Production Function for Panel Data." *Empirical Economics* 20, 325～332

[4] Battese, G. E., A. N. Rambaldiand, and G. H. Wan. (1997). "A Stochastic Frontier Production Function with Flexible Risk Properties." *Journal of Productivity Analysis* 8 (3), 269～280

[5] Brown, L. R. (1995). *Who Will Feed China?* Earthscan Publications

[6] Chen, E. J., and G. H. Wan. (1997). "Schooling and Household Farm and Non-farm Incomes in Rural China in the 1990s." *Working Paper*, Chinese Economy Research Center, University of Adelaide, Australia

[7] Coelli, T. J. (1992). "A Computer Program for Frontier Production Function Estimation: Frontier Version 2.0." *Economic Letters* 39, 29～32

[8] Coelli, T. J. (1994). *A Guide to Frontier Version* 4.1: *A Computer Program for Stochastic Frontier Production and Cost Function Estimation*, Department of Econometrics, University of New England, Australia

[9] Fan, S. G. (1991). "Effects of Technological Change and Institutional Reform on Production Growth in Chinese Agriculture." *American Journal of Agricultural Economics* 73, 266～275

[10] Forsund, F. R., C. A. K. Lovell, and P. Schmidt. (1980). "A Survey of Frontier Production Functions and of Their Relationship to Efficiency Measurement." *Journal of Econometrics* 13, 5～25

[11] Greene, W. H. (1980). "Maximum Likelihood Estimation of Econometric Frontier Functions." *Journal of Econometrics* 13, 27～56

[12] Han, Z. R., and F. Y. Feng (eds.). (1991). *Agricultural Prices in New China*. Beijing, China: Water Conservancy and Electricity Publishing House

[13] Huang, J. K., and S. Rozelle. (1995). "Environmental Stress and Grain Yields in China." *American Journal of Agricultural Economics* 77 (4), 853～864

[14] Huang, J. K., S. Rozelle, and M. Rosegrant. (1995). "China and the Future Global Food Situation." *IFPRI 2020 Brief*, International Food Policy Research Institute, Washington D. C.

[15] Kalirajan, K. P., M. B. Obwona, and S. Zhao. (1996). "Decomposition of Total Factor Productivity Growth: The Case of Chinese Agriculture Growth before and after Reforms." *American Journal of Agricultural Economics* 78 (2), 331～338

[16] Lin, J. Y. (1992). "Rural Reforms and Agricultural Growth in China." *American Economic Review* 82, 34～51

[17] Lin, J. Y. (1995). "Grain Yield Potential and Prospect of Grain Output Increase in China." *People's Daily* March 10, Beijing, China

[18] McMillan, J., J. Whalley, and L. Zhu. (1989). "The Impact of China's Economic Reforms on Agricultural Productivity Growth." *Journal of Political Economy* 97, 781～801

[19] Meeusen, W., and J. van den Broeck. (1977). "Efficiency Estimation from Cobb - Douglas Production Functions with Composed Error." *International Economic Review* 18,

435～444

[20] Ministry of Agriculture. (1996). *The White Book of China's Agriculture* 1995. Beijing, China: Agricultural Publishing House

[21] Solow, R. M. (1988). "Growth Theory and After." *American Economic Review* 78 (3), 307～17

[22] State Planning Commission. (1997). *Compilation of National Survey for Production Costs and Returns of Agricultural Commodities* 1997 (and previous issues). Beijing, China: China Statistical Publishing House

[23] Stevenson, R. E. (1980). "Likelihood Functions for Generalized Stochastic Frontier Estimation." *Journal of Econometrics* 13, 57～66

[24] SSB (State Statistical Bureau of China). (1997). *Statistical Yearbook of China* 1997 (and previous issues). Beijing, China: China Statistical Publishing House

[25] Tian, W. M. (1989). "Prices and Costs of Agricultural Products in China: Evolution and Prospects." *Problems of Agricultural Economy* 3, 12～17

[26] Tian, W. M. (1992). "Rice Production Cost, Prices and Growers'Income in China." Paper presented at the 24th Rice Technical Working Group Conference, February 23～26, Little Rock, USA

[27] Wan, G. H. (1992). "Production Risk, Technical Efficiency and the Theory of Input Demand and Output Supply: An Alternative Frontier Production Function." Paper presented at the 36th Annual Conference of the Australian Agricultural Economists Society, February 10～12, Canberra, Australia

[28] Wan G. H., and J. R. Anderson. (1990). "Estimating Risk Effects in Chinese Food Grain Production." *Journal of Agricultural Economics* 41 (1), 85～93

[29] Wan, G. H., and E. J. Chen. (1997). "A Micro-empirical Analysis of Land Fragmentation and Scale Economies in China." Paper presented at the 72nd Annual Conference of the Western Economic Association International, July 9～13, 1997, Seattle, USA

[30] Wan, G. H., W. E. Griffiths, and J. R. Anderson. (1992). "Estimation of Risk Effects with Seemingly Unrelated Regressions and Panel Data." *Empirical Economics* 17 (1), 35～49

[31] Wang, J. R., E. J. Wailes, and G. L. Cramer. (1996). "A Shadow Price Frontier Measurement of Profit Efficiency in Chinese Agriculture." *American Journal of Agricultural Economics* 78 (February), 146～156

中国测算农业支持水平的经验和方法问题

田维明　张莉琴　周章跃

[摘　要] 测定中国对农业的政策支持水平面临着许多难题。这不仅包括政策信息缺乏足够的透明度，而且也包括中国农村经济仍然处于半自给状态、政策执行机构普遍存在寻租行为等因素。本文首先从理论角度讨论当使用经济合作与发展组织（OECD）建议的方法对中国的政策支持水平进行测算时，上述因素为何会扭曲所得到的结果。在此基础上，本文就测算方法提出了一些修改建议，然后利用中国1990—2000年的数据计算出反映政策支持水平的主要指标，最后对利用两种不同处理方法所得到的结果进行了对比。从研究中发现，忽视农户自给性食物消费倾向于夸大政策导致的收入转移，对于农业占有重要地位的发展中国家来说，这种扭曲可能是相当严重的。此外，由于发展中国家的社会组织化程度较为薄弱，政策执行过程中出现的利益流失常常也极为严重。由于这些问题，发展中国家对农业的政策支持往往只具有表面上的意义，中国近年来出现的就是这样一种情况。

一、引言

无论是对于开展多边贸易谈判还是对于监督贸易政策改革的进展情况来说，测算对农业的政策支持水平都有重要的政策意义。在乌拉圭回合谈判期间，人们提出了多种测算农业政策支持水平的方法，例如由澳大利亚产业援助委员会（1985）发展的名义扶持率（NRA）和有效扶持率（ERA），由经济合作与发展组织（OECD 1987）提出的生产者补贴等值（PSE）和消费者补贴等值（CSE），WTO协议中最终采用的综合支持量（AMS）等①。在过去的20多年中，这些指标被广泛地用于描述和评估具有不同政治经济体制的国家对农业的政策支持水平和结构。

然而，有关农业支持的概念和测算方法在很大程度上是依据发达市场经济的特点设计的。当将这些方法应用于测算那些农村经济仍处于自给或半自给状态的国家对农业的支持水平时，所得到的结果究竟是否准确可靠很值得怀疑。对于目前正在进行的贸易政策改革和新一轮多边贸易谈判，这一问题有着重要的政策含义。

本文将中国作为一个案例，探讨有关农业政策支持水平的测算方法问题。本文的第二节简要介绍了中国的农业经济和政府政策管理的特点。第三节对中国过去测算农业政策支持的情况做了讨论。第四节分析了将OECD的生产者支持估计测算方法应用于中国情况时面临的主要问题，在

① OECD于1997年修改了农业支持水平的测算方法，并且将生产者补贴等值和消费者补贴等值改称为生产者支持估计和消费者支持估计，但其英文缩写仍然与过去相同。

此基础上提出了相应的修改建议。第五节报告了1990—2000年期间中国主要农产品的生产者支持估计结果，然后对OECD的方法和本文建议的方法做了对比。最后一节是本文的结论。

二、中国农业经济和政府管理的特点

从20世纪70年代末开始，中国政府着手对农业政策和管理制度进行改革。这一改革不仅使中国的农业生产率得到大幅度提高，而且使农村经济的运行机制发生了根本性的转变。然而，中国建立市场经济的过程远未完成。事实上，中国的农村经济仍具有浓厚的半自给性特点，各级政府也继续通过多种途径干预有关农业生产和农产品流通的微观决策。

与许多发展中国家相类似，中国农业也是由小农户经营占据着主导地位。农户利用家庭拥有的各种资源生产多种农产品，其目的不仅是为了实现范围经济，而且也是为了满足农户家庭自身的多种需要。农户生产的农产品有很大一部分直接用于自身的生产和消费，并没有经过市场交易。在这样的经营模式下，农户的生产决策和消费决策形成了内在的联系。有关农户模型的文献对此做了深入的讨论（例如Singh，Squire and Strauss 1986）。经过20多年的政策改革，中国的农业经济已经逐步走向市场化，然而不同农产品的市场化程度存在着明显的差异。例如，近年来粮食的商品率仍维持在40%左右，经济作物和畜产品的商品率则要高的多（国家统计局2001；农业部农村经济研究中心2001）。农业的市场化程度在不同地区之间也存在着明显的差异。一般地说，东部地区农业的市场化程度相对较高。

中国的农业政策长期受到粮食市场发展状况的影响，即政策调整常常基于国家粮食安全和社会稳定方面的考虑。为了保障粮食供给，中国政府从20世纪50年代初期开始一直对粮食市场实行行政干预。80年代初期的政策改革使农民获得了制定生产决策的自主权，但是中国政府并没有放弃对粮食国内流通和外贸的干预。在实践中，政府的粮食政策主要是通过国营粮食企业和国营外贸公司的运作来实现的。在经济改革过程中，国营粮食企业和国营外贸公司已经初步变成了具有自身经济利益目标的经营企业，随之而来的是政府政策目标与企业经营效益目标之间的冲突。在最近几年中，国营粮食企业的经营活动表现出很强的寻租行为特征，即国营粮食企业利用政策给予的行政权力和垄断地位谋取自身的最大利益。这一情况导致粮食经营中出现巨大的效率损失，这表现为从生产者到消费者的巨大价格差、为维持过多的粮食储备而支付的经营费用、库存粮食质量恶化造成的损失、高额的财政补贴支出和国有政策性银行中积累的坏账等。在很大程度上，这种寻租行为使中国政府近年来实施的农业支持政策未能取得预期的效果。

三、中国测算农业支持水平的经验

中国对农业政策支持水平的测算工作最早是从80年代后期开始进行的，即乌拉圭回合谈判开始之后。中国政府于1987年向关税及贸易总协定（GATT）递交了恢复成员国地位的要求，随后以观察员身份参与了乌拉圭回合谈判。在这一时期，中国政策改革取得的效果受到国际社会的广泛关注，对中国的农业政策进行评估随之成为一项具有迫切性的任务。

从1987年开始，中国农业科学院农业经济研究所和澳大利亚农业经济局合作进行了一项对中国农业政策改革的研究。在该项目下，双方研究人员利用新公布的各种统计数据和政策信息，估计了1986年中国的生产者补贴等值和消费者补贴等值（Gunasekera et. al. 1991；田维明、赵昭1992）。测算工作包括了中国当时实施的各种农业政策。研究结果表明，中国的农业政策倾向

于保护消费者，而不是扶持生产者。这也是发展中国家普遍具有的特征。

在同一期间，美国农业部也开展了类似的研究（Webb 1989 and 1992；USDA 1995）。Webb（1992）依据一些对政策作用效果的简化假定，计算了1989年中国大米和小麦的生产者补贴等值和消费者补贴等值。研究发现，选择不同的参照价格会显著影响所得到的结果。

20世纪90年代以来，中国学者对农业政策支持水平做了进一步的研究。例如，"关贸总协定与中国的农业发展"课题组（1993）估计了1985—1990年期间多种农产品的生产者补贴等值和消费者补贴等值。程国强（1993）的类似测算工作包括了1982—1990年期间。朱希刚、万广华和刘晓展（1996）估计了1993—1994年期间13种农产品的生产者补贴等值和消费者补贴等值，这一研究在方法上考虑了农产品价格"双轨制"及农民的税外负担。以后程国强（2001）还更新了对生产者补贴等值的估计，将包括的时期扩展到1997年。张莉琴（2001）在她的博士论文研究中，依据OECD的方法测算了1990—1999年期间中国10种主要农产品的生产者支持估计和消费者支持估计，其中涉及对农户自给性消费的处理方法。这些研究普遍再次确认了中国的农业政策不利于农民这一事实。与此同时，一些研究发现，中国趋于提高对农业的支持程度，特别是在主要谷物上（程国强2001；张莉琴2001）。需要注意的是，这些研究测算出的农业政策支持水平存在明显的差异，这可能是由于不同的研究者使用了不同来源的数据资料和依据了不同的假定，因而结果缺乏可比性。

概括地说，海外学者对中国农业支持水平做研究时常常面临无法获得充分的统计数据和政策信息这一难题，因而研究者需要做出各种各样的简化假定；相比之下，中国学者更有条件获得所需要的信息资料，测算中包括的政策通常较为全面。然而，过去的研究很少考虑所使用的方法是否适用于中国的社会经济环境，这是下一节中讨论的问题。

四、测算农业支持水平的方法问题

1. OECD建议的方法。OECD体系将对农业的总支持估计（TSE）分为三类：①对生产者的收入转移（PSE）；②对消费者的收入转移（CSE）；③通过一般性农业服务提供的支持（GSSE）。这些指标可以从不同角度反映农业政策支持的水平和结构。OECD（2001a，2001b）发表了有关政策分类和测算方法的详细介绍及对成员国政策支持水平所做的评估结果。

根据OECD（2001b）的定义，PSE反映一年内由生产者或纳税人转移给生产者的价值总额，CSE则反映一年内由生产者或纳税人转移给消费者的价值总额。在许多国家，市场价格支持是决定PSE和CSE大小及其方向的主要政策措施。市场价格支持定义为，政府实施的扭曲市场价格的政策导致的在一年内由消费者和纳税人转移给生产者的价值总额，其计算依据是产品的农场价格（OECD 2001a，p152）。除了市场价格支持造成的收入转移外，PSE和CSE还包括通过政府财政资助的其他计划给予生产者或消费者的支持及各种间接支付。一般性农业服务支持估计（GSSE）反映一年内通过支持政策转移给整个农业服务业的价值总额，这包括研究开发支出、农业教育、产品质量检验、基础设施建设、商品流通和促销活动、公共储备等方面。一般认为，这些支持措施不会直接改变商品价格。

由PSE和CSE估计结果可以得到相对PSE（%PSE）和相对CSE（%CSE）、生产者名义扶持系数（NACp）和消费者名义扶持系数（NACc）等有关分析指标。在对不同国家或商品的政策支持水平进行比较时，%PSE、%CSE、NACp和NACc是更为适用的指标。

2. 针对中国情况的分析框架。对中国的PSE和CSE做经验测算工作面临着很多困难。最大的困难当然是取得研究工作所需要的完整和准确的数据资料。然而，究竟中国的农产品市场在如何运行，政府的政策在多大程度上得到了执行，在过去的研究中这些问题常常被忽视。在由计划经济向市场经济的转轨过程中，中国政府经常根据面临的特殊社会经济问题调整政策方向。在实践中，政府并不是在所有情况下都会向公众公布其采取的政策措施，政府也没有能够准确地掌握政策的具体执行情况，很多政策虽然有良好的目标，但却无法按设计执行。在此情况下，仅根据政府宣布的政策计划和相应的拨款来测算支持水平，常常会遇到问题。

在中国的农业政策中，粮食政策及粮食市场制度不仅是最特殊的，也是最重要的。长期以来，中国政府采取多种措施干预粮食市场。经常出现的情况是，不同政策是根据不同的特殊情况和需要而制定的，政策措施之间经常出现相互冲突的情况。下面我们以中国 90 年代后期的粮食政策作为例子，用图形分析方法来评价政策导致的收入转移。

在 90 年代后期，中国政府用于支持粮食生产的主要政策措施是按保护价敞开收购粮食。图 1 反映了粮食市场能够按照通常假定的竞争性市场运行时的情况。左图中 D 和 S 分别为供给和需求曲线，中国在国际市场上的贸易地位由右图中的剩余需求曲线 ED_{cn} 所代表。假定其他国家（ROW）是低成本粮食生产者，其贸易地位由右图中的国际市场剩余供给曲线 ES_{row} 所代表。在没有政策扭曲的情况下，国际市场均衡发生在 ES_{row} 和 ED_{cn} 的交点，由此决定了国际市场均衡价格 P_r。在此价格下，中国农民生产 S_1，消费者购买 D_1，中国需要从国际市场上进口相当于 D_1-S_1 数量的粮食（等于右图中的 M_{cn}）。政府实施价格支持措施后，如果这一政策能够得到有效执行，那么在支持价格 P_g，国内供给增加到 S_2，消费减少到 D_2，中国市场上出现了粮食过剩。此时国营粮食企业应该收购所有的产品（即 S_2），然后向本国消费者出售相当于 D_2 的商品，剩余的粮食或是补贴出口，或是转变为新增的储备。在前一种情况下，中国出口相当于 X_{cn} 数量的粮食，由此导致国际市场粮食价格下跌到 P'_r，这是近年来实际出现的情况。当使用观察到的价格测算 PSE 时，通过市场价格支持转移给农民的收入等于左图中的区域 $achf=(P_g-P'_r)\cdot S_2$，其面积显著大于通常假定的贸易小国情况（相应的收入转移等于区域 $aced=(P_g-P_r)\cdot S_2$））。按照 OECD 的方法，对生产者的收入转移可以被分解为来自消费者的收入转移（区域 $abgf=(P_g-P'_r)\cdot D_2$）和来自纳税人的收入转移（区域 $bchg=(P_g-P'_r)\cdot(S_2-D_2)$）两个部分，后者相当于右图中的区域 $1234=X_{cn}\cdot(P_g-P'_r)$。从图形分析中可以明显地看出，所得到的 PSE 将显著高于小国假定成立时的情况。

然而，中国的粮食市场并非是竞争性的。尽管国营粮食企业已经通过多年的改革转变为营利性企业，但政府仍依赖其执行粮食政策。在目前的制度安排下，各地的粮食局事实上是当地粮食市场上的垄断者。此外，国营粮食商业作为一个整体在消费者市场上也具有一定的价格控制力，例如通过影响政府的粮食进出口政策和储备政策来改变总供给或总需求。因而尽管国营粮食企业之间、国营粮食企业和非国营粮食企业之间需要在消费者市场上展开竞争，但粮食销售价格可以高于国际市场价格。

需要注意的是，中国政府并不允许国营粮食企业自由地追逐最大利润，企业的经营活动必须在实际上或形式上符合政府的政策要求。图 2 反映出在现行政策和制度安排下国营粮食企业的行为。与图 1 不同的地方是，图 2 直接使用扭曲后的国际市场价格 P'_r 作为参照价格，并且用两个图分别反映农村市场和城镇市场。做这一改动所考虑的情况是，中国农户将相当数量的农产品用于家庭消费。此时，保护价格政策引起的城镇消费者和农业生产者之间的收入转移完全不同于发达市场经济。为了简化，分析中假定国营粮食企业仅在生产者市场上利用其垄断地位，与此同时，政府会根据国营粮食企业的要求实行限制进口的政策，同时将全部过剩产品（即图 1 中的 X_{cn}）补贴出口。

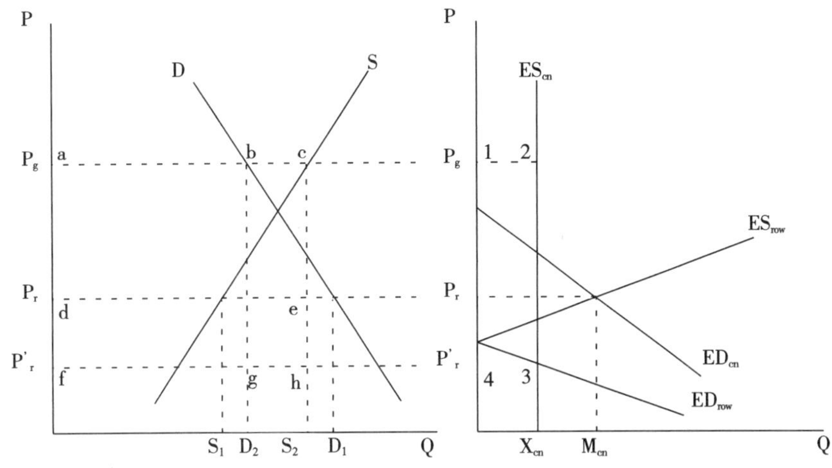

图1 竞争性市场中价格支持政策的效果

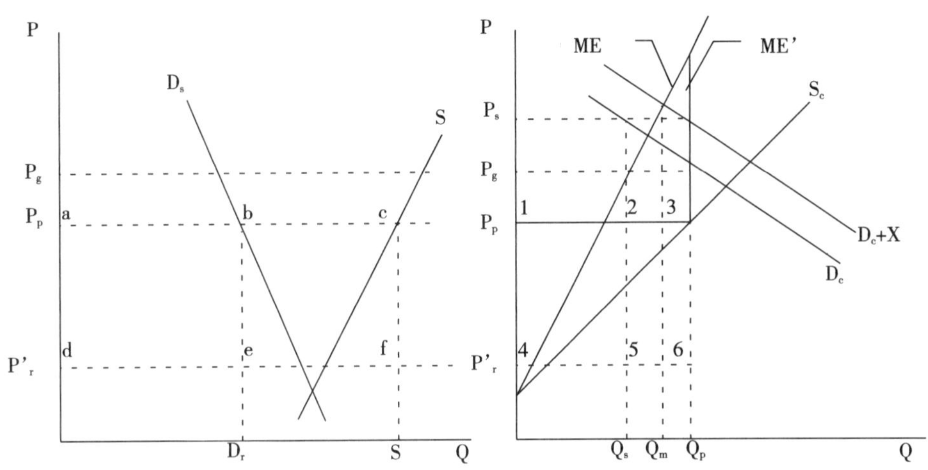

图2 垄断市场中价格支持政策的效果

在图2左图中，曲线 D_s 反映农户的自给性需求，S 反映总供给，由这两条曲线可以推导得出右图中城镇市场上的商品粮供给曲线 S_c。右图中，城镇居民的需求由曲线 D_c 所代表，总需求等于城镇消费需求加上补贴出口的数量，由曲线 D_c+X 所反映，ME 为国营粮食商业的边际收购成本曲线。

如果允许国营粮食企业在排除进口竞争的条件下自由地追逐最大利润，其最佳供给数量由 ME 与总需求曲线的交点所决定，等于 Q_m。此时，国营粮食企业从生产者那里低价收购，向消费者高价出售，从而获得垄断利润①。

然而，这种局面与政府试图实现的政策目标并不一致。在实践中，如果消费者抱怨粮食价格过高，政府可能采取增加进口的措施，从而削弱国营粮食商业的市场影响力。类似地，如果政府

① 为了简化，图中没有绘出与这一情况相对应的收购价格和出售价格。

察觉到国营粮食企业没有按照规定的价格收购，政府也可以对其实施纪律惩罚措施。因而国营粮食企业的定价行为成为粮食企业与政府之间的博弈，粮食企业可以反复地试探政府和公众可以容忍的价格范围，从中选择对自己最为有利的价格。假定 P_p 是政府可以容忍的支付给生产者的最低价格，此时国营粮食企业的边际收购成本曲线变为右图中用 ME' 标出的折线，相应的市场均衡价格为 P_s，此时城镇市场供给量为 Q_p，销售量为 Q_s。

从对图 2 的分析中可以注意到三个重要问题。第一，出现上述情况时，由保护价格政策导致的对生产者的收入转移小于 P_g 有效时的情况。第二，按照 OECD 建议的测算方法，对生产者的收入转移为区域 $acfd=(P_p-P'_r)\cdot S$，但此时区域 $abed$ 代表的是作为生产者的农户对作为消费者的农户转移的收入，因而只徒具形式，对农户有实际意义的收入转移仅仅是由城镇消费者转移的部分（区域 1254）和由纳税人转移的部分（区域 2365）。第三，消费者和纳税人都向国营粮食商业转移收入，造成了净效率损失。

上述情况得以发生有着一系列原因。首先，从 1996 年开始，中央政府只制定基准保护价，允许地方政府根据当地市场情况在一定幅度内调整实际收购价格（农业部 2000）。其次，国营粮食企业可以通过压级压价和拖延收购等方式，迫使农民选择低价出售，因为对于只出售很小数量商品的农民来说，寻找替代市场的成本往往太高。第三，地方政府更愿意将有限的财政资金用于产生更大影响的地方建设项目及其他开支，而不是用于负担按保护价收购粮食所发生的补贴费用，在粮食主产区，政府通常也缺乏财力，因而经常默许当地国营粮食企业的压价和限收行为。第四，地方政府常常需要在农民交售粮食时收取各种税费，从而与国营粮食企业形成一种合作关系。由于上述情况，支持价格政策给农民带来的利益受到了侵蚀。

图 2 强调了这样一个事实，国营粮食商业可以通过要求政府限制进口、补贴出口和储备及剥削农民来获得利益。在现实中，国营粮食企业还可以通过增加经营成本来谋利，即把企业的各种福利开支打入成本。在 90 年代，追求最大利润尚未能成为国营粮食企业的合法经营目标，因而高报经营费用常常成为更为理想的选择。在这方面，地方政府甚至会与当地国营粮食企业勾结在一起，共同从上级政府或国家政策性银行那里骗取财政补贴和贷款，以减轻自身的财政负担。国营粮食企业经营效率低下导致在政策性银行的高额收购贷款成为坏账，这种损失最终只能靠中央政府财政来弥补。

前面的分析指出了三个可能影响到 PSE 和 CSE 测算结果的因素。首先，依据观察到的国际市场价格计算出的 PSE 可能高估通过市场价格支持转移给农民的收入。第二，对于中国及其他发展中国家来说，由于农户生产的农产品中有很大一个部分用于自身消费，因而采用标准方法势必得到很大的虚假收入转移。最后，政策执行机构的寻租行为往往导致严重的利益流失，因而依据政府公开宣布的支持价格和财政拨款额来测算政策给予农民的利益可能会出现较大偏差。

五、中国农业支持水平估计结果

1. 涵盖的政策和处理方法。中国政府在 20 世纪 90 年代期间实施的农业政策相当复杂，其效果也由于政策执行中的制度性问题而常常受到扭曲。表 1 列出了本项研究中涉及的政策及其与 OECD 分类的对应关系。由于数据的限制，本项研究无法对所有项目都分别做出可靠估计。在测算对生产者的支持水平时，我们采用了两个特殊的处理：第一，本项研究分别依据总产量和商品量计算出 PSE，以便评估真实收入转移和虚假收入转移的差别；第二，本项研究中将农业税作为负的生产者支持计入表 1 中的 B 项“根据产出的支付”，同时将等额的正值计入 O 项“其他杂

项”，即看作是政府放弃的税收。

表1　对中国农业政策措施的分类

OECD代码		政策分类	中国的实际政策措施
I.		生产者支持估计	A到H的总和
	A.	市场价格支持	农产品的口岸政策和国内市场干预政策
	B.	根据产出的支付	农业税（负值）
	C.	根据种植面积或牲畜数量的支付	无
	D.	根据历史权益的支付	无
	E.	根据投入使用的支付	投入品的口岸政策和国内市场干预政策
	F.	根据投入使用限制的支付	无
	G.	根据农业收入水平的支付	农村救济
	H.	杂项支付	农村综合开发项目支出
II.		一般性服务支持估计	I到O的总和
	I.	研究开发	农业研究拨款
	J.	农业教育	未包括
	K.	农产品质量检验	未包括
	L.	基础设施建设	农村基础设施建设投资
	M.	流通和市场促销	无
	N.	公共储备	国家粮食和棉花储备费用
	O.	杂项	农业税（正值）和支援农业生产支出

2. 数据来源。尽管中国的统计工作得到了明显改进，但国内外都有一些学者对统计数据的准确性提出过质疑。此外，由于统计概念和数据收集处理方法在不断变化，造成不同时期、不同来源的数据缺乏可比性，一些对于测算政策支持水平具有关键意义的统计数据也未公布。在此情况下，研究人员只能做出自己的简化假定，或利用可以得到的二手资料作为替代。

计算PSE和GSSE时需要利用到四项数据：①生产者价格；②国际市场参照价格；③商品供给、需求和贸易量；④支持农业的各项财政支出。在本项研究中，各种农产品的生产者价格由国家计委等机构进行的农产品成本收益调查资料计算得出（国家发展计划委员会，2000），该项数据的优点不仅是具有所需要的时间序列，而且能够反映生产者的实际收益，但缺点是调查样本偏小。农业投入品价格来自农业部农村经济研究中心（2001）的固定观察点资料和中国统计年鉴等其他来源。

国际市场参照价格主要根据中国海关统计资料计算得出。90年代期间，中国在大米、玉米、棉花和大豆等一些商品上曾多次出现过贸易地位发生转变的情况。本文在计算参照价格时采用的方法是，当中国贸易为净出口时用平均出口价值作为参照价格，为净进口时用平均进口价值作为参照价格。对于缺乏代表性的价格数据，本文依据联合国粮农组织（2001）和世界银行（2001）发表的国际市场价格进行了校正。1990—1993年期间的参照价格按照外汇交易市场平均汇率换算为人民币价格，1994年及以后的参照价格则直接使用官方汇率换算为人民币价格。

农产品市场供给、需求和贸易数据来自多个来源，包括国家统计局的《中国统计年鉴》、农业部的《中国农业统计资料》、国家海关总署的《中国海关统计年鉴》、联合国粮农组织统计数据库、美国农业部PS&D数据库等。农产品商品率资料来自农业部农村经济研究中心和国家统计局有关资料。

政府财政支农支出和税收资料来自于国家统计局的《中国统计年鉴》和《中国财政统计年鉴》。有关农业政策的信息主要来自农业部的《中国农业发展报告》。

本项研究中存在一些未能深入探讨的问题。首先是中国农业中是否存在与初级生产要素（例如土地和水）相联系的收入转移。迄今为止，这些初级要素的市场或者是根本不存在，或者是无法有效运行，本研究未能考虑这一情况。第二个问题是如何对待农民的税外负担，这包括农村的各种摊派提留和义务工等。尽管从税收占行业 GDP 的比例来看，农业的税负低于其他行业，但农业的上述税外负担相当沉重，且现有统计不够完整可靠。在本项研究中，我国假定农业的综合负担（包括正税和税外负担）与其他行业相同，从而不存在税收上的歧视。第三个问题是政策效益流失程度究竟有多严重。过去的经验表明，在以农业为主的地区，这种利益流失通常较大。由于缺乏资料，测算中没有考虑这一因素。

3. 结果。表 2 列出了研究中所涉及的全部农产品的 PSE 估计值。结果表明，在 90 年代期间，中国农业根本没有得到政策支持。所有各年的 PSE 均为负值，尽管绝对额呈现出下降趋势。这一结果与以前的研究发现完全相同（例如程国强 2001；朱希刚、万广华和刘晓展 1996）。

表 2　中国对农业的政策支持估计结果

单位：亿元（人民币）

年　份	1990	1991	1992	1993	1994	1995	1996	1997	1998	1999	2000
总产值（按农场价格计算）	4 557	4 712	5 072	6 493	10 672	13 520	14 803	14 819	14 063	11 983	11 347
其中：出售的农产品价值	2 600	2 754	2 931	3 722	6 255	7 831	8 591	8 917	8 387	7 079	6 966
总消费价值（按农场价格计算）	4 602	4 707	5 024	6 354	10 574	13 859	14 977	14 890	14 013	12 041	11 223
生产者支持估计											
市场价格支持	−1 078	−972	−1 396	−1 064	−858	−303	−66	−326	−693	−183	−214
根据产出的支付	−62	−63	−83	−88	−162	−195	−259	−278	−279	−296	−326
根据种植面积或牲畜数量的支付	0	0	0	0	0	0	0	0	0	0	0
根据历史权益的支付	0	0	0	0	0	0	0	0	0	0	0
根据投入使用的支付	35	83	110	76	−25	5	−27	−44	−83	−66	−59
根据投入使用限制的支付	0	0	0	0	0	0	0	0	0	0	0
根据农业收入水平的支付	11	18	13	13	16	22	31	28	41	30	35
杂项支付	86	94	104	128	153	154	181	202	212	229	259
合计	−1 008	−840	−1253	−935	−876	−317	−140	−418	−803	−288	−305
%PSE	−22	−17	−24	−14	−8	−2	−1	−3	−6	−2	−3
生产者名义扶持系数	0.68	0.72	0.64	0.75	0.90	0.98	0.96	1.00	0.97	1.00	0.99
一般性服务支持估计											
研究开发	2	2	2	2	2	2	3	4	6	6	8
农业教育	−14	0	0	0	0	0	0	0	0	0	0
农产品质量检验	0	0	0	0	0	0	0	0	0	0	0
基础设施建设	23	26	30	33	37	39	50	56	161	125	131
流通和市场促销	0	0	0	0	0	0	0	0	0	0	0
公共储备	187	200	179	191	162	172	218	310	452	418	645
杂项	95	100	126	136	223	267	347	377	386	412	457
合计	294	329	337	363	425	479	618	747	1 006	962	1241

从得到的结果还可以观察到，尽管存在一些波动，由市场价格支持导致的收入转移呈现下降趋势。从 90 年代中期开始，生产者名义扶持系数变得非常接近于零。这意味着，中国的农业政策改革在沿着扩大市场化的方向迈进，政府在逐步取消那些不利于农业的政策。然而，这一过程并非一帆风顺，90 年代后期的新粮食政策就与市场化改革方向存在冲突。从计算结果可以看出，GSSE 呈现稳定增长趋势。需要注意的是，导致 GSSE 上升的主要因素是公共储备，其数额在最近几年中急剧增长，正是这一部分政策支持实际上与国营粮食商业的经营损失相联系。相比之

下，政府财政用于研究开发和基础设施建设的支出仍极低。

中国对不同农产品的政策支持水平有很大差别。表3列出了各个商品的PSE和NACp。在大多数年份，小麦得到了支持，对大米的支持则为负值。玉米的PSE由90年代初期的较大负值转变为90年代末期的正值。表3中列出的结果表明，虽然中国政府从1995年起对粮食作物实施价格支持政策，但农民得到的实际利益并不大，特别是在最近几年。从表面上看，这似乎与粮食政策改革的目标相左，因为这一政策的目标是保护粮食生产者的收入。然而，这确定反映了现实情况。如同前面所指出的，目前的制度安排使得粮食保护价政策未能实现预期的效果。这解释了为什么在国家收购价格和保护价格均显著高于国际市场价格的情况下农民仍然未能得到好处。

表3 各商品的PSE

年份		1990	1991	1992	1993	1994	1995	1996	1997	1998	1999	2000
大米	%PSE	−26	−13	−21	−5	−12	4	−9	−3	0	−5	−1
	NACp	0.85	0.91	0.87	0.96	0.91	1.04	0.93	0.97	1.00	0.95	0.99
小麦	%PSE	−8	4	−2	−9	3	4	4	7	6	7	1
	NACp	0.94	1.04	0.98	0.93	1.03	1.05	1.05	1.09	1.08	1.09	1.01
玉米	%PSE	−19	−14	−23	−16	6	1	−11	5	9	4	0
	NACp	0.86	0.89	0.85	0.88	1.06	1.01	0.91	1.06	1.11	1.04	1.00
大豆	%PSE	−4	6	16	14	−1	13	11	11	3	7	10
	NACp	0.97	1.06	1.21	1.18	0.99	1.17	1.13	1.13	1.04	1.08	1.12
油菜	%PSE	−1	6	−14	−2	7	8	29	3	5	6	2
	NACp	0.99	1.06	0.88	0.98	1.08	1.10	1.49	1.03	1.06	1.06	1.02
花生	%PSE	−30	−59	−32	−27	−8	−7	−12	−15	−26	−12	−9
	NACp	0.80	0.71	0.79	0.82	0.93	0.94	0.90	0.88	0.82	0.90	0.92
芝麻	%PSE	−18	0	−32	−11	5	−8	−11	−13	−22	−17	−23
	NACp	0.86	1.00	0.79	0.91	1.06	0.93	0.91	0.89	0.83	0.86	0.82
棉花	%PSE	−26	−25	−53	−23	−18	−1	−2	−1	−12	−12	14
	NACp	0.81	0.81	0.68	0.82	0.85	0.99	0.98	0.99	0.90	0.90	1.17
糖料	%PSE	−38	−4	−67	−78	−10	2	1	7	−4	8	3
	NACp	0.73	0.96	0.62	0.58	0.91	1.02	1.01	1.08	0.96	1.08	1.03
猪肉	%PSE	−39	−39	−40	−15	−11	0	6	−6	−21	−8	−14
	NACp	0.76	0.75	0.76	0.89	0.90	1.00	1.06	0.94	0.82	0.92	0.88
牛肉	%PSE	−38	−39	−49	−49	7	0	−4	−12	−11	7	16
	NACp	0.75	0.75	0.71	0.71	1.08	1.00	0.96	0.89	0.90	1.07	1.20
羊肉	%PSE	−17	−12	−20	−29	−15	−12	−11	−14	3	9	9
	NACp	0.87	0.91	0.86	0.82	0.88	0.90	0.91	0.89	1.04	1.11	1.11
家禽	%PSE	−9	−19	−19	−31	−11	−25	−6	−13	−4	−8	2
	NACp	0.92	0.85	0.86	0.79	0.90	0.81	0.95	0.89	0.96	0.93	1.02
禽蛋	%PSE	4	2	−8	−10	31	−30	5	−4	2	1	−5
	NACp	1.04	1.02	0.94	0.89	0.82	0.80	1.05	0.96	1.03	1.01	0.96

油料作物的PSE呈现两种完全不同的情况。在多数年份，大豆和油菜得到了政策支持，但

花生和芝麻生产则面临着歧视①。中国是油料作物的重要生产者。近年来，由于中国自身的资源禀赋变化和主要出口国提供高额支持等原因，中国大豆和油菜的国际竞争力趋于下降。从1996年开始，中国由大豆的净出口国转变为净进口国，最近两年的进口量已经超过了1 000万吨。虽然大豆进口的急剧增长主要由于国内需求增加而不是供给减少，中国政府开始关注这一局面，并采取了一些鼓励生产的措施。油菜市场的情况与大豆相类似，但严重程度较低。相比之下，花生和芝麻是中国的两个传统出口商品，与主要竞争对手相比，中国仍具有较强的竞争优势，因而政府没有改变对这两种油料作物的负支持。

中国是世界上最大的纺织品出口国，因而有必要在合理的价格下保证棉花供给。就实现这一目标而言，市场价格支持政策并非是最佳选择。中国政府于1999年开放了棉花市场，在此之前，政府对棉花市场和价格一直实行着严格的控制。在90年代期间，中国政府经常根据市场形势大幅度调整棉花价格，然而，除了2000年之外，政府制定的价格一直低于国际市场参照价格，从而导致负的PSE。

在90年代期间，中国政府减少了对糖料市场的干预。由于糖料生产集中在少数几个省份，当地经济和农民收入对糖料生产的依赖程度较高，因而地方政府常常采取一些鼓励生产的政策。从总体上看，对糖料作物的政策支持水平很低。一个明显的趋势是，那些不利于糖料生产的歧视性政策逐步得到消除。

在大多数年份，对动物产品的政策支持均为负值。草食动物的负PSE主要是由于国内价格较低所造成的。对于猪和家禽，除了上述因素之外，1993年以后饲料价格一直偏高是另一个不利因素。

本项研究得到的主要农产品的PSE也与以前的研究结果相类似（例如程国强2001；朱希刚、万广华和刘晓展1996），但有以下两个新的发现：第一，不包括农户自给性消费后，得到的PSE估计值要小的多；第二，近几年来，几乎所有农产品的%PSE均趋近于零。

图3比较了包括和不包括农户自给性消费时%PSE指标受到的影响。在90年代期间，出售农产品的价值大约为总产值的60%。因而当不包括自给性消费时，市场价格支持额、%PSE指标和 *NACp* 指标（绝对值）均变小了。例如，当包括自给性消费时，1990年的%PSE为43.5%，而不包括自给性消费时，%PSE仅为21.8%。

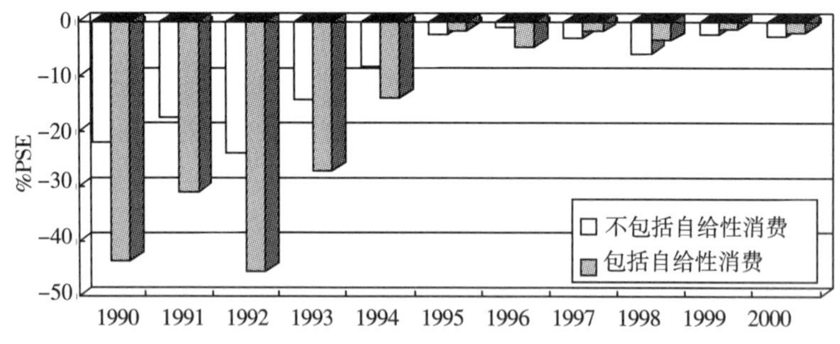

图3　自给性消费不同处理方法对PSE的影响

从上述结果看，对农户自给性消费采取不同处理方法会显著影响到估计得出的PSE指标。

① 按照中国的统计口径，大豆被划分为粮食作物。

这一情况的政策含义是，估计政策支持水平的首要目的是评价和监测农业政策的效果，而当测算工作未考虑农户经济半自给性特点时，得到的PSE或AMS指标不仅可能夸大对生产者的收入转移规模，而且无法反映促进市场化的政策改革所起的积极作用①。在WTO农业协议的执行中，人们已经提出了究竟涉及AMS的“微量许可”（*de minimis*）是以总产出为对象还是以商品部分为对象的问题（FAO 2000，p11～12）。如果微量许可以总产量作为基础，从理论上说，一个商品率只有50%的国家可以将微量许可翻番用于支持上市的商品量，这将对发展中国家及整个世界的农产品贸易政策改革产生重大影响。

六、结论

本文讨论了一些有关测算农业政策支持水平的方法问题。根据中国的经验可以做出推论，如果将设计用于发达市场经济的测算方法照搬到以半自给性农户经济为特征的发展中国家，那么可能高估对农业的支持或税收。本文还利用OECD建议的方法和修改后的方法估计了中国在1990—2000年期间的PSE，得到的结果证实了上述推断。

本项研究得到以下几个重要结果：①在90年代期间，中国农业作为整体并没有得到政策支持；②由于中国政府逐步取消了歧视农业的政策，对农业的支持趋于增强；③市场价格支持措施是决定政策支持水平的最主要因素；④对国际市场扭曲程度大的农产品及中国缺乏比较优势从而在自由贸易条件下可能需要大量进口的农产品，中国政府通常给予了较高的支持。

从总体上说，中国农业并没有得到政府的有效支持。中国的PSE水平及其变化趋势与OECD成员国的情况成鲜明的对照，大多数OECD成员国的%PSE指标维持在相当高的水平，与乌拉圭回合谈判基期相比，少数一些国家的%PSE还呈现出上升趋势（OECD 2001a）。然而，最近的政策改革经验表明，中国政府可能会增加对农业的支持。考虑到国际发展经验，对于中国政府的这种做法并不难理解。作为世界上拥有最多农业人口的国家，中国政府必须确保农村经济以适当的速度增长，从而保障社会稳定。考虑到农村劳动力缺乏在非农业谋生的知识和技能这一现实条件，在短期中国政府内有必要对农业进行支持，以缓解入世后不可避免的经济结构调整带来的问题（中国农业大学经济管理学院 1999）。然而，中国政府将如何及在多大程度上支持农业仍是一个有待观察的问题。可以说，中国正处在选择未来农业政策的十字路口。中国应该避免走上多数发达国家已经对农业提供高额补贴和支持的道路。然而，要想促使中国政府这样做，发达国家应该首先限制自己对农业的支持。

本项研究中指出，中国政府的现行价格支持政策存在巨大的利益流失。其他实行类似政策的发展中国家可能也面临相同的局面，对此在测算PSE和CSE时有必要加以考虑。此外，当设计今后的农业支持政策时，政策执行费用是一个需要充分考虑的因素。例如，与价格脱钩的收入支持政策具有理论上的合理性，并且在发达国家取得了满意的效果，但执行这种政策要求有良好的社会组织，而在发展中国家和转型经济国家中，这样的社会组织或是根本不存在，或是无法有效运行。相比之下，口岸干预政策可能透明度更高，也更容易进行管理。因而在今后的WTO贸易谈判中，一方面发展中国家应该大力推进制度改革，另一方面WTO协议也需要给予各国选择政

① 考虑一项市场化改革措施在导致商品率上升的同时未影响供给数量和市场价格的情况。若测算PSE时以总产量为准，那么得到的PSE不会改变，而当用商品量为准时PSE则会改变，变化的程度和方向取决于以前的价格扭曲程度和方向。

策措施的灵活性。在这方面，最小贸易扭曲原则应该与成本一效率原则相互补充。

参考文献

[1] FAO. Volume II Agreement on Agriculture. *Multilateral Trade Negotiations on Agriculture*: *A Resource Manual*, Room. 2000

[2] Gunasekera, H. Don B. H., Andrews, N. Haszler, H., Chapman, J. Tian, W. M. and Zhao, Z. *Agricultural Reform in China*. Discussion Paper 91. 4, Australian Bureau of Agricultural and Resource Economics, Canberra. 1991

[3] Industrial Assistance Commission. *Assistances to Agriculture and Manufacturing Industries*, Australian Government Publishing Services, Canberra. 1987

[4] OECD. *National Policies and Agricultural Trade*, Paris. 1987

[5] OECD. *Agricultural Policies in OECD Countries Monitoring and Evaluation* 2001. Paris. 2001

[6] OECD. *Producer and Consumer Support Estimates OECD Database* 1986—2000: *User's Guide*. 2001

[7] Singh, I., Squire, L. and Strauss, J. *Agricultural Household Models*, *Extensions*, *Applications and Policy*, World Bank and the Johns Hopkins University Press. 1986

[8] USDA. *China*: *Summary of Aggregate Producer Support*, obtained from http://usda2.mannlib.cornell.edu/data-sets/international/95001/china/pse3.wk1. 1995

[9] USDA. *Production*, *Supply & Distribution Database*, obtained from http://www.ers.usda.gov/data/PSD/. 2001

[10] Webb. S. H. Agricultural Commodity Prices in China: Estimates of PSEs and CSEs, 1982—1987, *China Agricultural and Trade Report*. RS-89-5, Economic Research Service, USDA, Washington DC. 1989

[11] Webb. S. H. *China's Agricultural Commodity Policies in the* 1980*s*, Working paper, Economic Research Service, USDA, Washington DC. 1982

[12] 程国强. 农业保护与经济发展. 经济研究. 1993 (4)

[13] 程国强. WTO农业规则与中国农业发展. 北京：中国经济出版社，2001

[14] 关贸总协定与中国的农业发展课题组. 对我国农业保护现状的分析. 中国农村经济. 1993 (3)

[15] 国家发展计划委员会等. 全国农产品成本收益资料汇编—2000. 2000

[16] 国家统计局. 中国财政统计年鉴—2000. 北京：中国统计出版社，2000

[17] 国家统计局. 中国统计年鉴—2001. 北京：中国统计出版社，2000

[18] 联合国粮农组织. FAOSTAT Agricultural Data，得自 http://apps.fao.org/. 2001

[19] 农业部. 中国农业发展报告 2001. 北京：中国农业出版社，2001

[20] 农业部. 中国农业统计资料—2000. 北京：中国农业出版社，2001

[21] 农业部农村经济研究中心. 全国农村社会经济典型调查数据汇编 1986—1999 年. 北京：中国农业出版社，2001

[22] 世界银行. *Commodity Price Data*. 得自 http://www.world bank.org/prospects/. 2001

[23] 田维明、赵昭. 中国现行农业政策对主要农产品的扶持. 朱希刚等编. 农业经济与科技发展研究—1991. 北京：农业出版社，1991

[24] 张莉琴. 我国农业政策对农产品的有效保护效果分析. 中国农业大学博士研究生论文. 2001

［25］中国农业大学经济管理学院．加入世界贸易组织对我国农产品贸易的影响．世界经济．1999（9），3～16

［26］中华人民共和国海关总署．中国海关统计年鉴．2000

［27］朱希刚、万广华和刘晓展．我国1993年和1994年农产品生产者补贴等值的测算．农村经济问题．1996（11），37～42页

Intelligent Decision Support System for Logistics Distribution of E - business Enterprises

Wang Ruimei Yu Liqun Zhou Zhijian Li Li Fu Zetian

Abstract Logistics distribution of e - business is based on e-business technology, and combines commodity demand and commodity circulation appropriately. Not only it can realize the optimized option in inventory quantity, inventory location, order planning, distribution transportation, to optimize enterprises managers' interests, but also can deliver commodity to customers in the right time, right place, propitiate price and convenient way, to embody customers' rights and interests maximally.

Each analysis and decision - making in accordance with logistics distribution plays the major role in the system of logistics distribution under the environment of e - business. These analysis and decision - makings includes location decision - making and transportation decision - making. Location decision - making refers to the orientation of establishment when the distribution system is established and it includes spot of inventory and supply of goods. Transportation decision - making includes transportation methods, batch, path and transportation facility. This paper will discuss further on transportation decision - making in accordance with logistics distribution.

This paper establishes information base on the expert knowledge associated with e - business enterprises and knowledge base platform, and it provides large amount of data resources, and expert knowledge & industry knowledge based on the analysis of characteristics and requirements of e - business environment, and current problems and challenges of logistics distribution. The following methods are used : operational research, large scale of linear objective regressive, system project, computer science, and expert knowledge on logistics distribution of e - business enterprises. Also this paper points out that Intelligent Decision - making Support System for Logistics Distribution of E - business Enterprises is composed by five subsystem: subsystem of inventory decision - making, subsystem of transport decision - making, subsystem of mode evaluation, subsystem of distribution planning, subsystem of background process service. Inventory decision - making subsystem will simulate and optimize enterprises inventory, accordance with previous trade data and associated sources, in order to achieve to the optimized inventory quantity, this system will ease the difficulty of cash circulation caused by overstock and will reduce economic loss caused by less inventory. Subsystem of Transportation decision-making will optimized transportation path, by using operational research, relative mathematics model and principles of transportation accordance with the problems of over transportation node, developed traffic situation, the accident happening during the production distribution. The subsystem of evaluation provides the evaluation to the optimized result for the system. It takes distribution time and transport cost as the evaluation parameters, and dispatchers can ensure the operation planning, which is best suitable for the enterprises schedules, according to the evaluation results from the evaluation of models. Intelligent Decision-making Support System for Logistics Distribution of E-business Enterprises contains the four following system: subsystem of database, subsystem of knowledge base, subsystem of method base and that of model base. Each other subsystems is optimistic analyzed and strategically formed and evaluated based on above four subsystems.

Key words Transportation, Inventory, Logistics strategy, E-business, Decision Support System

The wide view of e - commercial development and speed development of each e-business enterprise provides great opportunity for the logistics distribution of e - business (Tang Xiaofei, 2002). Since the scale of logistics network is enlarging and the quantity of the logistics is growing, the enterprises are facing to a series of problems in the time of distribution. There are many conundrums in intensive competing market of the e - business enterprises, such as how to organize delivery economically and reasonably, how to keep low cost in operation and efficient in distribution, how to provide value - added logistics service besides traditional logistics to the consumers (Wang ping, 2001). Intelligent Decision Support System, which is integrated the advantages of human and computer, is able to help deal with plenty of decision-making issues in the process of distribution, so it is a good solution.

Intelligent Decision Support System for Logistics Distribution of E - business Enterprises (IDSSLDEE) is a computer integrated system used by e-business enterprises.

1. Analysis of Idssldee Model

1.1 Decision - making Model in Inventory

The subsystem of Decision - making Model in Inventory, which is based on the former trade data and relative material, is to optimize and simulate the inventory of the enterprises, in order to achieve optimum quantity of inventory, to solve the trouble of financial flow when the quantity of inventory is too large, or too small.

1.1.1 *Demand - Supply Analysis*

The Demand in E-business enterprises is uncertain. Generally according to prior trade record, and statistics, the rule of a certain commodity sold in the E-business enterprises would be identified, and also the random distribution of demand. As a result, the random inventory model of E-business enterprises would be fixed.

1.1.2 *Inventory Strategy*

According to different demand, there are three strategies: First is time order, which is to order in certain time period, but the ordered quantity is based on the rest part of commodity at the end of that period; Second is fixed time order, which is the order when the inventory fall to certain point regardless of time period; Third is the combination of these two, which is to check the inventory in certain time. If the inventory exceeds fixed amount s, no order is needed; if it is less than S, the order is necessary. This is (s, S) strategy.

1.1.3 *Cost*

The cost in inventory includes storing fee; order fee, scarcity financial loss. Storing fee involves the interest rate of the money of goods, and the fee of warehouse, storing, goods in bad order, rotten goods; order fee includes service charge, telecommunication fee, personal services, cost of order, and it has nothing with the time and quantity of ordering. Order fee is Cost of Order (CO) +Quantity (Q) * Unit Price (K); scarcity financial loss is the loss when the shortage of goods happens, such as loss the opportunity of selling, not be able to fulfill the contract and cannot pay fine etc. Usually it occurs under estimation and prior experience.

1.2 Transportation Model

Facing the problem of many transportation nodes, development of transportation network, sudden change in distributing goods, change in transportation condition, transportation model optimized the transportation path by using the expert knowledge of operational research and related math model, and planning of transportation.

1.2.1 *Major Elements Influencing Logistics Distribution in E-business Enterprise*

Logistics distribution in E-business enterprise is a problem of multi-aims transportation decision-making based on the major evaluation index on limited time in transportation and transportation cost. The planning of distribution path is the first thing to be decided. That is say under the condition of the actual goods transporting program by using appropriate planning strategy, according to the actual operation of on hand transportation network, vehicles (includes the enterprise owning airplane, train, automobile and ships), and the injection of the commodity in ally enterprises, decide the appropriate plan for the transportation of the goods, and finally make the commodity move according to the requirement from the work. Due to the uncertainty is at large, which are the complex organization of the ally, frequent change between the members, and different requirement of the logistic goods, the logistic distribution in E-business enterprises is a multi-logistics, multi-transportation, strictly limited, and many limitation problem, which is large, complicated, parallel strategy problem. It relates many elements, and has complex relationship. To fulfill the optimum dynamic logistic distribution, the integrated thinking should be carried out. Each characteristics and requirement of commodity, relationship between transportation should be thought. The main factors, which influence the logistics distribution of E-business enterprise, are coming:

(1) Transportation tools

Different dynamic ally could provide different vehicle, and these differences cause the time and cost different in transportation. Therefore, the actual fact of transportation should be considered when the decision was made in logistic distribution.

(2) Category of commodity and flowing trend and quantity

Different dynamic ally also have different logistic demand, and these differences also have different requirement in the sorts of vehicle and time of transportation. The injection of commodity and quantity of flow decide the planning and attempering in the logistic distribution in dynamic ally.

(3) Time in transportation

It is necessary for the logistic distribution in E-business enterprise whether the commodity would be sent to consumer on time and punctually. Therefore, the time spent in transportation is also an important evaluation factor to plan the path of logistic distribution.

(4) Cost of transportation

Cost is a critical index which influences the operation of enterprise. Under the condition of keeping the time, the cost of transportation should be limited as little as possible, in order to limit the cost of ally. Transportation cost includes the cost of transportation on the way, and convey transportation.

1.2.2 *Path planning model*

The main idea of path planning model is to distribute the largest quantity flow of commodity with the least cost (Wang Ping, 2002). Suppose there are m beginning warehouses, and they are S_1, S_2, S_3, …, S_m. There are n commodity receptions, R_1, R_2, R_3, …, R_n. The commodity flow of the beginning warehouse S_i is s_i, the commodity flow in reception R_j is r_j, the transportation price for a unit commodity from S_i to R_j is c_{ij}, and the transportation time is t_{ij}, ù$_t$ and ù$_c$ are the weighted index of time and cost respectively. The quantity of transportation of the beginning warehouse S_i and reception R_j is x_{ij}, and the largest container of the vehicle is u_{ij}, and the longest time permitted is t_{ij}, therefore, the math model of logistic distribution in E-business enterprise is:

$$\min \sum_{i=1}^{m} \sum_{j=1}^{n} (\omega_c c_{ij} x_{ij} + \omega_t t_{ij}) \quad (1)$$

s. t.

$$\sum_{j=1}^{n} x_{xj} = s_i \ (i=1, 2, \cdots, m)$$

$$\sum_{i=1}^{m} x_{xj} = r_i \ (i=1, 2, \cdots, n)$$

$$\sum_{i=1}^{m} s_x = \sum_{j=1}^{n} r_j$$

$$0 \leqslant t_{ij}$$

$$0 \leqslant x_{ij} \leqslant u_{ij}$$

$$\omega_t + \omega_c = 1$$

In this model, the choice of weighted index is based on the characteristics of the logistic distribution in E business enterprise, and the expert knowledge. The investigation in experts is used to weight index. To different transportation requirement, different optimum model was provided, and different weighted index was stored in the knowledge database. Generally ù$_t$ would be larger for the speed transportation. It would be also large if the commodity requires special protect for the quality during the transportation. The way of self-choice for the users in ù$_t$ and ù$_c$ is also provided in this model.

1.3 Evaluation model

The evaluation model provides the evaluation for the result of optimized system. The time on transportation, cost, and degree of satisfaction from the client are the parameter of evaluation, and attempering person could choose optimized plan for the enterprise according to the evaluation result in the pre-choice model.

1.3.1 *How to make the evaluation criteria*

The evaluation of the model of logistics distribution would be done by using the time, cost, spend in transportation, and the degree of satisfaction from the clients, which could be gain by the actual time, cost, and survey of the client in each time, and save these in the database, and evaluate the result of the logistic model. By gathering plenty cases like these, the cases database could be formed, and could also be used in further search when similar situation happened, and choose the fitful solution.

The main index of evaluating model are transportation time, cost in transportation, and degree of satisfaction from client. The methodology is integrated fuzzy evaluation. Instructed in table1 and table 2:

Table 1 The Fuzzy Degree Model for Logistics Distribution in E-business Enterprise

Degree	Description
Best	Spend the least time and money, and the client is extremely satisfied
Better	Spend time and money close to the least point, and the client is very satisfied
Good	Spend time and money more than the least point, and the client is satisfied
Bad	Spend time and money much more than the least point, and the client is not very satisfied
Worst	Spend time and money further more than the least point, and the client is extremely not satisfied

Table 2 The Range of Evaluation Index in Each Degree

	Best	Better	Good	Bad	Worst
Cost (C)	C<=the least cost	The least cost <=C< 110% of the least cost	110% of the least cost<= C<120% of the least cost	120%of the least cost<= C<130% of the least cost	C>130% of the least cost
Time	Least	The least time <=T< 110% of the least time	110% of the least time< =T<120% of the least time	120% of the least time<=T <130% of the least time	T>130% of the least time
Degree of satisfaction	Extremely satisfied	Very satisfied	satisfied	Not very satisfied	Extremely not satisfied

Suppose there are n elements (or index) which draws the logistic distribution in E-business. The set of elements are $U=\{u_1, u_2, u_3, \cdots, u_n\}$. The possible evaluation is m, and the set of that are $\tilde{A}=(a_1, a_2, a_3, \cdots, a_m)$. This paper will present 3 evaluation indexes, but possible evaluation index is 5.

1.3.2 *Quantize the evaluation index*

There are 5 ranges to quantize the evaluation index.

$$Y = \begin{cases} y_1, M_1 \leqslant x_i < M_2 \\ y_2, M_2 \leqslant x_i < M_3 \\ y_3, M_3 \leqslant x_i < M_4 \\ y_5, x_i \geqslant M_4 \end{cases} \tag{2}$$

In the equation above, Y is the value of the ith index in certain degree; y_i is the value in certain changeable range; x_i is the value from gathering; $M_1 \sim M_4$ is the margin value of each range (Bezdek J. C., 1981)。The method of mid value is used to quantize the evaluation index in Table 2.

1.3.3 *The matrix of integrated weighted index of good and bad degree in the logistic distribution in E-business enterprise*

Suppose the samples n are randomly chosen from the cases of the logistics distribution in E-business enterprise, and each sample owns m actual value of the evaluation index model. The degrees of good and bad in this model are C, and the evaluation criteria are Y. Therefore, the matrix $Y_{m\times c}$ in the C degree and the actual value matrix $X_{m\times n}$ are gained. In this paper, m equals to 3, and C equals 5.

$$y_{m\times c} = \begin{bmatrix} y_{11} & y_{12} & \cdots & y_{1c} \\ y_{21} & y_{22} & \cdots & y_{2c} \\ \vdots & \vdots & \vdots & \vdots \\ y_{m1} & y_{m2} & \cdots & y_{mc} \end{bmatrix}$$
$$x_{m\times n} = \begin{bmatrix} x_{11} & x_{12} & \cdots & x_{1n} \\ x_{21} & x_{22} & \cdots & x_{2n} \\ \vdots & \vdots & \vdots & \vdots \\ x_{m1} & x_{m2} & \cdots & x_{mn} \end{bmatrix} \tag{3}$$

Transform the matrix (3) into the actual value in the fuzzy matrix model in logistics distribution in E-business enterprise, that is the sample set under different model of weighted index matrix.

$R_{m\times n}=r_{ij}$, $(i=1, 2, \cdots, m, j=1, 2, \cdots, n)$

Which is:

$$r_{ij} = \begin{cases} 0 & x_{ij} > y_{ic} \\ \dfrac{x_{ij} - y_{i1}}{y_{i5} - y_{i1}} & y_{i1} \leqslant x_{ij} \leqslant y_{ic} \\ 1 & x_{ij} < y_{i1} \end{cases} \tag{4}$$

Moreover, the influence from m evaluation index is not completely the same to the result of distribution, so the weighted of m evaluate index should also be considered under different situation of the logistic distribution. The weighted value is provided from the knowledge database according to different distribution requirement. Vector index is:

$$\overset{\omega}{V} = (V_1, V_2, \cdots, V_m)$$
$$\sum_{i=1}^{m} V_i = 1 \tag{5}$$

Integrated considered extra weighted and weighted index, m evaluation index of the integrated matrix in n samples could be

$$A_{m\times n}=V\times R_{m\times n}=V_i r_{ij} \tag{6}$$

Put the element in matrix (6) unitarily according to value, get

$$W_{m\times n}=W_{ij}$$

W_{ij} means the integrated weighted in the I index in sample j, and the function is:

$$W_{ij}=\frac{V_i r_{ij}}{\sum_{i=1}^{m} V_i r_{ij}} \qquad \sum_{i=1}^{m} W_{ij}=1 \tag{7}$$

1.3.4 *Recognize good and bad evaluation fuzzy model of the logistics in E-business enterprise*

Suppose vector of the jth sample is $r_j=(r_{1j}, r_{2j}, \cdots, r_{mj})^T$ in the model, the evaluation index criteria of the h degree in logistic good and bad degrees is $S_h=(S_{1h}, S_{2h}, \cdots, S_{mh})^T$, and weighted vector index of sample j is $W_j=(W_{1j}, W_{2j}, \cdots, W_{mj})^T$. Due to fuzzy characteristic of good and bad degree model, samples are subordinate to each degree criteria based on different subordinate degree u. Suppose the subordinate degree of c degree in n samples, and the fuzzy matrix is showed:

$$U_{c\times n}=\begin{bmatrix} u_{11}, & u_{12}, & \cdots, & u_{1n} \\ u_{21}, & u_{22}, & \cdots, & u_{2n} \\ \vdots & \vdots & \vdots & \vdots \\ u_{c1}, & u_{c2}, & \cdots, & u_{cn} \end{bmatrix}=u_{hj} \tag{8}$$

The limitations are

$$\sum_{h=1}^{c} u_{hj}-1=0 \qquad \sum_{j=1}^{n} u_{hj}>0$$

Weighted interval on broad sense:

$$d[s_h^-, r_j^-]=u_{hj}\sqrt[p]{\sum_{i=1}^{5}(W_i \mid s_{ih}-r_{ij} \mid)^p} \tag{9}$$

The difference from the jth sample and the hth difference is showed, and use least-squares procedure to get target function.

$$\min\{F(u_{ij})\}=\sum_{j=1}^{n}\min\Big[\sum_{h=1}^{5} u_{hj}^2\Big[\sum_{i=1}^{5}[W_{ij} \mid r_{ij}-s_{ih} \mid]^p\Big]^{2/p}\Big] \tag{10}$$

Build Lagrange function

$$L(u_{hj},\lambda)=\sum_{h=1}^{5} u_{hj}^2\Big[\sum_{i=1}^{5}[W_{ij}(r_{ij}-s_{ih})]^p\Big]^{2/p}-\lambda\Big(\sum_{h=1}^{c} u_{hj}-1\Big) \tag{11}$$

Derivate Lagrange multiplier λ and u_{hj}, and get the partial derivative of the function L (u_{hj}, λ), make it equal to 0, and make P=2 (Euclidean distance). The function of optimized degree matrix element is here.

$$u_{hj}=\frac{1}{\sum_{k=1}^{5}\dfrac{\sum_{i=1}^{5}[W_{ij}(r_{ij}-s_{ih})]^2}{\sum_{i=1}^{5}[W_{ij}(r_{ij}-s_{ik})]^2}} \tag{12}$$

According to the above functions, each element of the optimized degree could be figured out, in order to get the subordinate degree of the sample set in each degree, and evaluates it reasonably, then input the results of evaluation into cases database.

2. Analyze each database in IDSSLDEE

2.1 Logistics distribution database of E - business enterprise

There are a plenty of data, which related to sales storing in the database, including inventory data, flow data per day, order and sent data, and client related data. These data could provide a great many of information for E-business enterprise, and this information and the access of each model provide data support with relative data.

2.2 Knowledge database in logistic distribution of E-business enterprise

The knowledge database is used to store the logistic case, relative knowledge and rule, special expert knowledge, reasoning control knowledge, decision-making experience and knowledge, etc. knowledge database is an important part in the 5 base of system, and it stores all knowledge in need. They are mainly: the grammar and meaning which help understand language naturally. Long time collecting of the cases will form huge case knowledge database, provide relative knowledge for further logistics in enterprises, and reduce the trouble when small size enterprises make decision. The fitted cases in the database could be found by deeply priority searching calculating method and are used directly, when commodities are distributed each time. If no similar case exists, calculation of the model should be used, in order to find the optimized solution. After distribution, the actual material and evaluation will form a new case. These are the summary of long time logistic expert knowledge in E-business enterprise, and they also support each model in decision-making supporting system.

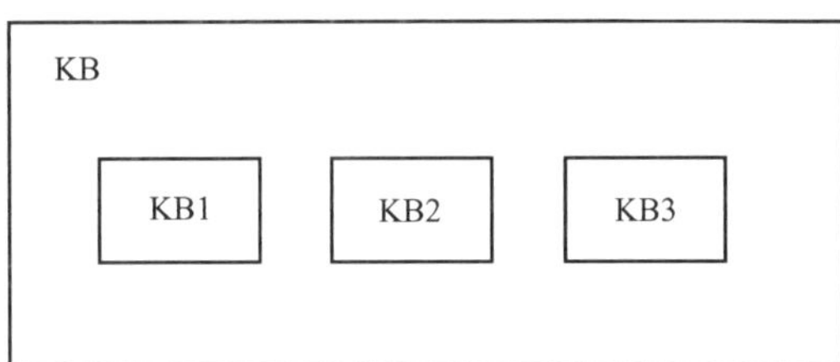

Figure 1 structure of knowledge database

Decision - making knowledge, such as decision-making experience, decision-making theory, is the accumulation of long time production practice. The structure of the knowledge database is showed below.

KB1 is study base, and the default value is null. It only opens to study machine, and enlarges and builds based on everlasting accumulation of experience, add or amend logistic distribution knowledge in E-business enterprise, to build and perfect the knowledge database.

KB2 is meta-knowledge base. The function o is mainly to explain and reason the problem, and gain knowledge in E-business enterprise, direct answering question, and limit blind searching.

KB3 is solution base, which provide optimal strategy or solution for the production management, facing to logistics distribution in E-business enterprise.

KB1 to KB3 are relative independent modules. This kind of structure will limit information in memory, match and search for small space, reduce plenty of blind search, enhance reason efficacy, and easy for management and maintenance. It is a high efficient knowledge organization structure (Hushon, J. M., ed. 1990).

2.3 Logistics distribution base for E-business enterprise

Logistics distribution base for E-business enterprise is the core of intelligence decision-making supporting system, and its function is to revise, modify, and apply every module to support decision-making. Relative modules and parameters are saved in the module base, and the accesses between each module, database, knowledge base, and solution base are provided, too. The main modules in that base are: logistics distribution module for E - business enterprise, transportation decision-making module, model evaluation module. At the same time, management system of module base, decision-making database, module base and module dictionary also be involved.

2.4 Logistic distribution solution base in E-business enterprise

The function of logistic distribution solution base in E - business enterprise is to organically combine the solution related with supporting decision-making system, and provide and build relative method for the module.

Method and module are mutual supported in decision-making activity of logistic distribution in E-business enterprise. Method also could be defined by analysis of problem module, structure tool, and mainly it is the calculation method, function in the module. Through these calculations, a specific module and the parameter in it would be decided. Method base is the enlargeable set of method. From the view of integration, it is a part of knowledge base. Method has the characteristics of sharing, and different module could use the same method. The method base in this paper contains 2 parts. First part is the set of method, such as fuzzy evaluation method, deeply search method, etc. The second part is to use intelligence information to solve the problem how to choose a method. For example, in the evaluation of distribution strategy, there is single factor evaluation, fuzzy integrated evaluation. Actually, which method to use is decided by the situation, and information from user, knowledge base, and module base.

3. The design and application of Intelligent Decision Support System for Logistics Distribution of E-business Enterprises

Since Intelligent Decision Support System for logistics distribution of E-business Enterprises usually involve dynamics alliance organization method of multi-organization and multi regions global enterprises, it is possible that computer based web will realize dynamic alliance in different regions and e-business, especially the highly development of internet, world wide web, even that of information highway. Usually, Logistics distribution of e-business enterprises deals with large amount of data, many kinds of data and complicated relationship between data. Computer web techniques do play important role in shared information among distribution centers, and that between e-business enterprises, alliance enterprises and end users. Also, logistics distribution and information flow, integrated management and their financial balance will not work without the support from computer web techniques. Therefore, the wide use of computer web communication techniques is the precondition of e -business development, is also the technique base of rapid development of modern logistics distribution. The design of the model and realization of computer are shown as Figure 2 and Figure 3.

The functions of this system are:

(1) Case Search: to use DFS on the finished cases, and to provide experience for the logistics distribution of E-business enterprises.

(2) Models: to optimize those cases without appropriate cases, then to form the distribution plan. Then, to choose optimized model according to operating environment of assistant decision objectives. For example: fast distribution model, minimum cost model, normal distribution model and user-defined model.

(3) Scheme evaluation: to offer the evaluation for optimized result in the system. The system will take time and cost as the evolution parameters, to improve the reliability and flexibility of evaluation. The dispatcher will take the best implement scheme according to the evaluation.

(4) The form of case base: to collect and evaluate each distribution, and to put the former scheme and evaluation result in the case base (for example, actual time and cost, the level of customers' satisfactions, and transportation), which offer the evidence of the case search.

(5) Communication of interfaces: to provide the interface function to other distribution center, and to provider distribution scheme interface correspond to the distribution scheme.

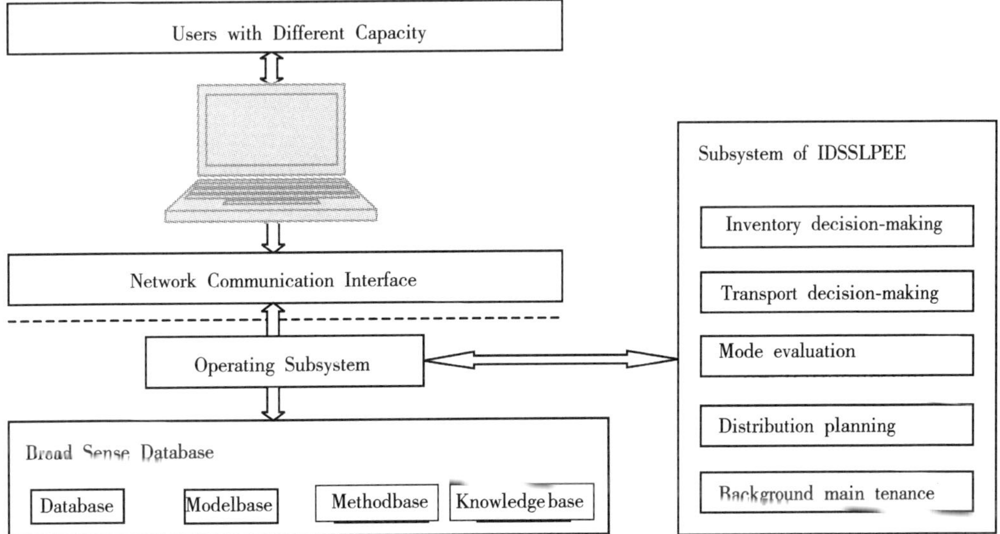

Figure 2 The design of Intelligent Decision Support

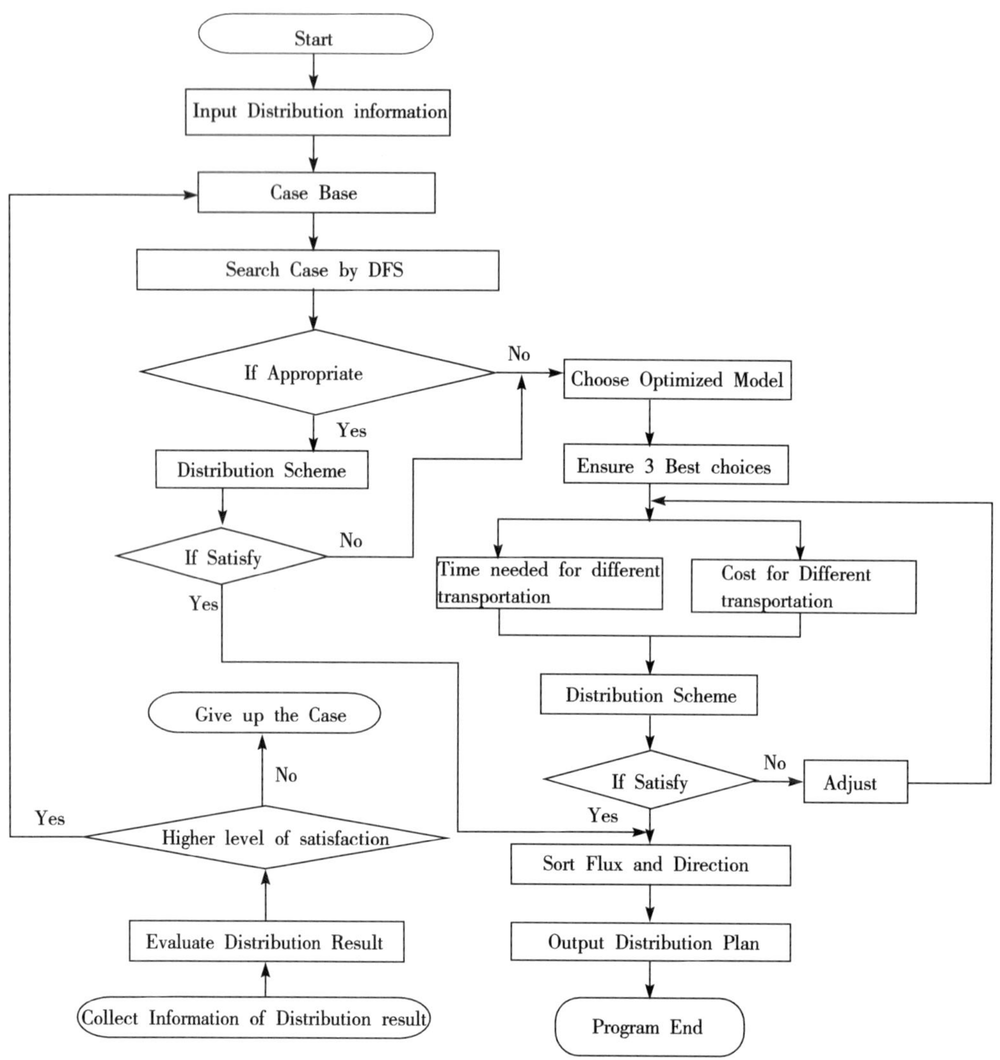

Figure 3 Flow Chart of Intelligent Decision Support System for Logistics Distribution of E-business Enterprises

4. Conclusion

In general, three aspects will be considered in intelligent decision support system for logistics distribution of E-business enterprises:

The first, it is to form logistics distribution scheme by considering the routes, transportation and attribution of the articles and models. The second, it is to gain the experience from the successful cases of logistics distribution, then to guide the logistics distribution of E-business enterprises. The third, it is to finish the evaluations for each case of logistics distribution, and then to perfect the case base for logistics distribution of E-business enterprises. The three aspects supplement each other: when a distribution scheme is formed, it needs support from model; while when a scheme is finished, a case is formed; the corresponding case in case base will be formed after the case is evaluated. The recycle will improve the system with the increasing amount of distribution of e-business enterprises. It will reduce the cost further, and improve the feasibility of the system, and the logistics distribution of E-business enterprises will operate well and realize the optimized control and management.

References

[1] Bezdek J. C. Pattern Recognition with Fuzzy Objective Function Algorithms. Pleaum Press. New York. Pp273. 1981

[2] Hushon, J. M., ed. Expert system for Environment Applications. American Chemical Society, Washington, D. C. 1990

[3] Tang xifei. Analysis of the Logistics Distribution Decision Support System. Journal of Northern Jiaotong University, Vol 26, No. 5, pp92～97. 2002

[4] Wang Ping. Logistics Delivery of Decision Support System in E - Business. Computer Engineering and Application, No. 10, pp19～20. 2001

[5] Wang Ping. Decision support System of Logistics Delivery in Agile Manufacturing System. Computer Integrated Manufacturing System, Vol 8, No. 2, pp132～136. 2002

[6] Wang Ruimei. Evaluation of the aquaculture pond water quality. 2003 ASAE Annual Meeting. 2003

我国增值税运行的现实问题及其成因分析

臧日宏

自1994年1月我国实施了税制改革，至今已经六年有余。其间，理论界借鉴了国外的惯例，集中在增值税制本身（包括选型和税率设计）进行了一定的研究，提出了一些主张，而就在中国现在的社会经济条件下所选定的增值税制的具体运行情况、存在的问题及症结所在却缺乏系统的研究，导致税制设计与现实运行严重脱节，使得在国际上通行的、比较简便的增值税，在我国成了最难操作的税种，不但其消除重复课税的优势没有真正发挥出来，其收入功能、优化资源配置的作用也没有得到正常体现。

如何认识与解决这些问题，事关新税制的顺利运作。很显然，在当前我国面临加入WTO的形势下，就增值税制的运行，应该予以调整，以应对经济全球化和市场化所可能带来的税收方面的挑战。从国内宏观经济政策层面上，国家已启动西部大开发战略，作为我国主体税种之一的增值税，也应与之相适应。本文拟就增值税制运行中存在的几个突出问题及其成因作以分析，并探讨性地提出对策。

一、增值税运行中存在的问题

增值税起源于法国，因其消除重复课税有力地促进生产的专业化发展而迅速被世界许多国家采用。我国最早实施增值税是在1984年第二步利改税，将工商税一分为四，其中有增值税，当时只在部分产品中实施，在计算上凭进货发票计算应扣税额。新的增值税制，扩大了征税范围，实行凭票抵扣，使增值税的计征变得科学、简便、严谨。某一环节所缴税款为其销项税额与进项税额之差，本环节的销项税额正是下一环节的进项税额。从理论上说，是一个环环相连的完整的增值税链条。然而，任何事物都不是十全十美的，新的增值税制也不例外，更何况处于改革初始阶段。新的增值税制在其运行中主要存在下列问题：

（一）增值税专用发票难以有效控制，存有较大漏洞

伴着新的增值税制的实施，利用增值税专用发票偷税、骗税案件，不断出现，屡禁不止。有的虚开代开，有的假票真开，有的开具大头小尾发票。据统计，仅新税制实施的当年全国破获利用专用发票违法犯罪的案件达943起，发现已开出的虚假发票148 559组，税额达42.62亿元，其中亿元以上案件56起。面对这一局面，中央领导提出要像管理钞票那样管好专用发票，国家对利用增值税专用发票偷骗税的犯罪分子施以重刑，税务部门提出管票就是管税，管税必须管票，几度更换发票版式，委托中国人民银行钞票印刷厂加印防伪标志，并在重点税源大户建立防伪税控系统和微机交叉稽核系统。尽管如此，专用发票违法案件仍时有发生，防不胜防，增值税发票虚开等大案屡见报端。新的增值税制运行以来，全国已有几十人因利用增值税专用发票进行

违法犯罪而被处以极刑，这在中国税收史及世界税收史上都是罕见的。原本从计算操作便利而设计的凭票抵扣，却给不法分子套取国家税款以可乘之机，国家用于增值税专用发票的防范成本逐年上升。再者，与增值税专用发票并存的运输发票、收购部门收购农业产品和废品的收购小票，也具有抵扣税款的功能，几年来虽然对其制定了一些管理规定，但在具体运行中仍是难以控制，认定其是否发生了真实的相应业务很困难，虚开的可能性较增值税专用发票大得多。

（二）增值税制的税制设计本身存在许多缺陷

1. 对小规模纳税人代开发票的规定有悖于增值税抵扣原理。国家税务总局规定，小规模纳税人代开发票开6%、征6%（后将商业代开降为4%）。在实际工作中，曾一度出现各地执行不一的局面，比如河北省就曾执行征6%，按其适用税率代开发票，有的省份还曾执行按适用税率征、开的规定。现在国家税务总局明令各地既不能低征高开、也不能高征高开，并把这两种情形列为虚开之列。这样就使得与小规模纳税人有业务关系的一般纳税人抵扣不足，从而影响小规模纳税人的销售，进而影响其生产与经营；或者增加下一环节的税负，因为小规模纳税人所经营的往往是相应一般纳税人所特需的，使得一般纳税人很难通过压低购价将税负前转，如陶瓷工业的辅料即是如此。国家税务总局这种规定的目的是促使小规模纳税人向一般纳税人转化，事实上，许多小规模纳税人很难达到一般纳税人的条件，并且在增值率较高的行业存在愿意当小规模纳税人的现象。由于一般纳税人条件的限制，销售额和财务核算水平不合要求的纳税人占有相当大的比重，尤其是在经济欠发达地区，以某市为例，在28 387户增值税纳税人中，一般纳税人只有1 724户（1999年底数字），其余2万多户基本上是实行定额征收，年税额5 700万左右，占全市增值税总额的10%，税额不大但涉及面却不小。

2. 某些产品存在高征低扣问题。这种问题主要表现在两方面：①税率上的征、抵不一。如以农业产品为原料的企业进项税额按10%扣除，销项则或按13%，或按17%计算；这种抵扣除的依据是农业生产所用生产资料的含税是较低的，这从理论上说是正确的，但从我国农业生产粗放、劳动密集的实际来说，并且考虑到从事农业生产者往往在经济交往中处于不利地位的角度来看，以农业产品为原料的相关企业，总会通过压价来把抵扣不足部分转由农业生产者负担，这极不利于农业产业化和商品化的发展，往往减少农民收入，加重农民负担。②进项税额过低，销项税额就相应地显得较高。某些基础产业如采矿业，多数劳动密集，即使是技术程度比较高，又因为我国是生产型增值税，固定资产部分所含税款不予扣除，进项税额也不多。这两种企业普遍感到税负重。从增值税是价外税来考虑，似乎这种税收负担最终由下一个环节予以补偿，但事实上，下一环节往往是从价税合一的角度考虑其营销成本的，初始环节也先是按价税合一的价参照市场定价的，比如某产品价是100元/单位，那么无论成本多少，也要按规定税率进行价税分离，那么，如果进项抵扣少，本环节的税负就会重。

3. 小规模纳税人批发业务征税不足问题。原规定征收率为6%，现为4%。众所周知，个体批发薄利多销，有的沾利就卖。据对上述某市个体批发测算，其毛利率仅为4%～5%，一件20元进的啤酒，20.50元就卖，含税差价只有0.5元。若全额征税，必亏无疑。而全国各地的个体批发却普遍红火，大的专业批发市场不断涌现，这无疑是以税收征收不足为代价的。个体批发商既要支付各项费用；又要有所利得，所征税款至多为应征税款的1/10，对国有批发企业形成巨大的冲击。

（三）销售收入申报不全问题普遍，侵蚀了税基

这主要出现在不需专用发票进行的现金交易业务中。最典型的是：

1. 商业柜组承包。因进货渠道有的是一般纳税人，更多的是小规模纳税人，销售又主要面向消费者，收款不集中，使得资金容易在体外循环，企业本身对各柜组只是定几项指标，具体业务或者说经营全貌并不清楚。税务征税演化成了按一定环比增长率确定的定额税。有的还利用平销返利等新的经营方式，隐匿收入。据1998年对全国800户商业企业抽样检查，存在偷逃税的占76%。

2. 工业次品、下脚料或下脚料制成品收入不入账，有的直接面向消费者的正品收入也不入账，如某啤酒厂隐瞒10%的收入偷税20万元。

3. 小规模纳税人的收入难以掌握。上述某市的一家烧鸡店，月申报收入9 000元，经蹲点测算，月收入达10万元，差距之大始料不及。此外一些纳税人不按进项与销项的正确对应关系计缴税款，使企业长期处于低申报、零申报、负申报状态。

大量偷逃税的存在，已是个体私营经济不正当竞争的突出因素。据国际货币基金组织测算，中国的税收流失达40%，远高于发展中国家的平均水平，据国内权威人士估计，个体私营经济税收流失达60%。这就足可以说明以前遍布全国农村供销社及网点，为什么在短短几年内就再难支撑。

4. 外资企业通过境外关联企业转移价格在逃避所得税的同时影响增值税税基问题。从长远来看是应该引起高度注意的。尤其是中国加入WTO后，更面临这方面的问题。可以预见，那时的外来资本会有很大增长，一些跨国公司都会热衷于在中国办企业。为了谋求利润最大化，往往会进行偷逃避税活动。查处避税难度是相当大的，几年的反避税工作从全国来说是有进展的，但具体到市县一级基本是无能为力，人员素质、经费都制约着反避税工作开展。如果在未来不能对避税活动进行有效遏制，就会对我国相关企业和产业形成不正当的竞争。当前面临加入WTO，理论界正探讨如何从税收方面与国际规则相一致，担心降低关税，取消出口退税，给外资企业以国民待遇后会对中国产品的市场竞争力造成不利影响，笔者认为，从税收的国民待遇来讲，目前，外资企业在中国享受到的实际优惠已大大优于许多WTO成员的水平，这里包括名义的政策优惠和实际上的征税不足。

（四）电子商务中网上交易给增值税制的正常运行提出了新的课题

电子商务是随着国际互联网的发展而新出现的一种无形交易方式，它对传统的商品交易提出了许多新的课题。2000年是全世界电子商务的推广年，又是电子商务的灾难年。因为这一年的事实打破了人们通常所认为的电子商务是块“肥肉”的固有观念。事实证明，在美国的硅谷，真正能够赚钱的互联网公司仅占全部互联网公司的30%，而对我国中关村电子一条街上的互联网公司的调查表明，赚钱的公司仅占3%（详见2000年10月的《北京青年报》的相关报道）。鉴于此，2001年2月，美国的经济学家不得不发出“美国的经济支柱仍然是传统工业”的呼吁。尽管如此，电子商务仍然被人们所青睐，因为人们总觉得电子商务是市场营销的未来方向。电子商务的无形化给增值税的运作提出了新的课题。最突出的表现在如何适应电子商务所引起的物流与价值流的分离所导致的税源确认和征缴问题。

二、增值税运行存在问题的成因

存在上述问题的原因是多方面的，既有客观原因，又有主观原因，既有纳税人原因，也有税务部门的原因，既有税制本身的原因，也有配套措施的原因，归纳来看，有以下几方面：

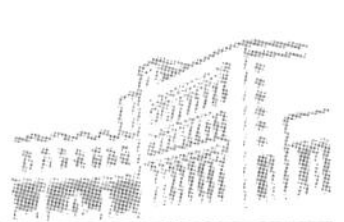

（一）企业会计核算和财务管理混乱，致使收入不实，造成税款流失

在健全的财务会计制度下，收支都是真实的。货物购进要验收入库，要账实相称，收入也要全额入账。这样，虚开的专用发票就不能入账，资金也不会体外循环。我国新的增值税制的推出，正处在计划经济向市场经济转轨的时期。经济主体多样化，各种形式的承包制不很成熟，使得一些企业财务会计管理变得混乱，会计信息虚假。相当一部分企业承包人一人说了算，有的企业从厂长经理到会计、保管都是“一家人”，这使得虚假发票入账抵扣和其他不按规定计算进项和销项的行为成为可能。

有人把虚开代开归为增值税发票本身，甚至怀疑凭票抵扣是否科学。其实能虚开代开是所有发票的缺陷。在增值税制改革前，进项税额是按照普通发票依一定税率计算的，与现行的发票注明税额相比，只是多了一个计算过程。为什么那时候却未发现多少虚开发票入账增加进项税额的现象？这里，除了有采用增值税专用发票后使以前的虚开明朗化的因素外，主要原因是以前企业的会计核算能比较严格地遵循当时国家规定的财务会计制度，而现在的一些企业却没有恪守《会计准则》和《财务通则》。如果现在再改回去，恐怕普通发票的虚开要比增值税专用发票的虚开更为严重。

（二）税务部门的管理手段落后，监管不力

表现在：①对一般纳税人审批不严，对纳税人的财务健全与否难以评估。在一些地方有几本账就能批一般纳税人，造成“鱼龙”混杂，影响了增值税管理的规范化。②过多地强调纳税人自行申报，检查不深入。推行纳税人自行申报是发展方向，但是因为我国公民纳税意识普遍不强，而税务机关对自行申报的真实性又缺乏监控手段，自行申报多数情况下成了交“自愿税”。作为征管最后一个环节的税务稽查，也存在检查不深的问题，有的地方推行什么“调账检查”，并把它奉为经验。事实上，纳税人的偷税手段日趋诡秘，只有拙劣的纳税人才会在账面上露出破绽，一些深层次的问题往往在账外。试想在距纳税人很远的机关办公室单凭账面能查出什么呢？对企业检查不深既有水平问题也有责任心问题。作为一名税务工作者，要求做到“三会四懂五掌握”，五掌握之一就是要掌握企业的生产经营情况，而这一点许多人做不到甚至不愿去做，致使几十万、几百万甚至上亿元的货物虚假购进，不能及时察觉，企业能顺利入账。③有的税务干部与纳税人相勾结，这是增值税票防伪功能增强后的一种新动向。因为真票只有税务机关发售。如全国有名的鼎湖税案就是一例。税务干部违反规定贪图私利的专用发票违法案件时有发生，有的将专用发票售给小规模纳税人使用，某市一个税务所长竟将109组专用发票抵扣联撕给一个女个体户使用。河北省某市发生的“9818”大案，更是触目惊心，当地税务人员支持参与增值税专用发票虚开，虚开税款1.46亿元。④税务系统对增值税管理过多地注意了进项票的真实与否，而对怎样把握纳税人的收入缺乏研究，事实上，隐匿收入的漏洞更大。⑤现有征管手段滞后，配套措施没跟上。国家税务总局早就提出要建立这样一种新型征管模式，即以计算机网络为依托，以纳税申报为基础，集中征收重点稽查的模式。为此，最直接的体现是全面配置电子计算机，并几度全面更新。应该说，这是发展方向，但从实际运行效果来看，计算机在税收领域起到的作用却微乎其微，尽管大规模地配置了计算机，但由于社会各经济部门、纳税人的计算机应用及网络化程度较低，缺乏整个社会网络系统的支持，税务部门系统内的计算机配置及网络建设就不能解决取得纳税人真实资料的问题，这样就使得目前税务部门的计算机应用，只停留在把纳税人任意填写的资料、数据输入计算机，进行一种与手工相比除了运算速度较快外没有任何差别的机械计算，并

因此助长了税务人员不去了解和掌握纳税人真实情况的惰性。使本来靠人力直接征收的税反而流失了。有的地方还推崇计算机选查案件，其实，计算机存储的不真实的数据都毫无分析的意义，选准检查对象几乎是空话。

（三）税收返还制度导致地方保护主义，造成税法刚性不强，依法治税难以落到实处

国税实行国家税务总局垂直领导，应该说在执行税法上具有绝对的独立，但实际并非如此。地方领导的意志仍会对国税部门产生这样或那样的影响。垂直部门并不是世外桃源，税务部门的领导和干部与地方存在着各种联系，就是税务机关也与地方（如财政部门）存在着经济利益关系，地方领导的意见，国税局不能不考虑。因中央财政给地方财政的返还存在基数问题，在1993年和1994年出现了全国性的争保基数现象。全国各地，特别是经济欠发达地区出现了不同程序的虚收，有的期初库存已征税款甚至当期进项税额该抵不抵，有的干脆通过银行倒库、财政列收列支进行虚收，有人称之为“黑色环流”。不仅破坏了依率计征、增加了企业负担，也为以后年度的依法治税留下了阴影。由于增值税中央与地方的共享比例为75%：25%，又因为基数内外返还比例有差别，所以越是经济发达地区，越是税额增长快的地方，增值税越容易受到变通和侵蚀。

征管手段软化也是不容忽视的原因。《税收征管法》明文规定的条款，如加收滞纳金、税收保全措施、税收强制执行措施执行起来很困难，这主要是因为没有独立的税务司法保卫体系。反映在违法案件的查处上更是困难，有的该由司法部门立案的却立不了案，立案之后也是一拖再拖，税务部门和纳税人打官司有时甚至要靠关系，使案件处理苍白无力，对违法案件起不到应有的震慑作用。税务内部对案件的处理也偏宽，查出的税款有的入不了、罚得少，加剧了偷逃税分子的侥幸心理。税法规定，对偷税可处以五倍以下罚款，但在实际执行中普遍处以1～3倍的罚款。其中原因之一是税务部门法外施仁，二是纳税人也确实负担不了高倍罚款。其中的缘由，可用税收负转嫁来解释。税收转嫁是指纳税人和负税人不一致的现象，一般说来，直接税不易转嫁，而间接税则总要转嫁。税收负转嫁是指纳税人将少缴纳的税款全部或部分地让渡给消费者，以在价格上获取竞争优势。比如，原来1000元/单位的商品，少缴税款后，可以只卖900元（假定税率是10%）。纳税人并未把逃税被罚的风险成本计算在内，许多偷逃税的纳税人并未获得与偷逃税等额的利益，而往往要较之小得多。明确税收负转嫁的意义，在于正确认识偷逃税的去向，以及对社会经济的影响、对税收执法的影响。

（四）对某些政策的运行情况缺乏预测与跟踪

新的增值税为什么存在较多的问题？我认为与政策出台前对运行情况考虑不周有重要关系。对增值税制的规范运行期望值过高。像增值税专用发票虚开代开问题，各环节税负问题，在制定政策和政策出台前就应该估计得到。这要比运行后进行修补强得多。以增值税专用发票为例，几经换版，最后才决定增加防伪标志，发现仍不能解决虚开代开问题，又想到了交叉稽核，防范措施总是滞后，使税务工作陷入被动。其他如运费税金抵扣问题也本应于政策出台前就制定出来。应该说，有的问题能通过事前分析预测料到，有的则需要通过事后的跟踪调查才能发现。现在的问题是跟踪调查做得也不够，有些明显不合理的问题得不到及时解决，有些倾向性的问题得不到及时发现。比如高征抵扣的问题普遍感到不合理，却仍因循理论上的规定；企业收入不全、大面积的长期的负税，没有引起重视等。有的问题解决得不彻底，如统配煤矿可以维持原税负，而其

他煤矿却不能。

三、问题的危害与对策建议

增值税制在运行中存在的这些问题，具有较大危害。一是造成了税款的大量流失，增值税已成为税收流失的最大“漏斗”。以1994年税收财务大检查为例，共查补增值税61.17亿元，占全部应交财政违纪资金的35.5%。此后各地全年查补增值税仍十分可观。特别是商业增值税负连年不正常地下降，已为各级税务机关所瞩目。取消全国税收财务物价大检查后，1998年河北省国税局组织了电力、加油站等八项检查，查补税款近10亿元，若以此推测全国，将是一个很大的数字。目前，我国税收占GDP比重非常之低，除了费挤税源的因素外，与主体税种包括增值税的流失有很大关系。二是导致税负不公，不利公平竞争和基础产业的发展，破坏了增值税的中性原则。三是在很大程度上影响了增值税优越性的发挥。增值税避免了重复征税，有利于社会分工和专业化生产，有利于出口退税。但由于在实际运行中的上述问题，大大限制了其优越性的发挥。四是增大了税收成本。增值税制的不规范运行不符合最优税收理论，这一理论告诉我们：根据公平效率原则，政府在取得一定量税收收入时，要设法使因课税而导致的效率损失降到最小程度。显然，我国的增值税制与之有较大差距。因此，必须采取对策，认真地加以解决。

1. 严格控制一般纳税人的审批，定期进行资格审查。要十分注意个人承包企业、私营企业，并注意识别假集体企业。总局已严格把销售额作为审批一般纳税人的必要条件，应认真执行，从实质意义上说，会计核算和财务管理是否规范更为重要，税务部门审批一般纳税人，必须注意财务会计制度是否健全。对一般纳税人经查不合格或出现较大问题的，必须及时取消其资格。

2. 加强增值税专用发票管理，控制专用发票的丢失。自启用增值税专用发票以来，丢失现象十分严重，截至2000年4月《中国税务报》声明作废栏已登到了41期，每期占1/4版面，丢失的数量之多可想而知。税务部门不能轻认丢失。为限制发票一旦丢失的使用范围，应在企业领票时，全联加盖企业印章。

3. 采取必要措施，严格财经纪律，加强企业财务管理。一是实行一般纳税人间资金收付必须经银行结算的制度，减少现金交易量。二是区别情况，监控纳税人的收入。对商业零售柜组承包的一般纳税人，实行统一收款；对从事工业生产的纳税人和从事商业批发的一般纳税人要求一切销售收入必须开具发票，当然对方是小规模纳税人或消费者的要开普通发票，并实行把对小规模纳税人开出的发票向其税务机关传递制度，这样可以掌握再售者的进货情况，以进测售。在条件允许的情况下，可以考虑推行一切流转税纳税人的一切经营收入全部开具发票，这样可以较好地掌握税务稽查的主动权，既可以以销查进，又可以以进查销。增值税纳税人可先行一步。现在商业的集中收款就是一种形式，有的地方税务部门，还对交营业税的饭店，实行售饭小票制，收效也很好，我国的台湾省也是通过发票控制纳税人的收入。以前一些地方搞的有奖发票，现在有一些省区又在推行，应该说，这种措施会对纳税人多开发票起到作用，但想据此增加计税的依据，作用会很小。只要消费者索取的发票的额度不大于目前计税的销售额，这种有奖发票就不会对多计税起作用，事实上，即使实行有奖发票也会有相当数量的消费者不索取发票，而作为销货方在这种情况下不开发票并不违章，只有从法律上规定售货或提供应税劳务必须开票才能提高开票率，因不开发票就可以处罚且可以随时查验。

4. 加强税收法制建设，加大执法力度。要尽快制定税收基本法和税务机关组织法，规范征纳行为，增强法律效力。要加强对税务部门的监督制约，促其廉洁高效，秉公执法，严格执法，这是加大执法力度的一个关键。要研究税务司法保障体系建设，解决现在执法难、办案难的问题。同时要加强税法宣传，增强包括地方领导在内的全民纳税意识和国家观念。要真正发挥税务稽查重中之重的作用，认真分析研究偷逃税手段的变化和税收流失的特点，增强反偷逃税的能力，同时加大处罚力度，增强威慑力。目前税务执法力度在地域间极不平衡，总的说是经济发达地区要比欠发达地区松得多，如何使全国的税收执法力度趋于一致，是维护税权统一的需要。为克服人情关，政府可以考虑通过社会中介组织如会计师事务所、税务代理机构、审计事务所等参与政府对税收征管质量的检查。政府可以有选择地委托它们对纳税人和税务执法状况进行检查，当然应该是异地的检查，并处于超脱地位，不能与当地政府或企业有不正当往来，而只能受中央政府委托进行检查，并从查补税款中提取劳务费，查出大案的予以重奖。

参考文献

[1] 经济研究．1999. 1～12
[2] 税务研究．2000. 1～4
[3] 税务年鉴．1994—1998
[4] 中国税务．2000.1～4
[5] 中国税官税务研讨会资料．国际货币基金组织
[6] 高培勇．社会主义市场经济条件下的中国税收与税制．1997，6

农业招商引资中农民收入与地位问题

郑大豪　李丽娟

一、招商引资是现代农业发展与农业产业化的重要途径

随着改革开放更全面深入实施，农业以外资金以及外地，境外资金投资农业变得越来越有利可图。特别是沿海地区与经济较发达及其毗邻地区，这种情形更为明显。原来只寄希望于国家和当地政府投资，向银行贷款，或只在当地实行资金合作以实行农业现代化和产业化的农业生产单位，也认识到吸引外部资金是一条可以较快发展的捷径。引进外部资金，不但解决了资金问题；更重要的是可以同时引进先进技术、优质种苗、原材料、先进设备；还可以引进适应市场经济的现代经营管理理念和方法；也有助于扩大产品销路以致出口渠道。既然对双方都有好处，存在两方面的积极性，需要的就是寻觅与沟通。之后，最重要的是作出双方都能接受，在利益上可以双赢的组织与经营安排。如果有一批农业企业在这类合作中双方满意，这样的道路就会越走越宽。

二、农业招商引资要充分注意到它在相关产业链中处于弱势地位

首先，由于农业并不直接全面接触农产品消费市场，获取市场信息缓慢且数量少，农业生产因此经常处于被动状态。农业以上各运销环节，都可以根据消费市场需求或上一环节需求迅速调整自身的生产经营。唯有农业，需待下一生产周期才能作出有决定意义的调整。而农业生产周期一般都较长，一个生产周期内不符合上一环节需求的产品就会给农业带来损失。

第二，处于产销链末端的农产品需求价格弹性很小，获利可能性受很大限制；而其上各经营层次的需求价格弹性则逐渐加大，提供了越来越大的利润空间。农产品由生产到消费之间的层次越多，生产和消费之间价格差以及需求价格弹性差异便可能越大。需要引起注意的是随着经济发展和生产水平的提高，对农产品的加工要求越多且越细，相应的贮存、运输环节也增多，由农产品到成为最终消费品之间的价格差也会加大。所以如果不能随经济发展进程对农业采取适当的保护措施，任由这种差距拉大，那么农民和农业在产业化过程中就会由于利益受损而遇到障碍。

第三，大部分农产品的收获与销售期很短，不能久贮，因而称为易腐商品。在市场经济以赢利为目标的生产经营中，与农民分别为不同利益主体的农产品经营单位，往往利用农业这一弱点，在收购产品时压级压价，以扩大自身利益。在法制不健全，农民分散经营，缺乏议价能力的情况下，这种情形更加严重。即使如粮、棉、油、毛、皮、丝之类较耐贮的产品，如不及时加工也会慢慢变质。农产品的适销期比工矿产品短得多。农产品的这种性质又加强了上述不同层次需求价格弹性差别的影响。

第四，农业易受自然条件与自然灾害的影响，使农产品生产，特别是产业化农业的专业化生产易受损失。而当遇到良好气候条件，获得大丰收时，在上述第二、三项因素的作用下，农业又

会受到低价格和销售难的打击。这种情形，近几年在我国已不少见。

商业性农业在产销链中的上述不利地位是本质性的。不同国家，不同社会，一概有这类表现，只是不同国家、社会采取不同措施来减轻它们造成的损失，并由不同阶层、机构或人群来承担由此产生的损失而已。

我国现阶段特有一些情况，常常加剧上述因素的消极影响。这些情况主要有：①农户生产经营规模特别小，劳动生产率低，因而商品率低；②分散经营的大量小农户更不易获取准确信息，常使自己处于盲目生产境地；③农业资源产权特别是土地权属尚有不明晰处，常常成为各种乱摊派，侵占农民土地使用权等行为的借口；④农村与农民文化落后，常受各方面自觉和不自觉的歧视。

我国农业这种十分突出的弱势，严重制约着农民收入的增长，使我国城乡收入差距越来越大。若农民在与外来资金合作中不能取得比较明显的利益，他们的经济地位和社会地位不能改善，自然会本能地对外来资金采取拒绝态度，从而不利于农业产业化与现代农业发展。

三、成功的农业产业化经营，应使农业弱势逐步克服，使农民取得生产、经营与土地三方面收益

在以自给性生产为主的农业中，由于只有少量农产品向指定收购单位以国家规定的价格交售，农民得到的只是生产收益。目前有一些种粮大户与种棉大户，也不存在多少经营空间，只取得生产收益，但由于生产规模较大，他们的收入增加了。然而农产品在加工、贮存、运输、销售等营销过程中取得的大量经营收益，则完全被各层次中间商取得。又由于土地所有权和使用权制度存在的模糊与疏漏，农民应有的土地使用权收益往往受到严重侵害。长期以来我国农民收入增长缓慢，收入水平大大低于其他行业人员，这可是个根本性原因。近年来，党和政府花了非常大的力量减轻农民负担，但农民因此增加的收入远不如在农产品经营收益和应得土地收益方面损失得多。再者，农业生产收益增长潜力有限，而农产品经营与土地经营收益的增收潜力则十分可观。

我国倡导农业产业化经营是帮助农民取得经营收益的战略性举措。近几年来，各种农业产业化经营形式不断涌现，使各地农民在不同程度上增加了收入。

农业产业化经营的具体形式虽然很多，但归纳起来，不外两种基本模式：一是农民联合起来自办的各种合作社或农业公司；二是由当地、外地或境外商人，工商企业投资并主导经营的农业企业。

第一种模式有许多优点：首先是农民通过自办农产品运销，与消费市场直接联系起来，避免中间商取利，可以提高农业生产经营的利润率，从而取得经营收益；第二是农民联合起来，形成团体的力量，才能在和其他农产品购销环节谈判中取得平等地位，有效地维护自身利益；第三，只有农民自办农产品运销，农民或他们派出的人员才能学习直接从消费市场获取信息，学习经营，造就一代自觉为农业产业化奋斗的农民队伍。

实行这种模式的难处在于要帮助农民联合起来，是非常艰巨又十分细致的组织工作，需要党政领导与有关部门付出很大精力。而且要经过较长时间才能做到。但为了农业产业化健康稳步地发展，我们只能知难而上，坚定地做下去，这也是许多发达国家和一些发展中国家农业成功的基本经验。

不论国外还是国内，在市场经济条件下，销售合作都是保护小农切身利益的最现实手段，也

是最易于实施的农业合作形式。它不需要做很多产权变更，也不需要大量资金，而只需有共同利益的农民中积极分子的活动与政策支持。农业实行家庭承包经营，农民拥有长期而有保障的土地使用权，不但不是这种合作的障碍，而正是他们实行自主自愿合作的保证，也是农民利益的保证。考虑到农民进行劳动合作和资本合作两方面的利益，股份合作制是比较理想的组织形式。

当农民组织起自己的农产品运销合作社、专业合作社或股份合作销售企业时，他们就有力量自办农产品加工与运销。也可以通过股份合作，吸收现有农产品加工、运输企业参与生产经营，充分利用现有装备和设施，避免重复建设。这也是一些发达国家称为农业纵向一体化的发展过程。

我国一些经济发达的村庄，目前它们以农产品为始端的产业链产值比重已经很小了。这些单位都是通过自办农业和其他企业，实行自主的土地经营，使农民不但取得农产品生产收益，还取得农产品经营收益和土地经营收益，使农民富裕起来的。

拥有几亩或十几亩田地使用权的小农户，也可以单独实行高效率和高利润率的农业产业化经营。例如将这些土地建设成保护地，采用高技术，实行高集约度的种植或养殖生产和经营，向消费市场直接销售自己的产品。这也属于农民自办运销的农业产业化模式。

第二种模式的最大好处是简便易行，让一批经营农产品的工商企业把部分农民或一部分产品的生产和销售管起来就行了。利用这些企业获取市场信息和筹集资金方面的优势，帮助农民生产销售产品，这对于农业实现商业性经营，是一种有力的促进。特别是对于大量分散生产的小农户，往往希望依靠这些企业购销他们的产品。然而这种模式存在一些深隐的对农业产业化不利的因素。在市场经济中，各经济主体都有以利润为中心的经营目标。例如经营农产品的企业，他们在考虑农业和农民的利益时，一般以能维持稳定的农产品供给为限；而在考虑自身利益时，则往往追求最大利润；对于其他企业，由于各种因素相互制约，一般可以在业务交往中平等谈判，而农业由于处在上面分析的不利地位，往往为不平等交易提供了方便，极易形成买方垄断，从而形成垄断价格和垄断收购量，使农产品生产者和消费者双方利益都受损。实际情形是：即使一些由政府以政令严密监管的国有和集体企业，尚有相当部分经常出现收购农产品打白条，压级压价，克扣斤两的情形；如今面对各种成分的独立经营企业，分散经营的小农户更易在交易中受到损害。

“利润返还”是这种农业产业化模式照顾农民利益的一种形式。然而，在农民没有联合起来的情况下，实行利润分成或利润返还只能是一种“良心账”，或者是一种自慰行为。因为这些企业到底获得多少利润，分散的小农户根本无法知晓，至于利润分成或利润返还比率，小农户也无权参与决定。而这些承诺的执行，分散的农户更无力监督。

可见，这种模式固有着不可协调的利益矛盾。

四、“订单农业”与“雇工农业”中农民收入与地位问题不少，农民与投资方矛盾突出

引入外部资金的农业企业形式多种多样，但归纳起来也不外两种基本模式：一是所谓的“订单农业”，以农户为基本生产单位，按投资方要求生产农产品；二是投资者承包或租用土地，雇农民为企业工人，生产投资方安排的产品。

“订单农业”是目前实施最普遍的农业产业化形式，它的优点是不需做土地和其他生产资料产权变更，农户只需按投资方提出的要求或提供的种苗与技术生产出合格产品，就可以按议定价

格出售给投资方，取得现金收入。简便易行，因此易于为农民所接受。收入一般可较原有生产高出一、二成或几成，再多，则是投资方不易做到的。农民也可在生产过程中提高农业技术水平。显然，在这种模式下农民得到的只是略高的生产收入。至于产品加工、包装、运输、贮存，以及利用其他供需环节使产品价格提高所得的经营收入，则悉数归投资方所有。这种收入中可能有一部分利润以各种方式分配给为这项招商引资出过力的单位和人员，因此，当地一般会努力促进这种招商引资活动。订单形式的农业产业化一般都不再有“利润返还”，农民收入与经营成果完全无关。

这种“订单农业”是目前风险很高的农业产业化形式。据报道，许多地方履约率不足二成。这是由于投资者往往当察知这种农产品供大于求，价格出现下跌趋向时，轻则压级压价或限量收购，重则撤资，把损失留给农民。而在农民方，也常有因这种产品需求旺盛，出现未订合同的商人高价插手收购，一些农民毁约，不售或少售合同产品给投资方。

这种形式还有一个不容忽视的缺陷，即农民总是居于被动地位，叫种养什么就种养什么。如此，什么时候才有机会使农民在市场经济中学习锻炼？这对发展现代农业，改善农民经济、社会地位十分不利。

第二种形式即“雇工农业”，它的最大特点是农民可以取得一部分以承包费或以租金形式出现的土地收入。如果愿意，还可以参加生产劳动取得工资。许多地方，特别是贫困地区的一部分农民，对这种可以按月取得的现金收入很感兴趣。然而在这种形式下，身份为雇工的农民不会关心生产成果，他们与经营收入完全无缘，因而他们的生产积极性和责任感不会很高。农业生产与工业生产线上定时定量的装配、协作不同，农业作业一般较为分散，不易监督检查，在缺少积极性和责任感的情况下生产效率可想而知。

再分析一下这种农业企业中的投资方。为了满足市场需求，他们会投入适量资金选用优良种子、种苗、种畜、优质原材料和相应的技术；会带来较为有利的产品销售渠道；由于有大量廉价劳动力，以及存在尽可能多地养活企业范围内农民的压力，因而除了最必要的机械设备外，他们不会购买昂贵的先进装备；他们愿意支付的工资总额是一定的，雇工多了，人均工资就低，少雇一些农民，人均工资就可高些；由于只能取得一定时期的土地使用权，他们的养地意识和环保意识不会很强而持久，甚或根本不会考虑这类问题；为了压低土地承包费或租金，他们也可能采取一些不正常的、非法的手段；投资方还可能与一些人串通，克扣、挪用农民应得的土地收益。

可以看出，这种形式的劳资双方很难拧成一股绳，即使在传统的市场经济国家，这也不能算是进步的企业形态。

在农业招商引资中，总是存在农民收入与投资方利润之间这对基本矛盾。过分照顾农民收入，可能吓退投资者；若对投资方取得利润的冲动过分宽容，那就会招致农民不满。这种不满强烈时，就可能引发社会不安定。政府有任务帮助双方在适当的利益平衡中更好地结合起来。当前，由于农民所处的弱势地位，政策倾斜与工作重点应更多注意农业、农民一方的利益。

五、以土地和相关生产资料入股，组成农方股团招商引资，合股经营

以土地和生产资料作股和外来资金合股经营，最突出的好处是农民可据此参与企业的领导与经营，可以股份参加分配经营收入。农民收入与经营成果紧密相关，在这一点上与投资方的利益一致起来。这就解决了上述“订单农业”与“雇工农业”中产生的一个根本性矛盾。

为了便于维护农民方利益，农民不宜各户分散入股，应组成农民方股团，与投资方对等谈

判。若是投资较小，由农方控股的简易项目，控股的农方应十分注意发挥投资方在人才、资金、技术、信息、销售等方面的优势。有些技术是宜于作股参与分红的。若遇需要高新技术，大型先进设备，因而要大量投资的项目，农方股因而只占较小部分，那就可由占多数股的投资方控股。农方通过董事会、监事会参与领导决策，也要分工参与日常经营管理工作。但不论是农方控股或投资方控股，都宜在合资协议中规定凡涉及土地经营和土地使用权流转的经营事项，都要农方股团同意才能决定，以防止土地使用权非法流失，殃及农民的长远利益。如有必要，应允许农民留下部分土地维持一些自给性生产。

筹建这种包含外部资金的股份制农业企业的难点在于：要使投资者认识到虽然由于农民参与分配利润，他们的所得在短期内会少一些，但由于农民的积极性和责任感加强，生产效率会显著提高，由此换来的是企业长期稳定发展，他们的投资回报就会有保证，因而得到的利润总量会更丰厚；同时要使参股的农民认识到，他们以工资形式取得的现金收入暂时可能少一些，但此后企业赢利，大部分收入来自分红。这种收入形式，现在不少较年轻的农民还未经历，是需要详细说明的。

组建工作中，对土地和相关生产资料作价入股，也可能成为谈判难点，因为这涉及双方长期利益分配。好在现在各地都有了可参照的各类地价，土地评估方法也较为完善了。做好这件事的关键在于要依法公开筹备操作，防止行贿、受贿、诈骗、不正当交易等非法行为发生。

一些已建成的各类农业合作社，当然更便于以合作社为基础招商引资，但也宜建立起农民股团或土地股团，以便更有效地参与土地经营和土地使用权流转的决策。

北京农业水资源商品化改革探讨

郭 沛 刘亚力

农业水资源是指可直接利用的、能满足农业生产用途的淡水资源，包括使用区域内为满足种植业、果林、渔业、副业和人畜等项用水需求而能从周围河流、水库、调水干渠获得的淡水及已探明可供打井抽取的地下水。由于城市社会经济发展的需要，北京市农业用水数量以后只能减不能增。北京市农业用水中约75%是地下水，近年来农业大量抽取地下水已使地下水埋深比1980年下降约5米。若仍按原有灌水习惯、技术水平和灌溉技术结构使用农业水资源，则供给量只能满足需要量的2/3左右，因此农业水资源供给已成了北京市农业可持续发展的最大瓶颈因素。

一、农业水资源利用所存在的问题

1. 农用水水价偏低。农业用地表水和地下水价格是由北京市物价部门核定的，长期偏低主要表现为：农用地下水并没有收取水资源费；农用地下水养蓄基金从减半征收到免收；农用地表水水价只及供水成本的一半左右；水价只按电费及少量维修费核算，而固定资产投资和维修费用或单独收费解决，或计入农户交纳的土地承包费。偏低的水价主要是考虑到农民在建设当地水利设施时曾投入人工这个因素确定的。以上问题的后果是水资源由于超低价而使农民在农业生产中缺乏节水积极性。

2. 量水设施的缺位。目前北京市农村用水普遍没有量水设施，取用水无法计量，收取水费时有的按耗电量收费，有的计时分配并收费，有的按亩分摊收费。末级渠系收水费不计量的管理体制加剧了灌溉用水的浪费使用，这也是农户普遍不重视节水灌溉的根本原因。同时，按面积计收水费造成农户利益之间的不均衡，渠系上游的土地灌溉保证率高、用水多，而下游土地灌溉保证率低、用水少，有时甚至无水可用，但单位面积的水费是一样的，从而造成了利益分配的不均衡。尽管京郊许多地方已采用了管灌、喷灌、滴灌等节水工程与技术，但不少地方的节水指标并未达到科学测定的理论值或国内外已达到的先进水平，节水效果并未发挥出来。

3. 水利工程管理落后。长期以来，农田水利工程建设以国家集体投资为主。农民只按规定出劳动积累工，而国家和集体的有限资金，只能用于重点骨干工程建设。对于大量的田间配套工程，产权问题始终没有解决，传统的水利经营管理和投资体制已明显不适应。土地虽然分给了个人，但机井、水泵及一些田间设施仍由村集体管理，从而造成了水利设施的建、管、用相脱节，责、权、利不统一。工程的效益和农民的利益没关系，管理粗放，工程设施丢失损失严重，加重了乡村集体的负担。

4. 农民不了解现有水价的构成。虽然国家对斗口以下渠灌区及井灌区的农用水水价制定了核算方法，但乡村普遍未按规范的水价方法核算农业用水水价，农民不知道水价的具体构成部分以及各部分的数额。农户不参与水费的核算程序，不了解收取方式和水费用途，从而产生了一

些抵触情绪造成水费的难以收取。

5. 水资源分配方式不合理。现行农业水资源分配通常按自然形成条件分布，或限于工程条件作经济分布，造成有的地区、单位和农户取水用水条件优越，而有的取水条件差甚至很差。条件好的先得多用，条件差的后得少用。有的地方1立方米水只能产生几角钱产值，而有的地方或产业却能产生几十元以上产值。这就造成稀缺的水资源不能按最有利的方式分配，从而导致收入分配的不合理。

二、农业水资源商品化的必要性

由于传统的水资源无价观，在现实生活中出现了“产品高价、原料低价、水资源无价”的怪现象，使我们对水资源的经济评价失真，带来了人们对水资源的不合理利用，降低了水资源的效用，以至于水资源的浪费、生态破坏和环境恶化，从而降低了人类社会发展的可持续性。水资源的价值不是从来就有的，而是社会发展到一定阶段后才表现出来的。当经济的发展对水资源的需求远远超过水资源的再生能力时，如果我们还看不到水资源的商品属性而对其加以保护和计量，人类社会便难以为继。

随着社会的发展，水资源的自然存量和国民经济的发展可以大体经历了三个阶段：①$h>1$①，表明水资源增加快于经济增长。②$h=1$，表明水资源和经济同步增长。③$h<1$，表明经济发展中出现水资源空心化现象，水资源基础不断削弱，真实的资源生态环境恶化，经济发展的后劲和基础遭到破坏。但是真正引起人们重新认识水资源是否具有商品属性只有在h小于1且持续减少到一定的程度时，以至于水资源仅仅依靠其自然再生产能力难以满足经济发展的需要。在水资源的再生过程中伴随着人类投入的劳动，于是整个现存的、有用的、稀缺的水资源都表现为具有价值并能够产生效用的资源。

市场经济条件下，在水资源缺乏的地区，水资源成为了有供给和需求从而有价格的商品。首先，水资源不仅是环境要素，还具有生产要素和财产的功能。第二，水资源的供给是稀缺和有限的，因而相对于需求它不能像空气和阳光一样是无偿供给的，人类为取得水资源必须投入一定的劳动和资本。第三，人类社会中对水资源存在着有效的、巨大的现实市场需求和潜在市场需求，所以水资源才有了相应的价格。第四，在市场条件下，水资源变成可以交易的资源商品，同样具有了排他性和竞争性，所以可通过评估其价值而确定其市场价格。第五，在市场机制下水资源的过度使用还具有负外部性，即个人或企业行为给他人带来损失却未承担相应的责任，负外部性的存在会导致资源配置的低效或无效，这也需要政府介入，阻止或限制具有负外部性的活动，通过政府参与水资源定价以实现水资源配置的优化。第六，水资源缺乏地区仍存在某些时刻由于水资源过量而形成灾难的可能性，所以需要投入加以消除它的破坏性。由此可见在水资源短缺地区，实现水资源商品化是解决水危机的根本出路。

北京市是一个水资源严重短缺的城市，“大城市、小郊区”的特点决定了水量分配首先必须保证工商业和居民生活用水，农业用水只能在满足其他用水需求的情况下进行安排。北京市工商业用水和居民生活用水就是通过不断完善的商品化办法，解决了供需矛盾并走上节水之路，所以实现农业水资源商品化迫在眉睫。北京市农业用水曾实行过自由取用和按不同指标计划分配的办

① $h=R/G$，其中h为水资源经济指数，R为水资源指数，G为国内生产总值GDP指数。

法。近年来农户虽支付一定供水费用，但这远不是水商品的价格。打井虽要经主管部门批准，但抽取多少地下水并无限制，基本上处于自由取用状态，农户仅支付部分供水费用，并不按商品价格购买。所以农业水资源也只有与市场经济制度完全接轨，实行商品化才是出路。

三、农业水资源商品化过程必须注意的问题

农业水资源商品化就是指遵循水资源的自然规律，按照水资源的实际供求情况，制定相应的农用水水价，以经济手段对农业水资源的开发利用及其生产和再生产进行管理和控制。在农业水资源商品化过程中，应注意以下问题：

1. 确保所有者的权益。按照我国《水法》规定，水资源（指地表水和地下水）属于国家所有，农业集体经济组织所有的水塘、水库中的水，属于集体所有。这一规定并不是为强调国家名义上的所有权，而且强调开发利用水资源所获经济利益的国家所有性，任何组织和个人不得以任何手段侵占这种所有权。要确保水资源国家所有权的经济权益，首先要维护国有水资源国家所有权的完整性和统一性，这是一个基本前提；其次要明确国有水资源开发利用所获经济收益的国家所有性。在水资源开发利用中属于国家的部分，不论以何种形式存在，其最终所有权都必须归国家所有；第三目前各主管部门以国家所有权取得的水资源收益，应集中作为水资源开发、利用和耗竭补偿基金，而不能搞部门所有、地方所有、集体所有甚至个人所有。

2. 水价提高的渐进性。农业水资源的商品化势必带来农业用水价格的提高和水费的收取，但对农用水的定价一定要考虑农民的现实支付能力而不能只考虑水资源的理论价格，所以水资源商品化是一个有组织、有计划、有重点地逐步推进的过程。首先要通过理论研究和水利产权改革的深化，使水利管理部门和其他部门在科学与符合经济规律和国家整体、长远利益的原则上，转变观念。把原来的农用水资源无价变为水资源有价，变水资源的无偿取用为有偿使用，使得整体利益与行业利益、中央利益和地方利益、政府利益和农民利益相结合。在各方都接受的基础上，逐步提高农用水水价，最终和工业用水并轨。

3. 对用水量进行计量。农业水资源的稀缺性使其成为一种正常商品，即价格提高需求降低，价格降低需求提高，所以只有通过水价这个杠杆调节才能更好起到节水作用。水资源已成为商品，对使用者耗用数量的计量便具有重要意义。北京市工商业用水和居民生活用水都已在相应设施上装了水表，实现了准确计量。但目前农业用水除地表水用水尺作近似计量外，灌溉机井很少装有水表，水资源所有者难以了解地下水实际抽采量，因此进一步管理措施很难采用。如果不对水资源耗用量进行准确的计量，根本无法确定地下水的耗用状况，水费的收取会出现困难和矛盾，还会加剧地下水抽取者或地表水使用者的过度使用和浪费，农业水资源使用的负外部性问题也将日趋严重。

4. 实现水资源产权的可流转。在市场机制下，生产要素若没有流动性其资源配置的合理化就难以形成，产业结构的调整就困难重重，资源也就很难被充分合理地利用。所以农业水资源商品化的一个重要特点就是要使农业水资源的产权具有流动性，在保证国家对农业水资源所有权的基础上，允许水资源的转让和交换，从而有利于不同农作物种植结构的调整，为富水区向缺水区出让可用水量提供了动力机制。农用水资源商品化还有助于把紧缺的水资源吸引到收益最大或较大的生产建设项目上去。可流转的水资源产权机制可解决农业用水的优化配置问题，即那些经济效益较好的生产项目才能优先使用水资源。

必须指出，农业水资源商品化也存在某些失灵的领域，如它不能对暂时经济效益低而社会效

益或长期效益高的生产项目或部门实现优化配置，它不能自动克服水资源利用的外部性问题等。农产品（特别是粮食作物和一些生活必需农产品）生产就是这样的部门，因此农用水资源商品化的实施，需要政策引导甚至法规强制，以提高水资源的分配和利用效率，保证社会经济较快发展。然而，即使是这类政府引导与调控，也只有在水资源商品化基础上，才能取得正确信息，实现有效的调控与配置。

四、农业水资源商品化机制培育

水资源商品化机制的培育是一个渐进的过程，这个过程首先应从水利设施的产权制度改革开始，明确了水资源的各项产权归属及水利设施的产权管理，才能真正落实水资源按量收费。其次，要按科学方法为水资源定价，而且这个价格将一定高于目前的偏低水价，因此水价是农业水资源商品化的核心。随着水价的不断提高，福利水、免费水不复存在，交纳水费可以使农民树立“水是商品、用水付费”的观念，从而引导农民趋于选择更节水的灌溉方式以降低灌溉水的使用量、减少水费支出，这个过程实际就是农业水资源商品化。最后，要积极培养和发展管理水资源的农民自治组织或经济实体，以确保水资源的高效管理和利用。使农业水资源真正商品化需要一个过程，但这个过程现在就要开始，等到水资源更紧缺时，实施就更困难了。

（一）明晰农田水利设施的产权制度，政府应扶持节水灌溉设施的推广

集体投资、集体管理、集体经营的农田水利产权制度最大的缺陷在于产权的模糊，导致了严重的“免费搭车”和“败德行为”：一方面，农业水资源使用者存在“尽可能多地分享他人努力成果和尽可能多地让他人分摊自己的成本和损失”的倾向而出现“搭便车”的现象，导致浇多浇少一个样，影响农田水利的发展和水资源的有效利用；另一方面，由于监督不力，水利设施管理者为了个人经济利益（包括收入和闲暇）最大化而经常性地侵害集体利益，使集体水利投资难以得到应有的回报，导致集体水利发展乏力，供不应求。

农用水商品化说明水资源具有消费上的排他性和计价收费的可能性，因而以供水、灌溉为主要用途的水利设施和灌溉服务具有明显的“私人物品”特性，经营者既可以排他地向消费者提供灌溉服务，又可以按照供水量或灌溉面积收费，所以市场能够提供农田灌溉水利服务。各地越来越多的非集体产权灌溉系统证实了以上观点。

但也应当看到，农田节水灌溉设施的投资具有很强的正外部性，由于消费者所支付的价格低于他们实际得到的福利，或投资者的成本不能从正常收益中得到补偿，于是市场配置给农田灌溉设施的资源会减少，农田灌溉设施的供给会出现不足。为了保证农田灌溉设施的供给，必须对投资者给予补偿，这种补偿难以借助市场手段实现，所以政府的补贴是必不可少的。此外，农田灌溉设施也具有自然垄断性，在同一个空间内配置两套灌溉设备进行竞争，是水利投资的巨大浪费，所以为了提高水资源的配置效率，在一定范围内只能是一家水利企业垄断性地提供供水和灌溉服务。为避免垄断者索取高价，政府部门将干预水企业的定价行为，可以由政府直接定价或制定最高限价。

目前对于大型的灌溉水利工程，由于投资主体是国家，国家拥有该工程的产权。为了保证国有水利资产的保值增值，其中一条重要途径是将水利工程管理单位改造成为国有独资公司或国家控股的公司，用企业化管理方式管理经营水利资产。对于由多级政府或政府部门投资、多个法人股东或个人股东投资的大中型灌溉水利工程，本着“谁投资，谁拥有产权”的基本原则，通过

清晰产权，保护投资人合法权益，更好地调动全社会办水利的积极性，改造成有限公司或股份有限公司。

对于小型的水利节水工程，可以通过股份合作制、拍卖、承包和租赁等不同方式进行产权制度改革，以达到明确所有权、搞活经营权、盘活存量资产、调动所有者积极性的目的。小型水利设施产权制度的选择主要有以下 4 种形式：(1) 承包：即指在工程所有权不变的条件下，将水利设施发包给个人经营，发包方与承包方通过协商签订合同，明确双方的权利和义务。(2) 租赁：在所有权不变的条件下，集体将小型水利设施出租给个人经营，经营者通过交付租金，在一定时期内取得工程的使用权和经营权。(3) 股份合作制：对于一些单户难以承担的工程，采取股份合作制的形式进行工程建设和经营，风险共担，利益共享。(4) 拍卖：将固定的或非固定的水利设施出售给个人，农户享有产权，可独立经营。

现阶段由于农业比较效益低下，农民收入增幅缓慢，加之无水商品意识，节水灌溉设施投资不可能完全由农民负担，因此集体和政府应给予扶持。现阶段尚未实现节水灌溉的地区可以按市(或县) 政府出 1/3，村集体出 1/3，农民个人出 1/3 的方法解决。这样不仅可以调动农民接受节水灌溉的积极性和水资源商品化意识的形成，而且有利于水资源的节约，从而达到了政府的预期目标。

(二) 制定合理的水价，规范用水计量设备，培育完善的农用水市场

国家是水商品的所有者，负责制定农业水资源的可持续配置量和水价上限；水企业是水商品的供给者和经营者；农民是水商品的需求者。所以培育农用水市场的关键在于：逐步提高水资源价格，制定科学合理的水价体系；培养农户的水商品意识和有偿使用水资源意识，规范量水设备按量计费；创建按市场机制运转的水企业。

具体而言，首先要以水价改革为突破口，将水价机制变成配置水资源的通行机制。修改原有《水费办法》，按经济学方法核算农业水资源价格，使水价能体现市场经济原则、补偿合理成本并取得合理收益。由于粮食作物收益率低，可按完全供水成本核定水价，而对于经济作物由于有较高的收入可以加一定的利润核定水价。根据调查了解到，对于经济作物，每亩水成本占每亩总收入的 10%～20%为宜；对于粮食作物，每亩水成本占到每亩总收入的 5%～10%为宜。由于目前农民缺乏对农业节水的认识，因此农业节水成为了政府行为，而真正受益的农民却是被动行为。为改变这种状况，通过水价进行经济调节，使受益的农民把发展节水灌溉变成一种自发的意识，能主动增加对节水灌溉的投入力度。

其次要考虑不同时期和区域的水商品供求关系，采取市场调节，允许水资源过于缺乏的地区，在有关部门的监控下，按供求关系调整水价，实行动态水价和超计划累进加价制度。在丰水年和歉水年，在正常年景和干旱年景水价应有所调整，适当上浮或下调，以适应当时的供求关系。为了使水资源的效用达到最大化，应通过科学试验方法测量各种农作物生产对水资源的基本需求量，以制定单位土地面积（如每亩）的水资源基本使用量。例如，某地区经过测量，每亩耕地水资源的基本使用量为 M 方水，则在 M 方范围内按一定水价收取水费，若实际使用量 N 大于 M，则 N—M 的差额部分由于存在过度需求，按照供求规律应按高价收取，而且这一高价还可按一定比例累进制定。按供求关系定价，也是发达国家制定水资源价格时经常采用的方法，从而有效地调节了水资源的分配。

再次要尽快完善量水设施，并制定不同作物的最大需水量标准，对超过标准过度使用水资源者，实行累进水价，以限制水资源的浪费。要尽快为每口井装上水表。水井设施可以集体所有、

个人所有或企业经营，但水表应由水资源所有者拥有并监管，这样才能保证水量的准确计量。昌平县流村镇黑寨村为了加强对水资源的管理，给每户或每两三户装上水表，按用水量收费，结果大幅度节约了灌溉水，而每亩平均水费也由12元降到2～3元。

第四要逐步提高和完善水价体系，确保地表水、地下水及降水联调机制顺利实施。降水到地面以后形成地表水和地下水，从长期来看地表水和地下水的价格应趋同联动。建立完善的水资源联调机制可以更好地满足对农业用水的需求，这是农业水资源商品化的一项长期任务。

最后应建立相应的农用水市场，以便水资源使用权的转让和交易。当水资源出现短缺时，各类用水需求会发生竞争，从而出现水权转让问题。随着城市化进程的加快，城市必然要占用农业用水，从而出现农业用水向城市用水的转移。农业用水水权对工业的转让和出售，使水的利用从低效益的领域转向高效益的领域，提高了水的利用效率，增加了社会产值，获得了更大的经济效益。要明确的是农业用水水权的转让并不是放弃农业灌溉，而是通过高效节水灌溉和加强管理，把农业节余下来的水权让给城市，做到农业和工业的协调发展。如对于不适宜灌溉的土层薄和低产的坡梁地及边远地仍应以旱作为主，盲目发展灌溉必定会造成资金和水资源的巨大浪费。

收取水资源费、地下水养蓄基金和供求差价，使水资源得以合理利用，又能保护农民利益，使农业生产得以持续发展的办法是：以目前灌溉水量或地下水位为基准，制定各地区、各单位和各类农田灌水定额。定额以下用水量，开始时偏低收取包括水资源费在内的固定水价，此后逐步提高到应收水平；超过定额部分则征收递增的地下水养蓄基金，并视农用水供求情况确定的供求差价，共同构成市场价格。这种方案放松了农用水资源的价格制约，照顾了农民的当前利益。如果采取这种方案，则开始时农民水费负担增加不多，又有利于落实水法和对水资源商品化起启动和宣传教育作用。等到农民因此认真采取了节水措施，用水明显减少，那么实际支付的水费也不会增加很多。也可能如上述昌平县黑寨村的情形那样，反而使水费降下来。然而由此带来的健康运行的节水机制，就是对水资源紧缺地区农业可持续发展的基本保证。

（三）建立管理水资源的农民自治组织，采用SIDD制度或成立水资源开发实体

建立农业水资源用户参与管理决策的民主管理机制是节水环节不可缺少的重要因素之一。在有条件的地区，可成立由各级地方行政、水行政、节水专管单位负责人和用户组成节水管理委员会，或者成立由农业水资源用户自己选举具有法人地位的自我管理组织——水资源协会。还有一种思路就是成立区县农业水资源开发公司，由公司与申请打井的农村共同出资打井，双方签订协议，机井打成后，水资源公司代表政府向使用方按用水量向收取水资源费，3～10年即可收回投资，之后这口井便无偿划归村集体所有。实行此办法，可以帮助部分水资源匮乏村解决无力打井的问题，而且可实现水资源开发公司的创收。

此外，一种新型的自筹资金灌排区（Self - financing Irrigation and Drainage District，SIDD）水管理机制在我国八个省进行了试点，效果良较好，它是世界银行推荐的水管理体制改革模式。SIDD制度包括两部分：由农民组成的用水者协会（WUAs）负责支渠的运行和维护；水供给合作社（WSCs）负责主干渠的运行和管理。在SIDD制度下，水供给合作社度量用水者协会负责的入水口处的流入水的体积并据此计费，用水者协会按此付费。各用水者协会在当地政府的支持下登记为独立法人，各个水供给合作社则遵守公司法。用水者协会和水供给合作社达成并遵循售水合同，水供给合作社为用水者协会送水。由于水按体积计价，所以用水者协会的农民会自发提高用水的效率、减少水的浪费。用水者协会成员代表其成员利益，到作为会员的农民那里收取水费，在从水供给合作社以方为单位购买水。因为用水者协会是法人机构。所以如果有必要，他们

可以签约、租赁或拍卖其干渠的运行和维护权。这些 SIDD 项目在世界银行的资助下在中国已经产生了积极影响，尤其对用水者协会而言，这些项目不仅使产量得以增加，减少了水资源的浪费，增加了水费，而且减少或消除了农民之间为水资源而发生的冲突，提高了他们的“所有者”意识、参与意识和贡献意识。农民一般对 SIDD 表示满意，原因是其产生了较大的收益，当地政府部门也发现他们的灌溉费用负担减少了。SIDD 制度的设想主要是结合并贯彻中国的政策和改革，比如“市场导向”、“谁使用谁付费”原则；水的商品化；水费要补偿成本；按照用水量收取水费以及谁使用谁投资并直接参与自我管理。

建议北京市能认真研究该种模式，并结合自己的特点，在有关部门的支持下，进行有益的尝试。

北京市农业灌溉用水价格研究

郭　沛　王乐强

一、问题的提出

随着人类社会的发展和进步，对水资源的需求呈不断上升趋势。而中国在相当长的一段时间里，实行水资源无偿使用，用水价格也相当低，虽然近年来部分地区已开始征收水资源费，但收费水平仍偏低。就北京市而言，水资源的稀缺性已逐渐被人们所感知，水资源已经从免费使用的自然资源变成了有供求和价格的商品，因此限制水资源的过度使用与滥用就成了当务之急。农业历来是用水大户，尽管近年来农业总用水量明显减少，但仍占到北京市总用水量的50%以上。目前北京市已明确提出农业用水只能在保证城市生活和工业用水的前提下进行安排，所以为了农业的生存和发展，农业节水势在必行。

2000年10月北京市的水价体系为：居民用自来水1.60元/立方米，排污费0.40元/立方米，工业用地表水0.60元/立方米，自来水公司使用的地表水0.48元/立方米，地表水用于经济作物0.08元/立方米，用于粮食作物0.04元/立方米，城市机井地下水资源费0.80元/立方米，农用地下水未做定价。可见，农用水资源收费还是处于低价位阶段。水资源的无价或低价，是造成当前水资源利用效率低下的重要原因。水资源无价也加剧了水资源的供求矛盾，致使人们在经济和社会活动中忽视了水资源的紧缺和宝贵，水的使用效率低下、浪费严重，并在水资源极不丰富的情况下加剧了水资源的供求矛盾。

从节水角度看，必须要使农业水资源商品化，将灌溉用水价格保持在一个适度水平，使农业水资源使用者真正感受到农业水资源的价值，感受到过度用水会使其利益受到损失，这样才能使用水户有节水的动机。本文试图为北京市农业灌溉用水价格的确定提供一些思路和建议。

二、农业水资源定价

（一）供水价格定价

农业水资源是指为满足农业生产需要的、可直接利用的各种淡水资源，主要包括地表水和地下水。作为天然资源的地表水和地下水具有潜在价值，因为天然水经过人为劳动修建的各项水利工程设施（即物化劳动）和管理者（即活劳动）加以控制、调节，改变了水的存在形态及时空分布，再通过市场交换供给人们消费，满足社会需求，成为了商品水，这就使水资源既有新的使用价值，又有交换价值。因此，商品水的价值量是生产资料的价值（C），生产者的劳动为自己所创造的价值（V）和为社会创造的价值（M）三部分的总和，所以水价P应等于供水成本（C+V）和盈利（M）之和。在此水价下，天然水的采集、加工、抽取、人工等供水成本得到了补偿，并且还取得了可以用于扩大再生产的后续资金。

北京市长期以来采用此方法对自来水和工业用地表水进行定价,但按此方法所定水价未考虑水资源耗竭而导致的社会成本,即为维护生态平衡和自然的再生产,使生态功能和资源环境质量不下降、不贬值,而必须对经济社会再生产中耗损的资源环境及时进行补偿的成本。因此,此方法仍不能解决北京市因城市发展而日益加剧的水资源供求矛盾,必须寻找其他更科学有效的定价方法。

(二) 边际机会成本定价

按照边际机会成本理论,资源使用者所支付的资源价格应等于社会负担的资源利用和耗竭的成本,即边际机会成本。边际机会成本包括三部分:边际生产成本、边际使用者成本和边际外部成本,所以资源价格应等于这三部分边际成本之和。低于边际机会成本的资源价格会刺激过度开发利用资源、恶化环境,而高于边际机会成本的资源价格会抑制合理消费。从理论上讲,边际生产成本是指单位新增农业水资源生产过程中所支付的生产费用,如资源勘探、培育、开采等费用;边际使用者成本是指新增农业水资源由于现期的使用导致未来或后代无法使用而造成的收益损失;边际外部成本则是指单位新增农业水资源的使用对他人造成的损失,主要包括生态环境方面的损失。在实践中,这种方法可以直接用做决策的有效判别准则,可以用来判断农业水资源保护的政策措施是否合理。应用边际机会成本定价,首先应对未来农业水资源的需求进行预测,并指明成本最小的供水方案,然后测算满足所预测农业水资源需求的长期供水边际机会成本,最后设计出实施农业水资源价格政策和相应的水价,使之不仅反映对财务和社会因素的考虑,而且反映农业水资源使用的长期边际机会成本。

在北京市水资源供求矛盾加剧时,此方法是农业水资源定价的发展趋势,值得提倡。用边际成本法定价不但可补偿现期水资源的耗损成本,而且还可以弥补未来水资源耗用的成本。但应当注意,水资源的机会成本是不断变化的,要根据其变化来调整水资源的具体定价。

(三) 线性规划定价

线性规划法在农业水资源分析中应用较为广泛,包括灌溉系统规划、流域的储水供水调度和多目标水库管理等。此方法还可用于评估当水源不足而需重新分配水资源时,不同用水所反映的价值。应用线性规划理论评估农业水资源的价值常用两个方法:第一种方法是先利用线性规划法模拟农业水资源在不同使用部门之间的调配,并算出所产生的最大效益,再以此法模拟农业水资源不足时,各部门在有效率的分配用水时,所产生的次优最大效益;然后比较水资源充裕和不足时,最大效益和次优最大效益之间的差额,这一差额即为因农业水资源不足而产生的机会成本;再将此机会成本除以水资源不足的数量,即可计算出每一单位农业用水的影子价格。第二种方法是利用线性规划模型的对偶性,将效益最大的原始线性规划问题转换为对偶问题,在原始问题中,线性规划问题的决策变数是如何分配不同使用者(或部门)的最适用水量,而使得水源不足的条件下,仍有次佳的效益。在对偶模型的决策变数,则为在前项的次佳最适用水量分配之下,每一单位水资源量所反映的影子价格。在最适分配下,某一部门分配到较多的水时,表示此部门缺水的机会成本(即每一单位的影子价格乘以水量)越高,反之,分配到较少水的部门,其水资源的影子价格越低。

目前北京市利用这种方法定价的条件还不成熟,因为这种假设未考虑现实状况下,资源再分配所需要负担的交易成本,而假设规划者可以自由地处理水资源的分配,而且有完备的水资源交易市场。所以使用此方法的最佳时机是需要对水资源在不同产业、不同领域之间进行分配时,特别是当将部分农业用水转移为工业和城市用水时,最宜采用此种方法定价。

（四）生产函数定价

应用生产函数法评估农业水资源价值，是将农业水资源视为一种生产要素，并假设生产者追求成本最低或利润最大，从而导出农业水资源及其他生产要素的引申需求函数，然后再由已知的其他生产要素价格而估计出未知的农业水资源的影子价格。由于各种生产要素的最佳组合为各项生产要素的边际生产力和其价格的比值都相等，也就是说，使每一元边际投资用于购买不同生产要素所获取的边际生产力都相等。所以若从生产函数已知水和其他生产要素的边际生产力，且又知道其他生产要素的价格，则依据前项的等式关系可以导出水的影子价格，此价格隐含了生产成本最小时的合理用水成本。此方法最早用于估计灌溉用水的价值。从经验可知，在某一程度内，若要增加作物产量，可以在增加灌溉用水或增加其他生产要素之间做出选择。由此可以归纳出，个别的生产要素之间存在替代性，要使生产成本最小，生产者需视各生产要素的边际生产力及其价格决定各生产要素的使用量，也就是说，若生产者已将生产成本最小化则使用多少量的水灌溉，就隐含了灌溉用水的合理使用价值（即影子价格）。应用田间实验资料，用回归分析法可以量化出作物产出和其生产要素投入数量之间的关系，然后由生产函数推算出各项生产要素的边际生产力，再配合已知的要素价格，就可以计算出灌溉用水的影子价格。

此方法应作为水资源定价的一种补充。由于灌溉水生产力难以量化，对农业生产各种投入的管理水平还较低，难以取得全面的田间资料进行有效的生产函数拟合，所得到的用水项的回归系数未必具较强的统计显著性。所以当对农业水资源的管理达到一定水平时，可以利用此方法对农业水资源进行定价。

（五）社会成本定价

从经济学角度看，农业水资源的使用者必须承担水资源供给的社会成本。所谓社会成本，是指某种经济行为的发生或某种经济措施的实施给整个社会带来的成本。使用农业水资源的社会成本可被用来作为合理制定农业水价的依据，这种社会成本包含农业水资源费、环境成本、供水成本以及供求差价和正常利润①。根据以上分析，农业灌溉水价方程可表示如下：

$$P_w = F\ (WRC,\ RF,\ PC,\ DS,\ PT)$$

其中，P_w表示农业灌溉水价；WRC 表示水资源费；RF 表示地下水养蓄基金（环境成本）；PC 表示供水成本；DS 表示供求差价；PT 表示利润。

假设利润 PT 包含在供水成本中，将上述方程以线性形式表示如下：

$$P_w = \alpha WRC + \beta RF + \gamma PC + \delta DS + \varepsilon$$

其中，ε为随机误差项

上述社会成本水价方程的难点是供求差价函数推导。通过对农业用水进行价格与供求问卷调查，可以拟合出农业灌溉水的实际供给和需求函数（通常是非线性的），从而推导出农业水资源的供求差价函数。从收取过低水价到收取按社会成本所定水价是一个逐步实现的过程。

三、制定水价应注意的问题

1. 制定水费，哪怕是象征性的收费，也会培养农民的节水意识。农民是理性的经济人，当

① 具体组成见附件一。

某种投入品的价格上升时，农民会减少该项投入。当水价上升时，农民面临两个选择：用其他投入品代替水资源的投入或选择更加节水的灌溉方式以减少水成本。由于农业产品的生物特性，难以用其他投入来替代水的投入，所以选择更节水的灌溉方式，使单位灌水量带来更多的产出，是迫在眉睫的选择。根据调查发现，农民眼中的水费，对地表水而言，实际是部分供水成本；对地下水而言，实际是用水泵抽取时所耗用的电费。因为农民对水费的理解不到位，仍认为水本身是“免费的、可自由使用的”，所以他们难以树立节水、护水的意识。征收适当的水费，让农民认识到水资源本身的价值，对农民节水是至关重要的。

2. 水价问题属于经济范畴，也属于政治和历史范畴。从经济理论分析的角度看，目前已有多种可供选择的水价制定方法，尽管有的方法在实际中难以量化分析，但理论方法和体系很完善。利用理论方法测算出一个理论水价以后，不能急切地进行推广，一定要考虑农民的承受能力，过高的水价会导致农民的不满情绪从而危及社会的稳定，所以水价从某种程度上讲是个政治问题。尤其值得提到的一点就是，水价还是个历史的范畴。我们在制定现行水价时，必须考虑到历史水价。在现行的水价基础上分年度逐步提高水价，给农民和农产品生产者一个接受价格上涨的时间和空间。

3. 征收水费应与增加农民负担、向农民乱收费相区别。水资源是国家所有，谁使用谁付费，这是基本的经济道理。农民种植各种作物，耗用甚至过度使用了宝贵的水资源，作为使用者付费是合理的。目前一些人认为向农民征收水费，是增加了农民负担，不利于农民增收，这种观点是错误的。一方面，水价的提高可以使农民采用更节水的灌溉措施，其实际支付的水成本并不一定会增加；另一方面，水成本是农业生产的基本投入，如同种子、化肥一样，其他的投入品因生产成本或供求矛盾而发生提价，当灌溉水资源出现较大供求矛盾时，水价也可以提高。只要是在农民可承受的范围内，就不算是增加农民负担，更谈不上对农民乱收费了。还有人担心，水价提高以后，农民就不种粮食了，这是对中国农村和农民缺乏了解。种植业毕竟是农民的主要生计，除非有较好的其他投资机会，否则农民种植农作物的积极性不会因水价小幅度提高而受到削弱。

4. 对农业水价的调整应与工业水价的调整分开进行。加强农业用水的监测和收费组织的培育，同时积极准备条件，促进农业用水高效化及水资源向高效益的生活、工业用水转移。农业水价调整的最终目标是农业和工业水资源价格并轨以及地表水和地下水及降水联调机制的顺利实施。

5. 农业用水水价的确定应该是“动态渐进、相对稳定”的过程。由于我国工农产品价格剪刀差自90年代中后期又有所扩大，农业通过剪刀差的形式转移给工业大量的剩余，农民收入增长率始终较低，所以在考虑农用水水价时，无论理论水价的高低，应先从较低水平开始征收，随着以后农业收益的逐渐提高，再逐渐提高水价，这也是农用水水价渐进性提高原则的表现。

6. 农业用水的定价，政府必须考虑给予一定的调控和指导，而不能由供水单位随意定价。政府一方面要为水管单位考虑，希望供水部门有足够的经济收入以保证水利工程的正常运转，从而实现国有资产的增值，所以愿意有较高的水价；另一方面还要考虑农民的利益，既要保证农民的利益，又要保证农村的社会稳定，所以愿意水价定的低一些。此外，政府还要考虑水资源的合理利用，希望农民能节约用水，尽量扩大灌溉面积，以便使有限的水资源发挥更大的作用。但在目前水资源短缺严重、水资源机会成本较高的状况下，政府应提高水价，以充分体现水资源的价值。

7. 水资源总量是有限的，为了使水资源的效用达到最大化，应通过科学试验方法测量各种

农作物生产对水资源的基本需求量，以制定单位土地面积（如每亩）的水资源基本使用量。例如，某地区经过测量，每亩耕地水资源的基本使用量为 M 方水，则在 M 方范围内按一定水价收取水费，若实际使用量 N 大于 M，则 N—M 的差额部分由于存在过度需求，按照供求规律应按高价收取，而且这一高价还可按一定比例累进制定。按供求关系定价，也是发达国家制定水资源价格时经常采用的方法，从而有效地调节了水资源的分配。

8. 在制定农用水资源价格时还要结合水价的弹性系数。水价提高在不同水文年对种植业有不同的影响。一般而言，枯水年影响最小，近乎为零，说明种植业在枯水年对灌溉水的需求是极缺乏弹性的，即提高水价，农民不会减少对水资源的需求；在丰水年则弹性最大，即随水价的不断提高，农民用水积极性不断减小，对水资源的需求也不断降低，而若降低水价，农民的用水量也不会有较大幅度的上升。在平水年，水价提高的弹性则是居于枯水年和丰水年之间。

四、北京市农用水水价的估算

（一）水价估算模型

现采用陈宝峰（2000）① 所运用的方法，对北京市的灌溉水价进行一个粗略的估算。从灌溉水的需求者角度看，农民或农产品生产者使用灌溉水的最终目的是为了获得一个超过灌溉成本的额外报酬。若投入增加的产出小于其投入成本时，农民是不会投入的，只有当灌溉投入而增加的产出，其价值大于或等于灌溉费用时，农民才有灌溉的积极性。对农民来说，每亩灌溉而增加的净收入为：

$$I = P_{out}A - W_pQ - L - K$$

其中，I 表示灌溉带来的净收益；P_{out}表示产出品价格；A 表示增加的产出品数量；W_p表示水价，Q 表示用水量；L 表示为灌溉而发生的人工投入；K 表示灌溉投资。

很显然，农民接受灌溉的条件是 $I>0$，即 $P_{out}A - W_pQ - L - K > 0$，所以农民能接受的水价为：

$$W_p < (P_{out}A - L - K)/Q$$

因此，根据不同年度的用水量和产品价格情况，可以推算出正常年和干旱年农民所能接受的水价。

（二）干旱年景的水价估算

在干旱年景，北京郊区小麦的整个生长期不降雨或降雨很少，若不浇任何水，其产量最多每亩 300 斤。若浇三遍水，就可以达到 700 斤的正常产量，灌溉增加的产出为 400 斤，每遍水约为 150 立方米，三遍则为 450 立方米水。每遍人工费为 15 元，三遍为 45 元。若为移动管道式喷灌，每亩投资为 300 元（含 50 元维修费），按 10 年使用寿命计算，每年按两季计算，每季需分摊投资 15 元。与传统的地面灌溉相比较，采用喷灌后按可节水 50%计算，即每亩浇一遍水的需水量将从 150 立方米下降到 80 立方米。北京郊区小麦价格按 0.658 元（1999 年）计算。

无喷灌设施时：$P<(0.658\times400-45)/150\times3=0.485$ 元/立方米

采用喷灌方式时：$P<(0.658\times400-45-15)/80\times3=0.847$ 元/立方米

① 参见陈宝峰，“灌区灌溉用水水价的确定”，中国农村经济，2000 年 5 月。

（三）正常年景的水价估算

在正常年景，北京郊区小麦的整个生长期不发生旱情，所以只浇小麦生长所需的“冬灌”和“灌浆”两遍水，可比正常年景下增加产量100斤左右。每遍水约为150立方米，2遍则为300立方米水。每遍人工费为15元，2遍为30元。若为移动管道式喷灌，每亩投资为300元（含50元维修费），按10年使用寿命计算，每年按两季计算，每季需分摊投资15元。与传统的地面灌溉相比较，采用喷灌后按可节水50%计算，即每亩浇一遍水的需水量将从150立方米下降到80立方米。北京郊区小麦价格按0.658元（1999年）计算。

无喷灌设施时：P＜（0.658×100－45）/150×3＝0.046元/立方米

采用喷灌方式时，P＜（0.658×100－30－15）/80×2＝0.13元/立方米

（四）过量水资源的水价

水资源过量存在时（如洪涝）将导致自然灾害，所以过量部分属于国家控制能力之外不可抗力所形成的自然资源，这部分不属于国家所有而无水权费，因此过量水资源是无水价的。

（五）初步结论

根据以上计算可知，0.847元/立方米和0.13元/立方米是节水灌溉所允许的理论水价限界。这一价格比无节水灌溉设施的理论水价分别提高了74.6%和12.3%①，因此可以得到以下结论：

（1）水价提高到一定程度，就会促使农民节约用水而选择节水灌溉设施。

（2）采用节水灌溉设施，农民可接受更高的水价。

（3）无论干旱年份还是正常年份，采用节水灌溉技术从经济上讲都是合适的。

（4）在干旱年景，节水灌溉的经济效益比正常年景更大。

（六）最佳水价的试算

前边已经分析过，农民所能支付的水费限量为$W_pQ<P_{out}A-L$，在干旱年景农民愿意接受灌溉的条件是：$W_pQ<$ 0.658×400－45－15＝203元/亩。假定相同的水费支出可以保证同样的灌溉效果，则在干旱年景农民为了保证从灌溉中得到收益，不能使其水费突破203元/亩的界限。农户会根据水价的高低来调节灌溉用水量，在极限条件下可根据W_pQ＝203元/亩计算出不同价格情况下的灌溉用水量。同样，正常年景下的极限条件是W_pQ＝0.658×100－30－15＝20.8元/立方米，也可以计算出在正常年景下的用水量。具体试算如下表所示。

表1　干旱年景不同水价时的用水量试算

水价（元/立方米）	0.3	0.4	0.5	0.6	0.7	0.8	0.9	1.0	1.1
用水量（立方米/亩次）	225	170	135	113	97	85	75	68	62
水价增0.1元/立方米节水（立方米）	55	35	22	16	12	10	7	6	
节水率（%）②	24.4	20.6	16.3	14.2	12.4	11.8	9.3	8.8	

① 水价提高的比例分别为：（0.847－0.485）/0.485＝74.6%和（0.146－0.13）/0.13＝12.3%。

② 节水率是指由于水价提高而引起的用水量减少的比率。具体计算为：（水价提高前的用水量－水价提高后的用水量）/水价提高前的用水量×100%。

表 2　正常年景不同水价时的用水量试算

水价（元/立方米）	0.03	0.06	0.09	0.12	0.15	0.18	0.21
用水量（立方米/亩次）	347	173	116	87	69	58	50
水价增0.03元/方节水（立方米）	174	57	29	18	11	8	
节水率（%）	50.1	32.9	25.0	20.7	15.9	13.8	

（七）试算结论

从以上试算表可知干旱年景和正常年景下理论上的最适水价。若在一个价格水平下，再提高水价节水效果仍很明显，就应该继续提高水价，直到再提价时节水效果不显著为止，此时的价格应为节水最适价格。此外，还要考虑节水灌溉技术是否可行，因为从理论上讲，提高水价灌水量会逐渐减少，但灌水量受到节水灌溉技术的限制，灌水量不可能随水价的持续提高而一直减少，再减少就会影响正常的灌溉效果而过高的水价也不现实。由于采用喷灌以后，每次浇水约 80 立方米即可，所以用水量达到 80 立方米时的价格即接近于最适价格。从上表可以看出，最适价格在干旱年景应为 0.85 元/立方米，在正常年景应为 0.13 元/立方米。此时的灌溉用水量分别为 79.6 立方米和 80.0 立方米。

从农民可接受和节水灌溉技术的角度出发，建议北京市农业用水的基本水价为 0.13 元/立方米。目前，北京市只对农用地表水定价为：经济作物 0.08 元/ 立方米，粮食作物 0.04 元/ 立方米。所以还有提价的空间。对农用地下水目前还没有定价，可以按 0.13 元/ 立方米收取。

若农用水价按 0.13 元/ 立方米计算，每亩浇 200 立方米水的水费支出将为 26 元，按粮食作物每亩总收入 400 元和总成本 240 元计算，占到每亩总收入的 6.5%，占到总成本的 10.8%。根据调查发现，将水价提高到使水费占农民每亩总收入的 10%～20%农民是可以接受的，由于粮食作物收益率较低，水成本应占到 10%为宜，而经济作物和设施农业等因收益率较高而应占到 20%或更高。

最后要指出的是，降水落到地面后，一部分被植物截留，另一部分被土壤吸收，然后向下渗透，进入土壤和岩石的孔隙中，形成地下水，其余的水沿天然坡面流动，形成径流，所以地下水和地表水是可以被自然补充而得到恢复的。对于可以自然恢复的水资源部分称为自然状态的水资源，这部分处于自然状态的资源由于没有包含任何物化劳动而不具有价格，可以免费取用；但对于不能自然恢复到原来状态的部分由于需要投入加以保护，成为人工状态的水资源，所以应具有价格。例如，经试验发现某地区地下水能自然恢复的水位为 50 米深，那么水资源使用者抽取地下水后其水位仍在 50 米以上，则不需支付任何水资源费，因为这部分水资源是可以自然补充的，是像空气、阳光一样的自然资源，可以自由取用。但若抽取后地下水位下降到 51 米，说明开采量超过了自然所能恢复的数量，这 1 米就应当因为使用了稀缺的水资源而收取水资源费。北京市郊区自 90 年代以来地下水位持续下降，特别是 1999 年和 2000 年下降得更快，说明地下水成为越来越稀缺的资源，因此农用地下水资源费必须立即开始征收，以制止对地下水的过量抽采，为子孙后代减少损失。

附件一　水资源的社会成本定价

(1) 农业水资源费

农业水资源费是指对农业水资源进行勘察、监测、保护、涵养和管理，以使农业水资源尽可能恢复到原有状态而花费的各项成本，有人将其称为农业水资源的“本底价”。具体而言，它包括对河溪流量的稳定、对河流水质的净化、对地下水的测量及保护等，这些都是生产水时所必须投入的成本。此外，还包括政府对水源的管理成本以及打井、建造水库、装设输水系统等相关设备的投资成本。北京市政府早已认识到水资源费的重要性和现实意义，并开征了水资源费，但只是针对地表水而非地下水，即使是地表水资源费，农业用水也远远低于工业用水。北京市物价局京价［1996］第147号文件将农用地表水水价定为：粮食作物每吨0.03元，经济作物用水每吨0.05元（以上价格含每吨加收0.01元的库区移民扶助金），并从此一直未做调整；而工业用地表水水价目前为每吨0.36元，远高于农业用水。虽然北京市物价局［1996］第147号文件将地下水资源费规定为0.16元/吨，［1997］第391号文件进一步提高到0.20元/吨，［1998］第314号文件则提高到0.30元/吨，但这一规定实际上只针对工业用地下水，农用地下水并未缴纳任何水资源费。2000年10月再次提高水价：农用地表水水价为粮食作物每吨0.04元，经济作物每吨0.08元，而工业用地表水价格为0.60元/吨，地下水资源费为0.80元/吨。

（2）环境成本

环境成本是指由于水库的建造会对淹没区及其上下游的生态环境造成影响，或地表水的取用造成河溪流量不足、水位下降、生态受损，或由于地下水的严重超采造成的地层下陷、土壤盐化等巨大的环境成本。此外，还必须考虑目前所使用的水资源是以牺牲未来子孙后代的使用机会为代价的，也是以牺牲同一时间其他潜在使用者的使用机会为代价的，存在巨大的机会成本。所以农业水资源的价格中，还应包含这种环境成本，这也是代际均等原则的体现。

目前北京市对地下水的过度开发日益严重，地下水位不断下降并形成很多漏斗区，所以为补偿这种巨大的环境成本，达到限制对地下水的任意使用、促进地下水的补充和恢复的目的，开收地下水养蓄基金是十分合理的。北京市自1989年起征收地下水养蓄基金，1992年第15号政府令所发布的《北京市农村节约用水管理规定》中第十三条明确规定：“直接从地下或河流取水的单位和个人，应当安装规定缴纳水资源费和地下水养蓄基金”。1993年北京市规定地下水养蓄基金的标准为每年830元/吨，对农业减半征收为415元/吨。考虑到实际负担情况，1994年京郊各区县发文缓收地下水养蓄基金。可见收取地下水养蓄基金至今未能实施，农用地下水实际上脱离了节水管理规定的基本要求。为约束农用地下水资源的过度使用，明确地下水的国家所有权，农业生产领域的地下水养蓄基金必须收取，但可以从较低数额开始逐步提高。

（3）供水成本

供水成本是指供水设施的运行管理费、大修理费、折旧费、动力费以及其他应计入成本的各项费用，是水的生产成本，又成为工程水价。其中，运行管理费应该包括职工工资、福利费、办公费和日常维修费等；折旧费是指水利工程固定资产在生产过程中的损耗；大修理费是指固定资产使用过程中由于局部损毁而需进行大修的费用；动力费则是指水利工程运行过程中耗用的煤、油、电等燃料动力费用。目前北京市农业用水的实际状况是，地表水的价格无法弥补供水成本，只及供水成本的一半；而通过机井采用地下水，只收取抽采所耗用的电费等提水费用。无法补偿供水成本的过低水价只会导致农用水资源使用的浪费和低效。可见，水价至少应有所提高，以保证高效使用水资源，采取节水措施，同时实现水利部门的收支平衡。

（4）供求差价

供求差价是指农业水资源的定价要考虑其需求情况。影响水资源需求的因素主要是：①农作物的预期价格；②天气状况和土壤性质；③水价；④生产要素的价格；⑤灌溉技术及其成本。所以应采取市场调节，允许按供求关系调节水价，实行动态水价和超计划累进加价制度。此外在制

定水价时，还应考虑使水利工程管理单位能够留取一定的利润作为产权收益，用于职工奖金和福利费，以保证供水组织的工作积极性和扩大再生产。具体利润水平应根据供水单位本身及用户的性质和具体情况确定。

附件二　水价的几个基本概念

（1）成本水价

成本水价应是水商品价格的下限，若水价低于成本价，生产者或经营者就要亏损。成本水价实际就是供水成本。

（2）理论水价

理论水价就是按资源经济学的基本理论，运用模型的方法估算出来的水价，是一种理想价格。理论水价一般难以立即实施，但它能成为调整不合理水价的基础。实际水价应是在理论水价基础上参照社会供求状况和国家政策制定而成的。

（3）目标水价

目标水价是以理论价格为基础而灵活制定的一种水价，其目的是促进生产和流通，合理利用水资源，使国民经济取得最大经济效益。如在缺水地区，为节约和高效使用水资源，实行高价供水；为增加农民收入，减少农业投入成本，对灌溉水收取低价，都是目标水价。

（4）影子价格

影子价格是指一定的区域内和一定的供水水平下，由于多年平均有效供水增加（或减少）一个单位而造成的区域国民收入相应增加（或减少）量。当区域内某个供水工程的实际供水成本低于影子价格，供水是有利的；反之，则应采取节水或外调水供水的方案。

（5）均衡水价

均衡水价是指在市场经济条件下，水资源供需达到动态平衡状态下的水市场供水价格，此时水资源供求市场应是出清的。水资源价格随着其供求状况而不断调整，水市场具有趋于平衡的内在机制。高价抑制消费、鼓励生产，而低价则抑制生产、鼓励消费。由于水资源市场具有不同于其他商品市场的特性，如垄断性、区域性和公益性，这种均衡水价仅仅作为区域水价制定的参考依据。

不同节水灌溉方式的经济效益比较分析

郭　沛　李友联

水资源持续短缺，严重制约了北京市的社会经济发展，并造成了水环境的急剧恶化。北京“大城市、小郊区”的特点决定了水量分配必须优先满足工业和城市生活用水，农业用水只能在保证城市生活和工业用水的前提下进行安排和分配。农业是用水大户，占北京市用水总量的50%左右，但目前农业用水供需矛盾日益突出：一方面农业缺水，另一方面农业用水浪费现象普遍存在。

根据理论研究与生产实践的结果表明，灌水量较少、水分不足时，产量随灌水量或耗水量的增大迅速增大；当灌水量达到一定程度后，随着灌水量的增加，产量增加的幅度开始变小；当产量达到极大值时，灌水量再增加，产量不但不增加反而有所减少。为避免过量灌溉造成不必要的浪费，发展节水农业、采用先进灌溉技术是北京市农业发展的必由之路。灌溉节水的最终目的应以水分生产效率最高为其目标，即每立方米水所生产的粮食或其他农产品产量最大化。北京市已成为水资源短缺地区，为提高水分的利用效率，选择更好的灌溉方式，尽量避免灌溉水的无效消耗，弄清农作物的需水规律，制定合理的灌溉方案是节水灌溉的重要方向，这就需要对各种灌溉方式的成本效益进行分析。

一、北京市节水灌溉方式

截止1998年，北京现有灌溉面积580万亩，有效灌溉面积485万亩，节水灌溉面积由1980年的51.8万亩发展到1998年的378万亩，其中喷、滴灌197万亩，管道近7 000千米，输水灌溉91万亩，渠道衬砌面积90万亩，使节水工程控制面积占有效灌溉面积的65%；种植业的灌溉用水量明显减少，由1980年的30.7亿立方米降至现在的15.5亿立方米，减少15.2亿立方米。使农业用水量基本稳定在每年20亿立方米左右。

目前北京市的主要灌溉方式有喷灌、管灌、微灌和渠道衬砌等四种方式。

喷灌是一种先进的灌水方式，它由水泵将水源的水加压通过各级管道，再由喷头将水喷射到空中，形成水滴状态，洒落到土壤表面，为作物生长提供必要的水分。喷灌不仅可以提高作物产量，而且可以节约用水，具有很强的适应性。北京市从1970年代初开始喷灌试验研究，到1983年逐步走向正规化。目前北京市应用最广泛的喷灌系统有三种：①半固定式管道喷灌系统，占全市喷灌面积的90%左右；②移动式管道喷灌系统；③固定式管道喷灌系统。喷灌一般用于有一定保水量、含沙量少的井灌区，作物为小麦、玉米两茬平播。

管灌，又叫做低压管道输水灌溉，是一项以管道代替沟渠，在低压0.2～0.4兆帕作用下输水的节水灌溉技术。管灌大大减少了沟渠的输水损失，提高了水的利用效率。采用管灌技术，可使机井渠系利用效率由0.7～0.9提高到0.95以上。可使机井控制面积增加或在已有控制面积条

件下，大大缩短每次灌水的轮灌时间，使灌水更适时，以实现高产。

微灌是一种先进的节水灌溉技术，它通过低压管道系统与安装在末级管道上的特制的灌水器，将水和作物生长所需的养分以较小的流量均匀、准确地直接灌到作物根部附近的土壤或土层中。其特点是灌水流量大，一次灌水延续时间较长，能准确地控制灌水量，使根区养分利用效率提高。微灌包括：滴灌、渗灌、微喷和小管出流四种方式。

滴灌是通过安装在毛管上的滴头、孔口或滴灌管等灌水器将水呈水滴均匀、间歇地滴入作物根区附近土壤中。在灌水器流量较大时形成连续细小水流湿润土壤。

渗灌是将全部滴灌管道和灌水器埋入地表30～40厘米以下，压力水通过渗水毛管管壁的毛细孔以渗流的形式湿润周围土壤的一种灌水方式。

微喷是指利用直接安装在毛管上，或与毛管连接的微喷头将压力水以喷洒状湿润土壤。有固定式和旋转式两种。前者喷射范围小，水滴小，后者喷射范围大，水滴也较大。

小管出流是指利用一种小塑料管与毛管连接作为灌水器，以细流状局部湿润作物附近土壤，小管灌水器的流量为80～250升/小时。

渠道衬砌从60年代中到80年代中一直是北京市节水灌溉的主要措施。由于近年来北京市用于灌溉的地表水锐减，形成了主要靠抽取地下水灌溉而地表水为辅的局面。因此渠道衬砌防渗的重点由大中型灌区转向井灌区，目前主要为滑模机场浇铸的混凝土U型槽。采取渠道防渗后，大大减少了渗漏损失，使井灌区的渠系有效利用系数得到提高（0.95以上），并缩短了轮灌期。

二、经济效益分析①

（一）不同节水灌溉方式的一般比较②

表1　不同节水灌溉方式的效益、投资和应用范围比较

灌溉方式	节水效益	增产	投资*（元/亩）	应用范围
移动管道式喷灌	30%～50%	20%～40%	200～250	大田作物、蔬菜
固定管道式喷灌	30%～50%	20%～40%	1 000	蔬菜、果树、经济作物
中心支轴式与平移式喷灌机	30%～50%	20%～40%	300～400	大型农场或规模经营程度较高的农田
卷盘式喷灌机	30%～50%	20%～40%	350	大田作物、蔬菜
轻小型机式喷灌	30%～50%	20%～40%	100～200	较小地块抗旱
微喷	50%～80%	30%以上	500～800	果树、经济作物、花卉、草坪、温室大棚
固定式滴灌	50%～60%	30%左右	700～1 400	果树、大棚蔬菜
半固定式滴灌	50%～60%	30%左右	500～700	大田作物
移动式滴灌	50%～60%	30%左右	200～500	大田作物
渗灌	50%～60%	30%左右	400～1 000	果树、棉花、粮食作物

* 投资主要是指国产设备的投资成本，包括水源开发和灌溉系统建设在内的投资。进口设备价格通常更高。由于管道材质、水源情况和施工方法等不同，每亩投资额有一个变化幅度。

① 参见“北京地区农业节水灌溉工程措施及效益探析”，冯利平等，中国农业大学资源与环境学院，北京市农业水资源商品化研讨会讨论稿，1999. 11。

② 参见“北京地区农业节水灌溉工程措施及效益探析”，冯利平等，中国农业大学资源与环境学院，北京市农业水资源商品化研讨会讨论稿，1999. 11。

（二）经济效益分析

采用新的灌溉方式对农民或其他经济单位来说是有多重目标的，但在进行财务分析时应选择与经济直接有关的、便于计量分析的目标作为财务分析的目标，这就是增加经济效益。对农民和其他经济单位来说，目标是使其增量净收益最大化。当然，这并不是说其他目标不重要或不予考虑，而是说在考虑经济效益目标之后再综合考虑其他目标。按照增量净收益最大化这一目标，凡是增加投资项目参加者的增量收益的事项都是财务效益，凡是减少这些参加者收益的事项则是财务成本。

目前各种不同的灌溉方式已在京郊地区逐渐推广和实施，但由于各地所采用的灌溉设备来自不同的厂家，材质、价格和性能也有所不同，所以为全面分析各种灌溉方式的成本效益带来的困难。本文以各灌溉设备厂家的平均价格来计算成本和效益，并以灌溉大田作物为例进行分析。

1. 初始投资估算。假设引水方式为打机井抽取地下水；为达到节水、提高粮食单产、提高土地利用率的目的，考虑到农业栽培措施、经济水平、水源状况及不同节水灌溉技术的特点和其他条件，选取移动式即主管固定、支管移动的灌溉方式进行分析；工程量则为打机井一口，安装取水设备，开挖工程管道并进行管道的铺埋。

表 2　不同灌溉方式初始亩均投资额

单位：万元

工程费用	水源工程（打井费）	取水工程及设备（水泵机组）	田间灌溉设备费		亩均投资（元）
			管道	过滤施肥设备	
喷灌	2.6	1.5	2.6	1.5	230
渗灌	2.6	1.5	27	1.5	905
滴灌	2.6	1.5	23.2	1.5	800
管灌	2.6	1.5	8.955	1.5	360

注：按一口井的灌溉面积为 24 公顷计算。表中数据为不同地区调查所得数据的平均值。

2. 年管理费估算。可以根据灌溉项目实施前后成本的变动来估算新增流动资金的需要量。采用新的灌溉方式后，年灌溉设备维修费和人工费用将有所增加。根据冯利平等人的研究可知，渗灌年管理费为 7.4 元/亩，喷灌为 9.6 元/亩，由于缺乏准确资料，根据调查访谈者的经验估计可假设滴灌为 10 元/亩，管灌为 6 元/亩。

3. 增量效益估算。使用节水灌溉后所产生的增量效益主要包括节约能源所降低的灌溉成本；农产品增产增收效益；新增固定资产的残值回收等。在做理论分析时，由于不同灌溉方式主要表现为用水量的变化并导致灌溉成本的降低，而所需人工和农作物的增产效果不存在较大差别（所存在的产量差别主要是由于土地利用率的提高而引起的，忽略不计），同时假设固定资产全部报废无残值，所以项目产生的增量效益主要是由于采取不同灌溉方式而导致的水电费降低及农产品增收价值。

假设不采用任何节水灌溉措施，只靠畦灌方式，每亩粮田需水 400 立方米，采用不同节水灌溉方式后，相应每亩节约电费与节约的用水量成正比。根据经验数据，喷灌节水 40%，渗灌节水 60%，滴灌节水 50%，管灌节水 25%，所以分别节水 160、240、200、100 立方米。

表3　亩均增量效益情况

灌溉方式	增产增收（元）	节约电费（元）	节约水费（元）	合计（元）
喷灌	114	4.40	48	166.4
渗灌	114	6.60	72	192.6
滴灌	114	5.50	60	179.5
管灌	114	2.75	30	146.75

注：电费按每度0.5元计算，水费按每方0.30元计算。

（三）投资回收期分析

投资回收期是根据收回全部投资所需的时间来评价投资方案是否可行的一种方法。投资回收期＝投资总额/年增量效益或净收益，计算如表4：

表4　不同灌溉方式投资回收期

灌溉方式	喷灌	渗灌	滴灌	管灌
投资总额（元）	239.6	912.4	810	366
年增量效益（元）	166.4	192.6	179.5	146.75
增量投资回收期（年）	1.4	4.7	4.5	2.5
年净收益（元）	366.4	392.6	379.5	346.75
投资回收期（年）	0.7	2.3	2.1	1.1

注：假设无任何节水灌溉时每亩净收益为200元，加上节水灌溉措施带来的增量收益则为该种节水灌溉的实际净收益。

（四）净现值分析

净现值（NPV），是指投资方案投入使用后的净现金流量，按期望的投资报酬率或资金成本贴现成现值，然后减去投资现值总额后的余额，也就是未来收益的现值同投资额现值的差额。其计算为：净现值＝未来收益总现值－投资额现值。运用净现值法比较分析多个方案时，NPV越大投资收益就越好。

节水灌溉设备的折旧年限情况为：机井30年。水泵机组8年，过滤和施肥设备10年，管道10年（灌溉设备公司常称管道的寿命通常为15～30年，但考虑到实践中管道磨损情况，按10年折旧期计算）。假设投资者的资金成本为现行贷款利率设为8%。

$$NPV_{管灌}=346.75\times\sum_{t=1}^{10}\frac{1}{(1+8\%)^t}-360=346.75\times6.710-360=580.24$$

$$NPV_{喷灌}=366.4\times\sum_{t=1}^{10}\frac{1}{(1+8\%)^t}-230=366.4\times6.710-230=2\ 228.54$$

$$NPV_{渗灌}=392.6\times\sum_{t=1}^{10}\frac{1}{(1+8\%)^t}-905=392.6\times6.710-905=1\ 729.35$$

$$NPV_{滴灌}=379.5\times\sum_{t=1}^{10}\frac{1}{(1+8\%)^t}-800=379.5\times6.710-800=1\ 746.45$$

（五）结论

结论1：按增量效益分析，渗灌虽初始投资最高，但所获增量效益最好。

结论 2：按投资回收期分析，喷灌由于初始投资较低而投资回收较快。

结论 3：按净现值法分析，喷灌净现值最大而具有最高的投资效益。

结论 4：按成本效益分析，最佳灌溉方式排序为：喷灌、渗灌、滴灌和管灌。

三、政策建议

1. 加快进行有关农业井灌区地下水灌溉的水价研究，确定合理的收费标准和收费政策，实行灌溉用水按量计征、定量用水、超量加价的政策。只有政府加大力度，采取强制性措施节约灌溉用水，才能提高农民的节水意识，加快节水灌溉技术推广的速度。合理制定水价既涉及到促进节水作用，又涉及到保护农民种植的积极性，减轻农民负担的问题，所以应引起重视，针对京郊不同的地区和不同的工程措施制定出合理的水价政策。

2. 建立和健全田间水利配套设施的投资体制，明确各级投资主体的权利和义务，对于依靠农民劳动积累工完成的水利工程要切实让农民受益，以调动农民积极性，同时明晰产权，解决好水利设施集体管理和个人使用的矛盾，从而避免灌溉设施长期不配套，不能正常发挥效益的局面。随着水价政策的出台和实施，通过收取水费来满足当地灌溉管理机构自身运行维护的支出，从而减少对政府投资的依赖程度，达到水利工程可持续发展、用户用水量增产增收的目的。

3. 目前北京市缺少联结节水灌溉设备生产厂家和农业生产者的中介推广机构，使得好的节水灌溉技术难以转化为现实设备并被农民所利用。所以水利技术推广部门应承担起这一责任，一方面和生产厂家建立联系并保持畅通的信息，了解各项节水灌溉技术的具体内容并掌握各种灌溉设备的适用性，另一方面则与乡村一级基层水利人员多沟通，对他们进行培训，提高他们的专业知识和业务素质，使他们了解各种灌溉设施的节水效果和节水意义，从而加速节水设施的推广使用。

4. 随着宏观经济形势的变化，北京农业发展将进一步强化精品农业、设施农业、种农业、加工农业、创汇农业和休闲农业等反映农业现代化发展方向的高效农业。种植业内部粮经结构、品种结构以及种植方式将有较大规模的调整，改革耕作制度，搞粮、果、菜、草间作，立体开发，以效益为中心，优化和延长生物链，大力发展高效、优质、特色农产品将是大势所趋。而停留在两茬平播基础上的节水技术是难以适应农业发展需求的。因此，在节水设施的选取和技术应用上，有必要将从输水到用水过程划分为几个相对独立但又紧密相连的阶段，即输水工程、田间工程和作物用水等；在工程建设和选材上，尽量使上一阶段的标准能为下一阶段工程的升级换代和调整提供保障，确保农业种植结构调整，田间节水措施跟着调整。要做到这一点关键是技术保障，要充分利用首都的人才优势，加大攻关，面向现实解决这一问题。比如：平原由两茬平播改种果菜间作，节水形式应马上由喷灌改微灌；山区果树、菜田由管灌改微灌；其前提是各级输水工程的选择不仅要考虑输水过程要节水，而且要考虑输水设施对各种作物用水设施的兼容性和通用性。只有这样，才能根据不同作物以及作物不同发展阶段的需水要求，选择恰当的节水形式，提供适时 、适量的灌水，实现节水工程的超前发展。

附件一　节水灌溉所存在的问题

（1）到目前为止，还没有一个完善的农业用水价格体系，不能对农业用水进行有效的管理。节水灌溉的技术始终未能大面积推广，主要原因是由于水价偏低而造成水费成本在作物生产成本

中所占比重较小，灌溉节水技术未能引起农民的足够重视。调查发现，农民对采用节水灌溉技术后产量增加的关心程度远高于对节约多少灌溉水的程度，所以应通过水价这个经济杠杆，把农业节水和农民的经济利益结合起来，促使农民自发地使用节水灌溉技术。

(2) 节水灌溉的水量计量设施缺乏，管理手段落后，所以对用水量难以实现按量计征，造成灌溉费用难以有效回收，从而制约了灌溉管理组织的运行、管理和服务，导致灌溉管理的粗放运行。

(3) 近年来由于蔬菜、果树等面积发展迅速，但其灌溉技术和设备相对落后，仍采用大田作物灌溉技术，所以用水量较大，虽然少部分现已安装先进节水设备，但其作用仍未完全发挥作用。

(4) 农田水利工程的产权结构改革滞后，造成水利设施集体管理和个人使用之间的矛盾。由于农田水利工程的产权不清、利益不均，缺乏投资主体，造成灌溉设备长期不配套，不能正常发挥效益。部分乡村还存在工程设施丢失、损害严重的情况，从而加深了乡村集体的负担。

(5) 长期以来农田水利工程建设主要以国家和集体的投资为主，但由于财力所限国家只能保证重点骨干工程的建设。对于大量的田间配套工程，只能依靠农民利用规定的劳动积累工去完成，所以灌溉田间配套工程的投资主体仍不明确，缺乏有效的手段去调动农民的积极性。

(6) 水利技术推广部门作用未充分发挥，基层水利人员素质直接影响到节水灌溉技术功能和作用的发挥。

附件二　可供选择的灌溉系统

(1) 燕山滴灌系统。由中国水利水电科学院燕山滴灌技术研究所研究开发。主要用于大田粮食作物和果树的灌溉，其代表产品是大田半移动式滴灌系统。由于这种滴灌系统投资低，适合于缺水、经济条件较差地区使用，尤其是近年来将半移动式滴灌系统与干旱水窖相结合，可以使旱地水浇化，从而取得显著的经济和社会效益。

(2) 绿源微灌系统。由北京绿源塑料联合公司所生产的微灌设备和与之配套的京通捷机电有限公司研制的首部设备组成。它是目前国内较常用的、设备技术性能较好、配套较齐全的微灌系统，主要用于温室大棚蔬菜、果园、葡萄园、绿地和花卉的灌溉。

(3) 莱塑微灌系统。由山东省莱芜市塑料制品总厂制造的微灌设备配套组装的微灌整体设备。主要用于果树、温室、塑料大棚的灌溉，它是目前国内使用面积最大的微灌系统之一。

(4) 小管出流灌溉系统。由中国农业大学水利与土木工程学院研发的一种微灌系统。该设备适应性强，对各种地形、土壤及果树均适用。

(5) 环能软管微灌系统。由农业部规划设计院开发的一种微灌系统。主要用于温室、塑料大棚蔬菜的灌溉。该系统价格低廉，适合于农民使用。

构建和谐社会进程中的农村政策调整

王 正 谱

[摘 要] 本文从阐述和谐社会的基本理念出发，对和谐社会的提出、内涵、要素、重大关系以及重大意义进行了梳理。从农村土地、农民就业、农民收入、农村城镇化、农村社会事业发展以及农村干群关系等六个方面，对目前农村社会的不和谐因素给出了一个基本的判断。相应地，对以上六个方面的不和谐因素提出了政策调整和完善的建议。

本文认为：构建农村社会的和谐，是一个没有终极的追求过程。因为和谐没有上限，农村社会发展的每个阶段，都应该有不同的和谐目标，达到阶段性目标后，还要随着社会的发展产生新的和谐目标。但是，农村社会的和谐却有底限，如果农村社会的不和谐达到了不可容忍的程度，农村以及整个社会都会发生动荡。因此，对农村和谐社会的构建绝不可掉以轻心。

一、关于和谐社会的基本理念

（一）和谐社会的提出

构建和谐社会，是党的十六大和十六届四中全会提出的重大任务。构建和谐社会的理念在党的十六大报告中已有所体现。十六大报告在论述全面建设小康社会时指出，到2020年，我国将要实现的小康社会比2000年有六个“更加”，即经济更加发展，民主更加健全，科教更加进步，文化更加繁荣，社会更加和谐，人民生活更加殷实。党的十六届四中全会进一步提出了构建社会主义和谐社会的任务，明确了构建和谐社会的主要内容，即“坚持最广泛最充分地调动一切积极因素，不断提高构建社会主义和谐社会的能力。”“要适应我国社会的深刻变化，把和谐社会建设摆在重要位置，注重激发社会活力，促进社会公平和正义，增强全社会的法律意识，维护社会安定团结。”

2005年2月19日，胡锦涛同志在中共中央举办的省部级主要领导干部专题研讨班上，围绕构建和谐社会问题发表重要讲话。讲话深刻阐述了构建和谐社会的重大意义、科学内涵、基本特征、重要原则和主要任务，清晰勾画出社会主义和谐社会的壮美前景，为我们正确认识、全面把握和积极构建和谐社会指明了方向。

（二）和谐社会的内涵

胡锦涛同志对和谐社会内涵的阐述是：“社会主义和谐社会，应该是民主法治、公平正义、诚信友爱、充满活力、安定有序、人与自然和谐相处的社会。”和谐社会的基本特征是相互联系、相互作用的，需要在全面建设小康社会的进程中全面把握和体现。具体地说，促进和谐社会建

设，就要保持经济健康发展，推进民主进程，落实依法治国的基本方略，加强思想道德建设，维护社会公平和正义，加强社会管理，处理好人民内部矛盾，加强生态环境建设，保持社会稳定。

（三）和谐社会与小康社会、中国特色社会主义总体布局的关系

构建和谐社会，同全面建设小康社会是一致的。两者目标一致、实践过程一致。全面建设小康社会的目标，包含了社会更加和谐的要求，小康社会是一个时期的目标，而构建和谐社会是一个需要长期奋斗的目标，构建和谐社会比全面建设小康社会的要求更高、时间更长、任务更重。

构建和谐社会，同建设物质文明、政治文明、精神文明是融为一体的。中国特色社会主义的总体布局更加明确地由经济建设、政治建设、文化建设、社会建设四个方面有机构成。

（四）构建和谐社会需要发展、改革、稳定、活力、公平正义五大要素

发展主导和谐。没有发展，就没有和谐。构建和谐社会，是由以人为本、全面协调可持续的科学发展观作为重要战略思想的。科学的发展观是从发展的角度求和谐，和谐社会的建设是从和谐的角度促发展。

改革促进和谐。要坚持以市场为取向的改革不动摇，进一步推动制度创新，增强经济社会发展的内在动力。

稳定保证和谐。构建和谐社会必须保持稳定，这是做好一切工作的前提条件。

和谐需要活力。要尊重知识、尊重劳动、尊重人才、尊重创造，调动全社会一切积极因素，让一切创造社会财富的力量充分发挥出来。

和谐有赖公平正义。维护社会公平正义，悬构建和谐社会的重要方面。要通过具体的政策，兼顾好、协调好各方面的利益关系，正确反映和兼顾不同地区、不同部门、不同方面群众的利益。

（五）和谐社会理念的重大意义

从2002年的全面建设小康社会战略目标的提出，到2003年科学发展观的提出，再到构建和谐社会，是我们党对于发展问题认识逐步深化的过程。表明我们党对建设中国特色社会主义的认识达到了一个新的高度，对建设中国特色社会主义的总体发展格局有了更加全面的认识。和谐社会的理念也必将在全球化进程中，得到国际社会的理解和支持。

二、全面认识当前农村社会的不和谐因素

（一）农村土地的不和谐

土地是农民最基本的生产资料，也是农民最基本的生活保障。农村土地制度完善与否，对农民关系重大。当前主要的问题是，在土地承包和流转过程中，农民的合法权益受到了侵犯。有的地方不顾农民的意愿，强行收回农民的承包地；有的地方侵犯农民的利益，随意克扣农民的转包收益。

（二）农民就业的不和谐

农民就业问题是事关农业发展、农村繁荣、农民富裕和社会稳定的大问题。从1978年到2000年，我国农村劳动力从3.1亿人增加到4.8亿人，从事农业生产的农业就业比重从70%下

降到46%，农村非农产业劳动力从7.5%增加到32%，22年转移了1.3亿人，平均每年转移约600万人。但是，必须看到，农民就业的压力远没有缓解。随着人口的增加，在农业中就业的劳动力总量并没有减少。今后一个时期又是农村劳动力供给高峰，每年还要新增劳动力800万人，农民就业问题不容小视。

（三）农村城镇化的不和谐

农民人均占有的资源少，农业劳动生产率低，是我国农业和农村发展面临的基本矛盾，解决农业、农村、农民问题的根本出路，在于推进城镇化，减少农民。这是世界各国走向现代化的基本经验，是一个大方向。而目前我国农村的城镇化严重滞后。改革开放前的26年里，我国城镇化水平从12.6%上升到17.9%，年均上升0.2个百分点，城镇化进程基本处于停滞状态。改革开放以来，城镇化步伐逐步加快，2004年城镇化率已经上升到42%。但是，目前我国的城镇化率仍滞后于国民经济发展和工业化进程。城镇化率比同等经济发展水平国家低10个百分点，与同等工业化水平国家低20个百分点。

（四）农民增收的不和谐

概括地说，有三个方面的问题。一是绝对水平较低。2004年农民人均纯收入是2 936元，相当于每天1美元。按照人均年收入625元的贫困线标准，现在全国还有2 600万左右的绝对贫困人口。如果按照人均825元（100美元）的标准，全国有9 000万左右的人口低于这个标准，而这个数量大于欧洲任一国家的人口数量。二是增长缓慢。改革开放以来，农民收入增长的大致脉络是：1979—1984年，是农民收入增长最快的时期，基本上都在15%、16%以上。1985年开始徘徊，一直到1996年，这十几年增长都在一位数，其中1996年最高，扣除物价后达到9%。1997年后一路下降，从5.8%到4.8%直至2000年的2.1%。2001年以来逐年恢复，2004年达到6.8%。三是城乡差距加大。改革开放以来城乡收入差距最小的是1983年，为1.82，最大的是2003年，为3.23。如果考虑到实际收入水平，现在的城乡收入差距可能在1∶6左右。

（五）农村社会事业建设的不和谐

改革开放以来，农村教育事业有了很大发展，农民受教育程度显著提高。但与城市比较，农村教育的发展还比较落后。突出的是农村教育投入不足。1996年到1998年，全国中学的教育经费平均增长12.6%，全国小学的教育经费平均增长9.5%，而同期农村增长率分别为2.6%和6.5%。改变农村的落后面貌，必须首先改变农村落后的教育。

农村卫生投入长期严重不足，医疗服务和保健服务不能满足农民群众的基本需要。

村民自治制度、村务公开制度等才刚刚起步，发展水平还比较低，有些干部还不能适应群众不断增长的参政议政要求，有的农民还不会正确行使自己的民主权利，有的地方还出现了宗族和恶势力干预村民选举的严重问题。

（六）农村干群关系的不和谐

农村干群关系是党群关系的具体体现，处理好农村干群关系，对于维护农村社会稳定至关重要。总的来说，当前农村干群关系和农村基层干部的主流是好的。广大农村干部认真贯彻党的政策，团结和带领群众脱贫致富，群众基本上是满意的。但是在不少地方也存在干群关系紧张的状况。主要的问题是一些干部想问题、办事情，不是从农村的实际出发，不尊重农民的生产经营自主权，服务少干预多，搞形式主义多，干实事少，对此群众很有意见。一些地方的老百姓对干部意见较大，甚至形成严重的对抗局面，有些地方出现暴力性群体事件。少数干部的腐败行为也引起农民群众的不满，严重影响了干部在农民中的形象。

三、在构建和谐社会的理念下农村政策调整的主要着力点

（一）稳定和完善农村土地承包关系

今后一个时期要围绕稳定和完善土地承包关系，进一步健全适应我国国情和市场经济体制要求的农地使用制度。要坚持土地集体所有，赋予农民长期的、完整的、有法律保障的土地承包经营权，使农民享有土地的使用权和收益权，真正成为独立的市场主体。要随着农村二、三产业的发展和城镇化进程，逐步探索土地流转机制，使土地使用权流转得以规范有序地进行。

（二）促进农村劳动力向非农产业转移

转移农村劳动力，不仅符合农民的切身利益，也是农村发展和国民经济增长的主要动力。今后一个时期，应该把解决农民就业问题，作为改革和发展的重要目标。要把考虑问题的着眼点，从仅仅局限于农村内部转变到城乡全局，把农村城镇化作为转移的主渠道，加大跨区域跨城乡转移的力度。农民向非农产业转移是客观规律，应该尊重农民的择业权利，顺应这一社会发展的大趋势。

（三）千方百计促进农民增加收入

在农业发展的新阶段，促进农民增收，必须要有新思路。要以农产品质量安全为突破口，以农业产业化经营为依托，大力发展优质高效农业。要以城镇化为突破口，推进农村经济结构的战略性调整。要改善宏观政策环境，加快建立起对农业的支持和保护体系。要加法减法一起做，切实减轻农民负担。

（四）不断改善农村干群关系

在农村的干群矛盾中，干部是矛盾的主要方面。解决农村干群关系问题，关键在干部。要教育干部树立政策法制观念，学会依法办事，按政策办事。要使农村干部善于运用法制的办法调解和处理新时期的农村矛盾。要加强对干部的管理和监督，办事公道，以身作则。上级部门布置工作要多体谅农村的难处，不能脱离实际，逼着农村干部得罪农民。同时要加强对农民的思想教育，树立法制观念。

（五）加强农村社会事业建设

在教育、医疗卫生和基础设施建设方面向农村倾斜。要加大农村教育投入，继续普及农村义务教育，落实以县为主、县乡两级共同管理的农村义务教育体制。同时，大力开展对农民的教育培训工作，普及科技知识，不断提高农民的文化和文明素质。农村卫生是关系农民身体健康和切身利益的大事，应下决心把医疗卫生的重点放到农村去，进一步明确各级政府对农村医疗卫生的责任，加大对农村医疗卫生的投入，研究和探索新型的合作医疗制度，进一步改善农村医疗服务。

（六）坚持不懈地推进和谐社会的构建进程

构建农村社会的和谐，是一个没有终极的追求过程。因为和谐没有上限，农村社会发展的每个阶段，都应该有不同的和谐目标，达到阶段性目标后，还要随着社会的发展产生新的和谐目标。但是，农村社会的和谐却有底限，如果农村社会的不和谐达到了不可容忍的程度，农村以及整个社会都会发生动荡。因此，对农村和谐社会的构建绝不可掉以轻心。

附　录

1. 1975年以来学院教师主持的部分研究项目

	课题名称	主持人	课题来源	起始年月	结束时间
1	北方乡级农业发展规划方法研究和应用	张仲威	自选课题（农业部）	1975	1983
2	湖南省桃园县农业经济综合考察与农业区划研究	张仲威	中国科学院	1980	1981
3	北京市农业区划的理论和方法研究（通县调查报告）	张仲威	国家农委	1980.5	1980.12
4	河北省曲周重点试验区的综合治理与综合开发研究		国家科委“六五”攻关项目	1981	1982
5	关于改善通县永乐店公社小海子大队劳动管理的研究	张仲威	北京市科委，市农场管理局	1981	1982
6	北京八、九月淡季菜供应经济数学模式研究和北京市蔬菜成本价格及发展趋势研究（专题）	贺锡苹	国家科委	1982	1984
7	改善国营农场及人民公社经营管理研究	张仲威	中德合作项目	1982	1985
8	关于京郊农业区划经济条件的研究	张仲威	北京市农委，北京市区划办	1982	1985
9	以畜牧业为主的农业生产合理结构试验	袁若飞	天津市科委“六五”重点项目	1982	1986
10	黄淮海平原农业产业结构研究（专题）	贺锡苹	国家科委“六五”攻关项目	1983	1985
11	农业和国民经济其他部门的关系研究	张仲威	国务院农研中心	1984	1986
12	农业技术改进综合研究	张仲威	国务院农研中心	1984	1986
13	板栗历史的研究	阎万英	河北省外贸	1984	1986
14	黑龙江粮畜转化研究	查振祥	国务院农研中心	1984	
15	蔬菜流通体制改革（专题）	俞家宝	商业部农村发展研究中心	1985	1986
16	完善农业合作制资料研究	韦嘉珀	《当代中国·农业合作化运动史》卷编辑部	1985	1986
17	CIAD NO.12 猪肉、蔬菜市场改革研究	俞家宝	中德合作项目	1985	1989
18	CIAD NO.12 改善蔬菜与畜产品市场的研究（一期）	吴敬业	中德合作项目	1985	1989.12

	课 题 名 称	主持人	课题来源	起始年月	结束时间
19	CIAD NO. 13 农业推广理论与咨询的理论与方法研究（一期）	张仲威	中德合作项目	1985	1989. 12
20	棉花购销宏观调节	洪乌金	国务院农研中心	1985	
21	四川省猪肉生产与流通	查振祥	国务院农研中心	1985	
22	海淀区蔬菜体制改革试点研究	贺锡苹	北京市科委	1985	
23	绵羊与羊毛生产合理结构及流通改革的研究	郑大豪	国家经委	1986	1987
24	2000 年农产品体制改革与研究		国务院农研中心	1986	1987
25	广东省猪肉价格改革	查振祥	农业部经济政策研究中心	1986	1988
26	支持农业技术推广和服务事业，促进农业生产发展的研究	金敬恩	中国农村财政研究会	1986	1989
27	羊毛生产合理结构与改善羊毛流通体制问题	郑大豪	国家经委	1986	1990
28	山区农业资源开发研究（专题）	郑大豪	农业部“七五”重点项目	1986	1990
29	内蒙古山地区农业发展战略研究(专题)	赵冬缓	国家“七五”攻关项目	1986	1990
30	城郊农业技术经济体系研究（专题）	贺锡苹	农业部科技司重点项目	1986	1990
31	湘西扶贫考察与探索	张仲威	农业部	1986	1990
32	乡镇企业股份制	查振祥	国务院农研中心	1986	
33	CIAD NO. 11 技术经济与管理现代化（一期）	安希伋	中德合作项目	1986. 9	1989. 12
34	我国生猪生产波动及对策研究	林智元	农业部畜牧兽医司	1987	1988
35	农业资金研究	查振祥	农业部经济政策研究中心	1987	1988
36	农业宏观调控与计划指导研究	赵冬缓	农业部农业发展战略研究中心	1987	1989
37	改革以来价值观的变化		国家社会科学基金	1987	1989
38	大丰生态县规划研究		国家环保局	1987	1989
39	农经教育改革研究	王立诚	农业部经济政策研究中心	1987	1989
40	农经学科建设研究	张仲威	农业部经济政策研究中心	1987	1989

	课 题 名 称	主持人	课题来源	起始年月	结束时间
41	农业决策支持模型	吴敬业	国家信息中心	1987	1990
42	大中城市肉奶蛋价格研究（专题）	林智元	农业部农业发展战略研究中心	1988	1989
43	新型蔬菜——搅丝瓜的历史和开发现状的研究	阎万英	北京市科委	1988	1989
44	中西部地区乡镇企业发展战略研究	洪乌金	农业部农业发展战略研究中心	1988	1990
45	我国贫困地区经济开发综合研究	李正强	国务院扶贫办	1988	1990
46	农村产业政策研究	洪乌金	农业部经济政策研究中心	1988	1990
47	天津静海县东双塘乡区域开发	袁若飞	天津市“七五”重点项目	1988	1990
48	关于国民党统治区域城市土地价格的研究	詹玉荣	国家土地局	1988	
49	农业合作经济组织条例研究	俞家宝	农业部政策法规司	1989	1990
50	提高国营农场经济效益的研究	金敬恩	农业部农垦局	1989	1990
51	我国农业普查设计问题的研究	刘宗鹤	国家自然科学基金	1989	1991
52	有计划商品经济理论在农村领域应用研究	张仲威	国家自然科学基金	1989	1991
53	农业技术推广的立法研究	赵冬缓	国家科委	1989	1991
54	我国农业投资项目管理的理论与方法研究	杨秋林	国家自然科学基金	1989	1991
55	中国农业投资计划、评审及管理方法的研究	杨秋林	国家自然科学基金	1989	1991
56	我国粮食布局与区际流通效益研究	董凯忱	国家科委	1989	1992
57	农业计划新论研究		国家科委	1989	1992
58	北京农业推广运营机制研究	申建为	北京市科委	1989	
59	价格税收对农业投资的影响	苗玉良	农业部	1989.1	1990
60	关于解放前农用地价的研究	詹玉荣	国家土地局	1989.5	1990.5
61	国外农业资金政策研究	宗会来	农业部	1989.8	1990.6
62	我国农民收入差异及其与经济发展关系	冯元化	国家哲学社会科学基金	1990	1991
63	农业推广的理论和方法研究	张仲威	国家教委博士点科研基金	1990	1991
64	土地定价理论与方法	贺锡苹	国家自然科学基金	1990	1992

	课题名称	主持人	课题来源	起始年月	结束时间
65	改进化肥分配使用、提高其生产效率的技术经济研究	郑大豪	国家教委博士点科研基金	1990	1993
66	CIAD NO. Ⅱ技术经济与管理现代化（二期）	郑大豪	中德合作项目	1990	1995
67	CIAD NO. 12 粮食运销研究（二期）	俞家宝	中德合作项目	1990	1995
68	CIAD NO. 13 农业推广理论、原则、方法和组织（二期）	张仲威	中德合作项目	1990	1995
69	关于我国农业双层经营体制的实践和理论说明的研究	王立诚	国家哲学社会科学基金	1991	1992
70	农业产业结构优化的 PDPLUS 模型及对策研究	袁若飞	国家哲学社会科学基金	1991	1992
71	农产品市场波动研究	柯炳生	国家哲学社会科学基金	1991	1992
72	贫困地区农村经济发展的理论与方法	赵冬缓	国家自然科学基金	1991	1993
73	农业社会化综合服务体系研究（子专题）	郑大豪	国家科委	1991	1993
74	华北地区屯粮田建设的技术经济研究（专题）	郑大豪	农业部“八五”重点课题	1991	1993
75	我国国民经济核算体系的理论研究	王治方	国家自然科学基金	1991	1994
76	我国北方旱作区（武川县）农村产业结构优化研究（子专题）	赵冬缓	国家“八五”公关子课题	1991	1995
77	燕山东段半干旱区农业生态优化综合经济技术研究	张仲威	河北省科委“八五”公关课题	1991	1995
78	农业科研投入与农业经济增长的相互关系研究（子专题）	贺锡苹	农业部	1992	1993
79	中国农村统计体制改革的研究	李守谦	农业部	1992	1993
80	农产品市场分析的理论与方法研究	柯炳生	农业部	1992	1993
81	我国绿色食品市场的开放和培育	贺锡苹	农业部	1992	1993
82	北京优质大米需求研究（子专题）	王希迎	中国水稻研究所	1992	1993
83	我国不同地区的农业推广机制比较	何秀荣	农业部	1992	1993
84	我国农业投资主体结构研究	杨秋林	农业部	1992	1993
85	我国玉米市场及其发展趋势研究	俞家宝	国家哲学社会科学基金	1992	1994
86	持续农业决策支持系统（专题）	秦　富	农业部“八五”重点课题	1992	1994

	课 题 名 称	主持人	课题来源	起始年月	结束时间
87	东郊农业推广咨询服务模式及其运行机制研究	高启杰	北京市哲学社会科学基金	1992	1994
88	九十年代北京市乡镇企业的发展道路	袁若飞	北京市哲学社会科学基金	1992	1995
89	不同类型国家农业继续教育研究	方康云	农业部教育司	1995	1995
90	我国南方各省大米喂猪的调查与研究	俞家宝	农业部	1995	1995
91	民间粮油经营组织现状调查	谭向勇	农业部	1995	1995
92	台湾的农产品运销研究	谭向勇	农业部国际合作司	1995	1995
93	主要农产品价格跟踪与监测分析	柯炳生	农业部	1995	1996
94	东光县扶贫规划	李志民	东光县	1995	1996
95	农业合作社法研究	俞家宝	农业部	1995	1996
96	财政支农资金问题研究	孙文锴	财政部，农财司	1995	1996
97	德国农村信贷及中小型企业信贷问题研究	何广文	德国诺曼基金会	1995	1996
98	山东省苹果产业调查	何秀荣	日本果实基金会	1995	1996
99	我国生猪生产流通管理体制研究	何秀荣	国务院研究室	1995	1996
100	中国农业技术发展的目标与机制	高启杰	国家教委项目	1995	1997
101	功能食品专营策划	李志民	江西省民星集团	1995	1997
102	我国市场经济体制下农业宏观调控职能与调控体系研究	赵冬缓	国家自然科学基金	1995	1997
103	农业劳动力加速转移中农户变化及组建农业产业的研究	郑大豪	国家社科基金	1995	1997
104	中国农产品市场研究	田维明	中澳合作项目	1995	1997
105	世界大豆生产的现状，潜力与对策	秦　富	农业部	1996	1996
106	京郊农业产业化的组织研究	任晋阳	北京市	1996	1996
107	中国农业产业化研究	任晋阳	农业部	1996	1996
108	东南亚水果生产消费和贸易研究	何秀荣	美国农业部	1996	1996
109	世界水稻生产的现状，潜力与对策	田维明	农业部	1996	1996
110	世界玉米生产的现状，潜力与对策	谭向勇	农业部	1996	1996
111	农业高校经济管理专业课案例教学研究	李志民	北京教育科学规划组	1996	1997
112	精饲料供求平衡及合理布局研究	秦　富	农业部横向课题	1996	1997
113	我国小麦，水稻市场及其发展趋势研究	俞家宝	国家社科基金	1996	1997
114	区域开发扶贫对策研究	杨秋林	国家社科基金	1996	1997
115	中国畜产品生产的国际环境与竞争力研究	王秀清	农业部畜牧司	1996	1997

	课 题 名 称	主持人	课题来源	起始年月	结束时间
116	主次产区发展玉米生产的对策研究	谭向勇	农业部	1996	1997
117	京郊农业高新技术产业化发展研究	高启杰	北京市社科基金	1996	1998
118	京郊乡镇企业的技术改造与转变经济增长方式研究	洪乌金	北京市社科基金	1996	1998
119	农产品市场理论实政研究（“九五”重点项目）	柯炳生	国家社科基金	1996	1998
120	功能食品开发	李志民	农业部	1996	1998
121	燕山东段接坝区农林牧持续发展及其产品深加工研究	张仲威	河北科委九五攻关	1996	1998
122	我国主要农产品布局与区域开发研究	赵冬缓	农业部资源规划司	1996	1998
123	北京市生猪及猪肉市场管理研究	谭向勇	北京市社科基金	1996	1998
124	关于中国蔬菜流通体系演变的研究	王秀清	回国启动基金	1996	1998
125	国内外农业经济管理类各专业培养目标，教学内容，课程体教学方法的现状及改革趋势	谭向勇	国家教委	1996	1998
126	辽宁省农业保险模式与扶持政策研究	李秉龙	辽宁省	1996	1998
127	农业推广专业本科学科建设问题研究	高启杰	中华农业科教基金	1997	1998
128	农业基本建设投资规模结构和效益分析	秦　富	农业部软科学	1997	1998
129	农业微观经营组织模式及发展对策研究	任晋阳	农业部软科学	1997	1998
130	会计心理行为研究	杨秋林	中国农业会计学会	1997	1998
131	会计信息质量研究	杨秋林	中国农业会计学会	1997	1998
132	市场营销系列课程教学内容和课程体系改革的研究与实践	何秀荣	中华农业科教基金	1997	1998
133	我国农业工业化，农村城市化对策研究	谭向勇	国家科委	1997	1998
134	玉米产业开发政策研究	谭向勇	农业部软科学	1997	1998
135	增加农业科研投入和提高使用效益的对策研究	何秀荣	农业部软科学	1997	1998
136	中国21世纪的农产品贸易战略研究	田维明	中华农业科教基金	1997	1998
137	中国乡村城市化研究	谭向勇	建设部	1997	1998

	课题名称	主持人	课题来源	起始年月	结束时间
138	主要农产品价格与市场跟踪监测分析	柯炳生	农业部软科学	1997	1998
139	合作金融理论与实践—中外比较研究	何广文	国家社科基金	1997	1999
140	中国粮食市场政策改进研究	肖海峰	国家教委	1997	1999
141	中国乡镇企业集团模式及运营效益研究	李　平	国家社科基金	1997	1999
142	农业科技成果转化为现实生产力的研究	赵冬缓	国家教委博士点基金	1997	2000
143	加入WTO对中国农业经济及宏观经济的影响	田维明	农业部国际合作司	1998	1998
144	农村城市化与农业现代化研究	谭向勇	国家科委	1998	1998
145	21世纪我国土地资源的合理利用及管理	李小清	回国人员启动基金	1998	1999
146	民族地区农村经济发展研究	李小清	国家统计局	1998	1999
147	北京市农业投资问题研究	王景兰	北京市统计局	1998	1999
148	2010年农业投资总量与结构研究	杨秋林	农业部软科学	1998	1999
149	WTO成员国的国内农业支持措施比较与我国农产品最优进口关税结构研究	李秉龙	中华农业科教基金（软科学）	1998	1999
150	不同地区农户借贷行为及借入资金来源结构研究	何广文	农业部软科学	1998	1999
151	供给需求和市场投入对猪肉供应的影响	辛　贤	美国温洛克国际农业发展协会与福特基金会	1998	1999
152	农村产业结构调整与粮食安全问题	辛　贤	北京市统计局	1998	1999
153	农业部基本建设财务管理办法研究	杨秋林	农业部财务司	1998	1999
154	生猪生产波动与猪肉和饲料市场价格变动的关系研究	谭向勇	农业部软科学	1998	1999
155	未来十年内我国农产品国际竞争力及所需提供适度保护水平的研究	田志宏	国务院关税税则委员会办公室委托项目	1998	1999
156	中国农产品合理关税结构的定量研究	田志宏	博士后科学基金项目	1998	1999
157	中国贫困地区小额信贷效果和可持续性研究	郭　沛	美国温洛克国际农业发展协会与福特基金会	1998	1999
158	中国主要农产品市场整合程度研究	武拉平	美国温洛克国际农业发展协会与福特基金会	1998	1999

	课题名称	主持人	课题来源	起始年月	结束时间
159	主要农产品价格与市场跟踪监测分析	何秀荣	农业部软科学	1998	1999
160	资源利用方式与可持续发展研究	王秀清	国家统计局	1998	1999
161	农村研究生发展规模研究	谭向勇	中华农业科教基金（教改）	1998	2000
162	中国主要农产品国内市场整合程度研究	田维明	国家社科基金	1998	2000
163	财政与农村税收	甘立平	中华农业科教基金（教改）	1998	
164	农业及农村税收制度实证研究	甘立平	农业部软科学	1999	1999
165	世界农业对中国农业发展的影响	李秉龙	国家发展计划委员会	1999	1999
166	粮食及食物（安全）预警课题——系统动态学模型	秦　富	国家软科学委员会重点项目	1999	2000
167	“十五”及2010年（2001—2015）农业固定资产投资方向和重点研究	谭向勇	农业部计划司	1999	2000
168	WTO新一轮农业多边谈判对中国的影响和对策	田维明	中华科教基金	1999	2000
169	高新科技示范项目可行性研究管理办法	杨秋林	国家农业开发办	1999	2000
170	环境会计的理论及方法研究	杨秋林	中国农业会计学会	1999	2000
171	跨越计划项目财务预算方法及经济分析研究	杨秋林	农业部财务司、计划司	1999	2000
172	世界贸易组织规则实施成效与我国入关后的对策	田维明	农业部国际合作司	1999	2000
173	中国与世界主要农产品市场价格联系研究	武拉平	美国福特基金会	1999	2000
174	主要农产品的关税水平及政策研究	田志宏	农业部软科学基金项目	1999	2000
175	日本猪肉产销体系研究	李　平	中日合作项目	1999	2000.2
176	华北地区小麦、玉米、蔬菜体系的生态效益分析	何秀荣	中德项目	1999	2001
177	政治民主化经营研究的互动：村民自治背景下合作制度创新与农业产业化经营研究	冯开文	国家社科基金	1999	2001
178	中国主要农产品市场整合程度：价格变化、比较及其政策含义	田维明	国家自然科学基金	1999	2001

	课题名称	主持人	课题来源	起始年月	结束时间
179	我国农村民间借贷研究	冯开文	中国人民银行	1999	2001.1
180	世界银行中国黄土高原水土保持项目	杨秋林	世界银行和水利部	1999	2005
181	河南郑州全水区域城郊经济产业化经营策划	李志民	河南省科委	1999	
182	保全型农业的持续发展	何秀荣	日本农业大学	1999	
183	非洲农产品市场开发和利用	何秀荣	非洲委托项目	1999	
184	农机跨区作业的现状问题及对策	焦长丰	农业部政策法规司软科学课题	1999	
185	西方经济学英语讲授的研究与实践	焦长丰	中国农业大学教改研究项目	1999	
186	主要畜产品产量波动与价格波动研究	辛　贤	博士后科学基金	2000	2000
187	国家农业综合开发项目评估方法和各类项目评估标准研究	秦　富	国家农业综合开发办	2000	2001
188	国内外大豆生产比较优势研究	秦　富	农业部计划司	2000	2001
189	部分国家入世后农业政策调整研究	田维明	农业部国际合作司	2000	2001
190	关于农产品产地间竞争的研究	王秀清	教育部优秀青年教师基金	2000	2001
191	国外农业财政政策与农业金融环境比较研究	李秉龙	农业部国际合作司	2000	2001
192	国外农业概况研究	何秀荣	农业部国际合作司	2000	2001
193	加入WTO对我国畜牧业生产和畜产品市场的影响	辛　贤	农业部软科学委员会	2000	2001
194	建国以来历年耕地面积数据分析	王秀清	中国土地勘测规划院	2000	2001
195	我国农产品出口贸易及政策研究	田志宏	农业部农业对外经贸研究项目	2000	2001
196	我国农产品的合理关税水平与关税结构研究	田志宏	国家自然科学基金项目	2000	2002
197	中国饲料谷物区域市场发展前景	田维明	澳大利亚谷物研究开发公司	2000	2002
198	我国主要农产品市场问题研究	谭向勇	教委博士点基金	2000	2003
199	加入WTO后我国农机化发展所面临的机遇、挑战及对策	田志宏	农业部农机化司研究课题	2000	
200	农民消费结构变化对我国粮食需求影响的定量研究	秦　富	回国人员启动基金	2000.1	2001.1

	课 题 名 称	主持人	课题来源	起始年月	结束时间
201	农户信用担保问题研究	何广文	农业部软科学委员会	2001	2001
202	食物消费结构变化对食物系统不同部门收入的影响	王秀清	农业部软科学委员会	2001	2001
203	美国食品安全标准研究	秦　富	农业部	2001	2002
204	中美农业投资领域、结构和绩效的比较研究	秦　富	农业部	2001	2002
205	Survey and Analysis of Small Scale Finance in Rural Areas of PRC	何广文	Japan Bank for International Cooperation	2001	2002
206	WTO与中国农业发展	何秀荣	美国福特基金会	2001	2002
207	北京市农业高新科技产业化及高新科技园区发展问题研究	林万龙	北京市科委	2001	2002
208	北京市农业结构调整问题研究	谭向勇	北京市科委	2001	2002
209	国内支持政策与农业和农村经济结构战略性调整问题研究	林万龙	农业部	2001	2002
210	湖南省电力企业效绩评价与财务诊断研究	卢凤君	企业委托	2001	2002
211	加入WTO对我国农业影响与对策研究	田志宏	农业部软科学重点	2001	2002
212	京郊现代农业科技园区建设与农业产业化经营	林万龙	北京市软科学	2001	2002
213	美国农业预算对我国的借鉴价值研究	辛　贤	农业部	2001	2002
214	农产品对外贸易的统计口径	田志宏	农业部计划司委托项目	2001	2002
215	农村发展科技战略研究	辛　贤	国家科技攻关课题	2001	2002
216	企业产品市场的不确定性分析与企业经营的优化策略研究	乔　忠	国家自然科学基金项目	2001	2002
217	体育彩票市场调查	陈宝峰	中国体彩销售中心	2001	2002
218	我国工厂化农业发展战略与管理创新研究	田志宏	国家“十五”科技攻关计划课题	2001	2002
219	我国工厂化农业发展战略与组织创新研究	乔　忠	国家“十五”重大科技产业项目	2001	2002
220	西部农村企业发展中的金融扶持研究	何广文	国务院扶贫办/World Bank	2001	2002

	课题名称	主持人	课题来源	起始年月	结束时间
221	县域水资源可持续利用问题研究	谭向勇	山西水资源管理委员会	2001	2002
222	乡镇企业产权多元化后经济运作特点与对策研究	许惠渊	北京市科委	2001	2002
223	中国各省市自治区粮食供求和环境模型	陈永福	回国人员启动基金	2001	2002
224	中国粮食政策研究	赵冬梅	中韩合作	2001	2002
225	中国西北草地畜牧业发展研究	张正河	农业部（世行项目）	2001	2002
226	中国农业利用外资研究	秦　富	中欧农技中心	2001	2003
227	“小额信贷信用评估与风险管理”、“小额贷款机构的财务分析与管理”	何广文	德国技术合作公司（GTZ）	2001	2003
228	北京郊区鲜活农产品竞争力研究	王秀清	北京社科基金	2001	2003
229	大城市郊区生猪产业组织创新研究	卢凤君	地方资助项目/国家自然科学基金	2001	2003
230	合作社和乡镇企业的制度变迁比较研究	冯开文	国家自然科学基金	2001	2003
231	基于综合比较优势的农产品区域政策研究	李秉龙、乔　娟	国家科学技术部，“十五”国家科技攻关计划项目子课题	2001	2003
232	加入 WTO 对我国农业影响及对策研究	田维明	农业部	2001	2003
233	京郊农户融资行为实证研究	何广文	北京社科基金	2001	2003
234	农产品市场营销管理模式研究	安玉发	国家自然科学基金	2001	2003
235	乡镇企业与小城镇互动机理及模式研究	米增渝	国家自然科学基金	2001	2003
236	中国毛纺工业发展经济研究	李　平	澳大利亚国际农业研究中心	2001	2003
237	中国贫困地区县乡财政不平衡对农村公共物品供给影响程度研究	李秉龙	福特基金会	2001	2003
238	中日农村劳动力转移比较研究	何秀荣	中日合作	2001	2003
239	中日蔬菜生产、流通、贸易研究	安玉发	日本能率协会	2001	2003
240	主要农产品国内外市场相互协调及影响研究	武拉平	国家自然科学基金	2001	2003

	课 题 名 称	主持人	课题来源	起始年月	结束时间
241	《我国农业专业核算办法研究》	杨秋林	财政部会计司、农业部农垦局	2001	2004
242	平顶山市农业发展规划制度及技术引进分析	陈宝峰	平顶山市政府	2001	2004
243	中国农业产业化研究	何秀荣	中日合作	2001	2004
244	中国粮食市场整合与粮食价差研究	武拉平	福特基金会	2001.1	2001.7
245	中国农产品对外贸易的增长机制及政策体系研究	田志宏	霍英东科研基金	2001.7	2004.6
246	"中德合作江西山区可持续发展项目"小额信贷运作机制及其绩效评价	何广文	德国技术合作公司（GTZ）	2002	2002
247	WTO 规则下国外农业政策比较研究	李秉龙	农业部软科学	2002	2002
248	德国农产品质量安全体系研究	肖海峰	农业部	2002	2002
249	国内外畜产品质量安全对比分析	何广文	农业部畜禽产品质量监督检验测试中心	2002	2002
250	国内支持政策与农村经济结构战略性调整研究	田维明	农业部财务司	2002	2002
251	河北唐海县第七农场经济发展规划	乔　忠	地方委托	2002	2002
252	湖南省国有企业集团财务效绩评价与诊断湖南省科委	卢凤君	湖南省科委	2002	2002
253	加入 WTO 后我国农机化发展的促进政策研究	田志宏	农业部农机化司研究课题	2002	2002
254	金融机构经营机制转轨对农户融资的影响及政策研究	何广文	国家自然科学基金主任基金	2002	2002
255	美国、巴西、阿根廷大豆产业发展与政府政策	何秀荣	农业部软科学	2002	2002
256	农产品关税减让研究	田志宏	农业部贸易办公室	2002	2002
257	农村金融服务问题研究	何广文	农业部	2002	2002
258	农村统计调查中的多主题抽样问题研究	肖海峰	国家统计局	2002	2002
259	唐山市丰润区奶业标准化研究	安玉发	唐山市丰润区政府	2002	2002
260	我国在 WTO 新一轮谈判中的农产品关税问题研究	田志宏	国务院关税委办	2002	2002
261	远古投资公司人力资源管理	卢凤君	企业委托	2002	2002
262	中国农产品市场行为研究	武拉平	福特基金会	2002	2002

	课 题 名 称	主持人	课题来源	起始年月	结束时间
263	中国主要粮食国际竞争力研究	李秉龙	农业部市场司	2002	2002
264	技术性贸易壁垒研究	秦　富	农业部	2002	2003
265	农民收入支持体系比较研究	秦　富	农业部	2002	2003
266	欧盟及主要成员国农产品质量安全管理与保障体系对比研究	秦　富	农业部	2002	2003
267	运用"绿箱"政策支持农业科技与教育的研究	秦　富	农业部"948"项目	2002	2003
268	ANCC发展战略研究	田志宏	中国物品编码中心委托项目	2002	2003
269	Argi-WTO website	何秀荣	农业部农研中心	2002	2003
270	北方地区节水技术推广应用中的管理问题研究	谭向勇	农业部	2002	2003
271	北京市阳光雨季花卉中心网上花店的设计	伍建平	企业	2002	2003
272	城乡接合部土地管理政策研究	王秀清	国土资源部规划设计院	2002	2003
273	促进产业创新的政府采购政策研究	张　越	委托项目	2002	2003
274	东北亚地区的谷物供求动向	武拉平	日本文部省	2002	2003
275	非农产品关税减让研究	田志宏	农业部农产品贸易办公室课题	2002	2003
276	各国农业保护政策的比较研究	王秀清	教育部人文社科规划项目	2002	2003
277	海峡两岸农产品贸易研究	田志宏	农业部台湾事务办公室课题	2002	2003
278	加入WTO对我国农村贫困的影响及科技扶贫对策研究	辛　贤	国家软科学项目	2002	2003
279	农产品关税减让研究	田志宏	农业部农产品贸易办公室课题	2002	2003
280	农产品贸易自由化对中国农村贫困的影响	辛　贤	国家社科基金项目	2002	2003
281	农产品市场预警系统研究	王秀清	北京市农业局	2002	2003
282	农业产业化建设中的政府财税政策研究	林万龙	中国社会科学院	2002	2003
283	农业产业组织的供应链管理模式研究	王卫华	教委人文社科规划项目	2002	2003
284	农业在发展中国家的社会经济作用：中国案例研究	田维明	联合国粮农组织	2002	2003

	课题名称	主持人	课题来源	起始年月	结束时间
285	蔬菜水果市场分析与预测	王秀清	农业部信息中心	2002	2003
286	网络产品需求分析	赵冬梅	企业委托	2002	2003
287	我国大宗农产品贸易现状及出口对策研究	安玉发	农业部重点项目	2002	2003
288	我国工厂化农业发展战略与管理创新研究	田志宏	国家“十五”科技攻关计划研究课题	2002	2003
289	我国技术标准发展战略课题预研究	田志宏	中国物品编码中心课题	2002	2003
290	县域生产结构调整与要素增值转化	张正河	科技部	2002	2003
291	研究生专业教育模式研究	何秀荣	国家外专局	2002	2003
292	云南力量发展战略规划研究	葛长银	企业委托	2002	2003
293	中国肉类产品国际竞争力研究	乔　娟	国家社科基金项目	2002	2003
294	中南实业集团内部管理规范化研究	许惠渊	中南集团	2002	2003
295	中国畜产品生产效率与贸易潜力研究	蒋乃华	国家自然科学基金	2002	2004
296	“经济学”一类课程建设	臧日宏	中国农业大学	2002	2004
297	农产品贸易自由化对农村贫困的影响	辛　贤	福特基金会项目	2002	2004
298	农业产业化国家重点龙头企业竞争力动态评价及其跟踪研究	何广文	农业部农业产业化办公室	2002	2004
299	农业结构调整与产业化经营（子项目）	卢凤君	国家自然科学基金重点项目	2002	2004
300	生产结构调整的战略	张正河	国家社会科学基金	2002	2004
301	我国农业科研机构企业化转制的影响以及对策研究	辛　贤	国家自然科学基金	2002	2004
302	研究生重点课程建设项目《投资评估理论与实务》(双语教学)	杨秋林	中国农业大学研究项目	2002	2004
303	云南力量资本运作方案设计	赵冬梅	企业委托	2002	2004
304	中国主要粮食国际竞争力研究	乔　娟	中国博士后管委会	2002	2004
305	关于日美中饲料谷物关联企业的实证研究	朱俊峰	日本文部科学省研究费	2002	2005
306	中国农村债务及其化解的研究	赵冬缓	国家自然科学基金	2002	2005
307	政府招标采购电子商务开发可行性分析及评议指标体系的研究	牛　霞	企业委托	2002.1	2004.12

	课 题 名 称	主持人	课题来源	起始年月	结束时间
308	农民收入模型开发与预测	陈永福	农业部软科学	2002.4	2002.6
309	中国省别粮食与环境模型的开发研究	陈永福	日本学术振兴会	2002.8	2004.5
310	交易成本对中国农户借贷行为模式的影响	唐建华	博士后项目	2002.11	2005.11
311	中药产业国际竞争力研究	卢凤君	“十五”国家科技攻关计划重大项目子项目	2002.12	2004.03
312	WTO新近加入成员特殊待遇分析	田志宏	农业部农产品贸易办公室	2003	2003
313	WTO新一轮谈判对我国农业和农村经济的影响	田维明	农业部农产品贸易办公室	2003	2003
314	WTO与中国农业支持政策的研究	伍建平	民建中央调研部	2003	2003
315	非从价税的设置情况及转化分析	田志宏	农业部农产品贸易办公室	2003	2003
316	关于建立国外华人专家权益保护机制的研究	赵冬梅	国家外专局国外智力引进项目	2003	2003
317	会计原理教材建设	葛长银	公司资助	2003	2003
318	农业财政项目支出管理问题研究	谭向勇	农业部财务司	2003	2003
319	农业产业化龙头企业对农户带动能力研究	何广文	农业部软科学基金	2003	2003
320	农业结构战略性调整时期的农村金融组织体系创新研究	何广文	农业部软科学基金	2003	2003
321	提高农产品国际竞争力政策问题研究	乔　娟	农业部软科学	2003	2003
322	潍坊二印产权制度改革方案设计	陆　娟	企业委托	2003	2003
323	中国与南非建立自由贸易区对农产品贸易的影响	田维明	农业部发展计划司	2003	2003
324	中元国际财税优化	葛长银	公司委托	2003	2003
325	主要农产品世界贸易格局与我国出口战略研究	安玉发	农业部	2003	2003
326	“十一五”农业和农村经济发展目标和主攻方向研究	秦　富	农业部发展计划司	2003	2004
327	中国农村义务教育投融资体制研究	赵志耘、何广文	德国经济合作部	2003	2004
328	“十一五”农业和农村经济发展目标和主攻方向研究	秦　富	农业部“十一五”农业和农村经济发展重大问题前期研究课题	2003	2004

	课 题 名 称	主持人	课题来源	起始年月	结束时间
329	“十一五”期间我国农业投资需求研究	陈秀凤	农业部“十一五”农业和农村经济发展重大问题前期研究课题	2003	2004
330	WTO主要成员农产品关税及关税税目比较研究	田志宏	农业部农产品贸易办公室	2003	2004
331	大城市郊区生猪产业组织创新研究	卢凤君	国家自然科学基金	2003	2004
332	海峡两岸农产品竞争力及贸易协调机制研究	田志宏	农业部台湾事务办公室	2003	2004
333	建立中澳新自由贸易区农产品贸易问题研究	田志宏	农业部农产品贸易办公室	2003	2004
334	江西万年县旅游规划	刘 丽	江西万年县人民政府	2003	2004
335	农产品贸易争端及WTO框架下的解决机制研究	田志宏	农业部计划司研究课题	2003	2004
336	农业项目投资中的土地估价问题研究	杨秋林	国土资源部	2003	2004
337	三大谈判议题的协调与我国谈判方案的选择	田志宏	农业部农产品贸易办公室	2003	2004
338	市场开发与营销方案设计	陆 娟	企业委托	2003	2004
339	条码对国民经济的贡献率研究	田志宏	中国物品编码中心	2003	2004
340	我国粮食直接补贴政策及其效果研究	肖海峰	农业部计划司项目	2003	2004
341	我国农业信息化发展模式研究	伍建平	教育部人文社科项目	2003	2004
342	我国实施水旱灾害保险的可行性研究	陈宝峰	水利部发展研究中心	2003	2004
343	浙江省周巷镇经济社会发展规划	焦长丰	浙江省周巷镇	2003	2004
344	中国大豆国际竞争力研究	乔 娟	中国博士后科学基金	2003	2004
345	中国农业与贸易中长期预测	肖海峰	世界银行第四期技术合作贷款援助项目	2003	2004
346	中国饲粮的“南进北出”战略与东北亚区域经济合作	朱俊峰	教育部人文社科项目	2003	2004
347	中国主要农产品国际竞争力研究	李秉龙	教育部人文社会科学研究项目	2003	2004

	课题名称	主持人	课题来源	起始年月	结束时间
348	硕士生重点课程建设《农业经济管理专题》	李秉龙	中国农业大学	2003	2005
349	我国农业信息化模式研究	乔　忠	教育部博士点基金	2003	2005
350	小城镇现代服务业技术研究与开发	乔　忠	国家“十五”科技攻关重大项目	2003	2005
351	新近加入成员特殊待遇	田志宏	农业部农产品贸易办公室课题	2003	
352	主要农产品世界贸易格局与我国出口战略研究	焦长丰	农业部发展计划司委托研究课题	2003	
353	农村公共产品与服务的民间酬资问题研究	林万龙	中国发展研究基金会	2003.1	2004
354	相关国际组织对渔业补贴的研究现状与主要观点	尹金辉	中国水产协会	2003.1	2004.1
355	北京凤凰房地产开发公司市场开发与营销方案设计	陆　娟	北京凤凰房地产开发公司	2003.1	2004.2
356	构建新阶段粮食综合生产能力保护体系研究	肖海峰	农业部“十一五”农业和农村经济发展重大问题前期研究课题	2003.1	2004.6
357	建立现代农产品流通和贸易体系研究	武拉平	农业部“十一五”农业和农村经济发展重大问题前期研究课题	2003.1	2004.6
358	农业计算机网络辅助电话调查系统软件及实施方案设计	焦长丰	农业部信息中心委托研究课题	2003.1	2004.6
359	推进农业产业带建设与提高竞争力研究	乔　娟	农业部“十一五”农业和农村经济发展重大问题前期研究课题	2003.1	2004.6
360	小规模生产方式下农产品质量安全研究	朱俊峰	农业部软科学	2003.1	2004.6
361	英语讲授本科课程“市场营销学”的研究与实践	唐建华	教务处	2003.1	2005.1

	课题名称	主持人	课题来源	起始年月	结束时间
362	劳务中介信息系统开发	赵冬梅	科技部	2003.1	2005.12
363	“十五”期间钢铁产业跟踪研究	杨晓云	企业委托	2003.1	2005.12
364	小城镇劳务中介服务信息系统开发	赵冬梅	国家十五科技攻关重大项目课题	2003.1	2006.12
365	农业科技园区建设的动态管理跟踪	乔　忠	国家科技开发项目	2003.3	2004.6
366	农业小型公益性基础设施建设研究	秦　富	农业部软科学	2003.4	2003.12
367	农业战略性调整时期的农村金融组织体系创新研究	何广文	农业部软科学	2003.4	2004.12
368	正规金融机构小额信贷、农民收入及缓解农村贫困	何广文	美国福特基金会	2003.4	2005.12
369	大城市郊区农村城市化中的公共政策研究——北京朝阳区大屯乡案例	林万龙	北京朝阳区大屯乡人民政府	2003.5	2004.2
370	“市场营销”专业主干课程系列教材编写（共5本）	徐洁怡	教务处	2003.6	2003.12
371	市场营销专业系列主干课程建设项目	张娣杰	校级课题	2003.6	2003.12
372	WTO农产品贸易规则与中外农业政策的发展趋势研究	李秉龙	国家社会科学基金	2003.7	2004.6
373	国际竞争下的长富乳业集团股份有限公司企业发展战略研究	李秉龙	长富乳业集团合作项目	2003.8	2003.1
374	中国农村义务教育投融资体制研究	赵志耘 何广文	德国经济合作部	2003.8	2003.9
375	中国与澳大利亚建立自由贸易区对农产品贸易的影响	田维明	农业部发展计划司	2003.8	2004.12
376	桑蚕业市场前景及产业化经营模式研究	张莉琴	湖北英山县农业综合开发办	2003.9	2004
377	农产品反倾销和中国对策	何秀荣	国家社会科学基金	2003.9	2004.12
378	农业产业化中的财税补贴政策：绩效评估与政策创新	林万龙	国家社会科学基金	2003.9	2004.12
379	安徽利辛县畜牧业产业化工程发展对策研究	何广文	安徽利辛县人民政府	2003.11	2004.3
380	《经济管理分析软件》课程建设	伍建平	研究生教改项目	2003.12	2004.6
381	战略管理案例研究	张正河	中国农业大学	2003.12	2004.6
382	水生野生动植物保护区价值评价方法研究	陈宝峰	山西省农机局	2004	2005
383	新时期山西省农机化发展研究	陈宝峰	山西软科学基金	2003.12	2004.12

	课 题 名 称	主持人	课题来源	起始年月	结束时间
384	我国实行洪水保险的可行性研究	陈宝峰	水利部水发展中心	2003.12	2005.2
385	2006－2010年农机社会化服务体系研究	林万龙	农业部农业机械化管理司"十一五"农业机械化发展规划重大问题研究课题	2004	2004
386	农业系统国际交流与服务需求研究	何秀荣	农业部	2004	2004
387	农业系统领导干部和领导班子绩效考核体系研究	何秀荣	农业部	2004	2004
388	西北生态与现代农业省域示范区投资规划与效益分析	林万龙	宁夏回族自治区重点软科学课题"西北生态与现代农业省域示范区建设"子课题	2004	2004
389	现代农业示范建设工程规划	何秀荣	农业部	2004	2004
390	乡镇企业管理部门职能建设与机构设置研究	李秉龙	农业部乡镇企业局	2004	2004
391	中国农村信用社改革的区域性特征研究	何广文	亚洲开发银行	2004	2004
392	中国诚信评价体系研究	周业安	国家统计局中国经济景气监测中心	2004	2004.12
393	Transaction Costs of Water Markets in Heihe River Basin in Northwest	张莉琴	IDRC/EEPSEA研究项目"Barriers and Transaction Costs of Water Markets in Heihe River Basin in Northwest"子课题	2004	2005
394	北京市海淀区东升乡产业结构调整与发展战略的研究	米增渝	北京市海淀区东升乡政府	2004	2005
305	北京市农产品加工业发展战略研究	武拉平	北京市自然科学基金	2004	2005
396	本科生精品课程建设《农业经济学》	李秉龙	中国农业大学	2004	2005
397	发达国家农业对外合作研究	李　平	农业部	2004	2005

	课题名称	主持人	课题来源	起始年月	结束时间
398	高致病性禽流感防治技术措施效果经济学分析与评价	林万龙	国家十五科技攻关计划课题“高致病性禽流感防治技术措施的经济学评价”子课题	2004	2005
399	国际粮食和农业政策模拟模型的再开发研究	焦长丰	教育部留学归国人员科研基金	2004	2005
400	粮食主产区农户化肥需求行为研究	马　骥	中国农业大学经济管理学院青年教师基金	2004	2005
401	农产品关税减让的新议题研究	田志宏	农业部农业贸易促进中心课题	2004	2005
402	农产品加工减免税收研究	张正河	农业部	2004	2005
403	农民素质评价研究	辛　贤	国家星火计划	2004	2005
404	农业非营利性项目评价方法研究	杨秋林	农业部工程建设服务中心	2004	2005
405	农用土地的会计核算研究	刘治钦	中国农业大学经济管理学院青年教师基金	2004	2005
406	欧盟东扩对我国农产品贸易的影响及谈判策略研究	田志宏	农业部农业贸易促进中心课题	2004	2005
407	涉农企业管理的调查研究与案例教学	卢凤君	中国农业大学	2004	2005
408	硕士研究生学制改革调查	方　芳	中国农业大学	2004	2005
409	台湾重点农产品供给与需求研究	田志宏	农业部台湾事务办公室	2004	2005
410	提高我国奶业市场竞争力研究	谭向勇	科技部	2004	2005
411	推进农业产业带建设与提升竞争力研究	乔　娟	农业部发展计划司	2004	2005
412	小康社会的地方政府行为模式研究	苏保忠	中国农业大学经济管理学院青年教师基金	2004	2005
413	星火计划管理运行机制及模式创新研究	辛　贤	科技部农村技术中心委托课题	2004	2005
414	研究生教学国际化探索与实践	郑大豪	中国农业大学	2004	2005
415	研究生精品/重点课程评价指标体系研究	吴扬俊	中国农业大学	2004	2005

	课题名称	主持人	课题来源	起始年月	结束时间
416	浙江私有企业员工激励机制研究	李　平	国家留学回国人员启动基金	2004	2005
417	中国的农业政策	田维明	经济合作与发展组织项目	2004	2005
418	中国磷肥产业国际竞争力：评价体系与驱动要素研究	马　骥	养分资源综合管理技术引进与中国技术体系的建立和应用(农业部"948"重大项目)	2004	2005
419	中国毛纺企业管理大师模型推广项目	柯炳生	澳大利亚国际农业研究中心	2004	2005
420	中国农产品国际贸易与国内流通系统	何秀荣	世界银行	2004	2005
421	中日合作制度的比较研究	冯开文	国家留学基金委	2004	2005
422	葡萄加工产业链系统集成优化研究	侯云先	中国农业大学经济管理学院青年教师基金	2004	2005.12
423	中国农民食物消费弹性测定及动态分析	秦　富	教育部博士点基金	2004	2006
424	"微观与宏观经济学"精品课程建设	臧日宏	中国农业大学	2004	2006
425	中国农民食物消费弹性测定及动态分析	秦　富	教育部博士点基金	2004	2006
426	中国农业大学精品课程建设项目《农业项目投资评估》	杨秋林	中国农业大学教学改革研究项目	2004	2006
427	国家农业政策分析平台与决策支持系统开放实验室项目下的"中国农业支持子系统"研究	田维明	由中国农业科学院农业经济研究所实施的世界银行第四期技术合作贷款项目	2004	2007
428	中国华北地区农户和地区层次可持续种植业生产体系研究	肖海峰 何秀荣	德国科技与教育部项目	2004	2008
429	澳大利亚昆士兰大学经济与管理专业研究生培养体系研究及其对我校的借鉴和启示	李　平	中国农业大学教改项目	2004	
430	东北地区重要农产品贸易和竞争力研究	谭向勇	中国工程院	2004	
431	科技部小城镇信息化建设关键技术示范和应用	焦长丰	科技部十五国际科技公关计划子课题	2004	

	课 题 名 称	主持人	课题来源	起始年月	结束时间
432	美国圣路易斯华盛顿和依阿华大学研究生院的制度建设	李 平	中国农业大学教改项目	2004	
433	失地农民问题研究	谭向勇	北京科委	2004	
434	天然气发电政策研究	焦长丰	国家电监会课题	2004	
435	浙江省小城镇经济社会发展规划	焦长丰		2004	
436	家用中央空调市场研究	王卫华	委托	2004.1	2004.12
437	北京市门头沟信息化状况调研	赵冬梅	北京市科委	2004.1	2004.6
438	农产品批发市场建设管理规范研究与拟定	安玉发	农业部项目	2004.1	2004.6
439	农业基建投资研究	王卫华	委托	2004.1	2004.7
440	贫困地区县乡财政不平衡与农村公共物品供给研究	李秉龙	中国发展研究基金会	2004.1	2005.09
441	艰苦边远地区公务人员工资政策研究	刘丽	国家人事部	2004.1	2005.12
442	公司人力资源发展规划及薪酬体系设计	付文阁	神华煤炭运销公司	2004.1	2005.4
443	服务品牌忠诚度的影响因素与测评研究	陆 娟	国家自然科学基金	2004.1	2006.12
444	农村公共产品民间供给和私人产品化中的公共政策研究	林万龙	国家自然科学基金	2004.1	2006.12
445	全球化背景下中国糖业市场发展与贸易行为研究	王秀清	国家自然科学基金	2004.1	2006.12
446	消费者品牌选择影响因素的测量与管理研究	陆 娟	教育部人文社科项目	2004.1	2006.12
447	畜牧投资纵向一体化项目管理及评价指标体系研究	杨秋林	国家自然科学基金	2004.1	2006.12
448	国有商业银行改革研究	何广文	国家统计局中国经济景气监测中心	2004.2	2004.5
449	放开粮食购销政策执行情况及影响的跟踪分析	武拉平	农业部软科学委员会	2004.3	2004.12
450	建立粮食生产能力保护机制问题研究	肖海峰	农业部软科学项目	2004.3	2004.12
451	缩小收入分配差距，逐步解决城乡二元结构问题		民建中央	2004.3	2004.12
452	乡镇公务员培训研究	伍建平	人事部，中央农业干部管理学院	2004.4	2004.12
453	农业国内支持水平测算及支持体系建设研究	侯云先	农业部	2004.4	2004.8

	课题名称	主持人	课题来源	起始年月	结束时间
454	国家农业科技园区科技中介服务体系跟踪与数据处理调研	乔 忠	国家科技开发项目	2004.4	2005.6
455	浙江寿昌镇经济社会发展战略与规划	焦长丰	镇政府	2004.5	2004.12
456	浙江周巷镇经济社会发展战略与规划	焦长丰	镇政府	2004.5	2004.12
457	中国诚信评价体系研究	周业安	国家统计局中国经济景气监测中心	2004.5	2004.12
458	葡萄产业链研究	候云先	学院青年教师基金	2004.5	2005
459	影响省域农业信息化因素研究	王瑞梅	学院青年教师基金	2004.5	2005.11
460	封丘县工业发展规划	侯云先	封丘县经委	2004.5	2005.5
461	农村土地制度变革中的农民权益保护	许惠渊	国家社会科学基金	2004.5	2005.5
462	利润质量评价研究	葛长银	审计署	2004.5	2006.4
463	投资建设项目财务参数测定	杨秋林	建设部、农业部	2004.6	2004.11
464	农业产业化龙头企业典型案例研究——安徽亳州兴邦科技案例	何广文	农业部软科学课题、北京东方艾格农业咨询公司	2004.6	2004.9
465	山西长治城区农村信用社能力素质建设综合规划研究	何广文、冯兴元	长治城区农村信用社联社	2004.6	2004.9
466	北京郊区发展支持系统及潜能研究	张正河	北京市发改委	2004.6	2005.2
467	天然气发电监管政策研究	焦长丰	国家电力监管委员会	2004.6	2005.3
468	财税优化设计	葛长银	搜狐公司	2004.6	2005.5
469	全国农垦产业化发展规划	张正河	农业部	2004.6	2005.6
470	《企业会计学》精品课程建设	牛 霞	农大教务处	2004.6	2006.6
471	企业经营战略精品课程建设	何有缘	教改项目	2004.6	2006.6
472	华北平原集约化作物生产体系中资源可持续利用	武拉平	教育部和德国 DFG	2004.6	2008.6
473	江苏省体育彩票市场调查	陈宝峰	江苏省体彩管理中心	2004.7	2004.12
474	产权的可转让性：我国土地经营权的流转	吕之望	中国农业大学经济管理学院青年教师基金	2004.7	2004.12
475	浙江昌化镇经济社会发展战略与规划	焦长丰	镇政府	2004.7	2004.12
476	浙江瓶窑镇经济社会发展战略与规划	焦长丰	镇政府	2004.7	2004.12

	课 题 名 称	主持人	课题来源	起始年月	结束时间
477	浙江余杭镇经济社会发展战略与规划	焦长丰	镇政府	2004.7	2004.12
478	国外农产品质量安全管理经验措施及对我国的借鉴	朱俊峰	农业部国际合作司	2004.7	2004.12
479	江西省波阳县旅游规划	刘 丽	波阳县政府	2004.7	2005.3
480	全国农场扶贫“十一五”规划	张正河	农业部	2004.7	2005.6
481	豆角分等规格	安玉发	农业部标准类项目	2004.7	2005.12
482	山药分等规格	安玉发	农业部标准类项目	2004.7	2005.12
483	渔业水域水质评价及预警智能决策支持系统研究	王瑞梅	中国水产科学院	2004.7	2006.6
484	北京市科技新星项目	赵冬梅	北京市科委	2004.7	2007.7
485	入世以来我国农业生产和农产品国际贸易的变化分析	辛 贤	农业部国际合作司	2004.8	2004.12
486	农业综合开发地区效果差异比较	王秀清	财政部	2004.8	2004.12
487	农产品贸易与农民收入问题	张正河	农业部	2004.9	2005.6
488	激光器械售后服务体系建设的研究	何有缘	横向	2004.9	2005.9
489	证券投资学精品课建设项目	郭 沛	中国农大	2004.9	2005.9
490	小城镇信息化建设关键技术示范和应用	焦长丰	科技部十五攻关子课题	2004.9	2007.9
491	NGO小额信贷与农村信用社小额信用贷款比较研究	何广文	中国扶贫基金会	2004.11	2005.3
492	油料市场监测预警方案研究	焦长丰	中国农科院	2004.11	2005.3
493	粮食国际竞争力和贸易影响指标预警研究	焦长丰	中国农科院	2004.11	2005.4
494	中国天然气发电监管问题研究	焦长丰	美国能源基金会	2004.11	2005.4
495	农业标准化战略	张正河	中国标准研究院	2004.11	2005.5
496	我国农业科技创新及产业发展战略研究	焦长丰	科技部十五攻关子课题	2004.11	2006.1
497	国家粮食安全预警系统模型	王卫华	委托	2004.11	2006.11
498	产权的契约视角：土地流转与农村合作组织	吕之望	中国农业大学科研启动基金	2004.12	2006.4
499	城市用水权交易制度研究和试点的初步设想	王瑞梅	中国农业大学科研启动基金	2004.12	2006.12
500	超级市场食品定价行为研究	王秀清	教育部博士点基金	2005	2007
501	中国粮食主生产区农村劳动力转移问题研究	谭向勇	国家自然科学基金	2005	2007

	课 题 名 称	主持人	课题来源	起始年月	结束时间
502	中国农产品期货市场功能与现货市场关系研究	乔娟	国家自然科学基金	2005	2007
503	中国农村贫困地区居民家庭食物安全问题研究	肖海峰	国家自然科学基金	2005	2007
504	利率市场化对农业信贷供求主体的影响及其政策选择	何广文	国家自然科学基金	2005.1	2007.12
505	网络经济下价格离散问题研究	赵冬梅	国家自然科学基金	2005.1	2007.12
506	中国食用油供给安全分析及供应链管理研究	陈永福	国家自然科学基金	2005.1	2007.12
507	旧中国土地价格的研究	詹玉荣	国家土地管理局		
508	粮食生产波动研究	谭向勇	科技部		

2. 1995年以来学院教师主要获奖情况

	获奖人	题目	授奖单位	奖励名称、等级	时间
1	金敬恩等	财政支持农业社会化服务体系建设的对策研究	中国农村财政研究会	成果特别奖	1995
2	任晋阳	我国农村专业技术协会研究	农业部农研中心	科技进步三等奖	1995
3	王秀清	论劳动力市场与就业均衡——兼论中国农民就业	《学习与探索》评奖	首届优秀论文二等奖	1995
4	柯炳生	主要农产品国内外价格水平的比较研究	农业部	软科学优秀成果一等奖	1995
5	柯炳生	我国粮食市场上的价格信号问题	国家教委	人文社会科学优秀成果二等奖	1995
6	杨秋林	流转税改革后的企业会计核算	中国农业会计编辑部	94年度优秀论文奖	1995
7	杨秋林	农业项目投资评估	农业部	第二届农业部优秀教材一等奖	1995
8	俞家宝	我国粮食实行市场收购的可能性分析与研究	农业部	软科委优秀研究成果三等奖	1995
9	李秉龙	中国农业政策与经济利益转移的调整	辽宁省农业经济学会	辽宁农业经济学会优秀论文	1995
10	李秉龙	论农产品供给与通货膨胀的关系问题	辽宁首届青年学术年会	优秀论文三等奖	1995
11	金敬恩	对财政支持科技兴农的浅见	中国农村财政研究会	优秀论文三等奖	1995
12	郑大豪	北京市粮食农场规模经营研究	国家统计局	科技进步三等奖	1996
13	许无惧	河北省迁安县县以下农业推广体系的研究	河北省	河北省科技进步奖	1996
14	杨秋林	《农业项目投资评估》统编教材	农业部	优秀教材一等奖	1996
15	李志民	农村规划案例教学	北京市	教学优秀成果二等奖	1996
16	冯开文	中国革命史教学内容与体系	北京市	教学成果一等奖	1996
17	董凯忱	中国农业科学技术史稿	农业部	科学技术进步一等奖	1996
18	王景兰	北京市农业投资问题研究	北京市统计局、北京市政府农林办、农业普查办	优秀成果奖	1999

	获奖人	题　　目	授奖单位	奖励名称、等级	时间
19	辛　贤	北京市农村产业结构调整与粮食安全问题	北京市统计局、北京市政府农林办、农业普查办	优秀成果奖	1999
20	何广文	不同地区农户借贷行为及借入资金来源结构研究	农业部软科学委员会	优秀研究成果二等奖	1999
21	谭向勇	生猪生产波动与猪肉和饲料市场价格变动的关系研究	农业部软科学委员会	优秀研究成果二等奖	1999
22	洪乌金	乡镇企业运行机制研究	农业部	科学技术进步三等奖	1999
23	田维明	农产品贸易政策的选择	第一届全国外经贸	研究成果三等奖	2000
24	武拉平	中国主要农产品市场整合程度	国际学术交流中心，北京中观信息中心	中国改革实践和社会经济形势优秀成果特等奖	2000.1
25	武　晋	环境会计的理论与方法研究	中国农业会计学会	科研成果一等奖	2001.1
26	武　晋	论农垦率先实现农业现代化的探讨	中国农机学会农垦分会	优秀论文一等奖	2001.8
27	张正河	农业国的城市化	中共北京市委新闻出版局	优秀图书二等奖	2001.9
28	张正河	微观经济组织的新思路	中国合作经济学会	一等奖	2001.11
29	杨秋林	农业项目投资评估	国家教育部	全国普通高等学校优秀教材二等奖	2002
30	何广文	中国农村金融供求特征及其均衡供求的路径选择	《中国农村信用合作》杂志社	2001 年度最佳文章评选二等奖	2002.6
31	何广文	从机制和制度上改善农户小额信用贷款的对策探讨	《农民日报》社与农业部政法司	“新时期农村改革与发展对策”优秀论文一等奖	2002.12
32	辛　贤	中国区域饲料粮和畜产品市场：生产、消费和区域间流通	全国商业联合会	全国商业科学技术进步奖二等奖	2002.12
33	杨秋林	农业部部属事业单位财务管理改革探讨	中国农业会计学会	2002 年度科技成果一等奖	2003.1
34	武拉平	中国农产品市场行为研究	全国商业联合会	全国商业科技进步奖二等奖	2003.11
35	何广文	《农户小额信用贷款的制度绩效、问题及对策》	中国人民银行《中国农村信用合作》杂志社	2002 年度最佳理论文章三等奖	2003.6

	获奖人	题　　目	授奖单位	奖励名称、等级	时间
36	卢凤君	湖南省国有企业集团财务绩效评价	湖南省委省政府	省部级三等奖	2004
37	俞　勤	《“小规模 高效益”应是中国农业发展的战略》	中国村社发展促进会、中国农村杂志社	“农村社区全面建设小康社会征文”中获二等奖	2004
38	何秀荣	中日农产品贸易战的政治经济学分析	国家商务部	第五届全国外经贸研究成果奖论文（三等奖）	2004.1
39	柯炳生	国外农业补贴政策研究	国家农业部	2001－2003 年度农业部软科学研究（一等奖）	2004.5
40	何秀荣	美国、巴西、阿根廷大豆产业与政府支持政策	国家农业部	2001－2003 年度农业部软科学研究（三等奖）	2004.5
41	张娣杰	我国乳品企业“差异化”渠道设计初探	中国畜产品加工研究会	优秀论文奖	2004.8
42	安玉发	关于高校教育主体现状的调查分析	全国高等农业教育研究会等	2002－2003 年优秀论文二等奖	2004.8
43	杨秋林	师德建设是实实在在的	中国农大师德建设征文	一等奖	2004.9
44	何秀荣	中日农产品贸易战的政治经济学分析	中国农村发展研究专项基金	首届中国农村发展研究奖（论文奖）	2004.12
45	田志宏	条码对国民经济的作用及其发展战略研究	全国商业联合会	全国商业科学技术进步奖一等奖	2004.12
46	张荣耀	荣昌连锁经营模式及应用研究	全国商业联合会	全国商业科学技术进步奖二等奖	2004.12
47	何秀荣	中日农产品贸易战的政治经济学分析	中国农村发展研究专项基金	首届中国农村发展研究奖（论文奖）	2004.12
48	乔　娟	中华农业科教基金资助中国农业出版社 2002 年 11 月出版专著《中国肉类产品国际竞争力研究》	农村发展研究专项基金管理委员会	“中国农村发展研究奖”专著提名奖	2004.12
49	冯开文	合作制度变迁与创新研究	中共北京市委北京市人民政府	北京市哲学社会科学优秀成果二等奖	2004.12
50	王秀清	中国农业增长（1981－1995）：需求角度的分析	中国农村发展研究专项基金奖	中国农村发展研究奖（首届）论文奖	2004.12

3. 中国农业大学经济管理学院历史年表

（原经济管理学院部分）

时　间	历　史	主任（院长）	书　记	备　注
1905 年	京师大学堂农科大学			
1913 年	国立北京大学校农科大学，开设农业经济课程			许璇教授
1921 年	国立北京农业专门学校设立农业经济门（专业）			
1927 年	国立北京农业大学设立农业经济系	董时进		第一任系主任
1933—1934 年		许　璇		曾任北京农业大学校长
1935—1937 年		王益滔		
1946—1948 年		应廉耕		
1949—1958 年	北京农业大学农业经济系	应廉耕	张仲威、向群	
1959—1966 年		施　平	向群、王立诚	
1978—1984 年		张仲威	冯宝林	
1985 年	成立北京农业大学农业经济管理学院			
1985—1987 年		俞家宝	李士钦	
1988—1990 年		赵冬缓	王治方	
1991—1992 年		赵冬缓	王治方	
1993 年	成立北京农业大学经济管理学院			
1993—1994 年		赵冬缓	王治方	
1994—1995 年		柯炳生	王治方	
1995 年	北京农业大学与北京农业工程大学合并为中国农业大学，北京农业大学经济管理学院更名为中国农业大学经济管理学院			
1995—1997 年		谭向勇	王治方、秦 富	王治方 1996 年止，秦富 1996 年始
1997—2001 年		何秀荣	秦　富	
2002 年	经济管理学院和管理工程学院合并组建新的经济管理学院			
2002—2003 年		秦　富	张瑞海	
2004 年至今		张志刚	张瑞海	

中国农业大学经济管理学院历史年表

(原管理工程学院部分)

时　间	历　史	主任(院长)	书　记	备　注
1952年	农业部机耕学校、华北农业机械专科学校、平原农学院、北京农业大学农业机械化系合并组建北京农业机械化学院,为北京农业工程大学前身。			
1952年	成立社会主义农业企业经营管理系	孙文郁等		管理工程学院前身
1954年		高俊嶽	高俊嶽	
1956年	成立农业经济管理教研室	熊伯蘅		1995年合入管理工程学院
1959年		张世珪		
1987年		方翼青		
1981年	成立系统工程教研室	柳克令		1995年合入管理工程学院
1990年		王以廉		
1993年		吴扬俊		
1993年	成立乡镇企业学院	刘茂林	孙琦厚	1995年合入管理工程学院
1995年	成立管理工程学院	傅泽田	周志恩	
1995年	北京农业工程大学与北京农业大学合并组成中国农业大学			
1995—1996年	管理工程学院	傅泽田	周志恩	
1996—1999年		张铁森	李　明	
1999—2001年		王卫华	李　明	
2002年		许惠渊	李　明	
2002年	经济管理学院和管理工程学院合并组建新的经济管理学院			

4. 中国农业大学经济管理学院

简 介

中国农业大学源于1905年筹办成立的京师大学堂农科大学。1913年许璇教授从日本留学回国后首开农业经济课程。1921年设立农业经济门（专业）。1927年国立京师大学校成立农业经济系。1949年原北京大学农学院、清华大学农学院和华北大学农学院合并成立北京农业大学，同时下设农业经济系。1952年高等院校院系调整时，从全国抽调的一批著名农业经济学家壮大了北京农业大学农业经济系。1985年扩建为农业经济管理学院，1993年扩建为经济管理学院。1995年原北京农业大学和北京农业工程大学合并组成现在的中国农业大学。2002年原经济管理学院和管理工程学院合并组建成现在的经济管理学院。原管理工程学院创立于1995年，由中国农业大学原乡镇企业与社会发展学院、管理工程教研室、系统工程教研室及农业经济教研室合并而成。

中国农业大学经济管理学院现有农林经济管理、管理科学与工程两个国家一级学科，农业经济管理学科博士后流动站一个。其中农林经济管理一级学科下的农业经济管理二级学科是国家级重点建设学科。经济管理学院是我国首批招收硕士生和博士生的单位，是国家教委首批颁布的具有博士、硕士和学士学位授予权的学科点，可授予经济学和管理学两种学位。学院还提供MBA、MPA和农业推广等三类硕士专业学位的教育。农林经济管理、管理科学与工程两个国家一级学科重点培养高水平的科学研究人才，MBA教育重点培养期货、食品与农业企业等领域的职业经理人才，MPA教育重点培养高层次的农村公共管理人才。

学院设有五个系：农业经济系、国际贸易系、工商管理系、公共管理系、财政金融系；两个教育中心：MBA教育中心和MPA教育中心；九个研究机构：中国农村政策研究中心、中国农产品市场研究中心、期货与金融衍生品研究中心、农村金融与投资研究中心、国际农产品贸易研究中心、中小企业发展研究中心、农业经济研究所、管理科学研究所、乡镇企业研究所；一个管理科学实验室。学院拥有现代化的教学设备、先进的网络计算机室和藏书8万多册的资料室。

学院现有教职工93人，其中教授21人、副教授40人。教师中55%以上具有博士学位，30%具有硕士学位，60%的教师具有国外留学经历。学院在农产品市场与贸易、粮食经济、畜牧经济、农村金融、合作经济、项目评估、乡镇企业及涉农企业管理、产权理论、信息化技术在农业中的应用、运筹方法与管理系统优化、农业产业化及农村发展规划等领域具有雄厚的研究实力和特色，在国内处于领先地位。学院承担着国家自然科学基金、国家哲学社会科学基金、国家科技攻关计划、美国福特基金会、澳大利亚 ACIAR 等多项国内外研究课题。“九五”期间共进行 118 项课题研究，项目经费达 1200 余万元。2004 年学院新增科研项目 104 项，其中国际合作项目 8 项，国家自然科学基金 6 项，国家社会科学基金 1 项，博士点基金 1 项，北京市自然科学基金 1 项，农业部软科学项目 3 项，其他省部级及横向课题 84 项。

学院积极开展国际学术交流，具有广泛的海外联系，每年接待 100 多人次的海外专家学者。与美国、英国、日本、澳大利亚、德国、新西兰、加拿大等国 20 余所大学以及联合国粮农组织、经济合作和发展组织、世界银行、亚洲开发银行、美国农业部经济研究局、日本农林水产省农业经济研究所、美国温洛克国际农业发展协会、澳大利亚农业和资源经济局、美国福特基金会等机构有着密切的学术和信息交流，在师资培训、留学生培养和承担科研项目上进行了广泛的合作。

学院出版学术刊物《中国农业经济评论》（季刊），采用匿名审稿制度，发表原创性中文或英文研究文章，倡导规范、严谨的研究方法，鼓励理论和经验研究相结合的学术取向，为国内外农业经济学家提供一个高水平的学术交流平台。

索　引

农业生产要素

土地等自然资源

农业资本和劳动力

农业科学技术

其他要素

农业组织与管理

农业经营组织

农业生产与核算

农业部门经济

会计与统计

农产品流通与市场

农产品供求与价格

农产品流通

农产品市场与贸易

农业增长与发展

农业增长

农村企业

农村发展与农业现代化

农民收入与生活

农民收入

农民消费

社会保障

农户经济

政府政策与宏观调控

农村经济体制

农业宏观调控

农村财政金融与税收

其他

农业经济学科发展

农业经济史

国外农业

其他

致　谢

自1905年京师大学堂农科大学筹备开始，中国农业高等教育已走过百年风雨历程，中国农业大学亦迎来百岁华诞。1913年许璇教授从日本留学回国在京师大学堂农科大学首开农业经济课程以来，中国的农业经济学科也走过了近百年的历程。一代又一代农业经济学人付出了无数的心血，取得了丰硕的成果。

值此中国农业大学百年校庆之际，我们编辑出版了《百年农经》这部巨著，它既是我们对近百年来各位农业经济学人所做贡献的总结，也是我们献给中国农业大学百年校庆的一份厚重礼物。她记录了农经人百年来为中国农业发展而奋斗的历史脚步，希望后继者承接遗产、开拓创新，为中国农业经济学科和农业经济发展做出更大的贡献。出版《百年农经》得到全体在职教职工、离退休教职工和众多校友的响应和支持，期望借此弘扬尊重前人成果、讲究学术规范的科学道德。

首先要特别感谢中国农经界德高望重的前辈杜润生先生专门为《百年农经》出版撰写贺词。杜老为中国农业经济的发展呕心沥血、做出了杰出贡献，乃中国农经人之楷模。杜老的鼓励将激励农经界后人坚持真理、不懈努力，争取为祖国农业发展和农经学科的繁荣做出新的贡献。

非常感谢安希伋教授、董凯忱教授和俞家宝教授为搜集20世纪70年代以前历史文献所付出的心血和努力，没有三位先生的支持，就没有《百年农经》的诞生。特别感谢安先生为本书做序，清晰勾画中国农业大学农经人近百年的奋斗历程。

感谢中国农业大学领导、经济管理学院及其前身的历任领导对《百年农经》编辑整理工作的悉心关怀和指导。

感谢中国农业出版社傅玉祥总编辑，孙玉田副社长，柯文武主任及农经出版中心和齐振通主任及印务部为《百年农经》出版所做的工作，他们精益求精、挤占休息时间加班加点，使这部巨著能够在百年校庆之际得以面世。

特别感谢蔡海龙、刘李锋、李娟、李想、刘锐、王业官、杨雪和张冠杉等年轻学子，为了搜集整理历史文献，紧张学习之余，他们多次拜访有关老先生以获取信息，反复到国家图书馆和学校图书馆查找复印整理资料。看到这些农经学科后来者积极努力的精神风貌，我们倍感欣慰。

由于本书资料涉及时间跨度大,编辑出版时间较紧,难免会存在错误或遗漏。敬请各位农经界同仁谅解并提出宝贵意见或提供资料,以资后续之弥补。

编　者

2005年8月

图书在版编目（CIP）数据

百年农经：1905～2005 /王秀清，谭向勇主编 .—北京：中国农业出版社，2005.8
ISBN 7-109-10005-7

Ⅰ. 百… Ⅱ. ①王…②谭… Ⅲ. 农业经济—研究—中国—1905～2005—文集 Ⅳ. F329-53

中国版本图书馆 CIP 数据核字（2005）第 084692 号

中国农业出版社出版
（北京市朝阳区农展馆北路 2 号）
（邮政编码 100026）
出版人：傅玉祥
责任编辑 姚 红 赵 刚 白洪信 闫保荣等

中国农业出版社印刷厂印刷 新华书店北京发行所发行
2005 年 8 月第 1 版 2005 年 8 月北京第 1 次印刷

开本：787mm×1092mm 1/16 印张：266.5 插页：4
字数：7 058 千字 印数：1～2 000 册
定价：1000.00 元